Brickenkamp Handbuch
psychologischer und pädagogischer Tests

Brickenkamp Handbuch

psychologischer und pädagogischer Tests

Band 1

herausgegeben von

Elmar Brähler, Heinz Holling,
Detlev Leutner und Franz Petermann

3., vollständig überarbeitete
und erweiterte Auflage

Hogrefe · Verlag für Psychologie
Göttingen · Bern · Toronto · Seattle

Prof. Dr. Elmar Brähler, geb. 1946. Seit 1994 Leiter der Abteilung für Medizinische Psychologie und Medizinische Soziologie der Universität Leipzig.

Prof. Dr. Heinz Holling, geb. 1950. Seit 1993 Professor für Psychologie an der Westfälischen Wilhelms-Universität Münster.

Prof. Dr. Detlev Leutner, geb. 1954. Seit 1993 Inhaber des Lehrstuhls für Instruktionspsychologie an der PH/Universität Erfurt.

Prof. Dr. Franz Petermann, geb. 1953. Seit 1991 Inhaber des Lehrstuhls für Klinische Psychologie und seit 1996 Direktor des Zentrums für Klinische Psychologie und Rehabilitation der Universität Bremen.

Die Deutsche Bibliothek - CIP-Einheitsaufnahme

Ein Titeldatensatz für diese Publikation ist bei
Der Deutschen Bibliothek erhältlich.

Die bisherigen Auflagen des Buches sind unter dem Titel „Handbuch psychologischer und pädagogischer Tests“, herausgegeben von Rolf Brickenkamp, erschienen.

http://www.hogrefe.de
Aktuelle Informationen • Weitere Titel zum Thema • Ergänzende Materialien

Umschlaggraphik: Rolf Brickenkamp
Satz: Satzspiegel, 37176 Nörten-Hardenberg
Druck und Bindung: Druckerei Hubert & Co., 37079 Göttingen
Printed in Germany
Auf säurefreiem Papier gedruckt

ISBN 3-8017-1440-3

Geleitwort

Vor 1974, dem Erscheinungsjahr der ersten Auflage dieses Handbuchs, gab es kaum Möglichkeiten, sich schnell, objektiv und relativ umfassend über den Bestand an psychodiagnostischen Verfahren in Deutschland zu informieren. Es mangelte an geeigneten Nachschlagewerken, und die meisten Verlagsprospekte enthielten nur subjektive Testbeschreibungen aus Sicht der Autoren. Oft gingen die Werbetexte lediglich auf einzelne, willkürlich herausgegriffene Aspekte ein, ohne die wesentlichen testtheoretischen und praktischen Kriterien ausreichend zu berücksichtigen. Infolgedessen sagten diese Teilinformationen wenig aus über den objektiven Wert und Nutzen der Tests. Als Entscheidungsgrundlage für oder gegen die Anwendbarkeit eines Verfahrens in konkreten Fällen eigneten sich die kargen Informationen nicht.

Mit dem Handbuch psychologischer und pädagogischer Tests wurde versucht, diesem Mangel zu begegnen. Das Nachschlagewerk sollte sich vor allem an den Ansprüchen der potentiellen Benutzer orientieren, um ihnen die Arbeit so weit wie möglich zu erleichtern. Zu dieser Zielgruppe gehören selbstverständlich in erster Linie Psychologinnen und Psychologen. Sie benötigen in der Regel eine verläßliche Informationsquelle, die ihnen die optimale Auswahl psychodiagnostischer Instrumentarien für konkrete Praxisfälle und/oder Forschungsprojekte ermöglicht. Sie müssen in die Lage versetzt werden, sich aufgrund der im Handbuch referierten Fakten ein eigenständiges Urteil über die Testverfahren zu bilden. Darüber hinaus wurde aber auch an Pädagogen, Ärzte und Juristen gedacht, die Testergebnisse, mit denen sie beruflich konfrontiert werden, bewerten müssen. Grundsätzlich wurde angestrebt, den Benutzern alle wichtigen Informationen mit Hilfe eines klar gegliederten Beschreibungssystems, zahlreicher Tabellen und umfangreicher Register auf einfache und schnell überschaubare Weise zugänglich zu machen.

Vieles spricht dafür, daß es mit den vorangegangenen Auflagen gelungen ist, diese Zielvorstellungen im wesentlichen zu verwirklichen. Zu den Erfolgskriterien gehört nicht nur die Höhe der Auflagen, die weite Verbreitung des Handbuchs und die Tatsache, daß es sich mehr als ein Vierteljahrhundert auf dem Markt behaupten konnte. Dazu gehören mehr noch die Zeichen fachlicher und allgemeiner Anerkennung, die dem Werk zuteil wurden – beispielsweise die überwiegend positiven Rezensionen, die zahlreichen Hinweise in wissenschaftlichen Arbeiten und im Brockhaus. Am meisten aber zählt für mich die Zufriedenheit der Benutzer, die das Handbuch psychologischer und pädagogischer Tests in „Brickenkamp Handbuch" umbenannt haben. Manche sprechen kurz und bündig nur noch vom „Brickenkamp". Das ist eine Auszeichnung, die selten vergeben wird.

In den letzten Jahren haben sich die Informationsmöglichkeiten über deutschsprachige Testverfahren verbessert. Die Prospekte der wichtigsten Testverlage sind aussagekräftiger geworden. Partiell gibt es ernstzunehmende Konkurrenz auf dem Markt der Informationen. Ganz offensichtlich zeigen Ähnlichkeiten mit dem Original, z. B. die Nutzung von entsprechenden Beschreibungsschemata, daß man einige grundlegende Gestaltungskonzepte mehr oder weniger vom „Brickenkamp" übernommen hat.

Zur gleichen Zeit ist aber auch das Angebot an psychologischen und pädagogischen Tests umfangreicher und differenzierter geworden. Die Herausgebertätigkeit für Neuauflagen eines so umfassenden Testhandbuchs kann ein einzelner, der noch viele andere Aufgaben zu erfüllen hat, kaum noch zufriedenstellend leisten. Deshalb haben wir, der Hogrefe Verlag und ich, versucht, ein Team von geeigneten Fachleuten für die Fortsetzung des Testhandbuchs zu gewinnen. Insbesondere den intensiven Bemühungen von Herrn Dr. Hogrefe und Herrn Dr. Vogtmeier verdanken wir, daß dies gelungen ist. Wir haben außerordentlich fähige Nachfolger gefunden, die mit großem Engagement meine Arbeit fortsetzen. Jedes Mitglied des neuen Herausgeberteams ist fachlich ausgewiesen und zeichnet sich durch hervorragende Kompetenz auf diagnostischem Gebiet aus. Sie werden das bewährte, benutzerorientierte Konzept des Handbuchs fortführen, weiterentwickeln und gegebenenfalls an veränderte Ansprüche oder Gegebenheiten anpassen. Die gute Zusammenarbeit des Herausgeberteams, davon bin ich überzeugt, bietet die beste Gewähr dafür, daß das Niveau des „Brickenkamp Handbuchs" mit dieser neuen Auflage und den hoffentlich folgenden nicht nur gewahrt bleibt, sondern noch übertroffen wird. Dazu wünsche ich allen Beteiligten den verdienten Erfolg!

Zum Schluß bleibt mir nur noch die Verpflichtung, mich von allen, die in irgendeiner Weise – durch Förderung, Zusammenarbeit oder Kritik, als Produzenten oder Benutzer – am Entstehen des Testhandbuchs beteiligt sind oder waren, zu verabschieden. Es würde zu weit führen, sie hier alle namentlich zu erwähnen. Außerdem möchte ich mich nicht der Gefahr aussetzen, meinen Dank ungerecht zu verteilen, falsche Rangfolgen zu bilden oder möglicherweise jemanden zu vergessen, den ich gar nicht ausschließen will. Deshalb bitte ich um Verständnis, daß ich ihnen allen nur ein schlichtes, aber herzliches „Danke" sage.

Im Oktober 2001 Rolf Brickenkamp

Inhaltsverzeichnis

Teilband 1:

Teilband 2:

Vorwort zur dritten Auflage

Ein Nachschlagewerk weckt bei vielen Benutzern die Erwartung, eine aktuelle und praktische Entscheidungshilfe zu bekommen. Gerade in der psychologischen Diagnostik ist es heute so, daß wir über eine Fülle von Testverfahren verfügen, die sich von Jahr zu Jahr vergrößert. Somit wird es immer schwieriger, das jeweils angemessenste Verfahren für eine gezielte Fragestellung auszuwählen. Eine solche Auswahl setzt zunächst eine systematische Bestandsaufnahme voraus. Diesen Schritt sollte das vorliegende Nachschlagewerk liefern, wobei in der dritten, erweiterten Auflage eine Vielzahl neuer Tests (ca. 170 Verfahren) aufgenommen wurde; einige ältere Verfahren mußten auch gestrichen werden. Details der Auswahl werden in den einleitenden Ausführungen zur Konzeption des Handbuchs erläutert.

Die neue Herausgebergruppe dankt Herrn Kollegen Rolf Brickenkamp für seine Pionierarbeit in den letzten 30 Jahren, ohne die das vorliegende Werk nicht existieren würde. Seine langjährigen Aktivitäten machten das Nachschlagewerk zu einer umfassenden Sammlung für pädagogische und psychologische Tests im deutschen Sprachraum. Wir danken Herrn Brickenkamp weiterhin für das Vertrauen, das er uns entgegenbrachte. Wir hoffen, daß wir mit der vorliegenden Neuauflage seine Bemühungen in angemessener Weise fortführen können. Wir danken Herrn Brickenkamp auch für die Freiheiten, die er uns dabei ließ, „sein Werk“ in unserem Sinne zu gestalten. Als neue Herausgebergruppe möchten wir die Tradition des „Brickenkamps“ fortführen.

Die Herausgebergruppe wurde auf Vorschlag des Hogrefe-Verlages zusammengestellt. Dieser unterstützte unsere Arbeit in jeder Phase der Realisierung des Handbuchs. Wir danken hierbei vor allem Herrn Dr. Michael Vogtmeier und Frau Dipl.-Psych. Susanne Weidinger. Beide Ansprechpartner im Verlag begegneten uns mit Wohlwollen und Geduld, wobei wir manchmal die letztere stark strapazierten, da sich die Fertigstellung der dritten Auflage um gut ein Jahr verzögert hat.

Abschließend hoffen wir, daß das vorliegende Buch auch von den Nachbardisziplinen, die Informationen zu psychologischen und pädagogischen Tests benötigen, akzeptiert wird. Jahrzehntelang war der „Brickenkamp“ vor allem in dieser Hinsicht ein wertvolles Nachschlagewerk u. a. für Lehrer, Juristen und Ärzte. Wir hoffen, daß dies auch zukünftig so sein wird und ermuntern unsere Leserschaft zu Rückmeldungen – in jeder Form.

Leipzig, Münster, Erfurt und Bremen, im Januar 2002

Elmar Brähler, Heinz Holling, Detlev Leutner und Franz Petermann

Zur Konzeption des Handbuchs

Franz Petermann, Heinz Holling, Detlev Leutner und Elmar Brähler

Einleitung

Psychometrische Testverfahren dienen der Erhebung und Aufbereitung von Informationen, um begründete Entscheidungen zu treffen. Systematisch erhobene Informationen werden zur Interventionsplanung und Praxiskontrolle benötigt und sollen damit Einzelfallentscheidungen nachvollziehbar gestalten und optimieren (vgl. Petermann & Müller, 2001). In den letzten Jahren wurde eine Vielzahl neuer psychometrischer Verfahren entwickelt, die den Handlungs- und Praxisbezug diagnostischer Entscheidungen in den Vordergrund stellen, was bedeutet, daß immer spezifischere Verfahren publiziert werden. Dieses vergrößerte Angebot bewirkt, daß heute sehr viele diagnostische Fragestellungen anspruchsvoll beantwortet werden können. Selbstverständlich mußten wir bei der Neugestaltung dieses Handbuchs auf solche Trends eingehen. Als Folge mußten wir diese Auflage um ungefähr 170 neue Verfahren erweitern. Im Gegenzug wurden im Vergleich zur zweiten Auflage 61 Verfahren gestrichen, die inzwischen vergriffen sind; zudem entfielen einige Verfahren aus methodischen Gründen beziehungsweise weil sie veraltet waren. Insgesamt hat sich der Umfang des Handbuchs so stark erweitert, daß mit dieser Auflage zwei Teilbände notwendig wurden.

Zielsetzung. Das Handbuch psychologischer und pädagogischer Tests wurde konzipiert, um die oben genannten Voraussetzungen zu schaffen. Es soll den Benutzern, vor allem Psychologen, Medizinern, Juristen und Pädagogen, einen repräsentativen Überblick über deutschsprachige Verfahren, die im Handel erhältlich sind, geben und in objektiver und komprimierter Form über ihre Grundkonzepte, Durchführungsbedingungen, Auswertungsmöglichkeiten und Gütekriterien informieren.

Auswahlkriterien für Tests. Wie schon in den vorherigen Auflagen soll das Testhandbuch als Nachschlagewerk einen Überblick über die wichtigsten deutschsprachigen psychologischen und pädagogischen Tests geben. Bei der Vielzahl der Verfahren ist es schwierig, zu einer angemessenen Auswahl zu gelangen. Erhebt man die Kriterien einer modernen Testkonstruktion (z. B. Rost, 1996) zu den alleinigen Auswahlkriterien, würden viele tradierte Verfahren „auf der Strecke“ bleiben. Dies betrifft vor allem ältere Verfahren und insbesondere Persönlichkeits-Entfaltungsverfahren; einige dieser Verfahren wurden von uns gestrichen, da sie nach unserer Einschätzung konzeptionell überholt und durch neuere Ansätze ersetzt wurden. Dennoch wurden viele „projektive Verfahren“ in die dritte Auflage aufgenommen, obwohl die Herausgeber die berechtigten Bedenken, die gegenüber solchen Ansätzen bestehen, teilen.

Aus Gründen der Übersichtlichkeit wurden computergestützte Testsysteme bzw. Testbatterien nicht aufgenommen. Liegen jedoch Testverfahren auch in einer Computerversion vor, wurde darauf hingewiesen. Ausgeklammert wurden auch klinische Checklisten, da solche Verfahren in der Regel auf Entwicklungsschritten basieren, die nicht in allen Punkten die Vorgaben einer Testkonstruktion erfüllen.

Darüber hinaus orientieren wir uns an den Auswahlkriterien früherer Auflagen: Es wurden nur deutschsprachige Testverfahren berücksichtigt, die erschienen und nicht vergriffen sind. Die Verfahren sollten einen gewissen Verbreitungsgrad aufweisen, über ein publiziertes Handbuch und eine aktuelle, gültige Normierung verfügen.

Klassifikation von Tests

Tests können nach formalen und inhaltlichen Kriterien gegliedert werden. So kann es für die Durchführung einer Untersuchung wichtig sein, ob ein Verfahren nur im Einzel- oder auch im Gruppenversuch anzuwenden ist, ob es besondere Ansprüche an das Sprachverständnis des Probanden stellt, der vielleicht Ausländer ist, oder ob das Verfahren motorische Reaktionen verlangt, die vielleicht ein Körperbehinderter nicht zu leisten vermag. Ein wesentlicher Nachteil einer nur nach formalen Gesichtspunkten vorgenommenen Klassifikation wird bei der Frage nach der Testindikation deutlich. Formale Gesichtspunkte sagen nichts über den Zweck eines Verfahrens aus, das heißt, sie informieren nicht über das, was ein bestimmter Test erfassen will. Darum geht es jedoch in der Praxis in erster Linie.

Erst durch eine inhaltliche Klassifikation wird ein Handbuch für den Praktiker zu einem nützlichen Instrument. Hierbei knüpfen wir an die bisherigen Auflagen an und gliedern die Verfahren nach den Kategorien *Leistungstests*, *Psychometrische Persönlichkeitstests* und *Persönlichkeits-Entfaltungsverfahren.* Grob liegt damit eine Zweiteilung in Leistungs- und Persönlichkeitstests vor. Diese Verfahren sollen unterschiedliche Reaktionsweisen, einmal maximales und einmal typisches Verhalten, erfassen.

Die weitere Aufteilung der Persönlichkeitstests in *Psychometrische Persönlichkeitstests* und *Persönlichkeits-Entfaltungsverfahren* läßt sich durch unterschiedliche Konstruktionsprinzipien rechtfertigen, die diesen Verfahren zugrunde liegen. Während psychometrische Persönlichkeitstests spezifische, klar strukturierte Stimuli vorgeben, um spezifische Verhaltensaspekte direkt oder indirekt (über Selbstauskünfte in Fragebogen) zu messen, verwenden Entfaltungsverfahren relativ unspezifische, wenig strukturierte Reize bzw. globale Aufgabenstellungen, die den Reaktionen der Probanden einen relativ großen Freiraum lassen, in dem sie sich „individuell bewegen und entfalten“ können. Es geht hierbei weniger oder gar nicht darum, *bestimmte* Verhaltensaspekte zu *messen,* sondern darum, Individualität, zum Beispiel in Form von Äußerungen über persönliche Konflikte, zu provozieren. Manche Autoren verwenden für diese Kategorie den Namen *projektive Tests.* Wegen des umstrittenen Projektionsbegriffs, der die Autoren dieser Verfahren weniger verbindet als entzweit, und weil „Projektion“ nicht immer das wesentliche Charakteristikum dieser Tests ist, wurde hier von dieser Benennung abgewichen.

Leistungstests werden gelegentlich auch als „Fähigkeitstests“ bezeichnet. Direkt meßbar sind allerdings nur aktuelle Leistungen, die in einer bestimmten Situation, an einem bestimmten Ort und anhand eines bestimmten Materials erbracht werden. Ob und inwieweit von diesen Leistungen auf Fähigkeiten geschlossen werden kann, die diesen Leistungen womöglich zugrunde liegen, muß eine Frage der Interpretation bleiben, die ihrerseits natürlich auch noch von der impliziten Persönlichkeitstheorie des Diagnostikers abhängt. Jedenfalls messen wir streng genommen keine Fähigkeiten oder Dispositionen, sondern Verhaltensausschnitte, die mit jeweils mehr oder weniger hoher Sicherheit repräsentativ für den Probanden sind und damit Rückschlüsse auf analoges Verhalten außerhalb der Testsituation zulassen. Der Begriff „Fähigkeitstest" würde dem Laien suggerieren, daß er mit diesem Verfahren Fähigkeiten unmittelbar messen kann. Der Begriff „Leistungstest" hat demgegenüber den Vorzug, in dieser Hinsicht neutraler zu sein.

Die weitere Untergliederung der drei Testgruppen ist dem folgenden Klassifikationsmodell zu entnehmen (vgl. Kasten 1).

Kasten 1: Klassifikationsmodell psychologischer und pädagogischer Tests

1.	**Leistungstests**
1.1	Entwicklungstests
1.2	Intelligenztests
1.3	Allgemeine Leistungstests
1.4	Schultests
1.4.1	Einschulungstests
1.4.2	Spezielle Schuleignungstests
1.4.3	Mehrfächertests
1.4.4	Lesetests
1.4.5	Rechtschreibtests
1.4.6	Mathematik- und Rechentests
1.4.7	Sonstige Schultests
1.5	Spezielle Funktionsprüfungs- und Eignungstests
2.	**Psychometrische Persönlichkeitstests**
2.1	Persönlichkeits-Struktur-Tests
2.2	Einstellungs- und Interessentests
2.3	Klinische Tests
2.3.1	Fragebogen
2.3.2	Interviews
2.3.3	Sonstige klinische Verfahren
3.	**Persönlichkeits-Entfaltungsverfahren**
3.1	Formdeuteverfahren
3.2	Verbal-thematische Verfahren
3.3	Zeichnerische und Gestaltungsverfahren

Die verschiedenen Untergruppen aus Kasten 1 sollen im folgenden kurz erläutert werden.

Gruppe 1: Leistungstests

1.1 Entwicklungstests. Hierzu zählen allgemeine und spezielle Entwicklungstests. Dabei kann mit Hilfe allgemeiner Entwicklungstests der Entwicklungsstand des gesamten Verhaltensspektrums erfaßt werden, während spezielle Entwicklungstests nur der Abbildung einzelner Funktionsbereiche (z. B. der Motorik, der Sprache oder der visuellen Wahrnehmung) dienen. Mit Hilfe eines Entwicklungstests soll ein Kind anhand beobachteter Verhaltensweisen auf einem Kontinuum lokalisiert werden (vgl. Döpfner, Lehmkuhl, Petermann & Scheithauer, 2000). Gegenüber der letzten Auflage (1997) hat sich die Anzahl der Entwicklungstests, die in das Handbuch aufgenommen wurden, verdoppelt.

1.2 Intelligenztests. Da es keine einheitliche Definition von Intelligenz gibt, werden dieser Kategorie alle Testverfahren zugeordnet, die von ihren Autoren als Intelligenztest charakterisiert werden. Dabei wird im Einzelfall auf das jeweilige Konzept eingegangen, das die Testautoren ihrem Test zugrunde legen. Dieser Kategorie nicht zugeordnet wurden Verfahren, die quasi „nebenbei" auch noch intellektuelle Faktoren zu messen beanspruchen.

1.3 Allgemeine Leistungstests. Diese Testkategorie umfaßt Verfahren, die allgemeine Voraussetzungen der Leistungsfähigkeit erfassen sollen, nämlich das, was mit *Aufmerksamkeit, Konzentration, allgemeiner Aktiviertheit* oder dergleichen bezeichnet wird. Demnach beziehen sich die Hauptmerkmale dieser Tests auf einen Faktor, der als „anhaltende Konzentration bei geistiger Tempoarbeit" beschrieben wird.

1.4 Schultests. Die Gruppe der Schultests umfaßt Verfahren, die die Frage der Schulfähigkeit (Schulreife bzw. Umschulung) direkt betreffen. Sie enthält aber auch Tests, die den Leistungs- und Kenntnisstand der Lernenden in bestimmten Fächern erfassen sollen. Bei solchen Verfahren handelt es sich um Lese-, Rechtschreib- und Mathematiktests. Ausschlag für die Zuordnung zur Gruppe der Schultests gibt nicht die Standardisierung eines Tests an Schulkindern, sondern der direkte, inhaltliche Bezug zu Schule und Ausbildung.

1.5 Spezielle Funktionsprüfungs- und Eignungstests. Innerhalb dieser Gruppe befinden sich Tests zur Prüfung spezieller Funktionen wie Händigkeit oder Psychomotorik. In der Regel stehen diese Funktionen in einem engen Zusammenhang zur Berufseignung. Aus diesem Grund wurden sie auch mit den Berufseignungstests zusammengelegt. Die Vielzahl und Differenziertheit beruflicher Anforderungen bedingt die heterogene Struktur dieser Testkategorie.

Gruppe 2: Psychometrische Persönlichkeitstests

2.1 Persönlichkeits-Struktur-Tests. Der Begriff „Struktur" ist in diesem Zusammenhang nicht an bestimmte strukturale Persönlichkeitstheorien gebunden. Er meint, daß es sich hier um eine Gruppe mehrdimensionaler Persönlichkeitstests handelt, denen jeweils eigene Ordnungsgesichtspunkte zugrunde liegen. Als gemeinsames Charakteristikum gilt die Messung mehrerer Persönlichkeitsmerkmale ohne apparativen Aufwand, wobei zu spezifizieren ist, daß die Persönlichkeitsmerkmale im Bereich der sogenannten normalen Persönlichkeit quantifizierbar sein müssen. Ausgegliedert werden mehrdimensionale, psychometrische Persönlichkeitstests, die Einstellungen, Werthaltungen oder Interessen erfassen sollen.

2.2 Einstellungs- und Interessentests. Einstellungstests messen die Einstellung zu Sachverhalten oder die Meinung über bestimmte Bezugsobjekte (vgl. Westhoff, 1993). Einstellungs- und Interessentests basieren auf sozialpsychologischen Konzepten und können zu einer Kategorie zusammengefaßt werden.

2.3 Klinische Tests. Klinische Tests werden im allgemeinen für differentialdiagnostische Zwecke im psychopathologischen Bereich und im Grenzbereich zur Normalität eingesetzt. Sie dienen häufig als Entscheidungshilfe bei der Auswahl von Interventionsmaßnahmen und diversen Therapieformen. Außerdem läßt sich mit einigen Verfahren der Verlauf und Erfolg von medikamentösen und nicht-medikamentösen (Psycho-)Therapien kontrollieren (vgl. Schumacher & Brähler, 2000). Klinische Tests bilden zweifellos den umfassendsten Anwendungsbereich des vorliegenden Handbuchs. Zukünftige Auflagen werden deshalb in diesem Bereich eine Neustrukturierung vornehmen müssen.

Gruppe 3: Persönlichkeits-Entfaltungsverfahren

Während das hervorstechende Merkmal psychometrischer Persönlichkeitstests in der *quantitativen* Erfassung *bestimmter* Verhaltensmerkmale besteht, wird durch sogenannte Entfaltungsverfahren der persönliche Ausdruck mehr oder weniger vager Verhaltensaspekte des Probanden provoziert, aus denen der Diagnostiker – nach heterogenen, meist qualitativen Interpretationsmustern – seine Schlüsse zu ziehen hat. Eine weitere Klassifizierung dieser Gruppe von Testverfahren erfolgt nach formalen Gesichtspunkten, die sich auf der Basis unterschiedlicher Reaktionsweisen oder „Ausdrucksfelder" ergeben.

3.1 Formdeuteverfahren. Hier erhalten die Probanden relativ unstrukturiertes, nicht eindeutig erkennbares Reizmaterial (z. B. Tintenkleckse), das gedeutet werden soll. Grundsätzlich wird die Deutung mehrdeutiger Gebilde verlangt. Diese Deutungen klassifiziert, signiert und interpretiert der Diagnostiker nach vorgegebenen Richtlinien. Die Objektivität solcher Verfahren kann prinzipiell in Frage gestellt werden. Der populäre Rorschach-Test gilt als Prototyp der Formdeuteverfahren.

3.2 Verbal-thematische Verfahren. Die verbal-thematischen Verfahren konfrontieren den Probanden mit thematischem Reizmaterial (z. B. Wörtern, Sätzen, Bildern), das ihn zu einer verbalen Auseinandersetzung mit bestimmten Problemfeldern anregen soll. Zu den verbal-thematischen Verfahren zählen wir Assoziations-, Ergänzungs- und Erzählverfahren. Assoziationsverfahren bestehen aus Reizwörtern, die der Proband mit dem ersten Einfall beantworten soll. Die Thematik der Ergänzungsverfahren ergibt sich aus Satzanfängen, unvollständigen Geschichten, offenen sozialen Situationen, die dem Untersuchten einen weiten Spielraum der Beantwortung und Ergänzung lassen. Am bekanntesten wurde der Thematische Apperzeptionstest (TAT), der zu den Erzählverfahren gehört. Zu Bildvorlagen, die mehrdeutige (soziale) Situationen zeigen, sind Geschichten zu erzählen. Ein Problem grundsätzlicher Art liegt darin, inwieweit eigentlich diese Geschichten ausgewertet und interpretiert werden können. Es ist versucht worden, so unterschiedliche Aspekte wie dominante Triebe, Konflikte, Einstellungen, Intelligenz, Gefühle, Leistungsmotivation und Kreativität – um nur einige zu nennen – damit zu erschließen. Zu fragen bleibt jedoch, welche Persönlichkeitsmerkmale sich mit Hilfe verbal-thematischer Verfahren besser, das heißt objektiver, verläßlicher, valider und vielleicht auch ökonomischer, feststellen lassen.

3.3 Zeichnerische und Gestaltungsverfahren. Zeichnerische Verfahren fordern, wie der Name sagt, den Probanden zu Zeichnungen auf, die etwas über den Urheber aussagen sollen. Diese Verfahren lassen sich aufteilen in solche, die thematisch eine Zeichnung vorgeben (z. B. Zeichnung eines Menschen oder Apfelbaums), und in solche, die keine thematische Bindung vorschreiben, dafür aber möglicherweise die Beachtung formaler Elemente oder Richtlinien verlangen. Ein Beispiel für die thematisch ungebundenen, formal aber eingeschränkten Zeichentests ist der weithin bekannte Wartegg-Test. Die Auswertung von Zeichentests kann nach formalen und inhaltlichen Kriterien erfolgen.

Den Gestaltungsverfahren ordnen wir diejenigen Tests zu, die den Probanden auffordern, mit vorgegebenem Testmaterial bestimmte oder freie Themen darzustellen. Das Testmaterial kann aus den verschiedensten Utensilien bestehen. Es mag sich um Spielzeug, Farbplättchen, geometrische Figuren oder was auch immer handeln. Entscheidend ist, daß keine Leistungs-, sondern Gestaltungsabsichten im Vordergrund stehen, die dem Individuum persönliche Ausdrucksmöglichkeiten eröffnen.

Die Angemessenheit eines Testklassifikationsmodells für ein Nachschlagewerk kann am Grad der Auffindbarkeit gesuchter Verfahren überprüft werden. Der Benutzer muß in die Lage versetzt werden, diejenigen Verfahren möglichst schnell und unkompliziert herauszufinden, über die er sich näher informieren möchte. Die Auffindbarkeit hängt davon ab, in welchem Ausmaß unabhängigen Beurteilern eine zweifelsfreie und übereinstimmende Zuordnung der Verfahren gelingt. Nun darf jedoch nicht darüber außer acht gelassen werden, daß kein Klassifikationssystem eine eindeutige, überschneidungsfreie Ordnung in die historisch gewachsene Testvielfalt zu bringen vermag. Auch unser Modell schließt die Möglichkeit unterschiedlicher Einstufungen nicht völlig aus. Ein Beispiel dafür sind die Einschulungstests, die früher unter dem Namen „Schulreifetests" bekannt waren. Es handelt sich dabei um Verfahren, die die Schuleignung feststellen und insofern natürlich den Schultests zuzurechnen sind. Es könnte aber auch davon ausgegangen werden, daß diese Tests ein bestimmtes Stadium in der Entwicklung eines Menschen messen sollen. Unter diesem Aspekt wären sie als Entwicklungstests zu klassifizieren. Wenn wir uns schließlich dafür entschieden haben, sie den Schultests zuzuordnen, dann geschah das vor allem deshalb, weil dieser Ordnungsgesichtspunkt uns als der gewichtigere erschien, über den es zudem weniger Zweifel geben kann als über die Frage, ob Einschulungstests wirklich einen entwicklungspsychologisch bedeutsamen „Reifezustand" und nicht nur bestimmte Voraussetzungen für die Teilnahme am Unterricht eines spezifischen Schulsystems messen. Es ist jedoch nicht zu umgehen, daß solche Entscheidungen von unterschiedlichen Standpunkten aus getroffen werden können und darum bis zu einem gewissen Grade willkürlich bleiben müssen.

Übersichtstabellen als Orientierungshilfe

Die Übersichtstabellen sind nach dem Testklassifikationsmodell benannt, geordnet und durchnumeriert worden. Sie sind den Einzeldarstellungen der Tests innerhalb der einzelnen Gruppen (z. B. 1.1 Entwicklungstests, 1.2 Intelligenztests, 1.3. Allgemeine Leistungstests) vorgeordnet.

Die Tabellen bestehen im wesentlichen aus fünf Abschnitten. Der erste Abschnitt enthält die Namen der Tests (einschl. Abkürzung) und der Testautoren sowie einen Hinweis auf die Seitenzahl der Einzeldarstellung dieses Verfahrens. Die Reihenfolge der Tests ist nach dem vollständigen Testnamen alphabetisch angeordnet.

Der zweite Abschnitt informiert über Durchführungsgesichtspunkte. Es ist vermerkt, ob ein Test nur im Einzel- oder auch im Gruppenversuch durchführbar ist. Weiter wird Auskunft darüber gegeben, ob eine Parallelform existiert. Außerdem wird die Zeit für die Brutto- und Nettodurchführungsdauer genannt. Diese – wie alle anderen Angaben der Tabellen – stützt sich in der Regel auf die Angaben des Autors in der Handanweisung. Gelegentlich wurden die Schätzungen von den Bearbeitern ergänzt. Nettodurchführungszeiten umfassen nur die reine Testzeit, nicht aber den Zeitbedarf für die Instruktionen, der zusätzlich einkalkuliert werden muß. Bruttozeiten können wegen ihrer Abhängigkeit von äußeren Bedingungen nur grob kalkuliert werden. Die Zeitangaben bei zeitlich nicht begrenzten Verfahren sind naturgemäß nur als ungefähre Anhaltspunkte zu verstehen. Bei Zeitdifferenzen (z. B. 10 bis 20 Min.) erscheint zuweilen in der Tabelle nur der höhere Schätzwert, in diesem Fall also 20, weil sich Unterschätzungen auf den geplanten Untersuchungsgang in der Regel negativer auswirken als Zeitüberschätzungen. In der Praxis sind die Durchführungsbedingungen oft begrenzt. Es kann beispielsweise vorkommen, daß nur ein Gruppentest in Frage kommt, nur eine begrenzte Zeit zur Verfügung steht oder eine Wiederholung mit einem Paralleltest vorgesehen ist. Der zweite Abschnitt der Tabelle gibt somit im wesentlichen Auskunft über Kontraindikationen und Ökonomieaspekte der Tests. Neu aufgenommen wurde in diesem Tabellenabschnitt eine zusätzliche Spalte, die einen Hinweis darüber enthält, ob für das entsprechende Verfahren eine computergestützte Fassung vorliegt.

Der dritte Abschnitt befaßt sich mit Auswertungsmodalitäten, die den Zeitaufwand des Auswerters bestimmen. Es wird festgestellt, ob die Auswertung mit Hilfe von Schablonen erfolgen kann und ob eine Auswertungssoftware vorliegt. Existieren Angaben zur ungefähren Auswertungszeit, werden diese mitgeteilt.

Der vierte Abschnitt schließlich behandelt die wichtigsten Aspekte, nach denen Tests vorrangig beurteilt und ausgewählt werden sollten, nämlich die Gütekriterien: Objektivität, Reliabilität, Validität und Normen. Es ist aber kaum möglich, den Grad der Realisation jener Gütekriterien in einer einigermaßen lesbaren Tabelle exakt zu fixieren, da die Angaben dazu nach Art und Größe der Stichproben und nach den angewandten Methoden aufgeschlüsselt werden müßten.

Die Beurteilungen der Reliabilität oder Validität eines Verfahrens sind wesentlich komplizierter, als daß man sie alternativ mit „vorhanden“ oder „nicht vorhanden“ bezeichnen könnte. Obwohl hohe Reliabilitäts- und Validitätskoeffizienten erwünscht sind, können Tests mit mäßigen oder sogar niedrigen Koeffizienten nicht immer und in jedem

Fall für unbrauchbar gehalten werden. Es kommt dabei auf den Verwendungszweck und die Funktion an, die diese Tests innerhalb einer bestimmten Strategie haben sollen.

Es soll noch einmal betont werden, daß zum Beispiel ein „ja" bzw. „vorhanden" in der Rubrik Reliabilität lediglich angibt, daß Angaben zur Reliabilität vorliegen. Keinesfalls ist damit zugleich festgestellt, daß die Testzuverlässigkeit wissenschaftlichen Ansprüchen voll genügt. Ein „nein" bzw. „nicht vorhanden" in derselben Spalte besagt lediglich, daß der Testautor keine Angaben über die Zuverlässigkeit seiner Testwerte gemacht hat bzw. daß innerhalb der Einzeldarstellungen des Handbuchs keine Angaben dazu gemacht werden konnten, was natürlich zunächst einmal erhebliche Zweifel an der Reliabilität des Verfahrens rechtfertigt.

Im fünften Abschnitt wird schließlich der Anwendungsbereich hinsichtlich Alter bzw. Schulklasse umrissen. Diese Angaben sind für den Testbenutzer von besonderer Wichtigkeit, denn das Alter als bekannte Variable des Probanden kann unter Umständen allein schon darüber entscheiden, ob ein bestimmtes Verfahren überhaupt in Betracht kommt oder nicht.

Damit keine Verwirrung durch die Benutzung vieler unterschiedlicher Symbole auftritt, werden nur drei Symbole verwendet: Ein ausgefüllter, geschwärzter Kreis bedeutet soviel wie „ja" bzw. „vorhanden", ein leerer Kreis bedeutet „nein" bzw. „nicht vorhanden" und ein fett umrandeter Kreis bedeutet „teilweise". Sofern im Einzelfall zusätzliche Angaben erforderlich sind, werden diese innerhalb der Tabelle besonders erläutert.

Wie die Tabellen zu lesen sind, läßt sich am besten anhand der Mustertabelle auf Seite XIX erläutern. Der erste Tabellenabschnitt enthält den Testnamen. In der nächsten Spalte stehen die Namen der Testautoren. Die dritte Spalte der Tabelle, die mit „Seite" überschrieben ist, gibt den Ort an, wo die Einzeldarstellung des Tests zu finden ist.

Dem Abschnitt „Durchführung" kann entnommen werden, ob der Test nur im Einzel- oder auch im Gruppenversuch durchgeführt werden kann. Der „Alpha-Test" kann nach der Mustertabelle nur teilweise im Gruppenversuch Verwendung finden. Der „Omega-Test" wird in der Tabelle als reiner Individualtest gekennzeichnet. Parallelformen existieren nur für die ersten beiden Tests der Tabelle. Der „Omega-Test" hat nur teilweise, das heißt für einen Teil seiner Untertests, Parallelformen. Alle Zeitangaben der Tabelle sind grundsätzlich in Minuten ausgedrückt. Die Angabe der Nettodurchführungszeit von 14 Minuten für den „Beta-Test" bezieht sich auf die „reine" Testzeit ohne Instruktionen. Rechnet man den zusätzlichen Zeitbedarf für Instruktionen, Übungsbeispiele und dergleichen hinzu, ergibt sich die sogenannte Bruttozeit von – in diesem Fall – annähernd 20 Minuten. Es liegt in der Natur der Sache, daß Angaben der Bruttotestzeit nur sehr grobe Anhaltspunkte darstellen können. In der Regel enthält die Tabelle die Maximalschätzungen der Testautoren, sofern diese überhaupt vorliegen. Weiterhin ist der Tabelle zu entnehmen, daß für den „Alpha-, Gamma- und Omega-Test" computergestützte Testversionen vorliegen, nicht jedoch für den „Beta-Test".

Im Abschnitt „Auswertung" wird darüber informiert, ob der Test mit Hilfe von Auswertungsschablonen bzw. Auswertungsschlüsseln (Omega- und teilweise Alpha-Test) ausgewertet werden kann und wieviel Zeit in etwa dafür zu veranschlagen ist (Alpha-Test: 8 Minuten; Gamma-Test: 15 Minuten). Auch bei diesen Angaben handelt es sich in der

1.2 Intelligenztests

Muster*

● = ja
◎ = teilweise
○ = nein
k.A.= keine Angaben

Testname	Autor(en)	Seite	Durchführung					Auswertung			Gütekriterien				Alter
			Gruppentest	Parallelform	Zeitangabe netto (Min.)	Zeitangabe brutto (Min.)	computergestützte Fassung	Schabl./Schlüss.	Auswertungssoftw.	Zeitangabe (Min.)	Objektivität	Reliabilität	emp. Validität	Normen	(Jahre oder Schuljahre (J/Sj))
Alpha-Test	Xerxes	XXX	◎	●		25	◎	◎	○	8	●	●	○	○	5–14 J
Beta-Test	Agamemnon	XXX	○	●	14	20	○	○	●		○	○	○	●	7–13 J
Gamma-Test	Pluto u.a.	XXX	●	○		25	●	○	○	15	○	●	●	○	ab 9 J
Omega-Test	Apollo u. Mars	XXX	○	◎		30	●	●	○		●	◎	○	○	k.A.

*In dieser Mustertabelle sind alle Eintragungen fiktiv.

Regel um Maximalschätzungen. Der Benutzer des Handbuchs kann aus eigener Erfahrung Richtwerte in die Tabelle einsetzen.

Wichtig ist, daß die Angaben des Abschnitts „Gütekriterien" nicht überinterpretiert werden. Die Mustertabelle zeigt zum Beispiel, daß Angaben zur Objektivität für drei der aufgeführten Tests vorliegen. Das bedeutet jedoch, wie gesagt, nicht unbedingt, daß die Objektivität dieser Verfahren als gesichert anzusehen ist. Analog verhält es sich mit den anderen Angaben zur Reliabilität, Validität und Normierung innerhalb dieses Abschnitts. Wenn nicht für alle wesentlichen Testwerte Angaben vorliegen, wird das Zeichen „teilweise" in die Tabelle eingesetzt. Auf die Mustertabelle angewandt heißt das, daß für den „Omega-Test" Objektivität gegeben ist, teilweise Reliabilitätsprüfungen vorliegen, Validitätsbelege und Normen fehlen.

Der letzte Tabellenabschnitt „Alter" gibt den Altersbereich (bzw. die Schulklassen) an, innerhalb dessen ein Verfahren anwendbar ist. Das Kürzel „k.A." bedeutet, daß keine Angaben dazu seitens des Testautors vorliegen. Ein Blick auf die Mustertabelle läßt erkennen, daß der „Alpha-Test" für die Altersspanne von fünf bis 14 Jahren geeignet ist, während der „Beta-Test" bei Sieben- bis Dreizehnjährigen und der „Gamma-Test" ab neun Jahren angewendet werden kann.

Aufbau der Testdarstellungen

Die Testbeschreibungen beginnen mit der Auflistung folgender Punkte:
- *Testname und Abkürzung*
- *Name(n) des Autors/der Autoren*
  darunter ggf. Name(n) des/der Herausgeber(s)
- *Verlagsort: Verlagsname, ggf. Auflage, Jahr*

Die Schreibweise der Abkürzungen von Testnamen ist teilweise sehr unterschiedlich. Wir praktizieren im Handbuch eine vereinheitlichte Schreibweise ohne Bindestriche und Punkte (z. B.: nicht I-S-T, sondern IST; nicht S.O.N., sondern SON). Bindestriche können jedoch bei zusätzlichen Angaben (z. B. für Altersgruppen, Schulklassen oder besondere Versionen) gesetzt werden: MOT 4–6, EAS-C (für Computerversion), LMT-J (für Jugendliche).

Das nachfolgend aufgelistete Darstellungsschema ist relativ differenziert angelegt, um die Auffindbarkeit spezifischer Informationen zu erleichtern. Zu den acht Hauptkategorien und ihren Untergliederungen seien einige erklärende Anmerkungen hinzugefügt, die den Bearbeitern und Verfassern im wesentlichen als Richtschnur dienten. Die Darstellungsform soll eine anwendungsbezogene Beurteilung der Verfahren ermöglichen. Alle Informationen, die dazu erforderlich sind, sollten aufgenommen werden. Wir haben dafür auf das bewährte Darstellungsschema der früheren Auflagen dieses Handbuchs zurückgegriffen.

(1) Testart

Die hier verwendeten Bezeichnungen folgen unserem eingangs dargelegten Klassifikationsmodell für Testverfahren.

(2) Testmaterial

Hierunter werden die zur Durchführung und Auswertung eines Testverfahrens benötigten Unterlagen verstanden. Zu unterscheiden ist hierbei zwischen dem eigentlichen Testmaterial, das vom jeweiligen Verlag bezogen wird, und den zusätzlichen (technischen) Voraussetzungen. Hier kommen PC, Stoppuhren, Schreibgeräte und ähnliches in Betracht. Auf diese zusätzlichen Materialien wird gesondert hingewiesen.

(3) Testgliederung

Dieser Punkt enthält eine kurze Charakteristik des Testaufbaus, wobei hierunter die zu einem Testverfahren gehörigen Untertests, evtl. die Anzahl der Items sowie eine Angabe der Bereiche, denen sie entnommen sind, verstanden wird. Es ist daraus ersichtlich, ob es sich um einen homogenen Test (mit oder ohne zeitliche Gliederung) oder einen heterogenen Test handelt.

(4) Grundkonzept

Unter dieser Rubrik werden das Konzept und die Zielvorstellungen des Testautors ausgeführt. In der Regel werden dazu Kernaussagen des Autors zitiert. Dadurch sollen die impliziten oder expliziten theoretischen oder konzeptuellen Vorannahmen des Verfahrens erläutert werden. Des weiteren erfolgen Aussagen zum Anwendungsbereich (Indikation vs. Kontraindikation), wodurch die Praxisrelevanz illustriert wird. Kritisch wird angemerkt, inwieweit das Konzept realisiert wurde und ob es Widersprüche zu Vorannahmen im Rahmen der Testkonstruktion gibt.

(5) Durchführung

5.1 Alter: Es werden die Altersangaben der Handanweisung übernommen. Fehlen diese Angaben, wird das durch den Vermerk „keine Angaben“ gekennzeichnet. Werden Angaben anderer Autoren zugrunde gelegt, so wird dies ausdrücklich (mit Literaturhinweis) vermerkt. Schätzt der Bearbeiter den Zielgruppenbereich des Tests hinsichtlich der Altersgruppe selbst ein, wird diese Schätzung in Klammern (und evtl. mit dem Zusatz „ca.“) nach dem Hinweis „keine Angaben“ eingefügt. Damit soll verdeutlicht werden, daß es sich dabei lediglich um eine Schätzung handelt. Bei Schultests und gelegentlich auch bei anderen Verfahren wird anstelle des Alters häufig die Schulstufe/Klasse angegeben. In solchen Fällen ist die Überschrift dieser Rubrik entsprechend zu erweitern („5.1 Alter-Klasse“).

5.2 Formen: Hier finden sich Angaben darüber, ob es sich um einen Gruppen- und/oder Einzeltest handelt und welche Testvarianten zur Verfügung stehen, z. B. Parallelformen, Lang- und Kurzformen, geschlechtsspezifische Testformen. Wenn der Test auch in einer computergestützten Form vorliegt, sollte es einen Hinweis darauf geben.

5.3 Handhabung: Beschrieben wird die Art und Weise des Untersuchungsvorgangs, wobei vor allem folgende Fragen beantwortet werden: Wie wird dem Probanden der Test vorgegeben? Welche Aufgaben hat der Testleiter zu erfüllen? In welcher Weise hat sich der Proband mit dem Testmaterial auseinanderzusetzen und welche Kompetenzen (z. B. sprachlicher Art) werden vom Probanden verlangt? (Aus diesen Angaben lassen sich unter Umständen wichtige Rückschlüsse auf Kontraindikationen ziehen.)

5.4 Zeit: Die Durchführungszeit wird nach den Angaben der Testautoren in Minuten ausgedrückt. Sofern solche Informationen fehlen, wird dies vermerkt. Bei den Angaben muß man zwischen Brutto- und Nettozeit unterscheiden. Die Bruttozeit umfaßt die gesamte Durchführung (einschließlich Testvorgabe, Instruktion), während die Nettozeit lediglich die Zeitspanne umfaßt, die dem Probanden bei „speed tests“ zur Erledigung der Testaufgaben zur Verfügung steht. Bei Verfahren, die keiner zeitlichen Beschränkung unterliegen, sind nach Möglichkeit ungefähre Schätzungen des erforderlichen Zeitbedarfs angegeben.

(6) Auswertung

6.1 Modus: Es wird kurz der Auswertungsvorgang beschrieben und angegeben, welche Kennwerte ermittelt werden. Auf eventuelle Probleme (Ungenauigkeit der Passung der Schablone(n), ungenaue oder unvollständige Auswertungsrichtlinien, Fehler bei der Zuordnung von Items zu Skalen usw.) wird hingewiesen.

6.2 Zeit: Es erfolgt eine Angabe zur Auswertungszeit (in Minuten) laut Handanweisung oder eine ungefähre eigene Einschätzung (in Klammern). Ansonsten: „keine Angaben“.

(7) Gütekriterien

7.1 Objektivität: Neuere Verfahren sind normalerweise hinreichend objektiv. Wenn nicht, wird differenziert zwischen Durchführungs-, Auswertungs- und Interpretationsobjektivität.

7.2 Reliabilität: Hierzu liegen besonders differenzierte Angaben vor (Methode, Stichprobengröße). Wenn Retestkoeffizienten (Stabilitätskoeffizienten) vorliegen, wird der zeitliche Abstand zwischen 1. und 2. Testdurchführung angegeben. Liegen zur Reliabilität mehrere Studien vor, werden die Ergebnisse zusammenfassend dargestellt.

7.3 Validität: Es erfolgen Hinweise auf Validitätsstudien (z. B. differentielle, diskriminante, konvergente, Konstruktvalidität). Aus solchen Aussagen kann geschlußfolgert werden, ob die Ergebnisse im Einklang mit dem Grundkonzept stehen. Liegen viele Studien vor, werden diese nur knapp zusammengefaßt.

7.4 Normen: Es wird angegeben, welche Art(en) von Normen (Standardwerte, Prozentränge, Quartilwerte, Stanine usw.) vorliegen sowie wann und an welchen Stichproben sie erhoben wurden. Auf eine Neunormierung wird gesondert hingewiesen.

(8) Literatur

Bei den Literaturangaben wurden nur wichtige Beiträge (inkl. Rezensionen) angeführt, die nach der Publikation der Handanweisung erschienen und neueren Datums sind (möglichst nicht älter als fünf Jahre).

Am Ende jeder Testdarstellung erfolgt ein Hinweis auf den Autor der Ausarbeitung, wobei zwischen Bearbeiter und Verfasser unterschieden wird. Diese Differenzierung verdeutlicht folgende Konvention bei der Erstellung des Handbuchs:

(a) Bearbeiter: Lag in der 2. Auflage bereits eine Testdarstellung vor, dann wurden – sofern der Test den aktualisierten Auswahlkriterien entsprach – lediglich die vorliegenden Ausführungen aktualisiert (= bearbeitet). In diesen Fällen wurde der verantwortliche Autor als „Bearbeiter" ausgewiesen.

(b) Verfasser: Bei allen neu aufgenommenen Testdarstellungen wurde der verantwortliche Autor als „Verfasser" gekennzeichnet.

Perspektiven

Ein Handbuch repräsentiert eine Zustandsbeschreibung, die mit einer Aufforderung verknüpft sein sollte, in die Zukunft zu blicken. Aus diesem Grund sollen abschließend einige Überlegungen für zukünftige Entwicklungen angestellt werden:

- Bei der Testentwicklung und Testanwendung sollten verstärkt Aspekte der Qualitätssicherung berücksichtigt werden (vgl. Tewes, 1998), wobei man sich einerseits an den Leitlinien für die Psychotherapieforschung (vgl. Buchkremer & Klingberg, 2001) und andererseits an den internationalen Standards für pädagogisches und psychologisches Testen (deutsche Fassung von Häcker, Leutner & Amelang, 1998) orientieren kann.
- Auch die etablierten und häufig eingesetzten psychologischen und pädagogischen Testverfahren müssen zukünftig einer kontinuierlichen, testkritischen Bewertung unterzogen werden (vgl. Kubinger, 1997) und sich auf diese Weise weiterentwickeln.
- Die Testkonstruktion sollte in einem stärkeren Ausmaß anhand von Modellen der modernen probabilistischen Testtheorie erfolgen. Dabei kommt insbesondere dem Rasch-Modell aufgrund der spezifischen Objektivität eine besondere Stellung zu (vgl. Rost, 1996).
- Die Testanwendung gewinnt durch Fallbücher für Praktiker und praxisorientierte Publikationen an Transparenz (vgl. Petermann, 2000; Petermann & Petermann, 2000). Praxisorientierte Buchreihen existieren international seit 1999 unter dem Titel „Essentials of Psychological Assessment" (herausgegeben von Kaufman & Kaufman, 1999 ff.) und seit 2000 im deutschsprachigen Raum unter dem Titel „Kompendien Psychologische Diagnostik" (bei Hogrefe; herausgegeben von Petermann & Holling).
- Ein besonders innovativer Bereich, der in zukünftigen Auflagen dieses Handbuchs mehr Beachtung finden sollte, bildet die klinisch-neuropsychologische Diagnostik (vgl. Groth-Marnat, 2000; Heubrock & Petermann, 2000).

Der Leser soll abschließend noch auf eine Vielzahl von „Sparten-Handbüchern" verwiesen werden, die Testsammlungen für Spezialgebiete anbieten. Im folgenden sollen nur einige genannt werden:

- Lebensqualitäts-Skalen (Spilker, 1996),
- Psychiatrie-Skalen (CIPS, 1996),
- Neuropsychologische Tests (Groth-Marnat, 2000),
- Ehe-, Familien- und Lebensberatung (Klann, Hahlweg & Heinrichs, 2002),
- Psychologische Tests in der Gerontologie (Lichtenberg, 1999),
- Psychologische Tests in der Kinderheilkunde (Rodrique, Geffken & Streisand, 2000),
- Psychologische Tests in der Rehabilitation (Biefang, Potthoff & Schliehe, 1999),

- Motorische Tests (Bös, 2001) und
- Diagnostische Verfahren in der Psychotherapie (Brähler, Schumacher & Strauß, 2002).

Diese stichwortartige Ideensammlung kann einen Eindruck darüber vermitteln, wie bedeutsam die Testpsychologie in Zukunft sein kann.

Literatur

Biefang, S., Potthoff, P. & Schliehe, F. (1999). *Assessmentverfahren für die Rehabilitation.* Göttingen: Hogrefe.

Bös, K. (Hrsg.) (2001). *Handbuch Motorische Tests. Sportmotorische Tests, motorische Funktionstests, Fragebogen zur körperlich-sportlichen Aktivität und sportpsychologische Diagnoseverfahren* (2. Aufl.). Göttingen: Hogrefe.

Brähler, E., Schumacher, J. & Strauß, B. (Hrsg.) (2002). *Diagnostische Verfahren in der Psychotherapie.* Göttingen: Hogrefe.

Buchkremer, G. & Klingberg, S. (2001). Was ist wissenschaftlich fundierte Psychotherapie? Zur Diskussion um Leitlinien für die Psychotherapieforschung. *Der Nervenarzt, 72,* 20–30.

CIPS – Collegium Internationale Psychiatrae Scalarum (Hrsg.) (1996). *Internationale Skalen für Psychiatrie* (4. Aufl.). Weinheim: Beltz-Test.

Döpfner, M., Lehmkuhl, G., Petermann, F. & Scheithauer, H. (2000). Diagnostik psychischer Störungen. In F. Petermann (Hrsg.), *Lehrbuch der Klinischen Kinderpsychologie und -psychotherapie* (4., vollst. überarb. u. erweit. Aufl.; S. 95–130). Göttingen: Hogrefe.

Groth-Marnat, G. (Ed.) (2000). *Neuropsychological assessment in clinical practice. A guide to test interpretation and integration.* New York: Wiley.

Häcker, H., Leutner, D. & Amelang, M. (Hrsg.) (1998). Standards für pädagogisches und psychologisches Testen. *Diagnostica und Zeitschrift für Differentielle und Diagnostische Psychologie, Suppl. 1.*

Heubrock, D. & Petermann, F. (2000). *Lehrbuch der Klinischen Kinderneuropsychologie.* Göttingen: Hogrefe.

Kaufman, A.S. & Kaufman, N.L. (1999 ff.). *Essentials of psychological assessment.* New York: Wiley.

Klann, N., Hahlweg, K. & Heinrichs, N. (2002). *Diagnostische Verfahren für Berater. Materialien zur Diagnostik und Therapie in Ehe-, Familien- und Lebensberatung* (2., überarb. Aufl.). Göttingen: Hogrefe.

Kubinger, K.D. (Hrsg.) (1997). Testrezensionen: 25 einschlägige Verfahren. *Zeitschrift für Differentielle und Diagnostische Psychologie, 18,* 1–125.

Lichtenberg, P.A. (Ed.) (1999). *Handbook of assessment in clinical gerontology.* New York: Wiley.

Petermann, F. (Hrsg.) (2000). *Fallbuch der Klinischen Kinderpsychologie und –psychotherapie* (2., überarb. u. erweit. Aufl.). Göttingen: Hogrefe.

Petermann, F. & Müller, J.M. (2001). *Clinical psychology and single-case evidence.* New York: Wiley.

Petermann, F. & Petermann, U. (2000). *Aggressionsdiagnostik.* Göttingen: Hogrefe.

Rodrigue, J.R., Geffken, G.R. & Streisand, R.M. (2000). *Child health assessment. A handbook of measurement techniques.* Boston: Allyn & Bacon.

Rost, J. (1996). *Lehrbuch Testtheorie, Testkonstruktion.* Bern: Huber.

Schumacher, J. & Brähler, E. (2000). Testdiagnostik in der Psychotherapie. In W. Senf & M. Broda (Hrsg.), *Praxis der Psychotherapie. Ein integratives Lehrbuch: Psychoanalyse, Verhaltenstherapie, Systemische Therapie* (2., erweit. Aufl.; S. 116–128). Stuttgart: Thieme.

Spilker, B. (Ed.) (1996). *Quality of life and pharmaeconomics in clinical trials.* Philadelphia: Lippincott-Raven.

Tewes, U. (1998). Qualitätsmanagement in der psychologischen Diagnostik. *Zeitschrift für Medizinische Psychologie, 3,* 114–120.

Westhoff, G. (1993). *Handbuch psychosozialer Meßinstrumente.* Göttingen: Hogrefe.

1. LEISTUNGSTESTS

1. Leistungstests – 1.1 Entwicklungstests

● = ja
○ = teilweise
❍ = nein
k.A.= keine Angaben

Testname	Autor(en)	Seite	Durchführung					Auswertung			Gütekriterien				Alter
			Gruppentest	Parallelform	Zeitangabe netto (Min.)	Zeitangabe brutto (Min.)	computergestützte Fassung	Schabl./Schlüss.	Auswertungssoftw.	Zeitangabe (Min.)	Objektivität	Reliabilität	emp. Validität	Normen	(Jahre oder Schul-jahre (J/Sj))
Aktiver Wortschatztest (AWST 3–6)	Kiese u.a.	7	❍	❍		15	❍	●	❍		●	●	●	●	3–6 J
Bildwortserie zur Lautagnosieprüfung und zur Schulung des phonematischen Gehörs	Schäfer	9	❍	❍			❍	●	❍		●	k.A.	k.A.	k.A.	6 J + 2. Sj; 12 J
Diagnostischer Elternfragebogen zur taktil-kinästhetischen Responsivität im frühen Kindesalter (DEF-TK)	Kiese-Himmel	11	❍	❍	15	30	❍	●	❍		●	●	●	●	1;5–8 J
Diagnostisches Inventar motorischer Basiskompetenzen bei lern- und entwicklungsauffälligen Kindern im Grundschulalter (DMB)	Eggert	13	●	❍		135	❍	❍	❍		●	●	●	●	1.–4. Sj
Elternfragebögen für die Früherkennung von Risikokindern (ELFRA)	Grimm u.a.	16	❍	❍		20	❍	●	❍		k.A.	●	●	●	1 J + 2 J
Entwicklungstest f. Kinder von 6 Monaten bis 6 Jahre (ET 6–6)	Petermann u.a.	19	❍	❍	15	60	❍	●	❍	10	○	❍	●	●	0;5–6 J
Frostig Test der motorischen Entwicklung (FTM)	Bratfisch u.a.	22	●	❍		25	❍	●	❍		○	●	●	●	6–10 J
Frostigs Entwicklungstest der visuellen Wahrnehmung (FEW)	Lockowandt	24	●	❍	30	60	❍	●	❍		●	●	●	●	4–8 J
Graphomotorische Testbatterie (GMT)	Rudolf	27	❍	❍			❍	●	❍		●	●	●	○	4–7 J
Griffiths Entwicklungsskalen (GES)	Brandt u.a.	30	❍	❍	30	60	❍	●	❍		●	●	○	●	0–2 J
Heidelberger Sprachentwicklungstest (HSET)	Grimm u.a.	32	❍	❍		71	❍	●	❍	20	●	●	●	●	4–10 J

1. Leistungstests – 1.1 Entwicklungstests (Forts.)

● = ja
o = teilweise
❍ = nein
k.A.= keine Angaben

Testname	Autor(en)	Seite	Durchführung					Auswertung			Gütekriterien				Alter
			Gruppentest	Parallelform	Zeitangabe netto (Min.)	Zeitangabe brutto (Min.)	computergestützte Fassung	Schabl./Schlüss.	Auswertungssoftw.	Zeitangabe (Min.)	Objektivität	Reliabilität	emp. Validität	Normen	(Jahre oder Schuljahre (J/Sj))
Kindersprachtest für das Vorschulalter (KISTE)	Häuser u.a.	35	❍	❍	35	50	❍	●	❍	15	●	●	●	●	3–7 J
Körperkoordinationstest für Kinder (KTK)	Kiphard u.a.	40	❍	❍			❍	●	●		●	●	●	●	5–14 J
Lautbildungstest für Vorschulkinder (LBT und DLBT)	Fried	42	❍	❍	5	25	❍	●	❍	5	●	●	❍	●	4–7 J
Lautunterscheidungstest für Vorschulkinder (LUT und DLUT)	Fried	44	●	❍	5	25	❍	o	❍	4	●	●	o	o	4–7 J
Lincoln-Oseretzky-Skala Kurzform 18 (LOS KF 18)	Eggert	47	❍	❍		25	❍	●	❍	2	●	●	●	●	5–14 J
Marburger Sprachverständnistest für Kinder (MSVK)	Elben u.a.	49	●	❍	30	45	❍	●	❍	5	●	●	●	●	5–7 J
Motoriktest für vier- bis sechsjährige Kinder (MOT 4–6)	Zimmer u.a.	52	❍	❍	20	25	❍	●	❍	2	●	●	●	●	4–7 J
Münchener Funktionelle Entwicklungsdiagnostik (erstes Lebensjahr) (MFED 1)	Hellbrügge u.a.	54	❍	❍	k.A.	k.A.	❍	●	❍	2	●	k.A.	k.A.	k.A.	0–1 J
Münchener Funktionelle Entwicklungsdiagnostik (zweites und drittes Lebensjahr) (MFED 2–3)	Köhler u.a.	56	❍	❍	k.A.	k.A.	❍	●	❍	2	●	k.A.	k.A.	k.A.	1–3 J
Ordinalskalen zur sensomotorischen Entwicklung (deutsche Bearbeitung)	Sarimski	59	❍	❍	k.A.	k.A.	❍	●	❍	3	o	o	k.A.	❍	k.A.
Prüfung optischer Differenzierungsleistungen (POD)	Sauter	61	●	❍	15	20	❍	●	❍	5	●	●	●		5–7;5 J
Psycholinguistischer Entwicklungstest (PET)	Angermaier	63	❍	❍	k.A.	k.A.	❍	●	❍		●	●	●	●	3–10 J

1. Leistungstests – 1.1 Entwicklungstests (Forts.)

● = ja
○ (bold) = teilweise
❍ = nein
k.A. = keine Angaben

Testname	Autor(en)	Seite	Durchführung					Auswertung			Gütekriterien				Alter
			Gruppentest	Parallelform	Zeitangabe netto (Min.)	Zeitangabe brutto (Min.)	computergestützte Fassung	Schabl./Schlüss.	Auswertungssoftw.	Zeitangabe (Min.)	Objektivität	Reliabilität	emp. Validität	Normen	(Jahre oder Schuljahre (J/Sj))
Psycholinguistischer Sprachverständnis- und Sprachentwicklungstest (PSST)	Wettstein	66	❍	❍	35	45	❍	●	❍	k.A.	❍	❍	❍	○	4–8 J
Screening-Verfahren zur Erfassung von Sprachentwicklungsverzögerungen bei Kindern im Alter von 3;5 bis 4 Jahren bei der U8 (SEV)	Heinemann u.a.	69	❍	❍	15	20	❍	●	❍	1	●	k.A.	k.A.	❍	3;5–4 J
Sprachentwicklungstest für zweijährige Kinder (SETK-2)	Grimm	71	❍	❍	15	30	❍	●	❍	10	●	●	●	●	2–3 J
Teddy-Test	Friedrich	74	❍	❍		20	❍	●	❍	10	●	●	●	●	2;5–7 J
Wie weit ist ein Kind entwickelt?	Kiphard	76	❍	❍		k.A.	❍	●	❍	5	❍	❍	❍	❍	0;1–4 J
Wiener Entwicklungstest (WET)	Kastner-Koller u.a.	78	❍	❍		90	❍	●	❍	12	●	●	●	●	3–6 J

Aktiver Wortschatztest (AWST 3-6)

Ch. Kiese und P.M. Kozielski
Göttingen: Beltz Test GmbH, 2., überarb. u. ergänzte Auflage 1996

1. Testart Entwicklungstest

2. Testmaterial Testmappe: Manual (DIN A4, 60 Seiten), Bildvorlagen (Spiralblock), 25 Protokollbogen; zusätzlich: Schreibgerät.

3. Testgliederung Die Testaufgaben bestehen aus 82 Begriffen (64 Substantive, 17 Verben und 1 Adjektiv), die als Schwarz-Weiß-Zeichnung und einer farbigen Abbildung dem Kind in Form von Bildkarten der Reihe nach zur Benennung vorgelegt werden.

4. Grundkonzept Der Test prüft eine isolierbare sprachliche Fähigkeit. Die Summe der richtig benannten Bilder lassen Rückschlüsse auf die Größe des aktiven Wortschatzumfanges zu. Er kann als Test zur diagnostischen Beurteilung von Sprachentwicklungsrückständen mit entsprechender Ableitung therapeutischer Erfordernisse im Hinblick auf Wortschatztraining und Begriffserweiterung eingesetzt werden.

5. Durchführung **5.1 Alter:** 3 bis 6 Jahre.

5.2 Formen: Einzeltest.

5.3 Handhabung: Dem Kind wird der Spiralblock mit den einzelnen Bildkarten und mit der Instruktion „Was ist das?“ vorgelegt. Benennt das Kind anstatt des zu prüfenden Details den Gegenstand insgesamt, darf der Untersucher gezielt nachfragen, wobei er auf das jeweilige Detail mit dem Finger zeigt. Weitere Hinweise sind nicht erlaubt. Richtige Lösungen werden auf dem Protokollbogen mit einem Pluszeichen, alle abweichenden Testantworten wörtlich vermerkt.

5.4 Zeit: Testdauer ca. 15 Minuten; keine zeitliche Begrenzung.

6. Auswertung **6.1 Modus:** Als richtige Antworten gelten alle im Protokollbogen vorgegebenen Itemnamen, Synonyme, zusammengesetzte Worte, in denen der betreffende Begriff enthalten ist sowie Benennungen von Gegenständen, die das Bild auch darstellen kann. Die Summe der richtigen Antworten ergibt den Rohwert, der anhand der Normentabelle in den entsprechenden Prozentrang umgewandelt werden kann.

6.2 Zeit: Keine Angaben.

7. Gütekriterien **7.1 Objektivität:** Bei Einhaltung der Durchführungs- und Auswertungsanweisungen dürfte der Test als objektiv bezeichnet werden.

7.2 Reliabilität: Split-Half-Reliabilität (Spearman Brown) beträgt je nach Alter und Geschlecht r = .94 bis r = .90.

7.3 Validität: Diskriminante Validität: Eine Korrelation mit der Columbia Mental Maturity Scale (Intelligenztest) ergab ein nicht signifikantes Ergebnis (r = .12).
Konvergente Validität: Korrelation mit dem Subtest „Wortschatz“ des Landauer Sprachentwicklungstests für Vorschulkinder: r = .47; Korrelation mit dem Frankfurter Test für Fünfjährige „Wortschatz“ r = .62.
Inhaltsvalidität: Aufgrund der Testaufgaben kann dem Test eine logische Validität unterstellt werden. Varianzanalysen zeigen signifikante Unterschiede der mittleren Lösungshäufigkeit zwischen den einzelnen Altersstufen.

7.4 Normen: Der Test wurde an 469 Jungen und Mädchen im Raum Göttingen unter Kontrolle der sozialen Schichtzugehörigkeit geeicht. Es wurden Prozentrangnormen, getrennt nach Geschlecht und Alter, berechnet.

Bearbeiterin: Martina Faiß

Bildwortserie zur Lautagnosieprüfung und zur Schulung des phonematischen Gehörs

H. Schäfer
Weinheim: Beltz Test GmbH, 1986

1. Testart Entwicklungstest

2. Testmaterial Lautagnosieprüfung: 3 Ringbücher mit insgesamt 30 verschiedenen Bildwortpaaren: eine blaue Übungsserie, die Prüfserien A (rot) und B (gelb).
Lautdifferenzierungsprobe (Kurzform des Prüfverfahrens): 24 Einzelbilder bilden 12 Bildwortpaare. Jeweils 4 Karten sind zu 6 farblich gekennzeichneten Prüfungsabschnitten zusammengefaßt. Legetafeln mit 4 farbigen Feldern, Protokollbogen.
Bildwortserie: Arbeitsblätter, Lottobilder, Lottobilder auf Karton, Wortkärtchen, Tonbandkassette.
Manual und Protokollbogen; zusätzlich: Schreibmaterial, Kassettenrecorder.

3. Testgliederung Die Bildwortserie ist unterteilt in einen diagnostischen Teil, der Lautagnosieprüfung und der Lautdifferenzierungsprobe (einer Kurzform des Prüfverfahrens für jüngere Kinder oder als Screeningverfahren) und einem therapeutischen Teil mit Übungsmaterial zur Schulung des phonematischen Gehörs. Dieser besteht aus sieben Übungen: „Das falsche Wort“, „Fehler im Satz“, „Das passende Wort“, „Reihenlegen“, „Zuordnung: Bild-Wort-Stille-Leseübung“, „Memory für gute Leser“ und „Ungleiche Verwandte“.

4. Grundkonzept Die Bildwortserie dient der Erkennung eines durch eine partielle auditive Lautagnosie verursachten Stammelns, also einer Wahrnehmungs- und Unterscheidungsschwäche für phonematische Klanggestalten. Sie bietet ausserdem Therapiemöglichkeiten für sensorisch gestörte Menschen. Auch mögliche Folgeerscheinungen des Stammelns, wie auditive Unaufmerksamkeit oder Lese-Rechtschreibschwäche, können mit dem Übungsteil behandelt werden. Die Übungen der Bildwortserie dienen nicht nur der Schulung der allgemeinen auditiven Aufmerksamkeit, sondern vor allem der Sprachtherapie und basieren in weiten Teilen auf der Montessori-Pädagogik. Die Bildwortserie eignet sich laut Aussagen der Autorin auch für den Vorschulbereich und als spezielles Arbeitsmaterial für den Fachbereich Deutsch, Primarstufe, der Schule für Sprachbehinderte.

5. Durchführung **5.1 Alter:** Lautagnosieprüfung: Kinder ab 6 Jahren; Lautdifferenzierungsprobe (diagnostische Kurzform): Kinder ab 4 Jahren; Übungsteil: uneinheitliche, z. T. fehlende Angaben (abhängig vom jeweiligen Schwierigkeitsgrad der Übung und der Lesefähigkeit), grundsätzlich ab 6 Jahren, einige Übungen eignen sich jedoch erst ab der 2. Schulklasse oder sogar erst ab dem 12. Lebensjahr.

5.2 Formen: Einzelverfahren.

5.3 Handhabung: Das Manual liefert eine ausführliche Darstellung der Aufgaben sowohl für den Prüfungsteil als auch für den Übungsteil. Um sicherzustellen, daß das Kind mit den verwendeten Begriffen grundsätzlich vertraut ist und die Bilder richtig interpretiert (z. B. „Tanne" und nicht „Baum"), wird zunächst eine Übungsserie durchgeführt, anhand derer die Begriffe erklärt und bei Bedarf eingeübt werden können. Dann muß der Proband in Varianten Bilder Begriffen zuordnen. Die Ergebnisse werden im Protokollbogen festgehalten. Die Bildwortserie kann auch anhand des beigelegten Tonbands durchgeführt werden. Der Untersucher muß sich hierbei dem vorgegebenen Zeitmaß anpassen.

5.4 Zeit: Keine Angaben. Es besteht keine zeitliche Begrenzung. Die Durchführung des Prüfteils benötigt Erfahrungswerten zufolge nur wenige Minuten.

6. Auswertung

6.1 Modus: Die protokollierten Ergebnisse werden addiert. Aufgrund der Fehleranzahl (mindestens 4 Fehler bei 6jährigen oder älteren Kindern mit normalem Hörvermögen) lassen sich dann Interpretationen bezüglich der Diagnose treffen. Der Protokollbogen enthält eine auf Verhaltensbeobachtungen basierende Interpretationshilfe mit Hinweisen auf eine mangelnde psychische Verarbeitung der Höreindrücke, einer Schwäche der auditiven Gedächtnisspanne, einer Sprachentwicklungsstörung, einer auditiven Unaufmerksamkeit oder einer Wahrnehmungs- und Unterscheidungsschwäche für phonematische Klänge im Sinne einer partiellen Lautagnosie. Im Manual befinden sich Beispiele für Prüfungsergebnisse mit differentialdiagnostischen Interpretationen. Die Auswertung erfolgt im wesentlichen interpretativ und erfordert eine vorausgehende Hörprüfung und eine Überprüfung der Artikulationsfähigkeit sowie eine sorgfältige untersuchungsbegleitende Verhaltensbeobachtung.

6.2 Zeit: Keine Angaben.

7. Gütekriterien

7.1 Objektivität: Die einfache und gut beschriebene Aufgabengestaltung und Protokollierung sowie die Interpretationshilfen sprechen für eine hohe Objektivität. Allerdings müssen die standardisierten Vorgaben zur Verhaltensbeobachtung berücksichtigt werden.

7.2 Reliabilität: Keine Angaben.

7.3 Validität: Keine Angaben.

7.4 Normen: Nach eigenen Untersuchungen der Autorin gelingt normalsprechenden Kindern ein fehlerfreies oder nahezu fehlerfreies (1 Fehler) Ergebnis. Das Auftreten mehrerer Fehler sei deshalb erklärungsbedürftig. Die Angaben bezüglich Fehleranzahl und Lebensalter (mindestens 4 Fehler bei 6jährigen und älteren Probanden mit normalem Hörvermögen) erscheinen jedoch wenig differenziert.

Bearbeiterin: Anja Christina Lepach

Diagnostischer Elternfragebogen zur taktil-kinästhetischen Responsivität im frühen Kindesalter (DEF-TK)

Ch. Kiese-Himmel (unter Mitarbeit von S. Kiefer)
Göttingen: Beltz Test GmbH, 2000

1. Testart Entwicklungstest

2. Testmaterial DEF-TK Antwortbogen (4 Seiten), Testmanual, Mappe, zusätzlich: Schreibmaterial.

3. Testgliederung Dem Diagnostischen Elternfragebogen mit 32 Items sind acht sensorikbezogene Anamnesefragen vorgeschaltet. Anschließend ist ausreichend Platz für sonstige Beobachtungen und Anmerkungen.

4. Grundkonzept Der DEF-TK ist ein auf Verhaltensparameter gestütztes, ökonomisches Rating-Verfahren zu Screening-Zwecken. Er umfaßt 10 verschiedene Sensibilitäts- bzw. Verhaltensbereiche, die in unterschiedlicher Gewichtung durch 32 Items erfaßt werden. Es handelt sich um einen sogenannten Vorschalttest, um bei auffälligem Ergebnis zu möglichen Therapieindikationen Stellung nehmen zu können oder weitere gezielte Diagnostik- bzw. Förderdiagnostik anzustreben. Diese wären bspw. direkte taktil-kinästhetische Testung, entwicklungspsychologische, neuropädiatrische oder neurophysiologische Diagnostik oder ergotherapeutische Förderdiagnostik.

Die Ergebnisse der Befragung geben Aufschluß darüber, ob Kinder elementare Empfindungen auf Berührung, Temperatur und Schmerz verspüren sowie komplexe Leistungen der somatosensorischen Modalität (räumliche Lokalisation und Diskrimination, Stereognosie) zeigen. Der DEF-TK enthält auch Anhaltspunkte für Reizsymptome, Ausfallsymptome und partielle Leistungsstörungen.

Der DEF-TK bezieht verschiedene Alltagssituationen mit ein und ermöglicht somit auf verständliche, unkomplizierte Weise die Beurteilung des Auftretens bestimmter sensibler, perzeptueller und Verhaltensleistungen eines jungen Kindes durch eine nahe Bezugsperson.

Ausgangspunkt für die Konstruktion dieses Fragebogens sind empirische Studien über einen Zusammenhang zwischen kortikalen Leistungen, z. B. Sprachentwicklung und der Taktil-Kinästhetik als basaler, phylo- und onthogenetisch frühester Entwicklungsfunktion. Die Erfassung somatosensorischer Dysfunktionen, die sich negativ auf die Entwicklung eines Kindes auswirken, ist somit zu einem frühen Zeitpunkt notwendig.

5. Durchführung **5.1 Alter:** 18. bis 95. Lebensmonat (1;6 bis 7;11 Jahre).

5.2 Formen: Es handelt sich bei dem DEF-TK um ein standardisiertes diagnostisches Interview. Die Beantwortung erfolgt anhand einer vierstufigen „Likert-Skalierung" von „nie beobachtbar" (0) bis „immer beobachtbar" (3).

5.3 Handhabung: Die Durchführung des Verfahrens verlangt keine klinische Erfahrung. Jedoch sollte die Befragung von einem geübten Untersucher vorgenommen werden, der über psychodiagnostische Grundkenntnisse verfügt und mit dem theoretischen Hintergrund vertraut ist. Die Beantwortung der Fragen erfolgt durch einen Elternteil bzw. eine primäre Bezugsperson des Kindes.

5.4 Zeit: 15 bis 30 Minuten.

6. Auswertung

6.1 Modus: Die Auswertung ist standardisiert. Alle Items gehen mit gleichem Gewicht in den Summenwert ein. Der mögliche Wertebereich erstreckt sich von 0 bis 96. Der individuelle Prozentrang kann in der Normentafel in der entsprechenden Altersspalte im Anhang des Manuals abgelesen werden. Wird ein Prozentrang von 85 oder höher erzielt, gilt dies gemäß orientierender Diagnostik als taktil-kinästhetisch auffällig.
Es wird empfohlen, auf die Auswertung zu verzichten, wenn drei oder mehr Items mit „nicht beobachtbar" beantwortet wurden.

6.2 Zeit: Keine Angaben.

7. Gütekriterien

7.1 Objektivität: Die Objektivität bezüglich Durchführung, Auswertung und Interpretation gilt als gesichert.

7.2 Reliabilität: Die interne Konsistenz (Cronbachs Alpha) liegt zwischen r = .75 und r = .78. Die Interraterreliabilität beträgt r = .81.

7.3 Validität: Der DEF-TK besitzt eine hohe Prima-facie-Gültigkeit, da er das zu erfassende sensomotorische Merkmal „taktil-kinästhetische Responsivität" inhaltlich abbildet. Das Verfahren ist logisch gültig. Bei der faktoriellen Validierung erklären 10 Faktoren mit Eigenwert > 1 knapp 64 % der Gesamtvarianz. Für eine kriteriumsbezogene Validitätsaussage fehlt jedoch ein eindeutiges Außenkriterium.

7.4 Normen: Für den Summenwert wurden in ersten Erhebungen altersbezogene Prozentrangplätze für die Gruppe 1;3 bis 3;11 Jahre (N = 144) und die Gruppe 4;0 bis 7;11 Jahre (N = 118) ermittelt.
In der Erfassung der taktil-kinästhetischen Responsivität ließ sich eindeutig eine Entwicklungsabhängigkeit finden, jedoch keine signifikanten Geschlechtsunterschiede.

8. Literatur

Kiese-Himmel, Ch. (1998), *Taktil-kinästhetische Störung. Behandlungsansätze und Förderprogramme.* Göttingen: Hogrefe.

Kiese-Himmel, Ch., Höch, J. & Liebeck, H. (1998). Psychologische Messung taktil-kinästhetischer Wahrnehmung im frühen Kindesalter. *Praxis der Kinderpsychologie und Kinderpsychiatrie, 47,* 217–228.

Wilke, S. & Kiese-Himmel, Ch. (1999). Göttinger Entwicklungstest der TAktil-KInästhetischen WAhrnehmung (TAKIWA). *Heilpädagogische Fortschritte, 25,* 140–148.

Verfasserin: Julia Würz

Diagnostisches Inventar motorischer Basiskompetenzen bei lern- und entwicklungsauffälligen Kindern im Grundschulalter (DMB)

D. Eggert (unter Mitarbeit von G. Ratschinski)
Dortmund: Borgmann, 2., verbesserte und erweit. Auflage 1996

1. Testart Entwicklungstest (Motorikinventar)

2. Testmaterial Handbuch (DIN A5, ringgefaßt, 278 Seiten); 10 Protokollblätter (DIN A4, 8 Seiten); 1 Satz Übungsblätter (DIN A4, 28 Seiten).

3. Testgliederung Das Verfahren zielt auf die Erfassung unterschiedlicher Basiskompetenzen: A: Gelenkigkeit; B. Kraft; C. Ausdauer; D. Schnelligkeit; E. Gleichgewicht; F. visuelle, auditive und taktile Perzeption. Zu diesen Bereichen wird ein Satz von insgesamt 24 „Kernaufgaben“ vorgelegt, die komplett oder in unterschiedlichen Kurzformen (Screening: 8 Aufgaben; Kurzfassung für erweiterte Beobachtung: 11 Aufgaben) oder aber in individueller Zusammenstellung durchgeführt werden. Darüber möchte das Inventar eine „... vertiefte diagnostische Eindrucksanalyse ...“ (Handbuch, S. 110) über die Bereitstellung einer großen Vielzahl „motodiagnostischer Situationen“ (61 Übungen mit z. T. mehreren Aufgaben) ermöglichen.

4. Grundkonzept Die theoretisch inhaltliche Anlehnung des DMB wird über die historische Entwicklung der Motodiagnostik vorgenommen. In einer Genealogie motometrischer Verfahren werden Berührungspunkte besonders zu den auf Oseretzky zurückgehenden LOS KF 18 (Eggert, 1971) sowie zum „PURDUE Perceptual Motor Survey“ (PPMS; Roach & Kephart, 1968) hervorgehoben. In bezug auf Oseretzky wird besonders die Idee einzelner Bewegungskomponenten für das DMB adaptiert, das Verfahren von Roach und Kephart inspirierte besonders den dem DMB zugrundeliegenden Inventargedanken; mit dem DMB soll so in hohem Maße flexibel auf an individuellen Förderplänen orientierten Untersuchungsstrategien reagiert werden können. Es wird ein Entwicklungsmodell psychomotorischer Basisfaktoren präsentiert, dessen Einzelkomponenten in den „Skalen“ (Basiskompetenzen A E, s. o.) des DMB repräsentiert sind.

5. Durchführung **5.1 Alter:** „Grundschulalter“ (1. bis 4. Jahrgangsstufe).

5.2 Formen: Gruppeninventar; i. d. R. serielle Einzelbeobachtungen in einer Gruppensituation (maximal 12 Kinder).

5.3 Handhabung: Das DMB ist auf den Einsatz im schulischen Alltag hin konstruiert, die Aufgaben werden im Klassenraum sowie in einem Gymnastikraum oder einer kleinen Turnhalle durchgeführt. Dabei wurde weitgehend auf die Loslösung von verbalen Instruktionen hingewirkt, die Aufgaben können „... durch Demonstration allein verständlich gemacht werden." (Handbuch, S. 109). Für einige Aufgaben sind zwei Übungsleiter erforderlich. Die Materialien (z. B. Gymnastikstab, Langbank, Medizinball, Stoppuhr, aber auch Rennradklingel, Ballonhupe, Formenbrett, Kugelsteckbrett) sind so ausgewählt, daß sie „... als schulisches Inventar vorhanden sein müßten" (Handbuch, S. 109). Die Bewertung der Kernaufgaben erfolgt gemäß der Beschreibung im Handbuch mit „1" (geschafft) oder „0" (nicht geschafft); es sind freie Notizen zu weitergehenden Beobachtungen möglich. Die jeweilige Zusammenstellung der Aufgaben und Situationen „... ergibt sich ..." nach Auffassung der Autoren „... aus den Möglichkeiten zur Förderung von Kindern in der Klasse oder Gruppe." (Handbuch, S. 126).

5.4 Zeit: Die gesamten Kernaufgaben werden in 2 Schulstunden in der Turnhalle sowie einer weiteren Schulstunde im Klassenraum durchgeführt.

6. Auswertung

6.1 Modus: Die Autoren verfolgen einen Ansatz, nach dem von der Berechnung von Summenwerten für einzelne Basiskompetenzen oder gar einer Gesamtpunktzahl im Einzelfall abzuraten ist, „... da die Aufgaben sehr heterogen sind und die Summenwerte nicht im Sinne von Profilaussagen gewertet werden können." (Handbuch, S. 126). Vielmehr soll die Urteilsbildung über kindliche Auffälligkeiten „... auf der Grundlage von mehr Informationen und zugleich vorsichtiger ...", orientiert am weiteren Vorgehen, „... auf inhaltlicher Ebene und nicht aufgrund von quantitativen Aussagen erfolgen ..." (Handbuch, S. 126).

6.2 Zeit: Keine Angaben.

7. Gütekriterien

7.1 Objektivität: Keine Angaben. Die Durchführungsanweisungen sind ausreichend standardisiert, die Materialien müssen selbst beschafft werden; im Handbuch finden sich formulierte Bewertungskriterien, so daß in dieser Weise auf eine objektive Durchführung und Auswertung hingewirkt ist. In bezug auf die Interpretation wird ein Ansatz verfolgt, der ein gewisses „... Ausmaß von Subjektivität ..." (Handbuch, S. 128) notwendigerweise erfordert.

7.2 Reliabilität: Die innere Konsistenz (Cronbachs Alpha) beträgt für eine Gesamtskala aus 22 der 24 (inhaltlich heterogenen) Kernaufgaben .81, bei einer mittleren Iteminterkorrelation von .16 (Daten aus der Normenstichprobe). Die Itemtrennschärfen streuen zwischen .18 und .54. Es wurden weitere statistische Betrachtungen (Rohwertverteilung, Varianzanalysen) unternommen, welche eine Einschätzung der Reliabilität unterstützen können.

7.3 Validität: Das DMB vermag ausreichend zwischen Kindern unterschiedlicher Schularten (s. Normenstichprobe) sowie nach dem Lebensalter zu differenzieren, es wurden jedoch entgegen einiger Vorbefunde praktisch keine geschlechtsspezifischen Unterschiede festgestellt. Es konnten für die inhaltlich heterogenen Subskalen (Gelenkigkeit; Kraft/Ausdauer; Schnelligkeit; Gleichgewicht; Wahrnehmung) im wesentlichen mit dem Lebensalter steigende Schwierigkeitsverläufe ermittelt werden. Eine Modellüberprüfung anhand von Zusammenhangsmaßen zwischen den Skalen (Skaleninterkorrelationen) sowie in bezug auf deren Prädiktorwert (multiple Regression) für den Gesamtwert („Gesamtkörperkoordination") wurde vorgenommen, wobei Abweichungen vom ursprünglichen, theoretisch zugrunde gelegten Modell nachgewiesen wurden. Auf dem Weg über Pfadanalysen wurde ein Alternativmodell erarbeitet, das den Autoren „... inhaltlich gut interpretierbar" (Handbuch, S. 78) erscheint. Dabei wird darauf hingewiesen, daß gewisse „... Kriterien der Testkonstruktion ... bei Inventaren nur bedingt anwendbar sind ..." (Handbuch, S. 79).

7.4 Normen: Es werden gruppenspezifische Vergleichswerte vorgelegt, die 1984 an einer Stichprobe von insgesamt 361 Kindern (133 lernbehinderte Kinder, 61 sprachbehinderte Kinder, 167 Grundschüler) erhoben wurden. Hiermit wird eine normorientierte Beurteilung auf der Ebene von Itemkennwerten (Schwierigkeiten) sowie Skalenkennwerten (Anzahl „geschaffter" Aufgaben, jeweils nach Lebensalter in Jahren) angeboten.

8. Literatur

Eggert, D. (1971). *Die LOS KF 18. Lincoln Oseretzky Scala.* Weinheim: Beltz.

Ratschinski, G. (1986). *Grunddimensionen motorischen Verhaltens im Grundschulalter – multivariate statistische Analysen motorischer Basisfunktionen.* Hannover: Dissertation, FB Erziehungswissenschaften I, Universität Hannover.

Roach, E.G. & Kephart, N.C. (1968). *The Purdue Perceptual Motor Survey.* Columbus, Ohio: Merrill.

Verfasser: Thorsten Macha

Elternfragebögen für die Früherkennung von Risikokindern (ELFRA)

H. Grimm und H. Doil
Göttingen: Hogrefe, 2000

1. Testart Entwicklungsdiagnostischer Elternfragebogen (Screening)

2. Testmaterial Die Testmappe enthält: Handanweisung (DIN A4, 54 Seiten); je 5 Elternfragebogen (DIN A4, 12 Seiten) für ELFRA-1 sowie ELFRA-2; je 5 Auswertungsbogen (DIN A4, 1 Seite) für ELFRA-1 und ELFRA-2.

3. Testgliederung Der ELFRA-1 gliedert sich in: A. Sprachproduktion (produktiver Wortschatz; Produktion von Lauten und Sprache), B. Sprachverständnis (rezeptiver Wortschatz; Reaktion auf Sprache), C. Gesten, D. Feinmotorik.
Der ELFRA-2 gliedert sich in: A. Produktiver Wortschatz, B. Syntax, C. Morphologie.

4. Grundkonzept Die ELFRA konzentrieren sich bei der Identifikation von „Risikokindern" ausschließlich auf den sprachlichen Bereich, weil nach Auffassung der Autorinnen „... die sprachliche Entwicklung ... am besten geeignet ist, den allgemeinen psychologischen Entwicklungsstatus eines Kindes zu repräsentieren und zuverlässig spätere Entwicklungs- und Lernmöglichkeiten vorherzusagen" (Handanweisung, S. 7). So würden zum Beispiel „... die Intelligenz- und Lernleistungen eines Kindes ganz wesentlich durch die schon erworbenen Sprachleistungen determiniert. Deshalb gilt, daß Störungen der Sprachfähigkeit gleichzeitig auf Störungen in nicht-sprachlichen Bereichen verweisen und diese vorhersagen" (Handanweisung, S. 8). Die Durchführung ist prinzipiell an die Zeitpunkte der Vorsorgeuntersuchungen U6 und U7 gebunden. Der ausschließliche Rückgriff auf die Elterninformation wird durch folgende Annahme begründet: „Die Einschätzungen der Mütter spiegeln das tatsächliche Wissen der Kinder wider; sie unterschätzen und überschätzen ihre Kinder nicht" (Handanweisung, S. 13).

5. Durchführung **5.1 Alter:**

- ELFRA-1: Die Autorinnen empfehlen den Einsatz zur Vorsorgeuntersuchung U6 (10. bis 12. Lebensmonat), aber: „Auf keinen Fall sollte der Mutter der Fragebogen schon dann ausgehändigt werden, wenn das Kind noch nicht 12 Monate alt ist" (Handanweisung, S. 18).
- ELFRA-2: Empfehlung im Zusammenhang mit der Vorsorgeuntersuchung U7 (21. bis 24. Lebensmonat), aber: „Der ELFRA-2 ist für Kinder im Alter von 24 Monaten standardisiert ..." (Handanweisung, S. 19).

5.2 Formen: Zweifach- und Mehrfach-Wahl-Ankreuzaufgaben.

5.3 Handhabung: Die Fragebogen werden einem Elternteil zur selbständigen Bearbeitung ausgehändigt und können zum Beispiel im Wartezimmer oder zu Hause ausgefüllt werden. Den Bogen sind allgemein verständliche Instruktionen vorangestellt.

5.4 Zeit: Keine Angaben; es ist jedoch auch bei zügiger Bearbeitung von einer Mindestbearbeitungsdauer von ca. 20 Minuten sowie von interindividuell großen Schwankungen auszugehen.

6. Auswertung

6.1 Modus: Innerhalb der einzelnen Skalen bzw. Subskalen werden angekreuzte Items zusammengezählt, die Summen bilden die Rohwerte. Die Rohwerte werden auf dem Auswertungsbogen eingetragen und mit kritischen Werten (80. Perzentil in bezug auf die Leistungen der Kinder der Normierungsstichprobe, dem Handbuch entnehmbar) verglichen.

6.2 Zeit: Keine Angaben; nach eigenen Erfahrungen ca. 10 Minuten.

7. Gütekriterien

7.1 Objektivität: Keine Angaben. Die Autorinnen vertreten die Auffassung, das „erfragte Verhalten sei prägnant und gut beobachtbar" (Handanweisung, S. 13). Bei der großen Fülle erfragter Wörter (z. B. ELFRA-2/Produktiver Wortschatz: 260 Wörter) wird die Durchführungsobjektivität lediglich durch die Fähigkeit des beantwortenden Elternteils begrenzt, diese auch alle korrekt zu erinnern. Einfach vorzunehmende Übereinstimmungsvergleiche zwischen zum Beispiel Mutter und Vater oder eine wiederholte Befragung der Mütter hätten dazu beitragen können, diesen Aspekt der Objektivität auch zu quantifizieren. Die Auswertung ist einfach vorzunehmen, die Objektivität der Interpretation kann vor dem Hintergrund der ermittelten Sensitivitäten/Spezifitäten eingeschätzt werden: für den ELFRA-1 geben die Autorinnen eine Sensitivität von 60 % und eine Spezifität von 74 % an; in bezug auf den für den ELFRA-2 „entscheidenden" kritischen Wert (Produktiver Wortschatz) wird eine Sensitivität von 64 % und eine Spezifität von 85 % angegeben.

7.2 Reliabilität: Die inneren Konsistenzen (Cronbachs Alpha) für die Erfassungsbereiche liegen im Bereich zwischen .59 und .96 für den ELFRA-1 sowie zwischen .91 und .99 für den ELFRA-2.

7.3 Validität: Die ELFRA sind angelegt, „Risikokinder" über die Erfassung der Sprachentwicklung zu identifizieren, und in bezug darauf erscheinen die Itemzusammenstellungen inhaltlich plausibel. Für alle Erfassungsbereiche ist ein deutlicher Alterstrend zu verzeichnen, weiter konnten die zu erwartenden geschlechtsspezifischen Unterschiede im Erwerb der sprachlichen Leistungen beobachtet werden. Die Interkorrelationen zwischen den Erfassungsbereichen sind mit Werten zwischen .34 und .58 (ELFRA-1) sowie zwischen .89 und .90 (ELFRA-2) signifikant. Dabei weisen Kinder, die mit den ELFRA als Risikokinder identifiziert wurden, in allen Erfassungsbereichen jeweils signifikante Minderleistungen gegenüber einer Kontrollgruppe auf. Zur Einschätzung der Validität des mütterlichen Antwortverhaltens wird auf ermittelte Korrelationen zwischen einzelnen ELFRA-Rohwerten und korrespondierenden Werten der Bayley-Scales (Bayley, 1993; .57 für den ELFRA-1 zum Zeitpunkt „12 Monate"; .76 für den ELFRA-2 zum Zeitpunkt „24 Monate") sowie auf eine Korrelation (.84) zwischen einer Messung mit dem ELFRA-2 sowie dem SETK-2 (Grimm, 2000) verwiesen. Vor allem die höchstsignifikante Korrelation (.42) zwischen der ELFRA-1-Skala „Sprachproduktion“ und der ELFRA-2-Skala „Produktiver Wortschatz“ unterstützen dabei die Einschätzung der prognostischen Validität.

7.4 Normen: Sowohl für den ELFRA-1 (N = 140) als auch für den ELFRA-2 (Produktiver Wortschatz: N = 140; Syntax und Morphologie: N = 49) werden für alle Aufgaben die Itemschwierigkeiten vorgelegt. Weiter sind dem Handbuch auch Itemschwierigkeiten für abweichende Untersuchungszeitpunkte (ELFRA-1: 18 Monate; ELFRA-2: 36 Monate; jeweils mit abweichenden Fallzahlen) entnehmbar.

8. Literatur

Bayley, N. (1993). *Bayley Scales of Infant Development* (2nd ed.). New York: Psychological Corporation.
Grimm, H. (2000). *Sprachentwicklungstest für zweijährige Kinder (SETK-2).* Göttingen: Hogrefe.

Verfasser: Thorsten Macha

Entwicklungstest für Kinder von 6 Monaten bis 6 Jahre (ET 6-6)

F. Petermann und I.A. Stein
Frankfurt a. M.: Swets Test Services, 2000

1. Testart Entwicklungstest

2. Testmaterial Der robuste Testkoffer (Pilotenkoffer, Leder) enthält: Handbuch (DIN A5, 120 Seiten), Kennwerte-Manual (DIN A4, 30 Seiten), je 10 altersgruppenspezifische Sets aus Protokollbogen, Elternfragebogen und ggf. Bogen (I + II) für den „Subtest Nachzeichnen", Schablone zur Auswertung des „Subtests Nachzeichnen", Schaumstoffball (Durchmesser 20 cm), Quietschball (etwa Tennisballgröße), Linoleumstreifen (10 × 200 cm), zusammensteckbarer Formenblock (Holz), Schildkrötengrundplatte mit drei Panzern (= Puzzle; 3, 6 und 9 Teile), 9 zum Teil unterschiedlich große, farblich unterschiedene Holzkugeln, 10 farblich unterschiedene Holzwürfel (Kantenlänge ca. 3 cm), 10 farblich unterschiedene Holzwürfel (Kantenlänge ca. 1 cm), Mama-Schlange aus Stoff mit 5 unterschiedlichen, getrennt eingenähten Holzformen (Länge ca. 120 cm), Baby-Schlange aus Stoff (Länge ca. 30 cm; mit Reißverschluß, beinhaltet 6 entnehmbare Holzformen), Wachsmaler, Bleistift, Geräuschememory (9 gefüllte Filmdosen), 5 Bildkartenserien (insgesamt 42 Karten). Zusätzlich wird in den meisten Altersgruppen Malpapier benötigt; weiterhin müssen zum Teil Zeiträume von wenigen Sekunden bemessen werden.

3. Testgliederung Das Verfahren stützt sich auf 6 Beschreibungsdimensionen (A-F), welche in insgesamt 13 „empirische Entwicklungsdimensionen" aufgegliedert sind, die dann die eigentlichen Meßbereiche des ET 6-6 darstellen. Die Entwicklungsbeschreibung erfolgt anhand einer altersspezifischen Auswahl der empirischen Entwicklungsdimensionen: A. Körpermotorik; B. Handmotorik; C. Kognitive Entwicklung (C1. Gedächtnis, C2. Handlungsstrategien, C3. Kategorisieren, C4. Körperbewußtsein); D. Sprachentwicklung (D1. Rezeptive Sprache, D2. Expressive Sprache); E. Sozialentwicklung (E1. Interaktion mit Erwachsenen, E2. Interaktion mit Gleichaltrigen, E3. Verhalten in Gruppen, E4. Soziale Eigenständigkeit); F. Emotionale Entwicklung. Zusätzlich führen ältere Kinder den „Subtest Nachzeichnen" durch, der als eigenständige Beschreibungskategorie gehandhabt wird. Der Test umfaßt insgesamt 113 Testitems und 68 Fragebogenitems, die Itemzusammenstellung erfolgt altersspezifisch in 12 Altersgruppen.

4. Grundkonzept Der ET 6-6 stellt ein Inventar zur allgemeinen Entwicklungsdiagnostik über eine große Altersspanne zur Verfügung. Dabei wird ein „erweitertes Entwicklungsverständnis“ sowie ein „erweiterter Normalitätsbegriff“ in Anspruch genommen. Dem ET 6-6 liegt ein systemisches Entwicklungsmodell zugrunde, das Bezug nimmt auf die Modelle der Entwicklungspsychopathologie. Die normorientierten, quantifizierenden Entwicklungsbeschreibungen sollen durch geeignete Itemauswahl auch die Erfassung qualitativ struktureller Veränderungsprozesse ermöglichen. Die Beschreibungsdimensionen werden als evident etabliert und vor entwicklungspsychologischen Überlegungen reflektiert. Die altersspezifischen Itemzusammenstellungen werden im einzelnen nicht theoretisch fundiert, zielen jedoch auf eine Erfassung möglichst vielfältiger entwicklungsrelevanter Aspekte auch innerhalb der Dimensionen ab.

5. Durchführung

5.1 Alter: 0;6 bis 6;0 Jahre.

5.2 Formen: Einzeltest.

5.3 Handhabung: Der Test wird an eine „Spielsituation“ angelehnt, einige Items müssen an einem Tisch durchgeführt werden. Der Testleiter muß mit den Instruktionen und Bewertungskriterien gut vertraut sein. Der Protokollbogen stellt zu einigen in der Durchführung schwierigen Items ergänzende Hinweise bereit. Es wurden von den Autoren in Anlehnung an Erkenntnisse der Säuglings-, Kleinkind- und Vorschulkinduntersuchung altersgruppenspezifische Itemreihungen (mit „Empfehlungscharakter“) vorgenommen, welche eine erfolgreiche Testdurchführung gewährleisten sollen. Zusätzlich muß ein Elternfragebogen ausgefüllt werden.

5.4 Zeit: „. . . je nach Altersgruppe . . . zwischen 20 Minuten und knapp einer Stunde.“ (Vorwort im Handbuch, S. VI). Nach eigenen Erfahrungen ca. 10 bis 20 Minuten bei Säuglingen, ca. 30 bis 60 Minuten bei Kleinkindern, ca. 1 Stunde bei Vorschulkindern.

6. Auswertung

6.1 Modus: Die Items des ET 6-6 werden innerhalb einer tabellarischen Itemauflistung zweikategoriell („erfüllt“ oder „nicht erfüllt“) bewertet. Die Summe der „erfüllten“ Items innerhalb jeder Entwicklungsdimension bildet die Grundlage für die Berechnung eines dimensionsspezifischen „Scores“ (Taschenrechner empfohlen). Die individuellen Scores werden in ein Entwicklungsprofil auf dem Protokollbogen übertragen, auf welchem bereits einige Kennwerte der altersgruppenspezifischen Scores der Normierungsstichprobe zur Verfügung gestellt werden. Somit kann ohne Umweg über das Kennwerte-Manual bereits eine globale Interpretation des Testergebnisses vorgenommen werden. Die Auswertung des „Subtests Nachzeichnen“ erfolgt mit Hilfe von Schablonen, die einzelnen Zeichnungen werden bepunktet und die Ergebnisse auf dem Protokollbogen notiert, auch hierzu werden bereits altersspezifische Kennwerte aus der Normierungsstichprobe auf dem Protokollbogen bereitgestellt. Die Autoren legen über die Betrachtung der Dimensionsscores hinaus auch eine Betrachtung auf Itemebene nahe. Hierzu werden schon auf dem Protokollbogen altersgruppenspezifische Itemschwierigkeiten ausgewiesen.

6.2 Zeit: Keine Angaben. Nach eigenen Erfahrungen ca. 5 bis 10 Minuten; weitere ca. 5 Minuten für den „Subtest Nachzeichnen“.

7. Gütekriterien

7.1 Objektivität: Keine Angaben. Die ausreichende Standardisierung und

Formulierung der Bewertungskriterien wirken auf eine objektive Durchführung und Auswertung hin.

7.2 Reliabilität: Es werden keine quantifizierenden Angaben zur Reliabilität vorgelegt. Die Autoren begründen dies damit, daß der ET 6-6 ein Testkonzept verfolge, welches mit etablierten testtheoretischen Modellen nicht angemessen abzubilden sei. Die Dimensionen werden als historisch gewachsene Ordnungskategorien betrachtet, jedoch nicht als Skalen im testtheoretischen Sinne. Somit werden keine Skalenkennwerte und keine Itemtrennschärfen vorgelegt.

7.3 Validität: Es wird eine Studie ausgeführt, die unter Rückgriff auf den ET 6-6 zum Teil höchstsignifikante Unterschiede zwischen Kindern mit normalem und Kindern mit niedrigem Geburtsgewicht (~Frühgeborene) in verschiedenen Entwicklungsdimensionen dokumentiert.

7.4 Normen: Die Normierung wurde 1999 an drei Standorten (Großräume Bremen, Dortmund, Rostock) an insgesamt 950 Kindern vorgenommen. Der umfangreiche Tabellenteil stellt altersgruppenspezifische Kennwerte der Verteilungen (Mittelwerte, Standardabweichungen, verschiedene Perzentilwerte) der Scores (gesamt sowie geschlechtsspezifisch) der 13 Entwicklungsdimensionen zur Verfügung. Für alle Items liegen altersgruppenspezifische Itemschwierigkeiten vor. In ähnlicher Form werden Kennwerte für den „Subtest Nachzeichnen" und das Item „Zahlen Nachsprechen" bereitgestellt.

8. Literatur

Petermann, F. & Stein, I.A. (2000). *Entwicklungsdiagnostik mit dem ET 6-6.* Frankfurt a. M.: Swets.

Verfasser: Thorsten Macha

Frostig Test der motorischen Entwicklung (FTM)

Deutsche Ausgabe: O. Bratfisch und A. Ivath
Stockholm, Schweden: AOB Studium AB, 1985

1. Testart

Entwicklungstest

2. Testmaterial

Handanweisung, 18 durchlöcherte Holzklötze (13 mm), Schnürsenkel (mit Knoten), 18 Holzklötze (25 mm), Lochbrett, Maßstab, zwei kreisrunde Scheiben, vier Säckchen, gefüllt mit Erbsen, Zielscheibe, Schwebebalken (3 cm hoch) und Auswertungsbogen; zusätzlich: Stoppuhr, Tisch (Höhe 70 bis 75 cm), Gymnastikmatte, ausreichende Anzahl von Stühlen und Tischen.

3. Testgliederung

Der FTM besteht aus 13 Untertests: 1. Holzklötze auffädeln, 2. Faust, Handkante, Handfläche, 3. Holzklötze versetzen, 4. Liegestütze, 5. Weitsprung aus dem Stand, 6. Oberkörper aufrichten, Sit-ups, 7. Sitzen, Beugen, Strekken, 8. Körperhaltung verändern, 9. Pendel-Lauf, 10. Gezieltes Werfen, 11. Schwebebalken, 12. Einbeiniges Balancieren, sehend, 13. Einbeiniges Balancieren, mit geschlossenen Augen.

4. Grundkonzept

Das Testverfahren dient der Beurteilung der sensomotorischen Entwicklung von Kindern. Die deutsche Ausgabe des FTM lehnt sich stark an die schwedische Bearbeitung an. Die schwedische Fassung betrachtet Frostig gegenüber der amerikanischen Originalversion als Weiterentwicklung und zieht diese der ursprünglichen Fassung vor. Die deutsche Version enthält im Vergleich zur amerikanischen Ausgabe eine veränderte Reihenfolge der einzelnen Untertests. Das Ziel der Testentwickler bestand darin, die „hauptsächlichen Komponenten der menschlichen Bewegung“ (S. 10) zu erfassen, so daß die Aufgaben die Bewegungsmerkmale Koordination, Beweglichkeit, Gelenkigkeit, Kraft und Gleichgewicht erfassen sollten.

5. Durchführung

5.1 Alter: Kinder im Alter von 6 bis 10 Jahren.

5.2 Formen: Der Test kann als Individual- und Gruppentest durchgeführt werden, wobei die maximale Gruppengröße bei drei Kindern liegt.

5.3 Handhabung: Die Durchführung der verschiedenen Untertests erfolgt anhand der ausführlichen Instruktion im Handbuch. Der Testleiter soll des weiteren mit Hilfe einer Beobachtungsanleitung auf die bedeutungsvollen Bewegungen und Verhaltensweisen des Kindes aufmerksam gemacht werden und diese während der Testdurchführung notieren. Auch die Konzentration des Kindes, die Ausdauer, der Aktivitätsgrad, das Verständnis der Instruktionen etc. sollen vom Testleiter beobachtet werden.

5.4 Zeit: Die Durchführungsdauer des gesamten Tests beträgt ca. 25 Minuten.

6. Auswertung

6.1 Modus: Jeder Untertest enthält eingehend beschriebene Angaben zur Punktebewertung. Die erreichte Anzahl an Punkten wird in den Auswertungsbogen eingetragen. Anschließend werden die Rohwerte mit Hilfe von altersnormierten Staine-Tabellen in Stainewerte umgerechnet.

6.2 Zeit: Keine Angaben.

7. Gütekriterien

7.1 Objektivität: Aufgrund der sehr ausführlichen Durchführungsanweisungen kann von einer hohen Durchführungsobjektivität ausgegangen werden, allerdings führen die Autoren an, daß sich eine objektive Bewertung der Kinder in einigen Punkten als schwierig erweist (Bsp.: Bestimmung, welches Feld, innerhalb des Untertests 10/GEWE, getroffen wurde).

7.2 Reliabilität: Die Reliabilitätskoeffizienten für den gesamten Test liegen zwischen .73 (in der Altersgruppe 9;3 bis 9;8) und .88 (für die Altersgruppen 7;3 bis 7;8 und 7;9 bis 8;2).

7.3 Validität: In der amerikanischen Version wurde über eine faktorielle Validierung die Gültigkeit des Verfahrens bestimmt. Bestätigt wurden die folgenden Faktoren: Augen-Hand-Koordination, Kraft, Gleichgewicht und Gelenkigkeit. Nicht bestätigt werden konnte der Faktor Beweglichkeit, extrahiert wurde ein neu gewonnener Faktor: visuell gesteuerte Bewegung.

7.4 Normen: Es liegen Normen für die Altersgruppen von 5;9 bis 9;8 Jahren vor (sie beziehen sich auf eine schwedische Standardisierungsstichprobe).

Bearbeiter: Hans-Jörg Walter

Frostigs Entwicklungstest der visuellen Wahrnehmung (FEW)

O. Lockowandt
Göttingen: Beltz Test GmbH, 9., überarb. u. erweit. Auflage 1996

1. Testart Entwicklungstest

2. Testmaterial Testheft, 11 Demonstrationskarten, 3 Auswertungsschablonen für die Subtests Ic, Id und Ie; zusätzlich: 4 gut angespitzte Buntstifte in verschiedenen Farben bzw. 1 gut angespitzter Bleistift der Stärken 1 oder 2 ohne Radiergummi für Kinder im Vorschulalter, Wandtafel bei Gruppentests oder eine tragbare Schiefertafel/weißes Papier bei Individualtests.

3. Testgliederung Der FEW besteht aus fünf Subtests: I. Visuo-motorische Koordination, II. Figur-Grund-Unterscheidung, III. (a und b) Formkonstanz-Beachtung, IV. Erkennen der Lage im Raum und V. Erfassen räumlicher Beziehungen.

4. Grundkonzept Der FEW berücksichtigt gleichermaßen Aspekte der funktionalistischen und formalistischen Wahrnehmungstheorien. Bei den fünf visuellen Wahrnehmungsleistungen des FEW handelt es sich um einen Ausschnitt aus der Gesamtheit der Wahrnehmungsleistungen. Sie wurden für dieses Verfahren ausgewählt, weil sie einen stärkeren Einfluß auf die gesamte Persönlichkeit ausüben als andere Wahrnehmungsfunktionen (wie z. B. Farbwahrnehmung oder Tonunterscheidung). Es wird davon ausgegangen, daß die grundlegende Fähigkeit des Organismus sich anzupassen, die Effektivität seiner Handlungen, das Gefühl der Sicherheit hinsichtlich seiner Umwelt und seine seelische Gesundheit in großem Maße von der störungsfreien Funktion der visuellen Wahrnehmung abhängig ist.
Da während der Vorschulzeit Wahrnehmungsstörungen häufig verborgen und unerkannt bleiben, sollte der FEW präventiv schon in der Vorschulzeit oder bei Schulbeginn als Routinemaßnahme eingesetzt werden, „damit erst später imponierende Schwierigkeiten möglichst früh erkannt werden" (S. 68).

5. Durchführung **5.1 Alter:** Kinder im Alter von 4;0 bis 7;11 Jahren.

5.2 Formen: Der FEW kann als Individual- und Gruppentest durchgeführt werden.

5.3 Handhabung: Eine genaue Kenntnis des Tests, Vorübungen und genügend Erfahrungen im Umgang mit kleinen Kindern sind grundlegende Voraussetzungen für den Versuchsleiter, um das Verfahren durchführen zu können. Jeder einzelne Subtest soll an einer Tafel demonstriert oder anhand von Schaubildern dargestellt werden. Die Kinder sollten nur die Seite des

Testheftes aufschlagen, auf der sie gerade arbeiten. Unabhängig von der Lateralität werden alle Aufgaben von links nach rechts ausgeführt; das Kind darf das Testheft bei der Durchführung der Aufgaben nicht drehen. Für die einzelnen Aufgaben der fünf Untertests liegen standardisierte Instruktionen vor.

5.4 Zeit: Die Durchführungsdauer als Individualverfahren beträgt durchschnittlich 30 bis 45 Minuten und als Gruppentest ca. 60 Minuten (Bruttozeit).

6. Auswertung

6.1 Modus: Zu jedem Subtest liegen ausführliche Richtlinien zur Punktevergabe vor. Die Rohwerte werden mit Hilfe von Normtabellen in Prozentränge umgerechnet. Zusätzlich wird für die Rohwerte und Prozentränge durch Summation der einzelnen Werte ein Gesamtwert errechnet, der mit einer Normtabelle hinsichtlich des Prozentranges verglichen wird. Des weiteren können anhand von Umrechnungstabellen T-Werte und kritische Differenzen für T-Werte errechnet werden.

6.2 Zeit: Keine Angaben.

7. Gütekriterien

7.1 Objektivität: Unter sorgfältiger Beachtung der Auswertungsregeln liegt ein hoher Grad an Objektivität vor, dieses betrifft sowohl die Auswertungs- wie auch die Durchführungs- und Interpretationsobjektivität (Subtest I und II r = .90 bis r = .95.).

7.2 Reliabilität: Zur Retest-Reliabilität liegen drei Studien vor, die in Intervallen von 3 Wochen (1. Studie 1961) bzw. 2 Wochen (2. Studie 1961 und 3. Studie 1962) durchgeführt wurden. Die Retestreliabilität der Rohwerte liegt zwischen r = .33 bis r = .83 (Gesamt: r = .69) bei Kindergartenkindern und Erstklässlern. Der Split-Half-Koeffizient mit Korrektur nach Spearman-Brown ergibt Gesamtwerte zwischen r = .78 und r = .89 für die amerikanische Stichprobe (Altersstufen 4;8–8;11). Für die deutsche Stichprobe, N = 1500 (Altersstufen 4;0–8;11), ergaben sich Koeffizienten zwischen r = .22 bis r = .63 bei „Erkennender Lage im Raum“ und r = .69 bis r = .83 bei „Erfassung räumlicher Beziehungen“.

7.3 Validität: Zur Validierung wurden seit Mitte der 80er Jahre eine Vielzahl von Untersuchungen vorgelegt: So ergaben sich signifikante Korrelationen zwischen dem FEW und gebräuchlichen Schulreife- und Leseleistungstests für den Wahrnehmungsquotienten in der 1. und 2. Klasse zwischen r = .40 und r = .50; für den Subtest „Erkennen der Lage im Raum“ lagen die Korrelationen bei r = .44 sowie r = .34.
In einem Vergleich von Kindern mit Lernstörungen (N = 71, meist neuropathologische Befunde) mit nicht lerngestörten Kindern (N = 167) zeigten sich verzögerte Reifungsprozesse der visuellen Wahrnehmung sowie eine unausgewogene Wahrnehmungsstruktur bei Kindern mit neurogenen Lernstörungen (starke Streuung der Subtestwerte).
Zur Konstruktvalidität liegen zumeist signifikante Ergebnisse von Korrelationen des FEW mit Intelligenzleistungen (r = .57 bis r = .91 für den Wahrnehmungsquotienten), der Kognition (bis zu r = .53 TEKO, Winkelmann, 1975), der Sprachleistung, dem Sozialstatus und den Anpassungsstörungen vor (r = .44 für Kindergartenkinder und r = .28 für Zweit- und Drittklässler).
Des weiteren wurden Kontrastgruppenanalysen gerechnet sowie Reifungs-

sequenzen und Faktorenanalysen durchgeführt, welche begründete Hypothesen über die funktionale Bedeutung der visuellen Wahrnehmung zulassen.

7.4 Normen: Es wurden Normwerte in Form von Prozenträngen und T-Werten für die Altersbereiche von 4;0 bis 8;11 Jahren und alle Untertests aufgestellt.

8. Literatur

Winkelmann, W. (1975). *Testbatterie zur Erfassung kognitiver Operationen (TEKO).* Braunschweig: Westermann.

Bearbeiter: Hans-Jörg Walter

Graphomotorische Testbatterie (GMT)

H. Rudolf
Weinheim: Beltz Test GmbH, 1986

1. Testart Entwicklungstest

2. Testmaterial Handanweisung (59 Seiten), Auswertungsschablone, Arbeitsheft; zusätzlich: Bleistift, roter Filzschreiber.

3. Testgliederung Die GMT setzt sich aus 7 Einzeltestverfahren zusammen. Alle Einzeltests messen generell die Wahrnehmungsfähigkeit, die visuo-motorische Koordination, die visuelle Form- und Gestaltauffassung, die Bewegungskontrolle, die Hand- und Fingergeschicklichkeit sowie die Fähigkeit zum Umgang mit Bleistift, Filzschreiber und Schreibunterlagen. Im einzelnen handelt es sich um:

1. Labyrinth-Test (LT)
2. Task-Test (TT)
3. Symmetrie-Zeichen-Test (SZT)
4. Synergie-Schreibversuch (SSV)
5. Graphestesia-Test (GT)
6. Graphomotorischer Test (GMT)
7. Form- und Gestalt-Test (FGT)

4. Grundkonzept Es wird davon ausgegangen, daß Schreibfähigkeit mehr voraussetzt als das visuelle Erfassen und Differenzieren eines vorgegebenen Symbols oder die Fortsetzung der rein rezeptiven Wahrnehmung zum vorgestellten Bild. Schreibfähigkeit wird begleitet und fortlaufend reguliert von Bewegungen, Antizipationen, Vergleichen, Rekonstruktionen usw., also im Grunde von Regulationsvorgängen, die Piaget als „Wahrnehmungsaktivität" bezeichnet. Das Testverfahren basiert auf einer Untersuchung zur Entwicklung der Graphomotorik an 300 Kindergartenkindern im Alter von 4 bis 7 Jahren. Hier konnte gezeigt werden, daß Schreiben keine zu erwerbende technische Fertigkeit oder das bloße Kopieren vorgegebener graphischer Symbole ist. Es handelt sich vielmehr um einen hochkomplexen psychomotorischen Prozeß, der von vielen Funktionen und Fähigkeiten abhängig ist. Die GMT ist gedacht als Diagnose und Therapieinstrument bei der Früherkennung und Förderung von Kindern, die in ihrer graphomotorischen Entwicklung auffällig sind.

5. Durchführung **5.1 Alter:** Kinder im Alter zwischen 4 bis 7 Jahren.

5.2 Formen: Einzeltest; Gesamtform mit 7 Untertests.

5.3 Handhabung: Als Paper-Pencil-Test wird die GMT vorzugsweise als

Einzelversuch mit Bleistift und Filzschreiber durchgeführt. Jeder Untertest beginnt mit einer Instruktion, die für jüngere Kinder wiederholt werden kann. Um die Kinder zu motivieren, sollte jeder Untertest als Spiel dargestellt werden. Mit Ausnahme des Labyrinth-Tests (Lateralitätsbestimmung) werden alle Untertests mit der bevorzugten Hand durchgeführt.

5.4 Zeit: Keine Vorgaben.

6. Auswertung

6.1 Modus: Klar formulierte und leicht verständliche Erläuterungen zur Auswertung jedes Untertests finden sich in der Handanweisung (S. 15–21). Hier wird auch der Gebrauch der außerdem als Hilfe zur Verfügung stehenden Auswertungsschablone erklärt. Ferner werden in der Handanweisung Auswertungsbeispiele zur Orientierung angeboten.

6.2 Zeit: Keine Angaben.

7. Gütekriterien

7.1 Objektivität: Die Handanweisung gibt klare Instruktionen für die Anwendung, bei deren Berücksichtigung Durchführungs-, Auswertungs- und Interpretationsobjektivität gewährleistet sind.

7.2 Reliabilität: Als Maß für die Homogenität des Instrumentariums wurde die innere Konsistenz sowohl über die Split-Half-Reliabilität (Kuder-Richardson-Formel KR-20) berechnet als auch auf varianzanalytischer Basis (Hoyt-Methode). Als Maß für die Stabilität der Einzeltests wurde die Retest-Reliabilität berechnet.
Für die interne Konsistenz der sieben Einzeltests ergaben sich nach der Methode von Hoyt Werte zwischen r = .34 und r = .89 und nach der Methode von Kuder-Richardson (KR-20) zwischen r = .53 und r = .89. Die Werte für die Gesamtest-Reliabilität betragen r = .82 nach Hoyt und r = .90 nach Kuder Richardson. Die Retest-Reliabilitätskoeffizienten schwanken für die sieben Einzeltests zwischen r = .90 und r = .97, für den Gesamttest ergibt sich ein Koeffizient von r = .98.

7.3 Validität: Die Bestimmung der inneren Validität erfolgte durch Korrelation der Einzeltests der GMT mit bereits standardisierten Verfahren Manual-Form-Perception (MFP), Bender-Gestalt-Test (BGT) und Zielpunktieren-Hampelmann. Des weiteren erfolgte eine Korrelation der sieben Einzeltests mit dem nach einer Schätzungsskala ausgewerteten Graphomotorischen Test. Es zeigten sich z. T. hohe Korrelationen. Die stärksten Zusammenhänge ergaben sich bei den Summenwerten der Einzeltests mit dem BGT und der GMT (zum Teil mit $p < .01$) bei Koeffizienten zwischen r = 0.30 und r = 0.84.
Eine externe Validierung durch Korrelation der Ergebnisse der GMT mit den Bewertungen einer Schriftprobe durch Experten- und Laien-Rating erbrachte einen Validitätskoeffizienten von r = .93 für das Experten-Rating und von r = .85 für das Laien-Rating. Die Ergebnisse sprechen für die diagnostische Valenz des Verfahrens sowie für den prognostischen Wert.

7.4 Normen: Für die Rohwerte der einzelnen Untertests liegen Prozentrangtabellen spezifiziert nach fünf Altersstufen vor. Außerdem liegen nach fünf Altersstufen spezifizierte Tabellen vor, aus denen sich der T-Wert sowie der Prozentrang je Untertest und für den Gesamttest ablesen läßt. Für den T-Wert des Gesamttests kann ein zum Vergleich dienender Graphomotorischer Quotient (GMQ) unter Verwendung einer Umrechnungstabelle bestimmt werden.

Bearbeiter: Claus Jacobs

Griffiths Entwicklungsskalen (GES)

I. Brandt und E.J. Sticker
Göttingen: Beltz Test GmbH, 2., überarb. und erw. Auflage 2000

1. Testart Entwicklungstest

2. Testmaterial Handbuch, Koffer mit Testmaterial, Protokollbogen für Kinder im Alter von 1 bis 12 Monaten, Protokollbogen für Kinder im Alter von 13 bis 24 Monaten; zusätzlich: Schreibgerät.

3. Testgliederung Das Verfahren besteht aus 5 Subskalen:
A: Motorik
B: Persönlich-Sozial
C: Hören und Sprechen
D: Auge und Hand
E: Leistungen

4. Grundkonzept Die Griffiths Entwicklungsskalen sind die deutsche Bearbeitung eines Entwicklungstests für die ersten beiden Lebensjahre, der sich vor allem in englischsprachigen Ländern und Skandinavien bewährt hat. Die Testaufgaben des Verfahrens stehen einerseits in der Tradition der klassischen Untersuchungen von Gesell und Amatruda (1947), andererseits wurde zusätzlich standardisiertes Testmaterial entwickelt. Konzeptionell sind die GES ein Beobachtungsverfahren, d. h. der Untersucher registriert, ob bestimmte, teilweise provozierte Verhaltensweisen auftreten. Ein Vorzug des Verfahrens besteht darin, daß es frühzeitig, wenn die Chancen einer gezielten Entwicklungsförderung sehr günstig sind, eventuelle Entwicklungsverzögerungen oder geistige Behinderungen aufdecken kann.

5. Durchführung **5.1 Alter:** Kleinkinder im Alter von 1 bis 24 Monaten, ältere Kinder mit geistiger Behinderung.

5.2 Formen: Individualtest. Subskalen sind auch als Einzeltest einsetzbar.

5.3 Handhabung: Die Durchführung des Verfahrens setzt ein Training voraus. Die Beurteilung des Entwicklungsstandes des Kindes erfolgt zum einen durch eine direkte Prüfung der Fähigkeiten durch den Testleiter. Bei anderen Aufgaben wird die Bezugsperson des Kindes über das Verhalten des Kindes befragt. Die Aufgaben sind hoch standardisiert. Die Testdurchführung beginnt mit Items, die 2 bis 3 Monate unter dem geschätzten Entwicklungsalter des Kindes liegen. Der Test wird beendet, wenn mehr als zwei Aufgaben in Folge in jeder Unterskala nicht gelöst wurden.

5.4 Zeit: Die Durchführungszeit hängt vom Alter (1 bis 12 Monate ungefähr 30 Minuten; 13 bis 24 Monate ungefähr 1 Stunde) und von individuellen Besonderheiten des Kindes (Ängstlichkeit, geistige Behinderung) ab.

6. Auswertung

6.1 Modus: Eine Auswertungsmöglichkeit der GES liegt in der Berechnung des Entwicklungsalters (EA): Für alle 5 Subskalen sind maximal 10 Punkte pro Monat zu erreichen (2 Punkte je Subskala pro Monat). Deshalb wird beim EA die erreichte Gesamtpunktzahl durch 10 geteilt. Zusätzlich kann noch ein Entwicklungsquotient (EQ) angegeben werden: Für den Gesamttest-EQ wird das EA durch das Lebensalter (LA) dividiert. Werte unter 1 bedeuten eine Entwicklungsverzögerung. Neben dem Gesamttest-EQ können zur Differentialdiagnose auch noch für jede Subskala separate Entwicklungsquotienten berechnet werden.

6.2 Zeit: Keine Angaben.

7. Gütekriterien

7.1 Objektivität: Die Autorinnen bestätigen dem Verfahren aufgrund der hohen Standardisierung der Items eine fast 100 %ige Objektivität. Problematisch ist jedoch, wie bei allen Entwicklungstests, daß sich Einflußnahmen des Untersuchers auf das kindliche Verhalten nicht ausschließen lassen, sowie daß die Bezugsperson das Kind unter- oder überschätzen könnte.

7.2 Reliabilität: In der Bonner Longitudinalstudie erreichte der Gesamtentwicklungsquotient bei der Retestreliabilität Werte zwischen $r = .49$ und $r = .81$, wobei die älteren Altersgruppen bessere Werte erzielen. Etwas niedrigere Werte zeigen die Subskalen. Auch hier steigt die Retestreliabilität mit zunehmendem Alter. Generell ist zu beachten, daß bei wiederholter Testung intraindividuell schwankende Testergebnisse auch Entwicklungsschübe oder Stagnationen bedeuten können.

7.3 Validität: Die Untersuchungen der Autoren zeigen, daß das Verfahren Teilausfälle in bestimmten Funktionsbereichen (z. B. blinde oder gehörlose Kinder) abbilden kann. Bei der inhaltlichen Validität wird dem Verfahren einerseits bescheinigt, daß die Unterteilung der Subskalen und die Zuordnung der Items sich an gängigen Entwicklungsmodellen orientiert (Handbuch S. 35). Andererseits wird den GES eine mangelnde theoretische Fundierung vorgeworfen. Diese Kritik bezieht sich auf die fehlende Entwicklungstheorie bei der Aufgabenauswahl und die fehlende Repräsentativität der einbezogenen Aufgaben für die 5 Bereiche sowie die mangelnde Repräsentativität der Bereiche selbst für einen Entwicklungstest (Schaarschmidt, 1985).

7.4 Normen: Die deutsche Version der GES wurde auf der Basis einer Zufallsauswahl von 102 Kindern normiert, die in eine Longitudinalstudie mit insgesamt 1750 Untersuchungen einbezogen wurden. Im Anhang des Manuals befinden sich für jede Aufgabe die kumulativen Häufigkeiten für die Lösungsalter der Items.

8. Literatur

Gesell, A. & Amatruda, C.S. (1947). *Developmental diagnosis* (2nd ed.). New York: Harper & Row.

Schaarschmidt, U. (1985). Griffiths Entwicklungsskalen (GES). Zur Beurteilung der Entwicklung in den ersten beiden Lebensjahren. *Zeitschrift für Differentielle und Diagnostische Psychologie, 6,* 126–127.

Bearbeiter: Martin Merbach

Heidelberger Sprachentwicklungstest (HSET)

H. Grimm und H. Schöler

Göttingen: Hogrefe, 2., verbesserte Auflage 1998

1. Testart

Entwicklungstest

2. Testmaterial

Handanweisung (DIN A4, 92 Seiten), 5 Protokollbogen (DIN A4, 7 Seiten), Durchführungsanweisung (DIN A5, 35 Seiten), Bildband (DIN A5, insgesamt 52 Bildvorlagen), 15 Spielfiguren (Holz), 41 Bildkarten (6 Begriffskarten mit 30 zuzuordnenden Gegenständen, 5 Gesichter); zusätzlich: ein „Puppenwaschlappen“ (kleines Stück Stoff).

3. Testgliederung

Das Verfahren gliedert sich in fünf Schwerpunktbereiche (A bis E) und eine Integrationsstufe (F), die mit insgesamt 13 Subtests erfaßt werden: A. Satzstruktur (A1. Verstehen grammatischer Strukturformen, A2. Imitation grammatischer Strukturformen); B. Morphologische Struktur (B1. Plural-Singular-Bildung, B2. Bildung von Ableitungsmorphemen, B3. Adjektivableitungen); C. Satzbedeutung (C1. Korrektur semantisch inkonsistenter Sätze, C2. Satzbildung); D. Wortbedeutung (D1. Wortfindung, D2. Begriffsklassifikation); E. Interaktive Bedeutung (E1. Benennungsflexibilität, E2. In-Beziehung-Setzung von verbaler und nonverbaler Information, E3. Enkodierung und Rekodierung gesetzter Intentionen); F. Integrationsstufe (F1. Textgedächtnis).

4. Grundkonzept

Der Begriff Sprache findet hier seine theoretische Fundierung auf zwei Ebenen: Die linguistische Grammatik bildet die Grundlage zur Überprüfung der Beherrschung eines Regelsystems (Sprachlich linguistische Kompetenz), die interpersonelle Grammatik liefert den Rahmen zur Erfassung von Fähigkeiten im Bereich kommunikativen Handelns (sprachlich pragmatische Kompetenz). Die Autoren verstehen dabei diese Beschreibungsdimensionen als im Laufe des Spracherwerbsprozesses wechselseitig miteinander verknüpft (synergetischer Prozeß, Handanweisung, S. 7). Die entwicklungspsychologische Operationalisierung von Sprache im Rahmen der fünf Schwerpunktbereiche wird als notwendiger „theoretischer Zwischenschritt“ (Handanweisung, S. 7) vor dem Hintergrund dieser komplexen Beziehungen erachtet. Zur expliziten Darlegung der linguistischen und entwicklungspsychologischen Grundlagen verweisen die Autoren auf vorliegende Forschungsberichte (Grimm, Schöler & Wintermantel, 1975; Grimm & Wintermantel, 1975).

5. Durchführung

5.1 Alter: Es liegen Normen schon für Kinder im Alter unter 4;0 bis hin zu 9;11 Jahren vor; nach Auffassung der Autoren kann der HSET jedoch „. . .

auch noch in höheren Altersbereichen sinnvoll und gewinnbringend eingesetzt werden . . ." (Handanweisung, S. 34).

5.2 Formen: Einzeltest.

5.3 Handhabung: Das Verfahren wird an einem Tisch sitzend durchgeführt. Der Testleiter muß mit den Durchführungsanweisungen, Bewertungskriterien sowie den Einstiegs- und Abbruchbedingungen innerhalb der einzelnen Subtests gut vertraut sein. Die Abfolge der Untertests muß eingehalten werden, die Instruktionen sind standardisiert. Kinder unter 5 Jahren absolvieren nur 10 der 13 Subtests. Die Bewertung der Items erfolgt je nach Subtest zwei- (1 = richtig, 0 = falsch) bzw. dreikategoriell (2 = richtig, 1 = Teillösung, 0 = falsch), die Kriterien sind sehr ausführlich dargestellt.

5.4 Zeit: Nach Angabe der Autoren ca. 71 Minuten. Sie bemerken jedoch, das Verfahren sei „. . . ein Fähigkeits- und kein Geschwindigkeitstest." (Durchführungsanweisung, S. 5).

6. Auswertung

6.1 Modus: Zu jedem Subtest werden die Punktwerte addiert und somit die Rohwerte ermittelt. Die Rohwerte werden in altersspezifische (8 Altersgruppen) T-Werte und Prozentränge umgewandelt und dienen zur Erstellung eines Leistungsprofils. Für drei weiter gefaßte Altersgruppen werden dann 5 % sowie 1 % Konfidenzintervalle sowie kritische T-Wert-Differenzen angegeben. Weiter wird ein Gesamt-T-Wert bestimmt. Zu einer daran anschliessenden inhaltlichen Interpretation werden Hilfen bereitgestellt.

6.2 Zeit: Keine Angaben; nach eigenen Erfahrungen ca. 15 bis 20 Minuten.

7. Gütekriterien

7.1 Objektivität: Das hohe Maß an Standardisierung ermöglicht eine objektive Durchführung. Die präzisen Auswertungskriterien stellen darüber hinaus in hohem Maße die Objektivität der Auswertung sicher. Ein zitierter Befund zur Ermittlung von Beobachterübereinstimmungen (ermittelt über 10 Subtests, mit einer mittleren Interraterkorrelation von .97) geht lediglich auf zwei Beobachter zurück.

7.2 Reliabilität: Zur Einschätzung der Reliabilität werden zunächst Ergebnisse einer Konsistenzanalyse vorgelegt. Es wurden für die einzelnen Subtests Lambda-Werte nach Guttman zwischen .74 und .95 (Gesamtstichprobe) sowie zwischen .49 und .96 (bei Differenzierung nach drei Altersbereichen) ermittelt. Diese Ergebnisse deuten primär auf eine ausreichende Homogenität der einzelnen Skalen. Die mittleren Profilreliabilitäten in den drei Altersbereichen (.60 bis .77), die geringen bis mittleren Subtestinterkorrelationen sowie die mittleren Trennschärfe-Koeffizienten der Subtests in bezug auf den Gesamttest lassen auf eine gute Differenzierungsfähigkeit des Verfahrens schließen. Tendenziell ist dabei jedoch ein mit dem Alter steigender innerer Zusammenhang der Subtests zu beobachten.

7.3 Validität: Für alle Subtests lassen sich über alle acht im Rahmen der Normierung unterschiedenen Altersgruppen statistisch bedeutsame Mittelwertanstiege (0,1 % Niveau) verzeichnen. Hinweise auf bedeutsame Geschlechtsunterschiede konnten nicht gewonnen werden. Interpretierbare Hinweise auf einen statistischen Einfluß der sozialen Schichtzugehörigkeit lassen sich erst ab dem 7. Lebensjahr gewinnen. Weiter sollen korrelationsstatistische Untersuchungen des Gesamttestergebnisses bzw. der Ergebnisse einzelner Subtests des HSET mit den Ergebnissen aus Intelligenztests (Progressive Matrices von RAVEN, Bildertest BT 1-2) eine Einschätzung der Validität unterstützen. Dabei konnten überwiegend geringe, in wenigen Fällen mittlere Interkorrelationen ermittelt werden. Auch werden die Ergebnisse faktorenanalytischer Untersuchungen vorgelegt, im Rahmen derer zwei gemeinsame Faktoren mit jedoch hoher Interkorrelation extrahiert wurden, die auch nur einen bescheidenen Beitrag zur Aufklärung der Gesamtvarianz in den Altersbereichen leisten können (zusammen maximal 50 %). Somit konnten die theoretisch inhaltlichen Grundannahmen noch nicht in ausreichender Weise gestützt werden und die Autoren sehen in Folge dessen in der Profildarstellung der Testleistungen das angemessene Vorgehen. Klinische Studien haben darüber hinaus gezeigt, daß die Leistungsprofile lernbehinderter Sonderschüler sowie die von Legasthenikern sich lediglich in der Profilhöhe und nicht im Profilverlauf von den Profilen unauffälliger Kinder unterscheiden. Dies wird von den Autoren dahingehend interpretiert, daß zwischen diesen Gruppen „. . . keine strukturellen Unterschiede in der Sprachleistung vorliegen.“ (Handanweisung, S. 77).

7.4 Normen: Die vorläufigen Normen wurden vor 1978 auf der Basis „anfallender“ Stichproben (gesamt: N = 791) an verschiedenen bundesdeutschen Standorten ermittelt. Altersspezifische T-Wert-Tabellen liegen bis zum Alter von 6 Jahren in Halbjahresschritten, bis zum Alter von 8 Jahren dann in Jahresschritten und danach für eine Gruppe von 8;0 bis 9;11 Jahre vor; dabei schwanken die Anzahlen in den Altersgruppen zwischen N = 41 bis N = 170.

8. Literatur

Grimm, H., Schöler, H. & Wintermantel, M. (1975). *Zur Entwicklung sprachlicher Strukturformen bei Kindern. Forschungsbericht zur Sprachpsychologie I: Empirische Untersuchungen zum Erwerb und zur Entwicklung sprachlicher Wahrnehmungs- und Produktionsstrategien bei Drei- bis Achtjährigen.* Weinheim: Beltz.

Grimm, H. & Wintermantel, M. (1975). *Zur Entwicklung von Bedeutungen. Forschungsbericht zur Sprachpsychologie II.* Weinheim: Beltz.

Bearbeiter: Thorsten Macha

Kindersprachtest für das Vorschulalter (KISTE)

D. Häuser, E. Kasielke und U. Scheidereiter
Hrsg.: K. Ingenkamp
Weinheim: Beltz Test GmbH, 1994

1. Testart

Entwicklungstest (Sprachtest)

2. Testmaterial

Beiheft (DIN A4, 41 Seiten); Bildkarten (DIN A6) zum TEDDY-Test (TED): sechs Testbilder, vier Lernbilder; Bildkarten (DIN A7, 42 Karten), Drei-Felder-Tafel (für jeweils drei Bildkarten), altersgruppierte Protokoll- und Auswertungsbogen (für Kinder von 3;3–3;11/4;0–4;11/5;0–5;11/6;0–6;11). Die Protokoll- und Auswertungsbogen enthalten (neben dem Untertest TED für Kinder von 3;3–3;11) die Untertests IKO und WO. Für Kinder ab 4;0 Jahren gelten darüber hinaus die Untertests SEMSY, SB und zum SB die „Zusatzauswertung grammatikalischer Fehler". Zusätzlich ist Schreibmaterial erforderlich.

3. Testgliederung

Das Testverfahren zur Frühdiagnostik von Sprachentwicklungsstörungen besteht aus fünf Untertests. Geprüft wird der altersgruppenspezifische sprachliche Entwicklungsstand von Vorschulkindern bezogen auf ihre kommunikativen sowie sprachstrukturellen Kompetenzen.

Für die Altersgruppe von 3;3 bis 3;11 Jahren („sowie die 4jährigen sprachentwicklungsgeschädigten Kinder") sieht die empfohlene Reihenfolge der Untertests vor:

- TED ERZ (30 Items) = Erfaßt mit sechs Bildkarten (Teddy-Motiv) die kindliche Fähigkeit, unterschiedliche semantische Beziehungen zu erkennen und zu benennen (z. B. Aktor-Aktion, Lokation, Finalität etc.), indem die Kinder spontan zu den Bildvorgaben erzählen, was sie sehen.
- IKO (40 Items) = Erkennt semantische und grammatikalische Inkonsistenzen, indem sprachlich nicht korrekte Sätze (jeweils 14 semantische und grammatikalische, 12 neutrale) vorgegeben werden. Beispiel eines semantisch nicht korrekten Satzes: „Die Schlange bellt leise"; grammatikalisch nicht korrekt: „Das Kind das Bild anschaut".
- WO (10 Items) = Erfaßt den aktiven Wortschatz, indem Kinder zu Fragen wie: „Was für Spielzeug kennst Du?" max. 1 Minute frei antworten.
- TED FR (30 Items) = Zielgerechte Befragung der Kinder zu den semantischen Relationen auf den Bildkarten („Was macht der Teddy ... Was zieht/hebt/ißt der Teddy ... Womit ... Wo/Wohin ... Warum ...?").

Für die Altersgruppen von 4;0 bis 6;11 gilt die Reihenfolge der Untertests:

- WO (10 Items) = Wortschatztest, Beschreibung siehe weiter oben.
- SEMSY (12 Items) = Erfaßt die semantisch-syntaktische Strategiewahl von Kindern, indem Sätze vorgegeben werden (Beispiel „Mit der Wiege

schaukelt der Teddy das Baby") und die Kinder aufgefordert werden, diese auf einer Drei-Felder-Tafel mit den entsprechenden Bildkarten (Wiege-Teddy-Baby) nachzulegen.

- SB (14 Items) = Erfaßt die Satzbildungsfähigkeit, indem Wortpaare vorgesprochen werden (Beispiel „Brand Feuerwehr", „müde schlafen", „arbeiten verdienen"); mit Zusatzauswertung grammatikalischer Fehler (13 Items).
- IKO = Inkonsistenztest, Beschreibung siehe weiter oben.

Zusätzlich ermöglichen Fremdbeobachtungsskalen die Einschätzung weiterer Aspekte des kommunikativ-verbalen Verhaltens von Kindern.

4. Grundkonzept Die Struktur des Kindersprachtests untergliedert sich in drei Untersuchungsebenen (kommunikative, semantische, morphologisch-syntaktische), deren sprachentwicklungspsychologische Bedeutung in theoretisch fundierten Thesen ausgeführt wird. Die kindliche Sprachentwicklung wird sowohl sprachproduktiv (z. B. Wortschatztest), sprachrezeptiv (z. B. Semantisch syntaktischer Test) als auch in Mischform (z. B. Inkonsistenztest) erfaßt. Zur Gesamtstruktur des Testaufbaus siehe Abbildung unten.

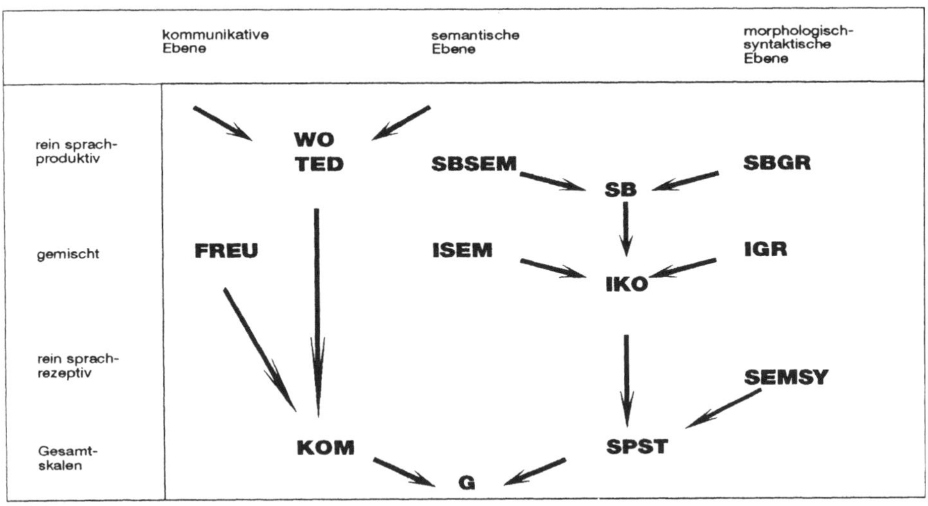

WO	Wortschatztest		SB	Satzbildungstest
TED	Teddy-Test		SBSEM	Skala: Semantik des Satzbildungstests
FREU	Sprechfreudigkeit (Urteilsskala)		SBGR	Skala: Grammatik des Satzbildungstests
KOM	Kommunikative Kompetenz (Gesamtskala)		IKO	Test: Erkennen von Inkonsistenzen
SPST	Sprachstrukturelle Kompetenz (Gesamtskala)		ISEM	Skala: Erkennen semantischer Inkonsistenzen
G	Sprachliche Kompetenz (Gesamtwert)		IGR	Skala: Erkennen grammatischer Inkonsistenzen
			SEMSY	Semantisch-didaktischer Test

Struktur des Kindersprachtests KISTE

5. Durchführung **5.1 Alter:** 3;3 bis 6;11 Jahre.

5.2 Formen: Das Testverfahren wird als Einzeltest durchgeführt. Als Screening zur Einschätzung des allgemeinen Sprachniveaus können für alle Altersgruppen zwei Untertests benutzt werden: (1) Wortschatztest (zur Abschätzung kommunikativer lexikalischer Befähigungen), (2) Inkonsistenzen (zur Abschätzung sprachstruktureller Befähigungen). Jeder Untertest ist auch einzeln anwendbar. Als Screeningverfahren kann der Test auch zur Schulfähigkeitsdiagnostik eingesetzt werden.

5.3 Handhabung: Sämtliche Untertests werden an einem Tisch sitzend absolviert. Den Kindern werden die Bildkarten vorgelegt, die Sprachtests vorgelesen. Die Untersuchungsleitenden notieren je nach Untertest z. T. wörtlich die sprachlichen Rückmeldungen der Kinder (TED ERZ, TED FR, WO, IKO) bzw. und oder markieren die Ergebnisse in vorgegebenen Antwortmustern (SB, IKO, SEMSY) im Protokoll- und Untersuchungsbogen.

5.4 Zeit: In der Regel 35 bis 50 Minuten (bei sprachentwicklungsgestörten oder geistig retardierten Kindern bis zu 70 Minuten).

6. Auswertung

6.1 Modus: Die Ergebnisbewertung erfolgt anhand folgender Skalen: Sprechfreudigkeit, Kommunikative, Sprachstrukturelle und Sprachliche Kompetenz, Semantik und Grammatik des Satzbildungstests.

- TED (von 3;3 bis 3;11 Jahre): Teddytest. Der Gesamtwert TED setzt sich zusammen aus (a) der Summe der vorgegebenen Punktzahl bei richtig benannten Relationen im Untertest „Teddytest Erzählung" (TED ERZ; Beispiel „Der Teddy putzt die Zähne mit der Zahnbürste" ergibt 6 Punkte für die richtige Aktor-Aktion- sowie Aktor-Objektbeziehung und die richtige Benennung des Instruments; maximal erreichbar sind 66 Punkte) und (b) der Summe der richtigen Antworten zur Verwendung der geforderten Relationen im Untertest „Teddytest Befragung" (TED FR; Beispiel „Was macht der Teddy auf dem Bild?", Antwort „Er füttert." Eine Aktor-Aktion-Relation wie diese erhält standardmäßig einen Punkt. (...) „Warum füttert der Teddy den Fisch?", Antwort „Weil der Fisch Hunger hat." Die Benennung einer Finalität erhält jeweils drei Punkte; maximal erreichbar sind hier 60 Punkte). TED = TED ERZ + TED FR.
- TED WOE: Teddytest Anzahl der Wörter in der Erzählung. Die offene Anzahl der erwähnten Wörter geht nicht in den TED-Gesamtwert ein, sondern bildet einen eigenen Skalenwert.
- IKO: Inkonsistenzentest. Unter dem vorgegebenen Satz (Beispiel „Der Vater kauft einen Schnupfen.") wird die Korrektur oder Begründung des Kindes notiert. Bei erkanntem nicht richtigen Satz wird ein Punkt vergeben. Skalenrohwerte werden jeweils für die richtig erkannten semantischen Inkonsistenzen (ISEM) sowie grammatikalischen Inkonsistenzen (IGR) ermittelt. Insgesamt sind maximal 28 Punkte erreichbar. IKO = ISEM + IGR.
- WO: Wortschatztest. Jede Antwort der Fragen 1–7, die dem Inhalt der Frage entspricht (Beispiel „Was kann man alles essen?") wird mit einem Punkt bewertet, für richtige Antworten der Fragen 8–10 (Beispiel „Was kannst Du alles mit Deinen Händen machen?") werden jeweils zwei Punkte vergeben. Die maximale Punktzahl ist somit offen.
- SEMSY (ab 4;0 Jahre): Semantisch-didaktischer Test. Je nach vorgegebenem Satzschema im Protokollbogen (Beispiel Die Versuchsleiterin liest vor: „Mit der Wiege schaukelt der Teddy das Baby." Hier liegt das Satzschema: Instrument-Subjekt-Objekt vor, welches die Kinder mit den Bildern: Wiege-Teddy-Baby erfassen müssen). Je nach festgelegtem Schwierigkeitsgrad wird die richtige Lösung mit einem bis drei Punkten bewertet. Maximal sind 25 Punkte erreichbar.

– SB: Satzbildungstest. Die mitgeschriebenen Satzäußerungen der Kinder werden getrennt nach semantischen (SBSEM) und grammatikalischen (SBGR) Aspekten bewertet. Zur Auswertung stehen mögliche Antwortmuster mit entsprechender Bewertung zur Verfügung. Die vorgegebenen Wortpaare der Aufgaben 1–7 werden als „einfache und ontogenetisch recht früh auftretende Beziehungen" (S. 14) beschrieben und mit max. 2 Punkten bewertet (Beispiel „spielen Kind" oder „Brand Feuerwehr"), die Aufgaben 8–14 werden als schwerer zu lösen eingestuft und erhalten max. 3 Punkte je Aufgabe (Beispiel „geben Bild" oder „waschen sauberwerden"). Maximal können für die Skala: Semantik des Satzbildungstests 21 Punkte vergeben werden, für die Skala: Grammatik des Satzbildungstests 14 Punkte. Für den Satzbildungsgesamtwert können somit maximal 35 Punkte vergeben werden. SB = SBSEM + SBGR.

Zusätzlich werden die grammatikalischen Fehler anhand eines Fehlerkategorienschemas erfaßt (fehlend oder falsch können sein: die Artikel-, Präpositions-, Nomen- oder Verbverwendung, ... die Syntax usw.), um differenziert über spezifische morphologisch-syntaktische Defizite in der kindlichen Sprachproduktion Rückmeldung zu erhalten.

– FREU: Sprechfreudigkeit. Die Urteilsskala basiert auf der Beurteilung der Sprechfreudigkeit (Summe der verbalisierten Wörter wird mit Punkten zwischen 1 = geringe Bereitschaft bis 3 = hohe Bereitschaft sich mitzuteilen erfaßt) und wird unmittelbar im Anschluß an die Testdurchführung vor der Testauswertung vorgenommen. Ein Eindrucksurteil geben jeweils die Untersuchungsleiterin (UVL FREU) und die Kindergärtnerin bzw. Mutter/Vater ab (UKDG FREU). Zusätzlich wird ein Punktwert angegeben, der die Verständnissicherung (UVL VSI) beschreibt. Er variiert zwischen einem Punktwert von 1 = „geringe" bis 3 = „hohe Befähigung des Kindes, eigenes Nichtverstehen zu erkennen und nachzufragen". Insgesamt sind maximal 9 Punkte zu erreichen.
  Den Gesamtwert bilden FREU = UKDG FREU + UVL FREU + UVL VSI.
– KOM: Kommunikative Kompetenz. Die Skala „Kommunikation" ergibt sich aus dem Wortschatztest und Teddytest. Sie werden der semantischen Ebene zugeordnet, weisen aber Zusammenhänge mit der kommunikativen Ebene auf. Gemeinsam mit der Urteilsskala der Sprechfreudigkeit bilden sie die Gesamtskala „kommunikativ-lexikalische Befähigung". KOM = WO + TED + FREU.
– SPST: Sprachstrukturelle Kompetenz. Die Gesamtskala der sprachstrukturellen Kompetenz ergibt sich aus der Summe der Rohwerte des Satzbildungstests plus Inkonsistenztest plus die Ergebnisse des Semantisch-didaktischen Tests. SPST = SB + IKO + SEMSY = SPST.
– GA: Sprachliche Kompetenz. Der Gesamtwert des Kindersprachtests KISTE ergibt sich aus der Summe der Skala: Kommunikative Kompetenz und der Skala: Sprachstrukturelle Kompetenz. G = KOM + SPST.

Die Rohwerte jeder einzelnen Skala können auf Profilblättern für jede Altersstufe (Rückseite der Protokollbogen) eingetragen werden. Die Profildarstellung ist Ausgangspunkt für die Interpretation der Einzelskalen sowie für die Einordnung in sogenannte Profiltypen.

6.2 Zeit: Keine Angaben; nach eigenen Erfahrungen ca. 15 Minuten.

7. Gütekriterien

7.1 Objektivität: Die Durchführungsobjektivität ist gewährleistet, „wenn sich der Untersucher an die Instruktion hält, das Material hinreichend beherrscht und in einer ‚Anwärmphase' die Bereitschaft des Kindes zur Kommunikation und Aufgabenlösung geweckt hat" (S. 20). Für die Protokollierung und Auswertung sind klare Richtlinien gegeben, die Auswertung erfolgt anhand der altersgruppenspezifischen Normwerte. Profilvergleiche sind objektiv möglich.

7.2 Reliabilität: Ausführliche tabellarische Darstellung der Itemstatistiken für jeden Untertest. Schwierigkeits-, Trennschärfe- und Reliabilitätskoeffizienten entsprechen bis auf wenige Ausnahmen den Standards. Die Retestreliabilität liegt nach zwei Wochen zwischen .52 und .91, die interne Konsistenz der Untertests liegt zwischen .70 und .90.

7.3 Validität: Umfangreiche Aspekte zur externen und faktoriellen Validität wurden ermittelt. Für eine gute differentielle Validität sprechen die Korrelationen der Urteilsdaten von Versuchsleitenden, Kindergärtnern und Erzieherinnen. Vergleiche mit anderen Sprachtests (HSET, LSV) und Intelligenztests weisen hohe Korrelationen der Gesamtwerte auf (mit dem HSET Validitätskoeffizienten von .73 bzw. .77). Faktorenanalytisch konnte eine klare 2-Faktoren-Struktur des Tests (sprachstrukturell und kommunikativ) ausgewiesen werden. Entwicklungsentsprechend differenziert der Test zwischen den Altersstufen der Dreijährigen vs. den Vier- bis Sechsjährigen. Während in der ersten Altersgruppe der höhere Varianzanteil auf den semantischen Faktor entfällt (52 % der Varianz), fällt in der zweiten Altersgruppe der „weitaus höchste Varianzanteil" auf den sprachstrukturellen Faktor (S. 28).

7.4 Normen: Es liegen Normwerte (C-Werte) für jede Einzelskala sowie für die Gesamtskala, getrennt nach Altersgruppen, vor (A1 = 3;3–3;11 Jahre, A2 = 4;0–4;11 Jahre, A3 = 5;0–5;11 Jahre und A4 = 6;0–;11 Jahre). Anhand von Leistungsgruppen (Profiltypen, clusteranalytisch gewonnen) lassen sich sprachliche Kompetenzen und Defizite von Kindern einordnen. Eine Normstichprobe wurde 1991 (N = 543) erhoben.

8. Literatur

Grimm, H. & Schöler, H. (1998). *Heidelberger Sprachentwicklungstest (HSET)* (2., verb. Aufl.). Göttingen: Hogrefe.

Goette, R. (1976). *Landauer Sprachentwicklungstest für Vorschulkinder (LSV).* Weinheim: Beltz.

Verfasserin: Ines Merker-Melcher

Körperkoordinationstest für Kinder (KTK)

E.J. Kiphard und F. Schilling
Weinheim: Beltz Test GmbH, 1974

1. Testart Entwicklungstest

2. Testmaterial Manual (DIN A4, 54 Seiten); 3 kantige Balancierbalken von 300 cm Länge, 3 cm Höhe und 3 cm, 4,5 cm und 6 cm Breite, an Querleisten ($12 \times 5 \times 2$ cm^3) alle ca. 50 cm befestigt, so daß eine Gesamthöhe von 5 cm erreicht wird; 12 rechteckige Schaumstoffplatten ($50 \times 20 \times 5$ cm^3); eine Teppichbodenplatte (100×60 cm^2) mit Holzleiste ($60 \times 4 \times 2$ cm^3) in der Mitte; zwei Brettchen ($25 \times 25 \times 2$ cm) aus Sperrholz, unter deren vier Ecken jeweils Türstopper (Gummi; Höhe 3,7 cm) geschraubt sind; zusätzlich: Stoppuhr. Eine zusätzliche Auswertungssoftware ist erhältlich.

3. Testgliederung Der KTK enthält vier Aufgaben: 1. Balancieren rückwärts (BR), 2. monopedales Überhüpfen (MÜ), 3. seitliches Hin- und Herspringen (SH) und 4. seitliches Umsetzen (SU).

4. Grundkonzept Der KTK soll den Entwicklungsstand der Körperbeherrschung und -kontrolle erfassen, um Störungen aufzudecken, die im Alltag zumeist nicht beobachtbar seien. Laut Manual können motorische Störungen als Indikator frühkindlicher Hirnschäden und als Bedingungsfaktoren für Schulversagen und Konzentrationsstörungen angesehen werden (Schilling, 1973).

Von den drei grundsätzlich verschiedenen Wegen der Erfassung von Bewegungsmerkmalen Motoskopie, Motographie und Motometrie wird im KTK der dritte Weg eingeschlagen und in der endgültigen Fassung die Gesamtkörperbeherrschung anhand der vier bereits angeführten Bewegungsaufgaben geprüft.

5. Durchführung **5.1 Alter:** 5 bis 14 Jahre und ältere behinderte Kinder.

5.2 Formen: Augenscheinlich nur in Einzeltestung möglich.

5.3 Handhabung: Vor Anwendung des Verfahrens muß sich der Testleiter genauestens mit der Durchführung vertraut machen, unter anderem auch durch Probedurchführungen. Darüber hinaus muß sichergestellt sein, daß der Proband nicht durch momentane Verletzungen und Behinderungen eingeschränkt ist. Für jede Aufgabe sind Vorübungen vorgesehen, um dem Kind die Möglichkeit zu geben, sich auf die Aufgabe und das Testmaterial einzustellen. Anleitungen für die Testdurchführung, Vorschläge für die Versuchsanleitung und Fotos agierender Kinder sind im Manual vorhanden, so daß der Versuchsleiter dem Kind die Aufgabe durch Erklärung sowie Demonstration verständlich machen kann. Jede der vier Aufgaben wird dann mehrmals nach steigendem Schwierigkeitsgrad durchgeführt.

5.4 Zeit: Zur Gesamtdauer wurden keine genauen Angaben gemacht.

6. Auswertung

6.1 Modus: Je nach Aufgabe gelten unterschiedliche Kriterien der Bewertung und Punktvergabe, die jedoch in der Testanweisungen ausführlich und genau beschrieben sind. Die Punktwerte in den einzelnen Versuchsdurchgängen werden zu einem Rohwert aufsummiert. Dieser kann nachfolgend mit dem Durchschnittswert der entsprechenden Altersgruppe verglichen werden. Man erhält dadurch MQ-Werte für jede Aufgabe. Die Summe der MQ-Werte über alle Aufgaben wird dann in einer weiteren Normtabelle zu einem Gesamt MQ-Wert umgerechnet. Dieser Wert ist die Basis für Interpretationen.

6.2 Zeit: Keine Angaben.

7. Gütekriterien

7.1 Objektivität: Bei genauer Beachtung der Durchführungs- und Auswertungshinweise dürfte eine hinreichende Objektivität möglich sein, wenn auch besonders bei jüngeren und behinderten Kindern Versuchsleitereinflüsse eine Rolle zu spielen scheinen. Unterschiedliche Versuchsleiter erzielen Unterschiede von 20 bis 25 MQ-Werten.

7.2 Reliabilität: Testwiederholungen nach vier Wochen ergaben – je nach Aufgabe – Übereinstimmungen zwischen .80 und .96.

7.3 Validität: Durch eine Diskriminanzanalyse konnten 92 % frühkindlich leicht hirngeschädigter von einer Vergleichsgruppe nicht geschädigter Kinder unterschieden werden. Gaschler und Schilling (1997) konnten mit Hilfe des KTK motorische Rückstände schwerhöriger Schüler im Vergleich zu hörenden Schülern feststellen. Epilepsiekranke Jugendliche stellten sich in der Studie von Rohr, Koelfen und Knecht (1996) als schlechter motorisch entwickelt heraus als gesunde; zudem waren die Epilepsiekranken mit depressivem Bewältigungsverhalten tendenziell motorisch schlechter entwickelt als die Vergleichsgruppe.

7.4 Normen: Für jede Aufgabe existieren Alters- und zum Teil Geschlechtsnormwerte in Form von MQ-Werten (mit M = 100, SD = 15), die aus einer Stichprobe von N = 1228 Kindern gewonnen wurden. Für den Gesamt-MQ-Wert liegen Normtabellen sowohl für normalentwickelte Kinder als auch lernbehinderte, hirngeschädigte und verhaltensgestörte Kinder sowie eine Umrechnungstabelle für Prozentränge vor.

8. Literatur

Gaschler, P. & Schilling, E. (1997). Zur Motorik schwerhöriger Kinder und Jugendlicher. *Motorik, 20,* 2–8.

Rohr, H., Koelfen, W. & Knecht, V. (1996). Krankheitsbewältigung und kognitive Entwicklung bei jugendlichen Epileptikern. In G. Lehmkuhl (Hrsg.), *Chronisch kranke Kinder und ihre Familien* (S. 218–223). München: Quintessenz.

Schilling, F. (1973). Die Bedeutung der Motorik für die Differentialdiagnostik leichter frühkindlicher Hirnschäden im Kindesalter. *Monatsschrift Kinderheilkunde, 121,* 308–309.

Bearbeiterin: Carmen Fromme

Lautbildungstest für Vorschulkinder (LBT und DLBT)

L. Fried
Hrsg.: K. Ingenkamp
Weinheim: Beltz Test GmbH, 1980

1. Testart Entwicklungstest

2. Testmaterial Beiheft (DIN A4, 33 Seiten), Protokollbogen (DIN A4, 4 Seiten) und 43 Bildkarten zum LBT, Protokollbogen (DIN A4, 4 Seiten) und 101 Bildkarten zum DLBT.

3. Testgliederung Serielle Überprüfung von 43 (LBT) bzw. 101 (DLBT) repräsentativ ausgewählten Lauten und Lautverbindungen.

4. Grundkonzept Die Lautbildungsfähigkeit wird als relativ abgeschlossene Sprachteilleistung angesehen. Die Screeningform (LBT) dient der Identifizierung von Lautbildungsbeeinträchtigungen. Die diagnostische Form (DLBT) soll differenziertere Aussagen ermöglichen und Hinweise für gezielte Fördermaßnahmen geben. Jeweils zwei Subtests („leichte" bzw. „schwierige" Laute) orientieren sich an empirischen Erkenntnissen zur Lautfolgeentwicklung.

5. Durchführung

5.1 Alter: 4;0 bis 7;0 Jahre.

5.2 Formen: LBT und DLBT werden als Einzeltest durchgeführt.

5.3 Handhabung: Beide Verfahren sollten an einem Tisch durchgeführt werden. Das Kind soll die Dinge auf den Bildkarten benennen, gleichzeitig sollte der Testleiter die Rückseiten der Karten einsehen können. Das Kind wird mit standardisierten Instruktionen eingeführt.

5.4 Zeit: LBT: keine Angaben, ca. 5 bis 10 Minuten; DLBT: ca. 15 bis 25 Minuten.

6. Auswertung

6.1 Modus: LBT: Korrekt gebildete Laute werden mit einem Punkt bewertet, die Punkte werden addiert und so der Rohwert ermittelt; für den Rohwert werden altersgruppenspezifische Prozentränge und T-Werte (50; 10) sowie jeweils dazu die 68 %-Konfidenzintervalle vorgelegt; Kriterien zur Entscheidung hinsichtlich anzuschließender Überprüfung mit dem DLBT werden angeboten.
DLBT: Bei der Protokollierung finden verschiedene Fehlerarten sowie die Position eines fehlerhaften Lautes in einer Lautfolge Berücksichtigung. Die Auswertung erfolgt hier rein qualitativ-treatmentorientiert ohne Bezug zu Altersnormen.

6.2 Zeit: Keine Angaben; LBT ca. 2 Minuten, DLBT ca. 5 Minuten.

7. Gütekriterien

7.1 Objektivität: Keine Angaben. Die Durchführungsobjektivität erscheint durch die einfache Handhabung sichergestellt. Die Bewertung einzelner Laute erfordert ein „geschultes Ohr"; die normorientierte Auswertung des LBT ist sehr einfach vorzunehmen.

7.2 Reliabilität: Die Retestreliabilität des LBT nach 6 Wochen (N = 240) beträgt .85; die Reliabilität des DLBT soll mit einer Konsistenzanalyse gestützt werden.

7.3 Validität: Die Autorin beruft sich auf inhaltliche Gültigkeit.

7.4 Normen: Die Normierung wurde vor 1975 von Kindergärtnerinnen durchgeführt. Es liegen Normen für zwei Altersgruppen (4;0 bis 5;0 Jahre, N = 133; 5;1 bis 7;0 Jahre, N = 296) vor.

Bearbeiter: Thorsten Macha

Lautunterscheidungstest für Vorschulkinder (LUT und DLUT)

L. Fried
Hrsg.: K. Ingenkamp
Weinheim: Beltz Test GmbH, 1980

1. Testart Entwicklungstest (Sprachtest)

2. Testmaterial Beiheft (DIN A4, 24 Seiten), Lautunterscheidungstest für Vorschulkinder (LUT; DIN A5, 17 × 3 Bildreihen auf 9 Seiten), Einübungsprogramm zum LUT (EL; DIN A5, 5 × 3 Bildreihen auf 3 Seiten), Diagnostischer Lautunterscheidungstest (DLUT; DIN A5, 32× 3 Bildreihen auf 16 Seiten). Jeweils 10 Auswertungsbogen zum LUT und DLUT (DIN A4, 1 Seite), Tonkassette (Testanleitung EL, LUT und DLUT für Kinder). Zusätzlich erforderlich: Bleistift, Buntstift, Radiergummi und ein Kassettenrekorder.

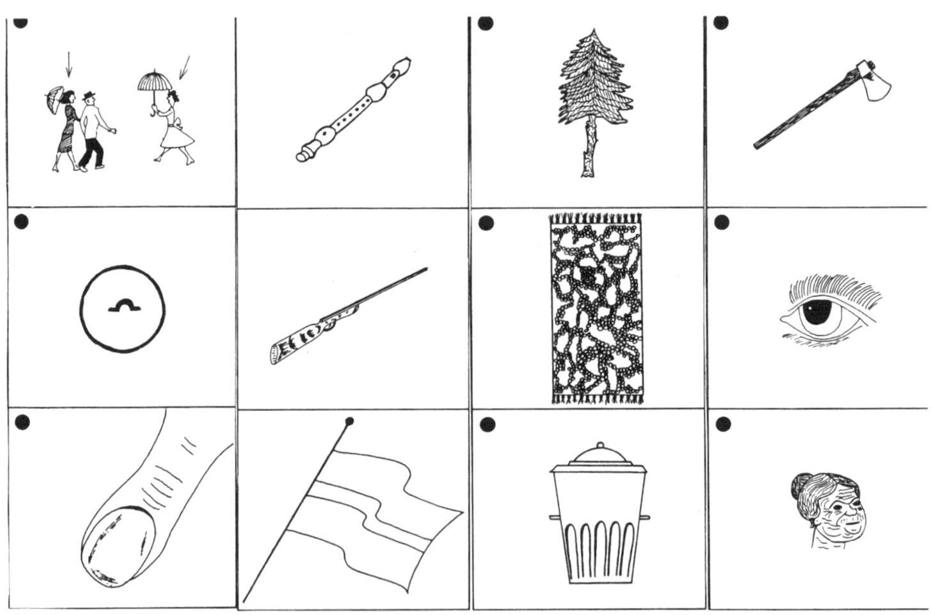

LUT und DLUT – Bildreihen zur Verdeutlichung des Testmaterials.

3. Testgliederung Die Lautunterscheidungsfähigkeit wird in zwei Stufen getestet: Der LUT soll als Testkurzform (17 Laute umfassend) mögliche Lautunterscheidungsschwächen erfassen, der Diagnostische Lautunterscheidungstest DLUT (32 Laute umfassend) soll differenzierter Lautunterscheidungsschwächen überprüfen.

4. Grundkonzept

„Insgesamt gesehen muß man feststellen, daß die Lautunterscheidungsleistung und deren Entwicklung im Rahmen der allgemeinen Sprachentwicklung noch weithin unerforscht ist" (S. 6). Angenommen wird von der Autorin, daß sich eine Lautunterscheidungsschwäche „... auf die kindliche Sprachentwicklung und damit auch auf die Entwicklung der gesamten Persönlichkeit behindernd" auswirkt (S. 7). Die Auswertung fehlerhafter Antworten soll Hinweise für ein durchzuführendes Training geben. Ein konkretes Trainingsprogramm wird nicht angeboten. Verwiesen wird auf Heuß (1973), Heidorn (o. J.) und Fritze et al. (1976).

5. Durchführung

5.1 Alter: 4;0 bis 7;0 Jahre.

5.2 Formen: LUT und DLUT können als Einzel- und in altersentsprechender Größe als Gruppentest durchgeführt werden.

5.3 Handhabung: Beide Verfahren werden an einem Tisch mit einer Standardinstruktion über Kassettenrekorder durchgeführt. In einer Übungsphase mit dem „Einübungsprogramm EL" wird jedes Kind 2 Tage vor dem eigentlichen Bilderbuchtest LUT mit den Anforderungen des Tests vertraut gemacht. Für EL, LUT und DLUT gilt gleichermaßen: Die Kinder werden per Tonkassette aufgefordert, das Bildmaterial kennenzulernen „Ihr dürft Euch auch gegenseitig erzählen, was ihr in dem Buch alles sehen könnt" (S. 22–24). LUT und DLUT stellen die eigentliche Testsituation dar: aus drei untereinander gesetzten Bildern (Beispiel „Axt/Auge/alt", „Fuß/Nest/Nuß", „Pfeife/Seife/Sieb" etc.) soll jeweils ein genannter Begriff als Bild wiedergefunden und angekreuzt werden.
Sollte die LUT Auswertung zum Ergebnis „gestörte Lautunterscheidungsfähigkeit" kommen, kann der DLUT durchgeführt werden; keine Angaben zum zeitlichen Abstand der Tests werden gegeben.

5.4 Zeit: LUT: keine Angaben; eigene Erfahrungen ca. 5 bis 10 Minuten; DLUT: ca. 20 bis 25 Minuten.

6. Auswertung

6.1 Modus: LUT: Richtig angestrichene Bilder werden mit einem Punkt bewertet, die Punkte aufaddiert ergeben den Rohwert. Für die Rohwerte wurde ein jeweiliger „mittlerer Prozentrang" sowie ein entsprechendes „Prozentrangband" (0–2 ... 80–92) festgelegt. Bei einem Testergebnis, das im „Kann" oder „Kritischen Bereich" liegt, wird der DLUT empfohlen.
DLUT: Bei der Auswertung wird der jeweils fehlerhafte Prüflaut markiert. Diese Markierungen stellen, so die Autorin, den Ausgangspunkt für „entsprechende Übungen" dar. Konkrete Trainingsansätze werden nicht gegeben.

6.2 Zeit: Keine Angaben; eigene Erfahrungen: LUT ca. 2 Minuten, DLUT ca. 4 Minuten.

7. Gütekriterien

7.1 Objektivität: Die Durchführungsobjektivität erscheint durch standardisierte Bildvorlagen und Tonkassettenanleitung gewährleistet. Die Auswertung des LUT basiert auf der Zuordnung erreichter Rohwerte zu definierten Prozentrangbereichen. Die Auswertung des DLUT basiert auf der Markierung fehlerhaft angestrichener Bildvorlagen, die jeweils für die (fehlerhafte) Zuordnung zu bestimmten Lauten stehen.

7.2 Reliabilität: Die Retestreliabilität für den LUT nach sechs Wochen ergab den Wert von $r_{tt} = 0.61$ (N = 240). Eine konsistenzanalytische Reliabilitätsberechnung führte zu einem Wert von $r_{tt} = 0.86$ und einem (abgerundeten) Standardmeßfehler von einem Punkt. Eine konsistenzanalytische Reliabilitätsberechnung für den DLUT ergab $r_{tt} = 0.98$ (N = 442).

7.3 Validität: Aufgrund eigener Erfahrungen erscheinen die Bildvorgaben für Kinder z. T. als graphisch nicht eindeutig identifizierbar (s. Bildbeispiele weiter oben) und als inhaltlich den kindlichen Erfahrungen gegenüber nicht zeitgemäß (z. B. die Begriffe „Flinte“ für Gewehr oder „Litermaß“ für „Meßbecher“ etc.). Die Autorin postuliert jedoch: „. . . die Gültigkeit des DLUT ist logisch evident (. . .), da die Testaufgaben die zu messende Fähigkeit selbst darstellen“ (Beiheft S. 12). Weitere kritische Anmerkungen finden sich auch bei Buchta et al. (1982). Als einen Aspekt der kriterienbezogenen Validität wurde die Korrelation mit dem Bremer Lautdiskriminationstest (BLDT; ohne Jahresangabe) für Kinder im 2. Schuljahr ermittelt; sie ergab einen Wert von r = .42 (N = 442).

7.4 Normen: Eine für die Normierung erhobene Stichprobe (N = 440) wurde für den LUT vor 1980 ermittelt. Unterschiedliche Angaben zum Umfang der Stichprobe finden sich in den Tabellen und der Abbildung. Zu signifikanten Mittelwertsunterschieden bei der Beantwortung des LUT führte der Test bei Kindern zwischen 4;6 bis 5 Jahren. Für die Autorin erscheint „die Verwendung von Altersnormen (. . .) deshalb beim LUT angemessen“ (S. 14). Für die von der Autorin festgesetzte Altersnormierung für Kinder von 4 bis 5 Jahren und Kindern von 5;1 bis 7 Jahren werden jedoch keine Kennwerte (z. B. Prozentränge) angeführt.

8. Literatur

Buchta, H., Dümler, R. & Kimmel, H. (1982). Lautbildungstest für Vorschulkinder (von Lilian Fried). Kritische Auseinandersetzung mit einem Prüfmittel. *Die Sprachheilarbeit, 27,* 5–12.

Fritze, Ch. u. a. (1976). *Hören – Auditive Wahrnehmungsförderung.* Dortmund: Crüwell.

Heidorn, G. (o. J.). *Laute und Bilder.* Hannover: Schroedel.

Heuß, G. u. a. (1973). *Sehen, Hören, Sprechen.* Ravensburg: Maier.

Niemeyer, W. (o. J.). *Bremer Lautdiskriminationstest (BLDT).* Bremen: Herbig.

Verfasserin: Ines Merker-Melcher

Lincoln-Oseretzky-Skala Kurzform 18 (LOS KF 18)

D. Eggert
Weinheim: Beltz Test GmbH, 2. Auflage 1974

1. Testart Entwicklungstest (Motoriktest, klinischer Test)

2. Testmaterial Manual (DIN A5, 104 Seiten), 40 Protokollbogen (DIN A4, 2 Seiten), Zollstock (Länge 1 m), Paketschnur (ca. 1,8 m), Tennisball, Streichholzschachtel mit 20 Streichhölzern (ohne Kopf), Streichholzschachtel mit 40 Streichhölzern (ohne Kopf), Streichholzschachtel mit 20 einzelnen Pfennigen, 40 Zeichenvorlagen „Labyrinthe", 40 Ausschneidevorlagen „Kreise", Kunststoffschere, 1 Stück Tafelkreide; zusätzlich: ein Bleistift und eine Stoppuhr (Sekundengenauigkeit).

3. Testgliederung Insgesamt 18 Items ermöglichen eine „globale" (vgl. Handbuch, S. 34) Beschreibung der motorischen Entwicklung. Die einzelnen Items erfassen Aspekte der statischen und dynamischen Koordination, der Bewegungsgeschwindigkeit, gleichzeitiger Bewegungen sowie der Präzision isolierter Bewegungen; eine bereichsspezifische Differenzierung der Leistungen des Kindes wird durch die vorliegende Kurzform jedoch nicht unterstützt.

4. Grundkonzept Die LOS KF 18 wurde besonders auf den klinischen Einsatz hin konstruiert. Das vorliegende Kurzverfahren geht ursprünglich auf die motometrische Stufenleiter Oseretzkys zurück und zeichnet sich besonders durch testmethodische Verbesserungen gegenüber dem historischen Vorbild aus. Es sollen Ansatzpunkte für gezielte Bewegungserziehung beschrieben werden und somit auch Beeinträchtigungen im sozialen und emotionalen Bereich des Kindes positiv beeinflußt werden. Eine theoretische Fundierung der motorischen Entwicklung findet nicht statt.

5. Durchführung **5.1 Alter:** 5;0 bis 13;11 Jahre für normalentwickelte Kinder, 8;0 bis 12;11 Jahre für lernbehinderte Kinder, 7;0 bis 13;11 Jahre für geistig behinderte Kinder.

5.2 Formen: Einzeltest.

5.3 Handhabung: Es wird ein Raum benötigt, der wenigstens 4 bis 5 m lang sein sollte, weiterhin ein Tisch und zwei Stühle. Der Testleiter sollte gut mit den Instruktionen und Bewertungskriterien vertraut sein, weiter muß er alle Aufgaben demonstrieren. Die Reihenfolge der Items soll streng eingehalten werden. Die Bewertung erfolgt zweikategoriell (gelöst: 1 Punkt, nicht gelöst: 0 Punkte).

5.4 Zeit: Keine Angaben; bei normalentwickelten Kindern ca. 25 Minuten, sonst auch länger.

6. Auswertung

6.1 Modus: Über die Summierung der gelösten Aufgaben wird der Rohwert ermittelt; für den Rohwert werden in jeder Personengruppe (normalentwickelte, lernbehinderte, geistig behinderte Kinder) altersspezifische (Jahresschritte) T-Werte (50; 10), Prozentränge sowie personengruppenbezogene (aber nicht mehr nach Alter differenzierte) 95 %-Konfidenzintervalle vorgelegt. Weiter liegen für alle Personengruppen altersspezifische Itemschwierigkeiten vor.

6.2 Zeit: Keine Angaben; ca. 2 Minuten.

7. Gütekriterien

7.1 Objektivität: Sowohl die Durchführungs- als auch die Auswertungsobjektivität erscheinen augenscheinlich weitgehend gegeben. Es werden zwei Befunde (mit allerdings geringen Personenanzahlen) referiert, die diesen Eindruck auch nicht widerlegen.

7.2 Reliabilität: Es werden die Ergebnisse einiger (aufgrund z. B. unterschiedlicher Personengruppen, Designs und Retestintervalle nicht vergleichbarer) Untersuchungen zur Ermittlung der Retestreliabilität vorgelegt. Es wurden dabei Werte zwischen .64 und .95 ermittelt. Dabei ist nach Einschätzung des Autors für normalentwickelte Kinder die „... individualdiagnostische Brauchbarkeit niedriger als bei den Behindertengruppen“ (Handbuch, S. 30).

7.3 Validität: Die Korrelationen von Ergebnissen der LOS KF 18 mit den Ergebnissen anderer Verfahren gleichen Gültigkeitsanspruchs (Purdue Perceptual Motor Survey; Hamm-Marburger-Körperkoordinationstest für Kinder; Teiltests aus der Testbatterie für geistig behinderte Kinder) betragen bei normalentwickelten Kindern .38 bis .47, bei lernbehinderten Kindern .42 bis .64 und bei geistig behinderten Kindern .71 bis .81. Die Korrelation des Rohwertes mit dem Lebensalter ist bei normalentwickelten Kindern mit .77 deutlich höher als bei lernbehinderten Kindern (.40) oder geistig behinderten Kindern (.29). Die Korrelationen mit den Ergebnissen eines Intelligenztests (Columbia Mental Maturity Scale) und eines Wortschatztests (Peabody Picture Vocabulary Test) betragen bei normalentwickelten Kindern .13 und .10, bei lernbehinderten Kindern .12 und .26 sowie bei geistig behinderten Kindern .51 und .57. Insgesamt liegt somit eine Vielzahl von Befunden vor, welche den Anwender bei der Einschätzung der Validität der LOS KF 18 als klinischem Verfahren zur globalen Erfassung motorischer Entwicklung unterstützen können.

7.4 Normen: Die LOS KF 18 wurde vor 1971 an 556 normalentwickelten Kindern aus 10 bundesdeutschen Städten geeicht. Die „Normen“ für lernbehinderte und geistig behinderte Kinder stammen aus vorangegangenen Untersuchungen und wurden unter teilweise abweichenden Bedingungen ermittelt. Es traten insgesamt keine signifikanten Geschlechtsunterschiede auf.

8. Literatur

Rennen-Allhoff, B. & Allhoff, P. (1987). *Entwicklungstests für das Säuglings-, Kleinkind- und Vorschulalter* (S. 176–180). Berlin: Springer.

Bearbeiter: Thorsten Macha

Marburger Sprachverständnistest für Kinder (MSVK)

C. Elben und A. Lohaus

Göttingen: Hogrefe, 2000

1. Testart

Entwicklungstest

2. Testmaterial

Testmappe mit Handanweisung (DIN A4, 45 Seiten), Testheft, Auswertungsprotokollheft; zusätzlich: Schreibmaterial sowie Wandtafel oder Papier zu Demonstrationszwecken.

3. Testgliederung

Der MSVK besteht aus 6 Untertests, die den 3 Dimensionen „Semantik", „Syntax" und „Pragmatik" zugeordnet sind:

Semantik:
Passiver Wortschatz (PW, 24 Items, davon 16 Items zum Verständnis von Substantiven, 6 zum Verständnis von Verben und 2 zum Verständnis von Adjektiven)
Wortbedeutung (WB, 10 Items, davon 3 Items zur Bildung von Oberbegriffen und 7 zur Bildung von Unterbegriffen)

Syntax:
Satzverständnis (SV, 18 Items, davon 12 Items zum differenzierenden Verständnis von Singular und Plural, 2 zum differenzierenden Verständnis von Präsens und Perfekt sowie 4 zum differenzierenden Verständnis von Aktiv- und Passiv-Sätzen)
Instruktionsverständnis (IV, 8 Items)

Pragmatik:
Personenbezogene Sprachzuordnung (PS, 12 Items)
Situationsbezogene Sprachzuordnung (SS, 8 Items)

4. Grundkonzept

Mit Hilfe des MSVK ist eine isolierte, von der Entwicklung der Sprachproduktion unabhängige Betrachtung der Rezeptivsprache möglich. Diese ist ein wesentlicher Faktor der kindlichen Entwicklung und z. B. unabdingbar für das Instruktions- und Leseverständnis, so daß ihr insbesondere auch im Lehr-Lern-Kontext eine große Bedeutung zukommt. In der Klinischen Kinderpsychologie ist das Sprachverständnis vor allem im Rahmen der Diagnostik bei Intelligenzminderung und bei Sprach- bzw. Sprechstörungen von Interesse. Bei der Konstruktion des Verfahrens wurde auf die sprachwissenschaftliche und sprachentwicklungspsychologische Einteilung von Sprachprozessen in die Dimensionen Semantik, Syntax und Pragmatik zurückgegriffen. Es werden also folgende relativ unabhängige Bereiche erfaßt: Entwicklung des Wortschatzes sowie die Begriffs- und Bedeutungsentwicklung,

Entwicklung morphologischer Strukturen und Entwicklung kommunikativer Kompetenzen.

5. Durchführung

5.1 Alter: Kindergartenkinder ab 5;0 Jahre und Erstklässler.

5.2 Formen: Einzel- oder Gruppentestung.

5.3 Handhabung: Jedes Kind bearbeitet ein Testheft, das zu allen Items Abbildungen (z. B. von Gegenständen oder Situationen) enthält. Bei fünf der sechs Untertests wird die Identifikation von Bildern, die den in der Instruktion vorgegebenen sprachlichen Sachverhalt wiedergeben, gefordert. Im Untertest „Instruktionsverständnis" muß von den Kindern eine Bildreihe nach Anleitung des Testleiters mit diversen Markierungen versehen werden. Diese Markierungen sollten gegebenenfalls zuvor demonstriert werden. Die Instruktionen werden im Handbuch ausführlich beschrieben. Zu jedem Untertest gibt es mehrere Beispielaufgaben, anhand derer die Bearbeitung des Testmaterials eingeübt werden kann.

5.4 Zeit: Es besteht keine Zeitbegrenzung. Je nach Alter der Kinder nimmt die gesamte Durchführung ca. 30 bis 45 Minuten in Anspruch.

6. Auswertung

6.1 Modus: Zur Vereinfachung der Auswertung liegt ein Auswertungsprotokollheft vor, in dem in verkleinertem Maßstab die zu markierenden Abbildungen bzw. die richtigen Markierungen skizziert sind. Die erreichten Punktzahlen können direkt neben den Items notiert und für jeden Untertest aufsummiert werden. Die wichtigsten Auswertungsregeln können ebenfalls dem Auswertungsprotokollheft entnommen werden. Schließlich können die Rohwerte und die Normdaten aller Untertests in einer Übersicht zusammengetragen und ein Gesamtscore (durch Mittelung der in den Untertests erzielten T-Werte) ermittelt werden.

6.2 Zeit: Keine Angaben (ca. 5 Minuten).

7. Gütekriterien

7.1 Objektivität: Durch die genau festgelegte Instruktion, den standardisierten Auswertungsprotokollbogen und die Hinweise zur Interpretation im Handbuch kann die Objektivität durchgehend als gegeben angesehen werden.

7.2 Reliabilität: Bei einer Stichprobe von 38 Kindern wurde für den Gesamttest nach einem dreimonatigen Abstand zur ersten Messung eine Retest-Reliabilität von .68 berechnet. Die Retest-Reliabilitäten der einzelnen Untertests lagen zwischen .35 und .88. Bei einer weiteren Erhebung mit 111 Kindern lag die Retest-Reliabilität für den Gesamttest nach 2 Wochen bei .81 (Untertests: .45 bis .81). Die interne Konsistenz (Cronbachs Alpha) betrug bei einer Stichprobe von 211 Kindern .89.

7.3 Validität: Bei Untersuchungen zur Konstruktvalidität wurde bei einer Stichprobe von 211 Kindern im Alter von 5 bis 7 Jahren die Eindimensionalität der Skalen weitestgehend bestätigt; der Anteil der erklärten Varianz durch den ersten Faktor liegt für die einzelnen Skalen zwischen 20,38 % und 33,29 %. Die Interkorrelationen der Untertests lagen bei der gleichen Stichprobe in einem Bereich von .35 bis .53, es werden also hinreichend verschiedene Aspekte des Sprachverständnisses erfaßt. Zur Ermittlung der kriterienbezogenen Validität wurden zunächst die Korrelationen mit den Variablen Alter und Geschlecht berechnet, die erwartungskonform ausfielen. Bei verschiedenen Stichproben (N = 45 bis N = 155) wurde sowohl der MSVK als auch ein weiterer Sprachtest durchgeführt. Unter Berücksichtigung des Alters als Kontrollvariable fanden sich signifikante Korrelationen zwischen dem Wortschatztest für Schulanfänger (WSS1) und den MSVK-Untertests PW (.69), SV (.39) und IV (.24), die Korrelation mit dem MSVK-Gesamtscore betrug .51. Alle Untertests des MSVK wiesen signifikante Bezüge zum Aktiven Wortschatztest für drei- bis sechsjährige Kinder (AWST 3–6) auf (r = .28 bis .69, Korrelation mit dem MSVK-Gesamtscore: .66). Zur Mehrzahl der Untertests des Heidelberger Sprachentwicklungstests (HSET) bestanden Korrelationen in mittlerer Größenordnung, höhere Korrelationen fanden sich erwartungsgemäß zu den Untertests, die Ähnlichkeiten in der Erfassungsmethodik bzw. beim Testmaterial aufweisen. Die Korrelation zwischen den Gesamttestwerten betrug .67. Zur Erfassung der konvergenten Validität wurden des weiteren bei 117 Kindern Lehrer- und Erzieherinnenurteile mit den MSVK-Testergebnissen verglichen: für alle Untertests ergaben sich signifikante positive Zusammenhänge zwischen .25 und .43, für den Gesamttest eine Korrelation von .44. Um die divergente Validität des Verfahrens zu belegen, wurden Testungen mit der Grundintelligenztest Skala 1 (CFT 1; N = 53) und der Kaufman-Assessment Battery for Children (K-ABC; N = 52) durchgeführt. Mit beiden Testverfahren konnte gezeigt werden, daß das mit dem MSVK erhobene Sprachverständnis nicht mit der allgemeinen intellektuellen Leistungsfähigkeit oder dem akustischen Kurzzeitgedächtnis (Untertest „Zahlennachsprechen" in der K-ABC) gleichzusetzen ist. Schließlich wurde gezeigt, daß Kinder eines Sprachheilkindergartens (N = 39 Kinder mit rezeptiven Sprachstörungen und N = 50 Kinder mit Störungen der Expressivsprache) in 5 der 6 Untertests (Ausnahme: Untertest „Situationsbezogene Sprachzuordnung") signifikant schlechtere Ergebnisse erzielten als Kinder ohne Sprachauffälligkeiten (N = 57).

7.4 Normen: Die Normierung wurde an 1045 Kindergartenkindern und Erstklässlern aus neun Bundesländern vorgenommen. Es liegen Prozentränge und T-Werte, getrennt nach Kindergarten- und Grundschulkindern sowie nach Geschlecht, vor.

Verfasserin: Kathrin Rothauge

Motoriktest für vier- bis sechsjährige Kinder (MOT 4–6)

R. Zimmer und M. Volkamer

Weinheim: Beltz Test GmbH, 2., überarb. u. erweit. Auflage 1987

1. Testart Entwicklungstest (Motoriktest)

2. Testmaterial Der sehr große Testkoffer enthält: Manual (DIN A4, 52 Seiten), 40 Protokollbogen (DIN A4, 2 Seiten), Gymnastikreifen, Gymnastikball, 3 Tennisbälle, Seil (2 m), Gymnastikstab (Holz, 80 cm), Zielscheibe (stabile Pappe, rund, 40 cm), Schachtel mit 40 Hölzern (Streichholzgröße), Tennisring, Stofftuch (40 x 40 cm), Teppichstreifen (2 m x 10 cm), Metermaß, Briefblock (DIN A4), Filzschreiber, Klebestreifen; zusätzlich: eine Stoppuhr (Sekundengenauigkeit).

3. Testgliederung 7 Dimensionen kindlicher Motorik (A-G) werden durch insgesamt 18 Items repräsentiert, wobei einzelne Items doppelt signieren: A. Gesamtkörperliche Gewandtheit und Koordinationsfähigkeit (5 Items); B. Feinmotorische Geschicklichkeit (3 Items); C. Gleichgewichtsvermögen (5 Items); D. Reaktionsfähigkeit (2 Items); E. Sprungkraft (2 Items); F. Bewegungsgeschwindigkeit (3 Items); G. Bewegungssteuerung (2 Items).

4. Grundkonzept Der MOT 4–6 möchte vor allem motorische Schwächen von Vorschulkindern beschreiben und Ansatzpunkte gezielter Fördermaßnahmen aufzeigen. Die Autoren verweisen auf die Bedeutung der motorischen Entwicklung für andere Entwicklungsbereiche, jedoch ohne eine theoretische Fundierung vorzunehmen.

5. Durchführung **5.1 Alter:** 4;0 bis 6;11 Jahre; die Autoren befürworten den Einsatz auch bei älteren entwicklungsauffälligen oder behinderten Kindern.

5.2 Formen: Einzeltest.

5.3 Handhabung: Der Testleiter sollte gut mit den Instruktionen und vor allem den Bewertungskriterien vertraut sein. Das Material sollte vorbereitet werden, um die Aufrechterhaltung des Rapports nicht zu gefährden. Es ist auf die ausreichende Größe des Raumes zu achten, mindestens 6 Meter sind empfehlenswert.

5.4 Zeit: Nach Angabe der Autoren ca. 20 bis 25 Minuten, wobei diese Zeit leicht überschritten werden kann; Vorbereitung ca. 5 Minuten.

6. Auswertung **6.1 Modus:** Die Items werden jeweils dreikategoriell bewertet (0, 1 oder 2 Punkte). Im Anschluß an die Testdurchführung wird dann durch Summation ein Gesamtrohwert ermittelt, für den der Tabellenteil des Handbuchs altersgruppenspezifische (Halbjahresschritte) Prozentränge, Motorikquotienten (100; 15); T-Werte (50; 10), C- sowie Stanine-Werte (5; 2) und (68 %-) Konfidenzintervalle bereitstellt. Eine von den Autoren empfohlene spezifische Betrachtung der einzelnen Dimensionen wird auf dem Protokollbogen nicht unterstützt und gestaltet sich daher aufwendiger, vor allem dann, wenn geschlechtsspezifische Unterschiede in den Leistungen der einzelnen Items berücksichtigt werden sollen.

6.2 Zeit: Keine Angaben; Standardauswertung ca. 2 Minuten; item- und dimensionsspezifische Betrachtung ca. 5 bis 15 Minuten.

7. Gütekriterien

7.1 Objektivität: Die präzise Beschreibung der Durchführungs- und Bewertungskriterien scheint hinreichende Objektivität zu gewährleisten. Es wird ein Befund zitiert, nach dem zwischen 5 Testleitern bei der Bewertung von 32 Kindern eine Produkt-Moment-Korrelation von .88 ermittelt wurde.

7.2 Reliabilität: Die Retest-Reliabilität nach vier Wochen (N = 47) betrug .85; zur Split-Half-Reliabilität wird ein Wert von .80 vorgelegt, der jedoch aus methodischer Sicht problematisch zu bewerten ist; die interne Konsistenz (Cronbachs Alpha) beträgt .81.

7.3 Validität: Die Autoren stützen die Validität kriterienbezogen anhand der ermittelten Korrelation (N = 181) mit dem KTK (.78), welcher jedoch einen anderen Gültigkeitsanspruch erhebt.

7.4 Normen: Die Normierung fand vor 1987 an 601 Kindergarten- und Grundschulkindern statt.

8. Literatur

Eggert, D. (1989). Motoriktest für vier- bis sechsjährige Kinder (MOT 4–6). *Zeitschrift für Differentielle und Diagnostische Psychologie, 10,* 73–74.

Bearbeiter: Thorsten Macha

Münchener Funktionelle Entwicklungsdiagnostik (erstes Lebensjahr) (MFED 1)

T. Hellbrügge, F. Lajosi, D. Menara, R. Schamberger und T. Rautenstrauch
Lübeck: Hansisches Verlagskontor, 6., unveränd. Auflage 1999

1. Testart Entwicklungstest

2. Testmaterial Der sehr leichte Testkoffer enthält: Handbuch (DIN A5, 222 Seiten), 50 Auswertungsbogen (DIN A4, 1 Seite), 50 Testprofile (DIN A4, 1 Seite), Glocke, Rassel, Greifring, 12 unterschiedlich einfarbige Holzwürfel (Kantenlänge 3 cm), 10 unterschiedlich einfarbige Plastikscheiben (Durchmesser 2,6 cm) in einer Kunststoffdose (Schraubverschluß), Puppe, einseitig offener Hohlwürfel (Kantenlänge 7,5 cm) aus Kunststoff, Stoffwindel, Nachziehauto (Länge 14 cm, Holz), 1 Bogen Seidenpapier (ca. DIN A2).

3. Testgliederung Das Verfahren überprüft acht Funktionsbereiche (A bis H), zu denen jeweils ein spezifisches „Entwicklungsalter“ (in Monaten) ermittelt wird: A. Körperdrehung und Kriechen (Krabbelalter); B. Sitzen (Sitzalter); C. Stehen und Gehen (Laufalter); D. Greifen und Handbeherrschung (Greifalter); E. Sinnesorgane und Spielverhalten (Perzeptionsalter); F. Sprachäußerungen (Sprechalter); G. Sprachverständnis (Sprachverständnisalter); H. Sozialentwicklung (Sozialalter).

4. Grundkonzept Die Autoren sehen in dem Verfahren das Prinzip „ethologischer Entwicklungsdiagnostik“ umgesetzt, im Rahmen derer „... über das Registrieren von Verhaltensweisen psychomotorische Funktionen ...“ beschrieben und somit ein „... Einblick in die Entwicklung des Verhaltens während bestimmter Entwicklungsperioden ...“ (Handbuch, S. 44) gewonnen werden soll. Dabei werden „...einzelne wesentlich erscheinende Funktionsbereiche ...“ (Handbuch, S. 64) zur differenzierten Entwicklungsbeschreibung herangezogen, ohne jedoch eine theoretische Fundierung zu erfahren. Das Verfahren geht ursprünglich auf die „Entwicklungsphysiologischen Tabellen für das Säuglingsalter“ von Hellbrügge und Pechstein (1968) zurück, wobei Überarbeitungen vor allem auf der Grundlage der Daten der Münchener Pädiatrischen Längsschnittstudie vorgenommen wurden.

5. Durchführung **5.1 Alter:** 0;0 bis 0;11 Jahre.

5.2 Formen: Einzeltest.

5.3 Handhabung: Die Testdurchführung sollte in der Gegenwart einer Bezugsperson des Kindes, welche in die Untersuchung aktiv einbezogen werden kann, stattfinden. Die Auswahl der Items zum Testeinstieg wird in das Ermessen des Anwenders gestellt, die Aufgaben sollten aber „... zumindest eine Monatsstufe unter dem (korrigierten) chronologischen Alter liegen." (Handbuch, S. 70). Schrittweise sollen dann die Items höherer Altersstufen überprüft werden. „Die Untersuchung sollte so lange fortgeführt werden, bis sich der Untersucher überzeugt hat, daß keine Aufgaben höherer Altersstufen mehr gelöst werden können." (Handbuch, S. 70). Die Notierung erfolgt zweikategoriell („gelöst" bzw. „nicht gelöst").

5.4 Zeit: Keine Angaben.

6. Auswertung

6.1 Modus: Je nach der Konstellation bewältigter Items wird zu jedem Funktionsbereich entweder das entsprechende „Entwicklungsalter" ermittelt oder, bei „streuenden Leistungen" (Handbuch, S. 75), innerhalb des betreffenden Funktionsbereichs der entsprechende Altersbereich gekennzeichnet, innerhalb dessen sich das Entwicklungsalter des Kindes bewegt. Im zweiten Fall werden die entsprechenden Bereiche von der Profildarstellung ausgespart. Ein funktionsbereichsspezifisches Entwicklungsalter kennzeichnet dabei den Zeitpunkt, zu dem 90 % der von den Autoren untersuchten Kinder die zugeordneten Items erfüllt hatten („Mindestnorm", vgl. Handbuch, S. 63). Bleibt ein Kind in einem spezifischen Entwicklungsalter hinter dem errechneten chronologischen Alter zurück, wird dies als auffällig angesehen.

6.2 Zeit: Keine Angaben; ca. 2 Minuten.

7. Gütekriterien

7.1 Objektivität: Die Durchführungsobjektivität wird durch ausreichend präzise Instruktionen, welche zum großen Teil ergänzend zeichnerisch illustriert sind, unterstützt. Die Auswertung ist einfach vorzunehmen. Die Autoren berufen sich dabei auf eine „Untersuchung", wonach die Beobachtungen zweier unabhängiger Untersucher an 26 Säuglingen zwischen 6 und 12 Monaten eine Übereinstimmung von 88 % ergeben habe.

7.2 Reliabilität: Keine Angaben.

7.3 Validität: Keine Angaben. Für die Beurteilung der Motorik wird logische Evidenz in Anspruch genommen, „... so daß eine Validitätsuntersuchung grundsätzlich entfällt." (Handbuch, S. 67). Auch für andere Verhaltensweisen gehen die Autoren davon aus, daß „... ein besseres Gültigkeitskriterium nicht zu gewinnen ..." (Handbuch, S. 67) sei. Auch eine Überprüfung des Verfahrens hinsichtlich seiner Eignung als klinischem Test wird nicht vorgenommen.

7.4 Normen: Es werden keine Normen vorgelegt. Die Positionierung der einzelnen Items zur Darstellung eines Entwicklungsalters geht nach Angaben der Autoren auf eine Auswahl von 85 „... somatisch und psychisch unauffällig ..." (Handbuch, S. 62) befundenen Säuglingen und Kleinkindern zurück, welche in den Jahren 1971 bis 1974 an der Münchener Pädiatrischen Längsschnittstudie teilnahmen.

8. Literatur

Hellbrügge, T. & Pechstein, J. (1968). Entwicklungsphysiologische Tabellen für das Säuglingsalter. *Fortschritte der Medizin, 86,* 608–609.

Verfasser: Thorsten Macha

Münchener Funktionelle Entwicklungsdiagnostik (zweites und drittes Lebensjahr) (MFED 2–3)

G. Köhler und H. Egelkraut
Hrsg.: T. Hellbrügge
München: Universität München, Institut für Soziale Pädiatrie und Jugendmedizin, 4., korr. und erweit. Auflage 1994

1. Testart Entwicklungstest

2. Testmaterial Der sehr leichte Testkoffer enthält: Handbuch (DIN A5, 119 Seiten), 10 Untersuchungsbogen (DIN A4, 7 Seiten), 13 Testprofile (DIN A4, 1 Seite), 12 Bildkarten, Ringheft mit Bildern und Satzbeispielen (16 Karten), Bilderbuch (10 Motive, stabile Pappe), Block Briefpapier (weiß, unliniert), 5 schmale Papierstreifen (weiß, ca. 70 cm lang), Formenbrett mit 5 Scheiben und 5 Aussparungen (Holz), Formbox mit 4 unterschiedlichen Formen zum Einstecken (Holz), je 4 runde Holzscheiben von 11, 8 und 5,5 cm Durchmesser, Farbsteckbrett mit unterschiedlich farbigen bzw. unterschiedlich großen Steckelementen (Holz), Ringpyramide (8 Elemente, Holz), 4 unterschiedliche Holzformbretter mit jeweils einzupassender Form (großer Kreis, kleiner Kreis, Quadrat, Dreieck; jeweils mit Griff), Fädelschnur mit 3 Holzperlen (ca. 3 cm Durchmesser), Holzauto (Länge 14 cm), auf Holzplatte aufgebrachtes Türscharnier (Metall) mit Überfallverschluß und Splint, Nachzieh-Ente (Holz, ca. 15 cm lang), 12 Holzwürfel (Kantenlänge 3 cm, je 3mal in den Farben rot, gelb, grün, blau), Puppe (ca. 30 cm), Spieldose mit Kurbel (Blech), 2 unterschiedlich schwere Kugeln (je ca. 3 cm Durchmesser, Holz bzw. Kunststoff), 10 flache Kunststoffscheiben (rund, ca. 3 cm Durchmesser: „Flohhüpfer"), Streichholzschachtel mit Streichhölzern (ohne Köpfe), 2 Bleistifte (2B), Bastelschere, Kunststofflasche mit Schraubverschluß (Durchmesser ca. 3,5 cm), 2 Schaumstoffbälle (ca. 7 bzw. 15 cm Durchmesser), 2 gleiche Kunststoffdosen mit Deckel (Durchmesser ca. 6 cm), 4 stapelbare Kunststoffbehälter (ca. 11 × 11 cm, 4 cm hoch), dünner Armreif aus Kunststoff (ca. 7 cm Durchmesser), 3 unterschiedlich große Kunststoffbecher (ineinandersteckbar), Knetmasse, Behältnis mit kleinen Perlen (ca. 0,6 cm, „Liebesperlen"), einige Blätter dünnes Durchschlagpapier.

3. Testgliederung Das Verfahren überprüft sieben Funktionsbereiche (A bis G), zu denen jeweils ein spezifisches „Entwicklungsalter" (in Monaten) ermittelt wird: A. Körperbewegung (Laufalter, 29 Aufgaben); B. Handgeschicklichkeit (Handgeschicklichkeitsalter, 30 Aufgaben); C. Erfassen von Zusammenhängen (Perzeptionsalter, 23 Aufgaben); D. Aktive Sprache (Sprechalter, 29 Aufgaben); E. Sprachverständnis (Sprachverständnisalter, 26 Aufgaben); F. Sozialentwicklung (Sozialalter, 17 Aufgaben); G. Selbständigkeit (Selbständigkeitsalter, 25 Aufgaben).

4. Grundkonzept

Die Handanweisung nimmt keine explizite Darstellung der Grundlagen des Verfahrens vor, da es „... in erster Linie für einen Personenkreis bestimmt ist, der bereits über Erfahrungen in der Entwicklungsdiagnostik von Kindern verfügt und der außerdem an den Lehrgängen der Münchener Funktionellen Entwicklungsdiagnostik teilgenommen hat." (Vorwort der Handanweisung, S. V). Der Herausgeber beruft sich auf den Ansatz „ethologischer Entwicklungsdiagnostik" (eine etwas genauere Darstellung liegt im Handbuch zur „Münchener Funktionellen Entwicklungsdiagnostik, erstes Lebensjahr" vor).

5. Durchführung

5.1 Alter: 1;0 bis 2;11 Jahre.

5.2 Formen: Einzeltest.

5.3 Handhabung: Die Testdurchführung kann in der Gegenwart einer Bezugsperson des Kindes stattfinden, die Eltern sollen bei problematischem Testverlauf in die Untersuchung einbezogen werden (Aufgaben durchführen). Die Auswahl der Items zum Testeinstieg sowie die Reihenfolge der Aufgaben im Testverlauf werden in das Ermessen des Anwenders gestellt. Die Autoren räumen ein, dieses Vorgehen erfordere „... jedoch eine gute Kenntnis der gesamten Münchener Funktionellen Entwicklungsdiagnostik ..." (Handanweisung, S. 5). Zu jedem Funktionsbereich sind die Aufgaben ihrer postulierten Schwierigkeit nach in einer Rangreihe angeordnet. Die Beurteilung eines Entwicklungsbereichs sollte so lange fortgeführt werden, bis nach einer positiv bewerteten Aufgabe drei aufeinanderfolgende schwerere Aufgaben vom Kind nicht mehr gelöst werden. Die Notierung erfolgt zweikategoriell („gelöst" bzw. „nicht gelöst").

5.4 Zeit: Keine Angaben.

6. Auswertung

6.1 Modus: Je nach der Konstellation bewältigter Items wird zu jedem Funktionsbereich das entsprechende „Entwicklungsalter" ermittelt. Bei solchen Kombinationen gelöster Aufgaben, welche zu der angegebenen Rangfolge der Aufgaben im Widerspruch stehen, werden Entscheidungsregeln zur Bestimmung des Entwicklungsalters angeboten (Handanweisung, S. 11 ff.). Gegenüber Eltern sollen, falls notwendig, immer die Monatswerte der 95. Perzentile verwendet werden, zur „... Therapiebeurteilung eignen sich jedoch besser die 50. Perzentilen ..." (Handanweisung, S. 10).

6.2 Zeit: Keine Angaben; ca. 2 Minuten.

7. Gütekriterien

7.1 Objektivität: Die Durchführungsobjektivität wird durch ausreichend präzise Instruktionen unterstützt. Die Auswertung ist einfach vorzunehmen.

7.2 Reliabilität: Keine Angaben.

7.3 Validität: Keine Angaben.

7.4 Normen: Es wird von „Eich-Stichproben" gesprochen (Handanweisung, S. 10).

8. Literatur

Hellbrügge, T., Lajosi, F., Menara, D., Schamberger, R. & Rautenstrauch, T. (1999). *Münchener Funktionelle Entwicklungsdiagnostik (erstes Lebensjahr)* (6., unveränd. Aufl.). Lübeck: Hansisches Verlagskontor.

Verfasser: Thorsten Macha

Ordinalskalen zur sensomotorischen Entwicklung (deutsche Bearbeitung)

K. Sarimski

Weinheim: Beltz Test GmbH, 1987

1. Testart Entwicklungstest

2. Testmaterial Manual (DIN A4, 82 Seiten), 10 Auswertungsbogen (DIN A4, 16 Seiten). Das empfohlene (nicht standardisierte) Testmaterial ist sehr umfangreich und muß vom Anwender selbst beschafft werden.

3. Testgliederung Deutsche, deutlich ergänzte Adaptation der „Infant Psychological Development Scales" von Uzgiris und Hunt (1975). Auf sieben Skalen (A bis G) wird jeweils der Entwicklungsstand anhand von sechs qualitativ unterscheidbaren Stufen (I. bis VI.) beschrieben: A. Objektpermanenz, B. Mittel-Zweck-Verbindungen, C. Lautimitation, D. Gestenimitation, E. Einsicht in kausale Zusammenhänge, F. Wahrnehmung von räumlichen Zusammenhängen, G. Schemata im Umgang mit Objekten; I. Reflexe, II. Primäre Zirkulärreaktionen, III. Sekundäre Zirkulärreaktionen, IV. Koordination von sekundären Zirkulärreaktionen, V. Tertiäre Zirkulärreaktionen, VI. Repräsentation und Antizipation. Insgesamt umfaßt das Verfahren 139 Items.

4. Grundkonzept Das Verfahren ist angelehnt an die von Piaget beschriebene Phase der sensomotorischen Entwicklung. Die Auswahl der Skalen wird nicht weiter theoretisch fundiert, diese Meßbereiche werden als Ordinalskalen gehandhabt, auf denen jeweils der höchste beobachtete Entwicklungsschritt ermittelt werden soll. Abschließend erfolgt die Erstellung eines Entwicklungsprofils.

5. Durchführung **5.1 Alter:** Keine Angaben; Piaget verortet das Stadium der sensomotorischen Entwicklung im Altersbereich von 0 bis 24 Monaten; eine differenzierte Entwicklungsbeschreibung erscheint jedoch höchstens bis ca. 18 Monate möglich.

5.2 Formen: Einzeltest.

5.3 Handhabung: Der Ort sollte für das Kind „angenehm sein" (Manual, S. 30); die Auswahl und Reihung der Items werden in das Ermessen des Anwenders gestellt. Der Autor möchte die Durchführung in hohem Maße an kindliche Bedürfnisse und Testfairneß orientiert wissen.

5.4 Zeit: Keine Angaben; der Autor empfiehlt die Verteilung der Untersuchung auf mehrere Tage.

6. Auswertung **6.1 Modus:** Im Auswertungsheft finden sich nach „Schwierigkeit" geordnete

Auflistungen der Items zu jeder „Skala". Diejenigen bewältigten Items, die unter der Annahme der Guttman-Eigenschaften der „Skalen" das jeweils höchste beobachtete Fähigkeitsniveau dokumentieren, werden in eine Matrix übertragen und zur Erstellung des Fähigkeitsprofils herangezogen. Darin sind skalenspezifisch die Entwicklungsstufen gekennzeichnet.

6.2 Zeit: Keine Angaben; nach eigenen Erfahrungen ca. 3 Minuten.

7. Gütekriterien

7.1 Objektivität: Keine Angaben. Die Durchführungsobjektivität erscheint durch die unzureichende Standardisierung der Situation und der Testmaterialien deutlich beeinträchtigt; die Iteminstruktionen und Bewertungskriterien erscheinen ausreichend präzise.

7.2 Reliabilität: Keine Angaben; es werden Skalogrammanalysen zu einer Teilversion sowie einer erweiterten Fassung des Originalverfahrens vorgelegt, welche für alle Skalen Skalierbarkeitskoeffizienten von über .90 liefern. Somit kann für diese Ausschnitte von hoher Rangstabilität ausgegangen werden, der Autor sieht damit auch die inhaltliche Homogenität bestätigt.

7.3 Validität: Keine Angaben; verschiedene korrelationsstatistische Befunde sollen die Gültigkeit des Verfahrens stützen.

7.4 Normen: Es werden keine Normen, d. h. für die Auswertung relevante Daten über Kennwerte der Items oder Skalen, vorgelegt. Einige globale Fragestellungen lassen sich mühsam unter Zuhilfenahme einer dargestellten, methodisch problematischen Studie (N = 61) erhellen.

8. Literatur

Rollett, B. (1988). Ordinalskalen zur sensomotorischen Entwicklung. *Zeitschrift für Differentielle und Diagnostische Psychologie, 9,* 72–73.

Uzgiris, I. & Hunt, J.McV. (1975). *Assessment of infancy: Ordinal scales of psychological development.* Urbana, Ill.: University of Illinois Press.

Bearbeiter: Thorsten Macha

Prüfung optischer Differenzierungsleistungen (POD)

F.Ch. Sauter

Braunschweig: Westermann, 1979

1. Testart Entwicklungstest

2. Testmaterial Handanweisung (29 Seiten), Arbeitsheft; zusätzlich: 2 weiche Bleistifte oder Filzstifte je Kind, eine Stoppuhr, Wandtafel oder großer Karton, Kreide.

3. Testgliederung Das Verfahren enthält 35 Testitems. Jedes Item besteht aus einer Reihe von sieben Bildern. Das erste Bild dieser Reihe ist von den übrigen sechs Bildern durch einen breiten Strich getrennt. Das Kind muß aus diesen sechs Bildern dasjenige Bild heraussuchen, das dem Bild vor dem breiten Strich entspricht.

4. Grundkonzept „Die visuelle Wahrnehmung und die optische Differenzierungsfähigkeit im besonderen stellen eine wichtige Voraussetzung für die Aktualgenese und Entwicklung von Intelligenz- und Denkleistungen dar . . .“ (Manual, S. 7). Durch die POD werden zwei Intentionen verfolgt: zum einen der Einsatz als pädagogisches Hilfsmittel und zum anderen der als Forschungsinstrument für wissenschaftliche Begleituntersuchungen bei Vorschulversuchen.

Die POD soll kognitive und behaviorale Ursachen für mangelhafte Leistungen in Schulreifetests erfassen helfen. Insbesondere leistet die POD eine Differenzierung zwischen Beeinträchtigungen der optomotorischen Koordination oder der Feinmotorik und der optischen Differenzierungsfähigkeit.

5. Durchführung **5.1 Alter:** 5 bis 7;7 Jahre (Vorschulkinder und Schulkinder).

5.2 Formen: Der Test ist als Gruppen- und Einzeltest anwendbar.

5.3 Handhabung: Klare und ausführliche Anweisungen zur Vorbereitung und Durchführung des Tests können der Handanweisung entnommen werden. Mehr als 20 Kinder sollten nicht auf einmal getestet werden. Jedes Kind sollte an einem Einzeltisch sitzen. Der Testleiter gibt zunächst die Instruktionen anhand von Übungsbeispielen im Arbeitsheft, dann wird zur ersten Testseite umgeblättert und der Test beginnt.

5.4 Zeit: Ein 3-Minuten-Abschnitt und zwei 6-Minuten-Abschnitte, insgesamt 15 Minuten.

6. Auswertung **6.1 Modus:** Für jedes richtig gelöste Item wird ein Punkt vergeben. Ein Lösungsschlüssel ist in der Handanweisung enthalten. Mehrfachanstreichungen gelten als Fehler. Das jeweils erste Item auf der 4. und 5. Testseite geht nicht in den Gesamtscore ein, so daß sich eine Höchstpunktzahl von 33 ergibt. Der Gesamtscore bildet den Rohwert, diesem können T-Werte oder Prozentränge differenziert nach Altersgruppen zugeordnet werden.

6.2 Zeit: Ca. 5 Minuten.

7. Gütekriterien

7.1 Objektivität: Die Handanweisung gibt klare Instruktionen für die Anwendung, bei deren Einhaltung Durchführungs-, Auswertungs- und Interpretationsobjektivität gegeben sind.

7.2 Reliabilität: Als Reliabilitätskoeffizient wurde Cronbachs Alpha verwendet. Für Vorschulkinder ergab sich ein Wert von .89 und für Schulkinder ein Wert von .84 bei einem Standardmeßfehler von 2,22 für Vorschulkinder und 2,04 für Schulkinder.

7.3 Validität: Es kann hier mit Recht von einer Augenscheinvalidität ausgegangen werden. Die Art des Tests erfordert jedes Item visuell wahrzunehmen und zu analysieren. Zur Konstruktvalidierung wurde eine Faktorenanalyse mit Hauptachsenmethode und anschließender Varimaxrotation herangezogen. Es ergab sich eine 1-Faktor-Lösung mit 46,47 % Varianzaufklärung für Vorschulkinder und 41,94 % Varianzaufklärung für Schulkinder.
Zur Bestimmung der prognostischen Validität wurde die POD zusammen mit anderen Testverfahren und Beobachtungsverfahren hinsichtlich des Kriteriums Erfolg und Versagen im ersten Grundschuljahr untersucht (N = 231). Die POD wies dabei den höchsten punktbiserialen Korrelationskoeffizienten (r = –47) auf.

7.4 Normen: Die Normierung erfolgte an einer vornehmlich aus Bayern stammenden Stichprobe mit einem N von 1237 Vorschulkindern (653 Jungen und 584 Mädchen) untersucht in den Jahren 1977 und 1978 sowie mit einem N von 616 Schulkindern (328 Jungen und 288 Mädchen) untersucht im Jahr 1977. Die Handanweisung enthält nach Altersgruppen und Vorschul- oder Schulalter differenzierende Normentabellen, aus denen sich Prozentränge und T-Werte ablesen lassen.

Bearbeiter: Claus Jacobs

Psycholinguistischer Entwicklungstest (PET)

M. Angermaier

Weinheim: Beltz-Test GmbH, 2., korr. Auflage 1977

1. Testart Entwicklungstest

2. Testmaterial Testkoffer: bestehend aus 1 Manual (261 Seiten), 2 Bildbänden (Spiralblock), 5 mal 25 Streifensätzen „Objekte Finden", fünf dazugehörige Lösungsschlüssel, Testvorlage „Symbolfolgen-Gedächtnis" (Spiralblock) mit den dazugehörigen Materialien (Mosaiksteine und Legeschiene), Testmaterialien für die Untertests „Gegenstände Beschreiben" und „Gegenstände Handhaben", 25 Protokollhefte, Demokassette; zusätzlich: Stoppuhr und Schreibgerät.

3. Testgliederung Der Test besteht aus 12 Untertests, die sich wie folgt gliedern: Auf der Ebene des rezeptiven Prozesses wird das Verständnis des Kindes für akustische und optische Signale mit Hilfe der Subtests „Wortverständnis" (WV = 60 Items) und „Bilder Deuten" (BD = 40 Items) geprüft. Zwei weitere Untertests „Sätze Ergänzen" (SE = 35 Items) und „Bilder Zuordnen" (BZ = 39 Items) sollen die Fähigkeit, Beziehungen aus Gehörtem bzw. Gesehenem abzuleiten, meßbar machen. Die Untertests „Gegenstände Handhaben" (GH = 15 Items) und „Gegenstände Beschreiben" (GB = 4 Items) versuchen, die mimisch-pantomimische und verbale Ausdrucksfähigkeit des Kindes zu erfassen. Der „Grammatik-Test" (GT = 32 Items) prüft die Benutzung syntaktischer und grammatischer Regeln. Die beiden Untertests „Wörter Ergänzen" (WE = 36 Items) und „Laute Verbinden" (LV = 33 Items) messen die Organisationsprozesse der sogenannten Integrationsstufe. Während im Subtest WE vom Kind Laute ergänzt werden müssen, die der VL ausgelassen hat, überprüft der LV die Fähigkeit des Kindes, isoliert vorgesprochene Laute eines Wortes zusammenhängend nachzusprechen. Der Subtest „Objekte Finden" (OF = 4 Items) verlangt das rasche Erkennen teilweise verdeckter Gegenstände. Zwei zusätzliche Untertests sollen das kurzfristige Behalten von „Zahlenfolgen" (ZFG = 28 Items) und „Symbolfolgen" (SFG = 25 Items) messen.

4. Grundkonzept Der Psycholinguistische Entwicklungstest wurde 1974 von Angermaier als deutsche Version des Illinois Test of Psycholinguistic Abilities (ITPA) herausgegeben. Er basiert auf der Version von McCarthy und Kirk (1961). Der Test basiert auf dem Kommunikationsmodell von Osgood und differenziert (in 12 Untertests) kognitive Funktionen nach expressiven und rezeptiven Sprachprozessen sowie kognitiven Organisations- und Vermittlungsprozessen. Der Test kann zur diagnostischen Abklärung spezifischer Fähigkeiten und Störungen kommunikativer Prozesse eingesetzt werden und ermöglicht die Einleitung geeigneter Interventionsmaßnahmen.

5. Durchführung

5.1 Alter: 3 bis 9;11 Jahre; insbesondere lernbehinderte und geistig behinderte Kinder.

5.2 Formen: Einzeltest.

5.3 Handhabung: Anweisung und Durchführung sind im Manual detailliert beschrieben. Testanfang und Testende sind für jeden Untertest und für die verschiedenen Altersstufen genau definiert. Die Anwendung des Tests verlangt unterschiedliche Einstiege, die nach dem Intelligenzalter des Kindes zu wählen sind. Da die sachgerechte Anwendung des PET teilweise kompliziert ist, empfehlen die Autoren eine mindestens zehnmalige Einübung. Beispielsweise muß der Versuchsleiter die Aussprache der Testwörter des Untertests „Wörter Ergänzen“ und „Laute Verbinden“ vorher einüben, aber auch die Expositionsrate von zwei Zahlen pro Sekunde beim Subtest „Zahlenfolgen-Gedächtnis“ trainieren. Die Art der Durchführung der genannten Untertests ist auf der beigefügten Kassette demonstriert.

5.4 Zeit: Aufgrund der individualisierten Form der Durchführung ist keine genaue Angabe über den Zeitbedarf möglich.

6. Auswertung

6.1 Modus: Die Auswertung wird durch die Art der Protokollierung erleichtert. Zudem enthält das Manual differenzierte Auswertungshinweise und Bewertungskriterien, gerade bei den Untertests mit mehreren richtigen Antworten wie beim „Gegenstände Beschreiben“ und „Gegenstände Handhaben“.

6.2 Zeit: Keine Angaben.

7. Gütekriterien

7.1 Objektivität: Die Durchführungsobjektivität hängt von der Beachtung der Instruktionen ab. Codifizierungs-Unsicherheiten bei der Auswertung, die nach Meinung der Autoren hauptsächlich im Untertest „Gegenstände Beschreiben“ auftreten können, wurden an mehreren Stichproben (N = 89) berechnet. Danach korrelierten die Bewertungen von zwei unabhängigen Beurteilern zwischen r = .81 und r = .98.

7.2 Reliabilität: Die Split-Half-Reliabilität (korrigiert nach Spearman Brown) liegt für die einzelnen Untertests je nach Alter der Kinder zwischen r = .64 und r = .96. Bei der Konsistenzschätzung aller Untertests in drei Altersgruppen (Kindergarten: N = 153; 2. Schuljahr: N = 100; 4. Schuljahr: N = 114) zeigt sich, daß die Subtests „Wortverständnis“ und „Zahlenfolgen-Gedächtnis“ mit durchgängigen Werten von r > .90 inhaltlich homogen sind. Der Subtest „Wörter Ergänzen“ erreicht mit einem Wert von r < .80 keine zufriedenstellende Konsistenz. Die Stabilität wurde über einen Zeitraum von 1 und 3 Wochen bzw. 3 Monaten an verschiedenen Altersgruppen (Vorschulalter: N = 46; 2. Schuljahr: N = 100; 4. Schuljahr: N = 114) geprüft. Die Testwiederholung nach einer Woche erbrachte bei den Kindern im Vorschulalter für die einzelnen Subtests einen Koeffizienten zwischen r = .86 und .99. Die Stabilität des Gesamttests betrug r = .97. Nach dreimonatigem Intervall beliefen sich die Stabilitätskoeffizienten der Subtests auf Werte zwischen r = .47 und .80. Bei den Kindern des 2. Schuljahres erwiesen sich 8 von 12 Subtests mit einem Koeffizienten von r < .70 als wenig stabil. Bei Kindern des 4. Schuljahres erreichten immerhin 7 von 12 Untertests Koeffizienten von r < .70. Der Gesamtwert ist mit r = .84 für das 2. Schuljahr und mit r = .88 für das 4. Schuljahr recht stabil.

7.3 Validität: Die Validierungsansätze zur faktoriellen Gültigkeit an drei Altersgruppen erbrachten relativ beständige Faktorenstrukturen und lassen den PET als eine Batterie verhältnismäßig unabhängiger Untertests erscheinen. Neben einem „psycholinguistischen Generalfaktor" werden spezifische Aspekte der Sprachentwicklung und der Kommunikationsfähigkeit gemessen.
Auf der Altersstufe des 4. Schuljahrs (N = 114) werden beispielsweise vier Faktoren beschrieben. Faktor 1: Kommunikationsniveau klärt 27,6 % der Gesamtvarianz auf. Faktor 2: sprachlich-gestische Ausdrucksfähigkeit (13,6 % der Ges.-Var.). Faktor 3: visuelles Verständnis und visuelle Merkfähigkeit (10,2 % der Ges.-Var.). Faktor 4: akustisch-visuelle Entschlüsselung (8,6 % der Ges.-Var.).
Ein Extremgruppenvergleich zwischen Legasthenikern erbrachte bei fünf Subtests signifikante Differenzen (t-Test). Damit leistet der PET mit Hilfe der Diskriminanzanalyse eine Trennung dieser Gruppen, die auf dem 1 %-Niveau gesichert ist.
Ergänzt werden die Validitätsstudien durch Interkorrelationsstudien mit dem HAWIK-R sowie dem Untertest Wortschatztest aus dem HAWIK-R, dem Allgemeinen Schulleistungstest (AST 2 und AST 3) und dem Begabungs-Test-System von Horn.

7.4 Normen: Es liegen geschlechtsspezifische Altersnormen für das Alter 3;0 bis 9;11, nach Jahresdritteln gestaffelt, in Form von T-Werten vor, die mit Hilfe einer beigefügten Tabelle in Prozentränge umgewandelt werden können.

8. Literatur

McCarthy, J.J. & Kirk, S.A. (1961). *The Illinois Test of Psycholinguistic Abilities; experimental edition.* Urbana, Ill.: University of Illinois Press.

Bearbeiterin: Martina Faiß

Psycholinguistischer Sprachverständnis- und Sprachentwicklungstest (PSST)

P. Wettstein
Uster, Schweiz: Verlag BSSI, 3. Auflage 1997

1. Testart Entwicklungstest

2. Testmaterial Testmanual, Protokollblätter, ein Leerformular, in welches eine Testfassung im ortsüblichen Dialekt eingetragen werden kann, die dann als Kopiervorlage dient. Der Testsatz, bestehend aus Turm, Haus, Garten, Baum und Vogel kann bestellt werden über: „Werkstatt für Behinderte“, St. Josefshaus Herten, Hauptstraße 1, 79618 Rheinfelden (Tel.: 07623–470370). Die übrigen Figuren dürften in den meisten Institutionen vorhanden sein oder sind leicht zu beschaffen: Kleine Puppen mit beweglichen Armen (Mutter, Vater, Knabe und Mädchen) sowie ein Hund und ein Ball. Ein Tonbandgerät und ein Flanelltuch werden empfohlen.

3. Testgliederung Der Test besteht aus vier Teilen:

Teil A: Verstehen, Handeln
Teil B: Nachsprechen
Teil C: Verstehen, Beurteilen
Teil D: Kommentieren

Bei grammatikalischen Auffälligkeiten läßt sich mit einer zusätzlichen Aufgabenstellung Material für einen Teil E: Spontansprachanalyse gewinnen.

4. Grundkonzept Der von 1991 bis 1994 entwickelte PSST baut auf der Grundidee des „Logopädischen Sprachverständnistests“ von Wettstein (1981) auf. Aufgabenstellung, Durchführung und Auswertung wurden jedoch unter Berücksichtigung heutiger Sprachverarbeitungsmodelle völlig neu konzipiert. Eine erste Fassung (1995) stützte sich dabei auf die Erprobung verschiedener Experimentalformen an sprachunauffälligen und an sprachbehinderten Kindern. In weiteren Überarbeitungen wurden Aufgaben für Kinder mit schwerer Sprachentwicklungsverzögerung hinzugenommen. Ebenso wurden die Auswertungstabellen verfeinert und breiter abgesichert.

Mit der vorliegenden 3. Auflage des PSST läßt sich bei Spracherwerbsverzögerungen und Spracherwerbsstörungen eine differenzierte Beurteilung der sprachlichen Verarbeitung vornehmen. Der PSST versucht, mit der Kombination von standardisierten Verfahren und freien Sprachproben eine umfassende Einsicht in die Sprachentwicklung und das kindliche Sprachverständnis zu ermöglichen. Dabei sollen die sprachlichen Kompetenzen möglichst alltagsnah erfaßt werden. Vereinfachend läßt sich sagen, daß Teil A schwerpunktmäßig das Sprachverständnis, Teil B die auditive Kurzzeitspeicherung und Reproduktionsfähigkeit, Teil C die kognitiv-sprachliche Verarbeitung inklusive Kritikfähigkeit überprüft. In Teil D werden die Möglichkeiten der Sprachproduktion des Kindes aufgezeigt.

5. Durchführung

5.1 Alter: 4- bis 8jährige Kinder.

5.2 Formen: Einzeltest.

5.3 Handhabung: Zu Beginn der Untersuchung werden die Figuren (Haus, Baum, Garten, Turm) in der im Manual vorgegebenen Abfolge angeordnet, welche während der ganzen Untersuchung stehen bleiben. Es ist darauf zu achten, daß die Spielfläche genügend groß ist und die erforderlichen Handlungen zuläßt.

- Teil A: „Verstehen, Handeln". Dem Kind werden Sätze vorgesprochen, die es nachspielen soll. Jede vollständig und in der richtigen Reihenfolge ausgeführte Handlung wird mit einem Punkt bewertet.
- Teil B: „Nachsprechen". Dem Kind werden Sätze vorgesprochen, die es nachsprechen soll. Als richtig bewertet werden die Sätze nur, wenn sie vollständig korrekt nachgesprochen sind.
- Teil C: „Verstehen, Beurteilen". Dem Kind werden Sätze vorgegeben, die entweder richtig oder falsch die dargestellte Situation der Figuren beschreiben. Das Kind soll diese Informationen vergleichen und beurteilen, ob die Aussagen zutreffen oder nicht. Jede zutreffende Antwort wird mit einem Punkt bewertet.
- Teil D: „Kommentieren". Der Versuchsleiter spielt Handlungen mit den Figuren vor, die das Kind kommentieren soll. Die Aufgabe gilt nur als richtig gelöst, wenn die Zusammenhänge verbal ausgedrückt werden können. Jede in dieser Weise richtig kommentierte Handlung wird mit einem Punkt bewertet.
- Teil E: „Spontansprache". Bei grammatikalischen Auffälligkeiten in Teil D können die Figuren für eine spontan erfundene Geschichte benutzt werden. Das Kind kann Handlungsanweisungen geben. Wichtig hierbei ist, daß spontan auf das Kind reagiert wird und die Interaktion frei fließt. Das auf Tonband aufgenommene Material läßt sich transkribieren und nach einem der gebräuchlichen Verfahren in bezug auf die grammatikalische Kompetenz analysieren.

5.4 Zeit: Die Durchführung der Teile A bis D dauert ca. 35 bis 45 Minuten. Die Zeitplanung sollte großzügig sein, damit das Kind auch spontan Erlebnisse berichten kann.

6. Auswertung

6.1 Modus: Die erreichte Punktzahl jedes Teils kann direkt in eine Tabelle eingetragen werden, aus der die erbrachte Leistung, relativ zur Altersgruppe, ersichtlich wird. Im Manual wird erläutert, wie auf einfachem Weg ein individuelles Profil erstellt werden kann, welches die Leistungsfähigkeit des Kindes in den einzelnen Bereichen in bezug auf seine Altersgruppe aufzeigt. Auf diesem Weg können auch Entwicklungsdifferenzen zwischen den geprüften Fähigkeiten erkannt werden.

6.2 Zeit: Keine Angaben.

7. Gütekriterien

7.1 Objektivität: Es zeigte sich deutlich, daß die Art der Durchführung, die Testsituation und die Persönlichkeit des Versuchsleiters die Testergebnisse stark beeinflussen können, da keine standardisierten Durchführungs- und Auswertungsbedingungen vorliegen.

7.2 Reliabilität: Ergebnisse von Zuverlässigkeitskontrollen liegen nicht vor. Aufgrund des Mangels an Objektivität ist keine Reliabilität zu gewährleisten.

7.3 Validität: Empirische Untersuchungen zur Absicherung des Gültigkeitsanspruches werden nicht vorgelegt.

7.4 Normen: Um den Schwierigkeitsgrad und dessen Veränderungen im Altersverlauf festzustellen, wurde die Häufigkeitsverteilung der einzelnen Aufgaben untersucht. Dabei zeigte sich eine enge Verknüpfung der Aufgabenlösung mit dem Lebensalter. Mit Mittelwerts- und Streuungsvergleichen auf den verschiedenen Altersstufen wurden die Unterschiede innerhalb und zwischen den Altersstufen geprüft. Daraufhin lassen sich drei Entwicklungsalter eindeutig unterscheiden: Die 4- bis 5jährigen sowie die 8jährigen und älteren Kinder und dazwischen eine breitere Gruppe mit geringerer Differenzierung. Die Frage, ob sich auch verschiedene Entwicklungsphasen durch typische Muster unterscheiden, konnte nicht beantwortet werden. Die Stichprobe war allerdings extrem klein (genaue Angaben fehlen) und zu heterogen, als daß man von gesicherten Normen sprechen könnte.

8. Literatur

Wettstein, P. (1987). *Logopädischer Sprachverständnistest.* Zürich: BSSI.

Verfasserin: Janett Gaschok

Screening-Verfahren zur Erfassung von Sprachentwicklungsverzögerungen bei Kindern im Alter von 3,5 bis 4 Jahren bei der U8 (SEV)

M. Heinemann und C. Höpfner

Weinheim: Beltz Test GmbH, 1993

1. Testart Entwicklungstest (Sprachtest, Screeningverfahren)

2. Testmaterial Testanleitung (DIN A4, 1 Seite); 20 Protokollbogen (DIN A4, 6 Seiten), „Suchbild" (DIN A4), mit 9 schwarz-weißen Bildmotiven; Kipplaster mit sechs dazugehörigen Bauklötzen (unbehandeltes Holz); 2 Ringbücher („Teil 1" mit 24, „Teil 2" mit 16 schwarz-weißen Bildmotiven (ca. 10 × 15 cm)).

3. Testgliederung Das Verfahren gliedert sich in 5 Untertests: A. Sprachverständnis für Oberbegriffe; B. Wortschatz; C. Nachsprechen von Sätzen; D. Artikulation; E. Sprachverständnis für Aufforderungen.

4. Grundkonzept Keine Angaben. Nach Auffassung der Autoren basiert das Verfahren „... auf altersentsprechenden sprachlichen Anforderungen aus verschiedenen linguistischen Ebenen" (Testanleitung).

5. Durchführung **5.1 Alter:** 3;6 bis 4;0 Jahre (ergänzend zur U8).

5.2 Formen: Einzeltest.

5.3 Handhabung: Die überwiegende Anzahl der Aufgaben wird an einem Tisch (über Eck sitzend) unter Zuhilfenahme der Bildvorlagen durchgeführt. Die Protokollierung der Einzelergebnisse in den Testaufgaben erfolgt dreikategoriell („richtig", „falsch", „keine Mitarbeit").

5.4 Zeit: Nach Angabe der Autoren ca. 15 bis 20 Minuten.

6. Auswertung **6.1 Modus:** Es wird zu jedem Untertests die Anzahl derjenigen Aufgaben ausgezählt, welche das Kind falsch beantwortete oder bei denen es die Mitarbeit verweigerte. Zu jedem Untertest sind Fehleranzahlen angegeben, die als Cutoff-Werte für „Auffälligkeit" gehandhabt werden. Weiter vertreten die Autoren die Auffassung, daß Kinder, welche die Mitarbeit vollständig oder in Teilbereichen verweigern, „... ganz überwiegend gleichfalls behandlungsbedürftige Sprech- oder Sprachstörungen" (Testanleitung) aufweisen und halten in beiden Fällen „... eine ärztliche, möglichst phoniatrische und logopädische Untersuchung ..." für „... erforderlich." (Protokollbogen).

6.2 Zeit: Ca. 1 Minute.

7. Gütekriterien

7.1 Objektivität: Keine Angaben. Die Durchführung erfolgt ausreichend standardisiert.

7.2 Reliabilität: Keine Angaben.

7.3 Validität: Es wird auf drei „Untersuchungen" verwiesen, deren Ergebnisse die Autoren dahingehend interpretieren, daß das Verfahren geeignet sei, Kinder mit einer Sprachentwicklungsverzögerung von Kindern mit normaler Sprachentwicklung zu unterscheiden. „Alle sprachlich normal entwickelten Kinder erfüllen die Anforderungen problemlos und werden deshalb auch nicht fälschlich als sprachentwicklungsverzögert eingestuft" (Testanleitung).

7.4 Normen: Keine Angaben.

Verfasser: Thorsten Macha

Sprachentwicklungstest für zweijährige Kinder (SETK-2)

H. Grimm (unter Mitarbeit von M. Aktaş und S. Frevert)
Göttingen: Hogrefe, 2000

1. Testart Entwicklungstest

2. Testmaterial Manual (DIN A4, 95 Seiten), 10 Protokollbogen (DIN A4, 7 Seiten), Audio-Tonkassette (Demonstrationsbeispiele), 2 Bildkartensätze (DIN A4, 5 bzw. 8 Karten mit je 4 Bildvorlagen zum Bereich „Verstehen"), 2 Bildkartensätze (DIN A5, 16 bzw. 30 Motive zum Bereich „Produktion"), Bilderbuch (stabiler Karton, 12 Seiten mit je einem Motiv), Puppe (ca. 15 cm), Tischtennisball, Messer (aus Eßbesteck), Schlüsselrohling (ca. 5 cm), Bleistift (mit Radiergummi), Stoffsack (ca. 20 × 30 cm, „Wundertüte").

3. Testgliederung Das Verfahren gliedert sich in vier Schwerpunktbereiche (A bis D), die mit je einem Subtest erfaßt werden: A. Verstehen I (Wörter), B. Verstehen II (Sätze), C. Produktion I (Wörter), D. Produktion II (Sätze).

4. Grundkonzept Die Sprachentwicklung findet ihre Operationalisierung hier in der „lexikalischen Entwicklung" (Erwerb des Wortschatzes) und der „grammatischen Entwicklung" (Ausbildung des syntaktischen Prinzips). In beiden Bereichen kann empirisch gestützt werden, daß die Verstehensleistung in allen Altersbereichen die Produktionsleistung übersteigt. Ein großes Entwicklungsrisiko tragen dabei besonders diejenigen Kinder („late talkers"; Manual, S. 10), „... die im Alter von zwei Jahren noch nicht das Nadelöhr von wenigstens 50 produktiven Wörtern passiert haben." (Manual, S. 11). Die Autorin beruft sich dabei auf empirische Befunde, die mit steigender Wortschatzgröße einen steigenden Anteil beherrschter Verben, Adjektive und Funktionswörter gegenüber den Nomina belegen. Somit stellen die wenigen gespeicherten Worteinheiten der „late talkers" eine nur unzureichende Basis dar, „... um den Induktionsprozeß sprachlicher Regeln erfolgreich vollziehen zu können." (Manual, S. 12).

5. Durchführung **5.1 Alter:** 2;0 bis 2;11 Jahre.

5.2 Formen: Einzeltest.

5.3 Handhabung: Der Test wird an einem Tisch sitzend in spielerischer Atmosphäre durchgeführt. Die Reihungen der Untertests sowie der Items sind vorgegeben. Die Instruktionen sind standardisiert und müssen vom Testleiter beherrscht werden. Der Untertest „Produktion II: Sätze" kann wahlweise in vereinfachter („Screening") oder vollständiger Form durchgeführt werden.

5.4 Zeit: Nach Angabe der Autorin ca. 15 bis 20 Minuten für das Screening, ca. 25 bis 30 Minuten für die vollständige Durchführung.

6. Auswertung

6.1 Modus: In jedem Subtest werden Lösungen bzw. Teillösungen bepunktet, die Bewertungskriterien sind sehr ausführlich dargestellt. Über die Addition der jeweiligen Punktwerte werden subtestspezifische Rohwerte ermittelt. Die Rohwerte werden dann in altersspezifische (2 Altersgruppen) T-Werte (50; 10) und Prozentränge umgewandelt. Für die T-Werte sind Standardmeßfehler sowie 5 %- und 1 %-Vertrauensintervalle angegeben. Bei der vereinfachten Durchführung des Subtests „Produktion II: Sätze" (optional auch bei der vollständigen Durchführung) erfährt dieser eine vereinfachte Auswertung, es wird ein Index „DAWA" („durchschnittliche Anzahl der Wörter pro Antwort") ermittelt und zu einem „kritischen Wert" in Beziehung gesetzt, welcher den Abstand einer Standardabweichung vom Altersgruppenmittelwert nach unten kennzeichnet.

6.2 Zeit: Keine Angaben; nach eigener Erprobung ca. 5 bis 10 Minuten für die Kurzversion, ca. 10 bis 15 Minuten für die vollständige Auswertung.

7. Gütekriterien

7.1 Objektivität: Das hohe Maß an Standardisierung unterstützt eine objektive Durchführung. Die präzisen Auswertungskriterien gestatten eine in hohem Maße objektive Auswertung. Die Autorin zitiert Befunde zur Auswertungsübereinstimmung bezüglich des Subtests „Produktion II: Sätze" (ermittelt anhand von 10 bis 35 Protokollen), wonach die Übereinstimmung (von 2 Auswertern) durchweg über .90 lag.

7.2 Reliabilität: Zu allen Subtests werden altersgruppenspezifische Itemschwierigkeiten und Trennschärfen vorgelegt, die eine Einschätzung der jeweiligen Differenzierungsleistung ermöglichen. Die Konsistenzschätzungen (Cronbachs Alpha) lieferten in den Altersgruppen Werte für die Verstehenstests zwischen .28 und .69, für die Produktionstests zwischen .85 und .93.

7.3 Validität: Für alle Subtests lassen sich über die Altersgruppen statistisch bedeutsame Mittelwertanstiege (0,1 %-Niveau) verzeichnen; somit kann davon ausgegangen werden, daß mit dem SETK-2 Entwicklungsveränderungen in der Zeit abgebildet werden können. In drei der vier Subtests konnten Hinweise auf bedeutsame Geschlechtsunterschiede gewonnen werden, Mädchen schnitten signifikant besser ab als Jungen. Auch schnitten Erstgeborene und Einzelkinder in allen Subtests signifikant besser ab als Kinder mit einer höheren Geschwisterposition. Signifikante Leistungsunterschiede in Abhängigkeit vom Bildungsstand der Mütter konnten in den beiden Produktionstests nachgewiesen werden. Von besonderer Bedeutung zur Einschätzung der prognostischen Validität ist der von der Autorin zitierte Befund, daß Kinder (N = 32), welche mit 24 Monaten eine geringe Wortschatzleistung (in Anlehnung an die oben zitierten „late talkers") erbrachten, im Alter von drei Jahren in einer Vorform eines (zum Zeitpunkt dieser Besprechung noch nicht veröffentlichten) Sprachentwicklungstests für 3- bis 5jährige Kinder (Grimm, 2002) in allen gemessenen Fähigkeitsbereichen (Satzverstehen, Satzproduktion, Pluralbildung, Phonologisches Gedächtnis) schlechter abschnitten als die Kinder einer Kontrollgruppe.

7.4 Normen: Die Normen (gesamt: N = 283) wurden an fünf bundesdeutschen Standorten (Großraum Bielefeld [N = 159], Göttingen [N = 31], Hannover [N = 20], Konstanz [N = 30], Magdeburg [N = 43]) ermittelt. Die Anzahlen bei der Testanalyse schwanken zwischen 217 und 271. Es werden verschiedene soziodemographische (Wohnortgröße, mütterliche Bildung) sowie familiäre (Geschwisterposition, Betreuungssituation) Merkmale der Stichprobe referiert. Bei der Normenerhebung wurde bezüglich der Testdurchführungen, Auswertungen und Datenerhebung besondere Sorgfalt getroffen.

8. Literatur

Grimm, H. (2002). *SETK 3–5. Sprachentwicklungstest für drei- bis fünfjährige Kinder (3;0–5;11). Diagnose von Sprachverarbeitungsfähigkeiten und auditiven Gedächtnisleistungen.* Göttingen: Hogrefe.

Verfasser: Thorsten Macha

Teddy-Test

G. Friedrich
Göttingen: Hogrefe, 1998

1. Testart Entwicklungstest (Sprachtest)

2. Testmaterial Testkarton mit Handanweisung (DIN A4, 76 Seiten), 5 Protokoll- und Auswertungsbogen, 1 Testbuch (DIN A5) mit 6 farbigen Abbildungen zur Übung und 10 farbigen Abbildungen zum Test.

3. Testgliederung Der Test überprüft 5 Kategorien zwischenbegrifflicher semantischer Relationen nach Spontanerzählung bzw. konkretem Nachfragen. Diese sind in hierarchischer Reihenfolge gegliedert: Aktor-Aktion (Beziehung zwischen Handlungsträger u. Handlung), Aktion-Objekt (Beziehung zwischen Handlung u. Objekt), Lokation (Angaben zu dem Ort, an dem die Handlung stattfindet), Instrument (Angaben zu Instrumenten u. Mitteln, mit welchen die Handlung ausgeführt wird), Finalität (Angaben zu zeitlichen Abfolgen u. kausalen Zusammenhängen).

4. Grundkonzept Das Verfahren postuliert einen Zusammenhang zwischen kognitiver Durchdringung der Umwelt durch Kinder und ihrer spezifischen Sprachstrukturierung. Dies äußert sich durch Verbalisierung verschiedener semantischer Relationen. Die kognitiven Fähigkeiten eines Kindes bedingen laut Autorin den Aufbau semantischer Strukturen und sind somit aus sprachlichen Kompetenzen abzuleiten.
Der Teddy-Test kann sowohl von Psychologen, Ärzten, Pädagogen, Lehrern als auch Logopäden angewendet werden.

5. Durchführung **5.1 Alter:** 2;6 bis 6;11 Jahre, entwicklungsrückständige und sprachauffällige Kinder bis 9;6 Jahre.

5.2 Formen: Einzeltest.

5.3 Handhabung: Die Kinder sollen nach einer kurzen Testvorbereitung mit den sechs Übungsbildern zu jeweils zehn Items, zunächst bei unspezifischer Aktivierung, anschließend durch standardisierte Fragen, aufgefordert werden, zu vorgegebenen Bildern kurze Geschichten zu erzählen. Darüber hinaus soll die Sprechaktivität der Kinder, welche sich aus der Anzahl der Wörter pro Item ableiten läßt, erfaßt werden.

5.4 Zeit: Ca. 20 Minuten.

6. Auswertung **6.1 Modus:** Die zehn Items werden anhand der fünf semantischen Kategorien bewertet, wobei für jede Relationsklasse ein Pluspunkt erzielt werden kann. Zu jedem Item können also maximal fünf Pluspunkte erzielt werden.

Es kann somit anhand der zehn Items ein Summenwert von maximal 50 Pluspunkten erreicht werden, welcher in dem Protokollbogen vermerkt wird. Für die Auswertung der Sprechaktivität werden die geäußerten Worte je Item addiert.

6.2 Zeit: Keine Angaben; nach eigenen Erfahrungen ca. 10 Minuten.

7. Gütekriterien

7.1 Objektivität: Bei formaler Anwendung sind Durchführungs-, Auswertungs- und Interpretationsobjektivität gewährleistet.

7.2 Reliabilität: Die Retest-Reliabilität wurde mit 23 Kindern zwischen 2;6 und 5;0 Jahren in einem Abstand von vier Wochen ermittelt. Für die Summe der semantischen Relationen beträgt die Retest-Reliabilität bei unspezifischer Aktivierung r = .79, bei standardisierter Befragung r = .91. Die Reliabilitätskoeffizienten für beide Anforderungssituationen bewegen sich nach Cronbachs Alpha und der Split-Half-Reliabilität zwischen r = .87 und r = .97.

7.3 Validität: Durch Überprüfung der differentiellen Validität konnten weder signifikante Geschlechtsunterschiede noch sozialbedingte Unterschiede festgestellt werden. Im Rahmen von Studien zur prognostischen Validität wurden signifikante Korrelationen zwischen den Ergebnissen des Teddy-Tests und zu einem späteren Zeitpunkt erhobenen Intelligenzleistungen (Binet-Simon-Kramer-Test) gefunden.

7.4 Normen: Die Normierung wurde (vor 1998) an insgesamt 914 deutschen Kindern vorgenommen. Es erfolgte eine Unterteilung in Halbjahresschritten von 3;0 bis 5;11 sowie für lernbehinderte und sprachauffällige Kinder bis 7;0 Jahren. Für diese Gruppen werden Stanine-Werte (MW: 5; SD: 2) der Gesamtpunktzahlen bezüglich der erhobenen Indizes vorgelegt.

Verfasserin: Susanne Al-Wiswasi

Wie weit ist ein Kind entwickelt?

E.J. Kiphard

Dortmund: verlag modernes lernen, 10. Auflage 2000

1. Testart Entwicklungstest

2. Testmaterial Handbuch (DIN A5, 119 Seiten), je 25 Bogen zur Erstellung eines sensomotorischen (DIN A3, gefaltet, 2 Seiten) sowie eines psychosozialen (DIN A4, 2 Seiten) Entwicklungsgitters; zusätzlich: bei Bedarf muß (nicht standardisiertes) Testmaterial vom Anwender selbst beschafft werden.

3. Testgliederung Sensomotorisches Entwicklungsgitter: Jeweils 48 Items beschreiben 5 Entwicklungsbereiche (A bis E): A. Optische Wahrnehmung, B. Handgeschick, C. Körperkontrolle, D. Sprache, E. Akustische Wahrnehmung. Jedes Item ist dabei an einem Lebensmonat (0 bis 48 Monate) orientiert, womit implizit die Annahme von Ordinalskalencharakter (je 48 Entwicklungsschritte) verbunden ist.

Psychosoziales Entwicklungsgitter: Ergänzend kann mit 48 Items auf die gleiche Weise der Entwicklungsbereich „Sozialkontakt" beschrieben werden, welcher eine Überprüfung der Sozialentwicklung anstrebt.

4. Grundkonzept Das Verfahren soll es Eltern, Pädagogen, Psychologen und Ärzten ermöglichen, „... kindliche Entwicklung mit relativ einfachen Mitteln zu beurteilen." (Handbuch, S. 8). Der Autor expliziert ausführlich seine Annahmen zur normalen sowie gestörten kindlichen Entwicklung in allgemein verständlicher Art und Weise. Eine auf wissenschaftliche Argumentation gestützte theoretische Fundierung nimmt er nicht vor. Die Itemreihungen sind orientiert an Annahmen über den Zeitpunkt, zu dem 90 % der Kinder die Items erfüllen sollten; somit werden die Entwicklungsgitter als Grobdiagnostikum für Entwicklungsauffälligkeiten verstanden. Die Itemreihungen in den einzelnen Bereichen wurden zum Teil unter Berufung auf (nicht referierte) „wissenschaftlich-statistisch gesicherte" (Handbuch, S. 11) Ergebnisse, zum Teil aufgrund von „Schätzungen" (ebenda), vorgenommen.

5. Durchführung **5.1 Alter:** 1 bis 48 Monate.

5.2 Formen: Einzeltest.

5.3 Handhabung: Der Anwender wird angehalten, die Auswahl der Einstiegsitems in den einzelnen Skalen selber abzuwägen. Die Items werden zunächst über die Auskunft von Eltern oder Erziehern erhoben, bei Unsicherheiten werden die Items teilstandardisiert durchgeführt. Die Items werden dreikategoriell (Lösungen, Halblösungen, Nichtlösungen) bewertet.

5.4 Zeit: Keine Angaben; zeitökonomische Erwägungen werden in dem Bemühen um Handhabbarkeit für jedermann zurückgestellt.

6. Auswertung

6.1 Modus: Zu jedem Entwicklungsbereich wird ein Summenscore ermittelt, in dessen Berechnung Lösungen und Halblösungen eingehen. Damit soll auf das „Spätestentwicklungsalter des Kindes“ (Handbuch, S. 13) hingedeutet werden. Auf die Möglichkeit der Anfertigung eines Entwicklungsprofils wird verwiesen.

6.2 Zeit: Keine Angaben; ca. 5 Minuten.

7. Gütekriterien

7.1 Objektivität: Keine Angaben. Die Durchführungsobjektivität erscheint durch die lockere Verknüpfung von Einschätzungen und teilstandardisierten Itemdurchführungen deutlich beeinträchtigt. Die Auswertung kann als objektiv angesehen werden.

7.2 Reliabilität: Keine Angaben.

7.3 Validität: Keine Angaben. Der Autor setzt offensichtlich inhaltliche Gültigkeit voraus.

7.4 Normen: Es werden keine Normen vorgelegt.

Bearbeiter: Thorsten Macha

Wiener Entwicklungstest (WET)

U. Kastner-Koller und P. Deimann
Göttingen: Hogrefe, 1998

1. Testart

Entwicklungstest

2. Testmaterial

Der stabile Testkoffer (Kunststoffhartschale) enthält: Handanweisung (DIN A4, 85 Seiten), 10 Protokollbogen (DIN A4, 8 Seiten), 10 Elternfragebogen (DIN A4, 2 Seiten), 10 Arbeitsblätter (DIN A4, 1 Seite) und eine Auswertungsschablone für den Subtest „Nachzeichnen", Stoffbär mit angebrachten Verschlüssen, 2 Bälle, „Schatzkästchen" mit 20 Schubladen (Holz) und doppeltem Satz darin zu verbringender Gegenstände, Fotoalbum, 2 verschiedene Sätze Tafeln mit darauf anzuordnenden Kärtchen, Puppenfamilie, Mosaiksteine; zusätzlich: eine Uhr (Minutengenauigkeit) und ein Bleistift.

3. Testgliederung

Das Verfahren gliedert sich in fünf Funktionsbereiche (A bis E), die mit insgesamt 13 Subtest (Itemanzahlen variieren z. T. je nach Alter und Leistung) und zusätzlich dem Elternfragebogen erfaßt werden: A. Motorik (A1. Turnen, A2. Lernbär); B. Visuomotorik/visuelle Wahrnehmung (B1. Nachzeichnen, B2. Bilderlotto); C. Lernen und Gedächtnis (C1. Schatzkästchen, C2. Zahlen merken); D. Kognitive Entwicklung und Sprache (D1. Muster legen, D2. Bunte Formen; D3. Gegensätze; D4. Quiz, D5. Wörter erklären, D6. Puppenspiel); E. Sozial-emotionale Entwicklung (E1. Fotoalbum, E2. Elternfragebogen).

4. Grundkonzept

Der Wiener Entwicklungstest versteht sich in erster Linie als „förderdiagnostisches Verfahren, das einen breitgefächerten Einblick in die bisher realisierte Entwicklung gibt" (Handbuch, S. 34) und sich „auf die Statusdiagnose von Entwicklungsdefiziten konzentriert" (Handbuch, S. 13). Das theoretische Konzept basiert „auf der Integration unterschiedlicher entwicklungstheoretischer Ansätze" (Handbuch, S. 3). Zu allen Funktionsbereichen werden kurz einige bestehende Konzepte diskutiert.

5. Durchführung

5.1 Alter: 3;0 bis 5;11 Jahre.

5.2 Formen: Einzeltest.

5.3 Handhabung: Der Test wird im Rahmen einer „Spielsituation" durchgeführt, einige Aufgaben müssen an einem Tisch durchgeführt werden. Der Testleiter muß mit den Testinstruktionen gut vertraut sein. Einige Subtests werden in allen Altersgruppen vollständig vorgegeben, in anderen sind die Items nach steigender Schwierigkeit angeordnet und es gibt altersspezifische Ein- und Ausstiegskriterien. Zusätzlich muß ein Elternfragebogen ausgefüllt werden.

5.4 Zeit: Keine Angaben der Autoren; in einem Fallbeispiel werden für die Durchführung 90 Minuten angegeben, was nach eigenen Erfahrungen in etwa dem zeitlichen Aufwand für jüngere Kinder entspricht, ältere Kinder absolvieren den WET oft in weniger als einer Stunde.

6. Auswertung

6.1 Modus: Die überwiegende Zahl der Items wird zweikategoriell bewertet (richtig/falsch), vier Subtests bedürfen einer mehrkategoriellen Notierung; zur Auswertung der Skala „Nachzeichnen" wird eine Schablone zu Hilfe genommen. Zu jedem Subtest wird ein Summenscore errechnet und mit Hilfe der Normentabellen in altersgruppenspezifische (sechs Altersgruppen, Halbjahresschritte) C-Werte umgewandelt, welche dann in das Entwicklungsprofil eingetragen werden; nach Einschätzung der Autoren weisen C-Werte von 2 und 3 „auf einen Förderbedarf in der jeweiligen Fähigkeitsdimension hin", bei einem C-Wert unter 2 liege ein „massiver Entwicklungsrückstand" (Handbuch, S. 66) vor. Weiter werden ein Gesamtentwicklungsscore sowie der Range zwischen bestem und schlechtestem Subtestergebnis bestimmt, wobei die Autoren deren Informationsgehalt im Hinblick auf die Zielsetzung des Verfahrens kritisch diskutieren (vgl. Handbuch, S. 34–35).

6.2 Zeit: Im Manual werden hierzu keine Angaben gemacht; nach eigenen Erfahrungen ca. 12 Minuten.

7. Gütekriterien

7.1 Objektivität: Die standardisierten Testvorgaben gewährleisten in hohem Maße eine objektive Durchführung. Für den größten Teil der Items liegen präzise und eindeutige Bewertungskriterien vor; die verbalen Subtests und die Skala „Nachzeichnen" werden nach inhaltsanalytischen Kategorien kodiert, für welche die Interrater-Übereinstimmung nach Angaben der Autoren über .80 beträgt (vgl. Handbuch, S. 20).

7.2 Reliabilität: Der WET ist an hohen methodischen Ansprüchen orientiert, seine Skalen wurden in erster Linie unter Anwendung probabilistischer Methoden testanalysiert. Danach bilden neun Subtests Rasch-homogene Skalen über den gesamten Altersbereich, zwei weitere Subtests werden von den Autoren mit einem Skalierbarkeitskoeffizienten von „deutlich über .50" (Handbuch, S. 16) als strenge Skalen im Sinne Guttmans bewertet. Die Reliabilitätsschätzung wurde unter Rückgriff auf die Methoden der klassischen Testanalyse vorgenommen, wobei eine gute Übereinstimmung verschiedener Maße (Cronbachs Alpha, Split-Half, Guttmans Lambda 2) beobachtet wurde. Insgesamt wurden nur für vier Skalen Reliabilitäten unter .80 ermittelt, was nach Einschätzung der Autoren insgesamt für eine „ausreichende Meßgenauigkeit" (Handbuch, S. 22) des WET spricht.

7.3 Validität: Die Autoren nehmen für den WET eine theoretisch und empirisch fundierte Herleitung der Skalen und Items in Anspruch (vgl. Handbuch, S. 22) und sehen somit die inhaltliche Validität als gegeben an. Der entwicklungstheoretische Fokus auf vor allem zunehmende Differenzierung und Integration (vgl. Handbuch, S. 3–4) erfährt eine Operationalisierung über die Erfassung quantitativen Wachstums in über den ganzen Altersbereich identischen Skalen, womit eher eine Orientierung an „Reifung" gegeben ist. Es können deutlich steigende Alterstrends in allen Subtests (vgl. Handbuch, S. 22 ff.) verzeichnet werden. Die Vernachlässigung qualitativ-struktureller

Aspekte von Entwicklung erklärt sich vor dem Hintergrund des von den Autoren angestrebten Haupteinsatzgebietes (Förderdiagnostik) sowie der gewählten methodischen Anlage und erfährt eine Relativierung durch den begrenzten Altersbereich. Mit dem WET konnten deutliche, syndromspezifische Retardierungen bei Kindern mit Down-Syndrom sowie autistischen Kindern dokumentiert werden; darüber hinaus zitieren die Autoren eine Untersuchung, bei der frühgeborene Dreijährige mit einem Geburtsgewicht unter 1500 g gegenüber gleichaltrigen Termingeborenen „in fast allen Funktionsbereichen Entwicklungsrückstände" (Handbuch, S. 32) aufwiesen.

7.4 Normen: Für die vor 1998 vorgenommene Normierung wurde eine Stichprobe von 257 Kindern mit einigen Kindern aus der Testanalysestichprobe aufgefüllt. Diese insgesamt 274 Kinder umfassende „Stichprobe" wurde sehr sorgfältig auf ihre Repräsentativität für Österreich hin zusammengesetzt. Die einzelnen Altersgruppen konnten mit 41 bis 51 Kindern besetzt werden. Der Tabellenteil stellt altersgruppenspezifische C-Werte für alle Subtests bereit. Weiter wird die Umwandlung des Gesamtentwicklungsscores in Standardwerte sowie eine Betrachtung des Range vor Prozenträngen ermöglicht. Es wurden in einzelnen Subtests höchstsignifikante Mittelwertunterschiede zwischen Jungen und Mädchen beobachtet (vgl. Handbuch, S. 18), die Normentabellen stellen jedoch, bedingt durch die geringen Stichprobenumfänge, ausschließlich geschlechtsunspezifische Kennwerte zur Verfügung.

8. Literatur

Krampen, G. (1999). Breitband-Entwicklungsdiagnostik mit dem Wiener Entwicklungstest. *Report Psychologie, 24,* 281–286.

Verfasser: Thorsten Macha

1. LEISTUNGSTESTS

1. Leistungstests – 1.2 Intelligenztests

● = ja
○ = teilweise
❍ = nein
k.A.= keine Angaben

Testname	Autor(en)	Seite	Durchführung					Auswertung			Gütekriterien				Alter
			Gruppentest	Parallelform	Zeitangabe netto (Min.)	Zeitangabe brutto (Min.)	computergestützte Fassung	Schabl./Schlüss.	Auswertungssoftw.	Zeitangabe (Min.)	Objektivität	Reliabilität	emp. Validität	Normen	(Jahre oder Schuljahre (J/Sj))
Adaptives Intelligenz Diagnostikum 2 (AID 2)	Kubinger u.a.	89	❍	○	k.A.	75 (90)	❍	○	●	2 bzw. 10	●	○	○	●	6;0–15;11 J
Advanced Progressive Matrices (APM)	Raven u.a.	93	●	❍	50	60	●	●	❍	2	●	●	●	●	ab 12 J
Analytischer Intelligenztest (AIT)	Meili	97	●	●	30/35		❍	❍	❍	k.A.	○	●	●	●	12–15/18 J
Aufgaben zum Nachdenken (AzN 4+)	Hylla u.a.	101	●	●	53	110	❍	●	❍	10–12	●	●	●	●	4. + 5. Sj
Begabungstestsystem (BTS)	Horn	103	●	●		90	❍	•	❍		❍	●	●	●	ab 7;6 J
Berliner Intelligenzstruktur-Test (BIS-Test)	Jäger u.a.	106	●	❍	95,5	148	❍	○	●	30	●	●	●	●	16–19 J
Bildertest 1–2 (BT 1–2)	Horn u.a.	110	●	❍	24	105	❍	●	❍	10	●	●	●	●	1.–2. Sj; 6–8 J
Bildertest 2–3 (BT 2–3)	Ingenkamp	112	●	●	16,5	45	❍	●	❍	4	●	●	●	●	7–11 J
Bochumer Matrizentest (BOMAT – advanced)	Hossiep u.a.	115	●	●	80	110	●	●	❍	5	●	●	○	●	ab 19 J
Bochumer Matrizentest (short version) (BOMAT – advanced – short version)	Hossiep u.a.	117	●	●	45	60	❍	●	❍	k.A.	●	●	○	●	Erw.
Columbia Mental Maturity Scale (CMM 1–3)	Schuck u.a.	119	●	❍		45	❍	●	❍	5	●	●	●	●	6–9 J; 1.–3. Sj
Columbia Mental Maturity Scale (Sprachfreier Gruppenintelligenztest für die Sonderschule für Lernbehinderte) (CMM-LB)	Eggert u.a.	121	●	❍		45	❍	●	❍	3–5	●	●	●	●	9–14 J

1. Leistungstests – 1.2 Intelligenztests (Forts.)

● = ja
○ = teilweise
❍ = nein
k.A.= keine Angaben

Testname	Autor(en)	Seite	Durchführung					Auswertung			Gütekriterien				Alter
			Gruppentest	Parallelform	Zeitangabe netto (Min.)	Zeitangabe brutto (Min.)	computergestützte Fassung	Schabl./Schlüss.	Auswertungssoftw.	Zeitangabe (Min.)	Objektivität	Reliabilität	emp. Validität	Normen	(Jahre oder Schuljahre (J/Sj))
Dreidimensionaler Würfeltest (3DW)	Gittler	123	●	❍	35/40		❍	●	❍		●	●	●	●	ab 13 J
Figure Reasoning Test (FRT)	Daniels	126	●	❍	30	40	❍	●	❍	10	○	●	○	❍	10–16 J
Figuren von Rybakoff	Meili	128	●	❍	10	k.A.	❍	●	❍	ca. 5	●	❍	●	●	11–17 J u. Erw.
Frankfurter Analogietest 6–9 (FAT 6–9)	Barth	130	●	●	max. 45	k.A.	❍	●	❍	ca. 1	●	●	○	●	6.–9. Sj
Grundintelligenztest Skala 1 (CFT 1)	Cattell u.a.	132	●	●	45–54	k.A.	❍	❍	●	k.A.	●	○	●	●	5–9 J; 1.–4. Sj
Grundintelligenztest Skala 2 mit Wortschatztest (WS) und Zahlenfolgentest (ZF) (CFT 20)	Weiß	135	●	●	14/26	37/60	●	○	●	k.A.	○	●	●	●	ab 3;5 J
Grundintelligenztest Skala 3 (CFT 3)	Cattell u.a.	139	●	●	13/25	25/50	❍	○	❍	k.A.	○	●	●	●	ab 14 J
Hamburg-Wechsler-Intelligenztest für Erwachsene Revision 1991 (HAWIE-R)	Tewes	141	❍	❍	k.A.	60–90	❍	○	●	k.A.	●	○	○	●	16–74 J
Hamburg-Wechsler-Intelligenztest für Kinder – III (HAWIK-III)	Wechsler	145	❍	❍	k.A.	50–70 (+10–15)	❍	○	●	k.A.	❍	○	●	●	6;0–16;11 J
Hamburg-West-Yorkshire Gruppentest zur Intelligenzprüfung (HWY)	Schultze u.a.	149	●	❍	60	80	❍	❍	❍		●	●	●	●	9;6–12;6 J
Heidelberger Intelligenztest 1–2 (HIT 1–2)	Kratzmeier	151	●	●	75	100	❍	❍	❍		●	●	●	●	1.–2. Sj

● = ja
O = teilweise
❍ = nein
k.A. = keine Angaben

Testname	Autor(en)	Seite	Durchführung					Auswertung			Gütekriterien				Alter
			Gruppentest	Parallelform	Zeitangabe netto (Min.)	Zeitangabe brutto (Min.)	computergestützte Fassung	Schabl./Schlüss.	Auswertungssoftw.	Zeitangabe (Min.)	Objektivität	Reliabilität	emp. Validität	Normen	(Jahre oder Schuljahre (J/Sj))
Heidelberger Intelligenztest 3–4 (HIT 3–4)	Kratzmeier	153	●	●	75	100	❍	❍	❍		●	●	●	●	3.–4. Sj
Heidelberger Nonverbaler Test (HNT)	Kratzmeier	155	●	●	50	ca. 90	❍	**O**	❍	k.A.	●	**O**	●	●	ab 14 J
Intelligenz-Struktur-Test (IST)	Amthauer	157	●	●	72	ca. 90	❍	●	❍	k.A., ca. 10–15	●	●	●	●	13–60 J
Intelligenz-Struktur-Test 70 (IST 70)	Amthauer	160	●	●	72	ca. 90	●	●	●	k.A., ca. 10–15	●	●	●	●	12–60 J
Intelligenz-Struktur-Test 2000 (IST 2000)	Amthauer u.a.	164	●	❍	120	151	●	**O**	●	k.A.	●	●	**O**	**O**	ab 15 J
Kaufman-Assessment Battery for Children (K-ABC)	Kaufman u.a.	168	❍	❍		30–90	❍	●	●	5–10	●	●	●	●	2;6–12;5 J
Kognitiver Fähigkeits-Test für 1. bis 3. Klassen (KFT 1–3)	Heller u.a.	172	●	❍	k.A.	ca. 45–60	❍	●	❍	k.A.	●	●	●	●	1.–3. Sj; 6;0–12;0 J
Kognitiver Fähigkeitstest für 4. bis 12. Klassen, Revision (KFT 4–12+ R)	Heller u.a.	175	●	●	ca. 130 (ca. 90)	k.A.	❍	●	❍	k.A.	●	●	●	●	4.–13. Sj
Kognitiver Fähigkeits-Test, Kindergartenform (KFT-K)	Heller u.a.	178	●	❍	k.A.	ca. 90	❍	●	❍	k.A.	●	●	●	●	4;7–7;0 J
Kramer-Test	Kramer	180	❍	❍	k.A.	ca. 60–90	❍	❍	❍	k.A.	**O**	●	●	●	3–15 J
Kurztest f. allg. informationspsychologische Basisgrößen (KAI)	Lehrl u.a.	184	❍	●	8	12	❍	**O**	❍	k.A.	●	●	●	●	17–65 J

● = ja
o = teilweise
❍ = nein
k.A.= keine Angaben

Testname	Autor(en)	Seite	Durchführung					Auswertung			Gütekriterien				Alter
			Gruppentest	Parallelform	Zeitangabe netto (Min.)	Zeitangabe brutto (Min.)	computergestützte Fassung	Schabl./Schlüss.	Auswertungssoftw.	Zeitangabe (Min.)	Objektivität	Reliabilität	emp. Validität	Normen	(Jahre oder Schuljahre (J/Sj))
Leistungsprüfsystem (LPS)	Horn	186	●	●		90/40	**o**	●	❍		❍	●	●	●	5–50 J
Leistungsprüfsystem für 50–90jährige (LPS 50+)	Sturm u.a.	190	●	●	80	k.A.	❍	●	●	k.A.	●	●	❍	●	50–90 J
Lern- und Gedächtnistest (LGT 3)	Bäumler	193	●	●		40	❍	**o**	❍	5	●	●	●	●	ab 16 J
Mannheimer Intelligenztest (MIT)	Conrad u.a.	196	●	●	34	60	❍	●	❍	k.A.	●	●	●	●	12–45 J
Mannheimer Intelligenztest für Kinder und Jugendliche (MIT-KJ)	Conrad u.a.	199	●	●	40	60	❍	❍	❍		●	●	●	●	9–15 J
Mehrfachwahl-Wortschatz-Intelligenztest (MWT-A)	Lehrl u.a.	201	●	●	5	k.A.	❍	●	❍	5	●	●	●		ab 20 J
Mehrfachwahl-Wortschatz-Intelligenztest (MWT-B)	Lehrl	204	**o**	●	k.A.	k.A.	❍	**o**	❍	10	●	●	●	●	Erw.
Prüfsystem für Schul- und Bildungsberatung (PSB)	Horn	207	●	●	40	60	❍	●	❍		●	●	●	●	9–20 J
Reduzierter Wechsler-Intelligenztest (WIP)	Dahl	209	❍	●	k.A.	15–20	❍	❍	❍	k.A.	●	●	●	●	10–79 J
Schlauchfiguren	Stumpf u.a.	212	●	●	12	17	●	●	❍	1	●	●	●	**o**	15–20 J
Snijders-Oomen Non-verbaler Intelligenztest für Kinder von 2,5 bis 7 Jahre (SON-R 2,5–7)	Tellegen u.a.	215	❍	❍		75	❍	❍	●		●	●	●	●	2;5–7 J
Snijders-Oomen Non-verbaler Intelligenztest für Kinder von 5,5 bis 17 Jahre (SON-R 5,5–17)	Snijders u.a.	218	❍	❍		120/45	❍	❍	●		●	●	●	●	5;5–17 J

1. Leistungstests – 1.2 Intelligenztests (Forts.)

● = ja
○ = teilweise
❍ = nein
k.A.= keine Angaben

Testname	Autor(en)	Seite	Durchführung					Auswertung			Gütekriterien				Alter
			Gruppentest	Parallelform	Zeitangabe netto (Min.)	Zeitangabe brutto (Min.)	computergestützte Fassung	Schabl./Schlüss.	Auswertungssoftw.	Zeitangabe (Min.)	Objektivität	Reliabilität	emp. Validität	Normen	(Jahre oder Schuljahre (J/Sj))
Standard Progressive Matrices (SPM)	Raven u.a.	222	●	❍	45	60	●	●	❍	k.A.	●	●	●	●	ab 6 J
Testbatterie für geistig behinderte Kinder (TBGB)	Bondy u.a.	227	❍	❍	150		❍	❍	❍		●	●	●	●	7–12 J
Testbatterie zur Erfassung kognitiver Operationen (TEKO)	Winkelmann	231	❍	❍		60	❍	○	❍	k.A.	❍	○	❍	●	5–8 J
Verbaler Kreativitätstest (VKT)	Schoppe	235	●	●	37	60	❍	❍	❍	5	●	●	●	○	ab 14 J
Verbaler Kurz-Intelligenztest (VKI)	Anger u.a.	238	●	●	5		●	●	❍	4	❍	●	●	●	ab 16 J
Wiener Matrizen-Test (WMT)	Formann	240	○	❍	25		●	●	❍		❍	●	●	●	14–18 J
Wilde-Intelligenz-Test (WIT)	Jäger u.a.	242	●	●	136,5	240	○	○	●	k.A.	●	●	●	●	14–38 J
Wortschatztest (WST)	Schmidt u.a.	246	●	❍		15	●	●	❍		○	●	●	●	16–90 J
Würfelabwicklungen	Meili	249	●	❍		10	❍		❍	3	○	❍	❍	●	14–19 J
Zahlen-Verbindungs-Test (ZVT)	Oswald u.a.	251	●	❍	5–10		❍	❍	❍	1–2	●	●	●	●	18–16/ 60 J
Zoo-Spiel – Ein Test zur Planungsfähigkeit bei Grundschulkindern (Zoo-Spiel)	Fritz u.a.	254	❍	❍		7	❍	❍	❍	5	●	❍	●	●	1.–3. Sj

Adaptives Intelligenz Diagnostikum 2 (AID 2)

K.D. Kubinger und E. Wurst
Göttingen: Beltz Test GmbH, 2000

1. Testart Intelligenztest

2. Testmaterial Testkoffer; enthält Manual (DIN A4, 224 Seiten), Protokollbogen mit Beiblatt „Arbeitshaltungen", Vorlagenheft für die Untertests 2, 3 und 7, Bildkarten für den Untertest 4, Puzzleteile für den Untertest 8, Vorlagenheft und 9 Würfel für den Untertest 10, Bildertafel für den Zusatztest 5a, Arbeitsblatt und Auswerteschablonen für den Untertest 7 und den Zusatztest 10a, Auswerteprogramm AIDScore auf CD-ROM; zusätzlich: Stoppuhr, Schreibgerät.

3. Testgliederung Der AID 2 umfaßt 11 Untertests, die den beiden Aspekten „verbal-akustische Fähigkeiten" bzw. „manuell-visuelle Fähigkeiten" zugeordnet werden können, sowie 3 Zusatztests. Bei standardmäßiger Vorgabe enthalten die Untertests zwischen 5 und 15 Items. Für bestimmte Fragestellungen liegen normierte Kurzformen einiger Untertests vor (s. Punkt 5.2). Im einzelnen setzt sich der AID 2 wie folgt zusammen:

Verbal-akustische Fähigkeiten

1) Alltagswissen (Fragen beantworten). Adaptive Vorgabe, 3 Aufgabengruppen à 5 Items.
3) Angewandtes Rechnen (Lösen eingekleideter Rechenaufgaben). Adaptive Vorgabe, 3 Aufgabengruppen à 5 Items.
5) Unmittelbares Reproduzieren – numerisch (Zahlenfolgen wiederholen). Konventionelle Vorgabe mit Abbruchkriterium. Die maximale Länge der Zahlenfolgen beträgt 9.
6) Synonyme finden (Fragen beantworten). Adaptive Vorgabe, 3 Aufgabengruppen à 5 Items.
9) Funktionen abstrahieren (Fragen beantworten). Adaptive Vorgabe, 3 Aufgabengruppen à 5 Items.
11) Soziales Erfassen und sachliches Reflektieren (Fragen beantworten). Adaptive Vorgabe, 3 Aufgabengruppen à 5 Items.

Manuell-visuelle Fähigkeiten

2) Realitätssicherheit (fehlende Details erkennen). Konventionelle Vorgabe, 12 Aufgaben ohne Abbruchkriterium.
4) Soziale und sachliche Folgerichtigkeit (Bilderfolgen sortieren). Adaptive Vorgabe, 2 Aufgabengruppen mit 4/2 Aufgaben, ggf. 1 weitere Aufgabe.
7) Kodieren und Assoziieren (Symbole zuordnen). Konventionelle Vorgabe mit Zeitbegrenzung (2 Minuten).
8) Antizipieren und Kombinieren – figural (Puzzleteile zusammensetzen).

Adaptive Vorgabe, 2 Aufgabengruppen mit 3/2 Aufgaben, ggf. dritter Block mit 2 weiteren Aufgaben.

10) Analysieren und Synthetisieren – abstrakt (Muster nachlegen). Adaptive Vorgabe, 2 Aufgabengruppen mit 4/2 Aufgaben, ggf. eine weitere Aufgabe.

Zusatztests

5a) Unmittelbares Reproduzieren – figural/abstrakt (Folgen von Gegenständen/Symbolen reproduzieren). Konventionelle Vorgabe mit Abbruchkriterium.

5b) Merken und Einprägen (sinnfreie Silben wiederholen). Konventionelle Vorgabe, 2 Sets à 9 Silben.

10a) Strukturieren – visuomotorisch (Muster in Elemente zerlegen). Konventionelle Vorgabe mit Zeitbegrenzung (2 Minuten), 11 Aufgaben.

4. Grundkonzept

Mit dem AID 2 wird ein pragmatischer Zugang zur Intelligenzdiagnostik verfolgt; es sollen möglichst „viele komplexe wie basale Fähigkeiten, die für intelligentes Verhalten verantwortlich scheinen" (S. 14), erfaßt werden. Bewußt werden dabei andere Teilaspekte der Intelligenz vernachlässigt (z. B. „reasoning"). Der AID 2 versteht sich als ein Instrument der förderungsorientierten Diagnostik. Daher zielt er noch stärker als der Vorgänger AID darauf ab, mit Hilfe von Profilinterpretationen differenzierte Aussagen, auch zum Vorliegen von Teilleistungsstörungen, zu gewinnen.

Kennzeichnend für den AID 2 ist die standardmäßige adaptive (antwortabhängige) Vorgabe der meisten Untertests (s. Punkt 5.3). Alle Untertests können auch konventionell dargeboten werden.

Wesentliche Änderungen gegenüber dem Vorgänger AID sind die Hinzunahme der 3 Zusatztests, der Verzicht auf die Angabe eines Lernquotienten anhand des Untertests 7 (wegen zweifelhafter Validität), die Möglichkeit zur computergestützten Auswertung, der Verzicht auf die Angabe von IQ-Normen, die Aktualisierung/Revision einiger Aufgaben, die Veränderung der Zuordnung einiger Aufgaben zu den Aufgabengruppen sowie das optimierte Verzweigungsschema bei einigen Untertests.

Der AID 2 liefert folgende Informationen: 13 Testkennwerte aus den 11 Untertests, 3 Kennwerte aus den 3 Zusatztests, die Intelligenzquantität als schlechtester Testkennwert (zur Absicherung auch als zweitschlechtester Testkennwert), den „Range" der Intelligenz als Differenz zwischen bestem und schlechtestem Testkennwert, qualitative Informationen zum Arbeitsverhalten, Screening von Teilleistungsstörungen.

Einsatzmöglichkeiten des AID 2 bestehen in der Schulpsychologie, in der Heil- und Sonderpädagogik sowie in der Berufs- und Bildungsberatung.

5. Durchführung

5.1 Alter: 6;0 bis 15;11 Jahre.

5.2 Formen: Einzeltest. Neben der standardmäßigen Testform können bei Testwiederholung individuelle Parallelformen für sieben Untertests erstellt werden; zu fünf Untertests existieren Kurzformen.

5.3 Handhabung: Bei der adaptiven Vorgabe eines Untertests wird im Sinne des „branched testing" vorgegangen: Begonnen wird mit einer altersspezifischen Startgruppe, je nach Lösungsgüte wählt der Testleiter anschließend nach Vorschrift die nächste vorzugebende Aufgabengruppe aus. Umfangreiche Hinweise für die Durchführung werden im Manual in der „Allgemeinen Testinstruktion" sowie in der speziellen Instruktion für jeden Untertest gegeben. Für einzelne Untertests liegen sprachfreie Instruktionen vor; verschiedentlich ist eine Zeitnahme erforderlich.

5.4 Zeit: Bei der Standardvorgabe ohne Zusatztests ca. 75 Minuten, für die drei Zusatztests sind weitere 15 Minuten einzuplanen.

6. Auswertung

6.1 Modus: Richtige Lösungen werden auf dem Protokollbogen eingetragen und sofort blockweise als Rohwert (RW) aufaddiert. Nach Abschluß der Durchführung wird die Punktsumme (PS) als Summe der RW berechnet. Anhand von Normtabellen im Handbuch wird aus der PS ein Fähigkeitsparameter ermittelt, der im letzten Schritt unter Berücksichtigung von Alter/Geschlecht der Testperson in einen normierten Untertestkennwert überführt wird. Dieses vergleichsweise komplizierte Vorgehen wird im Handbuch schrittweise erläutert. Die häufig erforderliche Interpolation von Werten wird nicht ausreichend dargestellt.
Bei Nutzung des Auswertungsprogramms AIDScore sind lediglich richtige/falsche Lösungen in eine Bildschirmmaske einzutragen, alle erforderlichen Berechnungen erfolgen automatisch.

6.2 Zeit: Für die manuelle Auswertung werden im Handbuch 10 Minuten, bei Nutzung von AIDScore 2 Minuten angegeben. Ungeübte Anwender sollten mit deutlich höherem Zeitbedarf rechnen.

7. Gütekriterien

7.1 Objektivität: Kann für Auswertung und Interpretation vorausgesetzt werden. Zur Durchführungsobjektivität wird auf Untersuchungen mit dem Vorgänger AID verwiesen; diese erbrachten Testleitereffekte in den Untertests 6, 7, 9 und 10.

7.2 Reliabilität: Für den AID 2 werden im wesentlichen lediglich Standardmeßfehler für die Untertests angegeben. Diese sind in Einheiten des Fähigkeitsparameters angegeben und müssen vom Anwender noch fallspezifisch in T-Werte umgerechnet werden, was den praktischen Nutzen dieser Angaben einschränkt. Bisher vorliegende Stabilitätskennwerte zum AID 2 wurden an 128 Kindern im Abstand von 4 Wochen für folgende Untertests bestimmt:
Unmittelb. Reproduzieren (num): vorwärts: r = .81, rückw.: r = .74
Kodieren/Assoziieren: Menge: r = .89; Assoziationen r = .64
Unmittelbares Reproduzieren (fig./abstr.): r = .78
Merken/Einprägen: r = .57
Strukturieren (visuomotorisch): r = .79
Darüber hinaus kann nur auf Daten zum Vorgänger AID verwiesen werden: Split-Half-Reliabilitäten (N = 1460) lagen hier zwischen r = .70 (Realitätssicherheit) und r = .95 (Alltagswissen, Rechnen, Analysieren/Synthetisieren). Die Retestreliabilitäten (4 Wochen, N = 148) bewegten sich zwischen r = .67 (unm. Reproduzieren, rückwärts) und r = .95 (Alltagswissen), für Testabstände 1 Jahr (N = 112) zwischen r = .39 (Realitätssicherheit) und r = .80 (Soziales Erfassen und sachliches Reflektieren).
Wegen auf Aufgabenebene vorgenommener Veränderungen gegenüber dem AID kann die Gültigkeit dieser Angaben nicht ohne weiteres für den AID 2 beansprucht werden. Die Reliabilität des AID 2 muß daher z. Zt. als noch nicht ausreichend belegt gelten. Die Standardmeßfehler der Untertests neh-

men für AID und AID 2 aber ähnliche Werte an (Manual, S. 22), was günstige Ergebnisse der ausstehenden Reliabilitätsprüfungen erhoffen läßt.
Für die wesentlichen Kennwerte des AID 2, die Intelligenzquantität, den zweitschlechtesten Testkennwert und den „Range“ der Intelligenz, liegen überhaupt keine Angaben zur Reliabilität vor.

7.3 Validität: Mit einer Ausnahme wird auch die Validität des AID 2 vorwiegend mit Studien zum Vorgänger AID belegt. Eine Faktorenanalyse der 16 Testkennwerte des AID 2 an 662 Kindern/Jugendlichen erbrachte eine 4-Faktorenlösung, die trotz der drei neuen Zusatztests der Faktorenstruktur des AID weitgehend entsprach: (1) Informationsverarbeitung in der gesellschaftlichen Umwelt, (2) (Re-)Produktionsfähigkeit durch Strukturierung, (3) Auffassungskapazität und (4) Informationsverarbeitung neuer Inhalte.
Mit dem AID wurden weitere Zugänge der Validierung verfolgt:
Eine Extremgruppenvalidierung an 22 Kindern hochintelligenter Eltern und 40 lernbehinderten Kindern erbrachte signifikante Mittelwertunterschiede zwischen den Gruppen in allen Untertests bei einer Fehlzuordnung.
Im Handbuch des AID 2 werden ferner Angaben zur konvergenten und diskriminanten Validität des AID gemacht. 117 13- bis 15jährigen wurde der AID gemeinsam mit WMT, MTP und 3DW vorgegeben, nennenswerte Korrelationen ergaben sich nur für den Untertest Analysieren und Synthetisieren – abstrakt (WMT: r = .48; MTP: r = .34; 3DW: r = .29).
Korrelationen mit dem Test d2 (N = 186) lagen überwiegend niedrig, erwartungsgemäß lieferte der Untertest Kodieren und Assoziieren (Kodiermenge: r = .34) einen Maximalwert. Korrelationen mit dem ZVT lagen unterhalb von r = .39 (Untertest Angewandtes Rechnen). Relativ hohe Korrelationen bestanden zwischen AID-Untertests und SPM (Angewandtes Rechnen r = .64; Synonyme finden r = .49) bzw. CFT 20 (Alltagswissen r = .49).
An 85 Kindern wurden durchweg niedrige Korrelationen zwischen Testkennwerten des AID und Skalen des Angstfragebogens AFS, des Persönlichkeitsfragebogens PFK 9–14, des Attribuierungsfragebogens AEM 5–7 und des Erziehungsstilinventars ESI ermittelt.
Unter der Bezeichnung „Evaluation diagnosespezifischer Förderung“ wird ein weiterer praxisnaher Validierungszugang vorgestellt: Kinder mit einer per AID diagnostizierten speziellen Teilleistungsstörung (schlechte optische Differenzierungsfähigkeit; Untertests 2 und 10) profitierten stärker von einer speziellen Förderung als Kinder mit anderen Diagnosen.
Validitätsbelege für wichtige Kennwerte des AID 2 wie Intelligenzquantität und Range existieren nicht.

7.4 Normen: Die Normierung des AID 2 erfolgte von 1995 bis 1997 an einer repräsentativen Stichprobe von 977 Kindern/Jugendlichen aus Österreich und Deutschland. Die Untertestkennwerte liegen als teilweise geschlechtsspezifische Jahresnormen vor (T-Werte). Für die Intelligenzquantität, den zweitschlechtesten T-Wert und den Range der Intelligenz können Prozentränge bestimmt werden.

Verfasser: Henning Gibbons

Advanced Progressive Matrices (APM)

J.C. Raven
Deutsche Bearbeitung des Handbuches von K.A. Heller, H. Kratzmeier und A. Lengfelder
Göttingen: Beltz Test GmbH, APM: 3., überarb. Version 1962, Handbuch: 1998

1. Testart Intelligenztest

2. Testmaterial Manual, Testheft Set I und Set II, 25 Durchschreibeantwortbogen; zusätzlich: Bleistift oder Kugelschreiber.

3. Testgliederung Die APM bestehen aus zwei Sets (Testheften): Set I umfaßt 12 Aufgaben und sollte als Übungstest eingesetzt werden. Set II besteht aus 36 Aufgaben. Die Aufgaben sind entsprechend ihrer Schwierigkeit angeordnet.

4. Grundkonzept Die APM stellen einen figuralen Matrizentest dar, der in der Reihe der Raven-Tests den höchsten Schwierigkeitsgrad einnimmt. Die APM sind als gespeedeter Leistungstest konzipiert. In etlichen Untersuchungen verschiedener Methodik konnten die Raven-Tests als gutes Maß für allgemeine und fluide Intelligenz ausgewiesen werden (Marshalek, Lohman & Snow, 1983; Carroll, 1993). Nach den Autoren des Testmanuals sollen die Aufgaben der APM „. . . analytische und integrierende Operationen erfassen, die an höheren Denkprozessen beteiligt sind und dadurch eine klarere Unterscheidung zwischen Personen mit überdurchschnittlichen und durchschnittlichen kognitiven Fähigkeiten ermöglichen . . ." (S. 7). Die APM wurden zur Erfassung der eduktiven Komponente des g-Faktors nach Spearman im hohen kognitiven Leistungsbereich konstruiert, wobei Deckeneffekte vermieden werden sollen. Die eduktive Komponente umfaßt auf induktive Fähigkeiten.

Die Grundstruktur der Aufgaben 1 bis 4 des Set I bildet ein mit einem Muster gefüllter Rahmen, bei dem jeweils ein Teil ausgespart ist. Diese Aufgaben sind perzeptuell durch das Erkennen von Gestaltprinzipien zu lösen. Die restlichen Aufgaben des Set I und die Aufgaben des Set II stellen jeweils eine 3 × 3-Felder-Matrix dar, bei der das neunte Feld ausgespart ist. Der überwiegende Teil dieser Aufgaben erfordert zur Lösung ein analytisches Vorgehen von der Testperson. Die Felder enthalten Figuren, die nach einem bestimmten logischen Schema angeordnet sind. Bei allen Aufgaben muß die Testperson die richtige Lösung aus acht Antwortalternativen aussuchen.

Einsatzbereiche der APM sind Schulberatung, klinische Diagnostik, experimentelle Psychologie, Eignungsdiagnostik, Laufbahnberatung und die Testung überdurchschnittlich begabter Jugendlicher und Erwachsener in verschiedenen Kontexten.

5. Durchführung

5.1 Alter: Ab 12 Jahren.

5.2 Formen: Einzel- und Gruppentest, Papier-und-Bleistift-Version, computergestützte Version im Wiener-Testsystem mit vier Formen (Set I und II mit und ohne Zeitbegrenzung, die Einzelsets mit und ohne Zeitbegrenzung).

5.3 Handhabung: Jede Testperson erhält das Testheft Set I und einen Antwortbogen. Der Testleiter liest die standardisierte Instruktion aus dem Manual vor, in der die erste Aufgabe erläutert wird. Danach bearbeiten die Probanden selbständig die restlichen Aufgaben des Set I. Nach zehn Minuten sammelt der Testleiter das Heft zu Set I ein und teilt Set II aus. Der Testleiter gibt die Aufforderung zur selbständigen Bearbeitung der Aufgaben und weist auf den Zeitrahmen hin. Das Manual enthält zusätzlich für die Testdurchführung mit Einzelpersonen oder Kleingruppen (3 bis 5 Probanden) eine nonverbale Instruktion.

Bei Unsicherheit darüber, ob die APM für eine Testperson geeignet sind, kann zunächst Set I als Test durchgeführt und ausgewertet werden. Bei einem sehr schlechten Ergebnis ist von der Durchführung von Set II abzuraten. Das Ergebnis in Set I kann somit zur Entscheidung über die Durchführung von Set II herangezogen werden, sollte darüber hinaus jedoch nicht als Leistungsmaß interpretiert werden.

5.4 Zeit: Insgesamt 60 Minuten, davon 50 Minuten reine Testzeit (Set I 10 Minuten, Set II 40 Minuten).

6. Auswertung

6.1 Modus: Nach dem Abtrennen der Ränder des Antwortblattes können die richtigen Lösungen für jedes Set auf dem Durchschreibeblatt leicht erkannt werden. Diese ergeben zusammengezählt jeweils die Rohwertsummen, die mit Normwerttabellen in Prozentränge (PR) umgerechnet werden können. Anhand einer Testtransformationstabelle können die PR in T- und IQ-Werte transformiert werden. Für die Bestimmung der Fähigkeit eines Probanden werden nur die Werte aus Set II herangezogen, da Set I als Übungsteil fungiert.

6.2 Zeit: 1 bis 2 Minuten.

7. Gütekriterien

7.1 Objektivität: Die Objektivität der Durchführung, Auswertung und Interpretation der Ergebnisse kann als gegeben angesehen werden.

7.2 Reliabilität: Die Split-Half-Reliabilität (odd-even) des Gesamttests nach Spearman-Brown liegt für Hauptschüler der Klassen 7 bis 9 bei r = .88 (N = 248), für Realschüler der Klassen 7 bis 9 bei r = .92 (N = 227) und für Gymnasiasten der Klassen 6 bis 12 bei r = .86 (N = 445). Die interne Konsistenz, berechnet nach Cronbachs Alpha an denselben Stichproben, liegt für Set I bei einem Alpha von .57 bis .68 und für Set II bei einem Alpha von .82 bis .88. Für eine Gruppe von Probanden über 60 Jahre liegt die interne Konsistenz bei Alpha-Werten von .61 und .69 (N = 157). Die interne Konsistenz beträgt bei einer Stichprobe von Studierenden für Set I Alpha = .55 und für Set II Alpha = .82 (N = 518).

Die Retest-Reliabilität wurde an Schülern von sechs Klassen der Normstichprobe mit einer Zweitmessung nach drei Monaten berechnet. Die Koeffizienten liegen für Schülergruppen verschiedener Schultypen zwischen r = .58

(N = 23 Realschüler) bis r = .82 (N = 79 Gymnasiasten). Für die Gesamtgruppe ergibt sich ein Koeffizient von r = .80 (N = 128).

7.3 Validität: Die Bedeutung der APM zur Erfassung der allgemeinen und fluiden Intelligenz konnte durch verschiedene Forschungsansätze aufgezeigt werden (z. B. Carroll, 1993). Analysen mit nicht-metrischen Skalierungsverfahren zeigen die Zentralität der APM im Bereich der Verfahren zur Messung der analytischen Intelligenz auf (Marshalek, Lohman & Snow, 1983). Umfangreiche theoretische und empirische Analysen kamen zu dem Ergebnis, daß die APM vorwiegend Zielmanagementfähigkeiten – wie Bildung und Verwaltung einer (Sub-)Zielhierarchie – und Abstraktionsfähigkeit erfassen (Korrelation von r = .77 mit der Leistung beim Turm-von-Hanoi-Problem bei N = 45 Studenten; Carpenter, Just & Shell, 1990). Zielmanagementfähigkeiten sind nach Carpenter et al. (1990) vornehmlich durch die Kapazität des Arbeitsgedächtnisses bedingt. Embretson (1995) untersuchte den Einfluß von Arbeitsgedächtniskapazität und allgemeinen Kontrollprozessen auf die Testleistung in einem den APM vergleichbaren Matrizentest (Abstract Reasoning Test, ART; Korrelation zu den APM von r = .78) und kam zu dem Ergebnis, daß die Testleistung relativ stärker durch allgemeine Kontrollprozesse erklärt werden kann. Die Unabhängigkeit der APM-Leistung von mentalen, verbalen Prozessen konnte mehrfach widerlegt werden.

Die interne Validität der APM wurde u. a. durch die Korrelation der APM mit den einzelnen Skalen des KFT berechnet. Für N = 98 hochbegabte Gymnasiasten (Klasse 9 und 10) liegen die Koeffizienten zwischen r = .28 (KFT verbal) bis r = .51 (KFT nonverbal) und für N = 59 Gymnasiasten eines Regelgymnasiums bei r = .03 (KFT verbal) bis r = .44 (KFT quantitativ). Die Korrelation des Set I mit dem CFT liegt bei r = .47 (N = 108 Schüler), mit dem ZVT bei r = .34 (N = 114 Schüler). Für dieselben Stichproben liegen die Korrelationen des Set II mit dem CFT bei r = .56 und mit dem ZVT bei r = .33.

Extern wurden die APM an Schulnoten validiert. Es ergaben sich schwache bis mittlere positive Zusammenhänge bei zeitgleicher Erhebung (konkurrente Validität). Der stärkste Zusammenhang mit r = .35 fand sich zwischen der Set II-Leistung und der Mathematiknote (N = 223).

Die APM-Aufgaben bilden keine homogene Skala, wie Faktorenanalysen und Analysen mit dem Rasch-Modell zeigen.

Von einer Übertragung der Normen der Papier-und-Bleistift-Version auf die Computerversion raten die Autoren des Testmanuals aus Gründen der empirischen Nicht-Äquivalenz ab.

7.4 Normen: Es liegen für Set II 1996/97 erhobene alters- und klassenstufenbezogene Normen für Schüler verschiedener Schularten und Klassenstufen (N = 897) und alters- und fachspezifische Normen für Studierende (N = 581) als Prozentrang-, T- und IQ-Werte vor. Für Set I sind Altersnormen für Schüler und Studierende aufgeführt. Darüber hinaus bietet das Manual statistische Kennwerte und Nomogramme für Personen über 60 Jahre (N = 157) und hochbegabte Gymnasiasten (N = 98) an. Weiterhin gibt das Manual kritische Differenzen, Vertrauensintervalle und Interpretationshilfen für den inter- und intraindividuellen Vergleich an.

8. Literatur

Carpenter, P.A., Just, M.A. & Shell, P. (1990). What one intelligence test

measures: A theoretical account of the processing in the Raven Progressive Matrices Test. *Psychological Review, 97*(3), 404–431.
Carroll, J.B. (1993). *Human cognitive abilities: A survey of factor-analytic studies.* Cambridge, MA: Cambridge University Press.
Embretson, S. (1995). The role of working memory capacity and general control processes in intelligence. *Intelligence, 20,* 169–189.
Marshalek, B., Lohman, D.F. & Snow, R.E. (1983). The complexity continuum in the radex and hierarchical models of intelligence. *Intelligence, 7,* 107–127.

Bearbeiterin: Franzis Preckel

Analytischer Intelligenztest (AIT)

R. Meili
Bern: Huber, 2., verbesserte Auflage 1971

1. Testart Intelligenztest

2. Testmaterial Testmanual, Testhefte I und II; zusätzlich: Bleistift, Stoppuhr, bei Gruppentests Kreide und Wandtafel.

3. Testgliederung Der AIT setzt sich aus sechs Untertests zusammen:

Bilderreihen – 16 Items
Zahlenreihen – 20 Items
Sätze – 4 Items
Lücken – 24 Items
Zeichnungen – 5 Items
Analogien – 20 Items

Diese können nach dem Intelligenzmodell des Autors unter dem Aspekt der abstrakten und konkreten Intelligenz (je 3 Tests) und unter den Aspekten der analytischen und erfinderischen Intelligenz (mit intermediären Stufen, je 2 Tests) zusammengefaßt werden.

4. Grundkonzept Dem Test liegt Meilis Konzept der Intelligenzformen zugrunde, welches ein faktorenanalytisches Intelligenzmodell mit den Faktoren der Komplexität, Plastizität, der Globalisation und der Fluency darstellt. Ziel ist die Erfassung der Intelligenzstruktur unter einem psychometrischen und unter einem qualitativ-interpretativen Aspekt. Letzterer kann anhand eines Intelligenzprofils (s. Abbildung auf der nächsten Seite) abgelesen werden.
Die Skalenachsen der längsgestreiften Fläche repräsentieren die analytische Intelligenzform, die der quergestreiften Fläche die erfinderische Intelligenzform. Die Tests „Analogien" und „Lücken" werden intermediären Formen zugeordnet. Die Skalenachsen der gepunkteten Fläche repräsentieren die abstrakte Intelligenzform, die der mit Kreisen gekennzeichneten Fläche die konkrete Intelligenzform. Jeder Untertest wird also zweifach bestimmt.
Der intelligenztheoretische Ansatz läßt sich allerdings nur teilweise mit den vier Faktoren veranschaulichen. Die „analytischen" Tests laden dominant auf dem Faktor Komplexität (Beziehungserfassen), die „erfinderischen" Tests auf dem Faktor Fluency („Flüssigkeit", thematisch bestimmte Ideenproduktion). Für die intermediären Tests dieser Intelligenzdimension sowie für die konkret-abstrakte Polarität konnten keine klar interpretierbaren Faktoren extrahiert werden. Die Ergebnisse der Faktorenanalyse gelangen allerdings nicht in Form von einzelnen Faktorwerten zur Interpretation, sondern durch Abschätzen des faktoriellen Anteils anhand der Ausprägung des

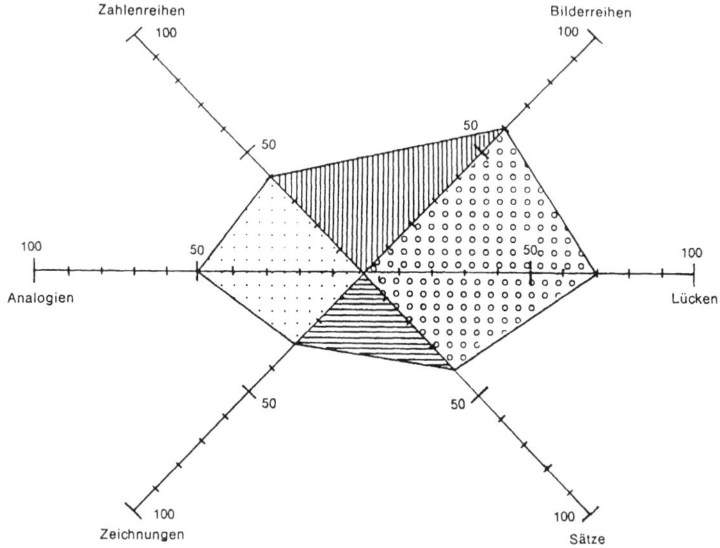

Testprofils. Gegen einzelne Faktorenwerte führt der Autor an, daß sie „praktisch unmöglich“ seien, da jede Leistung nur zum Teil von den vier Faktoren abgedeckt werde und die damit notwendige Voraussetzung, „daß ein bestimmtes Resultat in einem Test bei allen Versuchspersonen auf dieselbe Weise zustande kommt“ (S. 40), nicht gegeben sei. Im Zusammenhang mit der qualitativen Testauswertung kann dies unter testtheoretischen Gesichtspunkten als nicht unproblematisch angesehen werden.
Der Test wurde hauptsächlich für Schüler ab zwölf Jahren entworfen. Testform I differenziert am besten im mittleren Intelligenzbereich, Testform II dagegen im oberen Intelligenzbereich.

5. Durchführung

5.1 Alter:

Testform I:	12 bis 15 Jahre (Jungen)
	13 bis 15 Jahre (Mädchen)
Testform II:	12 bis 18 Jahre (Jungen)
	12 bis 17 Jahre (Mädchen)

5.2 Formen: Einzel- und Gruppentest; Parallelformen I und II mit unterschiedlichen Anforderungsniveaus.

5.3 Handhabung: Der Autor gliedert den Instruktionsablauf in drei Teile: Darstellung des Materials, Erklärung der Aufgabe und knappe, zusammenfassende Formulierung der Aufgabe. Für jeden Subtest werden mündliche Instruktionen vorgegeben, die bei intelligenteren Jugendlichen in der Einzeltestung auch gekürzt werden können. Die Anweisungen für die beiden Testformen sind identisch. Bei einigen Subtests (Sätze, Zeichnungen) demonstriert der Testleiter bei Gruppentests die Beispiele an der Tafel. Weitere Durchführungshinweise sind im Manual angegeben. Die Jugendlichen bearbeiten die zum Teil verbalen, zum Teil non-verbalen Subtests schriftlich oder zeichnerisch. Die Beantwortung der Aufgaben ist frei oder richtet sich nach dem Aufgabentyp.

5.4 Zeit: Für jeden Untertest wird die Bearbeitungszeit angegeben. Insgesamt beträgt sie für Testform I ca. 30 Minuten, für Testform II ca. 35 Minuten.

6. Auswertung

6.1 Modus: Die Bewertung der Ergebnisse geschieht bei vier Untertests anhand von eindeutigen Lösungsmöglichkeiten, bei den Subtests „Sätze" und „Zeichnungen" – also den Tests zur Prüfung der erfinderischen Intelligenz – nach dreistufigen Bewertungskriterien, die jedoch nicht in jedem Falle eindeutig sind. Die Rohwerte werden pro Subtest alters- und geschlechtsspezifisch in Dezil-Werte transformiert, die in das Profil einzutragen sind.
Das Gesamtresultat ergibt sich durch die Mittelwertsverteilung der Subtestergebnisse. Dieser Gesamtwert wird nach einer Intelligenzklassifikation, die mit der IQ-Verteilung des HAWIE und der Standardwert-Verteilung des IST verglichen werden kann, interpretiert.
Der Autor mißt der Profilinterpretation großen Wert bei: Typische Profilarten leiten sich von der jeweiligen Dominanz einer Intelligenzform ab. Die Zugehörigkeit eines individuellen Profils zu einer bestimmten Intelligenzform ist aber nur dann anzunehmen, wenn die Differenz der entsprechenden Tests dieser Intelligenzform zu den übrigen Subtests größer als 20 PR im mittleren Bereich ist. In den Extrembereichen (PR < 30 und > 70) können die Unterschiede auch kleiner sein. Ebenso wird auf die faktorenanalytische Interpretation der Profile ausführlich eingegangen.

6.2 Zeit: Keine Angaben.

7. Gütekriterien

7.1 Objektivität: Vom Autor keine Angaben. Bei der Auswertung bestehen Bedenken hinsichtlich der intersubjektiven Konkordanz. Die Eingriffsmöglichkeiten des Testleiters bei der Durchführung können die Objektivität gefährden.

7.2 Reliabilität: Split-Half-Reliabilität
Die Testhalbierungsmethode ergab für die einzelnen Untertests im Mittel Werte von r = .62 bis r = .89 (korrigierte Koeffizienten für jeden Subtests) bei Stichprobengrößen von N = 99 bis N = 555 (13- bis 18jährige Jungen und Mädchen).
Paralleltest-Reliabilität
Korrigierte Äquivalenzkoeffizienten der Subtests von Form I und Form II erreichten Werte von r = .5 bis r = .99. Der Autor sieht in den Daten keinen sicheren Nachweis für die Äquivalenz beider Testformen. Allerdings ergaben faktorenanalytische Befunde eine relativ gute Übereinstimmung der Ladungen der parallelen Tests, zumindest bei den Faktoren Komplexität, Plastizität und Fluency.
Retest-Reliabilität
Nach zwei Jahren ergaben sich Koeffizienten für den Gesamttest in der Höhe von r = .61 bei Jungen (N = 73 bis 78) und r = .67 bei Mädchen (N = 63 bis 64). Ein Retest nach vier bis fünf Tagen ergab einen Koeffizienten von r = .85.

7.3 Validität: Es wurden Korrelationen mit diversen Tests sowie mit Schulnoten berechnet. Es ergaben sich Zusammenhänge von r = .6 bis r = .69 (N = 233, 15- bis 18jährige Jungen) und r = .72 (50 13- bis 16jährige Mädchen und Jungen) zum Stanford-Binet-Test. Zum IST wird der Zusammenhang mit r = .81 (233 15- bis 18jährige Jungen) angegeben. Diese höhere

Korrelation wird vom Autor mit der geringen verbalen Ausrichtung des AIT begründet.
Zusammenhänge von Schulnoten und AIT ergaben im Mittel Werte von r = .56 (acht Schweizer Mittelschulklassen mit je 20 bis 30 Schülern beider Geschlechter).
Die Testresultate werden weiterhin zum Alter der Probanden in Beziehung gesetzt. Hierbei verlaufen die Enwicklungskurven für den 20., 50. und 80. Prozentrang hinreichend parallel.
Sechs Faktorenanalysen, in die unterschiedliche Aufgaben miteinbezogen wurden, konnten alle vier vom Autor angenommenen Faktoren nachweisen.

7.4 Normen: Der AIT wurde nach Prozenträngen standardisiert (N = 1490). Das Gesamtergebnis weist einen Mittelwert von 50 und eine Standardabweichung von 18 auf. Diese Daten wurden an 876 Testpersonen im Alter von 12 bis 18 Jahren aller Schularten gewonnen. Normen liegen in Dezilwerten für alle Subtests vor. Für die Form I für das Alter 12 bis 15 Jahre, für die Form II für das Alter 12 bis 18 Jahre. Die Mediane aller Subtests werden für verschiedene Populationen aus Schweizer Stadt-, Mittel- und Bergland angegeben (N = 293 bis 468). Es liegen keine Angaben über den Erhebungszeitraum der Normierungsdaten vor. Es ist zu beachten, daß die Normdaten evtl. veraltet sind.

Bearbeiterin: Franzis Preckel

Aufgaben zum Nachdenken (AzN 4+)

E. Hylla und B. Kraak
Neubearbeitung von H. Horn, E. Schwarz und U. Raatz
Hrsg.: Deutsches Institut für Internationale Psychologische Forschung, Frankfurt a. M. (Reihe „Deutsche Schultests")
Weinheim: Beltz Test GmbH, 2. Auflage 1993

1. Testart Intelligenztest (Begabungstest für den Übergang auf weiterführende Schulen)

2. Testmaterial Handanweisung (DIN A4, 33 Seiten), Testhefte Form A und B (einmal verwendbar), Auswertungsschablonen; zusätzlich: Bleistifte, Radiergummis, (Stopp-) Uhr, Tafel, Kreide, Türschild mit Hinweis auf die Testung.

3. Testgliederung Das Verfahren besteht aus den 5 Teiltests Rechnen, Analogien, Zahlenreihen, Satzergänzung und Instruktionsverständnis.

4. Grundkonzept Mit den AzN 4+ soll ein Instrument zur Erfassung der „intellektuellen Begabung" bereitgestellt werden, das eine objektive Entscheidungshilfe für die Übergangsauslese auf weiterführende Schulen (im 4. Grundschuljahr) leisten kann. Berücksichtigt werden logisches und abstrahierendes Denken, die Anpassungsfähigkeit an neue Situationen, die Lernfähigkeit und die Sicherheit im Umgang mit numerischen und sprachlichen Symbolen. Betont wird der Anspruch, die potentielle Leistungsfähigkeit und weniger den augenblicklichen (schulischen) Leistungsstand zu erfassen.

5. Durchführung **5.1 Alter:** 4. und 5. Schuljahr.

5.2 Formen: Gruppentest; „echte" Parallelformen A und B.

5.3 Handhabung: Ausführliche Instruktionen mit Zeitangaben für die Übungs- und Testaufgaben; Angaben zur Testvorbereitung und zum Verhalten des Testleiters während der Durchführung finden sich im Handbuch. Nach dem dritten Teiltest wird eine Pause von 10 Minuten eingelegt.

5.4 Zeit: Die Dauer der Durchführung beträgt 110 Minuten, die reine Testzeit wird mit 53 Minuten angegeben.

6. Auswertung **6.1 Modus:** Das Anlegen der Auswerteschablonen erlaubt das schnelle Auszählen der richtigen Lösungen. Anhand von Tabellen im Handbuch können die Gesamttest-Rohwerte in Normwerte umgerechnet werden.

6.2 Zeit: Keine Angaben (ca. 10 bis 12 Minuten pro Testheft).

7. Gütekriterien **7.1 Objektivität:** Bei Beachtung der Richtlinien ist Objektivität gegeben.

7.2 Reliabilität: Die mitgeteilten Werte sprechen für eine gute bis sehr gute Reliabilität des Verfahrens. Die Koeffizienten für die Halbierungszuverlässigkeit liegen für die 4. Klasse (N = 152) bei r = .95 (aufgewertet nach Spearman-Brown); für die 5. Klasse zwischen r = .88 (Hauptschule, N = 90) und r = .92 (Gymnasium, N = 103). Ein Retest nach 4 bis 6 Wochen (N = 344) erbrachte einen Stabilitätskoeffizienten von r = .90.

7.3 Validität: Im Handbuch werden Korrelationen der AzN 4+ mit dem LPS (Leistungsprüfsystem, r = .57) und mit dem PSB (Prüfsystem für Schul- und Bildungsberatung, r = .66) berichtet. Ferner werden hohe Zusammenhänge von r = .61 bis r = .71 zwischen Schulnoten und den AzN 4+ angeführt (N = 239). Untersuchungen zur diskriminanten Validität belegen nur geringe Zusammenhänge zwischen AzN 4+ und Verfahren zur Erfassung der Konzentrationsleistung (r < .20). Prognostische Validität: Nach 6 Jahren bestand noch eine Korrelation von r = .60 zwischen AzN 4+ und aktuellem Schulerfolg (versetzt/nicht versetzt). Eine Faktorenanalyse über die 5 Teiltests (N = 411) erbrachte zwei Faktoren: „rechnerisch-logisches Denken“ (Zahlenreihen, Rechnen, Analogien) und „sprachlogische Fähigkeiten“ (Satzergänzungen, Instruktionsverständnis). Darüber hinaus nennt Weiß (1987) einen Koeffizienten von r = .61 (N = 423) für die Übereinstimmung von AzN 4+ und CFT 2 (Culturel Fair Test).

7.4 Normen: Die aktuelle Normierung wurde 1976 an insgesamt 4700 Schülern durchgeführt und kann als repräsentativ für die Bundesrepublik gelten. Im Handbuch liegen Tabellen mit Normen für die 4. Klasse Grundschule sowie getrennte Normen für Haupt-, Realschüler und Gymnasiasten der 5. Klassen vor (Prozentrang, PR-Band, T-Werte, T-Wert-Band). Weiterhin existieren Altersnormen, getrennt für Schüler der 4. bzw. 5. Klasse (PR, PR-Band). Umrechnungen in IQ-Werte sind möglich.

8. Literatur

Weiß, R.H. (1987). *Grundintelligenztest Skala 2. CFT 20. Handanweisung* (3., verbesserte und erweiterte Auflage). Göttingen: Hogrefe.

Bearbeiter: Henning Gibbons

Begabungstestsystem (BTS)

W. Horn
Göttingen: Hogrefe, 2. Auflage 1972

1. Testart Intelligenztest (Schultest)

2. Testmaterial Testbogen Form A und B, Handanweisung, Auswertungstafel; zusätzlich: Schreibmaterial, Stoppuhr.

3. Testgliederung Das BTS besteht aus den folgenden 9 Untertests, die jeweils mit einem unterschiedlichen Gewicht zur Gesamtleistung beitragen:

1. Muster fortsetzen (Mf)
2. Mann zeichnen (Mz)
3. Regel erkennen (Re)
4. Buchstaben raten (Br)
5. Grundrechnen (Gr)
6. Unpassendes streichen (Us)
7. Buchstaben zählen (Bz)
8. Konzentration (Ko)
9. Rechtschreibung (Rs)

Die Items aller Untertests des BTS sind auf insgesamt zwei DIN-A4-Seiten dargeboten.

4. Grundkonzept Das BTS soll Intelligenz-, Schul- und Konzentrationsleistungen in einem wohlabgewogenen Verhältnis erfassen. Der Autor führt im Manual kein theoretisches Grundkonzept an, das der Testkonstruktion zugrunde liegt. Die einzelnen Untertests wurden nach ihrer Differenzierungsfähigkeit zwischen guten und schlechten Schülern ausgewählt und stellen z. T. Weiterentwicklungen bekannter Tests dar (Horn, 1957), z. B. dem Wabentest (Rupp), Draw-a-Man-Test (Goodenough), Durchstreichtest (Bourdon), Regelfinden (Thurstone) sowie einem Konzentrationstest (Weinschenk).
Durch die Auswahl von Untertests, die besonders stark zwischen guten und schlechten Schülern differenzieren, eignet sich das BTS insbesondere zur Feststellung der Sonderschulbedürftigkeit sowie zur Ermittlung der Eignung für den Besuch einer weiterführenden Schule. Hiltmann (1977) empfiehlt den Test zu vorbereitenden Untersuchungen bei Sonderschulzuweisungen, da der Test nach Wewetzer (1964) aufgrund der Streuung der Aufgabenschwierigkeiten „am ehesten ... auf dem unteren Intelligenz-Niveau einzusetzen sein“ (S. 212) wird.

5. Durchführung **5.1 Alter:** Ab 7;6 Jahren, keine obere Altersgrenze.

5.2 Formen: Der Test ist als Einzel- oder Gruppentest durchführbar. Es liegen Parallelformen A und B vor. Das Testsystem kann bei Bedarf um die beiden ersten zeichnerischen Subtests Mf und Mz, deren Durchführung ca. 20 Minuten beansprucht und deren Auswertung sowohl relativ lange dauert als auch einige Erfahrung voraussetzt, gekürzt werden.

5.3 Handhabung: Der Testleiter trägt die in der Handanweisung für jeden Untertest aufgeführten Instruktionen vor und wiederholt alle Erklärungen in ähnlicher Art mindestens ein Mal. Die Anweisungen für den Testleiter beziehen sich neben den mündlichen Instruktionen auch auf das Verhalten des Testleiters während der Anweisungen und der Bearbeitung der Untertests durch die Probanden. Vor einigen Untertests wird den Probanden die ihnen für die Bearbeitung zur Verfügung stehende Zeit mitgeteilt, die Art der Bearbeitung wird meist mittels eines Beispiels verdeutlicht. Für den Rechtschreibtest liegen zwei Versionen vor, eine leichtere für jüngere Schüler und eine anspruchsvollere, bei der die Hälfte der Wörter durch schwierigere ersetzt wird. Letztere soll bei Erwachsenen und Schülern von der 6. Klasse an zum Einsatz kommen.

5.4 Zeit: Knapp 90 Minuten.

6. Auswertung

6.1 Modus: Für die beiden zeichnerischen Untertests finden sich ausführliche Auswertungsrichtlinien in der Handanweisung. Die Auswertung der restlichen Untertests kann mittels einer Auswertungstafel vorgenommen werden. Die Summe der Werte in den einzelnen Untertests ergibt den Gesamttestwert. Es ist zu beachten, daß einige Untertestwerte vor der Summierung zu halbieren sind. Der Gesamttestwert wird unter Berücksichtigung des Alters in einen T-Wert überführt, der wiederum einem Prozentrang-Wert zugeordnet werden kann. Der Autor gibt Hinweise für die Interpretation der Ergebnisse bezüglich einer Schullaufbahnberatung. Es werden Grenzwerte für Sonderschulbedürftigkeit und -verdacht sowie für den Übergang zu verschiedenen weiterführenden Schulformen angegeben.
Für berufsspezifische Vergleiche stehen Quartilwerte für eine Reihe von Berufen bzw. Klassen bestimmter Schulformen zur Verfügung ($22 \leq N \leq 233$). Zudem sind für jeden Untertest altersbezogene T-Werte aufgeführt, die für Profilinterpretationen herangezogen werden können. Anhand von in einer Faktorenanalyse ermittelten Faktoren (s. Konstruktvalidität) können ein Vergleich von drei Untertestgruppen vorgenommen werden.

6.2 Zeit: Keine Angaben.

7. Gütekriterien

7.1 Objektivität: Die Durchführungs-, Auswertungs- und Interpretationsobjektivität können als gegeben betrachtet werden.

7.2 Reliabilität: Stabilität: Bei einer Wiederholung des Tests nach zwei bis fünf Tagen resultierte eine Retest-Reliabilität von $r = .93$ ($N = 173$ Kinder des 2. und 3. Schuljahres), nach neun Monaten resultierte $r = .90$. Die Retest-Reliabilitäten der Untertests liegen bei der Wiederholung nach zwei bis fünf Tagen zwischen $r = .58$ (Ko) und $r = .91$ (Re) und betragen im Mittel $r = .76$ (Berechnung der Verf.). Der Vergleich der Ergebnisse der Normalform mit denen der um Mf und Mz gekürzten Form erbrachte eine Differenz der Mittelwerte von .10 T-Werten ($N = 183$).
Innere Konsistenz: Die nach Spearman-Brown korrigierte Split-Half-Reliabilität lag bei $N = 100$ zehnjährigen Schülern bei $r = .96$.
Äquivalenz der Parallelformen A und B: keine Angaben.

7.3 Validität: Konstruktvalidität: Die Interkorrelationen der Untertests fallen relativ hoch aus (im Mittel r = .47) und werden bei einer Faktorenanalyse (N = 200) von einem Zentroidfaktor (58 % Varianzaufklärung) im Sinne des g-Faktors ausgeschöpft. In einer weiteren Faktorenanalyse derselben Daten mit geringerem Eigenwerte-Kriterium wurden die drei Faktoren (72 % Varianzaufklärung) „kristalline Intelligenz", „Konzentration und Rechnen" sowie „logisches Denken" ermittelt.
Kriterienbezogene Validität: Die Korrelation zwischen BTS und Binet-Test liegt bei r = .48 (N nicht angegeben), Korrelationen zwischen drei Untertests (Mz, Mf, Bz) und jeweils äquivalenten Tests (z. B. dem Bourdon-Test mit Bz) liegen zwischen r = .60 und r = .68 (N = 34). Es besteht ein signifikanter mittlerer Zusammenhang zwischen schulischem Arbeitsverhalten und dem BTS-Ergebnis (Blöschl, 1966). Die Korrelation zwischen Lehrerurteil (nach der Schnelligkeit, neue Aufgaben zu begreifen) und Testergebnis beträgt r = .70 (N = 231 Schüler), in den Klassen des 2. bis 4. Schuljahres liegt sie über r = .80. Nach Wewetzer (1964) wird die gute Übereinstimmung von Lehrerurteil und Testergebnis nicht zuletzt aus dem Grunde erreicht, daß „. . . die Gewichtigkeit des Untertests Rechtschreibung innerhalb des Gesamtwertes künstlich erhöht worden ist" (S. 212).

7.4 Normen: In der ersten Auflage wurde eine Standardwertskala (SW) verwendet, in der zweiten Auflage wird auf die T-Skala übergegangen. Die ermittelten T-Werte können mit anderen Normen (PR, IQ, C, Z, SW der ersten Auflage) verglichen werden. Die Normierung stützt sich auf über 5000 Personen (genaues N nicht angegeben). Bei der Zusammensetzung der Normierungsstichprobe sind Alter, Wohnort (Stadt, Land), Schulart bzw. Beruf, Geschlecht sowie die Berufsklasse des Vaters berücksichtigt worden.
Mittelwert und Streuung des BTS entsprechen den gemittelten Mittel- und Streuungswerten vom HAWIK und SIT (Stanford Intelligenztest), was als Beleg der Repräsentativität der Normierungsstichprobe herangezogen wird. Die Normen für Erwachsene beruhen allerdings vorwiegend (Anteil nicht angegeben) auf den Ergebnissen männlicher Personen. Es finden sich nach dem Alter aufgeschlüsselte T-Normen für alle Untertests, für den Gesamttest sowie für die Kurzform. Für die Berufsklassen liegen Quartilwerte der T-Werte-Verteilung vor, die zu einem großen Teil auf sehr kleinen Stichproben beruhen. Die Normen können als veraltet angesehen werden, da sie 1972 erstellt wurden.

8. Literatur

Blöschl, L. (1966). BTS, HAWIK und schulisches Arbeitsverhalten. *Diagnostica, 12,* 47–52.
Hiltmann, H. (1977). *Kompendium der psychodiagnostischen Tests.* Bern: Huber.
Horn, W. (1957). Zur Entwicklung, Aufgabenanalyse, Eichung und Anwendung des Begabungstestsystems (B-T-S). *Zeitschrift für experimentelle und angewandte Psychologie, 4,* 623–668.
Wewetzer, K.-H. (1964). Intelligenztests für Kinder. In R. Heiss (Hrsg.), *Handbuch der Psychologie* (Bd. 6, S. 200–225). Göttingen: Hogrefe.

Bearbeiterin: Michaela Brocke

Berliner Intelligenzstruktur-Test (BIS-Test)

A.O. Jäger, H.-M. Süß und A. Beauducel
Göttingen: Hogrefe, (Form 4) 1997

1. Testart Intelligenztest

2. Testmaterial Handanweisung (mit Normentabellen), 3 Instruktionshefte, 3 Aufgabenhefte, Auswertungsmappe, darin enthalten sind das Begleitheft zur Auswertung, Schablonen, Lösungsblätter und Kategorienlisten, Untersuchungsprotokoll, Protokoll für E-Aufgaben, Leistungsprotokoll für BIS-4 Skalen, Fähigkeitsprofil auf Skalenbasis, Leistungsprotokoll für BIS-4-S Kurzskalen; zusätzlich: Stoppuhren, Personennummern, Stifte, Ersatzhefte und -stifte.

3. Testgliederung Der BIS-Test besteht aus 45 Aufgabentypen und einer zusätzlichen Aufwärmaufgabe, die auf drei Testhefte verteilt sind. Alle Aufgabentypen, im folgenden Aufgaben genannt, sind gemäß des Berliner Intelligenzstrukturmodells klassifiziert. Die Aufgabenreihenfolge ist fest vorgegeben und innerhalb der Testhefte so festgelegt, daß aufeinanderfolgende Aufgaben nicht gleiche Fähigkeiten aus dem Inhalts- oder Operationsbereich ansprechen.

4. Grundkonzept Der BIS-Test dient zur Erfassung der im Berliner Intelligenzstrukturmodell (BIS; Jäger, 1982) spezifizierten Fähigkeiten. Das Modell ist in der folgenden Abbildung dargestellt.

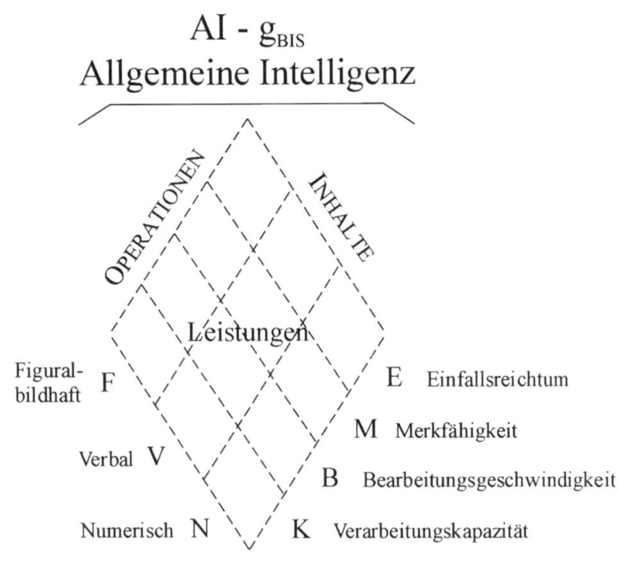

Die Kernannahmen des Modells sind (aus Süß, 1996, S. 35): 1) Mehrfaktorielle Bedingtheit: An jeder Intelligenzleistung sind alle intellektuellen Fähigkeiten beteiligt, jedoch mit deutlich unterschiedlichem Gewicht. 2) Mehrmodalitätsprinzip: Intelligenztestleistungen und Fähigkeitskonstrukte können unter bestimmten Aspekten, Modalitäten genannt, klassifiziert werden. Bisher werden zwei Modalitäten, Operationen und Inhalte, spezifiziert. 3) Hierarchieannahme: Intelligenz ist in Fähigkeiten unterschiedlicher Generalitätsgrade differenzierbar. Entsprechend dieser Annahmen sind die Testleistungen als Indikatoren für die im Modell repräsentierten Fähigkeitskonstrukte zu interpretieren. Auf der Ebene der zwölf BIS-Zellen wurden bis dato keine spezielleren Fähigkeiten etabliert. Entsprechend der Hierarchieannahme ist auf der höchsten Generalitätsstufe des Modells die Allgemeine Intelligenz (AI) als Integral der Fähigkeitskonstrukte auf der untergeordneten Ebene (Operationen und Inhalte) zu finden. Das Modell kann als hochgradig generell bezeichnet werden.

Die Entwicklung des BIS-Modells und des BIS-Tests, insbesondere die Aufgabenauswahl, orientierte sich an der sog. strukturellen Testtheorie von Cattell, deren Besonderheit v. a. darin besteht, daß auf eine Maximierung der Homogenität von Skalen zugunsten einer gezielten Heterogenität verzichtet wird. Hierdurch konnte bei der Aufgabenauswahl dem Umstand Rechnung getragen werden, daß die postulierten Fähigkeitskonstrukte selbst in sich als – hinsichtlich speziellerer Teilfähigkeiten – heterogen betrachtet werden.

5. Durchführung

5.1 Alter: Der Test wurde bei Jugendlichen und jüngeren Erwachsenen mit Ober- und Mittelschulbildung entwickelt. Für Forschungszwecke und in Institutionen, die eigene Normen entwickelt haben, kann der BIS-Test auch bei 15- bis 40jährigen Personen eingesetzt werden.

5.2 Formen: Neben der Gesamtform des Tests mit 45 Aufgaben existiert eine Kurzform (BIS-4-S), die den 16 Aufgaben in Heft 2 entspricht. Unter Verwendung der Kurzform sind nur Schätzungen der Fähigkeiten AI (AI_S; Aggregation von 15 Aufgaben) und K (K_S; Aggregation der 6 K-Aufgaben) vertretbar. Der BIS-Test kann sowohl als Einzel- sowie auch als Gruppentest vorgegeben werden. Eine Parallelform liegt nicht vor.

5.3 Handhabung: Die Durchführung des Tests ist in allen Bestandteilen standardisiert. Für eine sachgerechte Vorgabe des Tests wird vor der Erstanwendung ein Selbstversuch und ein Vorversuch mit einer Gruppe für unverzichtbar gehalten. Bei Gruppenuntersuchungen wird außerdem empfohlen, daß zwei Untersuchungsleiter zur Verfügung stehen. Die Reihenfolge der Aufgaben und die Dauer der Aufgabenbearbeitung ist fest vorgeschrieben, für die Instruktionszeiten werden Richtwerte vorgegeben. Die Bearbeitungszeit wird durch den Untersuchungsleiter mit einer Stoppuhr kontrolliert. Die Antworten werden von den Teilnehmern direkt in die Testhefte eingetragen.

5.4 Zeit: Legt man die Richtwerte für die Instruktionszeiten zugrunde, dauert die Durchführung des BIS-Tests 148 Minuten (Brutto), inklusive zweier Pausen von 10 Minuten. Die reine Bearbeitungszeit beträgt 95.5 Minuten. Für die Kurzform sind ca. 46 Minuten (Brutto; 34.5 Netto) einzuplanen.

6. Auswertung

6.1 Modus: Die Auswertung ist weitgehend standardisiert. Bei den M-, B,–

und K-Aufgaben werden zur Ermittlung der Rohwerte vorgefertigte Schablonen verwendet. Bei den E-Aufgaben gibt es zwei Auswertungsmodi, den U- (Ideenflüssigkeit) und den X-Modus (Ideenflexibilität). Die fünf nach dem X-Modus auszuwertenden Aufgaben können entweder manuell mit Hilfe von Kategorienlisten oder mit Hilfe eines PC-Programms ausgewertet werden. Während die schablonengestützte Auswertung als relativ unproblematisch betrachtet werden kann, erfordern die E-Aufgaben eine nicht unerhebliche Einarbeitungs- und Auswertungszeit. Neben der Auswertung auf Basis summierter Aufgabenwerte kann eine Berechnung von Faktorenwerten als Fähigkeitsschätzungen mit Hilfe des zusätzlich zu beziehenden Programms BIS-PC vorgenommen werden. Da die Faktorenwerte gegenüber den Skalenwerten eher diskret interpretiert werden können, werden sie von den Autoren insbesondere bei der Profilinterpretation präferiert.

6.2 Zeit: Die Auswertungszeit variiert v. a. in Abhängigkeit von der Geübtheit der Auswerter und der Verwendung der PC-gestützten Auswertungsmöglichkeiten. Für die manuelle Auswertung einer Vorform des BIS-Tests wird eine Zeit von 30 Minuten pro Person mitgeteilt, die als recht knapp veranschlagt beurteilt wird (Beckmann & Guthke, 1999; Krampen, 1998).

7. Gütekriterien

7.1 Objektivität: Die Durchführungsobjektivität kann aufgrund der zahlreichen und genauen Vorgaben als gegeben betrachtet werden. Die Auswertungsobjektivität wird allenfalls bei der Auswertung der E-Aufgaben, insbesondere des X-Modus, als eingeschränkt betrachtet. Angaben zur Übereinstimmung bei der Auswertung dieser Aufgaben liegen nicht vor. Die Interpretationsobjektivität ist durch die Verfügbarkeit von Normentabellen gegeben.

7.2 Reliabilität: Interne Konsistenz: Für die Skalen des BIS-Tests werden auf Basis von Cronbachs Alpha Werte von Alpha = .75 (für M und F) bis Alpha = .89 (für AI) für den Gesamttest und Alpha = .46 (AI_S) bzw. Alpha = .51 (K_S) für die Kurzform berichtet (N = 478). Da wegen der Besonderheiten der Skalenkonstruktion Cronbachs Alpha auf Basis der Skalen als wenig geeignet betrachtet wird, werden für den Gesamttest außerdem Konsistenzwerte auf Basis von Aufgabenbündeln für die gleiche Stichprobe angegeben. Die Werte hierfür lagen zwischen Alpha = .87 (M) und Alpha = .95 (AI). Neben Cronbachs Alpha werden Korrelationen von Skalenhälften berichtet, die per Zufall gebildet wurden. Die nach der Spearman-Brown-Formel korrigierten Korrelationen der Skalenhälften lagen zwischen r = .75 (M) und r = .90 (AI) für den Gesamttest und bei r = .73 (K_S) bzw. r = .81 (AI_S) für die Kurzform.

Stabilität: Wiederholungsmessungen des BIS-Tests in der Form 4 (BIS-4) wurden bisher nicht durchgeführt. Statt dessen werden die Ergebnisse von insgesamt vier Untersuchungen berichtet, in denen Vorläufer des BIS-4 eingesetzt wurden. In Untersuchungen mit Vorversionen, die sich nicht fundamental vom BIS-4 unterscheiden, werden z. B. Stabilitätskoeffizienten zwischen r = .65 (E) und r = .90 (K) berichtet (N = 137, Abstand 1 Jahr). Für die gleiche Untersuchung lagen die Stabilitätskoeffizienten der Faktorenwerte zwischen r = .65 (E) und r = .86 (N).

7.3 Validität: Konstruktvalidität: In einer Reihe von unabhängigen Untersuchungen wurde die strukturelle Übereinstimmung des BIS-Tests mit dem

BIS-Modell gezeigt. Neben den Strukturanalysen wurden in mehreren Untersuchungen die Zusammenhänge mit anderen Fähigkeitskonstrukten untersucht, wie z. B. Arbeitsgedächtniskapazität oder komplexes Problemlösen (s. Süß, 1996). Die Ergebnisse dieser Untersuchungen zeigen insgesamt nach dem BIS-Modell erwartungskonforme und damit die Konstruktvalidität des BIS-Tests stützende Zusammenhänge.

Kriteriumsvalidität: Untersuchungen zur prädiktiven Validität werden für Schulnoten, Hochschuleingangstests sowie Prüfungsleistungen von Beamtenanwärtern als Kriterien berichtet. Die Zusammenhänge der Testleistungen mit Noten in naturwissenschaftlichen Fächern waren für K und N über mehrere Untersuchungen mit Werten zwischen r = .40 und r = .60 am höchsten, für die Noten in sprachlichen Fächern erwies sich V als der beste Prädiktor. Die berichteten Zusammenhänge mit der Durchschnittsnote in einem Hochschuleingangstest lagen z. B. zwischen r = .26 (E) und r = .64 (K), die multiplen Zusammenhänge zwischen r = .50 und r = .75 (N = 119). Die Zusammenhänge mit einem Auswahlscore (Schulnotendurchschnitt und Auswahltestleistung) lagen in einer in Chile durchgeführte Studie (N = 470) für V, N und K um r = .45. Der Zusammenhang mit Studienleistungen lag in dieser Untersuchung deutlich unter den oben berichteten Zusammenhängen, wobei hier die höchsten Werte um r = .20 (für AI und N) lagen. Der Zusammenhang von r = .40 zwischen K und Ergebnissen aus dem Zwischenzeugnis von Beamtenanwärtern wird wegen der geringen Stichprobengröße (N = 45) unter Vorbehalt berichtet.

7.4 Normen: Die angegebenen Normen auf Basis einer Stichprobe von 478 Deutsch-Schweizern werden als vorläufig bezeichnet. Es wurden Normen für 16- bis 17jährige und 18- bis 19jährige ermittelt. Auf weitere Unterteilungen der Normen mußte aufgrund des eingeschränkten Stichprobenumfangs verzichtet werden.

8. Literatur

Beckmann, J.F. & Guthke, J. (1999). Testinformation zu Jäger, A.O., Süß, H.-M. & Beauducel, A. (1997). Berliner Intelligenzstruktur-Test (BIS), Form 4. Göttingen: Hogrefe. *Diagnostica, 45,* 56–61.

Jäger, A.O. (1982). Mehrmodale Klassifikation von Intelligenztestleistungen. Experimentell kontrollierte Weiterentwicklung eines deskriptiven Intelligenzstrukturmodells. *Diagnostica, 28,* 195–226.

Krampen, G. (1998). Mehrdimensionale Intelligenzdiagnostik mit dem „Berliner Intelligenzstruktur-Test“ (BIS-Test, Form 4). *Report Psychologie, 23,* 750–757.

Süß, H.-M. (1996). *Intelligenz, Wissen und Problemlösen.* Göttingen: Hogrefe.

Bearbeiter: Ralf Schulze

Bildertest 1–2 (BT 1–2)

H. Horn und E. Schwarz (unter Mitarbeit von G. Vieweger)
Neubearbeitung: R. Kühn und R. Heck-Möhling
Hrsg.: Deutsches Institut für Internationale Pädagogische Forschung („Deutsche Schultests")
Weinheim: Beltz Test GmbH, 2. Auflage 1994

1. Testart Intelligenztest, Schultest

2. Testmaterial Handanweisung, Testhefte, Auswertungsschlüssel, Klassenliste für Klassenuntersuchungen; zusätzlich: Schreibgeräte, Stoppuhr, Wandtafel und Kreide für Demonstrationszwecke.

3. Testgliederung Der BT 1–2 besteht aus den 8 Untertests (1) Instruktionen, (2) Nichtpassendes, (3) Ergänzungen, (4) Unsinniges, (5) Spiegelbilder, (6) Folgen, (7) Wesentliches und (8) Reihen und stellt die deutsche Bearbeitung des „Moray House Picture Intelligence Test 1" von Mellone und Thomson dar. Die Untertests enthalten jeweils 10 bis 12 bildhafte Testitems.

4. Grundkonzept Der BT 1–2 ist eine deutsche Bearbeitung des „Moray House Picture Intelligence Test 1" von Mellone und Thompson. Der Test soll zuverlässige Diagnosen und Prognosen der intellektuellen Leistungsfähigkeit für Schüler der ersten und zweiten Grundschulklasse (6- bis 8jährige) liefern. Er soll dem Lehrer – insbesondere wenn keine Schulreifeuntersuchungen durchgeführt wurden – einen Überblick über das klassenspezifische Leistungsniveau bieten und so zur differenzierten Unterrichtsplanung beitragen. Weiter liefert der BT 1–2 Informationen zur gezielten Förderung einzelner Kinder und Entscheidungshilfen für die Überweisung in Sonderschulen für Lernbehinderte. Zur Bearbeitung des sprachabhängigen Tests sind keine Lese- und Schreibkenntnisse nötig. In den Untertests werden die folgenden Fähigkeiten geprüft: Instruktionsverständnis, Begriffsbildung, Genauigkeit und Differenzierungsfähigkeit in der optischen Wahrnehmung, Erkennen spiegelbildlicher Darstellungen, Ordnen räumlicher und zeitlicher Folgen, Umweltverständnis und die Fähigkeit, Gesetzmäßigkeiten zu erkennen.
Bei der Anwendung des BT 1–2 im zweiten Schuljahr weisen die Autoren auf eine geringe Differenzierungsleistung im oberen und eine bessere Differenzierungsleistung im unteren Intelligenzbereich hin.

5. Durchführung **5.1 Alter:** Schulklasse 1 bis 2; 6 bis 8 Jahre.

5.2 Formen: Gruppentest ohne Parallelform.

5.3 Handhabung: Es handelt sich um einen Papier-und-Bleistift-Test, der nach dem Multiple-choice-Verfahren (4- bis 6fache Antwortwahl) bzw. nach dem Ergänzungsverfahren bearbeitet wird. Die Bearbeitungszeit für die einzelnen Aufgaben ist vorgegeben. Die Handanweisung enthält genaue Anweisungen zur Gestaltung der Durchführungsbedingungen sowie zum Testleiterverhalten und gibt die Instruktionen im Wortlaut vor.

5.4 Zeit: Die Durchführung des gesamten Tests dauert in der 1. Schulklasse ca. 105 Minuten, in der 2. Schulklasse etwas weniger. Der Test wird an zwei aufeinanderfolgenden Tagen durchgeführt, wobei für jeden Tag eine Testhälfte (4 Untertests) vorgesehen ist. Die Arbeitszeit der Probanden beträgt 24 Minuten.

6. Auswertung

6.1 Modus: Mit Hilfe des Auswertungsschlüssels und einer ausführlichen Anleitung werden die richtigen Lösungen ermittelt. Die Gesamtanzahl richtiger Lösungen bildet den Gesamtrohwert, der anhand von Normtabellen in Prozentrang- und T-Werte transformiert wird. Zusätzlich besteht die Möglichkeit der Umwandlung in den Abweichungsintelligenzquotienten (IQ).

6.2 Zeit: Ca. 10 Minuten pro Fall.

7. Gütekriterien

7.1 Objektivität: Die Bedingungen für die Gewährleistung der Durchführungs-, Auswertungs- und Interpretationsobjektivität sind gegeben.

7.2 Reliabilität: Die Handanweisung enthält Angaben sowohl über Schwierigkeits- und Trennschärfeindizes der einzelnen Items als auch über die Interkorrelationen der Teiltests. Die Reliabilitätskoeffizienten, ermittelt nach der Testhalbierungsmethode (korrigiert nach Spearman-Brown), betragen zwischen r = .94 und r = .95 bei N = 167, N = 151 bzw. N = 168 Schülern des 1. und 2. Halbjahres der ersten Schulklasse und Schülern der zweiten Klasse. Die Stabilität über einen Zeitraum von 4 bis 6 Wochen beträgt r = .75 für das erste Schuljahr (N = 278) und r = .85 für das zweite Schuljahr (N = 259).

7.3 Validität: Der BT 1–2 korreliert mit anderen Intelligenztests („Primary Mental Abilities“ von Thurstone, „Prüfsystem für Schul- und Bildungsberatung“ von Horn und „CMM 1–3“ von Schuck, Eggert und Raatz) von r = .58 bis r = .67 in Schülerstichproben mit N = 1900 und N = 2500. Eine Längsschnittstudie ergab eine Korrelation von r = .64 zwischen dem BT 1–2 und dem BT 2–3 (N = 307). Etwas geringer ist der Zusammenhang mit den „Frankfurter Denkaufgaben für 3. und 4. Klassen“ (FDA 3–4): r = .36 (3. Klassen, N = 280) und r = .40 (4. Klassen, N = 306).

7.4 Normen: Die Testnormierung stammt aus den Jahren 1975 und 1976. Die Eichstichprobe umfaßte insgesamt N = 4923 Schulkinder der ersten und zweiten Schulklasse und ist für die alten Bundesländer der Bundesrepublik Deutschland annähernd repräsentativ. Es liegen Normtabellen für das 1. und 2. Halbjahr des ersten Schuljahres sowie für das 2. Halbjahr des zweiten Schuljahres jeweils basierend auf Stichprobengrößen von ca. N = 1600 vor. Den Normtabellen zu entnehmen sind die dem Gesamtrohwert entsprechenden Prozentrangplätze und T-Werte. Eine vierte Tabelle ermöglicht die Umwandlung der T-Werte in Abweichungsintelligenzquotienten (IQ).

Bearbeiterin: Susanne Brandler

Bildertest 2–3 (BT 2–3)

K. Ingenkamp
Hrsg.: K. Ingenkamp („Deutsche Schultests“)
Weinheim: Beltz Test GmbH, 1976

1. Testart Intelligenztest, Schultest

2. Testmaterial Handanweisung, Testhefte, Klassenliste für Klassenuntersuchungen, Auswertungsschablone; zusätzlich: Schreibgeräte, Stoppuhr, Tafel und Kreide für Demonstrationszwecke.

3. Testgliederung Der 1976 erschienene BT 2–3 besteht aus 5 Testteilen, die die folgenden Fähigkeitsbereiche erfassen: (1) Aufgabenverständnis, (2) Unterscheidungsfähigkeit, (3) Verständnis von Folgen, (4) Raumorientierung, (5) Analogiebildung. Jeder Testteil enthält zwischen 12 und 16 Aufgaben. Der Test umfaßt insgesamt 67 Aufgaben.

4. Grundkonzept Das Verfahren basiert auf dem „Deeside Picture Test For Seven-Year-Olds“ von Emmet (1956) und ist anhand von Erfahrungen mit dem Material in Deutschland modifiziert und an deutsche Verhältnisse angepaßt worden. Der Bildertest 2–3 ist ein Verfahren zur Erfassung der allgemeinen intellektuellen Leistungsfähigkeit bei Grundschülern. Verwendung kann der Test beispielsweise bei der Feststellung besonderen Förderbedarfs oder der Frühdiagnose spezieller Lese-Rechtschreibschwäche finden. Trotz seiner bildhaften Aufgabenstellung ist der BT 2–3 kein sprachfreier Test, da durch die Anweisungen verbale Faktoren in erheblichem Maße angesprochen werden. Erhebliche Leistungsschwankungen zwischen den Teiltests können auch bei weitgehender Eindimensionalität des Tests (Ausrichtung auf die allgemeine intellektuelle Leistungsfähigkeit) diagnostisch genutzt und zur Begründung individueller Fördermaßnahmen herangezogen werden.

5. Durchführung **5.1 Alter:** Vom vierten Quartal der ersten Schulklasse bis zum ersten Halbjahr der dritten Grundschulklasse (ca. 7 bis 11 Jahre). Nach Aussage des Autors differenziert der Test am besten in der zweiten Schulklasse.

5.2 Formen: Gruppentest mit Parallelformen A und B.

5.3 Handhabung: Es handelt sich um einen Papier-und-Bleistift-Test, bei dem Bilder oder graphische Symbole vorgegeben werden. Nach dem Multiple-Choice-Prinzip sind je Aufgabe ein bis zwei Bilder aus vier bis sechs Antwortalternativen auszuwählen. Die Bearbeitungszeit der einzelnen Testteile ist vorgegeben. Die Instruktionen sind in der Handanweisung im Wortlaut vorgegeben. Weiterhin sind Hinweise für die Vorbereitung der Untersuchung und für das Verhalten des Testleiters – und ggf. des Helfers – vorhanden.

5.4 Zeit: Testdauer („Brutto") mit zehnminütiger Pause etwa 45 Minuten; Bearbeitungszeit („Netto") 16.5 Minuten.

6. Auswertung

6.1 Modus: Die Auswertung erfolgt als Rohwertermittlung für die Teiltests und den Gesamttest mit Hilfe von transparenten Schablonen. Der Rohwert wird anhand von Normtabellen in T-Werte, Prozentrangplätze oder Abweichungsintelligenzquotienten (IQ) transformiert.

6.2 Zeit: Ca. 4 Minuten pro Testheft.

7. Gütekriterien

7.1 Objektivität: Die Voraussetzungen für eine objektive Durchführung, Auswertung und Interpretation werden durch genaue Angaben zur Vorbereitung, zum Wortlaut der Anweisungen, zu den Durchführungszeiten sowie durch Vergleichsnormen und Interpretationshilfen gewährleistet.

7.2 Reliabilität: Die mittleren Schwierigkeitsindizes und Trennschärfekoeffizienten je Untertest werden getrennt nach zweiten und dritten Klassen in der Handanweisung angeführt. Die nach Spearman-Brown korrigierte Halbierungszuverlässigkeit des Gesamttests beträgt r = .95 für beide Parallelformen, während die Zuverlässigkeitskoeffizienten der Untertests im Bereich zwischen r = .58 und r = .91 liegen (bei N = 2 × 150 Schülern der zweiten Klasse). Die Überprüfung der Wiederholungszuverlässigkeit erfolgte unter Verwendung der Parallelform bei einem Intervall von 3 bis 10 Tagen und erreicht die Höhe von r = .79 bei N = 251 Zweitklässlern.

7.3 Validität: Es werden die Ergebnisse mehrerer Untersuchungen zur Überprüfung der Übereinstimmungsgültigkeit berichtet. Die in der Handanweisung berichteten Befunde beziehen sich ausschließlich auf Schüler der dritten Klasse. Es ergaben sich folgende Korrelationen mit anderen Intelligenztestverfahren: HAWIK-Verbal-IQ: r = .54 (N = 80); HAWIK-Handlungs-IQ: r = .63 (N = 80); HAWIK-Gesamt-IQ: r = .63 (N = 80); CMM 1–3: r = .63 (N = 326). Mit dem Lehrerurteil über die Intelligenz der Schüler korrelierte der BT 2–3 in Höhe von r = .55 (N = 314). Die Schulnoten in den Fächern Mathematik, Deutsch und Sachkunde zeigten Zusammenhänge mit dem BT 2–3 zwischen r = .47 und r = .57 (N = 326), wobei das Fach Mathematik die höchste Korrelation aufwies. Zwischen einzelnen Untertests und bestimmten Unterrichtsfächern wurden keine fachspezifischen Zusammenhänge festgestellt. Daher kann von den Untertestergebnissen nicht auf fachspezifische Lernerfolge geschlossen werden. Zwischen dem BT 2–3 und dem Bildungs-Beratungs-Test für 3. Klassen ergab sich ein Zusammenhang von r = .73. Der BT 2–3 korreliert in derselben Stichprobe zu r = .33 mit dem Sozialstatus. Eine Faktorenanalyse (N = 346) verdeutlicht, daß der BT 2–3 ein einfaktorielles Verfahren ist, das praktisch nur die allgemeine intellektuelle Leistungsfähigkeit erfaßt (89 % erklärte Varianz durch Faktor 1).

7.4 Normen: Die Testnormen des BT 2–3 stammen aus dem Jahr 1975. Ihnen liegt eine Eichstichprobe von insgesamt N = 4582 Grundschülern zugrunde (414 Erstklässler, 1972 Zweitklässler, 2196 Drittklässler). Insgesamt stehen elf Normtabellen, getrennt nach Form A und B, für die Interpretation der Gesamttest- bzw. Teiltestwerte zur Verfügung. Tabelliert sind Prozentrangbänder, mittlere T-Werte und IQ-Bänder für Schüler der ersten, zweiten und dritten Klasse. Es wird bezogen auf die Klassenstufe zwischen normalaltrigen und überalterten Schülern unterschieden. Die entsprechenden Eichstichproben sind von unterschiedlicher Größe und liegen zwischen N = 176 und N = 1038. Umfangreiche Stichproben liegen den Normen für normalaltrige Schüler der zweiten und dritten Klasse zugrunde. Repräsentativität der Eichstichprobe für die alten Bundesländer wurde angestrebt.

Bearbeiterin: Susanne Brandler

Bochumer Matrizentest (BOMAT – advanced)

R. Hossiep, D. Turck und M. Hasella
Göttingen: Hogrefe, 1999

1. Testart

Intelligenztest

2. Testmaterial

Das Testmaterial besteht aus einem Manual, zwei Aufgabenheften, je 10 Durchschreibeantwortbogen zu den Aufgabenheften und 20 Instruktionsblättern. Dieses Material wird in einem Testkoffer geliefert; zusätzlich: zwei Kugelschreiber pro Proband.

3. Testgliederung

Es liegen zwei Testformen A und B vor. Beide gliedern sich in zehn Übungsaufgaben, auf die jeweils die 40 eigentlichen Testaufgaben folgen.

4. Grundkonzept

Der BOMAT ist ein figuraler Matrizentest, der der sprachfreien Erfassung des komplexen, logisch-schlußfolgernden Denkens und der „Erfassung der Allgemeinintelligenz und Intelligenzkapazität im hohen kognitiven Leistungsbereich" dient. Die Autoren beziehen sich bei der Definition der allgemeinen Intelligenz auf den g-Faktor nach Spearman. Eine weitere Spezifizierung oder theoretische Fundierung der Fähigkeiten, die mit dem BOMAT erfaßt werden sollen, erfolgt nicht.
Der BOMAT ist als gespeedeter Leistungstest konzipiert.
Die Grundstruktur der Items bildet eine 3 × 5-Felder-Matrix. Die Felder enthalten nach bestimmten logischen Regeln angeordnete Figuren, wobei jeweils eines der 15 Felder ausgespart wird. Diese logischen Regeln bzw. Lösungsprinzipien sind bei den Übungsaufgaben im Anschluß an jede Aufgabe schriftlich erläutert. Insgesamt unterscheiden die Autoren 13 Regeln. Pro Item werden im Multiple-choice-Format sechs Antwortalternativen gegeben, von denen der Proband diejenige auswählen soll, die die Matrix sinnvoll vervollständigt.
Den Anwendungsschwerpunkt setzen die Autoren in der Eignungsdiagnostik und Personalentwicklung bei Studierenden, Hochschulabsolventen und akademisch vorgebildetem Management. Als weitere Nutzungsmöglichkeit sehen die Autoren den Einsatz des Verfahrens zur Unterstützung der Identifikation von „high potentials".

5. Durchführung

5.1 Alter: Keine Angaben außer „Studierende und (Fach-) Hochschulabsolventen" (ca. ab 19 Jahren).

5.2 Formen: Es liegen zwei Parallelformen als Papier-und-Bleistift-Version vor, die als Einzel- und Gruppentest eingesetzt werden können.

5.3 Handhabung: Nach einer kurzen mündlichen Erläuterung der Zielsetzung des Verfahrens und der Begründung seines Einsatzes durch den Testleiter wird das Testmaterial an die Probanden verteilt. Der Testleiter weist die Probanden mündlich in standardisierter Form an, die vorliegende Instruktion zu lesen und die Übungsaufgaben zu bearbeiten. Vor der Bearbeitung der 40 eigentlichen Testaufgaben soll der Testleiter den Probanden Gelegenheit zu Rückfragen geben. Im Anschluß daran gibt der Testleiter die Anweisung zur Bearbeitung der Testaufgaben und weist die Probanden auf den Zeitrahmen hin.

5.4 Zeit: Insgesamt ca. 110 Minuten, davon 30 Minuten Einarbeitung und 80 Minuten Bearbeitung der Testaufgaben.

6. Auswertung

6.1 Modus: Nach Abtrennen der Perforation des Durchschreibeantwortbogens können auf der Unterseite die richtigen Antworten einfach abgelesen werden (Item 1 fungiert als „Eisbrecher" und wird daher nicht berücksichtigt). Durch Zusammenzählen der korrekt beantworteten Items wird die Rohwertsumme bestimmt. Über eine Umrechnungstabelle in Sten (Standard-Ten)-Wert, Prozentrang oder Dezil kann die relative Position eines Probanden bestimmt werden.

6.2 Zeit: Keine Angaben (ca. 5 Minuten).

7. Gütekriterien

7.1 Objektivität: Durchführung, Auswertung und Ergebnisinterpretation des Verfahrens können als objektiv angesehen werden.

7.2 Reliabilität: Die Schätzung der inneren Konsistenz des Tests wurde über die Testhalbierungsmethode vorgenommen (Form A: N = 151, Form B: N = 152). Nach Spearman-Brown ergibt sich für Form A ein Koeffizient von r = .93, für Form B von r = .95. Berechnet nach Guttmann betragen die Koeffizienten für Form A r = .92 und für Form B r = .94. Nach Cronbachs Alpha liegt die innere Konsistenz für Form A bei einem Alpha von .91, für Form B bei einem Alpha von .90. Angaben zur Retest-Reliabilität liegen nicht vor.
Die Paralleltest-Reliabilität der Formen A und B liegt bei r = .87 (N = 80). 45 % der Stichprobe bearbeiteten beide Formen direkt hintereinander. Bei den restlichen 55 % lagen ein bis sieben Tage dazwischen.

7.3 Validität: Zur Berechnung der konvergenten Validität wurde die Korrelation des BOMAT mit dem Zahlen-Verbindungs-Test (ZVT, Oswald & Roth, 1987) berechnet. Diese beträgt für Form A r = .56 (N = 126) und für Form B r = .51 (N = 108). Die externe Validität wurde anhand der Korrelation mit der Abiturnote berechnet. Der Koeffizient liegt für beide Formen bei r = –.38 (N = 130 bzw. 126).

7.4 Normen: Die Normen wurden anhand der Daten von N = 303 Hochschülern und Hochschulabsolventen zwischen 18 und 45 Jahren berechnet. Es werden Standard-Ten-Werte, Prozentränge und Dezile angegeben. Eine Altersdifferenzierung erfolgt nicht.

Verfasserin: Franzis Preckel

Bochumer Matrizentest (short version) (BOMAT – advanced – short version)

R. Hossiep, D. Turck und M. Hasella
Göttingen: Hogrefe, 2001

1. Testart Intelligenztest

2. Testmaterial Das Testmaterial besteht aus einem Manual, zwei Aufgabenheften (A und B), je 10 Antwortbogen zu jeder Testform sowie 20 Instruktionsblättern.

3. Testgliederung Der Test umfaßt zehn Übungsaufgaben und 29 Testaufgaben, die alle nach dem gleichen Grundkonzept gestaltet sind.

4. Grundkonzept Der „BOMAT – advanced – short version" stellt eine um etwa 25 Prozent gekürzte Fassung des BOMAT – advanced dar. Es handelt sich um einen figuralen Matrizentest (Speedtest), der der sprachfreien Erfassung des komplexen, logisch-schlußfolgernden Denkens und der „Erfassung der Allgemeinintelligenz und Intelligenzkapazität im hohen kognitiven Leistungsbereich" dient. Die Autoren beziehen sich bei der Definition der allgemeinen Intelligenz auf den g-Faktor nach Spearman.

Ein einzelnes Item besteht aus einer 3 × 5-Felder-Matrix. Die Felder enthalten nach bestimmten logischen Regeln angeordnete Figuren, wobei jeweils eines der 15 Felder unausgefüllt ist. Die Aufgabe des Probanden besteht darin, aus einer Reihe von sechs vorgegebenen Lösungen diejenige auszuwählen, die die logische Regel des Items zutreffend widerspiegelt.

Das Verfahren dient nach Angaben der Autoren der Personaldiagnostik und kann zum Beispiel zur Personalauswahl oder zur Personalentwicklung eingesetzt werden. Die Zielgruppe stellen dabei Studenten und Akademiker dar.

5. Durchführung **5.1 Alter:** Erwachsene.

5.2 Formen: Es liegen zwei Parallelformen als Papier-und-Bleistift-Version vor, die als Einzel- und Gruppentest eingesetzt werden können.

5.3 Handhabung: Jeder Proband erhält ein Testheft mit 10 Übungsaufgaben und 29 Testaufgaben. Nach jeder Übungsaufgabe wird die richtige Lösung erklärt. Der Testleiter steht für zusätzliche Fragen zur Verfügung. Anschließend werden die Testaufgaben bearbeitet, wobei jedoch die erste Testaufgabe später nicht in die Aufwertung einfließt. Die Lösungen trägt der Proband in einen Protokollbogen ein.

5.4 Zeit: Ca. 15 Minuten für die Bearbeitung der Übungsaufgaben und 45 Minuten für die Testaufgaben.

6. Auswertung

6.1 Modus: Der Protokollbogen ist nach dem Prinzip eines Durchschreibeantwortbogens konzipiert. Zur Auswertung wird das Deckblatt abgetrennt und die Anzahl richtiger Lösungen abgezählt. Die Summe der Lösungen kann anschließend in Normwerte transformiert werden.

6.2 Zeit: Wenige Minuten.

7. Gütekriterien

7.1 Objektivität: Die Durchführungs-, Auswertungs- und Interpretationsobjektivität des Verfahrens sind gegeben.

7.2 Reliabilität: Berechnet wurde die innere Konsistenz (Cronbachs Alpha) sowie die Split-Half-Reliabilität. Die Werte sind für beide Testformen identisch (Alpha = .92 bzw. = .89). Die Paralleltestreliabilität liegt bei r = .86. Als Stichprobe dient offenbar immer die Normierungsstichprobe.

7.3 Validität: Zur Berechnung der inneren kriterienbezogenen Validität wurde der Zahlenverbindungstest (ZVT) sowie verschiedene Dimensionen eines Assessment Centers herangezogen. Die Korrelation mit dem ZVT beträgt r = .58 bzw. r = .51 für Form A und B (N jeweils 102). Die Koeffizienten bezüglich des ACs liegen zwischen r = .09 und r = .61 (keine Angaben zur Stichprobe).

7.4 Normen: Der Rohwert kann in Sten-Werte, Prozentränge und Dezile transformiert werden. Als Stichprobe dienten 668 Hochschüler und Hochschulabsolventen verschiedener Fachrichtungen. Eine Differenzierung zwischen verschiedenen demographischen Gruppen ist nicht möglich.

Verfasser: Uwe Peter Kanning

Columbia Mental Maturity Scale (CMM 1–3)

K.-D. Schuck, D. Eggert und U. Raatz
Hrsg.: Deutsches Institut für Internationale Pädagogische Forschung
(„Deutsche Schultests“)
Weinheim: Beltz Test GmbH, 2. Auflage 1994

1. Testart Sprachfreier Intelligenztest

2. Testmaterial Handanweisung, Testheft (einmal verwendbar), Auswertungsschablone; zusätzlich: Schreibgerät.

3. Testgliederung Der Test besteht aus 50 Aufgaben, die nicht weiter untergliedert sind.

4. Grundkonzept Es handelt sich um einen sprachfreien Intelligenztest für die Grundschule, der eine Einschätzung der allgemeinen Intelligenz in relativ kurzer Zeit und im Gruppenversuch ermöglichen soll. Dabei steht die Einschätzung der Leistung einzelner Schüler bezogen auf die entsprechende Altersgruppe und die Schulklasse im Vordergrund. So soll der Test als Hinweis auf individuelle Förderungsbedürftigkeit sowie der Schullaufbahnberatung dienen und Informationen für die Unterrichtsplanung bereitstellen. Bei der Planung des diagnostischen Prozesses kann der Test als Screeningverfahren eingesetzt werden. Auch das Leistungsniveau einzelner Schulklassen kann bestimmt werden.

5. Durchführung **5.1 Alter:** 6- bis 9jährige Grundschüler, 1. bis 3. Klasse.

5.2 Formen: Gruppentest ohne Parallelform.

5.3 Handhabung: Der Test wird als Niveautest ohne Zeitbegrenzung durchgeführt. Das Testmaterial besteht pro Testitem aus jeweils fünf bildhaft dargestellten, teilweise farbigen Objekten, von denen eines pro Aufgabe gegen das jeweils zugrundeliegende Ordnungsprinzip verstößt. Aufgabe der Kinder ist es, nach dem Multiple-choice-Prinzip bei jeder Aufgabe das Bild auszuwählen und anzustreichen, das nicht zu den übrigen paßt. Das Testmaterial wird in einem einmalig verwendbaren Testheft vorgegeben und enthält drei in der Instruktionsphase zu bearbeitende Übungsbeispiele. Die Instruktionen sind wörtlich im Beiheft aufgeführt.

5.4 Zeit: Die Testdauer beträgt insgesamt etwa eine Schulstunde (45 Minuten).

6. Auswertung **6.1 Modus:** Die Auswertung erfolgt mittels einer Schablone und Tabellen zur Bestimmung von Prozentrang- und C-Werten. Zur Kontrolle von Zufallslösungen wird die Testauswertung abgebrochen, wenn in 10 aufeinanderfolgenden Aufgaben mindestens 8 nicht mehr richtig gelöst werden.

6.2 Zeit: Die Auswertungszeit beträgt pro Testheft ca. 5 Minuten.

7. Gütekriterien

7.1 Objektivität: Die Voraussetzungen für eine hohe Durchführungs- und Auswertungsobjektivität sind gegeben (standardisierte Instruktionen, Auswertungsschablonen, Normtabellen und Interpretationshilfen).

7.2 Reliabilität: Die Zuverlässigkeit des Verfahrens liegt knapp unter r = .9. Nach der Methode der Testhalbierung (Spearman-Brown) ergab sich bei N = 771 ein Reliabilitätskoeffizient von r = .88. Die interne Konsistenz nach Kuder-Richardson betrug bei der gleichen Stichprobe r = .87. Die Retest-Reliabilität nach 14 Tagen betrug bei lernbehinderten Kindern der ersten bis vierten Klasse zwischen r = .84 und r = .91 (N = 115).

7.3 Validität: Eine Studie zur (konvergenten) Validierung wurde unter Einbezug des Frankfurter Analogietests (FAT 4–6 bzw. 7–9) an insgesamt 207 Haupt- und Sonderschülern der 7. und 9. Klasse durchgeführt. Die Validitätskoeffizienten lagen zwischen r = .55 und r = .61. Es ist allerdings zu bedenken, daß die Validierungsstichprobe nicht dem altersmäßigen Anwendungsbereich des Tests zuzuordnen ist. Die Autoren gehen außerdem von konzeptuellen Überschneidungen mit HAWIK und BT aus (Handanweisung, S. 9). Die Korrelationen mit diesen Tests lagen zwischen r = .60 und r = .66 für den BT 1–2 (N = 129) und bei r = .61 für den HAWIK (bei N = 66 Lernbehinderten und Sonderschülern). Eine faktorenanalytische Studie mit dem HAWIK wies durch Ladungen von r = .36 auf dem verbalen Faktor (r = .58 auf dem Handlungsfaktor; N = 104) darauf hin, daß der CMM nicht als völlig sprachfreier Test zu betrachten ist.

7.4 Normen: Die Testnormierung stammt aus den Jahren 1971 und 1972. Angegeben sind Alters- und Klassennormen für eine repräsentative Stichprobe (N = 8437) der 60 Schulen der alten Bundesländer der Bundesrepublik Deutschland. Die Normen sind als Prozentrangplätze und C-Werte dargestellt und können ggf. mit Hilfe einer beigefügten Tabelle in T-Werte transformiert werden.

Bearbeiterin: Susanne Brandler

Columbia Mental Maturity Scale (Sprachfreier Gruppenintelligenztest für die Sonderschule für Lernbehinderte) (CMM-LB)

D. Eggert und K.-D. Schuck (unter Mitarbeit von U. Raatz)
Hrsg.: Deutsches Institut für Internationale Pädagogische Forschung („Deutsche Schultests")
Weinheim: Beltz Test GmbH, 1973

1. Testart Intelligenztest

2. Testmaterial Beiheft mit Anleitung und Normentabellen, Klassenliste, Testhefte (einmal verwendbar), zwei Auswertungsschablonen; zusätzlich: Schreibgeräte.

3. Testgliederung Der Test besteht aus 70 Aufgaben und ist nicht weiter untergliedert.

4. Grundkonzept Die CMM-LB als Gruppentest für Lernbehinderte dient der Abschätzung und Klassifikation der allgemeinen Intelligenzleistung lernbehinderter Sonderschüler. So ist die CMM-LB ein Gruppentestverfahren, das für den Einsatz bei der Schülerberatung und -förderung im unterdurchschnittlichen Leistungsbereich konzipiert ist und z. B. bei Fragen der Ein- und Umschulung in die Sonderschule, zur Beurteilung von Leistungs- und Entwicklungsfortschritten, für die Unterrichtsplanung sowie Eltern- und Schülerberatung konzipiert ist. Besonders geeignet erscheint die CMM-LB als „Screening"-Test bzw. Einstiegsverfahren im Rahmen einer diagnostischen Strategie.

5. Durchführung **5.1 Alter:** 9- bis 14jährige Sonderschüler.

5.2 Formen: Gruppentest ohne Parallelformen.

5.3 Handhabung: Die Aufgaben werden nach dem Multiple-choice-Prinzip von den Kindern bearbeitet. Dabei stehen pro Aufgabe jeweils 5 Antwortalternativen zur Wahl, aus denen diejenige ermittelt werden muß, die gegen das der jeweiligen Aufgabe zugrundeliegende Ordnungsprinzip verstößt. Der Test wird als Niveautest ohne Zeitbegrenzung durchgeführt. Das bildhafte Testmaterial wird in einem einmalig verwendbaren Testheft vorgegeben und enthält vier in der Instruktionsphase zu bearbeitende Übungsbeispiele. Die Instruktionen sind wörtlich in dem Beiheft aufgeführt.

5.4 Zeit: Maximal eine Schulstunde (45 Minuten) brutto.

6. Auswertung **6.1 Modus:** Die Rohwertbestimmung als Summe der richtig beantworteten Testaufgaben wird mittels transparenter Schablonen vorgenommen, die entsprechenden Normwerte sind dem Beiheft zu entnehmen. Zur Kontrolle von Zufallslösungen wird ein Abbruchkriterium der Auswertung definiert (wenn in 10 aufeinanderfolgenden Aufgaben mindestens 8 nicht mehr richtig gelöst werden).

6.2 Zeit: Pro Kind insgesamt etwa drei bis fünf Minuten.

7. Gütekriterien

7.1 Objektivität: Die Voraussetzungen für eine objektive Durchführung, Auswertung und Interpretation sind gegeben (standardisierte Instruktionen, Auswertungsschablonen, Normtabellen und Interpretationshilfen).

7.2 Reliabilität: Informationen über Itemschwierigkeit und -trennschärfe sind dem Beiheft (S. 6) zu entnehmen. Die Zuverlässigkeit wurde einerseits durch die Halbierungsmethode, korrigiert nach Spearman-Brown, und andererseits als interne Konsistenz nach Kuder-Richardson ermittelt. Der Reliabilitätsprüfung lag eine Stichprobe von N = 900 Sonderschülern zugrunde. Es wurden Koeffizienten von r = .49 (Spearman-Brown) und r = .40 (Kuder-Richardson) erreicht. Weiter sind Standardmeßfehler und Konfidenzintervalle berichtet. Informationen über eine Untersuchung zur Stabilität des CMM-LB liegen nicht vor.

7.3 Validität: Es wurden Korrelationen zu anderen Intelligenztests, nämlich HAWIK und BT 1–2 sowie BT 2–3, an Teilen der Normierungsstichprobe ermittelt. Dabei ließ sich zwischen CMM-LB und HAWIK ein Zusammenhang von r = .45 bei N = 2531 und zwischen CMM-LB und BT 1–2 bzw. BT 2–3 ein Zusammenhang von r = .40 (N = 1088) feststellen. Bei dieser Untersuchung waren allerdings Test und Kriterium nicht gleichzeitig erhoben worden. Bei gleichzeitiger Erfassung lagen die Korrelationen teilweise höher: CMM/BT 1–2 (N = 81) r = .71 und CMM/HAWIK (N = 81) r = .49.

7.4 Normen: Die Normierung wurde im Jahre 1971 an N = 6009 Schülern an Sonderschulen für Lernbehinderte vorgenommen. Die Normierungsstichprobe ist für die alten deutschen Bundesländer annähernd repräsentativ. Es liegen T-Wert-Normen und T-Bänder für Jungen und Mädchen getrennt in Jahresschritten vor. Zudem ist eine Umrechnung in Prozentrangplätze sowie in C-Werte für einzelne Bundesländer möglich.

8. Literatur

Eggert, D. (1972). *Zur Diagnose der Minderbegabung.* Weinheim: Beltz.

Bearbeiterin: Susanne Brandler

Dreidimensionaler Würfeltest (3DW)

G. Gittler
Weinheim: Beltz Test GmbH, 1990

1. Testart Intelligenztest

2. Testmaterial Theoretische Grundlagen und Manual (ein Heft), 40 Durchschreibeantwortbögen, 1 Testheft; zusätzlich: Schreibmaterial.

3. Testgliederung Das Verfahren gliedert sich in zwei Beispielaufgaben und 18 Testaufgaben, von denen die erste als Aufwärmaufgabe fungiert. Es können verschiedene Kurzformen mit einer Mindestanzahl von acht Aufgaben gebildet werden.

4. Grundkonzept Der 3DW ist ein Leistungstest zum räumlichen Vorstellungsvermögen. Das Verfahren ist als Niveautest konzipiert und erfaßt das räumliche Vorstellungsvermögen als abgesicherten Primärfaktor von Intelligenz im Sinne von „spatial visualization" und „spatial orientation". Bei der Aufgabenauswahl wurde darauf geachtet, keine Aufgaben zuzulassen, die durch konstruktferne Strategien (wie z. B. nicht-räumliche Flächenstrategien) lösbar sind. Die Aufgaben wurden nach dem Rasch-Modell selektiert und bilden eine homogene Skala, was die Bildung von Kurzformen ermöglicht.

Die Grundstruktur der Aufgaben besteht aus einem Vorgabewürfel und sechs alternativen Antwortwürfeln. Der Proband muß aus diesen Alternativen den Würfel wählen, der den ein- oder mehrmals gedrehten bzw. gekippten Vorgabewürfel korrekt abbildet. Zusätzlich gibt es die Antwortalternativen „Kein Würfel richtig" und „Ich weiß die Lösung nicht".

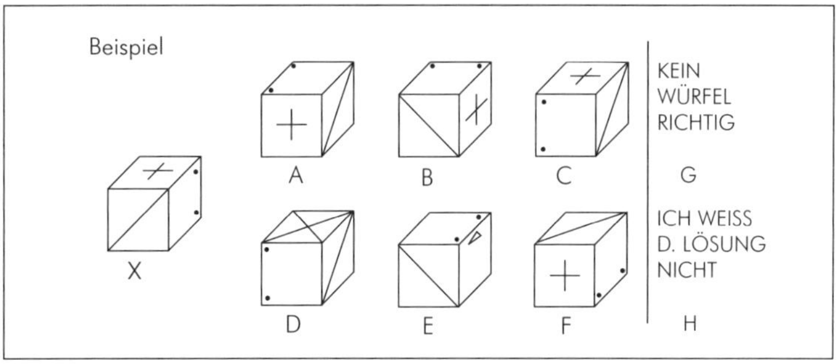

Der Autor benennt folgende Einsatzgebiete des 3DW: Eignungsdiagnostik in der Berufs-, Studien- und Bildungsberatung sowie Personalauswahl; Fähigkeitsdiagnostik im klinischen Bereich und Einsatz bei Forschungsfragen.

5. Durchführung **5.1 Alter:** Ab 13 Jahren.

5.2 Formen: Das Verfahren kann als Einzel- und Gruppentest sowie in der Langform oder verschiedenen Kurzversionen eingesetzt werden.

5.3 Handhabung: Jeder Proband erhält ein Testheft und einen Antwortbogen. Eine standardisierte Testinstruktion befindet sich im Manual und wird vom Testleiter mündlich vorgetragen. Vor dem eigentlichen Testbeginn bearbeiten die Probanden die Beispielaufgaben. Bei Fragen wiederholt der Testleiter Teile der Instruktion. Die Instruktion gilt gleichermaßen für die verschiedenen Kurzformen. Bei der Testverkürzungsmethode markiert eine in das Testheft eingelegte Karte das Testende. Bei der direkten Testabbruchmethode wird der Test nach einer festgesetzten Zeit abgebrochen. Bei der indirekten Testabbruchmethode wird der Test beendet, wenn auch der langsamste Proband eine Mindestanzahl der Aufgaben gelöst hat.
Das „Nachbearbeiten" von Aufgaben ist nicht zulässig.

5.4 Zeit: Da der 3DW als reiner Power-Test konzipiert ist, kann die Testdauer nur grob abgeschätzt werden. Der Autor gibt nach Erfahrungswerten einen Zeitrahmen von 35 bis 40 Minuten für Gruppentestungen und von 15 bis 35 Minuten für Einzeltestungen an. Die Testzeit kann durch den Einsatz von Kurzformen reduziert werden.

6. Auswertung

6.1 Modus: Nach Auftrennen der Perforation des Antwortbogens kann auf dem Durchschlag die Anzahl der richtig gelösten Items als Rohwert ausgezählt und anhand der Normwerttabellen in Prozentrangwerte und T-Werte transformiert werden. Mit dem Personenparameter (PAR) ist eine noch genauere, differentialdiagnostische Bestimmung der Fähigkeitsdifferenzen zwischen Probanden möglich. Anhand der in den Kurzformen erreichten Rohwerte kann eine Rohwertschätzung für die Langform des 3DW erfolgen.

6.2 Zeit: Keine Angaben.

7. Gütekriterien

7.1 Objektivität: Durchführung, Auswertung und Interpretation können als objektiv gelten.

7.2 Reliabilität: Die Split-Half-Reliabilität (odd-even) der Langform beträgt bei einer Stichprobe von 866 Schülern r = .90 und bei 432 Studenten r = .87. Die innere Konsistenz, berechnet nach Cronbachs Alpha, ergibt für die Stichprobe der Schüler ein Alpha von .90 und für die der Studenten von .86. Zur Bestimmung der Retest-Reliabilität wurden 231 Schüler im Abstand von ca. eindreiviertel Jahren getestet. Die Übereinstimmung der Testergebnisse lag bei r = .61. Der beim Einsatz von Kurzformen auftretende Reliabilitätsverlust wird im Manual dokumentiert.

7.3 Validität: Die Korrelation des 3DW-Testwertes mit verschiedenen Schulnoten zeigt eine Rangfolge des Zusammenhangs in erwarteter Richtung (z. B. 3DW/Darstellende Geometrie r = –.37 bei N = 138 Schülern; 3DW/Geschichte und Sozialkunde r = –.03 bei N = 225 Schülern). Die konvergente und diskriminante Validität des 3DW wurde hypothesengeleitet mit unterschiedlichen Stichproben untersucht. Die Korrelationskoeffizienten fielen in erwarteter Richtung aus, z. B.:
- 3DW/„Schlauchfiguren" Form A (SFA) r = .50 bei N = 161
- 3DW/Mechanical Comprehension Test (MCT) r = .60 bei N = 90
- 3DW/Form-Lege-Test (FLT) r = .01 bei N = 110

– 3DW/Würfelaufgaben (WÜ) des IST r = .20 bzw. r = .32 bei N = 193 bzw. 246

Dies ermöglicht eine Abgrenzung des 3DW von Verfahren, die eher zweidimensionale Vorstellungen evozieren (z. B. WÜ und FLT).

Mit dem Testergebnis im Wiener Matrizen Test (WMT; Formann & Piswanger, 1979) fand sich ein Zusammenhang von r = .48 bei 349 Berufsschülern, mit dem Gesamttestwert des IST-70 (Amthauer, 1973) von r = .35 bei 246 Schülern der „Höheren Technischen und Gewerblichen Lehranstalten".

Techniker erbringen im 3DW gegenüber Nicht-Technikern ein signifikant höheres Ergebnis (Effektstärke d = .82 bei N = 36).

Die Kulturunabhängigkeit der Itemhomogenität konnte für den Vergleich von 307 österreichischen Studenten mit 384 US-amerikanischen Studenten bestätigt werden (Tanzer, Gittler & Ellis, 1995).

7.4 Normen: Die für Österreich repräsentativen Schulnormen (Prozentränge und T-Werte) sind nach den Klassenstufen 8 bis 13 sowie nach Geschlecht und nach Schultypen (Berufsbildende Pflichtschulen, Höhere Technische und Gewerbliche Lehranstalten, Allgemeinbildende Höhere Schulen) differenziert (N = 4064). Es können weiterhin zuordenbare verbale Interpretationen („weit unterdurchschnittlich" bis „weit überdurchschnittlich") abgelesen werden. Außerdem werden nicht-repräsentative Normen für Studenten (differenziert nach technische vs. nicht-technische Universitäten und nach Geschlecht, N = 432) sowie Vergleichswerte für Probanden von 30 bis 39, 40 bis 49 und 50 bis 72 Jahren angegeben (N = 161).

8. Literatur

Amthauer, R. (1973). *IST-70. Intelligenz-Struktur-Test 70* (4. Auflage). Göttingen: Hogrefe.

Formann, A.K. & Piswanger, K. (1979). *Wiener Matrizen-Test WMT. Testmanual.* Weinheim: Beltz Test Gesellschaft.

Gittler, G. (1999). Sind Raumvorstellung und Reasoning separierbare Fähigkeitsdimensionen? Dimensionalitätsanalysen zweier Rasch-skalierter Tests: 3DW und WMT. *Diagnostica, 45*(2), 69–81.

Tanzer, N.K., Gittler, G. & Ellis, B.B. (1995). Cross-cultural validation of item complexity in a LLTM-calibrated spatial ability test. *European Journal of Psychological Assessment, 11*(3), 170–183.

Bearbeiterin: Franzis Preckel

Figure Reasoning Test (FRT)

J.C. Daniels

Nottingham: D. Daniels, 12. Auflage 1993

1. Testart Intelligenztest

2. Testmaterial Testheft, Testbogen, Auswertungsschablone, Anleitung zum Gebrauch; zusätzlich: Uhr oder Stoppuhr, Stift.

3. Testgliederung Nach 6 Übungsaufgaben folgen 45 Aufgaben, die ihrer Schwierigkeit nach gestaffelt sind.

4. Grundkonzept Der Test ist ein sprachfreies Verfahren zur Erfassung der allgemeinen Intelligenz, er ist jedoch kein kulturfreier Test. Der Anwendungsbereich umfaßt die Schullaufbahn-, Studien- und Berufsausbildungsberatung speziell höherer Schulen.

5. Durchführung

5.1 Alter: 10 bis 16 Jahre und Erwachsene.

5.2 Formen: Einzel-und Gruppentest.

5.3 Handhabung: Jeder Proband erhält ein Testheft, in dem zunächst mit dem Testleiter gemeinsam die 6 Beispielaufgaben ausführlich bearbeitet und besprochen werden. Während der 30 Minuten Testbearbeitungszeit werden keinerlei Hilfen gegeben. Der Proband muß aus sechs vorgegebenen Möglichkeiten diejenige auswählen, die die Vorlage sinnvoll ergänzt.

5.4 Zeit: Reine Testbearbeitungszeit sind 30 Minuten. Mit Anleitung und ausführlicher Besprechung der 6 Übungsaufgaben ca. 40 Minuten.

6. Auswertung

6.1 Modus: Die Richtigkeit der Antworten wird anhand einer Auswertungsschablone ermittelt. Nachdem der Rohwert durch Addition berechnet wurde, wird dieser altersabhängig in einen Standardwert transformiert, welcher als IQ zu interpretieren ist.

6.2 Zeit: Minimaler Zeitaufwand, da eine Auswertungsschablone vorliegt und eine Tabelle, welche die Rohwerte direkt in Standardwerte überträgt.

7. Gütekriterien

7.1 Objektivität: Da die Testanweisung schriftlich fixiert ist und Testdurchführung sowie Testauswertung standardisiert sind, scheint die Objektivität gewährleistet zu sein.

7.2 Reliabilität: Die Untersuchungen zeigen gute bis sehr gute Reliabilitätswerte:
Interne Konsistenz; Split-Half-Methode: r = .96 (N = 4000 Schüler im Alter von 11 bis 17 Jahren und 3000 Studenten).

Retest-Reliabilität; nach 14 Tagen: r = .97 (N = 443, 11 bis 16 Jahre); Retest nach einem Jahr: r = .89 (N = 443, 11 bis 16 Jahre).

7.3 Validität: Interne Validität:
- FRT und Alexander Performance Scale: r = .90
- FRT und Standard Progressive Matrices: r = .93
- FRT und Stanford-Binet, Form L: r = .86
- FRT und Wechsler Intelligenz Test für Kinder r = .87

Die Stichprobengröße ist nie angegeben. Es handelt sich um 11- bis 14jährige Schüler.
Faktorielle Validität:
Der Ladungsanteil des FRT-Wertes am g-Faktor liegt bei über .80 (Faktorenanalyse des FRT mit Tests des Zahlenrechnens, des verbalen Bereichs und der Raumbeziehung).

7.4 Normen: Es liegen Normierungen ausschließlich für englische Schüler vor. Sie sind aufgrund des unterschiedlichen Schulsystems sowie ihrer völligen Veralterung (letzte Revision 1962) auf deutsche Probanden nicht übertragbar.

Bearbeiterin: Janett Gaschok

Figuren von Rybakoff

R. Meili
Bern: Huber, 1955

1. Testart Intelligenztest

2. Testmaterial Anweisungsblatt, Lösungsblatt und Testblätter; zusätzlich: Bleistifte, Stoppuhr.

3. Testgliederung Der Test besteht aus 21 Aufgaben und 3 Übungsaufgaben.

4. Grundkonzept Der Test wurde 1910 vom Psychiater Rybakoff entwickelt und 1922 von Stern standardisiert (Angaben nach Hiltmann, 1960).
Die Rybakoff-Figuren sollen die visuelle räumliche Vorstellungsfähigkeit erfassen. Es sind unregelmäßige planimetrische Gebilde durch einen geraden Strich so in zwei Teile zu zerlegen, daß sie zu einem Quadrat zusammengesetzt werden können. Das Zusammenlegen der Teile geschieht also nur vorstellungsmäßig – vergleichbar dem Untertest „Figurenauswahl" des IST.
Der Autor weist darauf hin, daß das Resultat des Tests nicht nur von der Fähigkeit zur visuellen räumlichen Wahrnehmung abhängt, sondern auch vom allgemeinen Intelligenzniveau.

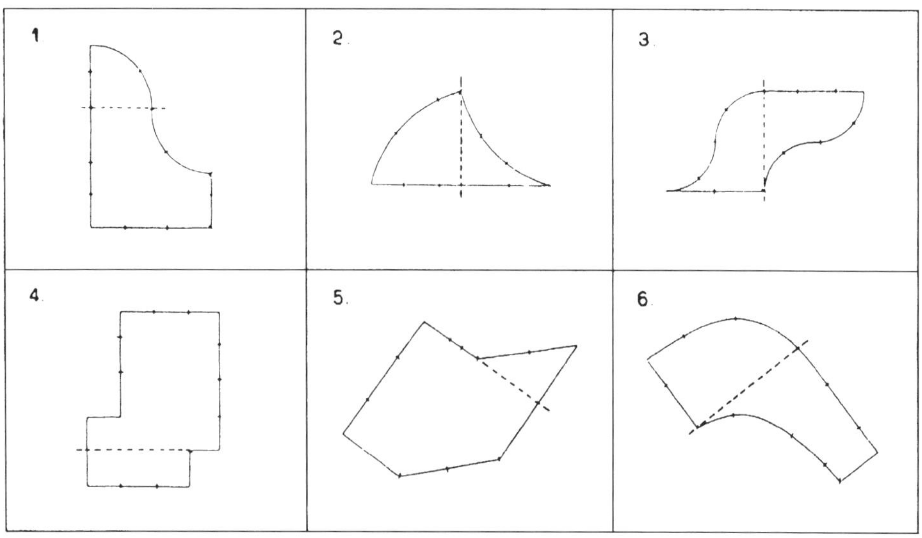

5. Durchführung **5.1 Alter:** 11 bis 17 Jahre und Erwachsene.

5.2 Formen: Einzel- und Gruppentest.

5.3 Handhabung: Den Probanden wird die Aufgabe zunächst anhand von drei Beispielitems demonstriert. Die Markierungen am Umriß einer Figur dienen der exakten Bearbeitung, die Probanden werden ggf. angehalten, sich nach diesen Markierungen zu richten. Weiterhin soll darauf geachtet werden, daß sie nicht zu lange an einer Aufgabe „kleben" oder zu oberflächlich arbeiten. Die zweite Seite (Aufgaben 10 bis 21) wird erst begonnen, wenn alle Aufgaben der ersten Seite gelöst sind.

5.4 Zeit: 10 Minuten.

6. Auswertung

6.1 Modus: Jede richtige Lösung wird mit einem Punkt bewertet. Der Rohwert ist in einen Prozentrangwert zu überführen. Die Interpretation hängt von der allgemeinen Intelligenz ab: Nach Meili können sehr intelligente Personen auch bei nur mittlerer Raumvorstellungsfähigkeit gute Resultate erzielen. Weiterhin ist ein gutes Ergebnis Ausdruck kognitiver Flexibilität, denn wenig flexible Personen bleiben häufig an einer Auffassungsart der Figur „kleben" und können so die Lösung nicht finden.

6.2 Zeit: Keine Angaben (ca. 5 Minuten).

7. Gütekriterien

7.1 Objektivität: Keine Angaben. Die Durchführung und die Auswertung sind als objektiv anzusehen.

7.2 Reliabilität: Keine Angaben.

7.3 Validität: Es werden Korrelationen von r = .40 bis .50 mit allgemeinen Intelligenztests angegeben, wobei die Tests jedoch weder konkret benannt noch Aussagen über die zugrunde gelegten Stichproben gemacht werden.

7.4 Normen: Die Standardisierungsstichprobe wird nicht angeführt. Die Normen (Prozentränge) liegen in Dezilen vor. Sie sind für die Jugendlichen jahrgangsgetrennt. Eine Differenzierung nach Geschlechtern erfolgt nicht. Die Normen dürften inzwischen veraltet sein, da sie bereits 1955 erhoben wurden.

8. Literatur

Hiltmann, H. (1960). *Kompendium der psychodiagnostischen Tests.* Bern: Huber.

Bearbeiterin: Miriam Vock

Frankfurter Analogietest 6–9 (FAT 6–9)

N. Barth
Hrsg.: Deutsches Institut für Internationale Pädagogische Forschung, Frankfurt a. M.
Weinheim: Beltz Test GmbH, 1989

1. Testart Intelligenztest (Schultest)

2. Testmaterial Handbuch (DIN A4, 68 Seiten), je ein Aufgabenheft für Form A und B (wiederverwendbar); zusätzlich: Schreibgerät.

3. Testgliederung 50 Aufgaben vom Typ „A:B = C:?". Es werden sowohl Aufgaben mit Wortmaterial wie auch mit gegenständlichem und abstraktem Bildmaterial sowie mit gemischtem Material vorgegeben. Die ersten 5 Aufgaben jeder Testform sind Übungsaufgaben und werden nicht ausgewertet. Die Aufgaben sind nach steigender Schwierigkeit geordnet.

4. Grundkonzept Der FAT 6–9 zielt auf das Anwendungsfeld Schule und soll Lehrenden ein einfach handhabbares, ökonomisches Verfahren liefern, mit dem sie die Intelligenz ihrer Schüler bestimmen können. Eine Hauptanwendung sieht der Autor in der Schullaufbahnberatung. Das theoretische Fundament des Tests liegt im Konstrukt der „Allgemeinen Intelligenz". Logisches, schlußfolgerndes Denken wird als wesentlicher Aspekt allgemeiner Intelligenz angesehen und soll über die Leistung beim Lösen von Analogieaufgaben erfaßt werden. Es wird betont, daß mit dem Test über die schulischen Leistungen hinausgehende Informationen erlangt werden sollen. Zielgruppen sind Schüler der Klassenstufen 6 bis 9 der Schultypen Haupt-, Realschule und Gymnasium sowie der Orientierungs- und Beobachtungsstufen. Das Verfahren differenziert besonders gut in den 6. Klassen bzw. allgemein im unteren Leistungsbereich.

5. Durchführung **5.1 Alter:** 6. bis 9. Schuljahr.

5.2 Formen: Gruppentest mit zwei „echten" Parallelformen A und B.

5.3 Handhabung: Umfangreiche Hinweise zur Vorbereitung der Testung und wörtlich zu übernehmende Instruktionen sind dem Manual zu entnehmen. Die Teilnehmer haben nach dem „multiple choice"-Prinzip den zutreffendsten von 5 im Aufgabenheft angebotenen Lösungsvorschlägen auszuwählen und auf dem Antwortbogen entsprechend anzukreuzen.

5.4 Zeit: Der Test wird ohne Zeitbeschränkung vorgegeben. Als empirisch fundierter Höchstwert für den Zeitbedarf gelten 45 Minuten.

6. Auswertung **6.1 Modus:** Der Antwortbogen funktioniert nach dem Durchschreib-Prinzip.

Vom Auswerter ist nach dem Test lediglich der untere Bogen abzutrennen, die Rohwertsumme kann dann leicht ausgezählt werden.

6.2 Zeit: Je Antwortbogen ca. eine Minute.

7. Gütekriterien

7.1 Objektivität: Bei Beachtung der Angaben zur Durchführung, Auswertung und Interpretation ist Objektivität gegeben.

7.2 Reliabilität: Die Paralleltest-Reliabilität (Äquivalenz, N = 1966) wird mit r = .76 angegeben. Da zwischen beiden Testungen auch ein Zeitraum von „bis zu zweieinhalb Monaten“ (S. 43) lag, kann dieser eher niedrige Wert als Untergrenze der Schätzung betrachtet werden. Der Stabilitätskoeffizient (Intervall „bis zu zweieinhalb Monate“) beträgt r = .86 (N = 743). Die interne Konsistenz nach Kuder und Richardson (Formel 8) liegt bei r = .92 (N = 13245).

7.3 Validität: Im Handbuch werden umfangreiche Untersuchungen, insbesondere zur Kriteriumsvalidität, berichtet. Wesentliche Ergebnisse sind hierbei ein Zusammenhang zwischen FAT 6–9 und zwei Verfahren mit ähnlichem Anspruch, dem Teiltest V4 des KFT (Kognitiver Fähigkeitstest; r = .66; N = 1018) und dem Teiltest AN des IST (Intelligenz-Strukturtest; r = .61). Der Zusammenhang mit dem IST-Gesamtwert betrug r = .65 (N = 1018). Ferner wurde eine Korrelation zwischen FAT 6–9 und dem Lehrerurteil zum „logisch-schlußfolgernden Denken“ von r = .33 (N = 1018) belegt. Die eher niedrigen Korrelationen mit Schulnoten fielen für das Fach Deutsch noch am höchsten aus (r = .29). Eine Faktorenanalyse (N = 289) mit FAT, FAT-Wiederholung, V4, allen IST-Subskalen, dem erwähnten Lehrerurteil und den Schulnoten in 5 Fächern erbrachte 4 Faktoren. Dabei fand sich ein varianzstarker erster Faktor (der „g-Faktor“, 29 % der Varianz), auf dem FAT und FAT-Wiederholung sehr hoch luden (r = .79 bzw. r = .76). Dies wird vom Autor als Beleg für die Konstruktvalidität des FAT 6–9 gewertet. Zu bedenken bleibt jedoch das doppelte Eingehen des FAT in die Korrelationsmatrix. In Anbetracht des skizzierten Anwendungsfelds des Tests, der Schullaufbahnberatung (vgl. „Grundkonzept“), muß das Fehlen von Untersuchungen zur prognostischen Validität des Verfahrens bemängelt werden.

7.4 Normen: Die Eichung des FAT 6–9 erfolgte 1982 an einer sehr großen Stichprobe (N = 13245), die hinsichtlich Schultyp, Klassenstufe und regionaler Verteilung Repräsentativität beanspruchen kann. Die Umrechnung der Rohwerte kann in Prozentrangband, T-Werte und T-Wert-Band erfolgen. Dabei stehen getrennte Normen für die Klassenstufen 6 bis 9 zur Verfügung. Innerhalb jeder Klassenstufe gibt es Normen getrennt nach den Schultypen Hauptschule, Realschule, Gymnasium sowie (zusammengefaßt) für die Teilhauptschule/Orientierungsstufe/Beobachtungsstufe.

Bearbeiter: Henning Gibbons

Grundintelligenztest Skala 1 (CFT 1)

R.B. Cattell, R.H. Weiß und J. Osterland

Göttingen: Hogrefe, 5., revidierte Auflage 1997

1. Testart Intelligenztest

2. Testmaterial Handanweisung (DIN A4, 64 Seiten), Testhefte; zusätzlich: zwei rote Buntstifte, Abdeckblatt, Stoppuhr, Tafel oder Karton Größe DIN A3.

3. Testgliederung Der CFT 1 stellt eine partielle Adaptation des „Culture Fair Intelligence Test – Scale 1" von R.B. Cattell unter Veränderung des Testaufbaus dar. Er gliedert sich in fünf Untertests: 1. Substitutionen (60 Items) 2. Labyrinthe, 3. Klassifikationen, 4. Ähnlichkeiten und 5. Matrizen (jeweils 12 Items). Subtests 1 und 2 sind Speedtests, Subtests 3 bis 5 Powertests. Die insgesamt 108 Items sind sprachfrei in zeichnerischer Form dargestellt.

4. Grundkonzept Der CFT 1 ermöglicht die Bestimmung der Grundintelligenz, d. h. der Fähigkeit des Kindes, in neuartigen Situationen und anhand von sprachfreiem, figuralem Material Denkprobleme zu erfassen, Beziehungen herzustellen, Regeln zu erkennen, Merkmale zu identifizieren und rasch wahrzunehmen. Der Test gibt darüber Aufschluß, bis zu welchem Komplexitätsgrad das Kind bereits in der Lage ist, insbesondere nonverbale Problemstellungen zu erfassen und zu lösen.

Als Anwendungsbereiche kommen alle Beratungsanlässe in Betracht, bei denen die Bestimmung der Grundintelligenz relevant ist. Dies trifft besonders für die Legastheniediagnose, für die Überprüfung der Sonderschulbedürftigkeit und für die Definition von „Underachievern" zu.

5. Durchführung **5.1 Alter:** 5 bis 9 Jahre; Kindergarten, Vorschule, Grundschule Klasse 1 bis 4; Sonderschule für Lernbehinderte Klasse 1 bis 4.

5.2 Formen: Einzel- und Gruppenuntersuchung möglich. Es gibt zwei Formen, A und B. Es handelt sich hierbei um sog. Pseudoparallelformen, die sich lediglich in der Reihenfolge der ansonsten identischen Items unterscheiden.

5.3 Handhabung: Es werden detaillierte Empfehlungen für die Vorbereitung der Testsituation und die Durchführung gegeben. Diese sollten ebenso wie die relativ umfangreichen Instruktionen vor der erstmaligen Anwendung des Verfahrens eingeprägt werden. Je nach Voraussetzungen der zu untersuchenden Probanden im Hinblick auf Schulart und Altersgruppe sind drei hinsichtlich Instruktion und Testzeit verschiedene Durchführungsvarianten vorgesehen.

5.4 Zeit: Laut Testhandbuch zwischen 45 und 54 Minuten, je nach Durchführungsvariante.

6. Auswertung

6.1 Modus: In der Handanweisung sind genaue Vorschriften für die Bestimmung der Rohwerte für die fünf Subtests enthalten. Neben einem Gesamtscore werden auf dem letzten Blatt des Testhefts jeweils separate Scores für die Speed-Subtests 1 und 2 sowie für die Power-Subtests 3–5 ausgewiesen und in Normwerte transformiert.

6.2 Zeit: Keine Angaben.

7. Gütekriterien

7.1 Objektivität: Die genauen Durchführungsanweisungen und Auswertungsvorschriften lassen die Annahme einer hohen Objektivität gerechtfertigt erscheinen.

7.2 Reliabilität: Es werden lediglich Reliabilitätswerte für die Power-Subtests 3, 4 und 5 berichtet. Diese liegen für die revidierte 5. Auflage zwischen r = .70 und r = .79, für den Summenwert bei r = .88 (jeweils N = 91). Bei der umfangreicheren ursprünglichen Normierung schwanken die Reliabilitätswerte je nach Testform und Durchführungsart zwischen r = .66 und r = .86; der Zuverlässigkeitswert für den Summenwert liegt hier zwischen r = .90 und r = .92. Die Stichprobengrößen liegen dabei zwischen N = 1252 und N = 1500. Zur Retest-Reliabilität werden lediglich Daten von N = 37 mit der revidierten Form getesteten Probanden berichtet. Bei einem je nach Proband zwischen 2 1/2 und 13 Monaten betragenden Retest-Intervall ergibt sich ein Reliabilitätswert von r_{tt} = .84.

7.3 Validität: Faktorielle Validität:

Die für die beiden Durchführungsarten getrennt durchgeführten Faktorenanalysen ergaben bei beiden Probandengruppen jeweils eine Zwei-Faktoren-Lösung, durch die ca. 95 % der Varianz in den Gesamtscores aufgeklärt werden. Durch einen als „General-Ability" interpretierten ersten Faktor wird bei den jüngeren Probanden ein Anteil von 82 % der Gesamtvarianz aufgeklärt. Bei der Durchführungsvariante für die älteren Probanden beträgt dieser Anteil nur noch 75 %. Dies geht primär auf eine Reduktion der g-Sättigung der Subtests 1 und 2 bei gleichzeitig wachsender Bedeutung eines spezifische Fähigkeiten widerspiegelnden Sekundärfaktors zurück.

Kriteriumsvalidität:

Die CFT 1 – Gesamtleistung korreliert mit dem HAWIK-Gesamtergebnis zu r = .66, mit dem HAWIK-Verbalteil jedoch nur zu r = .48. dies stützt den Anspruch des CFT 1, ein sprachfreier Intelligenztest zu sein.

Die Korrelationen des CFT 1 mit verschiedenen Schulreifetests liegen zwischen r = .21 (Reutlinger Test für Schulanfänger, RTS) und r = .59 (Duisburger Vorschul- und Einschulungstest, DVET). Die durchschnittlichen Korrelationen des CFT 1 – Scores mit Schulnoten liegen zwischen r = .35 (Sachkunde) und r = .44 (Mathematik).

Als Beleg für den sprachfreien Charakter des CFT 1 werden verschiedene Gruppenvergleiche angeführt. So schneiden Legastheniker sowie Kinder ausländischer Arbeitnehmer nicht unterdurchschnittlich ab, und die Ergebnisse von Kindergarten- und Vorschulkindern gleichen Alters unterscheiden sich nicht. Die Testergebnisse von Kindern verschiedener sozialer Herkunft werden als zwar den Erwartungen entsprechend unterschiedlich, aber „kleiner als bei Tests mit verbalem Material“ bezeichnet.

7.4 Normen: Die ursprünglichen Eichungsuntersuchungen fanden 1976 an insgesamt 6078 Schülern und Schülerinnen sowie Kindergarten- und Vorschulkindern statt. Im Rahmen einer Testrevision mit veränderten Bearbeitungszeiten erfolgte 1995 eine Neunormierung anhand von 1200 Probanden. Die Handanweisung enthält Alters- und Klassennormen mit Prozenträngen, T-Werten und IQ-Werten.

Bearbeiter: Stephan Kröner

Grundintelligenztest Skala 2 mit Wortschatztest (WS) und Zahlenfolgentest (ZF) (CFT 20)

R.H. Weiß

Göttingen: Hogrefe, 4., überarb. Auflage 1998

1. Testart Intelligenztest

2. Testmaterial Für Grundintelligenztest sowie die Ergänzungstests Wortschatztest (WS) und Zahlenfolgentest (ZF) jeweils: Handanweisung, Testhefte der Formen A und B, Antwortbogen, Auswertungsschablonen; zusätzlich: Stift, Stoppuhr.

3. Testgliederung Es existieren zwei Pseudoparallelformen (Form A und B) des CFT 20, in denen dieselben Items enthalten sind, deren Reihenfolge und Position der Lösungen sich jedoch unterscheiden. Jede Parallelform besteht aus zwei Testteilen, jeder Testteil setzt sich wiederum aus vier Subtests zusammen (Series, Classifications, Matrices, Topologies). Jeweils 46 Items bilden einen Testteil (insgesamt 92 Items). Auch die Parallelformen der Ergänzungstests (WS und ZF) weisen eine pseudoparallele Struktur auf.

4. Grundkonzept Das Ziel der Testkonstruktion durch Cattell war es, ein ökonomisches psychologisches Verfahren zur validen Diagnose der grundlegenden geistigen Leistungsfähigkeit („general mental capacity", „g-Faktor") zu entwickeln. Die Messung sollte frei von Einflüssen soziokultureller, erziehungsspezifischer oder ethnischer Merkmale sein. Das dem Test zugrundeliegende Intelligenzkonzept basiert auf der Unterscheidung von zwei Allgemeinfaktoren: General Fluid Ability (flüssige Fähigkeiten) und General Crystallized Ability (kristallisierte Fähigkeiten). Die flüssigen Fähigkeiten, die mit dem CFT 20 gemessen werden sollen, werden interpretiert als „Fähigkeit, komplexe Beziehungen in neuartigen Situationen wahrnehmen und erfassen zu können", sie können am besten durch sprachfreies und kulturunabhängiges Testmaterial erfaßt werden (Cattell, 1968). Die aktuelle schulische Leistung hängt in erster Linie von den kristallisierten Fähigkeiten ab, die vom CFT 20 nur partiell abgebildet werden. Die kristallisierten Fähigkeiten können durch die beiden Ergänzungstests (WS und ZF) grob erfaßt werden. Mit dem WS wird der über den Grundwortschatz der deutschen Sprache hinausgehende Wortschatz der Umgangssprache getestet. Es ergeben sich hieraus Hinweise auf die Allgemeinbildung und verbale Verarbeitungskapazität. Beim ZF sollen Regeln und Gesetzmäßigkeiten bei einfachen und komplexen numerischen Aufgaben erkannt werden. Dadurch soll die numerische Verarbeitungskapazität festgestellt werden. Der CFT 20 ist als gespeedeter Niveau-Test zu klassifizieren.

5. Durchführung **5.1 Alter:** Grundintelligenztest: 8;7 bis 70 Jahre (3. bis 10. Schuljahr und

Erwachsene mit einfacher Schulvorbildung). Wortschatztest (WS) und Zahlenfolgentest (ZF): 8;7 bis 15;6 Jahre (3. bis 9. Schuljahr).

5.2 Formen: Einzel- und Gruppentest; Langform (Testteil 1 und 2) oder Kurzform (Testteil 1) bei CFT 20; Pseudoparallelformen A und B bei CFT 20 und den Ergänzungstests WS und ZF. Eine computergestützte Fassung im Hogrefe-Testsystem (HTS) für Form B, WS und ZF kann gesondert bezogen werden.

5.3 Handhabung: Die Aufgaben bestehen aus Multiple-choice-Items. In Gruppenuntersuchungen sollen die Parallelformen A und B in interindividuell unterschiedlicher Reihenfolge bearbeitet werden, um ein Abschreiben zu verhindern. Der Autor empfiehlt aufgrund der höheren Testreliabilität, möglichst beide Testteile (Langform) durchzuführen.

5.4 Zeit: Mit der Testeinführung werden bei Gruppenuntersuchungen mit dem CFT 20 für die Langform ca. 60 Minuten (netto 26 Minuten), für die Kurzform ca. 37 Minuten (netto 14 Minuten) benötigt. Bei WS und ZF benötigt man für beide Tests zusammen bei Klassenuntersuchungen (4. Schuljahr) inkl. Einführung ca. 45 Minuten, bei Einzeluntersuchungen zusammen ca. 35 bis 40 Minuten. Die Nettozeit beträgt beim WS zwölf Minuten, beim ZF bis 16 bzw. 20 Minuten.

6. Auswertung

6.1 Modus: Die Auswertung erfolgt mit Hilfe von Schablonen. Ein Auswertungsprogramm kann zusätzlich bezogen werden (MS-DOS- und Windows-Version).

6.2 Zeit: Keine Angaben.

7. Gütekriterien

7.1 Objektivität: Die Tests sind hinsichtlich Durchführung, Auswertung und Interpretation objektiv.

7.2 Reliabilität: Die Retest-Reliabilität beim CFT 20 wird mit r = .77 angegeben (N = 70, 13 bis 15 Jahre, Gymnasiasten, Intervall: 2 Wochen), Werte um r = .84 ergaben sich bei den Subtests (WS und ZF, jeweils N = 618, Klassen 4 bis 8, alle Schulformen, Intervall: 2 bis 4 Monate). Die Split-Half-Reliabilität des CFT 20 beträgt r = .95 (N = 4350, Gesamtstichprobe aller Altersgruppen und Schulformen), die Subtests erzielen mittlere Werte von r = .87 (WS, N = 618, Klassen 4 bis 8, alle Schulformen) und r = .92 (ZF, Klasse 4 und 5, alle Schulformen). Die interne Konsistenz (Kuder-Richardson Formel 8) des CFT 20 beträgt r = .86 (N = 12330, 5. Klasse aller Schularten). Ein Vergleich der Formen A und B bezüglich ihrer mittleren Iteminterkorrelationen ergibt Konsistenz-Koeffizienten (Kuder-Richardson Formel 8) zwischen r = .64 (Classifications) und r = .78 (Series) sowie Odd-Even-Koeffizienten (Spearman-Brown) zwischen r = .57 (Topologies, Form A) und r = .78 (Matrices, Form B). Des weiteren wird der Übungsgewinn bei Testwiederholung für den CFT 20 angegeben.

7.3 Validität: Faktorielle Validität: Die Subtests des CFT 20 laden hoch auf dem „general fluid"-Faktor, niedrig auf dem sprachgebundenen „general crystallized"-Faktor. Faktorenanalysen der beiden Ergänzungstests (WS und ZF) ergaben zwei Faktoren: Faktor 1 repräsentiert verbal-sprachgebundenes, Faktor 2 numerisch-zahlengebundenes Denken. In den beiden Fak-

toren laden Persönlichkeitsmerkmale wie Leistungsmotivation nicht essentiell.
Kriterienbezogene Validität: Innere kriterienbezogene Validität: Umfangreiche Korrelationsstudien zur Untersuchung des Zusammenhangs zwischen CFT 20 (bzw. CFT 2) und anderen psychodiagnostischen Verfahren liegen vor. Demnach korreliert der CFT 20 mit sieben komplexen Begabungstests (z. B. Leistungsprüfsystem (LPS), Prüfsystem für Schul- und Bildungsberatung (PSB)) durchschnittlich mit r = .64 (N = 77 bis 522), mit sechs konstruktnahen (Sub-)Tests mit r = .54 (N = 63 bis 600), mit fünf konstruktfernen Tests mit r = .16 (N = 63 bis 473). Korrelationen mit 12 Tests, die weder konstruktnah noch -fern sind, liegen bei r = .39 (N = 31 bis 12000). Beide Ergänzungstests korrelieren signifikant höher mit konstruktnahen Verfahren als mit konstruktfernen.
Äußere kriterienbezogene Validität: Die Korrelationen des CFT 20 mit folgenden Kriterien betrugen: Schulnoten im Fach Mathematik r = .50 (N = 1911, Klassen 3 bis 10), minderungskorrigiert für Grundschulklassen r = .77 (N = 1206), Deutsch r = .29 (N = 1746, Klassen 3 bis 10), minderungskorrigiert für Grundschulklassen r = .48 (N = 1140) und Englisch r = .25 (N = 577, Klassen 5 bis 10). Der WS korreliert mit der Deutschnote r = .50 (N = 223), mit der Englischnote r = .53 (N = 32) und der ZF mit der Mathematiknote r = .60 (N = 162). Persönlichkeitsmerkmale korrelieren nicht signifikant mit WS und ZF.
Prognostische Validität: Korrelationen bei Schülern der 5. Klasse mit der Schulleistung im Fach Mathematik liegen bei etwa r = .45 (N = 3912, Intervall 1 bis 8 Monate). Heller, Rosemann und Steffens (1978) und Langfeldt-Nagel (1982) fanden auf der Basis einer über acht Jahre andauernden Längsschnittanalyse keine nennenswerten Zusammenhänge zwischen dem Gymnasialerfolg in der 12. Klassenstufe und dem CFT-Ergebnis am Ende der 4. Grundschulklasse, während der Testautor auf eine Studie von Schneider und Bös (1985) verweist, die pfadanalytisch eine gute Vorhersage der Mathematikleistung durch den CFT berichtet. Mit Hilfe des CFT kann im Vergleich zu den AzN (Aufgaben zum Nachdenken) und dem PSB am besten zwischen erfolgreichen und nicht-erfolgreichen Realschülern getrennt werden, während PSB und AzN bei gymnasialen Gruppen besser trennen.
Der CFT korreliert mit anderen Außenkriterien wie dem Sozialstatus (um r = .19) und der schulischen Verhaltensbeurteilung (r = .12) nur gering. Umfangreiche Gruppenvergleiche zur Überprüfung der Kulturfreiheit des Tests ergaben beispielsweise, daß Diagnostikern empfohlen wird, bei Intelligenzdiagnosen von Ausländerkindern mit sprachlichen Defiziten zwar beide Testteile durchzuführen, jedoch bei signifikantem Unterschied dieser Teile nur das Ergebnis des 2. Teils zugrundezulegen. Die Untersuchung der Ergebnisse von Schülern mit besonderen Eigenschaften zeigte, daß nur Schüler mit einer Rechenschwäche auffällig niedrige Durchschnittsleistungen erbrachten. Die individuellen Ergebnisse in den beiden Ergänzungstests hängen sehr stark mit der Sozialschicht zusammen, der ein Schüler angehört. Außerdem schneiden Ausländerkinder im Wortschatztest signifikant schlechter als vergleichbare deutsche Kinder ab.

7.4 Normen: Die Stabilität der Normen aus dem Jahre 1977 (N = 4400) wurde mehrmalig anhand großer Stichproben (zuletzt 1996, N = 12.330) überprüft. Nach Angaben des Autors ergibt sich keine Notwendigkeit zu einer Neunormierung des CFT 20. Es existieren verschiedene Altersnormwerte, Klassenstandardwerte und Schulstandardwerte für Grund- und Berufsschulen. Ferner werden IQ-Werte und Prozentrangnormen und T-Werte (letztere nur bei den Altersnormwerten) angeführt. Die 1985/86 untersuchte Eichstichprobe beim WS umfaßt 2715, beim ZF 2768 Schüler. Es werden bei den Ergänzungstests T-Werte und Prozentränge für 8 Altersstufen sowie verschiedene Schulstandardwerte angegeben.

8. Literatur

Cattell, R.B. (1968). Are IQ Tests intelligent? *Psychology today, 16.*
Heller, K.A. (1997). Testrezension zu Grundintelligenztest Skala 2 (CFT 20) mit Wortschatztest (WS) und Zahlenfolgentest (ZF). *Zeitschrift für Differentielle und Diagnostische Psychologie, 18,* 53–55.
Heller, K., Rosemann, B. & Steffens, K. (1978). *Prognose des Schulerfolgs.* Weinheim: Beltz.
Langfeld-Nagl, M. (1982). Untersuchungen zur Konstruktvalidität des Grundintelligenztests (CFT) von Cattell und Weiß. *Diagnostica, 28,* 65–79.
Schneider, W. & Bös, K. (1985). Exploratorische Analysen zu Komponenten des Schulerfolgs. *Zeitschrift für Entwicklungspsychologie und Pädagogische Psychologie, 17,* 325–340.
Weiß, R.H. (1997). Replik zur Rezension des CFT 20. *Zeitschrift für Differentielle und Diagnostische Psychologie, 18,* 56–61.

Bearbeiter: Kai Hendrik Lüken

Grundintelligenztest Skala 3 (CFT 3)

R.B. Cattell und R.H. Weiß
Göttingen: Hogrefe, 1971

1. Testart Intelligenztest

2. Testmaterial Handanweisung, Testhefte der Formen A und B, Antwortbogen, Auswertungsschablonen; zusätzlich: Stift, Stoppuhr.

3. Testgliederung Aufbau und Gliederung der Skala 3 entspricht der Skala 2.

4. Grundkonzept Der CFT 3 erfaßt die Grundintelligenz („general fluid intelligence" nach Cattell) und eignet sich als sprachfreies Verfahren besonders zur Intelligenzdiagnostik bei Jugendlichen und Erwachsenen mit geringen Sprachkenntnissen. Der Schwierigkeitsgrad der Aufgaben ist im Vergleich zur Skala 2 – der Altersgruppe angemessen – höher.

5. Durchführung **5.1 Alter:** Jugendliche ab 14 Jahren und Erwachsene. Bei jüngeren Probandengruppen (unter 14 Jahren) mit hoher Intelligenz kann der CFT 3 zur Leistungsdifferenzierung eingesetzt werden.

5.2 Formen: Pseudo-Parallelformen A und B, welche die gleichen Items mit unterschiedlicher Reihenfolge und Position der Lösungen enthalten, für Einzel- und Gruppenuntersuchungen, Lang- (beide Testteile) und Kurzform (1. Teil).

5.3 Handhabung: Die Probanden haben die jeweils richtigen Antworten aus vorgegebenen Alternativen herauszufinden und auf dem separaten Antwortbogen zu markieren.

5.4 Zeit: Die Durchführung des Tests dauert inkl. einer fünfminütigen Testeinführung insgesamt etwa 45 bis 50 Minuten für die Langform (Nettozeit 25 Minuten), 20 bis 25 Minuten (Nettozeit ca. 13 Minuten) für die Kurzform.

6. Auswertung **6.1 Modus:** Die Summe richtiger Antworten wird mit Hilfe einer Schablone ermittelt und anhand von Tabellen in den Normwert umgewandelt.

6.2 Zeit: Keine Angaben.

7. Gütekriterien **7.1 Objektivität:** Der Test ist hinsichtlich Durchführung, Auswertung und Interpretation objektiv.

7.2 Reliabilität: Die Angaben zur Zuverlässigkeit stützen sich u. a. auf amerikanische Untersuchungsergebnisse. Die zeitliche Stabilität (keine Angabe des Intervalls) liegt zwischen r = .70 und .80 (keine Angaben des Stichprobenumfangs). Die Split-Half-Zuverlässigkeit liegt zwischen r = .82 (N = 100 Berufsschüler) und r = .95 (N = 212 Berufsschüler).

7.3 Validität: Der CFT 3 korreliert mit anderen Intelligenztests mit r = .68 (Intelligenz-Struktur-Test (IST; Amthauer, 1955), N = 579) und mit r = .66 (Prüfungssystem für die Bildungsberatung (PSB; Horn, 1969), N = 61). Mit Außenkriterien wie der Berufsschulnote weist der CFT 3 Zusammenhänge zwischen r = .35 (N = 98) und r = .43 (N = 78), mit dem Lehrerurteil Zusammenhänge von durchschnittlich r = .46 (fünf Stichproben, N = insges. 779) auf. Geringe Zusammenhänge bestehen erwartungsgemäß zwischen dem CFT 3 und diversen konstruktfernen Verfahren wie beispielsweise Persönlichkeitsfragebogen und sprachgebundenen Verfahren.

7.4 Normen: Normen (IQ- und T-Werte) werden angegeben für folgende Gruppen: Berufsschüler von 14 bis 18 Jahren (N = 905); Schüler mit mittlerem Schulabschluß (N = 187); Gymnasiasten der Klasse 12 (N = 1012); Gesamtstichprobe der 16- bis 19jährigen (N = 608). Außerdem werden Vergleichswerte für Studierende aus zehn Fachrichtungen (N = 409) mitgeteilt. Die Normen sind mittlerweile ca. 30 Jahre alt und daher revisionsbedürftig.

8. Literatur

Amthauer, R. (1955). *IST Intelligenz-Struktur-Test.* Göttingen: Verlag für Psychologie.

Horn, W. (1969). *Prüfsystem für Schul- und Bildungsberatung PSB.* Göttingen: Hogrefe.

Bearbeiter: Kai Hendrik Lüken

Hamburg-Wechsler-Intelligenztest 1 für Erwachsene Revision 1991 (HAWIE-R)

U. Tewes
Bern: Huber, 1991

1. Testart Intelligenztest

2. Testmaterial Handanweisung, Protokollbogen, Materialkasten mit folgendem Inhalt: Spiralordner mit 17 Bildvorlagen für den Untertest „Bilderergänzen" und 9 Mustern für den „Mosaik-Test", Kästchen mit 10 Kartonbildserien mit je 3 bis 6 Bildern für den Untertest „Bilderordnen", Kästchen mit 9 mehrfarbigen Wür-

Tabelle: Untertests des HAWIE-R

Skalen	Items	Meßbereich
Verbalteil		
1. Allgemeines Wissen (AW)	24	Breite des Allgemeinwissens, Aufgeschlossenheit gegenüber der Umwelt
3. Zahlennachsprechen (ZN)	28	akustische Merkfähigkeit, Aufmerksamkeit, Selbstkontrolle
5. Wortschatztest (WT)	32	allgemeine Sprachentwicklung, Bestand an sprachlichen Kenntnissen
7. Rechnerisches Denken (RD)	14	Fähigkeit, Operationen leichter Art im Kopf durchzuführen
9. Allgemeines Verständnis (AV)	13	praktische Urteilsfähigkeit, Fähigkeit, aus Erfahrung zu lernen und in Ursache-Wirkungs-Zusammenhängen zu denken
11. Gemeinsamkeitenfinden (GF)	16	logisches und abstraktes Denken in Kategorien
Handlungsteil		
2. Bilderergänzen (BE)	17	Fähigkeit, bekannte Formen, Gegenstände und Figuren zu erkennen und dabei wesentliche von unwesentlichen Details zu unterscheiden
4. Bilderordnen (BO)	10	Fähigkeit, auf visuellem Wege soziale Handlungsabläufe zu erfassen, Ordnung und Sequenzen herzustellen und dabei wesentliche von unwesentlichen Details zu unterscheiden
6. Mosaik-Test (MT)	10	räumliches Vorstellungsvermögen, psychomotorische Koordination, Kombinationsfähigkeit, Flexibilität des Denkens
8. Figurenlegen (FL)	4	Fähigkeit zur Wahrnehmung und Reproduktion konkreter Figuren
10. Zahlen-Symbol-Test (ZS)	93	allgemeine psychomotorische Geschwindigkeit, visuell-motorische Koordination, Konzentrationsvermögen bei Routineaufgaben

feln für den Mosaik-Test, 4 Plastikbeutel mit zerlegten Figuren für das „Figurenlegen“, eine Auswertungsschablone für den „Zahlen-Symbol-Test“; zusätzlich: Bleistifte, Stoppuhr.

3. Testgliederung

Der HAWIE-R besteht aus einem Verbal- (6 Untertests) und einem Handlungsteil (5 Untertests). Das Gesamtergebnis des HAWIE-R gibt Hinweise auf das allgemeine geistige Leistungsvermögen des Probanden. Unterschiede zwischen Verbal- und Handlungsteil sollen Schlüsse darüber ermöglichen, ob die getestete Person eher praktisch oder eher verbal-theoretisch begabt ist. Verbal- und Handlungsteil können sowohl gemeinsam als auch gesondert durchgeführt werden. Die Durchführung nur eines Teils ist gedacht für die Testung sprachbehinderter oder motorisch beeinträchtigter Personen.

Die Tabelle bietet eine Übersicht über die einzelnen Untertests und ihre jeweiligen Meßbereiche. Die Numerierung der Untertests entspricht ihrer Reihenfolge bei der Testdarbietung (Verbal- und Handlungsteil werden gemischt dargeboten, um die Testsituation aufzulockern und die Probanden stärker zu motivieren).

Die Neubearbeitung lehnt sich stärker an das amerikanische Vorbild an (WAIS-R; Wechsler, 1981) als an die ursprüngliche Version der deutschen Fassung (HAWIE, Hardesty & Lauber, 1956). Zahlreiche Items bzw. ganze Untertests (ZN, BO, MT, FL und ZS) sind aus der WAIS-R übernommen.

4. Grundkonzept

Dem HAWIE-R liegt ebenso wie allen anderen Wechsler-Tests das Konzept der allgemeinen Intelligenz zugrunde, dieses Konzept wird im Handbuch jedoch nicht dargestellt. Intelligenz ist nach Wechsler (1956) „die zusammengesetzte oder globale Fähigkeit des Individuums, zweckvoll zu handeln, vernünftig zu denken und sich mit seiner Umgebung wirkungsvoll auseinanderzusetzen“. Implizit wird von einer Hierarchie ausgegangen: An der Spitze steht die allgemeine Intelligenz, die sich in eine „Verbal“- und eine „Handlungs“-Intelligenz unterteilt. Die Handlungs-Intelligenz soll auch die nicht-intellektuellen Faktoren intelligenten Verhaltens erfassen.

Der HAWIE-R wurde vorrangig für die klinisch-psychologische Diagnostik entwickelt, um Ausfallerscheinungen der Intelligenz untersuchen zu können. Es handelt sich nach Tewes um ein Testverfahren, das nach dem Muster eines „standardisierten Dialogs“ konstruiert wurde. Somit kann die Intelligenz auch von psychisch oder neurologisch behinderten Personen oder älteren testunerfahrenen Personen, denen ein Multiple-choice-Verfahren nicht zugemutet werden kann, erhoben werden.

5. Durchführung

5.1 Alter: 16 bis 74 Jahre.

5.2 Formen: Einzeltest.

5.3 Handhabung: Die Testanweisung enthält neben genauen Anweisungen zu Testabbruch- und -bewertung zahlreiche, möglichst wörtlich zu gebende Testanweisungen. Die Abbruchkriterien (wenn mehrere Aufgaben in Folge nicht gelöst werden konnten) und Bewertungen der einzelnen Untertests sind darüber hinaus auch auf dem Protokollbogen vermerkt, was die Handhabung erleichtert.

5.4 Zeit: Die Testdurchführung nimmt ungefähr 60 bis 90 Minuten in Anspruch. Für mehrere Untertests sind Zeitgrenzen angegeben, die Bearbeitungszeit pro Aufgabe beträgt je nach Untertest zwischen 20 Sekunden und 3 Minuten.

6. Auswertung

6.1 Modus: Die Auswertung der erhobenen Daten erfolgt nach festgelegten Kriterien, die sowohl im Handbuch als auch im Protokollbogen aufgeführt sind. Bei den Untertests BE, ZN, BO, MT, RD, FL und ZS erfolgt die Bewertung nach objektiven Kriterien. Für die Untertests AW, WT, AV und GF werden dem Auswerter zwar Bewertungsrichtlinien vorgegeben, es bleibt aber ein gewisser Ermessensspielraum. Die vom Testautor vorgegebenen Beispielantworten scheinen für einige Items fraglich, z. B. für das Wasserkrugbild im Untertest BE (Fay, 1993).

Die Rohwertsummen der Untertests werden in Wertpunkte (WP) transformiert. Die WP werden für den Verbal-, den Handlungsteil sowie für den Gesamttest aufsummiert und können in IQ-Werte umgewandelt werden. Auf dem Protokollbogen können die den Rohwerten entsprechenden WP-Äquivalente in einer Tabelle abgelesen werden. Die angekreuzten Rohwerte können zu einem Profil verbunden werden.

Der HAWIE-R differenziert zufriedenstellend bis zu zwei Standardabweichungen über dem Mittel, bei einem IQ über 130 sollten quantitative Vergleiche nur noch mit Vorbehalt vorgenommen werden. Im unteren Leistungsbereich differenziert der Test bis zu drei Standardabweichungen unterhalb des Mittels, d. h. bis zu einem IQ von 55.

6.2 Zeit: Keine Angaben (ca. 10 bis 15 Minuten).

7. Gütekriterien

7.1 Objektivität: Die Durchführungsobjektivität kann aufgrund der detaillierten Hinweise in der Handanweisung als gewährleistet angesehen werden. Der Ermessensspielraum bei der Bewertung der Untertests AW, WT, AV und GF des Verbalteils führt zu einer verminderten Auswertungsobjektivität. Bei der Beurteilung von 4 Testprotokollen dieser Untertests durch 16 Auswerter ergaben sich Standardabweichungen der Wertpunkteverteilungen zwischen .35 und 1.85. Die höchste Auswertungsobjektivität wies der Untertest GF mit einer durchschnittlichen Abweichung von .57 Wertpunkten auf. Die Abweichungen der übrigen Subtests betrugen im Durchschnitt .78 (AW), 1.40 (AV) und 1.09 (WT). Es zeigte sich darüber hinaus, daß erfahrene Auswerter mit größerer Übereinstimmung urteilen als unerfahrene.

7.2 Reliabilität: In der Handanweisung sind Angaben zu Mittelwert und Trennschärfe (.08 bis .66) aller Items aufgeführt. Die innere Konsistenz (Cronbachs Alpha) der Untertests beträgt im Verbalteil je nach Altersgruppe (N = 200 bzw. 300) zwischen .57 und .92, im Handlungsteil zwischen .60 und .95. Der gesamte Verbalteil weist je nach Altersgruppe eine innere Konsistenz von .93 bis .97 und der gesamte Handlungsteil eine innere Konsistenz von .89 bis .93 auf. Die innere Konsistenz des Gesamttest liegt zwischen .95 und .97.

Zur Stabilität des HAWIE-R werden keine Angaben gemacht.

Der Standardmeßfehler liegt je nach Altersgruppe im Verbalteil bei 2.60 bis 3.97 IQ-Punkten, im Handlungsteil bei 3.97 bis 4.74 IQ-Punkten und im Gesamttest bei 2.60 bis 3.35 IQ-Punkten.

Die Interkorrelationen der Untertests betragen im Verbalteil zwischen .10 und .82, im Handlungsteil zwischen .05 bis .68 und zwischen Verbal- und Handlungsteil .01 bis .70. Aufgrund der teilweise recht bedeutsamen Untertest-Interkorrelationen sollte von einer Profilinterpretation abgesehen werden.

7.3 Validität: Eine Faktorenanalyse der Korrelationsmatrix für die Gesamtstichprobe (N = 2000) ergab zwei Faktoren, die zusammen knapp 56 % der Gesamtvarianz aufklären. Die 6 Untertests des Verbalteils haben ihre höchsten Ladungen auf dem ersten Faktor, der einen Varianzanteil von 45,6 % aufweist. Die 5 Untertests des Handlungsteils laden am höchsten auf dem zweiten Faktor, der einen Varianzanteil von 10,7 % besitzt. Dieses Ergebnis entspricht dem Konzept von Wechsler, Handlungs- und Verbalteil separat auszuwerten; allerdings haben die Untertests ZN und RD nicht unerhebliche Ladungen auf beiden Faktoren.

In einer Varianzanalyse konnte gezeigt werden, daß mit höherer Schulbildung auch die Leistungen in den einzelnen Untertests besser ausfallen. Die Unterschiede zwischen Hauptschülern und Gymnasiasten betragen dabei ungefähr eine Standardabweichung (im Handlungsteil etwas geringer).

Bei einem Vergleich der Testleistungen über alle getesteten Altersstufen hinweg konnte eine mit zunehmendem Alter stärker werdende Leistungsminderung beobachtet werden. Diese fiel für den Verbalteil stärker aus.

Der Autor führt weitere Studien an, die die Validität des HAWIE-R stützen, u. a. eine Studie mit ein- und zweieiigen Zwillingen und anderen Geschwisterpaaren (N = 202) und eine Studie mit Alkoholikern (N = 100).

7.4 Normen: Der HAWIE-R wurde an einer Stichprobe von N = 2000 Personen geeicht. Die Stichprobe ist in 9 Altersgruppen unterteilt (jeweils N = 200 bis 300). Die Zusammensetzung der Stichprobe orientiert sich an repräsentativen Angaben des Statistischen Bundesamts zu Alter, Geschlecht und Schulbildung des Jahres 1986.

In Anlehnung an die WAIS-R erfolgt die Umrechnung der Rohwerte in Wertpunkte auf der Basis der Rohwerteverteilung der 20- bis 34jährigen, da Wechsler davon ausgeht, daß die geistige Entwicklung in diesem Alter ihr Maximum erreicht und anschließend relativ konstant bleibt. Diese sog. „Wertpunkte A" können in IQ-Werte und Prozentränge umgewandelt werden. Es stehen jedoch auch Normentabellen mit altersspezifischen Wertpunkten zur Verfügung (sog. „Wertpunkte B"), die nicht in IQ-Werte transformiert werden dürfen. Darüber hinaus liegen Normentabellen für verschiedene Schulabschlüsse vor. Eine Differenzierung nach Geschlechtern erfolgt nicht.

8. Literatur

Fay, E. (1993). HAWIE-R Hamburg-Wechsler-Intelligenztest für Erwachsene, Revision 1991. *Diagnostica, 39*, 271–279.

Guthke, J. & Herzberg, Ph.Y. (1997). Hamburg-Wechsler-Intelligenztest für Erwachsene – Revision 1991 (HAWIE-R). *Zeitschrift für Differentielle und Diagnostische Psychologie, 18,* 39–43.

Matarazzo, J.D. (1982). *Die Messung und Bewertung der Intelligenz Erwachsener nach Wechsler.* Bern: Huber.

Wechsler, D. (1981). *Manual for the Wechsler Adult Intelligence Scale – Revised (WAIS-R).* New York: Psychological Corporation.

Bearbeiterin: Miriam Vock

Hamburg-Wechsler-Intelligenztest für Kinder – III (HAWIK-III)

D. Wechsler
Hrsg.: U. Tewes, P. Rossmann und U. Schallberger
Bern: Huber, 2. Auflage 2001

1. Testart Intelligenztest

2. Testmaterial Materialkoffer mit folgendem Inhalt: Handanweisung (DIN A5, 339 Seiten), Protokollbogen inklusive Antwortbogen für den Zahlen-Symbol-Test, Testheft mit 29 Bildvorlagen für den Untertest „Bilderergänzen", 4 Bildvorlagen für den Untertest „Rechnerisches Denken" und 12 Bildvorlagen für den „Mosaik-Test", Kartonstreifen zum Abdecken von Teilen der Bildvorlage für den Untertest „Rechnerisches Denken", Kästchen mit 15 Kartonbildserien zu je drei bis sechs Bildern für den Untertest „Bilderordnen", Kästchen mit neun rot gemusterten Würfeln für den „Mosaik-Test", 6 Kästchen mit zerlegten Figuren sowie Pappe mit Auslegeordnung für den Untertest „Figurenlegen", 8 Kartons mit Aufgaben für den Untertest „Rechnerisches Denken", Testheft mit 10 Abbildungen für den „Labyrinth-Test", eine Auswertungsschablone für den „Zahlen-Symbol-Test", eine Auswertungsschablone für den „Symboltest"; zusätzlich: Bleistift, Stoppuhr.

3. Testgliederung Der HAWIK-III ist in einen Verbal- (fünf Untertests und ein Zusatztest) und einen Handlungsteil (fünf Untertests und zwei Zusatztests) unterteilt, die im Rahmen der Testdurchführung gemischt sind, um die Testdurchführung für die Kinder abwechslungsreicher zu gestalten. Die Untertests sind in der folgenden Tabelle aufgelistet. Die Numerierung der Subtests entspricht deren Reihenfolge bei der Testdarbietung.

Verbalteil
2. Allgemeines Wissen (AW): 30 Items
4. Gemeinsamkeitenfinden (GF): 19 Items
6. Rechnerisches Denken (RD): 24 Items
8. Wortschatztest (WT): 30 Items
10. Allgemeines Verständnis (AV): 18 Items
12. Zahlennachsprechen (ZN): 15 Items

Handlungsteil
1. Bilderergänzen (BE): 29 Items
3. Zahlen-Symbol-Test (ZST): 59 Items
5. Bilderordnen (BO): 14 Items
7. Mosaik-Test (MT): 12 Items
9. Figurenlegen (FL): 5 Items

11. Symbolsuche (SS): 45 Items
13. Labyrinth-Test (LAB): 10 Items

Das Zahlennachsprechen bzw. der Labyrinth-Test können laut Handbuch jeweils einen beliebigen Untertest des Verbal- bzw. Handlungsteils ersetzen. Bei der Symbolsuche handelt es sich um einen ergänzenden Untertest, der nicht in die IQ-Berechnung eingeht.

Veränderungen gegenüber dem HAWIK-R zielten insbesondere auf die Elimination veralteter Items sowie auf eine für die Kinder interessantere und den Testleiter leichter handhabbare Testgestaltung (z. B. mehr Einstiegsstufen, veränderte Abbruchkriterien). Zwei Untertests (Symbolsuche und Labyrinth-Test) waren im HAWIK-R nicht enthalten Darüber hinaus erfolgte eine Aktualisierung der Normen.

4. Grundkonzept

Der HAWIK-III ist die deutschsprachige Version der WISC-III, der „Wechsler Intelligence Scale for Children". Diese beruht auf dem Intelligenzkonzept von Wechsler, demzufolge Intelligenz nicht als spezifische Fähigkeit aufzufassen ist, sondern sich als Gesamtheit einer Gruppe von Einzelaspekten ergibt. Daher besteht der HAWIK aus einer Reihe von Skalen, die möglichst unterschiedliche geistige Fähigkeiten erfassen, jedoch gemeinsam die allgemeine geistige Begabung des Kindes widerspiegeln sollen.

5. Durchführung

5.1 Alter: 6;0 bis 16;11 Jahre.

5.2 Formen: Einzeltest, keine Parallelformen.

5.3 Handhabung: Das Testhandbuch enthält detaillierte Anweisungen für jeden Untertest. Neben wörtlichen Anweisungen, die der Testleiter dem Kind unter Wahrung eines lockeren Gesprächstons vortragen soll, wird aufgeführt, mit welchem Item bei bestimmten Altersstufen begonnen werden soll, wann und wie Hilfestellung gegeben werden darf, wann der Abbruch des jeweiligen Untertests erfolgt und wie die Aufgabe bewertet wird. Der Protokollbogen enthält ebenfalls Informationen zur Durchführung und Bewertung der Untertests.

5.4 Zeit: Die Untersuchungsdauer hängt von Alter und Leistungsvermögen des Kindes ab. Die Durchführung der 10 Standardtests beträgt laut Handbuch in der Regel zwischen 50 und 70 Minuten, hinzu kommen ggf. weitere 10 bis 15 Minuten für die wahlfreien Untertests und den ergänzenden Untertest. Für mehrere Untertests werden Zeitgrenzen angegeben. So beträgt die Zeitgrenze beim BE 20 Sekunden für jedes dargebotene Bild, beim MT in Abhängigkeit vom Schwierigkeitsgrad des Musters zwischen 30 und 120 Sekunden, beim FL zwischen 120 und 180 Sekunden für jede Figur, beim BO zwischen 45 und 60 Sekunden und beim ZS 120 Sekunden.

6. Auswertung

6.1 Modus: Anhand des Testprotokolls wird jede Aufgabe nach festgelegten Kriterien bewertet. Bei der Auswertung werden die Aufgabenbewertungen zu Rohpunktwerten summiert, die mit Hilfe der im Anhang enthaltenen Tabellen für die einzelnen Altersstufen in Wertpunkte umgewandelt werden. Die Wertpunkte können in einem weiteren Schritt in IQ-Werte (Verbal-, Handlungs- und Gesamt-IQ) umgerechnet werden. Die Wertpunkte können außerdem auf der Vorderseite des Protokollbogens graphisch dargestellt werden. Das Testhandbuch enthält Hinweise zur quantitativen und qualitativen Interpretation der Wertpunkte und des IQ.

6.2 Zeit: Keine Angaben.

7. Gütekriterien

7.1 Objektivität: Es liegen keine Angaben zur Objektivität vor. Aufgrund der detaillierten und überschaubaren Anweisungen im Testhandbuch und einer weitgehenden Standardisierung der Testsituation kann davon ausgegangen werden, daß die Durchführungsobjektivität so weit wie möglich gewährleistet ist. Die Auswertung wird dort, wo Items nicht nur eine einzige richtige Lösung haben, durch detaillierte Listen gültiger Antworten ebenfalls so weit wie möglich standardisiert.

7.2 Reliabilität: Interne Konsistenz: Die Split-Half-Reliabilität der einzelnen Subtests beträgt je nach Altersgruppe für die Subtests des Verbalteils zwischen r = .70 und r = .93 und für die Subtests des Handlungsteils zwischen r = .48 und r = .97 (N wird nicht eindeutig angegeben, wahrscheinlich 75 pro Altersgruppe). Die Reliabilität der Testwertsummen liegt für den Verbal-IQ zwischen r = .91 und r = .95, für den Handlungs-IQ zwischen r = .89 und r = .94. Für den Gesamt-IQ schwankt die Reliabilität über die Altersgruppen hinweg zwischen r = .94 und r = .97. Die mittlere Reliabilität über die Altersgruppen hinweg liegt zwischen r = .80 und r = .88 für den Verbalteil bzw. r = .68 und r = .88 für den Handlungsteil. Die mittleren Reliabilitäten für die Testwertsummen betragen r = .95 für den Verbalteil, r = .91 für den Handlungsteil und r = .96 für den Gesamt-IQ.
Stabilität: Hier werden lediglich Werte für den WISC-III berichtet. Dessen Stabilität beträgt über drei Wochen hinweg r = .90 für den Gesamttest und zwischen r = .62 und r = .82 für die einzelnen Untertests. Angaben zur Stichprobengröße werden im Handbuch nicht gemacht.

7.3 Validität: Konstruktvalidität: Eine konfirmatorische Faktorenanalyse mit zwei Faktoren ergibt weitestgehend einen „Verbal-“ und einen „Handlungsfaktor“. Die Untertests rechnerisches Denken und Zahlennachsprechen laden annähernd gleich hoch auf beiden Faktoren.
Kriteriumsvalidität: In bezug auf den Gesamt-IQ zeigen sich keine statistisch signifikanten Mittelwertsunterschiede zwischen den deutschen, österreichischen und Schweizer Kindern der Normstichprobe. Auch im Wortschatz-Test und im Verbal-IQ ergeben sich keine Unterschiede. Gleiches gilt für einen Vergleich zwischen Kindern aus den alten und den neuen Bundesländern.
Zwischen Schülern aus Grundschulen und Orientierungsstufen einerseits (N = 456) und lernbehinderten Kindern andererseits (N = 42) ergeben sich in nahezu allen Bereichen hochsignifikante ($p < .001$) Unterschiede von durchschnittlich fast zwei Standardabweichungen. Die Werte von Gymnasiasten (N = 48) liegen etwa eine Standardabweichung über denen von Kindern aus Haupt- und Realschulen (N = 140).
Die Schulnoten von N = 166 Schülern der Klassen 1 bis 6 korrelieren zwischen r = .28 und r = .47 mit den HAWIK-III-Ergebnissen. Die Korrelationen der HAWIK-III-Ergebnisse mit Lehrerurteilen im Hinblick auf die Intelligenz liegen ähnlich hoch, bei der Untergruppe der Kinder der Jahrgangsstufen 4 bis 6 (N = 82) steigt die Korrelation auf bis zu r = .64 für den Gesamt-IQ.

7.4 Normen: Es liegen für die einzelnen Untertests nach Altersstufen (4-Monats-Schritte) getrennte Wertpunkt-Normen vor. Die Normen basieren auf insgesamt 1570 Kindern und Jugendlichen zwischen sechs Jahren und 16 Jahren und 11 Monaten. Davon stammen 990 Probanden aus Deutschland, 300 aus Österreich und 280 aus der Schweiz. Umrechnungstabellen von Wertpunkten in IQ- und Prozentrang-Normen inklusive 90 %- sowie 95 %-Vertrauensintervallen liegen ebenfalls vor.

Verfasser: Stephan Kröner

Hamburg-West-Yorkshire Gruppentest zur Intelligenzprüfung (HWY)

W. Schultze, K. Hecht und O. Sickert
Göttingen: Hogrefe, 1953

1. Testart Intelligenztest

2. Testmaterial Handanweisung für den Prüfer, Übungsblätter und Testhefte; zusätzlich: Bleistifte, Uhr.

3. Testgliederung Das sog. Übungsblatt enthält 12, das Testheft 117 Aufgaben. Im Gegensatz zur englischen Originalversion, dem „West Yorkshire Group Test of Intelligence, Form X", fehlen 41 Aufgaben.

4. Grundkonzept In der Handanweisung wird lediglich kurz dargestellt, daß der Test bei gleichem Aufbau, gleichen Aufgabenmodellen und gleichem Schwierigkeitsgrad eine „gekürzte Bearbeitung" des Originals darstellt und daß er der Intelligenzprüfung von Jungen und Mädchen im gegenüber dem Original eingeschränkten Altersbereich dient.
Nach Hiltmann (1960) prüfen die Aufgaben „die Merk- und Lernfähigkeit, die sprachliche Intelligenz, die Kritik- und Urteilsfähigkeit und das räumliche Vorstellen" (S. 49).

5. Durchführung **5.1 Alter:** 9;6 bis 12;6 Jahre.

5.2 Formen: Als Einzel- oder Gruppentest einsetzbar.

5.3 Handhabung: Zunächst arbeitet der Testleiter die Aufgaben des Übungsblattes „in freier Unterrichtsweise mit den Kindern durch" (S. 4), d. h., er beantwortet Fragen und kontrolliert, daß die Aufgaben korrekt bearbeitet werden. Anschließend werden die Testhefte verteilt, und die auf der ersten Seite der Testhefte abgedruckte Anweisung wird vom Testleiter vorgelesen. Die Items werden von den Kindern schriftlich und zum Teil zeichnerisch beantwortet. Etwa die Hälfte der Aufgaben sind Multiple-choice-Aufgaben, die anderen Aufgaben erfordern eine freie Lösungswahl.

5.4 Zeit: Übungsblatt: ca. 20 Minuten. Testheft: 60 Minuten (vorgegeben).

6. Auswertung **6.1 Modus:** Richtige Lösungen werden zumeist mit einem Punkt bewertet, bei 8 Aufgaben kann mehr als ein Punkt erreicht werden, und vier Aufgaben werden nicht bewertet. Bei einigen Items sind Richtlinien für die korrekte Bewertung aufgeführt. Der additiv ermittelte Rohwert (max. 123 Punkte) kann anhand der Normtabelle in Prozentrangplätze transformiert werden. Hierbei sind lediglich Punktzahlen in Zehnerschritten angegeben, so daß gegebenenfalls interpoliert werden muß. Die Umwandlung in IQ-Werte wird kurz dargestellt.

6.2 Zeit: Keine Angaben.

7. Gütekriterien

7.1 Objektivität: Testdurchführung und Auswertung sind objektiv. Eine Beeinträchtigung der Objektivität ergibt sich allerdings durch die Durchführung der Vorübung in freier Unterrichtsweise.

7.2 Reliabilität: Split-Half-Methode (korrigierte Koeffizienten): $r_{tt} = .96$ (N = 445).
Stabilität: Retest-Reliabilität nach 6 Monaten ohne Zeitbeschränkung: r = .86 (N = 37).

7.3 Validität: Kriteriumsbezogene Validität:
- Korrelation mit Berlin 1-Test: r = .92
- Korrelation mit I-Test Hamburg 1951: r = .91
- Korrelation mit Duplex-Test: r = .88
- Korrelation mit Zeugnisrangplatz: r = .86
- Korrelation mit ungekürzter Originalfassung: r = .92 (jeweils N = 37)
- Korrelation zum Schulerfolg in der Oberschule (nach 3 Jahren): $r_{tc} = .44$ (Hitpass, 1961)

7.4 Normen: Die Testnormierung fand vor 1953 statt und basiert auf den Ergebnissen von 26000 Kindern. Normen sind für die Altersstufen 9;6 bis 12;6 (monatsgetrennt) als Prozentrangplätze angegeben, wobei zwischen den angegebenen Zehnerschritten gegebenenfalls interpoliert werden muß. Eine Trennung der Normen nach Geschlechtern liegt nicht vor. Biglmeier und Burkhardt (1961) berichten Leistungsunterschiede zwischen Jungen und Mädchen der 4. Klasse (N = 354). Zur besseren Gliederung der Ergebnisse errechneten sie Summenprozentwerte und Richtwerte für die Teilgebiete Auffassungsgabe, Wortschatz und Fähigkeit zur Raumorientierung. Ingenkamp (1963) rät dem Benutzer zur Verwendung dieser Ergebnisse. Über Repräsentativität sowie Stichprobengröße der Daten liegen keine Angaben vor.

8. Literatur

Biglmeier, F. & Burkhardt, H. (1961). Ein schulbrauchbarer Gruppenintelligenztest. *Schule und Psychologie, 8,* 225–239.
Hiltmann, H. (1960). *Kompendium der psychodiagnostischen Tests.* Bern: Huber.
Hitpass, J. (1961). Vergleichende Untersuchungen über den Voraussagewert von Aufnahmeprüfung und Testprüfung zur Erfassung der Eignung für die weiterführenden Schulen. *Schule und Psychologie, 8,* 65–71.
Ingenkamp, K. (1963). *Psychologische Tests für die Hand des Lehrers.* Weinheim: Beltz.

Bearbeiter: Ulrich Seidler-Brandler

Heidelberger Intelligenztest 1–2 (HIT 1–2)

H. Kratzmeier
Hrsg.: K. Ingenkamp (Reihe „Deutsche Schultests")
Weinheim: Beltz Test GmbH, 2. Auflage 1994

1. Testart Intelligenztest

2. Testmaterial Beiheft (DIN A4, 23 Seiten), Testhefte Form A und B (nur einmal verwendbar); zusätzlich: Bleistifte (Radiergummis), (Stopp-)Uhr.

3. Testgliederung Der HIT 1–2 besteht aus vier Teiltests und einem Sondertest:
1. Relationen (12 Items, Maximalzeit 10 Minuten)
2. Logik (20 Items, Maximalzeit 20 Minuten)
3. Reproduktion (20 Items, Maximalzeit 15 Minuten)
4. Differenzierung (20 Items, Maximalzeit 20 Minuten)
5. Sondertest Kreativität (1 Item, Maximalzeit 10 Minuten)

4. Grundkonzept Ausgangspunkt bei der Konstruktion des HIT 1–2 war die Feststellung, daß Aufgaben, die die Differenzierung und Strukturierung visuellen Materials erfordern, von hohem prognostischen Wert hinsichtlich des Schulerfolgs sind. Durch mehrdimensionale Erfassung der Differenzierfähigkeit wird versucht, diesen Aspekt intellektueller Leistungsfähigkeit möglichst vollständig zu erfassen. Da die eigenständige Bedeutung kreativen Denkens zunehmend erkannt wird, wurde dem Verfahren ein zeichnerischer Kreativitätstest hinzugefügt.

5. Durchführung **5.1 Alter:** Grundschüler der ersten und zweiten Klasse.

5.2 Formen: Als Einzel- oder Gruppentest (maximal 15 Kinder) anwendbar. Bei Testung gehörloser oder anderssprachiger Kinder verringert sich die maximale Gruppengröße auf 5. Es liegen zwei echte Parallelformen A und B vor.

5.3 Handhabung: Beim Einsatz des HIT 1–2 als Gruppentest wird neben dem Versuchsleiter ein Testhelfer benötigt. Es gibt drei Instruktionsvarianten: eine sprachliche (Kinder mit normalem Sprechvermögen), eine sprachreduzierte (schwerhörige und sprachlich retardierte Kinder) und eine sprachfreie (gehörlose und nicht deutschsprachige Kinder).

5.4 Zeit: Für die Durchführung sind zwei Unterrichtsstunden (90 bis 100 Minuten) erforderlich. Die Netto-Arbeitszeit beträgt 75 Minuten. Nach dem dritten Teiltest kann eine Pause von 5 bis 10 Minuten eingelegt werden.

6. Auswertung **6.1 Modus:** Richtige Lösungen sind dem Beiheft zu entnehmen. Jede richtig gelöste Aufgabe der Teiltests 1 bis 4 wird mit einem Punkt bewertet. Beim

Teiltest „Kreativität" sind drei vorgegebene Anfangszeichen zeichnerisch fortzuführen. Die Auswertung erfolgt hinsichtlich der Kriterien „Ergänzung" (maximal 3 Punkte), „Ausgestaltung" (maximal 3 Punkte), „Erweiterung" (maximal 5 Punkte) und „Verbindung" (maximal 5 Punkte). Die Rohwertsumme jedes Teiltests sowie der aufaddierten Teiltests 1 bis 4 („Gesamtwert") kann in Normwerte umgerechnet werden.

6.2 Zeit: Keine Angaben (ca. 6 bis 8 Minuten pro Lösungsheft).

7. Gütekriterien

7.1 Objektivität: Bei Beachtung der Vorgaben zur Ausführung und Durchführung gegeben.

7.2 Reliabilität: Die Halbierungszuverlässigkeit wird mit r = .95 (N = 297; aufgewertet nach Spearman-Brown) angegeben. Die Werte für die Teiltests liegen zwischen r = .76 und r = .84. Die interne Konsistenz des Gesamttests liegt bei r = .92.

7.3 Validität: Es werden Zusammenhänge zwischen Testwerten und Schulnoten, getrennt für die Testformen und das erste bzw. zweite Schuljahr, mitgeteilt (N zwischen 565 und 699). Für die Teiltests 1 bis 4 ergeben sich leichte bis mittelhohe Korrelationen mit den Schulnoten (zwischen r = –.15 und r = –.46). Der Gesamtwert des HIT 1–2 (Teiltests 1 bis 4) korreliert mit den Schulnoten zwischen r = –.30 und r = –.57. Der Zusammenhang zwischen Gesamtwert und der Note im Fach Deutsch liegt dabei allgemein niedriger als für das Fach Rechnen.
Eine Untersuchung zur konvergenten Validität an einer sehr kleinen Stichprobe (N = 31) berichtet über Zusammenhänge zwischen HIT 1–2 (Gesamtwert) und CMM1–3 (Columbia Mental Maturity Scale; r = .75), SON (Snijders-Oomen Nonverbaler Intelligenztest; r = .67) und SPM (Standard Progressive Matrices; r = .42).
Bei einer gemeinsamen Faktorisierung der Teiltestwerte des HIT 1–2 und der Schulnoten in Deutsch, Rechnen und Sachkunde (N nicht mitgeteilt) wurden fünf Faktoren extrahiert. Neben einem starken Generalfaktor, auf dem sowohl alle Schulnoten und (etwas stärker) alle Teiltests luden, erschien ein zweiter, lediglich durch die Schulnoten konstituierter Faktor. Der Sondertest „Kreativität" bildete einen eigenständigen dritten Faktor. Die Aussagekraft dieser Faktoranalyse ist jedoch eingeschränkt, da zusätzlich zu den Teiltests auch der Gesamtwert des HIT 1–2 in die Analyse einging, wodurch der HIT-spezifische Varianzanteil überschätzt wird (s. HIT 3–4).

7.4 Normen: Die Normierung wurde 1976 an einer Gesamtstichprobe von N = 2446 Kindern, getrennt für das erste und zweite Schuljahr sowie für die beiden Testformen, vorgenommen. Die Normen für die Teiltests 1 bis 4 liegen als Prozentrangwerte und T-Werte vor. Für den Sondertest „Kreativität" wird zusätzlich ein Prozentrangband, für den Gesamtwert werden auch IQ-Werte und IQ-Band angegeben.

Bearbeiter: Henning Gibbons

Heidelberger Intelligenztest 3–4 (HIT 3–4)

H. Kratzmeier
Hrsg.: K. Ingenkamp (Reihe „Deutsche Schultests“)
Weinheim: Beltz Test GmbH, 2. Auflage 1993

1. Testart Intelligenztest

2. Testmaterial Beiheft (DIN A4, 27 Seiten), Testhefte Form A und B (nur einmal verwendbar); zusätzlich: Tafel und Kreide für den Testleiter zum Vorzeichnen, Bleistifte (Radiergummis), (Stopp-)Uhr.

3. Testgliederung Der HIT 3–4 besteht aus vier Teiltests und einem Sondertest:

1. Relationen (20 Items, Maximalzeit 10 Minuten)
2. Logik (20 Items, Maximalzeit 20 Minuten)
3. Reproduktion (20 Items, Maximalzeit 15 Minuten)
4. Differenzierung (20 Items, Maximalzeit 20 Minuten)
5. Sondertest Kreativität (1 Item, Maximalzeit 10 Minuten)

4. Grundkonzept Ausgangspunkt bei der Konstruktion des HIT 3–4 war die Feststellung, daß Aufgaben, die die Differenzierung und Strukturierung visuellen Materials erfordern, von hohem prognostischen Wert hinsichtlich des Schulerfolgs sind. Durch mehrdimensionale Erfassung der Differenzierfähigkeit wird versucht, diesen Aspekt intellektueller Leistungsfähigkeit möglichst vollständig zu erfassen. Da die eigenständige Bedeutung kreativen Denkens zunehmend erkannt wird, wurde dem Verfahren ein zeichnerischer Kreativitätstest hinzugefügt.

5. Durchführung **5.1 Alter:** Grundschüler der dritten und vierten Klasse.

5.2 Formen: Als Einzel- oder Gruppentest (maximal 15 Kinder) anwendbar. Bei Testung gehörloser oder anderssprachiger Kinder verringert sich die maximale Gruppengröße auf 5. Es liegen zwei echte Parallelformen A und B vor.

5.3 Handhabung: Es gibt drei Instruktionsvarianten: eine sprachliche (Kinder mit normalem Sprechvermögen), eine sprachreduzierte (schwerhörige und sprachlich retardierte Kinder) und eine sprachfreie (gehörlose und nicht deutschsprachige Kinder).

5.4 Zeit: Für die Durchführung sind zwei Unterrichtsstunden (90 bis 100 Minuten) erforderlich. Die Netto-Arbeitszeit beträgt maximal 75 Minuten. Nach dem dritten Teiltest kann eine Pause von 5 bis 10 Minuten eingelegt werden. Bei Testung gehörloser oder nicht deutschsprachiger Kinder kann sich der angegebene Zeitbedarf erhöhen, da in diesen Fällen auf die Festlegung von Maximalzeiten verzichtet wird.

6. Auswertung

6.1 Modus: Richtige Lösungen sind dem Beiheft zu entnehmen. Jede richtig gelöste Aufgabe der Teiltests 1 bis 4 wird mit einem Punkt bewertet. Beim Teiltest „Kreativität" sind drei vorgegebene Anfangszeichen zeichnerisch fortzuführen. Die Auswertung erfolgt hier hinsichtlich der Kriterien „Ergänzung" (maximal 3 Punkte), „Ausgestaltung" (maximal 3 Punkte), „Erweiterung" (maximal 5 Punkte) und „Verbindung" (maximal 5 Punkte). Die Rohwertsumme jedes Teiltests sowie der aufaddierten Teiltests 1 bis 4 („Gesamtwert") kann in Normwerte umgerechnet werden.

6.2 Zeit: Keine Angaben (ca. 6 bis 8 Minuten pro Lösungsheft).

7. Gütekriterien

7.1 Objektivität: Bei Beachtung der Vorgaben zur Ausführung und Durchführung gegeben.

7.2 Reliabilität: Die Reliabilitätsschätzung erfolgte nur für die Teiltests 1 bis 4 über eine Bestimmung der internen Konsistenz (Kuder-Richardson, Formel 20). Es werden Reliabilitätskoeffiziententen zwischen r = .74 und r = .84 für die Teiltests und ein Koeffizient von r = .92 für den Gesamttest mitgeteilt (N = 1619 bzw. 1606).

7.3 Validität: Die Zusammenhänge zwischen Testwerten und (umgepolten) Schulnoten (N = 3225) liegen für die Teiltests 1 bis 4 zwischen r = .26 und r = .38. Der Gesamtwert des HIT 3–4 (Teiltests 1 bis 4) korreliert mit den Schulnoten zwischen r = .37 (Sachkunde) und r = .43 (Rechnen). Zwischen HIT 3–4 (Gesamtwert) und SPM (Standard Progressive Matrices) wurde ein Zusammenhang von r = .67 (N = 84), zwischen HIT 3–4 und BT 2–3 (Bildertest 2–3) von r = .68 nachgewiesen (N = 147).
Bei einer gemeinsamen Faktorisierung der Teiltestwerte des HIT 3–4 und der Schulnoten in Deutsch, Rechnen und Sachkunde (N = 3225) wurden drei Faktoren extrahiert. Auf dem ersten Faktor („intellektuelle Fähigkeit") luden alle HIT-Teiltests, auf dem zweiten Faktor („schulische Leistungen") die Schulnoten. Der Sondertest Kreativität bildete einen eigenständigen dritten Faktor. Die Aussagekraft dieser Faktorenanalyse ist jedoch eingeschränkt, da zusätzlich zu den Teiltests auch der Gesamtwert des HIT 3–4 in die Analyse einging, was zu einer Überschätzung des HIT-spezifischen Varianzanteils führen muß (s. HIT 1–2).

7.4 Normen: Die Normierung wurde 1980 an einer überregionalen Stichprobe von N = 3225 Kindern, getrennt für das dritte und vierte Schuljahr, vorgenommen. Die Normen für die Teiltests liegen als Prozentrangwerte und T-Werte vor. Für den Gesamtwert werden Prozentrangband, T-Werte, T-Wert-Band sowie IQ-Werte und IQ-Band angegeben.

Bearbeiter: Henning Gibbons

Heidelberger Nonverbaler Test (HNT)

H. Kratzmeier
Weinheim: Beltz Test GmbH, 1989

1. Testart

Intelligenztest

2. Testmaterial

Handanweisung, Testheft Form A, Testheft Form B; zusätzlich: Bleistifte, Stoppuhr.

3. Testgliederung

Der HNT gliedert sich in 4 Untertests mit insgesamt 61 Aufgaben:
1. Kreativität (1 Aufgabe)
2. Logik (20 Aufgaben)
3. Reproduktion (20 Aufgaben)
4. Differenzierung (20 Aufgaben)

4. Grundkonzept

Der HNT ist ein sprachfreier Intelligenztest. In den Aufgaben wird die Leistung des Probanden zur Differenzierung und Strukturierung optischer Gestalten gemessen. Diese Fähigkeiten werden als Indikator der allgemeinen Intelligenz betrachtet. In den Untertests 2 bis 4 wird die Differenzierfähigkeit auf jeweils andere Art geprüft, um so anhand einer mehrdimensionalen Messung zu einer tragfähigen Aussage über den Stand dieser Grundfunktion zu gelangen. Ergänzend soll anhand des zeichnerischen Kreativitätstests (Untertest 1) eine weitere wichtige Persönlichkeitsvariable erfaßt werden, welche als mit entscheidend für den schulischen Erfolg angesehen wird.

5. Durchführung

5.1 Alter: Ab 14 Jahren, nach oben keine Begrenzung.

5.2 Formen: Es sind die Parallelformen A und B vorhanden, so daß der HNT als Einzel- und als Gruppen-Test durchführbar ist.

5.3 Handhabung: Jeder Proband erhält ein Testheft. Für den Testleiter werden im Testmanual drei verschiedene Instruktionsarten genau vorgegeben: eine sprachliche, eine sprachreduzierte und eine sprachfreie. Somit ist der Test bei Personen mit unterschiedlichsten Sprachkompetenzen und bei Gehörlosen anwendbar.

5.4 Zeit: Für den Gesamttest einschließlich Erläuterungen ist eine Zeit von ca. 90 Minuten notwendig. Davon sind 50 Minuten reine Testzeit.

6. Auswertung

6.1 Modus: Zuerst wird das Testalter bestimmt. Für die Ermittlung des Rohwertes zu Teiltest 1 (Kreativität) wurden die Auswertungskriterien Ergänzung (E), Ausgestaltung (A), Hinzufügung (H) und Verbindung (V) formuliert, welche eine Objektivierung der Kreativitätsleistung ermöglichen sollen. In den Teiltests wird jede richtig beantwortete Aufgabe mit je einem Punkt bewertet. Anhand der Normwerttabellen des Manuals können die Rohwerte in

Prozentränge, Prozentrangbänder, T-Werte, T-Wertbänder und in IQ-Werte transformiert werden.

6.2 Zeit: Keine Angaben.

7. Gütekriterien

7.1 Objektivität: Die einfachen und standardisierten Durchführungs- und Auswertungsvorschriften lassen eine hohe Objektivität annehmen.

7.2 Reliabilität: Die interne Konsistenz (Cronbachs Alpha) für die Untertests 2 bis 4 liegt bei r = .92 für beide Paralleltestformen. Für Untertest 1 zeigte sich eine Reliabilität für Testform A in Höhe von .74 und für Testform B von .75. Angaben zur Stichprobe fehlen.

7.3 Validität: Faktorenanalysen (N = 670) zeigen, daß Untertest 1 (Kreativität) nahezu unabhängig von den übrigen Untertests und dem Gesamtwert ist. Somit kann davon ausgegangen werden, daß er als eigenständiger Faktor eine andere Leistung als „konvergentes Denken" erfaßt. Der stärkste Faktor läßt sich als „logisches Denken" bezeichnen. Auf diesem Faktor laden die Teiltests 2 bis 4 und der Summenwert. Er klärt annähernd 50 % der Gesamtvarianz auf.
Konstruktvalidität: Als äußeres Validitätskriterium wurde der Teil 2 des APM (Raven, 1949) herangezogen und mit dem Summenwert der Untertests 2 bis 4 korreliert. Die Korrelationen, ermittelt anhand einer Stichprobe von N = 107, wiesen eine Höhe von r = 0.61 auf. Die gefundene niedrige Korrelation des Untertests 3 mit dem APM deutet darauf hin, daß hier ein weitgehend intelligenzunabhängiger Faktor erfaßt wird.

7.4 Normen: Für den HNT wurden Prozentrangnormen, IQ-Werte und T-Werte erstellt. Die Eichstichprobe setzt sich aus überregional untersuchten Schülern verschiedener Schularten sowie Abiturienten zusammen (N = 560). Zusätzlich werden als Anhaltspunkt Mittelwerte und Standardabweichungen von N = 110 Hörgeschädigten dokumentiert.

8. Literatur

Raven, J.C. (1949). *The advanced Progressive Matrices (APM).* London: Lewis & Co.

Bearbeiterin: Janett Gaschok

Intelligenz-Struktur-Test (IST)

R. Amthauer
Göttingen: Hogrefe, 2. Auflage 1955

1. Testart Intelligenztest

2. Testmaterial Testhefte, Fragebogen für die Merkaufgaben, Antwortbogen, Auswertungsschablonen, Handanweisung; zusätzlich: Bleistifte, Stoppuhr.

3. Testgliederung Der IST gliedert sich in 9 Untertests: Satzergänzung (SE), Wortauswahl (WA), Analogien (AN), Gemeinsamkeiten (GE), Rechenaufgaben (RA), Zahlenreihen (ZR), Figurenauswahl (FA), Würfelaufgaben (WÜ) und Merkaufgaben (ME). Die insgesamt 176 Aufgaben wurden nach den Erkenntnissen der Analyse bewährter Intelligenztests zusammengestellt.

4. Grundkonzept Der IST wurde von Amthauer zur Erfassung der intellektuellen Struktur entwickelt. Intelligenz ist nach Amthauer „eine strukturierte Ganzheit von seelisch-geistigen Fähigkeiten, die in Leistungen wirksam werden und den Menschen befähigen, als Handelnder in seiner Welt bestehen zu können". Amthauer nimmt an, „daß alle Leistungen und die ihnen zugrundeliegend gedachten Fähigkeiten in einem gefügehaften Zusammenhang stehen, und daß sie jeweils eine Struktur aufweisen." In dieser Struktur seien die Glieder hierarchisch geordnet. Eine systematische theoretische Fundierung des IST liegt nicht vor.
Zusätzlich zur Messung des Intelligenz-Niveaus soll der IST auch die Erstellung eines Intelligenzprofils ermöglichen. Die Profilinterpretation ist nach dem aktuellen Forschungsstand jedoch als kritisch einzuschätzen.
Der IST wurde vor allem für die Begabungsdiagnostik in der Berufs- und Bildungsberatung entwickelt und wurde darüber hinaus häufig in der Eignungsdiagnostik eingesetzt.
In den 70er Jahren wurde der IST durch seinen Nachfolger IST 70 abgelöst. Inzwischen ist der IST 2000 als revidierte und erweiterte Fassung des IST 70 mit überarbeiteten und zusätzlichen Aufgaben und neuen Normierungen erschienen, so daß der IST heute nicht mehr eingesetzt werden sollte.

5. Durchführung **5.1 Alter:** 13 bis 60 Jahre.

5.2 Formen: Einzel- und Gruppenuntersuchungen; Parallelformen A und B.

5.3 Handhabung: Die Testanweisung bietet ausführliche Vorbereitungshinweise und Durchführungsrichtlinien für den Testleiter. Bei Gruppenuntersuchungen stellen ca. 10 bis 20 Personen eine optimale Gruppengröße dar. Die Instruktionen werden zu Beginn und vor jeder Aufgabengruppe vom Testleiter vorgelesen und von den Teilnehmern in ihren Heften mit verfolgt.

5.4 Zeit: Pro Untertest stehen den Probanden zwischen 6 und 10 Minuten Bearbeitungszeit zur Verfügung. Inklusive Instruktionen beträgt die Durchführungszeit insgesamt ca. 90 Minuten.

6. Auswertung

6.1 Modus: Die Auswertung des IST umfaßt die Ermittlung der Rohwerte pro Untertest und Gesamttest per Schablone, die Überführung dieser Rohwerte in Standardwerte und die Profildarstellung. Der Gesamtstandardwert kann außerdem in einen IQ-Wert transformiert werden. Der Untertest GE wird nach einem besonderen Bewertungsmuster, das in der Handanweisung beschrieben ist, ausgewertet.

Für den gruppenspezifischen Profilvergleich stehen Gruppenprofile von 15 Akademikerberufen (N = 16 bis 93), 7 Mittelstandsberufen (N = 73 bis 184) und 9 Handwerks- und Arbeiterberufen (N = 19 bis 470) zur Verfügung. Aufgrund der überwiegend sehr geringen Stichprobengrößen ist die Repräsentativität der Gruppenprofile nicht gesichert. Der Wert einer allgemeinen Profilinterpretation für diagnostische und prognostische Zwecke ist aufgrund verschiedener empirischer Untersuchungen fraglich.

6.2 Zeit: Keine Angaben (ca. 10 bis 15 Minuten).

7. Gütekriterien

7.1 Objektivität: Die Durchführungsobjektivität ist gesichert. Die Auswertungsobjektivität ist gegeben, eine Ausnahme stellt der Untertest GE dar, in dem der Proband freie Antworten gibt. (Im IST 70 wird für diesen Untertest das Multiple-choice-Verfahren eingesetzt.) Die Objektivität der Profilinterpretation ist nicht gewährleistet.

7.2 Reliabilität: Die innere Konsistenz wurde mit der Odd-even-Methode ermittelt und beträgt für den Gesamttest r = .969 (N = 100), für die Untertests r = .84 bis .96 (N = 100). Ein Vergleich der beiden Parallelformen A und B (N = 400) erbrachte für den Gesamttest sowie für die Untertests keine wesentlichen Differenzen der Mittelwerte und Standardabweichungen. Die Interkorrelationen der Subtests betragen im Mittel r = .25 (N = 400).

Die Paralleltestreliabilität beträgt r = .947 (N = 200), die Retestreliabilität nach einem Jahr je nach Alter r = .83 bzw. r = .91 (N = 193 bzw. 128; Amthauer, 1957).

7.3 Validität: Die Gesamtwerte der untersuchten Population sind normalverteilt. Die Korrelationen der Aufgabengruppen mit dem Gesamttest betragen im Mittel r = .60 (N = 400). Der IST korreliert mit dem Schulzeugnis (Gesamtzensur) zu r = .46 und mit der Lehrereinschätzung über Intelligenz zu r = .62 (N = 350).

7.4 Normen: Die Standardisierung des IST basiert auf Stichproben von insgesamt N = 8642 Personen. Normen stehen altersgestaffelt für 13- bis 60jährige Probanden zur Verfügung (N = 323 bis 1156). Mit zunehmendem Alter wachsen die Jahresintervalle pro Normenkatalog an (1 bis 15 Jahre). Über die Repräsentativität der Stichproben fehlen Angaben. Nach Geschlechtern wurde nicht differenziert. In einer Untersuchung (N = 600) zeigten sich jedoch signifikante Unterschiede im Untertest ME zugunsten der weiblichen Probanden und in den Untertests RA und WÜ zugunsten der männlichen Probanden.

Schulstandardwerte für Volksschulen (N = 2565), Mittelschulen (N = 1132) und höhere Schulen (N = 1053) ermöglichen Vergleiche mit der vorbildungsadäquaten Bezugsgruppe.
Die Gültigkeit der Normen kann heute nicht mehr vorausgesetzt werden.

8. Literatur

Conrad, W. (1983). Intelligenzdiagnostik. In K.J. Groffmann & L. Michel (Hrsg.), *Enzyklopädie der Psychologie, Intelligenz- und Leistungsdiagnostik, Band 2* (S. 104–201). Göttingen: Hogrefe.

Priester, H.J. (1964). Intelligenztests für Erwachsene. In *Handbuch der Psychologie* (Bd. 6, S. 226–259). Göttingen: Hogrefe.

Bearbeiterin: Miriam Vock

Intelligenz-Struktur-Test 70 (IST 70)

R. Amthauer
Göttingen: Hogrefe, 4. Auflage 1973

1. Testart Intelligenztest

2. Testmaterial Testhefte, Fragebogen für die Merkaufgaben, Antwortbogen, Auswertungsschablonen, Handanweisung; zusätzlich: Bleistift, Radiergummi, Stoppuhr.

3. Testgliederung Der formale Aufbau des IST 70 entspricht dem Aufbau seines Vorgängers IST von 1955. Der Test gliedert sich in 9 Untertests: Satzergänzung (SE), Wortauswahl (WA), Analogien (AN), Gemeinsamkeiten (GE), Rechenaufgaben (RA), Zahlenreihen (ZR), Figurenauswahl (FA), Würfelaufgaben (WÜ) und Merkaufgaben (ME). Diese sollen jeweils verschiedene intelligenzbezogene Merkmalsbereiche erfassen. Insgesamt besteht der IST 70 aus 180 Aufgaben.

4. Grundkonzept Das Grundkonzept des IST 70 entspricht dem Konzept des IST aus dem Jahr 1955. Amthauer geht von Intelligenz als einer hierarchisch strukturierten, intellektuellen Leistungsdisposition aus, die in Leistungen sichtbar wird. Die hierarchische Struktur zeigt sich darin, daß dominante Intelligenzzüge andere mehr in den Hintergrund treten lassen und diese beeinflussen und prägen. Eine systematische theoretische Fundierung des IST 70 liegt nicht vor, die Aufgabenauswahl erfolgte dementsprechend vor allem nach Plausibilitätsgesichtspunkten (Brocke, Beauducel & Tasche, 1998).
Der IST 70 soll sowohl die Messung des Intelligenzniveaus als auch die Erstellung eines Intelligenzprofils ermöglichen, d. h., es sollen die Leistungen in den einzelnen Aufgabengruppen zueinander in Beziehung gesetzt werden können. Diese Interpretation der Untertestergebnisse in Form eines Intelligenzprofils, auf die Amthauer großen Wert legt, ist nach dem aktuellen Forschungsstand jedoch als kritisch einzuschätzen.
Inzwischen ist der IST 2000 als revidierte und erweiterte Fassung des IST 70 mit überarbeiteten und zusätzlichen Aufgaben und neuen Normierungen erschienen.

5. Durchführung **5.1 Alter:** 12 bis 60 Jahre.

5.2 Formen: Einzel- und Gruppenuntersuchungen; Parallelformen A1 und B2 sowie C3 und D4. Eine computergestützte Fassung liegt im Hogrefe-Testsystem vor.

5.3 Handhabung: Die Testanweisung bietet ausführliche Vorbereitungshinweise und Durchführungsrichtlinien für den Testleiter. Bei Gruppenuntersuchungen stellen ca. 10 bis 20 Personen eine optimale Gruppengröße dar.

Die Instruktionen werden zu Beginn und vor jeder Aufgabengruppe vom Testleiter vorgelesen und von den Teilnehmern in ihren Heften mit verfolgt. Vor dem ersten Untertest wird den Probanden zur zeitlichen Orientierung die Bearbeitungszeit genannt, für die folgenden Untertests nicht mehr. Die Probanden bearbeiten die Items schriftlich nach dem Multiple-choice-Verfahren mit fünffacher Antwortauswahl.

5.4 Zeit: Pro Untertest stehen den Probanden zwischen 6 und 10 Minuten Bearbeitungszeit zur Verfügung. Inklusive Instruktionen beträgt die Durchführungszeit insgesamt ca. 90 Minuten.

6. Auswertung

6.1 Modus: Die Auswertung umfaßt die Rohwertermittlung pro Untertest und Gesamttest mittels Schablone, die Umwandlung der Rohwerte in Standardwerte und die Profildarstellung. Der Test kann auch maschinell durch IBM-Belegleser 1288 ausgewertet werden.

Als zusätzliche Interpretationshilfe schlägt Amthauer basierend auf seiner Untersuchung von 1961 die Berechnung der Dimension „Festigung – Flexibilität" im Denken vor. Dafür werden vier Subtestergebnisse zueinander in Beziehung gesetzt: Eine bessere Gesamtleistung in den Untertests GE und RA als in den Untertests AN und ZR bedeutet Festigung, eine schlechtere Leistung hingegen Flexibilität im Denken. Es wird angenommen, daß die Flexibilität im Denken mit zunehmendem Lebensalter zugunsten einer Festigung abnimmt. Wie dieses Ergebnis inhaltlich interpretiert werden kann, wird von Amthauer jedoch nicht näher erläutert.

Verschiedene Gruppen- und Einzelprofile werden für die Profilinterpretation exemplarisch vorgestellt. Amthauer weist darauf hin, daß Unterschiede zwischen den in den verschiedenen Untertests erreichten Standardwerten nur dann interpretiert werden sollten, wenn sie um mindestens 5 Standardwertpunkte voneinander abweichen. Darüber hinaus wird auf die Unterscheidung einer überwiegend praktischen von einer überwiegend sprachlich-theoretischen Begabung aufmerksam gemacht: Erstere zeige sich im Profilanfang als W-Form, letztere als M-Form. Diese Auswertung in Form eines Profils wird von vielen Autoren aufgrund der geringen Reliabilität der verbalen Untertests und der hohen Ladungen mehrerer Untertests auf einem Faktor als problematisch angesehen.

Weiterhin kann das Testprofil mit 7 Schulgruppen (nach Geschlechtern getrennt, N = 93 bis 740) und 47 Berufsgruppen (getrennt nach akademischen und nicht-akademischen Berufen, sehr unterschiedliche Stichprobengrößen: N = 24 bis 556) verglichen werden. Hierbei werden Abweichungswerte vom Profilmittelwert (in Standardwerten ausgedrückt) zu Abweichungswerten von Grundprofilen in Beziehung gesetzt. Durch diese Methode werden Niveau-Unterschiede zwischen den verschiedene Berufsgruppen eliminiert, so daß das Testprofil vielfachen Vergleichen zugänglich ist.

Faktoren- und korrelationsanalytisch gestützte Anregungen für die Interpretation der einzelnen Untertests finden sich in der Handanweisung auf Seite 39.

6.2 Zeit: Keine Angaben (ca. 10 bis 15 Minuten).

7. Gütekriterien

7.1 Objektivität: Die Durchführungsobjektivität ist gesichert, ebenso die Auswertungsobjektivität durch die Umgestaltung des Subtests GE. Die Objektivität der Profilinterpretation hingegen ist aufgrund der geringen Reliabilität einiger Untertests und der Faktorstruktur des IST 70 nicht gewährleistet.

7.2 Reliabilität: Die mittlere Aufgabenschwierigkeit pro Subtest beträgt P = 47 bis 53. Die innere Konsistenz wurde mit der Odd-even-Methode ermittelt und beträgt für den Gesamttest r = .97 (N = 100), für die Untertests r = .84 bis .96 (N = 100). Ein Vergleich der beiden Parallelformen A1 und B2 erbrachte für den Gesamttest sowie für die Untertests keine wesentlichen Differenzen der Mittelwerte und Standardabweichungen. Nach Brocke et al. (1998) finden sich jedoch Unterschiede zwischen beiden Formen in den verbalen Untertests. Die Interkorrelationen der Subtests betragen im Mittel r = .30 (N = 799).

Die Paralleltestreliabilität beträgt r = .95 (N = 200), die Retestreliabilität nach einem Jahr r = .91 (N = 128). Die Retestreliabilität der einzelnen Untertests liegt zwischen r = .63 (WA) und r = .86 (RA).

Neueren Studien zufolge (Schmidt-Atzert, 1997) müssen die Angaben zur Reliabilität der Untertests im Testmanual mehr oder weniger stark nach unten korrigiert werden, dies betrifft insbesondere die Aufgabengruppen SE und WA.

7.3 Validität: Die Gesamtwerte der untersuchten Population sind normalverteilt. Im Mittel betragen die Korrelationen der Subtests mit dem Gesamttest r = .63 (N = 799).

Der IST korreliert mit dem Schulzeugnis (Gesamtzensur) zu r = .46 und mit der Lehrereinschätzung über Intelligenz zu r = .62 (N = 350).

Die Validitätskoeffizienten der einzelnen Untertests für verschiedene Berufsgruppen (N = 70 bis 407) fallen sehr unterschiedlich hoch aus. Über die verschiedenen Berufsgruppen gemittelt, weisen die Merkaufgaben die geringste (r = .21) und die Analogieaufgaben die höchste Validität (r = .41) auf (Kriterium: Notenmittel in der Abschlußprüfung oder Mittel der betrieblichen Beurteilung).

7.4 Normen: Der Umfang der Standardisierungsstichprobe beläuft sich auf 15000 Personen (ein Teil dieser Daten wurde jedoch noch mittels des IST von 1953 erhoben). Für die Normierung der „Schul-Standardwerte" standen 12964 Ergebnisse, für die Berufsgruppenprofile 5284 Ergebnisse zur Verfügung. Die soziale Schicht und die Schulbildung wurden bei der Zusammenstellung der Stichprobe berücksichtigt; der Autor räumt jedoch ein, daß die angestrebte Repräsentativität der Gruppen nicht immer erreicht werden konnte. Normen sind altersgestaffelt für 12- bis 60jährige Probanden vorhanden (für die einzelnen Altersgruppen zwischen 13 und 40 Jahren jeweils N > 1000, sonst jeweils N > 500). Bis zum 18. Lebensjahr liegen jeweils gesonderte Normen für jedes Lebensjahr vor, danach betragen die Jahresintervalle 2 bis 10 Jahre. Darüber hinaus liegen Standardwerte für verschiedene Schulabschlüsse vor (N = 511 bis 6051). Nach Geschlechtern wurde nicht differenziert. In einer Untersuchung (N = 600) zeigten sich jedoch signifikante Unterschiede im Untertest ME zugunsten der weiblichen Probanden und in den Untertests RA und WÜ zugunsten der männlichen Probanden.

Die Gültigkeit der Normen kann heute nicht mehr vorausgesetzt werden. Es ist auch zu berücksichtigen, daß einige Iteminhalte inzwischen von der Zeit überholt worden sind (s. Schaarschmidt, 1997).

8. Literatur

Amthauer, R. (1961). Empirische Beiträge zum Problem der produktiven Begabung. *Psychologische Rundschau, 12,* 81–92.

Brocke, B., Beauducel, A. & Tasche, K. (1998). Der Intelligenz-Struktur-Test: Analysen zur theoretischen Grundlage und technischen Güte. *Diagnostica, 44,* 84–99.

Schaarschmidt, U. (1997). Intelligenz-Struktur-Test (IST 70). *Zeitschrift für Differentielle und Diagnostische Psychologie, 18,* 106–108.

Schmidt-Atzert, L. (1997). Replik zur Testrezension des IST 70. *Zeitschrift für Differentielle und Diagnostische Psychologie, 18,* 109–112.

Schmidt-Atzert, L., Hommers, W. & Heß, M. (1995). Der I-S-T 70: Eine Analyse und Neubewertung. *Diagnostica, 41,* 108–130.

Bearbeiterin: Miriam Vock

Intelligenz-Struktur-Test 2000 (IST 2000)

R. Amthauer, B. Brocke, D. Liepmann und A. Beauducel
Göttingen: Hogrefe, 1999

1. Testart Intelligenztest

2. Testmaterial Die Testmappe beinhaltet je ein Testheft für die Grundmodul-Kurzform, die Grundmodulerweiterung „Merkaufgaben" und das Erweiterungsmodul „Wissenstest"; je einen Antwortbogen für das gesamte Grundmodul und für den Wissenstest; je ein Rohwertprotokoll für den Wissenstest sowie für kristallisierte und fluide Intelligenz, ein Ergebnisprofil und zwei Auswertungsschablonen für den ersten und zweiten Teil des Grundmoduls. Bis auf das Rohwertprotokoll für kristallisierte und fluide Intelligenz liegen alle Materialien in zwei Formen – A und B – vor. Zusätzlich benötigt werden Bleistift, Radiergummi und Stoppuhr.

3. Testgliederung Der Gesamttest umfaßt drei Module:

a) die Grundmodul-Kurzform, bestehend aus neun Untertests mit je 20 Items: Satzergänzung (SE), Analogien (AN), Gemeinsamkeiten (GE), Rechenaufgaben (RE), Zahlenreihen (ZR), Rechenzeichen (RZ), Figurenauswahl (FA), Würfelaufgaben (WÜ) und Matrizen (MA)
b) die Grundmodulerweiterung Merkaufgaben, bestehend aus zwei Untertests mit 10 bzw. 13 Items: verbale Merkfähigkeit und figurale Merkfähigkeit
c) das Erweiterungsmodul Wissenstest, bestehend aus 73 Items

Bis auf die Items der Untertests RE und RZ in der Grundmodul-Kurzform sind alle Items als Mehrfachwahlaufgaben konzipiert.

4. Grundkonzept Der IST 2000 ist die revidierte und erweiterte Fassung des IST 70 von Amthauer. Sechs der ursprünglich neun Skalen, und zwar SE, AN, GE, ZR, FA und WÜ, wurden mit leichten Veränderungen übernommen. Stark verändert wurden die Skalen Rechenaufgaben und Merkaufgaben. Neu hinzugekommen sind die Matrizenaufgaben, die Rechenzeichenaufgaben und der Wissenstest. Die theoretische Grundlage, auf die sich der neue Test stützt, bildet eine Synthese klassischer Intelligenz-Modelle im sogenannten Hierarchischen Protomodell der Intelligenzstrukturforschung (HPI). Die Autoren unterscheiden in diesem Modell auf einer höheren Abstraktionsebene die Faktoren der fluiden und kristallisierten Intelligenz, auf einer niedrigeren Ebene die sieben Primärfaktoren von Thurstone. Der IST 2000 beansprucht, fünf dieser Primärfaktoren zu messen: Die Ausprägung der verbalen, numerischen und figuralen Intelligenz wird aus den aufsummierten Ergebnissen von jeweils drei Untertests der Grundmodul-Kurzform abgeleitet, die Merkfähigkeit durch die beiden Untertests der Grundmodulerweiterung erfaßt und schlußfolgerndes Denken als Summenscore von verbaler, numerischer und figuraler Intelligenz berechnet. Gestützt auf die Ergebnisse von Faktorenanalysen werden mit Hilfe des Wissenstests und der neun Untertests der Grundmodul-Kurzform Maße für die kristallisierte und die fluide Intelligenz berechnet. Dadurch, daß diese beiden Intelligenzfaktoren jeweils mit verbalen, numerischen und figuralen Aufgaben erfaßt werden, möchte der IST 2000 eine Kontamination von fluider und kristallisierter Intelligenz mit sogenannten Inhaltsfaktoren vermeiden.

5. Durchführung

5.1 Alter: Jugendliche ab 15 Jahren und Erwachsene.

5.2 Formen: Es ist sowohl eine Einzel- als auch eine Gruppentestung möglich. Die Formen A und B des IST 2000 enthalten die gleichen Aufgaben und unterscheiden sich nur in der Aufgaben- sowie z. T. in der Distraktorenreihenfolge. Die Entwicklung einer echten Parallelform steht noch aus.

5.3 Handhabung: In der Testanweisung befinden sich Vorbereitungshinweise und Durchführungsrichtlinien für den Testleiter, die in Form einer Checkliste dargestellt werden. Vor jedem Untertest werden die Instruktionen vom Testleiter vorgetragen und von den Teilnehmern in ihren Testheften mitverfolgt. Die Probanden beantworten die Items schriftlich.

5.4 Zeit: Die Durchführungszeit für das Grundmodul ohne Merkaufgaben beträgt ca. eineinhalb Stunden (77 Minuten Bearbeitungszeit und 15 Minuten Instruktionszeit). Der zusätzliche Einsatz der Merkaufgaben (8 Minuten Bearbeitungszeit, 4 Minuten Instruktionszeit) erfordert eine Pause von zehn Minuten, so daß die Testdurchführung dann insgesamt ca. zwei Stunden dauert. Wird außerdem noch das Erweiterungsmodul (35 Minuten Bearbeitungszeit, 2 Minuten Instruktionszeit) eingesetzt, erhöht sich die Durchführungszeit auf zweieinhalb Stunden.

6. Auswertung

6.1 Modus: Die Auswertung des Grundmoduls einschließlich der Merkaufgaben erfolgt mit Hilfe von Schablonen. Die Rohwerte werden zunächst pro Untertest, dann pro Skala – verbal, numerisch, figural, schlußfolgerndes Denken (= Summe dieser drei Skalen) und Merkfähigkeit – zusammengefaßt. Aus Tabellen in der Handanweisung können für die entsprechenden Rohwertsummen Standardwerte, Prozentränge und IQ-Werte abgelesen werden. Wurde zusätzlich der Wissenstest durchgeführt, können Standardwerte und Prozentränge für die kristallisierte und die fluide Intelligenz berechnet werden. Hierzu werden die Rohwerte des Wissenstests zunächst in ein Rohwertprotokoll für den Wissenstest übertragen, das die Items sechs verschiedenen Subskalen zuordnet. Die Rohwerte dieser Subskalen sowie die der neun Untertests des Grundmoduls werden dann in ein Rohwertprotokoll für kristallisierte und fluide Intelligenz übertragen und in Punktwerte umgerechnet. Die Punktwerte nehmen teilweise negative Werte an, da den Autoren zufolge zur genauen Abbildung der fluiden und kristallisierten Intelligenz die Herauspartialisierung der jeweils anderen Leistungsaspekte erforderlich sei. Die Punktwerte werden aufsummiert und dann mit Hilfe von Tabellen in Standardwerte und Prozentränge umgewandelt. Die Auswertung des Wissenstests über zwei verschiedene Rohwertprotokolle ist zum einen aufwendig und zum anderen fehleranfälliger als es eine Auswertung per

Schablone wäre, die hierfür aber leider nicht existiert. Die Ergebnisse aller drei Module können in ein Ergebnisprofil übertragen werden.

6.2 Zeit: Hierzu werden im Handbuch keine Angaben gemacht. Die Auswertung des Grundmoduls einschließlich der Grundmodul-Erweiterung „Merkaufgaben" mit Erstellung eines Ergebnisprofils dauert ca. acht Minuten, die Auswertung des Grundmoduls plus des Wissenstests erfordert insbesondere am Anfang erheblich mehr Zeit.

7. Gütekriterien

7.1 Objektivität: Der IST 2000 weist eine hohe Durchführungs-, Auswertungs- und Interpretationsobjektivität auf.

7.2 Reliabilität: An einer Gruppe von 1303 Probanden wurden die innere Konsistenz und die Split-Half-Reliabilität der einzelnen Untertests des Grundmoduls berechnet. Die Koeffizienten liegen zwischen r = .57 und r = .97 (Cronbachs Alpha) bzw. r = .60 und r = .93 (Split-Half-Reliabilität). Die Items der Untertests „Satzergänzung" und „Matrizen" weisen nur geringe Trennschärfen und eine große Heterogenität auf. Die innere Konsistenz des Wissenstests, die an einer Stichprobe von 468 Probanden ermittelt wurde, beträgt r = .90. Eine Berechnung der Retest-Reliabilität für das Grundmodul und den Gesamttest steht noch aus.

7.3 Validität: a) Faktorielle Validität der Grundmodul-Kurzform: Bei einer Faktorenanalyse mit den Ergebnissen von 1034 Probanden in den neun Untertests der Grundmodul-Kurzform konnten – wie theoretisch intendiert – drei Faktoren extrahiert werden, die sich als „numerisch", „verbal" und „figural" interpretieren lassen; b) Kriteriumsvalidität der Grundmodul-Kurzform: An einer Stichprobe von 180 Schülern wurden Zusammenhänge des IST 2000-Grundmoduls mit anderen Tests untersucht. Es zeigten sich geringe Korrelationen zum d2-Test (r = .22; N = 178) und mittlere bis etwas höhere Korrelationen zum HAWIE-R (r = .46; N = 180) sowie zum CFT 20 (r = .63; N = 180); c) Faktorielle Validität des erweiterten Tests: An einer Stichprobe von 468 Probanden wurde eine Parallelanalyse für das Grundmodul und den Wissenstest durchgeführt. Dabei zeigte sich, daß die Subskalen des Wissenstests alle auf dem einen der beiden extrahierten Faktoren hoch laden, den die Autoren als „kristallisierte Intelligenz" interpretieren. Die Untertests des Grundmoduls ordnen sich aufgrund ihrer Ladungen sowohl diesem Faktor zu als auch dem anderen Faktor, der von den Autoren als „fluide Intelligenz" interpretiert wird, so daß beide Faktoren sowohl verbale als auch numerische und figurale Aufgabengruppen enthalten; d) Kriteriumsvalidität der Faktorwerte für kristallisierte und fluide Intelligenz: In einer Untersuchung mit 206 Schülern wurde neben dem IST 2000 u. a. der HAWIK-Wissenstest und der CFT 20 durchgeführt. Die Korrelation des Faktorwerts für die kristallisierte Intelligenz des IST 2000 erbrachte einen Koeffizienten von r = .68 zum Wissensteil des HAWIE-R. Mit den Matrizen des CFT 20 korrelierte der aus den Ergebnissen des IST 2000 ermittelte Faktorwert für die fluide Intelligenz zu r = .58.
Zur Grundmodulerweiterung „Merkaufgaben" liegen keine entsprechenden Untersuchungen vor bzw. wird zumindest im Handbuch nicht davon berichtet.

7.4 Normen: Vorerst liegen nur Normen für 15- bis 25jährige Probanden vor, die an 1285 Personen dieser Altersspanne erstellt wurden. Über die Verteilung der Rohwerte der Eichstichprobe wird keine Aussage getroffen. Im Testhandbuch finden sich Normentabellen für vier Gymnasialgruppen (15 bis 16 Jahre, 17 bis 18 Jahre, 19 bis 20 Jahre, 21 bis 25 Jahre) und zwei Gruppen von Personen ohne Besuch oder Abschluß des Gymnasiums (15 bis 20 Jahre und 21 bis 25 Jahre). Abzulesen sind getrennt für diese sechs Gruppen Standardwerte und Prozentränge der einzelnen Untertests, der verbalen, numerischen und figuralen Intelligenz sowie der Gesamtleistung in der Grundmodul-Kurzform. Außerdem kann der Summe der Rohwerte in der Grundmodul-Kurzfassung auch ein IQ-Wert zugeordnet werden, der an der Gesamtgruppe (N = 625) normiert wurde. Für die Merkfähigkeit existieren altersunabhängige Normen – Standardwerte und Prozentränge – für die Gesamtgruppe (N = 534), die Gruppe der Gymnasiasten (N = 435) und die der Nicht-Gymnasiasten (N = 331). Als Maße für die kristallisierte und fluide Intelligenz finden sich nur Standardwerte, wobei keine Unterscheidung nach bestimmten Alters- oder Bildungsgruppen vorgenommen wird.

8. Literatur

Kersting, M. (1999). Intelligenz-Struktur-Test 2000 (IST 2000). In E. Fay (Hrsg.), *Tests unter der Lupe II* (S. 88–115). Lengerich: Pabst.

Verfasserin: Anna Julia Wittmann

Kaufman-Assessment Battery for Children (K-ABC)

A.S. Kaufman und N.L. Kaufman
Deutschsprachige Fassung: P. Melchers und U. Preuß
Frankfurt a. M.: Swets & Zeitlinger, 4. Auflage 1999

1. Testart Intelligenztest

2. Testmaterial Durchführungs- und Auswertungshandbuch, Interpretationshandbuch, Testbogen, Testordner 1 bis 3, „Zauberfensterscheibe", Fotoserie Bildkarten (Box), Dreiecke (Box), Umschlag mit Antwortkärtchen; zusätzlich: Schreibgerät für den Versuchsleiter und Uhr mit Sekundenzeiger.

3. Testgliederung Die K-ABC besteht aus 16 Untertests (einer davon fakultativ verwendbar), von denen je nach Alter maximal 13 durchgeführt werden. Als Dimensionen der Leistungen werden die Skalen „Intellektuelle Fähigkeiten" und die „Fertigkeitenskala" unterschieden. Die Skala intellektueller Fähigkeiten setzt sich aus den Subskalen „Skala einzelheitlichen Denkens" (mit den Untertests „Handbewegungen", „Zahlennachsprechen" und „Wortreihe") und der „Skala ganzheitlichen Denkens" (mit den Untertests „Zauberfenster", „Wiedererkennen von Gesichtern", „Gestaltschließen", „Dreiecke", „Bildhaftes Ergänzen", „Räumliches Gedächtnis" und „Fotoserie") zusammen. Die Fertigkeitenskala umfaßt die Untertests „Wortschatz", „Gesichter und Orte," „Rechnen", „Rätsel", „Lesen/Buchstabieren" und „Lesen/Verstehen." Daneben kann aus denjenigen Untertests, die gestisch-mimisch dargeboten und vom Kind ausschließlich motorisch beantwortet werden können, eine sprachfreie Sonderskala zur Anwendung bei Kindern mit entsprechenden Problemen erstellt werden. Die sprachfreie Skala zur Erfassung der intellektuellen Fähigkeiten beinhaltet in Abhängigkeit vom Alter eine Kombination der folgenden Untertests: „Wiedererkennen von Gesichtern", „Handbewegungen", „Dreiecke", „Bildhaftes Ergänzen", „Räumliches Gedächtnis" und „Fotoserie".

4. Grundkonzept Die K-ABC dient der theoriegeleiteten Erfassung der Intelligenz und der Fertigkeiten von Kindern. Sie ist für den Einsatz bei der Leistungsmessung im Kontext der Planung individueller Fördermaßnahmen, der erziehungspsychologischen Untersuchung lernbehinderter und anderweitig auffälliger Kinder, als neuropsychologisches Prüfverfahren sowie für den Bereich der Forschung konzipiert. Der dem Verfahren zugrundeliegende kognitions- und neuropsychologisch geprägte Intelligenzbegriff umschreibt Intelligenz als „die Art und Weise, in der ein Individuum Probleme löst und Informationen verarbeitet" (Interpretationshandbuch, S. 7). Besonderes Gewicht kommt der „Gewandtheit bei der Informationsverarbeitung" (ebd.) zu. Unterschieden wird im Bereich intellektueller Fähigkeiten zwischen sequentieller und simultaner Informationsverarbeitung, die ihre Entsprechung in den Skalen zum einzelheitlichen bzw. ganzheitlichen Denken finden. In Ergänzung zu diesem Kernbereich der intellektuellen (Problemlöse-)Fähigkeiten werden durch die Fertigkeitenskala die bereits durch Lernen erworbenen Fertigkeiten (Wissen und Können) entsprechend der Intelligenztheorie von Cattell erfaßt. Aufgrund dieser theoretischen Unterscheidung wird kein gemeinsames Maß für die Fertigkeitenskala und die Skala intellektueller Fähigkeiten gebildet.

5. Durchführung

5.1 Alter: 2;6 bis 12;5 Jahre. Die sprachfreie Sonderform kann ab 4 Jahren verwendet werden.

5.2 Formen: Einzeltest ohne Kurz- oder Parallelformen. Für sprech- oder hörbehinderte Kinder liegt eine Skala als Sonderform des Verfahrens vor, die nur sprachfrei durchführbare Untertests umfaßt und auch bei Kindern, die die deutsche Sprache nicht oder nur schlecht beherrschen, einsetzbar ist.

5.3 Handhabung: Das Testmaterial befindet sich in drei Testordnern, die zwischen dem Testleiter und dem Kind aufgestellt werden. Auf der dem Kind zugewandten Seite ist die zu bearbeitende Aufgabe abgedruckt, während der Testleiter auf der Rückseite die jeweiligen, weitgehend standardisierten Teilinstruktionen und Bewertungsmaßstäbe einsehen kann. Die Antwort des Kindes wird jeweils im Protokollbogen festgehalten. Bezüglich der durchzuführenden Untertests, der Reihenfolge der Durchführung, der altersabhängigen Anfangs- und Endpunkte der Untertests, der Unterbrechungsregeln sowie des Wechsels der Untertestreihenfolge sind festgelegte Regeln im Durchführungshandbuch niedergelegt. Die Aufgaben sind ohne Zeitdruck für das Kind zu bearbeiten, einige Untertests erfordern jedoch eine zeitlich exakte Darbietung des Aufgabenmaterials.
Seit 1995 liegt eine detaillierte Videodemonstration zur Durchführung und Anwendung des K-ABC von Schürmann und Melchers vor.

5.4 Zeit: Die Durchführungszeit beträgt in Abhängigkeit von der mit zunehmendem Alter steigenden Zahl durchzuführender Untertests zwischen etwa 30 Minuten bei zweijährigen und 90 Minuten bei 12jährigen Kindern.

6. Auswertung

6.1 Modus: Die Auswertung ist ausführlich im Durchführungs- und Auswertungshandbuch beschrieben. Die Rohpunktergebnisse der einzelnen Untertests werden als Summe der richtigen Antworten ermittelt. Rohwerte der Untertests der Fertigkeitsskala können in sog. Standardwerte und Rohwerte der Untertests der Skala intellektueller Fähigkeiten in sog. Skalenwerte transformiert werden. Die Addition der Standard- bzw. Skalenwerte ergibt den Gesamtwert der Fertigkeitenskala bzw. der Skala intellektueller Fähigkeiten. Diese Werte können in verschiedene andere Normwerte (s. unter „Normen") umgewandelt werden. Anhand dieser Werte können individuelle Profile erstellt und Leistungsschwankungen zwischen Skalen sowie Untertests anhand beiliegender Tabellen auf statistische Signifikanz geprüft werden. So lassen sich sog. „Stärken" und „Schwächen" bezogen auf das Leistungsniveau einzelner Kinder ermitteln. 1994 wurde von Spalt und Melchers ein computergestütztes Auswertungsprogramm veröffentlicht, das eine vollständige Auswertung bis hin zur Generierung von Interpretationshypothesen gestattet und auch die Abspeicherung einzelner Testprotokolle ermöglicht.

6.2 Zeit: Die reine Auswertung nimmt ca. 10 Minuten in Anspruch, die vollständige, alle Möglichkeiten und zusätzlichen Informationen berücksichtigende Interpretation dauert weitere 15 bis 20 Minuten. Unter Verwendung des Computerprogramms dauert die vollständige Auswertung ca. 4 bis 5 Minuten.

7. Gütekriterien

7.1 Objektivität: Die Bedingungen für eine hohe Durchführungs-, Auswertungs- und Interpretationsobjektivität sind in Anbetracht der standardisierten Instruktionen, der Angaben über richtige Antworten und Normtabellen sowie durch das ausführliche Interpretationshandbuch gegeben.

7.2 Reliabilität: Berechnungen zum Reliabilitätskoeffizienten nach der Split-Half-Methode ergaben an N = 3098 Kindern (Normierungsstichprobe) Werte zwischen r = .58 und r = .98 in Abhängigkeit von der Altersstufe für die einzelnen Untertests. Hierbei ist die unterschiedliche Länge der Untertests in Rechnung zu stellen. Die Reliabilität der Gesamtskalen ist mit Werten zwischen r = .83 und r = .98 als hoch zu bezeichnen. Eine Untersuchung an N = 24 Kindern (9;0 bis 12;5 Jahre) ergab für die einzelnen Skalen Retest-Reliabilitäten in Höhe von r = .84 bis r = .97 nach einem Zeitraum von ca. 19 Tagen (Mittelwert). Die nach dieser Methode zuverlässigste Skala war die Fertigkeitenskala, die unzuverlässigste die Skala einzelheitlichen Denkens. Darüber hinaus sind Standardmeßfehler und Interkorrelationen der Untertests aufgeführt.

7.3 Validität: Im Rahmen der Gültigkeitsüberprüfung wurde die Altersdifferenzierung der K-ABC als beständiger Anstieg der Untertestergebnisse über die Altersstufen hinweg nachgewiesen. Die Prüfung der Konstruktvalidität mittels einer konfirmatorischen Faktorenanalyse legte eine Zwei-Faktorenlösung für die Untertests der Skala intellektueller Fähigkeiten nahe und bestätigte so die Subskalen einzelheitlichen und ganzheitlichen Denkens (mit Ausnahme des Untertests Handbewegungen, der aber mit einer Ladung von r = .49 gegenüber r = .32 eher der Skala einzelheitlichen Denkens zugeordnet werden kann). Eine weitere Faktorenanalyse für alle Untertests bestätigte eine Drei-Faktorenlösung der K-ABC mit der Fertigkeitenskala als drittem Faktor. Einzelne Untertests laden allerdings nicht konstant über die Altersgruppen auf dem gleichen Faktor. Weiterhin wurden Korrelationen der einzelnen K-ABC-Skalen zu zahlreichen anderen Intelligenztests (HAWIK-R, HAWIVA, BTS, AID, CPM, SPM) ermittelt. Die Korrelationen liegen für alle Tests bei unterschiedlichen Stichprobengrößen und unterschiedlichen Altersgruppen bei ca. r = .40 bis r = .80, also im niedrigen bis mittelhohen Bereich. Diese Koeffizienten sind als Hinweis der Validität bezogen auf ein Außenkriterium zu werten, zeigen jedoch auch, daß die K-ABC auf keines der Verfahren bezogen redundant ist. Mit Schulnoten korreliert, wie im Konzept der K-ABC zu erwarten, die Fertigkeitenskala am höchsten. Es liegen Ergebnisse etlicher Untersuchungen zu Leistungsprofilen von Kindern mit verschiedenen Auffälligkeiten im Interpretationshandbuch vor. Zudem gibt es neuere Befunde z. B. zur erfolgreichen Anwendung der K-ABC zur Diagnose von Teilleistungsschwächen geistig behinderter Erwachsener (Maluck & Melchers, 1998) sowie zu einer Validierung an 96 mental retardierten

Kindern (Süss-Burghart, 1995). In der letzteren Stichprobe ließ sich die typische Faktorstruktur der K-ABC nicht vollständig bestätigen.

7.4 Normen: Die Testnormierung fand zwischen 1986 und 1989 statt und stützt sich auf eine weitestgehend (zu 91 %) zufällig ausgewählte Stichprobe von insgesamt N = 3098 Kindern aus Deutschland, der Schweiz, Österreich und Südtirol (Italien). Die Zufallsauswahl ist durch Kinder aus Erziehungsberatungsstellen, Risikokinder und Kinder mit medizinischen oder psychologischen Diagnosen ergänzt worden. Darüber hinaus wurde die Zusammensetzung der Eichstichprobe hinsichtlich des Bildungsgrades der Eltern und der von den Kindern besuchten Schulform im Hinblick auf Repräsentativität kontrolliert. Es liegen Skalenwerte (M = 10, SD = 3) für die Untertests der intellektuellen Fähigkeiten und Standardwerte (M = 100, SD = 15) für die Untertests der Fertigkeitenskala, getrennt nach 40 Altersgruppen (Zwei-Monatsintervalle), sowie Standardwerte für alle Gesamtskalen, getrennt nach 6 Altersgruppen, vor. Darüber hinaus werden Konfidenzintervalle für Standardwerte angegeben. Eine Umrechnung in Prozentrangplätze, Stanine-Werte, sowie Z- und T-Werte als Interpretationshilfe ist möglich.

8. Literatur

Berg, M. (1997). Testrezension zur Kaufman-Assessment Battery for Children (K-ABC). *Zeitschrift für Differentielle und Diagnostische Psychologie, 18,* 20–22.

Maluck, A. & Melchers, P. (1998). Kaufman Assessment Battery for Children. Differenzierende Beurteilung der intellektuellen (Teil)leistungsfähigkeit geistig behinderter Erwachsener. *Der Nervenarzt, 69,* 1007–1014.

Melchers, P. (1997). Replik zur Rezension der K-ABC. *Zeitschrift für Differentielle und Diagnostische Psychologie, 18,* 22–24.

Schürmann, S. & Melchers, P. (1995). *K-ABC. Kaufman-Assessment Battery for Children.* Videodemonstration zu Aufbau und Anwendung. Lisse: Swets.

Spalt, R. & Melchers, P. (1994). *K-ABC. Kaufman-Assessment Battery for Children. Handanweisung zum Auswertungsprogramm.* Lisse: Swets & Zeitlinger.

Süss-Burghart, H. (1995). Die Kaufman Assessment Battery for Children (K-ABC): Testergebnisse, Validität und Retestreliabilität bei mental retardierten Kindern. *Frühförderung interdisziplinär, 14,* 72–77.

Bearbeiterin: Susanne Brandler

Kognitiver Fähigkeits-Test für 1. bis 3. Klassen (KFT 1–3)

K. Heller und H.-J. Geisler
Weinheim: Beltz Test GmbH, 1983

1. Testart Intelligenztest

2. Testmaterial Handanweisung (DIN A4, 48 Seiten), Testheft; zusätzlich: Schreibstift, ggf. Radiergummi.

3. Testgliederung Der KFT umfaßt in 4 Subtests insgesamt 60 Items:
1. Sprachverständnis (15 Items)
2. Beziehungserkennen (15 Items)
3. Schlußfolgendes Denken (15 Items)
4. Rechnerisches Denken (15 Items)

4. Grundkonzept Beim KFT 1–3 handelt es sich um die deutsche Bearbeitung des „Cognitive Abilities Test, Primary II/Form 1 and 2" von Thorndike, Hagen und Lorge (vgl. Thorndike & Hagen, 1977). Dies wird auch an Stil und Inhalt der Item-Abbildungen deutlich. Der KFT 1–3 vermittelt mit seinen Subtests Informationen über die oben genannten kognitiven Fähigkeiten und damit über schulrelevante Lern- und Leistungsvoraussetzungen. Zusammen mit dem KFT-K und dem KFT 4–12+ bildet der KFT 1–3 eine Testserie, welche den Bereich vom Vorschulalter bis zum Ende der Schulzeit abdeckt.

5. Durchführung **5.1 Alter:** 1. bis 3. Schuljahr bzw. in diesem Bereich von 6;0 bis 12;0 Jahren.

5.2 Formen: Der KFT 1–3 ist einzeln und in Gruppen durchführbar. Eine Parallelform liegt nicht vor. Ein Teil der Items findet sich auch im KFT-K.

5.3 Handhabung: Nach Verteilen der Testhefte werden Übungsbeispiele und Instruktionen zu jedem einzelnen Item laut vorgelesen. Dabei ist die Betonungshilfe durch Fettdruck unbedingt zu beachten, um eine Lösbarkeit der Items zu gewährleisten. Außerdem sollten die Druckfehler in der Instruktion vor der ersten Durchführung korrigiert werden. Zwischen den 4 Subtests wird den Kindern eine Pause von je ca. 5 Minuten gewährt. Zwischen Subtests 3 und 4 kann die Pause bei Bedarf auch länger sein und der Test im Extremfall auf zwei verschiedene Tage verteilt werden.

5.4 Zeit: Power-Test, nach Autorenangabe insgesamt 45 bis 60 Minuten, ggf. auf zwei Tage verteilt.

6. Auswertung **6.1 Modus:** Die Subtest-Rohwerte werden mit Hilfe eines Lösungsschlüssels ermittelt, in die Ergebnisseite des Testhefts eingetragen und zum Gesamt-Rohwert aufsummiert. Die Altersnormwerte (T-Werte) werden den entsprechenden Tabellen im Handbuch entnommen und können bei Bedarf anhand einer Transformationstabelle in andere Standards (C, IQ, PR) transformiert werden. Sechs im Handbuch angegebene Fallbeispiele dienen als Interpretationshilfe.

6.2 Zeit: Keine Angaben.

7. Gütekriterien

7.1 Objektivität: Die Durchführungs-Objektivität ist durch standardisierte Instruktionen weitgehend gewährleistet. Sie wird möglicherweise dadurch leicht beeinträchtigt, daß „das Tempo den Kindern angepaßt werden" soll. Dies geschieht auf subjektiver Basis durch den Testleiter. Auswertungs- und Interpretationsobjektivität sind gewährleistet.

7.2 Reliabilität: Die interne Konsistenz beträgt r = .84 für die Gesamtleistung, für die Subtests liegt sie zwischen r = .56 und r = .77 (Stichprobenumfang jeweils zwischen N = 1396 und N = 1634). Für die Retest-Reliabilität werden Werte zwischen r = .76 und r = .84 für die Gesamtleistung und zwischen r = .58 und r = .80 für die Subtests mitgeteilt (Stichprobenumfang jeweils zwischen N = 86 und N = 120; 5 Wochen Abstand).

7.3 Validität: Die Kriteriumsvalidität wurde mit dem Grundintelligenztest CFT 1 und seinen beiden Summenwerten zur Grundintelligenz und Wahrnehmungsgeschwindigkeit, dem Bildertest (BT 2–3) sowie mit dem Allgemeiner Schulleistungstest für 2. Klassen (AST 2) geprüft (N = 298). Die KFT-Gesamtleistung zeigt einen engen Zusammenhang mit der Gesamtleistung im BT 2–3 (r = .67) und mit der CFT-Grundintelligenz (r = .61), nicht aber mit der CFT-Wahrnehmungsgeschwindigkeit (r = .29). Mit Ausnahme von Untertest 1, der mit den genannten Tests größenordnungsmäßig lediglich um r = .20 korreliert, spiegelt sich dieses Bild auch in den Ergebnissen für die Subtests wider. Für den Schulerfolg in den Kernfächern im Sinne der Übereinstimmungsvalidität zeigt sich eine Korrelation der KFT-Gesamtleistung von r = .54 (N = 670). Diese kommt insbesondere durch hohe bivariate Korrelationen mit den Untertests 2 (r = .49) und 4 (r = .50) zustande. Die Vorhersagevalidität (Abstand = 1 Jahr) fällt ähnlich aus: Die Korrelation zwischen Gesamtleistung und Durchschnittsnote beträgt hier r = .53, die Untertests 2 und 4 korrelieren zu r = .46 bzw. r = .47 mit der Durchschnittsnote (N = 699). Subtests 2 und 4 korrelieren dagegen in fast allen von den Autoren berichteten Studien nicht höher als r = .30 mit der Durchschnittsnote.
Zur Überprüfung der faktoriellen Struktur wurde eine Faktorenanalyse über alle oben angeführten Variablen gerechnet (N = 120). Es ergab sich zunächst ein Schulleistungsfaktor, auf dem neben den Schulnoten sowie den Untertests des AST die Subtests 1 und 2 des KFT (Sprachverständnis und Beziehungserkennen) laden. Des weiteren ergab sich ein Intelligenzfaktor, auf dem neben dem CFT und den Subtests des BT 2–3 die Untertests 3 und 4 (Schlußfolgerndes und Rechnerisches Denken) des KFT laden.
Darüber hinaus führen die Autoren als Belege für die Konstruktvalidität des KFT an, daß Alter und Schichtzugehörigkeit in der erwarteten Weise für die KFT-Leistung bedeutsam sind. Geringfügig höheren Rohwerten für Jungen im Untertest 1 „Sprachverständnis" sowie ab Klasse 2 auch im Untertest 2 „Beziehungserkennen" wird durch separate Normierung Rechnung getragen.

7.4 Normen: Es liegen Klassen- und Altersnormen in Form von flächentransformierten T-Werten vor, jeweils nach Geschlecht getrennt. Die Eichstichprobe umfaßt für die Klassennormen N = 4351, für die Altersnorm N = 4026 Kinder. Die Repräsentativität ist hinreichend gesichert.

8. Literatur

Thorndike, R.L. & Hagen, E.P. (1977). *Measurement and evaluation in psychology and education* (4th edition). New York: Wiley.

Bearbeiter: Stephan Kröner

Kognitiver Fähigkeitstest für 4. bis 12. Klassen, Revision (KFT 4–12+ R)

K.A. Heller und C. Perleth
Göttingen: Beltz Test GmbH, 2000

1. Testart Intelligenztest

2. Testmaterial Manual, 2 Aufgabenhefte für 4. Klassen (36 Seiten DIN A4, Form A und Form B), 2 Aufgabenhefte für 5. bis 12./13. Klassen (55 Seiten DIN A4, Form A und Form B), 9 Antwortbogen (je 1 Antwortbogen für die Klassen 4 bis 12, dienen auf der Rückseite gleichzeitig als Auswertungsbogen), 18 Auswertungsschablonen (je 2 Auswertungsschablonen für die Klassen 5 bis 12, jeweils Form A und Form B); zusätzlich: weicher Bleistift, Radiergummi, Konzeptpapier.

3. Testgliederung Der Test gliedert sich in drei Teile mit jeweils drei Subtests:

1. Verbaler Teil
   (V1: Wortschatz, V2: Wortklassifikationen, V3: Wortanalogien)
2. Quantitativer Teil
   (Q1: Mengenvergleiche, Q2: Zahlenreihen, Q3: Gleichungen bilden)
3. Nonverbaler Teil
   (N1: Figurenklassifikation, N2: Figurenanalogien, N3: Faltaufgaben)

4. Grundkonzept Der KFT 4–12+ R ist die revidierte und um zwei Subtests gekürzte Fassung des KFT 4–13 (Heller, Gaedicke & Weinläder, 1985), einer deutschen Bearbeitung des Cognitive Abilities Test (CAT) von Thorndike & Hagen (1971). Außerdem wurde Subtest N3 aus einer neueren Version des CAT von Thorndike & Hagen (1993) hinzugenommen. Im Rahmen des KFT 4–12+ R werden Kennwerte für die drei oben genannten Testteile sowie die Gesamtleistung berechnet. Die Aufgaben der Subtests sind nach Schwierigkeit gestaffelt angeordnet. Jede Klassenstufe bearbeitet eine ihrem Alter angemessene Itemteilmenge (15 bis 25 von ca. 40 bis 65) Items, wobei im Rahmen überlappender Itemteilmengen jedes Item für durchschnittlich fünf Klassenstufen verwendet wird.

5. Durchführung **5.1 Alter:** 4. bis 13. Klasse von Hauptschulen, Realschulen und Gymnasien bzw. von Gesamtschulen.

5.2 Formen: Gruppentest, Form A und B als Paralleltests, für den Subtest Faltaufgaben als Pseudoparalleltests. Außerdem jeweils als Kurzform ohne die Subtests V2, Q3 und N3.

5.3 Handhabung: Der Testleiter hat detaillierte Anweisungen sowie Beispielaufgaben zu jedem der Subtests vorzulesen. Diese Informationen liegen den Schülern zugleich schriftlich in ihren Aufgabenheften vor. Die Schüler bearbeiten die für ihre Klassenstufe vorgesehenen Aufgaben und markieren die Antworten auf einem separaten Lösungsbogen. Die Bearbeitungszeit ist pro Subtest limitiert.

5.4 Zeit: Ca. 130 Minuten (ca. 45 Minuten pro Testteil), Kurzform: ca. 90 Minuten. Bei Viertklässlern wird die Aufteilung auf mehrere Termine von den Testautoren als praktikabel bezeichnet. Separate Normen dafür bestehen jedoch nicht.

6. Auswertung

6.1 Modus: Die Rohwerte werden mit Hilfe der Lösungsschablone für den entsprechenden Jahrgang und die Testform ermittelt. Diese werden dann auf das Auswertungsformular übertragen und in T-Werte umgerechnet. Ein Profil über die einzelnen Subtests wird erstellt und die Gesamtleistung berechnet.

6.2 Zeit: Keine Angaben.

7. Gütekriterien

7.1 Objektivität: Die Objektivität hinsichtlich Durchführung, Auswertung und Interpretation ist gegeben.

7.2 Reliabilität: Die interne Konsistenz des KFT 4–12+ R beträgt zwischen r = .60 und r = .88 für die Subtests, zwischen r = .85 und r = .93 für die Testteile und r = .95 für die Gesamtleistung (N = 3306 für Form A bzw. 3473 für Form B). Die Retest-Reliabilität (N = 160) beträgt zwischen r = .83 und r = .87 für den Zeitraum von einem Jahr (5./6. bzw. 6./7. Klasse) und r = .83 über zwei Jahre hinweg (5./7. Klasse). Hinweise auf die kombinierte Re- und Paralleltest-Reliabilität des KFT 4–12+ R bieten Daten aus den entsprechenden Subtests des KFT 4–13. Eine Vorgabe der beiden Parallelformen im Abstand von einem Jahr ergibt über alle Klassen hinweg je nach Subtest Reliabilitätskoeffizienten mit einem Median von r = .71 bis r = .92 (N = 447).

7.3 Validität:
Kriteriumsvalidität:
Zur Übereinstimmungsvalidität in bezug auf Schulnoten werden Korrelationen der KFT 4–12+ R-Teil- und Gesamtscores mit Noten in Mathematik (N = 587), Deutsch (N = 770) und Englisch (N = 585) berichtet. Diese liegen im Median zumeist zwischen r = .30 und r = .40, wobei eine Unterschätzung durch Aufsplittung der Daten in varianzhomogene, schulartspezifische Untergruppen vorliegen dürfte. Die Vorhersagevalidität wird durch Korrelationen mit der Abitur-Durchschnittsnote untermauert. Diese liegt je nach Vorhersagezeitraum zwischen r = .26 und r = .48 (Median: r = .36; Stichprobengröße zwischen N = 36 und N = 81).
Faktorielle Validität:
Im Rahmen konfirmatorischer Faktorenanalysen mit drei zu extrahierenden Faktoren konnten im Durchschnitt der Jahrgangsstufen 69 % der Gesamtvarianz aufgeklärt werden. Die Subtests der jeweiligen Testteile laden in der Regel erwartungsgemäß auf den entsprechenden Faktoren. Der erste Faktor wird als sprachgebundenes Denken interpretiert und ist durch hohe Ladungen der V-Tests gekennzeichnet. Der zweite, als Reasoning mit anschauungsgebundener Space-Komponente bezeichnete Faktor wird primär von den N-Tests gebildet. Der dritte Faktor wird durch hohe Ladungen der Q-Tests gebildet und als zahlengebundenes Denken bezeichnet. Beein-

trächtigungen dieser Faktorenstruktur ergeben sich primär durch häufige hohe Ladungen des Subtests Q2 auf dem N-Faktor.

7.4 Normen: Es existieren sowohl Jahrgangs- als auch schultypspezifische Normen für die Zielgruppen in Form von T-Werten, jeweils separat für die beiden Testformen (Stichprobengröße ca. N = 6800). Für Gesamtschüler sowie für Hauptschüler der Klassen 9 bis 10 wurden aufgrund geringer Stichprobengrößen keine T-Werte berechnet. Normtabellen für die Kurzform wurden anhand derselben Normierungsstichprobe über die Leistungen in den entsprechenden Subtests ermittelt.

8. Literatur

Heller, K.A., Gaedike, A.K. & Weinläder, H. (1985). *Kognitiver Fähigkeitstest (KFT 4–13+)* (2. Aufl.). Weinheim: Beltz.

Thorndike, R.L. & Hagen, E.P. (1971). *Cognitive Abilities Test.* Boston: Houghton-Mifflin.

Thorndike, R.L. & Hagen, E.P. (1993). *Form 5 Cog AT. Norms booklet.* Chicago, IL: Riverside Publishing Company.

Verfasser: Stephan Kröner

Kognitiver Fähigkeits-Test, Kindergartenform (KFT-K)

K. Heller und H.-J. Geisler
Weinheim: Beltz Test GmbH, 1983

1. Testart Intelligenztest

2. Testmaterial Handanweisung (DIN A4, 40 Seiten), Testheft; zusätzlich: Bleistift.

3. Testgliederung Der KFT-K umfaßt in 4 Subtests insgesamt 60 Items:
1. Sprachverständnis (15 Items)
2. Beziehungserkennen (15 Items)
3. Schlußfolgerndes Denken (15 Items)
4. Rechnerisches Denken (15 Items)

4. Grundkonzept Beim KFT-K handelt es sich um die deutsche Bearbeitung des „Cognitive Abilities Test, Primary II/Form I and II" von Thorndike, Hagen & Lorge (vgl. Thorndike & Hagen, 1977). Der KFT-K vermittelt als Intelligenztest Informationen über die kognitiven Fähigkeiten Sprachverständnis, Beziehungserkennen, Schlußfolgerndes sowie Rechnerisches Denken und damit über schulrelevante komplexe Lern- und Leistungsvoraussetzungen. Zusammen mit dem KFT 1–3 und dem KFT 4–12+ bildet der KFT-K eine Testserie, welche den Bereich vom Vorschulalter bis zum Ende der Schulzeit abdeckt.

5. Durchführung **5.1 Alter:** 4;7 bis 7;0 Jahre.

5.2 Formen: Der KFT-K ist einzeln oder in Gruppen durchführbar. Eine Parallelform gibt es nicht.

5.3 Handhabung: Die Bearbeitung der vier Subtests soll laut Handbuch auf 4, mindestens jedoch 2 Sitzungen an verschiedenen Tagen verteilt werden. Zu jedem Subtest werden 2 Beispielaufgaben bearbeitet. Der Testleiter gibt anschließend Instruktionen zu jeder einzelnen der 15 Aufgaben eines Subtests.

5.4 Zeit: Power-Test, ca. 90 Minuten, auf mehrere Tage verteilt.

6. Auswertung **6.1 Modus:** Die Subtest-Rohwerte werden mit Hilfe eines Lösungsschlüssels ermittelt, in die Ergebnisseite des Testhefts eingetragen und zum Gesamt-Rohwert aufsummiert. Die Altersnormwerte (T-Werte) werden den entsprechenden Tabellen im Handbuch entnommen und können bei Bedarf anhand einer Transformationstabelle in andere Standards (C, IQ, PR) transformiert werden. Sechs im Handbuch angegebene Fallbeispiele dienen als Interpretationshilfe.

6.2 Zeit: Keine Angaben.

7. Gütekriterien

7.1 Objektivität: Die Durchführungs-Objektivität ist durch standardisierte Instruktionen weitgehend gewährleistet. Sie wird möglicherweise dadurch leicht beeinträchtigt, daß die für einzelne Aufgaben zur Verfügung stehende Zeit vom Testleiter subjektiv „den Eigenheiten der getesteten Kinder angepaßt werden" soll. Auswertungs- und Interpretationsobjektivität sind gewährleistet.

7.2 Reliabilität: Die interne Konsistenz der Gesamtleistung liegt um r = .90, die der Subtests zwischen r = .53 und r = .88. Die Retest-Reliabilität über 5 Wochen liegt für Kinder zwischen 4;7 und 5;0 Jahren bei r_{tt} = .80 für die Gesamtleistung und zwischen r = .58 und r = .71 für die Subtests (N = 45). Bei Kindern zwischen 5;1 und 7;0 Jahren beträgt die Gesamt-Reliabilität r_{tt} = .93, und die der Subtests liegt zwischen r_{tt}= .75 und r_{tt} = .84 (N = 115). Die Reliabilität für Kinder unter 4;7 Jahre ist nicht hinreichend. Diesem Umstand wird durch Eingrenzung des Altersbereichs Rechnung getragen.

7.3 Validität: Hinsichtlich seiner faktoriellen Struktur ist der KFT-K als eindimensionales Verfahren zu bezeichnen. Der KFT-Score steigt mit zunehmendem Alter sowie bei älteren Kindern unabhängig davon auch mit der Dauer des Kindergarten- bzw. Vorschulbesuchs. Hinweise auf die Kriteriumsvalidität des KFT-K bieten Korrelationen mit dem Grundintelligenztest CFT-1 (r = .64; N = 102) sowie mit dem Duisburger Vorschul- und Einschulungstest DVET (r = .62; N = 102).

7.4 Normen: Die Eichstichprobe umfaßt N = 509 Kinder im Alter von 5;1 bis 7;0 Jahren aus drei zwischen 1980 und 1982 durchgeführten Einzeluntersuchungen. Hinsichtlich der Repräsentativität der Eichstichprobe ist zu bedenken, daß diese vor allem in größeren Städten Nordrhein-Westfalens erhoben wurde.

8. Literatur

Thorndike, R.L. & Hagen, E.P. (1977). *Measurement and evaluation in psychology and education* (4th edition). New York: Wiley.

Bearbeiter: Stephan Kröner

Kramer-Test

J. Kramer
Solothurn: Antonius, 4. Auflage 1972

1. Testart

Intelligenztest

2. Testmaterial

Mitgeliefert werden eine Kurzanleitung zum Test sowie ein Materialkasten mit 12 Cellophanhüllen, die für jeweils eine Testaltersstufe diverse Testkarten beinhalten, außerdem Plastiktütchen mit Holzperlen, Farbtäfelchen, kleinen Gegenständen (Schlüssel, Uhr, Messer, Gabel, Bleistift), ein Holzstab und Kärtchen in Form von Dreiecken und einem Rechteck. Weiterhin vorhanden sind eine Anleitung zum Labyrinth-Test und eine Garnitur Testblätter; zusätzlich: Bleistifte, Papier, Stoppuhr.
Zusätzlich erhältlich ist der Textband „Intelligenztest" von J. Kramer (1972a), der eine ausführliche Beschreibung des Tests enthält und dessen Lektüre empfohlen wird.

3. Testgliederung

Wie die übrigen deutschsprachigen Binet-Tests hat auch der Kramer-Test einen Stufenaufbau für die Altersjahrgänge 3 bis 15. Für die 3. bis 5. Altersstufe umfaßt der Test je 10 Aufgaben, für die 6. bis 8. Altersstufe je 8 Aufgaben und für die 9. bis 15. Altersstufe je 6 Aufgaben. Die Tests sind vorwiegend verbaler Art, einige Tests sind Handlungs- oder Zeichentests.
Unabhängig von dieser Testserie kann der von Kramer (1974) bearbeitete Labyrinth-Test nach Porteus (1965) angehängt werden. Das vollständige Testmaterial dafür wird mit dem Kramer-Test mitgeliefert.
Der Test wird heute als „Kramer-Test" publiziert, gelegentlich wird er als „Binet-Simon-Kramer-Test" (BSK), „Binet-Kramer-Test" oder „Kramer-Intelligenz-Test" (KIT) bezeichnet.

4. Grundkonzept

Die dem Test beigefügte „kurze Anleitung zum Kramer-Test" (Kramer, 1972b) informiert nur in geringem Ausmaß über die dem Test zugrundeliegende Konzeption. Für genauere Informationen muß ergänzend der Textband „Intelligenztest" (Kramer, 1972a) hinzugezogen werden, wobei der ausschweifende und zum Teil anekdotenhafte Charakter des Buches die Extraktion der für den Testbenutzer relevanten Informationen erschwert.
Der Kramer-Test soll die intellektuelle Leistungsfähigkeit bei Kindern der angegebenen Altersstufen erfassen und bei Schulschwierigkeiten klären helfen, in welchem Maße diese auf intellektuelle Mängel zurückgehen. Besonders hingewiesen wird auf seine Verwendung bei Schulreifeuntersuchungen; dies betrifft die Aufgaben der Altersstufen 6 und 7.
Als Test, der in der Konzeption Binets verwurzelt ist, verwendet der Kramer-Test die Stufenmethode, und der IQ wird als Quotient aus Intelligenzalter und Lebensalter gebildet.

Es wurde versucht, für jede Altersstufe einen kleineren Anteil an leichten und schweren und einen größeren Anteil an mittelschweren Aufgaben zu berücksichtigen. Für die Kleinkindaltersstufen wurde auf nichtsprachliche Aufgaben geachtet, für Schulanfänger auf Gedächtnisaufgaben, für Kinder mit schulischen Komplikationen auf Testaufgaben aus dem praktischen Bereich, und in den oberen Altersstufen wurden vermehrt Denkaufgaben ausgewählt.

5. Durchführung

5.1 Alter: 3 bis 15 Jahre.

5.2 Formen: Einzeltest; Normalform (zur IQ-Ermittlung) oder Kurzform, die nur die Aufgaben der entsprechenden Altersstufe berücksichtigt und die nur als Indikator für weitere Intelligenzuntersuchungen dienen soll.

5.3 Handhabung: Bei den meisten Teilaufgaben wird das Aufgabenprinzip durch eine Vorübung verdeutlicht. Im Anschluß daran werden dem Kind die zu bearbeitenden Aufgaben präsentiert. Für jeden Untertest wird sowohl für die Vorübung als auch für die eigentliche Aufgabe der genaue Wortlaut der Instruktion vorgegeben. Außerdem ist jeweils angegeben, wann und in welchem Ausmaß der Testleiter die vorgegebenen Instruktionen ergänzen darf.
Je nach Art der Aufgabe wird das Kind instruiert, Fragen zu beantworten, mit vorgegebenem Testmaterial zu hantieren oder zeichnerische Aufgaben zu erfüllen. Bei einigen Aufgaben sind Zeitbegrenzungen vorgegeben.
Die Aufgabenbeschreibungen und die Hinweise zur Durchführung in der Kurzanleitung sind präzise, und die Zuordnung der Testmaterialien zu den einzelnen Aufgaben wird durch eine übersichtliche Kennzeichnung im Buch und auf den Testkarten erleichtert. Die Anleitungen für jeden Einzeltest gliedern sich in die Punkte Material, ggf. Vorübung, Aufgabe, Bewertung, Fähigkeiten und Arbeitsweise.
Der Testeinstieg beginnt im allgemeinen mit der Altersstufe, die ein Jahr unter dem Lebensalter des Kindes liegt. Löst das Kind nicht alle, sondern nur die Mehrzahl dieser Einzelaufgaben, dann werden lediglich die analogen Einzelaufgaben der darunter liegenden Altersstufe gestellt. Löst ein Kind nur wenige Aufgaben der Eingangsaltersstufe, so werden alle Aufgaben der darunter liegenden Altersstufe vorgelegt. Die Untersuchung wird abgebrochen, wenn ein Kind lediglich zwei Aufgaben einer Altersstufe richtig löst.

5.4 Zeit: Ca. 60 bis 90 Minuten. Wird die Testreihe ohne Pausen durchgeführt, sollte die Gesamtzeit 90 Minuten nicht überschreiten.

6. Auswertung

6.1 Modus: Der Testleiter bewertet jede durchgeführte Einzelaufgabe anhand von eindeutig vorgegebenen Kriterien mit (+), (1/2) oder (–).
In den Altersstufen 3 bis 5 entspricht jede Einzelaufgabe 1.2 Monaten, in den Altersstufen 6 bis 8 1.5 Monaten und in den Altersstufen 9 bis 15 2 Monaten. Bei einer Bewertung mit 1/2 wird das Zeitäquivalent halbiert. Die aufsummierten Zeitäquivalente (Intelligenzmonate) für richtig bzw. halbrichtig gelöste Aufgaben werden zum Grundintelligenzalter (Intelligenzalter unterhalb des Testeinsatzes) hinzuaddiert und durch das Lebensalter dividiert, um den IQ zu errechnen. Die Transformation der Rohwerte in Zeitäquivalente kann durch eine Tabelle im Textband erfolgen (Kramer, 1972b, S. 250), darüber hinaus bietet der Textband eine Intelligenzklassifikation, anhand de-

rer die Werte interpretiert werden können (S. 251). Ergänzend kann eine qualitative Interpretation der Testergebnisse anhand der für jede Einzelaufgabe angegebenen relevanten Fähigkeiten erfolgen.

6.2 Zeit: Keine Angaben.

7. Gütekriterien

7.1 Objektivität: Hinsichtlich der Testdurchführung werden in der Kurzanleitung ausreichend detaillierte Instruktionen für den Testleiter vorgegeben. Bei einigen Einzelaufgaben wird dem Testleiter allerdings die Möglichkeit zusätzlicher Erklärungen eingeräumt, was die Vergleichbarkeit bei der Testdurchführung einschränkt.
Die Bewertung der Einzelaufgaben erfolgt in den meisten Fällen nach eindeutig definierten Kriterien, lediglich bei den Zeichenaufgaben werden eher grobe, nicht exakt objektivierbare Richtlinien für die Bewertung gegeben.

7.2 Reliabilität: Unterteilungsmethode, korrigiert nach Spearman-Brown: r_{tt} = .93 (N = 90):

Stabilität:
- Retest nach durchschnittlich 9 Monaten: r_{tt} = .87; Rho = .88 (N = 32);
- Retest nach drei Monaten bei 8jährigen Mädchen: r_{tt} = .92 (N = 32);
- Retest nach drei Monaten bei 10jährigen Mädchen: r_{tt} = .98 (N = 32);
- Retest nach 1 bis 36 Monaten in 90 % der Fälle und nach 3 bis 6 Jahren in 10 % der Fälle: r_{tt} = .99 (Normalfälle, N = 336); r_{tt} = .90 (komplizierte Fälle, N = 122).

7.3 Validität:

Kriteriumsbezogene Validität; Vergleich mit folgenden Tests:
- Stanford-Binet-Test: r_{tc} = .93 (N = 30, imbezile Kinder);
- Snijders-Oomen: r_{tc} = .65 (N = 100);
- HAWIK: r_{tc} = .90 (N = 100, 9- bis 11jährige Kinder) bzw. r_{tc} = .79 (N = 50, die besten und schlechtesten Kinder der obigen Stichprobe);
- Testreihen zur Prüfung von Schweizer Kindern: r_{tc} = .85 bis .98 (N ungenannt);
- Kleinkindertest von Brunet/Lezine: r_{tc} = .80 (N = 33, Kleinkinder; IQ vs. Gesamt-EQ).

Im Vergleich mit einer Reihe anderer Intelligenztests (HAWIK, CPM, BT1–2, BT2–3, National Intelligence Test) zeigt der Kramer-Test einen fast erwartungsgemäßen Mittelwert (M = 100,31; N = 90), jedoch mit SD = 8.3 eine geringe Streubreite (gegenüber SD = 10.3 bis 16.3).

Korrelation mit Schulnoten:
- r_{tc} = .70 (7 bis 15 Jahre, N = 1735);
- r_{tc} = .73 (7 bis 10 Jahre, N = 751);
- r_{tc} = .69 (11 bis 15 Jahre, N = 984).

Faktorielle Validität:
Eine Faktorenanalyse mit den Tests HAWIK, CPM, BT1–2, BT2–3, NIT/A und NIT/B (N = 90, 9jährige) ergab sechs Faktoren, davon wurden fünf interpretiert als: Klassifikation, Sprachverständnis, Reasoning, Umgang mit sprachlich bezeichneten Inhalten, Erfassen der sprachlichen Struktur. Der Kramer-Test erfaßt demnach, zumindest im Altersbereich 8 bis 10, vor allem verbale Fähigkeiten.

7.4 Normen: Informationen zur Testeichung sind nicht in der Kurzanleitung enthalten, sondern sind dem Textband „Intelligenztest" (Kramer, 1972a), der dem Test nicht beigefügt ist, zu entnehmen.
Die Erhebung der Eichstichprobe stammt aus dem Jahr 1972. Der Altersbereich umfaßt 3 bis 15 Jahre bei insgesamt N = 2719. Die Stichproben stammen aus unterschiedlichen deutschsprachigen Regionen, vorwiegend aus der Schweiz, bei Berücksichtigung unterschiedlicher sozialer Schichten. Angegeben sind IQ-bezogene Parameter von drei Untersuchungen an 9jährigen bzw. 9- bis 11jährigen Kindern (N = 100, 100, 90). Die Mittelwerte liegen einheitlich bei ca. 100, die Standardabweichungen zwischen 8.3 und 15.1. Darüber hinaus werden einige auf Rohpunkte bezogene Mittelwerte und Standardabweichungen aufgeführt, die zum Teil auf der „surselvischen Fassung" (S. 103) des Tests beruhen, ohne daß dieser Terminus näher erläutert wird.

8. Literatur

Kramer, J. (1972a). Intelligenztest. *Arbeiten zur Psychologie, Pädagogik und Heilpädagogik* (Band 5, 4. Auflage (Textband)). Solothurn: Antonius.
Kramer, J. (1972b). *Kurze Anleitung zum Kramer-Test* (4. Auflage). Solothurn: Antonius.
Kramer, J. (1974). *Anleitung zum Labyrinth-Test.* Solothurn: Antonius.
Porteus, S.D. (1965). *Porteus Maze Tests: Fifty years application.* Palo Alto: Pacific Books.

Bearbeiter: Ulrich Seidler-Brandler

Kurztest für allgemeine informationspsychologische Basisgrößen (KAI)

S. Lehrl, A. Gallwitz, L. Blaha und B. Fischer

Ebersberg: Vless Verlag, 3. Auflage 1992

1. Testart Intelligenztest

2. Testmaterial Manual, Formblätter KAI (Grundform), 4 Lesekarten, Stift. Zusätzlich benötigt man eine Stoppuhr.

3. Testgliederung Der KAI besteht aus zwei Teilen: „Buchstaben- Lesen" und „Zeichen-Nachsprechen". Der zweite Subtest „Zeichen-Nachsprechen" setzt sich wiederum aus zwei Teilen zusammen.

4. Grundkonzept Hauptanwendungsgebiete sind die Diagnostik und Verlaufsuntersuchung der allgemeinen geistigen Leistungsfähigkeit. Speziell mißt dieser Test:

A) Zwei Basiskapazitäten der Informationsverarbeitung:
   1. Informationsverarbeitungsgeschwindigkeit
   2. Kurzspeicherkapazität (Produkt aus A und B)

B) Das aktuelle allgemeine (= globale) Intelligenzniveau (g-Faktor)

5. Durchführung **5.1 Alter:** 17 bis 65 Jahre (bei Verlaufsuntersuchungen keine Altersbeschränkung).

5.2 Formen: Einzeltest, für Verlaufsuntersuchungen geeignet. Es liegt eine Parallelform (KAI) vor.

5.3 Handhabung: Der Subtest „Buchstaben-Lesen" setzt sich aus vier Karten zusammen, auf denen jeweils 20 Buchstaben in zufälliger Reihenfolge abgedruckt sind. Der Proband soll diese Buchstabenreihen so schnell wie möglich vorlesen. Die Zeitdauer je Karte wird registriert, und die beste Leseleistung gelangt dann in die Auswertung. Sie soll die Maximalgeschwindigkeit des Informationsflusses zum Kurzzeitspeicher anzeigen. Im zweiten Untertest „Zeichen-Nachsprechen" werden Zeilen mit 1 bis 9 Zahlen bzw. Buchstaben vom Testleiter vorgelesen (die Anzahl der vorgelesenen Zeichen ist abhängig davon, wieviele Zeichen vom Probanden reproduziert werden), die der Proband unmittelbar reproduzieren soll.

5.4 Zeit: Die Erstabnahme dauert 5 bis 8 Minuten, spätere Abnahmen sind kürzer.

6. Auswertung **6.1 Modus:** Als Auswertungsergebnis des ersten Untertests „Buchstaben-Lesen" gilt die kürzeste der 4 Lesezeiten. Die Rohwerte lassen sich in BIP/s (= Bits of information per second) als Maß für die Informationsverarbeitungs-

geschwindigkeit übertragen. Als Punktwert beim „Zeichen-Nachsprechen“ gilt die Anzahl der Zeichen der längsten wiedergegebenen Zahlenreihe und der längsten wiedergegebenen Buchstabenreihe. Die Leistungen im Zahlen- und Buchstaben-Nachsprechen werden gemittelt. Diese Größe soll ein Maß der Präsenzdauer (auch: Unmittelbares Behalten) sein.
Die Ergebnisse der beiden Untertests lassen sich tabellarisch je einzelnen IQ-Werten zuordnen. Sie können aber auch zusammengefaßt und dann in IQ-Werte umgewandelt werden. Zusammengefaßt bilden sie ein gültigeres Maß des allgemeinen fluiden Intelligenzniveaus.

6.2 Zeit: Keine Angaben.

7. Gütekriterien

7.1 Objektivität: Bei genauer Einhaltung der Instruktionen bezüglich des Darbietungsabstands für das Buchstaben- bzw. Zahlen-Nachsprechen sind die Durchführungs- und Auswertungsobjektivität gewährleistet.

7.2 Reliabilität: Für den Untertest „Buchstaben-Lesen“ ergeben sich bei der Split-Half-Reliabilität (ermittelt anhand verschiedener Stichproben) Werte zwischen r = .75 und r = .99. Die Retest-Reliabilität für unmittelbare Wiederholung liegt bei r = .81, für eine Testwiederholung nach 8 Stunden (an verschiedenen Stichproben erfaßt) ergeben sich Werte von r = .76 bis r = .88. Die Retest-Reliabilität für den Zeitraum von zwei Wochen liegt bei Werten von r = .74 bis r = .94. Für einen vierwöchigen Zeitraum ergeben sich Retestwerte zwischen r = .64 und r = .96. Die Retest-Reliabilität für den Zeitraum von 14 Monaten beträgt: r = .70. Zusammenfassend kann dem Untertest 1 eine gute Reliabilität zugesprochen werden.
Für den Untertest „Zeichen- Nachsprechen“ liegt die Testhalbierungsreliabilität (Korrelation beider Untertests) zwischen r = .49 und r = .90. Die Retestreliabilitäten bewegen sich nach zwei Wochen Testabstand zwischen r = .74 und r = .88.

7.3 Validität: Entscheidend für die Interpretation der ermittelten Testergebnisse ist, daß die zugrunde gelegten Basiskapazitäten nur vom Informationsgehalt der Reize und nicht von anderen Besonderheiten (z. B. physikalische Eigenschaften wie Groß- oder Kleinschreibung des Reizmaterials) abhängen. Zahlreiche Untersuchungen belegen die Unspezifität der mit diesem Test erhobenen Werte. Weiterhin wird die Unabhängigkeit der gemessenen Basiskapazitäten voneinander bestätigt. Für beide KAI Untertests lassen sich Zusammenhänge mit anderen Intelligenztests in Höhe von r = .50 bis r = .60 für repräsentative Stichproben finden. Für das KAI-Gesamtergebnis werden Werte um r = .70 angegeben.

7.4 Normen: Die Eichung erfolgte an einer Gesamtstichprobe von N = 672. Davon waren 341 psychiatrisch unauffällige und 331 psychiatrisch auffällige Personen mit unterschiedlichen Symptomen im Alter von 17 bis 65 Jahren. Alters- oder geschlechtsspezifische Unterschiede wurden nicht gefunden, so daß eine Vergleichswerttabelle für den gesamten Geltungsbereich angegeben wird.

Bearbeiterin: Janett Gaschok

Leistungsprüfsystem (LPS)

W. Horn
Göttingen: Hogrefe, 2. Auflage 1983

1. Testart Intelligenztest

2. Testmaterial Handanweisung, Testbogen Form A und B (jeweils Blatt 1 und 2), sechs Auswertungsschablonen; zusätzlich: Schreibmaterial, Stoppuhr.

3. Testgliederung Die Testbatterie besteht aus 14 Untertest zu je 40 Aufgaben sowie einem zusätzlichen Rechen-Test mit 10 Spalten à 40 Aufgaben, durch den eine individuelle Arbeitskurve ermittelt wird (s. Tab. 1).

Tabelle 1: Untertests des LPS

Untertests		**Primärfaktoren**
1–2	Allgemeinbildung	Verbal Comprehension (V) (Cattells Crystallized Intelligence)
3–4	Denkfähigkeit	Reasoning (R) (Cattells Fluid Intelligence)
5–6	Worteinfall	Word Fluency (W)
7–10	Technische Begabung	Space 1 und 2 (S), Closure 2 (C) (Witkins Field Dependence)
11–12	Ratefähigkeit	Closure (C)
13–14	Wahrnehmungstempo	Perceptual Speed (P)
Rechen-Test	Rechenfähigkeit	Number (N)

Die 560 Items der 14 Untertests des LPS werden auf insgesamt drei DIN-A4-Seiten dargeboten, die 400 Items des zusätzlichen Rechen-Tests sind auf einer DIN-A4-Seite abgedruckt.

4. Grundkonzept Für das LPS wurden solche Aufgaben ausgewählt, die die Erfassung der Primärfaktoren der Intelligenz nach Thurstone in platzsparender Form ermöglichen. Die zweite Auflage enthält ein Pyramidenmodell der Intelligenz, das die Intelligenzmodelle von Guilford, Cattell, Thurstone u. a. integriert. Das LPS mißt in diesem Modell einzelne Fähigkeiten der ersten Ebene, die durch die beiden Aspekte „Operationen" und „Inhalte" aus dem Intelligenzmodell von Guilford beschrieben werden. Die Fähigkeiten selbst werden nach wie vor in Anlehnung an Thurstone benannt (s. Tab. 1).
Faktorenanalytische Untersuchungen von Koopmann (1964, zit. nach Horn, 1983) und Tent (1969) bestätigen die in Tabelle 1 angegebenen Zuordnungen weitgehend (s. Konstruktvalidität).
Das LPS ist vor allem zum Einsatz in der Bildungs- und Berufsberatung

vorgesehen. Es soll auch in den Extrembereichen der Intelligenz gut differenzieren.

5. Durchführung

5.1 Alter: 9 bis über 50 Jahre.

5.2 Formen: Der Test ist als Gruppentest konzipiert, kann aber auch als Einzeltest eingesetzt werden. Es liegen Paralleltestformen A und B vor.
Das LPS kann in unterschiedlichen Formen eingesetzt werden:
- Langform: Untertests 1–14, Arbeitskurve (alle Reihen)
- Normalform: Untertests 1–14, Arbeitskurve (1. und 2. Reihe)
- Kurzformen: a) Untertests 1, 2, 4, 6, 9, 12, 14, Arbeitskurve (1. Reihe), b) Untertests 1, 2, 4, 12

Eine computergestützte Fassung der Untertests 1 bis 4 ist im Hogrefe-Testsystem verfügbar.

5.3 Handhabung: Die Instruktionen sind leicht verständlich formuliert und recht umfangreich. Vor einigen Untertests wird den Probanden die zur Verfügung stehende Bearbeitungszeit mitgeteilt. Die Art der Aufgabenbearbeitung wird den Probanden meist an einem Beispiel verdeutlicht. Den Probanden liegen während der Instruktionsphasen nicht nur die Beispiel-, sondern auch die Testaufgaben vor, was dazu führen kann, daß entgegen der Anweisungen nach- oder vorgearbeitet wird.

5.4 Zeit: Langform (einschließlich Arbeitskurve): ca. 120 Minuten, Normalform: 90 Minuten, Kurzformen: 40 bzw. 15 Minuten.

6. Auswertung

6.1 Modus: Die Testbogen werden mit Hilfe von Schablonen ausgewertet. Die zu beachtenden Hinweise für Besonderheiten bei der Auswertung sind der Handanweisung zu entnehmen. Die ermittelten Rohwerte der einzelnen Untertests werden zu einem Gesamtleistungswert addiert. Die Rohwerte können in Centil- oder T-Werte überführt werden. Die so standardisierten Subtestwerte können durch Eintragen in ein Profilschema auf den Testbogen graphisch veranschaulicht werden. Zur Erhöhung der Testreliabilität können die Ergebnisse ähnlicher Untertests aggregiert und im Profil dargestellt werden. Nach dem gleichen Modus wird die Leistung in der Arbeitskurve auf einem Profilnetz eingetragen. Ausführliche Interpretationshinweise zu den einzelnen Aufgaben des LPS finden sich in der Handanweisung.
Das Profil eines Probanden kann mit angegebenen „berufstypischen" Profilen verglichen werden. Die Möglichkeiten dieser Interpretation anhand von Mittelwertsprofilen verschiedener beruflicher und schulischer Gruppen sind in Anbetracht der Stichprobengrößen ($13 \leq N \leq 1349$) jedoch sehr unterschiedlich.

6.2 Zeit: Keine Angaben.

7. Gütekriterien

7.1 Objektivität: Durchführung, Auswertung und Interpretation können als objektiv angesehen werden.

7.2 Reliabilität: Stabilität: Zur Bestimmung der Retest-Reliabilität wurde eine Stichprobe von N = 91 erwachsenen Männern „zum Teil Jahre später" (Handanweisung, S. 19) ein zweites Mal mit dem LPS (Testform nicht angegeben) getestet. Die Gesamtergebnisse beider Zeitpunkte korrelierten mit r = .95. Die Korrelationen der Untertests liegen zwischen r = .38 und r = .88 (im Mittel r = .76, Berechnung der Verf.). Bei der empfohlenen Zusammenfassung der 14 Untertests zu sechs Werten liegt die Retest-Reliabilität zwischen r = .71

und r = .86 (im Mittel r = .85, Berechnung der Verf.). Das Gesamtergebnis erhöhte sich bei der zweiten Testung im Durchschnitt um 4 T-Werte.
Interne Konsistenz: Die nach Spearman-Brown ermittelte korrigierte Split-Half-Reliabilität liegt in einer Untersuchung von Horn (N = 200) für den Gesamttest bei r = .99 und für die sechs Untertestgruppen zwischen r = .90 und r = .99 (N = 100). In einer Untersuchung von Tent (1969) beträgt sie für den gesamten Test r = .98 und liegt für die sechs Untertestgruppen zwischen r = .88 und r = .97 (N = 100).
Äquivalenz: Für die beiden Parallelformen werden Mittelwerte und Streuungsmaße für die einzelnen Untertests, Untertestgruppen und die Gesamtleistung angegeben (N = 400 für Form A sowie für Form B). Die Paralleltestreliabilität wird nicht berichtet. Über die Äquivalenz von Papier-Bleistift- und computerunterstützter Administration einiger Subtests des LPS berichtet Klinck (1998).

7.3 Validität: Kriterienbezogene Validität: Die Korrelation zwischen dem Gesamttestergebnis des LPS und dem des IST beträgt bei N = 48 Erwachsenen r = .86 und bei N = 37 Studenten r = .74 (Groffmann & Schneevoigt, 1964). Die einzelnen Untertests des LPS korrelieren mit Werten zwischen r = .64 und r = .78 mit dem IST-Gesamttestwert.
Die Korrelation der Gesamtleistung im LPS mit einem Lehrerurteil bezüglich der Intelligenz beträgt r = .47 (N = 354 Volks- und Mittelschüler). Das Lehrerurteil korreliert mit der Testleistung in den Untertests 1 bis 6 zu r = .61 (N = 175, 4. Volksschulklasse) und mit der Testleistung in den Untertests 7 bis 10 zu r = .16 (N = 175, 4. Volksschulklasse). Die geringe Korrelation des Lehrerurteils mit den Untertests 7 bis 10 kann dadurch erklärt werden, daß die durch diese Untertests erfaßte technische Begabung vom Lehrer offensichtlich nicht erkannt wird. Tent (1969) berichtet, daß Zeugnisnote und LPS-Gesamtwert bei 102 Schülern einer 5. Klasse mit r = .56 korrelieren.
Fünfundfünfzig Schüler wurden bei ihrem Übergang auf ein Abendgymnasium von der Schule beurteilt und psychologisch begutachtet. Das Schulurteil korreliert zu r = .56 mit dem Gesamtwert des später durchgeführten LPS, das psychologische Urteil zu r = .76.
Konstruktvalidität: Faktorenanalysen von Koopmann (1964, zit. nach Horn, 1983; Studie A: N = 159 Schüler der 4. Volksschulklasse, Studie B: N = 159 Pioniere der Bundeswehr) – der Rechen-Test wurde ausgeschlossen – ergaben hohe positive Ladungen der Untertests auf den Faktoren von Thurstone (s. Tab. 2).

Tabelle 2: Faktorladungen der LPS-Untertests

Faktor		**Studie A: Untertests**	**Studie B: Untertests**
A: V + W	Verbale Fähigkeit Wortflüssigkeit	1+2, 5, 6, 12	1+2, 5, 6, 12
B: R	Denkfähigkeit	3, 4	3, 4, 8, 9
C: $S_2 + C_2$	Raumvorstellung 2, Feldunabhängigkeit	8	10
D: $C_1 + S_1$	Bilderraten, Raumvorstellung 1	11	7, 11
E: P	Wahrnehmungstempo	14	13, 14

7.4 Normen: Die Normierung erfolgte an Stichproben, deren Repräsentativität der Autor gewährleistet sieht hinsichtlich der Schulart, des Alters, des Geschlechts (bis zum Alter von 18 Jahren, nach diesem Alter enthält die Eichstichprobe weniger Frauen) und des väterlichen Berufs. Genaue Angaben zu der Größe der Normierungsstichprobe fehlen, mutmaßlich stellen die für N = 9227 Testpersonen nach Schulart und -klasse bzw. Beruf aufgeführten Vergleichswerte die Normierungsstichprobe dar. Es liegen altersgestaffelte Normen (C- und T-Werte) für 9- bis über 50jährige für alle Untertests, für die empfohlenen Untertestgruppen, für die 1. Reihe der Arbeitskurve sowie für den Gesamttest vor. Die T-Werte können mit Hilfe einer Tabelle in Prozentränge, IQ- und Z-Werte überführt werden. Die Eichung einiger Untertests wurde 1990 in Ost- und Westdeutschland überprüft.

8. Literatur

Groffmann, K.-J. & Schneevoigt, I. (1964). Vorläufige Ergebnisse einer Vergleichsuntersuchung an Studenten mit dem Leistungsprüfsystem (LPS) von Horn und dem Intelligenz-Struktur-Test (IST) von Amthauer. *Schweizerische Zeitschrift für Psychologie und ihre Anwendungen, 23,* 243–252

Klinck, D. (1998). Papier-Bleistift- versus computer-unterstützte Administration kognitiver Fähigkeitstests: Eine Studie zur Äquivalenzfrage. *Diagnostica, 44,* 61–70.

Tent, L. (1969). *Die Auslese von Schülern für weiterführende Schulen – Möglichkeiten und Grenzen.* Göttingen: Hogrefe.

Bearbeiterin: Michaela Brocke

Leistungsprüfsystem für 50–90jährige (LPS 50+)

W. Sturm, K. Willmes und W. Horn
Göttingen: Hogrefe, 1993

1. Testart Intelligenztest

2. Testmaterial Testmanual, Testbogen für die Formen A und B, Auswertungsschablonen, Profilbogen (die für beide Parallelformen verwendet werden); zusätzlich: Stoppuhr, Schreibmaterial.

3. Testgliederung Der LPS 50+ besteht aus den LPS-Untertests 1 bis 7 und 9 bis 14, die zwischen 1 bis 8 Minuten dauern.
Bis auf den Untertest 8, der sich für höhere Altersgruppen als zu schwer erwies, wurden alle Untertests der Originalform des LPS inhaltlich unverändert, in gleicher Reihenfolge und Numerierung übernommen. Die Größe der Testvorlagen wurde in Anpassung an die im Alter häufig vorliegende verminderte Sehfähigkeit verdoppelt. In der Regel wird – aufgrund der im höheren Alter geringeren Fähigkeit zur fokussierten Aufmerksamkeit – nur ein Untertest pro Testseite dargeboten.

4. Grundkonzept Der LPS 50+ ist als gerontopsychologisches Untersuchungsverfahren zur Messung von Thurstones Primärfaktoren der Intelligenz im höheren Alter (50 bis 90 Jahre) konzipiert. Es soll die Erfassung eines differenzierten intellektuellen Leistungsprofils und wiederholte Untersuchungen in relativ kurzen Zeitabständen ermöglichen.

5. Durchführung **5.1 Alter:** Erwachsene im Alter von 50 bis 90 Jahren.

5.2 Formen: Der Test kann als Einzel- oder Gruppentest eingesetzt werden. Neben den Parallelformen A und B existiert eine Kurzform, die aus den Untertests 1, 2, 3, 5, 6, 7 und 10 besteht.

5.3 Handhabung: Die Testanweisung wird vom Testleiter vorgelesen. Die Probanden werden darauf hingewiesen, daß die Bearbeitungszeit für die Aufgaben meistens sehr kurz sei, sie jedoch immer versuchen sollten, in der ihnen zur Verfügung stehenden Zeit so viele Aufgaben wie möglich zu lösen. Die Aufgabe der Probanden besteht darin, aus einem Zeichensatz bestimmte Zeichen durchzustreichen, die entweder nicht in das Hauptwort oder die Zeile passen. Die jeweiligen Intervalllängen werden vom Testleiter mittels einer Stoppuhr genau kontrolliert. In die Bearbeitungszeit gehen alle weiteren Erklärungen mit ein. Mit dem Ablauf des 14. Untertests endet der Test.

5.4 Zeit: Für die Langform werden ca. 80 Minuten und für die Kurzform ca. 35 Minuten benötigt.

6. Auswertung

6.1 Modus: Der quantitative Aspekt wird durch die Anzahl der richtig durchgestrichenen Zeichen pro Zeitintervall mit Hilfe der Auswertungsschablonen bestimmt. Bei Untertest 6 zählt die Anzahl aller Wörter, die in dem vorgegebenen Zeitintervall mit dem genannten Anfangsbuchstaben geschrieben wurden. Die Anzahl der richtigen Lösungen der einzelnen Untertests wird als Rohwert im Profilbogen eingetragen und mittels Normwerttabelle in T-Werte und Prozentränge transformiert. Durch Addition der Untertestrohwerte wird ein Gesamtrohwert ermittelt, der ebenfalls mit Hilfe der Normwerttabelle in einen T-Wert und Prozentrangwert transformiert werden kann.

Einen qualitativen Anhaltspunkt erhält man durch Subtraktion der richtigen Lösungen von der Gesamtzahl der Streichungen bei Untertest 13. Aufgrund der Leistungsunterschiede zwischen den Schultypen können Korrekturen der Rohwerte für die einzelnen Schultypen vorgenommen werden. Bei Anwendung der Kurzform ist der Gesamtrohwert zunächst zu korrigieren, bevor der T-Wert aus der jeweiligen Normtabelle bestimmt wird. Ein „Leistungsprofil" wird mittels der T-Werte, die in ein Gitternetz des Profilbogens eingetragen und miteinander verbunden werden, erstellt. Ferner ist sowohl für die Lang- als auch für die Kurzform ein PC-Programm zur Analyse des Leistungsprofils einer Person mit Methoden der psychometrischen Einzelfalldiagnostik nach Huber (1973) und Sturm und Willmes (1983) erhältlich.

6.2 Zeit: Es werden keine Angaben zur benötigten Auswertungszeit gemacht.

7. Gütekriterien

7.1 Objektivität: Die Durchführung und Auswertung können als objektiv angesehen werden.

7.2 Reliabilität: Es werden keine Angaben zur Retestreliabilität gemacht.

Die Split-Half-Reliabilitäten liegen zwischen r = .89 bis r = .99 bei der Altersgruppe 50 bis 69 Jahre (N = 151) und zwischen r = .85 bis r = .99 bei der Altersgruppe 70 bis 90 Jahre (N = 121) für die einzelnen Untertests. Die Reliabilität des Gesamttestwertes liegt in beiden Altersgruppen bei r = .99.

7.3 Validität: Die Ergebnisse der angegebenen faktorenanalytischen Studien zeigen, daß bei höheren Altersgruppen ebenfalls differenzierte, jedoch bei den betrachteten Altersgruppen (50 bis 69 Jahre mit N = 151 und 70 bis 90 Jahre mit N = 121) teilweise unterschiedliche Intelligenzstrukturen vorzufinden sind. Die Primärfaktoren von Thurstone lassen sich ansatzweise nachweisen.

7.4 Normen: Die Eichstichprobe bestand aus insgesamt 272 repräsentativen Probanden (z. B. Besucher von Altentagesstätten und Seniorenfreizeiten, Bewohner von Seniorenheimen etc.) im Alter zwischen 50 und 90 Jahren. Die Teilstichprobe für die Altersgruppe 50 bis 69 Jahre bestand aus 62 Männern und 89 Frauen. Die Teilstichprobe für die Altersgruppe 70 bis 90 Jahre bestand aus 19 Männern und 102 Frauen. Wegen der beträchtlichen Schiefe der Verteilungen einzelner Untertests wurde eine Prozentrangnormierung über Flächentransformation der Rohwertverteilung vorgenommen.

Unter Berücksichtigung des Alters kann in der jeweiligen Normtabelle der Rohwert in einen T-Wert und Prozentrangwert transformiert werden. Des weiteren kann eine Rohwertkorrektur für die jeweiligen Schultypen und bei Anwendung der Kurzform vorgenommen werden.

8. Literatur

Sturm, W., Willmes, K. & Horn, W. (1993). *Leistungsprüfsystem für 50–90 jährige (LPS 50+). Testmanual.* Göttingen: Hogrefe.
Huber, H.P. (1973). *Psychometrische Einzelfalldiagnostik.* Weinheim: Beltz.
Sturm, W. & Willmes, K. (1983). Eine LPS-Kurzform für hirngeschädigte Patienten mit Anleitung zur psychometrischen Einzelfalldiagnostik. *Diagnostica, 29,* 346–358.

Bearbeiterin: Nicole Baltruschat

Lern- und Gedächtnistest (LGT 3)

G. Bäumler
Göttingen: Hogrefe, 1974

1. Testart Intelligenztest

2. Testmaterial Die Testmappe enthält: Handanweisung (DIN A4, 64 Seiten). Lernhefte, Testhefte, Antwortblätter, Auswertungstafel, Auswertungsschablonen (jeweils für Form A und Form B); zusätzlich: Schreibgerät und Uhr.

3. Testgliederung Der LGT 3 besteht aus sechs Subtests, die sich nach der Art des zu lernenden Materials in einen verbalen und einen figuralen Bereich gliedern lassen. Die Untertests können zudem nach dem Lernmodus (assoziativ, serial-elementenhaft und ganzheitlich) und dem Abfragemodus (freie und gebundene Wiedererkennungsmethode, freie und gebundene Reproduktionsmethode) gegliedert werden. Die folgende Übersicht informiert über die Gliederungsaspekte und die verbale Kennzeichnung der Subtests (vgl. Handanweisung, S. 22–23):

Subtests	Material	Lernmethoden	Abfragemodus	Verbale Kennzeichnung
Stadtplan	Figural	Struktur	Geb. Reproduktion u. Mehrfachwahl	Landkartenartige, zweidimensionale Raumerinnerung
Türkisch	Verbal	Paarassoziation	Mehrfachwahl	Vokabelgedächtnis
Gegenstände	Figural	Elementenhaft	Freie Reproduktion	Behaltensumfang
Telefonnummern	Numerisch	Paarassoziation	Freie Reproduktion u. Trefferverteilung	Assoziatives Zahlengedächtnis
Bau	Zahlen, Namen, Begriffe	Elementenhaft, Paarassoziation u. Sinnstruktur	Freie Reproduktion u. Trefferverteilung	Gedächtnis für Zahlen, Namen und Abstrakta
Firmenzeichen	Figural	Paarassoziation (z. T. ganzheitlich)	Mehrfachauswahl	Behalten der Zuordnungen v. figuralen Mustern

4. Grundkonzept Der LGT 3 ist als kombinierter Lern- und Gedächtnistest konzipiert, der auf eine getrennte Erfassung von Lern-, Behaltens- und Reproduktionsleistungen aus ökonomischen Gründen verzichten muß. Es wird nicht der Anspruch erhoben, diesen Merkmalskomplex vollständig zu erfassen. Vielmehr soll der psychologischen Forschung und der Funktionsdiagnostik ein Instrument zur Verfügung gestellt werden, „mit dem bestimmte Gedächtnisfunktionen überall dort geprüft werden können, wo sie als differentielle oder allgemein veränderliche Variablen von Interesse sind." (Handanweisung, S. 7).

5. Durchführung

5.1 Alter: Ab ca. 16 Jahren, insbesondere Personen mit höherer Schulbildung und/oder überdurchschnittlicher Intelligenz (IQ ≥ 110).

5.2 Formen: Der Test ist als Einzel- oder Gruppentest in den Parallelformen A und B anwendbar.

5.3 Handhabung: Die Testprozedur gliedert sich in eine Lern- und eine Testphase. In beiden verliest der VI die Instruktionen und bittet die Probanden mitzulesen. Sowohl in der Lern- als auch in der Testphase sind die vorgegebenen Zeitbeschränkungen strikt einzuhalten.

5.4 Zeit: Mit Instruktion ca. 40 Minuten.

6. Auswertung

6.1 Modus: Die Auswertung der Subtests erfolgt jeweils anhand von Schablone, Auswertungstafel oder tabellarischen Bewertungshilfen. Die Handanweisung enthält zudem Hinweise auf typische Auswertungsfehler. Es ergeben sich Rohpunkte für jeden Subtest, die auf dem Antwortblatt eingetragen und in Wertpunkte (T-Werte) umgewandelt werden.

6.2 Zeit: Ca. 5 Minuten.

7. Gütekriterien

7.1 Objektivität: Die Auswertungsobjektivität wurde korrelationsstatistisch geprüft. Danach erreichten drei geübte Beurteiler im Durchschnitt Interkorrelationen, die für alle Subtests bei oder über r = .95 lagen.

7.2 Reliabilität: Die mittlere Paralleltestreliabilität, die an verschiedenen Gruppen (75 bis 200 Studenten, Gymnasiasten und Berufsschüler) gewonnen wurde, liegt zwischen r = .51 bis r = .69 für die einzelnen Subtests.
Die Stabilität der Subtestergebnisse liegt bei einem Intervall von 3 bis 4 Wochen zwischen r = .47 und r = .71. Die Retest-Reliabilität des Gesamtpunktwertes beträgt r = .71.
Bei Gewichtung und Zusammenfassung der Subtests zu einer „Profilbatterie" (vgl. Lienert, 1967, S. 462) ergeben sich folgende Zuverlässigkeitswerte:

Gesamtbatterie	r = .94
Unterbatterie I (Figural)	r = .79
Unterbatterie II (Verbal)	r = .85
6-Subtest-Profil	r = .62
Unterbatterie-Profil	r = .77

7.3 Validität: Es werden Ausführungen zur logischen Validität gemacht. Ansätze zu faktorenanalytischen Gültigkeitskontrollen werden berichtet. Diese Analysen beziehen sich allerdings auf Vorformen des später daraus zusammengestellten LGT-3. Mehrere Faktorenanalysen ergeben einen figuralen und einen verbalen Gedächtnisfaktor. Ergänzend werden Angaben zu den Interkorrelationen der Subskalen und zu den korrelativen Zusammenhängen mit Außenkriterien (z. B. Lehrerurteile und Schulnoten) gemacht. Es zeigte sich u. a. ein relativ geringer Zusammenhang zwischen LGT 3 und globaler Intelligenz (IST-Gesamtwert ohne Merkaufgaben), der bei diversen Gruppen zwischen r = .26 (N = 200 Berufsschüler) und r = .32 (N = 230 Bundesbahn-Inspektorenanwärter) liegt.

7.4 Normen: Für die einzelnen Subtests werden Globalnormen in Form von T-Werten angeboten, die auf einer Stichprobe von 1150 Personen (Gymnasiasten, Abiturienten, Inspektorenanwärter und Studenten) zwischen 16 und 35 Jahren basieren. Die T-Werte werden mit Hilfe einer Normentabelle in gewichtete Wertpunkte (GWP) umgewandelt (die Gewichtung erfolgte nach der Zuverlässigkeit der Subtests). Aus diesen wiederum werden die T-Standards der Gesamtbatterie (LGS) und der Unterbatterien Figural-Gedächtnis und Verbal-Gedächtnis ermittelt (Normentabelle III). Es ist zu berücksichtigen, daß die Normen inzwischen veraltet sein dürften.

8. Literatur

Lienert, G.A. (1967). *Testaufbau und Testanalyse* (2. Aufl.). Weinheim: Beltz.

Bearbeiter: Martin Scarabis

Mannheimer Intelligenztest (MIT)

W. Conrad, P. Büscher, L. Hornke, R.S. Jäger, H. Schweizer, W. v. Stünzer und W. Wienke

Weinheim: Beltz Test GmbH, 3. Auflage 1986

1. Testart Allgemeiner Intelligenztest

2. Testmaterial Testmanual, Testform S, Testform T, Antwortbogen (Markierungsbogen).

3. Testgliederung Anhand von 10 Untertests (Figurenreihen, Wortbedeutungen, Dominos, Buchstabengruppen, Zahlenreihen, Wortverhältnisse, Mosaiken, Sprichwörter, Zahlensymbole und Unmöglichkeiten) soll ein Maß der allgemeinen Intelligenz gewonnen werden. Jeder Untertest besteht aus 9 Aufgaben. Die Aufgaben sind als Mehrfach-Wahlaufgaben formuliert; aus je fünf vorgegebenen Alternativen ist jeweils die richtige Alternative auszuwählen.

4. Grundkonzept Der Mannheimer Intelligenztest (MIT) wurde in den Jahren 1969 bis 1971 am Psychologischen Institut der Universität Mannheim entwickelt. Ziel des Tests ist die Bestimmung möglichst vielfältiger Facetten der allgemeinen Intelligenz. „Allgemeine Intelligenz" wird hier als Konstrukt aufgefaßt, das sich aus verschiedenen konstruktnahen Teiltätigkeiten zusammensetzt. Dazu wird die Summe der zehn standardisierten Untertestwerte berechnet. Bei der vorliegenden dritten Testform wurden die Testaufgaben nicht verändert, so daß vorhandene Testhefte weiterhin benutzt werden können. Es liegen lediglich weitere Vergleichsmeßdaten vor, so daß der Test nun für einen weiteren Anwendungsbereich gilt (12 bis 45 Jahre).

5. Durchführung **5.1 Alter:** 12 bis 45 Jahre.

5.2 Formen: Parallelformen S und T mit je 10 Untertests. Kann als Einzel- und als Gruppentest durchgeführt werden.

5.3 Handhabung: Nachdem der Testleiter die Probanden über den Sinn der Untersuchung informiert hat, liest er die allgemeine Testanleitung vor. Alle speziellen Anweisungen zu den einzelnen Aufgabengruppen werden ebenfalls laut vorgelesen. Vor Beginn eines jeden Untertests werden zwei Beispielaufgaben besprochen. Die Bearbeitungszeit für die verschiedenen Untertests ist genau einzuhalten.

5.4 Zeit: Knapp eine Stunde, davon sind 34 Minuten reine Testbearbeitungszeit.

6. Auswertung **6.1 Modus:** Kann manuell oder maschinell (über Markierungsleser) vorgenommen werden. Die Rohwerte werden anhand von Auswertungstabellen in Standard- und Staninewerte transformiert.

6.2 Zeit: Keine Angaben.

7. Gütekriterien

7.1 Objektivität: Die Objektivität ist aufgrund der Standardisierung der Anweisung, der Durchführung, der Auswertung und der Interpretation als hoch anzusehen.

7.2 Reliabilität: Interne Konsistenz: Die interne Konsistenz für die Testformen S und T wird anhand der Kuder-Richardson-Formel 20 berechnet. Im Testmanual werden zusätzlich zum Gesamtwert (Form S: r = .97 und Form T: r = .96) der internen Konsistenz für die verschiedenen Altersgruppen getrennt Maßzahlen der internen Konsistenz angegeben. Diese bewegen sich bei der Testform S in einem Range von r = .86 bis .96 und für die Form T in einem Bereich von r = .87 bis .93.
Äquivalenz der Parallelformen S und T: Anhand der Korrelationen der Rohwerte der beiden Paralleltestformen ergibt sich bei einer Stichprobe von N = 162 eine gute Übereinstimmung von r = .89.
Stabilität: Retest-Reliabilitäten nach sechs bis acht Tagen liegen über alle Altersgruppen hinweg (N = 114) bei r = .80.
Retest-Reliabilitäten nach acht bis zwölf Wochen erbrachten einen Stabilitätskoeffizienten von r = .82. anhand einer Stichprobe von 659 Probanden die nur aus 14- bis 19jährigen Berufsschülern bestand.
Stabilitätskoeffizienten, die nach dem Paralleltest-Verfahren ermittelt wurden, liegen über alle Altersgruppen hinweg (N = 162) bei r = .89.

7.3 Validität: Kriteriumsbezogene Validität:
Bereits in der Konstruktionsphase des MIT wurde ein konstruktkonformes Außenkriterium operationalisiert. Zur Erstellung dieser Kriteriumsbatterie wurden 10 standardisierte Untertests aus Tests von Thurstone (1938), Guilford (1964) und Jaeger (1967) herangezogen. Es resultierten folgende Übereinstimmungen des MIT mit diesem Außenkriterium:

Form S und Testbatterie	r = .76 (N = 730)
Form T und Testbatterie	r = .76 (N = 756)

Die Ergebnisse werden für die Altersstufen separat angegeben, und auch hier zeigte sich auf allen ein hohes Ausmaß gemeinsamer Varianz zwischen MIT und Kriteriumsbatterie. Zwischen beiden Untersuchungszeitpunkten lagen 6 bis 8 Tage.
Es wurden des weiteren Zusammenhänge des MIT mit verschiedenen Aspekten schulischer Leistungen (Deutschnote, Mathematiknote, Note in der ersten Fremdsprache, Lehrerurteilen, Selbsteinschätzung „relative Begabung") berechnet. Hier wurden durchweg eher niedrige Korrelationen mit einem Range von r = .11 bis r = . 35 (N = 658) gefunden.
Untersuchungen, die den MIT mit Persönlichkeitsvariablen in Beziehung setzten, zeigten, daß der MIT allenfalls geringe Korrelationen zu solchen Persönlichkeitsmerkmalen aufweist, bei denen man Beziehungen zu intellektuellem Leistungsvermögen annehmen darf. Analoge Befunde resultierten aus einer korrelationsstatistischen Analyse des MIT mit den 11 Skalen des Mannheimer Biographischen Inventars, die an 1581 Berufsschülern durchgeführt wurde.
Des weiteren unterstreichen faktorenanalytische Befunde (Hauptachsenanalysen) die Interpretation der Testleistungen in beiden MIT-Formen als zuverlässiges und gültiges Maß der intellektuellen Allgemeinbefähigung.

Es ergaben sich folgende Korrelationen zwischen MIT-Rohwerten und Rohwerten weiterer Tests:

MIT: IST-70	N = 141	r = .78
MIT: FRT	N = 141	r = .58
MIT: MTVT	N = 141	r = .35
MIT: BT	N = 50	r = .83
MIT: MRT	N = 145	r = .42

7.4 Normen: Die Vergleichsstichproben wurden nach einem Quotenplan gezogen, der für jede Altersstufe die relativen Anteile pro Geschlecht und Schulbildungsgruppe festlegte. Somit wurden möglichst repräsentative Stichproben bezüglich des Alters, Geschlechts und der Schulbildung gezogen. Die Größe der Gesamteichstichprobe beträgt 5236 Personen, wobei ausreichend große Stichproben für die Eichung der verschiedenen Altersgruppen herangezogen werden. Die beiden Paralleltestformen (Form S und Form T) erwiesen sich in jeder Altersstufe als gleich schwierig und können daher als äquivalent bezeichnet werden. Der Test ist für die Altersgruppen der 12- bis 45jährigen normiert und es finden sich im Anhang Normentabellen für eine Umrechnung der Rohwerte in Standardwerte und in Staninewerte. Die Normen können als veraltet gelten.

8. Literatur

Jaeger, R., Berbig, E., Geisel, B., Gosslar, H., Hagen, J., Liebich, W. & Schafheutle, R. (1973). *Mannheimer-Biographisches-Inventar (MBI).* Göttingen: Hogrefe.

Bearbeiterin: Janett Gaschok

Mannheimer Intelligenztest für Kinder und Jugendliche (MIT-KJ)

W. Conrad, G. Eberle, L. Hornke, B. Kierdorf, B. Nagel
Weinheim: Beltz Test GmbH, 1976

1. Testart Intelligenztest

2. Testmaterial Manual (DIN A4, 25 Seiten), Testhefte Form S und T, Antwortblätter (Durchschreibebogen); zusätzlich: Bleistifte, Stoppuhr.

3. Testgliederung Der Test besteht aus den folgenden 6 Untertests mit jeweils 15 Items: Antonyme (AT), Eingekleidete Rechenaufgaben (ER), Klappfiguren (KF), Wortmatrizen (WM), Figurenidentifikation (FI) und Analogien (AA).

4. Grundkonzept Der MIT-KJ baut auf dem Mannheimer Intelligenztest (MIT) von 1975 auf. Grundlage bildete Material, das bereits zur Konstruktion des MIT verwendet wurde, jedoch besonders für Kinder und Jugendliche geeignet erschien. Mit dem MIT-KJ wird die Erfassung eines allgemeinen Intelligenzmaßes angestrebt, das gleichzeitig repräsentativ für relevante Bereiche intellektuellen Verhaltens sein soll. Anwendungsbereich sind Beratungssituationen in Schule, Erziehung, beruflicher Ausbildung und Rehabilitation.

5. Durchführung **5.1 Alter:** 9 bis 15 Jahre.

5.2 Formen: Es liegen zwei Pseudoparallelformen S und T vor. Das Verfahren kann als Einzel- oder Gruppentest angewandt werden.

5.3 Handhabung: Hinweise zur Vorbereitung des Tests und zum Verhalten des Versuchsleiters bzw. der Versuchsleiterin während der Testung finden sich im Handbuch. Den Teilnehmern werden bei jeder Aufgabe 5 Lösungsvorschläge angeboten; die jeweils zutreffende Lösung ist auf dem Antwortbogen zu markieren.

5.4 Zeit: Für die einzelnen Untertests sind 2.5 Minuten Instruktions- und zwischen 5.5 und 8 Minuten Bearbeitungszeit vorgesehen. Die Netto-Arbeitszeit liegt bei knapp 38 Minuten; die Gesamtdauer des Tests kann mit ca. 1 Stunde veranschlagt werden.

6. Auswertung **6.1 Modus:** Die Auswertung der Bogen kann von Hand oder (nach Einsendung an die Beltz Testgesellschaft) maschinell vorgenommen werden. Bei Handauswertung ist lediglich das untere Blatt des Antwortbogens abzutrennen; die Rohwertsumme für den Gesamttest kann dann leicht ausgezählt werden. Mittels Tabellen im Handbuch erfolgt eine Umrechnung in Normwerte.

6.2 Zeit: Keine Angaben (bei Handauswertung ca. 2 Minuten).

7. Gütekriterien

7.1 Objektivität: Bei Beachtung der Vorschriften zur Standardisierung von Durchführung und Auswertung ist Objektivität gegeben.

7.2 Reliabilität: Die interne Konsistenz nach Kuder und Richardson (Formel 20) beträgt r = .96 (N = 1814). Für jüngere Kinder liegt dieser Wert niedriger. Wiederholungsmessungen nach sechs bis acht Tagen mit derselben Testform (N = 511) erbrachten einen Stabilitätskoeffizienten von r = .88; bei Wiederholung mit der Parallelform (N = 735) ergab sich ein Wert von r = .89.

7.3 Validität: Die Korrelation zwischen MIT-KJ und CFT 2 (Cultural Fair Test) wird mit r = .53 (10- bis 12jährige; N = 676) angegeben. Für 12- bis 15jährige (N = 973) wurde ein Zusammenhang von r = .41 zwischen MIT-KJ und einer Kurzform des IST-70 belegt. Zusammenhänge zwischen einzelnen IST-Subtests und dem MIT-KJ liegen zwischen r = .16 (Gemeinsamkeiten) und r = .63 (Analogien). Korrelationen des MIT-KJ mit Aspekten schulischer Leistung fielen am deutlichsten aus für das Lehrerurteil zur Intelligenz (r = .40) und die Mathematiknote (r = .37).
Eine Faktorenanalyse (N = 314) erbrachte Hinweise für eine Ein-Faktoren-Struktur des MIT-KJ.

7.4 Normen: Unter der Bezeichnung „Vergleichsmeßdaten" finden sich im Handbuch Tabellen für die Umrechnung der Rohwerte in Standard-Z- und Stanine-Werte, getrennt für die sieben Altersstufen zwischen 9 und 15 Jahren und für die Schultypen Haupt-, Realschule und Gymnasium. Die Normierung fand in den Jahren 1971 und 1972 in Baden-Württemberg, Hessen und Rheinland-Pfalz statt (N = 1814).

Bearbeiter: Henning Gibbons und Jeanett Gaschok

Mehrfachwahl-Wortschatz-Intelligenztest (MWT-A)

S. Lehrl, J. Merz, G. Burkard und B. Fischer
Erlangen: Perimed Fachbuch Verlagsgesellschaft, 1991

1. Testart Intelligenztest

2. Testmaterial Manual und Testbogen. Zusätzlich wird Schreibmaterial benötigt.

3. Testgliederung Der MWT-A besteht aus 37 Wortzeilen in ansteigender Schwierigkeit, in denen der Proband ein umgangs-, bildungs- oder wissenschaftssprachlich bekanntes Wort unter vier sinnlosen Wörtern herausfinden soll.

4. Grundkonzept Der MWT-A ist ein eindimensionales Verfahren zur Messung des allgemeinen Intelligenzniveaus. Er soll die kristalline Intelligenz (Cattell, 1963) anhand zweier psychischer Funktionen erfassen:
- Bekanntes wiedererkennen
- Bekanntes von Unbekanntem unterscheiden.

Es wurde angestrebt, ein Verfahren zu konstruieren, daß kaum beeinflußt von psychischen Störungen ist. Somit kann das allgemeine („Prämorbide") Intelligenzniveau auch bei aktuellen geistigen Leistungsstörungen erfaßt werden. Der Test wird von Lehrl (1972) auch als Intelligenzspurentest bezeichnet. Das Verfahren soll die Altersstabilität der Testergebnisse gewährleisten (anhand empirischer Untersuchungen ist mit einer Änderung der Ergebnisse ab dem 20. Lebensjahr nicht zu rechnen).

5. Durchführung **5.1 Alter:** Erwachsene ab 20 Jahre.

5.2 Formen: Der Test kann als Einzel- oder Gruppentest eingesetzt werden. Es existiert die Parallelform MWT-B.

5.3 Handhabung: Die Probanden erhalten einen Testbogen mit der Bitte, sich die Instruktion am Kopf des Bogens durchzulesen. Der Testleiter wartet die Lösung der ersten Zeile ab und erklärt gegebenenfalls erneut den Lösungsvorgang. Die Aufgabe der Probanden besteht darin, die als bekannt erkannten Wörter auf dem Testbogen durchzustreichen. Sie werden darauf hingewiesen, daß ihnen beliebig viel Zeit zur Verfügung steht, da es bei diesem Test nicht auf Geschwindigkeit ankommt.

5.4 Zeit: Es ist keine Zeitbegrenzung vorgegeben, in der Regel dauert der Test ca. 5 Minuten.

6. Auswertung **6.1 Modus:** Es wird die Anzahl der richtig durchgestrichenen Wörter pro Zeile bestimmt, die jeweils mit einem Punkt bewertet werden. Zeilen mit mehr als einem durchgestrichenen Wort werden nicht gewertet. Der resultierende Rohwert kann anhand der Normwerttabelle in Standard-, IQ- oder Prozentrangwerte transformiert werden.

6.2 Zeit: Es wird eine Zeit von ca. 5 Minuten pro Test angegeben.

7. Gütekriterien

7.1 Objektivität: Die Durchführung, Auswertung und Interpretation können als objektiv angesehen werden.

7.2 Reliabilität: Die interne Konsistenz, berechnet nach der Halbierungsmethode mit Spearman-Brown-Korrektur, liegt bei r = .93 (Lehrl et al., 1974) bzw. bei r = .90 (Metzler und Schmidt, 1992; N = 131 bzw. N = 605). Die zeitliche Stabilität nach 20 bis 30 Minuten wird von Lehrl (1989) bei N = 131 mit r = .84 angegeben.
Der Zusammenhang des MWT-A mit der Parallelform MWT-B (Lehrl, 1995) lag bei r = .84.

7.3 Validität: Der MWT-A wurde mit anderen globalen Intelligenztests (z. B. HAWIE und LPS) bei unterschiedlichen Probandengruppen korreliert. Dabei ergibt sich ein durchschnittlicher Koeffizient von r = .71 (Median von 32 Untersuchungen bei N zwischen 15 und 1952). Die Korrelation des MWT-A-Tests mit den LPS-Subtests 1 + 2 (kristalline Intelligenz) von Horn (1961) liegt für die Altersgruppe der 18- bis 30jährigen bei r = .87 (N = 20) und für die über 30jährigen bei r = .84 (N = 16; Lagois, 1977). Korrelationen mit dem HAWIE (Wechsler, 1956) liegen bei „gesunden“ Erwachsenen für den Verbal-IQ bei r = .78, für den Handlungs-IQ bei r = .61 und für den Gesamt-IQ bei r = .78 (N = 76). Bei Erwachsenen mit akuten psychischen Störungen ergeben sich für den Verbal-IQ Koeffizienten von r = .67, für den Handlungs-IQ von r = .66 und für den Gesamt-IQ von r = .71 (N = 76).

7.4 Normen: Die ursprüngliche Form des MWT-A wurde an N = 765 Probanden der ehemaligen DDR im Alter von 20 bis 79 Jahren normiert. Aufgrund des engen Zusammenhangs mit der MWT-B-Parallelform wurden die hierfür vorliegenden Normen (N = 1952) für repräsentative Erwachsene der früheren Bundesrepublik Deutschland im Alter von 20 bis 64 Jahre mit den Daten der MWT-A-Normierung verrechnet, so daß nun die Erwachsenen des gesamtdeutschen Raumes berücksichtigt werden. Anhand der Normtabelle kann der Rohwert in einen Standard-, IQ- und Prozentrangwert transformiert werden.

8. Literatur

Cattell, R.B. (1963). Theory of fluid and crystallized intelligence: A critical experiment. *Journal of Educational Psychology, 54,* 1–22

Lagois, M. (1977). *Versuch der Differenzierung von funktionspsychotischen, schizophrenen, zyklothym depressiven Patienten und psychiatrischen Kontrollpersonen durch Tests für flüssige und kristallisierte Intelligenz, sowie Kreativität.* Dissertation. Universität Erlangen.

Horn, W. (1961). *Das Leistungs-Prüf-System.* Göttingen: Hogrefe.

Lehrl, S. (1972). Intelligenzspurtests – psychopathologische Meßinstrumente der Intelligenz. *Medizinische Welt, 23,* 167–168.

Lehrl, S., Merz, J., Erzigkeit, H. & Glaste, V. (1974). Der MWT-A – ein wiederholbarer Intelligenz-Kurztest, der weitgehend unabhängig von seelisch-geistigen Störungen ist. *Nervenarzt, 45,* 364–369.

Lehrl, S. (1989). *Mehrfachwahl-Wortschatz-Intelligenztest MWT-B* (2., revidierte Auflage). Erlangen: Perimed.

Lehrl, S., Merz, J., Burkard, G. & Fischer, B. (1991). *Mehrfachwahl-Wortschatz-Intelligenztest (MWT-A). Testmanual.* Erlangen: Perimed.
Lehrl, S. (1995). *Mehrfachwahl-Wortschatz-Intelligenztest: MWT-B.* Balingen: Perimed-Spitta.
Metzler, P. & Schmidt, K.-H. (1992). Rasch-Skalierung des Mehrfachwahl-Wortschatztests (MWT). *Diagnostica 38*, 31–51.
Wechsler, D. (1956). *Die Messung der Intelligenz Erwachsener.* Bern: Huber.

Bearbeiterin: Nicole Baltruschat

Mehrfachwahl-Wortschatz-Intelligenztest (MWT-B)

S. Lehrl

Balingen: Spitta Verlag GmbH, 4. Auflage 1999

1. Testart Intelligenztest

2. Testmaterial Testmanual, Testformulare.

3. Testgliederung Der MWT-B besteht aus 37 Wortreihen mit je fünf Wörtern. In jeder dieser Wortreihen steht höchstens ein Wort, das dem Probanden bekannt sein könnte, da die anderen Wörter keinen Sinn ergeben (willkürliche Aneinanderreihung von Buchstaben). Der Proband soll das bekannte Wort anstreichen. Die Aufgaben nehmen in ihrer Schwierigkeit von oben nach unten zu. Es werden keine Zeitvorgaben zur Testlösung angegeben.

4. Grundkonzept Die MWT-Erstform wurde 1971 veröffentlicht, auf die noch eine MWT-Zweitform und MWT-Drittform folgte, bis dann schließlich nach Vorversuchen an 184 Schulkindern der MWT-A und MWT-B geeicht wurde. Der MWT-B soll das allgemeine Intelligenzniveau messen, wobei betont wird, daß eine Person in der Testsituation möglichst keine flüssigen Intelligenzleistungen mehr erbringen soll. Der MWT-B soll vielmehr die kristallisierte Intelligenzleistung erfassen, indem er Intelligenzspuren erkennbar macht. Er soll erlernte Fähigkeiten und erworbenes Wissen aktivieren, da angenommen wird, daß Leistungen in den Bereichen der kristallisierten Intelligenz nicht so beeinflußbar durch psychische Störungen sind wie Leistungen der flüssigen Intelligenz. Im wesentlichen spricht der MWT-B nur zwei psychische Funktionsgrößen an, nämlich Bekanntes wiederzuerkennen und Bekanntes von Unbekanntem zu unterscheiden.

5. Durchführung **5.1 Alter:** Die Normtabelle ist für Erwachsene erstellt. Es werden keine Differenzierungen bez. verschiedener Altersgruppen oder Geschlecht gemacht.

5.2 Formen: Es liegt eine Paralleltestform (MWT-A) vor. Diese kann beim gleichen Verlag bestellt werden.

5.3 Handhabung: Der MWT-B ist sehr einfach durchzuführen. Man legt der Testperson ein Testformular mit der Bitte vor, sich die Anweisung am Kopf des Bogens durchzulesen. Gewöhnlich genügt diese Instruktion, trotzdem soll man warten, ob die erste Aufgabe richtig gelöst wird. Andernfalls wird der Lösungsvorgang an der ersten Wortzeile demonstriert. Der Proband soll dann die 37 Wortreihen nacheinander bearbeiten. Das bekannte Wort soll durchgestrichen werden.

5.4 Zeit: Es werden zur Testbearbeitung keine Zeitvorgaben gegeben.

6. Auswertung

6.1 Modus: Für die Auswertung ermittelt man die Anzahl an richtig herausgefundenen Wörtern und vergibt für jedes richtige Wort einen Rohwertpunkt. Zeilen mit mehr als einem durchgestrichenen Wort werden nicht gewertet. Anhand der Normentabelle können die Rohwerte in die gängigen Normenwerte transformiert werden.

6.2 Zeit: Für die Auswertung benötigt man nur wenige Minuten, da die richtigen Wörter angegeben sind.

7. Gütekriterien

7.1 Objektivität: Die Objektivität ist aufgrund der Standardisierung der Anweisung, der Durchführung, der Auswertung und der Interpretation als hoch anzusehen.

7.2 Reliabilität: Die Angaben zur Reliabilität beziehen sich vorwiegend auf Retest-Reliabilität und Paralleltest-Reliabilität. Angaben zur inneren Konsistenz werden nicht gemacht.
Retest-Reliabilität: Bei wiederholter Messung zu unterschiedlichen Zeitpunkten ergeben sich insgesamt hohe Korrelationen:
- nach 6 Monaten: r = .95
- nach 14 Monaten: r = .87

Paralleltest-Reliabilität:
Bei Paralleltestungen mit verschiedenen Paralleltestformen ergeben sich insgesamt hohe Reliabilitätskoeffizienten:
MWT-B mit:
- MWT-Test zur Definition von Wörtern: r = .80
- MWT-Erstform: r = .86
- MWT-Zweitform: r = .85
- MWT-Drittform: r = .83
- MWT-A: r = .84

7.3 Validität: Die Angaben zur Validität beziehen sich überwiegend auf die kriteriumsbezogene Validität. Der MWT-B wurde anhand einer Reihe gängiger Intelligenztests validiert.

Kriterienbezogene Validität:
MWT-B mit:
- CFT-3: r = .47
- Buchstaben-Lesen: r = .62
- HAWIE-Gesamt-IQ: r = .81

Die Test-Vorformen des MWT-B wurden anhand einer noch größeren Reihe von Intelligenztests validiert und im Manual wird angenommen, daß diese Ergebnisse auch auf den MWT-B übertragbar sind.

7.4 Normen: Der MWT-B wurde an einer repräsentativen Zufallsstichprobe von 1952 Bürgern (Alter 20 bis 64 Jahre) der alten Bundesrepublik Deutschland geeicht. Die angegebenen Normentabellen gelten für Erwachsene ohne genauere Differenzierungen bez. unterschiedlicher Altersgruppen oder Geschlecht. Am Rande wird im Manual erwähnt, daß nach den bisherigen Erkenntnissen nicht mit Geschlechtseinflüssen auf die MWT-Ergebnisse zu rechnen sei (Eichenberger, 1984). Mit Hilfe der Normentabelle lassen sich die Rohwertpunkte in Prozentränge, IQ-Werte und Standardwerte übertragen. Des weiteren liegt eine allgemeinere gröbere Intelligenzeinstufung vor. Hier werden bestimmten Rohwertbereichen entsprechende Intelligenzstufen zugeordnet. Im MWT-B sind Legastheniker benachteiligt und weiterhin Personen, deren Muttersprache nicht deutsch ist.

8. Literatur

Eichenberger, T. & Hersche, H.R. (1984). *Geschlechtsinvarianz bei einem Kurz-Intelligenztest-am Beispiel des MWT-B.* Zürich: Studienarbeit am Seminar für Angewandte Psychologie.

Bearbeiterin: Janett Gaschok

Prüfsystem für Schul- und Bildungsberatung (PSB)

W. Horn
Göttingen: Hogrefe, 1969

1. Testart Intelligenztest

2. Testmaterial Handanweisung, Testbogen Form A und B, 4 Auswertungsschablonen; zusätzlich: Bleistifte, Stoppuhr.

3. Testgliederung Das PSB setzt sich aus zehn Untertests zusammen, die alle dem 1962 erschienenen Leistungsprüfsystem von Horn entnommen sind.

4. Grundkonzept Der vorliegende Test stellt eine Auswahl derjenigen Untertests aus dem LPS dar, die für die schulische Leistungserfassung besonders geeignet erscheinen. Der Test wurde für seinen Anwendungsbereich mit neuen Instruktionen versehen und neu standardisiert. Die Batterie soll die Primärfähigkeiten nach Thurstone erfassen. Mit Ausnahme des Untertests 3, der Reasoning ähnlich wie bei Ravens Progressiven Matrizen mißt, basieren die Subtests auf Thurstones Ergebnissen.

5. Durchführung **5.1 Alter:** 9 bis 20 Jahre.

5.2 Formen: Gruppentest; Parallelformen A und B.

5.3 Handhabung: Für den gesamten Testablauf liegen detaillierte Instruktionen vor. Diese stellen eine Vorlage dar, die je nach Probandengruppe modifiziert werden kann. Der Sinngehalt ist jedoch beizubehalten. Die Aufgaben werden mit einer Ausnahme (Untertest 5) nach dem Typ der Mehrfach-Wahlaufgabe mit 5 bis 9 Alternativen bearbeitet. Da der Itemstamm für alle Aufgaben eines Subtests zusammen durch die mündliche Instruktion zu Beginn des Subtests gebildet wird, ist eine sehr zeitökonomische Durchführung möglich.

5.4 Zeit: Die reine Testzeit beträgt 39 Minuten 20 Sekunden, die Testdauer inklusive Instruktionen ca. 60 Minuten.

6. Auswertung **6.1 Modus:** Die Auswertung erfolgt über Schablonen. Nach Übertragung der Rohwerte der Untertests und des Gesamttests in Standardwerte werden diese im Profilschema auf dem Antwortbogen graphisch veranschaulicht. Um die Testreliabilität zu maximieren, werden die standardisierten Resultate von je zwei Subtests addiert und ebenfalls im Profil dargestellt. Interpretationshinweise in der Handanweisung stützen sich auf verschiedene Untersuchungen und orientieren sich zumeist an den Primärfähigkeiten.

6.2 Zeit: Keine Angaben.

7. Gütekriterien

7.1 Objektivität: Hinsichtlich der Auswertung ist der Test objektiv. Über die anderen Objektivitätsaspekte wird nichts mitgeteilt. Die Aufforderung des Autors, die Instruktionen je nach Probandengruppe zu modifizieren, birgt die Gefahr einer geringeren Durchführungsobjektivität in sich.

7.2 Reliabilität: Für das PSB werden eigens berechnete Reliabilitätswerte nicht angegeben. Der Autor verweist auf die Reliabilitätsdaten des BTS und auf die Bewährung der LPS-Untertests. Hinweise auf die Homogenität des PSB bieten die Korrelationen der entsprechenden LPS-Subtests (im Mittel $r_{tt} = .38$; N = 200) sowie die mittleren Korrelationen der PSB-Subtests ($r_{tt} = .38$; N = 907).

7.3 Validität:
Interne Validität:
Mittel der Korrelationen zwischen Untertest und Gesamttest: $r_{t(bat)} = .66$ (N = 907).
Kriterienbezogene Validität:
Die minderungskorrigierte Korrelation der Untertests 3 und 4 (Reasoning) mit der Mathematiknote beträgt $r_{tc} = .80$ (zugehöriges N wird nicht berichtet). Die Untertests 9 und 10 korrelieren zu jeweils $r_{tc} = .30$ mit der Deutsch-, Latein- und Mathematiknote (N = 61 Gymnasiasten).
Faktorielle Validität:
Anhand einer rotierten Faktorenmatrix (N = 398) lassen sich für die Untertests des PSB folgende Faktoren bestimmen:

Faktor	Untertest
Verbal (V)	1 + 2, 5, 6
Reasoning (R)	3, 4
Word Fluency (W)	5
Closure (C)	8
Space (S)	7, 8
Perceptual Speed (P)	9, 10
Number (N)	9

7.4 Normen: Die Eichung stützt sich auf ca. 10000 Schüler mit Stichproben zu je N = 100 für Jungen und Mädchen in Halbjahresgruppen. Auf die Repräsentativität der Kriterien sozialer Status (Beruf des Vaters), Schulart und geographische Verteilung wird hingewiesen (nach amtlichen Statistiken des Landes Baden-Württemberg).
Normen liegen als Centilwerte (5;2) für 9- bis 20jährige sowohl für den Gesamttest als auch für die Untertests vor, gegliedert in zunehmende Altersintervalle. Die C-Werte ermöglichen durch die Angabe einer Dezimalstelle feinere Differenzierungen und sind auf dem Profilschema mit Prozenträngen, Z-Werten und IQ vergleichbar.

Bearbeiter: Stephan Kröner

Reduzierter Wechsler-Intelligenztest (WIP)

G. Dahl

Meisenheim: Hain Verlag, 2. Auflage 1986

1. Testart Intelligenztest

2. Testmaterial Handbuch, WIP-Formblätter (Form 72 oder 86); zusätzlich folgende Materialien aus dem HAWIE: Testheft Bilderergänzen und Mosaiktest, Kästchen mit 16 Mosaiksteinen; Stoppuhr, Bleistift.

3. Testgliederung Der WIP besteht aus den Untertests Allgemeines Wissen (AW) und Gemeinsamkeitenfinden (GF) aus dem Verbalteil und den Untertests Bilderergänzen (BE) und Mosaiktest (MT) aus dem Handlungsteil des HAWIE.

4. Grundkonzept Das Grundkonzept entspricht dem Intelligenzkonzept von Wechsler, das auch dem HAWIE zugrunde liegt. Intelligenz wird hier verstanden als eine globale intellektuelle Leistungsfähigkeit.

Der WIP wurde 1968 als ökonomischere Alternative zum in der Durchführung relativ aufwendigen HAWIE entwickelt. Die statistische Testreduktion hatte zum Ziel, eine Kurzform zu erstellen, die genauso valide, stabil und objektiv ist wie die Langform. Darüber hinaus zielte die Entwicklung auf eine statistische Weiterentwicklung und Verbesserung des HAWIE ab.

1972 wurde der WIP an neuropsychiatrischen Patienten normiert und standardisiert (das P im Kürzel WIP steht für psychiatrisch Kranke). 1986 erfolgte eine Überarbeitung des Mosaiktests, und der WIP wurde um weitere statistische Analysen ergänzt. Die beiden Formen (WIP 72 und WIP 86) existieren heute parallel.

Die Form 72 wird als Kurzform des HAWIE eingesetzt, wenn der HAWIE-IQ geschätzt werden soll. Ebenso findet der WIP 72 bei psychiatrischen Patienten Anwendung. Die statistisch weiterentwickelte Form 86 hingegen wird in der Berufsberatung, der Eignungsdiagnostik und im Bereich der pädagogischen, forensischen und Arbeitspsychologie eingesetzt.

5. Durchführung **5.1 Alter:** 10 bis 79 Jahre.

5.2 Formen: Einzeltest; WIP 72 und WIP 86.

5.3 Handhabung: Das Handbuch enthält ausformulierte Instruktionen für den Testleiter. Die Punkte, die der Proband für seine Lösungen erhält, werden vom Testleiter in das Formblatt eingetragen. Für die Durchführung der beiden Untertests des Handlungsteils werden die entsprechenden Materialien aus dem HAWIE benötigt.

Durch den Aufbau des Handbuchs gestaltet sich die Einarbeitung in die praktische Durchführung und Auswertung des WIP recht mühsam. Im Vordergrund stehen Informationen über die Testkonstruktion und die Gütekriterien.

5.4 Zeit: Ca. 15 bis 20 Minuten.

6. Auswertung

6.1 Modus: Für die Untertests AW, GF und BE werden Bewertungsrichtlinien vorgegeben. Eine richtige Antwort wird mit 0 oder 1 Punkt (bzw. 2 Punkten im Test GF) bewertet. In den Untertests BE und MT muß die richtige Antwort jeweils innerhalb bestimmter Zeitgrenzen gefunden werden. Die Punktzahl für eine richtige Lösung richtet sich nach der jeweils benötigten Zeit.

Die Rohwerte der einzelnen Untertests werden aufsummiert. Sowohl dieser Gesamt-Rohwert als auch die einzelnen Untertest-Rohwerte können in normalisierte T-Werte für Patientenstichproben (Tafelanhang A) oder die Repräsentativgruppe (Tafelanhang B) transformiert werden.

Mit dem WIP 72 können darüber hinaus für Probanden aus allen Populationen nicht-normalisierte T-Werte bestimmt werden, wenn der WIP zur Schätzung des HAWIE-IQ dienen soll. Dazu müssen die Rohwertsummen der einzelnen Untertests zunächst in gewichtete Wertpunkte (GW) transformiert und diese dann addiert werden. Im ohnehin recht unübersichtlichen Handbuch wird an dieser Stelle auf die falsche Tabelle verwiesen, die Transformationstabelle befindet sich tatsächlich auf S. 73. Sowohl die Untertest-GW als auch die Gesamt-GW können in nicht-normalisierte T-Werte umgewandelt werden (Tafelanhang C).

6.2 Zeit: Keine Angaben.

7. Gütekriterien

7.1 Objektivität: Die Auswertungsobjektivität liegt für alle Untertests über r = .95.

7.2 Reliabilität: Untersuchungen an einer Patientenstichprobe (N = 305) ergaben Konsistenzkoeffizienten nach Spearman-Brown zwischen .82 (GE) und .89 (MT). In Untersuchungen an Normalstichproben (N = 582, 164, 162 und 326) fielen die Koeffizienten etwas geringer und in Studien mit Studierenden (N = 197) deutlich geringer aus.

Die Retestreliabilität nach 1–2 Jahren liegt für unterdurchschnittlich begabte Erwachsene (N = 217) zwischen .46 (BE) und .87 (AW) und für Patienten mit Hirnschädigungen (N = 166) zwischen .64 (GF) und .86 (AW).

7.3 Validität: Anhand von multiplen Regressionsanalysen und Kreuzvalidierungen (das Vorgehen wird im Handbuch auf S. 41 ff. beschrieben) konnte eine hinlänglich gute Übereinstimmung zwischen dem WIP- und dem HAWIE-IQ nachgewiesen werden (mittels WIP geschätzte und tatsächliche HAWIE-Werte korrelieren zu r = .87 bis .94, N = 223 unterdurchschnittlich begabte Erwachsene und N = 166 Mittelschüler). Die Übereinstimmungsvalidität beträgt darüber hinaus r = .65 mit dem IST (N = 123 Studenten und Berufsanwärter) und r = .67 mit der Wechsler Memory Scale (N = 70 Patienten).

Einige Items des Untertest AW (z. B. „Wer schrieb ‚Die fromme Helene'?") dürften inzwischen inhaltlich veraltet sein. In der revidierten Fassung des HAWIE von 1991 wurde dieser Untertest dementsprechend auch deutlich verändert.

7.4 Normen: Für den WIP 72 liegen T-Wert-Normtabellen für Psychiatriepatienten im Alter von 15 bis 60 Jahren vor (N = 56 bis 185, je nach Altersgruppe). Für den WIP 86 sind Normentabellen nur für 17- bis 20jährige Frauen (N = 114) und 18- bis 20jährige Männer (N = 926) der Normalpopulation verfügbar. Darüber hinaus liegen für diese Altersgruppe auch nach Geschlechtern differenzierte Schulnormen vor (Volksschule: N = 559; Mittelschule: N = 181). Die WIP 72-Werte können für Probanden von 10 bis 79 Jahren über nicht-normalisierte T-Werte in HAWIE-IQ-Punkte transformiert werden.

8. Literatur

Boehnke, K. (1987). Reduzierter Wechsler-Intelligenztest (WIP). *Zeitschrift für Differentielle und Diagnostische Psychologie, 8,* 150–152.

Verfasserin: Miriam Vock

Schlauchfiguren

H. Stumpf und E. Fay
Göttingen: Hogrefe, 1983

1. Testart Intelligenztest

2. Testmaterial Die Testmappe umfaßt eine Handanweisung, je ein Testheft der Parallelformen A und B, Antwortbogen sowie je eine Auswertungsschablone für die Testformen A und B. Zusätzlich benötigt werden eine Stoppuhr, ein Bleistift und ein Radiergummi.

3. Testgliederung Der Test besteht aus 21 Items. Jedes Item wird durch die Abbildung zweier Würfel, in denen sich ein Schlauch befindet, repräsentiert. Die rechte Abbildung zeigt den linken Würfel in einer Kippung nach rechts, links, oben, unten oder hinten. Der Proband muß die Kipp-Richtung erkennen. Die folgende Abbildung zeigt ein Beispiel-Item:

Abbildung 1: Beispiel für eine „Schlauchfiguren"-Aufgabe.

4. Grundkonzept Die „Schlauchfiguren"-Aufgaben erfassen das räumliche Vorstellungsvermögen. Die faktorenanalytische Intelligenzforschung konnte zeigen, daß der Raumvorstellung ein gewichtiger, relativ eigenständiger Anteil an der kognitiven Leistungsfähigkeit zukommt. Hinsichtlich der Arten von Aufgaben, die man als Raumvorstellungsindikatoren gelten läßt, besteht keine vollständige Übereinstimmung. Als ein Schlüsselelement von Raumvorstellungsleistungen wird jedoch die Transformation anschaulicher Vorstellungen zwei- und besonders dreidimensionaler Objekte betrachtet. Ein weit verbreiteter Typ von dreidimensionalen Aufgaben beinhaltet die Darstellung von Würfeln. Stumpf und Fay kritisieren, daß bei solchen Aufgaben häufig nur die Würfelaußenflächen abgebildet und somit wesentliche Aspekte der

Dreidimensionalität nicht zur Geltung gebracht werden. Insofern erheben die „Schlauchfiguren" den Anspruch, eine Weiterentwicklung darzustellen, die den Problemstellungen des täglichen Lebens näher kommt.

5. Durchführung

5.1 Alter: Jugendliche und junge Erwachsene zwischen 15 und 20 Jahren.

5.2 Formen: Es ist sowohl eine Einzel- als auch eine Gruppentestung möglich. Der Test existiert in zwei Parallelformen A und B.

5.3 Handhabung: Jeder Proband erhält ein Blatt, auf dessen Vorderseite die Testinstruktionen sowie eine Beispielaufgabe und eine Tabelle zum Ankreuzen der Lösungen abgedruckt sind. Auf der Rückseite befinden sich drei Übungsaufgaben. Der Testleiter liest die Instruktion vor und gibt den Teilnehmern drei Minuten Zeit, um die Übungsbeispiele zu bearbeiten. Wenn die Testteilnehmer keine weiteren Fragen haben, werden die Testhefte verteilt und die Teilnehmer zur Bearbeitung aufgefordert.

5.4 Zeit: Die reine Testzeit beträgt 12 Minuten. Für die Instruktion und die Übungsbeispiele werden etwa weitere fünf Minuten benötigt.

6. Auswertung

6.1 Modus: Die Auszählung der Rohpunkte eines Testteilnehmers erfolgt mittels einer Schablone. Die Zahl richtig gelöster Aufgaben ergibt den Rohpunktwert. Aus dieser Rohpunktzahl kann anhand der Normentabellen wahlweise der Prozentrang oder der Staninewert bestimmt werden.

6.2 Zeit: Die Auszählung der Rohpunkte dauert pro Proband weniger als eine Minute.

7. Gütekriterien

7.1 Objektivität: Durchführungs-, Auswertungs- und Interpretationsobjektivität können als hoch eingeschätzt werden.

7.2 Reliabilität: An einem Satz von 18 Items, die eine Gruppe von 153 Abiturienten sowie weiblichen und männlichen Studenten im Rahmen des Tests für medizinische Studiengänge bearbeitete und nach ca. 14 Monaten wiederholte, wurde die Retest-Reliabilität berechnet. Es ergab sich ein Koeffizient von $r = .72$. Die nach Spearman-Brown korrigierte Split-Half-Reliabilität betrug bei der Ersterhebung $r = .80$ und bei der zweiten Messung $r = .76$. An einer Stichprobe von insgesamt 1304 männlichen und weiblichen Lehrstellenbewerbern wurden folgende Koeffizienten für die Items der Form A berechnet (Stumpf & Fay, 1987): Split-Half-Reliabilität (.72) und Cronbachs Alpha (.77). In einer Parallelitätsstudie an 29 Psychologiestudenten ergab sich eine Korrelation von $r = .78$ zwischen den Rohwerten der Formen A und B.

7.3 Validität: Die Überprüfung der Konvergenz von „Schlauchfiguren"-Leistungen mit Werten anderer Tests, die ebenfalls Aspekte von Raumvorstellung erfassen sollen, erbrachte folgende Korrelationskoeffizienten:

- mit dem Untertest 7 aus dem LPS: $r = .24$ (Stichprobe: 275 Studenten und Studienbewerber)
- mit den Würfelaufgaben aus dem IST-70: $r = .26$ (Stichprobe wie oben)
- mit einer deutschen Version des MCT (Mechanical Comprehension Test): $r = .62$ (Stichprobe: 787 Wehrpflichtige zwischen 17 und 22 Jahren)
- mit dem TBT (Technischer Bildertest): $r = .52$ (Stichprobe: 715 Lehrstellenbewerber zwischen 14 und 21 Jahren)

Die geringen Korrelationen mit den entsprechenden Unteraufgaben des LPS und IST-70 erklären die Autoren u. a. damit, daß diese Tests einen höheren Speed-Anteil aufweisen.

7.4 Normen: Im Testhandbuch sind nur Normen für männliche Bewerber aufgeführt, getrennt nach Testform A (N = 727) und B (N = 674). Es wird keine Angabe über die Verteilung der Rohdaten der Eichstichprobe gemacht. Zu Form A finden sich im Testhandbuch Prozentränge und Staninewerte für Probanden zwischen 18 und 20 Jahren mit Abitur bzw. mit Real- oder Hauptschulabschluß und absolvierter Berufsausbildung. Zu Testform B sind Prozentränge und Staninewerte für Probanden zwischen 15 und 17 Jahren getrennt für Realschul- und Hauptschulabgänger sowie Lehrstellenbewerber in Elektro- und metallverarbeitenden Berufen angegeben. Die Autoren weisen mehrfach ausdrücklich darauf hin, daß die vorliegenden Normen nicht zur Bewertung der Leistungen weiblicher Testteilnehmer herangezogen werden dürfen, da sich in verschiedenen Studien geschlechtsspezifische Leistungsdifferenzen im Bereich Raumvorstellung zeigen. Mittlerweile wurden weitere Normierungen an größeren Stichproben vorgenommen und in der Zeitschrift Diagnostica (1987) veröffentlicht. Die dort abgedruckten Normentabellen für Testform A (N = 540) und Testform B (N = 451) informieren auch über Prozentränge und Staninewerte für weibliche Lehrstellenbewerber in kaufmännischen und gewerblichen Berufen.

8. Literatur

Stumpf, H. & Fay, E. (1987). Neue Befunde zur Reliabilität, Validität und Normierung der „Schlauchfiguren“. *Diagnostica, 33,* 156–163.

Bearbeiterin: Anna Julia Wittmann

Snijders-Oomen Non-verbaler Intelligenztest für Kinder von 2,5 bis 7 Jahre (SON-R 2,5–7)

P.J. Tellegen, M. Winkel, B.J. Wijnberg-Williams und J.A. Laros

Frankfurt a. M.: Swets, 1998

1. Testart Intelligenztest (sprachunabhängig)

2. Testmaterial Handbuch (DIN A4, ringgefaßt, 268 Seiten); 50 Protokollbogen („Testformular“, DIN A4, 4 Seiten); Auswertungsprogramm (3,5”-Diskette); 50 Hefte mit Zeichenvorlagen („Zeichenmuster“), je 16 Doppelseiten (ca. DIN A5).

Der Testkoffer (Holz) enthält: Schreibtischunterlage; Testkiste 1 („Mosaike“) aus Holz mit 2 Aufnahmerahmen (13,6 cm × 13,6 cm, Kunststoff) und 25 Mosaiksteinen (25 Quadrate aus Kunststoff, Kantenlänge 3,2 cm; 8mal rot, 8mal gelb, 9mal rot-gelb), dazu das ringgefaßte Vorlagenheft (15 Vorlagen); Testkiste 2/5 („Kategorien“/„Situationen“) aus Holz mit insgesamt 19 Kartensätzen (10mal „Kategorien“, 9mal „Situationen“, Kunststoff) zu je 4 bis 8 Kärtchen, dazu je ein ringgefaßtes Vorlagenheft zu „Kategorien“ (15 Vorlagen) sowie zu „Situationen“ (14 Vorlagen); Testkiste 3 („Puzzles“) aus Holz mit einem Aufnahmerahmen (ca. 15 cm × 15 cm, Kunststoff) sowie 14 Puzzles (je 3 bis 6 Teile, Kunststoff); Testkiste 4 („Analogien“) aus Holz mit insgesamt 21 „Spielsteinen“ (je 2 Größen, rote wie blaue Kreise, Dreiecke, Quadrate) aus Kunststoff, dazu 2 Vorlagenhefte: Heft 1 mit 10 Vorlagen und 2 eingearbeiteten Ablagekästchen, Heft 2 mit 17 Vorlagen, ringgefaßt; weiter 2 dicke Bleistifte mit Spitzer und Radiergummi. Zusätzlich wird eine Stoppuhr benötigt.

3. Testgliederung Das Verfahren umfaßt 6 Untertests: 1. „Mosaike“, 2. „Kategorien“, 3. „Puzzles“, 4. „Analogien“, 5. „Situationen“, 6. „Zeichenmuster“. Jeder Subtest gliedert sich in zwei Teile, welche sich jeweils hinsichtlich des Materials oder der Instruktionen voneinander unterscheiden. Je Subtest liegen 14 bis 17 Items vor, die in steigender Schwierigkeit vorgelegt werden.

4. Grundkonzept Obwohl schon bei der Zusammenstellung der Vorläuferverfahren „... nicht von einem bestimmten Intelligenzkonzept ausgegangen“ (Handbuch, S. 14) wurde, erwarten die Autoren, daß der SON-R 2,5–7 eher „... auf das Messen von ‚fluid intelligence‘ und weniger auf das Messen von ‚crystallized intelligence‘ (i. S.v. Cattell) gerichtet ist“ (Handbuch, S. 13). Mit den einzelnen Subtests wurden sowohl Denktests, Räumliche Tests sowie Handlungstests etabliert. Das strukturelle Konzept des SON-R 2,5–7 ist angelehnt an eine weitgehende Vergleichbarkeit mit dem SON-R 5,5–17.

5. Durchführung **5.1 Alter:** 2;6 bis 7;0 Jahre.

5.2 Formen: Einzeltest.

5.3 Handhabung: Die Instruktionen können verbal oder nonverbal (Gebärden) oder anhand einer Kombination von beidem gegeben werden. Zu jedem Subtest wird eine Beispielaufgabe vom Testleiter demonstriert. Nach jedem Item wird ein Feedback gegeben (Lösung richtig oder falsch) und gegebenenfalls die richtige Lösung unter Einbezug des Kindes demonstriert. Die Einstiegsaufgaben können nach dem Alter oder kognitiven Niveau des Kindes ausgewählt werden, für den jeweiligen Subtestausstieg sind Kriterien formuliert.

5.4 Zeit: Nach Angabe der Autoren ca. 45 bis 75 Minuten, bei jüngeren Kindern eher weniger; bei speziellen Behinderungen veranschlagen die Autoren einen Mehraufwand von ca. 5 Minuten, der nach eigenen Erfahrungen aber auch höher ausfallen kann.

6. Auswertung

6.1 Modus: Es wird für jeden Subtest die Anzahl gelöster (einschließlich der übersprungenen) Items ermittelt, sie stellt jeweils den Rohwert dar. Aus den Rohwerten können dann jeweils über den Tabellenteil die „Referenzalter" (Alterszeitpunkt bezogen auf das Lebensalter, zu dem etwa 50 % der Kinder der Normierungsstichprobe die jeweiligen Rohwerte erreichten) sowie normierte Standardwerte (Mittelwert 10, Standardabweichung 3) abgeleitet werden. Im Anschluß werden aus einzelnen Subtestergebnissen die Werte für die „Handlungsskala" (SON-HS), die „Denkskala" (SON-DS) und den Gesamtwert des Tests (SON-IQ) abgeleitet (Mittelwert 100, Standardabweichung 15); auch hierzu ist eine Abschätzung des Referenzalters (s. o.) möglich. Für den SON-IQ sind 80 %-Vertrauensintervalle und Prozentränge angegeben. Die Ergebnisse der „Handlungsskala" und der „Denkskala" können bezüglich signifikanter Differenzen betrachtet werden. Die Auswertung kann auch computergestützt mit dem leicht bedienbaren Auswertungsprogramm vorgenommen werden, wodurch sich der Zeitaufwand erheblich verkürzt. Darüber hinaus liefert das Programm noch einige zusätzliche Informationen.

6.2 Zeit: Keine Angaben. Nach eigenen Erfahrungen manuell ca. 8 bis 10 Minuten, computergestützt ca. 2 bis 4 Minuten.

7. Gütekriterien

7.1 Objektivität: Die Materialien sind standardisiert, in bezug auf die Durchführungsanweisungen wird dem Testleiter der für die Untersuchung sprachbeeinträchtigter Kinder notwendige Spielraum belassen; es wurde jedoch in diesem Rahmen mit großer Sorgfalt auf eine weitgehend objektive Durchführung hingewirkt. Es wurden Testleitereffekte an einer Stichprobe von 1073 Kindern, welche von je einem von 11 Testleitern untersucht wurden, abgeschätzt; demnach gehen die Autoren in dieser Stichprobe von einer mittleren testleiterbedingten Abweichung des SON-IQ von ca. 2 bis 3 IQ-Punkten aus. Die Auswertung kann unter Einsatz des Computerprogramms praktisch befreit von Rechen- und Suchfehlern vorgenommen werden.

7.2 Reliabilität: Die inneren Konsistenzen (Guttmans Lambda2), gemittelt über den gesamten Altersbereich, liegen für die einzelnen Subtests zwischen $r = .67$ und $r = .78$; sie nehmen mit steigendem Alter zu. Für die „Handlungsskala" wurden $r = .85$, für die „Denkskala" $r = .84$ und für den Gesamtwert (SON-IQ) wurden $r = .90$ ermittelt. Die „Generalisierbarkeit" (ermittelt über Cronbachs Alpha anhand der Subtestwerte) beträgt für den SON-IQ durchschnittlich Alpha = .78, für die Handlungsskala Alpha = .69 und für die Denkskala Alpha = .64. Die Korrelationen zwischen den einzelnen Subtests schwanken dabei zwischen r = .22 und r = .60.

7.3 Validität: Für alle Subtests ist mit zunehmendem Alter ein Anstieg in bezug auf die Mittelwerte zu verzeichnen. Zur Dokumentation der Kriteriumsvalidität wurde in den Niederlanden sowie im Ausland (Großbritannien, USA, Australien) eine große Vielzahl von Vergleichsuntersuchungen unternommen; hierbei fanden allgemeine Intelligenz- und Entwicklungstests (z. B. SON-R 5,5–17, BOS 2–30 [niederl. Version der Bayley Scales], GOS 2;6–4;6, RAKIT), Sprachtests und Verfahren zur Erfassung verbaler Intelligenz (z. B. Reynell-Test, Schlichting-Test, TvK) und auch nonverbale Tests (Toni-2, TOMAL, DTVP-2) Berücksichtigung. Die Korrelationen mit den allgemeinen Verfahren variieren zwischen r = .54 und r = .87; mit den Verbaltests wurden Korrelationen zwischen r = .20 und r = .71 ermittelt; die Werte in bezug auf nonverbale Tests schwanken zwischen r = .45 und r = .83. Zahlreiche Berechnungen zu Einflüssen externer Variablen (z. B. geschlechtsspezifische Unterschiede, Testdauer, regionale Unterschiede, sozioökonomischer Status) können die Einschätzung der Validität weiter unterstützen.

7.4 Normen: Die Normierung wurde 1993/94 in den Niederlanden an 1100 Kindern vorgenommen. Es werden altersspezifische Normen von 2;0 bis 7;11 Jahre vorgelegt, und zwar für Subtestrohwerte (einschließlich der Referenzalter; Umrechnung in Standardwerte mit MW 10 und SD 3; Monatsschritte), den SON-IQ (einschließlich der Referenzalter, 3-Monatsschritte) sowie die Werte für die Handlungsskala und Denkskala (3-Monatsschritte).

Verfasser: Thorsten Macha

Snijders-Oomen Non-verbaler Intelligenztest für Kinder von 5,5 bis 17 Jahre (SON-R 5,5–17)

T.H. Snijders, P.J. Tellegen und J.A. Laros

Frankfurt a. M.: Swets, 2. korr. Auflage 1997

1. Testart

Intelligenztest (sprachunabhängig)

2. Testmaterial

Handbuch (DIN A4, 244 Seiten); 50 Protokollbogen („Testformular“, DIN A4, 4 Seiten); Auswertungsprogramm (3,5”-Diskette); 50 Umschläge (ca. 17,5 cm × 32 cm) mit je 4 Suchbildern (ca. 16 cm × 70 cm, zweifach gefaltet) sowie einem Beispielsuchbild; 50 Hefte mit Zeichenvorlagen („Zeichenmuster“), je 50 Seiten (ca. 10 cm × 30 cm).

Der Testkoffer (Kunststoff) enthält: ringgefaßtes Vorlagenheft zu „Kategorien“ (ca. DIN A4, 60 Vorlagen auf je einer Seite); Kunststoffkästchen (ca. 20 cm × 30 cm × 6 cm) mit 4 Abdeckplatten und 46 Mosaiksteinen (Quadrate aus Kunststoff, Kantenlänge 3,2 cm; 6 unterschiedliche, meist zweifarbige Muster), dazu Aufnahmerahmen (13,6 cm × 13,6 cm; Kunststoff) und ringgefaßtes Vorlagenheft (24 Vorlagen); Lösungsbilder zu „Zeichenmuster“ in Kunststoffhülle; Auswertungsschablone für „Zeichenmuster“ (DIN A4, transparente Folie); ringgefaßtes Aufgabenheft zu „Situationen“ (DIN A4, 36 je zweiseitige Aufgaben); ringgefaßtes Aufgabenheft zu „Analogien“ (DIN A4, 35 je einseitige Aufgaben); Ringordner (ca. DIN A4) mit „Bildergeschichten“ (23 Kartensätze zu je 4 bis 7 Bildern). Zusätzlich werden Stoppuhr, roter Stift, Bleistift, Radiergummi benötigt.

3. Testgliederung

Das Verfahren umfaßt 7 Untertests:

1. „Kategorien“: Es werden Abbildungen von Objekten vorgelegt, welche eine Gemeinsamkeit aufweisen; aus weiteren Abbildungen sollen dazu passende Objekte ausgewählt werden.
2. „Mosaike“: Mit Mosaiksteinen sollen vorgegebene Muster nachgelegt werden.
3. „Suchbilder“: In vorgegebener Zeit soll ein mehrfach in einem Bild verborgenes Objekt möglichst häufig gefunden werden.
4. „Zeichenmuster“: Unterbrochene Linienmuster sollen gemäß der ihnen innewohnenden Gesetzmäßigkeit ergänzt werden.
5. „Situationen“: Es sollen fehlende Teile einer Zeichnung aus vorgegebenen Alternativen ausgewählt und somit die Zeichnung sinnvoll ergänzt werden.
6. „Analogien“: Eine demonstrierte Veränderung an einer geometrischen Figur soll auf eine andere geometrische Figur übertragen werden.
7. „Bildergeschichten“: Es sollen in falscher Reihenfolge vorgelegte Bilder in die richtige Reihenfolge gebracht werden.

Die Subtests 1, 2, 4, 5, 6 und 7 gliedern sich in zwei bis drei Aufgabenreihen. Eine verkürzte Durchführung unter Rückgriff auf lediglich vier Subtests (1, 2, 5, 6) ist möglich.

4. Grundkonzept

Das Verfahren steht in der Tradition der bis 1943 zurück zu verfolgenden, auf die Erfassung sprachfreier Intelligenz ausgerichtete SON-Testreihe. Ohne ein spezifisches Intelligenzkonzept aufzugreifen, werden in dieser Version folgende Fähigkeitsbereiche etabliert:

A. Abstraktes Denken: Ableitung eines räumlich wie zeitlich ungebundenen Ordnungsprinzips aus angebotenem Material und dessen Anwendung auf neues Material („Kategorien", „Analogien").

B. Konkretes Denken: Herstellung räumlich wie zeitlicher ableitbarer Bedeutungszusammenhänge aus den Verbindungen verschiedener Objekte („Situationen", „Bildergeschichten").

C. Räumliches Denken: Herstellung einer Beziehung innerhalb eines räumlichen Rahmens auf der Ebene von Formrelationen zwischen Teilen einer Figur („Mosaike", „Zeichenmuster").

D. Perzeption: Ganzheitliche (visuelle) Wahrnehmung eines Stimulusmusters in verschiedenen situativen Kontexten („Suchbilder").

5. Durchführung

5.1 Alter: 5;6 bis 17;0 Jahre.

5.2 Formen: Einzeltest.

5.3 Handhabung: Die Aufgaben können sowohl ohne als auch mit Zuhilfenahme gesprochener Sprache instruiert werden; es finden sich jeweils Durchführungshinweise, wobei auch „Zwischenformen" empfohlen werden. Die Subtests werden in vorgegebener Reihenfolge durchgeführt, zu jedem Subtest werden mindestens zwei Beispielaufgaben vorgelegt. Die Bearbeitung der Aufgabenreihen erfolgt adaptiv, das Einstiegsitem einer neuen Aufgabenreihe innerhalb eines Subtests wird abhängig vom Ergebnis der vorangegangenen Reihe gewählt; zu jeder Aufgabenreihe sind Abbruchkriterien formuliert. Zu jeder einzelnen Aufgabe wird ein Feedback gegeben.

5.4 Zeit: Nach Angabe der Autoren ca. 80 bis 120 Minuten. Die verkürzte Version kann in ca. 45 Minuten bearbeitet werden.

6. Auswertung

6.1 Modus: Für jeden Subtest wird die Anzahl gelöster (einschließlich der übersprungenen) Items je Aufgabenreihe („Score") ermittelt, deren Summe bildet den Rohwert. Aus den Subtest-Rohwerten lassen sich unter Zuhilfenahme der Normentabellen die korrespondierenden Normwerte (subtestspezifisch: MW 100, SD 15) sowie die subtestspezifische Meßfehlervarianz ermitteln. Aus den Subtest-Normwerten wird durch Mittelung der Gesamtwert abgeleitet. Aus den Normentabellen ist im Rahmen einer genaueren Auswertung eine große Vielzahl weiterer Informationen zu gewinnen.

6.2 Zeit: Keine Angaben. Die vollständige Ermittlung aller mit den Normendaten bereitgestellten Informationen ist auf manuellem Weg sehr zeit- und z. T. rechenaufwendig (Taschenrechner notwendig). Eine (in vielen Fällen sicher ausreichende) Kurzauswertung kann in ca. 10 bis 12 Minuten vorgenommen werden, die vollständige Auswertung kann bis zu einer halben Stunde in Anspruch nehmen. Hier ist somit die computergestützte Auswertung unbedingt zu empfehlen, es liegt dann die komplette Auswertung nach ca. 6 bis 8 Minuten vor.

7. Gütekriterien

7.1 Objektivität: Die standardisierten Materialien wirken auf eine objektive Durchführung hin. Die Freiheiten in bezug auf die Durchführungsanweisungen (sprachlich, nichtsprachlich oder „Zwischenformen") stellen einen Kompromiß an praktische Anforderungen dar, wobei sehr sorgfältig den hieraus resultierenden Problemen entgegengewirkt wurde. Die Autoren schätzen den Einfluß von Testleitereffekten auf den IQ bei strikter Befolgung der Instruktionen auf etwa 1 bis 2 Punkte. Die Auswertung unter Einsatz des Computerprogramms unterbindet die aus den z. T. komplexen Berechnungen möglicherweise erwachsenden Rechen- und Suchfehler.

7.2 Reliabilität: Die inneren Konsistenzen (nach unten korrigierte Schätzungen der Alpha-Koeffizienten) der Subtests, gemittelt über den gesamten Altersbereich, liegen im Bereich zwischen Alpha = .71 und Alpha = .82, wobei die Werte in den Altersrandbereichen jeweils leicht abnehmen. Die (stratifizierten) Alpha-Koeffizienten für den Gesamtwert variieren innerhalb des Altersbereichs zwischen Alpha = .90 und Alpha = .94 (MW Alpha = .93), die „Generalisierbarkeit" (Alpha, nichtstratifiziert) variiert innerhalb des Altersbereichs zwischen Alpha = .79 und Alpha = .89 (MW Alpha = .85). Die durchschnittlichen Korrelationen zwischen den einzelnen Subtests nehmen mit dem Alter kontinuierlich zu: während sie im 6. Lebensjahr im Mittel r = .35 betragen, wurden ab dem 13. Lebensjahr Werte über r = .50 ermittelt.

7.3 Validität: Der Unterscheidung der etablierten Fähigkeitsbereiche (s. o., „Grundkonzept") kann auf der Grundlage faktorenanalytischer Berechnungen (Hauptkomponentenanalyse) nur geringe empirische Bedeutung beigemessen werden; die verschiedenen Subtests sind hoch miteinander korreliert und es dominiert ein allgemeiner „non-verbaler Intelligenzfaktor". Mit zunehmendem Alter ist für alle Subtests ein Anstieg bezüglich der Rohwert-Mittelwerte zu verzeichnen, die geschlechtsspezifischen Leistungsunterschiede besitzen nach Auffassung der Autoren „keine oder nur geringfügige Bedeutung" (Manual, S. 69). Es werden die Ergebnisse zahlreicher Untersuchungen vorgelegt (Testleitereffekte; Zeitpunkt der Untersuchung; regionale Unterschiede; soziokulturelle Faktoren; Schultyp), welche die Einschätzung der Validität unterstützen können. Zur Einschätzung innerer Zusammenhänge ist auf die (beträchtliche) durchschnittliche Korrelation von r_{tt} = .46 zwischen den (inhaltlich stark unterschiedlichen) Subtests hinzuweisen; der hohe Generalisationskoeffizient in bezug auf den Gesamtwert (Alpha = .85) weist dabei zusätzlich auf eine große Homogenität der Testteile hin. Somit ist der SON-IQ-Wert eindeutiger zu beurteilen als die IQ-Werte anderer verbaler Verfahren. Komplexere Verfahren bieten hingegen häufig andere Möglichkeiten zur Differentialdiagnostik.

7.4 Normen: Die Normierung wurde 1983/84 in den Niederlanden an 1350 hörenden (9 Altersklassen zu je 75 Mädchen und 75 Jungen) Kindern vorgenommen. Es werden altersspezifische Normen von 5;6 bis 16;11 Jahre vorgelegt, und zwar für die Subtestergebnisse („Normwerte", je einschließlich der Meßfehlervarianz sowie 80 %-Wahrscheinlichkeitsintervalle), die Überprüfung auf bedeutsame Differenzen zwischen den Subtestergebnissen, dem Standard-IQ (MW 100, SD 15), dem Referenzalter sowie dem

Prozentrang. Es lassen sich Prozentränge für gehörlose/schwerhörige Kinder ablesen, welche auf der Grundlage einer zusätzlichen Stichprobe von 768 Kindern ermittelt wurden. Weiter sind aus dem zugrundeliegenden mathematischen Modell für alle Altersgruppen weitere Bezugsgrößen (Normwert des spezifischen IQ; latenter Wert des spezifischen IQ und latenter Wert des generalisierten IQ, jeweils mit 80 %-Wahrscheinlichkeitsintervall) abgeleitet.

Bearbeiter: Thorsten Macha

Standard Progressive Matrices (SPM)

J.C. Raven
Deutsche Bearbeitung des Handbuchs von K.A. Heller, H. Kratzmeier und A. Lengfelder
Göttingen: Beltz Test GmbH, SPM: 2., überarb. und erweit. Auflage 1956, Handbuch: 1998

1. Testart Intelligenztest

2. Testmaterial Manual, 1 Testheft, 40 Durchschreibeantwortbogen; zusätzlich: Schreibmaterial.

3. Testgliederung Der Test besteht aus fünf Teilen (Set A bis E) zu jeweils zwölf Aufgaben mit steigenden Anforderungen innerhalb der und zwischen den Sets. Die ersten beiden Items aus Set A fungieren als Übungsaufgaben.

4. Grundkonzept Die SPM stellen einen figuralen Matrizentest dar, der in der Reihe der Raven-Matrizentests einen mittleren Schwierigkeitsgrad einnimmt. Raven konzipierte das Verfahren ursprünglich zur Erfassung des g-Faktors nach Spearman (1904). Verschiedene faktorenanalytische Ergebnisse weisen die SPM als gutes Maß für allgemeine und fluide Intelligenz aus (Carroll, 1993). Die Autoren der deutschen Überarbeitung gehen davon aus, daß mit den SPM „neben der allgemeinen Intelligenz Unterscheidungsgenauigkeit – vor allem bei den einfacheren Items – sowie Analogieschlußdenken, Regelerkennung und Prinzipienanwendung bzw. induktives, räumliches Denken – bei den komplexeren Items – gemessen werden.“ (S. 7). Die SPM sind als Niveautest konzipiert.

Die Aufgaben aus Set A werden jeweils durch einen mit einem Muster gefüllten Rahmen gebildet, in dem ein Stück ausgespart ist. Die Items des Set B zeigen drei Figuren, zu denen die passende vierte gefunden werden muß. In Set A und B stehen jeweils sechs Antwortalternativen zur Verfügung. Die Aufgaben des Set A und B1 bis B7 sind durch visuelle Vergleichsprozesse zu lösen (Willmes, 1997). Ab Item B8 sind logisch-induktive Strategien zur Aufgabenlösung erforderlich. Die Grundstruktur der Items der Sets C bis E bildet eine 3 × 3-Anordnung von Figuren, bei der jeweils die neunte Figur fehlt. Diese ist von dem Probanden aus acht Antwortalternativen im Multiple-choice Format auszusuchen.

Einsatzbereiche der SPM sind Schulberatung, klinische Diagnostik, experimentelle Psychologie, Eignungsdiagnostik und Laufbahnberatung.

B 10

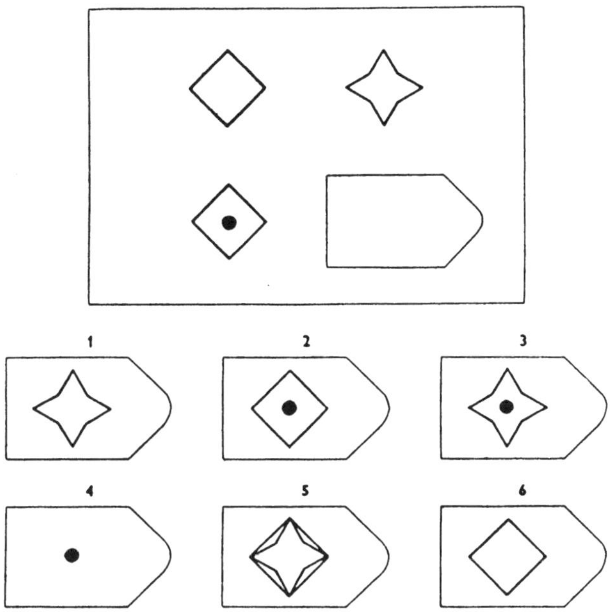

C 3

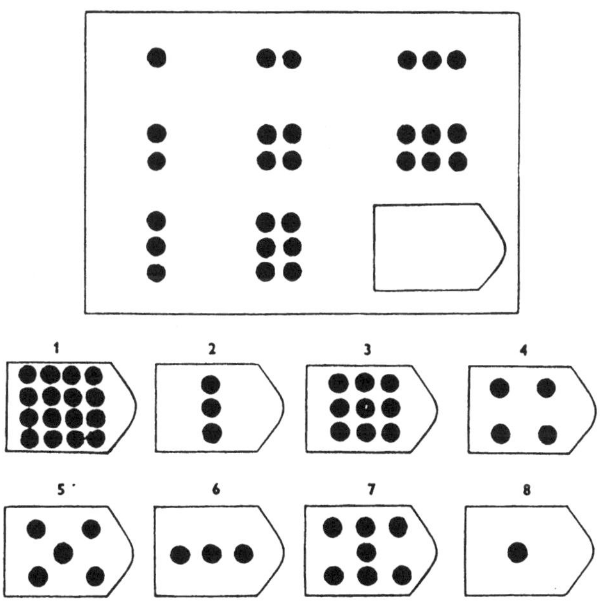

5. Durchführung

5.1 Alter: Ab 6 Jahren.

5.2 Formen: Die SPM können als Einzel- und Gruppentest durchgeführt werden, wobei die Gruppendurchführung erst ab der 3. Klasse empfohlen wird, da Kinder jüngeren Alters zu viele Fehler beim Eintragen der Lösungen auf das Antwortblatt machen. Die SPM liegen als Papier-und-Bleistift-Version und als computergestütztes Verfahren im Wiener-Testsystem in drei Versionen (Langform SPM, Kurzform mit 32 Rasch-homogenen Items ohne und mit Zeitbeschränkung von 15 Minuten) vor.

5.3 Handhabung: Jeder Proband erhält Testheft und Antwortbogen. Der Testleiter liest die standardisierte Instruktion aus dem Manual vor, in der die ersten beiden Aufgaben aus Set A als Beispiele erläutert werden. Danach gibt der Testleiter die Aufforderung zur selbständigen Bearbeitung des Tests. Das Manual enthält zusätzlich für die Testdurchführung mit Einzelpersonen oder Kleingruppen (3 bis 5 Probanden) eine nonverbale Instruktion.

5.4 Zeit: Die SPM werden ohne Zeitbegrenzung vorgegeben. Erfahrungswerte für die Testdauer liegen bei ca. 60 Minuten (15 Minuten Vorbereitung, 45 Minuten reine Testbearbeitungszeit).

6. Auswertung

6.1 Modus: Nach Abtrennen der Perforation des Durchschreibeantwortbogens können auf der Unterseite die richtigen Antworten einfach abgelesen werden. Diese werden zunächst für jedes Aufgaben-Set getrennt bestimmt (Rohwertsummen) und schließlich für den Gesamttest addiert. Die Rohwertsummen werden anhand der Normwerttabellen in Prozentränge (PR) umgerechnet. Die PR können mit Tabellen in T-Werte transformiert werden.

6.2 Zeit: Keine Angaben.

7. Gütekriterien

7.1 Objektivität: Die Objektivität der Durchführung, Auswertung und Interpretation der Ergebnisse ist gewährleistet.

7.2 Reliabilität: Die Split-Half-Reliabilität (odd-even) nach Spearman-Brown wurde für die einzelnen Normgruppen berechnet. Es ergaben sich für den Gesamttestwert Koeffizienten für Grundschüler (N = 344, Klassen 1 bis 4) von r = .82, für Hauptschüler (N = 452, Klassen 5 bis 9) von r = .72, für Realschüler (N = 391, Klassen 5 bis 9) von r = .51 und für Gymnasiasten (N = 832, Klassen 5 bis 12) von r = .59. Konsistenzanalysen nach Cronbachs Alpha ergaben für den Gesamttestwert ein Alpha von .94 für die Grundschüler, ein Alpha von .87 für die Hauptschüler, ein Alpha von .75 für die Realschüler und ein Alpha von . 83 für die Gymnasiasten. Die Zuverlässigkeit der Ergebnisse in den einzelnen Sets fällt gegenüber der des Gesamttestergebnisses ab.
Insgesamt ergab sich eine gute Meßzuverlässigkeit der SPM für Schülerstichproben. Aufgrund der hohen Lösungswahrscheinlichkeit der SPM im oberen Fähigkeitsbereich ist die Zuverlässigkeit der Messung für Studenten-Stichproben, insbesondere bei technisch-naturwissenschaftlichen Studiengängen, beeinträchtigt.
An Schülern von neun Klassen der Eichstichprobe (N = 136) wurde eine Retest-Reliabilität von r = .90 mit einem dreimonatigen Zeitabstand zwischen den Messungen erhoben. Die Retest-Reliabilität bei einer Zweittestung nach einem Jahr von N = 485 Grundschülern ergab Koeffizienten

zwischen r = .54 bis r = .66. Es fanden sich Koeffizienten zwischen r = .81 bis r = .85 für 14- bis 16jährige Schüler einer Förderschule für Lernbehinderte (Zweitmessung nach 10 Wochen, N = 156). Die Retest-Reliabilität ist auch für viele klinische Gruppen befriedigend.

7.3 Validität: Konstruktvalidität:

Faktorenanalytische Untersuchungen ergeben hohe Ladungen der SPM auf dem g-Faktor (Carroll, 1993). Die Unabhängigkeit der SPM-Leistung von mentalen verbalen Prozessen scheint widerlegt. Ungeklärt ist hingegen, inwieweit induktives Denken, Visualisierung und räumliches Vorstellungsvermögen die SPM-Leistung beeinflussen. Ergebnisse nicht-metrischer Skalierungsverfahren weisen darauf hin, daß die Raven-Tests zentrale Prozesse der analytischen Intelligenz erfassen (Marshalek, Lohman & Snow, 1983).

Zur Berechnung der inneren Validität wurden die SPM mit verschiedenen Intelligenztests korreliert: Mit den nonverbalen Skalen des KFT (N = 112, 11- bis 16jährige Hauptschüler) ergab sich ein Zusammenhang von r = .66, mit dem CFT von r = .55 (N = 91 Schüler) und mit dem HAWIK-R von r = .67 (N = 702 Kinder und Jugendliche). Im Rahmen der ersten deutschen Normierung fand sich eine Korrelation von r = .56 mit dem PSB (N = 1169 Schüler).

Die externe Validität wurde durch Korrelationen der SPM-Leistung mit Schulnoten überprüft. Bei zeitgleicher Erhebung fanden sich an einer Stichprobe von N = 116 Schülern mittlere, signifikante Zusammenhänge (r = .20 bis r = .60). Positive Zusammenhänge fanden sich auch zwischen der SPM-Leistung und der Geschwindigkeit der Informationsverarbeitung (SPM/ZVT r = .33; N = 96 Hauptschüler).

Die Gesamtheit der SPM-Aufgaben bildet keine homogene Skala, wie Analysen mit dem Rasch-Modell zeigen. Jedoch konnte das Rasch-Modell für die Einzelsets A und D und – mit Einschränkungen – für Set C auf der Datengrundlage einer Stichprobe von N = 710 Schülern zwischen 12 bis 15 Jahren beibehalten werden (van der Veen & Ellis, 2000).

7.4 Normen: Es liegen 1996/97 erhobene Altersnormen und klassenstufenbezogene Normen für Schüler verschiedener Schularten (N = 2134), Klassenstufennormen für hörgeschädigte Schüler der Klassen 2 bis 9 (N = 141), Altersnormen für 14- bis 16jährige Schüler einer Förderschule für Lernbehinderte (N = 156), Normen für Studierende verschiedener Altersgruppen und Studienrichtungen (N = 305) und Normen für Personen über 60 Jahre (N = 218) als Prozentrang und T-Wert vor. Da die Testrohwerte nicht normal verteilt sind, werden keine IQ-Normen angeboten. Weiterhin gibt das Manual kritische Differenzen und Vertrauensintervalle für den inter- und intraindividuellen Testwertvergleich an.

Die Autoren des Handbuchs raten bei Einsatz der computergestützten Version von der Übernahme der Normen der Papier-und-Bleistift-Version ab, da diese empirisch nicht äquivalent seien.

8. Literatur

Carroll, J.B. (1993). *Human cognitive abilities: A survey of factor-analytic studies.* Cambridge, MA: Cambridge University Press.

Marshalek, B., Lohman, D.F. & Snow, R.E. (1983). The complexity continuum in the radex and hierarchical models of intelligence. *Intelligence, 7,* 107–127.

Willmes, K. (1997). Testrezension zu Standard Progressive Matrices (SPM).

Zeitschrift für Differentielle und Diagnostische Psychologie, 18(1/2), 117–120.

Van der Veen, A.H.G.S. & Ellis, J.L. (2000). A Rasch analysis of Raven's standard progressive matrices. *Personality and Individual Differences, 29,* 45–64.

Bearbeiterin: Franzis Preckel

Testbatterie für geistig behinderte Kinder (TBGB)

C. Bondy, R. R. Cohen, D. Eggert und G. Lüer
Hrsg.: K. Ingenkamp (Reihe „Deutsche Schultests")
Weinheim: Beltz Test GmbH, 3. Auflage 1975

1. Testart

Intelligenztest, Entwicklungstest, Schultest, Klinischer Test

2. Testmaterial

Die Auflistung des Materials erfolgt getrennt nach den einzelnen Tests (Abkürzungen s. Punkt 3).

- CMM: 100 Bildkarten, Protokollblatt;
- BM + CM: 1 Vorlagenheft mit 10 Matrizen-Aufgaben, 1 Vorlagenheft mit 36 Aufgaben aus den Coloured Progressive Matrices (CPM) von Raven, Protokollblatt
- PPVT: 70 Bildkarten, Protokollblatt
- BA: Puppenkoffer, Puppe, Stoffbär, Plastikauto, Protokollblatt
- KP: Testblatt
- LOS: leere Papierbogen (DIN A5, weiß bzw. liniert), 2 Bleistifte, Schere, Spule mit Zwirnsfaden, Paketschnur, Maßband, Klebeband, 1 kleiner Gummiball, Zigarettenpapier, Zielscheibe, Holzstab, 2 Schachteln mit Hölzchen, 1 Schachtel mit Pfennigen, Testblätter mit Labyrinthen und konzentrischen Kreisen, Protokollblatt
- VSMS: Fragebogen
- für den Gesamttest: Handanweisung (DIN A4, 55 Seiten), Testprofilblatt; zusätzlich: Bleistifte, Stoppuhr, Bonbons oder andere Belohnungen, Kreide (für Markierungen auf dem Boden)

3. Testgliederung

Die Testbatterie besteht aus sechs gesondert durchführbaren Einzeltests. Die „Columbia Mental Maturity Scale" (CMM) von Burgemeister (1954), 36 Items aus den „Coloured Progressive Matrices" (CPM) von Raven (1956) und der „Peabody Picture Vocabulary Test" (PPVT) von Dunn (1959) wurden unverändert übernommen. Der Test „Bunte und Progressive Matrizen" (BM + CM) setzt sich aus den CPM-Items und zehn neuentwickelten Aufgaben zusammen. In Anlehnung an die Konzeption einer Skala des „Culture Free Intelligence Test" wurde der Test „Befolgen von Anweisungen" (BA) eigens für die TBGB entwickelt, wie auch der Test „Kreise punktieren" (KP). Mit der „Lincoln Oseretzky Motor Development Scale" (LOS) wurde auf eine Revision des ursprünglichen Test von Oseretzky durch Sloan (1955) zurückgegriffen. Weiterhin fand eine verkürzte Adaptation der „Vineland Social Maturity Scale" (VSMS) von Doll (1953) Eingang in die TBGB.

4. Grundkonzept

Die TBGB zielt auf die differenzierte Diagnose der geistigen Behinderung und die Planung pädagogischer Fördermaßnahmen ab. Im Gegensatz zu anderen Verfahren differenzieren die Teiltests der TBGB im stark unterdurchschnittlichen Leistungbereich noch hinreichend gut. Der Leistungs- und Entwicklungsstand geistig behinderter Kinder wird hinsichtlich geistiger (allgemeiner Intelligenz, Wortschatz, Merkfähigkeit) und motorischer Aspekte (Fein- und Gesamtmotorik) erfaßt; darüber hinaus wird eine Einschätzung der sozialen Reife ermöglicht.

5. Durchführung

5.1 Alter: 7- bis 12jährige geistig behinderte Kinder. In der dritten Auflage der TBGB liegen für CMM und VSMS außerdem Normen für normalentwickelte Kinder ab 4 bzw. ab 2 Jahren vor.

5.2 Formen: Einzeltest. Neben der Gesamtdurchführung (verteilt auf drei Sitzungen) sowie der Einzeldurchführung aller Teiltests werden besondere Kombinationen der Teiltests von den Autoren hervorgehoben: CMM, PPVT, KP und LOS; BM + CM, PPVT und LOS; CMM und LOS.

5.3 Handhabung: Die Vorbereitung beginnt mit einem optimalen Arrangement des umfangreichen Testmaterials. Für die Anwendung der LOS sind beispielsweise auf dem Boden des Untersuchungsraumes zwei Markierungen im Abstand von 1.80 m bzw. 2.40 m von einer Wand, an der die Zielscheibe befestigt wird, anzubringen. Detaillierte Instruktionen für die einzelnen Tests, speziell die LOS, sind im Handbuch zu finden. Anweisungen betreffen die Materialdarbietung, die Instruktionen und die Bewertung der gezeigten Leistung, sind allerdings im letzteren Fall teilweise uneindeutig (z. B. LOS, Item 23). Während der Testung wird lediglich protokolliert, die Bewertung erfolgt anschließend. Das Kind reagiert, je nach Aufgabe, verbal bzw. durch Deuten auf die Lösung oder mit der Ausführung von Handlungen. Der Zusatztest VSMS zur Einschätzung der sozialen Reife wird durch diejenige Bezugsperson ausgefüllt, die mit dem Kind am engsten vertraut ist.

5.4 Zeit: Für den Gesamttest wird eine Dauer von 120 bis 150 Minuten (reine Testzeit) angegeben. Nach jeweils 60 Minuten soll eine Pause eingelegt werden.
- Kombination CMM, PPVT, KP, LOS: 90 ± 30 Minuten
- Kombination BM + CM, PPVT, LOS: 75 ± 30 Minuten
- Kombination CMM, LOS: 60 ± 30 Minuten

Einzeldurchführungen: CMM: ca. 30 Minuten; BM + CM: ca. 20 Minuten; PPVT: ca. 15 Minuten; BA: ca. 20 Minuten; KP: ca. 3 Minuten; LOS: ca. 45 Minuten.

6. Auswertung

6.1 Modus: Die Summe richtiger Antworten bzw. Handlungen ergibt für jeden Einzeltest den Rohwert. Dieser wird mit Hilfe der Tabellen im Handbuch in einen T-Wert umgeformt. Nach Eintrag aller T-Werte in das Profilblatt können Einzeltestleistungen miteinander verglichen werden. Ein TBGB-Gesamtwert wird nicht berechnet.

6.2 Zeit: Keine Angaben.

7. Gütekriterien

7.1 Objektivität: Die Autoren der Testbatterie gehen von einer hohen Objektivität in Auswertung und Durchführung aus. Trotz der vorliegenden detaillierten Richtlinien müssen naturgemäß die motorischen Einzeltests (LOS, KP) als Schwachstellen in bezug auf die Objektivität angesehen werden.

7.2 Reliabilität: Split-Half (N = 1209, odd-even-Methode, KP: Zeitfraktionierungsmethode):
CMM: r = .97; BM + CM: r = .91 (lernbehinderte Schüler r = .84); PPVT: r = .95 (lernbehinderte Schüler r = .85); BA: r = .90; KP: r = .98; LOS: r = .93.
Mittlerer Koeffizient nach Fisher-z-Transformation: r = .93.
Interne Konsistenz nach Kuder-Richardson, Formel 8:
CMM: r = .98; BM + CM: r = .94; PPVT: r = .97; BA: r = .95; LOS: r = .95.
Mittlerer Koeffizient nach Fisher-z-Transformation: r = .96.
Homogenität: Korrelation zwischen BM + CM und CMM: r = .60 bis r = .80. Beide Tests können den Autoren zufolge als „Paralleltests" angesehen werden.
Stabilität: Die Stabilitätskoeffizienten der Einzeltests fallen für die LOS am höchsten (r = .98 [14-Tages-Intervall] bzw. r = .79 [3 Jahre]) und für KP am niedrigsten aus (r = .91 [14-Tages-Intervall] bzw. r = .58 [3 Jahre]).

7.3 Validität: Korrelationen von TBGB-Einzeltests wurden vorwiegend zu Kennwerten des HAWIK berechnet. Hervorzuheben sind dabei die folgenden Koeffizienten:

- Zwischen CMM und Handlungs-IQ: r = .37 (N = 30 geistig behinderte Kinder), r = .40 (N = 341 Volksschüler), r = .54 (N = 40 Kinder von 4–6 Jahren), r = .28 (N = 213 lernbehinderte Sonderschüler);
- Zwischen BM + CM und Gesamt-IQ: r = .42 (N = 341 Volksschüler), r = .44 (N = 131 männliche Sonderschüler), r = .49 (N = 82 Sonderschülerinnen);
- Zwischen BM + CM und Handlungs-IQ: r = .61 (N = 341 Volksschüler), r = .34 (N = 131 männliche Sonderschüler), r = .46 (N = 82 Sonderschülerinnen).

Die eher niedrigen Korrelationen könnten für die Spezifität der TBGB für einen Personenkreis im stark unterdurchschnittlichen Leistungsbereich sprechen.
Der Wortschatz-Test des HAWIK und der Test PPVT korrelieren zu r = .56. Ferner wurde ein Zusammenhang zwischen VSMS und dem Lebensalter (r = .40) nachgewiesen.
Faktorenanalysen erbrachten einen starken Generalfaktor (mit hohen Ladungen von CMM und BM + CM). Darüber hinaus scheint es einen motorischen Faktor zu geben, der durch LOS und KP gebildet wird.

7.4 Normen: Die Normierung wurde zwischen 1964 und 1967 an 1209 geistig behinderten Kindern von 7 bis 12 Jahren im Bundesgebiet durchgeführt. Für die Vergleichsnormen wurden 1966/1967 454 lernbehinderte Hamburger Sonderschüler zwischen 9 und 12 Jahren untersucht.
Die Einzeltest-Normen für geistig Behinderte werden in Form von T-Werten, getrennt nach Altersgruppen und Geschlecht, angegeben. Nach Eintrag in das Testprofilblatt sind auch grobe Umrechnungen in Prozentrangwerte möglich.

8. Literatur

Burgemeister, B.B., Blum, L.H. & Lorge, J. (1954). *The Columbia Mental Maturity Scale.* Yonkers-on-Hudson: World Book.
Doll, E.A. (1953). *The measurement of social competence.* Minneapolis: American Guidance Service.
Dunn, L.M. (1959). *Peabody Picture Vocabulary Test. Manual.* Minneapolis: American Guidance Service.

Raven, J.C. (1956). *The Standard Progressive Matrices – a non-verbal test of a person's present capacity for intellectual activity.* London: Lewis.
Sloan, W. (1955). The Lincoln Oseretzky Motor Development Scale. *Genetic Psychology Monographs, 51,* 183–252.

Bearbeiter: Henning Gibbons

Testbatterie zur Erfassung kognitiver Operationen (TEKO)

W. Winkelmann

Braunschweig: Georg Westermann Verlag, 1975

1. Testart Intelligenztest

2. Testmaterial Testmanual, zwei Testhefte (1 und 2), sechs Zeichenblätter, zwei Maße, ein Protokollbogen und vier Auswertungsschablonen; zusätzlich: Kugelschreiber oder Stift.

3. Testgliederung Die Test-Batterie besteht aus den folgenden neun Tests:

SE Substanzerhaltung (13 Items)
ZE Zahlerhaltung (6 Items)
KI Klasseninklusion (6 Items)
MA Matrizen (8 Items)
RL Raumlage (6 Items)
AS Asymmetrische Seriation (12 Items)
OZ Ordinale Zuordnung (10 Items)
RF Reihenfolgen (16 Items)
ME Messen (7 Items)

4. Grundkonzept Die TEKO untersucht die Intelligenz und die Entwicklung des Denkvermögens bei Vorschul- und Grundschulkindern. Sie basiert auf den entwicklungspsychologischen Arbeiten Piagets, und die einzelnen Subtests weisen einen engen Bezug zur Piagetschen Entwicklungstheorie auf. Im Rahmen dieser Theorie gilt, daß Kinder im Alter von sieben Jahren das „Stadium der konkreten Operationen" erreichen. Der Test richtet sich auf die detaillierte Erfassung dieser konkret-operatorischen Denkleistungen. Dabei wird darauf verzichtet, ein globales Urteil über das Erreichen dieses Stadiums abzugeben. Vielmehr wird überprüft, welche einzelnen Denkweisen das Kind schon beherrscht. Aus diesem Grund werden die Ergebnisse der Subtests auch nicht zu einem Gesamtwert addiert.

Im Test SE (Substanzerhaltung) soll beispielsweise geprüft werden, ob und inwieweit Invarianzkonzepte vom Kind übernommen wurden, ob es also erkennt, daß sich eine Flüssigkeitsmenge durch Umschütten in ein anders geformtes Gefäß nicht mengenmäßig verändert (= Invarianz). Die Transformation wird vom Testleiter mit Hilfe von Abbildungen dargestellt.

In den anderen Tests z. B. bei der KI (Klasseninklusion) geht es darum, den Umfang eines Oberbegriffs mit dem Umfang eines Unterbegriffs zu vergleichen (s. Abb.).

TEKO: Item Kl, 1, Originalgröße 18,4 × 27 cm.

Logische und räumliche Denkoperationen werden durch weitere Untertests (z. B. ME, RL und MA) gemessen.
Problematisch an der jetzigen Version des TEKO sind ihre Normdaten, denn diese wurden mit einer z. T. erheblich anders gearteten Vorform des Verfahrens erhoben (s. 7.4).

5. Durchführung

5.1 Alter: Der Test ist geeignet für Kinder im Alter von 5 bis 8 Jahren.

5.2 Formen: Nur als Einzeltest durchführbar. Die Untertests können auch einzeln oder in verkürzter Version dargeboten werden.

5.3 Handhabung: Der Testleiter beginnt mit der mündlichen Instruktion zum ersten Subtest. Diese ist in kindgerechter Sprache vorgegeben. Ebenso finden sich Anweisungen zum Verhalten des Testleiters. Da es sich um die Testung von Kindern handelt, hat der Testleiter einen größeren Spielraum als üblich. Die Untertests werden dann in beliebiger Reihenfolge durchgeführt, wobei für jeden Test wieder Instruktionen vorgegeben sind. Während des ganzen Tests gibt der Testleiter dem Probanden keine Rückmeldung bezüglich seiner Leistung und bezüglich der Korrektheit seiner Antworten. Die Ergebnisse der Subtests notiert der Testleiter während der Durchführung des jeweiligen Subtests auf dem Protokollblatt.
Eine gewisse Erfahrung des Testleiters mit dem Verfahren ist bei der Durchführung zu empfehlen.

5.4 Zeit: Es gibt keine Zeitbegrenzung für die Subtests. Die Angaben sind lediglich zur Planung gedacht. Pro Subtest werden vier bis acht Minuten, für die Gesamttestdurchführung wird etwa eine Stunde veranschlagt.

6. Auswertung

6.1 Modus: Nach der Durchführung werden die einzelnen Rohwertdaten pro Subtest ermittelt. Teils geschieht dies durch einfaches Auszählen oder durch Ablesen mit Hilfe der Schablonen, teils muß der Testleiter die Antworten des Probanden einstufen. Die so ermittelten Rohwerte können anhand von Normtabellen in Prozentrangwerte transformiert werden. Es wird kein Gesamtwert gebildet – jedes Subtestergebnis wird einzeln aufgeführt.

6.2 Zeit: Keine Angaben.

7. Gütekriterien

7.1 Objektivität: Um die Durchführungsobjektivität zu gewährleisten, müssen die Instruktionen und Anweisungen genau befolgt werden. Die Testanweisung spricht dem Testleiter allerdings einen recht großen Spielraum zu, um flexibel auf das Kind reagieren zu können. Dies gefährdet die Durchführungsobjektivität. Die Auswertungsobjektivität erscheint partiell gesichert. Zusätzlich wird die Interpretationsobjektivität durch die Art der Normstichprobe in hohem Maße gefährdet (s. 7.4).

7.2 Reliabilität: Split-Half-Reliabilität
Für die verschiedenen Altersgruppen (fünf, sechs, sieben und acht Jahre) wurden für jeden Subtest Reliabilitätskoeffizienten berechnet. Diese variieren zwischen $r = .31$ und $r = .95$ ($N = 68$ bis 73). Die meisten Koeffizienten sind größer als $r = .75$.
Es finden sich keine Angaben zur Retestreliabilität. Ebenso beziehen sich die Angaben zur Testhalbierungsreliabilität auf die unten angeführten Normen, weswegen Bedenken hinsichtlich ihrer Aussagekraft geäußert werden können (s. 7.4).

7.3 Validität: Es finden sich erste Versuche einer faktoriellen Validierung. Aussagekräftige Daten liegen nicht vor.

7.4 Normen: Das Testmanual bietet Normtabellen an, anhand derer die Rohwerte in Prozentränge transformiert werden können. Bei den angegebenen Daten handelt es sich um „Quasi-Normen". Diese wurden 1972 bei der Testkonstruktion der Vorform der TEKO an $N = 280$ Kindern im Alter von 5 bis 8 Jahren erhoben. Die Vorform und die im Manual dargestellte Endform der TEKO unterscheiden sich jedoch z. T. stark. Insbesondere wurde die

Endform verkürzt. Dies und auch das Alter der Normdaten schränken die Brauchbarkeit der Normen deutlich ein.

Bearbeiter: Christian Frings

Verbaler Kreativitätstest (VKT)

K.-J. Schoppe
Göttingen: Hogrefe, 1975

1. Testart Intelligenztest

2. Testmaterial Die Testmappe umfaßt eine Handanweisung sowie Testhefte der Parallelformen A und B. Zusätzlich benötigt werden eine Stoppuhr und ein Bleistift.

3. Testgliederung Der VKT besteht aus folgenden neun Subtests:
- Wortanfänge (WA)
- Wortenden (WE)
- Vier-Wort-Sätze (VS)
- Namen-Erfinden (NE)
- Gleiche Eigenschaften (GE)
- Ähnlichkeiten (ÄK)
- Ungewöhnliche Verwendungsarten (UV)
- Utopische Situationen (US)
- Spitznamen-Erfinden (SE)

Die Untertests NE und SE umfassen jeweils 10 Items, der Untertest ÄK besteht nur aus einem einzigen Item. Alle übrigen Subtests beinhalten zwei Items. Mit Ausnahme der Untertests NE und SE handelt es sich bei allen Items um übersetzte Aufgaben amerikanischer Tests bzw. leicht modifizierte Varianten.

4. Grundkonzept Der Testautor erhebt den Anspruch, mit dem VKT einen „Hauptfaktor des Intelligenzspektrums" zu messen, nämlich den der „Verbalen Produktivität". Eine Theorie zur Erklärung kreativer Leistungen wird von ihm als Basis für die Konstruktion eines Kreativitätstests für nicht erforderlich gehalten und insofern auch nicht herangezogen. Die Meßabsicht beschränkt sich im VKT nur auf den Gesichtspunkt der „Produktivität", d. h. der Gesamtzahl der Einfälle (Flüssigkeit des Denkens). Im Gegensatz zu den Tests von Guilford und Torrance werden die Aspekte der Originalität der Lösungen, der gedanklichen Flexibilität und der Elaboration nicht in die Auswertung einbezogen. Begründet wird diese eindimensionale Messung zum einen mit theoretischen Erwägungen: So wird z. B. die Gleichsetzung von Originalität mit statistischer Seltenheit als fragwürdig betrachtet. Zum anderen soll durch die stärkere Beschränkung auf quantitative Gesichtspunkte die Auswertungsobjektivität erhöht werden.

5. Durchführung **5.1 Alter:** Genaue Angaben fehlen. Den vorhandenen Normen nach zu urteilen ist der Test für Jugendliche und Erwachsene ab 14 Jahren vorgesehen.

5.2 Formen: Es ist sowohl eine Einzel- als auch eine Gruppentestung möglich. Der Test existiert in zwei Parallelformen A und B.

5.3 Handhabung: Die im Testheft abgedruckten Anweisungen werden vom Testleiter vor- und von den Probanden mitgelesen. Die Testinstruktionen sind nicht immer eindeutig, u. a. bezüglich des genauen Ablaufs der Aufgabe (Gibt es z. B. in den Subtests WA, WE, VS, GE, UV und US zwischen jeweils zwei Items Pausen?), der geforderten Anzahl von Antworten (Sollen im Subtest NE pro Item ein oder mehrere Antworten produziert werden?) und der zulässigen Lösungen (Was versteht der Autor unter Füllwörtern, die im Subtest VS verboten sind?). Jede Aufgabe unterliegt einer Zeitbeschränkung, die je nach Subtest zwischen zwei und acht Minuten beträgt. Die Antworten werden vom Probanden direkt in das Testheft eingetragen. Ist ein Proband bei der Bearbeitung eines einzelnen Subtests blockiert, sollen nach Beendigung des Tests die entsprechenden Aufgaben der Parallelversion wiederholt werden.

5.4 Zeit: Die reine Bearbeitungszeit aller Aufgaben erfordert 37 Minuten. Mit Instruktionen dauert die gesamte Testdurchführung eine knappe Stunde.

6. Auswertung

6.1 Modus: Die Antworten sind lediglich quantitativ auszuwerten. Inadäquate Lösungen, die nicht der Instruktion entsprechen, werden gestrichen, wobei die Handanweisung im Anhang für jeden Subtest eine Liste von Antworten enthält, die nicht anerkannt werden sollen. Die richtigen Antworten werden zunächst pro Item, dann pro Subtest addiert, die Rohwerte auf das Datenblatt (Deckblatt des Testheftes) übertragen und mit Hilfe der in der Handanweisung abgedruckten Tabellen in Standardwerte transformiert. Die Standardwerte können in einem Profilschema graphisch veranschaulicht werden. Der Mittelwert der errechneten Standardwerte bildet den Gesamttestwert, den sog. „Kreativitäts-Index“.

6.2 Zeit: Die Auswertung dauert nach kurzer Einübungszeit pro Test ca. fünf Minuten.

7. Gütekriterien

7.1 Objektivität: Die Durchführungsobjektivität kann als hoch, die Auswertungs- und Interpretationsobjektivität können als relativ hoch eingeschätzt werden.

7.2 Reliabilität: Die Subtests der Parallelformen A und B korrelieren zwischen r = .83 und .91 (N = 70). Der „Kreativitäts-Index“ weist eine Paralleltestreliabilität von r = .91 auf (N = 70). Die Retest-Reliabilität des „Kreativitäts-Index“ erreichte nach eineinhalb Monaten eine Höhe von r = .85 (N = 50), nach acht Monaten eine Höhe von r = .64 (N = 60) und nach 11 bis 15 Monaten eine Höhe von r = .63 (N = 95). Die meisten Retest-Koeffizienten der Subtests liegen unter r = .60.

7.3 Validität: In fünf Stichproben mit jeweils 200 bis 300 Abiturienten bzw. Arbeitern wurde über 5 bis 9 Subtests des VKT eine Faktorenanalyse gerechnet. Dabei konnte übereinstimmend ein Hauptfaktor „Verbale Produktivität“ extrahiert werden, was vom Testautor als Nachweis der Adäquatheit der Annahme eines eindimensionalen Kreativitätskonstrukts gewertet wird. Kritisch anzumerken ist jedoch, daß dieses Ergebnis auch auf das enge Spektrum von Aufgabentypen und der für alle Untertests gleichen Auswertungstechnik

im VKT zurückzuführen sein könnte. Sollte es tatsächlich nur einen verbalen Kreativitätsfaktor geben, fragt sich, wieso verschiedene Untertests notwendig sind. Der Autor äußert sich zu dieser Frage u. a. dahingehend, daß in den unterschiedlichen Subtests verschiedene Produktionsprinzipien kreativer Leistungen gefordert würden.
Anhand von Stichproben mit jeweils 100 bis 300 Abiturienten bzw. Arbeitern wurden zur Bestimmung der kriteriumsorientierten Validität u. a. Korrelationen mit verschiedenen Intelligenztests berechnet. Dabei zeigten sich bei Abiturienten geringe, bei Arbeitern hingegen z. T. deutlich positive Korrelationen zwischen verbaler Produktivität und anderen Intelligenzfaktoren.

7.4 Normen: Die Eichung des Tests erfolgte an Stichproben zwischen 600 und 1000 Personen. Es werden keine Angaben über die Verteilung der Rohdaten gemacht. Die Normentabellen informieren über Standardwerte und Prozentränge folgender Gruppen:

- Arbeiter mit oder ohne Hauptschulabschluß, differenziert nach drei Altersstufen: 18 bis 25;11 Jahre (N = 300), 26 bis 35;11 Jahre (N = 400) und 36 bis 55 Jahre (N = 300)
- Schüler der Klassen 9 und 10 von Realschulen und Gymnasien sowie Berufsanfänger mit mittlerer Reife zwischen 14;6 und 17;11 Jahren (N = 500)
- Probanden zwischen 17 und 22;11 Jahren, die das Abitur anstreben bzw. bereits gemacht haben (N = 500)
- Probanden zwischen 20 und 35;11 Jahren mit begonnener oder abgeschlossener Hochschulausbildung (N = 500).

Bearbeiterin: Anna Julia Wittmann

Verbaler Kurz-Intelligenztest (VKI)

H. Anger, F. Mertesdorf, R. Wegner und G. Wülfing

Weinheim: Beltz Test GmbH, 1980

1. Testart Intelligenztest

2. Testmaterial Testmanual sowie Testblätter für die Parallelformen A und B, Auswertungsschablonen; zusätzlich: Stoppuhr und Stift.

3. Testgliederung Der VKI besteht aus vier Bildern, die verschiedene Alltagssituationen zeigen. Aufgabe des Probanden ist es, jedes Wort einer Liste von 20 Wörtern jeweils dem Bild zuzuordnen, zu dem es am besten paßt.

4. Grundkonzept Der VKI stellt eine Verkürzung des Wort-Bild-Tests (WBT 10+; Anger, Mertesdorf, Wegner & Wülfing, 1971) dar. Er will in erster Linie verbale Intelligenz, aber auch allgemeines Urteilsvermögen erfassen. Die Wortliste des WBT 10+ wurde im VKI bei weitgehender Bewahrung der Güteeigenschaften von 45 auf 20 Items gekürzt.

5. Durchführung **5.1 Alter:** Ab 16 Jahren.

5.2 Formen: Einzel- oder Gruppentest. Computergestützte Fassung im Hogrefe-Testsystem.

5.3 Handhabung: Das Manual enthält eine Empfehlung, wie die Testdurchführung vom Testleiter eingeleitet werden kann. Auf jedem Testblatt ist schriftlich eine genaue Instruktion mit zwei Beispielen angegeben. Nach fünf Minuten sammelt der Testleiter die Testblätter wieder ein.

5.4 Zeit: Fünf Minuten.

6. Auswertung **6.1 Modus:** Für die Auswertung beider Formen des VKI stehen Schablonen zur Verfügung, mit denen man durch Ablesen den Rohwert eines Probanden erfassen kann. Dieser kann mit Hilfe der Normentabelle in einen T-Wert transformiert werden. Weiterhin sind Angaben zu Prozentrang-Band, T-Wert-Band und Stanine-Wert-Band aufgeführt.

6.2 Zeit: Weniger als fünf Minuten.

7. Gütekriterien **7.1 Objektivität:** Es kann davon ausgegangen werden, daß sowohl Durchführungs- als auch Auswertungsobjektivität gewährleistet sind. Es bestehen Bedenken hinsichtlich der Interpretationsobjektivität, da die Intervalle für einen Rohwert aufgrund ihrer Größe von z. B. 44 bis 80 % nur schwierig gedeutet werden können.

7.2 Reliabilität:

Paralleltestreliabilität:
Die Paralleltestreliabilität liegt bei r = .87, gemessen an einer Stichprobe von N = 214 Mittel- und Oberschülern.

Split-Half-Reliabilität:
Die Split-Half-Reliabilität beträgt für Form A r = .84 (N = 553 Männer und Frauen); für Form B variiert sie zwischen r = .83 (N = 263 männl. Pbn), r = .87 (N = 273 weibl. Pbn) und r = .85 (N = 536, Gesamtgruppe).

Homogenität:
Adäquate Angaben zur Homogenität liegen nicht vor. Zur Berechnung der Homogenität wurden für jeden Probanden der Eichuntersuchung (N = 1117) aufgrund der richtigen Antworten zu jedem der vier Bilder der beiden VKI-Formen getrennte Rohwerte berechnet. „Nimmt man die durchschnittliche Korrelation der Punktwerte pro Bild einer Parallelform als Ausgangspunkt einer Zuverlässigkeitsschätzung der beiden Formen, so erhält man mit r = .82 einen kaum niedrigeren Wert als bei der Berechnung der Halbierungszuverlässigkeit. Die Forderung möglichst weitgehender Homogenität erscheint damit erfüllt." (Manual, S.6).

7.3 Validität: Der VKI wurde aus dem WBT 10+ entwickelt, wobei der ursprüngliche Itemsatz von 45 auf 20 Items reduziert wurde. Dabei wurde zur Gültigkeitskontrolle eine Kurzform des LPS von Horn eingesetzt. Der VKI korreliert mit dem Gesamtergebnis der Kurzform des LPS mit r = .72 (Form A) und r = .71 (Form B; N = 214).
Mit den Untertests der LPS-Kurzform ergaben sich die folgenden Zusammenhänge:
- verbal comprehension/VKI A und B: r = .78
- closure (S 12)/VKI A und B: r = .65 und r = .64
- word fluency/VKI A und B: r = .61 und r = .60
- reasoning/VKI A und B: r = .54 und r = .55
- space perception /VKI A und B: r = .38 und r = .39
- closure (S11)/VKI A und B: r = .31 und r = .30
- perceptual speed/VKIA und B: r = .28 und r = .23

7.4 Normen: Zur Erstellung der Normentabelle wurden Daten verwendet, die im Jahre 1979 an einer repräsentativen Stichprobe von N = 1117 Personen erhoben wurden. Ab einem Alter von 16 Jahren können Rohwerte in T-Werte bzw. T-Wert-Band, Prozentrang-Band und Stanine-Wert-Band transformiert werden. Möglicherweise sind die Normdaten veraltet.

8. Literatur

Anger, H., Mertesdorf, F., Wegner, R. & Wülfing, G. (1971). *Wort-Bild-Test 10.* Weinheim: Beltz.

Bearbeiter: Christian Frings

Wiener Matrizen-Test (WMT)

A.K. Formann
Hrsg.: A.K. Formann und K. Piswanger
Weinheim: Beltz Test GmbH, 1979

1. Testart Intelligenztest

2. Testmaterial Manual, 1 Aufgabenheft, Durchschreibeantwortbogen; zusätzlich: Schreibmaterial.

3. Testgliederung Der Test besteht aus einem Einführungsbeispiel, drei Übungsaufgaben und den 24 eigentlichen Testaufgaben, die zusammen eine Skala konstituieren.

4. Grundkonzept Der WMT ist ein figuraler Matrizentest, der der sprachfreien Erfassung einer Intelligenzdimension dient. Die Autoren verstehen den WMT als Verfahren, „mit dessen Hilfe man sich einen Überblick über das allgemeine intellektuelle Leistungsniveau eines Probanden“ bzw. den „Grad der individuellen Fähigkeit schlußfolgernden Denkens im Umgang mit abstrakten Symbolen“ verschaffen kann. Das Verfahren ist als Niveautest konzipiert und lehnt sich stark an die Progressiven Matrizen von Raven an.

Jede Aufgabe besteht aus einem 3 × 3-Felder-Schema, wobei das neunte Feld jeweils ausgespart wird. In den Feldern befinden sich Figuren, die nach einem bestimmten logischen Schema angeordnet sind. Der Proband muß das fehlende neunte Feld aus acht Antwortalternativen im Multiple-choice-Format auswählen.

Die Items wurden auf der Grundlage des Rasch-Modells selektiert. Die Eindimensionalität der Aufgaben konnte jedoch nicht immer uneingeschränkt repliziert werden (Gittler, 1999).

Die Kulturunabhängigkeit wurde für kleinere westafrikanische Stichproben aus Nigeria und Togo untersucht.

5. Durchführung **5.1 Alter:** 14 bis 18 Jahre.

5.2 Formen: Einzel- und Gruppentest, Papier-und-Bleistift-Version und computergestützte Version im Hogrefe-Testsystem.

5.3 Handhabung: Die Instruktion liegt in standardisierter Form vor und wird vom Testleiter mündlich vorgetragen (im Anhang des Manuals finden sich weiterhin eine französische sowie eine englische Instruktion). Nach Erläuterung des Einführungsbeispiels werden die drei Übungsaufgaben vom Probanden selbständig gelöst. Treten Unklarheiten bei der Bearbeitung auf, wird die Instruktion wiederholt. Speziell bei der Einzelvorgabe kann der Testleiter mit dem Probanden die Übungsitems gemeinsam durchgehen. Im weiteren Verlauf der Instruktion wird auf den Zeitrahmen der Aufgabenbearbeitung hingewiesen.

5.4 Zeit: Die Testzeit ist großzügig bemessen und beträgt 25 Minuten. Bei Bedarf kann bei der Papier-und-Bleistift-Version mehr Zeit gewährt werden.

6. Auswertung

6.1 Modus: Bei der Papier-und-Bleistift-Version können nach Abtrennen der Perforation des Durchschreibeantwortbogens auf der Unterseite die richtigen Antworten und damit die Rohwertsumme einfach bestimmt werden. Anhand der Normwerttabellen kann die relative Position eines Probanden als Z- oder IQ-Wert ermittelt werden.

6.2 Zeit: Keine Angaben.

7. Gütekriterien

7.1 Objektivität: Keine Angaben von den Autoren. Dadurch, daß bei der Papier-und-Bleistift-Version die Bearbeitungszeit verlängert werden kann, ist hier eine Beeinträchtigung der Durchführungsobjektivität möglich. Auswertungs- und Interpretationsobjektivität sind gegeben.

7.2 Reliabilität: Die Schätzungen beruhen auf einer Stichprobe von N = 2485 Personen. Die Split-Half-Reliabilität der Papier-und-Bleistift-Version liegt bei r = .83. Nach der Methode von Cronbach bzw. Guttmann ergaben sich jeweils Koeffizienten von r = .81. Zur Retest-Reliabilität wie auch zur Reliabilität der computergestützten Version liegen keine Angaben vor.

7.3 Validität: Die konvergente Validität des WMT wurde anhand von Korrelationen mit den SPM (Raven, 1956) und dem Gesamttestwert des IST (Amthauer, 1955) bestimmt. Der Korrelationskoeffizient von WMT und SPM beträgt r = .92 (N = 120), von WMT und IST r = .85 (N = 115). Gesonderte Validitätsangaben zur computergestützten Version liegen nicht vor.

7.4 Normen: Es liegen Gesamtnormen von österreichischen Schülern für die Altersgruppe 14 bis 18 Jahre vor (N = 2248). Aus dieser Stichprobe wurden weiterhin acht Teilgruppen gebildet, für die gruppenspezifische Normwerte vorliegen. Die Gruppen sind: 14 bis 16 Jahre, 17 bis 18 Jahre, jeweils unterteilt nach Berufsschülern, Fach- und Handelsschülern, Schülern Allgemeinbildender Schulen und Berufsbildender Höherer Schulen. Die Rohwerte lassen sich in IQ- und Z-Werte transformieren. Zusätzlich sind Interpretationshilfen durch die Einstufung dieser Werte nach Perzentilen und zuordenbaren verbalen Interpretationen („weit unterdurchschnittlich" bis „weit überdurchschnittlich") möglich.
Bei der Verwendung der Normen ist allerdings zu beachten, daß diese bereits über 20 Jahre alt und daher möglicherweise veraltet sind.

8. Literatur

Amthauer, R. (1955). *Intelligenz-Struktur-Test (IST).* Göttingen: Hogrefe.

Gittler, G. (1999). Sind Raumvorstellung und Reasoning separierbare Fähigkeitsdimensionen? Dimensionalitätsanalysen zweier Rasch-skalierter Tests: 3DW und WMT. *Diagnostica, 45*(2), 69–81.

Raven, J.C. (1956). *Standard Progressive Matrices.* London: Lewis & Co.

Bearbeiterin: Franzis Preckel

Wilde-Intelligenz-Test (WIT)

A.O. Jäger und K. Althoff
Hrsg.: Deutsche Gesellschaft für Personalwesen e. V.
Göttingen: Hogrefe, 2. Auflage 1994

1. Testart Intelligenztest

2. Testmaterial Handanweisung (2. rev. Auflage), Anweisungsheft für Untersucher (2. Aufl., allgemeine Hinweise zur Untersuchung, Anweisungen zu den einzelnen Subtests, Subtests Wortgewandtheit (WG) und Zahlenmerken (ZM)), Aufgabenhefte Form 1 und 2, Aufgabenhefte Form 1 und 2 für Gedächtnis-Reproduktionsteil, Antwortbogen (A, B und C), Notizbogen, Verrechnungs- und Profilbogen, Auswertungsschablonen Form 1 und 2; zusätzlich: Stoppuhr, Personennummern, (Ersatz-)Stifte.

3. Testgliederung Der WIT umfaßt insgesamt 15 Subtests mit jeweils zwischen 10 und 42 typgleichen Items. Die Subtests von Form 1 und 2 des Tests sind typgleich, sie unterscheiden sich nur in den Iteminhalten. Der Test kann in einer Lang- oder Kurzform vorgegeben werden. Lang- und Kurzform unterscheiden sich v. a. in den Bearbeitungszeiten, zwei Subtests werden in der Kurzform nicht vorgegeben. Je nach diagnostischer Fragestellung können von den Autoren vorgeschlagene oder eigene Subtestmengen vorgegeben werden.

4. Grundkonzept Der WIT wurde zur Erfassung der sieben „primary mental abilities“ nach Thurstone (1938) entworfen. Den sieben Primärfähigkeiten S (Space), N (Number), V (Verbal comprehension), W (Word fluency), M (Memory), R (Reasoning) und P (Perceptual speed) können die Subtests hypothetisch zugeordnet werden (s. a. 7.3). Neben den Primärfähigkeiten kann mit Hilfe des WIT die allgemeine Intelligenz (g) als Aggregat aller Subtests erfaßt werden. Der WIT ist durch die Orientierung an Thurstones Modell hinsichtlich des zu erhebenden Fähigkeitsspektrums breit angelegt und dient somit einer differenzierten Beschreibung der intellektuellen Fähigkeitsstruktur von Personen(gruppen). Der WIT ist jedoch nicht an das Modell von Thurstone gebunden, er kann auch, allerdings mit deutlichen Einschränkungen, in das Berliner Intelligenzstrukturmodell von Jäger eingeordnet werden (Althoff & Jäger, 1981).
Die ersten Entwürfe des WIT wurden bereits 1954 von K. Wilde entwickelt und ab 1956 von A.O. Jäger in Zusammenarbeit mit Psychologen der Deutschen Gesellschaft für Personalwesen (DGP) fortgeführt. Der Test wurde erstmals von Jäger (1963) vorgestellt und seitdem nicht grundlegend verändert.

5. Durchführung **5.1 Alter:** Der WIT ist für Jugendliche und Erwachsene konzipiert, die optimale Differenzierungsfähigkeit wird im Bereich des guten Durchschnitts der 15- bis 40jährigen erwartet.

5.2 Formen: Einzel- oder Gruppentestung ist möglich. Der Test liegt in zwei Formen vor und kann als Lang- oder Kurzversion vorgegeben werden.

5.3 Handhabung: In den Aufgabenheften werden die meisten Subtests durch eine ausführliche Instruktion und ein bis zwei Beispielaufgaben eingeleitet. Die sachgerechte Durchführung des Tests erfordert eine eingehende vorherige Auseinandersetzung mit dem Anweisungsheft für Untersucher. Insbesondere ist diese z. B. bei den Aufgaben WG und ZM erforderlich, bei denen die Instruktion und die Vorgabe der Items durch den Untersucher erfolgt. Die Antworten werden von den untersuchten Personen in separate Antwortbogen eingetragen.

5.4 Zeit: Die Gesamtzeit (Brutto) der Durchführung beträgt für die Langform ca. 4 und für die Kurzform ca. 3 Stunden, inklusive ca. 10 Minuten allgemeine Einführung und einer Pause von 15 Minuten. Die reine Bearbeitungszeit (Netto) beträgt für die Langform 136,5 Minuten und 51 Minuten für die Kurzform.

6. Auswertung

6.1 Modus: Die Auswertung des Tests erfolgt durch die Verwendung von Auswertungsschablonen (außer WG), eines Verrechnungsbogens sowie eines Profils. Für die Auswertung kann außerdem ein PC-Testauswertungsprogramm eingesetzt werden, das zusätzlich zum Test bezogen werden muß. Die Verwendung gesonderter Antwortbogen erlaubt, abgesehen von Antwortbogen C (Subtest WG), auch eine maschinelle Auswertung.

6.2 Zeit: Keine Angaben.

7. Gütekriterien

7.1 Objektivität: Die Durchführungs- und Auswertungsobjektivität gelten als erfüllt. Lediglich hinsichtlich des Subtests ZM werden Einschränkungen wegen dessen Störanfälligkeit bei der Durchführung eingeräumt. Hinweise, ob bei der Auswertung des Subtests WG Beeinträchtigungen der Auswertungsobjektivität vorliegen, werden nicht gegeben. Durch die Normierung kann auch die Objektivität der Interpretation als gegeben erachtet werden. Relativ zu anderen Intelligenztests wird die Objektivität des WIT als hoch beurteilt (Graczyk, 1990).

7.2 Reliabilität: Interne Konsistenz: Die interne Konsistenz wurde an zwei unabhängigen Stichproben ermittelt. An einer Stichprobe von 300 17jährigen ergaben sich für die Subtests Split-Half-Koeffizienten nach Rulon zwischen r = .66 und r = .99, wobei die meisten Werte zwischen r = .80 und r = .90 streuten. Die den Primärfähigkeiten V, R, N und S zugeordneten Subtests erreichen hier Werte zwischen r = .85 und r = .96. Für den Gesamtwert aus allen Subtests (g) werden Werte von r = .98 (Form 1) und r = .97 (Form 2) sowohl für die Kurz- als auch die Langversion berichtet. Für eine zweite Stichprobe von 215 Volks-, Berufs-, Mittel- und Oberschülern werden für die Subtests beider Formen in der Langversion Split-Half-Koeffizienten nach Spearman-Brown berichtet, auch mehrheitlich zwischen r = .80 und r = .90 liegend.

Stabilität: Eine Stabilitätsschätzung der Subtests, Subtestgruppen und des Gesamttests wurde mit 138 Personen durchgeführt (Abstand 1 Jahr, gleiche

Testform). Für mehr als die Hälfte der Subtests (Langversion) ergab sich auf Basis der Standardwerte ein Stabilitätskoeffizient unter r = .75, für ZM sogar nur r = .15, bei einem Anstieg von im Mittel 10 Standardwerten. Auf der Ebene von Subtestgruppen bzw. des Gesamttests ergaben sich jedoch insgesamt hohe bis sehr hohe Werte (g: r = .93, V: r = .92, N: r = .86, R: r = .88 und S: r = .75).

Äquivalenz: Die Äquivalenz der beiden Testformen 1 und 2 wurde anhand von zwei Untersuchungen überprüft. Die Prüfung von Subtestmittelwerten, -varianzen, internen Konsistenzwerten und Split-Half-Reliabilitätskoeffizienten ergab nur sehr wenige statistisch bedeutsame Unterschiede (N = 195 Abiturienten). In einer zweiten Untersuchung wurden beide Formen in einem Abstand von 1 bis 6 Monaten vorgegeben (N = 120), wobei 57 Personen zum zweiten Zeitpunkt die gleiche Form erneut bearbeiteten und 63 die jeweils andere Form. Die Stabilitätswerte auf Basis der Ergebnisse der 57 Personen lagen mehrheitlich unter den oben genannten (im Mittel um ca. .04 geringer). Der Vergleich beider Formen auf Basis der Teilstichprobe von 63 Personen anhand von Retestkorrelationen ergab auf Subtest- und Gesamttestebene ähnlich hohe Werte wie die Stabilitätskoeffizienten. Generell ist mit einer deutlichen Reliabilitätsminderung bei der Kurzversion zu rechnen.
In einer Studie von Ellis (1990), in der sowohl eine deutsche als auch eine englische Version des WIT eingesetzt wurde, konnte auf Basis von Analysen der tetrachorischen Item-Korrelationsmatrix gezeigt werden, daß die Annahme der Eindimensionalität der eingesetzten acht Subtests als gerechtfertigt angesehen werden kann. Die Analyse differentieller Itemeigenschaften (differential item functioning) unter Anwendung eines drei-parametrischen logistischen Testmodells ergab außerdem, daß von den insgesamt 145 eingesetzten WIT-Items für lediglich zwei Items Unterschiede in den untersuchten Teilstichproben nachgewiesen werden konnten.

7.3 Validität: Konstruktvalidität: Untersuchungen der faktoriellen Struktur an einer repräsentativen Stichprobe von 300 17jährigen, einer Stichprobe von 100 überdurchschnittlich intelligenten Personen und 314 Bereitschaftspolizisten ergab, daß die Faktoren V, N und S aus Thurstones Faktorentheorie durchgängig nachgewiesen werden konnten. Die Faktoren R, M, W und P konnten dagegen nicht nachgewiesen und repliziert werden, wobei R von diesen Faktoren noch am deutlichsten in Erscheinung trat. Greif (1972) hat die Struktur des WIT im Kontext des IST, AIT und LPS überprüft und konnte alle Primärfaktoren außer P in diesem Kontext nachweisen. Auch die Anordnung der Subtests von WIT, IST und LPS in Analogie zu einer MTMM-Matrix zeigte strukturentsprechende konvergente und diskriminante Validitäten. Die Einordnung des WIT in das Strukturmodell von Jäger (1967) durch Althoff und Jäger (1981) wird als weitgehend gelungen betrachtet. Einige gravierende Einschränkungen verbleiben jedoch, z. B. daß der Nachweis von R (Verarbeitungskapazität in Jägers Modell) als „materialübergreifende Funktionseinheit" nicht gelungen ist. Zur Erfassung der Fähigkeiten des Berliner Intelligenzstrukturmodells, einer Fortentwicklung des Modells von Jäger (1967), scheint der WIT daher nicht geeignet.
Kriteriumsvalidität: Der Zusammenhang der Testergebnisse des WIT mit Berufserfolgskriterien wurde in einer Reihe von 10 Untersuchungen mit Stichproben von Verwaltungsangestellten (N = 32), Industriemeistern (N =

313), Kriminalkommissaren (N = 76), Kriminalbeamten (N = 42), Management-Nachwuchskräften (N = 70), Bereitschaftspolizisten (N = 314), Regierungsinspektoren (N = 54), Krankenpflegern (N = 51), Vermessungstechnikern (N = 112) und Beamten des mittleren Dienstes (N = 93) geprüft. Trotz der beziehungsmindernden Einflüsse von z. B. Selektionseffekten ergaben sich in allen Untersuchungen bedeutsame Kriteriumsvaliditäten, die zumeist im Bereich von r = .20 bis r = .35 lagen. Je nach Kontext und betrachtetem Subtest bzw. Gruppen von Subtests lagen die Kriteriumsvaliditäten auch deutlich über dem genannten Bereich.

7.4 Normen: Bevölkerungsrepräsentative Altersnormen (von 14 bis 38 Jahren) wurden 1962 für die Formen 1 und 2 sowie die Lang- und Kurzversion des WIT an 3236 Personen erhoben. Die Normen liegen als Standardwerte vor. Eine Überprüfung des Normniveaus in einer Untersuchung mit 319 Unterprimanern ergab im Vergleich mit den Normen des IST keine Unterschiede. Neue Normen wurden außerdem 1971 bis 1974 für Akademiker (N = 500), 1978 für Abiturienten (N = 403) und 1982 für Abiturienten (N = 430) und Personen mit mittlerer Reife (N = 515) erhoben. Seitdem fand keine neue Normierung statt.

8. Literatur

Althoff, K. & Jäger, A.O. (1981). Zur Struktur des Wilde-Intelligenz-Tests (WIT) und zu seiner Stellung im Strukturmodell von Jäger 1967. *Diagnostica, 27,* 215–226.

Ellis, B.B. (1990). Assessing intelligence cross-nationally: A case for differential item functioning detection. *Intelligence, 14,* 61–78.

Graczyk, W. (1990). Der Wilde-Intelligenz-Test (WIT). *Diagnostica, 36,* 310–320.

Greif, S. (1972). *Gruppenintelligenztests – Untersuchungen am WIT, IST, LPS und AIT.* Frankfurt a. M.: Lang.

Jäger, A.O. (1967). *Dimensionen der Intelligenz.* Göttingen: Hogrefe.

Thurstone, L.L. (1938). *Primary mental abilities.* Chicago, IL: University Press.

Bearbeiter: Ralf Schulze

Wortschatztest (WST)

K.-H. Schmidt und P. Metzler
Weinheim: Beltz Test GmbH, 1992

1. Testart Intelligenztest

2. Testmaterial Die Testmappe enthält: Handanweisung (DIN A4, 14 Seiten), Testbogen (DIN A4, 4 Seiten) und zwei Auswertungsschablonen; zusätzlich: Schreibgerät.

3. Testgliederung Der WST enthält 42 Items, die zeilenweise in aufsteigender Schwierigkeit angeordnet sind. Jedes Item besteht aus 6 Wortgebilden, aus denen das jeweils einzige sinnvolle Wort (Zielwort) herausgefunden und markiert werden soll.

4. Grundkonzept Der WST wurde nach Angabe der Autoren für die Diagnostik in der Klinischen Psychologie, der Psychiatrie und der Neurologie entwickelt und dient der schnellen Abschätzung des prämorbiden Intelligenzniveaus bei leichten und mittelschweren hirnorganischen Erkrankungen. Ferner kann das Verfahren zur Verlaufsbeurteilung von Demenzen höherer Schweregrade und zur Stichprobencharakteristik bzgl. der verbalen Intelligenz bei klinischen und epidemiologischen Studien eingesetzt werden. Weiterhin soll der WST für eine ökonomische Abschätzung des allgemeinen Intelligenzniveaus und Sprachverständnisses als Voraussetzung für weitere diagnostische Maßnahmen geeignet sein.

Anhand theoretischer und empirischer Ergebnisse wird belegt, daß Wortschatztests gute Schätzungen für die allgemeine und verbale Intelligenz ergeben. Diese Leistungen können als altersunabhängig gelten. Zudem werden die im WST geforderten Wiedererkennungsleistungen bei degenerativen, hirnorganisch bedingten Krankheitsprozessen geringer und erst in einem späteren Stadium beeinträchtigt als andere intellektuelle Leistungen. Wortschatztests eignen sich somit zur Abschätzung des prämorbiden Intelligenzniveaus.

Die 42 Items des WST wurden nach den Anforderungen der probabilistischen Testtheorie selektiert und weisen eine zufriedenstellende Passung zum Rasch-Modell auf.

5. Durchführung **5.1 Alter:** Keine Angaben; analog zur Eichstichprobe zwischen 16 und 90 Jahren.

5.2 Formen: Der Test ist als Einzel- oder Gruppentest durchführbar. Kurz- oder Parallelformen existieren nicht. Eine computergestützte Version liegt im Hogrefe-Testsystem vor.

5.3 Handhabung: Der WST wird den Probanden zur eigenständigen Bearbeitung vorgelegt. Diese lesen die Instruktion selbständig. Darin wird anhand eines Beispiels erklärt, daß in jeder Zeile jeweils nur eines der sechs Wörter richtig ist und erkannt werden soll. Die Instruktion weist darauf hin, daß die Probanden nicht in der Lage sein müssen, dieses zu definieren. Sie werden ausdrücklich gebeten, nicht zu raten. Es wird zudem darauf hingewiesen, daß keine Zeitbeschränkung besteht.

5.4 Zeit: Nach Angabe der Autoren benötigen die Probanden 10 bis 15 Minuten Bearbeitungszeit einschließlich der Instruktion.

6. Auswertung

6.1 Modus: Die Auswertung erfolgt, wenn der Bogen als vollständig bearbeitet abgegeben wurde. Zunächst wird geprüft, ob nicht in einer Zeile mehrere Wörter als Lösung markiert wurden. Solche Items werden auch dann als falsch gelöst bewertet, wenn sich unter den markierten Wörtern das Zielwort befindet. Danach wird durch Auflegen der entsprechenden Schablone die Anzahl richtiger Lösungen ermittelt. Der Summenscore ergibt den Rohpunktwert. In den Tabellen 3 und 4 des Testhandbuchs können die den Rohpunktwerten entsprechenden Fähigkeitswerte, z-Werte, Z-Werte und IQ-Werte abgelesen werden. Rohwerte, Standardwerte und IQ-Werte werden auf der letzten Seite des Testbogens notiert, wobei auf die Verwendung des Ausdrucks „IQ" vor dem entsprechenden Kästchen verzichtet wurde, „da es aus Gründen der diagnostischen Situation ungünstig sein kann, wenn der Proband auf die Bezeichnung IQ hingewiesen wird." (S. 11).

6.2 Zeit: Keine Angaben (maximal 5 Minuten).

7. Gütekriterien

7.1 Objektivität: Keine Angaben; aufgrund der Verfahrenskonzeption, der Auswertung mit Hilfe von Schablonen sowie den übersichtlichen Tabellen, ist von einer hinreichenden Durchführungs- und Auswertungsobjektivität auszugehen.

7.2 Reliabilität: Interne Konsistenz: Cronbachs Alpha r = .94; Split-Half-Reliabilität: Spearman-Brown-Koeffizient r = .95; Guttmann-Koeffizient r = .95. Alle Werte beruhen auf der Eichstichprobe von N = 573.

7.3 Validität: Analysen mit Außenkriterien (N = 573) ergeben eine weitgehende Altersunabhängigkeit (r = .08) und einen positiven Zusammenhang von Testleistung und Schul- bzw. Berufsbildungsabschluß (r = .60 bzw. .63). Gorlicki und Schäuble (1997) berichten zudem einen erwartungsgemäß positiven Zusammenhang (N = 92 Patienten in stationärer psychiatrischer Behandlung) des mit dem WST ermittelten IQs und dem Verbal-IQ des HAWIE-R (r = .84). Die Korrelation zwischen WST-IQ und dem Handlungs-IQ des HAWIE-R fällt demgegenüber schwächer aus, liegt aber immerhin bei r = .57.
Die Rasch-Modell-Gültigkeit zeigt die Eindimensionalität des WST auf.

7.4 Normen: Die Eichstichprobe besteht aus 573 Personen (300 weiblich, 273 männlich) zwischen 16 und 90 Jahren, die als repräsentativ gilt. Sie besteht ausschließlich aus Personen mit deutscher Muttersprache. Auf eine nach Altersklassen und Geschlecht getrennte Normierung wurde wegen der weitgehenden Unabhängigkeit der Testleistung von diesen beiden Merkmalen verzichtet.

Die Rohwerte können in Z-Werte, z-Werte und IQ-Werte umgerechnet werden. Die Verrechnung der Rohwerte in Fähigkeitswerte, aus denen die Z- und IQ-Werte berechnet werden, erfolgt nach dem Rasch-Modell als Personenparameterschätzung. Eine Tabelle zur Umrechnung der Rohpunkte in Prozentrangnormen liegt nicht vor. Der WST differenziert vor allem im unteren Fähigkeitsbereich.

8. Literatur

Gorlicki, C. & Schäuble, R. (1997). Inwieweit kann der WST als valides Instrument für eine Intelligenzschätzung gelten? *Zeitschrift für Klinische Psychologie, Psychiatrie und Psychotherapie, 45*(4), 367–375.

Metzler, P. & Schmidt, K.-H. (1992). RASCH-Skalierung des Mehrfachwahl-Wortschatztests (MWT). *Diagnostica, 38,* 31–51.

Bearbeiter: Martin Scarabis

Würfelabwicklungen

R. Meili

Bern: Huber, 1955

1. Testart Intelligenztest

2. Testmaterial Anweisungsblatt, Lösungsformulare und Testbogen; zusätzlich: Bleistifte, evtl. ein ausgeschnittenes, faltbares Pappmodell eines Würfels.

3. Testgliederung Der Test besteht aus 3 Übungsaufgaben und 11 Testaufgaben.

4. Grundkonzept Dem Anweisungsblatt sind keine Informationen über die zugrundeliegende Konzeption zu entnehmen.

Würfelabwicklungen dienen der Erfassung des räumlichen Vorstellungsvermögens. Der Faktor der Raumvorstellung stellt sich nach Meili (1961) als uneinheitlich dar, weswegen Tests mit Würfelabwicklungen keine umfassende Erfassung dieses Faktors darstellen können. Offensichtlich werden aber bei der Bearbeitung von Würfelabwicklungsaufgaben tatsächlich primär räumliche Vorstellungen genutzt.

Der Test verlangt die Umsetzung von zweidimensionalen Würfelgrundrissen in dreidimensionale Vorstellungsbilder.

Möglich ist die Anwendung in der Berufsberatung oder der Eignungsdiagnostik, allerdings schränken die Mängel hinsichtlich der Standardisierung und der Verfügbarkeit von Normwerten die Anwendbarkeit ein.

Eine modifizierte Form liegt als Untertest 8 im LPS und als Untertest 7 im PSB vor.

5. Durchführung **5.1 Alter:** 14 bis 19 Jahre.

5.2 Formen: Als Einzel- und Gruppentest verwendbar.

5.3 Handhabung: Die Aufgabenbearbeitung wird anhand von drei Beispielaufgaben mit zunehmender Komplexität erläutert. Ggf. soll hierbei ein selbstgebasteltes, faltbares Pappmodell eines Würfels verwendet werden. Anschließend werden die 11 Testaufgaben ohne Zeitvorgabe bearbeitet. Bei den Aufgaben sind jeweils die Grundfläche und zwei oder drei Kanten eines Würfelgrundrisses markiert. Die Würfelfiguren können aus einem oder auch aus mehreren nebeneinander oder übereinander angeordneten Würfeln bestehen. Die Aufgabe besteht darin, die Oberseite des (zusammengesetzten) Würfels und die mit den markierten Kanten zusammentreffenden Kanten zu identifizieren und auf dem Lösungsblatt zu markieren.

5.4 Zeit: Ca. 10 Minuten.

6. Auswertung

6.1 Modus: Jede korrekte Markierung wird mit einem Punkt bewertet (max. 41 Punkte). Der Rohwert kann in einen Prozentrang transformiert werden.

6.2 Zeit: Ca. 3 Minuten.

7. Gütekriterien

7.1 Objektivität: Den Umfang der Aufgabenerklärung in der Übungsphase bestimmt der Testleiter weitgehend selbst, wodurch die Durchführungsobjektivität eingeschränkt wird. Die Auswertung ist objektiv.

7.2 Reliabilität: Keine Angaben.

7.3 Validität: Keine Angaben.

7.4 Normen: Die Prozentrang-Normen liegen in Dezilen vor; ggf. muß interpoliert werden. Der angegebene Altersbereich von 14 bis 19 Jahren ist lediglich in drei Unterbereiche (14 bis 16, 16/17 und 18/19 Jahre) unterteilt. Die Normen für die 14- bis 16jährigen stammen von Anwärtern für Berufe der Maschinenindustrie (N = 120), die übrigen Normen von Mittelschülern der 10. bzw der 12. und 13. Klasse (N jeweils 200). Es wird auf eine „gewisse positive Auslese" in allen drei Gruppen hingewiesen, so daß der Median in einer nicht-ausgelesenen Gruppe zwei bis drei Punkte tiefer liegen könne. Das Normierungsjahr ist nicht angegeben; vermutlich stammen die Normen aus der Zeit vor 1955.

8. Literatur

Meili, R. (1961). *Lehrbuch der psychologischen Diagnostik.* Bern: Huber.

Bearbeiter: Ulrich Seidler-Brandler

Zahlen-Verbindungs-Test (ZVT)

W.D. Oswald und E. Roth

Göttingen: Hogrefe, 2., überarb. und erweit. Auflage 1987

1. Testart Intelligenztest

2. Testmaterial Handanweisung, vier Testbogen (Matrizen A bis D), ein Übungs- und Auswertungsbogen; zusätzlich: Schreibgerät, Stoppuhr.

3. Testgliederung Der Test besteht aus vier Zahlen-Matrizen (je eine DIN-A4-Seite), die jeweils die Zahlen von 1 bis 90 in unterschiedlicher Anordnung enthalten.

4. Grundkonzept Der ZVT wurde in Anlehnung an den Trail-Making-Test (Reitan, 1956) als Alternative zu gängigen Intelligenztests entwickelt, die in der Regel sprach-, motivations- und milieuabhängig sowie in bezug auf die Zeitkomponente unökonomischer sind. Der Test richtet sich auf die Erfassung der kognitiven Leistungs- und Verarbeitungsgeschwindigkeit und erhebt den Anspruch, ein spezifischer Intelligenztest zu sein. Als spezifische Intelligenzdimension soll die basale kognitive Verarbeitungsgeschwindigkeit erfaßt werden.

5. Durchführung **5.1 Alter:** 8 bis 16 Jahre als Gruppentest, 8 bis 60 Jahre als Einzeltest.

5.2 Formen: Als Einzel- und Gruppentest durchführbar (eine Form).

5.3 Handhabung: Der Testleiter teilt die Übungsblätter und das Testheft aus. Letzteres wird aber zunächst zur Seite gelegt. Die Probanden tragen die Angaben zu ihrer Person ein und der Testleiter erklärt den Test an zwei Beispielen. Dabei soll sich der Testleiter genau an die im Testhandbuch angegebenen Instruktionen halten. Nach Bearbeitung des Übungsbogens werden die vier Matrizen in beliebiger Reihenfolge ausgefüllt. Im Gruppentest wird die Bearbeitung pro Matrize auf 30 Sekunden begrenzt, im Einzeltest wird die Zeit pro Matrize vom Testleiter protokolliert.

5.4 Zeit: Die Testzeit variiert zwischen fünf bis zehn Minuten, je nach Leistung, Alter usw. sowie nach Einzel- oder Gruppendurchführung.

6. Auswertung **6.1 Modus:** Bei der Auswertung des Gruppentests wird für jeden Probanden die pro Matrize erreichte Zahl in der entsprechenden Tabelle gesucht und der Leistungsindex in das Protokollblatt eingetragen. Die Rohwerte werden addiert und durch vier dividiert. Dieser Gesamtrohwert kann nun mit Hilfe von Tabellen in Prozentrangwert, T-Wert und C-Wert transformiert werden; zusätzlich ist ein Vergleich mit IQ- und Standard-Werten möglich.
Für die Einzeltestauswertung werden die Bearbeitungszeiten für die Matrizen A bis D addiert und durch vier dividiert. Dieser Gesamtrohwert kann mit

Hilfe der Altersnormen in Prozentrangwert, T-Wert und C-Wert transformiert werden sowie mit IQ- und Standard-Werten verglichen werden.
Weder für den Gruppen- noch für den Einzeltest ist es vorgesehen, Fehler der Probanden bei der Testbearbeitung, die ohnehin relativ selten auftreten, zu berücksichtigen.

6.2 Zeit: Ein bis zwei Minuten.

7. Gütekriterien

7.1 Objektivität: Die Objektivität des Verfahrens bezüglich Durchführung, Auswertung und Interpretation kann aufgrund der vollständigen Standardisierung als gegeben angesehen werden.

7.2 Reliabilität: Für den Gruppentest wurde eine Retestreliabilität von r = .81 gefunden (N = 164 Studenten). Die Konsistenzkoeffizienten lagen für die erste Testung bei r = .83, für die zweite bei r = .92 (ermittelt nach einem Kendall-Koeffizienten).
Für den Einzeltest wurde nach sechs Wochen eine Retestreliabilität von r = .95 gefunden (N = 96 14jährige Schüler versch. Schulformen). Nach sechs Monaten ergaben sich Werte von r = .97 (N = 96 14jährige Schüler versch. Schulformen), von r = .84 (N = 48 Studenten) und von r = .90 (N = 48 30- bis 72jährige Erwachsene). Die Konsistenzprüfung ergab für die Schülerstichprobe Werte zwischen r = .95 und .97, für die Studentenstichprobe zwischen r = .90 und .89 und für die Erwachsenenstichprobe zwischen r = .94 und .93.

7.3 Validität: Es wurden Korrelationen des ZVT mit diversen Intelligenztestverfahren (PSB, IST, HAWIE, RAVEN, CFT 3, FAKT, BIS) errechnet. Negative Vorzeichen bedeuten in diesem Fall, daß unterdurchschnittliche (schnelle) Bearbeitungszeiten mit überdurchschnittlichen (guten) Ergebnissen in den anderen Tests kovariieren. So ergaben sich Zusammenhänge von r = –.40 bis r = –.83 mit dem PSB bei verschiedenen Stichproben (Sonder-, Haupt- und Realschüler, Gymnasiasten, N = 337). Bei N = 64 Studenten fand sich eine Korrelation von r = –.56 mit dem IST. Für verschiedene Stichproben (N = 45 bis 126) ergaben sich insgesamt Korrelationen zwischen r = –.69 und r = –.80 zum PSB und IST. Es fanden sich Zusammenhänge von r = –.51 und r = –.46 mit der Kurzform des HAWIE bei zwei Stichproben von Altenheimbewohnern (N = 186) und von r = –.40 bis r = –.49 mit den SPM bei verschiedenen Hauptschulstichproben (N = 145). Vernon (1993) fand einen Zusammenhang der ZVT-Leistung mit allgemeiner Intelligenz in Höhe von r = –.71. Mit Durchschnittsnoten von N = 445 Gymnasiasten ergab sich ein mittlerer Zusammenhang in Höhe von r = .37 (Rindermann & Neubauer, 2000).

7.4 Normen: Normiert wurde der ZVT an einer Gesamtstichprobe von N = 2109 Personen. Dabei wurden Schulart (Sonderschule, Hauptschule, Realschule, Gymnasium und Hochschule), Alter und Gemeindegröße berücksichtigt. Die Normen wurden nach Altersklassen gestaffelt. Die Rohwerte lassen sich anhand der Tabellen in Prozentrangwerte, T-Werte, C-Werte, Standard- sowie IQ-Werte transformieren. Allerdings sollte bei der Benutzung der Normen beachtet werden, daß diese aus den 70er Jahren stammen und somit eventuell veraltet sein könnten.

8. Literatur

Reitan, R.M. (1956). *Trail Making Test: Manual for administration scoring and interpretation.* Indianapolis.

Rindermann, H. & Neubauer, A.C. (2000). Informationsverarbeitungsgeschwindigkeit und Schulerfolg: Weisen basale Maße der Intelligenz prädiktive Validität auf? *Diagnostica, 46*(1), 8–17.
Vernon, P.A. (1993). Der Zahlen-Verbindungs-Test and other trail-making correlates of general intelligence. *Personality and Individual Differences, 14,* 35–40.

Bearbeiterin: Franzis Preckel

Zoo-Spiel – Ein Test zur Planungsfähigkeit bei Grundschulkindern (Zoo-Spiel)

A. Fritz und W. Hussy
Göttingen: Beltz Test GmbH, 2000

1. Testart Intelligenztest, Schultest

2. Testmaterial Testanleitung (57 Seiten), Protokollbögen, Spielfeld aus Pappe (60 × 60 cm) spielzeugartige Holzfiguren: Gans, Hund, Katze, Krokodil, Maus, Schaf, Wagen; zusätzlich: Stift.

3. Testgliederung Der Test ist nicht weiter untergliedert.

4. Grundkonzept Das Zoo-Spiel soll der Diagnose der Planungsfähigkeit bei Grundschulkindern dienen. Dazu werden die Kinder mit einer realitätsnahen Problemlöse-Aufgabe konfrontiert: dem Transport von hölzernen Tierfiguren in einem Wagen über ein Wegenetz auf dem einen Zoo symbolisierenden Spielfeld. Für den Transport gelten bestimmte Restriktionen (z. B. kein gemeinsamer Transport von Hund und Katze). Das Probanden-Verhalten wird protokolliert, und zur Leistungsbewertung werden verschiedene Indizes ermittelt, die Aufschluß über planungsrelevantes Verhalten geben sollen.

5. Durchführung **5.1 Alter:** 1. bis 3. Schulklasse.

5.2 Formen: Einzeltest.

5.3 Handhabung: Die Spielfiguren werden in Ausgangsposition auf dem Spielfeld aufgebaut. Das zu testende Kind wird instruiert und spielt anschließend selbständig.

5.4 Zeit: 5 bis 7 Minuten.

6. Auswertung **6.1 Modus:** Der Lösungsprozeß wird quantitativ und qualitativ analysiert. Es sind vier quantitative Indizes vorgesehen:

- Planungstiefe (Anzahl korrekter Fahrten bis zum ersten Fehler)
- Plankorrektur (Anzahl korrekter Fahrten insgesamt)
- Transportkontrolle (Verstöße gegen die Transport-Restriktionen)
- Umwegkontrolle (Ausmaß der gefahrenen Umwege)

Die qualitative Analyse bezieht sich auf die zur Lösung gewählte Strategie, welche durch die gewählte erste Fahrt determiniert wird. Durch sie wird der Restlösungsraum und damit die Erfolgswahrscheinlichkeit beeinflußt (vgl. Kröner, 1997). Wie von Fritz & Hussy (1995) beschrieben, ist „die in der ersten Fahrt vorgenommene Zusammenstellung von größter Bedeutung". Dies hat zur Folge, daß sich je nach gewählter Strategie in den nachfolgenden Fahrten der „objektive Problemraum [. . .] unterschiedlich schwierig" gestaltet. Diese Tatsache findet allerdings keinen Niederschlag bei der Berechnung der quantitativen Planungsindizes.

6.2 Zeit: Ca. 5 Minuten.

7. Gütekriterien

7.1 Objektivität: Durchführungs-, Auswertungs- und Interpretationsobjektivität sind weitgehend gewährleistet. Es wird eine Auswerter-Übereinstimmung von r = .98 berichtet (N = 53).

7.2 Reliabilität: Direkte Belege im Sinne von interner Konsistenz, Parallel- oder Retest-Reliabilität werden nicht vorgelegt. Als Reliabilitätsbeleg wird angeführt, daß sich die Planungsindizes bei separater Berechnung anhand von zwei im Hinblick auf wichtige Variablen wie Alter, Geschlecht, Schulzugehörigkeit und sozialem Milieu parallelisierten Teilstichproben nicht signifikant unterscheiden („intersubjektive Replikation"). Darüber hinaus wird berichtet, daß die Normdaten zur Hälfte mit Hilfe einer nicht im Handel erhältlichen Parallelversion erhoben wurden, wobei keine „überzufälligen statistischen Unterschiede zwischen beiden Versionen" aufgedeckt worden seien.

7.3 Validität: Im Rahmen einer Validierungsuntersuchung (N = 132) wurden Korrelationen der Zoo-Spiel-Kennwerte mit verschiedenen Kriterien ermittelt. Diese liegen allesamt unter r = .35. So liegt die Korrelation mit Intelligenz gemessen durch die CFT-Skalen 3 und 5 je nach Zoo-Spiel-Index zwischen .24 und .27. Schulnoten und Leistungsratings durch Lehrer ergeben ein ähnliches Bild. Diese Ergebnislage wird von den Autoren implizit als Beleg für die diskriminante Validität des Verfahrens angesehen. Auch die Korrelationen mit Maßen für inhaltlich eng verwandte Konstrukte fallen nicht höher aus. So beträgt die Korrelation mit dem Planungsfragebogen von Kreitler und Kreitler (zit. n. Fritz & Hussy, 1995) lediglich zwischen r = .15 und r = .29, und die mit dem Turm von Hanoi überschreitet in keinem Fall die Signifikanzgrenze. Diese Ergebnisse stimmen weitgehend mit denen einer bei Fritz und Hussy (1995) berichteten früheren Studie mit N = 65 Probanden überein. Insgesamt müssen daher angesichts der nur schwach gesicherten Reliabilität des Verfahrens die Belege für seine Konstruktvalidität kritisch betrachtet werden. Vielversprechend sind jedoch die Ergebnisse von quasiexperimentellen Trainingsstudien (N = 31 bzw. N = 112), die eine Sensibilität der Zoo-Spiel-Kennwerte für ein Training der Planungskompetenz zeigen. Allerdings werden hier keine Maßnahmen zur Kontrolle von durch Intelligenzunterschiede bedingten Effekten ergriffen. Daten zur prognostischen Validität werden im Handbuch nicht berichtet.

7.4 Normen: Es liegen separate Prozentrang-Normentabellen für die 1., 2. und 3. Klasse vor, die nach dem sozioökonomischen Status der an der Normierung beteiligten Schulen weiter differenziert werden. Die Normierungsstichprobe bestand aus 1092 Schülern.

8. Literatur

Fritz, A. & Hussy, W. (1995). Zoo-Spiel: Analyse der Planungsfähigkeit bei Kindern. In J. Funke & A. Fritz (Hrsg.), *Neue Konzepte und Instrumente zur Planungsdiagnostik* (S. 229–257). Bonn: Deutscher Psychologen Verlag.

Kröner, S. (1997). Buchbesprechung: Neue Konzepte und Instrumente zur Planungsdiagnostik. *Diagnostica, 43,* 377–379.

Verfasser: Stephan Kröner

1. LEISTUNGSTESTS

1. Leistungstests – 1.3 Allgemeine Leistungstests

● = ja
⭘ = teilweise
❍ = nein
k.A.= keine Angaben

Testname	Autor(en)	Seite	Durchführung					Auswertung			Gütekriterien				Alter
			Gruppentest	Parallelform	Zeitangabe netto (Min.)	Zeitangabe brutto (Min.)	computergestützte Fassung	Schabl./Schlüss.	Auswertungssoftw.	Zeitangabe (Min.)	Objektivität	Reliabilität	emp. Validität	Normen	(Jahre oder Schuljahre (J/Sj))
Alters-Konzentrations-Test (AKT)	Gatterer	261	❍	●	5	5	❍	●	❍	k.A.	●	●	●	●	55–95 J
Bonner Konzentrationstest (BKT)	Fay u.a.	264	❍	❍	10	k.A.	●	❍	❍	k.A.	●	●	●	⭘	k.A.
Computerisierter Gedächtnis- und Aufmerksamkeitstest (CGT-(M))	Satzger u.a.	267	❍	●	80	k.A.	●	❍	❍	k.A.	●	●	●	●	18–85 J
Differentieller Leistungstest – KE (DL-KE)	Kleber u.a.	270	●	●	15	25	❍	●	❍	k.A.	●	●	●	●	5–6 J
Differentieller Leistungstest – KG (DL-KG)	Kleber u.a.	273	●	●	21	45	❍	⭘	❍	10	❍	●	●	●	7–10 J
Farbe-Wort-Interferenztest nach J.R. Stroop (FWIT)	Bäumler	276	❍	❍	10	k.A.	⭘	❍	❍	k.A.	⭘	●	●	●	k.A.
Frankfurter Adaptiver Konzentrationsleistungs-Test (FAKT)	Moosbrugger u.a.	279	❍	❍	6	10	●	❍	❍	k.A.	●	●	❍	❍	k.A.
Frankfurter Aufmerksamkeits-Inventar (FAIR)	Moosbrugger u.a.	281	●	●	6	12	❍	●	●	10	●	●	●	●	14–72 J
Inventar komplexer Aufmerksamkeit (INKA)	Heyde	284	●	●	15		❍	●	❍	1	●	⭘	●	●	ab 13 J
Konzentrations-Leistungs-Test (KLT)	Düker	286	●	●	30	38	❍	●	❍	k.A.	●	●	●	⭘	ab 4. Sj
Konzentrations-Verlaufs-Test (KVT)	Abels	289	●	❍	7–16	k.A.	●	●	❍	1–2	⭘	●	●	⭘	ab 5. Sj
Konzentrationstest für 3. und 4. Klassen (KT 3–4)	Heck-Möhling u.a.	292	●	❍	20	45	❍	●	❍	k.A.	●	●	●	●	3.–4. Sj
Lern- und Merkfähigkeitstest (LMT)	Seyfried	294	●	●	22	30	❍	●	❍	2	●	●	●	●	ab 10 J

1. Leistungstests – 1.3 Allgemeine Leistungstests (Forts.)

● = ja
o = teilweise
○ = nein
k.A.= keine Angaben

Testname	Autor(en)	Seite	Durchführung					Auswertung			Gütekriterien				Alter
			Gruppentest	Parallelform	Zeitangabe netto (Min.)	Zeitangabe brutto (Min.)	computergestützte Fassung	Schabl./Schlüss.	Auswertungssoftw.	Zeitangabe (Min.)	Objektivität	Reliabilität	emp. Validität	Normen	(Jahre oder Schuljahre (J/Sj))
Revisions-Test (Rev.T.)	Marschner	297	○	○	8	k.A.	○	●	○	k.A.	●	●	●	●	9–75 J
Test d2 – Aufmerksamkeits-Belastungs-Test (Test d2)	Brickenkamp	300	●	○	5	k.A.	●	●	○	k.A.	●	●	●	**o**	9–60 J
Testreihe zur Prüfung der Konzentrationsfähigkeit (TPK)	Kurth u.a.	304	●	○	k.A.	45	○	●	○	k.A.	●	●	●	●	2.–6. Sj
Turm von Hanoi (TvH)	Gediga u.a.	307	○	○	k.A.	k.A.	●	○	○	1	●	●	●	●	k.A.

Alters-Konzentrations-Test (AKT)

G. Gatterer
Göttingen: Hogrefe, 1990

1. Testart Allgemeiner Leistungstest

2. Testmaterial Manual (37 Seiten), Testblätter (jeweils eine Probeform und drei Testblätter in zwei Parallelformen A und B) mit halbkreisförmigen Formen (z. T. schwarz, z. T. schwarz-weiß) in unterschiedlicher Lage, sechs Auswertungsschablonen; zusätzlich: dicker roter Filzstift, Stoppuhr.

3. Testgliederung Homogener Test.

4. Grundkonzept Der AKT ist ein Figuren-Durchstreichtest nach Bourdon, der speziell für geriatrische Patienten und alte Menschen, die in Heimen leben, entwickelt wurde. Die Verwendung relativ großer Figuren (Halbkreise) als Testitems soll (nicht voll ausgeglichenen) altersbedingten Beeinträchtigungen der Sehleistung gerecht werden und auch bei motorischen Störungen noch die Durchführbarkeit ermöglichen.

5. Durchführung **5.1 Alter:** 55 bis 95 Jahre.

5.2 Formen: Einzeltest; zwei Parallelformen (A- und B-Form).

5.3 Handhabung: Die Instruktion ist standardisiert. Außerdem werden besondere Instruktionen für Aphasie-Patienten und für Patienten mit massiven motorischen Beeinträchtigungen gegeben. Die Items der Testformen bestehen aus Halbkreisen, die sich in Muster (schwarz oder schwarz-weiß) und Lage unterscheiden. Der Proband wird aufgefordert, diejenigen Figuren so schnell wie möglich durchzustreichen, die mit einer bestimmten vorgegebenen Figur nach Lage und Muster übereinstimmen. Zu bearbeiten sind fünf Zeilen mit jeweils elf Items. Auf jeder Testform befinden sich jeweils 20 mit dem Muster identische und 35 ähnliche Formen. Es gibt keine Zeitbegrenzung. Die Durchführungszeit wird gestoppt.

5.4 Zeit: Die Durchführungszeit ist individuell verschieden; sie beträgt im Durchschnitt etwa fünf Minuten.

6. Auswertung **6.1 Modus:** Die Auswertung erfolgt mit Hilfe von Schablonen. Ermittelt werden die Durchführungszeit (T) als geschwindigkeitsorientierter Leistungsaspekt, die Anzahl richtig durchgestrichener Figuren (R) als kognitiver Leistungsaspekt, die Anzahl der Fehler (F) als kognitiver Leistungsaspekt, Fehlertypen als Hinweise auf die Art des cerebralen Abbaus, ein Gesamtwert (G) als Indikator für die Stärke des cerebralen Abbaus (bei rüstigen Patienten als „Konzentrationsfähigkeit" zu interpretieren, bei abgebauten Patienten stellt er ein globales Maß für die noch vorhandene cerebrale Leistungsfähigkeit dar) und der Fehlerprozentsatz (F%) als Maß für die Leistungsgüte. Für die Interpretation werden Normen und Interpretationshinweise angegeben.

6.2 Zeit: Keine Angaben.

7. Gütekriterien

7.1 Objektivität: Die Auswertungsobjektivität kann als gesichert angesehen werden. Die notwendige Motivierung der Probanden sowie die im Manual angegebene Möglichkeit für Hilfestellungen bei motorisch eingeschränkten Patienten könnten eine Einschränkung der Durchführungsobjektivität begründen. Die Interpretationsobjektivität ergibt sich durch die Normwerte für verschiedene Probandengruppen und Interpretationshinweise.

7.2 Reliabilität: Die Paralleltestreliabilität der Formen A und B wird mit r = .94 für die Bearbeitungszeit (T), r = .92 für die Richtigen (R), r = .90 für die Fehler (F), r = .90 für die Fehlerprozentwerte (F%) und r = .89 für die Gesamtmenge (G) angegeben (N = 140).
Die Testwiederholung nach drei Wochen (N = 30) erbrachte Koeffizienten von r = .89 für T, r = .75 für R, r = .79 für F, r = .83 für F% und r = .88 für G. Die Testwiederholung nach drei Monaten (N = 80) erbrachte Koeffizienten von r = .70 für T, r = .56 für R, r = .52 für F, r = .66 für F% und r = .64 für G. Die Split-Half-Reliabilität von R beträgt r = .83. Der entsprechende Koeffizient für F erreicht r = .99 (N = 70).
Die Reliabilität der Fehlerwerte (F und F%) erscheint, zumal angesichts der geringen Itemzahl, außerordentlich hoch. Eine Erklärung für diese von anderen Durchstreichtests abweichenden Befunde, die z. B. mit Besonderheiten der geriatrischen Patientenstichproben zusammenhängen könnten, wird in der Handanweisung nicht gegeben.

7.3 Validität: Der Autor beansprucht logische Gültigkeit für den AKT und belegt die empirische Gültigkeit des Verfahrens mit Ergebnissen von Faktorenanalysen und einer Studie über Zusammenhänge von AKT-Befunden mit anderen kognitiven Leistungen (N = 58) und Fremdbeurteilungen durch Pflegepersonal (N = 60), die z. T. substantielle Korrelationen erbrachten. Beispielsweise korrelierte der kognitive Leistungstest „Zahlennachsprechen“ aus dem HAWIE mit dem AKT-Gesamtwert (G) mit r = .51, der Mini-Mental-State mit G mit r = .66 und die Fremdeinschätzung „konzentriert/unkonzentriert“ mit dem AKT-Gesamtwert (G) mit r = –.62.
Bei dementiellen Patienten zerfällt das Konstrukt „Konzentration“ in eine Komponente „Konzentrationsfähigkeit“ und eine Komponente „cerebraler Abbauprozeß“ (durch Fehlerwerte definiert).

7.4 Normen: Aufgelistet sind Normen in C-Werten und Prozenträngen für T, R, F% und G für die Gesamtstichprobe (bestehend aus 383 Pflegeheimpatienten, 184 Aphasikern und 441 „rüstigen Altenheimbewohnern“) separat für drei Altersgruppen (bis 69 Jahre, 70 bis 79 Jahre, über 80 Jahre). Separate Prozentrangnormen für T, R, F% und G existieren außerdem für folgende Untergruppen ohne Differenzierung nach Alter: Pflegeheimpatienten, Aphasiker und „Rüstige“. Darüber hinaus werden auf der Grundlage der Gesamtmenge Mittelwerte für die Einschätzung dementieller Abbausyndrome genannt.

8. Literatur

Westhoff, K. (1992). Alters-Konzentrations-Test (AKT). Testbesprechung aus der Arbeit des Testkuratoriums. *Diagnostica, 38,* 273–278.

Bearbeiter: Thomas Gunzelmann und Holger Heynen

Bonner Konzentrationstest (BKT)

E. Fay und M. Meyer

Göttingen: Hogrefe, Version 2.0F 1993

1. Testart Allgemeiner Leistungstest

2. Testmaterial Handanweisung (45 Seiten), 1 BKT-Diskette (3,5"), 1 Zweiertastatur; zusätzlich: erforderlich ist ein handelsüblicher PC. Der Test beinhaltet eine Lizenz für 105 Testdurchführungen.

3. Testgliederung Homogener Test, bestehend aus 6 Bildschirmseiten mit jeweils 300 Zeichen.

4. Grundkonzept Der BKT stellt die Computer-Version eines Durchstreichtests nach Bourdon dar. Hinsichtlich des Meßbereichs orientieren sich die Autoren an der Definition von Brickenkamp und Karl (1986, S. 195), die Konzentration als die Fähigkeit bezeichnen, „sich bestimmten (aufgaben-)relevanten internen und externen Reizen selektiv zuzuwenden und diese schnell und korrekt zu analysieren". Auch das zu analysierende Reizmaterial ähnelt sehr dem des Aufmerksamkeits-Belastungs-Tests von Brickenkamp: Anstelle der Buchstaben d und p werden die Buchstaben b und q, mit 1 bis 4 waagerechten Strichen versehen, verwendet. Die bestehenden Ähnlichkeiten gewährleisten jedoch nicht, daß das computerisierte Verfahren dieselben Meßeigenschaften besitzt wie die Papier-und-Bleistift-Form.

5. Durchführung **5.1 Alter:** Keine Angaben.

5.2 Formen: Einzeltest ohne Parallelform.

5.3 Handhabung: Zur Programminstallation wird der Stecker der Zweiertastatur mit der Druckerschnittstelle (Parallelschnittstelle) des PCs verbunden und das Programm von der BKT-Diskette aus installiert. Einige Hinweise bei evtl. Installationsproblemen finden sich in der Handanweisung. Nach Registrierung der wichtigsten demographischen Daten des Probanden erscheinen auf sechs Bildschirmseiten die Instruktionen, die darauf hinauslaufen, daß jedes b, das mit zwei Strichen versehen ist, durch Drücken der rechten, grünen Taste mit einem „/" und jedes andere Zeichen durch Drücken der linken, roten Taste mit einem „\" markiert werden soll. (Korrekturen sind nicht möglich.) Der Proband wird darauf hingewiesen, daß der Test 10 Minuten dauert, daß es darauf ankommt, „rasch und fehlerfrei" zu arbeiten, und daß die Anzahl falsch markierter Zeichen von der Anzahl der markierten abgezogen wird. Im Gegensatz zu anderen Durchstreichtests verlangt der BKT also eine bestimmte Reaktion (grünen oder roten Knopf betätigen) bei jedem Zeichen.

Vor Testbeginn wird eine Übungsphase eingeschoben, bei der eine Fehlerrückmeldung erfolgt. Der Proband kann diese vorzeitig beenden.
Der eigentliche Test umfaßt maximal sechs Bildschirmseiten mit jeweils 300 Zeichen.

5.4 Zeit: Die Netto-Durchführungszeit beträgt 10 Minuten. Hinzu kommt die nicht genau bestimmbare Zeit, die der Proband für die Angabe seiner Personalien, für die Instruktionen und für die Übungsphase benötigt.

6. Auswertung

6.1 Modus: Alle Reaktionszeiten registriert das Programm mit Kennzeichnung evtl. vorhandener Falschmarkierungen. Die Daten, im ASCII-Format gespeichert, lassen sich ggf. durch bekannte Statistikprogramme weiterverarbeiten.
Die Ergebnisse, die über das Menü abgerufen werden können, umfassen folgende Daten: die Gesamtzahl der bearbeiteten Zeichen (GZ), die richtig bearbeiteten Zeichen (GZ-F), die falsch bearbeiteten Zeichen (F), den Fehlerprozentwert (F%), den Mittelwert und die Streuung der Reaktionszeiten bezüglich richtig bearbeiteter Zeichen. Sie werden sowohl für jede Minute des Tests gesondert als auch für die Gesamtzeit angegeben. Der Verlauf der Reaktionszeiten über maximal 1200 Zeichen kann auf dem Monitor graphisch dargestellt werden.

6.2 Zeit: Die Ergebnisse sind unmittelbar nach der Testdurchführung abrufbar.

7. Gütekriterien

7.1 Objektivität: Die Vorgabe standardisierter Instruktionen und die elektronische Datenauswertung gewährleisten die Objektivität des Verfahrens.

7.2 Reliabilität: Die Stabilität des BKT wurde über einen Zeitraum von 4 bis 6 Wochen berechnet. Die Stichprobe (N = 74) setzte sich aus 30 männlichen und 44 weiblichen Mitarbeitern einer Forschungsinstitution zusammen. Alle Schulbildungsgruppen waren vertreten. Das Alter der Probanden lag zwischen 16 und 59 Jahren. Die Stabilitätskoeffizienten von GZ und GZ-F sind sehr hoch (r_{tt} = .94), während die der Fehlerwerte (F und F%) wesentlich geringer ausfielen (r_{tt} = .56 bzw. .60). (Die heterogene Zusammensetzung der Stichprobe hinsichtlich Alter und Schulbildung legt die Vermutung nahe, daß es sich hierbei um Maximalschätzungen der Reliabilität handelt.)

7.3 Validität: Zur konvergenten Validität liegen zwei Untersuchungen (N1 = 59 bzw. N2 = 46) vor, in denen der BKT mit dem Test d2 von Brickenkamp korreliert wurde. Die Koeffizienten liegen für GZ bei r = .69 bzw. .71, für GZ-F bei r = .69 bzw. .73. Sie zeigen substantielle Zusammenhänge, aber auch BKT-spezifische Varianzanteile. Geringer korrelierten die Fehlerwerte F und F% der beiden Verfahren miteinander: r = .28 bis .40. Tendenziell etwas höher fielen die Korrelationen aus, wenn der BKT nach dem Test d2 durchgeführt wurde als umgekehrt.
Weiterhin wurden Zusammenhänge zwischen BKT-Leistungen und Schulnoten untersucht. Die Teilstichproben bestanden aus (N = 21 bis 45) Gymnasiasten der 12. Klasse. Geringfügige Zusammenhänge (r = –.17 bis –.30) ergaben sich zwischen GZ und GZ-F einerseits und den Schulnoten der Fächer Mathematik, Biologie, Deutsch und Englisch andererseits. Die Noten der letzten beiden Fächer korrelierten mit F und F% um r = .16 bis .21. Allerdings erreicht kein Koeffizient das Signifikanzniveau von $p < .01$. Keine

Beziehungen konnten zwischen BKT-Variablen und den Fächern Chemie und Physik gefunden werden.

7.4 Normen: Bisher gibt es keine repräsentativen Normen zum BKT. Die an einer Ad-hoc-Stichprobe (N = 189, davon 87 männlich und 102 weiblich) gewonnenen Daten können lediglich als provisorische Orientierungshilfe verwendet werden, zumal in der Stichprobe höhere Bildungsgrade dominieren, die höhere BKT-Testwerte erreichen dürften als der Bevölkerungsquerschnitt (Abitur: 85 %, Mittlere Reife: 10 %, Hauptschulabschluß: 5 %). Außerdem werden altersbedingte Leistungsunterschiede durch die heterogene Altersstruktur der Stichprobe (Range 16 bis 58 Jahre, Durchschnittsalter 26 Jahre) verdeckt. Dementsprechend werden nur „Grenzprozentränge" für GZ-F und Quartilwerte (PR 25, 50, 75) für F% mitgeteilt, die im Erst- und Zweittest ermittelt wurden. Außerdem geben die Autoren die Quartilwerte für die Standardabweichung der Reaktionszeiten (s-RZ) und für den Leistungszuwachs vom Erst- zum Zweittest bei richtig markierten Zeichen (GZ-F) an.

8. Literatur

Brickenkamp, R. & Karl, G.A. (1986). Geräte zur Messung von Aufmerksamkeit, Konzentration und Vigilanz. In R. Brickenkamp (Hrsg.), *Handbuch apparativer Verfahren in der Psychologie* (S. 195–211). Göttingen: Hogrefe.

Brickenkamp, R. (1994). *Test d2. Aufmerksamkeits-Belastungs-Test.* Göttingen: Hogrefe.

Fay, E. (1992). Über die Übbarkeit der Leistung in einem Durchstreichverfahren zur Messung der Konzentrationsfähigkeit. *Diagnostica, 38,* 301–311.

Bearbeiter: Roland Brünken

Computerisierter Gedächtnis- und Aufmerksamkeitstest (CGT-(M))

W. Satzger und R.R. Engel

Göttingen: Beltz Test GmbH, 2., überarb. u. erweit. Auflage 1996

1. Testart Allgemeiner Leistungstest

2. Testmaterial Manual, Diskette; zusätzlich: Personalcomputer.

3. Testgliederung Das Verfahren besteht aus 2 Tests, die der Erfassung des Wiedererkennensgedächtnisses dienen (kontinuierlicher Wortwiedererkennenstest, kontinuierlicher Bildwiedererkennenstest) und 2 Matching-to-sample-Verfahren, die Aufmerksamkeit und episodisches Gedächtnis voneinander trennen (visueller Aufmerksamkeitstest, visueller Gedächtnistest).

4. Grundkonzept Der CGT-(M) stellt einen rechnergestützten Wiedererkennenstest dar, bei dem zwei Formen des Wiedererkennensgedächtnisses geprüft werden: Kontinuierliches Wiedererkennen von Wörtern oder Bildern, wobei das Neulernen und Wiedererkennen im gleichen Testdurchgang stattfinden („running memory"), und simultanes vs. zeitverzögertes Wiedererkennen („Matching-to-sample-Ansatz").

Der CGT-(M) wurde entwickelt, um eine wiederholte Messung geringfügiger Änderungen der episodischen Gedächtnisleistung durchführen zu können. Mit Hilfe des CGT-(M) „lassen sich die Wirkungen von Psychopharmaka auf das Gedächtnis dosis-abhängig erfassen" (S. 9). Auch spezifische und sedationsabhängige Gedächtniseffekte können voneinander differenziert werden. Der CGT-(M) kann auch einen Beitrag zur Abklärung von organischen Amnesien sowie zur Frühdiagnose eines verstärkten altersbedingten Abbaus des Gedächtnisses oder einer dementiellen Entwicklung leisten. Aufgrund der Erfassung von Leistungssteigerungen sowie Leistungsverschlechterungen ist auch der Einsatz im rehabilitativen Bereich oder hinsichtlich der Selektion von Personen, die überdurchschnittliche Gedächtnisleistungen aufweisen, möglich.

5. Durchführung **5.1 Alter:** 18 bis 85 Jahre.

5.2 Formen: Individualtest mit 2 Parallelformen.

5.3 Handhabung: Mit Hilfe der Demo-Version sowie der Bildtafeln, die sich im Handbuch befinden, kann der Versuchsaufbau und -ablauf erklärt werden. Die genau beschriebenen Testinstruktionen werden anhand von Instruktionstafeln im Programm selbst vorgegeben. Des weiteren sollte nach jedem Subtest eine kleine Pause eingelegt werden.

5.4 Zeit: Die Dauer der Durchführung beträgt 4 Minuten für den visuellen Aufmerksamkeitstest, 8 Minuten für die kontinuierlichen Wiedererkennenstests, 13 Minuten für den visuellen Gedächtnistest und ca. 80 Minuten für den Gesamttest.

6. Auswertung

6.1 Modus: Die Testauswertung erfolgt mit Hilfe des Computerprogramms. Hinsichtlich der kontinuierlichen Wiedererkennenstests werden die Treffer, die falschen Alarme, die korrekten Zurückweisungen, die Verpasser, die fehlenden Reaktionen, der Median der Reaktionszeit, die Maße der Signalentdeckungstheorie beta und d', die Gesamtleistung als Differenz zwischen Treffern und Falschen Alarmen und der Standardwert für die Gesamtleistung angegeben. Bei den Matching-to-sample-Aufgaben erfolgt eine Berechnung der richtigen Entscheidungen beim ersten Tastendruck, die Fehler, die fehlenden Reaktionen, der Standardwert für die Richtigen im ersten Tastendruck, der Median der Reaktionszeit und der Standardwert für die Reaktionszeit.

6.2 Zeit: Keine Angaben.

7. Gütekriterien

7.1 Objektivität: Die durch die Normierungsstudie erhaltenen Ergebnisse des CGT-(M) zeigen eine deutliche Überlegenheit des Tests im Hinblick auf die Durchführungs- und Auswertungsobjektivität gegenüber vergleichbaren Tests. (Anmerk.: In der Normierungsstichprobe zeigten kognitiv beeinträchtigte Patienten vereinzelt Beeinträchtigungen in der Durchführung.)

7.2 Reliabilität: Der kurzfristige Retest-Reliabilitätskoeffizient, mit einer Wiederholungstestung nach 1 bis 3 Wochen, lag in der Validierungsstudie N = 36 bei $r_{tt} = .77$ für die visuelle PC-Version des kontinuierlichen Wortwiederholungstest, bei $r_{tt} = .68$ für den kontinuierlichen Bildwiedererkennenstest sowie bei $r_{tt} = .88$ für den visuellen Aufmerksamkeitstest und den visuellen Gedächtnistest.
Die langfristige Retest-Reliabilität wurde durch die Normierungsstichprobe errechnet (58 % der Versuchspersonen wurden nach durchschnittlich 8,7 Monaten ein zweites Mal befragt). Die folgenden Ergebnisse sind als gut zu bewerten (und entsprechen klinischen Erfordernissen):

$r_{tt} = .67$ für das Wortwiedererkennen,
$r_{tt} = .79$ für das visuelle Gedächtnis (sec),
$r_{tt} = .81$ für das Bildwiedererkennen sowie
$r_{tt} = .85$ für die visuelle Aufmerksamkeit.

7.3 Validität: Interkorrelationen der CGT-M Gesamtmaße: In der Normstichprobe bestand zwischen dem kontinuierlichen Wortwiedererkennenstest und dem kontinuierlichen Bildwiedererkennenstest ein mittlerer korrelativer Zusammenhang von $r_{tc} = .54$. Es besteht ferner eine hohe Korrelation $r_{tc} = .86$ zwischen dem visuellen Aufmerksamkeitstest und dem visuellen Gedächtnistest. Es wird davon ausgegangen, daß beide Testverfahren annähernd dieselbe Fähigkeit messen, sofern eine Auswertung nach Reaktionszeit vorgenommen wird.
Korrelationen mit Außenkriterien: Der kontinuierliche Wortwiedererkennenstest und der kontinuierliche Bildwiedererkennenstest weisen mittlere Korrelationen zu anderen visuell am PC dargebotenen Gedächtnistests auf. Die Korrelation mit anderen Gedächtnismaßen, mit abbausensitiven Lei-

stungsmaßen (in geringem Grad abhängig von Alter und Intelligenz einer Person), liegen auf einem mittleren Niveau, so daß davon ausgegangen wird, daß durch die anderen Verfahren nicht erfaßte Gedächtniskomponenten gemessen werden.

7.4 Normen: Summenscores und Standardwertnormen für 18- bis 85jährige werden automatisch ausgegeben.

Verfasser: Hans-Jörg Walter

Differentieller Leistungstest – KE (DL-KE)

E.W. Kleber und G. Kleber
Göttingen: Hogrefe, 1974

1. Testart Allgemeiner Leistungstest

2. Testmaterial Handanweisung (DIN A4, 61 Seiten), Testheft (DIN A4, 8 Seiten), jeweils ein Auswertungsblatt für Jungen und für Mädchen, zwei Reizvorlagen (A und B), 2 × 2 Schablonen für die Testauswertung (A und B); zusätzlich: Intervallzeitgeber (oder Stoppuhr und Klangstab) und Filzschreiber.

3. Testgliederung Homogener Test mit insgesamt 980 Items, angeordnet auf 7 Testseiten mit je 14 Zeilen.

4. Grundkonzept Der DL-KE ist ein Figurendurchstreichtest nach dem Prinzip der vollständigen Markierung aller bearbeiteten Items. Der Test soll in der Eingangsstufe der Grundschule das Leistungsverhalten bei konzentrierter Tätigkeit erfassen. Er soll dazu dienen, die individuelle Konzentrationsleistung und Belastbarkeit zu messen, damit im Einzelfall Vorsorge getroffen werden kann, um Überbelastungen und die damit verbundene Störung der Leistungsmotivation zu vermeiden. Darüber hinaus kann der Test „zur Überprüfung des Belastungsgrades bestimmter schulischer Situationen eingesetzt werden und hier als Indikator für Überbelastung dienen und dem Lehrer helfen, Überforderungen zu minimalisieren“ (S. 10).
Auf Grundlage experimenteller Untersuchungen zum Reizmaterial und den Durchführungsbedingungen entschieden sich die Autoren, 21 Abbildungen konkreter, vertrauter Gegenstände als Reizmaterial zu verwenden. Zwei davon gelten als relevante Reize und sollen von den Probanden durchgestrichen werden. Jurkuhn (1978) hebt die sorgfältige Testentwicklung hervor.

5. Durchführung **5.1 Alter:** 5;7 bis 6;6 Jahre.

5.2 Formen: Die Parallelformen A und B ergeben sich durch die Reizvorlagen A und B. Sie definieren die durchzustreichenden Stimuli. Das dargebotene Reizmaterial ist für beide Formen dasselbe.

5.3 Handhabung: Der DL-KE ist ein Gruppentest für Kleingruppen von 4 bis 6 Probanden. Die Kinder werden im Halbkreis an Einzeltischen plaziert. Der VI erzählt in freier Form die Geschichte von einem Zauberer, der Gegenstände verzaubert hat, die er in seinem Zauberbuch durchstreicht. Nichtverzauberte Gegenstände markiert er mit einem Punkt. Die Anweisungen zur Testdurchführung sind standardisiert. Zunächst erhalten die Probanden ein Vorlageblatt (Form A oder B), das ihnen zeigt, welche Bilder sie durchstreichen sollen. Dann wird auf einem Übungsblatt auf der Rückseite des

Testhefts das Verfahren geübt, wobei der VI sich zu vergewissern hat, daß alle Kinder die Aufgabe verstanden haben. Im Test sind die beiden Zielobjekte durchzustreichen und alle übrigen Bilder mit einem Punkt zu markieren. Alle 90 Sekunden ertönt ein Klang, und die Kinder kreisen das Bild ein, das sie gerade bearbeiten.
Die Autoren weisen darauf hin, daß auf eine eventuell vorhandene Störung der Feinmotorik zu achten ist, weil dadurch die Leistung im Durchstreichtest beeinträchtigt wird.

5.4 Zeit: Ca. 25 Minuten (10 Minuten Instruktionen, 15 Minuten Testbearbeitung).

6. Auswertung

6.1 Modus: Nach Auszählung der bearbeiteten Items und der Fehler (mit Hilfe der Schablonen) werden folgende Werte bestimmt: Anzahl bearbeiteter Bilder (GZT), Fehleranteil (F%T) sowie die Schwankungsbreiten der Leistungsmenge (SB %GZ) und der Fehleranteile (SBF%). Auf dem Auswertungsblatt wird ein Profil der Leistungsmenge und des Fehleranteils über die 10 Zeitintervalle erstellt. Die Autoren empfehlen, zusätzlich zwei „Belastungskennlinien“ einzuzeichnen, deren Anfangs- und Endpunkte durch die Mittelwerte der ersten 3 und letzten 3 Intervalle definiert sind.

6.2 Zeit: Keine Angaben.

7. Gütekriterien

7.1 Objektivität: Die Durchführungsobjektivität wird durch die standardisierte Instruktion gewährleistet. Die Einführung in den Test mit Hilfe der Zauberergeschichte und die damit angestrebte Motivierung der Kinder ist jedoch nur teilstandardisiert. Die Auswertungsobjektivität ist gegeben. Zur Interpretation der Kennwerte finden sich detaillierte Angaben.

7.2 Reliabilität: Die Wiederholungstestung an N = 49 Kindern bei einem Intervall von einer Woche erbrachte für die Leistungsmenge ein r_{tt} von .86 und für die übrigen Kennwerte zwischen .55 und .75.
Für die Leistungsmenge wurde an einer nicht spezifizierten Stichprobe eine Split-Half-Reliabilität (Odd-even-Aufteilung der Intervalle) von .95 ermittelt. Angaben zur Konsistenz der übrigen Kennwerten fehlen.

7.3 Validität: Die Korrelation mit dem Frankfurter Test für Fünfjährige – Konzentration (FTF-K) von Raatz und Möhling beträgt für die Leistungsmenge r = .60 (N = 42). Mit dem Lehrerurteil zur Konzentriertheit fanden sich für Jungen (N = 160) signifikante Korrelationen mit allen Kennwerten (r = .34 für SBF% bis .55 für SB %GZ). Bei den Mädchen (N = 170) bestand kein signifikanter Zusammenhang.
Die Korrelationen mit konstruktfernen Tests fallen niedrig aus. Mit einem Intelligenztest (Columbia-Mental-Maturity-Scale von Burgmeister et al.) korreliert die Mengenleistung .11 und der Fehlerquotient .35. Die Leistung in einem Wortschatztest (Peabody Picture Vocabulary Test von Dunn und Eggert) korreliert .08 mit der Leistungsmenge und .25 mit dem Fehleranteil. Mit zwei Maßen für motorische Fähigkeiten (Kurzfassung des Lincoln-Oseretzki-Tests von Eggert und Kreisepunktieren aus der Testbatterie für geistig behinderte Kinder von Bonding et al.) korreliert die Leistungsmenge .29 bzw. .38 und der Fehleranteil .31 bzw. .08. Als Stichprobe wird lediglich eine „eingeschränkte Standardisierungsstichprobe“ genannt. Eine niedrige Korrela-

tion wird ferner zwischen der Leistungsmenge und der Leistung im Test zur visuellen Wahrnehmung nach Frostig berichtet ($r = .23$, $N = 67$).

7.4 Normen: Die Standardisierungsstichprobe bestand aus 160 Jungen und 170 Mädchen aus Schleswig-Holstein, deren Durchschnittsalter 6;0 Jahre betrug. Für die Auswertung liegen nach Geschlechtern getrennte Normtabellen mit Prozenträngen für jeden der vier ermittelten Werte vor.

8. Literatur

Jurkuhn, D. (1978). Eduard W. Kleber & Gerda Kleber: Der Differentielle Leistungstest KE (DL-KE). Der Differentielle Leistungstest KG (DL-KG) [Testrezension]. *Diagnostica, 24,* 187–189.

Bearbeiter: Andreas Barth

Differentieller Leistungstest – KG (DL-KG)

E.W. Kleber, G. Kleber und O. Hans
Göttingen: Hogrefe, 2., korr. Auflage 1999

1. Testart

Allgemeiner Leistungstest (Konzentrationstest)

2. Testmaterial

Testmanual, Testhefte (die für alle Formen verwendet werden), Vorlagen für die Formen AI, AII, BI und BII, Auswertungsschablonen, Auswertungsblätter; zusätzlich: Stoppuhr und Schreibmaterial.

3. Testgliederung

Der DL-KG besteht aus der Durchführung einer Aufgabe, die in 14 Intervalle zu je 90 Sekunden untergliedert ist. Es müssen dabei relevante Zeichen aus einer Liste von Zeichen ausgestrichen werden.

4. Grundkonzept

Entgegen den gängigen Konzentrationstests, richtet sich der DL-KG auf die differentielle Erfassung der Konzentrationsfähigkeit. Dabei werden drei Leistungsebenen unterschieden:
1. Quantität der Leistung
2. Qualität der Leistung
3. Gleichmäßigkeit der Leistung

Konzentrationsfähigkeit ist damit testimmanent als Fähigkeit definiert, auf dem individuellen Niveau über einen längeren Zeitraum gleichmäßig in bezug auf Quantität (wieviele Aufgaben werden bearbeitet) und Qualität (wieviele Fehler werden gemacht) zu arbeiten.
Der Test ist für Grundschüler gedacht, deren Aufgabe darin besteht, bestimmte Zeichen aus einer Reihe von verschiedenen Zeichen herauszustreichen. Nicht relevante Zeichen werden aber ebenfalls markiert. Des weiteren wird alle 90 Sekunden ein Sonderzeichen auf Signal des Testleiters eingefügt. In dieser Art sind die drei Dimensionen im Test repräsentiert.

5. Durchführung

5.1 Alter: Für Kinder im Alter von 7 bis 10 Jahren.

5.2 Formen: Der Test kann als Einzel- oder Gruppentest eingesetzt werden. Es existieren die Parallelformen A und B. Für beide gibt es eine Form für sieben- bis achtjährige (AI, BI) und eine Form für neun- bis zehnjährige Kinder (AII, BII).

5.3 Handhabung: Der Testleiter gibt mündlich die vorgegebene Testanweisung. Wenn die Kinder die Bogen erhalten haben, notieren sie ihre demographischen Daten. Bei der Gruppe der jüngeren Kinder kann der Test in eine Geschichte eingebunden werden. Zusammen werden dann Übungsbeispiele bearbeitet und vom Testleiter erläutert. Ebenso werden die Probanden mit den Intervallen vertraut gemacht, d. h. sie werden instruiert, jedesmal, wenn der Testleiter ein Signal gibt, das Zeichen, das sie gerade

bearbeiten, besonders zu markieren. Im übrigen besteht ihre Aufgabe darin, aus einem Zeichensatz bestimmte, vorher festgelegte Zeichen durchzustreichen und alle anderen, nicht relevanten Zeichen mit Punkten zu versehen. Die Intervallänge von 90 Sekunden wird vom Testleiter genau mit einer Stoppuhr kontrolliert. Mit dem Ablauf des 14. Intervalls endet der Test.
Während der Durchführung kann der Testleiter Besonderheiten bei einem auffälligen Kind notieren, um diese eventuell bei der Interpretation eines Testergebnisses zu berücksichtigen.

5.4 Zeit: Der eigentliche Test dauert 21 Minuten. Für die gesamte Durchführung mit Instruktion wird mindestens eine Schulstunde (45 Minuten) veranschlagt.

6. Auswertung

6.1 Modus: Der quantitative Aspekt wird durch die Anzahl der Zeichen pro Zeitintervall bestimmt. Dazu wird durch Addition ein Gesamtwert der Intervalle gebildet. Dieser kann mit Hilfe der Normtabelle in einen Prozentrangwert oder ein Prozentrangband transformiert werden.
Mit den Auswertungsschablonen kann die Anzahl der Fehler an den relevanten und irrelevanten Zeichen bestimmt werden (qualitativer Aspekt). Diese wird an der Anzahl der bearbeiteten Zeichen relativiert und dann anhand einer Normtabelle in einen Prozentrangwert umgewandelt.
Schließlich kann die Gleichmäßigkeit der Leistung ermittelt werden, indem die quantitative Schwankungsbreite (größte minus kleinste Anzahl bearbeiteter Zeichen pro Intervall) berechnet wird. Auch für diese Variable liegen Normtabellen vor, mittels derer eine Transformation des Rohwertes in einen Prozentrangwert vorgenommen werden kann.
Zum Überblick kann eine Verlaufskurve auf dem Testbogen erstellt werden, indem die Rohwerte pro Intervall in einen vorgefertigten Graphen eingetragen werden.

6.2 Zeit: Es wird eine Zeit von 10 Minuten pro Test angegeben.

7. Gütekriterien

7.1 Objektivität: Die Durchführung und Auswertung können als objektiv angesehen werden. Die Interpretationsobjektivität erscheint partiell gesichert; bei der qualitativen Deutung des Graphen kann es zu Untersucherdifferenzen kommen.

7.2 Reliabilität: Retestreliabilität
Bei der Testwiederholung ergab sich für die quantitative Leistungsvariable ein Korrelationskoeffizient von $r = .42$ bei 15 Monaten Abstand zwischen den beiden Testzeitpunkten ($N = 50$ Grundschüler der 1. Klasse). Bei einem Abstand von zwei Tagen ergab sich ein Koeffizient von $r = .77$ ($N = 20$ 11jährige Lernbehinderte).
Split-Half-Reliabilität
Bei der Testung gerades gegen ungerades Intervall sowie erste Testhälfte gegen zweite Testhälfte ergaben sich für die quantitative Leistungsvariable Koeffizienten von $r = .92$ bis $r = .97$ bei allen Teilstichproben ($N = 37$ bis 120 7- bis 10jährige Grundschüler).
Innere Konsistenz
Die Homogenitätsprüfung (mittlere Interkorrelation der einzelnen Intervalle) ergab im Mittel einen Wert von $r = .8$ ($N = 68$ 7- bis 10jährige Grundschüler).

7.3 Validität: Der Test besitzt eine hohe Augenscheinvalidität.

Die innere Validität des DL-KG wurde über den Zusammenhang zum d2 bestimmt. Dabei ergaben sich mäßige Zusammenhänge von r = .103 bis r = .439 zu den quantitativen Variablen des DL-KG und gar keine bis mäßige Zusammenhänge von r = .011 bis r = .313 mit den qualitativen Leistungsvariablen (N = 72 9- bis 10jährige Kinder; 42 Jungen und 30 Mädchen). Es fanden sich keine Zusammenhänge in der Schwankungsbreite beider Verfahren. Beide Verfahren erfassen nur in geringem Maße die gleiche Fähigkeitsdimension.
Äußere Validität
Die Ergebnisse im DL-KG wurden mit dem Lehrerurteil über Kinder mit auffällig schnellem bzw. langsamem Arbeitstempo korreliert. Dabei ergaben sich Zusammenhänge von r = .3 zum qualitativen Leistungsaspekt und von r = .4 zum quantitativen Leistungsaspekt (N = 91 9- bis 10jährige Grundschüler).

7.4 Normen: Die Eichstichprobe bestand aus 461 Jungen und 445 Mädchen im Alter zwischen 7 und 10 Jahren (N = 906). Unter Berücksichtigung des Alters und des Geschlechts kann anhand der jeweiligen Normtabelle der Rohwert in einen Prozentrangwert transformiert werden.

Bearbeiter: Christian Frings

Farbe-Wort-Interferenztest nach J.R. Stroop (FWIT)

G. Bäumler
Göttingen: Hogrefe, 1985

1. Testart Allgemeiner Leistungstest

2. Testmaterial Handanweisung, Testheft (Übungstafel und neun Testtafeln), Protokollbogen; zusätzlich: Stoppuhr, Stift.

3. Testgliederung Der Test besteht aus drei Subtests, für die jeweils 3 Testtafeln mit je 72 Items vorliegen: „Farbwörter lesen", „Farbstriche benennen" und „Interferenzversuch" (Benennen von farbig gedruckten Farbwörtern bei Farbe-Wort-Inkongruenz).

4. Grundkonzept Der FWIT ist ein Speed-Test zur Erfassung des „allgemeinen kognitiven Leistungsvermögens" (S. 32) oder von „kognitiven Grundfunktionen aus dem Bereich der Filterung und Umsetzung (Kodierung und Dekodierung) von Informationen" (S. 3). Folgende kognitive Funktionen sollen mit den 3 Subtests gemessen werden: Lesegeschwindigkeit, Benennungsgeschwindigkeit (Nomination) und „konzentrativer Widerstand gegenüber dominierenden Reaktionstendenzen (sog. Selektivität bzw. Interferenzneigung)" (S. 7). Mit dem Gesamtwert soll die „sensumotorische Aktionsgeschwindigkeit (allgemeiner Speedfaktor oder Grundgeschwindigkeit der Informationsverarbeitung)" (S. 7) erfaßt werden. Operationalisiert werden die Konstrukte durch die ermittelten Lese- bzw. Benennungszeiten. Fehler werden zwar registriert, aber nicht in die Testwerte eingearbeitet. Die 3 Subtests ergeben einen „Lesewert", einen „Benennungswert" und einen „Konflikt-" oder „Interferenzwert" (Benennungszeit im Interferenzversuch). Wenn sich die 3 Subtestergebnisse nicht stark unterscheiden, kann ein Gesamtwert errechnet werden. Zusätzlich können eine „bereinigte Benennungsgeschwindigkeit" (Lesegeschwindigkeit auspartialisiert) und die „Selektivität" (Leistung im Interferenzversuch nach Auspartialisierung des Farbenbenennens) bestimmt werden. Der Kehrwert der „Selektivität" wird auch als „Interferenzneigung" bezeichnet.
Der Autor empfiehlt den FWIT vor allem für die klinische und vorklinische psychologische Funktionsdiagnostik (z. B. Altersabbau), die Entwicklungsdiagnostik und die Eignungsdiagnostik für Berufe, die „kognitiv-psychische Fitneß erfordern" (S. 7), wie z. B. Fluglotse.

5. Durchführung **5.1 Alter:** Keine Angaben.

5.2 Formen: Keine Parallelformen.

5.3 Handhabung: Der Test wird als Einzelversuch möglichst bei Tageslicht

durchgeführt; farbiges künstliches Licht ist zu vermeiden. Der Proband soll über eine normale Sehschärfe (u. U. durch Brille hergestellt) und Farbentüchtigkeit verfügen. Eine eventuelle Lesestörung ist zu beachten, da sie das Testergebnis beeinträchtigen kann.
Die Instruktion liegt auf der Übungstafel in schriftlicher Form vor. Sie kann aber auch vom Testleiter mündlich vorgetragen werden. Das Lesen bzw. Benennen soll so rasch und fehlerfrei wie möglich erfolgen. Der Testleiter gibt bei jeder Tafel das Zeichen zum Anfangen und mißt die Zeit vom Nennen des ersten Items bis zu der Angabe „Ende" nach dem letzten Item. Die Handanweisung enthält einige Tips zum Umgang mit Problemen, die während des Tests auftreten können.
Im Interferenzversuch notiert der Testleiter auf einem Protokollblatt Fehler beim Benennen der Farbwörter.

5.4 Zeit: Die Durchführung dauert normalerweise 10 Minuten, in Ausnahmefällen auch 15 Minuten.

6. Auswertung

6.1 Modus: Die gemessenen Bearbeitungszeiten werden notiert und zusätzlich in ein Profilblatt eingetragen. Zur Ermittlung von T-Werten wird für jeden Subtest nur die mittlere Zeit (der Median) herangezogen.
Die Ermittlung der Normwerte für die „Nomination" und die „Selektivität" geschieht in vier Schritten: logarithmische Transformation der Zeitmediane für die 3 Subtests anhand einer Tabelle, Ermittlung der „Erwartungswerte" mit Hilfe von 2 weiteren Tabellen, Rohwertberechnung durch Subtraktion bestimmter Zwischenergebnisse, Ablesen der zugehörigen T-Werte. Die korrekte Durchführung wird durch ein Beispiel im Manual erleichtert.
Die T-Werte für die 5 Variablen sind in ein Profilblatt einzutragen, wobei separate Profile nach einer „allgemeinen Leistungsnorm", einer Altersnorm sowie nach einer speziellen Berufsnorm zu erstellen sind.

6.2 Zeit: Keine Angaben.

7. Gütekriterien

7.1 Objektivität: Durchführung und Auswertung werden als hoch objektiv bezeichnet. Die Durchführungsobjektivität könnte darunter leiden, wenn Probanden im Interferenztest bemerken, daß man die Farbwörter mit dem Finger halb abdecken kann, um beim Benennen der Farbe nicht durch die Wortbedeutung gestört zu werden (laut Instruktion sollte der Proband mit dem Finger neben den Items entlangfahren).
Eine einheitliche Interpretation wird durch konkrete Hinweise darauf erschwert, daß mehrere Fähigkeiten in einen einzelnen Kennwert einfließen können. Zweitens wird den Anwendern ein breites Spektrum von Begriffen zur Verbalisierung eines Konstruktes zur freien Auswahl angeboten (z. B. für Allgemeines Aktionstempo u. a. auch Arbeitsgeschwindigkeit, psychische Fitneß, Alertness).

7.2 Reliabilität: Mit r_{tt} = .90 bis .98 werden hohe Konsistenzen und Wiederholungsreliabilitäten für die Variablen Lesen, Benennen und Interferenz berichtet. Die nicht näher erläuterte Konsistenz des Profils der 3 ersten Subtests wird für heterogene Populationen mit .91 angegeben. Für die Differenzwerte betrage die Konsistenz „pauschal" .86 bis .92. Angaben zum Stichprobenumfang fehlen.

7.3 Validität: Für die 3 primären Subtests werden relativ hohe Interkorrelationen (r = .62 bis .74) berichtet. Es wird eine starke Altersabhängigkeit insbesondere des Interferenzwertes berichtet (Leistungsabnahme im Erwachsenenalter). Wie bei den meisten allgemeinen Leistungstests wurden auch beim FWIT starke Übungseffekte (insbesondere beim Interferenzwert) beobachtet. Mit verschiedenen Intelligenztestergebnissen korrelieren die Subtests zwischen 0 und .40; die Korrelationen mit bekannten Konzentrations- und Aufmerksamkeitstests liegen im Mittel bei .45 (keine Angaben zum N). Mit verschiedenen Sensumotorik-Tests korrelieren die 3 Subtests um .40 (z. B. Tapping, N = 96). Lediglich für einfache Reaktionszeiten auf optische oder akustische Reize liegen die Korrelationen sehr nahe bei 0 (r = –.01 bis .18; N = 96). Der Gesamtwert korreliert .20 bis .40 mit verschiedenen Schulnoten; für das Farbwörterlesen wurden etwas höhere Korrelationen (r = .30 bis .50) mit Leistungen im Deutschunterricht (Diktat, Lesen, Rechtschreibung) festgestellt (keine Angabe zum N).

7.4 Normen: Der Test wurde an verschiedenen Stichproben normiert. Den „allgemeinen Leistungsnormen“ für sämtliche Kennwerte liegt eine heterogenen Stichprobe von 480 Erwachsenen im Alter von 16 bis 84 Jahren (keine Angabe zum Durchschnittsalter) zugrunde. Ferner liegen Altersnormen für die 3 primären Subtests vor. Die Normen für Jugendliche (10 bis 20 Jahre) wurden an 250 Gymnasialschülern ermittelt und die für Erwachsene (16 bis 84 Jahre, gestaffelt in 14 Altersgruppen) an 850 Personen „aus sehr unterschiedlichen Bereichen“ (S. 38). Zusätzlich liegen altersunspezifische Normen zu den 5 Kennwerten für Angestellte (N = 170) sowie Studenten und Akademiker (N = 150) vor.

Verfasser: Holger Heynen

Frankfurter Adaptiver Konzentrationsleistungs-Test (FAKT)

H. Moosbrugger und M. Heyden
Bern: Huber, 1998 (Programmversion Hogrefe TestSystem 3.1.0 1999)

1. Testart Allgemeiner Leistungstest

2. Testmaterial Computerbasiertes Testverfahren im Rahmen des Hogrefe TestSystems (HTS: Hänsgen, 1999; CD-ROM + Testhandbuch + Systemhandbuch). Die Testbearbeitung erfolgt über die normale PC-Tastatur. Testdurchführung und Testauswertung erfolgen durch das Programm. Systemvoraussetzungen: mind. Pentium 133; 16 MB RAM, Windows 95, 98 oder NT.

3. Testgliederung Homogener Test.

4. Grundkonzept Der FAKT ist ein computerbasierter Test zur adaptiven Messung der individuellen Konzentrationsleistung. Er basiert auf dem Frankfurter Aufmerksamkeits-Inventar (Moosbrugger & Oehlschlägel, 1996) FAIR (s. dort). Der Test ist adaptiv in Hinblick auf (1) die Länge der Übungsphase; (2) das Testtempo; und (3) die Testlänge. Ermittelt wird ein Konzentrationsleistungswert, der auf dem „limitalen" Testtempo (Moosbrugger & Heyden, 1997) basiert. Dabei wird – analog zur Schwellenwertmethode in der Psychophysik – dasjenige Testtempo (Itemdarbietungszeit) ermittelt, bei dem der Proband 50 % der Items angemessen bearbeiten kann. Neben der Konzentrationsfähigkeit wird auch der Leistungsverlauf (Konzentrationsleistung pro Minute Testzeit) ermittelt. Dargeboten werden einfache, homogene graphische Items (Kreise oder Quadrate mit jeweils zwei oder drei Punkten), die hinsichtlich eines einheitlichen Zielkriteriums bewertet werden müssen. Gefordert ist eine möglichst schnelle und richtige Reaktion, ausgewertet werden die Anzahl bearbeiteter Items, die Fehleranzahl sowie bei der Testform die Reaktionszeiten. Die Testauswertung erfolgt automatisch durch das Programm.
Die Autoren sehen die Anwendungsbereiche in der Eignungsdiagnostik, der ABO-Psychologie, der Klinischen Psychologie, Schulpsychologie, Pädagogischen Psychologie, Verkehrs- und Sportpsychologie, aber auch im pharmakologischen und neuropsychologischen Bereich.

5. Durchführung **5.1 Alter:** Keine Angaben.

5.2 Formen: Es existieren drei Testformen (FAKT-E; FAKT-S; FAKT-SR), die sich hinsichtlich der Itempräsentationsform sowie der Auswertung unterscheiden. Während bei FAKT-E jeweils nur ein Item präsentiert wird, werden bei FAKT-S und FAKT-SR jeweils 10 Items simultan präsentiert. FAKT-E und FAKT-S sind adaptiv im Hinblick auf das Testtempo, während bei FAKT-SR das Testtempo konstant ist, jedoch die Reaktionszeiten für die Itembearbeitung gemessen werden.

5.3 Handhabung: Jede Testform besteht aus einer Übungs- und einer Testphase. Auf dem Bildschirm dargeboten werden jeweils entweder ein (FAKT-E) oder 10 (FAKT-S; FAKT-SR) graphische Items, die sich hinsichtlich ihrer Form in zwei Dimensionen unterscheiden und in vier Gruppen einteilen lassen. Dargeboten wird entweder ein Kreis oder ein Quadrat, in dem sich entweder zwei oder drei Punkte befinden. Außerdem unterscheiden sich die Items hinsichtlich der Anordnung der Punkte in der graphischen Form, die jedoch für den Proband irrelevant ist. Aufgabe des Probanden ist es, so schnell wie möglich die Taste „1" zu drücken, wenn sie entweder einen Kreis mit drei Punkten oder ein Quadrat mit zwei Punkten sehen, ansonsten die Taste „0" zu drücken. Bei der simultanen Darbietung wird das jeweils zu bearbeitende Item durch einen darunter befindlichen Pfeil angezeigt.

5.4 Zeit: Variable Testzeiten bei den adaptiven Testversionen; die durchschnittliche Bearbeitungszeit beträgt ca. 10 Minuten, die reine Testzeit ca. 6 Minuten.

6. Auswertung

6.1 Modus: Die Auswertung erfolgt automatisch durch das Programm. Erhoben werden verschiedene Leistungs-, Geschwindigkeits- und Fehlermaße sowohl als Punktwerte für den gesamten Test wie auch als Verlaufswerte für jede Testminute. Weiterhin werden automatisch Prozentrang-Normen berechnet.

6.2 Zeit: Unmittelbare automatische Auswertung nach Testende.

7. Gütekriterien

7.1 Objektivität: Durch die einfache Bedienung des Computerprogramms und die automatische Testauswertung können Durchführungs- und Auswertungsobjektivität als gesichert gelten.

7.2 Reliabilität: Die Autoren geben für den Konzentrationsleistungswert interne Konsistenzwerte (Cronbachs Alpha) zwischen r = .91 und r = .97 sowie Retest-Reliabilitäten zwischen r = .70 und r = .91 an (keine Angaben über die Stichprobengrößen). Die Reliabilität kann damit als gut eingeschätzt werden.

7.3 Validität: Die Autoren geben als Hinweise zur Konstruktvalidität das einheitliche Itemkonstruktionsprinzip sowie die Modellkonformität mit dem polytomen Rasch-Modell an. Empirische Daten zur Validitätsprüfung werden hingegen nicht berichtet.

7.4 Normen: Die Grundlage der Normierung bildet eine große Stichprobe (N = 1164) Erwachsener. Differenzierte Testnormen liegen für die einzelnen Testformen vor auf der Basis von N = 235 Erwachsenen (Studenten, Akademiker, Nichtakademiker und Abiturienten). Auf Grund der knappen Stichprobenbeschreibung ist eine Beurteilung der Stichprobenrepräsentativität nicht möglich.

8. Literatur

Hänsgen, K.-D. (Hrsg.) (1999). *Hogrefe TestSystem (HTS) (Programmversion 3.1).* Göttingen: Hogrefe Apparatezentrum.

Moosbrugger, H. & Heyden, M. (1997). *FAKT. Frankfurter Adaptiver Konzentrationsleistungs-Test (Testmanual und Computerprogramm).* Bern: Huber.

Verfasser: Roland Brünken

Frankfurter Aufmerksamkeits-Inventar (FAIR)

H. Moosbrugger und J. Oehlschlägel
Bern: Huber, 1996

1. Testart Allgemeiner Leistungstest

2. Testmaterial Testhefte A und B, 16 Auswertungsschablonen; zusätzlich: Stoppuhr, Schreibgerät.

3. Testgliederung Homogener Test mit 640 Items, die auf zwei Testbogen zu je 320 Items verteilt sind.

4. Grundkonzept Das FAIR ist ein Verfahren zur Untersuchung des „individuellen Aufmerksamkeitsverhaltens“ (S. 5). Das Konstrukt wird auch „Konzentrationsfähigkeit“ oder „Konzentrationsleistung“ genannt. Die Autoren haben aus verschiedenen gängigen Definitionen insgesamt 10 Anforderungen an die Diagnostik von Aufmerksamkeit abgeleitet, an denen sich die Testkonstruktion orientiert hat. Die Probanden sollen unter zeitlicher Limitierung Diskriminationsleistungen erbringen (Postulat 1). Dazu dienen eingekreiste Quadrate oder Kreise, die 2 oder 3 Punkte enthalten. Die Zielobjekte (Form A: Kreis mit 3 Punkten und Quadrat mit 2 Punkten; Form B: Kreis mit 2 Punkten, Quadrat mit 3 Punkten) sind von den formal ähnlichen Distraktoren zu unterscheiden. Die Reize sollen (2) leicht erfaßbar und den Probanden geläufig sein, was bei der Materialauswahl beachtet wurde. Die (3) geforderte Mehrdimensionalität der Reize wird durch die Verwendung von unterschiedlichen Formen und Punktzahlen gewährleistet. Durch Variation der Anordnung der Punkte im Zentrum soll (4) eine entscheidungsirrelevante Dimension eingeführt werden. Die beiden relevanten Dimensionen sind (6) bei jedem Item simultan unter Ausblendung der irrelevanten Dimension zu beachten. Die Zielobjekte sollen sich (5) so über die Testseite verteilen, daß Rateverhalten nicht begünstigt wird. Die Probanden sollen gezwungen werden, alle Zeichen zu bearbeiten (7), wobei eine (8) feste Reihenfolge einzuhalten ist. Dazu dient das „vollständige Markierungsprinzip“: Der Proband zieht von links nach rechts unter den Zeichen eine ununterbrochene Linie, die bei den Zielobjekten in Form eines Zackens nach oben weisen soll. Abweichungen von diesem Prinzip gelten als „Linienfehler“, die zu einem „Markierungswert“ verrechnet werden. Aus diesem ist ersichtlich, ob der Test überhaupt ausgewertet werden kann. Zwei weitere Postulate betreffen die Verrechnung der Markierungen zu Testwerten.

5. Durchführung **5.1 Alter:** Für beide Formen liegen separate Normtabellen für den Altersbereich von 14 bis 72 (Form A) bzw. 69 Jahren (Form B) vor.

5.2 Formen: Das FAIR kann als Einzel- oder Gruppentest durchgeführt werden, es existieren zwei essentiell tau-äquivalente Testformen A und B.

5.3 Handhabung: Der Proband liest die Instruktion und übt das „vollständige Markierungsprinzip" in einer Probezeile. Er wird ausdrücklich darauf hingewiesen, welche Abweichungen vom Bearbeitungsprinzip zu Fehlern führen, und daß sich nachträgliches Verbessern nicht lohne. Nach dieser Vorbereitung gibt der Testleiter die Zeichen für Testbeginn, Umblättern und Testende.

5.4 Zeit: Ca. 4 bis 6 Minuten Vorbereitung, 6 Minuten Testbearbeitung.

6. Auswertung

6.1 Modus: Für die Standardauswertung werden zuerst für beide Testhälften die Gesamtmenge der bearbeiteten Zeichen (G), die Anzahl der Linien-Fehler (FL), Verpasser-Fehler (FV) und Falscher-Alarm-Fehler (FA) festgestellt. Dies erfordert eine sehr genaue Beurteilung der Markierungsart des Probanden und das Auflegen von vier Schablonen. Danach werden die ermittelten Werte in das Auswertungsschema auf der letzten Seite des Testheftes übertragen, wo auch die für die restlichen Werte nötigen Rechenschritte aufgeführt sind: Der Markierungswert (M) errechnet sich aus (G-FL)/G, der Leistungswert (L) aus G-FL-2 (FV + FA), der Qualitätswert (Q) aus L/G und der Kontinuitätswert (K) aus L*Q. Während L die Anzahl konzentriert bearbeiteter Zeichen anzeigt, relativiert Q diese an der Gesamtzahl überhaupt bearbeiteter Symbole. Die Multiplikation beider Werte gibt Aufschluß darüber, wie kontinuierlich die Konzentration aufrechterhalten werden konnte. Anhand der Normtabellen werden nun für M, L, Q, und K Stanine-Werte in ein Testprofil eingetragen. Falls bei der Fehlerprotokollierung mehr als vier Verpasser-Fehler pro Testhälfte festgestellt wurden, ist das Auflegen von acht weiteren Schablonen erforderlich, um zu überprüfen, ob sich der Proband instruktionswidrig nur auf eine der beiden Itemarten konzentriert hat. Gegebenenfalls kann dann eine Testwertadjustierung vorgenommen werden.

6.2 Zeit: Keine Angaben. Hagemeister und Westhoff (1998) geben die Auswertungszeit mit etwa 10 Minuten an.

7. Gütekriterien

7.1 Objektivität: Das Verfahren beansprucht Durchführungs-, Auswertungs- und Interpretationsobjektivität. Anhand von Beispielen wird erklärt, wann eine Markierung gültig ist und wann nicht. Angaben zur Auswerter-Übereinstimmung liegen nicht vor. Die Empfehlung der Autoren, den Test bei zu vielen Linienfehlern noch einmal durchzuführen, wird von Hagemeister und Westhoff (1998) wegen der zu erwartenden und nicht kontrollierbaren Übungseffekte kritisiert.

7.2 Reliabilität: Die Split-Half-Reliabilität wurde als Korrelationen der 1. und 2. Testhälfte berechnet und liegt für die Testwerte L, Q und K zwischen .78 und .92; für den M-Wert beträgt sie nur .67 bzw. bei Form B .65 (N = 573 und 689). Die Retest- und Paralleltest-Reliabilitäten wurden nur an sehr kleinen Stichproben und nicht für alle Kennwerte ermittelt. Für den L-Wert wird eine Retest-Reliabilität (Intervall 5 bis 20 Minuten; N = 18) von .85 (Form A) bzw. .91 (Form B) berichtet. Die Paralleltest-Reliabilitäten der Werte L, Q und K liegen zwischen .81 und .83 (N = 22). An einer anderen Stichprobe

(N = 38) wurde nur für den L-Wert eine Korrelation der beiden Formen von .76 ermittelt.

7.3 Validität: Die Inhaltsvalidität ist den Autoren zufolge dadurch gegeben, daß „die Diskriminationsleistung sehr lebensnah gewählt wurde“ (S. 79 f.). Unter der Überschrift „Konstruktvalidität“ wird darauf verwiesen, daß durch die homogenen Items ein einheitliches Merkmal erfaßt wird. Die Einlösung der oben genannten 10 Postulate gewährleiste, daß es sich um einen Konzentrationstest handelt. Zur Bestimmung der konvergenten Validität wurden die Korrelationen der FAIR-Werte L, Q und K mit den d2-Maßen GZ (Zahl bearbeiteter Zeichen), GZ-F und GZ-2F (Zahl bearbeiteter Zeichen minus (doppelte) Fehleranzahl) berechnet (N = 601). Diese Korrelationen betragen für L .39 bis .50, für Q –.04 bis .22 und für K .37 bis .50. Zusätzlich wurden die FAIR- und d2-Werte zusammen mit IST-70 Subtests einer Faktorenanalyse unterzogen. Die Maße aller drei Tests wiesen darin Ladungen auf verschiedenen Faktoren auf. Die Autoren sehen darin sowohl den Nachweis der konvergenten Validität des FAIR erbracht als auch einen Beleg dafür, daß FAIR und d2 unterschiedliche Aspekte erfassen; ein Widerspruch, auf den Hagemeister und Westhoff (1998) hinweisen. Die für die Demonstration der diskriminanten Validität erforderlichen niedrigen Korrelationen mit dem IST-70-Gesamtwert (.13 bis .20 für die Werte L, Q, K) wurden nur in der Hälfte der Stichprobe mit der höheren Intelligenz gefunden (Gesamtstichprobe: r = .29 bis .44). Die Autoren folgern daraus, daß „für die Bearbeitung des FAIR eine gewisse Mindestintelligenz vorhanden sein sollte“ (S. 83). Hagemeister & Westhoff (1998) zufolge könnten dann aber 50 % der Population nicht mit dem FAIR getestet werden.

7.4 Normen: Die Eichstichproben, deren Ziehung nicht näher beschrieben wird, umfassen die Altersbereiche 14–17, 18–19, 20–25, 26–35, 36–72 bzw. 36–69 (Form B) Jahre. Es liegen Stanine- und Prozentrangnormen der Gesamtstichproben (Form A: N = 703, Form B: N = 850) und jeweils der fünf Altersgruppen für die Werte M, L, Q und K vor. Hagemeister und Westhoff (1998) bemängeln, daß die jüngsten und die ältesten Gruppen nicht weiter unterteilt wurden, obwohl in diesen Altersbereichen Veränderungen der Konzentrationsleistung zu erwarten sind.

8. Literatur

Hagemeister, C. & Westhoff, K. (1998). FAIR Frankfurter Aufmerksamkeits-Inventar (Testrezension). *Diagnostica, 44,* 225–229.

Verfasser: Johannes Ullrich

1.3

Inventar komplexer Aufmerksamkeit (INKA)

G. Heyde

Frankfurt a. M.: Swets Test Services, 1995

1. Testart

Allgemeiner Leistungstest

2. Testmaterial

Testhandbuch sowie vierseitige Testbogen, je eine Form für Links- und Rechtshänder, Auswertungsschablone; zusätzlich: Schreibmaterial.

3. Testgliederung

Der Test besteht aus 18 Items mit ansteigendem Schwierigkeitsgrad.

4. Grundkonzept

Der INKA versteht sich als ein Konzentrationstest, der die Konzentrationsleistungsfähigkeit nicht – wie bei vielen Konzentrationstests üblich – durch die reine Schnelligkeit einer Testperson mißt, sondern der eine komplexe Konzentrationsleistung erfordert. Konzentrationsleistung wird hier als die Güte der Informationsverarbeitung verstanden.
Die Aufgaben werden aus langen Reihen zufällig kombinierter Konsonanten gebildet. Aufgabe der Testperson ist es, in den Buchstabenreihen Buchstaben(-pärchen) zu diskriminieren. Dazu muß die Testperson zunächst Buchstabenvorgaben anhand einer Umwandlungstabelle dekodieren. Die dekodierten Vorgaben sollen memoriert und in der Buchstabenreihe entdeckt werden. Die Schwierigkeit der Aufgaben steigt dabei an, indem die Anzahl der Buchstabenvorgaben erhöht wird. Die Testperson soll innerhalb von 15 Minuten von 18 Buchstabenreihen so viele wie möglich bearbeiten.

5. Durchführung

5.1 Alter: Alle Altersklassen (ab ca. 13 Jahren). Die Testnormierung ist altersunabhängig.

5.2 Formen: Eine Form, die in Gruppen- und Einzelsituationen eingesetzt werden kann. Es gibt aus Fairneßüberlegungen verschiedene Testbogen für Rechts- und Linkshänder.

5.3 Handhabung: Der Testleiter teilt unter Beachtung der Händigkeit der Probanden die Testbogen aus. Die Teilnehmer tragen ihre demographischen Daten ein. Danach gibt der Testleiter mündlich die vorgegebenen Instruktionen. Nachdem das Prinzip der Aufgabenbearbeitung an einem Beispiel auf dem Testbogen veranschaulicht wurde, werden die Aufgaben auf Signal des Testleiters hin bearbeitet.

5.4 Zeit: 15 Minuten.

6. Auswertung

6.1 Modus: Die Antworten der Probanden können mit einer Schablone auf ihre Richtigkeit geprüft werden. Die Anzahl der richtigen Aufgaben wird zusammengezählt. In Abhängigkeit von der Schulausbildung kann aus diesem Rohwert dann ein Standardwert in einer Tabelle abgelesen werden.

6.2 Zeit: Keine Angaben (ca. eine Minute).

7. Gütekriterien

7.1 Objektivität: Die Objektivität kann aufgrund des hohen Maßes an Standardisierung bezüglich Durchführung, Auswertung und Interpretation als gegeben angesehen werden.

7.2 Reliabilität: Der INKA basiert auf der probabilistischen Testtheorie. Es wurde eine Rasch-Skalierung nachgewiesen, d. h. alle Aufgaben sind bezüglich des zu messenden Merkmals homogen. Die innere Konsistenz kann so als gegeben angesehen werden. Angaben zur Retestreliabilität liegen nicht vor.

7.3 Validität: Zur Prüfung der Konstruktvalidität wurde eine Faktorenanalyse durchgeführt. Datengrundlage stellten Daten, die mit dem IST 70, dem d2 und dem INKA gewonnen wurden (N = 615). Eine Hauptkomponentenanalyse ergab drei Faktoren mit einem Eigenwert größer oder gleich eins. Einer dieser Faktoren kann als Konzentrationsfähigkeit interpretiert werden. Auf diesem lädt der INKA mit a = .712, der d2 mit a = .755 und ein Subtest des IST, nämlich IST-ME (Merkaufgaben), mit a = .656.
Innere Validität:
Es wird eine Korrelation des INKA mit dem d2 von r = .46 (N = 615) angegeben.
Die Gültigkeit des Rasch-Modells wurde mit grafischen Modelltests und Likelihoodquotiententests bzw. Chi-Quadrat-Tests überprüft und kann als gegeben angesehen werden. Es fanden sich für die Kriterien Alter, Geschlecht, Bildungsniveau und Testleistung die gleichen Aufgabenparameterschätzungen.

7.4 Normen: Aufgrund der Gültigkeit des Rasch-Modells ist die Stichprobenunabhängigkeit der Personen- und Aufgabenparameter gegeben (spezifische Objektivität). Die Daten, auf deren Grundlage man die Rohwerte in Standardwerte transformieren kann, wurden im Zeitraum November 1994 bis Mai 1995 in einer westdeutschen Großstadt an einer Stichprobe von N = 615 Personen (302 männlich und 313 weiblich) erhoben und aufgrund des Zusammenhangs von r = .35 zwischen INKA und Schulnoten nach Bildungsniveau untergliedert (Hauptschule, Realschule, Abitur und Hochschule). Es ist aber auch möglich, einen Standardwert für einen Probanden im Vergleich zur Gesamtstichprobe anzugeben. Das Alter der Probanden betrug zwischen 14 und 39 Jahren, im Mittel 20;7 Jahre. Tabellen zu Personenparametern fehlen.

Verfasserin: Franzis Preckel

Konzentrations-Leistungs-Test (KLT)

H. Düker
Hrsg.: G.A. Lienert
Göttingen: Hogrefe, 2. Auflage 1965

1. Testart Allgemeiner Leistungstest

2. Testmaterial Handanweisung (DIN A5, 28 Seiten), Testbogen Schwierigkeitsstufe C (nur für Volksschüler, d. h. nach heutigem Verständnis Schüler der 4. bis 8. Klasse) Form A und B, Testbogen für Jugendliche und Erwachsene Form A und B, 4 Auswertungsschablonen; zusätzlich: Schreibgerät, Stoppuhr.

3. Testgliederung Homogener Test mit zwei Schwierigkeitsstufen in den Parallelformen A und B.

4. Grundkonzept Der KLT gehört zu den bekanntesten Konzentrationstests und liegt in der Fassung von 1959 vor. Dem Verfahren liegt ein von Düker formuliertes Konzept der Koordination zugrunde. Das Lösen der KLT-Aufgaben erfordert danach die Koordination folgender Einzeltätigkeiten: Auffassen, Rechnen, Merken, Vorstellen und Entscheiden. Je größer die Konzentrationsfähigkeit ist, um so schneller und störungsfreier verläuft die Koordination, um so schneller und exakter werden die komplexen Rechenaufgaben des KLT bearbeitet und gelöst.

5. Durchführung **5.1 Alter:** Anwendbar ab dem 4. Schuljahr (Grundrechenarten müssen beherrscht werden).

5.2 Formen: Zwei Schwierigkeitsstufen: C (für Volksschüler, d. h. Schüler der 4. bis 8. Klasse) und D (für Jugendliche und Erwachsene). Für jede Schwierigkeitsstufe gibt es die Parallelformen A und B.
Der KLT ist als Einzel- und Gruppentest durchführbar.

5.3 Handhabung: Die Testbogen enthalten standardisierte Instruktionen, die sich die Probanden durchlesen. Sie werden durch ebenfalls standardisierte Hinweise des Testleiters ergänzt. Jedes Item besteht aus zwei Rechenaufgaben, die der Proband lösen soll. Bei der geringeren Schwierigkeitsstufe C muß der Proband das jeweils kleinere Ergebnis vom größeren abziehen. Bei der Schwierigkeitsstufe D geschieht das nur, wenn das Ergebnis der oberen Zeile größer ist. Im anderen Fall, wenn das Ergebnis der unteren Zeile größer ist, sind beide Resultate zu addieren. Die Vorgehensweise wird an zwei Beispielen und vier Probeaufgaben geübt, bevor der eigentliche Test beginnt.

5.4 Zeit: Die Durchführung des Tests dauert 30 Minuten, hinzu kommen etwa 8 Minuten für die Instruktion. Die Durchführungszeit kann auf 20 Minuten verkürzt werden.

6. Auswertung

6.1 Modus: Der Rohwert für die Leistungsmenge wird durch Auszählen der (richtig oder falsch) bearbeiteten Items ermittelt. Mit Hilfe des Lösungsschlüssels stellt man die Anzahl der Fehler fest. Dieser Fehler-Rohwert (RW-F) wird zunächst in den Fehler-Prozentwert (F%) und dann in den Fehlerquotienten (FQ) umgerechnet. Für die Mengenleistung gibt es Tafeln mit grafischen Normdarstellungen, daraus sind Prozentrang- und Standardwerte zu entnehmen. Die Größe des FQ ermöglicht eine Grobklassifikation in über- und unterdurchschnittliche Fehleranteile, eine differenzierte Normierung wurde wegen der geringen Zuverlässigkeit des Fehlerwertes nicht vorgenommen.

6.2 Zeit: Keine Angaben. Der Normwert der Mengenleistung ist sehr schnell ermittelt, etwas umständlicher ist der Vergleich der Lösungen mit den richtigen Antworten.

7. Gütekriterien

7.1 Objektivität: Die Durchführungsobjektivität ist durch die Standardisierung der Untersuchungssituation gewährleistet. Die Auswertungsobjektivität kann durch Ablesefehler bei den grafischen Normdarstellungen möglicherweise etwas beeinträchtigt werden.

7.2 Reliabilität: Die Zuverlässigkeitskontrolle ergab bei Anwendung der Unterteilungsmethode (Zeitfraktionierung) an zwei Stichproben (N = 120 Oberschüler, N = 120 Berufsschüler) Koeffizienten von r = .94 bzw. r = .96 für die Leistungsmenge. Für die Fehlerzahl lagen die Koeffizienten deutlich niedriger (r = .50 bzw. r = .65).
Die Retestkoeffizienten (Testwiederholung nach 8 Wochen) lagen bei drei Schülergruppen (N = 38 bis 53) für die Leistung bei r = .86 bis r = .88. Für die Fehlerzahl wurde mit zunehmendem Alter ein rapides Absinken der Zuverlässigkeit von r = .74 auf r = .05 festgestellt.

7.3 Validität: Der Anspruch auf Gültigkeit des KLT wird empirisch mit den Ergebnissen von drei Untersuchungen begründet:

1. Eine Behandlung von mehr als 100 leistungsschwachen Patienten mit Keimdrüsenhormonen führte 1957 zu einem Anstieg der KLT-Leistung und des beruflichen Leistungserfolgs (als Außenkriterium).
2. Die tetrachorische Korrelation zwischen dem Lehrerurteil (Extremgruppenvergleich Lehrerurteil „aktiv“ oder „passiv“) und der Testleistung betrug r = .50.
3. Die punktbiseriale Korrelation von Lehrerurteilen (Extremurteile) mit der KLT-Leistung erbrachte Koeffizienten r = . 40 bzw. r = .37 („Willenskraft“ und „Ausdauer“).

Eine Interkorrelation der KLT-Leistung mit 9 Untertests des IST von Amthauer (N = 53) erbrachte Werte von r = .21 bis r = .33.

7.4 Normen: Die Eichstichproben von 1959 bestehen aus 454 Volksschülern, 3034 Berufs- und Berufsfachschülern, 2714 Schülern höherer Schulen und 427 Erwachsenen. Der Anhang enthält differenziert nach Alter, Geschlecht, Berufsgruppe und Schulklassenzugehörigkeit grafisch dargestellte Normen für die verschiedenen Personengruppen.

Der KLT bietet viele differenzierte Normen, von denen einige allerdings auf einer zahlenmäßig unzureichenden Basis beruhen. Die Handanweisung enthält keine Altersnormen für Oberschüler und Erwachsene.
Wird der KLT mit verkürzter Durchführungszeit angewandt, müssen die Rohwerte mit dem Faktor 1,5 multipliziert werden, damit die Normen gültig bleiben.

Bearbeiterin: Silvia Andrée

Konzentrations-Verlaufs-Test (KVT)

D. Abels
Göttingen: Hogrefe, 2., verbesserte Auflage 1974

1. Testart Allgemeiner Leistungstest

2. Testmaterial 60 Kärtchen (6 × 6 cm), die mit jeweils 36 zweistelligen Zahlen bedruckt sind, ein Arbeitsblatt (DIN A5), ein Auswertungsblatt, eine Auswertungsschablone und die Handanweisung (DIN A5, 27 Seiten mit einem Anhang 3 Seiten); zusätzlich: Stoppuhr.

3. Testgliederung Beim KVT handelt es sich um einen Kartensortiertest. Er besteht aus 60 verschiedenen Kärtchen, die nach bestimmten Regeln auf vier Stapel sortiert werden müssen. Er ist im Gegensatz zu anderen Konzentrationstests nicht zeitbegrenzt.

4. Grundkonzept Der KVT basiert auf dem Karten-Sortierversuch von Münsterberg (1912) und ist eine Weiterentwicklung des Zahlensortierversuchs, der in den zwanziger Jahren im Leipziger Psychologischen Institut angewandt wurde. Der Test wurde vom Autor weiter standardisiert und normiert. Um eine „genaue Analyse des Arbeitsvorganges" (S. 3) zu ermöglichen, wurden die Rückseiten der Kärtchen numeriert; dies soll eine Analyse des Arbeitsvorgangs erlauben. Der Autor sieht folgende Vorteile des KVT gegenüber ähnlichen Tests: (1) schnelle Auswertbarkeit, (2) der Test soll einen Einblick in den Prozeß der Arbeit ermöglichen, (3) auch Schreibungewohnte können ihn durchführen und (3) der Test sei berufsnäher konzipiert. Allerdings enthält das Handbuch keinen konzeptuellen oder theoretischen Rahmen des Konstruktes Konzentration noch eine Abgrenzung zu Aufmerksamkeitskonzepten.

5. Durchführung **5.1 Alter:** Erwachsene (sonst keine Angaben), Schüler des 5. und 6. Schuljahres.

5.2 Formen: Einzel- und Gruppenversuch mit bis zu maximal 25 Probanden. Es gibt keine Parallelform.

5.3 Handhabung: Jeder Proband erhält ein Päckchen mit 60 Zahlenkarten, ein Auswertungsblatt und ein Arbeitsblatt (auf dem Groß- und Fettdruck die einzusortierende Zahl vermerkt ist). Diese – in einer festen Reihenfolge – vorsortierten Karten müssen nach den folgenden vier Suchkriterien auf das Arbeitsblatt in ein entsprechendes Feld einsortiert werden: ob auf den Kärtchen (1) die Zahl 43, (2) die Zahlen 43 und 63, (3) die Zahl 63, oder (4) keine von beiden Zahlen enthalten sind. Der Testleiter instruiert die Probanden mündlich anhand der im Testheft vorgegebenen standardisierten Instruk-

tion. Er stoppt die Zeit, die der Proband bis zum vollständigen Sortieren der Karten benötigt (inklusive Öffnen des Kärtchenstapels).
Bei einer Gruppentestung ist den Probanden nach Beendigung des Tests leise mitzuteilen, daß der Proband die Reihenfolge der Zahlen – die hinten auf dem Kärtchen vermerkt sind – in die entsprechenden Felder des Arbeitsblattes selbst einzutragen hat. Danach sollen die Probanden die Karten wieder in die richtige Reihenfolge von 1 bis 60 bringen, um den Kartenstapel für weitere Untersuchungen verwendbar zu machen.

5.4 Zeit: Der Test ist nicht zeitbegrenzt. Die Testdauer variiert zwischen 7 bis 16 Minuten (Nettobearbeitungszeit bei 95 % des Eichkollektives). Zusätzlich muß Zeit für das Vorlesen der Instruktion und das Rücksortieren der Karten hinzugerechnet werden.

6. Auswertung

6.1 Modus: Die Auswertung erfolgt mit Hilfe einer Schablone. Die Arbeitszeit und die Fehlerzahl werden ermittelt, daraus können Standardwerte für die Tempoleistung (Zeit), die Konzentrationsleistung (Fehler) und die Sorgfaltsleistung (Fehler und Tempo) in Tabellen abgelesen werden. Eine Verlaufsskala der Fehler soll die Ermittlung von Phasen besonderer Fehleranfälligkeit ermöglichen. Es werden 3 Fehlerarten unterschieden: (1) Fehler mit einer übersehenen Zahl; (2) Fehler mit zwei übersehenen Zahlen und Fehler (D-Fehler); (3) Fehler, bei denen eine nicht vorhandene Zahl gesehen wurde (I-Fehler).

6.2 Zeit: Es wird ein geringer Zeitbedarf für die Auswertung von 1 bis 2 Minuten angegeben.

7. Gütekriterien

7.1 Objektivität: Die Instruktion ist standardisiert. Die Durchführungsobjektivität ist lediglich bei der Gruppentestung nicht gewährleistet, da insbesondere langsamere Probanden durch die durchzuführenden Aktivitäten der bereits fertigen Probanden gestört werden. Die Auswertungsobjektivität ist nur für die standardwert-bezogenen Kennwerte gesichert.

7.2 Reliabilität: Die Reliabilität (im Handbuch mit „Konstanz“ bezeichnet und nach der Testhalbierungsmethode geprüft) liegt bei r_{tt} = .67 (N = 157). Damit erzielt der KVT eine unzureichende Reliabilität.

7.3 Validität: Der Autor bleibt in der Handanweisung den empirischen Nachweis für die Gültigkeit seines Verfahrens schuldig. Der Verweis auf langjährige (unkontrollierte) Erfahrung reicht dazu nicht aus. Er verweist lediglich auf die schwach negativen Korrelation zwischen Zeit und Fehlerbewertung (r = –.19; N = 503). Der Autor berichtet auch von einer weitgehenden Intelligenzunabhängigkeit. Es werden in der Höhe geringe und nicht signifikante Korrelationen mit nicht weiter benannten Intelligenzleistungen (r = .03, N = 163) und mit der Tempoleistung (r = .04, N = 353) beim Formensortieren nach Klemm berichtet. Andere Autoren fanden hohe Validitäten (vgl. Jäger, 1960; Schmale & Schmidtke, 1960). Bartenwerfer (1964) berichtet von einer persönlichen Mitteilung von Seyfried (1962), nach der Vierfelder-Korrelationen von r_{ic} = .60 bis.83 zwischen der Lehrerbeurteilung der Konzentrationsfähigkeit und den KLT-Fehlerwerten bestünden. Diese wurden allerdings an Extremgruppen ermittelt und können daher als überhöht angesehen werden (Bartenwerfer, 1964). Es muß stark bezweifelt werden, ob der KVT den Verlauf der Konzentrationsleistung erfaßt, da der KVT nur eine Beurteilung der

Fehlerabfolge, aber keine genaue zeitliche Lokalisation der Fehler erlaubt – insbesondere, da beim KVT jede Versuchsperson im eigenen Tempo arbeitet. Außerdem kann nicht angenommen werden, daß dieses individuelle Tempo über die Zeit immer konstant ist.

7.4 Normen: Der KVT ist an großen Stichproben genormt (N = 1171 für Zeit und Fehler getrennt; 1201 für die kombinierte Zeit-Fehlerbewertung). Die Angaben, für welchen Altersbereich die Normen gültig sind sowie Angaben zum sozio-ökonomischen Status fehlen aber. Der Autor gibt lediglich an, daß der Test bisher erst ab dem 15. Lebensjahr angewandt wurde und die Konzentrationsleistung zwischen dem 15. und 45. Lebensjahr nicht genügend signifikant differieren. Er berichtet aber weder Mittelwerte, Standardabweichungen oder Angaben zur Signifikanz. Zum sozioökonomischen Status merkt der Autor lediglich an, daß sich die Probanden berufsmäßig etwa zu gleichen Teilen aus Angestellten und Anwärtern des öffentlichen Dienstes sowie aus Angehörigen verschiedener technischer und kaufmännischer Berufe zusammensetzen. Damit ist der Altersbereich des KVT nicht klar umrissen und die Stichprobenbeschreibung als unzureichend zu bezeichnen. Es stellt sich daher auch die grundsätzliche Frage nach der Stichprobenrepräsentativität. Es liegen auch Normen für Schüler des 5. und 6. Schuljahres von 1974 vor. Die Normen für Zeit, Fehler und die Kombination aus Zeit und Fehlern werden in Standard-Werten angegeben. Da die Normen aus dem Jahre 1960 und 1974 stammen, ist deren Aktualität fraglich.

8. Literatur

Bartenwerfer, H. (1964). Allgemeine Leistungstests. In R. Heiss (Hrsg.), *Handbuch der Psychologie* (Bd. 6). Göttingen: Hogrefe.

Jäger, A.O. (1960). Zum prognostischen Wert psychologischer Eignungsuntersuchungen. *Psychologische Rundschau, 11,* 160–178.

Münsterberg, H. (1912). Experimentalpsychologie und Berufswahl. *Zeitschrift für experimentelle Pädagogik und Pädagogische Psychologie, 13,* 1–7.

Schmale, H. & Schmidtke, H. (1960). Optische Reaktionszeit als leistungsbegrenzender Faktor bei Kontrolltätigkeiten. *Psychologie und Praxis, 4,* 147–156.

Bearbeiter: Markus Bühner

1.3

Konzentrationstest für 3. und 4. Klassen (KT 3–4)

R. Heck-Möhling (unter Mitarbeit von J. Reinhard und J. Boehle)

Hrsg.: Deutsches Institut für Internationale Pädagogische Forschung
Weinheim: Beltz Test GmbH, 2., unveränd. Auflage 1993

1. Testart Allgemeiner Leistungstest, Schultest

2. Testmaterial Manual (30 Seiten) mit Anleitung und Normentabellen, Testheft; zusätzlich: Filz- oder Buntstift, Stoppuhr; bei Gruppentest: Wandtafel, Kreide.

3. Testgliederung Homogener Test; 13 Testseiten mit jeweils 30 Würfelaufgaben.

4. Grundkonzept Ziel des Verfahrens ist die Erfassung der Konzentrationsfähigkeit von Schülern über einen längeren, pädagogisch relevanten Zeitraum. Die Autoren definieren hierbei Konzentration als zügige und korrekte Bearbeitung einer Anzahl gleicher Aufgaben, die durch die Indikatoren Genauigkeit, Arbeitstempo und Art der Fehler bestimmt werden.

5. Durchführung **5.1 Alter:** 3. und 4. Schuljahr, keine genauen Altersangaben.

5.2 Formen: Einzel- und Gruppentest. Parallelform nicht vorhanden.

5.3 Handhabung: Nach einer standardisierten Einführung mit Übungsbeispiel bearbeiten die Schüler den Test ohne weitere Unterbrechung. Dabei sind jeweils 6 Testwürfel pro Zeile mit vier Musterwürfeln am Anfang der Testseite zu vergleichen und bei Entsprechung zu markieren.

5.4 Zeit: Die reine Testzeit beträgt 20 Minuten; die Gesamtzeit der Durchführung ca. eine Schulstunde.

6. Auswertung **6.1 Modus:** Ermittelt werden die Anzahl der richtigen Lösungen (RL), übersehene (Fehler A) und falsch durchgestrichene Würfel (Fehler B) sowie die Gesamtzahl der bearbeiteten Aufgaben (GZ). Die Rohwerte RL, GZ und Gesamtzahl der Fehler lassen sich anhand der Normentabellen in T-Werte und Prozentränge umrechnen.

6.2 Zeit: Keine Angaben.

7. Gütekriterien **7.1 Objektivität:** Standardisierte Durchführungs- und Auswertungsbestimmungen gewährleisten die Durchführungs- und Auswerteobjektivität des Tests. Hinweise zur Interpretation der Testwerte sind vorhanden.

7.2 Reliabilität: Die Split-Half-Reliabilität des RL-Wertes (odd-even-Aufteilung der 390 Items) beträgt r = .99 (3. und 4. Klassen; N jeweils = 200). Die Retest-Reliabilitäten wurden bei einem Zeitintervall von 4 bis 6 Wochen jeweils im 1. und 2. Schulhalbjahr ermittelt. Es ergaben sich für die 3. Klasse

Werte von r_{tt} = .53 und .66 (1. und 2. Schulhalbjahr; N = 179 und = 88) und für die 4. Klasse von r_{tt} = .59 und .86 (1. und 2. Schulhalbjahr; N = 279 und 23).

7.3 Validität: Inhaltliche Gültigkeit: Nach Meinung der Autoren ist die Gültigkeit durch eine Expertenbefragung (Lehrer, Psychologen) zur Angemessenheit der Aufgaben hinreichend gesichert.
Zur Berechnung der kriteriumsorientierten Validität wurde der KT 3–4 mit anderen Konzentrationstests verglichen. Die Korrelationskoeffizienten lagen für die GZ-Werte zwischen r = .41 (KT 3–4 mit d2 von Brickenkamp; N = 99) und r = .49 (KT 3–4 mit KLT von Düker & Lienert; N = 101) und für die Gesamtfehlerwerte bei r = .27 bzw. .30.
Ein bedeutsamer Zusammenhang zwischen den Kennwerten des KT 3–4 und der intellektuellen Leistungsfähigkeit (AzN 4+ von Hylla & Kraak) ließ sich nicht feststellen (N = 85).
Faktorenanalysen über die Kennwerte des KT 3–4, des d2, Schulnoten und Lehrerratings zur Konzentration ergaben die beiden Faktoren Mengenleistung und Leistungsgüte, wobei der d2 offenbar keine deutlichen Ladungen auf diesen Faktoren aufwies (die Faktorenanalysen sind allerdings unzulänglich dargestellt).

7.4 Normen: Es existieren getrennte Normen für die einzelnen Schulhalbjahre der 3. und 4. Klassen mit separaten Angaben für Jungen und Mädchen (N gesamt = 7092). PR-Werte und T-Werte sind angegeben.

8. Literatur

Kaiser, A.H. (1987). Konzentrationstests für 3. und 4. Klassen (KT 3–4) von R. Heck-Moehling unter Mitarbeit von J. Reinhard und J. Boehle. In R. Horn, K. Ingenkamp & R.S. Jäger (Hrsg.), *Tests und Trends. Jahrbuch der pädagogischen Diagnostik* (Bd. 6, S. 184–187). München: Psychologie Verlags Union.
Rees, U.M. (1986). Konzentrationstest für 3. und 4. Klassen (KT 3–4). R. Heck-Möhling unter Mitarbeit von J. Reinhard und J. Boehle. *Diagnostica, 32,* 266–267.
Winkelmann, W. (1986). Konzentrationstest für 3. und 4. Klassen (KT 3–4). Renate Heck-Möhling. *Zeitschrift für Differentielle und Diagnostische Psychologie, 7,* 170–172.

Bearbeiter: Joachim Thomas und Arno Koch

1.3

Lern- und Merkfähigkeitstest (LMT)

H. Seyfried
Wien: Verlag Ketterl, 1990

1. Testart Allgemeiner Leistungstest

2. Testmaterial Handanweisung (DIN A4, 40 Seiten); je ein Lernheft, ein Antwortblatt und eine Auswerteschablone für die Testformen A und B. Zusätzlich werden benötigt: Stifte und Stoppuhr.

3. Testgliederung Der LMT besteht aus vier Untertests:
1. Text (22 Items)
2. Formen (10 Items)
3. Wörter (20 Items)
4. Bilder (30 Items)

4. Grundkonzept Der LMT soll die Lern- und Merkfähigkeit erfassen. Dabei wird eine im Vergleich zu den häufig in Intelligenztests enthaltenen Skalen differenziertere Erfassung des Merkmals angestrebt. Vorrangiges Ziel der Testkonstruktion war es, ein ökonomisch einsetzbares Verfahren als Grundlage der Bildungsberatung in den Sekundarstufen I und II zu entwickeln. Darüber hinaus werden auch in Therapie- und Förderbemühungen wichtige Anwendungsbereiche des LMT gesehen.

5. Durchführung **5.1 Alter:** Ab 10. Lebensjahr.

5.2 Formen: Testformen A und B, die auch durch unterschiedliche Farben gekennzeichnet sind.

5.3 Handhabung: Der Testleiter verteilt zunächst die Lernhefte. Dann erfolgt die sogenannte Lernphase, deren Instruktion in standardisierter Form in der Handanweisung vorgegeben ist. Der Testleiter gibt die Lernzeiten für die vier Untertests vor und sorgt für deren Einhaltung. Die Probanden haben die Aufgabe, sich möglichst viel zu merken. Sie dürfen dabei keine Notizen machen. Anschließend werden die Lernhefte eingesammelt und die Antwortblätter ausgeteilt. Es erfolgt die standardisierte Instruktion für die Wiedergabephase. In der Wiedergabephase bearbeiten die Probanden das Antwortblatt wiederum gemäß den Zeitangaben des Testleiters. Aufgabe der Probanden ist es, sich gemäß den Items des Antwortblattes nacheinander an Text, Formen, Wörter und Bilder des Lernhefts zu erinnern. Nach Abschluß des letzten Subtests sammelt der Testleiter die Antwortblätter möglichst schnell wieder ein, damit keine nachträglichen Ergänzungen und Korrekturen gemacht werden können.

5.4 Zeit: Der Gesamtzeitaufwand zur Durchführung beträgt im Falle einer

Gruppenuntersuchung 35 bis 40 Minuten und ca. 30 Minuten im Falle einer Individualuntersuchung. Dabei entfallen 10.5 Minuten auf die Lernphase und 11.5 Minuten auf die Wiedergabephase, die übrige Zeit auf Einführung sowie Austeilen und Wiedereinsammeln der Materialien.

6. Auswertung

6.1 Modus: Anhand von Auswertungsschlüsseln in der Handanweisung werden die Untertests Text und Bilder ausgewertet. Für die Auswertung der Untertests Formen und Wörter werden Auswerteschablonen verwendet. Die so ermittelten Rohwerte der vier Untertests werden zum Gesamttestwert addiert. Anhand von Normentabellen können die Rohwerte in T-Werte und Prozentränge überführt werden.

6.2 Zeit: Pro Antwortblatt (= pro Proband) werden ca. 2 Minuten einschließlich Ermittlung und Eintragen der Normwerte benötigt.

7. Gütekriterien

7.1 Objektivität: Die Objektivität kann für die Durchführung durch die standardisierten Instruktionen als gegeben betrachtet werden. Auswertungsobjektivität wurde durch Auswerteschlüssel und -schablonen angestrebt, die jeweils eindeutige Lösungen enthalten. In einer Objektivitätsstudie mit vierzehn unerfahrenen Beurteiler/innen ergaben sich bezüglich der Subtests Übereinstimmungskoeffizienten von r = .96 bis r = .99.

7.2 Reliabilität: Die Reliabilität des LMT wurde mit mehreren Methoden bestimmt. Nach der Split-Half-Methode liegen die Reliabilitätskoeffizienten für die vier Untertests zwischen r = .67 bis r = .86 (aufgewertet nach Spearman-Brown-Formel r = .82 bis r = .90), wobei die Stichprobengröße in der Handanweisung nicht angegeben ist. Die durch die Paralleltest-Methode geprüfte Zuverlässigkeit erbrachte für den Gesamttest Werte von r = .79 und r = .82. Der Abstand zwischen beiden Testzeitpunkten betrug 3 bis 4 Wochen (bei N = 30 bzw. N = 21 Aufnahmebewerbern für Krankenpflegeschulen und Sozialakademien). Die Retest-Reliabilität wurde mittels Testwiederholung mit derselben Testform geprüft. Die zeitliche Differenz zwischen den beiden Testzeitpunkten betrug auch hier 3 bis 4 Wochen (N = 65 Schüler 4. Klassen). Der errechnete Koeffizient lag bei r = .83. Bei einer weiteren Stichprobe (N > 130 12- bis 14jährige Hauptschüler) wurde für den Gesamttest eine Re-Test-Reliabilität von r = .80 bestimmt. Der zeitliche Abstand der Testzeitpunkte betrug 31 Tage. Die Zuverlässigkeit des Verbalteils des LMT (UT Text + UT Wörter) liegt mit r = .85 höher als die des nonverbal-figuralen Teils (UT Formen + UT Bilder) mit r = .72.

7.3 Validität: Auf die inhaltliche Gültigkeit wird aufgrund von „Selbstbeobachtung bei der Testdurchführung" geschlossen. Faktorenanalysen an zwei kleinen Stichproben ergaben einen verbalen und einen nonverbalen-figuralen Faktor (N = 27 bzw. N = 44). Konstruktvalidität wird im Hinblick auf Wickelgrens (1970) mittelfristiges Gedächtnis gesehen, ohne daß der Zusammenhang aber weiter elaboriert wird. Zur Bestimmung der Konstruktvalidität werden die Zusammenhänge mit mehreren anderen Testverfahren sowie mit den Schulnoten (Lehrerbeurteilungen) bestimmt. So fand sich etwa eine Korrelation mit dem IST-Gesamtscore von r = .50 (N > 80 Aufnahmebewerber in Krankenpflegeschulen und Sozialakademien). Bei einer weiteren Stichprobe (N > 400 14jährige) wurden Zusammenhänge u. a. mit dem Bildungs-Beratungs-Test (Verbalteil) von r = .64 (N > 400 14jährige), mit dem Test Verständiges Lesen 7 bis 9 von .60 und mit dem Mathematiktest 8+ von r = .54 nachgewiesen. Niedrigere Zusammenhänge ergaben sich mit Aspekten des Konzentrationstests IV (r = –.06 mit dem Fehlerprozent bis r = .26 mit der Gesamtzahl). Signifikante Korrelationen des LMT-Gesamttestwerts ergaben sich für die meisten der schulischen Leistungsbeurteilungen bei einer Stichprobe von N = 180 Schülern 4. Klassen. Die Zusammenhänge variieren dabei von r = .11 („Leibesübungen") bis r = –.46 („Geschichte und Sozialkunde"). Die Selbstbeurteilung der Merkfähigkeit wird als weiterer Beleg der Validität herangezogen: Schüler mit niedrigerer Selbstbeurteilung der Merkfähigkeit (N = 30) weisen geringere LMT-Ergebnisse auf als Schüler mit besserer Selbstbeurteilung (N = 60).

7.4 Normen: Es liegen Normen aus repräsentativen Stichproben (insgesamt mehr als 2500 Personen) für Schüler der Altersstufen 12;6 bis 16;5 Jahre sowie für Aufnahmebewerber in Krankenpflegeschulen bzw. Sozialakademien vor. Zusätzlich sind Grobnormen in Form von T-Werten in Abständen von 5 Einheiten (C-Werte) angegeben. Ebenfalls enthalten ist eine Normentabelle für Studierende an Universitäten (N > 130 Studierende der Psychologie, Pädagogik und Medizin).

8. Literatur

Wickelgren, W.A. (1970). *Multitrace strength theory. Models of human memory.* New York: Academic Press.

Verfasser: Frank Fischer

Revisions-Test (Rev.T.)

G. Marschner
Göttingen: Hogrefe, 1972 und 1980 (Teil 2)

1. Testart Allgemeiner Leistungstest

2. Testmaterial Handanweisung (52 Seiten), Handanweisung Form S (80 Seiten), Beiheft, Testbogen A, Testbogen S, Auswertungsbogen, Schablone für Form A und S; zusätzlich: Stoppuhr und Schreibgerät.

3. Testgliederung Homogener Test. Der Revisionstest besteht aus 15 Testzeilen mit jeweils 44 Additions- (Form A) bzw. Subtraktionsaufgaben (Form S).

4. Grundkonzept Das Verfahren geht prinzipiell auf Vorschläge von Giese (1924) zurück. Stender (1955) vergrößerte die Anzahl der Aufgaben und modifizierte die Auswertung. Marschner standardisierte und erweiterte den Revisionstest nach testtheoretischen Gesichtspunkten. Der Test ähnelt stark dem Pauli-Test, allerdings müssen die Ergebnisse der Additionen lediglich auf ihre Richtigkeit geprüft werden. Untersucht werden soll die „anhaltende Konzentration bei routinemäßiger, geistiger Tempoarbeit („Belastbarkeit"; S. 4, Teil I). Der Test soll auch Informationen über den Arbeitsstil und das Arbeitsverhalten des Probanden liefern.

5. Durchführung **5.1 Alter:** Keine Angaben.

5.2 Formen: Zwei Formen; Form A enthält Additionsaufgaben und Form S Subtraktionsaufgaben.

5.3 Handhabung: Der Rev.T. kann als Einzel- und Gruppentest durchgeführt werden. Die Form S wird hauptsächlich für Wiederholungsuntersuchungen verwendet. Da sich die Instruktionen der Form S und A unterscheiden, können beide Formen nicht parallel innerhalb eines Gruppentests eingesetzt werden. Vor Beginn des Tests ist u. a. darauf zu achten, daß den einzelnen Probanden genügend Platz zum Ausfüllen der DIN-A3-Bogen zu Verfügung seht. Die standardisierten Instruktionen werden mündlich vorgegeben. Die Probanden müssen dann zeilenweise die Ergebnisse der Rechenaufgaben überprüfen. Der Testleiter stopt dabei die zulässige Bearbeitungszeit (jeweils 30 Sekunden) ab. Die Zeitmessung wird beim Zeilenwechsel angehalten und erst wieder nach Aufforderung „Bitte nächste Zeile" aufgenommen.

5.4 Zeit: Die Netto-Durchführungszeit beträgt 7 Minuten und 30 Sekunden.

6. Auswertung **6.1 Modus:** Gemessen wird (1) die Gesamtzahl der überprüften Aufgaben als Kriterium der Leistungsmenge und (2) die (absolute) Anzahl der Fehler.

Außerdem können zwei Arbeitskurven qualitativ analysiert werden. Die erste Kurve entsteht durch eine Linie, die jene Aufgaben verbindet, die in jeder Zeile zuletzt bearbeitet wurden. Sie dient der sogenannten „Mikroanalyse". Addiert man die Leistungsmengen von jeweils drei aufeinander folgenden Zeilen, erhält man fünf „Teilzeitgruppenwerte" (TZG), die – als Histogramm dargestellt – die zweite Arbeitskurve bilden und eine sogenannte „Makroanalyse" ermöglichen.

6.2 Zeit: Keine Angaben.

7. Gütekriterien

7.1 Objektivität: Die Instruktionen sind standardisiert und sollten eine hohe Durchführungsobjektivität gewährleisten. Allerdings läßt sich nicht ausschließen, daß die Testleiter unterschiedlich lange Pausen zwischen den Teilzeiten machen, was zu einer Beeinträchtigung der Durchführungsobjektivität führen muß. Die Auswertungsobjektivität der quantitativen Befunde ist als gesichert anzusehen. Hinweise zur Interpretation der Mengen- und Fehlerwerte fehlen. Zur Interpretation der Arbeitskurven werden Beispiele gegeben, die sich auf die „Strukturtypen des praktischen Handelns und Verhaltens" nach Herwig und Dirks beziehen. Dieser typologische Ansatz wird zwar erläutert, doch fehlen Anweisungen, welche Arbeitskurve welche Interpretation zu erfahren hat. Die Interpretationsobjektivität ist damit fraglich.

7.2 Reliabilität: Die Leistungsmenge beider Formen wurde hinsichtlich ihrer inneren Konsistenz und Stabilität an größeren Stichproben überprüft. Zur Schätzung der Konsistenz wurden die Rohwerte in den Teilzeitgruppen miteinander korreliert und nach Spearman-Brown aufgewertet. Für Form A wurde eine durchschnittliche Reliabilität von .93 ermittelt (N = 73, 100, 100) und für Form B von .97 (N = 965). Die Übereinstimmung der Formen A und S wurde an acht Stichproben mit Retest-Intervallen von 3 bis 5 Stunden bis 36 Monaten überprüft. Die mittlere Korrelation beträgt .81 (N = 1265). Für die Form A wurde auf die Ermittlung der Retest-Korrelationen verzichtet. Retestungen mit der Form S in Intervallen von 20 bis 36 Monaten erbrachten Korrelationen zwischen .74 und .91 (N = 42 bis 100). Angaben zu Übungsgewinnen liegen für die Form S nicht vor. Für klinische Stichproben ergaben sich ähnlich hohe innere Konsistenzen und Retest-Reliabilitäten (nach bis zu zwei Jahren r_{tt} = .80 und r_{tt} = .86, N = 127 und N = 102). Reliabilitätsangaben zur Fehlermenge fehlen.

7.3 Validität: Belege zur Übereinstimmungsvalidität mit anderen allgemeinen Leistungstests, darunter dem Test d2 (r = .59 bis .72, N = 60 bis 150), dem K-L-T (r durchschnittlich = .58, N = 69 bis 829), dem Pauli-Test (r = .84, N = 100) und den Untertests 9 + 10 des PSB (Form A: r = .55, N = 97; Form S: r = .65, N = 186; jeweils nach 4 Stunden), liegen vor. Für hirngeschädigte Patienten liegen ähnlich hohe Übereinstimmungskoeffizienten vor.

Zur Beurteilung der diskriminanten Validität sind Korrelationen mit Intelligenztests wichtig. Für den IST Gesamtwert wurden Korrelationen von .34 (Form A, N = 1108) und .29 (Form S, N = 210) gefunden. Zwischen den Standardwerten im Rev.T. und im HAWIE wurde bei N = 679 Personen (Fahreignungsprüfung) ein Zusammenhang von r = .44 festgestellt. Die Korrelationen mit dem FRT, CFT 3 und PSB (3 + 4) fielen niedriger aus (N = 72 bis 208). Mit den IST-Rechenaufgaben korreliert die Form S höher (r = .48) als die Form A (r = .27; N = 200). Dies ist ein Hinweis, daß die Leistung in

der Form S stärker von der Rechenfähigkeit abhängt. Hohe Korrelationen mit dem Zahlensymboltest aus dem HAWIE (r = .68 bis .85; N = 38 bis 679) können als Beleg für die konvergente Validität angesehen werden.
Die mittlere Kriteriumsvalidität über 20 Untersuchungen (z. B. zur Auswahl von Auszubildenden, Nachwuchskräften, zur Berufslaufbahnberatung und im Rahmen der schulischen bzw. beruflichen Bewährung) wird mit r = .64 (N = 28 bis 375) angegeben. Allerdings handelt es sich dabei meist um biseriale Korrelationskoeffizienten. Die Untersuchungen von Hamster (1978) an klinischen Patientengruppen ergänzen die Angaben zur Kriteriumsvalidität des Verfahrens.

7.4 Normen: Die Gesamtzahl kontrollierter Aufgaben (Leistungsmenge) ist für Kinder und Jugendliche (LA 9,6 bis 17;5), Erwachsene und besonders qualifizierte Leistungsgruppen normiert. Die Normen für höhere Altersstufen (LA 39;6 bis 60;5 und 60;6 bis 75) wurden von Hamster übernommen. Außerdem gibt es für beide Formen Tabellen zur Ermittlung der Fehler-Stanine-Werte. Die an männlichen Personen ermittelten Normwerte (Form A: N = 9825; Form S: N = 5700) werden, da bisher keine signifikanten Leistungsunterschiede zwischen den Geschlechtern nachgewiesen worden sind, bis auf weiteres auch auf weibliche Probanden angewandt. Die Normen stammen aus dem Jahre 1972 und 1980; damit ist deren Aktualität fraglich.

8. Literatur

Giese, F. (1924). Die Arbeitsprobe in der Psychodiagnostik. *Zeitschrift für Angewandte Psychologie, 23,* 126–187.
Hamster, W. (1978). *Empirische Untersuchungen zur diagnostischen Valenz von Leistungstests in der klinischen Psychologie.* Diss. Tübingen.
Schmidt-Atzert, L. & Ising, M. (1997). Ein Beitrag zur Konstruktvalidität von d2 und Revisionstest. *Zeitschrift für Differentielle und Diagnostische Psychologie, 18,* 241–250.
Stender, B. (1954). *Diagnostische Strukturanalyse mit Hilfe des Revisions-Tests.* Diss. Braunschweig.

Bearbeiter: Markus Bühner

Test d2 – Aufmerksamkeits-Belastungs-Test (Test d2)

R. Brickenkamp

Göttingen: Hogrefe, 8., erweit. und neu gestaltete Auflage 1994

1. Testart Allgemeiner Leistungstest

2. Testmaterial Handanweisung (91 Seiten), 1 Testformblatt (DIN A4), 2 Auswertungsschablonen, Auswertungsformblatt; zusätzlich: Schreibgerät und Stoppuhr; bei Gruppentests mit Kindern: Wandtafel und Kreide zu Demonstrationszwecken.

3. Testgliederung Homogener Test, 14 Testzeilen mit jeweils 47 Zeichen (die Zeilen 1 bis 3, 4 bis 6, 7 bis 9, 10 bis 12 und 13 bis 14 bilden jeweils identische Blöcke).

4. Grundkonzept Der Test d2 stellt eine standardisierte Weiterentwicklung der Durchstreichtests dar, die von Bourdon (1895, 1902) konzipiert wurden. Der Test d2 soll das Tempo und die Sorgfalt des Arbeitsverhaltens bei der Unterscheidung ähnlicher visueller Reize erfassen und damit Aussagen über die individuelle Konzentrationsleistung ermöglichen. Wie bereits von Fimm (1998) bemängelt, finden im Testhandbuch wichtige Theorien der Aufmerksamkeits- und Konzentrationsforschung keine Erwähnung. Auch Konzentrationsmodelle, wie das von Westhoff (1991), finden keine Berücksichtigung. Es wird lediglich auf die fokussierte Aufmerksamkeit im Sinne einer Reizdiskrimination unter Abschirmung von irrelevanten Zeichen eingegangen und auf die distributive Aufmerksamkeit. Der Autor stellt eine Minimaldefinition vor, nach der Aufmerksamkeit Selektion bedeutet und es sich damit beim Test d2 um einen Aufmerksamkeitstest handelt. In welcher Art und Weise sich Konzentration von Aufmerksamkeit abgrenzen läßt, wird genauso wenig diskutiert wie eine Abgrenzung zu verschiedenen anderen Aufmerksamkeitskonzepten (selektive Aufmerksamkeit als geteilte und fokussierte Aufmerksamkeit, Alertness, Daueraufmerksamkeit, Vigilanz). Auch die theoretische Konzeption des Tests d2 bleibt unklar. Er erfaßt zwar laut Testautor berechtigterweise Konzentration auf einem höheren Komplexitätsniveau, dennoch erscheint die Konstruktion eher von pragmatischen Gesichtspunkten als von theoretischen Annahmen geprägt zu sein. Allerdings teilt der Test d2 dieses Konstruktionsprinzip mit nahezu allen anderen Konzentrationstests.

Neuerungen: Die völlig überarbeitete 8. Auflage der Handanweisung bietet gegenüber früheren Auflagen einige wesentliche Änderungen: (1) Es wurde nach Angaben des Autors ein neuer verfälschungssicherer Konzentrationsleistungswert, der KL-Wert, eingeführt. (2) Zur Feststellung von instruktionswidriger Testbearbeitung dient das sogenannte Ü-Syndrom.

5. Durchführung **5.1 Alter:** 9 bis 60 Jahre.

5.2 Formen: Einzel- und Gruppentest möglich. Es gibt keine Parallelform. Eine computergestützte Fassung existiert (erste Testung); F, F%, rs = .30 bis .42 (Brickenkamp, Merten & Hänsgen, 1996).

5.3 Handhabung: Die Handanweisung enthält standardisierte Instruktionen für Kinder und für Erwachsene. Bei Kindern wird im Gruppenversuch die Testaufgabe an einer Wandtafel demonstriert. Vor dem Test wird an einer Übungszeile festgestellt, ob alle Teilnehmer die Aufgabe verstanden haben. Es geht darum, aus einer Reihe ähnlicher Zeichen jedes d, das mit insgesamt zwei Strichen versehen ist, „so schnell wie möglich – aber natürlich auch ohne Fehler" durchzustreichen. Die zur Verfügung stehende Zeit wird (im Regelfall) auf 20 Sekunden pro Testzeile begrenzt. Vor der Durchführung ist darauf zu achten, daß Probanden keine Sehstörungen, Paresen der dominanten Hand und aphasische Symptome aufweisen, da diese testbedingt zu Unterschätzungen der möglichen Testleistung führen können (vgl. Fimm, 1998, S. 149). Zusätzlich bietet der Autor 4 modifizierte Testinstruktionen an (z. B. Verkürzung der Bearbeitungszeit pro Zeile auf 15 Sekunden bei besonders leistungsfähigen Probanden oder bei Testwiederholung) an, warnt aber vor einer Anwendung der Normen, die auf der Standardinstruktion basieren.

1.3

5.4 Zeit: 4 Minuten und 40 Sekunden (bei Standarddurchführung; ohne Instruktion).

6. Auswertung

6.1 Modus: Die Auswertung ist vorbildlich erläutert, und im Anhang sind Auswertungsbeispiele aufgeführt. Folgende Kennwerte werden ermittelt:
GZ Wert: An einem Maßstab auf den Schablonen wird zeilenweise die Position des zuletzt bearbeiteten Zeichens. Durch Summierung der so bestimmten Teilmengen ergibt sich die Gesamtzahl der bearbeiteten Zeichen (GZ) als Kennwert des Bearbeitungstempos.
F% Wert: Die Leistungsgüte (Sorgfalt) ergibt sich aus dem Fehleranteil (F%). Die Auslassungs- und Verwechslungsfehler werden mit Hilfe von 2 Schablonen ausgezählt und anschließend prozentual auf die Leistungsmenge bezogen.
GZ-F und KL Wert: Ein fehlerkorrigierter Leistungswert wird durch Subtraktion der Fehlerzahl vom GZ-Wert gebildet. Der neu eingeführte Konzentrationsleistungswert (KL) besteht aus der Summe aller richtig durchgestrichenen Zeichen, abzüglich der Verwechslungsfehler. Der Vorteil dieses Gesamtleistungswerts gegenüber dem GZ-F Wert soll darin bestehen, daß sich die Probanden weder durch oberflächliches Arbeiten, unkonzentriertes Überspringen von Testteilen noch durch wahlloses Durchstreichen aller Zeichen ungerechtfertigte Leistungsvorteile verschaffen können.
Ü-Syndrom (Bearbeitungsstrategien): Ein Ü-Syndrom liegt vor, wenn die Mengenleistung (GZ) über einem Prozentrang von PR = 90 liegt und die Sorgfaltsleistung F% unter PR = 10. In diesem Fall liegt der Verdacht nahe, daß der Proband instruktionswidrig Zeichen übersprungen hat. Eine andere Strategie, zufällige Testbearbeitung zu erkennen, beschreiben Schmidt-Atzert und Bühner (1998). Da das Zeichen p mit einem Strich normalerweise sehr selten markiert wird, sprechen mehrere Fehler bei diesem Zeichen für eine zufällige Testbearbeitung.
Maße der Leistungsschwankung: Die Schwankungsbreite (SB) wird als Differenz zwischen der größten und kleinsten Teilleistung (bearbeitete Zeichen

pro Zeile) bestimmt. Sie gehört zu den weniger reliablen Kennwerten, was u. a. damit zusammenhängen kann, daß nicht immer die gleiche Bearbeitungszeit pro Zeile eingehalten wird. Weiterhin können die in jeder Zeile zuletzt markierten Zeichen zu einer „Arbeitskurve" verbunden werden. Die Fehlerverteilung (F-Vert.) bietet Anhaltspunkte dafür, ob sich die Fehler annähernd gleichmäßig über die Testphasen verteilen. Fay (1995, S. 295) rät von einer Interpretation ab, solange „für diese Variable im Handbuch weder ein Erwartungswert, noch ein Reliabilitätsmaß noch ein Validitätsbeleg zu finden sind".

6.2 Zeit: Keine Angaben.

7. Gütekriterien

7.1 Objektivität: Standardisierte Instruktionen und klare Auswertungsrichtlinien sollten eine hohe Durchführungs- und Auswertungsobjektivität gewährleisten. Ein Interpretationsschema sowie ein Klassifikationsschema des Testverhaltens dienen der Interpretationsobjektivität.

7.2 Reliabilität: Die innere Konsistenz der Meßwerte GZ, GZ-F und KL erwiesen sich stichprobenunabhängig und unabhängig von der angewandten Technik in nahezu allen Fällen als hoch reliabel (Md von r_{tt} = .95, Min. = .84, Max. = .98; Ngesamt > 1000). Für die Fehlerwerte (F, F%) wurden an 10 ausschließlich klinischen Stichproben ebenfalls sehr hohe Konsistenzen ermittelt (Md von r_{tt} = .96, Min. = .94, Max. = .96; N = 45 bis 90). Schmidt-Atzert und Bühner berichten Konsistenzen von r_{tt} = .96 bei Schädelhirnverletzten (N = 153), aber von nur .73 bzw. .88 bei Studenten (N = 120 und 105). Die Stabilität wurde bei Testwiederholungen nach 5 Stunden bis zu 40 Monaten geschätzt. Danach besitzen GZ, GZ-F und KL relativ hohe Stabilitätskoeffizienten (Md von r_{tt} = .88, Min. = .71, Max. = .94; N = 31 bis 110; kleinere Stichproben nicht berücksichtigt). Für den Fehlerrohwert wird ein Stabilitätskoeffizienten von r_{tt} = .75 angegeben (N = 110). Für F% liegen nur die Angaben an kleinen Stichproben (N < 30) verhaltensgestörter Kinder vor (r_{tt} = .37 und .61). Gleiches gilt für die Schwankungsbreite (r_{tt} = .52 und .49).

7.3 Validität: Es werden Korrelationen mit konstruktkonvergenten Tests (Rev.-Test, KLT, KVT und Pauli-Test) angegeben, die für die Leistungsmenge (GZ) zwischen r = .33 und r = .72 (Md von r = .45) und für den F% Wert zwischen r = .28 und r = .56 (Md von r = .47) liegen (N = 33 bis 240). Schmidt-Atzert und Ising (1997) ermittelten an einer Stichprobe von N = 524 Lehrstellenbewerbern eine Korrelation von r = .30 zwischen d2 GZ-Wert und Rev.-Test (GM). Steck (1996) verglich die Korrelationen (N = 75 und 102) zwischen dem d2-Test und einer 5, 20 und 30 Minuten langen Version des Pauli-Tests. Dabei erwies sich lediglich die Korrelation des d2 mit der 30-Minuten-Variante (r = .45) als signifikant niedriger als die mit der 5-Minuten-Variante (r = .52). Somit kann im Gegensatz zu Aussagen von Oswald und Hagen (1997) sowie Fimm (1998) zum jetzigen Zeitpunkt nicht ausgeschlossen werden, daß der d2-Test auch mittel- oder längerfristig andauernde Konzentration erfaßt.

Für die faktorielle Validität ist eine Untersuchung von Hellwig aufschlußreich, da sie auf einer hinlänglich großen Stichprobe basiert. Demnach bildet der GZ-Wert des d2 zusammen mit dem KLT-Leistungswert einen Konzentrationsfaktor, auf dem aber auch die Merkfähigkeit des IST deutlich lädt.

Ansonsten erwies sich die d2-Leistung als weitgehend unabhängig von Intelligenzfaktoren.
In zahlreichen Untersuchungen fanden sich meist nur niedrige Korrelationen mit diversen Intelligenztests (HAWIE-R, IST, CFT-3 und LPS). Eine Ausnahme stellen die Korrelationen mit der Merkfähigkeit (IST) und dem Zahlensymboltest des HAWIE dar.
Zur Kriteriumsvalidität finden sich zahlreiche Belege, insbesondere im Bereich der Kraftfahreignung, dem ABO-Bereich, in der Pädagogischen Psychologie, in der Klinischen und in der Medizinischen Psychologie und in der Sportpsychologie. Im Testhandbuch werden oftmals nur Signifikanzen ohne Mittelwerte, Standardabweichungen oder der Anzahl der Probanden angegeben. Dennoch ist der Test d2 durch viele statistisch abgesicherte Befunde in unterschiedlichen Anwendungsgebieten ausreichend bis gut validiert.

7.4 Normen: Im Anhang der Handanweisung sind geschlechts-, altersgruppen- und schulspezifische Normen für den Altersbereich von 9 bis 19 Jahren (N = 3132) sowie Normen für Erwachsene von 19 bis 59 Jahren (N = 3000) tabelliert. Für GZ und GZ-F sind Standardwerte und Prozentränge ablesbar. Für F% und SB sind die Prozentrangplätze 10, 25, 50, 75 und 90 angegeben. Allerdings stammen die Normen von 1969; damit ist deren Aktualität zumindest fraglich.

8. Literatur

Brickenkamp, R., Merten, T. & Hänsgen, K.-D. (1996). *Aufmerksamkeits-Belastungstest-d2-Computerversion – d2-C.* Göttingen: Hogrefe.
Fay, E. (1992). Über die Übbarkeit der Leistung in einem Durchstreichverfahren zur Messung der Konzentrationsfähigkeit. *Diagnostica, 38,* 310–311.
Fay, E. (1995). Testrezension: Aufmerksamkeits-Belastungs-Test d2. *Diagnostica, 41,* 291–296.
Fimm, B. (1998). Testrezension: der Aufmerksamkeits-Belastungs-Test d2 in seiner 8. Auflage. *Report Psychologie, 2,* 147–153.
Oswald, W.D. & Hagen, B. (1997). Testrezension: Test d2-Aufmerksamkeits-Belastungs-Test. *Zeitschrift für Differentielle und Diagnostische Psychologie, 1*(2), 87–89.
Schmidt-Atzert, L. & Bühner, M. (1998). Fehlertypen im Aufmerksamkeits-Belastungs-Test d2. *Diagnostica, 44,* 142–152.
Schmidt-Atzert, L. & Ising, M. (1997). Ein Beitrag zur Konstruktvalidität von d2 und Revisionstest. *Zeitschrift für Differentielle und Diagnostische Psychologie, 18,* 241–250.
Steck, P. (1996). Die Prüfung der Dauerkonzentration mit einer Apparateversion des Pauli Tests. *Diagnostica, 42,* 332–351.
Westhoff, K. (1991). Das Akku-Modell der Konzentration. In H. Barchmann, W. Kinze, und N. Roth (Hrsg.), *Aufmerksamkeit und Konzentration im Kindesalter* (S. 47–55). Berlin: Verlag Gesundheit.
Westhoff, K. & Dewald, D. (1990). Effekte der Übung in der Bearbeitung von Konzentrationstests. *Diagnostica, 36,* 1–15.
Westhoff, K. & Hagemeister, C. (1992). Reliabilität von Fehlern in Konzentrationstests. *Diagnostica, 38,* 116–129.
Westhoff, K. & Lemme, M. (1988). Eine erweiterte Prüfung einer Konzentrationstheorie. *Diagnostica, 34,* 244–255.

Bearbeiter: Markus Bühner

Testreihe zur Prüfung der Konzentrationsfähigkeit (TPK)

E. Kurth und G. Büttner

Göttingen: Hogrefe, 2., neu bearbeit. Auflage 1999

1. Testart Allgemeiner Leistungstest

2. Testmaterial Handanweisung (DIN A4, 36 Seiten), Rechenblatt (DIN A4), Texte zum Abschreiben (auf 2 Kartons, DIN A4), 2 Schablonen zur Auswertung, Auswertungsbogen; zusätzlich: Papier und Stift, Stoppuhr.

3. Testgliederung Der Test gliedert sich in drei Subtests, die unter bestimmten Voraussetzungen zu einem Gesamtwert verrechnet werden können. Der Abschreibtext besteht aus zwei von Bildern umrahmten Geschichten (126 / 95 Wörter). In der Tiergeschichte, die der Testleiter vorliest, werden insgesamt 31 Tierarten genannt. Der Rechentest setzt sich aus 232 gemischten Additions- und Subtraktionsaufgaben mit einstelligen Zahlen (z. B. 7+8–9 =) zusammen.

4. Grundkonzept Der TPK ist ein Papier-und-Bleistifttest, welcher die „bei Tätigkeiten des Schulalltags aufgewandte Konzentration“ (S. 11) und nicht etwa eine allgemeine Konzentrationsfähigkeit erfassen soll. Er ist also speziell für den schulischen Bereich konzipiert. Die Aufgaben sollten entsprechend den schulischen Anforderungen sowohl aktive Tätigkeiten wie Schreiben und Rechnen (Abschreibtext, Rechenaufgaben) als auch rezeptive Tätigkeiten (Informationen aufnehmen und behalten bei den Tiergeschichten) verlangen. Lesen, Schreiben und Rechnen kommen im Unterricht häufig vor. Die Dauer des Tests sollte etwa einer Schulstunde entsprechen.

Bei der Tiergeschichte wird nur die Leistungsmenge, bei den beiden anderen Subtests auch die Fehlerzahl (als Prozentsatz der Leistungsmenge) und die Schwankung der Leistungsmenge bestimmt.

Anwendungsbereiche sind die Aufklärung allgemeiner schulischer Lernschwierigkeiten, der Nachweis von sonderpädagogischem Förderbedarf und die Evaluation von Trainingsprogrammen der Aufmerksamkeit. Voraussetzung für die Anwendung des Tests ist, daß keine Lese-Rechtschreibschwäche oder Rechenschwäche vorliegt.

5. Durchführung **5.1 Alter:** 2. bis 6. Schulklasse.

5.2 Formen: Keine Parallelformen.

5.3 Handhabung: Der Test ist als Gruppentest gedacht. Die Instruktionen sind standardisiert. Den Probanden wird der erste Text mit der Aufforderung gegeben, ihn abzuschreiben. Nach je zwei Minuten sagt der Testleiter „Neue

Zeile“, damit die Probanden einen Absatz machen. Kindern, die vor Ablauf der Zeit fertig sind, wird auch der zweite Text zum Abschreiben vorgelegt.
Es folgt das Vorlesen einer Geschichte, in der viele Tiere vorkommen. Vorher wurde die Anweisung gegeben, nach dem Vorlesen möglichst viele Tiere zu erinnern und aufzuschreiben. Für das Aufschreiben gibt es keine Zeitbegrenzung. Als Erfahrungswert werden aber 3 Minuten angegeben.
Der Rechentest erfolgt auf einem doppelseitigen Bogen, auf dem die Aufgaben stehen. Die Lösungen sind dahinter zu schreiben und bei der Anweisung „Strich“ (alle 2 Minuten) ist die zuletzt bearbeitete (zur Verlaufsmessung) zu unterstreichen.

5.4 Zeit: Der Test dauert insgesamt 40 bis 45 Minuten. Die Dauer des Abschreibe- und des Lesesubtests beträgt jeweils 10 Minuten.

6. Auswertung

6.1 Modus: Für den Abschreibe- und den Rechensubtest werden die Anzahl der geschriebenen Silben bzw. der bearbeiteten Aufgaben in den Zwei-Minuten-Abschnitten sowie die Fehler gezählt und addiert. Auch der Fehleranteil und die Schwankung werden damit für diese Subtests errechnet. Für die Tiergeschichte zählt die Anzahl der genannten Tiere.
Dem Alter entsprechend werden die 7 erhaltenen Rohwerte anhand einer Tabelle in C-Werte umgerechnet. Die Summe der C-Werte (ohne die Schwankungswerte) kann anhand einer Tabelle in einen „Gesamtkonzentrationswert“ mit M = 100 und SD = 15 umgerechnet werden. Voraussetzung ist allerdings ein „ausgeglichener“ Verlauf des Profils.
Die 7 C-Werte werden zusätzlich auf dem Auswertungsbogen in graphischer Form (Profil) dargestellt. Wenn einzelne Werte unter 3 oder über 7 betragen, soll „die qualitative Bewertung Vorrang haben“ (S. 30), die beispielsweise zeigen kann, daß Konzentrationsprobleme vorrangig das Arbeitstempo, die Genauigkeit oder die Leistungsschwankung betreffen.

6.2 Zeit: Zur Dauer der Auswertung sind in der Handanweisung keine Angaben zu finden.

7. Gütekriterien

7.1 Objektivität: Die genauen Anweisungen zur Durchführung (wörtlich vorzulesende Instruktion, Hinweise zur Vorlesegeschwindigkeit) und zur Auswertung des Tests gewähren eine hohe Durchführungs- und Auswerteobjektivität.
Zur Interpretation der gewonnenen Ergebnisse finden sich anhand von 2 Beispielen lediglich einige Hinweise.

7.2 Reliabilität: Die Retest-Reliabilität wurde u. a. an einer Stichprobe von N = 231 Schülern der Klassen 2 bis 6 und einem Abstand zwischen den Testzeitpunkten von 2 Monaten ermittelt. Für den Gesamtkonzentrationswert ergab sich ein Wert von $r_{tt} = .80$. Die höchsten Werte wurden für die Leistungsmenge im Abschreibtest und im Rechentest ($r_{tt} = .95$ bzw. .93) ermittelt, die niedrigsten für die Fehleranteile und die Schwankung im Rechentest ($r_{tt} = .55$).
Zur Schätzung der Konsistenz wurden an N = 830 Schülern der Klassen 2 bis 6 die Mengenleistungen der 2. + 3. Teilzeit mit denen der 4. + 5. Teilzeit in Beziehung gesetzt. Dabei wurden Werte von r = .96 (Abschreibtext) und r = .94 (Rechentest) ermittelt.

7.3 Validität: Die in den 3 Subtests erzielten Leistungsmengen korrelieren

r = .48 bis r = .72 untereinander. Die beiden Fehlerwerte korrelieren r = .22 und die Schwankungswerte r = .10 miteinander. Die Leistungsmengen erwiesen sich als weitgehend unabhängig von den Fehleranteilen (r = –.21 bis –.30) und den Schwankungswerten (r = –.02 bis –.18).
An einer Gruppe von konzentrationsgestörten Kindern der 2. und 3. Klasse (N = 68) wurden Korrelationen mit dem Pauli-Rechentest sowie dem d2 ermittelt. Erwartungsgemäß fielen die Korrelationen zwischen Pauli-Test und TPK-Rechenaufgaben am höchsten aus (Leistungsmenge: r = .63, Fehleranteil: r = .44). Die Leistungsmenge im d2 korrelierte .34 mit der im Abschreibtext und .29 mit der in den Rechenaufgaben (Fehlerwerte: r_{tt} = .47 und .04).
Lehrerurteile der Konzentrationsfähigkeit korrelierten .59 mit dem Gesamtwert und .36 bis .40 mit den einzelnen Kennwerten (N = 895 Schüler der 2. bis 6. Klassen).
Mit Intelligenz (CPM, HAWIK, CFT1) wurden an kleinen Stichproben (N = 19–31) nur schwache Zusammenhänge beobachtet (r = .17 bis .29).

7.4 Normen: Die Normierung erfolgte 1996/97 in 4 Bundesländern. Für jede einzelne Klassenstufe beträgt der Stichprobenumfang N = 318 bis 404 Schüler (insgesamt = 1774).

Verfasser: Andreas Barth

Turm von Hanoi (TvH)

G. Gediga und H. Schöttke

Göttingen: Programmversion Hogrefe TestSystem 3.1.0 1999

1. Testart Allgemeiner Leistungstest

2. Testmaterial Computerbasiertes Testverfahren im Rahmen des Hogrefe TestSystems (HTS: Hänsgen, 1999; CD-ROM + Systemhandbuch). Die Testbearbeitung erfolgt über die normale PC-Tastatur. Testdurchführung und Testauswertung erfolgen durch das Programm. Systemvoraussetzungen: mind. Pentium 133; 16 MB RAM, Windows 95, 98 oder NT.

3. Testgliederung Homogener Test, bestehend aus einer Übungs- und einer Testphase.

4. Grundkonzept Die Turm-von-Hanoi-Aufgabe ist ein im Rahmen der Problemlöseforschung sowie in der Neuropsychologie vielfach verwendetes Verfahren zur Erfassung von Planungs- und Problemlösefähigkeiten. Die Entwicklung der computerbasierten Version des TvH basiert in erster Linie auf neuropsychologischen Untersuchungen an hirngeschädigten Patienten. Hier wird auch das Haupteinsatzgebiet gesehen.

Beim TvH handelt es sich um eine mehrschrittige Aufgabe, bei der ein „Turm", bestehend aus mehreren unterschiedlich großen Scheiben, in mehreren Spielzügen von einem Anfangsstab auf einen von zwei Zielstäben versetzt werden muß. Dabei existieren zwei Spielregeln: zum einen darf pro Spielzug nur eine Scheibe bewegt werden, zum anderen darf auf keinem der Stäbe eine größere Scheibe auf einer kleineren Scheibe liegen. Die Komplexität der Aufgabe steigt dabei exponentiell mit der Anzahl der Scheiben (i. d. R. werden 3 bis 5 Scheiben verwendet). Zur Lösung der Aufgabe ist die Planung sukzessiver Züge notwendig, wobei kleinere „Zwischentürme" errichtet werden müssen, die als Subziele aufgefaßt werden.

Die Autoren berichten von unterschiedlichem Lösungsverhalten von Probanden in Abhängigkeit von verschiedenen Hirnläsionen.

5. Durchführung **5.1 Alter:** Keine Angaben.

5.2 Formen: Eine Standardform bestehend aus einer Übungsaufgabe (4-Scheiben-Turm) und einer Testaufgabe (5-Scheiben-Turm).

5.3 Handhabung: Die Bearbeitung der Aufgabe erfolgt mittels Tastatureingabe am PC. Dazu werden der Ausgangsstab mit dem Turm sowie zwei Zielstäbe auf dem Bildschirm präsentiert. Mit Hilfe einfacher Tastatureingaben wird eine Scheibe zunächst angehoben und anschließend mittels einer zweiten Eingabe auf einen Zielstab bewegt. Alle Züge werden direkt visuell rückgemeldet. Fehlerhafte bzw. regelwidrige Eingaben führen zu einem

Warnton und werden nicht ausgeführt. Das Programm endet, wenn der Turm vollständig auf einem der Zielstäbe plaziert ist.

5.4 Zeit: Keine Angaben.

6. Auswertung

6.1 Modus: Die Auswertung erfolgt automatisch durch das Programm. Erfaßt werden die Lösungszeiten, die Anzahl benötigter Züge sowohl für den Gesamtturm als auch für verschiedene Untertürme (Subziele) sowie die Anzahl der Regelverstöße. Zusätzlich wird die Anzahl Züge bei optimalem Lösungsweg angegeben.

6.2 Zeit: Unmittelbare automatische Auswertung nach Testende.

7. Gütekriterien

7.1 Objektivität: Durch die einfache Bedienung des Computerprogramms und die automatische Testauswertung können Durchführungs- und Auswertungsobjektivität als gesichert gelten.

7.2 Reliabilität: Auf der Basis einer Untersuchung mit N = 201 Probanden (105 gesunde Probanden und 146 hirngeschädigte Probanden) schätzen die Autoren die Split-Half-Reliabilität anhand der Korrelation der Werte (Anzahl Züge, Lösungszeit) beim Erreichen des ersten Viererturms (Subziel) mit den Werten beim Erreichen des Gesamtziels getrennt für die beiden Probandensubgruppen. Für hirngeschädigte Probanden berichten sie Korrelationen von r = .87 (Zeit) und r = .81 (Züge), für gesunde Probanden Korrelationen von r = .86 (Zeit) und r = .87 (Züge). Weitere Reliabilitätsdaten liegen z.Z. nicht vor.

7.3 Validität: Die Autoren geben auf der Basis der Untersuchung mit N = 201 Probanden (105 gesunde Probanden und 146 hirngeschädigte Probanden) eine Reihe von Korrelationsmaßen zur Schätzung der Konstruktvalidität an, die einerseits zeigen, daß die Lösungsparameter des TvH (Züge, Lösungszeit) nicht mit Geschlecht, Alter und Bildungsgrad korrelieren, andererseits eine relativ hohe Korrelation untereinander aufweisen. Die Höhe der Korrelation ist jedoch abhängig von der betrachteten Stichprobe (gesunde vs. hirngeschädigte Probanden).
Weiterhin geben die Autoren zur konvergenten und diskriminanten Validierung eine Reihe von Korrelationsmaßen mit anderen Testverfahren u. a. zur Intelligenz (SPM), zur Reaktionsgeschwindigkeit (WRT) sowie zur visuellen und auditiven Merkfähigkeit (VM; AM) an. Die Korrelationsmaße bewegen sich, sofern statistisch signifikant, durchgängig im unteren bis mittleren Bereich (r = .20 bis r = .50).

7.4 Normen: Die Autoren geben für einzelne Testparameter Normierungsdaten (C-standardisiert) einer nicht näher spezifizierten Normstichprobe (N = 251) an.

8. Literatur

Hänsgen, K.-D. (Hrsg.) (1999). *Hogrefe TestSystem (HTS) (Programmversion 3.1).* Göttingen: Hogrefe Apparatezentrum.

Verfasser: Roland Brünken

1. LEISTUNGSTESTS

1. Leistungstests – 1.4 Schultests

1.4.1 Einschulungstests

● = ja
○ = teilweise
❍ = nein
k.A.= keine Angaben

Testname	Autor(en)	Seite	Durchführung					Auswertung			Gütekriterien				Alter
			Gruppentest	Parallelform	Zeitangabe netto (Min.)	Zeitangabe brutto (Min.)	computergestützte Fassung	Schabl./Schlüss.	Auswertungssoftw.	Zeitangabe (Min.)	Objektivität	Reliabilität	emp. Validität	Normen	(Jahre oder Schuljahre (J/Sj))
Beurteilungsbogen für Erzieherinnen zur Diagnose der Schulfähigkeit (BEDS)	Ingenkamp	313	❍	❍			❍	●	❍		●	●	●	●	1. Sj
Diagnostische Einschätzskalen zur Beurteilung des Entwicklungsstandes und der Schulfähigkeit (DES)	Barth	315	❍	❍		120	❍	❍	❍	3	○	❍	❍	❍	5–7 J
Duisburger Vorschul- und Einstellungstest (DVET)	Meis u.a.	317	●	●	35	55	❍	●	❍		○	●	●	●	4–7 J
Eingangsdiagnose	Seyfried u.a.	320	○	❍		50 + 10	❍	●	❍		●	●	●	●	6–7 J
Göppinger sprachfreier Schuleignungstest (GSS)	Kleiner u.a.	322	○	❍	35	60	❍	●	❍		●	●	●	●	1. Sj
Kettwiger Schuleingangstest (KST)	Meis	324	●	●	29	49	❍	●	❍	5	○	●	●	●	1. Sj
Kieler Einschulungsverfahren (KEV)	Fröse u.a.	326	○	❍		90	❍	❍	❍		○	❍	●	❍	1. Sj
Mannheimer Schuleingangs-Diagnostikum (MSD)	Jäger u.a.	328	●	❍		50	❍	○	❍		●	●	●	●	1. Sj
Reutlinger Test für Schulanfänger (RTS)	Kratzmeier	330	●	❍	24	35	❍	❍	❍		●	●	●	●	1. Sj
Schulfähigkeitstest Form C	Seyfried u.a.	332	○	❍		45/7	❍	●	❍		●	●	●	●	5–6 J
Schulreifetest	Strebel	334	❍	❍			❍	❍	❍		●	❍	❍	❍	6–7 J
Visuomotorischer Schulreifetest (VSRT)	Esser u.a.	336	○	❍		10	❍		❍	10	●	●	●	●	5–6 J
Weilburger Testaufgaben für Schulanfänger (WTA)	Hetzer u.a.	339	●	●	75/46	90/60	❍		❍		●	●	●	●	1. Sj

Beurteilungsbogen für Erzieherinnen zur Diagnose der Schulfähigkeit (BEDS)

K. Ingenkamp
Hrsg.: K. Ingenkamp
Weinheim: Beltz Test GmbH, 2., ergänzte Auflage 1991

1. Testart Entwicklungs- und Einschulungstest

2. Testmaterial Beiheft und Testheft (Beurteilungsbogen).

3. Testgliederung Der BEDS besteht aus drei Skalen: Skala 1: Sprachlich-kognitive Leistungen mit 15 Items, Skala 2: Sozial- und Arbeitsverhalten mit 15 Items, Skala 3: Allgemeine Schulfähigkeit mit 10 Items. Für prognostische Aussagen über den allgemeinen Schulerfolg wird die Summe aller drei Skalen herangezogen. Als Prädiktor für Lesen und Schreiben ist die Summe der Skalen 1 und 3 am besten geeignet. Sozial- und Arbeitsverhalten wird durch Skala 2 prognostiziert. Für die Ergänzung der Prognose durch Einschulungstest-Ergebnisse werden Erwartungstafeln bereitgestellt.

4. Grundkonzept Der BEDS soll die Möglichkeit geben, die von den Erzieherinnen vorgenommenen Beobachtungen in strukturierter Form zusammenzufassen und für die Beurteilung der Schulfähigkeit nutzbar zu machen. Mit dem BEDS wird einerseits die Beurteilungskompetenz der Erzieherinnen verbessert, andererseits werden wichtige Informationen für die individuell orientierte Förderung des Kindes im Anfangsunterricht der Schule in übersichtlicher Form zugänglich. Der eigenständige Wert des BEDS, der valide Einschulungstests nicht ersetzen soll, aber auch von diesen nicht ersetzt werden kann, wird hinreichend bestätigt.

5. Durchführung **5.1 Alter:** Klasse: Vorschulkinder 4 bis 6 Monate vor der Einschulung, Schulkinder 2 bis 3 Monate nach der Einschulung.

5.2 Formen: Testheft und Beiheft mit Anleitung sind nur für den Lehrer, die Erzieherin bzw. den Testleiter bestimmt. Die Beobachtungen der Erzieherin erfolgen in der Kindergruppe. Für jedes Kind sollte ein eigener Beobachtungsbogen vorgesehen werden. Es liegt nur eine Form vor.

5.3 Handhabung: Die Erzieherin sollte mindestens ein halbes Jahr, bevor sie den BEDS ausfüllt, ihre Aufmerksamkeit verstärkt der Beobachtung ihrer Kindergruppe zuwenden. Die Beobachtungsergebnisse sind im BEDS nach fünf Graden der Intensität abgestuft und verbalisiert, vom höchsten Intensitätsgrad „Ja“ oder „Sehr ausgeprägt“ bis zum niedrigsten „Nein“ oder „Gar nicht erkennbar“. Der zutreffende Intensitätsgrad des beobachteten Verhaltens wird von der Erzieherin angekreuzt. Zusätzlich besteht die Ankreuzmöglichkeit „Nicht beobachtbar“.

5.4 Zeit: Keine Angaben.

6. Auswertung

6.1 Modus: Nach der Rohauswertung (Zuordnung von 1 bis 5 Rohpunkten entsprechend dem Ausprägungsgrad des Merkmals) und der Berechnung der Skalenwerte erfolgt die Eintragung von Vergleichsnormen. Mit Hilfe von vorliegenden Erwartungstafeln erhält man Anhaltspunkte für „Schulerfolg im Schreiben und Lesen“, für „Sozial- und Arbeitsverhalten“ und für den „allgemeinen Schulerfolg“. Die Ergebnisse können zur Förderung des Schülers eingesetzt werden und dienen in Grenzfällen als Anregung, weitere Informationen heranzuziehen.

6.2 Zeit: Keine Angaben.

7. Gütekriterien

7.1 Objektivität: Das Beiheft enthält eine differenzierte Anleitung zu den Beobachtungen der Erzieherinnen, zur Einstufung der Beobachtungsergebnisse sowie zur Auswertung und Interpretation der Beobachtungsdaten. Eine gründliche Einarbeitung und sorgfältige Einhaltung der Vorschriften tragen zur Erhöhung der Objektivität bei. Fragen mit geringer Beobachterübereinstimmung und nicht eindeutiger Zuordnung wurden bereits bei Vorformen des Verfahrens überarbeitet oder ausgeschieden.

7.2 Reliabilität: Im Beiheft werden differenzierte Untersuchungsergebnisse an drei Vorformen des BEDS mitgeteilt. Für die Endform werden sehr gute Reliabilitätswerte ausgewiesen (Sprachlich-kognitive Leistungen r = .94, Sozial- und Arbeitsverhalten r = .94, Allgemeine Schulfähigkeit r = .88, Gesamtskala r = .95). Die Stichprobengröße variiert in verschiedenen Bereichen (N = 59 bis 338).

7.3 Validität: Es liegen differenzierte Untersuchungen an drei Vorformen und an der Endform des BEDS vor, so Korrelationen des BEDS mit Einschulungstests und mit dem Lehrerurteil. Für die Endform wurde besonders die Frage untersucht, welche prognostische Validität vom BEDS über das hinaus erwartet werden kann, was der Einschulungstest auch schon mißt. Skala 1 (r = .48) und Skala 1 und 3 (r = .45) haben den höchsten Vorhersagewert für das, was Lehrer als sprachliche und kognitive Entwicklung beurteilen. Skala 2 hat für das Lehrerurteil über Arbeits- und Sozialverhalten befriedigende bis gute Vorhersagewerte (r = .40; Mädchen: r = .35, Jungen: r = .47), N = 99, 42 Jungen, 52 Mädchen. Insgesamt hat sich der eigenständige Wert des BEDS bestätigt.

7.4 Normen: Für alle drei Skalen liegen Normtabellen vor, teilweise für beide Geschlechter (N = 261 bzw. 290), z. T. differenziert in Jungen (N = 165 bzw. 125) und Mädchen (N = 162 bzw. 134). Die Normtabellen enthalten Rohwert-Intervalle, Prozentrangbänder, T-Werte und eine verbale Umschreibung der Einstufungen.

Verfasserin: Irene Ahrens

Diagnostische Einschätzskalen zur Beurteilung des Entwicklungsstandes und der Schulfähigkeit (DES)

K. Barth

München: Ernst Reinhardt Verlag, 2. Auflage 1998

1. Testart Einschulungstest, Entwicklungstest

2. Testmaterial Arbeitsheft (DIN A4, 48 Seiten; umfaßt 4 Seiten Handanweisung, 11 Seiten Aufgabenteil sowie einen kompletten Testbogen), Testbogen (DIN A4, 32 Seiten; davon 19 Seiten Bild- und Zeichenvorlagen, 12 Seiten Protokollierungsbereich).

3. Testgliederung Das Verfahren untersucht folgende Entwicklungsbereiche: 1. Lateralität (Händigkeit), Präferenzdominanz; 2. Grobmotorik: Gleichgewichtswahrnehmung, Körperkoordination; 3. Feinmotorik: Finger- und Handgeschicklichkeit, visuo-motorische Koordination, Graphomotorik; 4. Augenmotorik (Augenmuskelkontrolle); 5. Auditives Kurzzeitgedächtnis, Rhythmus erfassen; 6. Taktile Wahrnehmung: Berührungs-/Tastwahrnehmung; 7. Kinästhetische Wahrnehmung: Muskel- und Bewegungswahrnehmung; 8. Körperschema, Körperorientierung; 9. Gestalt-Form-Auffassung: visuelles Gedächtnis, visuelles Operieren; 10. Phonologische Bewußtheit: Lautanalyse, Lautsynthese, Silbensegmentierung, Reimpaare erkennen; 11. Mengenerfassung; 12. Phonematische Diskriminationsfähigkeit, Lautdifferenzierung; 13. Optische Differenzierungsfähigkeit, visuelle Aufmerksamkeitsspanne; 14. Visuelle Figur-Grund-Erfassung; 15. Lautbildungsfähigkeit; 16. Visuelles Gedächtnis, Symbolgedächtnis; 17. Sprachgedächtnis, auditive Merkfähigkeit; 18. Handlungsplanung, Sequenzgedächtnis, Sprachverständnis; 19. Visuelles Operieren (Reihenbildung, Größenzuordnung, Erhaltung der Zahl). Ergänzend Einschätzung des sozial-emotionalen Verhaltens (20 bis 28): 20. Kontaktfähigkeit; 21. Konfliktverhalten; 22. Eigensteuerung und Kooperationsverhalten; 23. Konzentrationsfähigkeit und Ausdauer; 24. Aufmerksamkeit gegenüber dem gesprochenen Wort; 25. Ausführungen von Anweisungen und Aufforderungen; 26. Gefühlsstabilität und emotionale Zuwendungsfähigkeit; 27. Flexibilität des Verhaltens; 28. Neugierverhalten.

4. Grundkonzept Der Autor konstatiert einen integrativen Ansatz, der neuropsychologische Erkenntnisse sowie Erkenntnisse zu Möglichkeiten der frühen Vorhersage von Lese-Rechtschreibschwierigkeiten und Rechenstörungen verbinde. Dabei werden die DES „nicht als Test im herkömmlichen Sinne, sondern ..." als „... eine Diagnosehilfe zur Feststellung der Lernausgangslage des Kindes" (Handanweisung, S. 1) verstanden.

5. Durchführung **5.1 Alter:** „Die DES können im letzten Kindergartenjahr vor der Einschulung bzw. zu Beginn des schulischen Erstunterrichts angewandt werden" (Handanweisung, S. 1).

5.2 Formen: Einzeltest.

5.3 Handhabung: Die Aufgabenreihenfolge kann variabel gehandhabt werden, die Durchführung ist je nach Belastbarkeit und und Ausdauer des Kindes auf verschiedene Tage verteilt möglich. Die im Aufgabenheft formulierten Instruktionen sollen Aufgabenerklärungen auf dem jeweiligen sprachlichen Niveau des Kindes anregen. Der Autor weist auf die Möglichkeit einer verkürzten Durchführung hin.

5.4 Zeit: Ca. 1,5 bis 2 Stunden.

6. Auswertung

6.1 Modus: Für einzelne Teilaufgaben werden Beurteilungskategorien wie zum Beispiel „unauffällig", „auffällig", „uneindeutig" angeboten. Die Fähigkeiten in den einzelnen Erfassungsbereichen (repräsentiert durch z. T. mehrere Aufgaben) sollen dann nach den Kategorien „sehr ausgeprägt" (ausgesprochen gute, überdurchschnittliche Fähigkeiten), „ausgeprägt" (gute, durchschnittliche Fähigkeiten), „teils/teils" (leichte Auffälligkeiten, sollte weiter beobachtet werden), „beeinträchtigt" (stärkere Auffälligkeiten) sowie „stark beeinträchtigt" (starke Auffälligkeiten) bewertet werden; dabei hält der Autor für die letzten beiden Kategorien ein Elternberatungsgespräch für indiziert. Innerhalb der einzelnen Erfassungsbereiche können spezifische Auffälligkeiten notiert (aus Wahlvorgaben angekreuzt) werden. Abschließend ist eine Profilerstellung über alle 28 Erfassungsbereiche vorgesehen.

6.2 Zeit: Keine Angaben. Bei vollständiger Protokollierung während der Durchführung beträgt die Erstellungsdauer für das Profil nach eigenen Erfahrungen ca. 3 Minuten.

7. Gütekriterien

7.1 Objektivität: Die vorgegebenen verbalen Instruktionen werden eher als grobe Orientierungshilfen verstanden. In bezug auf die Bewertung könnten dann „durch vielfältiges Erproben der DES bei Kindern mit unterschiedlichem Entwicklungsstand (altersentsprechende und entwicklungsverzögerte Kinder) vielfältige und differenzierte Erfahrungen gemacht und Vergleichsmöglichkeiten gefunden werden, die die eigene Beurteilungssicherheit erhöhen" (Handanweisung, S. 3).

7.2 Reliabilität: Keine Angaben.

7.3 Validität: Vom Autor wird es als Beleg der externen Validität bewertet, daß in die DES „solche Aufgaben, Beobachtungssituationen und Entwicklungsbereiche aufgenommen ..." wurden, „... die in der Fachliteratur als relevant beschrieben sind" (Handanweisung, S. 3).

7.4 Normen: Keine Angaben.

Verfasser: Thorsten Macha

Duisburger Vorschul- und Einstellungstest (DVET)

R. Meis
Neubearbeitung: J. Poerschke
Hrsg.: R.H. Lehmann
Göttingen: Beltz Test GmbH, 3., neubearb. Auflage 1997

1. Testart Schuleingangstest

2. Testmaterial Manual, Testform A + B, Klassenliste; zusätzlich: Bleistifte, Abdeckblätter, Tafel und Stoppuhr.

3. Testgliederung Die Aufgabenkonstruktion des DVET basiert auf dem Kettwiger Schulreifetest:

Teil 1: Durchstreichaufgaben (12 Aufgaben)
Teil 2: Punktzeichnen (10 Aufgaben)
Teil 3: Bauen mit dem Bleistift (8 Aufgaben)
Teil 4: Abzeichnen, Arbeitseifer (8 Aufgaben)
Teil 5: Sprachentwicklung: Sinneszuordnung (10 Aufgaben)

Insgesamt 48 Aufgaben.

4. Grundkonzept Dieser Test wurde für den Einsatz innerhalb der Prognostik der Startchancen für Schulanfänger entwickelt. Er kann bereits bei Vierjährigen eingesetzt werden, um bei Bedarf frühzeitige Interventionsmaßnahmen ergreifen zu können. Es wird darauf hingewiesen, daß die Einschulungstests nichts an ihrer Aktualität und Bedeutung in bezug auf die Einschätzung kognitiver Aspekte „grundschulrelevanter Fähigkeiten" verloren haben. Zwei für das Lesenlernen wichtige Voraussetzungen werden geprüft: visuelles Differenzieren und Sprachentwicklungsstand. Die 3. Auflage enthält neue Normwerte, die dem Testanwender aktuelle Vergleichswerte liefert. Der Autor empfiehlt, daß das Ergebnis aus dem DVET nicht alleine als Entscheidungsgrundlage in der Schuleignungsdiagnostik dienen kann, sondern mit anderen Verfahren zusammen eingesetzt werden sollte.

5. Durchführung **5.1 Alter:** 4 bis 7 Jahre.

5.2 Formen: Für den DVET liegen zwei parallele Testformen vor (A und B). Er kann als Gruppentest bei einer Gruppengröße von ca. 20 Kindern eingesetzt werden.

5.3 Handhabung:

1. Jedes Kind bekommt ein Testheft sowie ein Deckblatt zum Abdecken der Aufgaben während der Bearbeitung der Übungsaufgabe. Zum Teil werden die Aufgaben auf einer Wandtafel angezeichnet und erklärt.

2. Die Anweisungen werden aus dem Begleitheft vorgetragen.
3. Das Kind soll sich auf unterschiedliche Weise mit dem Material auseinandersetzen (Ankreuzen, Zeichnen).

5.4 Zeit: Insgesamt werden ca. 55 Minuten für die Durchführung benötigt. Die reine Arbeitszeit beträgt ca. 35 Minuten. Bei der Testung von Vier- bis Fünfjährigen sollte nach Teil 2 eine Pause von ca. 10 Minuten eingeschoben werden.

6. Auswertung

6.1 Modus: Im allgemeinen werden 2 Punkte pro richtiger Aufgabe vergeben. Teil 1 und 5 sind leichter auszuwerten. Bei der Auswertung von Teil 2 bis 4 kann bei teilweise richtig gelösten Aufgaben (Zeichnungen) 1 Punkt vergeben werden. Im Anhang sind Auswertungsbeispiele für Teil 4 dargestellt. Die Kriterien werden im Begleitheft beschrieben. Insgesamt können 104 Punkte erreicht werden. Die Punkte der Subtests werden zu einem Gesamtwert addiert.

6.2 Zeit: Keine Angaben.

7. Gütekriterien

7.1 Objektivität: Für Teil 1 und 2 ist die Forderung nach Objektivität erfüllt. Die Objektivität der Teile 2, 3 und 4 hängt von der Genauigkeit der Beachtung der Hinweise zur Beurteilung der Nachzeichenaufgaben ab.

7.2 Reliabilität: Die Prüfung der Zuverlässigkeit mit der Paralleltest-Methode ergab insgesamt eine Korrelation von r = .92 (N = 600). Weiterhin wurde für die verschiedenen Gruppen und Subtests die interne Konsistenz bestimmt. Für den Gesamttest ergab sich für beide Formen ein Wert von r = .98. Die Reliabilitätskoeffizienten für die neue Eichstichprobe können die hohen Werte der ersten Untersuchung bestätigen.

7.3 Validität: Für die Neueichung wurde keine erneute Überprüfung der Validität durchgeführt.
Die Validitätsprüfung erfolgte bei Vierjährigen mit dem Bühler-Hetzer-Kleinkindtest. Die Rangkorrelationen ergaben Rho-Werte von ca. .8 (N zwischen 19 und 23). Die Rangkorrelationen mit der Minnesota-Preschool-Scale liegen mit einem Rho von .9 insgesamt etwas höher (N zwischen 19 und 23). Die Rangkorrelation bei Fünfjährigen mit dem Binet-Simon-Kramer-Test beträgt ca. .5 (N zwischen 23 und 27), und mit den Progressiven Matrizen von RAVEN liegen die Rangkorrelationen um die .6 (N zwischen 21 und 26).
Weiterhin wurden Übereinstimmungen mit dem Wortschatztest für Schulanfänger (Rho etwa .6), mit dem Frankfurter Schulreifetest (Rho zwischen .58 und .82) sowie die Vorhersagegültigkeit zur Lehrereinstufung nach einem Jahr Schulbesuch (Rho um .6) erhoben.
Eine umfangreiche Validierung wurde bei Erstklässlern durchgeführt.

A) Übereinstimmung mit den Zensuren nach 1 1/2 Jahren (Rechnen: r = .57; Rechtschreiben: r = .57; Lesen: r = .51)
B) Übereinstimmung mit Zeugnisnoten nach einem Jahr (Untersuchung in Regensburg)
C) Übereinstimmung mit Lehrereinstufungen
D) Übereinstimmung mit Frankfurter Schulreifetest
E) Übereinstimmung mit dem Frankfurter Analogietest und dem Hamburg-West Yorkshire Test

Außerdem wurden Übereinstimmungen mit den Intelligenzquotienten Lernbehinderter sowie mit dem Verhaltensprofil von HUTH untersucht.

7.4 Normen: Es liegen drei neue Normtabellen (1995 an einer Stichprobe von 2000 Mädchen und Jungen erhoben) mit mittleren Prozentrangplätzen und Prozentrangbändern vor:
- Schulanfänger; 10 Wochen vor Einschulung (N = 406)
- Schulanfänger; 1. Schulwoche (N = 1244)
- Erstklässler; 5 Wochen und einen Tag nach der Einschulung (N = 350)

Bearbeiterin: Jutta Stahl

Eingangsdiagnose

H. Seyfried, M. Helbock und M. Zeman
Wien: Ketterl, 1985

1. Testart Schuleingangstest

2. Testmaterial Handanweisung, Testhefte, Mengentafel, Tafel zur optischen Merkfähigkeit.

3. Testgliederung Der Test besteht aus zwei Teilen, einem Gruppentest und einem Individualtest. Der Gruppentest enthält folgende Untertests: Baum und Mann zeichnen, Gestalt I, Gestalt II, Reihen fortsetzen, Aufmerksamkeit (kann entfallen). Der Einzeltest enthält folgende Untertests: Sätze nachsprechen, Zahlenreihen nachsprechen, Mengenerfassung, Stellenbestimmung, Optische Merkfähigkeit.

4. Grundkonzept Der Test soll helfen, die individuellen Entwicklungsunterschiede der Kinder, die schulpflichtig werden, schon vor Schulbeginn zu berücksichtigen. Zu diesem Zweck soll er Lernvoraussetzungen prüfen. Außerdem soll er Hinweise auf besondere pädagogische Maßnahmen geben, die notwendig sind, z. B. Einleitung einer Sprachheilbehandlung, Besuch der Vorschulstufe. Der Test ist nach Konzeption und Inhalt dem „Schulfähigkeitstest Form C“ sehr ähnlich.

5. Durchführung **5.1 Alter:** 6;0 bis 6;11 Jahre.

5.2 Formen: Am Gruppentest können bis zu 15 Kinder teilnehmen; etwa ab 11 Kindern ist aber ein Helfer nötig. Weitere Personen stören. Die Kinder sollen so sitzen, daß „Abschreiben“ nicht möglich ist.

5.3 Handhabung: Es sind genaue und ausführliche Instruktionen für den Testleiter und seinen Helfer ausgearbeitet worden. Sie sollten genau befolgt werden.

5.4 Zeit: Die Zeit der Präsentation einer Vorlage oder der Bearbeitung eines Problems ist angegeben, sofern dies sinnvoll ist. Die Gruppenuntersuchung dauert meist ca. 45 bis 50 Minuten, die Einzeluntersuchung pro Kind etwa 10 Minuten.

6. Auswertung **6.1 Modus:** Jede Aufgabenlösung erhält zuerst eine Punktzahl zugeordnet; es gibt genaue Vorschriften für die Festlegung dieser Werte. Die maximale Punktzahl ist bei den Untertests verschieden. Die erreichte Punktzahl wird je Untertest und Person anhand einer Tabelle in eine von 4 Kategorien eingeordnet: deutlich überdurchschnittlich/ gut durchschnittlich/ knapp durchschnittlich/ deutlich unterdurchschnittlich. Für die erreichten Punktzahlen können außerdem die zugehörenden Prozentränge aus Tabellen, gesondert für zwei Lebensaltersstufen (6;0 bis 6;5 und 6;6 bis 6;11), abgelesen werden.

6.2 Zeit: Keine Angaben.

7. Gütekriterien

7.1 Objektivität: Die Autoren sind der Auffassung, daß durch die Angabe genau definierter Bewertungsnormen die Auswertungsobjektivität gewährleistet ist. Sie verweisen außerdem auf einen Versuch mit Studenten, in dem sich gezeigt habe, daß 94 % der Urteiler zu gleichen Einschätzungen der Lösungen kamen. Die Durchführungsobjektivität ist nach Ansicht der Autoren ebenfalls durch die ausführlichen Anweisungen gesichert.

7.2 Reliabilität: Die Testwiederholung nach zwölf Tagen (N = 24) ergab einen Korrelationskoeffizienten r = .86, nach 30 Tagen (N = 84) Koeffizienten zwischen r = .80 und r = .89.

7.3 Validität: Die Korrelationen der Eingangsdiagnose mit der Gesamtnote am Ende des ersten Schuljahrs (N = 84) reichten von r = .59 bis r = .73 mit einem Durchschnittswert von r = .69.

7.4 Normen: Es liegen Normen für zwei Altersgruppen der 6jährigen Kinder vor (6;0 bis 6;5 bis 6;11). Die erreichte Punktsumme kann in einen Prozentrang und in einen T-Wert transformiert werden. Außerdem ist die Umwandlung der Punktsummen in eine von 4 Stufen einer qualitativen Skala möglich.

Verfasser: Jürgen Wendeler

Göppinger sprachfreier Schuleignungstest (GSS)

A. Kleiner
Neubearbeitung: J. Poerschke
Hrsg.: R.H. Lehmann
Göttingen: Beltz Test GmbH, 2., neu bearbeit. Auflage 1998

1. Testart Schuleingangstest

2. Testmaterial Manual, Testheft, Auswertungsbogen, Profilbogen; zusätzlich: Farbstift, Uhr mit Sekundenzeiger, Ersatzstifte, Blätter für Notizen der Beobachter.

3. Testgliederung Der Test besteht aus 10 Subtests:

Teil 1: Formauffassung/Unterscheidungsvermögen (7 Aufgaben)
Teil 2: Feinmotorik (7 Aufgaben)
Teil 3: Erfassung von Größen-, Mengen- und Ordnungsverhältnissen (7 Aufgaben)
Teil 4: Beobachtungsgabe (7 Aufgaben)
Teil 5: Kritisches Beobachten (7 Aufgaben)
Teil 6: Konzentrationsfähigkeit (7 Items)
Teil 7: Merkfähigkeit (7 Items)
Teil 8: Bildliche Gegenstandserfassung und Situationsbeurteilung (7 Aufgaben)
Teil 9: Sprach- und Inhaltserfassung (4 Aufgaben)
Teil 10: Hinweis auf allgemeinen Entwicklungsstand (2 Zeichnungen: Apfelbaum/Kind)

4. Grundkonzept Der GSS soll die Feststellung der geistigen Voraussetzungen für den Schulbesuch ermöglichen. Weiterhin kann dieses Verfahren im förderdiagnostischen Bereich eingesetzt werden. Eine Beziehung zu späteren Schulleistungen konnte gezeigt werden. Außerdem kann das Verfahren Auskunft über den aktuellen Entwicklungsstand sowie über Lern- und Leistungsbereitschaft und Arbeitseifer des Kindes geben. Auch gewisse soziale Verhaltensweisen sind durch dieses Verfahren besser einschätzbar. Drei Skalen werden aus den Ergebnissen ermittelt: „Auffassungs- und Beobachtungsgabe", „(fein-)motorische Entwicklung und allgemeiner Entwicklungsstand" sowie „Lern- und Leistungsbereitschaft, soziale Reife und intellektuelle Fähigkeiten".

5. Durchführung **5.1 Alter:** Keine spezifischen Altersangaben. Etwa zwei bis acht Wochen vor der Einschulung bzw. in den ersten beiden Schulwochen (frühere sowie spätere Messungen und Meßwiederholungen sind nicht ausgeschlossen).

5.2 Formen: Es liegt nur eine Testform vor. Einzeltestung wird empfohlen, der Test kann aber auch mit Gruppen von 5 bis 10 Kindern durchgeführt werden.

5.3 Handhabung:

1. Jedes Kind bekommt ein Testheft. Übungsaufgaben zu den einzelnen Aufgaben werden zu Beginn des Gesamttests durchgeführt.
2. Die Anweisungen werden aus dem Begleitheft vorgetragen. Nach der Bearbeitung von Subtest 1 bis 5 wird eine Pause von ca. 8 Minuten empfohlen.
3. Das Aufgabenmaterial erfordert unterschiedliche Antwortmodalitäten: Anstreichen, Nachzeichnen und freies Zeichnen.

5.4 Zeit: Zur Bearbeitung der Aufgaben werden ca. 35 Minuten benötigt. Die gesamte Testdauer beträgt ca. 60 Min.

6. Auswertung

6.1 Modus: Es gibt eine detaillierte Anleitung zur Auswertung und Bewertung der einzelnen Tests (mit Beispielantwortmöglichkeiten). Pro Teilaufgabe gibt es einen Punkt. In Subtest 1, 3, 4, 5 und 8 wird der Rohwert aus der Summe der Punkte gebildet; in Subtest 6, 7 und 9 wird der Rohwert aus der Differenz richtiger und falscher Antworten gebildet. Für Subtest 10 wird ein Bewertungsschema vorgegeben. Die für die Bewertung der Zeichnungen erforderlichen Details (Körperteile, Körperproportionen, räumliche Darstellung, Bestandteile des Baums, Proportionen, Ausführung) sind hier mit den entsprechenden Punktzahlen angegeben (bis zu 3 Punkten pro Bewertungskriterium möglich). Die Rohwerte werden in einen Auswertungsbogen übertragen, und die Werte einzelner Subtests können zu den drei Skalen zusammengefaßt werden. Außerdem kann ein Profil erstellt werden.

6.2 Zeit: Keine Angaben.

7. Gütekriterien

7.1 Objektivität: Neben der detaillierten Beschreibung der Auswertung, die insbesondere bei Subtest 2 und 10 etwas schwierig ist, wird auch die Interpretation der Ergebnisse ausführlich beschrieben. Sofern diese Anleitung genau eingehalten wird, ist die Forderung nach Objektivität erfüllt.

7.2 Reliabilität: Es wurde die interne Konsistenz bestimmt: Cronbachs Alpha = .81.

7.3 Validität: Folgende Validitätsuntersuchungen wurden durchgeführt:

I) Vergleich Testergebnisse und Schulzensuren während der vier Grundschuljahre (Korrelationen liegen zwischen r = .52 und r = .75)

II) Interkorrelationen zwischen Subtests und Schulzensuren (4. Schuljahr) und Korrelation mit dem Alter (Korrelationen liegen zwischen r = .10 und r = .46)

III) Vergleiche zwischen GSS und Visuellem Schulreifetests von Pfaffenberg (Korrelationen liegen zwischen r = .39 und r = .54)

7.4 Normen: Eine Neueichung des GSS wurde 1997 mit einer bundesweiten, annähernd repräsentativen Stichprobe aus vorschulischen Einrichtungen (N = 563) und mit Schülerinnen und Schülern der 1. Jahrgangsstufe (N = 1628) durchgeführt. Es liegt eine Normtabelle mit mittleren Prozenträngen und Prozentrangbändern vor.

Verfasserin: Jutta Stahl

Kettwiger Schuleingangstest (KST)

R. Meis
Hrsg.: K. Ingenkamp („Deutsche Schultests")
Weinheim: Beltz Test GmbH, 3. Auflage 1990

1. Testart Schuleingangstest

2. Testmaterial Beiheft (24 Seiten), Testhefte Form A und B (DIN A5); zusätzlich: Bleistift oder besser Rotstift (evtl. Rotstift mit feiner Spitze), kein Radiergummi, Uhr mit Sekundenzeiger, Wandtafel und Kreide, Aushängeschild mit Hinweis auf Testprüfung.

3. Testgliederung Das Verfahren gliedert sich in drei Testteile mit jeweils zehn Aufgaben: (1) Koordination von Auge und Feinmotorik, (2) Formauffassung, (3) Erfassen und Wiedergabe geordneter Mengen.

4. Grundkonzept Der KST ist ein Instrument der Schuleingangsdiagnostik, das der Feststellung der allgemeinen Schulfähigkeit dienen und ggf. helfen soll, eine angemessene individuelle Förderung einzuleiten. Geprüft werden die Voraussetzungen für das Erlernen von Lesen, Schreibenund Rechnen, nämlich die Fähigkeit zur Differenzierung, die Beachtung von Teilinhalten, die Erfassung von Mengen und die Koordination von Auge und Feinmotorik. Indirekter Bestandteil des Tests sind soziale Fähigkeiten wie Bereitschaft, sich zu konzentrieren und in eine Gruppe einzuordnen.

5. Durchführung **5.1 Alter:** Schulanfänger.

5.2 Formen: Gruppentest mit den Parallelformen A und B.

5.3 Handhabung: Richtlinien für die Durchführung des Tests sind vorhanden. Die optimale Gruppengröße liegt bei 15 Kindern. Ein Helfer sollte unbedingt anwesend sein. Hinweise darauf, wie der KST in eine sequentielle Entscheidungsstrategie eingebettet werden kann, werden gegeben. Die speziellen Testanweisungen für die einzelnen Untertests werden vom Testleiter (Tl) vorgelesen. Die Kinder haben Vorlagen unterschiedlicher Komplexität möglichst genau abzuzeichnen. Für jede Seite mit jeweils fünf Aufgaben sind genaue Zeitvorgaben einzuhalten.

5.4 Zeit: Die Durchführung des Verfahrens beansprucht insgesamt etwa 49 Minuten, nämlich 29 Minuten für die Bearbeitung und ca. 20 Minuten für die Instruktionen.

6. Auswertung **6.1 Modus:** Für die Bewertung der Zeichnungen mit ganzen oder halben Rohpunkten werden detaillierte Auswertungsanweisungen mit entsprechenden Beispielen vorgegeben. Für die Umwandlung in Prozentrang- und T-Werte stehen Normentabellen zur Verfügung.

6.2 Zeit: Der Zeitaufwand für die Auswertung pro Schüler wird mit ca. 5 Minuten angeben.

7. Gütekriterien

7.1 Objektivität: Die Durchführungsobjektivität kann als gegeben angesehen werden; hinsichtlich der Auswertungsobjektivität unterliegt der KST gewissen Einschränkungen, die sich bei der Beurteilungen von Zeichnungen nie ausschließen lassen.

7.2 Reliabilität: Die interne Konsistenz (Split-Half) wird mit r = .93 beziffert. Dieselbe Höhe erreicht auch die Paralleltestzuverlässigkeit.

7.3 Validität: Inhaltsvalidität wird wegen der Ähnlichkeit der Testaufgaben mit den in der Schule geforderten Leistungen beansprucht. Die Übereinstimmungsvalidität wird durch vier Untersuchungen des Autors selbst, Krapp und Mandl (1971) nachgewiesen. Danach korreliert der KST mit anderen, vergleichbaren Verfahren (FST; Schulreifetest nach Karas und Seyfried, Rheinhauser Gruppentest und Münchner Auslesetest für Schulneulinge) hoch. Die an größeren Stichproben (N = 264 bzw. 642) erhobenen Daten erbrachten Korrelationskoeffizienten in Höhe von r = .85 bzw. r = .77 mit dem FST bzw. Münchner Auslesetest. Zur Vorhersagegültigkeit werden Untersuchungsergebnisse des Autors selbst, Sendelbach (1973, 1977), Brickenkamp und Rüther (1977), Sauter (1974) sowie Krapp und Mandl (1971) zitiert. Sie sprechen insgesamt für prognostische Validität des KST. Sogar über mehrjährige Zeitintervalle hinweg konnten noch signifikante Zusammenhänge zwischen dem Schuleingangstest und diversen Außenkriterien (Schulnoten, Schulleistungstests) festgestellt werden.

7.4 Normen: Eine erneute Eichung fand im August und September 1977 statt. Die Eichstichprobe umfaßte 2017 Kinder, von denen 1626 am Beginn ihres ersten Schuljahres standen. Der Rest (N = 391) besuchte noch den Kindergarten. Die meisten Kinder stammten aus den Bundesländern Nordrhein-Westfalen, Baden-Württemberg und Niedersachsen. Gesonderte Normentabellen für Erstklässler und Kindergartenkinder (unter 6 Jahren/über 6 Jahren) können zur Interpretation der Testleistungen herangezogen werden. Für Erstklässler wurde außerdem nach Form A und B differenziert.

8. Literatur

Brickenkamp, R. & Rüther, G. (1977). Zur langfristigen Vorhersagevalidität des Kettwiger Schulreifetests. *Diagnostica, 23,* 61–63.

Karas, E. & Seyfried, H. (1967). *Schulreifetests.* Wien: Ketterl.

Krapp, A. & Mandl, H. (1971). *Schulreifetests und Schulerfolg.* München: Oldenbourg.

Sauter, S. (1974). Erste Befunde über die prognostische Validität des Kettwiger Schulreifetests bei vorverlegten Schulreifeuntersuchungen. *Psychologie in Erziehung und Unterricht, 21,* 49–53.

Sendelbach, W. (1973). Untersuchungen zur Aufklärung von Fehlprognosen in der Erfolgsvorhersage durch Schulreifetests. *Psychologie in Erziehung und Unterricht, 20,* 308–319.

Sendelbach, W. (1977). Prognosefrist und Prognosegültigkeit. *Psychologie in Erziehung und Unterricht, 24,* 136–143.

Bearbeiter: Jürgen Wendeler

Kieler Einschulungsverfahren (KEV)

S. Fröse, R. Mölders und W. Wallrodt
Weinheim: Beltz Test GmbH, 2. Auflage 1988

1. Testart Schuleingangstest

2. Testmaterial Materialordner, DIN-A4-Blätter, Filzstifte, Protokollblätter, Auswertungsbogen; zusätzlich für das Unterrichtsspiel: Bildtafel mit Bäumen und Sonne, Straßenbild, 6 Hausnummern von 1 bis 6, 6 Umschläge mit je 6 Käfern (mit verschiedener Punktzahl), Poster, drei Bildergeschichten; zusätzlich für die Einzeluntersuchung: 1 Würfel, 7 Bausteine, Tafel mit farbigen geometrischen Formen, Tafel mit sich überschneidenden geometrischen Figurentafeln mit geometrischen Mustern, Bildgeschichte, Blatt mit Wegen.

3. Testgliederung Das Verfahren besteht aus drei Teilen: dem Unterrichtsspiel, der Einzeluntersuchung, dem Elterngespräch.

4. Grundkonzept Mit diesem Verfahren soll eine Lücke in der Schuleintrittsdiagnostik geschlossen werden. Herkömmliche Tests, so argumentieren die Autorinnen, beschränken sich oft auf die Erfassung kognitiver Fähigkeiten und vernachlässigen soziale, motivationale und emotionale Bedingungen des schulischen Lernens. In ihrem Verfahren sollen diese Faktoren den Stellenwert erhalten, der ihnen zukommt. Die dafür gewählten Methoden sind die Befragung und die Beobachtung. Das Unterrichtsspiel soll im Mittelpunkt der Untersuchung stehen, die somit für die Kinder nicht ängstigend und irritierend sei. Insgesamt sollen folgende Fähigkeiten erfaßt werden:

1. Wahrnehmung
2. Umgang mit Mengen
3. Denkfähigkeit und Kenntnisse
4. Sprache
5. Gedächtnis
6. Motorik
7. Leistungsmotivation
8. Arbeitsverhalten
9. Soziale Bereich – Kontaktverhalten, Arbeiten in der Gruppe
10. Emotionaler Bereich

5. Durchführung **5.1 Alter:** Schulanfänger.

5.2 Formen: Es liegt nur eine Form vor.

5.3 Handhabung: Das „Unterrichtsspiel“ wird möglichst von der/dem späteren Klassenlehrer/in durchgeführt; die/der zweite Lehrer/in führt die Beobachtungen durch. Das „Spiel“ ist für eine Gruppe von maximal 6 Kindern gedacht. Unter erschwerten Bedingungen kann die Gruppe auf 4 Kinder vermindert werden, oder es kommt ein zweiter Beobachter hinzu. Das Material ist übersichtlich geordnet und durch farbige Gestaltung und ausreichende Größe für Kinder attraktiv. Beim Elterninterview ist das Protokollblatt zugleich der Interviewleitfaden, so daß die Übersicht über eine beträchtliche Anzahl von Themen nicht verloren gehen kann, auch wenn die Reihenfolge der Zahlen nicht eingehalten wird. Für alle Aufgaben gibt es klare Anleitungen.

5.4 Zeit: Unterrichtsspiel: ca. 45 Minuten, Elterngespräch: 15 Minuten, 10 Minuten abschließende Protokollierung und Auswertung, Einzeluntersuchung: ca. 20 Minuten.

6. Auswertung

6.1 Modus: Die Beobachtungs- und Gesprächskategorien sind einfach und klar definiert, und sie verlangen jeweils nur eine dichotome Entscheidung. Diese werden auf dem Protokollbogen festgehalten. Eine Summierung ist nicht vorgesehen.

6.2 Zeit: Da die Auswertung die Ebene der Primärdaten nicht verläßt, ist hierfür nur soviel Zeit nötig, wie gebraucht wird, um die Protokolle in einen übersichtlichen Zustand zu bringen.

7. Gütekriterien

7.1 Objektivität: Als Nachweis der Objektivität weisen die Testautorinnen auf ihre Arbeiten bei der Konstruktion des Verfahrens hin. Durch wiederholte Streichungen und Veränderungen sei der Forderung nach Auswertungsobjektivität Rechnung getragen.

7.2 Reliabilität: Die Zuverlässigkeit wurde nicht bestimmt mit der Begründung, dies sei bei der gewählten Konzeption nicht möglich. Die Testautorinnen diskutieren einige der herkömmlichen Methoden zur Feststellung der Reliabilität und lehnen alle ab.

7.3 Validität: Die Validität wird als Kriterien-Gültigkeit und als faktorielle Gültigkeit vorgestellt. In einer ersten Untersuchung ergab sich mit dem Kriterium „Lehrerurteil hinsichtlich der Schulfähigkeit" eine Korrelation von $r = .89$, beim Kriterium „ Schulerfolg" eine Korrelation von $r = .71$. Nach einer weiteren Revision erhöhte sich die Korrelation noch einmal auf $r = .95$. Zur Bestimmung der faktoriellen Validität führten die Autorinnen mehrere Faktorenanalysen durch. Die letzte ergab zwei interpretierbare Faktoren: einen Faktor der Leistungsfähigkeit und einen zweiten Faktor der sozialen Kommunikation.

7.4 Normen: Keine Angaben.

8. Literatur

Bründel, H. (1989). Das Kieler Einschulungsverfahren und das Mannheimer Schuleingangsdiagnostikum. Neue Wege in der Einschulungs- und Förderdiagnostik? *Psychologie in Erziehung und Unterricht, 36*(2), 140–144.

Bearbeiter: Jürgen Wendeler

Mannheimer Schuleingangs-Diagnostikum (MSD)

R.S. Jäger, E. Beetz und R. Walther

Weinheim: Beltz Test GmbH, 4. Auflage 1994

1. Testart

Schuleingangstest

2. Testmaterial

Die Testmappe enthält ein Manual, ein Muster-Testheft mit Auswertungsbogen und eine Auswertungsschablone „Konzentration"; zusätzlich: Bleistifte, Stoppuhr (ersatzweise Uhr mit Sekundenanzeige), Tafel und Kreide.

3. Testgliederung

Der MSD setzt sich aus fünf Skalen zusammen:

1. Motorik (Rockverzierungen; 5 Items)
2. Intelligenz (Mosaik; 2 Übungs- und 7 Testitems)
3. Konzentration (1 Minute)
4. Gliederungsfähigkeit (1 Übungs- und 7 Testitems)
5. Gedächtnis (16 Items)

Vorangestellt werden 2 „warming-up-Items", die nicht bewertet werden.

4. Grundkonzept

Die zur Eingewöhnung vorangestellten „warming-up-Items" (Verkehrtheit im Bild erkennen und benennen) sollen infolge ihres hohen Anforderungscharakters die Kinder zur Mitarbeit anregen und dem TI die Möglichkeit verschaffen, Erfolgserlebnisse (Verstärkungen) zu vermitteln, die die Testsituation positiv beeinflussen. Die Autoren sehen im Konstrukt „Schulreife" ein heterogenes Kriterium. Sie lehnen sich an eine entsprechende Definition von Roth an. Die Aufgaben sollen verschiedene typische Anforderungen des Schulalltags simulieren: z. B. schreibähnliche Bewegungen, intellektuelle Fähigkeiten wie Erkennen von Figur-Lage-Beziehungen, Kombinationsfähigkeit, kurzzeitige Konzentrationsleistungen, Gliederungsfähigkeiten (nach Kern) und Gedächtnis. Besonders Wert wurde auf eine klare, farblich abwechslungsreiche Gestaltung des Testmaterials gelegt. Ausgegangen wird von einem Defizit-Modell, das die besondere Förderung jener Kinder zum Ziel hat, die in einem oder mehreren Bereichen Minderleistungen aufweisen.

5. Durchführung

5.1 Alter: Schulanfänger.

5.2 Formen: Einzel- und Gruppentest.

5.3 Handhabung: Wörtliche Instruktionen sind vorgegeben. Wegen einiger Schwierigkeiten bei der Testadministration wird dringend empfohlen, die Handhabung des Verfahrens vor der ersten Verwendung einzuüben.

5.4 Zeit: 45 bis 50 Minuten.

6. Auswertung

6.1 Modus: Manuelle Auswertung – für die Subtests „Motorik" und „Gliederungsfähigkeit" nach besonderen Auswertungsrichtlinien. Der Testteil „Konzentration" wird mit Hilfe einer Transparentschablone ausgewertet. Die Ergebnisse werden auf Auswertungsschablonen übertragen.

6.2 Zeit: Keine Angaben.

7. Gütekriterien

7.1 Objektivität: Die Durchführungs- und Auswertungsobjektivität sind gegeben.

7.2 Reliabilität: Angegeben werden die Alpha-Koeffizienten nach Cronbach für die Subtests Motorik (gemessen werden „Überkreuzungen"), Mosaik, Gliederungsfähigkeit und Gedächtnis mit r = .80 bis r = .91. Auf dieser Basis wurden Standardmeßfehler für Roh- und Stanine-Werte berechnet. Ergänzt wurden die Angaben zur Homogenität durch Koeffizienten nach Rulon und Guttmann, durch Angaben über den Varianzvergleich der Testhälften und über Koeffizienten der Reproduzierbarkeit (COR), minimale marginale Reproduzierbarkeit (MMR) und Koeffizienten der Skalierbarkeit (COS).

1.4.1

Die Autoren machen auf einen möglichen Effekt aufmerksam, der bei der Interpretation der Wiederholungszuverlässigkeit beachtet werden sollte. Der Test soll einen Anstoß für kompensatorische Fördermaßnahmen geben. Sollten diese erfolgreich sein, könnten die Leistungsrückstände der schwachen Schüler gegenüber ihren Mitschülern geringer werden mit dem Ergebnis, daß bei einer Testwiederholung die Varianz und damit die Produkt-Momentkorrelationen niedriger ausfällt als bei der ersten Testung.

7.3 Validität: Zur Überprüfung der Übereinstimmungsvalidität wurden skalierte Verhaltensbeurteilungen von Kindergärtnerinnen mit Testwerten des MSD korreliert. Dabei ergaben sich einige signifikante ($p < .01$) Zusammenhänge. Es zeigte sich aber auch, daß die Einschätzungen der schöpferischen Phantasie und des Sozialverhaltens im MSD keine Entsprechung aufweisen. Eine Korrelation der MSD-Subtests mit anderen Schulreifetests (GLT von Kern; GST von Kleiner; FST von Roth et al.) zeigt signifikante Zusammenhänge ($p < .01$) mit dem Frankfurter Schulreifetest von Roth et al. Die Höhe dieser Koeffizienten liegt bei r = .50 (N = 44). Die faktorielle Gültigkeitskontrolle erbrachte verhältnismäßig niedrige Interkorrelationen der Subskalen und führte die Autoren zu der Annahme einer 6-Faktorenlösung (Faktor 1: Gliederungsfähigkeit; Faktor 2: grob-psychomotorische Koordinationsfähigkeit; Faktor 3: fein-motorische Koordinationsfähigkeit; Faktor 4: schlußfolgerndes Denken; Faktor 5: Konzentrationsleistungen; Faktor 6: nicht interpretierbar).

7.4 Normen: Für jede Skala stehen Normen in Prozentrang- und Stanine-Werten zur Verfügung (N = 878).

8. Literatur

Jäger, R.S. (1974). Bemerkungen zu: Die Standardskala der kritischen Differenzen. *Diagnostica, 20,* 165–168.

Jäger, R.S. (1975). Zur Problematik von Schuleingangsdiagnosen. *Zeitschrift für Entwicklungspsychologie und Pädagogische Psychologie, 7,* 134–141.

Bearbeiter: Jürgen Wendeler

Reutlinger Test für Schulanfänger (RTS)

H. Kratzmeier
Hrsg.: K. Ingenkamp („Deutsche Schultests“)
Weinheim: Beltz Test GmbH, 2. Auflage 1993

1. Testart Schuleingangstest

2. Testmaterial Beiheft, Testheft, Klassenliste; zusätzlich: Rotstifte oder dünne rote Filzschreiber, Wandtafel und Kreide bei Gruppenuntersuchungen, Papier und Bleistift bei Einzeluntersuchungen, Stoppuhr.

3. Testgliederung Der RTS besteht aus 10 Subtests; jeder Subtest besteht aus 4 Aufgaben, ausgenommen Subtest 10.

1. Formunterscheidung	6. Zahlgliederung
2. Verhältniserfassung	7. Wortgliederung
3. Lücken erkennen	8. Zuordnung
4. Randverzierung	9. Formwiedergabe
5. Inhaltserfassung	10. Blumenzeichnung

4. Grundkonzept Der Test soll feststellen, inwieweit ein Kind in geistiger Hinsicht den Anforderungen der Schule gewachsen ist. Der Autor legte bei der Konstruktion des RTS großen Wert auf Ökonomie und auf die Sicherheit von Diagnose und Prognose. Für das Erlernen des Lesens, Rechnens und Schreibens ist die Differenzierung und Strukturierung optischer Gestalten von elementarer Bedeutung. Um zu einer sicheren Aussage über den Stand dieser Grundfunktionen zu gelangen, wird in fast jeder Aufgabe des RTS die Differenzierungsfähigkeit geprüft. Aber auch andere Faktoren der Schulreife werden im Test erfaßt, z. B. ob eine realistisch-sachliche Einstellung vorhanden ist und ob eine willkürliche Aufmerksamkeit möglich ist. Sehr wahrscheinlich wird vom RTS auch Intelligenz erfaßt. Mit dem Test können frühzeitig Schwächen aufgedeckt werden, so daß rechtzeitig mit geeigneten pädagogischen Maßnahmen begonnen werden kann.

5. Durchführung **5.1 Alter:** 2 bis 8 Wochen vor Schuleintritt oder spätestens innerhalb von 2 Wochen nach der Schulaufnahme.

5.2 Formen: Der RTS liegt nur in einer Form vor. Anwendbar ist der Test als Einzel- und als Gruppentest für 8 bis 10 Kinder, wobei für je 4 bis 5 Kinder ein Testhelfer anwesend sein sollte.

5.3 Handhabung:

1. Jedes Kind bekommt ein Testheft. Eine Beispielaufgabe wird vom Lehrer an der Tafel erklärt.
2. Die Anweisungen liest der Testleiter aus dem Beiheft vor.

3. Das Kind setzt sich in unterschiedlicher Weise mit den Aufgaben schriftlich auseinander.

5.4 Zeit: Die reine Testzeit beträgt 24 Minuten. Die Durchführung dauert etwa 30 bis 35 Minuten.

6. Auswertung

6.1 Modus: Jede richtige Lösung erhält einen Punkt. Für jeden Subtest sind maximal 4 Punkte möglich. Für die Bewertung der Einzelaufgaben sind im Beiheft Richtlinien angegeben. Als Vergleichswerte stehen mittlere Prozentränge und Prozentrang-Bänder zur Verfügung

6.2 Zeit: Keine Angaben.

7. Gütekriterien

7.1 Objektivität: Durchführung und Auswertung sind als objektiv zu bezeichnen.

7.2 Reliabilität: Die Testhalbierungzuverlässigkeit, korrigiert nach Spearman-Brown, liegt bei $r_{tt} = .91$ (N = 209).

7.3 Validität: Die Übereinstimmungen zwischen den Testergebnissen im Frankfurter Schulreifetest und denen im RTS liegt zwischen $r_{tc} = .56$ und $r_{tc} = .86$. Nach 5 Monaten Schulbesuch lagen von 16 Klassen (N = 535) Lehrerurteile über den Gesamterfolg der Kinder in der Schule vor. Es wurden Rangkorrelationen mit dem Testergebnis errechnet. Der Median der Korrelation liegt bei r = .67. Die Korrelationskoeffizienten zwischen der Leistung im RTS und dem Lehrerurteil über die schulische Gesamtleistung nach Eintritt in das 3. Schuljahr variieren von r = .29 bis r = .84 mit einem Mittelwert von r = .55 (N = 386). Die Gesamtnote der Fächer Rechnen, Schreiben, Lesen und Aufmerksamkeit nach einem Jahr Schulbesuch wurde mit den Testergebnissen des RTS korreliert (N = 562). Der Median liegt bei r = .60. Diese Werte sprechen für eine gute Übereinstimmungs- und eine gute Voraussagevalidität des RTS.

7.4 Normen: Vergleichswerte stehen in Form von mittleren Prozenträngen und Prozentrang-Bändern für Jungen und Mädchen sowie für Stadt- und Landkinder zur Verfügung (N = 1286).

Bearbeiter: Jürgen Wendeler

Schulfähigkeitstest Form C

H. Seyfried und E. Karas
Wien: Ketterl, 2. Auflage 1987

1. Testart Schuleingangstest

2. Testmaterial Handanweisung Form C, Testhefte, Mengentafel, Protokollbogen; zusätzlich: Schreibgerät.

3. Testgliederung Der Test besteht aus zwei Teilen, einem Gruppentest und einem Individualtest. Die Untertests der Gruppentests sind:
- Mann zeichnen
- Formwiedergabe
- Gestaltwiedergabe I
- Gestaltwiedergabe II
- Abzeichnen
- Randverzierung

Untertests der Individualtests sind:
- Sätze nachsprechen
- Zahlenreihen nachsprechen
- Stellenbestimmung
- Größenvergleich
- Mengenerfassung

Des weiteren wird die körperliche Entwicklung nach drei Kriterien eingeschätzt.

4. Grundkonzept Das Verfahren ist für österreichische Kinder entwickelt worden. Es soll die Schulfähigkeit eines Kindes feststellen und dabei evtl. Entwicklungsverzögerungen oder -vorsprünge aufdecken. In Verbindung mit Informationen aus anderen Quellen, insbesondere über den körperlichen Entwicklungsstand, soll der Test eine Grundlage für die Entscheidungen über die Einschulung bzw. Zurückstellung sein, ggf. auch über die Notwendigkeit von Fördermaßnahmen.

5. Durchführung **5.1 Alter:** 5;0 bis 6;0 Jahre.

5.2 Formen: Teils Gruppentest, teils Einzeltest. Die Formen A und B sind keine Parallelformen zu C.

5.3 Handhabung: Am Gruppentest sollen jeweils nicht mehr als 15 Kinder teilnehmen. Bei mehr als 8 Kindern ist ein Helfer notwendig. Die detaillierten Instruktionen für Lehrer und Helfer sollen genau befolgt werden.

5.4 Zeit: Der Gruppentest dauert etwa 45 Minuten, der Einzeltest etwa 7 bis

8 Minuten. Die Bearbeitungszeiten für die einzelnen Untertests können etwas über- oder unterschritten werden; der Test soll „flott“ durchgeführt werden. Der Test sollte möglichst vor Beginn des neuen Schuljahres durchgeführt werden; ist dies nicht möglich, in den ersten beiden Wochen des neuen Schuljahres.

6. Auswertung

6.1 Modus: Die Produktionen der Kinder werden anhand von Bewertungsrichtlinien nach der Lösungsqualität (gut – mittel – schwach) beurteilt. Die Gesamtpunktzahl wird anhand von Tabellen in einem Testreifegrad (9 Stufen) und einen Prozentrang transformiert. Aus einer weiteren Tabelle läßt sich zusätzlich für jeden Prozentrang der Standardnormwert T ablesen.

6.2 Zeit: Keine Angaben.

7. Gütekriterien

7.1 Objektivität: Durch ausführliche Anweisungen an den Testleiter und ebensolche Beispiele für die Auswertung ist versucht worden, die Objektivität des Verfahrens hinreichend zu gewährleisten. Die Überprüfung bei einer Aufgabe ergab eine Übereinstimmung von 93 % gleicher Beurteilungen (N = 30).

7.2 Reliabilität: Eine Wiederholung nach 5 Tagen erbrachte eine Korrelation von r = .91 (N = 28), nach 16 Tagen von r = .87 (N = 30).

7.3 Validität: Die Korrelation des Testreifegrades mit dem Schulerfolg am Ende der ersten und zweiten Klasse lag für verschiedene Fächer zwischen r = .46 und r = .84, mit einem Durchschnitt von r = .64. Der Gruppentest allein ergab einen Koeffizienten von r = .53 (N = 223), der Einzeltest allein einen Koeffizienten von r = .55. Fehlprognosen kamen bei 2 % der Kinder vor. Lehrerurteile über die Schulreife korrelierten niedriger nach ein- bis zweiwöchigem Unterricht mit dem Schulerfolg, sie lagen zwischen r = .35 und r = .46 mit einem Durchschnitt von r = .42.

7.4 Normen: Anhand der Bewertungskriterien wird für jedes Kind und für jede der 11 Aufgaben ein Punktwert zwischen 0 und 2 vergeben. Die Summierung ergibt die Gesamtpunktzahl. Diese Summe kann auf zwei Arten weiter verarbeitet werden. Zum einen durch Umwandlung in einen 9stufigen Testreifegrad und zum anderen in einen Prozentrang. Dabei scheinen die Stufen des Testreifegrads willkürlich festgelegt zu sein. Im Begriff „Testreifegrad“ zeigen sich Spuren der Schulreifediagnostik, in der ebenfalls durch Zählen gewonnene Rohwerte mehr oder weniger willkürlich in Kategorien der „Schulreife“ umgewandelt werden. Die Kinder wurden in vier Gruppen eingeteilt unter Verwendung von Kriterien, die mutmaßlichen Einfluß auf die schulische Bewährung haben, wie Kindergartenbesuch und Wohnortgröße (mehr oder weniger als 10000 Einwohner). In jeder dieser Gruppen kann für jede der fünf Lebensaltersstufen der Prozentrang und der Testreifegrad aus einer Tabelle abgelesen werden.

Bearbeiter: Jürgen Wendeler

Schulreifetest

G. Strebel

Solothurn: Antonius, 5. Auflage 1992

1. Testart

Schuleingangstest

2. Testmaterial

Kurze Anleitung, Textband und folgende Einzelteile: 1 leeres Blatt, 1 Täschchen mit vier Figuren (a, b, c, d,), 20 Blätter mit vorgezeichnetem Randmuster (+), 4 Textkarten (Definition zur Zweckangabe, sechzehnsilbige Sätze nachsprechen, Geschichte nacherzählen, drei Aufträge ausführen), 1 Täschchen mit einem Viereck und 2 Dreiecken, 6 graue Kartontafeln mit blauen Punkten, 1 Täschchen mit 10 blauen Kreisscheiben, 1 Bilderstreifen (Hundegeschichte), 1 Täschchen mit 4 Farbtäfelchen (rot, grün, gelb, blau), 1 Tafel mit Zeichnungen von Kirche, Tanne, Tisch, 1 Prüfungsbogen, 1 Fragebogen für Erzieher, 1 Fragebogen für Eltern; zusätzlich: Uhr, Schreibgerät.

3. Testgliederung

Der Schulreifetest von Strebel umfaßt 12 Aufgaben, die von den Autoren Binet und Simon, Bühler und Hetzer, Danziger und Winkler stammen:

I. Werkreifes Zeichnen (Danzinger)
II. Figuren nachzeichnen (Winkler)
III. Randverzierung (Danzinger)
IV. Definition durch Zweckangabe (Binet)
V. Sechzehnsilbige Sätze nachsprechen (Binet)
VI. Geschichte nacherzählen (Winkler)
VII. Rechteck zusammensetzten (Binet)
VIII. Zahlbilder simultan erfassen (Winkler)
IX. Bildzusammenhang erkennen (Danzinger)
X. Hauptfarben benennen (Binet)
XI. Drei Aufträge ausführen (Binet)
XII. Nachzeichnen schematischer Darstellungen (Bühler & Hetzer)

4. Grundkonzept

Das Verfahren soll nicht Einzel- oder Spezialleistungen messen, sondern die „Gesamtentwicklung des Kindes" erfassen. Somit ist das Konstruktionsprinzip der „ganzheitlichen" Betrachtungsweise verhaftet. Bei der Auswahl der Aufgaben aus bekannten Testsystemen wurden u. a. folgende Gesichtspunkte berücksichtigt: Aufgaben sollten charakteristische Merkmale der Schulreife beobachtbar machen, qualitative Verhaltensanalysen ermöglichen, die charakterlich-sozialen Faktoren stärker einbeziehen als die rein intellektuellen, weil bei der Beurteilung der Schulreife die Persönlichkeit wichtiger ist als die Funktionsreife. Außerdem fanden Ökonomiegesichtspunkte Beachtung. Der Schulreifetest von Strebel, der verbale und manuelle

Reaktionsweisen gleichermaßen erfordert, ist für Schweizer Verhältnisse angelegt worden.

5. Durchführung

5.1 Alter: 6;3 bis 7;3 Jahre. Der Test soll 3 bis 4 Wochen vor Schulbeginn durchgeführt werden.

5.2 Formen: Individualtest. Keine Parallelform.

5.3 Handhabung: Es liegen Testanweisungen für den Untersucher vor. Es empfiehlt sich, die Reihenfolge der Aufgaben innerhalb der Serie zu wahren. Gibt es Gründe, im Einzelfall davon abzugehen (z. B. wenn das Kind nicht gern zeichnet), darf das nur unter Berücksichtigung der möglichen Konsequenzen geschehen. Beispielsweise darf Test XII (Nachzeichen schematischer Darstellungen) niemals vor Test I (werkreifes Zeichnen) gegeben werden, weil sonst das Kind bei der freien Zeichnung womöglich nur die Schemazeichnungen aus der Erinnerung reproduzieren würde.

5.4 Zeit: Keine Zeitbegrenzung.

6. Auswertung

6.1 Modus: Die Anleitung enthält Bewertungskriterien, die ein Urteil darüber ermöglichen, wann die Aufgaben als gelöst gelten können. Die Summe der gelösten Aufgaben bildet das quantitative Resultat, das nach Strebel jedoch nicht rein mechanisch zu handhaben ist:

$>$ 10 Aufgaben gelöst: Schulreife
8 bis 9 Aufgaben gelöst: fragliche Schulreife
$<$ 7 Aufgaben gelöst: noch nicht schulreif

Es wird – besonders in Zweifels- und Grenzfällen – auf die Notwendigkeit einer qualitativen Interpretation der Ergebnisse hingewiesen. Dazu steht eine Übersichtstabelle für die qualitative Analyse zur Verfügung. Sie enthält in Stichworten die Funktionen und Fähigkeiten, die mit den einzelnen Aufgaben geprüft werden. Das Verfahren, das der Tradition einer auf Erfassung der Gesamtpersönlichkeit abzielenden Psychodiagnostik verhaftet ist, sieht eine qualitative Einbeziehung der Ergebnisse von 2 Fragebogen vor, die Erzieher/innen bzw. Eltern beantworten sollen. Insbesondere der den Eltern zugedachte Fragebogen setzt unvoreingenommene Urteilsfähigkeit voraus, die sicher nicht immer ohne weiteres angenommen werden kann, wenn die Eltern an der Einschulung ihres Kindes interessiert sind.

6.2 Zeit: Keine Angaben.

7. Gütekriterien

7.1 Objektivität: Die notwendigen Vorkehrungen zur Sicherung der Durchführungs- und Auswertungsobjektivität sind getroffen.

7.2 Reliabilität: Keine Angaben.

7.3 Validität: Die Anleitung enthält keine Angaben zu empirischen Gültigkeitskontrollen.

7.4 Normen: Keine Angaben.

Bearbeiter: Jürgen Wendeler

Visuomotorischer Schulreifetest (VSRT)

G. Esser und R.-M. Stöhr
Bern: Huber, 1990

1. Testart Schuleingangstest

2. Testmaterial Handbuch, Testvorlagen, Auswertungsblatt; zusätzlich: Schreibgerät.

3. Testgliederung Bei diesem Test handelt es sich um eine Kombination aus Mann-Zeichen-Test und Randverzierungstest(Abzeichnen geometrischer Formen). Er dient zur Erfassung visuomotorischer Störungen im Einschulungsalter. Die Beurteilung der Leistungen erfolgt anhand folgender Kriterien:

Mann-Zeichen-Aufgabe:
- Achsensymmetrische Verschiebungen der Figur (Variabel 1/2)
- Überschneidungen und Nichtschließen der Körperkonturen (3)
- Grobe Schwankungen und Verzitterungen im Linienverlauf (4)
- Eckiges Körperschema (5)
- Kritzeliger Malstil – Ausmaltechnik (6)
- Fehlende Plastizität der Körperteile (7)
- Schräglage der Figur (8)

Randverzierungstest:
- Fehlerhafte Reihung der Symbole (9)
- Durchschnittliche Abweichung jeder Symbolgruppe von der Standarddistanz (10/11/12)
- Drift (13)
- Größendifferenz zwischen den Zeichen der Symbolgruppen (14/15/16)
- Ausmaß der Größenabweichung zu den normierten Vorgabefiguren (17/18/19)
- Nichtschließen und Überschneiden der Symbole (20)
- Formdisharmonien und Verzitterungen (21/22/23)
- Überschneidung der Basislinie und/oder der Nachbarsymbole (24)
- Durchschnittliche Abweichung vom idealen Kreuzmittelpunkt (25)
- Durchschnittliche Abweichungsdifferenz der Kreuzbalken (26)
- Seitenverhältnis bei drei oder vier Dreiecken gestört (27)

4. Grundkonzept Störungen der Visuomotorik besitzen hohe Relevanz für mangelnde schulische Leistungsfähigkeit. Die Erfassung potentiell gefährdeter Schulanwärter im Rahmen der Einschulungsdiagnostik ermöglicht es, Kinder mit visuell-perzeptiv-motorischen Schwächen frühzeitig zu erkennen. Sowohl Gestalterfassungsschwierigkeiten, Gestaltdifferenzierungsstörungen wie auch Störungen der visuomotorischen Koordination führen jeweils zu typischen, bildhaften Verzerrungen in der Zeichenqualität. Der VSRT ist so konstruiert, daß er sein Differenzierungsoptimum im subnormalen Bereich erzielt. Dies bedeutet, daß das Testverfahren zur Bestimmung verschiedener Schweregrade visuomotorischer Störungen gut geeignet ist, während es weniger genau zwischen Kindern mit guten und sehr guten visuomotorischen Leistungen differenziert.

5. Durchführung

5.1 Alter: Kinder im Alter von 5;6 bis 6;11 Jahren.

5.2 Formen: Eine Testvorgabe in der Kleingruppe (2 bis 6 Kinder) ist möglich. Die Autoren empfehlen eine Einzeltestung.

5.3 Handhabung: Das Kind erhält Anweisung, einen Menschen in ein vorgedrucktes Rechteck zu zeichnen und dann die oben links begonnene Randverzierung, bestehend aus Dreieck, Kreuz und Kreis, richtig fortzusetzen.

5.4 Zeit: Die Durchführungsdauer liegt bei etwa 3 bis 10 Minuten.

6. Auswertung

6.1 Modus: Das Handbuch enthält umfangreiche Anweisungen zum Fehlerrating der beiden Testaufgaben. Dabei wurde das herkömmliche Kriterium „Reichhaltigkeit der Details" fast vollständig ignoriert. Dagegen erhielt die „Fähigkeit zur Organisation und Proportionalität der gezeichneten Details" eine relativ hohe Gewichtung (S. 14). Zur Auswertung der Variablen 1, 2, 8 und 13 können Schablonen herangezogen werden. Die Summe der Fehler kann in einen Prozentrang-Wert und einen Visuomotorikquotienten transformiert werden. Der Visuomotorikquotient wird formal wie der Intelligenzquotient definiert.

6.2 Zeit: Geübte Diagnostiker benötigen zur Auswertung etwa 5 bis 10 Minuten.

7. Gütekriterien

7.1 Objektivität: Durchführung und Auswertung (Berechnung der Auswertungsobjektivität nach Ebel erbrachte einen Koeffizienten von r = .98) können als objektiv bezeichnet werden.

7.2 Reliabilität: In einer Testanalyse an 200 Versuchspersonen wurde eine Split-Half-Reliabilität nach Spearman-Brown von r = .93 ermittelt. Cronbachs Alpha erreichte r = .92.

7.3 Validität: Die Korrelation des VSRT-Rohwerts bei der Einschulungsuntersuchung mit dem GFT-Rohwert (Schlange, Stein, von Boetticher & Tanelli, 1972), zwei Jahre später erhoben, betrug r = .67. Untersuchungen zur Vorhersage von Schulversagen (Intervall: 2 Jahre), berechnet anhand des Versagens im VSRT (VMQ < 80) und „Schulversagen", operationalisiert als nicht mehr ausreichende Leistung in einem der Fächer „Lesen", „Rechtschreiben" oder „Rechnen", ergab einen Korrelationskoeffizienten von r = .47. Die Korrelation zwischen dem VSRT-Rohwert und Schulnoten lag für das Fach „Lesen" bei r = .34, für „Rechtschreiben" bei r = .45 und für „Mathematik" bei r = .51. Die prädiktive Validität ist nicht als befriedigend zu bezeichnen. Von den 62 Schülern mit positivem Prädiktor (Visuomotorikquotient > 80) haben in den ersten zwei Schuljahren 85 % Schulerfolg, während von den 31 Schülern mit negativem Prädiktor (Visuomotorikquotient < 80) etwa die Hälfte zum Schulerfolg kommt. Von den später versagenden Kindern hatten 52 % einen negativen Prädiktor; es war von den Versagern etwa nur die Hälfte erkannt worden. Die Korrelation zwischen VSRT-Rohwert und allgemeiner Intelligenz, gemessen am CFT 1 (Cattell, Weiß & Osterland, 1977), ergab einen Koeffizienten von r = –.33. Das negative Vorzeichen ist ein Artefakt, das entstanden ist, weil bei der Motorik Fehler gezählt werden, bei der Intelligenz richtige Antworten.

7.4 Normen: Es existieren Normwerte für die Gesamtstichprobe (N = 601), getrennt nach Geschlecht und getrennt nach 3 Altersstufen (5;6 bis 5;11 Jahre, 6;0 bis 6;5 Jahre, 6;6 bis 6;11 Jahre). Die Normierungsdaten werden jeweils als Prozentrang und als Visuomotorikquotient angeben.

8. Literatur

Cattell, R.B., Weiß, R.H. & Osterland, J. (1977). *Grundintelligenztest Skala 1 (CFT 1).* Braunschweig: Westermann.

Ingenkamp, K. & Jäger, R.S. (Hrsg.) (1991). Testbesprechungen: Visuomotorischer Schulreifetest. In *Tests und Trends* (Bd. 9, S. 124–129). Weinheim: Beltz.

Schlange, H., Stein, B., Boetticher, I. v. & Taneli, S. (1972). *Göttinger Formreproduktions-Test (GFT).* Göttingen: Hogrefe.

Bearbeiter: Jürgen Wendeler

Weilburger Testaufgaben für Schulanfänger (WTA)

H. Hetzer, L. Tent und H. Schuppener
Hrsg.: K. Ingenkamp („Deutsche Schultests“)
Weinheim: Beltz Test GmbH, 1994

1. Testart Schuleingangstest

2. Testmaterial: Beiheft, Testheft, 1 Satz Mengenkarten, Klassenliste; zusätzlich: Bleistift, Bleistiftspitzer, Stoppuhr, Wandtafel, Lappen und Kreide, eine (Umhänge-) Tasche, eine Zeitung, ein Brief, eine Ansichtskarte (mit Marke und Anschrift) für Aufgabegruppen.

3. Testgliederung Der WTA besteht aus zehn Aufgabengruppen:

1. Freies Zeichnen, Menschendarstellung
2. Randverzierung zeichnen
3. Begriffsbildung
4. Postspiel
5. Gegenstände einprägen und wiedererkennen
6. Nachzeichnen
7. Zuordnen
8. Größenvergleich
9. Punktzeichnen
10. Mengenerfassung

4. Grundkonzept Mit Hilfe des Tests gewinnt der Untersucher in kurzer Zeit einen Überblick über den Entwicklungsstand von Kindern im Einschulungsalter. Die Testergebnisse bieten ein erstes grobes Gesamtbild. Die Autoren warnen jedoch davor, sich bei der Beurteilung der Schulreife allein auf eine Punktzahl zu stützen. Um sich hierüber ein Urteil zu bilden, sollten weitere Daten herangezogen werden, z. B. kann eine Beobachtung der Kinder während der Untersuchung Aufschluß über soziale Schulreife geben. Ebenso kann ein Test eine zusätzliche Hilfe bei der Zurückstellung, bei der Aufnahme in eine Vorklasse und bei der Überprüfung auf Sonderschulbedürftigkeit sein.

5. Durchführung **5.1 Alter:** Etwa 7 Wochen vor Schulbeginn.

5.2 Formen: Der Test liegt in zwei Parallelformen vor (A und B). Anwendbar ist der WTA als Gruppentest mit bis zu 15 Kindern. Es liegt eine Kurzform vor, die sich aus den sechs trennschärfsten Aufgabengruppen zusammensetzt.

5.3 Handhabung:

1. Jedes Kind bekommt ein Testheft.

2. Für die Untersuchung wird ein Helfer nötig, der den Testleiter weitgehend unterstützt. Die Anweisungen werden aus dem Beiheft vorgelesen.
3. Das Kind setzt sich in vielfältiger Weise mit dem Material auseinander (s. Testgliederung).

5.4 Zeit: Die reine Testzeit beträgt knapp 75 Minuten. Für die Durchführung werden etwa zwei Schulstunden benötigt. Für die Kurzform beträgt die reine Testzeit 46 Minuten. Für die Durchführung wird insgesamt 1 Stunde gebraucht.

6. Auswertung

6.1 Modus: Für die Auswertung sind im Beiheft Richtlinien angegeben. Für jede Aufgabengruppe können unterschiedliche Punktwerte erzielt werden. Die maximale Gesamtpunktzahl beträgt 50 Punkte. Die Punkte der zehn Aufgabengrupen werden aufsummiert und auf der Titelseite vermerkt. Als Vergleichswerte stehen Prozentränge zur Verfügung.

6.2 Zeit: Keine Angaben.

7. Gütekriterien

7.1 Objektivität: Durchführung und Auswertung sind als objektiv zu bezeichnen.

7.2 Reliabilität: Die Halbierungszuverlässigkeit nach der odd-even-Methode (korrigiert nach Spearman-Brown) liegt für Form A bei $r_{tt} = .81$ (N = 394) bzw. bei $r_{tt} = .82$ für Form B (N = 1020). Diese Werte können als befriedigende Reliabilitätsindikatoren gelten. Die Paralleltestzuverlässigkeit beträgt r = .82 (N = 500).
Kurzform: Die Halbierungszuverlässigkeit beträgt $r_{tt} = .66$ (Form A, N = 394, korrigiert) bzw. $r_{tt} = .75$ (Form B, N = 1020).

7.3 Validität: Vorhersagegültigkeit: Nach einem halben Jahr Schulbesuch liegt die Korrelation zwischen Testergebnis und Gesamtnote bei $r_{tc} = .70$ für die Form A (N = 394) bzw. $r_{tc} = .63$ für Form B. „Die WTA sind in der Tendenz für Jungen geringfügig valider als für Mädchen" (S. 30). Die Korrelation mit dem Frankfurter Schulreifetest beträgt $r_{tc} = .63$ (N = 82, ungewichtete Eichform).
Kurzform: Die Übereinstimmung zwischen Kurz- und Langform liegt bei $r_{tc} = .96$ (N = 394 bzw.1020). Nach einem halben Jahr beträgt der Korrelationskoeffizient zwischen Gesamtpunktwert und Gesamtnoten (Form A, N = 394, korrigiert) $r_{tc} = .61$, nach einem Jahr $r_{tc} = .58$ (N = 371, korrigiert).

7.4 Normen: Die Form A der WTA wurde an 815, die Form B an 1020 Jungen und Mädchen aus der BRD standardisiert. Als Vergleichswerte stehen Prozentrangnormen für die Langform und für die Kurzform zur Verfügung.

Bearbeiter: Jürgen Wendeler

1. LEISTUNGSTESTS

1. Leistungstests – 1.4 Schultests
1.4.2 Spezielle Schuleignungstests

● = ja
o = teilweise
❍ = nein
k.A.= keine Angaben

Testname	Autor(en)	Seite	Durchführung					Auswertung			Gütekriterien				Alter
			Gruppentest	Parallelform	Zeitangabe netto (Min.)	Zeitangabe brutto (Min.)	computergestützte Fassung	Schabl./Schlüss.	Auswertungssoftw.	Zeitangabe (Min.)	Objektivität	Reliabilität	emp. Validität	Normen	(Jahre oder Schuljahre (J/Sj))
Bielefelder Screening zur Früherkennung von Lese-Rechtschreibschwierigkeiten (BISC)	Jansen u.a.	345	❍	❍		30	❍	●	❍	10	●	●	●	●	5–6 J
Kombinierter Lern- und Intelligenztest (KLI 4–5)	Schröder	348	●	●		130	❍	●	❍		●	●	●	●	4.–5. Sj
Testbatterie f. entwicklungsrückständige Schulanfänger (TES)	Kornmann	351	❍	❍		70	❍	●	❍		●	●	**o**	●	5–6 J

Bielefelder Screening zur Früherkennung von Lese-Rechtschreibschwierigkeiten (BISC)

H. Jansen, G. Mannhaupt, H. Marx und H. Skowronek
Göttingen: Hogrefe, 1999

1. Testart Schultest

2. Testmaterial Karton: Manual (DIN A4, 80 Seiten), Vorlagenmappe (Spiralblock), Protokollbogen 1, Protokollbogen 2, Tonkassette; zusätzlich: Stoppuhr, Kassettenrecorder, Schreibgerät.

3. Testgliederung Der Test besteht aus 9 Untertests, die sich wie folgt gliedern. Mit den Untertests „Reimen" (R = 10 Items), „Silben-Segmentieren" (SS = 10 Items), „Laut-zu-Wort" (LZW = 10 Items) und „Laute-Assoziieren" (LA = 10 Items) wird die Einsicht des Kindes in die phonologische Struktur der Sprache sowie in die Analyse und Synthese phonologischer Einheiten überprüft. In zwei weiteren Untertests „Schnelles Benennen-Farben" (SBF 1 = 6 Items) und „Schnelles Benennen-Farben" (SBF 2 = 6 Items) werden die Abrufgeschwindigkeit aus dem Langzeitgedächtnis und die Störanfälligkeit des Abrufprozesses gemessen. Vor jeder Aufgabe der beiden Untertests erfolgt eine „Farbabfrage". Der Untertest „Pseudowörter-Nachsprechen" (PWN = Items 10) überprüft die Gedächtnisspanne und die Artikulationsgenauigkeitfür unbekannte Begriffe. Der Untertest „Wort-Vergleich-Suchaufgabe" (WVS = 12 Items) erfaßt die visuelle Aufmerksamkeit.

4. Grundkonzept Die Autoren gehen von der Annahme aus, daß eine mangelnde „Phonologische Bewußtheit" sowie Gedächtnis- und Aufmerksamkeitsprobleme für die Ausbildung von Lese-Rechtschreibschwierigkeiten verantwortlich sind (vgl. Warnke & Roth, 2000). Der Test erfaßt die in diesen Merkmalsbereichen vorhandenen Kenntnisse und Fertigkeiten der Kinder vor dem Schriftspracherwerb und erlaubt im Vorschulalter (T1: 10 Monate und T2: 4 Monate vor Einschulung) eine differenzierte, individuelle Erkennung von Kindern mit einem Risiko zur Ausbildung einer Lese-Rechtschreibschwäche.

5. Durchführung **5.1 Alter:** Vorschulkinder zu Beginn oder Mitte des letzten Vorschuljahres.

5.2 Formen: Einzeltest.

5.3 Handhabung: Testanweisung und Durchführung sind im Manual detailliert beschrieben. Damit der Umgang mit den unterschiedlichen und wechselnden Materialien reibungslos ablaufen kann, empfehlen die Autoren ein intensives Einarbeiten und mehrmaliges Einüben. Die vorgeschriebene Reihenfolge ist bei der Testdurchführung unbedingt einzuhalten. Vor der Testphase bietet jede Aufgabe eine Übungsphase, in der an Beispielen die gewünschte Antwortform vermittelt wird. Bei den Untertests PWN, R, LA, SS und LZW werden die entsprechenden Instruktionen nur einmalig vom TL gesagt und danach von der Tonkassette abgespielt. Die Untertests WVS, SBW, SBF 1 und 2 beinhalten eine Zeitkomponente.

5.4 Zeit: Ca. 20 bis 30 Minuten.

6. Auswertung

6.1 Modus: Das Manual enthält differenzierte Auswertungshinweise und Bewertungskriterien. Zudem wird die Auswertung durch die Art der Protokollierung erleichtert. Für die unterschiedlichen Untersuchungszeitpunkte sind zwei Protokollbogen vorgesehen. Zur Ermittlung des Punktwertes für die Untertests mit Zeitkomponente wird zuerst der Median der Bearbeitungszeit (Rückseite des Protokollbogens) bestimmt und mit Hilfe der darüberliegenden Umrechnungstabelle in Punktwerte umgewandelt. Für die anderen Untertests werden die ermittelten Punktwerte auf die Vorderseite des Protokollbogens übertragen bzw. entsprechend angekreuzt. Die Summe der Punkte aus den schraffierten Feldern ergeben die Risikopunkte. Der Test ist so konzipiert, daß die Entwicklung von Lese-Rechtschreibschwierigkeiten ab vier Risikopunkten als wahrscheinlich angenommen werden kann. Werden drei Risikopunkte erreicht, geht man von der Möglichkeit zur Kompensation durch andere beteiligte Fertigkeiten aus. Der Test erlaubt keine Profilauswertung auf Aufgabenebene. Eine sichere Klassifikation ist nach Auffassung der Autoren durch die Testwiederholung gewährleistet.

6.2 Zeit: Ca. 10 Minuten.

7. Gütekriterien

7.1 Objektivität: Bei geschulten Testleitern kann das Verfahren als durchführungsobjektiv betrachtet werden.

7.2 Reliabilität: Die interne Konsistenz des Tests wurde nach Cronbachs alpha berechnet. Für T1 ergaben sich Koeffizienten zwischen r = .53 und r = .81, für T2 Koeffizienten zwischen r = .63 und r = .84.
Retestreliabilität: Hier ergab sich für den Gesamtscore ein Wert von r = .82. Für den Subscore Phonologische Bewußtheit ergab sich ein Wert von r = .74, für den Subscore Aufmerksamkeit und Gedächtnis ein Wert von r = .76.

7.3 Validität: Zur Bestimmung der Konstruktvalidität wurde eine Faktorenanalyse (Hauptkomponentenanalyse mit Varimaxrotation) über die vollständigen Datensätze der Testzeitpunkte T1 sowie T2 berechnet. Es konnten jeweils drei Faktoren (Phonologische Bewußtheit, Aufmerksamkeit und Gedächtnis) mit einem Eigenwert 1 extrahiert werden. Diese klären 51.0 % bzw. 51.3 % der Varianz auf.
Zur Bestimmung der prognostischen Validität wurden die Ergebnisse des BISC (T1 und T2) sowie weiterer Prädiktoren (Elternfragebogen, CFT 1, Erzieherinnenrating, BBK, Ziffern- und Symbolkenntnis) mit 5 Kriterien (Schreibfähigkeit, Lesefähigkeit, Schriftsprache, Mathematikleistung und Intelligenz) korreliert. Diese Kriterien wurden an 4 weiteren Meßzeitpunkten bis 6 Wochen vor Abschluß der 2. Klasse (T6) erhoben. Bei der Erhebung wurden sowohl standardisierte Verfahren wie der DRT von Müller (1983), der WÜLT von Trolldenier (1986), drei Subtests der Knuspel-Leseaufgabenvon Marx (1992), der CMM 1–3von Schuck, Eggert und Raatz (1975) sowie orientierende Verfahren eingesetzt. Für die Korrelation zwischen BISC (T1 bzw. T2) und den Kriterien Schreibfähigkeit, Lesefähigkeit und

Schriftsprache zum Zeitpunkt T6 ergaben sich höhere Koeffizienten (zwischen r = .53 und r = .62) als bei allen anderen Prädiktoren.
Außerdem wurde eine schrittweise multiple Regression der Schriftsprachleistung am Ende des zweiten Schuljahres (T6) auf die Prädiktoren BISC, Ziffernkenntnis und Schriftsymbolkenntnis zum Zeitpunkt T1 sowie auf BISC, Schriftsymbolkenntnis, Ziffernkenntnis, Erzieherinnenrating, Elternfragebogen, nichtverbale Intelligenz und Beobachtungsbogen für Kinder zum Meßzeitpunkt T2, durchgeführt. Bei beiden Meßzeitpunkten (T1, T2) klärt der Prädiktor BISC den weitgrößten Teil der Varianz auf.
Um die individuelle Vorhersagegüte mit dem BISC beurteilen zu können, wurde das Verfahren der klassifikatorischen Vorhersage gewählt und Kennwerte nach Marx (1992) getrennt für T1 und T2 sowie für T1 und T2 zusammen berechnet. Es zeigte sich, daß bei allen Prognosen die Gesamttrefferquote über der Zufallstrefferquote lag. Es ergab sich ein RATZ-Index von 32.9 für die Schreibfähigkeit, 63.3 für die Lesefähigkeit und 65.4 für die Schriftsprache (Testzeitpunkte T1 mit T6), ein RATZ-Index von 49.6 für Schreibfähigkeit, 55.8 Lesefähigkeit, 77.1 Schriftsprache (Testzeitpunkt T2 mit T6) und ein RATZ-Index von 52.9 für Schreibfähigkeit, 71.3 Lesefähigkeit, 72.2 für Schriftsprache (Testzeitpunkt T1 + T2 mit T6). Für den Prädiktor Erzieherinnenrating ergab sich lediglich ein RATZ-Index von 34.4 für die Schriftsprache, alle anderen Werte waren deutlich < 34. Für die Prädiktoren BBK, Elternfragebogen, Schriftsymbolkenntnis und CFT 1 zeigte sich in keinem Fall ein RATZ-Index von > 34.

1.4.2

7.4 Normen: Es liegen Tabellen mit der Angabe von Risikobereichen für die einzelnen Subtests sowie für den Gesamtscore vor.

8. Literatur

Marx, H. (1992). *Die Vorhersage von Lese-Rechtschreibschwierigkeiten in Theorie und Anwendung. Unveröff. Habilitationsschrift.* Universität Bielefeld: Fakultät für Psychologie und Sportwissenschaft.
Müller, R. (1983). *Diagnostischer Rechtschreibtest (DRT 2).* Weinheim: Beltz.
Schuck, K.-D., Eggert, D. & Raatz, U. (1975). *Columbia Mental Maturity Scale (CMM 1–3).* Weinheim: Beltz.
Trolldenier, H.-P. (1986). *Würzburger Lesetest für 1. KLassen (WÜLT1).* Universität Würzburg: Lehrstuhl Psychologie IV.
Warnke, A. & Roth, E. (2000). Umschriebene Lese-Rechtschreibstörung. In F. Petermann (Hrsg.), *Lehrbuch der Klinischen Kinderpsychologie und -psychotherapie* (S. 453–476). Göttingen: Hogrefe.

Verfasserin: Martina Faiß

Kombinierter Lern- und Intelligenztest (KLI 4–5)

H. Schröder
Hrsg.: K. Ingenkamp
Göttingen: Beltz Test GmbH, 4. Auflage 1995

1. Testart Schultest

2. Testmaterial Testanleitung (38 Seiten), Testhefte Form A und B, je zwei Auswertungsschablonen für jede Form; zusätzlich: Bleistifte, Radiergummi, Uhr.

3. Testgliederung Das Verfahren gliedert sich in einen Lern- und einen Intelligenzteil mit folgenden Subtests:

Teil L (Lernteil)
- GS (Geheimschrift): Lernen und Anwenden von Regeln im Sprachbereich
- BL (Buchstabenlernen): Lernen ohne direkten Sinnbezug im sprachlichen Bereich; Wörterlernen
- ZU (Zahlenumwandeln): Lernen und Anwenden von Regeln im Zahlenbereich
- Behaltenstest zu BL und ZU

Teil I (Intelligenzteil)
- WG (Wörtergruppe): Gemeinsamkeiten finden, Abstraktionsfähigkeit
- SB (Satzbestimmung): inhaltliches Erfassen von Sätzen, Leseverständnis, Urteilsbildung
- RA (Rechenaufgaben): rechnerisches Verständnis
- RK (Reihenkorrigieren): Erfassen von Regeln und Gesetzmäßigkeiten, Kritikfähigkeit
- Behaltenstest zu GS, BL und ZU

4. Grundkonzept Der KLI 4–5 soll der Schullaufbahnberatung dienen. Im Gegensatz zu anderen Verfahren, die zu diesem Zweck nur die Intelligenz erfassen, wird hier versucht, auch die Lernfähigkeit mit einzubeziehen. Der Autor geht dabei von der Annahme aus, daß Denken und Lernen bei der Bewältigung schulischer Aufgaben integrativ ineinander übergehen. Intelligenz und Begabung werden weitgehend als das Ergebnis von Lernprozessen angesehen.

5. Durchführung **5.1 Alter:** Schulklassen 4 und 5.

5.2 Formen: Gruppentest mit den Parallelformen A und B.

5.3 Handhabung: Allgemeine Hinweise für die Vorbereitung und Durchführung des Tests sind vorhanden. Die speziellen Testanweisungen für die einzelnen Untertests werden vom Testleiter vorgelesen und von den Schülern in ihren Testheften mitverfolgt. Die Probanden haben in der Regel jeweils unter den vorgegebenen Antworten die richtige anzukreuzen („multiple choice“ mit vier Alternativen). Ein etwas modifiziertes Auswahlverfahren wird bei den Subtests RA und RK angewandt. Der Testleiter hat auf Einhaltung der Zeitvorgaben zu achten.

5.4 Zeit: Die Durchführung des Verfahrens beansprucht ca. 130 Minuten. Eingeschlossen ist eine Zwischenpause von 10 Minuten.

6. Auswertung

6.1 Modus: Mit Hilfe der Transparentschablonen werden die Rohpunkte ermittelt. Sie werden für die Testteile L (Lernen), I (Intelligenz) und den Gesamttest summiert und anhand der Normentabellen in Prozentränge und T-Werte transformiert. Außerdem stehen Schulerwartungswerte, ausgedrückt in Schulnoten, zur Verfügung, die einen Anhaltspunkt für den zu erwartenden Erfolg auf weiterführenden Schulen geben sollen. Auf der Titelseite des Testhefts kann ein „Leistungsprofil“ erstellt werden, das sich aus den Normwerten der einzelnen Subtests ergibt. Für den Intelligenzteil wird darüber hinaus die Umrechnung in IQ-Werte angegeben.

6.2 Zeit: Keine Angaben.

7. Gütekriterien

7.1 Objektivität: Durchführungs-, Auswertungs- und Interpretationsobjektivität sind gewährleistet.

7.2 Reliabilität: Folgende Split-Half-Reliabilitäten (nach Spearman-Brown korrigiert), Paralleltest-Reliabilitäten und Retest-Reliabilitäten (Intervall = 1 Tag) liegen vor:

	Split-Half N = 1934	Paralleltest N = 90	Retest N = 60
Teil L:	.90	.85	.74
Teil I:	.93	.88	.85
Gesamt:	.95	.95	.85

7.3 Validität: Die Übereinstimmungsvalidität, gemessen an der Korrelation des KLI 4–5 mit der momentanen Schulleistung, beträgt r = .95 für den Gesamttest, r = .85 für den Lernteil und r = .88 für den Intelligenzteil (N = 71).
Erwartungsgemäß etwas geringer ist die prognostische Validität des Tests einzuschätzen. Als Schulerfolgskriterien dienten die Noten in Deutsch, Mathematik und der ersten Fremdsprache, die nach einem halben bzw. einem Jahr auf dem Gymnasium erhoben wurden. Der Gesamttest korrelierte mit dem Außenkriterium zu r = .63 bzw. r = .66 (N = 300). Die Testteile zeigten einen moderaten Zusammenhang mit dem späteren Schulerfolg (r = .55 bis r = .62). Bei einer Analyse der einzelnen Subtests zeigt sich, daß alle signifikant mit dem Schulerfolg nach einem Jahr korrelieren. Allerdings ist der prognostische Wert der Subtests BL und ZL recht gering. Die übrigen korrelieren im Bereich zwischen r = .31 und r = .50. Zu den zur prognostischen Validität berichteten Daten ist anzumerken, daß sie bereits in den siebziger Jahren des zwanzigsten Jahrhunderts erhoben wurden und daher auf die mit dem Ziel der Validitätsoptimierung revidierte Form möglicherweise nur bedingt übertragbar sind.
Weitere Daten zur Vorhersagevalidität finden sich im Handbuch. Darunter

sind auch Angaben über die Übereinstimmung von Schulerwartungswerten (SE) mit dem tatsächlichen Schulerfolg. Danach liegt der Prozentsatz richtiger Prognosen auf der Basis des Gesamttests bei 70 % nach einem Jahr bzw. 68 % nach zwei Jahren.
Eine Faktorenanalyse bestätigt weitgehend die Einteilung in einen Lern- und einen Intelligenzteil. Mit Ausnahme des Subtests ZU laden die dem Lernteil zugeordneten Subtests hoch auf dem einen Faktor (1) und die dem Intelligenzteil zugeordneten Subtests hoch auf dem anderen Faktor (2).

7.4 Normen: Getrennte Normentabellen für die 4. und 5. Klasse liegen für den Gesamttest und die Testteile L und I vor. Angegeben sind Prozentränge, T-Werte und Schulerwartungswerte. Die nach Angaben des Testautors für das Bundesgebiet annähernd repräsentative Stichprobe bestand aus 1934 Schülern.

Bearbeiter: Stephan Kröner

Testbatterie für entwicklungsrückständige Schulanfänger (TES)

R. Kornmann
Weinheim: Beltz Test GmbH, 1977

1. Testart Schultest

2. Testmaterial 63 Bildtafeln, 18 aufgeklebte Halmasteine, 15 Holzperlen, Nadel, Maßband, Markierung, 55 Bildkarten, 14 Bildvorlagen, 20 Bildvorlagen in Heftform.

3. Testgliederung

1. Peabody Picture Vocabulary Test
2. Reihen fortsetzen
3. Perlen aufreihen, rechte Hand
4. Linke Hand
5. Figur – Grund – Erfassung
6. Weitsprung aus dem Stand
7. Hüpfen seitwärts
8. Raumlage – Erfassung
9. Konzentrations – Handlungs – Verfahren
10. Tracing (Spuren nachfahren)
11. Wahrnehmungsgenauigkeit

4. Grundkonzept Die Zielgruppe des Tests sind schulpflichtige Kinder, die wegen „fehlender Schulreife“ oder ähnlicher Diagnosen nicht eingeschult oder wieder ausgeschult wurden. Der Test soll während des Zurückstellungsjahres dazu beitragen, das Kind angemessen zu fördern. Keinesfalls, so fordert der Autor, dürfte er dazu benutzt werden, das Kind von Fördermaßnahmen auszuschließen. Die Auswahl der Untertests ist nicht beliebig. Im Hintergrund, nur kurz erwähnt, steht die Theorie der Hirnschädigung, einschließlich ihrer pädagogischen und sozialen Konsequenzen. Eine Hirnschädigung gilt neben soziokultureller Benachteiligung als eine der beiden wichtigsten Bedingungen der sogenannten „Lernbehinderung“. In vielen Untersuchungen, zu denen auch der Testautor einen Beitrag geleistet hat, ist der Nachweis erbracht worden, daß sich Kinder mit einer Hirnschädigung aufgrund von Tests von den übrigen Kindern unterscheiden lassen und daß psychologischen Tests, besonders Wahrnehmungs- und Motorik-Tests, dabei eine wichtige Bedeutung zukommt. Die Tests der TES sind ursprünglich unter diesem Gesichtspunkt ausgewählt worden: als Verfahren zur möglichst sicheren Erkennung von hirngeschädigten Kindern, die eine besondere Art sonderpädagogischer Förderung brauchen, die sich von der sonst üblichen Förderung erheblich unterscheidet. Der Testautor sieht den Wert des Tests in der Verwendung als Mittel einer „Förderdiagnostik“, wobei er das Defizitmodell zugrunde legt und dem Test die Aufgabe zuweist, Defizite aufzuspüren.

5. Durchführung

5.1 Alter: 5 bis 6 Jahre.

5.2 Formen: Der Test ist nur als Einzeltest durchführbar.

5.3 Handhabung: Das vielfältige Testmaterial, oft in Form von Ringbüchern oder Bildkärtchen, ist in drei Pappkisten verstaut und läßt sich leicht in Ordnung halten; es ist aber nötig, vor einer Testsitzung die Vollständigkeit zu prüfen.
Der Test soll zuerst drei bis sechs Wochen nach Schuljahresbeginn und ein zweites Mal etwa Mitte des ersten Schuljahres durchgeführt werden. Mit der Testwiederholung soll geprüft werden, ob das schwache Ergebnis als relativ konstant anzusehen ist oder auf schwankende Bedingungen zurückgeführt werden kann.

5.4 Zeit: Ca. 70 Minuten.
Für jeden Subtest ist eine Untersuchungsdauer angegeben, die aber nur der Orientierung dienen soll und nicht streng eingehalten werden muß.

6. Auswertung

6.1 Modus: Als Antwort auf die Aufgaben des Tests werden ausschließlich „sprachfreie“ Äußerungen oder Tätigkeiten verlangt. Als Rohwert wird entweder die Anzahl richtiger Antworten (WG: Wahrnehmungsgenauigkeit) oder ein physikalisches Maß (WEIT: Weitsprung) verwendet. Die Definition des Rohwertes ergibt sich eindeutig aus den Anleitungen zur Durchführung und aus dem Protokollblatt. Daß die Rohwerte nirgends direkt formuliert sind, kann trotzdem etwas irritierend sein.
Zur Verwendung der Resultate können qualitative Fehleranalysen durchgeführt werden, zu denen der Testautor Anregungen gibt. Diese Fehleranalysen sollen vorgenommen werden, wenn die Leistungen eines Kindes trotz Testwiederholung und zusätzlicher motivationaler Anreize schwach bleiben. Als mögliche Ursachen werden behandelt: Spezielle Schwierigkeiten mit dem einzelnen Test, spezifische Störungen durch die Testsituation, sozial oder organisch bedingte Lerndefizite.

6.2 Zeit: Keine Angaben.

7. Gütekriterien

7.1 Objektivität: Die Objektivität der Durchführung kann als sichergestellt gelten, denn die Anleitungen sind genau und vor allem sehr übersichtlich. Dasselbe trifft auf die Objektivität der Auswertung zu.

7.2 Reliabilität: Für die innere Konsistenz (die nur bei nicht-motorischen Tests errechnet wurde), ergaben sich Werte zwischen r = .77 und r = .39. Die Testwiederholung nach 7 bis 10 Tagen erbrachte in den Untergruppen Korrelationen zwischen r = .77 und r = .93 (N = 27 bis 30).

7.3 Validität: Zur Bestimmung der Validität berichtet der Testautor von Korrelationen zwischen den Untertests der TES und anderen Schuleignungstests, Intelligenztests und der schulischen Bewährung.
Die Korrelationen zwischen den Untertests und einem anderen Schuleingangstest sind meist signifikant von 0 verschieden, aber nur „mäßig“ positiv – was positiv zu werten ist, weil diese Tests demnach „unterschiedliche Aspekte des Leistungsverhaltens“ erfassen. Angaben über Stichprobengrößen

sind ungenau oder fehlen ganz. Bei der Bestimmung der prognostischen Gütigkeit ist der schulische Erfolg nur einmal (N = 42) als Kriterium herangezogen worden, obwohl bei der behandelten Thematik dieses Kriterium vorrangige Bedeutung hat.

7.4 Normen: Einheitlicher Normmaßstab: Prozentrang-Skala; Eichstichprobe: 256 Kinder, Schulkindergartenbesucher in Baden-Württemberg.

8. Literatur

Balser, H. (1981). Testbatterie für entwicklungsrückständige Schulanfänger. TES von R. Kornmann. In R.S. Jäger, K. Ingenkamp & G. Stark (Hrsg.), *Test und Trends. Jahrbuch der Pädagogischen Diagnostik* (S. 123–124). Weinheim: Beltz.

Bearbeiter: Jürgen Wendeler

1. LEISTUNGSTESTS

1.4.3 Mehrfächertests

● = ja
○ = teilweise
❍ = nein
k.A.= keine Angaben

Testname	Autor(en)	Seite	Durchführung					Auswertung			Gütekriterien				Alter
			Gruppentest	Parallelform	Zeitangabe netto (Min.)	Zeitangabe brutto (Min.)	computergestützte Fassung	Schabl./Schlüss.	Auswertungssoftw.	Zeitangabe (Min.)	Objektivität	Reliabilität	emp. Validität	Normen	(Jahre oder Schul-jahre (J/Sj))
Allgemeiner Schulleistungstest für 2. Klassen (AST 2)	Rieder	359	●	●		90	❍	●	❍	15	●	●	●	●	2. Sj
Allgemeiner Schulleistungstest für 3. Klassen (AST 3)	Fippinger	362	●	●		100	❍	●	❍	15	●	●	❍	●	3. Sj
Allgemeiner Schulleistungstest für 4. Klassen (AST 4)	Fippinger	365	●	●		100	❍	●	❍	15	●	●	○	●	4. Sj
Hamburger Schulleistungstest für 4. und 5. Klassen (HST 4/5)	Mietzel u.a.	368	●	●		135	❍	●	❍	10	●	●	●	●	4.–5. Sj
Schulabschluß- und Berufseintrittstest (SABET 8+)	Horn u.a.	370	●	●	110	145	❍	●	❍		●	●	●	●	8. Sj+
Schultestbatterie zur Erfassung des Lernstandes in Mathematik, Lesen und Schreiben (SBL I)	Kautter u.a.	372	○	●		210	❍	○	❍		○	●	○	●	1.–2. Sj

Allgemeiner Schulleistungstest für 2. Klassen (AST 2)

O. Rieder
Hrsg.: K. Ingenkamp
Weinheim: Beltz Test GmbH, 2., neu überarbeitete und neu normierte Auflage 1991

1. Testart Schultest

2. Testmaterial Beiheft, 2 Testhefte (Form A und B), Auswertungsschlüssel; zusätzlich: Schreibmaterial, Stoppuhr, Beiblatt zum Rechnen.

3. Testgliederung Der AST 2 besteht aus 5 Untertests:

1. Wortschatz (WS)	20 Items
2. Rechtschreiben (RS)	20 Items
3. Zahlenrechnen (ZR)	25 Items
4. Leseverständnis (LV)	20 Items
5. Textaufgaben (TA)	15 Items
Insgesamt	100 Items

4. Grundkonzept Mit dem AST 2 haben Lehrer und Beratungsfachkräfte die Möglichkeit, die Schulleistungen eines Schülers sowie der gesamten Klasse objektiv und vergleichbar ab der zweiten Hälfte der 2. Klasse zu untersuchen. Es werden nicht nur Leistungen in einem bestimmten Fach ermittelt, sondern in allgemeiner Form alle Leistungsanforderungen, die an Schüler einer 2. Klasse gestellt werden. Der Test erfaßt Schulleistungen in den Fächern Deutsch und Mathematik. Die neuen Rechtschreibregelungen wurden noch nicht berücksichtigt.

Anwendungsmöglichkeiten:

Als Gruppentestverfahren dient der AST 2 zur Ermittlung des allgemeinen Leistungsstandes einer Klasse und ermöglicht somit einen Vergleich über den subjektiven Bewertungsmaßstab innerhalb einer Klasse hinaus.

Als Individualtest kann der AST 2 gezielt zur Schulleistungsdiagnostik eingesetzt werden. Er erleichtert innerhalb eines Beratungsprozesses die Prognose im Hinblick auf Schulwechsel, Überspringen einer Jahrgangsstufe, Wiederholen einer Jahrgangsstufe, Fördermaßnahmen.

Außerdem ist er als Forschungsinstrument einsetzbar.

5. Durchführung **5.1 Alter:** Nicht vor der zweiten Hälfte der 2. Klasse.

5.2 Formen: Der Test liegt in zwei Parallelformen vor (A und B). Anwendbar ist der AST 2 als Gruppen- und Individualtest.

5.3 Handhabung: Jeder Schüler bekommt ein Testheft. In der Gruppentestung bekommen die Schüler im Wechsel die Testhefte A und B. Die Instruktionen werden für jeden Untertest vom Testleiter an der Tafel erläutert. Übungsbeispiele finden sich jeweils eingerahmt am Beginn eines jeden Untertests. Der Schüler muß die Antworten teilweise im Multiple-choice-Verfahren finden. Im Untertest Rechtschreiben muß die falsche Schreibweise gefunden und korrigiert werden. Beim Rechnen sollte das Kind ein Beiblatt benutzen.

5.4 Zeit: Für die Durchführung des AST 2 werden insgesamt 90 Minuten, also etwa 2 Unterrichtsstunden einschließlich 10 Minuten Pause benötigt. In der Individualtestung kann die Zeit zum Teil unterschritten werden.

1. Wortschatz (WS)	10 Minuten
2. Rechtschreiben (RS)	15 Minuten
3. Zahlenrechnen (ZR)	22 Minuten
Pause	10 Minuten
4. Leseverständnis (LV)	10 Minuten
5. Textaufgaben	23 Minuten

6. Auswertung

6.1 Modus: Jede richtige Lösung erhält einen Rohpunkt. Mit Hilfe eines Schlüssels kann die Auswertung leicht und übersichtlich vorgenommen werden. Die Rohpunkte werden für jeden Untertest einzeln addiert und auf der Vorderseite in eine Tabelle eingetragen. Auch die Rohpunktsumme wird auf der Vorderseite eingetragen. In der Normentabelle können sodann mittlere T-Werte, Prozentrang-Bänder und T-Wert-Bänder abgelesen und auf das Deckblatt des Testhefts übertragen werden. Die T-Werte werden in einem Schaubild grafisch dargestellt.

6.2 Zeit: Keine Angaben; Erfahrungswert 15 Minuten.

7. Gütekriterien

7.1 Objektivität: Durchführung und Auswertung sind als objektiv zu bezeichnen.

7.2 Reliabilität: Die Zuverlässigkeit (Guttman, Spearman-Brown) beläuft sich für die Untertests auf Koeffizienten im Bereich von r = .81 bis r = .93. Der Gesamttest weist eine Reliabilität von r = .96 auf.

7.3 Validität: Da die Testaufgaben den Lehrplänen (Stand 1989/90) der einzelnen alten Bundesländer entsprechen, ist inhaltliche Gültigkeit anzunehmen. Der Einfluß der neuen Rechtschreibung auf den Untertest RS läßt sich noch nicht abschätzen.Von den 20 dargebotenen Items ist kein Item direkt von einer neuen Rechtschreibregel betroffen.
Im einzelnen belaufen sich die Korrelationen zwischen den Gesamttestergebnissen und der Schulnote in Deutsch auf r = .72, zwischen den Gesamttestergebnissen und der Schulnote in Mathematik auf r = .71.

7.4 Normen: Die Endform des Tests wurde an 1751 Schülerinnen und Schülern der BRD in der zweiten Hälfte des Schuljahres 1989/90 geeicht. Die Verteilung der Stichprobe auf die einzelnen Bundesländer ist relativ repräsentativ (Prozentuale Unterschiede zwischen dem Anteil der Zweitklässler in der Stichprobe und dem Anteil an der Gesamtbevölkerung schwanken zwischen 0 und 14.2 %.).
Den Normentabellen sind Prozentrang-Bänder, T-Werte und T-Wert-Bänder für die Untertests und den Gesamttest zu entnehmen.

Obwohl die Autoren durch Signifikanzprüfungen in fast allen Untertests überzufällige Unterschiede zwischen Jungen und Mädchen nachweisen konnten, verzichten sie wegen mangelnder praktischer Relevanz auf eine Aufgliederung der Normentabellen nach Geschlecht oder anderen Teilpopulationen.

Bearbeiterin: Helga Ulbricht

Allgemeiner Schulleistungstest für 3. Klassen (AST 3)

F. Fippinger
Hrsg.: K. Ingenkamp
Weinheim: Beltz Test GmbH, 2., völlig neu bearbeitete Auflage 1991

1. Testart Schultest

2. Testmaterial Beiheft, 2 Testhefte (Form A und B), Auswertungsschlüssel; zusätzlich erforderlich: Schreibmaterial, Stoppuhr, Beiblatt zum Rechnen.

3. Testgliederung Der AST 3 besteht aus 5 Untertests:

1. Sprachverständnis (SV)	24 Items
2. Sachkunde (SK)	20 Items
3. Zahlenrechnen (ZR)	11 Items
4. Textaufgaben (TA)	18 Items
5. Rechtschreiben (RS)	20 Items
Insgesamt	93 Items

4. Grundkonzept Mit dem AST 3 haben Lehrer und Beratungsfachkräfte die Möglichkeit, die Schulleistungen eines Schülers sowie der gesamten Klasse objektiv und vergleichbar ab der zweiten Hälfte der 3. Klasse zu untersuchen. Es werden nicht nur Leistungen in einem bestimmten Fach ermittelt, sondern in allgemeiner Form alle Leistungsanforderungen, die an Schüler einer 3. Klasse gestellt werden. Der Test erfaßt Schulleistungen in den Fächern Deutsch, Mathematik und Sachkunde. Die neuen Rechtschreibregelungen wurden noch nicht berücksichtigt.

Anwendungsmöglichkeiten:

Als Gruppentestverfahren dient der AST 3 zur Ermittlung des allgemeinen Leistungsstandes einer Klasse und ermöglicht somit einen Vergleich über den subjektiven Bewertungsmaßstab innerhalb einer Klasse hinaus. Neben den Normwerten werden auch Notenvorschläge für die Untertests und das Gesamttestergebnis angeboten.

Als Individualtest kann der AST 3 gezielt zur Schulleistungsdiagnostik eingesetzt werden. Er erleichtert innerhalb eines Beratungsprozesses die Prognose im Hinblick auf Schulwechsel, Überspringen einer Jahrgangsstufe, Wiederholen einer Jahrgangsstufe, Fördermaßnahmen.

Außerdem ist er als Forschungsinstrument einsetzbar.

5. Durchführung **5.1 Alter:** Nicht vor der zweiten Hälfte der 3. Klasse.

5.2 Formen: Der Test liegt in zwei Parallelformen vor (A und B). Anwendbar ist der AST 3 als Gruppen- und Individualtest.

5.3 Handhabung: Jeder Schüler bekommt ein Testheft. In der Gruppentestung bekommen die Schüler im Wechsel die Testhefte A und B. Die Instruktionen stehen in jedem Testheft sowie im Beiheft. Auf der Rückseite eines jeden Testhefts befindet sich eine Vorübung, die miteinander besprochen wird.Der Schüler muß die Antworten im Multiple-choice-Verfahren finden; beim Rechnen sollte er ein Beiblatt benutzen.

5.4 Zeit: Für die Durchführung des AST 3 werden insgesamt 100 Minuten, also 2 Unterrichtsstunden einschließlich 10 Minuten Pause benötigt. In der Individualtestung kann die Zeit zum Teil unterschritten werden.

1. Sprachverständnis (SV)	15 Minuten
2. Sachkunde (SK)	20 Minuten
3. Zahlenrechnen (ZR)	10 Minuten
Pause	10 Minuten
4. Textaufgaben	30 Minuten
5. Rechtschreiben (RS)	15 Minuten

6. Auswertung

6.1 Modus: Jede richtige Lösung erhält einen Rohpunkt. Mit Hilfe eines Schlüssels kann die Auswertung leicht und übersichtlich vorgenommen werden. Die Rohpunkte werden für jeden Untertest einzeln addiert und auf der Vorderseite in eine Tabelle eingetragen. Auch die Rohpunktsumme wird auf der Vorderseite eingetragen. In der Normentabelle können sodann Prozentränge, mittlere T-Werte und Notenvorschläge abgelesen und auf das Deckblatt des Testhefts übertragen werden. Aus der Summe von Sprachverständnis und Rechtschreibleistung kann zusätzlich die Deutschleistung ermittelt werden, aus der Summe des Zahlenrechnens und der Textaufgaben die Mathematikleistung. Die T-Werte werden in einem Schaubild grafisch dargestellt.

6.2 Zeit: Keine Angaben; Erfahrungswert 15 Minuten.

7. Gütekriterien

7.1 Objektivität: Durchführung und Auswertung sind als objektiv zu bezeichnen.

7.2 Reliabilität: Die Zuverlässigkeit (Guttman, Spearman-Brown) beläuft sich für die Untertests auf Koeffizienten im Bereich von r = .72 bis r = .86. Der Gesamttest weist eine Reliabilität von r = .93 (Form A) und r = .94 (Form B) auf.

7.3 Validität: Da die Testaufgaben den Lehrplänen der einzelnen alten Bundesländer entsprechen (Stand 1988/89), ist die logische Gültigkeit anzunehmen. Der Einfluß der neuen Rechtschreibung auf den Untertest RS läßt sich noch nicht abschätzen. Von den 20 dargebotenen Items ist kein Item direkt von einer neuen Rechtschreibregel betroffen.

7.4 Normen: Die Eichung wurde an einer repräsentativen Stichprobe von 1784 Schülern aus 3. Klassen der Bundesrepublik Deutschland in der 2. Hälfte des Schuljahres 1989/90 durchgeführt. Die Stichprobe verteilte sich auf die alten Bundesländer. Der Anteil der Jungen betrug 52 %, der Anteil der Mädchen 48 %.
Den Normentabellen sind Prozentränge, T-Werte und Notenvorschläge für die Untertests und den Gesamttest zu entnehmen.
Geschlechtsspezifische Unterschiede sind nicht signifikant, so daß auf die

Erstellung getrennter Normen für Jungen und Mädchen verzichtet wurde. Auf eine Differenzierung nach Alter wurde ebenfalls verzichtet.

Bearbeiterin: Helga Ulbricht

Allgemeiner Schulleistungstest für 4. Klassen (AST 4)

F. Fippinger
Hrsg.: K. Ingenkamp
Weinheim: Beltz Test GmbH, 3., völlig neu bearbeitete Auflage 1992

1. Testart Schultest

2. Testmaterial Beiheft, 2 Testhefte (Form A und B), Auswertungsschlüssel; zusätzlich: Schreibmaterial, Stoppuhr, Lineal oder Maßstab mit mm-Einteilung, Beiblatt zum Rechnen.

3. Testgliederung Der AST 4 besteht aus 4 Untertests:

1. Sprachverständnis (SV)	36 Items
2. Sachkunde (SK)	21 Items
3. Mathematik (MA)	32 Items
4. Rechtschreiben (RS)	38 Items
Insgesamt	127 Items

4. Grundkonzept Mit dem AST 4 haben Lehrer und Beratungsfachkräfte die Möglichkeit, die Schulleistungen eines Schülers sowie der gesamten Klasse objektiv und vergleichbar ab der zweiten Hälfte der 4. Klasse zu untersuchen. Es werden nicht nur Leistungen in einem bestimmten Fach ermittelt, sondern in allgemeiner Form alle Leistungsanforderungen, die an Schüler einer 4. Klasse gestellt werden. Der Test erfaßt Schulleistungen in den Fächern Deutsch, Mathematik und Sachkunde. Die neuen Rechtschreibregelungen wurden noch nicht berücksichtigt.
Anwendungsmöglichkeiten:
Als Gruppentestverfahren dient der AST 4 zur Ermittlung des allgemeinen Leistungsstandes einer Klasse und ermöglicht somit einen Vergleich über den subjektiven Bewertungsmaßstab innerhalb einer Klasse hinaus. Neben den Normwerten werden auch Notenvorschläge für die Untertests und das Gesamttestergebnis angeboten.
Als Individualtest kann der AST 4 gezielt zur Schulleistungsdiagnostik eingesetzt werden. Er erleichtert innerhalb eines Beratungsprozesses die Prognose im Hinblick auf Schulwechsel, Übertritt, Überspringen einer Jahrgangsstufe, Wiederholen einer Jahrgangsstufe, Fördermaßnahmen.
Außerdem ist er als Forschungsinstrument einsetzbar.

5. Durchführung **5.1 Alter:** Nicht vor der zweiten Hälfte der 4. Klasse.

5.2 Formen: Der Test liegt in zwei Parallelformen vor (A und B). Anwendbar ist der AST 4 als Gruppen- und Individualtest.

5.3 Handhabung: Jeder Schüler bekommt ein Testheft. In der Gruppentestung bekommen die Schüler im Wechsel die Testhefte A und B. Die Instruktionen stehen in jedem Testheft sowie im Beiheft. Jeder Untertest enthält eine Vorübung, die miteinander besprochen wird. Der Schüler muß die Antworten im Multiple-choice-Verfahren finden; beim Rechnen sollte er ein Beiblatt benutzen.

5.4 Zeit: Für die Durchführung des AST 4 werden insgesamt 100 Minuten, also 2 Unterrichtsstunden einschließlich 10 Minuten Pause benötigt. In der Individualtestung kann die Zeit zum Teil unterschritten werden.

1. Sprachverständnis (SV)	25 Minuten
2. Sachkunde (SK)	20 Minuten
Pause	10 Minuten
3. Mathematik (MA)	35 Minuten
4. Rechtschreiben (RS)	10 Minuten

6. Auswertung

6.1 Modus: Jede richtige Lösung erhält einen Rohpunkt. Mit Hilfe eines Schlüssels kann die Auswertung leicht und übersichtlich vorgenommen werden. Die Rohpunkte werden für jeden Untertest einzeln addiert und auf der Vorderseite in eine Tabelle eingetragen. Auch die Rohpunktsumme wird auf der Vorderseite eingetragen. In der Normentabelle können sodann Prozentränge, mittlere T-Werte, T-Wert-Bänder und Notenvorschläge abgelesen und auf das Deckblatt des Testhefts übertragen werden. Aus der Summe von Sprachverständnis und Rechtschreibleistung kann zusätzlich die Deutschleistung ermittelt werden. Die T-Werte werden in einem Schaubild grafisch dargestellt.

6.2 Zeit: Keine Angaben; Erfahrungswert 10 Minuten.

7. Gütekriterien

7.1 Objektivität: Durchführung und Auswertung sind als objektiv zu bezeichnen.

7.2 Reliabilität: Angegeben sind die Reliabilitätskoeffizienten (Cronbachs Alpha) und Standardmeßfehler für die Untertests der Formen A und B sowie für den Gesamttest. Während die Subtestreliabilitäten zwischen r = .72 und r = .91 liegen, beträgt die Zuverlässigkeit im Gesamttest r = .95.

7.3 Validität: Inhaltliche Gültigkeit ist im Hinblick auf die Konstruktion des Verfahrens, die auf Lehr- und Unterrichtsplänen für die 4. Klassen der einzelnen Bundesländer basiert, anzunehmen. Eine Interkorrelationstabelle der Untertests und des Gesamttests zeigt mittelhohe Zusammenhänge (r = .48 bis r = .67) der Teilleistungen und relativ hohe Korrelationen der Untertests mit dem Gesamttest (r = .79 bis r = .83) für die Eichpopulation (N = 3268). Der Einfluß der neuen Rechtschreibung auf den Untertest RS läßt sich noch nicht abschätzen. Von den 38 dargebotenen Items ist kein Item direkt von einer neuen Rechtschreibregel betroffen.

7.4 Normen: Die Eichung wurde an einer repräsentativen Stichprobe von 3268 Schülern aus 4. Klassen der Bundesrepublik Deutschland in der 2 Hälfte des Schuljahres 1990/91 durchgeführt. 2129 Schüler stammten aus Westdeutschland und 1139 Schüler aus Ostdeutschland (frühere DDR). Der Anteil der Jungen betrug 49.15 %, der Anteil der Mädchen 50.85 %.

Den Normentabellen sind Prozentränge, T-Werte und Notenvorschläge für die Untertests und den Gesamttest zu entnehmen.
Geschlechtsspezifische Unterschiede sind nicht signifikant, so daß auf die Erstellung getrennter Normen für Jungen und Mädchen verzichtet wurde. Auf eine Differenzierung nach Alter bzw. nach Zugehörigkeit zu den alten oder neuen Bundesländern wurde ebenfalls verzichtet, da sich keine bedeutsamen Differenzen ergaben.

Bearbeiterin: Helga Ulbricht

Hamburger Schulleistungstest für 4. und 5. Klassen (HST 4/5)

G. Mietzel und H. Willenberg
Göttingen: Hogrefe, 2000

1. Testart Schultest

2. Testmaterial Handanweisung (31 Seiten), je 1 Muster-Testheft Form A und B, je 1 Muster-Antwortbogen Form A und B, 1 Muster-Auswertungsliste, Schablonensatz Form A und B; zusätzlich: Bleistift, Papier, Lineal, Stoppuhr.

3. Testgliederung Das Verfahren besteht aus den 5 Bereichen Sprachverständnis, Leseverständnis, Rechtschreibung, Informationsentnahme aus Karten, Tabellen und Diagrammen sowie Mathematik jeweils in den Parallelformen A und B.
Der Bereich Sprachverständnis gliedert sich in die Untertests Wörter (14 Aufgaben) und Sätze (13 Aufgaben).
Der Bereich Leseverständnis besteht aus 2 Prosatexten (6 bzw. 8 Aufgaben) und 2 Sachtexten (6 bzw. 7 Aufgaben) unterschiedlicher Komplexität.
Der Bereich Rechtschreibung erfaßt das passive Rechtschreibwissen durch Fehlersuche in einem vorgegebenen Text.
Der Bereich Informationsentnahme aus Karten, Tabellen und Diagrammen besteht aus 4 Untertests: Stadtplan (5 Aufgaben), Straßenkarte (6 Aufgaben), Diagramme (3 Aufgaben) und Tabellen (2 Aufgaben).
Der Bereich Mathematik gliedert sich in die Untertests Zahlverständnis (18 Aufgaben), Rechnen (7 Aufgaben) und Größenverständnis (5 Aufgaben).

4. Grundkonzept Der HST 4/5 ist eine Neubearbeitung des Kombinierten Schultests für das 4. Schuljahr (KS 4) von Mietzel (1974). Er mißt Fähigkeiten in den Bereichen differenzierte Wahrnehmung von Sprache, sinnverstehendes Lesen, passives Rechtschreibwissen, Umgang mit grafisch und tabellarisch verschlüsselten Informationen sowie Zahlenverständnis und Rechenfertigkeit.
Der Test soll Grundschullehrern eine vergleichende Bilanzierung der erreichten Lernstände ermöglichen und den Lehrkräften weiterführender Schulen als Grundlage für die Unterrichtsplanung ihrer neu zusammengesetzten Lerngruppen dienen.

5. Durchführung **5.1 Alter:** 4. Klasse der Grundschule, 5. Klasse weiterführender Schulen.

5.2 Formen: Das Verfahren ist als Gruppentest anwendbar. Es existieren zwei Parallelformen A und B.

5.3 Handhabung: Für die Testdurchführung sind auf den Seiten 14 bis 17 des Manuals genaue Hinweise für den Testleiter (Lehrer) formuliert. Die Instruktionen sind wörtlich vorzutragen. Nach einer Übungsphase (Bearbeiten von Beispielaufgaben) werden die einzelnen Untertests bearbeitet, die Lösungen werden auf dem Antwortblatt eingetragen.

5.4 Zeit: Der Test wird an zwei Tagen in einer Doppelstunde und einer einzelnen Unterrichtsstunde durchgeführt. Der auf Seite 13 des Manuals vorgegebene detaillierte Zeitplan ist verbindlich.

6. Auswertung

6.1 Modus: In einem ersten Schritt werden die Namen der Schüler in die Auswertungsliste übertragen. Danach werden die richtigen Lösungen für die einzelnen Testteile mit Hilfe der Auswertungsschablonen ermittelt.
Im nächsten Schritt werden die Rohwerte für die Bereiche durch Addition der Anzahl der richtigen Lösungen der jeweiligen Untertests ermittelt.
Beim Bereich Rechtschreibung wird der Rohwert durch eine „Korrekturformel" festgestellt, die Falschmarkierungen werden berücksichtigt (Beispielrechnung S. 19 des Manuals).
Der Gesamtrohwert ist die Summe der Rohwerte aus den 5 Bereichen.
Die Tabellen 5 bis 10 des Anhangs liefern für jeden der 5 Bereiche und für den Gesamttest die mittleren Prozentrangplätze und die Quartilszugehörigkeit für die individuellen Rohwerte.

6.2 Zeit: Keine Angaben. Pro Schüler werden ca. 10 Minuten benötigt.

7. Gütekriterien

7.1 Objektivität: Durchführungs- und Auswertungsobjektivität sind unter Einhaltung aller Instruktionen gewährleistet.

7.2 Reliabilität: Die Reliabilitätskoeffizienten (interne Konsistenz nach Cronbachs Alpha) liegen zwischen $\alpha = .78$ und $\alpha = .96$ für die einzelnen Bereiche und das Gesamtergebnis ($N = 1724$ bis $N = 1770$).

7.3 Validität: Die curriculare Gültigkeit gilt nach Expertenurteil durch die an der Eichuntersuchung beteiligten Lehrer als gut abgesichert.
Die Korrelation zwischen dem Durchschnitt der Grundschulnoten am Ende der Jahrgangsstufe 4 und dem Gesamttestwert beträgt $r = -.73$).
Die Korrelation zwischen dem HST4/5-Gesamtwert und dem Gesamtwert für einen in Hamburg erfolgreich eingesetzten Schulleistungstest für 6. und 7. Klassen beträgt $r = .81$.

7.4 Normen: Die Eichung des HST 4/5 wurde 1997 an einer Stichprobe von 1770 Schülern aus ganzen Schulklassen der 5. Jahrgangsstufe in 13 Bundesländern durchgeführt. Die Eichstichprobe bildet die Grundgesamtheit der bundesdeutschen Fünftklässler hinsichtlich Quote der Verteilung auf die Bundesländer, Alter, Geschlecht und Muttersprache gut ab.
Für die 5 Bereiche gibt es mittlere Prozentrangplätze differenziert nach Gesamtstichprobe, Hauptschule, Orientierungsstufe, Realschule und Gymnasium. Für den Gesamttest werden zusätzlich zu den Prozentrangplätzen noch Prozentrang-Bänder differenziert nach den einzelnen Schultypen angegeben.

8. Literatur

Lehmann, R.H., Gänsfuß, R. & Peek, R. (1999). *Aspekte der Lernausgangslage und der Lernentwicklung von Schülerinnen und Schülern an Hamburger Schulen – Klassenstufe 7.* Bericht über die Untersuchung im Sept. 1998. Hamburg (Behörde für Schule, Jugend und Berufsbildung, Amt für Schule).
Mietzel, G. (1974). *Kombinierter Schultest.* Braunschweig: Westermann.

Verfasserin: Silvia Andrée

Schulabschluß- und Berufseintrittstest (SABET 8+)

H. Horn, D. Berg, R. Horn, K.H. May und U. Raatz
Hrsg.: Deutsches Institut für Internationale Pädagogische Forschung, Frankfurt a. M.
Weinheim: Beltz Test GmbH, 1972

1. Testart Schultest

2. Testmaterial Testanweisung, Testhefte A und B, Antwortbogen, Auswertungsschablonen; zusätzlich: Bleistifte, Radiergummies, Uhr, Schild mit Hinweis auf die Testprüfung.

3. Testgliederung Das Verfahren besteht aus zwei Teilen: Teil 1 prüft mit den Subtests Zahlen(ZR) und Figurenreihen(FR) induktiv-logisches Denken. Das schulische Leistungsniveau in den Bereichen Rechnen(RN), Rechtschreibung(RS) und Raumlehre(RL) wird in Teil 2 ermittelt.

4. Grundkonzept Um einen Überblick über die Leistungsfähigkeit im Bereich des logischen Denkens (Zahlen- und Figurenreihen) und in schulischen Disziplinen wie Rechnen, Rechtschreibung und Raumlehre in „8. und höheren Klassen der Schulen" (laut Titel) zu gewinnen, wurde der SABET 8+ für einen recht heterogenen Personenkreis konzipiert. In den Klassen sind Schüler mit sehr unterschiedlicher Vorbildung und Leistungskapazität, so daß dem Lehrer dieser Test eine Hilfe speziell zur Leistungsbeurteilung und zur Diagnose von Begabungsreserven sein soll. Beim SABET 8+ handelt es sich um ein Testprofil mit weitgehender Eigenständigkeit der Einzeltests und nicht um eine Testbatterie.

5. Durchführung **5.1 Alter:** 2. Hälfte der 8. Klasse bis zur Eingangsklasse von Berufs- und Berufsfachschulen.

5.2 Formen: Gruppentest; Parallelformen A und B.

5.3 Handhabung: Neben allgemeinen Instruktionen in der Handanweisung trägt der Lehrer die Angaben zu jedem Untertest in den Testheften vor, wobei die Schüler den Text mitverfolgen. Weitere Hinweise für Testleiter beziehen sich auf deren Verhalten vor, während und nach der Durchführung, auf Testwiederholung und Fachausdrücke.
Ob der Test an einem Tag mit einer Pause zwischen beiden Testteilen oder an zwei Tagen durchgeführt wird, bleibt dem Lehrer überlassen. Der SABET 8+ ist ein Papier- und Bleistifttest vom Multiple-choice-Typ mit 5 Antwortalternativen (ausgenommen der Rechtschreibtest).

5.4 Zeit: Testdauer für Testteil I: Ca. 55 Minuten, reine Testzeit 35 Minuten; Testdauer für Testteil II: Ca. 90 Minuten, reine Testzeit 75 Minuten.

6. Auswertung

6.1 Modus: Es reihen sich folgende Auswertungsschritte aneinander: Ermittlung der Rohwerte für jeden Subtest per Schablone (es gibt keinen Gesamtrohwert!). Der Rohwert entspricht der Zahl der richtigen Lösungen. Der Vergleich der Rohwerte mit den T-Werten (= Standardwerte), Veranschaulichung der T-Werte in einem Profilschema und Interpretation der Unterschiede von mehr als 10 T-Werten, da diese auf einem 5 %-Niveau gesichert sind.

6.2 Zeit: Keine Angaben.

7. Gütekriterien

7.1 Objektivität: Der Test wird vom Autor als objektiv bezeichnet.

7.2 Reliabilität: Item-Analyse: Es wurden insgesamt 5 Item-Analysen durchgeführt, so daß die Formen A und B durch ähnliche Schwierigkeitsgrade und Trennschärfen als parallel erachtet werden können. Mittelwerte und Streuungen stimmen bei allen Subtests beider Formen weitgehend überein.
Interne Konsistenz: Testhalbierungsmethode unter der Berücksichtigung der Korrektur nach Spearman-Brown: r = .80 bis r = .90 pro Untertest (N = 100 pro Testform und Eichgruppe).
Testhalbierungsmethode pro Testform: Form A: r = .82 bis r = .91 (N = 1000); Form B: r = .78 bis r = .90 (N = 1000).
Die beste Konsistenz zeigt der Test Zahlenreihen, die geringste der Test Raumlehre.
Standardmeßfehler: s = 3.2 bis 4.5 T-Werte pro Subtest. Konfidenzintervalle pro Subtest werden für 32 % und 5 % Irrtumswahrscheinlichkeit angegeben, und zwar für intraindividuelle Vergleiche zwischen ± 6.3 und 8.8 T-Werte (5 %-Niveau), für interindividuelle Vergleiche um 5 T-Werte (32 %-Niveau) bzw. um 10 T-Werte (5 %-Niveau).
Homogenität: Der Test wird von den Autoren als heterogen bezeichnet.

7.3 Validität: Die schulischen Untertests (RN, RS, RL) haben curriculare Validität, die Intelligenztests (ZR, FR) inhaltliche Validität, da sie bewährten Tests entsprechen.
Kriteriumsorientierte Validität: Korrelation zwischen Untertest Zahlenreihen und FAT 7–8: r = .44 (N = 55); Korrelation zwischen Untertest Figurenreihen und FAT 7–8: r = .41 (N = 55); Korrelation zwischen Untertest Rechtschreibung und RST 8+: r = .88 (N = 55).
Faktorielle Validität: Die Untertests haben wesentlichen Anteil an einem Faktor (zwischen 31 % und 52 %), der als allgemeiner Leistungsfaktor (Intelligenzfaktor) mit deutlich rechnerischer Komponente interpretiert werden kann.

7.4 Normen: Die Normierung beruht auf Daten von ca. 4500 Hauptschülern der 8. und 9. Klasse und ca. 3600 Berufsschülern. Auf geographische Repräsentativität wurde geachtet.
Die Normen – getrennt nach Mädchen und Jungen, 3 Berufsschularten und nach 8. und 9. Hauptschulklassen – sind T-Werte und gruppiert in Intervalle von 5 T-Werten. Allerdings stellen die Normen für die Mädchen gewerblicher Berufsschulen und für die Jungen land- und hauswirtschaftlicher Berufsschulen nur angenäherte Werte dar, da sie aus kleinen Stichproben gewonnen wurden.

Bearbeiterin: Corinna Preuschoff

Schultestbatterie zur Erfassung des Lernstandes in Mathematik, Lesen und Schreiben (SBL I)

H. Kautter, L. Storz und W. Munz
Hrsg.: K. Ingenkamp
Göttingen: Beltz Test GmbH, 2000

1. Testart Schultest, Mehrfächertest

2. Testmaterial Manual (126 Seiten), Muster-Testheft Mathematik Form A und B, Muster-Testheft Schreiben Form A und B, Muster-Testheft Lesen Form A und B, Muster-Protokollheft Lesen Einzeltest Form A und B, 2 Würfelbilder für Mathematik Form A und B, 6 Kartensätze à 12 Karten, Lesevorlagen (6 Blätter), Lösungsblätter für Form A und B, Koffer; zusätzlich: Bleistift, Radiergummi, Stoppuhr.

3. Testgliederung Der SBL I besteht aus 3 Fachtests: Mathematik, Schreiben und Lesen jeweils in den Parallelformen A und B (außer für den Einzellesetest). Der Fachtest Mathematik besteht aus 8 Untertests, der Fachtest Schreiben aus 4 Untertests, der Fachtest Lesen (Gruppentest) aus 2 Untertests und der Fachtest Lesen (Einzeltest) aus 5 Untertests.

4. Grundkonzept Die Fassung des SBL von 1972 wurde einer grundlegenden Neubearbeitung unterzogen. Hauptziele der neuen SBL I sind die qualitativen Analysen der Lösungsversuche eines Schülers/einer Schülerin und intraindividuelle Vergleiche bezüglich einzelner Leistungsbereiche. Die Auswertung der Leistungsprofile liefert Ansatzpunkte für die individuelle Förderung von Schülerinnen und Schülern mit Lernschwierigkeiten in Mathematik, Schreiben und Lesen.

Die durchschnittliche Aufgabenschwierigkeit ist relativ niedrig gewählt, deshalb liefert die Testbatterie nur im unteren Leistungsdrittel der Grundschülerpopulation differenzierte Informationen über den Lernstand, nicht jedoch in den oberen Leistungsbereichen.

Da interindividuelle Leistungsvergleiche in der sonderpädagogischen Diagnostik heute nur noch einen vergleichsweise geringen Stellenwert haben, wurde lediglich eine Normierung in Prozentrangbändern vorgenommen, so ist nur eine relativ grobe Einschätzung des relativen Leistungsniveaus eines Kindes möglich.

In die Schreib- und Lesetests wurden keine Aufgaben übernommen, die nach den neuen Rechtschreibregeln zu lösen sind, in den Anweisungstexten wurden die neuen Regeln jedoch berücksichtigt. Der Schreibtest liegt in drei verschiedenen Schriften vor (lateinische Ausgangsschrift, vereinfachte Ausgangsschrift und Gemischtantiqua).

5. Durchführung

5.1 Alter: Ende der 1. oder Anfang der 2. Klasse in der Grundschule.

5.2 Formen: Alle Tests außer dem Einzellesetest liegen in 2 Parallelformen A und B mit annähernd gleicher Schwierigkeit vor. Mit Ausnahme des Einzellesetests können alle Tests auch in Gruppen durchgeführt werden.

5.3 Handhabung: Für die Bearbeitung der einzelnen Tests liegen jeweils Testhefte sowie detaillierte Anleitungen für den Testleiter vor. Außerdem sind im Manual Hinweise für die begleitenden Verhaltensbeobachtungen und Explorationen enthalten.

5.4 Zeit: Der Zeitbedarf für die Durchführung beläuft sich in etwa auf 90 Minuten (in 2 Sitzungen) für den Testteil Mathematik, 45 Minuten für den Testteil Schreiben, 45 Minuten für den Testteil Lesen (Gruppentest) und 20 bis 30 Minuten für die Aufgabenreihen 1 und 2 Lesen (Einzeltest).

6. Auswertung

6.1 Modus: Es kann eine quantitative und eine qualitative Auswertung vorgenommen werden.
Die quantitative Auswertung: Jede richtige Lösung erhält einen Rohpunkt. Für die Ermittlung der richtigen Lösungen stehen ein Auswertungsschlüssel und detaillierte Angaben im Manual zur Verfügung. Die Rohpunkte werden für jeden Untertest addiert. Die Rohpunktsumme für die Fachtests Mathematik, Schreiben und Lesen ergibt sich durch Addition der Rohpunktsummen der jeweiligen Untertests. Für alle Untertests und die Fachtests stehen Normentabellen (Individualnormen, keine Klassennormen) sowohl für Form A als auch für Form B zur Verfügung, aus denen Prozentrangbänder abgelesen werden können. Die für die Gesamttests angegebenen mittleren T-Werte dienen Forschungszwecken, für individualdiagnostische Aussagen sind sie ungeeignet.
Die qualitative Auswertung: Die qualitative Auswertung bezieht sich zum einen auf die vergleichende Betrachtung verschiedener Teilleistungen des Kindes zu einem Testzeitpunkt. Hier können individuelle Stärken und Schwächen festgestellt werden. Dazu werden die Prozentrangbänder der Untertests grafisch dargestellt. Die Profilanalyse liefert erste Hinweise auf speziellen Förderbedarf. Die Fehleranalyse bzw. die Analyse der Lösungsstrategien sowie das Hinzuziehen der Informationen aus den Verhaltensbeobachtungen und Explorationen ergänzen die Hinweise auf mögliche individualisierende Interventionen. Zum anderen kann der Lernfortschritt eines Kindes durch Vergleich der Leistungen zu verschiedenen Testzeitpunkten (etwa durch den Einsatz der Parallelformen A und B) festgestellt werden.

6.2 Zeit: Keine Angaben. Für die quantitative Auswertung sind ca. 15 Minuten nötig, die qualitative Auswertung dauert deutlich länger.

7. Gütekriterien

7.1 Objektivität: Durchführungsobjektivität und Objektivität der quantitativen Auswertung sind gewährleistet. Ermessensspielräume ergeben sich in der qualitativen Auswertung bei den frei zu beantwortenden Ergänzungsaufgaben (Mathematik und Schreiben) und durch die begleitenden Explorationen und Lernversuche.

7.2 Reliabilität: Aus den Eichungsdaten wurde die interne Konsistenz (Cronbachs Alpha) errechnet. Es ergaben sich für alle Untertests Werte zwischen $\alpha = .62$ und $\alpha = .94$. Da die Untertests Ordinalzahlen und Geometrie

(Fachtest Mathematik) nur eine geringe Zuverlässigkeit aufwiesen, wurde der Geometrietest aus der Gesamtwertung genommen und als Zusatztest deklariert.

7.3 Validität: Inhaltlich-curriculare Validität ist durch Bildungsplan- und Schulbuchanalyse gegeben. Zur Konstruktvalidität liegen Intertestkorrelationen aus den Eichungsdaten vor. Die Werte liegen für Lesen zwischen r = .68 und r = .94, für Mathematik zwischen r = .25 und r = .89 und für Schreiben zwischen r = .42 und r = .94.

7.4 Normen: Die SBL I wurde 1996 bis 1998 an einer Stichprobe von N = 622 bis N = 1093 Grundschülern (Ende des 1. und Anfang des 2. Schuljahres) aus allen Bundesländern geeicht. Dem Testzweck entsprechend handelt es sich um „anfallende Cluster-Stichproben", nicht um repräsentative Zufallsstichproben. Für alle Untertests liegen Prozentrangbänder für die ersten Klassen vor, für die Fachtests außerdem mittlere T-Werte.

Bearbeiterin: Silvia Andrée

1. LEISTUNGSTESTS

1. Leistungstests – 1.4 Schultests
1.4.4 Lesetests

● = ja
o = teilweise
❍ = nein
k.A.= keine Angaben

Testname	Autor(en)	Seite	Durchführung					Auswertung			Gütekriterien				Alter
			Gruppentest	Parallelform	Zeitangabe netto (Min.)	Zeitangabe brutto (Min.)	computergestützte Fassung	Schabl./Schlüss.	Auswertungssoftw.	Zeitangabe (Min.)	Objektivität	Reliabilität	emp. Validität	Normen	(Jahre oder Schuljahre (J/Sj))
Diagnostischer Lesetest zur Frühdiagnose von Lesestörungen (DLF 1–2)	Müller	379	❍	●		6	❍	❍	❍	2	o	●	●	o	1.–2. Sj
Hamburger Lesetest für 3. und 4. Klassen (HAMLET 3–4)	Lehmann u.a.	381	●	●		90	❍	●	❍		●	●	●	●	3.–4. Sj
Knuspels Leseaufgaben (KNUSPEL-L)	Marx	383	●	●		46	❍	●	❍	27	●	●	●	●	1.–4. Sj
Lesen und Verstehen (Diagnose) (LUV)	Kalb u.a.	386	●	●		20	❍	●	❍	2	●	●	❍	o	1.–2. Sj
Lesetest für 2. Klassen (LT 2)	Samtleben u.a.	388	●	●	62	95	❍	●	❍		●	●	●	●	2.–3. Sj
Salzburger Lese- und Rechtschreibtest (SLRT)	Landerl u.a.	390	o	●		45	❍	●	❍		●	●	●	●	1.–4. Sj
Würzburger Leise Leseprobe (WLLP)	Küspert u.a.	393	●	●	5	15	❍	●	❍		●	●	●	●	6–10 J
Zürcher Lesetest (ZLT)	Linder u. a.	395	❍	❍			❍	●	❍	15	●	●	❍	●	2.–6. Sj

Diagnostischer Lesetest zur Frühdiagnose von Lesestörungen (DLF 1–2)

R. Müller
Hrsg.: K. Ingenkamp
Weinheim: Beltz Test GmbH, 1984

1. Testart Schultest

2. Testmaterial Handanweisung, Lesevorlagen (Form A und B), Protokollbogen mit Zusatzverfahren (Leseprobe 1–6), Abdeckblatt, Protokollbogen zu den Leseproben; zusätzlich: Schreibgerät.

3. Testgliederung Der DLF besteht aus 33 Einzelwörtern unterschiedlicher Schwierigkeit. Diese werden in vier Wörtergruppen („Untertests") gegliedert: Speichern (10 Wörter), Synthese (9 Wörter), Analyse (9 Wörter), Segmentierung (8 Wörter). Um die spezifischen individuellen Schwierigkeiten eines Kindes für gezielte Fördermaßnahmen möglichst genau diagnostizieren zu können, enthält der DLF 1–2 folgende 6 Zusatzverfahren (Leseproben): Buchstaben, Synthese, Signalgruppen, häufige Wörter, Konsonantengruppen, Zusammengesetzte Wörter.

4. Grundkonzept Der DLF 1–2 wurde entwickelt, um insbesondere dem Lehrer ein zusätzliches Instrumentarium an die Hand zu geben, mit dem Störungen des Lesens im Erstleseunterricht sowohl in quantitativer als auch in qualitativer Hinsicht frühzeitig erfaßt werden können. Der Test soll hauptsächlich der Prophylaxe und Frühbehandlung von Lese-Rechtschreibstörungen dienen.

5. Durchführung **5.1 Alter:** 1. und 2. Schuljahr.

5.2 Formen: Das Verfahren wird als Einzeltest durchgeführt. Es existieren zwei in Schwierigkeit und Zuverlässigkeit äquivalente Parallelformen.

5.3 Handhabung: Die Handanweisung enthält eine exakte Instruktion. Der Proband soll 33 Wörter lesen, die ihm jeweils einzeln auf einer Vorlage dargeboten werden.

5.4 Zeit: Durchführungsdauer: 2 bis 6 Minuten.

6. Auswertung **6.1 Modus:** Die quantitative Auswertung wird in zweifacher Hinsicht vorgenommen: zum einen nach Anzahl der Wörter, die falsch oder nicht innerhalb der Zeitspanne von zwanzig Sekunden gelesen wurden (Lesefehler), zum anderen nach der Anzahl der nicht sofort (d. h. innerhalb von längstens zwei Sekunden) gelesenen Wörter. Die qualitative Auswertung richtet sich danach, wie der Proband in jedem der vier Untertests (Wortgruppen) abgeschnitten hat. Beurteilt werden auch hier wieder Lesefehler und Lesezeit. Interpretationshilfen sind vorhanden.

6.2 Zeit: Auswertungszeit: 1 bis 2 Minuten.

7. Gütekriterien

7.1 Objektivität: Objektivität der Testdurchführung und -auswertung ist laut Handanweisung gegeben, vorausgesetzt, daß Durchführungs- und Auswertungsanleitung genau beachtet werden. Bei der Durchführung ist die Objektivität dadurch gefährdet, daß der Testleiter die Zeit durch lautloses Zählen und nicht durch eine Stoppuhr kontrolliert. Dadurch können Ungenauigkeiten auftreten.

7.2 Reliabilität: Die Zuverlässigkeit des DLF 1–2 ist beim Gesamttest sehr hoch, bei den Untertests wegen der geringeren Wörterzahl erwartungsgemäß niedriger, aber noch zufriedenstellend bis gut. Beim Gesamttest beträgt die Paralleltest-Reliabilität (1 Woche Abstand; N = 154) bezüglich der Lesefehler r = .95, bezüglich der Lesezeit r = .97. Bei den Untertests ergab sich hinsichtlich der Lesefehler eine Paralleltest-Reliabilität zwischen r = .83 und r = .85, hinsichtlich der Lesezeit zwischen r = .89 und r = .93. Für jedes Item, d. h. für jedes Wort, werden sowohl bezüglich der Lesefehler als auch bezüglich der Lesezeit Schwierigkeits- und Trennschärfekoeffizienten angegeben.

7.3 Validität: Der DLF 1–2 besitzt inhaltliche Validität. Zur Bestimmung der kriteriumsorientierte Validität wurden Ergebnisse aus dem Test mit dem Urteil der betreffenden Deutschlehrer hinsichtlich der Lesefertigkeit der Probanden (Zensuren 1 bis 6) verglichen. Es resultierten hieraus Korrelationskoeffizienten von r = .73 bis r = .81 (Ende 1. Klasse; N = 100) bzw. von r = .67 und r = .71 (Mitte 2. Klasse; N = 198). Ebenfalls wurden die Beziehungen zu den beiden Rechtschreibtests BRT 1 (Berliner Rechtschreibtest für Klasse 1) und DRT 2 (Diagnostischer Rechtschreibtest für 2. Klassen) überprüft. Es ergaben sich zwischen dem DLF 1–2 und dem BRT 1 Korrelationskoeffizienten zwischen r = .52 und r = .80 (Zeitabstand zwischen den Testungen 3 bzw. 5 Monate; N = 146 bzw. 138). Die Zusammenhänge zwischen dem DLF 1–2 und dem DRT 2 betrugen r = .61 (bei Lesefehlern) und r = .62 (bei der Lesezeit; Zeitabstand 4 Monate; N = 147). Die Korrelationen mit dem sprachfreien Gruppenintelligenztest HIT (Heidelberger Intelligenztest) erreichten Werte zwischen r = .24 und r = .32.

7.4 Normen: Für die Lesefehler und die Lesezeit werden Prozentrangnormen angegeben. Sie liegen getrennt für Kinder Ende der 1., Anfang der 2. Klasse (N = 320) bzw. Mitte der 2. Klasse (N = 405) vor. Diese Normen sind sowohl für das Gesamtergebnis als auch für die Untertestleistungen angegeben. Für die 6 Zusatzverfahren stehen keine Normen zur Verfügung.

Bearbeiterin: Corinna Preuschoff

Hamburger Lesetest für 3. und 4. Klassen (HAMLET 3–4)

R.H. Lehmann, R. Peek und J. Poerschke
Hrsg.: R.H. Lehmann
Göttingen: Beltz Test GmbH, 1997

1. Testart Schultest

2. Testmaterial Beiheft, Testheft Form A und B, Auswertungsfolie für Testform A und B, Erratum: Blatt mit Korrekturhinweis; zusätzlich: Uhr mit Sekundenanzeige, Bleistifte.

3. Testgliederung Der HAMLET 3–4 besteht aus dem WORT-Test 040 (40 Wortzuordnungen zu je 4 Bildern) und aus einem Leseverständnistest, der sich aus 10 Texten zusammensetzt (Sach-, Gebrauchs- und Erzähltexte), zu denen jeweils 4 Fragen im Multiple-choice-Verfahren zu beantworten sind. Es gibt zwei Parallelformen (A und B), die im Schwierigkeitsgrad und in der Zuverlässigkeit äquivalent sind.

4. Grundkonzept Mit einem Worterkennungs-Test werden grundlegende Informationen zur Lesefertigkeit und -geschwindigkeit erhoben. Die Ergebnisse aus einem Leseverständnis-Test erlauben die Zuordnung von Schülerinnen und Schülern zu einer bereits erreichten Stufe des sinnverstehenden, stillen Lesens. Das schließt die Möglichkeit ein, bei so erkannten Lernschwächen zusätzlich spezifisch förderdiagnostische Tests einzusetzen. Bei der Testkonstruktion wurden bewußt unterschiedlich schwierige Items zusammengestellt, um den gesamten Anforderungsbereich von einfachen Decodierungsleistungen bis hin zum eigenständig schlußfolgernden Umgang mit Texten zu erfassen.

5. Durchführung **5.1 Alter:** Ende der 3. und Ende der 4. Klasse.

5.2 Formen: Einzel- und Gruppentest.

5.3 Handhabung: Insgesamt umfaßt der Test drei Testsequenzen, die in zwei aufeinander folgenden Unterrichtsstunden durchgeführt werden. Reihenfolge und Testvorgaben für die einzelnen Testsequenzen müssen eingehalten werden. Banknachbarn in der Klasse bearbeiten jeweils Form A oder B. Bei der Durchführung des Tests orientiert sich der Testleiter am Wortlaut der im Beiheft abgedruckten Vorlage.

5.4 Zeit: 2 Schulstunden (möglichst zweite und dritte Unterrichtsstunde).

6. Auswertung **6.1 Modus:** Beim Wort-Test 040 wird zur Ermittlung der Lesegeschwindigkeit die Anzahl richtig gelöster Wort-Bild-Zuordnungen addiert. Beim Leseverständnis-Test erfolgt die Zuordnung der Schülerinnen und Schüler zu einer bereits erreichten Stufe des Leseverständnisses über die Addition richtig gelöster (unterschiedlichen Schwierigkeitsstufen zugehöriger) Aufgaben.

6.2 Zeit: Pro Testheft etwa 5 Minuten.

7. Gütekriterien

7.1 Objektivität: Die Durchführungs- und Auswertungsobjektivität sind aufgrund klarer Vorgaben gewährleistet.

7.2 Reliabilität: Die Zuverlässigkeit des Wort-Tests (Cronbachs Alpha) beträgt $\alpha = .96$; für den Leseverständnis-Test liegt sie bei $\alpha = .87$ (N = 3474).

7.3 Validität: Der HAMLET 3–4 besitzt eine theoretisch gut begründete und empirisch nachgewiesene Gültigkeit. Die ermittelten Rohwerte und Leseverständnisstufen der Schülerinnen und Schüler korrelieren außerdem hoch mit der Einschätzung der Leseleistung durch die Lehrkraft (r = .58 bis r = .65). Für die Validitätsprüfung wurde die gesamte Eichstichprobe herangezogen (N = 3474).

7.4 Normen: Die Eichung des HAMLET 3–4 wurde an einer bundesweit angenähert repräsentativen Stichprobe von 3474 Schülerinnen und Schülern der 3. (N = 1770) und 4. Jahrgangsstufe (N = 1704) durchgeführt. Zusätzlich zur kriteriumsorientierten Auswertung werden normorientierte Prozentrangplätze und Prozentrangbänder für beide Jahrgangsstufen und Testformen angeboten, die Vergleiche zwischen Schülern ermöglichen.

8. Literatur

Lehmann, R.H. et al. (1995). *Leseverständnis und Lesegewohnheiten deutscher Schüler und Schülerinnen.* Weinheim: Beltz.

Verfasserin: Irene Ahrens

Knuspels Leseaufgaben (KNUSPEL-L)

H. Marx
Göttingen: Hogrefe, 1998

1. Testart Schultest

2. Testmaterial Beiheft (164 Seiten) mit Testbeschreibung und Normentabellen, Durchführungsanleitung (12 Seiten) für Einzeltest, Durchführungsanleitung (12 Seiten) für Gruppentest, Knuspels Leseaufgaben (Form A und B), Auswertungsbogen (A und B), Klassenliste; zusätzlich: Schreibmaterial, Stoppuhr, ggf. Sitzplan für Testdurchführung.

3. Testgliederung Es existieren zwei Pseudo-Parallelformen A und B, die jeweils aus 4 Subtests bestehen:

- Subtest 1: Hörverstehen – Verstehen mündlich gestellter Fragen und Aufforderungen (14 Items)
- Subtest 2: Rekodieren – Erkennen von lautgleichen Wörtern (40 Items, 3 Zusatzaufgaben)
- Subtest 3: Dekodieren – Erkennen von Wortbedeutungen (40 Items, 3 Zusatzaufgaben)
- Subtest 4: Leseverstehen – Verstehen schriftlich gestellter Fragen und Aufforderungen (14 Items, 1 Zusatzaufgabe)

4. Grundkonzept Der Test soll sowohl die für das verstehende Lesen notwendigen Vorläuferfertigkeiten (Hörverstehen, Rekodieren, Dekodieren) als auch einen wesentlichen Aspekt des Leseverstehens (Verstehen und Ausführen schriftlich gestellter Aufforderungen) in jeweils einem Subtest in ökonomischer Weise erfassen. Der Test liefert Aussagen über den aktuellen Leseleistungsstand in den einzelnen Teilfertigkeiten, läßt eine Einordnung in Kinder mit und ohne Leseprobleme zu und bildet die Leselernentwicklung für den Grundschulbereich ab.

5. Durchführung **5.1 Alter:** Der Test ist vom Ende des ersten Schuljahres bis zum Ende des vierten Schuljahres einsetzbar.

5.2 Formen: KNUSPEL-L liegt in zwei Pseudo-Parallelformen A und B vor. Er ist als Gruppentest konzipiert, kann aber auch als Individualtest durchgeführt werden.

5.3 Handhabung: Der Test ist ein Papier-und-Bleistift-Test und wird als gemäßigter Speed-Test durchgeführt. Bei den Subtests 1 und 4 werden die Aufgabenstellung und der Beantwortungsmodus anhand von zwei Beispielitems verdeutlicht und eingeübt, bei den Subtests 2 und 3 dienen vier Beispielitems zur Einübung. Nach der Einübungsphase bearbeiten die Kinder den jeweiligen Subtest ohne Rückmeldung bis zum Ende selbständig. Die Verknüpfung der Subtests wird durch die Einbettung in eine Rahmenhandlung (Fabelwesen KNUSPEL) erreicht.

5.4 Zeit: Für jeden Subtest sind die Bearbeitungszeiten (gegliedert nach Klassenstufen/Halbjahren) angegeben; Subtest 1: 4 bis 5.5 Minuten, Subtest 2: 5 bis 8.5 Minuten, Subtest 3: 4.5 bis 7.5 Minuten und Subtest 4: 8 bis 12.5 Minuten. Somit variieren die Gesamtdurchführungszeiten (inkl. Instruktion) in Abhängigkeit von der Klassenstufe zwischen 36 und 46 Minuten.

6. Auswertung

6.1 Modus: Die quantitative Auswertung ist auf die Aufgabenlösung bezogen. Die Rohpunkte werden nach richtig bzw. falsch ausgezählt und zu einer Rohpunktsumme pro Subtest addiert, die Eintragung wird im Auswertungsbogen vorgenommen. Zum Vergleich stehen für jede Subtestleistung schulstufenspezifische oder klassenübergreifende Normwerte (T-Werte und Prozentränge) zur Verfügung. Ebenso kann zwischen monolingualen und multikulturellen Entwicklungsnormen unterschieden werden. Zur Feststellung der Normwerte für die Knuspel-Scores müssen je nach Fragestellung bzw. Untersuchungsgrund drei der vier Subtest-Normwerte zu einem Summen-T-Wert addiert werden.
Bei der differentiellen Auswertung werden anhand von Subgruppen von Testitems Teilfertigkeiten des Lesens sichtbar gemacht und Beziehungen zwischen den einzelnen Fertigkeiten erörtert. Die Ergebnisse werden in Form zentraler Tendenzen und Häufigkeiten mitgeteilt, wobei individuelle Testleistungen mit jeweiligen Gruppenleistungen verglichen werden (auf Anfrage beim Verfasser kann ein Data-Entry-Programm für SPSS genutzt werden).
Die dritte Auswertungsmöglichkeit ist bearbeitungszeitbezogen und erlaubt Grobabstufungen der Lesefertigkeiten. Differenzierte Auswertungsanweisungen befinden sich im Beiheft.

6.2 Zeit: Angaben liegen nicht vor. Die quantitative Auswertung beansprucht ca. 10 bis 12 Minuten pro Testheft. Für die beiden anderen Auswertungsmöglichkeiten werden etwa 15 Minuten benötigt, bei ungeübten Auswertern dauert es länger.

7. Gütekriterien

7.1 Objektivität: Durchführungs-, Auswertungs- und Interpretationsobjektivität sind durch die genauen und ausführlichen Instruktionen gewährleistet.

7.2 Reliabilität: Es liegen Reliabilitätskoeffizienten von r = .53 bis r = .91 getrennt nach Retestung und Paralleltestung sowie nach Wiederholungstestung im Gruppen- oder Einzelverfahren (Testintervall 1 bis 3 Wochen) für die Gesamtstichproben und die einzelnen Klassenstufen vor. Bei einem Testintervall von 6 und 12 Monaten ergaben sich für die Gesamtstichprobe sowie zusammengefaßt für einzelne Klassenstufen (korrespondierende Reliabilitätskoeffizienten des Lehrerratings im Vergleich) Werte zwischen r = .51 und r = .93. Die Re- und Paralleltestkoeffizienten beziehen sich bei den Subtests auf Rohwerte und bei den Knuspel-Scores auf T-Werte.

7.3 Validität: Da es sich bei Knuspels Leseaufgaben um einen am theoretischen Modell der Lesentwicklung orientierten Test und nicht um einen an einer bestimmten Lehrmethode ausgerichteten handelt, ist die Validität nur am Konstrukt bzw. kriterienbezogen zu bemessen.

Konstruktbezogene Validität (vom Verfasser als ökologische Validität bezeichnet): Die Übereinstimmungen zwischen den Vorläuferfertigkeiten (Lehrerrating I und Knuspel-Score I) einerseits und der Lesefähigkeit (Lehrerrating II und Knuspel-Score II) andererseits erreichen Werte zwischen r = .57 und r = .65 bzw. r = .38 und r = .71 sowie zwischen r = .39 und r = .74. Die Validitätskoeffizienten der Subtests 1 bis 4 sowie der Knuspel-Scores bezüglich Schulnoten (Deutsch) schwanken zwischen r = .36 und r = .59.
Kriterienbezogene Validität: Die ohne Minderungskorrektur ermittelten Übereinstimmungen zwischen inhaltsverwandten Alternativverfahren und den Knuspel-Scores I und II liegen zwischen r = .39 und r = .74.

7.4 Normen: Die Eichung wurde an einer Gesamtstichprobe von N = 3912 in Nordrhein-Westfalen und Bayern sowie mit 4 Klassen in Sachsen vorgenommen.
Es liegen klassenstufenbezogene Halbjahres-Normwerte für alle Subtests und Knuspel-Scores getrennt nach monolingualen (Muttersprache Deutsch) und multikulturellen (Muttersprache Deutsch und/oder anderssprachig) Normstichproben vor.
Darüber hinaus existieren Entwicklungsnormen über alle Klassenstufen hinweg getrennt nach monolingualen und multikulturellen Stichproben.
Außerdem stehen Rangreihen der Klassenmittelwerte für alle Klassenstufen getrennt berechnet nach den Kennwerten für die monolingualen und multikulturellen Normstichproben zur Verfügung.

8. Literatur

Marx, H. (1997). Erwerb des Lesens und Rechtschreibens. Literaturüberblick. In F.E. Weinert & A. Helmke (Hrsg.), *Entwicklung im Grundschulalter* (S. 85–111). Weinheim: Beltz, PVU.
Marx, H. (1998). *Vorhersage von Lese-Rechtschreibschwierigkeiten in Theorie und Anwendung.* Göttingen: Hogrefe.

Verfasserin: Silvia Andrée

Lesen und Verstehen (Diagnose) (LUV)

G. Kalb, R. Rabenstein und D.H. Rost
Göttingen: Hogrefe, 1979

1. Testart	Schultest
2. Testmaterial	Anleitungsheft „Diagnose“ (24 Seiten), Serie Diagnosehefte 1–8/A, Serie Diagnosehefte 1–8/B; zusätzlich: Schreibmaterial, Tafel.
3. Testgliederung	Das Verfahren „Lesen und Verstehen“ gliedert sich in einen Diagnoseteil (nur dieser wird besprochen) und ein abgestimmtes Trainingsprogramm. Der Diagnoseteil besteht aus 8 Aufgabenserien, die in verschiedenfarbig bedruckten Diagnoseheften enthalten sind und jeweils zwischen 15 und 22 Aufgaben umfassen.
4. Grundkonzept	„Lesen und Verstehen“ ist ein lesebuchunabhängiges Diagnoseprogramm zur individuellen und differenzierten Erfassung des Lesens im 1./2. Schuljahr. Mit den Diagnoseaufgaben wird festgestellt, in welchen Bereichen des Leselernprozesses Schüler besonders förderungsbedürftig sind.
5. Durchführung	**5.1 Alter:** 1. und 2. Schuljahr, ältere Kinder mit Leseschwäche.
	5.2 Formen: Das Verfahren ist als Gruppentest anwendbar. Für die Diagnose existieren zwei Pseudo-Parallelformen A und B.
	5.3 Handhabung: Nach entsprechender Vorbereitung der Testsituation (Arbeitsplatz, Motivation usw.) werden die Testhefte ausgeteilt. Der Lehrer gibt dann die in der Anweisung vorgeschriebenen Instruktionen zu den jeweiligen Serien. Die Schüler bearbeiten die Aufgaben ohne Zeitdruck.
	5.4 Zeit: Es werden etwa 20 Minuten für die Bearbeitung jeder Serie benötigt.
6. Auswertung	**6.1 Modus:** Anhand des Lösungsschlüssels werden die richtig gelösten Antworten pro Seite zusammengezählt und im jeweiligen Diagnoseheft eingetragen. Die Summe der richtigen Lösungen über alle Seiten ergibt den Rohwert. Dieser wird mit dem unter dem Auswertungsschema angegebenen Bewertungsschlüsel verglichen.
	6.2 Zeit: Keine Angaben. Ca. 1 bis 2 Minuten pro Serie.
7. Gütekriterien	**7.1 Objektivität:** Durchführungs- und Auswertungsobjektivität sind durch die genauen Anweisungen gewährleistet.
	7.2 Reliabilität: Die Split-Half-Reliabilität ergab je nach Serie Werte zwi-

schen r = .88 und r = .93. Die interne Konsistenz erreicht Werte zwischen r = .88 und r = .92.
Itemanalyse: Die durchschnittliche Aufgabenschwierigkeit steigt mit den Serien. Sie liegt bei der ersten Serie bei p = .83 und steigt bis p = .42 bei der letzten Serie. Die Trennschärfe der einzelnen Items liegt zwischen r_{it} = .53 bis r_{it} = .58.

7.3 Validität: Inhaltliche Validität ist gegeben.

7.4 Normen: Der Test wurde an 40 ersten und zweiten Grundschulklassen erprobt. Es wurden dabei die Mittelwerte und Standardabweichungen, getrennt nach Jahrgangsstufen und Geschlecht, für die erreichte Punktzahl jeder Serie errechnet. Auf eine Normierung wurde verzichtet, da der Stand des Kindes in seinem individuellen Leselernprozeß interessiert und nicht so sehr die Stellung innerhalb einer Bezugsgruppe.

Bearbeiterin: Silvia Andrée

Lesetest für 2. Klassen (LT 2)

E. Samtleben, F. Biglmaier und K. Ingenkamp
Hrsg.: Pädagogisches Zentrum
Weinheim: Beltz Test GmbH, 3. Auflage 1971

1. Testart Schultest

2. Testmaterial Beiheft (19 Seiten) mit Anleitung und Normentabellen, Testhefte (DIN A4) Form A und Form B, Lösungsschlüssel Form A und Form B (je 6 Folien), Klassenliste; zusätzlich: Schreibmaterial, Tafel und Kreide, Stoppuhr.

3. Testgliederung Mit dem LT 2 können die Lesefertigkeit und das Verständnis beim stillen Lesen untersucht werden. Es existieren zwei Parallelformen A und B, die jeweils aus Teil 1 „Wortverständnis“ und Teil 2 „Textverständnis“ bestehen. Der erste Teil baut sich aus insgesamt 30 Aufgaben auf: Bei 5 Aufgaben wird eine Bild-Wort-Zuordnung gefordert, bei 12 Aufgaben eine Wort-Wort-Zuordnung und bei 13 Aufgaben eine Satz-Wort-Zuordnung. Der zweite Teil besteht aus 6 Texten, zu denen die Schüler 25 Fragen zu beantworten haben.

4. Grundkonzept Der LT 2 eignet sich in Verbindung mit Rechtschreib- und Intelligenztests als Hilfsmittel bei der Untersuchung von Legasthenikern. Der LT 2 gibt Hinweise für die evtl. notwendige Förderung von Schülern, ihre Einteilung in Gruppen, die mit unterschiedlichem Material arbeiten sollen, und liefert einen Maßstab für den Vergleich der Leseleistung verschiedener Klassen mit gleichaltrigen Schülern.

5. Durchführung **5.1 Alter:** Zweites Halbjahr der zweiten Klasse und erstes Vierteljahr der dritten Klasse.

5.2 Formen: Einzel- und Gruppentestung möglich.

5.3 Handhabung: Die Testhefte enthalten für beide Testteile jeweils ausführliche Anleitungen mit Übungsbeispielen für die Schüler, das Beiheft detaillierte Durchführungsanweisungen für den Testleiter.

5.4 Zeit: Die Arbeitszeit für Teil 1 ist auf 26 Minuten, die für Teil 2 auf 36 Minuten festgelegt. Dazu kommt die Instruktionszeit, die für Teil 1 bei etwa 20 Minuten und für Teil 2 bei etwa 12 Minuten liegt.

6. Auswertung **6.1 Modus:** Zur Auswertung können Lösungsschlüssel herangezogen werden. Jede richtige Lösung ergibt einen Punkt. Ausgelassene Aufgaben oder falsche Lösungen werden nicht berücksichtigt.

6.2 Zeit: Keine Angaben.

7. Gütekriterien

7.1 Objektivität: Durchführung und Auswertung können als objektiv bezeichnet werden.

7.2 Reliabilität: Die Berechnung der Paralleltest-Reliabilität ergab r = .88. Die Split-Half-Reliabilität liegt für Form A bei r = .90 und für Form B bei r = .91. Der Zuverlässigkeitskoeffizient (Rulon) für beide Testformen erreicht r = .95 (N = 729).

7.3 Validität: Die Übereinstimmungsvalidität (N = 729) des LT 2 mit der Deutschnote ergab r = .72 (Form A) und r = .71 (Form B). Der Übereinstimmungskoeffizient des LT 2 mit dem DRT 2 (Müller, 1966) liegt bei r = .52, mit dem Bildertest 1–2 (Horn & Schwarz, 1967) bei r = .50 und mit dem Subtest „Regelerkennen" des BTS (Horn, 1956) bei r = .35 (N = 120).

7.4 Normen: Die Eichung des LT 2 erfolgte 1970 in 12 Bundesländern. Es existieren Normwerte für Kinder aus Schulorten bis zu 10000 Einwohnern (N = 1733) und für Kinder aus Schulorten mit über 10000 Einwohnern (N = 1242), getrennt nach zwei Altersstufen (7;5 bis 8;11 Jahre, 9;0 Jahre und älter). Die Normierungsdaten werden jeweils als Prozentrang-Band, mittlerer T-Wert und T-Wert-Band angegeben. Darüber hinaus werden Klassennormen in Form von Prozentrang-Angaben für Klassen in Schulorten bis bzw. über 10000 Einwohnern vorgelegt.

8. Literatur

Horn, A. & Schwarz, E. (1967). *Bildertest 1–2 (BT 1–2).* Weinheim: Beltz.
Horn, W. (1956). *Begabungstestsystem (BTS).* Göttingen: Hogrefe.
Müller, R. (1966). *Diagnostischer Rechtschreibtest für 2. Klassen (DRT 2).* Weinheim: Beltz.

Bearbeiterin: Silvia Andrée

Salzburger Lese- und Rechtschreibtest (SLRT)

K. Landerl, H. Wimmer und E. Moser
Bern: Huber, 1997

1. Testart Schultest

2. Testmaterial Handbuch (81 Seiten) mit Anhang (Normtabellen, Kurzfassung der Durchführung und Auswertung, Buchstabentafel); zwei Lesemappen (für Verwendung in der Schweiz auch ohne „ß“ erhältlich); Protokollblatt Form A und B; Lesetest; Protokollblatt Form A und B; Rechtschreibtest 1. u. 2. Schulstufe; Protokollblatt Form A und B; Rechtschreibtest 3. u. 4. Schulstufe; zusätzlich: Schreibgerät, Stoppuhr.

3. Testgliederung Der SLRT besteht aus dem Lesetest (Lesemappe) mit den Subtests:
- Übungsblatt Wortlesen
- Häufige Wörter
- Zusammengesetzte Wörter (für die 3. u. 4. Schulstufe)
- Text lang (für die 3. u. 4. Schulstufe)
- Text kurz (für die 1. u. 2. Schulstufe)
- Übungsblatt Pseudowortlesen
- Wortunähnliche Pseudowörter
- Wortähnliche Pseudowörter (bei 1. Schulstufe auslassen)

Rechtschreibtest mit zwei Versionen:
- Kurze Version (25 Items) für die 1. u. 2. Schulstufe)
- Lange Version (45 Items) für die 3. u. 4. Schulstufe)

4. Grundkonzept Der SLRT erlaubt eine objektive und differenzierte Diagnose von Schwächen beim Erlernen des Lesens und Rechtschreibens in der Grundschule. Schwerpunkt ist die separate Erfassung von Schwächen des lautierenden, sog. synthetischen Lesens bei jüngeren Kindern und von Defiziten bei der automatisierten, direkten Worterkennung bei älteren Kindern. Beurteilt werden weiter Rechtschreibschwächen: Schwächen in der lauttreuen und in der orthographischen Schreibung. Der Einsatz ist vor allem bei bereits auffällig gewordenen Kindern angezeigt. Anwendungsbereiche: detaillierte Diagnose von Lese-/Rechtschreibschwierigkeiten vor allem im unteren Leistungsbereich, um spezifische Fördermaßnahmen zu erstellen, einzuleiten und durchzuführen sowie Einsatz als Forschungsinstrument. Die Überprüfung von Lernfortschritten oder ein experimentalpsychologisches Vortest-Nachtest-Design wird durch Vorliegen von Paralleltestversionen sowohl für den Lese- als auch für den Rechtschreibtest ermöglicht.

5. Durchführung **5.1 Alter:** 1. bis 4. Schulstufe.

5.2 Formen: Lesetest: Einzeltest, Rechtschreibtest: Einzel- oder Gruppentest; Parallelformen A und B.

5.3 Handhabung: Der SLRT ist einfach und schnell durchzuführen und auszuwerten. Die in der Handanweisung enthaltenen ausführlichen Durchführungs- und Auswertungsrichtlinien sind einzuhalten.

5.4 Zeit: Lesetest: 10 bis 15 Minuten; Rechtschreibtest: 20 bis 30 Minuten.

6. Auswertung

6.1 Modus: Lesetest: Die Anzahl der Lesefehler sowie die benötigte Lesezeit für jeden Subtest wird in Auswertungstabellen eingetragen. Die weitere Auswertung erfolgt mithilfe von Normtabellen. Rechtschreibtest: Feststellung der Fehler, Einordnung in Fehlergruppen (Fehlertypen), Eintragung der Rohwerte in die Auswertungstabelle, Auswertung mithilfe von Normtabellen (Prozentrangwerte). Die Handanweisung enthält Fallbeispiele und Ausführungen zur Erstellung eines Förderprogramms.

6.2 Zeit: Keine Angaben.

7. Gütekriterien

7.1 Objektivität: Die Durchführungs- und Auswertungsobjektivität sind bei Einhaltung der Testanweisung gewährleistet.

7.2 Reliabilität: Die Überprüfung erfolgte mit der Paralleltestmethode (N = 39 bis 127). Die ermittelten Reliabilitätskoeffizienten sind für die einzelnen Testaufgaben und Klassenstufen im Handbuch zusammengestellt. Sie liegen für die Lesezeiten sehr hoch (über r = .80, großteils über r = .90), für die Lesefehler deutlich niedriger. Beim Rechtschreibtest sind die Koeffizienten für das wichtigste Kriterium, die Anzahl der orthographischen Fehler, ausreichend hoch (r = .74 bis r = .90).

7.3 Validität: Die inhaltliche Validität ist offenkundig gegeben. Im Handbuch wird darüber hinaus über die Ergebnisse mehrerer Studien berichtet. Gefunden wurden Zusammenhänge der Geschwindigkeit beim leisen Lesen eines Textes mit den Leistungen beim Salzburger Lesetest (N = 63, Werte zwischen r = .60 und r = .75), signifikante Korrelationen der Leistung in Deutsch (Zeugnisnote) mit den Lesezeiten der einzelnen Subtests als auch mit der Gesamtfehleranzahl (N = 63, Werte zwischen r = .37 und r = .54). Der Rechtschreibtest konnte an einer groß angelegten Studie am Lehrerurteil (N = 1165) validiert werden. Aus diesem Befund ergibt sich, daß die Kategorie der orthographischen Fehler als Hauptbewertungskriterium herangezogen werden soll. Von der Rechtschreibreform sind keine Items betroffen.

7.4 Normen: Die beiden Parallelformen des Lese- und Rechtschreibtests wurden an über 2800 Kindern in den Bundesländern Salzburg und Oberösterreich normiert (23 Volksschulen). In den Normtabellen ist angeführt, mit wievielen Kindern der Lese- und der Rechtschreibtest zu den jeweiligen Normierungszeitpunkten (Ende der 1. Klasse, 1. Halbjahr der 2. Klasse, 2. Halbjahr der 2. Klasse, 3. Klasse und 4. Klasse) durchgeführt wurden. Es liegen für alle Testaufgaben und für alle oben genannten Zeitpunkte der 1. bis 4. Klassenstufe Normen (Prozentrangwerte) vor.

8. Literatur

Grissemann, H. & Linder, M. (2000). *Züricher Lesetest.* Bern: Huber.

Zielinski, W. & Schneider, W. (1986). Diagnostische Möglichkeiten bei Lese- und Rechtschreibschwierigkeiten – Folgerungen aus der Forschung. In K.

Ingenkamp et al. (Hrsg.), *Tests und Trends* (Bd. 5, S. 38–62). Weinheim und Basel: Beltz.

Verfasserin: Irene Ahrens

Würzburger Leise Leseprobe (WLLP)

P. Küspert und W. Schneider
Göttingen: Hogrefe, 1998

1. Testart Schultest

2. Testmaterial Testhefte Form A und B, Auswertungsschablonen, Handanweisung mit Instruktion. Zusätzlich benötigt werden Bleistift und Stoppuhr.

3. Testgliederung Homogener Test mit Zeitbeschränkung (Speedtest).

4. Grundkonzept Der WLLP ist ein als Gruppen- oder Einzeltest einsetzbares Verfahren zur Schätzung der Lesefertigkeit bei Grundschülern auf der Basis der Lesegeschwindigkeit (s. auch van Kraayenoord & Schneider, 1999). Dazu bearbeiten die Schüler eine Serie von max. 140 Aufgaben. In jeder Aufgabe wird ein geschriebenes Wort (Substantiv) präsentiert sowie 4 Strichzeichnungen. Eine dieser Zeichnungen stellt das geschriebene Wort bildlich dar, die drei anderen Zeichnungen dienen als Distraktoren. Die Auswahl der Distraktoren erfolgt nach phonologisch-orthografischer bzw. semantischer Ähnlichkeit zum Zielwort. Aufgabe des Probanden ist es, das zum geschriebenen Wort korrespondierende Bild so schnell wie möglich zu identifizieren und anzustreichen. Der Test erfolgt als Speedtest unter Zeitbeschränkung (5 Minuten).

5. Durchführung **5.1 Alter:** 6 bis 10 Jahre.

5.2 Formen: Zwei Pseudo-Parallelformen mit gleichen Items, jedoch in unterschiedlicher Reihenfolge.

5.3 Handhabung: Anwendbar als Einzel- oder Gruppentest, z. B. im Klassenverband. Die Aufgabenbearbeitung erfolgt durch Ankreuzen im Testheft.

5.4 Zeit: Bearbeitungszeit: 5 Minuten; inkl. Instruktion 15 Minuten.

6. Auswertung **6.1 Modus:** Die Auswertung erfolgt standardisiert mittels Schablonen. Als Testrohwert wird die Anzahl richtig angekreuzter Aufgaben berechnet. Die Testaufgaben sind im Testheft auf 7 Seiten verteilt, zu jeder Seite existiert eine eigene Schablone.

6.2 Zeit: Pro Testheft wenige Minuten.

7. Gütekriterien **7.1 Objektivität:** Die Durchführungs- und Auswertungsobjektivität können durch die standardisierte Instruktion und die Auswertung mittels Schablonen als gesichert gelten.

7.2 Reliabilität: Die Reliabilität des Verfahrens wurde mittels Paralleltest-

und Retestmethode kontrolliert. Beim Paralleltest wurde an N = 175 Schülern der Klassen 1 bis 4 die beiden Pseudoparallelformen durchgeführt und die Ergebnisse klassenweise korreliert. Die Korrelationen liegen zwischen r = .82 und r = .93. Mittels Retestmethode wurden N = 513 Schüler der 1. bis 4. Klasse mit der Form A in einem Intervall von 14 Wochen zweimal getestet. Die Auswertung erfolgte wiederum getrennt nach Klassen. Die Test-Retestkorrelationen liegen zwischen r = .75 und r = .88.
Insgesamt kann das Verfahren damit als reliabel angesehen werden.

7.3 Validität: Die Schätzung der Validität des Verfahrens erfolgte kriteriumsbezogen an einer Stichprobe von N = 327 Probanden. Dazu wurden den Probanden neben der WLLP mehrere weitere Lesetests in Gruppen- und Einzelsitzungen vorgelegt sowie für alle Kinder eine Lehrerbeurteilung im Fach Deutsch sowie ab Klasse 3 die Deutschnote erhoben. Die Berechnung der Korrelationen erfolgte wiederum getrennt für die einzelnen Klassenstufen. Es zeigen sich mittlere bis hohe Korrelationen (r = .39 bis r = .75) zwischen der WLLP und der Lehrerbeurteilung und der Deutschnote sowie hohe Korrelationen zwischen dem WLLP und dem DLF und dem BLT (r = .51 bis r = .79). Niedrige bis mittlere Korrelationen zeigen sich zwischen dem WLLP und dem WUT (r = .30 bis r = .66) sowie zwischen dem WLLT und dem Subtest 3 aus Knuspels Leseaufgaben (r = .11 bis r = .34).
Insgesamt kann die kriteriumsbezogene Validität der WLLP damit als durchaus befriedigend angesehen werden. Weiterhin hervorzuheben sind die gute Dokumentation der Reliabilitäts- und Validitätsprüfungen im Testhandbuch

7.4 Normen: Die Normierung des Testverfahrens erfolgte auf der Basis einer Normstichprobe von N = 2820 Schülern deutscher Muttersprache. Die Rekrutierung der Probanden erfolgte in verschiedenen deutschen Bundesländern sowie in Österreich. Aus den gewonnen Daten liegen Normwerttabellen für die Klassenstufen 1 bis 4 sowie für Jungen und Mädchen getrennt vor.

8. Literatur

Küspert, P. & Schneider, W. (1998). *Würzburger Leise Leseprobe (WLLP).* Göttingen: Hogrefe.
Kraayenoord, C.E. van & Schneider, W.E. (1999). Reading achievement, metacognition, reading self-concept and interest: A study of German students in grades 3 and 4. *European Journal of Psychology of Education, 16,* 305–324.

Verfasser: Roland Brünken

Zürcher Lesetest (ZLT)

M. Linder und H. Grissemann
Bern: Huber, 6. Auflage 2000 (mit neuer deutscher Rechtschreibung)

1. Testart

Schultest

2. Testmaterial

Manual (43 Seiten, Autor: Grissemann), 20 Formulare „Zürcher Lesetest“, 9 Lesekarten; zusätzlich: Schreibmaterial, Stoppuhr.

3. Testgliederung

Der Lesetest ist in 3 Untertests gegliedert:
1. Einzellaute und Lautverbindungen
2. Wortlese-Test
3. Leseabschnitte

Der Wortlese-Test besteht aus drei Abschnitten. Der Test „Leseabschnitt“ besteht aus fünf Textabschnitten.

4. Grundkonzept

Der Test dient dazu, das Leistungsbild von Kindern mit Lese- und Rechtschreibschwäche (Legasthenie) darzustellen. Dieses Leistungsbild soll Ausgangspunkt für die Förderdiagnostik sein und kann schon recht früh die Richtung von Fördermaßnahmen anzeigen. Somit können gezielte sonderpädagogische Maßnahmen eingeleitet werden. Berücksichtigt werden in der Diagnostik u. a.
- Zeugnisnoten
- Ergebnisse standardisierter Leistungsprüfungen
- Intelligenzdiagnostik
- Resultate von Lese- und Rechtschreibtests

5. Durchführung

5.1 Alter: 2. bis 6. Klasse, jeweils im ersten Quartal des Schuljahres.

5.2 Formen: Einzeltest, keine Parallelform.

5.3 Handhabung: Die Kinder lesen von Testkarten ab. Der Versuchsleiter kennzeichnet auf seinem Testbogen die Art der Lesefehler und mißt die Lesezeit der einzelnen Abschnitte mit der Stoppuhr.

5.4 Zeit: Die Durchführungszeit ist individuell verschieden.

6. Auswertung

6.1 Modus: Für jeden Untertest, beim Wortlese-Test und beim Test Leseabschnitte für jeden einzelnen Abschnitt, werden die eingetragenen Fehler addiert und im Testbogen eingetragen. Außerdem sind die Lesezeiten für jeden Abschnitt der Untertests 2 und 3 zusammenzuziehen. Zusätzlich werden für 2. und 3. Klassen beim Wortlese-Test die Lesezeiten und Fehler des 1. und 2. Abschnitts, für 4. Klassen die aller drei Abschnitte addiert. Lesezeiten und Fehlerzahlen jedes einzelnen Abschnitts sowie die Summen können mit den vorliegenden Normentabellen (Prozentrangstufen) verglichen werden. Nach einer weiteren Tabelle läßt sich ermitteln, ob ein schwerer, mittlerer oder leichter Fall von Legasthenie vorliegt.

6.2 Zeit: Keine Angaben. Im allgemeinen dauert die Auswertung 10 bis 15 Minuten pro Kind.

7. Gütekriterien

7.1 Objektivität: Durchführung und formale Auswertung des Tests können als objektiv bezeichnet werden.

7.2 Reliabilität: Die Reliabilitätsprüfung des Zürcher Lesetests erfolgte über die Retestmethode (Abstand: 1 Woche), und zwar für 2. und 3. Klassen (N = 29 bzw. N = 26). Die Werte liegen für die einzelnen Dimensionen zwischen r = .57 und r = .94.

7.3 Validität: Inhaltliche Validität.

7.4 Normen: Normen liegen für die 2. bis 6. Klassen vor. Die Eichung wurde am Ende des 1. Quartals der betreffenden Klasse an vier vollständigen Klassen vorgenommen (N = 449). Zusätzlich wurde für das 2. und 3. Schuljahr eine Standardisierung durchgeführt.

8. Literatur

Grissemann, H. (1990). *Förderdiagnostik von Lernstörungen. Zusammenarbeit zwischen kinderpsychiatrischen, psychologischen und pädagogischen Fachkräften am Beispiel Legasthenie.* Bern: Huber.

Grissemann, H. (1996). *Von der Legasthenie zum gestörten Schriftspracherwerb.* Bern: Huber.

Bearbeiterin: Silvia Andrée

1. LEISTUNGSTESTS

1.4.5 Rechtschreibtests

● = ja
o = teilweise
❍ = nein
k.A.= keine Angaben

Testname	Autor(en)	Seite	Durchführung					Auswertung			Gütekriterien				Alter
			Gruppentest	Parallelform	Zeitangabe netto (Min.)	Zeitangabe brutto (Min.)	computergestützte Fassung	Schabl./Schlüss.	Auswertungssoftw.	Zeitangabe (Min.)	Objektivität	Reliabilität	emp. Validität	Normen	(Jahre oder Schuljahre (J/Sj))
Diagnostischer Rechtschreibtest für 1. Klassen (DRT 1)	Müller	401	●	●		45	❍	●	❍	9	●	●	●	●	1.–2. Sj
Diagnostischer Rechtschreibtest für 2. Klassen (DRT 2)	Müller	403	●	●		45	❍	●	❍	11	●	●	●	●	2.–3. Sj
Diagnostischer Rechtschreibtest für 3. Klassen (DRT 3)	Müller	406	●	●		45	❍	●	❍	11	o	●	●	●	3.–4. Sj
Diagnostischer Rechtschreibtest für 4. Klassen (DRT 4)	Grund u.a.	409	●	●	35	45	❍	●	❍		o	●	●	●	4. Sj
Diagnostischer Rechtschreibtest für 5. Klassen (DRT 5)	Grund u.a.	411	●	●	35	45	❍	●	❍		o	●	●	●	5. Sj
Grundwortschatz-Rechtschreib-Test für 4. und 5. Klassen (GRT 4 +)	Birkel	413	●	●		45/20	❍	●	❍		●	●	●	●	4.–5. Sj
Rechtschreibtest für erste Klassen (RST 1)	Rathenow u.a.	415	●	❍		45	❍	●	❍		●	●	❍	●	1.–2. Sj
Rechtschreibtest für 6. und 7. Klassen (RST 6–7)	Rieder	417	●	●	27	45	❍	o	❍	10	o	●	o	o	6.–7. Sj
Test Grundanforderungen Rechtschreibung für die 1. und 2. Klasse (TGR 1/2)	Peh u.a.	422	●	❍		45	❍	●	❍		●	●	o	●	2. Sj
Weingartener Grundwortschatz Rechtschreib-Test für erste und zweite Klassen (WRT 1+)	Birkel	424	●	●		45	❍	●	❍		●	●	●	●	1.–2. Sj
Weingartener Grundwortschatz Rechtschreib-Test für zweite und dritte Klassen (WRT 2+)	Birkel	426	●	●		45	❍	●	❍		●	●	●	●	2.–3. Sj

1. Leistungstests – 1.4 Schultests

1.4.5 Rechtschreibtests (Forts.)

● = ja
o = teilweise
❍ = nein
k.A.= keine Angaben

Testname	Autor(en)	Seite	Durchführung					Auswertung			Gütekriterien				Alter
			Gruppentest	Parallelform	Zeitangabe netto (Min.)	Zeitangabe brutto (Min.)	computergestützte Fassung	Schabl./Schlüss.	Auswertungssoftw.	Zeitangabe (Min.)	Objektivität	Reliabilität	emp. Validität	Normen	(Jahre oder Schuljahre (J/Sj))
Weingartener Grundwortschatz Rechtschreib-Test für dritte und vierte Klassen (WRT 3+)	Birkel	428	●	●		45	❍	●	❍		●	●	●	●	3.–4. Sj
Westermann Rechtschreibtest 4/5 (WRT 4/5)	Rathenow u.a.	431	●	●		40	❍	●	❍	10	**o**	●	●	**o**	4.–5. Sj
Westermann Rechtschreibtest 6+ (WRT 6+)	Rathenow u.a.	433	●	❍		30	❍	●	❍	10	**o**	●	❍	**o**	5.–8. Sj

Diagnostischer Rechtschreibtest für 1. Klassen (DRT 1)

R. Müller
Hrsg.: K. Ingenkamp
Weinheim: Beltz Test GmbH, 1990

1. Testart Schultest, Rechtschreibtest

2. Testmaterial Beiheft (104 Seiten) mit Anleitung, Normentabellen, Auswertungsschlüssel und Interpretationshilfen. Testhefte Form A und B (DIN A4), Klassenliste; zusätzlich: Tafel, Kreide, Schreibmaterial.

3. Testgliederung Der DRT 1 umfaßt 30 Testwörter, die – in zwei kleine Geschichten eingebettet – als Lückentest zu bearbeiten sind.

4. Grundkonzept Der DRT 1 verfolgt zwei Ziele: Neben der quantitativen Feststellung der Rechtschreibleistung des einzelnen Schülers als auch der Klasse ist qualitativ die Bestimmung der Fehlerschwerpunkte als Grundlage einer gezielten Rechtschreibförderung vorgesehen.

Gezielte, psychologisch begründete Rechtschreibübungen und Arbeitsmittel werden aufgrund des Fehlerprofils einzelner Schüler oder der ganzen Klasse detailliert unterbreitet.

Der Test findet sinnvolle Anwendung bei der Legasthenie- und Schulleistungsdiagnose, bei der Förderung ausländischer Kinder, als zuverlässige Grundlage für außerschulische Fördermaßnahmen, zur Diagnose typischer Rechtschreibfehler bei Sprachbehinderten und im Rahmen einer Überprüfung der Sonderschulbedürftigkeit.

Ebenso ist der DRT 1 als Forschungsinstrument zur Untersuchung der psychologischen Grundlagen der Rechtschreibung und Legasthenie geeignet.

5. Durchführung **5.1 Alter:** Der Test ist nur während des letzten Monats der 1. und der ersten 3 Monate des 2. Schuljahres aussagekräftig. Der Einsatz für Lernbehinderte ist erst in der 3./4. Klasse sinnvoll.

5.2 Formen: Der DRT 1 liegt in zwei Parallelformen gleicher Schwierigkeit vor (A und B). Anwendbar ist der Test als Gruppen- und Individualtest.

5.3 Handhabung: Der DRT 1 ist ein Papier-und-Bleistift-Test. Jeder Schüler bekommt ein Testheft. Beide Geschichten werden vorgelesen. Zwei Beispielsätze werden mit dem Schüler durchgesprochen. Zuerst wird das fehlende Wort diktiert, danach der ganze Satz und schließlich noch einmal das Wort. Der Schüler schreibt das Testwort in die dafür vorgesehene Lücke.

5.4 Zeit: Für die Durchführung des DRT 1 werden etwa 30 bis 45 Minuten benötigt.

6. Auswertung

6.1 Modus: Beim DRT 1 kann eine quantitative und eine qualitative Auswertung vorgenommen werden. Ein Auswertungsbeispiel erleichtert die Einarbeitung.
Die quantitative Auswertung: Die Anzahl der falsch geschriebenen Wörter wird addiert und im Ergebnisfeld unter RW (Rohwert) eingetragen. Vergleichswerte stehen als Prozentrangplätze für die Gesamtpopulation zur Verfügung. Der Leistungsstand der Klasse wird nach demselben Prinzip bestimmt: Summe der individuellen Fehlerzahlen (RW) geteilt durch die Anzahl der Schüler. Auch hierfür stehen Vergleichswerte (Klassennormen) zur Verfügung.
Die qualitative Auswertung: Eine Fehleranalyse wird bei unterdurchschnittlicher Rechtschreibleistung eines Schülers oder einer Klasse empfohlen. Hierzu wurde vom Autor eine Fehlertypologie entwickelt. Für die einzelnen Fehlerarten (Phonetische, Speicher- und Konsonantenfehler) wird ein Auswertungsschlüssel benutzt. Die Fehlerrohwerte werden anschließend in Prozentränge transformiert. Hinweise zur Interpretation und pädagogischen Verwertung der Ergebnisse liegen vor.

6.2 Zeit: Die quantitative Auswertung beansprucht etwa 1 bis 2 Minuten pro Testheft, die qualitative je nach Fehlerzahl und Erfahrung des Auswerters 2 bis 7 Minuten.

7. Gütekriterien

7.1 Objektivität: Durchführung und Auswertung gelingen objektiv, wenn die Anweisungen befolgt werden.

7.2 Reliabilität: Die Retestzuverlässigkeit (mit Parallelform) der quantitativen Gesamtleistung beträgt nach einer Woche $r_{tt} = .89$ (N = 267), ihre Halbierungszuverlässigkeit (odd-even) liegt bei $r_{tt} = .95$ (korrigiert nach Spearman-Brown, N = 677).
Die durchschnittliche Reliabilität der qualitativen Auswertung (Fehlerarten) beträgt für die Testwiederholung $r_{tt} = .82$ und für die Testhalbierung $r_{tt} = .92$.

7.3 Validität: Neben der als trivial postulierten inhaltlichen Validität wurde eine Bewährungskontrolle zur Bestimmung der kriterienbezogenen Validität durchgeführt. Die Übereinstimmung der Testleistung mit dem Lehrerurteil wurde für jede Klasse gesondert berechnet. Bei 54 Klassen beträgt das arithmetische Mittel der Koeffizienten $r_{tc} = .81$. Die Einzelwerte streuen zwischen $r_{tc} = .27$ und $r_{tc} = .97$.

7.4 Normen: Die Normentabellen enthalten Prozentränge für die Gesamtpopulation. Weiter sind die Tabellen in quantitative und qualitative Individual- und Klassennormen unterteilt.
Der DRT 1 wurde 1994 in der Bundesrepublik Deutschland und West-Berlin an einer Stichprobe von 1488 Schülern aus 67 ersten Klassen geeicht.
Die neue Rechtschreibung hat keinen Einfluß, da Regelfehler (z. B. Groß- und Kleinschreibung) nicht berücksichtigt werden bzw. die Testwörter nicht betroffen sind.

Bearbeiterin: Silvia Andrée

Diagnostischer Rechtschreibtest für 2. Klassen (DRT 2)

R. Müller
Hrsg.: K. Ingenkamp
Göttingen: Beltz Test GmbH, 3. Auflage 1997

1. Testart Schultest, Rechtschreibtest

2. Testmaterial Beiheft (60 Seiten) mit Anleitung, Normentabellen, Auswertungsschlüssel und Interpretationshilfen, Testhefte Form A und B (DIN A4), Klassenliste, 1 rote Folie; zusätzlich: Tafel, Kreide, Schreibmaterial.

3. Testgliederung Der DRT 2 umfaßt 32 Wörter aufsteigender Schwierigkeit, die vom Kind nach Diktat in Satzlücken geschrieben werden.

4. Grundkonzept Der Test hat eine doppelte Zielsetzung: Neben der quantitativen Feststellung der Rechtschreibleistung eines einzelnen Schülers oder einer Klasse ist qualitativ die Bestimmung der Fehlerschwerpunkte als Grundlage für eine gezielte Rechtschreibförderung vorgesehen. Das Verfahren kann in der Schule (u. a. zur Legasthenie-Diagnose und zur Überprüfung auf Sonderschulbedürftigkeit), in Erziehungs- und Schulpsychologischen Beratungsstellen, in Psychiatrischen Kliniken, in Forschungsinstituten, in der Heilpädagogik und in Sprachheilschulen eingesetzt werden.

5. Durchführung **5.1 Alter:** Der Test soll eingesetzt werden in den letzten zwei Monaten des 2. Schuljahres sowie in den ersten zwei Monaten des 3. Schuljahres. Er kann ebenfalls in der 4. und 5. Klasse der Sonderschule für Lernbehinderte durchgeführt werden.

5.2 Formen: Es handelt sich sowohl um einen Gruppen- als auch um einen Individualtest. Zwei Parallelformen A und B liegen vor.

5.3 Handhabung: Der DRT 2 ist ein Papier-und-Bleistift-Test. In der Instruktion wird der Schüler darauf hingewiesen, daß er jeweils die Lücke im einzelnen Satz mit einem kritischen Wort, das ihm diktiert wird, ausfüllen soll.

5.4 Zeit: Maximal 1 Unterrichtsstunde. Die meisten Kinder kommen mit einer Testzeit von 25 bis 35 Minuten aus.

6. Auswertung **6.1 Modus:** Beim DRT 2 kann eine quantitative und eine qualitative Auswertung vorgenommen werden.
Die quantitative Auswertung: Jedes falsch geschriebene Wort zählt als ein Fehler. Die Summe aller Fehler ergibt den Rohwert. Vergleichswerte stehen als Prozentrangplätze für die Gesamtpopulation zur Verfügung. Der Lei-

stungsstand der Klasse wird nach demselben Prinzip bestimmt: Summe der individuellen Fehlerzahlen geteilt durch die Anzahl der Schüler. Auch hierfür stehen Vergleichswerte (Klassennormen) zur Verfügung.
Die qualitative Auswertung: Eine Fehleranalyse wird bei unterdurchschnittlicher Rechtschreibleistung eines Schülers oder einer Klasse empfohlen. Hierzu existiert eine Fehlertypologie, in der man Wahrnehmungsfehler, Regelfehler und Merkfehler mit insgesamt sieben subsumierten Fehlerarten voneinander unterscheidet. Drei Hilfsmittel erleichtern die Auswertung: Es steht ein Auswertungsschlüssel zur Verfügung. Er enthält die häufigsten Beispiele jeder Fehlerart. Außerdem befindet sich auf drei Innenseiten des Testhefts jeweils ein mit roter Farbe abgetöntes Feld, das Beispiele der schwierigeren Fehlerarten beinhaltet. Durch eine rote Folie können diese Wörter sichtbar gemacht werden. Schließlich gibt es im Inneren des Testhefts am unteren Rand eine Auswertungszeile, in die die Fehlerarten in entsprechende Spalten eingetragen werden können.
Die Ergebnisse werden zusammen mit den zugehörigen, aus Tabellen ablesbaren Normwerten in ein vorgedrucktes Schema auf der ersten Seite des Testhefts eingetragen. Dort kann man auch zur Veranschaulichung der Fehlerschwerpunkte ein sog. Fehlerprofil einzeichnen. Für die Interpretation gibt es mehrere Fallbeispiele sowie zahlreiche Hinweise, die sich besonders auf die pädagogische Verwertung der Ergebnisse beziehen. Hierzu kann ein vom Testautor verfaßtes Handbuch über die Behandlung von Lese-Rechtschreibschwierigkeiten sowie das von ihm stammende Material für ein gezieltes Rechtschreibtraining zu Rate gezogen werden.

6.2 Zeit: Für die quantitative Auswertung werden etwa 2 bis 3 Minuten pro Testheft benötigt. Für die qualitative Auswertung sind es 5 bis 8 Minuten. Ungeübte Auswerter benötigen bis zu 15 Minuten.

7. Gütekriterien

7.1 Objektivität: Objektivität der Testdurchführung ist gewährleistet. Die quantitative Auswertung ist objektiv. Die Objektivität der qualitativen Auswertung ist dagegen in einem geringeren Ausmaß gesichert, da bei der Fehleranalyse falsche Einordnungen der Fehler in das Kategoriensystem vorkommen können.

7.2 Reliabilität: Quantitative Werte mit Parallelform: r = .90 (zuerst Form A; N = 234) sowie r = .91 (zuerst Form B; N = 118); odd-even: r = .90 (3. Auflage 1995).
Qualitative Werte: Paralleltest-Reliabilität: r = .65 bis r = .92 (zuerst Form A) sowie r = .70 bis r = .93 (zuerst Form B); odd-even: r = .69 bis r = .89. Beim Retest lag jeweils eine Woche Abstand zwischen den Testungen vor. Bei der odd-even-Methode wurden die Koeffizienten nach der Spearman-Brown-Formel korrigiert.
Die Stabilität wurde durch die Korrelation zwischen DRT 2 und DRT 3 ermittelt (1 Jahr Abstand; N = 390, 204 Mädchen und 186 Jungen). Es ergaben sich folgende Werte: Quantitativ: r = .76 bei den Mädchen und r = .73 bei den Jungen. Qualitativ: r = .18 bis r = .72 bei den Mädchen und r = .35 bis r = .73 bei den Jungen.
Für jedes Item werden im Beiheft Schwierigkeits- und Trennschärfekoeffizienten angegeben.

7.3 Validität: Es liegt Inhaltsgültigkeit vor. Bei 86 Klassen wurde der Zusammenhang zwischen dem Urteil des Lehrers über die Rechtschreibleistungen seiner Schüler (Zensuren 1 bis 6) und dem Testergebnis im DRT 2 überprüft. Das arithmetische Mittel der errechneten Korrelationskoeffizienten betrug r = .75 (niedrigste Korrelation: r = .20; höchste Korrelation: r = .95).

7.4 Normen: Bezüglich der Gesamtfehler (Wortfehler) bzw. zu den sieben Fehlerarten liegen Prozentrangwerte und Prozentrang-Bänder vor. Außerdem sind – ebenfalls getrennt nach Gesamtleistung und Fehlerarten – Klassennormen aufgeführt, und zwar kann für den einzelnen Mittelwert einer Klasse der Prozentbereich sowie gleichzeitig eine Beurteilung der Leistung von sehr schwach bis ausgezeichnet abgelesen werden.
Die Normen basieren auf einer Eichstichprobe, die 1995 erhoben wurde und insgesamt 2313 Schüler umfaßt. In die Eichung sind alle Bundesländer mit Ausnahme von Niedersachsen und Hamburg einbezogen worden. Den Klassennormen liegt eine Stichprobe von 107 Klassen zugrunde. Die Leistungen sind getrennt nach Geschlecht, Größe des Wohnorts und alten/neuen Bundesländern aufgeführt.
Die neue Rechtschreibung hat keinen Einfluß, da die Testwörter nicht betroffen sind.

8. Literatur

Müller, R. (1969). *Material für gezieltes Rechtschreibtraining.* Weinheim: Beltz.
Müller, R. (1974). *Leseschwäche – Leseversagen – Legasthenie. Bd. I: Gezieltes Lese- und Rechtschreibtraining auf der Grundlage einer funktionellen Theorie der Legasthenie. BD. II: Theoretische und empirische Grundlagen eines gezielten Lese- und Rechtschreibtrainings.* Weinheim: Beltz.

Bearbeiterin: Silvia Andrée

Diagnostischer Rechtschreibtest für 3. Klassen (DRT 3)

R. Müller
Hrsg.: K. Ingenkamp
Göttingen: Beltz Test GmbH, 3. Auflage 1997

1. Testart Schultest, Rechtschreibtest

2. Testmaterial Beiheft (62 Seiten) mit Anleitung, Normentabellen, Auswertungsschlüssel und Interpretationshilfen, Testhefte Form A und B (DIN A4), Klassenliste, 1 rote Folie; zusätzlich: Tafel, Kreide, Schreibmaterial.

3. Testgliederung Der DRT 3 umfaßt 44 Wörter aufsteigender Schwierigkeit, die vom Kind nach Diktat in Satzlücken geschrieben werden.

4. Grundkonzept Der Test hat eine doppelte Zielsetzung: Neben der quantitativen Analyse der Rechtschreibleistung eines einzelnen Schülers oder einer Klasse ist qualitativ die Bestimmung der Fehlerschwerpunkte als Grundlage für eine gezielte Rechtschreibförderung vorgesehen. Das Verfahren kann in der Schule (u. a. zur Legasthenie-Diagnose und zur Überprüfung auf Sonderschulbedürftigkeit), in Erziehungs- und Schulpsychologischen Beratungsstellen, in Psychiatrischen Kliniken, in Forschungsinstituten, in der Heilpädagogik und in Sprachheilschulen eingesetzt werden.

5. Durchführung **5.1 Alter:** Der Test soll eingesetzt werden in den letzten vier Monaten des 3. Schuljahres sowie in den ersten drei Monaten des 4. Schuljahres. Er kann ebenfalls in der 5. und 6. Klasse der Sonderschule für Lernbehinderte durchgeführt werden.

5.2 Formen: Es handelt sich sowohl um einen Gruppen- als auch um einen Individualtest. Es liegen zwei Parallelformen A und B vor.

5.3 Handhabung: Der DRT 3 ist ein Papier-und-Bleistift-Test. In der Instruktion wird der Schüler darauf hingewiesen, daß er jeweils die Lücke im einzelnen Satz mit einem kritischen Wort, das ihm diktiert wird, ausfüllen soll.

5.4 Zeit: Maximal 1 Unterrichtsstunde. Die meisten Kinder kommen mit einer Testzeit von 20 bis 30 Minuten aus.

6. Auswertung **6.1 Modus:** Beim DRT 3 kann eine quantitative und eine qualitative Auswertung vorgenommen werden.
Die quantitative Auswertung: Jedes falsch geschriebene Wort zählt als ein Fehler. Die Summe aller Fehler ergibt den Rohwert. Vergleichswerte stehen als Prozentrangplätze für die Gesamtpopulation zur Verfügung. Der Lei-

stungsstand der Klasse wird nach demselben Prinzip bestimmt: Summe der individuellen Fehlerzahlen geteilt durch die Anzahl der Schüler. Auch hierfür stehen Vergleichswerte (Klassennormen) zur Verfügung.
Die qualitative Auswertung: Eine Fehleranalyse wird bei unterdurchschnittlicher Rechtschreibleistung eines Schülers oder einer Klasse empfohlen. Hierzu existiert eine Fehlertypologie, in der man Wahrnehmungsfehler, Regelfehler und Merkfehler mit insgesamt sieben subsumierten Fehlerarten voneinander unterscheidet. Drei Hilfsmittel erleichtern die Auswertung: Es steht ein Auswertungsschlüssel zur Verfügung. Er enthält die häufigsten Beispiele jeder Fehlerart. Außerdem befindet sich auf drei Innenseiten des Testhefts jeweils ein mit roter Farbe abgetöntes Feld, das Beispiele der schwierigeren Fehlerarten beinhaltet. Durch eine rote Folie können diese Wörter sichtbar gemacht werden. Schließlich gibt es im Inneren des Testhefts am unteren Rand eine Auswertungszeile, in die die Fehlerarten in entsprechende Spalten eingetragen werden können.

Die Ergebnisse werden zusammen mit den zugehörigen, aus Tabellen ablesbaren Normwerten in ein vorgedrucktes Schema auf der ersten Seite des Testhefts eingetragen. Dort kann man auch zur Veranschaulichung der Fehlerschwerpunkte ein sog. Fehlerprofil einzeichnen. Für die Interpretation gibt es mehrere Fallbeispiele sowie zahlreiche Hinweise, die sich besonders auf die pädagogische Verwertung der Ergebnisse beziehen. Hierzu kann ein vom Testautor verfaßtes Handbuch über die Behandlung von Lese-Rechtschreibschwierigkeiten sowie das von ihm stammende Material für ein gezieltes Rechtschreibtraining zu Rate gezogen werden.

6.2 Zeit: Für die quantitative Auswertung werden in der Regel 2 bis 3 Minuten pro Testheft benötigt. Für die qualitative Auswertung sind es 5 bis 8 Minuten. Ungeübte Auswerter benötigen bis zu 15 Minuten.

7. Gütekriterien

7.1 Objektivität: Objektivität der Testdurchführung ist gewährleistet. Die quantitative Auswertung ist objektiv. Die Objektivität der qualitativen Auswertung ist in einem geringeren Ausmaß gesichert, da bei der Fehleranalyse falsche Einordnungen der Fehler in das Kategoriensystem vorkommen können.

7.2 Reliabilität: Quantitative Werte mit Parallelform: r = .92 (zuerst Form A; N = 179) sowie r = .92 (zuerst Form B; N = 102); odd-even: r = .95.
Qualitative Werte: Paralleltest-Reliabilität: r = .69 bis r = .89 (zuerst Form A) sowie r = .55 bis r = .90 (zuerst Form B); odd-even: r = .79 bis r = .95 (3. Auflage 1997). Beim Retest lag jeweils eine Woche Abstand zwischen den Testungen vor. Bei der odd-even-Methode wurden die Koeffizienten nach der Spearman-Brown-Formel korrigiert.
Die Stabilität wurde durch die Korrelation zwischen dem DRT 2 und dem DRT 3 ermittelt (1 Jahr Abstand: N = 390, 204 Mädchen und 186 Jungen). Es ergaben sich folgende Werte: Quantitativ: r = .76 bei den Mädchen und r = .73 bei den Jungen. Qualitativ: r = .18 bis r = .72 bei den Mädchen und r = .35 bis r = .73 bei den Jungen.
Für jedes Item werden im Beiheft Schwierigkeits- und Trennschärfekoeffizienten angegeben.

7.3 Validität: Es liegt Inhaltsgültigkeit vor. Bei 156 Klassen wurde der Zusammenhang zwischen dem Urteil des Lehrers über die Rechtschreibleistungen seiner Schüler (Zensuren 1 bis 6) und dem Testergebnis im DRT 3 überprüft. Das arithmetische Mittel der errechneten Korrelationskoeffizienten betrug r = .78 (niedrigste Korrelation: r = .48; höchste Korrelation: r = .97).

7.4 Normen: Bezüglich der Gesamtfehler (Wortfehler) bzw. zu den sieben Fehlerarten liegen Prozentrangwerte und Prozentrang-Bänder vor. Außerdem sind – ebenfalls getrennt nach Gesamtleistung und Fehlerarten – Klassennormen aufgeführt. Für den einzelnen Mittelwert einer Klasse kann der Prozentbereich sowie gleichzeitig eine Beurteilung der Leistung (von „sehr schwach" bis „ausgezeichnet") abgelesen werden.
Die Normen basieren auf einer Eichstichprobe, die 1995 erhoben wurde und insgesamt 2234 Schüler umfaßt. In die Eichung sind alle Bundesländer mit Ausnahme von Hamburg, Niedersachsen und Schleswig-Holstein einbezogen worden. Den Klassennormen liegt eine Stichprobe von 103 Klassen zugrunde. Die Leistungen sind getrennt nach Geschlecht, Größe des Wohnortes und alten/neuen Bundesländern aufgeführt.
Die neue Rechtschreibung hat keinen Einfluß, da die Testwörter nicht betroffen sind.

8. Literatur

Müller, R. (1969). *Material für gezieltes Rechtschreibtraining.* Weinheim: Beltz.
Müller, R. (1974). *Leseschwäche – Leseversagen – Legasthenie. Bd.I: Gezieltes Lese- und Rechtschreibtraining auf der Grundlage einer funktionellen Theorie der Legasthenie. Bd. II: Theoretische und empirische Grundlagen eines gezielten Lese- und Rechtschreibtraining.* Weinheim: Beltz.

Bearbeiterin: Silvia Andrée

Diagnostischer Rechtschreibtest für 4. Klassen (DRT 4)

M. Grund, G. Haug und C.L. Naumann
Hrsg.: K. Ingenkamp
Weinheim: Beltz Test GmbH, 1994

1. Testart Schultest, Rechtschreibtest

2. Testmaterial Beiheft (73 Seiten) mit Anleitung und Normentabellen, Testhefte Form A und B (DIN A4), Analysebogen Form A und B; zusätzlich: Schreibmaterial, Uhr.

3. Testgliederung Der DRT 4 umfaßt 42 Wörter, die vom Kind nach Diktat in Satzlücken geschrieben werden.

4. Grundkonzept Der Test hat eine doppelte Zielsetzung: Neben der quantitativen Feststellung der Rechtschreibleistung eines Schülers oder einer Klasse ist qualitativ die Ermittlung spezifischer Fehlerschwerpunkte als Grundlage für eine gezielte Rechtschreibförderung vorgesehen. Die Fehleranalyse gibt Hinweise für eine Einteilung in Fördergruppen in der Hauptschule in Klasse 5 und 6. In der Sonderschule ist er je nach Leistung in den Klassen 5 bis 8 einsetzbar. Außerdem ist er als Einzeltest in der therapeutischen Beratung geeignet.

5. Durchführung **5.1 Alter:** Der Test ist für die Monate Oktober bis Januar der 4. Klasse der Grundschule geeicht.

5.2 Formen: Der DRT 4 liegt in zwei Parallelformen (A und B) vor. Anwendbar ist der Test sowohl als Individual- als auch als Gruppentest.

5.3 Handhabung: Der DRT ist ein Papier-und-Bleistift-Test. In der Instruktion wird der Schüler darauf hingewiesen, daß er jeweils die Lücke im einzelnen Satz mit einem kritischen Wort, das ihm diktiert wird, ausfüllen soll.

5.4 Zeit: Die Gesamt-Durchführungszeit beträgt 45 Minuten, die reine Diktierzeit 30 Minuten (±5).

6. Auswertung **6.1 Modus:** Beim DRT 4 kann eine quantitative und eine qualitative Auswertung vorgenommen werden.
Die quantitative Auswertung: Die Summe der richtig geschriebenen Wörter ergibt den Rohwert (Gesamtleistung) und wird auf der Titelseite des Testhefts eingetragen. Vergleichswerte stehen als Prozentrangwerte und T-Werte zur Verfügung. Der Leistungsstand der Klasse wird nach demselben Prinzip bestimmt: Summe aller Rohwerte geteilt durch die Anzahl der Schüler. Auch hierfür stehen Vergleichswerte (Klassennormen) zur Verfügung. Zu-

dem wird eine verbale Einschätzung von „sehr niedrige Leistung“ bis „sehr hohe Leistung“ ermöglicht.
Die qualitative Auswertung: Es erfolgt eine Aufschlüsselung nach Fehlerarten. Die Art der Fehler wird mit Hilfe eines Fehleranalysebogens erfaßt. Dabei werden 6 Regelbereiche unterschieden: Laute, Buchstabenverbindungen, Schreibung nach kurzen/langen Vokalen (Dopplung/Dehnung), Ver-, Ableiten sowie Groß- und Kleinschreibung. Im Anhang des Beihefts befinden sich Fehlertabellen, die alle häufigen Fehlerbeispiele aus der Aufgabenanalyse (N = 400) enthalten und die Einordnung der Fehler erleichtern sowie ein Fehlerprofil für jeden Schüler ermöglichen. Als Vergleichswerte stehen für alle Fehlerarten Prozentränge zur Verfügung.

6.2 Zeit: Für die quantitative Auswertung (Ermittlung der Gesamtleistung) werden 1 bis 2 Minuten pro Testheft benötigt. Die qualitative Auswertung (Aufschlüsselung der Fehlerarten) beansprucht je nach Fehlerhäufung mehrere Minuten pro Schüler.

7. Gütekriterien

7.1 Objektivität: Objektivität der Testdurchführung ist gewährleistet. Die quantitative Auswertung ist objektiv. Die Objektivität der Fehleranalyse hängt überwiegend von der genauen Kenntnis der Fehlerarten ab.

7.2 Reliabilität: Die Halbierungszuverlässigkeit beträgt r = .92 sowohl für die Form A (N = 1101) als auch für die Form B (N = 1047).

7.3 Validität: Es besteht Inhaltsgültigkeit. Die Korrelation der Testergebnisse mit der Deutschnote beträgt r = .61 für die Form A und r = .53 für die Form B. Weiterhin besteht eine sehr gute Übereinstimmung zwischen den Ergebnissen im DRT 4 und der Höhe der Fehlerzahlen beim Schreiben eines Grundwortschatzes von 500 bis 1000 Wörtern. Es ergaben sich Korrelationswerte zwischen r = .68 und r = .94 (Spearmans Rang-Korrelationskoeffizient).

7.4 Normen: Die Eichung des DRT 4 erfolgte 1992 an einer Stichprobe von 2148 Schülern aus 107 Klassen in 12 Bundesländern. Als Vergleichswerte für die Individualnormen liegen Prozentrang-Bänder und T-Werte, getrennt nach Kindern mit deutscher und anderer Muttersprache, vor. Die Klassennormen enthalten Prozentrang-Bereiche. Außerdem existieren Normentabellen zur Beurteilung des Ausprägungsgrades einzelner Fehlerschwerpunkte (Prozentränge).
Die Testwörter sind von den Regeln der neuen Rechtschreibung nicht betroffen.

Verfasserin: Silvia Andrée

Diagnostischer Rechtschreibtest für 5. Klassen (DRT 5)

M. Grund, G. Haug und C.L. Naumann
Hrsg.: K. Ingenkamp
Weinheim: Beltz Test GmbH, 1995

1. Testart Schultest, Rechtschreibtest

2. Testmaterial Beiheft (79 Seiten) mit Anleitung und Normentabellen, Testhefte Form A und B (DIN A4), Analysebogen Form A und B; zusätzlich: Schreibmaterial, Uhr.

3. Testgliederung Der DRT 5 umfaßt 51 Wörter, die vom Kind nach Diktat in Satzlücken geschrieben werden.

4. Grundkonzept Der Test hat eine doppelte Zielsetzung: Neben der quantitativen Feststellung der Rechtschreibleistung eines Schülers oder einer Klasse ist qualitativ die Ermittlung spezifischer Fehlerschwerpunkte als Grundlage für eine gezielte Rechtschreibförderung vorgesehen. Die Fehleranalyse gibt Hinweise für eine Einteilung in Fördergruppen, z. B. in der Hauptschule am Ende der 5. Klasse und in Klasse 6.

5. Durchführung **5.1 Alter:** Der Test ist für die Monate Oktober bis Januar der 5. Klasse geeicht.

5.2 Formen: Der DRT 5 liegt in zwei Parallelformen (A und B) vor. Anwendbar ist der Test sowohl als Individual- als auch als Gruppentest.

5.3 Handhabung: Der DRT 5 ist ein Papier-und-Bleistift-Test. In der Instruktion wird der Schüler darauf hingewiesen, daß er jeweils die Lücke im einzelnen Satz mit einem kritischen Wort, das ihm diktiert wird, ausfüllen soll.

5.4 Zeit: Die Gesamt-Durchführungszeit beträgt 45 Minuten, die reine Diktierzeit 30 Minuten (±5).

6. Auswertung **6.1 Modus:** Beim DRT 5 kann eine quantitative und eine qualitative Auswertung vorgenommen werden.
Die quantitative Auswertung: Die Summe der richtig geschriebenen Wörter ergibt den Rohwert (Gesamtleistung) und wird auf der Titelseite des Testhefts eingetragen. Vergleichswerte stehen als Prozentrangwerte und als T-Werte zur Verfügung. Der Leistungsstand der Klasse wird nach demselben Prinzip bestimmt: Summe aller Rohwerte geteilt durch die Anzahl der Schüler. Auch hierfür stehen Vergleichswerte (Klassennormen) getrennt nach Schultypen zur Verfügung. Zudem wird eine verbale Einschätzung von „niedrige Leistung“ bis „hohe Leistung“ ermöglicht.

Die qualitative Auswertung: Es erfolgt eine Aufschlüsselung nach Fehlerarten. Die Art der Fehler wird mit Hilfe eines Fehleranalysebogens erfaßt. Dabei werden 7 Regelbereiche unterschieden: Laute, Buchstabenverbindungen, Schreibung nach kurzen/langen Vokalen (Dopplung/Dehnung), s-ss-ß, ver-/vor-, Ableiten, Groß- und Kleinschreibung. Im Anhang des Testhefts befinden sich Fehlertabellen, die alle häufigen Fehlerbeispiele aus der Aufgabenanalyse (N = 360) enthalten und die Einordnung der Fehler erleichtern sowie ein Fehlerprofil für jeden Schüler ermöglichen.

6.2 Zeit: Für die quantitative Auswertung (Ermittlung der Gesamtleistung) werden 1 bis 2 Minuten pro Testheft benötigt. Die qualitative Auswertung (Aufschlüsselung der Fehlerarten) beansprucht je nach Fehlerhäufung mehrere Minuten pro Schüler.

7. Gütekriterien

7.1 Objektivität: Objektivität der Testdurchführung ist gewährleistet. Die quantitative Auswertung ist objektiv. Die Objektivität der Fehleranalyse hängt überwiegend von der genauen Kenntnis der Fehlerarten ab.

7.2 Reliabilität: Die Halbierungszuverlässigkeit beträgt r = .93 sowohl für die Form A (N = 1503) als auch für die Form B (N = 1628).

7.3 Validität: Es besteht Inhaltsgültigkeit. Die Korrelation der Testergebnisse mit der Deutschnote beträgt r = .65 für die Form A und r = .63 für die Form B. Weiterhin besteht eine hohe Übereinstimmung zwischen den Ergebnissen im DRT 5 und der Höhe der Fehlerzahlen beim Schreiben eines Grundwortschatzes von 500 bis 1200 Wörtern. Es ergaben sich Korrelationswerte zwischen r = .71 und r = .95 (Spearmans Rang-Korrelationskoeffizient).

7.4 Normen: Die Eichung des DRT 5 erfolgte 1993 an einer Stichprobe von 3131 Schülern aus 151 Klassen in 11 Bundesländern. Als Vergleichswerte für die Individualnormen liegen Prozentrangbänder und T-Werte für die einzelnen Schultypen vor (Haupt- und Realschule, Mittelschule, Regelschule, Sekundarschule, Gymnasium). Die Klassennormen (auch getrennt nach den einzelnen Schultypen) enthalten Prozentrangbereiche.
Die Regeln der neuen Rechtschreibung finden noch keine Anwendung. Sie betreffen in jeder Testform ein Wort (neu: paßt/gefaßt).

Verfasserin: Silvia Andrée

Grundwortschatz-Rechtschreib-Test für 4. und 5. Klassen (GRT 4 +)

P. Birkel

Hrsg.: K. Ingenkamp

Weinheim: Beltz Test GmbH, 1. Auflage 1990 (Nachdruck 1998)

1. Testart Schultest, Rechtschreibtest

2. Testmaterial Beiheft, Testheft Form A und B (Langform), Testheft Form A und B (Kurzform), Lösungsschlüssel A und B (Langform), Lösungsschlüssel A und B (Kurzform), Normen nach der Zusatzeichung (Stand: Januar 1991); zusätzlich: Schreibutensilien.

3. Testgliederung Der GRT 4+ überprüft in Form von Lückentext-Diktaten die Rechtschreibfähigkeit von Schülern der vierten und fünften Klasse der Grund- und Hauptschule. Er liegt in einer 60 Items umfassenden Langform und einer 20 Items umfassenden Kurzform mit entsprechenden Paralleltests vor.

4. Grundkonzept Zentrale Aufgabe des Rechtschreibunterrichts in der Grundschule ist die Vermittlung einer weitgehenden Sicherheit in der richtigen Rechtschreibung einer möglichst großen Anzahl von Wörtern (Rechtschreib-Grundwortschatz). Die Suche nach einem solchen Rechtschreib-Grundwortschatz und die Frage, welcher Wortschatz als Rechtschreib-Grundwortschatz für alle Bundesländer gelten kann, spielt bei der Konzeption des GRT 4+ eine große Rolle. Das Beiheft informiert ausführlich über die Entwicklung von Diktat-Vorformen des GRT 4+ (Schuljahr 1985/86 und Schuljahr 1986/87), über die Itemanalysen der Vorformen und den Itemaufbau der parallelen Testendformen. Der GRT 4+ kann u. a. darüber Auskunft geben, inwieweit die Schüler einer Klasse, Gruppe oder einzelne Schüler den für diese Jahrgangsstufe typischen Wortschatz auch in der Rechtschreibung beherrschen, welche individuellen, gruppen- oder klassenspezifischen Rechtschreibschwierigkeiten vorliegen, ob es übereinstimmende Schwierigkeiten gibt, auf die im Unterricht für die ganze Klasse eingegangen werden muß, für welche Schüler die Teilnahme an einem Rechtschreibförderunterricht in Frage kommt, ob sich in Zusammenschau mit anderen Testergebnissen die Diagnose einer Legasthenie erhärten läßt und ob die Schüler der vierten Klasse auch in einem vom Lehrer und häuslichem Training unabhängigen Test die nötige Rechtschreibsicherheit zeigen, die im Zusammenhang mit der Versetzung an weiterführende Schulen von den Schülern gefordert werden muß. Von der Rechtschreibreform sind die einzufügenden Lösungswörter (vgl. Lösungsschlüssel) nicht betroffen. Allerdings sollten die Testhefte (die von den

Schülern zu lesenden Texte) hinsichtlich der neuen Rechtschreibung überarbeitet werden.

5. Durchführung

5.1 Alter: Klasse: In den letzten drei Monaten des vierten (30. bis 40. Unterrichtswoche) oder in den ersten drei Monaten des fünften Schuljahres (2. bis 12. Unterrichtswoche) sowie am Ende des fünften Schuljahres (30. bis 40. Unterrichtswoche).

5.2 Formen: Einzel- oder Gruppentestung möglich.

5.3 Handhabung: Die Schüler erhalten jeweils ein Testheft und entsprechende Schreibutensilien. Das Vorgehen beim Lückentest wird an drei Übungsbeispielen erläutert. Beim Vorlesen des eigentlichen Diktats ist ein bestimmtes Diktierschema (vgl. Beiheft) einzuhalten.

5.4 Zeit: Die Bearbeitungszeit der Langform liegt bei maximal 45 Minuten, die der Kurzform bei etwa 15 bis 20 Minuten.

6. Auswertung

6.1 Modus: Zur Auswertung der Lückentextdiktate liegt für jede Testform (A und B, Kurz- und Langform) ein Lösungsschlüssel vor. Die Anzahl der richtig geschriebenen Wörter ergibt den Rohwert. Der ermittelte Rohwert kann in Prozentrang-Werte, T-Werte und Noten transformiert werden.

6.2 Zeit: Keine Angaben.

7. Gütekriterien

7.1 Objektivität: Durchführung, Auswertung und Interpretation können als objektiv bezeichnet werden.

7.2 Reliabilität: Die Testhalbierungs-Reliabilität (odd-even-Methode) liegt für die Testlangform A bei r = .95, für B bei r = .94, für die Testkurzform A bei r = .89 und für B bei r = .86. Die Konsistenzkoeffizienten erreichen r = .95 für die Testlangform A und r = .94 für B, r = .89 für die Testkurzform A und r = .86 für B. Die Paralleltest-Reliabilität ergibt für die Testlangformen einen Koeffizienten von r = .93 und für die Kurzformen von r = .81. Für die Reliabilitätsprüfungen wurden jeweils N = 306 Viertklässler einbezogen.

7.3 Validität: Die Übereinstimmung der Testlangformen mit dem Mittelwert aus den letzten vier bis fünf Diktaten liegt für A bei r = .82 (N = 1015) und für B bei r = .81 (N = 988), für die Kurzform A bei r = .76 (N = 350) und für die Kurzform B bei r = .81 (N = 430).

7.4 Normen: Nach der Zusatzeichung (Stand: Januar 1991) liegen folgende Normwerte vor:

- Ende Klasse 4 Grundschule: Langformen A (N = 1880) und B (N = 1757), Kurzformen A (N = 832) und B (N = 1000); Kinder mit anderer Muttersprache: Langformen A (N = 167) und B (N = 171), Kurzformen A (N = 120) und B (N = 112).
- Anfang Klasse 5 Hauptschule: Langformen A (N = 804) und B (N = 808), Kurzformen A (N = 812) und B (N = 816).
- Ende Klasse 5 Hauptschule: Langformen A (N = 688) und B (N = 691), Kurzformen A (N = 590) und B (N = 643).

Die Normierungsdaten werden jeweils als Prozentrang, Prozentrang-Band, T-Wert, T-Wert-Band und Schulnote angeführt.

Bearbeiterin: Irene Ahrens

Rechtschreibtest für erste Klassen (RST 1)

P. Rathenow und U. Raatz

Hrsg.: Deutsches Institut für internationale pädagogische Forschung
Weinheim: Beltz Test GmbH, 2. Auflage 1993

1. Testart Schultest, Rechtschreibtest

2. Testmaterial Beiheft (DIN A4, 15 S.), Testheft; zusätzlich: Bleistifte, Radiergummis, Abdeckblätter.

3. Testgliederung Der RST 1 überprüft anhand von Lückentext-Diktaten (Schreibschrift) die Rechtschreibleistung der Schüler Ende der ersten oder zu Beginn der zweiten Grundschulklasse. Der Test umfaßt 30 inhaltlich unabhängige Items, die nach zunehmendem Schwierigkeitsgrad geordnet sind. Die Schüler haben die Aufgabe, jeweils ein kritisches Wort in die Lücke nach Diktat einzusetzen. Die kritischen Wörter sind nicht von der Rechtschreibreform betroffen.

4. Grundkonzept Das Verfahren soll helfen, am Ende der ersten oder zu Beginn der zweiten Grundschulklasse eine möglichst objektive Orientierung über die Rechtschreibfähigkeit der Schüler zu geben, und es dient der Früherkennung von lese- und rechtschreibschwachen Kindern, denen so eine bessere Förderung zuteil kommen kann. Aufgrund dieser Erkenntnisse aus dem RST ist auch eine effektivere Gestaltung der inneren Differenzierung des Unterrichts möglich.

5. Durchführung **5.1 Alter:** Der Test ist konzipiert für Schüler am Ende der ersten oder zu Beginn der zweiten Grundschulklasse.

5.2 Formen: Der RST 1 ist ein Gruppen- und Individualtest ohne Parallelformen.

5.3 Handhabung: Das Beiheft enthält genaue Instruktionen für den Lehrer; ein Helfer achtet darauf, daß die Schüler die Anweisungen des Lehrers beachten. Nach dem Austeilen der Testhefte wird das Vorgehen beim Lückentext-Diktat anhand dreier Übungsbeispiele erklärt. Beim Vorlesen des eigentlichen Diktates ist, zur Wahrung der Durchführungsobjektivität, das im Beiheft (ab S. 5) beschriebene Diktierschema zu beachten. Nach Diktatende wird keine Möglichkeit zur Überprüfung des Geschriebenen gegeben, auch sollte im Vorfeld die Ankündigung und eine vorausgehende Übung des Tests vermieden werden.

5.4 Zeit: Je nach Kenntnisstand der Kinder dauert die Durchführung des Tests zwischen 25 und 45 Minuten.

6. Auswertung **6.1 Modus:** Für den RST 1 gilt die Punktbewertung, d. h. jedes richtig geschriebene Wort ergibt einen Punkt. Richtlinien zur Korrektheit von Wörtern finden sich im Beiheft ab S. 7. Die Anzahl der richtig geschriebenen Wörter wird aufaddiert und der Rohwert in das dafür vorgesehene Kästchen auf der Rückseite des Testhefts eingetragen. Der so ermittelte Rohwert kann in Prozentrang-Werte und Prozentrang-Band-Werte transformiert werden, und es können Normtabellen zum Vergleich herangezogen werden.

6.2 Zeit: Keine Angaben.

7. Gütekriterien

7.1 Objektivität: Durchführung, Auswertung und Interpretation können aufgrund der genauen Anleitungen als objektiv angesehen werden.

7.2 Reliabilität: Die Zuverlässigkeit des Verfahrens wurde nach der Testhalbierungsmethode (korrigiert nach Spearman-Brown) ermittelt und liegt bei r = .92 (N = 720).

7.3 Validität: Der RST 1 beansprucht inhaltliche Gültigkeit.

7.4 Normen: Die Eichstichprobe von N = 2666 stammt aus dem gesamten alten Bundesgebiet. Die Normen sind gegliedert nach Geschlecht (männlich N = 1434, weiblich N = 1232), die Normierungsdaten sind als Prozentrang, Prozentrang-Band und T-Werte angegeben.

Bearbeiterin: Andrea Reibert

Rechtschreibtest für 6. und 7. Klassen (RST 6–7)

O. Rieder
Hrsg.: K. Ingenkamp („Deutsche Schultests")
Weinheim: Beltz Test GmbH, 2. Auflage 1992

1. Testart Schultest, Rechtschreibtest

2. Testmaterial Handanweisung (DIN A 4, 29 Seiten), Testhefte A und B, Auswertungsschablone (für den 1. Testteil); zusätzlich: Bleistifte (Ersatzstifte), Uhr.

3. Testgliederung Der RST 6–7 enthält in 2 Teilen insgesamt 55 Aufgaben:

1. Korrekturlesen mit den Fehlerkategorien (25 Items)
   - G/K Groß-/Kleinschreibung (10 Items)
   - Z Zeichensetzung (4 Items)
   - B Buchstabenfehler (1 Item)
   - Z/A Zusammen-/Getrenntschreibung (7 Items)
   - /R Alles ist richtig (3 Items)
2. Lückentext-Diktat (30 Items)

4. Grundkonzept Der RST 6–7 ist ein Verfahren zur Messung der Rechtschreibfertigkeit von Schülern aus 6. und 7. Klassen.

Im 1. Teil „Korrekturlesen" verlangt er das Erkennen und Zuordnen von orthographischen Fehlern und damit „kritisches Lesen" vor allem maschinengeschriebener Texte, aus dessen steigender Bedeutung der Autor das Einbeziehen dieses Leistungsaspekts rechtfertigt. Hier ist kritisch einzuwenden, daß dieser Leistungsaspekt bei SchülerInnen der 6. und 7. Jahrgangsstufe zweifellos noch nicht lebensrelevant ist, da diese es primär mit der Korrektur handgeschriebener (und zwar der von ihnen selbst verfaßten) Texte zu tun haben. Die Fähigkeit zur Korrektur maschinengeschriebener Texte ist kein valider Indikator für die Fähigkeit zur Korrektur handgeschriebener Texte, und die Validität reduziert sich auch deshalb, weil die Korrektur des Texts, den man eben selbst verfaßt hat, und die Korrektur eines fremden Texts völlig unterschiedlichen Bedingungen unterliegen. Der Testteil „Korrekturlesen" kann also – zumindest ohne empirischen Nachweis, worüber man aber im Handbuch nichts erfährt – nicht als valider Indikator für Rechtschreibfähigkeiten betrachtet werden. Eine Überprüfung wäre schon deshalb wünschenswert, weil es für die Förderung rechtschreibschwacher Schüler durchaus bedeutsam ist, deren Fähigkeit zur Fehlererkennung zu erfassen und damit auch Hinweise auf ihre Fähigkeit zur Regelanwendung zu erhalten.

Der 2. Testteil folgt dem Lückentext-Muster. Er enthält nicht die primär geläufigen Wörter des Grundwortschatzes; die Itemselektion erfolgte vielmehr nach Schwierigkeit und Trennschärfe. Damit können zwar überdauernde

Anfangsschwierigkeiten weniger gut festgestellt werden, doch stellt das Verfahren umgekehrt sicher, daß nur die für dieses Alter typischen Probleme erfaßt werden. Der Test reduziert damit die Gefahr einer Überschätzung der orthographischen Leistungsfähigkeit eines Schülers, wie sie in grundwortschatzorientierten Tests zu finden ist.
Eine systematische Fehleranalyse ist aufgrund der Kürze des Tests nicht möglich; die Items erlauben allenfalls Trendaussagen. Nach Angaben des Autors wurden in den Diktaten Verstöße gegen Schärfung und Dehnung akzentuiert; was der Autor nicht verrät ist, daß in dieser Altersstufe sehr häufig auftretende Probleme der Groß- und Kleinschreibung (z. B. Verbsubstantivierungen) im Korrekturteil nur je einmal (Form A1, Item 3; Form B1, Item 4) und in den Lückendiktaten gar nicht vorkommen. Ansonsten hat die Groß- und Kleinschreibung im Korrekturteil ein Übergewicht (10 von 25 Items), während die ebenfalls fehlerträchtige Buchstabenschreibung völlig unterrepräsentiert ist (1 von 25 Items). All das zeigt, daß eine valide qualitative Interpretation der Testergebnisse kaum möglich ist.
Der Test enthält aufgrund seines Entstehungsdatums natürlich Items, die von der Rechtschreibreform betroffen sind. Angesichts der Kürze des Tests fällt das ins Gewicht. In den Korrekturteilen kann es zu Fehlurteilen kommen, wenn der Schüler den eigentlich intendierten Fehler nicht erkennt, bzw. zu Irritationen, wenn er zwei Fehler (den intendierten und den durch die Rechtschreibreform entstandenen) bemerkt. Im einzelnen sind folgende Items durch die Rechtschreibreform betroffen: Testteil A 1: Item 15 („Überfluß“ statt „Überfluss“), Item 22 („wußte“ statt „wusste“), d. h. 2 von 25 Items; Testteil B 1: Item 25 („daß“ statt „dass“), d. h. 1 von 25 Items; Testteil A 2, 2. Absatz: „faßte“ statt „fasste“ und „Beschluß“ statt „Beschluss“, d. h. 2 von 30 Items; Testteil B 2, 1. Absatz: „weitgereister“ statt „weit gereister“, d. h. 1 von 30 Items. Als Konsequenz sollte man bis zu einer Überarbeitung des Tests die am wenigsten von der Reform betroffenen Testformen B 1 und B 2 wählen.

5. Durchführung

5.1 Alter: 6. und 7. Klassen von Haupt-, Gesamt- sowie Realschulen, ferner 6. Klassen von Gymnasien; allerdings wird die Einsetzbarkeit des Tests im Gymnasium sowie in den 7. Klassen der Gesamt- und Realschulen durch die reduzierte Normierung (nur Quartile; s. u.) erheblich reduziert. Der Test ist jeweils ab Schuljahresmitte einsetzbar.

5.2 Formen: Der RST 6–7 liegt in den Parallelformen A und B vor; allerdings unterscheiden sich hierbei nur die Korrekturteile, nicht die Lückendiktate. Diese wiederum liegen in zwei Formen (A2 und B2) vor. Der Schwierigkeitsgrad der Formen A und B ist aber unterschiedlich. Der Test ist in Gruppen und als Einzeltest durchführbar.

5.3 Handhabung: Für den Testleiter stehen ausführliche Instruktionen zur Verfügung, die genau beachtet werden sollen. Einführung und Instruktionen gibt das Handbuch im Wortlaut vor, und diese Passagen sind durch Randbalken deutlich gekennzeichnet. Da die Testhefte A und B sich nur im 1. Testteil (Korrekturlesen) unterscheiden, während sie Teil 2 in beiden Formen druckgleich enthalten, benötigt jeder Schüler nur ein Testheft, und der Lehrer kann trotzdem frei eine der möglichen Testteilkombinationen wählen (A1 + A2, A1 + B2; B1 + A2, B1 + B2), um z. B. bei Testwiederholung Retesteffekte zu vermeiden. Den Testteil Korrekturlesen bearbeiten die Schüler selb-

ständig, wobei Tischnachbarn abwechselnd Form A und Form B vorliegen haben. Dieser Teil des Tests verlangt kein Schreiben, sondern Ankreuzen von Fehlerkategorien.
Beim anschließenden Lückendiktat, mit dem sich der Testleiter vorher gründlich vertraut gemacht haben sollte, liest der Testleiter den Text zunächst einmal im ganzen vor, wobei die Schüler noch nicht schreiben dürfen. Beim zweiten Vorlesen tragen die Schüler an den Stellen, an denen im Testbogen Lücken sind, das oder die fehlenden Wörter ein. Nachträgliche Korrekturen am Ende des Diktats sind wohl nicht zulässig, die Bogen sind vielmehr nach Beendigung sofort abzugeben (ganz eindeutig sind die diesbezüglichen Angaben im Manual allerdings nicht). Statt Radieren sind Durchstreichen und Darüberschreiben vorgesehen. Das Manual enthält keine Angaben darüber, wie mit Nachfragen der Probanden während der Testdurchführung umzugehen ist und wie oft der Testleiter Wörter maximal vorlesen soll bzw. darf. Außerdem fehlen Hinweise zur Aussprache bzw. die Warnung vor überartikulierter Vortragsweise.

5.4 Zeit: Für den 1. Testteil sind 13 Minuten Instruktionszeit und 12 Minuten Bearbeitungszeit vorgesehen; am Ende dieser Bearbeitungszeit wird der Testteil abgebrochen. Die Instruktionszeit sinkt erfahrungsgemäß erheblich bei älteren Schülern bzw. Schülern weiterführender Schulen. Die Instruktionszeit für den 2. Testteil (Lückentext) gibt der Autor ebenfalls mit 5 Minuten recht hoch an; die Diktier- bzw. Arbeitszeit beträgt laut Manual „genau 15 Minuten“. Wie das in der Praxis auszusehen hat, bleibt unklar; allerdings weist der Autor an anderer Stelle (S. 7, rechte Spalte) ausdrücklich darauf hin, daß die Zeit genau eingehalten werden müsse, um die Normwerte verwenden zu können. Die Gesamtdauer der Testdurchführung ist mit 25 Minuten für Teil 1 und 20 Minuten für Teil 2, also mit insgesamt 45 Minuten angegeben; sie liegt freilich in höheren Klassen bzw. bei einer höheren Schule deutlich niedriger, während sie nach Auskunft des Autors sich in einigen 6. Klassen der Hauptschulen als eher zu kurz erwiesen hat.

6. Auswertung

6.1 Modus: Zunächst werden mit Hilfe eines Lösungsschlüssels bzw. einer Schablone die richtigen Lösungen beim Teil 1 addiert. Die auszurechnende Fehlerzahl wird unter Teil 1 vermerkt. Bei Teil 2 werden die Fehler rot markiert, dann zusammengezählt und ebenfalls unter dem Testteil notiert. Beide Fehlerwerte überträgt man anschließend in das Auswertungsschema auf der Titelseite des Testhefts und addiert sie zum Gesamtrohwert. Die den Rohwerten entsprechenden Prozentränge und flächenkorrigierten T-Werte bzw. Prozentrang- und T-Wert-Bänder bietet der Tabellenteil des Manuals für alle Testteile bzw. Testteilkombinationen nach Schulformen und Klassen getrennt (Ausnahme: gewisse Jahrgangsstufen bzw. Schularten, wo nur Quartilwerte mitgeteilt werden). Die Werte werden in das Auswertungsschema eingetragen. Vier Auswertungsbeispiele verdeutlichen das Vorgehen und erhöhen die Auswertungsobjektivität. Eine Erläuterung der Normwerte, welche detailliert auf Meßverteilungen und Skalierungen eingeht, sowie Hinweise zur Interpretation (PR – Schulnoten – Äquivalente) zählen dazu; die erwähnte Äquivalenztabelle entspricht aber mindestens an weiterführenden Schulen nicht der Praxis, vielmehr entsprächen den Fehler- bzw. Prozentrangwerten tatsächlich wesentlich schlechtere Noten. Die qualitative Testauswertung beschränkt sich, wie schon erwähnt, auf „Hinweise“.

6.2 Zeit: Keine Angaben. Nach Erfahrungswerten des Rezensenten ca. 10 Minuten.

7. Gütekriterien

7.1 Objektivität: Testleitereffekte sind bei der Durchführung von Teil 2 möglich (Schnelligkeit des Vorlesens, Aussprache, Unterschiede im Umgang mit Nachfragen bzw. Bitten um nochmaliges Vorlesen von Wörtern). Die Durchführungsobjektivität ist dadurch wie bei fast allen Rechtschreibtests eingeschränkt.
Die Auswertungsobjektivität ist hingegen gegeben.

7.2 Reliabilität: Die Schwierigkeit der Items liegt im Mittel bei p = .57; das Manual enthält jedoch keine Angaben über die Bandbreite der Schwierigkeitsgrade der Items bzw. Angaben zu jedem Item. Wegen der unterschiedlichen Schwierigkeitsgrade der Formen A (mittleres p = .61) und B (B 1: mittleres p = .54; B 2: mittleres p = .58) wurden für beide Testformen gesonderte Normen berechnet.
Die Reliabilitätsuntersuchungen wurden an der Eichstichprobe durchgeführt. Die Paralleltest-Reliabilität ist mit r = .91 gut. Die Konsistenz ist mit Werten um r = .90 ebenfalls hoch; die Überprüfung basiert aber nur auf einem Teil der Stichprobe (6. Klassen von Haupt- und Realschulen sowie Gymnasium, 7. Klassen der Hauptschulen). Die Angaben im Manual sind allerdings widersprüchlich (s. S. 13): Einerseits sollen die 6. Klassen der Gymnasien in die Reliabilitätsuntersuchungen einbezogen worden sein, andererseits nicht; einerseits sollen für diese Klassen sowie die 7. Jahrgangsstufe der Realschule und des Gymnasiums wegen des Deckeneffekts keine Reliabilitätskoeffizienten berechnet worden sein, andererseits sind auch diese Gruppen ja Teil der Gesamtstichprobe, für die die Paralleltest-Reliabilität berechnet wurde. Da die Aufgabenschwierigkeit und damit auch die Reliabilität des Tests mit der Höhe der Schulart und mit steigender Klassenstufe sinkt, reduziert sich entsprechend auch die Differenzierungsfähigkeit des Tests.
Angaben zum Standardmeßfehler bzw. zum Vertrauensintervall werden nicht gemacht.

7.3 Validität: Die inhaltliche Gültigkeit ist evident. Über empirische Überprüfungen der kriterialen Validität des Tests (z. B. die diagnostisch bedeutsame Frage nach der Korrelation von Testergebnissen und Schulnoten) enthält das Manual keine Angaben. Erwartungsgemäß ist die Testleistung weiblicher Probanden besser als die männlicher; außerdem steigt sie mit dem Anspruchsniveau der Schulform und mit der Höhe der Jahrgangsstufe.

7.4 Normen: Die Eichstichprobe umfaßt N = 6956 Schüler. Sie setzt sich zusammen aus N = 2438 Haupt-, N = 2645 Real- und N = 455 Gesamtschülern sowie N = 1378 Gymnasiasten. Da keine Altersnormen, sondern nur schulformbezogene Normen angegeben werden, ist die Repräsentativität der Schularten, obschon gegeben, für die Beurteilung der Normierung irrelevant. Allerdings fehlen Informationen über die Verteilung der Schüler auf die Jahrgangsstufen (zusätzlich differenziert nach Schularten). Die Angaben zur Repräsentativität nach Bundesländern machen Mängel deutlich (z. B. eine völlige Überrepräsentierung des Landes Rheinland-Pfalz, in dem der Test entwickelt wurde). Eine Neunormierung, bei der auch die neuen Bundesländer berücksichtigt werden, liegt nicht vor.

Das Fehlen von Altersnormen reduziert die Einsetzbarkeit des Tests (z. B. bei Jugendamtsbegutachtungen).
Die mitgeteilten T-Wert-Normen sind verteilungskorrigiert. Die Intervallkonstanz ist fraglich: Dem Unterschied um einen Rohwertpunkt entsprechen 0–6 T-Werte.
Prozentränge und T-Werte bzw. Prozentrang- und T-Wert-Bänder sind für die 6. und 7. Hauptschulklassen und für 6. Klassen von Gesamt- und Realschulen für alle Testteile einzeln sowie für alle Testteilkombinationen vorhanden. Für 7. Klassen von Gesamt- und Realschulen und für 6. Gymnasialklassen teilt das Manual nur noch Quartilgrenzen für den Gesamttest (alle Kombinationen) mit. Für 7. Gymnasialklassen ist der Test zu leicht, und es werden keine Normen mitgeteilt. Auf eine geschlechtsspezifische Normierung wurde sinnvollerweise verzichtet.
Anmerkungen:
Folgende bereits bei einer früheren Rezension bemängelten Druckfehler wurden auch in der Neuauflage nicht korrigiert:

1. Im Testheft A fehlt im Teil 1 die Nummer der vierten zu prüfenden Textpassage.
2. Das Handbuch enthält folgende Druckfehler: Auf S. 8 (Sp. 2 unter 3.3) muß es statt „Form A (A1 + B1)“ richtig „Form A (A1 + A2)“ heißen. Auf S. 18 (1. Tabelle) steht „SD = 10–92“ statt wahrscheinlich „SD = 10,92“. Auf S. 20 (1. Tabelle) entspricht der RW = 25 einem T = 29, obwohl der R = 24 schon einem T = 22 gegenübersteht.

8. Literatur

Otto, J. (1985). Rechtschreibtest (RST 6–7). In R.S. Jäger et al. (Hrsg.), *Test und Trends, Jahrbuch der Pädagogischen Diagnostik* (Bd. 3, S. 201 f.). Weinheim: Beltz.

Bearbeiter: Alexander Geist

Test Grundanforderungen Rechtschreibung für die 1. und 2. Klasse (TGR 1/2)

D. Peh und P. Rathenow
Weinheim: Beltz Test GmbH, 1984

1. Testart

Schultest, Rechtschreibtest

2. Testmaterial

Handanweisung (DIN A4, 42 Seiten), Testdoppelbogen (DIN A4); zusätzlich: Bleistifte, Radiergummis, Abdeckblätter (DIN A5).

3. Testgliederung

Der TGR 1/2 bietet 22 inhaltlich unabhängige Sätze mit farbig markierter Lücke, in die jeweils ein „kritisches" Wort nach Diktat einzusetzen ist. Keines der 22 „kritischen" Wörter ist von der Rechtschreibreform betroffen.

4. Grundkonzept

Als Instrument zur Früherkennung von Rechtschreibschwierigkeiten soll der Test Grundlage zeitiger Förderung sein („Förderdiagnostik"). Er greift den sprachstatistischen Ansatz auf und wählt aus Fibeln und Umgangssprache von Kindern der entsprechenden Klassen Wörter hoher Häufigkeit, deren Schreibweise lautgetreu ist. Konsonantenhäufung und Regelanwendung sind vermieden. Hauptwörter stehen am Testanfang und sind durch Sternchen gekennzeichnet. So ist Regelanwendung durch Instruktionsbeachtung ohne besondere Gedächtnisleistung ersetzt. Das Konzept gilt als effizient, denn erfahrungsgemäß beginnen orthographische Schwierigkeiten älterer Probanden nicht selten auf diesem Niveau („überdauernde Anfangsschwierigkeiten"). Der Test bietet sich für Schule, Beratungseinrichtungen oder Forschung an. Durch Itemanalysen wurde der Gefahr trivialer Diagnostik vorgebeugt. Systematische Fehleranalyse bietet der Test wegen der in Konsequenz des Konzepts eingeschränkten Möglichkeiten nicht.

5. Durchführung

5.1 Alter: Der TGR 1/2 kann während eines längeren Zeitraums vor oder nach dem Wechsel in die 2. Klasse oder deren Mitte durchgeführt werden.

5.2 Formen: Der TGR 1/2 ist ein Gruppen- und Individualtest ohne Parallelform.

5.3 Handhabung: Die Durchführungsbestimmungen sind klar. Einführung und Instruktion werden wörtlich vorgelesen und sind im Handbuch durch Randbalken hervorgehoben. – Nach dem Austeilen der Testbogen wird das Vorgehen beim Diktat anhand dreier Übungsbeispiele vom Testleiter erläutert. Während des eigentlichen Diktats sollte das in der Handanweisung (S. 7) beschriebene Diktierschema eingehalten werden. Nach Diktatende wird keine Gelegenheit zur Überprüfung des Geschriebenen mehr gegeben; auch sollte im Vorfeld die Ankündigung und eine vorausgehende Übung des Tests vermieden werden.

5.4 Zeit: Der TGR 1/2 kann in 1 Schulstunde durchgeführt werden, bei Bedarf ist es aber möglich, ihn auf 2 Schulstunden oder sogar Tage aufzuteilen.

6. Auswertung

6.1 Modus: Die Auswertung des Tests beginnt mit der Feststellung des Rohwerts. Dieser errechnet sich aus der Gesamtzahl der richtig geschriebenen Wörter. Die Handanweisung nennt eindeutige Regeln für die Korrektheit eines Worts. Die Rückseite des Testbogens bietet neben den Feldern für die ermittelten Rohwerte eine Prozentrang-Normen-Tabelle für die drei Abnahmezeiträume, T-Normen und zusätzlich für Kinder mit anderer Muttersprache gesonderte Prozentrang-Normen. Übertragungen der T-Werte in den Testbogen oder Klassenliste sind nicht vorgesehen. Die Bewertung einer Klassenleistung wird durch ein Formblatt (Kopiervorlage) und eine Bewertungstabelle erleichtert, außerdem wird das Vorgehen anhand mehrerer Auswertungsbeispiele verdeutlicht.

6.2 Zeit: Keine Angaben zur einfachen Testauswertung. Zusätzliche Absicherung von Befunden und resultierende Förderungsplanung dürften gelegentlich zeitaufwendig sein.

7. Gütekriterien

7.1 Objektivität: Scheint für Durchführung und einfache Auswertung gesichert.

7.2 Reliabilität: Der Test enthält 7 Items geringer, 11 mittlerer und 6 größerer Schwierigkeit. Alle Items haben für das Ende der 1. Klasse mittlere Trennschärfe. Die Zuverlässigkeit wurde mit der Split-Half-Methode und über Spearman-Brown-Korrektur zu r = .89 (N = 1587 bis N = 1783) berechnet. Mitte der 2. Klasse differenziert der Test nur noch im unteren Skalenbereich.

7.3 Validität: Der TGR 1/2 beansprucht inhaltliche Validität. Faktoren wie Geschlecht, Heimatland der Eltern, Bundesland, Klassengröße, Testdauer und Art der Fibel wurden auf ihren Einfluß geprüft (Mittelwertvergleich) und können ebenso wie die Änderung der Maßzahlkenndaten über die drei Referenzstichproben als Kriterien herangezogen werden.

7.4 Normen: Für jeden der drei Abnahmezeiträume wurde eine Eichstichprobe gezogen (N = 1577 bis N = 1783). Da nicht alle Bundesländer erfaßt sind und wichtige Quotierungsaspekte ungenannt bleiben, kann keine Repräsentativität unterstellt werden. In die Eichstichprobe gingen ganze Klassen ein, wobei das Manual nicht angibt, ob Wiederholungen vorliegen. Zusätzlich zu Prozentrang- und T-Normierung werden Kennwerte für die Referenzgruppe einschließlich Meßfehler, Schiefe und Exzeß mitgeteilt.

Bearbeiterin: Andrea Reibert

Weingartener Grundwortschatz Rechtschreib-Test für erste und zweite Klassen (WRT 1+)

P. Birkel
Göttingen: Hogrefe, 1995

1. Testart

Schultest, Rechtschreibtest

2. Testmaterial

Handanweisung (DIN A4, 65 S.), Testheft Form A und B (Schreibschrift), Testheft Form A und B (Druckschrift), Klassenliste, Lösungsschlüssel Form A und B; zusätzlich: Bleistifte, Radiergummis, Abdeckblätter.

3. Testgliederung

Der WRT 1+ überprüft anhand von Lückentext-Diktaten die Rechtschreibfähigkeit der Schüler der ersten und zweiten Grundschulklasse. Die beiden vorhandenen Parallelformen A und B umfassen jeweils 25 Items und liegen sowohl in Druck- als auch in Schreibschrift vor. Die Items der Parallelform A sind auf die jahreszeitlich bezogene Geschichte „Sommertag", die der Parallelform B auf die Geschichte „Wintertag" abgestimmt. Die Items der beiden Testformen sind nicht von der Rechtschreibreform betroffen.

4. Grundkonzept

Die Vermittlung eines Rechtschreib-Grundwortschatzes ist die zentrale Aufgabe des Rechtschreibunterrichts in der Grundschule. Die Frage, wie man einen solchen Grundwortschatz findet und ob dieser dann für alle Bundesländer in gleichem Maße gelten kann, prägte die Konzeption des WRT 1+ im erheblichen Maße. So wurden bei der Erarbeitung des Tests vorwiegend solche Wörter verwendet, die in den veröffentlichten Grundwortschatzlisten besonders häufig übereinstimmend genannt werden. Die Handanweisung (ab S. 27) informiert ausführlich über die Entwicklung zweier Vorformen des WRT 1+ (Schuljahr 1984/85 und Schuljahr 1986/87), über die Itemanalysen der Vorformen und den Aufbau der parallelen Testendformen. Die Testdiktate des WRT 1+ sollen einen Beitrag zur Objektivierung der Leistungsbeurteilung im Rechtschreibunterricht leisten und u. a. darüber Auskunft geben, inwieweit Schüler einer Klasse, Gruppe oder einzelne Schüler den für den Anfang der zweiten Klasse typischen Grundwortschatz auch in der Rechtschreibung beherrschen, welche individuellen, gruppen- oder klassenspezifischen Rechtschreibschwierigkeiten am Ende der ersten oder in der zweiten Klasse vorliegen, welchen Lernfortschritt einzelne Schüler verzeichnen und für welche Schüler die Teilnahme an Fördermaßnahmen besonders in Frage kommt.

5. Durchführung

5.1 Alter: Der Test sollte am Ende der ersten (30. bis 40. Unterrichtswoche), zu Beginn (2. bis 14. Unterrichtswoche) oder Mitte (15. bis 27. Unterrichtswoche) der zweiten Grundschulklasse eingesetzt werden.

5.2 Formen: Der WRT 1+ kann als Einzel- oder Gruppentest durchgeführt werden. Es liegen die Parallelformen A und B vor.

5.3 Handhabung: Nachdem jeder Schüler ein Testheft, ein Abdeckblatt und die entsprechenden Schreibutensilien erhalten hat, erläutert der Testleiter das Vorgehen beim Lückendiktat anhand von drei Übungsbeispielen. Beim Vorlesen des eigentlichen Diktats ist zur Wahrung der Durchführungsobjektivität das in der Handanweisung (S. 12) beschriebene Diktierschema unbedingt einzuhalten.

5.4 Zeit: Die Bearbeitungszeit liegt bei maximal 45 Minuten; die Durchführung des Tests innerhalb 1 Schulstunde ist also möglich.

6. Auswertung

6.1 Modus: Zur Auswertung der Lückentext-Diktate liegt für jede Form ein Lösungsschlüssel vor. Die Anzahl der falsch geschriebenen Wörter wird aufaddiert und von der Gesamtzahl der zu schreibenden Wörter abgezogen. Der so ermittelte Rohwert kann in Prozentrang-Werte, T-Werte und Noten transformiert werden.

6.2 Zeit: Keine Angaben.

7. Gütekriterien

7.1 Objektivität: Bei Einhaltung der Handanweisung ist die Objektivität der Durchführung, Auswertung und Interpretation hinreichend gewährleistet.

7.2 Reliabilität: Die Split-Half-Reliabilität (odd-even-Methode) beträgt r = .91, der Konsistenzkoeffizient r = .92 (N = 500). Die Paralleltest-Reliabilität liegt für beide Testformen Ende der ersten Klasse bei r = .89 (N = 1306), Anfang der zweiten Klasse bei r = .90 (N = 1189) und Mitte der zweiten Klasse bei r = .87 (N = 1838). Die Retest-Reliabilität für beide Testformen streuen im Bereich zwischen r = .67 und r = .81 (N = 330 bis N = 701). Der zeitliche Abstand betrug bei einem Teil der Schüler zwischen 9 und 15 Wochen, bei einer zweiten Gruppe zwischen 16 und 20 Wochen, und eine dritte Gruppe bearbeitete den Test nach 8 bis 9 Monaten erneut.

7.3 Validität: Die Übereinstimmungskoeffizienten der Endformen mit Lehrereinschätzungen streuen zwischen r = .63 und r = .80 (N = 884 bis N = 1245), mit dem DRT 1 zwischen r = .80 und r = .82 (N = 161), mit dem TGR 1/2 bei r = .77 (N = 161), mit dem RST bei r = .76 (N = 161).

7.4 Normen: Es existieren Normen getrennt nach Testzeitpunkt (Ende der ersten Klasse: N = 2486, Anfang der zweiten Klasse: N = 1657 und Mitte der zweiten Klasse: N = 2205) und getrennt nach Testform A und B. Außerdem werden für die drei Testzeitpunkte Normwerte für Kinder mit anderer Muttersprache angegeben. Die Normierungsdaten werden jeweils als Prozentrang, Prozentrang-Band, T-Wert, T-Wert-Band und Note angeben.

Bearbeiterin: Andrea Reibert

Weingartener Grundwortschatz Rechtschreib-Test für zweite und dritte Klassen (WRT 2+)

P. Birkel

Göttingen: Hogrefe, 1994

1. Testart Schultest, Rechtschreibtest

2. Testmaterial Handanweisung (DIN A4, 63 Seiten), Testheft Form A und Form B, Klassenliste, Lösungsschlüssel Form A und Form B; zusätzlich: Bleistifte, Radiergummis, Abdeckblätter.

3. Testgliederung Der WRT 2+ überprüft anhand von Lückentext-Diktaten die Rechtschreibfähigkeit der Schüler der ersten und zweiten Klasse. Die beiden vorhandenen Parallelformen A und B umfassen jeweils 43 Items, welche auf jeweils vier voneinander relativ unabhängige Geschichten abgestimmt wurden. Bei der Testform A sind zwei Items von der neuen Rechtschreibreform betroffen (ß-/ss-Schreibung).

4. Grundkonzept Die Vermittlung einer weitgehenden Sicherheit in der richtigen Schreibung einer möglichst großen Anzahl von Wörtern (Rechtschreib-Grundwortschatz) stellt sich als die zentrale Aufgabe des Rechtschreibunterrichts in der Grundschule dar. Die Frage, wie man einen solchen Grundwortschatz findet und ob dieser dann gleichermaßen für alle Bundesländer gelten kann, prägte die Konzeption der WRT 2+ im erheblichen Maße. So wurden bei der Erstellung des Tests vorwiegend solche Wörter verwendet, die in den bereits veröffentlichten Grundwortschatzlisten besonders häufig übereinstimmend genannt wurden. Die Handanweisung (ab S. 27) informiert ausführlich über die Entwicklung zweier Vorformen des WRT 2+ (Schuljahr 1984/85 und Schuljahr 1986/87), über die Itemanalysen der Vorformen und den Itemaufbau der Testendformen. Die Testdiktate des WRT 2+ sollen einen Beitrag zur Objektivierung der Leistungsbeurteilung im Rechtschreibunterricht leisten und u. a. darüber Auskunft geben, inwieweit Schüler einer Klasse, Gruppe oder einzelne Schüler den für diese Jahrgangsstufe typischen Wortschatz auch in der Rechtschreibung beherrschen, welche individuellen, gruppen- oder klassenspezifischen Rechtschreibschwierigkeiten am Ende der zweiten oder in der dritten Klasse vorliegen. Des weiteren kann er hilfreich sein bei der Beantwortung der Frage, für welche Schüler die Teilnahme an besonderen Fördermaßnahmen ratsam ist, ob es sich bei der Klasse oder einzelnen Schülern um, im Vergleich zur Eichstichprobe, überdurchschnittlich gute oder schlechte Schüler handelt und in welche Klasse Kinder mit einer anderen Muttersprache eingeschult werden sollten, um angemessenen Förderung im Unterricht erfahren zu können.

5. Durchführung

5.1 Alter: Der Test sollte am Ende der zweiten (30. bis 40. Unterrichtswoche), zu Beginn (2. bis 6. Unterrichtswoche) oder in der 7. bis 20. Unterrichtswoche der dritten Grundschulklasse eingesetzt werden.

5.2 Formen: Der WRT 2+ kann mit seinen beiden Parallelformen A und B als Einzel- und Gruppentest durchgeführt werden.

5.3 Handhabung: Nachdem jeder Schüler ein Testheft, ein Abdeckblatt und die entsprechenden Schreibutensilien erhalten hat, erläutert der Testleiter das Vorgehen beim Lückendiktat anhand von drei Beispielen. Beim Vorlesen des eigentlichen Diktats ist zur Wahrung der Durchführungsobjektivität das in der Handanweisung (S. 12) beschriebene Diktierschema unbedingt einzuhalten. Im Vorfeld sollte die Ankündigung und die vorherige Übung des Tests vermieden werden.

5.4 Zeit: Die Bearbeitungszeit liegt bei maximal 45 Minuten, die Durchführung des Tests innerhalb einer Schulstunde ist also möglich.

6. Auswertung

6.1 Modus: Zur Auswertung der Lückentext-Diktate liegt für jede Testform ein Lösungsschlüssel vor. Die Anzahl der falsch geschriebenen Wörter wird aufaddiert und von der Gesamtzahl der zu schreibenden Wörter abgezogen. Der so ermittelte Rohwert kann in Prozentrang-Werte, T-Werte und Noten transformiert werden.

6.2 Zeit: Keine Angaben.

7. Gütekriterien

7.1 Objektivität: Bei Einhaltung der Handanweisung ist die Objektivität der Durchführung, Auswertung und Interpretation hinreichend gewährleistet.

7.2 Reliabilität: Die Split-Half-Reliabilität (odd-even-Methode) entspricht bei den Testformen A und B r = .94 und r = .93 (N = 500). Der Konsistenzkoeffizient liegt bei r = .94 (N = 450). Die Paralleltest-Reliabilität ergibt für beide Testformen Ende der zweiten Klasse r = .93 (N = 2929) und Anfang der dritten Klasse r = .95 (N = 883). Die Retest-Reliabilität liegt bei einem Intervall von 9 bis 15 Wochen für beide Testformen bei r = .88 (N = 325, N = 319).

7.3 Validität: Die Übereinstimmungskoeffizienten mit Deutschnoten streuen bei Form A und B zwischen r = .65 und r = .67 (N = 674 bis N = 1851), mit den Mittelwerten aus den letzten drei bis vier Diktaten für die Form A zwischen r = .67 und r = .69 (N = 592 bis N = 1705), für die Form B zwischen r = .69 und r = .66 (N = 626 bis N = 1587).

7.4 Normen: Es existieren Normen getrennt nach Testzeitpunkt (Ende der 2. Klasse: N = 6690, Anfang der 3. Klasse: N = 904 und 7. bis 20. Unterrichtswoche der 3. Klasse: N = 1289). Außerdem werden für die drei Testzeitpunkte Normwerte für Kinder mit anderer Muttersprache angegeben (N = 520, N = 93, N = 105). Die Normierungsdaten werden jeweils als Prozentrang, Prozentrang-Band, T-Wert, T-Wert-Band und Note angegeben.

Bearbeiterin: Andrea Reibert

Weingartener Grundwortschatz Rechtschreib-Test für dritte und vierte Klassen (WRT 3+)

P. Birkel

Göttingen: Hogrefe, 1994

1. Testart Schultest, Rechtschreibtest

2. Testmaterial Handanweisung (DIN A4, 73 Seiten), Testheft Form A und Form B (Langform), Testheft Form A und Form B (Kurzform), Klassenliste, Lösungsschlüssel Form A und Form B (Langform), Lösungsschlüssel Form A und Form B (Kurzform); zusätzlich: Bleistifte, Radiergummis, Abdeckblätter.

3. Testgliederung Der WRT 3+ überprüft anhand von Lückentext-Diktaten die Rechtschreibfähigkeit der Schüler der dritten und vierten Klasse. Der WRT 3+ liegt in einer 55 Items umfassenden Langform und einer 16 Items umfassenden Kurzform mit entsprechenden Paralleltests vor. In der Testform A (Langform) ist ein Item von der neuen Rechtschreibreform betroffen.

4. Grundkonzept Die Vermittlung einer weitgehenden Sicherheit in der richtigen Schreibung einer möglichst großen Anzahl von Wörtern (Rechtschreib-Grundwortschatz) stellt sich als zentrale Aufgabe des Rechtschreibunterrichts in der Grundschule dar. Die Frage, wie man einen solchen Grundwortschatz findet und ob dieser dann auch für alle Bundesländer gleichermaßen gelten kann, prägte die Konzeption im erheblichen Maße. So wurden bei der Erstellung des Tests vorwiegend solche Wörter verwendet, die in den bereits veröffentlichten Grundwortschatzlisten besonders häufig übereinstimmend genannt wurden. Die Handanweisung (ab S. 41) informiert ausführlich über die Entwicklung zweier Vorformen des WRT 3+ (Schuljahr 1985/86 und Schuljahr 1986/87), über Itemanalysen der Vorformen und den Itemaufbau der parallelen Testendformen. Die Testdiktate des WRT 3+ sollen einen Beitrag zur Objektivierung der Leistungsbeurteilung im Rechtschreibunterricht leisten und u. a. darüber Auskunft geben, inwieweit Schüler einer Klasse, Gruppe oder einzelne Schüler den für diese Jahrgangsstufe typischen Wortschatz auch in der Rechtschreibung beherrschen, welche individuellen, gruppen- oder klassenspezifischen Rechtschreibschwierigkeiten vorliegen oder ob es übereinstimmende Schwierigkeiten gibt, auf die im Unterricht für die ganze Klasse eingegangen werden muß. Des weiteren kann er hilfreich sein bei der Beantwortung der Frage, für welche Schüler eine Teilnahme am Rechtschreibunterricht besonders ratsam ist, ob sich in Zusammenschau mit anderen Testergebnissen die Diagnose einer Legasthenie erhärten läßt und ob die Schüler der dritten Klasse auch in einem vom Lehrer und vom häuslichen Training unabhängigen Test die nötige Rechtschreibsicherheit zeigen, die im Zusammenhang mit der Versetzung in die vierte Klasse von den Schülern gefordert werden muß.

5. Durchführung

5.1 Alter: Der Test sollte am Ende der dritten (30. bis 40. Unterrichtswoche) oder zu Beginn der vierten Grundschulklasse (2. bis 12. Unterrichtswoche) eingesetzt werden.

5.2 Formen: Der WRT 3+ kann sowohl in der Lang- wie auch in der Kurzform als Einzel- oder Gruppentest durchgeführt werden. Es liegen die Parallelformen A und B vor.

5.3 Handhabung: Nachdem jeder Schüler ein Testheft, ein Abdeckblatt und die entsprechenden Schreibutensilien erhalten hat, erläutert der Testleiter das Vorgehen beim Lückendiktat anhand von drei Übungsbeispielen. Beim Vorlesen des eigentlichen Diktats ist zur Wahrung der Durchführungsobjektivität das in der Handanweisung (S. 12) beschriebene Diktierschema unbedingt einzuhalten. Im Vorfeld sollte sowohl die Ankündigung als auch die Übung des Tests vermieden werden.

5.4 Zeit: Die Bearbeitungszeit liegt bei maximal 45 Minuten, die Durchführung des Tests innerhalb 1 Schulstunde ist also möglich.

6. Auswertung

6.1 Modus: Zur Auswertung der Lückentext-Diktate liegt für jede Testform (A und B, Kurz- und Langform) ein Lösungsschlüssel vor. Die Anzahl der falsch geschriebenen Wörter wird aufaddiert und von der Gesamtzahl der zu schreibenden Wörter abgezogen. Der so ermittelte Rohwert kann in Prozentrang-Werte, T-Werte und Noten transformiert werden.

6.2 Zeit: Keine Angaben.

7. Gütekriterien

7.1 Objektivität: Bei Einhaltung der Handanweisung ist die Objektivität der Durchführung, Auswertung und Interpretation hinreichend gewährleistet.

7.2 Reliabilität: Für die Testlangformen A und B erreicht die Split-Half-Reliabilität (odd-even-Methode) r = .93 (N = 450), die Konsistenzkoeffizienten ergeben für die Testlangformen A und B r = .95, für die Testkurzform A r = .85 und für B r = .84 (N = 450). Die Paralleltest-Reliabilität für die beiden Testlangformen liegt bei r = .91 (N = 2477) und für die Kurzformen bei r = .82 (N = 2192). Eine Untersuchung der Retest-Reliabilität für den WRT 3+ liegt nicht vor.

7.3 Validität: Die Validitätskoeffizienten der Testlangformen mit der letzten Deutschnote liegen für A bei r = .65 (N = 2009) und für B bei r = .61 (N = 2168), mit der zukünftigen Deutschnote für Form A bei r = .69 (N = 1423) und für Form B bei r = .67 (N = 1528), mit Diktatmittelwerten für A bei r = .74 (N = 1849) und für B bei r = .72 (N = 2007). Die Übereinstimmungskoeffizienten der Testkurzformen mit der letzten Deutschnote erreichen für A r = .56 (N = 1870) und für B r = .53 (N = 1798), mit der zukünftigen Deutschnote für Form A r = .58 (N = 1334) und für B r = .59 (N = 1211), mit Diktatmittelwerten für Form A und B r = .65 (N = 4186, N = 4160).

7.4 Normen: Es existieren Normen getrennt nach Lang- (N = 5502) und Kurzform (N = 4953). Außerdem werden für Kurz- und Langformen Normwerte für Kinder mit anderer Muttersprache angegeben. Die Normierungswerte werden jeweils als Prozentrang, Prozentrang-Band, T-Wert, T-Wert-Band und Schulnote angegeben.

Bearbeiterin: Andrea Reibert

Westermann Rechtschreibtest 4/5 (WRT 4/5)

P. Rathenow, D. Laupenmühlen und J. Vöge
Braunschweig: Westermann, 2. Auflage 1980

1. Testart Schultest, Rechtschreibtest

2. Testmaterial Handanweisung (DIN A4, 41 Seiten), Testbogen (DIN A4) Form A und B, Klassenliste am Ende der Handanweisung (Kopiervorlage); zusätzlich: zwei Bleistifte Nr. 2 oder HB, ein Radiergummi, ein leeres DIN-A4-Blatt zum Abdecken.

3. Testgliederung Der Test besteht aus 34 Sätzen. In jedem Satz ist eine Lücke, in die die Schüler und Schülerinnen die 34 „kritischen" Wörtern nach dem in der Instruktion festgelegten Diktierschema einzutragen haben.

4. Grundkonzept Der Test überprüft „den Umfang automatisierter Wortbilder bei Schülern". Sein Ergebnis liefert Ansatzpunkte für spezielle Fördermaßnahmen im Rahmen des Deutschunterrichts und in speziellen Förderkursen. Er wird auch bei der Überprüfung einer Lese-Rechtschreibschwäche bzw. –störung herangezogen.

5. Durchführung **5.1 Alter:** Mitte der 4. Klasse bis Anfang der 5. Klasse.

5.2 Formen: Es existieren zwei Parallelformen (Form A und Form B). Bei einer Gruppenuntersuchung kann jedoch nur eine Form eingesetzt werden, da die von den SchülerInnen einzutragenden Wörter diktiert werden müssen.

5.3 Handhabung: Nach Austeilen der Testhefte (entweder Form A oder Form B an alle SchülerInnen) und dem Eintragen der persönlichen Daten liest der Testleiter die Instruktionen je nach Klasse vor und erklärt den SchülerInnen die Testdurchführung an den beiden Beispielsätzen. Während des Diktierens der kritischen Wörter darf von dem erklärten Diktierschema nicht abgewichen werden. Sollte die Gefahr des Abschreibens bestehen, ist es günstig, die Klasse zu teilen oder die Kinder auf das Benutzen der Abdeckblätter hinzuweisen.

5.4 Zeit: Keine Zeitbegrenzung, Orientierung der Diktiergeschwindigkeit erfolgt an den langsameren Kindern der Klasse.
Die durchschnittliche Durchführungsdauer liegt zwischen 30 und 40 Minuten.

6. Auswertung **6.1 Modus:** Der Rohwert läßt sich durch das Zusammenzählen aller richtig geschriebenen Wörter ermitteln. Mit Hilfe von Normentabellen können für die Rohwerte die entsprechenden Prozentränge, T-Werte und T-Wert-Bänder abgelesen werden. Bei den SchülerInnen der 4. Klassen wird zwischen Mitte und Ende der 4. Klasse differenziert, für die SchülerInnen der 5. Klasse liegen Normwerte für den Beginn des Schuljahres vor, aufgeschlüsselt in verschiedene Schularten.

6.2 Zeit: Keine Angaben im Manual, ca. 10 Minuten pro Kind.

7. Gütekriterien

7.1 Objektivität: Die Durchführungsobjektivität kann eingeschränkt werden durch Unterschiede im Diktiertempo und in der Artikulation der TestleiterIn. Die Auswertungsobjektivität ist dagegen gegeben.

7.2 Reliabilität: Trennschärfekoeffizienten der „kritischen" Wörter: fast alle .50; Schwierigkeitsindizes: Mitte der 4. Klasse zwischen .78 und .10, Ende der 4. Klasse zwischen .80 und .16, Anfang der 5. Klasse zwischen .86 und .29; Paralleltestreliabilität zwischen Form A und Form B getestet an 3 Zufallsstichproben: Mitte 4. Klasse r = .95 (N = 315), Ende 4. Klasse r = .94 (N = 297), Anfang 5. Klasse r = .94 (N = 308). Split-Half-Reliabilität (Spearman-Brown): r = .92; Meßfehler (je nach Klassenstufe und Schulform) zwischen 1.9 und 3.0.

7.3 Validität: Korrelation zwischen WRT 4/5 und DRT 3: r = .95; Korrelation zwischen WRT 4/5 und DRT 4–5: r = .90 (N = 154); Korrelation zwischen WRT 4/5 und drei Diktaten r = .93 (N = 392); Korrelation zwischen WRT 4/5 und DRT 4–5 (bei Gymnasiasten) r = .96 (N = 260).

7.4 Normen: Mittels der Normentabellen können die Rohwerte in Prozentränge, T-Werte sowie in ein T-Wert-Band umgewandelt werden.
Normentabellen existieren für die 4. Klasse Grundschule jeweils für Mitte und Ende des Schuljahres sowie für den Anfang der 5. Klasse für alle Schularten, die Hauptschule, die Realschule und das Gymnasium. Stichprobengröße: N = 1217 (Mitte 4. Klasse), N = 1922 (Ende 4. Klasse), N = 7348 (Anfang 5. Klasse). Der Zeitpunkt der Normierung erfolgte vor 1980, die Rechtschreibleistungen der SchülerInnen sind seither stark gesunken. Vor allem für die Überprüfung der Lese-Rechtschreibschwäche bzw. -störung ist eine Neunormierung des Tests unbedingt erforderlich. Auch die neue Rechtschreibung ist bei dem Test noch nicht berücksichtigt.

Bearbeiterin: Christine Graf

Westermann Rechtschreibtest 6+ (WRT 6+)

P. Rathenow, D. Laupenmühlen und J. Vöge
Braunschweig: Westermann, 1. Auflage 1980

1. Testart Schultest, Rechtschreibtest

2. Testmaterial: Handanweisung (DIN A4, 30 Seiten), Testbogen (DIN A4), Klassenliste am Ende der Handanweisung (Kopiervorlage); zusätzlich: Bleistifte Nr. 2, Radiergummi, ein leeres DIN-A4-Blatt zum Abdecken.

3. Testgliederung: Der Test besteht aus 40 Sätzen. In jedem Satz ist eine Lücke, in die die Schüler und Schülerinnen die 40 „kritischen" Wörter nach dem in der Instruktion festgelegten Diktierschema einzutragen haben.

4. Grundkonzept Der Test überprüft „den Umfang automatisierter Wortbilder bei Schülern." Sein Ergebnis liefert Ansatzpunkte für spezielle Fördermaßnahmen im Rahmen des Deutschunterrichts und in speziellen Förderkursen sowie über deren Übungserfolgen. Er wird auch bei der Überprüfung einer Lese-Rechtschreibschwäche bzw. –störung herangezogen.

5. Durchführung **5.1 Alter:** Ende der 5. Klasse bis Anfang der 8. Klasse (Hauptschule).

5.2 Formen: Im Gegensatz zum WRT 4/5 gibt es beim WRT 6+ keine Parallelformen. Der Test kann in der Klasse oder als Individualtest eingesetzt werden.

5.3 Handhabung: Nach dem Austeilen des Testbogens und dem Eintragen der persönlichen Daten erklärt der Testleiter den SchülerInnen die Testdurchführung an den beiden Beispielsätzen. Während des Diktierens der kritischen Wörter darf von dem vorgeschriebenen Diktierschema nicht abgewichen werden:
1. Die Nummer des Satzes
2. das kritische Wort
3. den Satz mit dem kritischen Wort
4. das kritische Wort noch einmal

Sollte die Gefahr des Abschreibens bestehen, ist es günstig, die Klasse zu teilen oder die Kinder auf das Benutzen der Abdeckblätter hinzuweisen.

5.4 Zeit: Durchschnittliche Durchführungsdauer liegt bei ca.30 Minuten.

6. Auswertung **6.1 Modus:** Der Rohwert läßt sich durch das Zusammenzählen aller richtig geschriebenen Wörter ermitteln. Mit Hilfe von Normentabellen können für die Rohwerte die entsprechenden Prozentränge und T-Werte abgelesen werden. Eine sogenannte Blitzauswertung ist möglich, da der Testbogen auf der Rückseite eine Umrechnung der Roh- in T-Werte bietet.

6.2 Zeit: Keine Angaben im Manual, ca. 10 Minuten pro Kind.

7. Gütekriterien

7.1 Objektivität: Die Durchführungsobjektivität kann eingeschränkt werden durch Unterschiede im Diktiertempo und in der Artikulation der TestleiterIn. Die Auswertungsobjektivität ist dagegen gegeben.

7.2 Reliabilität: Trennschärfekoeffizienten der „kritischen" Wörter: zwischen r = .30 und r = .59; Schwierigkeitsindizes: zwischen .91 und .90 (6. Klasse) und zwischen .89 und .12 (7. Klasse); Meßfehler (je nach Klassenstufe und Schulform) zwischen 1.2 und 2.1; Zuverlässigkeitsuntersuchungen zum WRT 6+ haben im Rahmen von Konsistenzanalysen (nach Cronbach-Alpha, odd-even, Split-Half, Spearman-Brown, Flanangan, Kristof) Werte zwischen r = .84 und r = .92 in der 6. Klasse (N = 638) und r = .82 und r = .90 in der 7. Klasse (N = 407) ergeben.

7.3 Validität: Die inhaltliche Validität ist gegeben. Das Manual gibt keinen Aufschluß darüber, ob der WRT 6+ mittels anderer Rechtschreibtests überprüft worden ist.

7.4 Normen: Mittels der Normentabellen können die Rohwerte in Prozentränge und T-Werte umgewandelt werden.
Normentabellen existieren für die Gesamtnorm, die Hauptschule, Realschule und das Gymnasium Ende 5./Anfang 6. Klasse (N = 2219) sowie Ende 6./Anfang 7. Klasse (N = 3666). Die Normentabelle Ende 7./Anfang 8. Klasse (N = 1241) gilt nur noch für die Hauptschule.
Der Zeitpunkt der Normierung erfolgte um 1980, die Rechtschreibleistungen der SchülerInnen haben sich seither stark verändert. Vor allem für die Überprüfung der Lese-Rechtschreibschwäche bzw. -störung ist eine Neunormierung des Tests unbedingt erforderlich. Auch die neue Rechtschreibung (z. B. bei der Schreibweise von „Fetttopf", „fasste") ist bei dem Test noch nicht berücksichtigt, und es stellt sich die Frage, ob diese Wörter in der neuen Schreibweise noch zu den „kritischen" Wörtern zählen.

Bearbeiterin: Christine Graf

1. LEISTUNGSTESTS

1.4.6 Mathematik- und Rechentests

● = ja
o = teilweise
❍ = nein
k.A.= keine Angaben

Testname	Autor(en)	Seite	Durchführung					Auswertung			Gütekriterien				Alter
			Gruppentest	Parallelform	Zeitangabe netto (Min.)	Zeitangabe brutto (Min.)	computergestützte Fassung	Schabl./Schlüss.	Auswertungssoftw.	Zeitangabe (Min.)	Objektivität	Reliabilität	emp. Validität	Normen	(Jahre oder Schuljahre (J/Sj))
Berufsbezogener Rechentest (BRT)	Balser u.a.	439	●	❍	84	100	❍	●	❍	15/10	●	●	❍	**o**	8.–10. Sj
Bruch- und Dezimalrechentest 6 (BDT 6)	Haenisch u.a.	442	●	●		60	❍	●	❍		●	●	●	●	6. Sj
Diagnostikum: Basisfähigkeiten im Zahlenraum 0 bis 20 (DBZ 1)	Wagner u.a.	445	●	❍		204	❍	●	❍	28	●	●	❍	❍	1.–2. Sj
Diagnostischer Rechentest für 3. Klassen (DRE 3)	Samstag u.a.	447	●	●		90	❍	●	❍		**o**	●	●	●	3. Sj
Mathematiktest für 2. Klassen (MT 2)	Feller u.a.	449	●	●	80	90	❍	●	❍		●	●	●	●	2. Sj
Mathematiktest für Abiturienten und Studienanfänger (MTAS)	Lienert u.a.	451	●	●	60		❍	●	❍	5–10	●	●	●	●	13. Sj
Rechentest RT 9+ (RT 9+)	Bremm u.a.	454	●	❍		90	❍	●	❍		●	●	●	●	9. Sj
Rechentest 1.–3. Klasse	Lobeck	456	●	❍		45	❍	●	❍	10	●	❍	●	●	1.–3. Sj
Rechentest 4.–6. Klasse	Lobeck	458	●	❍		100	❍	●	❍		●	❍	●	●	4.–6. Sj

Berufsbezogener Rechentest (BRT)

H. Balser, O. Ringsdorf und A. Traxler
Weinheim: Beltz Test GmbH, 1985

1. Testart

Schultest

2. Testmaterial

Handanweisung (DIN A4, 25 Seiten), Testheft I und II (keine Parallelform) sowie Kurzform; zusätzlich: Schreibgerät und Stoppuhr.

3. Testgliederung

Es handelt sich um ein aus 8 Subtests zusammengesetztes mehrdimensionales Verfahren:

Dezimalbrüche	(9 Items)	
Maße	(5 Items)	
Algebra	(8 Items)	Teil I (Testheft I)
Geometrie	(6 Items)	
Grundrechenarten	(10 Items)	
Gewöhnliche Brüche	(10 Items)	
Prozentrechnen	(9 Items)	Teil II (Testheft II)
Schlußrechnen	(5 Items)	

Die Kurzform des BRT umfaßt 16 Aufgaben aus dem Gesamttest, wobei jeder Subtest durch 2 Items repräsentiert wird.

4. Grundkonzept

Die Aufgaben des BRT wurden von Mathematikern zusammengestellt, unter Berücksichtigung zum einen der Anforderungen verschiedener Berufsfelder, zum anderen der schulischen Rahmenpläne im Fach Mathematik. Ein Vorläufer des BRT existiert nicht, es wurden lediglich bestehende, jedoch nicht näher definierte Testverfahren aus dem Bereich Mathematik einbezogen. Basis zur Konstruktion des Tests war der Wunsch, die „Ausgangslage eines Schülers im Lernbereich Mathematik bezogen auf die Anforderung von beruflichen Schulen und Ausbildungsbetrieben“ (S. 4) zu erfassen. Der Test soll somit dem Schüler selbst gezielt Lücken aufdecken helfen und Ansätze für Übungsmöglichkeiten bieten.

5. Durchführung

5.1 Alter: Der Test wurde für die Schulstufen 8, 9 und 10 an Haupt-, Realschulen und Gymnasien, für Berufsschüler und Auszubildende in Betrieben konstruiert. (Die Vergleichsnormen beziehen sich jedoch nur auf das erste Quartal des 9. Schuljahres, sind aber getrennt nach A-, B- und C-Kursen bzw. den entsprechenden Schulzweigen aufgeschlüsselt.)

5.2 Formen: Der BRT läßt sich als Gruppen- oder Einzeltest durchführen. Parallelformen existieren nicht.

5.3 Handhabung: Genaue Hinweise zur Testdurchführung sind vorhanden (z. B. zeitlicher Ablauf jeweils für die Lang- oder Kurzform des Tests). Die Instruktionen sind vom Testleiter vorzulesen. Während der Testung obliegt ihm lediglich die Aufgabe, die Zeitvorgaben einzuhalten, Anweisungen zu geben, damit die Probanden zum nächsten Subtest übergehen, und – im Falle einer Gruppentestung – die Schüler im Auge zu behalten, die die Subtests bereits beendet haben, da sie diese Zeit nicht zur Lösung anderer Aufgaben verwenden dürfen. Die Autoren empfehlen, für diese Gruppe Zusatzaufgaben vorzubereiten.

5.4 Zeit: Die reine Testzeit der Langform des BRT beträgt 84 Minuten, wobei nach Teil I (nach 42 Minuten) eine Pause von 5 Minuten vorgeschrieben ist. Zusammen mit Testinstruktion sind für die Durchführung ca. 95 bis 100 Minuten zu veranschlagen.
Für die Kurzform sind als reine Arbeitszeit 35 Minuten vorgesehen. Die Testzeit insgesamt beträgt für diese ca. 40 Minuten.

6. Auswertung

6.1 Modus: Sowohl für die Lang- als auch für die Kurzform liegen Lösungsschlüssel vor. Die Rohwerte lassen sich somit schnell ermitteln. Mit welchen Tabellen der Rohwert in Prozentränge oder in T-Werte überführt werden kann, wird übersichtlich dargestellt.

6.2 Zeit: Für die Langform beträgt die Auswertung ca. 10 bis 15 Minuten, für die Kurzform 5 bis 10 Minuten.

7. Gütekriterien

7.1 Objektivität: Durchführungsobjektivität ist gegeben, da eine standardisierte Instruktion vorliegt. Auswertungsobjektivität ist realisiert, da ein Lösungsschlüssel vorliegt, nach dem sich die „Falsch"-Antworten eindeutig bestimmen lassen. Es werden allerdings keine Angaben zur Interpretation der Testergebnisse gemacht.

7.2 Reliabilität: Die Split-Half-Reliabilität nach Spearman-Brown beträgt r = .97, nach Kuder-Richardson ist r = .95 (N = 647). Für die einzelnen Gruppen (A-, B- und C-Kurse) wurden sowohl für die Gesamtform als auch für die Subtests Reliabilitäten berechnet, wobei diese bei der Gruppe A höher ausfallen als bei der Gruppe C. Zu den Teilskalen muß angemerkt werden, daß die Reliabilitäten teilweise unter r_{tt} = .70 liegen (z. B. Subtest 3 (Algebra)).

7.3 Validität: Die Validität wird inhaltlich begründet. Und zwar wurden über eine Rasteranalyse Richtlinien zusammengestellt (z. B. Quadrat- und Kubikzahlen, Winkelfunktionen etc. im gewerblich-technischen Bereich), die sich auch im berufsbezogenen Rechentest widerspiegeln sollen. Empirische Kontrollen zur Gültigkeit des Tests fehlen.

7.4 Normen: Die Normen liegen in Form von Prozenträngen und T-Werten vor. Die Gesamtstichproben für die Langform betrug N = 847, für die Teilstichproben: A (A-Kurs oder Gymnasium N = 205, B (B-Kurs oder Realschule) N = 269, C (C-Kurs oder Hauptschule) N = 173. Die Gesamtstichprobe der Kurzform hatte einen Umfang von N = 590, die Teilstichproben gliedern sich folgendermaßen auf: A: (N = 178), B: (N = 138), C: (N = 274). Die Normen beziehen sich auf die Schüler der 9. Klasse (1. Quartal) ausschließlich an hessischen Schulen, sie sollen aber auch auf Schüler der 8., 9. und 10. Klassen aller Schulzweige und Auszubildende gleichermaßen angewandt werden. Einschränkungen bezüglich der Übertragbarkeit auf die Gesamtheit der Bundesrepublik Deutschland werden nicht getroffen. Auch Altersnormen werden nicht berücksichtigt.

Bearbeiter: Frank Fischer

Bruch- und Dezimalrechentest 6 (BDT 6)

H. Haenisch und H. Lukesch
Braunschweig: Westermann, 1981

1. Testart

Schultest, Rechentest

2. Testmaterial

Handanweisung (DIN A4, 41 Seiten), je ein sog. Testheft für Form A und Form B (Antwortbogen DIN A3 quer, bedruckt mit vier DIN-A4-Seiten); zusätzlich: Bleistifte, Radiergummi, Uhr (für Lehrer).

3. Testgliederung

Der BDT 6 besteht aus 37 Aufgaben, die sich wie folgt auf 11 Teilbereiche verteilen:

1. Addition und Subtraktion von Brüchen: 3 Aufgaben
2. Multiplikation von Brüchen: 3 Aufgaben
3. Division von Brüchen: 3 Aufgaben
4. Klammer- und Kettenaufgaben mit Brüchen: 4 Aufgaben
5. Gemischte Brüche: 5 Aufgaben
6. Hauptnenner bilden: 3 Aufgaben
7. Größenvergleich von Brüchen: 5 Aufgaben
8. Addition von Dezimalzahlen: 3 Aufgaben
9. Multiplikation von Dezimalzahlen: 3 Aufgaben
10. Division von Dezimalzahlen: 3 Aufgaben
11. Klammer- und Kettenaufgaben mit Dezimalzahlen: 2 Aufgaben

Die Teilbereiche 1 bis 7 (26 Aufgaben) bilden den Subtest Bruchrechnen, die Teilbereiche 8 bis 11 werden dem Subtest Dezimalrechnen zugeordnet. Diese Zuordnung scheint bei Teilbereich 8 nicht ganz eindeutig. Anders als die Bezeichnung erwarten läßt, wird hier die Addition von Brüchen mit anschließender Umwandlung der Ergebnisse in Dezimalzahlen verlangt. Die in der Handanweisung unterschiedenen Teilbereiche 10 und 11 werden auf dem Antwortbogen zu Aufgabenblock 10 zusammengefaßt.

4. Grundkonzept

Konstruiert wurde der BDT 6 nach exemplarischen Analysen von Lehrplänen, Richtlinien und Unterrichtsempfehlungen der Bundesländer Hessen und Nordrhein-Westfalen (Klaghofer & Krüger-Haenisch, 1979). Einzelne Teilbereiche des Tests gehen geringfügig über die Anforderungen dieser Lehrpläne hinaus.

5. Durchführung

5.1 Alter: Gegen Ende des 6. Schuljahres.

5.2 Formen: Gruppentest, Form A und B als Paralleltests.

5.3 Handhabung: Der Lehrer als Testleiter hat kurze Anweisungen vorzulesen und nach bestimmten Zeitabschnitten (15, 30, 40 und 50 Minuten) Hinweise darauf zu geben, wie weit die Schüler bis zu dem jeweiligen Zeitpunkt gekommen sein sollten. Eine Zeitbegrenzung für die einzelnen Teilbereiche wird nicht gegeben.

5.4 Zeit: Ca. 60 Minuten.

6. Auswertung

6.1 Modus: Die Rohwerte werden mit Hilfe der auf Seite 38 bis 41 des Handbuchs abgedruckten Lösungsschlüssel ermittelt. Auch wenn angesichts der auf Seite 36 des Handbuchs erwähnten „Schablonen" der Eindruck entsteht: Separate Auswertungsfolien liegen nicht bei und wären auch wenig nutzbringend. Für richtige Lösungen werden zwei Punkte vergeben, für bestimmte Teillösungen (in der Handanweisung als „halbrichtig" bezeichnet) ein Punkt.

6.2 Zeit: Keine Angaben.

7. Gütekriterien

7.1 Objektivität: Durchführungs- und Auswertungsobjektivität können als gesichert gelten.

7.2 Reliabilität: Im Handbuch wird die nach Spearman-Brown aufgewertete Split-Half-Reliabilität berichtet. Sie liegt bei r = .94 (N = 785) für die zuerst entwickelte Form A. Eine weitere Analysestichprobe liefert Reliabilitäten von r = .96 (N = 175) für Form A und r = .95 (N = 182) für die später entwickelte Form B. Die anhand derselben Daten berechnete Homogenität nach Hoyt (1941) beträgt r = .93 bis r = .94 für Form A und r = .92 für Form B.

7.3 Validität: Das Verfahren kann insofern inhaltliche und curriculare Validität auf Makroebene beanspruchen, als die meisten Lernbereiche Bestandteil der Lehrpläne des 6. Schuljahres sind. Dieser Validitätsaspekt ist mit leichten Einschränkungen auch auf Mikroebene gegeben: Einer Befragung von N = 114 Lehrern zufolge werden im Mittel 68 % der im BDT 6 enthaltenen Aufgaben im Unterricht behandelt. Auch in N = 114 analysierten Klassenarbeiten finden sich im Mittel immerhin noch mehr als 50 % der Aufgabentypen dieses Verfahrens.
Belege für die Konstruktvalidität des Verfahrens existieren ebenfalls: Die Mathematiknote korreliert zwischen r = .57 (N = 161) und r = .70 (N = 316) mit dem BDT 6. Mit dem Schulleistungstest Mathematische Denkaufgaben (MDA 6+) von Müller werden Korrelationen bis zu r = .51 (N = 316) berichtet, allerdings mit erheblichen Unterschieden zwischen verschiedenen Schulen. Die niedrigste Korrelation beträgt hier lediglich r = .25 (N = 161). Mit dem Intelligenztest PSB von Horn wird eine über verschiedene Schulen aggregierte Korrelation von r = .53 (N = 881) berichtet (kleinste Einzelkorrelation r = .22; N = 161). Die Korrelationen mit dem Grundintelligenztest CFT 2 von Cattell und Weiß sowie dem Aufmerksamkeits-Belastungs-Test d2 von Brickenkamp fallen dagegen niedriger aus: Sie liegen für den CFT 2 zwischen r = .26 (zwei Stichproben: n1 = 566; n2 = 978) und r = .29 (N = 905) und für den d2 zwischen r = .21 (N = 161) und r = .32 (N = 213).

7.4 Normen: Individualnormen liegen sowohl für den Gesamttest als auch für die Subtests Bruchrechnen und Dezimalrechen vor. Sie wurden anhand der Analysestichprobe für Form A gewonnen (N = 785). Die Normtabellen enthalten Prozentrang-, T- und Stanine-Werte. Darüber hinaus werden grobe Anhaltspunkte für eine Einordnung von Klassenergebnissen (N = 24 Klassen) gegeben.

8. Literatur

Klaghofer, R. & Krüger-Haenisch, E.M. (1979). *Gesamtschule und dreigliedriges Schulsystem in Nordrhein-Westfalen. Schulleistungsvergleiche in Deutsch, Mathematik, Englisch und Physik* (S. 366–476). Paderborn: Schöningh.

Bearbeiter: Stephan Kröner

Diagnostikum: Basisfähigkeiten im Zahlenraum 0 bis 20 (DBZ 1)

H.-J. Wagner und C. Born
Hrsg.: K. Ingenkamp
Weinheim: Beltz Test GmbH, 1994

1. Testart Schultest, Rechentest

2. Testmaterial Beiheft (24 Seiten) mit Anleitung, je ein Muster-Testblatt für die einzelnen Testteile (7 Blätter), 1 Muster-Auswertungsseite; zusätzlich: Papier, Schreibgerät, Tafel, Kreide, Klebeband, DIN-A5-Kärtchen.

3. Testgliederung Das Verfahren besteht aus den 4 Teilen Mündliche Darstellung, Schriftliche Darstellung, Zeichnerische Darstellung und Handelnde Darstellung.
Der Teil Mündliche Darstellung gliedert sich in die Untertests Addition (26 Aufgaben) und Subtraktion (25 Aufgaben).
Der Teil Schriftliche Darstellung besteht aus „Unbekannte rechts der Aufgabe“ mit Addition (26 Aufgaben) und Subtraktion (25 Aufgaben) sowie aus „Unbekannte innerhalb der Aufgabe“ mit Addition (14 Aufgaben) und Subtraktion (12 Aufgaben).
Der Teil Zeichnerische Darstellung setzt sich zusammen aus „Rhythmisieren des Rechenprozesses“ mit Addition und Subtraktion (jeweils 3 Aufgaben), „Quantitatives Ausweisen“ (8 Aufgaben), „Quantitatives Vergleichen“ (6 Aufgaben) und „Beziffern“ (3 Aufgaben).
Der Teil Handelnde Darstellung beinhaltet je 4 Aufgaben zur Addition und Subtraktion.

4. Grundkonzept Das DBZ 1 ermöglicht die Beurteilung elementarer Rechenfähigkeiten im Zahlenraum bis 20. Zu wenig stabilisierte Teilbereiche des elementaren Rechnens können erkannt werden.
Das Verfahren soll helfen, individuelle Schwächen beim Rechnen zu erkennen. Es können auch Defizite im Vermittlungskonzept erkannt und erfolgreiche Rechen- und Vermittlungsleistungen bestätigt werden.

5. Durchführung **5.1 Alter:** Ende der 1. bis Mitte der 2. Klasse der Grundschule. In der Förderschule (Lernbehinderte) erst Ende der 2. bis Mitte der 3. Klasse.

5.2 Formen: Das DBZ 1 ist als Gruppen- und Einzeltest anwendbar. Empfohlen wird, die Aufgaben von Teil 1 und Teil 2 als Gruppentest durchzuführen, Teil 3 dann bei Schülern mit mehr als 15 Fehlern und zusätzlich Teil 4 bei Schülern mit mehr als 20 Fehlern einzusetzen.

5.3 Handhabung: Für jeden Teil des Verfahrens gibt es Aufgabenblätter, die

Lösungen werden dort von den Kindern eingetragen. Für den Testleiter finden sich detaillierte Instruktionen für Durchführung und Auswertung der einzelnen Testteile im Beiheft.

5.4 Zeit: Die durchschnittliche Bearbeitungszeit für die einzelnen Seiten (Gesamttest 14 Seiten) liegt bei 14 Minuten.

6. Auswertung

6.1 Modus: Die Auswertung beinhaltet im wesentlichen die Fehleranalyse. Dazu gibt es zu jedem Testteil differenzierte Hinweise im Testmanual. Anzahl und Art der Fehler werden auf einer Auswertungsseite erfaßt.

6.2 Zeit: Keine Angaben, pro Seite ca. 2 Minuten.

7. Gütekriterien

7.1 Objektivität: Durchführungs- und Auswertungsobjektivität sind gewährleistet.

7.2 Reliabilität: Die Reliabilität des Gesamtverfahrens beträgt r = .94 (Cronbachs Alpha), für die Teile 1 und 2 zusammen r = .90 (N = 494).
Schwierigkeits- und Trennschärfekoeffizienten liegen für die einzelnen Aufgabengruppen vor.

7.3 Validität: Keine Angaben der Autoren; Inhaltsvalidität kann aber als gegeben unterstellt werden.

7.4 Normen: Das Verfahren wurde 1993 an 494 Schülerinnen und Schülern aus 6 Bundesländern erprobt. Normwerte existieren nicht.
Es können individuelle Profile erstellt werden.

Verfasserin: Silvia Andrée

Diagnostischer Rechentest für 3. Klassen (DRE 3)

K. Samstag, A. Sander und R. Schmidt
Hrsg.: K. Ingenkamp
Weinheim: Beltz Test GmbH, 2. Auflage 1992

1. Testart Schultest, Rechentest

2. Testmaterial Testhandbuch (19 Seiten), Aufgabenbogen A und B. Lösungsschlüssel A und B, Klassenliste; zusätzlich: Bleistift.

3. Testgliederung 44 Aufgaben zu den Grundrechenarten, davon 40 Zahlenaufgaben und 4 Textaufgaben, angeordnet in aufsteigender Aufgabenschwierigkeit.

4. Grundkonzept Der DRE ist ein inhaltsvalider Rechentest für das dritte Schuljahr. Er kann als Gruppen- oder Einzeluntersuchung durchgeführt werden. Die Auswertung ist als Leistungs- und als diagnostischer Test möglich. Bei einer Auswertung als diagnostischer Test kann entweder die Erstellung eines Fehlerprofils für die Häufigkeit des Auftretens von in der Eichstichprobe häufigen Fehlertypen erfolgen oder ein Lösungsstammbaum mit der Methode des lauten Denkens erstellt werden. Das Fehlerprofil umfaßt die Fehlertypen Zuzählen, Abziehen, Ergänzen, Vervielfachen, Teilen, Dekadische Strukturierung, Zehnerüberschreitung, Hunderterüberschreitung und Textverständnis.

5. Durchführung **5.1 Alter:** 3. Schuljahr.

5.2 Formen: Parallelformen A und B.

5.3 Handhabung: Bei der Durchführung als Gruppenuntersuchung teilt der Lehrer zu Beginn der ersten von zwei Unterrichtsstunden die Testbogen aus, und die Schüler bearbeiten nach kurzer Instruktion die Aufgaben selbständig. Während der Pause zwischen den beiden Schulstunden verlassen die Schüler den Raum und setzen die Bearbeitung bei Beginn der zweiten Stunde fort. Nach Abschluß werden vorzeitig fertiggewordene Schüler mit Stillarbeit beschäftigt. Bei Prozentrangplätzen von 10 oder weniger empfehlen die Autoren die Durchführung einer Einzeluntersuchung. Hierbei können durch den Testleiter Hilfen bei der Bearbeitung gegeben werden, und die Schüler werden zum lauten Denken aufgefordert.

5.4 Zeit: Zwei Schulstunden (minimal 12 Minuten, durchschnittlich 69 Minuten, maximal 93 Minuten).

6. Auswertung **6.1 Modus:** Bei der Auswertung als Leistungstest: Vergleich der Schülerantworten mit Lösungsschlüssel. Außerdem ist die Erstellung eines Fehlerprofils möglich. Dies zeigt, welche Fehlertypen von den einzelnen Probanden besonders häufig begangen werden. Bei der Auswertung als diagnostischer Einzeltest: Die protokollierten Äußerungen der Schüler im Rahmen des lauten Denkens werden im Hinblick auf das Auftreten von Fehlern im Lösungsprozeß analysiert. Hierzu wird ein Lösungsstammbaum erstellt, der korrekte und irreleitende Einzelschritte bei der Aufgabenbearbeitung darstellt.

6.2 Zeit: Keine Angaben.

7. Gütekriterien

7.1 Objektivität: Weitgehend gewährleistet. Die Aufteilung der Bearbeitungszeit zwischen Zahlen- und Textaufgaben wird davon abhängig gemacht, wann 90 % der untersuchten Schüler fertig sind. Das kann zwischen verschiedenen Klassen variieren.

7.2 Reliabilität: Split-Half-Reliabilität: nach der Odd-even-Methode für beide Formen jeweils r = .94. N = 1537 für Form A, N = 1438 für Form B. Paralleltestreliabilität r = .91 (N = 283).

7.3 Validität: Inhaltsvalidität laut Lehrplan des 3. Schuljahres (Stand 1970). Korrelation mit den Zeugnisnoten in Rechnen für Form A r = .58 (N = 1407), für Form B r = .60 (N = 1310).

7.4 Normen: Die Eichstichprobe (N = 2975) umfaßt alle alten Bundesländer, bei leichter Über- bzw. Unterrepräsentation einzelner Bundesländer. Prozentrang- und T-Normen liegen getrennt für Jungen (N = 1535) und Mädchen (N = 1440) vor, jeweils zusammengefaßt für beide Parallelformen.

Verfasser: Stephan Kröner

Mathematiktest für 2. Klassen (MT 2)

G. Feller (in Zusammenarbeit mit K. Hugow)
Hrsg.: K. Ingenkamp
Weinheim: Beltz Verlag, 2. Auflage 1992

1. Testart Schultest, Rechentest

2. Testmaterial Handanweisung (DIN A4, 24 Seiten), Testhefte, Auswertungsbogen. Zusätzlich werden benötigt: farbige Stifte, Tafel, Kreide.

3. Testgliederung Der MT 2 besteht aus sechs Untertests mit insgesamt 17 Aufgabenkomplexen, die sich aus je zwei bis vier Aufgaben zusammensetzen.

1. UT 1: Gegenstände klassifizieren, ordnen (2 Aufgabenkomplexe)
2. UT 2: Zahlen – Zahlen ordnen, Zahlenraum, Zahlenverständnis (4 Aufgabenkomplexe)
3. UT 3: Grundlegung der Zahloperationen (2 Aufgabenkomplexe)
4. UT 4: Addition (5 Aufgabenkomplexe)
5. UT 5: Subtraktion (2 Aufgabenkomplexe)
6. UT 6: Multiplikation (4 Aufgabenkomplexe)

4. Grundkonzept Motivation für die Entwicklung des MT 2 war es, in der Mathematik stärker prophylaktisch zu arbeiten: Schülerinnen und Schüler mit partiellem oder gänzlichem Versagen in den mathematischen Grundkenntnissen und -fertigkeiten sollen frühzeitig erkannt werden, um ggf. Fördermaßnahmen einleiten zu können. Dazu soll mit dem Test eine objektive Hilfe bei der Einschätzung und Beurteilung von Schülerleistungen geboten werden. Für die von ihm erfaßten Bereiche ermöglicht er die Erstellung eines Leistungsprofils für die gesamte Schulklasse wie auch für die einzelnen Schüler. Als Gruppentest soll der MT 2 größere Lücken in der Lernzielerreichung bei einzelnen Schülern, kleinen Schülergruppen oder der ganzen Klasse entdecken helfen. Als Individualtest eingesetzt sollen die Ergebnisse die schnellere Einschätzung der Voraussetzungen neu hinzu gekommener Schüler im erfaßten Bereich ermöglichen. Der Test wird darüber hinaus als Forschungsinstrument zur formativen Curriculumevaluation empfohlen.

5. Durchführung **5.1 Alter:** Am Ende des zweiten Schuljahres.

5.2 Formen: Einzel- und Gruppentestungen sind möglich. Der Test besteht aus zwei voneinander unabhängigen Teilen, die im Fall einer Gruppentestung im Sinne von Pseudo-Paralleltest-Formen vorgelegt werden.

5.3 Handhabung: Die zwei Teile des MT 2 werden an zwei aufeinanderfolgenden Tagen in jeweils einer Unterrichtsstunde bearbeitet. Die Instruktion ist in der Handanweisung standardisiert vorgegeben. Zusätzlich erstellt der

Lehrende vor der Testdurchführung zwei Tafelbilder, anhand derer er die Beispielaufgaben in den Testheften erläutert. Anschließend bearbeiten die Schüler die Aufgaben. Für Schüler, die sehr zeitig fertig werden, stehen in den Testheften einige zusätzliche Aufgaben („Zeitschlucker") bereit.

5.4 Zeit: Zwei Unterrichtsstunden. Dabei werden für die Vorbereitung einschließlich Instruktionen maximal 10 Minuten veranschlagt. Die Schüler können innerhalb der Unterrichtsstunde so lange arbeiten, bis sie fertig sind. In der Regel werden für die Bearbeitung eines Testteils 15 bis 30 Minuten benötigt.

6. Auswertung

6.1 Modus: Anhand des Auswertungsschlüssels und mit der zugehörigen Anleitung in der Handanweisung wird ein Rohwert für jeden Schüler ermittelt. Die Anleitungen zur Ermittlung der Untertestwerte, zur Erstellung individueller Leistungsprofile und zur Erstellung eines Klassenprofils sind ebenfalls in der Handanweisung enthalten. Anhand der Normentabelle für den Rohwert können Prozentrang, mittlerer T-Wert und T-Wert-Band ermittelt werden.

6.2 Zeit: Die Handanweisung macht dazu keine Angaben.

7. Gütekriterien

7.1 Objektivität: Die Objektivität kann sowohl für die Durchführung (standardisierte Instruktionen) als auch für die Auswertung (Auswerteschlüssel) als gegeben betrachtet werden. Objektivität der Interpretation wird durch ausführliche Richtlinien zur Interpretation (unter Normbezug und unter Lernzielbezug) sowie Interpretationsbeispiele angestrebt.

7.2 Reliabilität: Bei einer Stichprobe von 1707 Schülern aus 70 Schulklassen ergab sich eine Split-Half-Reliabilität des MT 2 von r = .94. Für die Untertests liegen die Werte zwischen r = .66 (UT 5) und r = .94 (UT 1). Die interne Konsistenz des MT 2 wurde mit der Kuder-Richardson-Formel 20 bestimmt. Sie liegt für den Gesamttest bei r = .94, die Werte für die Untertests liegen zwischen r = .78 (UT 2) und r = .89 (UT 1).

7.3 Validität: Die inhaltliche Validität des MT 2 wird aufgrund der Übereinstimmung mit den Lernzielen in den Lehrplänen verschiedener Bundesländer beansprucht. Zur Beurteilung der aktuellen curricularen Validität müssen allerdings auch die seit der Testkonstruktion vollzogenen Veränderungen in den Lehrplänen berücksichtigt werden (z. B. im Hinblick auf die Mengenlehre). Des weiteren wurde die Korrelationen des Testergebnisses mit der Mathematiknote (also dem Lehrerurteil) für 500 Schüler aus der Stichprobe bestimmt. Der Korrelationskoeffizient (vermutlich Pearsons Produkt-Momentkorrelation) liegt bei r = –.60.

7.4 Normen: Die Normierung erfolgte an einer Stichprobe von 1707 Schülern zweiter Klassen aus 8 der alten Bundesländer. Keine systematischen Unterschiede hinsichtlich der Testergebnisse ergaben sich für die Variablen Alter und Geschlecht. In der Normentabelle der Handanweisung werden neben den Parametern der Häufigkeitsverteilung auch Prozentrangbänder, mittlere T-Werte und T-Wert-Bänder angegeben.

Bearbeiter: Frank Fischer

Mathematiktest für Abiturienten und Studienanfänger (MTAS)

G.A. Lienert und M. Hofer
Göttingen: Hogrefe, 1972

1. Testart Schultest

2. Testmaterial Handanweisung, Testbogen mit Testanweisung der Formen A und B, Auswertungsschablonen für Testformen A und B; zusätzlich: Schreibpapier, Schreibgerät, Uhr.

3. Testgliederung Der MTAS besteht aus 95 Aufgaben, die den drei Untertests Algebra (40 Aufgaben), Geometrie und analytische Geometrie (27 Aufgaben) sowie Funktionen (28 Aufgaben) zugeordnet sind. Die Untertests sind in der genannten Reihenfolge angeordnet. Zu jeder Aufgabe existieren drei Antwortmöglichkeiten, von denen genau eine richtig ist.
Die Aufgaben wurden in fünf Vorformen nach mittlerer Schwierigkeit und höchster Trennschärfe (bezogen auf den jeweiligen Untertest) konstruiert. Jeder Untertest beginnt mit vier bis fünf „Eisbrecher-Aufgaben“, die in der Regel von fast allen Testteilnehmern gelöst werden können. Die weitere Anordnung der Aufgaben erfolgt nach ansteigender Schwierigkeit, wobei gelegentlich leichtere Aufgaben eingestreut sind, um die Testmotivation aufrechtzuerhalten.

4. Grundkonzept Der MTAS prüft Mathematikkenntnisse, wie sie nach den zum Zeitpunkt der Testerstellung gültigen Lehrplänen an Gymnasien im deutschsprachigen Raum vermittelt werden sollten. Die Autoren sehen im MTAS ein Instrument, das Abiturienten bei der Studienwahl unterstützen, Studienanfängern die individuelle Studienplanung erleichtern und Dozenten ermöglichen soll, die Inhalte von Einführungsveranstaltungen dem Kenntnisstand der Studienanfänger anzupassen.

5. Durchführung **5.1 Alter:** Keine Angaben (Abiturienten und Studienanfänger).

5.2 Formen: Der MTAS kann als Einzel- oder Gruppentest durchgeführt werden. Der Test liegt in zwei Parallelformen (Form A und Form B) vor.

5.3 Handhabung: Bei der Durchführung als Gruppentest verteilt der Testleiter abwechselnd die Testbogen der Parallelformen A und B an die Testteilnehmer. Er fordert zum Lesen der Testanweisung und der Beispiele sowie zum Eintragen der Personaldaten auf und weist darauf hin, daß die Aufforderung zum Umblättern abgewartet werden soll. Der Testleiter weist darauf hin, daß schriftliche Zwischenrechnungen auf dem Testbogen oder auf Schreibpapier erlaubt, sonstige Hilfsmittel aber nicht zulässig sind. Wenn alle Testteilnehmer bereit sind, gibt er das Startzeichen zur Bearbeitung des Tests. Die Testteilnehmer kreuzen die ihrer Meinung nach richtigen Antworten an. Nach Ablauf der Bearbeitungszeit gibt der Testleiter das Stoppzeichen und sammelt alle Testbogen ein.

5.4 Zeit: 60 Minuten Bearbeitungszeit.

6. Auswertung

6.1 Modus: Der MTAS kann als Gesamttest oder nach Untertests getrennt ausgewertet werden. Sowohl bei der Auswertung des Gesamttests als auch bei der Auswertung der Untertests wird mit Hilfe der Auswertungsschablonen als Rohwert die Anzahl der richtig gelösten Aufgaben bestimmt.

6.2 Zeit: Keine Angaben (ca. 5 bis 10 Minuten).

7. Gütekriterien

7.1 Objektivität: Die Objektivität des Verfahrens kann als gegeben angesehen werden, da Durchführung, Auswertung und Interpretation standardisiert sind.

7.2 Reliabilität: Für die Gruppen der Abiturienten (N = 200) und der Studienanfänger in Psychologie (N = 100) wurde die innere Konsistenz sowohl des Gesamttests als auch der Untertests nach der Kuder-Richardson-Formel 8 (vgl. Lienert & Raatz, 1994, S. 193) berechnet. In der Sequenz Gesamttest, Algebra, Geometrie und analytische Geometrie, Funktionen ergaben sich für die Abiturienten die Werte r = .91, .82, .76, .87 und für die Studienanfänger in Psychologie r = .91, .83, .82, .87. Die Paralleltestzuverlässigkeit des Gesamttests sowie der Untertests wurde für die Gruppe der Studienanfänger in Psychologie (N = 66) unter Verwendung einer mit der Endversion des MTAS weitgehend identischen Vorversion bestimmt. In der oben genannten Reihenfolge ergaben sich die Werte r = .91, .75, .82 und .84.

7.3 Validität: Zur Prüfung der Gültigkeit des MTAS wurden die Rohwerte des Gesamt- wie auch der Untertests von N = 660 Studienanfängern mit der Abiturnote im Fach Mathematik korreliert. Es ergaben sich in der Reihenfolge Gesamttest, Algebra, Geometrie und analytische Geometrie, Funktionen die Werte r = .33, .33, .22 und .16. Bei einer getrennten Berechnung der entsprechenden Korrelationen für die Gymnasialtypen neusprachlich, altsprachlich und mathematisch-naturwissenschaftlich ergaben sich jeweils etwas höhere Werte. Für N = 445 Studienanfänger der Psychologie und N = 347 Studienanfänger der Mathematik lieferte die Berechnung der punktbiserialen Korrelationen zwischen Testergebnis und gewähltem Studienfach die Werte r = .52, .44, .49 und .39. Weiterhin ergab die Korrelation der über das Wahrscheinlichkeitsintegral transformierten Testergebnisse mit den Abschlußleistungen der Übung „Statistik I" bei N = 122 Psychologieanfängern die Werte r = .40, .35, .20 und .19. Die nach einer Wahrscheinlichkeitsintegral-Transformation berechneten Korrelationen des Gesamttests mit den Untertests liegen zwischen r = .74 und r = .84, die Interkorrelationen der Untertests zwischen r = .27 und r = .55 (N = 1891). Aufgrund der im Vergleich zum Zeitpunkt der Testkonstruktion veränderten Lehrpläne für Gymnasien kann der MTAS heute nur noch bedingt inhaltliche Validität beanspruchen.

7.4 Normen: Die Normen basieren auf den Daten von N = 1891 Personen, davon 1181 Abiturienten und 710 Studienanfänger der Psychologie, denen der Test im Mai 1970 kurz vor dem Abitur bzw. zu Beginn des Wintersemesters 1970/71 vorgelegt wurde. Von den Abiturienten besuchten 747 ein neusprachliches oder Aufbaugymnasium, 96 ein altsprachliches und 243 ein mathematisch-naturwissenschaftliches Gymnasium. Bei den Psychologieanfängern absolvierten 323 ein neusprachliches, 131 ein altsprachliches oder Aufbaugymnasium und 162 ein mathematisch-naturwissenschaftliches Gymnasium. Separate Normentabellen für Abiturienten und Psychologieanfänger mit Prozenträngen und Standardwerten liegen sowohl für den Gesamttest als auch die Untertests vor. Weiterhin existieren für den Gesamttest getrennt nach Abiturienten und Psychologieanfängern Normentafeln mit Prozenträngen und Standardwerten, in denen nach Schultypen differenziert wird. Eine Normentafel des Gesamttests gibt Prozentränge und Standardwerte für Psychologieanfänger an, deren Abitur bis zu einem Jahr (N = 233), zwischen ein und zwei Jahren (N = 151) und länger als zwei Jahre (N = 295) zurückliegt. In Anbetracht der seit der Entwicklung des Verfahrens vergangenen Zeit erscheint eine Überarbeitung der Normen erforderlich.

8. Literatur

Lienert, G.A. & Raatz, U. (1994). *Testaufbau und Testanalyse* (5. Aufl.). Weinheim: PVU.

Todt, E. & Wiesner, G. (1972). Gustav A. Lienert und Manfred Hofer: Mathematiktest für Abiturienten und Studienanfänger (M-T-A-S) [Testrezension]. *Diagnostica, 18,* 139–140.

Bearbeiter: Heiko Großmann

Rechentest RT 9+ (RT 9+)

M.H. Bremm und R. Kühn

Hrsg.: Deutsches Institut für Internationale Pädagogische Forschung, Frankfurt a. M.
Weinheim: Beltz Test GmbH, 1992

1. Testart Schulleistungstest

2. Testmaterial Handanweisung (DIN A4, 18 Seiten), Aufgabenheft (DIN A4, 6 Seiten), Lösungsschablone; zusätzlich: je Schüler ein Stift.

3. Testgliederung 39 Aufgaben mit folgenden Untertests:
1. Bruchrechnen (6 Aufgaben)
2. Prozentrechnen (7 Aufgaben)
3. Zinsrechnen (3 Aufgaben)
4. Gleichungen (4 Aufgaben)
5. Potenzen und Wurzeln (4 Aufgaben)
6. Rechnen mit Größen (15 Aufgaben)

4. Grundkonzept Der RT 9+ ist ein Test zur Überprüfung von Mathematikleistungen für Schüler am Ende der 9. Hauptschulklasse bzw. zu Beginn der 10. Klasse sowie für Jugendliche zu Beginn einer Ausbildung oder Beschäftigung. Er wurde basierend auf den Lehrplänen der Bundesländer sowie mehreren Mathematikbüchern konstruiert.

5. Durchführung **5.1 Alter:** Ab 9. Hauptschulklasse.

5.2 Formen: Als Gruppen- und Einzeltest durchführbar. Es existiert nur eine Form.

5.3 Handhabung: Nach kurzen Informationen über den Zweck der Testung füllen die Schüler eine Seite mit biographischen Angaben aus. Der eigentliche Test wird am Stück bearbeitet und nicht durch Instruktionen unterbrochen.

5.4 Zeit: 90 Minuten.

6. Auswertung **6.1 Modus:** Die Antworten werden mit Hilfe einer Schablone ausgewertet, auf der alle als richtig anerkannten Lösungen verzeichnet sind. Halbe Punkte werden nicht vergeben.

6.2 Zeit: Keine Angaben.

7. Gütekriterien **7.1 Objektivität:** Die Durchführungs-, Auswertungs- und Interpretationsobjektivität des RT 9+ sind gewährleistet.

7.2 Reliabilität: Die nach Spearman-Brown aufgewertete Testhalbierungsreliabilität beträgt $r_{tt} = .91$ für Hauptschüler (N = 3099) und $r_{tt} = .81$ für Realschüler (N = 92). Die Konsistenz nach Hoyt (1941) beträgt r = .89.

7.3 Validität: Die curriculare Validität des Verfahrens ist aufgrund seiner auf der Analyse von Lehrplänen sowie Schulbüchern basierenden Konstruktionsweise gegeben. Hinsichtlich der Zahl der Aufgaben in den einzelnen Bereichen müssen dabei angesichts der Heterogenität des Inhaltsbereichs im Hinblick auf die Testökonomie gewisse Abstriche hingenommen werden (z. B. nur eine Aufgabe zur Potenzrechnung).
Die faktorielle Struktur (keine Angaben zur Stichprobengröße, wahrscheinlich unter Verwendung der Normierungsstichprobe berechnet) stimmt in Teilen mit der inhaltlichen Struktur der Subtests überein, unterscheidet sich jedoch auch davon: So läßt sich beispielsweise das Bruchrechnen faktoriell in Addition und Subtraktion vs. Multiplikation und Division von Brüchen andererseits aufspalten. Außerdem laden Aufgaben aus den Subtests 2, 4 und 6 auf einem Faktor. Daten zur Korrelation mit anderen Verfahren oder externen Kriterien wie z. B. Schulnoten werden im Handbuch nicht berichtet.

7.4 Normen: Die Eichung wurde vor den Sommerferien 1990 anhand einer für das Bundesgebiet weitgehend repräsentativen Stichprobe von N = 3099 Hauptschülern durchgeführt. Niedersachsen und Bremen nahmen an der Normierungsstudie nicht teil. Zusätzlich wurden N = 92 Realschüler getestet. Es liegen separate Normentabellen für Haupt- und Realschüler mit T-Werten und Prozenträngen vor. Außerdem werden Mittelwerte und Standardabweichungen separat für die einzelnen Bundesländer ausgewiesen.

Bearbeiter: Stephan Kröner

Rechentest 1. bis 3. Klasse

A. Lobeck
Basel: Beltz Schultests für die Schweiz, 1987

1. Testart
Schultest

2. Testmaterial
Beiheft (26 Seiten) mit Anleitung und Normwerten, je 1 Testheft 1. bis 3. Klasse, je 1 Korrekturblatt 1. bis 3. Klasse; zusätzlich: Bleistift, Uhr.

3. Testgliederung
Der Test umfaßt 40 Aufgaben pro Klassenstufe. die Aufgaben sind den Bereichen Arithmetik (Zahlenraum, Operationen, Symbole), Relationen, Mengen sowie Größen oder Sachtextaufgaben zugeordnet.

4. Grundkonzept
Das Verfahren soll das Ausmaß der Rechenschwierigkeiten bei Schülern der 1. bis 3. Klasse aufzeigen. Der Rechentest berücksichtigt die gebräuchlichen Mathematiklehrbücher der Kantone der deutschsprachigen Schweiz. Das Feststellen von Rechenschwierigkeiten, insbesondere die qualitative Analyse der falsch gelösten Aufgaben, liefert Informationen über mögliche Hilfen (Nachhilfe, Rechentherapie, heilpädagogische Förderung). Es wird zwischen isolierter Rechenschwäche einerseits und Rechenschwäche als Ausdruck und Folge von beeinträchtigter Lernfähigkeit andererseits unterschieden.

5. Durchführung
5.1 Alter: Schüler der 1. bis 3. Klasse der Grundschule.

5.2 Formen: Der Test ist als Einzel- und Gruppentest durchführbar.

5.3 Handhabung: Die Schüler erhalten das Testheft und tragen die Lösungen der Aufgaben dort ein. Detaillierte Durchführungsanweisungen finden sich im Beiheft.

5.4 Zeit: Nicht limitiert, der Test sollte aber nach einer Schulstunde abgebrochen werden. Durchschnittlich werden 29 Minuten benötigt.

6. Auswertung
6.1 Modus: Unter Einbeziehung des beiliegenden Korrekturblattes werden die Aufgaben nach „richtig" und „falsch" korrigiert, die Anzahl der nichtgelösten Aufgaben wird ermittelt. Die Anzahl der richtigen Lösungen wird auf dem Kopfblatt des Tests notiert.
Für die 2. und 3. Klasse sind einige Korrekturbesonderheiten zu beachten (s. Beiheft).
Bei schwachen Testleistungen wird eine qualitative Beurteilung durch Interpretation der falsch gelösten Aufgaben angeraten. Für jede Klassenstufe werden dazu im Beiheft (S. 23 ff.) Charakteristika der einzelnen Aufgabengruppen beschrieben.

6.2 Zeit: Keine Angaben, pro Schüler ca. 5 bis 10 Minuten.

7. Gütekriterien

7.1 Objektivität: Unter Einhaltung der Instruktionen sowie unter Einbeziehung des Korrekturblattes und der Korrekturbesonderheiten für die 2. und 3. Klasse (Beiheft) sind Durchführungs- und Auswertungsobjektivität gewährleistet.

7.2 Reliabilität: Für jede Aufgabe werden im Beiheft Schwierigkeits- und Trennschärfekoeffizienten, geordnet nach Klassenstufen, angegeben.
Ansonsten keine Angaben.

7.3 Validität: Die Validität wird nachgewiesen durch die Korrelation zwischen Testergebnissen und erreichten Schulnoten. Die Koeffizienten betragen r = .60 für die 1. und 3. Klasse sowie r = .63 für die 2. Klasse (N = 388 bis 500 für die jeweiligen Klassenstufen).

7.4 Normen: Die Eichung erfolgte 1985 an 463 Schülern der ersten Klasse, 500 Schülern der 2. Klasse und 388 Schülern der 3. Klasse aus den Kantonen der deutschsprachigen Schweiz.
Für den Gesamttest existieren Prozentränge und Quartile sowie äquivalente Schulnotenwerte jeweils für die einzelnen Klassenstufen. Hier können die Testwerte (Anzahl der richtigen Lösungen) zugeordnet werden.

Verfasserin: Silvia Andrée

Rechentest 4.–6. Klasse

A. Lobeck

Basel: Beltz Schultests für die Schweiz, 1990

1. Testart Schultest

2. Testmaterial Beiheft (23 Seiten) mit Anleitung und Normwerten, je 1 Testheft 4. bis 6. Klasse, je 1 Korrekturblatt 4. bis 6. Klasse; zusätzlich: Bleistift, Stoppuhr.

3. Testgliederung Der Test umfaßt 45 Aufgaben pro Klassenstufe. Die Aufgaben sind den Bereichen Zahl- und Operationsbegriffe, Größen und Maßeinheiten, Mengen und Maßeinheiten, Textaufgaben sowie Geometrische Darstellungen zugeordnet.

4. Grundkonzept Das Verfahren erlaubt einerseits die quantitative Bewertung der Mathematikleistungen, bezogen auf den vermittelten Schulstoff. Berücksichtigt werden die Mathematiklehrbücher der Kantone der deutschsprachigen Schweiz. Die quantitative Analyse der falsch gelösten Aufgaben liefert andererseits Hinweise auf die Rechenschwierigkeiten des Schülers, aus denen Hilfsmaßnahmen (Therapie, Nachhilfe) abgeleitet werden können. Es wird zwischen Rechenschwäche (Dyscalculie) und lückenhafter (schwacher) Rechenfähigkeit unterschieden.

5. Durchführung **5.1 Alter:** Schüler der 4. bis 6. Klasse.

5.2 Formen: Der Test ist als Einzel- und Gruppentest anwendbar.

5.3 Handhabung: Die Schüler erhalten das Testheft und tragen die Lösungen der Aufgaben dort ein. Instruktionen für den Testleiter finden sich im Beiheft.

5.4 Zeit: Nicht limitiert, der Test sollte aber nach 100 Minuten abgebrochen werden. Durchschnittlich werden 70 Minuten für die 4. Klasse, 81 Minuten für die 5. Klasse und 67 Minuten für die 6. Klasse benötigt.

6. Auswertung **6.1 Modus:** Auf der Grundlage des Korrekturblattes werden die richtig, falsch oder nicht gelösten Aufgaben markiert und zusammengezählt. Die Summe der richtig gelösten Aufgaben ergibt den Testwert.
Die falsch oder nicht gelösten Aufgaben geben Hinweise für die qualitative Bewertung von Rechenschwierigkeiten (Beiheft S. 20 f.).

6.2 Zeit: Keine Angaben, pro Schüler ca. 5 bis 10 Minuten, bei qualitativer Auswertung länger.

7. Gütekriterien **7.1 Objektivität:** Durchführungs- und Auswertungsobjektivität sind unter

Beachtung der Instruktionen bzw. unter Einbeziehung des Korrekturblattes gewährleistet.

7.2 Reliabilität: Für jede Aufgabe werden im Beiheft Schwierigkeits- und Trennschärfekoeffizienten, geordnet nach Klassenstufen, angegeben. Ansonsten keine Angaben.

7.3 Validität: Die Validität wird durch Korrelation zwischen Testergebnissen und erreichten Schulnoten nachgewiesen. Die Koeffizienten betragen $r = .63$ (Pearson) für die 4. Klasse, $r = .67$ für die 5. Klasse und $r = .75$ für die 6. Klasse ($N = 500$ für die jeweilige Klassenstufe).

7.4 Normen: Die Eichung erfolgte 1986 und 1988 an jeweils 500 Schülern der 4. bis 6. Klasse aus den Kantonen der deutschsprachigen Schweiz. Für den Gesamttest existieren Prozentränge und Quartile sowie äquivalente Schulnotenwerte jeweils für die einzelnen Klassenstufen. Hier können die Testwerte zugeordnet werden.

Verfasserin: Silvia Andrée

1. LEISTUNGSTESTS

1.4.7 Sonstige Schultests

● = ja
○ (fett) = teilweise
❍ = nein
k.A.= keine Angaben

Testname	Autor(en)	Seite	Durchführung					Auswertung			Gütekriterien				Alter
			Gruppentest	Parallelform	Zeitangabe netto (Min.)	Zeitangabe brutto (Min.)	computergestützte Fassung	Schabl./Schlüss.	Auswertungssoftw.	Zeitangabe (Min.)	Objektivität	Reliabilität	emp. Validität	Normen	(Jahre oder Schuljahre (J/Sj))
Allgemeiner Deutscher Sprachtest (ADST)	Steinert	465	●	❍		225	❍	●	❍	15	●	●	●	●	8–17 J
Anweisungs- und Sprachverständnistest (ASVT)	Kleber u.a.	468	●	❍	35	50	❍	●	❍		●	●	●	❍	1.–2. Sj
Arbeitsverhaltensinventar (AVI)	Thiel u.a.	470	●	❍		45	●	●	❍		●	●	●	●	11.–13. Sj
Beurteilungshilfen für Lehrer (BFL)	Janowski u.a.	473	❍	❍			❍	●	❍		❍	❍	❍	❍	6–18 J
Bildungs-Beratungs-Test für 3. und 4. Klassen (BBT 3–4)	Ingenkamp	475	●	●	59	90	❍	●	❍		●	●	●	●	3.–4. Sj
Bildungs-Beratungs-Test (Konvergentes Denken) für 4. bis 6. Klassen (BBT 4–6)	Ingenkamp u.a.	477	●	●	58	90	❍	●	❍		●	●	●	●	4.–6. Sj
Diagnostischer Leistungstest Englisch 5/6 (DLE 5–6)	Doyé u.a.	479	●	❍	87	110	❍	●	❍		●	●	❍	●	5.–6. Sj
Diagnostischer Test Deutsch (DTD)	Nauck u.a.	481	●	●	58	90	❍	●	❍		○	●	○	●	4.–6. Sj
Diagnostisches Soziogramm (DSO)	Müller	483	●	❍		30	❍	❍	❍	90	●	❍	❍	❍	2.–9. Sj
Fragebogen Kooperation und Wettbewerb (FKW 4–8)	Littig u.a.	485	●	❍		20	❍	●	❍		●	●	●	○	4.–8. Sj
Hörverstehenstest für 4. bis 7. Klassen (HVT 4–7)	Urban	488	●	●		135	❍	●	❍		●	●	●	●	4.–7. Sj
Kreativitätstest für Vorschul- und Schulkinder (KVS-P)	Krampen	490	❍	❍		65	❍	●	❍		●	●	●	○	4–12 J
Lern- und Arbeitsverhaltensinventar (LAVI)	Keller u.a.	493	●	❍		30	●	●	❍		●	●	●	●	5.–10. Sj

● = ja
o = teilweise
❍ = nein
k.A.= keine Angaben

Testname	Autor(en)	Seite	Durchführung					Auswertung			Gütekriterien				Alter
			Gruppentest	Parallelform	Zeitangabe netto (Min.)	Zeitangabe brutto (Min.)	computergestützte Fassung	Schabl./Schlüss.	Auswertungssoftw.	Zeitangabe (Min.)	Objektivität	Reliabilität	emp. Validität	Normen	(Jahre oder Schuljahre (J/Sj))
Linzer Fragebogen zum Schul- und Klassenklima für die 4.–8. Klassenstufe (LFSK 4–8)	Eder u.a.	496	●	❍		20	❍	●	❍		●	●	●	●	4.–8. Sj
Linzer Fragebogen zum Schul- und Klassenklima für die 8.–13. Klasse (LFSK 8–13)	Eder	498	●	❍		25	●	●	❍		●	●	●	●	8.–13. Sj
Schulleistungstest Deutsch für 4. Klassen (CT-D 4)	Raatz u.a.	501	●	**o**	30	45	❍	●	❍	5	**o**	●	**o**	●	4. Sj
Sozialfragebogen für Schüler für 4. bis 6. Klassen (SFS 4–6)	Petillon	503	●	❍		90	❍	●	❍		●	●	**o**	●	4.–6. Sj
Soziometrischer Test für 3.–7. Klassen (ST 3–7)	Petillon	506	●	❍		15	❍	●	❍		●	●	●	●	3.–7. Sj
Testbatterie Grammatische Kompetenz (TGK)	Tewes u.a.	509	●	❍	29	45	❍	❍	❍	10	**o**	●	**o**	●	10–12 J

Allgemeiner Deutscher Sprachtest (ADST)

J. Steinert

Braunschweig: Westermann, 1978

1. Testart Schultest

2. Testmaterial Handanweisung, Testhefte, Auswertungsblätter; zusätzlich: Schreibwerkzeug, Stoppuhr, evtl. Cassettenrecorder.

3. Testgliederung Der Test gliedert sich in die Hauptteile A (Lese- und Schreibfertigkeiten), B (sprachliche Fertigkeiten beim Hören) und C (Fertigkeiten beim Sprechen). Er besteht aus 24 Subtests, die sich aus der Kombination der 6 Bezugsebenen der „Empirischen Sprachdidaktik“ (s. u.) mit den 4 sprachlichen Fertigkeiten Hören, Lesen, Sprechen und Schreiben ergeben. Die einzelnen Subtests enthalten – mit Ausnahme von Subtest B6 – jeweils 10 Items. In zwei Subtests sollen zu einem Bild Geschichten erfunden und mündlich erzählt bzw. aufgeschrieben werden.

4. Grundkonzept Der ADST soll der umfassenden Untersuchung der Sprachbeherrschung und der Aufdeckung spezifischer Leistungsdefizite von Schülern dienen. Die Bezugstheorie des ADST ist die „Empirische Sprachdidaktik“ von Messelken. Entsprechend ist die sprachliche Leistungsfähigkeit in sechs Bezugsebenen aufgeteilt: (1) Textematik (Texte), (2) Lexematik (Wörter, Begriffe), (3) Morphematik (Wort-Grammatik), (4) Syntagmatik (Satzgrammatik), (5) Phonematik (Laute/Buchstaben) und (6) Prosodie (Betonung). Die Kombination mit den sprachlichen Fertigkeiten (Hören, Lesen, Sprechen und Schreiben) ergibt die nach Schwierigkeit gestufte Taxonomie des Tests. Diese Taxonomie ermöglicht differenzierte Analysen und Planungen für den Deutschunterricht. Die zugrundeliegende Theorie wird ausführlich dargestellt, so daß auch ein in der Linguistik und ihrer Begrifflichkeit nicht geschulter Testanwender die Möglichkeit hat, das Grundkonzept und seine Implikationen zu verstehen.

5. Durchführung **5.1 Alter:** Der Test ist grundsätzlich für die Anwendung bei 8- bis 17jährigen Schülern aller Schultypen konzipiert. Der Einsatz in den Klassen 5 bis 9 der Sonderschule für Lernbehinderte, den Klassen 3 und 4 der Grundschule sowie in den Klassen 5 bis 10 der Haupt- und Realschule und des Gymnasiums ist vorgesehen.

5.2 Formen: Als Einzel- oder Gruppentest durchführbar. Keine Parallelformen.

5.3 Handhabung: Die Testteile A, B und C werden in der Regel der Reihe

nach durchgeführt. Grundsätzlich sind die Testteile aber auch unabhängig voneinander durchführbar.
Teil A (Lesen/Schreiben) wird als Stillarbeit vorgegeben. Es dürfen keine Zwischenfragen beantwortet werden.
Teil B (Hören): Die in der Handanweisung ausformulierten Aufgaben werden vom Lehrer vorgelesen und im Testheft von den Schülern beantwortet. Es ist auf gleichmäßiges Lesetempo zu achten; es wird empfohlen, den Text vorab auf Band zu sprechen.
Für Teil C (Sprechen) gibt es drei verschiedene Durchführungsmöglichkeiten: mit Hilfe eines Sprachlabors, mittels mehrerer Cassettenrecorder (bei diesen Möglichkeiten werden die Antworten aufgezeichnet) oder im Einzeltest (der Testleiter protokolliert die Antworten bzw. Fehler des Schülers).
Für einige Untertests liegen genaue Zeitangaben vor, die der Handanweisung zu entnehmen sind. Es werden jeweils zwei Übungsbeispiele pro Subtest gegeben.

5.4 Zeit: Teil A: Gesamtdauer 2 Schulstunden; 70 Minuten für Test 1 bis 10; 20 Minuten für Test 11.
Teil B: Gesamtdauer 1 Schulstunde; reine Testzeit ca. 30 Minuten.
Teil C: In Abhängigkeit von der gewählten Methode 1 bis 2 Schulstunden.

6. Auswertung

6.1 Modus: Die richtigen Lösungen der Einzelaufgaben sind der Handanweisung zu entnehmen. Die Rohwerte der Untertests ergeben sich als Summe der Fehler und werden auf dem Auswertungsbogen vermerkt. Nach der Transformation in „Fehler-Prozent“ ergibt sich ein Leistungsprofil für die Einzeltests, das mit dem Profil der Eichstichprobe (im Hinblick auf Schultyp, Klasse, Alter, Geschlecht sowie Schicht) verglichen werden kann. Diese Auswertung kann auch für die Sprachfertigkeiten und -ebenen durchgeführt werden. Für die beiden Untertests, in denen Erzählungen geschrieben bzw. erzählt werden sollen, wird eine gesonderte Sprachstandsanalyse durchgeführt.
Die verschiedenen Aspekte der Auswertung und Interpretation sind ausführlich in der Handanweisung beschrieben.

6.2 Zeit: 8 bis 15 Minuten pro Proband.

7. Gütekriterien

7.1 Objektivität: Die Voraussetzungen einer hohen Durchführungs-, Auswertungs- und Interpretationsobjektivität werden durch wörtliche Testanweisungen, Auswertungsvorschriften und Interpretationshilfen gewährleistet.

7.2 Reliabilität: Es liegen nach der Split-Half-Methode berechnete Reliabilitätskoeffizienten für die einzelnen Subtests, die Sprachebenen und die Sprachfertigkeiten für Stichprobengrößen zwischen N = 1187 und N = 4350 vor. Die Koeffizienten der Einzeltests liegen zwischen r = .67 und r = .94. Für die Sprachfertigkeiten liegen die Koeffizienten zwischen r = .92 und r = .96; für die Sprachebenen ergeben sich Werte zwischen r = .83 und r = .95. Die Gesamtreliabilität des Tests beträgt r = .98.

7.3 Validität: Der Autor beansprucht für das Verfahren logisch-inhaltliche Gültigkeit aufgrund der theoriegeleiteten Testkonstruktion und des engen Bezugs zu den Lehrrichtlinien im Fach Deutsch.
Konstruktvalidität: Eine Faktorenanalyse an N = 845 Schülern sowie an der Gesamtstichprobe von N = 4845 erbrachte eine zweifaktorielle Lösung mit

den Faktoren auditive Perzeption und Differenzierung semantischer und grammatikalischer Aspekte auf der Wortebene sowie Diskrimination abstraktester Sprachsegmente.
Korrelation mit Außenkriterium (Intelligenz; N = 303):

LPS gesamt: r = .83
LPS sprachliche Untertests: r = .82
LPS nonverbale Untertests: r = .75.

Die Fertigkeit des Schreibens zeigte sich als besonders hoch korreliert mit Intelligenz (r = .83). Der Zusammenhang zwischen LPS und ADST war bei Schülern der sog. Unterschicht deutlich höher als in der oberen Mittelschicht (r = .65 in der Mittelschicht gegenüber r = .88 in der Unterschicht). Der Schultyp zeigte keinen Einfluß auf die Stärke des Zusammenhangs.

7.4 Normen: Es liegen Tabellen zur Umrechnung der Rohwerte in Prozentränge für Sonderschüler (5.–9.Klasse), für Grund- bzw. Hauptschüler (3.–10. Klasse), Realschüler (5.–10. Klasse) sowie für Gymnasiasten (5.–10. Klasse) für die 4 Sprachfertigkeiten und die 6 Sprachebenen getrennt nach Schulform und Klassenstufe vor. Die Normierung wurde an insgesamt 4747 Schülern unter Kontrolle der Schicht-, Geschlechter- und Altersverteilung vorgenommen.

Bearbeiterin: Susanne Brandler

Anweisungs- und Sprachverständnistest (ASVT)

E.W. Kleber und R. Fischer
Hrsg.: K. Ingenkamp
Weinheim: Beltz Test GmbH, 2. Auflage 1994

1. Testart Schultest

2. Testmaterial Beiheft mit Anleitung und Normtabellen (23 Seiten und Anhang mit Anweisung und Testaufgaben), ein Muster-Testheft, Auswertungsschablonen; zusätzlich: Schreibgerät.

3. Testgliederung Der ASVT umfaßt drei Bereiche:

- Anweisungsverständnis (Skala A)
- Sprachverständnis (Skala S)
- „Nachschlagen" (Skala N), besonders als Zusatzinformation zur Interpretation der vorgenannten Skalen (Hinweise auf „zusätzliches bzw. größeres Instruktionsbedürfnis" und auf „einfaches Instruktionsverständnis").

4. Grundkonzept Es gehört zu den notwendigen Voraussetzungen für eine erfolgreiche Teilnahme am Unterricht, daß die Schüler verbale Anweisungen des Lehrers richtig verstehen. Gerade in den ersten Klassen nach Schuleintritt können Verständigungsprobleme auftreten und die Lernsituation belasten, wenn interindividuelle Unterschiede im Instruktionsverständnis, die vor allem auch bei Ausländerkindern auftreten können, nicht berücksichtigt werden. Das Verfahren soll dazu dienen, diese Unterschiede innerhalb einer Klasse aufzudecken und jene Kinder zu ermitteln, die die im Unterricht gebräuchlichen Anweisungen nicht hinreichend verstehen, damit sie entsprechend gefördert werden können.

5. Durchführung **5.1 Alter:** Am Anfang des Schuljahres der ersten und zweiten Klassen.

5.2 Formen: Es handelt sich um einen Gruppentest.

5.3 Handhabung: Die Schüler haben bestimmte standardisierte Anweisungen, die der Lehrer mündlich vorträgt, auszuführen.

5.4 Zeit: Keine zeitliche Beschränkung, Einführung und Übung max. 10 bis 15 Minuten, reine Testzeit ca. 25 bis 35 Minuten.

6. Auswertung **6.1 Modus:** Die Auswertung wird mit Hilfe von Schablonen durchgeführt.

6.2 Zeit: Keine Angaben.

7. Gütekriterien **7.1 Objektivität:** Durchführung und Auswertung können als objektiv angesehen werden.

7.2 Reliabilität: Geprüft wurde die innere Konsistenz nach Kuder-Richardson. Sie liegt bei r = .84 für die Skala A und bei r = .81 für die Skala S (N = 159).

7.3 Validität: Der ASVT korreliert relativ hoch mit Schreib- und Leseleistungen (r = .68 bis .79; Skala A bzw. Skala S). Ein mittlerer Zusammenhang (r = .53) ergab sich zwischen dem ASVT und dem WSS 1 von Kamratowski, einem Wortschatztest. Die Korrelation mit einem Intelligenztest (Columbia Mental Maturity Scale 1 bis 3) beträgt r = .42 (für den Gesamttest). Für die Stichprobengröße liegen keine Angaben vor.

7.4 Normen: Auf die übliche, an Mittelwerten orientierte Normierung wurde verzichtet. Dafür werden kriterienorientierte Gruppierungen angegeben, die als Entscheidungshilfe für die Einleitung von Fördermaßnahmen dienen.

8. Literatur

Kamratowski, I. & Kamratowski, J. (o. J.). *Wortschatztest für Schulanfänger, WSS 1.* Weinheim: Beltz.

Bearbeiterin: Irene Ahrens

Arbeitsverhaltensinventar (AVI)

R.D. Thiel, G. Keller und A. Binder
Braunschweig: Westermann, 1979

1. Testart Schultest

2. Testmaterial Testheft mit Handanweisung, Frage- und Antwortbogen, Profilbogen sowie einer Anleitung zur Verhaltensmodifikation; zusätzlich: Bleistift.

3. Testgliederung Homogener Fragebogen mit 200 Items plus 6 Zusatzfragen.

4. Grundkonzept Ziel des AVI ist die Messung des komplexen Konstrukts „Arbeitsverhalten", das als bedeutender Prädiktor des Schul- und Studienerfolgs angesehen wird. Arbeitsverhalten wird dabei als multidimensionales Konstrukt verstanden, das sich neben der angemessenen Verwendung von Lern- und Arbeitstechniken auch aus motivationalen, emotionalen, personalen und sozialpsychologischen Komponenten zusammensetzt (Thiel & Keller, 1978). Zur Messung des Konstrukts wurden 20 bipolare Skalen konstruiert, die möglichst viele Aspekte des Arbeitsverhaltens erfassen sollen. Jede Skala wird durch 10 Items repräsentiert. Jedes Item ist in Form einer Aussage formuliert; als Antwortformat ist eine dreistufige Skala (3: voll zutreffend; 2: teilweise zutreffend, 1: nicht zutreffend) vorgegeben. Die Items sind z. T. negativ gepolt.

Bei den verwendeten Skalen handelt es sich im einzelnen um: (1) Anspruchsniveau, (2) Bedürfnisaufschub, (3) Erfolgsmotivation, (4) Lernmotiviertheit, (5) Mißerfolgsmotivation, (6) Selbstwertbild, (7) Stoffverarbeitung, (8) Aktualisierungsphase, (9) Gestaltung der Lernbedingungen, (10) Denken, (11) Lernen, (12) Mißerfolgstoleranz, (13) Rezeptionsphase, (14) Leistungskontrolle, (15) Streßresistenz, (16) Lernfeldunabhängigkeit, (17) Lernverhalten, (18) Lerntechniken, (19) Einstellung zur Schule, (20) Leistungsgefühle.

Anwendungsgebiete des AVI sehen die Autoren einerseits in der Schullaufbahndiagnostik, andererseits in der Diagnostik von Arbeits- und Lernverhaltensproblemen.

Der Test wird ergänzt durch eine Anleitung zur Modifikation des Arbeitsverhaltens (AVM), der Methoden, Techniken und Lerntips zur Modifikation der Motivation, Organisation, kognitiven Verarbeitung sowie der Konzentration enthält. Die einzelnen Bausteine können dabei jeweils einer AVI-Skala zugeordnet werden.

5. Durchführung **5.1 Alter:** Der Test ist konstruiert für Schülerinnen und Schüler der Sekundarstufe II.

5.2 Formen: Eine Standardform.

5.3 Handhabung: Anwendbar als Einzel- oder Gruppentest, z. B. im Klassenverband. Die Aufgabenbearbeitung erfolgt durch Eintrag der gewählten Antwortalternative (1, 2 oder 3) in einem Antwortbogen.

5.4 Zeit: Bearbeitungszeit inklusive Instruktion ca. 40 bis 45 Minuten.

6. Auswertung

6.1 Modus: Die Auswertung erfolgt von Hand auf der Basis des Antwortbogens. Dazu werden zunächst die Rohwerte pro Skala durch Addition der Itemwerte ermittelt. Dabei ist auf unterschiedliche Itempolungen zu achten. Bei negativ gepolten Items werden die numerischen Werte der Antworten umgekehrt. Entsprechende Items sind im Antwortbogen markiert. Die Rohwerte der Skalen werden mit Hilfe von Tabellen getrennt für Mädchen und Jungen in T-Werte (N (50,10)) transformiert. Die transformierten Skalenwerte werden schließlich in einen Profilbogen eingetragen.

6.2 Zeit: Keine Angaben.

7. Gütekriterien

7.1 Objektivität: Durchführungs- und Auswertungsobjektivität können auf Grund der standardisierten Testinstrumente als gesichert gelten.

7.2 Reliabilität: Anhand einer nicht näher beschriebenen Stichprobe wurde die Reliabilität mittels interner Konsistenzschätzung sowie an N = 42 Probanden die Retestreliabilität nach einem Jahr ermittelt. Die Autoren geben für den Gesamttest Konsistenzwerte getrennt nach Geschlecht zwischen r = .87 und r = .92 sowie getrennt nach Skalen und Geschlecht zwischen r = .28 und r = .67 an. Die Retestreliabilitäten liegen getrennt nach Skalen zwischen r = .28 und r = .77.

7.3 Validität: Zur Validierung wurde eine Stichprobe von N = 315 Schülern der gymnasialen Oberstufe (204 männlich; 111 weiblich) ausgewählt. Als Validierungskriterium wurde die Schulleistung, gemessen durch die Noten des Versetzungszeugnisses verwendet. Neben der Gesamtnote wurden dabei Durchschnittsnoten für naturwissenschaftliche und sprachliche Fächer sowie für Nebenfächer berechnet. Zur Schätzung der prädiktiven Validität wurde die multiple Korrelation zwischen den AVI-Skalen (als Prädiktor) und den Durchschnittsnoten (als Kriterien) gebildet. Die Autoren berichten multiple Korrelationen zwischen R = .53 und R = .68.
Zur Prüfung der Kriteriumsvalidität wurde eine Extremgruppenvalidierung mit N = 18 weiblichen und N = 16 männlichen lern- und arbeitsgestörten Klienten vorgenommen, deren mittlere Skalenausprägungen mit einer Normgruppe (s. u.) verglichen wurde. Bei 13 der 20 Skalen zeigen sich signifikante Mittelwertsunterschiede.
Weiterhin wurde eine Faktorenanalyse der Skalenwerte der Validierungsstichprobe getrennt nach Geschlecht durchgeführt, die eine fünf- bzw. sechsfaktorielle Lösung ergab. Die einzelnen Skalen lassen sich dabei weitgehend jeweils einem Faktor zuordnen. Zur Interpretation schlagen die Autoren für die Faktorenlösung folgende Bezeichnungen vor: (1) Frustrationsresistenz, (2) Ergotropie, (3) Kontextunabhängigkeit, (4) Erfolgsstreben, (5) Lernmethodik sowie für die weibliche Probandengruppe (6) Mißerfolgssensibilität.
Schließlich berichten die Autoren Korrelationen zwischen dem AVI und dem IST auf der Basis der Gesamtstichprobe (N = 315) sowie für zwei Teilstichproben Korrelationen zwischen AVI und FPI (N = 85) sowie dem AFS (N =

91). Die berichteten Korrelationen sind insgesamt eher gering (zwischen r = .18 und r = .40).

7.4 Normen: Es liegen Normwerte getrennt für männliche und weibliche Schüler auf der Basis einer Normierungsstichprobe mit N = 297 Schülerinnen und N = 235 Schülern getrennt für jede Skala vor, die zur Transformation der Testrohwerte in T-Werte verwendet werden.

8. Literatur

Thiel, R.D. & Keller, G. (1978). Das Arbeitsverhaltensinventar AVI – ein Testinstrument zur Diagnose des Arbeitsverhaltens. *Diagnostica, 24,* 329– 341.

Verfasser: Roland Brünken

Beurteilungshilfen für Lehrer (BFL)

A. Janowski, B. Fittkau und W. Rauer
Göttingen: Hogrefe, 1981

1. Testart Schultest, Verhaltensbeurteilung

2. Testmaterial Handanweisung (65 Seiten), Beurteilungsheft, Individualbogen; zusätzlich: Schreibgerät.

3. Testgliederung Die BFL umfassen fünf Merkmals-(Verhaltens-)Bereiche, denen insgesamt 16 Verhaltensmerkmale zugeordnet werden: Merkmals-Bereich „kognitives Verhalten" mit den Merkmalen (1) Intellektuelles Leistungs- und Sprachverhalten, (2) Kreatives Verhalten und intuitives Denken, (3) Kritisches Denken und Urteilen; Merkmals-Bereich „Arbeitsverhalten" mit den Merkmalen (4) Konzentrations-, Wahrnehmungs- und Merkverhalten, (5) Lern-, leistungsmotiviertes und allgemein interessiertes Verhalten, (6) Angemessenes Arbeits- und Leistungsverhalten, (7) Selbständiges, selbstgesteuertes und selbstbestimmtes Verhalten; Merkmals-Bereich „emotionale Widerstände" mit den Merkmalen (8) Schul-, prüfungsängstliches Verhalten, (9) Schulverdrossenes, apathisches Verhalten, (10) Aggressives Verhalten; Merkmalsbereich „Sozialverhalten" mit den Merkmalen (11) Soziales Selbstbehauptungsverhalten, (12) Sozial verantwortungsvolles und hilfsbereites Verhalten, (13) Sozial sensibles und kommunikatives Verhalten, (14) Kooperatives Verhalten, (15) Tolerantes, konstruktives Konfliktlösungsverhalten; „Praktisch-motorischer Bereich" mit dem Merkmal (16) Praktisch-motorisches Verhalten. Jedes der 16 Merkmale ist durch 8 „typische Verhaltensweisen" konkretisiert, so daß 128 Items für die Verhaltensbeurteilung vorliegen.

4. Grundkonzept Die Autoren führen in die allgemeinen Probleme der Schülerbeurteilung ein und stellen ihren Ansatz zur Systematisierung der Verhaltensbeobachtung von Schülern dar, der aber nicht den Anspruch erhebt, „ein in sich geschlossenes Gebäude zu repräsentieren" (S. 21). Die Auswahl der Verhaltensmerkmale ist ebenso eine „Setzung" (S. 21) wie ihre Konkretisierung in jeweils acht „typische Verhaltensweisen", die „unter Berücksichtigung vorliegender Forschungsbefunde . . ., eigener praktisch-pädagogischer Erfahrung sowie unsystematischer Interviews mit interessierten Lehrern" (S. 25) und unter Berücksichtigung von Expertenurteilen zustande kamen.

5. Durchführung **5.1 Alter:** Schüler ohne Altersbegrenzung (ca. 6 bis 18 Jahre).

5.2 Formen: Beurteilungsskalen.

5.3 Handhabung: Der Lehrer soll jeden seiner Schüler dahingehend beurteilen, wie viele der acht einer Skala zugeordneten „typischen Verhaltensweisen“ er schon einmal gezeigt hat. Die Häufigkeit, mit der eine „typische Verhaltensweise“ gezeigt wird, geht in die Beurteilung nicht mit ein. Lediglich wenn mehrere „typische Verhaltensweisen“ einer Skala beobachtet werden, erhöht das den Ausprägungsgrad der Skala, die vierstufig angelegt ist: (fast)keine, manche, etliche, (fast)alle.

5.4 Zeit: Keine Angaben.

6. Auswertung

6.1 Modus: Es werden Hinweise für die Interpretation der Beurteilungsergebnisse und für einige pädagogische Folgerungen (Forderungsmöglichkeiten) gegeben.

6.2 Zeit: Keine Angaben.

7. Gütekriterien

7.1 Objektivität: Keine Angaben.

7.2 Reliabilität: Keine ausreichenden Angaben. Die Autoren meinen, die Heranziehung „ausgewiesener Pädagogen“ für eine Expertenbefragung genüge zur Feststellung der Skalenhomogenität.

7.3 Validität: Es wird auf Ergebnisse einer Voruntersuchung von Janowski hingewiesen, die zwar an einer sehr großen Stichprobe, aber an einem anderen Itempool erhoben wurde. Diese Angaben enthalten keine befriedigenden Informationen über die faktorielle Struktur oder andere Gültigkeitsaspekte der vorgelegten Skalen.

7.4 Normen: Keine Angaben.

8. Literatur

Janowski, A. (1977). *Hamburger Skalen zur Einschätzung von Verhaltensmerkmalen von Schülern durch Lehrer.* Hamburg.

Bearbeiterin: Irene Ahrens

Bildungs-Beratungs-Test für 3. und 4. Klassen (BBT 3–4)

K. Ingenkamp
Hrsg.: K. Ingenkamp
Göttingen: Beltz Test GmbH, 3., überarbeit. Auflage 1999

1. Testart

Schultest, Intelligenztest

2. Testmaterial

Beiheft mit Anleitung und Normtabellen, je ein Muster-Testheft Form A und B sowie je ein Auswertungsschlüssel Form A und B; zusätzlich: Schreibgerät, Stoppuhr, Tafel und Kreide.

3. Testgliederung

Der BBT 3–4 besteht aus drei Untertests mit jeweils 20 Aufgaben:
- Wortbedeutung (WB)
- Zahlenreihen (ZR)
- Denkaufgaben (DA)

4. Grundkonzept

Der BBT 3–4 dient zur Untersuchung der intellektuellen Fähigkeiten, die für sprachliche und mathematische Lernprozesse von besonderer Bedeutung sind. Das Verfahren soll Hinweise für den allgemeinen Lernerfolg, insbesondere für den sprachlichen und mathematischen Lernbereich, liefern und kann zur Beratung von Schülern und Eltern herangezogen werden.

5. Durchführung

5.1 Alter: Geeignet für Schüler der 3. Klasse: 2. bis 4. Quartal und für Schüler der 4. Klasse: 1. und 2. Quartal.

5.2 Formen: Einzel- oder Gruppentest mit den Parallelformen A und B.

5.3 Handhabung: Die Testhefte enthalten für die drei Untertests ausführliche Anleitungen mit Übungsbeispielen für die Schüler. Detaillierte Anweisungen für den Lehrer sind im Beiheft enthalten. Die Schüler füllen unter Anleitung die Testhefte aus.

5.4 Zeit: Die reine Testzeit beträgt 59 Minuten. Für die Bearbeitung des Tests sind insgesamt (inkl. Instruktion und Pause) zwei Unterrichtsstunden zu veranschlagen.

6. Auswertung

6.1 Modus: Zur Auswertung stehen Lösungsschlüssel zur Verfügung. Für jeden Untertest, für die Untertestkombination (WB + DA, DA + ZR) und den Gesamttest können Rohwerte ermittelt und in Prozentrangwerte, T-Werte und IQ-Werte transformiert werden.

6.2 Zeit: Keine Angaben.

7. Gütekriterien

7.1 Objektivität: Durchführung, Auswertung und Interpretation können als objektiv bezeichnet werden.

7.2 Reliabilität: Untersuchungen zur Split-Half-Reliabilität ergaben für die 3. Klasse für beide Testformen einen Koeffizienten (Spearman-Brown) von r = .94, für die 4. Klasse einen Koeffizienten von r = .96 für die Form A und r = .94 für die Form B (N = 153 bis 155 je Klassenstufe und Form). Die Retest-Reliabilität (Intervall: 3 bis 15 Tage) für den Gesamttest erreicht r = .92 (N = 255).

7.3 Validität: Die Übereinstimmungsvalidität einer Vorform des BBT 3–4 (Version mit einem zusätzlichen vierten Untertest „Zahlenschrift") mit der CMM 1–3 erbrachte r = .62, mit dem BT 2–3 r = .73, mit der Intelligenzschätzung des Lehrers nach einer siebenstufigen Skala r = .67 (N = 345, 179 Jungen, 166 Mädchen) und mit dem HAWIK r = .75 (HAWIK-Unterstichprobe: N = 60 Jungen, 50 Mädchen). Die Vorhersageleistung des Verfahrens in bezug auf mathematische Leistungen liegt bei r = .67, in bezug auf Leistungen im Fach Deutsch bei r = .60 und im Fach Sachunterricht bei r = .61. Die Untersuchungen zur prognostischen Gültigkeit (N = 83 bis 316) wurden bis Mitte der 6. Klasse fortgeführt.

7.4 Normen: Die erste Eichung des BBT 3–4 wurde 1976/77 durchgeführt mit Normwerten für Schüler der 3. (N = 2890) und der 4. Klasse (N = 3522), getrennt nach „Alle Schüler", „Normalaltrige Schüler" und „Überalterte Schüler" sowie nach Gesamttest und Testkombinationen (WB + DA; DA + ZR). Eine Nacheichung des Tests (Klasse 3: N = 651, 318 Jungen und 333 Mädchen; Klasse 4: N = 1568, 810 Jungen und 758 Mädchen) wurde 1993/94 vorgenommen, die Normtabellen konnten auf vier begrenzt werden (Klasse 3: Gesamtpunktwerte und Teiltestwerte; Klasse 4: Gesamtpunktwerte und Teiltestwerte). Die Normierungsdaten werden jeweils als Prozentrang-Band, Mittlerer T-Wert und T-Wert-Band angegeben. Darüber hinaus enthält das Beiheft eine Tabelle zur Umwandlung von T-Werten in Intelligenzquotienten.

8. Literatur

Ingenkamp, K., Wolf, B., Christmann, H., Lissmann, U., Knapp, A. & Haenisch, H. (1977). *Bildungs-Beratungs-Test (Konvergentes Denken) für 4. bis 6. Klassen (BBT 4–6).* Weinheim: Beltz.

Bearbeiterin: Irene Ahrens

Bildungs-Beratungs-Test (Konvergentes Denken) für 4. bis 6. Klassen (BBT 4–6)

K. Ingenkamp, A. Knapp, B. Wolf u. a.
Hrsg.: K. Ingenkamp
Weinheim: Beltz Test GmbH, 2. Auflage 1992

1. Testart Schultest, Intelligenztest

2. Testmaterial Beiheft mit Anleitung und Normtabellen, je ein Muster-Testheft Form A und B sowie je ein Auswertungsschlüssel Form A und B; zusätzlich: Schreibgerät, Stoppuhr.

3. Testgliederung Der BBT 4–6 setzt sich aus folgenden vier Subtests zusammen:
- Satzteile
- Zahlenreihen
- Wortbedeutungen
- Denkaufgaben

4. Grundkonzept Das Verfahren soll helfen, den allgemeinen Schulerfolg auf der Basis konvergenter Denkleistungen vorherzusagen. Außerdem soll es Hinweise geben für differenziertere Prognosen im Hinblick auf den sprachlichen und den mathematischen Bereich von Schulleistungen.

5. Durchführung **5.1 Alter:** Geeignet für Schüler der 4. bis 6. Klassen aller Schularten.

5.2 Formen: Gruppentest mit den Parallelformen A und B.

5.3 Handhabung: Der Lehrer trägt die Testanweisungen vor, die Schüler schreiben ihre Lösungen in das Testheft.

5.4 Zeit: Die reine Testzeit beträgt 58 Minuten. Insgesamt sind zwei Schulstunden zu veranschlagen (90 Minuten).

6. Auswertung **6.1 Modus:** Da die Lösungen von den Schülern direkt in das Testheft eingetragen werden und nicht in zusätzliche Antwortbogen, entstehen kaum Übertragungsfehler. Dafür ist der BBT 4–6 weniger ökonomisch (Testhefte nur einmal verwendbar).

6.2 Zeit: Keine Angaben.

7. Gütekriterien **7.1 Objektivität:** Durchführung und Auswertung können als objektiv gelten.

7.2 Reliabilität: Die Halbierungszuverlässigkeit, aufgewertet nach Spearman-Brown, liegt bei r = .92 bis .95 (Stichprobengröße von N = 185 bis 190).

7.3 Validität: Die Vorhersageleistung des Verfahrens in bezug auf den allgemeinen Schulerfolg in den 5. bis 7. Klassen verschiedener Schularten reicht, bei einem Intervall bis zu annähernd zwei Jahren, von r = .40 bis .67 (Median: r = .61, N = 1500). Die differentielle Prognosefähigkeit im Bereich der Muttersprache variiert von r = .40 bis .54. Vorhersagen mathematischer Leistungen streuen von r = .36 bis .71. Validitätsstudien wurden an folgenden Stichproben durchgeführt: ca. 1200 Gesamtschüler, ca. 470 Gymnasiasten, ca. 490 Realschüler, ca. 125 Hauptschüler.

7.4 Normen: Die Eichstichprobe von N > 5000 stammt aus dem ganzen alten Bundesgebiet. Die Normen sind gegliedert nach Parallelformen, Klassenstufen und Schularten. Angegeben sind Prozentrang-Bänder, T-Werte und T-Wert-Bänder.

8. Literatur

Kühn, R. (1987). Welche Vorhersage ermöglichen Intelligenztests? In R. Horn et al. (Hrsg.), *Tests und Trends* (Bd. 6). Weinheim, Basel: Beltz.

Bearbeiterin: Irene Ahrens

Diagnostischer Leistungstest Englisch 5/6 (DLE 5–6)

P. Doyé und D. Lüttge
Braunschweig: Westermann, 1977

1. Testart

Schultest, Fremdsprachentest

2. Testmaterial

Handanweisung (27 Seiten), Testheft 1, Testheft 2, Bilderheft, Auswertungsliste zum Bilderheft und Gesamtergebnisliste als Kopiervorlagen, Tonband (zu bestellen); zusätzlich: Bleistifte, Radiergummis, Uhr, Tonbandgeräte bzw. Sprachlabor.

3. Testgliederung

Der DLE 5–6 besteht aus 8 Untertests:
1. Leseverständnis durch Zuordnung (LVZ)
2. Leseverständnis durch Antwortauswahl (LVA)
3. Sätze umformen (SU)
4. Brief schreiben (BS)
5. Hörverständnis (HV)
6. Antworten auf Fragen (AF)
7. Fragen stellen (F)
8. Sprechen zu einer Bildserie (SBS)

Die Untertests LVZ, LVA, SU und BS werden schriftlich durchgeführt, die Testteile HV, AF, F und SBS mündlich.

4. Grundkonzept

Der Test entstand vor dem Hintergrund der Diskussion um eine objektivere Leistungsfeststellung, als es durch herkömmliche Methoden zum damaligen Zeitpunkt möglich war. Er orientiert sich an den durch die Richtlinien der Bundesländer vorgeschriebenen Lernzielen und Lerninhalten des 5. Schuljahres. Neben der Feststellung individueller Schülerleistungen im Vergleich zu einer Bezugsgruppe ist der DLE 5–6 an der Aufgabe orientiert, die Lernbedingungen für den einzelnen Schüler zu verbessern.

5. Durchführung

5.1 Alter: Ende 5. bis Mitte 6. Schuljahr.

5.2 Formen: Als Gruppentest anwendbar, es existiert keine Parallelform.

5.3 Handhabung: Jedem Schüler wird ein Exemplar der Texthefte 1 und 2 und des Bildhefts ausgeteilt. Der Test sollte an zwei Tagen durchgeführt werden, wobei man mit dem schriftlichen Test, der im Klassenraum durchgeführt werden kann, beginnt. Jedem Untertest ist eine genaue Instruktion beigefügt, an die sich der Testleiter zu halten hat. Für den zweiten Teil, den mündlichen, werden fünf unterschiedliche Durchführungsmöglichkeiten vorgeschlagen, je nachdem ob ein Sprachlabor zur Verfügung steht oder ob man gegebenenfalls auf ein oder mehrere Tonbandgeräte zurückgreifen muß.

5.4 Zeit: Lösungszeit für den schriftlichen Teil: 55 Minuten. Gesamtbearbeitungszeit einschließlich Instruktion: 65 Minuten. Durchführungszeit für den mündlichen Teil: 32 Minuten, einschließlich Instruktion: 45 Minuten. Die Gesamttestzeit beträgt ca. 110 Minuten.

6. Auswertung

6.1 Modus: In der Handanweisung sind die richtigen Lösungen mit genauen Vorschriften zur Punktvergabe abgedruckt. Die nach der Auszählung erhaltenen Rohwerte je Untertest werden zu einem Gesamtrohwert aufsummiert. Diese lassen sich in Prozentränge und T-Werte umwandeln. Auswertungslisten zum Bildheft und Gesamttestergebnislisten erleichtern den Überblick über den Leistungsstand der Klasse. Die Einzelleistungen eines jeden Schülers werden im Schüler-Profil-Diagramm auf der Rückseite des Testhefts 1 dargestellt.

6.2 Zeit: Keine Angaben.

7. Gütekriterien

7.1 Objektivität: Durchführungs- und Auswertungsobjektivität sind bei genauer Beachtung der Vorschriften gewährleistet.

7.2 Reliabilität: Innere Konsistenz (nach Kuder-Richardson-Formel 20): r = .95; Standardmeßfehler: SE = (±) 5 Rohpunkte.

7.3 Validität: Da alle 8 Testteile an den Lehrzielen für den Englischunterricht im 5. Schuljahr orientiert sind, verfügt der DLE 5–6 über die nötige Inhaltsgültigkeit.

7.4 Normen: Die Eichung wurde an 949 Schülerinnen und Schülern aller Schultypen in acht verschiedenen Orten der Bundesrepublik durchgeführt. Für jeden Untertest und für den Gesamttest wurden Normtabellen mit Prozenträngen und T-Werten errechnet.

8. Literatur

Doyé, P. (1981). *Die Feststellung von Ergebnissen des Englischunterrichts.* Hannover: Schrödel.

Doyé, P. (1986). *Typologie der Testaufgaben für den Englischunterricht.* München: Langenscheidt-Longman.

Bearbeiterin: Irene Ahrens

Diagnostischer Test Deutsch (DTD)

J. Nauck und R. Otte
Braunschweig: Westermann, 1980

1. Testart Schultest

2. Testmaterial Handanweisung (38 Seiten), ein Testheft Form A (16 Seiten), ein Testheft Form B (16 Seiten) – beide einmal verwendbar; zusätzlich: Schreibgerät, Uhr für den Lehrer.

3. Testgliederung Der DTD besteht aus sechs Teilen:

1. Passiver Wortschatz (PW) – 22 Items: In vorgegebenen Hauptwörtern (Namen) ist ein falscher Buchstabe, wodurch ein sinnloses Wort entsteht. Die falschen Buchstaben sind durchzustreichen und durch die richtigen zu ersetzen. Beispiel: Pfeld
2. Analogiefindung (AF) – 22 Items: Zu vorgegebenen Wortpaaren sind weitere Analogien selbständig zu bilden. Beispiel: Mensch – Arme, Vogel –
3. Textstrukturierung (TS) – 22 Items: Einfache Sätze, deren Wörter graphisch nicht getrennt geschrieben worden sind, sollen durch senkrechte Striche strukturiert werden. Beispiel: HIER|STIMMT|ETWAS|NICHT
4. Instruktionsverständnis (IV) – 17 Items: Vorgegebene Arbeitsanleitungen sind genau zu lesen und auszuführen. Beispiel: 3 4 5 Verdopple die größte der drei Zahlen. Wenn das Ergebnis größer ist als das Dreifache der Zahl 4, dann ...
5. Leseverständnis (LV) – 18 bzw. 20 Items: Zu zwei Geschichten sollen 18 (Form A) bzw. 20 (Form B) Fragen beantwortet werden, die das Textverständnis prüfen.
6. Aktiver Wortschatz (AW) – zwei Aufgabenstellungen: Zu vorgegebenen Anfangsbuchstaben sollen innerhalb bestimmter Zeitgrenzen möglichst viele Wörter gefunden und aufgeschrieben werden.

4. Grundkonzept Das Verfahren soll Lernlücken von Schülern im Deutschunterricht aufdecken. Dem DTD liegt ein Modell zugrunde, das sich einerseits an den in Richtlinien benannten Leistungsbereichen des 4. bis 6. Schuljahres orientiert, andererseits alle im Deutschunterricht geforderten Leistungen auf eine geringe Zahl von sprachgebundenen „Basisleistungen“ zurückführt, die in den oben genannten sechs Testteilen geprüft werden sollen.

5. Durchführung **5.1 Alter:** 4. bis 6. Klasse.

5.2 Formen: Gruppentest mit den Parallelformen A und B.

5.3 Handhabung: Jeder Schüler erhält ein Testheft. Zu jedem Testteil sind die Instruktionen in vollem Umfang vorgeschrieben und Beispielaufgaben in das Testheft aufgenommen, die unter Leitung des Lehrers gemeinsam besprochen und gelöst werden. Es fehlen teilweise Hinweise auf die richtigen Lösungen bzw. Aufforderungen an den Lehrer, die Lösungen der Beispielaufgaben mit den Schülern durchzusprechen. Durch die zum Teil ungünstige Anordnung von Testanweisungen, Aufgabenbeispielen und Testaufgaben im Testheft (auf derselben oder auf der gegenüberliegenden Seite) besteht die Gefahr, daß sich einige Schüler über die Anweisung – erst mit dem Startsignal mit der Bearbeitung des jeweiligen Testteils zu beginnen – hinwegsetzen und sich damit Leistungsvorteile verschaffen.

5.4 Zeit: Die Testteile unterliegen folgenden Zeitbegrenzungen: Teil 1: 8 Minuten; Teil 2: 8 Minuten; Teil 3: 10 Minuten; Teil 4: 12 Minuten; Teil 5: 16 Minuten; Teil 6: zweimal 2 Minuten. Damit beträgt die Gesamttestzeit 58 Minuten netto. Wenn man die Testanweisungen und eine Pause von 5 Minuten einschließt, kommt man auf zwei Schulstunden (90 Minuten brutto).

6. Auswertung

6.1 Modus: Die Teiltests werden nach den Lösungsschlüsseln der Handanweisung ausgewertet. Die Rohwertsummen der Teiltests können in Prozentrang-Werte und T-Werte transformiert und in ein Leistungsprofil eingetragen werden (Rückseite des Testhefts).

6.2 Zeit: Keine Angaben.

7. Gütekriterien

7.1 Objektivität: Die unter 5.3 beschriebenen Besonderheiten beeinträchtigen möglicherweise die Durchführungsobjektivität. Hinsichtlich der Auswertung bestehen keine Bedenken.

7.2 Reliabilität: Berechnet und angegeben sind Cronbachs Alpha und Standardmeßfehler. Cronbachs Alpha streut zwischen $\alpha = .71$ und $\alpha = .86$ für die einzelnen Testteile. Der Gesamtwert liegt bei r = .92 (Form A) bzw. r = .89 (Form B); N = 1569 (Testform A), N = 1531 (Testform B).

7.3 Validität: Untersucht wurden korrelative Beziehungen zwischen den „Basisleistungen" im DTD und dem CFT 2 von Cattell und Weiß. Signifikante Zusammenhänge bestehen zwischen den Teilen (Testform A: N = 60; Testform B: N = 57) 1 (PW), 3 (TS) und 4 (IV) einerseits und dem Intelligenztestwert andererseits (Form A: PW r = .52, TS r = .50, IV r = .39; Form B: PW r = .36, TS r = .47, IV r = .52), der „fluid intelligence" (Cattell) mißt also eine grundlegende intellektuelle Leistungsdisposition, die von Erziehungseinflüssen weitgehend unabhängig sein soll. Da der DTD aber gerade als Unterrichtskontrolle zur Aufdeckung von „Lernlücken" verwendet werden soll, wäre es wichtiger zu wissen, inwieweit die „kristallisierte Intelligenz" mit dem vorliegenden Verfahren erfaßt werden kann.

7.4 Normen: Die Normen basieren auf einer Eichstichprobe von N = 1700, die aus verschiedenen Schulen der Bundesländer Niedersachsen, Hamburg und NRW stammen. Tabelliert sind die Normen in Prozenträngen, die in T-Werte umgewandelt werden können. Gegliedert sind die Normen nach Schularten: (1) Grundschule Klasse 4, (2) Orientierungsstufe Klasse 5, (3) Orientierungsstufe Klasse 6, (6) Eingangsstufe Klasse 5, (7) Eingangsstufe Klasse 6.

8. Literatur

Cattell, R.B. (1968). Are IQ Test intelligent? *Psychology today*, reprint series.
Weiß, R.H. (1972). *Grundintelligenztest CFT 2.* Braunschweig: Westermann.

Bearbeiterin: Irene Ahrens

Diagnostisches Soziogramm (DSO)

R. Müller
Braunschweig: Westermann, 1980

1. Testart

Schultest

2. Testmaterial

Handanweisung (DIN A4, 39 Seiten), 2 Fragebogen, Einzelauswertungsbogen, Gruppenauswertungsbogen; zusätzlich: Papier und Schreibgerät, Namensliste der Klasse, Auswertungsmaterial (muß bestellt werden).

3. Testgliederung

Das Diagnostische Soziogramm besteht aus drei Fragengruppen zu jeweils zwei Fragen:

1.1 „Mit welchen Mädchen oder Jungen deiner Klasse möchtest du am liebsten zusammensitzen?“ Positive aktive Wahl (AW+).
1.2 „Mit welchem Mädchen oder Jungen möchtest du auf keinen Fall zusammensitzen?“ Negative aktive Wahl (AW–).
2.1 „Was meinst du: Wer möchte wohl am liebsten mit dir zusammensitzen?“ Positive Individualvermutung (IV+).
2.2 „Was meinst du: Wer möchte wohl auf keinen Fall mit dir zusammensitzen?“ Negative Individualvermutung (IV–).
3.1 „Welche Mädchen oder Jungen sind wohl am beliebtesten in deiner Klasse?“ Positive Sozialvermutung (SV+).
3.2 „Welche Mädchen oder Jungen sind wohl am unbeliebtesten in deiner Klasse?“ Negative Sozialvermutung (SV–).

Auf dem Fragebogen befinden sich unter jeder Frage einige Leerzeilen, in die die entsprechenden Namen eingetragen werden. Bei den Fragen 1.1 und 1.2 wird mit der Frage „Warum?“ bei jedem Namen nach einer Begründung für die Wahl gefragt.

4. Grundkonzept

Das Grundkonzept geht auf den soziometrischen Ansatz von Moreno und Jennings (1945) zurück und bezieht in der zweiten Fragengruppe den Fragentyp nach Tagiuri (1952) mit ein. Das Soziogramm soll als Grundlage für die praktische soziale Erziehung in der Schulklasse dienen. Der Autor weist besonders darauf hin, daß die pädagogische Verwertung soziometrischer Ergebnisse nur dann möglich sei, wenn der Unterricht sozialintegrativ geführt werde, wenn es Gruppenunterricht in Form stabiler Lerngruppen gebe und wenn kontinuierliche Diskussionen sozialer und sachlicher Probleme mit den Gruppen und der ganzen Klasse stattfinden.

5. Durchführung

5.1 Alter: Erste bis neunte Klasse. In den ersten beiden Klassen ist nur die Beantwortung der Fragen 1.1 und 1.2 ohne Begründung sinnvoll (Vorderseite des DSO-Fragebogens). Da aber alle Kinder wenigstens in der Lage sein müssen, die Namen ihrer Mitschüler zu lesen und zu schreiben, sollte das

Verfahren im Regelfall erst ab der zweiten oder dritten Klasse angewendet werden.

5.2 Formen: Gruppentest ohne Parallelform.

5.3 Handhabung: Vor Durchführung und Befragung sind entweder die Vornamen der Schüler an die Tafel zu schreiben, oder es sind entsprechende Namenslisten auszuteilen. Der Lehrer trägt die in der Handanweisung (S. 6) vorgeschriebenen Instruktionen vor. Die Schüler füllen den Fragebogen selbständig aus.
Es sollte bei Testdurchführung möglichst kein Schüler fehlen.

5.4 Zeit: Ca. 30 Minuten.

6. Auswertung

6.1 Modus: Die Auswertungsprozedur ist aufwendig. Mit Matrizen und Auswertungslinealen wird die Auswertung erheblich vereinfacht. (In der Testmappe nicht enthalten, können aber als „Test und Auswertungsmaterial II" mit folgendem Inhalt bestellt werden: 35 Blatt Auswertungsmatrizen, 10 Auswertungslineale.) Es empfiehlt sich, die Auswertung an dem in der Handanweisung vorgegebenen Übungsbeispiel (S. 23–36) zu üben.

6.2 Zeit: Für Ungeübte beträchtlicher Zeitaufwand. Nach Einübung 20 bis 30 Minuten pro Fragengruppe, also 60 bis 90 Minuten für die Gesamtauswertung.

7. Gütekriterien

7.1 Objektivität: Durchführung und Auswertung können als objektiv angesehen werden.

7.2 Reliabilität: Nach Zusammenfassungen von Mouton et al. (1955) und Busk et al. (1973) ist die Stabilität soziometrischer Befragungen um so größer, je geringer das Befragungsintervall ist (1 Woche: r = .90; 7 bis 8 Monate: r = .54), je älter die Befragten sind und je länger sie sich kennen. Eine spezielle Untersuchung der Reliabilität des DSO ist nicht bekannt.

7.3 Validität: Auf deskriptiver Ebene (Wer wählt wen?) erscheint das Soziogramm inhaltlich gültig. Wird darüber hinaus auf nicht-beobachtbare psychologische Konstrukte (z. B. soziale Strukturen, Gruppenintegration, soziale Eigenschaften, Fähigkeiten der Fremdbeurteilung) geschlossen, fehlt es an empirischen Belegen, die für die pädagogischen Zielsetzungen hinreichende Relevanz besitzen.

7.4 Normen: Normwerte liegen nicht vor. Eine zur Interpretation herangezogene Untersuchung des Autors, an der 1234 Schüler des 3. bis 9. Schuljahres teilnahmen, stammt aus dem Jahr 1964.

8. Literatur

Busk, B.L., Ford, R.C. & Schulmann, J.L. (1973). Stability of sociometric responses in classrooms. *Journal of Genetic Psychology, 123.*
Moreno, J.L. & Jennings, H.H. (1945). Sociometric measurement of social configurations. *Sociometry Monograph, 3.*
Mouton, J.S., Blake, R.R. & Fruchter, B. (1955). The validity of sociometric responses. *Sociometry, 18.*
Tagiuri, R. (1952). Relational analysis: An extension of sociometric methods with emphasis upon social perception. *Sociometry, 15.*

Bearbeiter: Bernd Reiners

Fragebogen Kooperation und Wettbewerb (FKW 4–8)

K.E. Littig und M. v. Saldern
Hrsg.: K. Ingenkamp
Weinheim: Beltz Test GmbH, 1989

1. Testart Schultest

2. Testmaterial Handanweisung (DIN A4, 33 Seiten), Fragebogen, Auswerteschablone; zusätzlich: Schreibutensilien.

3. Testgliederung Der Fragebogen beinhaltet zehn Situationen, zu denen jeweils sechs Antwortmöglichkeiten angegeben werden. Für jede der sechs Reaktionsmöglichkeiten kreuzen die Schüler das für sie Zutreffende („stimmt" oder „stimmt nicht") an. Jede Alternative ist einer der folgenden Skalen bzw. Unterskalen zugeordnet:

Skala 1: Kompetitive Orientierung
Unterskala I: Individualistische Orientierung
Unterskala R: Rivalisierende Orientierung
Unterskala F: Feindliche Orientierung
Unterskala D: Defensive Orientierung

Skala 2: Kooperative Orientierung
Unterskala K: Kollektivistische Orientierung
Unterskala A: Altruistische Orientierung

4. Grundkonzept In der Schule sollten neben der reinen Wissensvermittlung auch Schülermerkmale außerhalb des kognitiven Bereiches beeinflußt werden. Der Lehrer sollte beispielsweise übersteigertes Konkurrenzdenken abbauen und die Schüler zu kooperativem Handeln befähigen.
Mit dem FKW 4–8 soll dem Lehrer geholfen werden, Informationen über die Kooperations- und Wettbewerbsbereitschaft seiner Schüler zu erlangen, damit er anschließend sinnvolle erzieherische Maßnahmen einleiten kann. Dies ist insbesondere bei zurückhaltenden Schülern, über deren Sozialverhalten der Lehrer meist nur wenige Kenntnisse besitzt, sinnvoll.
Die Ergebnisse ermöglichen Aussagen über die kompetitive und kooperative Orientierung der einzelnen Schüler. Dabei werden Kooperation und Wettbewerb jedoch nicht als zwei entgegengesetzte Pole einer Dimension, sondern als zwei unabhängige, offene Dimensionen betrachtet.
Für die Einzelfalldiagnostik liefern die Hauptskalen brauchbare Daten. Um Gruppenvergleiche anstellen zu können, sollten die Ergebnisse der Unterskalen herangezogen werden.

5. Durchführung **5.1 Alter:** Schüler der Klassenstufen 4 bis 8.

5.2 Formen: Das Verfahren kann als Einzel- oder Gruppentest durchgeführt werden.

5.3 Handhabung: Es handelt sich um einen Papier-und-Bleistift-Test. Detaillierte Anleitungen zur Testdurchführung finden sich im Beiheft.
Fragen zum Verständnis der geschilderten Situationen sollten vom Testleiter beantwortet werden, bevor die Schüler mit der Bearbeitung des Fragebogens beginnen. Es ist wichtig, daß alle den Inhalt der Fragestellungen verstanden haben. So kann eine Verfälschung der Ergebnisse vermieden werden.

5.4 Zeit: Das Ausfüllen des Fragebogens nimmt, nach Aussage der Autoren, maximal 20 Minuten in Anspruch. Sollten einige Schüler in dieser Zeit nicht fertig geworden sein, kann die Erhebung nach Ermessen des Testleiters beendet werden.

6. Auswertung

6.1 Modus: Die Auswertung erfolgt mit Hilfe einer Auswerteschablone und des auf der Rückseite jedes Fragebogens abgedruckten Auswertebogens. Es werden Punktwerte („stimmt“ = 1 Punkt; „stimmt nicht“ = 2 Punkte) aufaddiert. Ein niedriger Wert bedeutet somit, daß eine bestimmte Orientierung vorliegt, wohingegen ein hoher Wert besagt, daß eine Orientierung weniger ausgeprägt ist.

6.2 Zeit: Keine Angaben.

7. Gütekriterien

7.1 Objektivität: Da der Test in Fragebogenform mit gebundener Beantwortung und unter standardisierter Instruktion erfolgt, können sowohl Durchführung als auch Auswertung als objektiv bezeichnet werden.

7.2 Reliabilität: Zum Nachweis der Zuverlässigkeit wurden folgende interne Konsistenzen (Cronbachs Alpha) errechnet:

Skala 1: Kompetitive Orientierung ($\alpha = .92$)
Unterskala I: Individualistische Orientierung ($\alpha = .78$)
Unterskala R: Rivalisierende Orientierung ($\alpha = .80$)
Unterskala F: Feindliche Orientierung ($\alpha = .75$)
Unterskala D: Defensive Orientierung ($\alpha = .65$)

Skala 2: Kooperative Orientierung ($\alpha = .88$)
Unterskala K: Kollektivistische Orientierung ($\alpha = .78$)
Unterskala A: Altruistische Orientierung ($\alpha = .76$)

Die Retest-Reliabilität zwischen Schuljahresanfang und Schuljahresende liegt für die einzelnen Skalen zwischen $r_{tt} = .53$ und $r_{tt} = .61$ (N = 1512).

7.3 Validität: Das Verfahren beansprucht inhaltliche Gültigkeit. Schon während der Konstruktion des Verfahrens und bei der Überprüfung der Endfassung wurden Extremgruppenvalidierungen zwischen hoch kooperativen und hoch kompetitiven Schülern mittels eines Entscheidungsspiels durchgeführt (N = 1512). Die Schüler verhielten sich, nach den vorliegenden Ergebnissen, in der quasi-experimentellen Situation entsprechend ihren Selbstauskünften in den Fragebogen.

7.4 Normen: Die Eichstichprobe (N = 1512) umfaßte Schüler der 4. bis 8. Klasse aus dem Gymnasium, der Orientierungsstufe und der Grund-, Haupt- und Realschule. Allerdings weisen einige schulartspezifische Jahr-

gangsstufen einen sehr geringen Stichprobenumfang auf (z. B. 7. Klasse Realschule: N = 45).
Als Normen werden, aufgegliedert nach Schularten und Jahrgangsstufen, Prozentrangwerte, T-Werte und Prozentrang- und T-Wert-Bänder angegeben.

8. Literatur

Littig, K.E. & Saldern, M. v. (1989). *Fragebogen: Kooperation und Wettbewerb 4.–8. Klassen, FKW 4–8.* Weinheim: Beltz.
Petillon, H. (1990). Fragebogen: Kooperation und Wettbewerb 4. bis 8. Klassen (FKW 4–8) von Ernst Littig und M. v. Saldern. In K. Ingenkamp & R.S. Jäger (Hrsg.), *Tests und Trends. Jahrbuch der pädagogischen Diagnostik* (Bd. 8, S. 216–219). Weinheim: Beltz.
Schmidt, A.R. (1990). Fragebogen: Kooperation und Wettbewerb 4. bis 8. Klassen (FKW 4–8) von Ernst Littig und M.v. Saldern. In K. Ingenkamp & R.S. Jäger (Hrsg.), *Tests und Trends. Jahrbuch der pädagogischen Diagnostik* (Bd. 8, S. 220–222). Weinheim: Beltz.

Verfasserin: Susanne Bichlmaier

Hörverstehenstest für 4. bis 7. Klassen (HVT 4–7)

K.K. Urban
Weinheim: Beltz Test GmbH, 1986

1. Testart Schultest

2. Testmaterial Beiheft, Testheft Form A und B, Tonkassette und Auswertungsschablonen; zusätzlich: Schreibgerät und Kassettenrecorder.

3. Testgliederung Der HVT 4–7 umfaßt 100 Items und gliedert sich in 6 Untertests: Laute unterscheiden (LU), Sofortiges Erinnern (SE), Anweisungen folgen (AF), Bedeutungen erkennen (BD), Betonungen erkennen (BT) und Texte verstehen (TV). Für Untertest 6 (Texte verstehen) liegen zwei Parallelformen vor, die aus jeweils 9 Items zu „Details behalten und wiederholen (Dw)“, 8 Items zu „Details im Zusammenhang verstehen (Dv)“, 4 Items zu „Zentrale Gedanken erkennen (ZI)“ und 4 Items zu „Schlüsse ziehen (Sz)“ bestehen.

4. Grundkonzept Mit dem HVT 4–7 soll die Fähigkeit gemessen werden, gesprochene Sprache wahrzunehmen, zu verarbeiten und zu verstehen. Überprüft werden Teilfähigkeiten auf der Laut-, der Wort-, der Satz- und der Textebene, genauer im phonologischen, lexikalischen, syntaktischen, semantischen, textthematischen und suprasegmentalen Bereich (Betonung, Satzmelodie) sowie unter Aufmerksamkeits- und Gedächtnisaspekten. Der HVT 4–7 kann darüber Auskunft geben, ob die Schüler einer Klasse in einem oder mehreren speziellen Teilfähigkeitsbereichen vergleichsweise schwächere Leistungen zeigen und dadurch diese im Unterricht stärker berücksichtigt werden sollten. Er kann zur Ermittlung und Überprüfung von Übungseffekten und Lernfortschritten eingesetzt werden. In Schulen für Sprachbehinderte kann der HVT als Informationsbasis für die Planung und Durchführung von Unterricht und Therapie dienen. Im Rahmen der pädagogischen und psychologischen Beratung kann der HVT zur Untersuchung, zur Erklärung und Diagnostik von Schulschwierigkeiten und Leistungsproblemen von Schülern herangezogen werden.

5. Durchführung **5.1 Alter:** 4. bis 7. Klasse.

5.2 Formen: Einzel- und Gruppentestung möglich.

5.3 Handhabung: Der Autor weist darauf hin, daß der HVT erst eingesetzt werden sollte, wenn die Schüler erste Erfahrungen im Umgang mit Tonträgern gemacht bzw. gemeinsam Hörspielen und -texten zugehört haben. Die Schüler erhalten jeweils ein Testheft (Antwortheft) und Schreibutensilien. Vor Testbeginn ermittelt der Testleiter durch Abspielen eines Probesatzes, ob die Lautstärke und die Tonhöhe für alle Schüler angemessen ist. Die

Anweisungen für den Testleiter sind ausführlich im Beiheft beschrieben (S. 14 ff.), die Anweisungen für die Schüler sind auf der Tonkassette enthalten.

5.4 Zeit: Die Durchführungsdauer beträgt etwa zwei bis drei Schulstunden.

6. Auswertung

6.1 Modus: Der Rohwert ist gleich der Anzahl der richtig gelösten Aufgaben. Die richtigen Lösungen werden mit Hilfe der Lösungsschablonen ermittelt. Für jeden Untertest kann ein Untertest-Rohwert und über alle Untertestergebnisse hinweg ein Gesamt-Rohwert berechnet werden. Die so ermittelten Rohwerte für die Untertests bzw. den Gesamttest können in Prozentrang-Werte bzw. T-Werte transformiert werden. Für die 4 Gruppen von Items des Untertests „Texte verstehen" kann mit Hilfe von Schablonen noch eine Zusatzauswertung vorgenommen werden, die darüber Auskunft gibt, bei welcher Art von Aufgabengruppen ein Schüler besondere Stärken bzw. Schwächen hat.

6.2 Zeit: Keine Angaben.

7. Gütekriterien

7.1 Objektivität: Die Durchführung und Auswertung können als objektiv bezeichnet werden.

7.2 Reliabilität: Die Konsistenzschätzungen (nach Gulliksen) für Untertests liegen für die 4. Jahrgangsstufe zwischen r = .68 und r = .88 (N = 735), für die 5. Jahrgangsstufe zwischen r = .74 und r = .87 (N = 193) und für die 6. Jahrgangsstufe zwischen r = .72 und r = .90 (N = 197). Der Reliabilitätskoeffizient für den Gesamttest für die drei Jahrgänge entspricht r = .97. Die Korrelationskoeffizienten der Form A und B (Untertest 6: Texte verstehen) liegen zwischen r = .70 und r = .86.

7.3 Validität: In fünf 6. Klassen schätzten Deutschlehrer die Hörverstehensfähigkeit der Schüler auf einer 9stufigen Skala ein (N = 488). Die Übereinstimmungskoeffizienten des HVT mit Lehrereinschätzungen liegen in diesen Studien zwischen r = .52 und r = .74.

7.4 Normen: Es existieren Normtabellen für drei Altersgruppen (9;5 bis 10;5 Jahre, 10;6 bis 11;5 Jahre, 11;6 bis 12;5 Jahre) und 4 Jahrgangsstufen (4., 5., 6. und 7. Klasse) sowie eine Vergleichstabelle für die 8. Jahrgangsstufe. Darüber hinaus liegen Normtabellen für Jahrgangsstufen einzelner Schularten (5. und 6. Jahrgang Gymnasium; 5. Jahrgang Orientierungsstufe in Realschule und Gesamtschule; 6. Jahrgang Orientierungsstufe in Gesamtschule; 6. und 7. Jahrgang Realschule sowie 7. und 8. Jahrgang Hauptschule) vor. Die Gesamtstichprobe beträgt N = 2886 und ist in ihrer Zusammensetzung (nach Bundesländern, Einwohnerzahlen der Schulorte, Jahrgang, Schulart und Geschlecht) im Begleitheft ausgewiesen.

Bearbeiterin: Irene Ahrens

Kreativitätstest für Vorschul- und Schulkinder (KVS-P)

G. Krampen
Göttingen: Hogrefe, 1996

1. Testart Entwicklungstest (Kreativitätstest)

2. Testmaterial Handanweisung (DIN A4, 58 Seiten), 5 Testhefte (DIN A4, 16 Seiten). Zusätzlich werden rotes und blaues Klebeband, ca. 40 Trinkbecher aus Kunststoff, ca. 40 runde Bierdeckel, ein Papierkorb, 10 farbige Filzstifte sowie eine Uhr (Minutengenauigkeit) benötigt.

3. Testgliederung Das Verfahren gliedert sich in 6, auf der Reaktionsebene weitgehend sprachfreie Subtests:

1. Fortbewegungsarten: Das Kind soll möglichst viele unterschiedliche Arten zu laufen, zu gehen, sich fortzubewegen ersinnen/vormachen.
2. Handlungsalternativen: Es sollen auf möglichst viele Arten Trinkbecher in einen Papierkorb verbracht werden.
3. Alternative Verwendungen: Es sollen möglichst viele unterschiedliche Verwendungen für Bierdeckel ersonnen werden.
4. Bilderraten: Es soll möglichst umfangreich zu einer unvollständigen Bildvorlage (Wellenlinie) assoziiert werden.
5. Gebundene Zeichnungen: Es soll die immer gleiche Zeichenvorlage (ein Oval) auf möglichst viele verschiedene Arten vervollständigt werden.
6. Freie Zeichnungen: In leere Felder sollen möglichst viele unterschiedliche Zeichnungen eingebracht werden.

4. Grundkonzept Der Autor unternimmt eine Diskussion ausgewählter Konzepte zur Kreativität (Strukturmodell des Intellekts nach Guilford, 1967; Berliner Intelligenzstrukturmodell nach Jäger, 1984; Investmenttheorie der Kreativität nach Sternberg und Lubart, 1991). Ziel des Verfahrens ist danach die Erfassung „divergenten“ (mehrgleisigen, kreativen) Denkens in Abgrenzung zum „konvergenten“ (eingleisigen, schlußfolgernden, „intelligenten“) Denken. Divergentes Denken soll dabei über die Vorgabe offener Problemstellungen (geringe Strukturiertheit der Ausgangssituationen, wenig Restriktionen) sowie offener Endzustände (unstrukturierte Zielvorgaben) erfaßt werden. Hierbei werden über verbale und/oder visuelle Stimulusvorgaben kinästhetische (und sekundär verbale) Reaktionen evoziert.

5. Durchführung **5.1 Alter:** 4- bis 12jährige Kinder.

5.2 Formen: Einzeltest.

5.3 Handhabung: Der KVS-P sollte in einer „informellen, motivational günstigen Atmosphäre ohne Zeitdruck“ (Handanweisung, S. 23) durchgeführt werden. Einige der Subtests werden im Raum, andere sitzend an einem Tisch durchgeführt. Die Reihenfolge der Untertests ist einzuhalten. Die jeweiligen Lösungsangebote des Kindes müssen vom Testleiter möglichst vollständig und präzise (und für andere Personen verständlich) im Testheft protokolliert werden; bei zu hohem Aktionstempo des Kindes soll es gebeten werden, etwas langsamer zu machen oder etwas zu warten. Für den Subtest „Freie Zeichnungen“ (6.) ist aus Gründen der Durchführungsökonomie eine zeitliche Begrenzung von 10 Minuten vorgesehen.

5.4 Zeit: Nach Angabe des Autors ca. 45 Minuten, mit einer „Streubreite“ (Handanweisung, S. 25) von 25 bis 65 Minuten.

6. Auswertung

6.1 Modus: Jeder Subtest wird nach den Aspekten 1. Anzahl („Ideenflüssigkeit“: Skala KVS-FLU) sowie 2. Unterschiedlichkeit („Ideenflexibilität“: Skala KVS-FLE) der geäußerten Ideen ausgewertet. Optional ist die Erfassung der jeweils aufgewendeten Zeit sowie für die Subtests 1. bis 3. die Anzahlen jeweils handelnd umgesetzter, verbal beschriebener sowie der sowohl handelnd durchgeführten als auch verbal (kommentierend) beschriebenen Ideen. Die Auswertung hinsichtlich der Ideenflüssigkeit erfolgt über die Auszählung der Lösungsvorschläge, im Einzelfall unter gewissen, schriftlich formulierten Beschränkungen; die Summe der Ideen liefert den Rohwert. Die Erfassung der Ideenflexibilität erfolgt über die Zuordnung der einzelnen Lösungsvorschläge zu subtestspezifisch vorgegebenen Kategorien, die Anzahl der vom Kind in Anspruch genommenen Kategorien bildet die Grundlage für den Rohwert. Die Rohwerte der Skalen „Ideenflüssigkeit“ sowie „Ideenflexibilität“ können in altersspezifische T-Werte (MW 50; SD 10) sowie Prozentrangwerte transformiert werden. Für die Interpretation legt der Autor eine Handhabung der „Ideenflüssigkeit“ als quantitativen, der „Ideenflexibilität“ als qualitativen Indikator nahe.

6.2 Zeit: Keine Angaben des Autors. Die Auswertungsdauer ist in hohem Maße abhängig von der Anzahl der vom Kind hervorgebrachten Ideen (und somit vor allem altersabhängig), weiter ist sie durch die Sorgfalt sowie den Modus Operandi des Testleiters bedingt. Nach eigenen Erfahrungen ist der Anteil der Auswertung an der Gesamttestdauer beträchtlich.

7. Gütekriterien

7.1 Objektivität: Die Auswertungsobjektivität wurde im Rahmen dreier Studien (N1 = 78; N2 = 52; N3 = 64) überprüft. Alle Testprotokolle wurden von einem bei der Testdurchführung nicht anwesenden Zweitauswerter ausgewertet. Die Interraterübereinstimmungen waren in bezug auf alle Subtests sowohl für den Aspekt „Ideenflüssigkeit“ als auch den Aspekt „Ideenflexibilität“ signifikant auf dem 1 %-Niveau und korrelierten zwischen r = .71 und r = .98.

7.2 Reliabilität: Die inneren Konsistenzen für die Skalen „Ideenflüssigkeit“ und „Ideenflexibilität“ wurden anhand der Daten aus der Normierungsstichprobe ermittelt. Es werden „Werte“ für die inneren Konsistenzen (nach Altersgruppen) zwischen r = .79 und r = .89 für die Skala KVS-FLU sowie zwischen r = .74 bis r = .82 für die Skala KVS-FLE angegeben. Dabei wurden jeweils nur geringe Interkorrelationen zwischen den Skalenwerten KVS-FLU und KVS-FLE ermittelt (r = .41 bis r = .54), was auf eine hinreichende

Differenzierungsleistung deutet. Für die Retestreliabilität wurden anhand dreier verschiedener Stichproben (s. o.; Testwiederholungsintervalle zwischen 4 und 12 Wochen) für die Skala KVS-FLU „Werte" zwischen r = .64 und r = .71, für die Skala KVS-FLE „Werte" zwischen r = .69 und r = .74 ermittelt.

7.3 Validität: Zur Einschätzung der Kriteriumsvalidität wurden zunächst für verschiedene Stichproben Korrelationen zwischen den KVS-Subskalen und dem „Test zum divergenten Denken" (TDK 4–4) ermittelt. Dabei zeigen sich durchgängig signifikante, in ihrer quantitativen Ausprägung jedoch geringe bis mittlere Korrelationen zwischen den (z. T. unter modifizierten Bedingungen ermittelten) TDK-Scores und der KVS-Skala „Ideenflüssigkeit"; die Korrelationen der TDK-Scores mit der KVS-Skala „Ideenflexibilität" waren (hypothesenkonform) nicht signifikant. Bezüglich der Selbsteinschätzung der Kinder sowie Fremdeinschätzungen (Lehrer bzw. Erzieher, Eltern) im Hinblick auf Ideenreichtum sowie Ideenvielfältigkeit lassen sich die Ergebnisse wie folgt zusammenfassen: die Selbsteinschätzungen (vor allem älterer Kinder) korrelieren signifikant mit den Ergebnissen in den jeweiligen KVS-Skalen, in der Ausprägung jedoch zum Teil nur sehr gering; über die Fremdeinschätzungen wurden durchgängig höhere (geringe bis mittlere) Korrelationen ermittelt. Der Umfang der Ergebnisse (Rohwerte) im KVS-P ist unabhängig von der Durchführungsdauer, was darauf deutet, daß etwas anderes erfaßt wird als lediglich die Zeit, welche sich die Kinder zur Bearbeitung der Aufgaben nehmen. Keine bedeutsamen Beziehungen sind auch zwischen den KVS-P-Skalen und Kriterien wie Intelligenz (SPM, CPM, HAWIK-R), Sprachentwicklungsstand (einzelne Subtests des HSET, AWST), der Konzentrationsfähigkeit (KT-1, Test d2) und der Feinmotorik (HDT) erkennbar, hier wurden durchgängig sehr geringe Korrelationen ermittelt. Auch in bezug auf Kriterien wie selbstbezogene Kognitionen (FKK-K), Wohlbefinden/seelische Gesundheit (SKDEP), Ängstlichkeit (AFS) und Persönlichkeitsmerkmale (PFK 9–14) wurden lediglich sehr geringe bis geringe statistische Zusammenhänge ermittelt. Für beide Skalen lassen sich nach Angabe des Autors hochsignifikante Mittelwertanstiege mit dem Alter nachweisen, Hinweise auf bedeutsame geschlechtsspezifische Unterschiede in den Leistungen konnten nicht gewonnen werden.

7.4 Normen: Für die Skalen „Ideenflüssigkeit" und „Ideenflexibilität" wurden an insgesamt 985 Kindern altersspezifische (9 Einjahresintervalle; minimale Kohortenstärke: N = 105) Prozentränge und T-Werte (Mittelwert 50; Standardabweichung 10) ermittelt. Über den Gesamtaltersbereich wurden 90 %- sowie 95 %-Vertrauensintervalle in bezug auf die Skalenrohwerte berechnet, weiter sind kritische Differenzen (statistische Bedeutsamkeit auf dem 5 %- sowie 10 %-Niveau) der Skalenwerte angegeben. Der Autor weist darauf hin, daß diese Normwerte jedoch „im Sinne eines explorativen diagnostischen Vorgehens lediglich als Orientierungshilfen . . . verwendbar" (Handanweisung, S. 49) seien.

Verfasser: Thorste Macha

Lern- und Arbeitsverhaltensinventar (LAVI)

G. Keller und R.D. Thiel
Göttingen: Hogrefe, 1998

1. Testart Schultest

2. Testmaterial Testheft bestehend aus Handanweisung, Frage- und Antwortbogen und Auswertungsschablonen; zusätzlich: Bleistift.

3. Testgliederung Homogener Test.

4. Grundkonzept Der LAVI erfaßt schulbezogenes Lern- und Arbeitsverhalten, das als wesentlicher Prädiktor schulischen Erfolgs bzw. Mißerfolgs angesehen wird (Schwarzer, 1980; Zielinski, 1995). Zur Erfassung des Lern- und ArbeitsverWhaltens enthält der Test 58 Items, die drei faktorenanalytisch gewonnene Skalen repräsentieren: (1) Arbeitshaltung, (2) Streßbewältigung und (3) Lerntechnik. Jedes Item enthält eine für den schulischen Kontext situationsspezifische Aussage (z. B. Item 2: „Du hast eine schlechte Note erhalten") sowie drei vorgegebene verhaltensorientierte Antwortalternativen (z. B. zu Item 2: (A1) „Ich bin niedergeschlagen"; (A2) „Ich versuche, den Mißerfolg zu vergessen"). Der Schüler wählt zu jedem Item diejenige Antwortalternative aus, die seinem eigenen Verhalten am ehesten entspricht. Weiterhin wurde jede der Antwortalternativen in einem nicht näher beschriebenen Expertenrating als lernstrategisch voll befriedigend (3), teilbefriedigend (2) oder nicht befriedigend (1) bewertet. Der Schüler erhält danach pro Item den durch das Expertenrating festgelegten Punktwert der von ihm gewählten Alternative.

Der LAVI wird von den Autoren als Alternative und Ergänzung zum AVI (Thiel, Keller & Binder, 1979) betrachtet, da er einerseits einen deutlich verringerten Testumfang besitzt und andererseits im Gegensatz zum AVI auch für Schüler der Klassenstufen 5 bis 10 einsetzbar ist.

Das Haupteinsatzgebiet des LAVI liegt im schul- und eignungsdiagnostischen Bereich, insbesondere in der Analyse von Lern- und Leistungsschwierigkeiten, sowie zur Feststellung von Trainingsbedarf im Bereich der Lern- und Arbeitstechniken.

5. Durchführung **5.1 Alter:** Schüler der Klassen 5 bis 10.

5.2 Formen: Eine Standardform.

5.3 Handhabung: Einsetzbar als Einzel- und Gruppentest, z. B. im Klassenverband. Die Aufgabenbearbeitung erfolgt durch Ankreuzen der gewählten Antwortalternative auf einem Antwortbogen.

5.4 Zeit: Ca. 30 Minuten.

6. Auswertung

6.1 Modus: Die Auswertung erfolgt von Hand mittels Schablonen. Dabei wird zunächst der Punktwert pro Antwort ermittelt, und die Punktwerte pro Skala werden zu einem Skalenrohwert addiert. Anhand einer Normwerttabelle werden die Skalenrohwerte in T-Werte transformiert und in ein Auswertungsprofil eingetragen. Weiterhin ist eine Auswertung der Verteilung von (im Sinne des Konstrukts) günstigen, weniger günstigen und ungünstigen Antworten wiederum für jede Skala getrennt anhand einer zweiten Schablone vorgesehen.

6.2 Zeit: Keine Angaben.

7. Gütekriterien

7.1 Objektivität: Durchführungs- und Auswertungsobjektivität können auf Grund der standardisierten Testmaterialien als gesichert gelten. Weiterhin liegt eine exemplarische Auswertung in der Handanweisung vor. Die Handanweisung beinhaltet darüber hinaus Interpretationshinweise und Anregungen für Fördermöglichkeiten.

7.2 Reliabilität: Anhand einer Stichprobe von N = 764 Schülern der Klassenstufen 5 bis 7 verschiedener Schularten ermitteln die Testautoren interne Konsistenzwerte für die drei Skalen zwischen r = .72 und r = .90. Für eine Stichprobe von N = 42 Gymnasiasten liegen die Retest-Reliabilitäten (in einem Zeitraum von 7 Monaten zwischen den Erhebungen) zwischen r = .68 und r = .78.

7.3 Validität: Hinweise auf die Validität des Verfahrens können den Daten einer Stichprobe mit N = 128 Realschülern und Gymnasiasten entnommen werden, für die neben den Ergebnissen im LAVI auch Daten des PSB und des AFS sowie die Halbjahresnoten in Deutsch, Englisch und Mathematik vorliegen. Die Autoren berichten die Ergebnisse einer Faktoren- sowie einer Regressionsanalyse. Die Faktorenanalyse zeigt, daß die LAVI-Skalen auf dem gleichen Faktor laden wie der AFS und die Untertests 9 und 10 des PSB. Die Regressionsanalyse mit den Schulnoten als abhängigen Variablen zeigt eine signifikante Varianzaufklärung (multiple Korrelation r = .47) durch die LAVI-Teilskalenrohwerte, insbesondere durch die Skala „Arbeitshaltung".
In einer sehr großen Stichprobe (N = 4321 Schüler) wurde eine Kurzform des LAVI zusammen mit einer Vielzahl anderer Variablen erhoben. Die ausschnittsweise wiedergegebenen Ergebnisse legen nahe, daß die LAVI-Skalen „Lernverhalten" und „Streßbewältigung" in einem bedeutsamen Zusammenhang zu anderen lernrelevanten Verhaltensweisen und zum Lernerfolg stehen.

7.4 Normen: Die Normierung des LAVI wurde anhand einer Stichprobe von N = 927 Schülerinnen und Schülern verschiedener Schulformen durchgeführt (genaue Angaben zur Stichprobe fehlen). Die Normen sind einheitlich für beide Geschlechter und alle Schulformen und Altersstufen in einer Tabelle in Form transformierter T-Werte angegeben.

8. Literatur

Schwarzer, C. (1980). *Gestörte Lernprozesse. Analyse von Lernschwierigkeiten im Schulsystem.* München: Urban & Schwarzenberg.

Thiel, R.D., Keller, G. & Binder, A. (1979). *Arbeitsverhaltensinventar AVI.* Braunschweig: Westermann.

Zielinski, W. (1995). *Lernschwierigkeiten. Ursachen, Diagnostik, Intervention.* Stuttgart: Kohlhammer.

Verfasser: Roland Brünken

Linzer Fragebogen zum Schul- und Klassenklima für die 4.–8. Klassenstufe (LFSK 4–8)

F. Eder und J. Mayr
Göttingen: Hogrefe, 2000

1. Testart Schultest

2. Testmaterial Handbuch (85 Seiten), Fragebogen (4 Seiten), Auswertungsschablone, Auswertungsblatt.

3. Testgliederung Der Fragebogen erfaßt vier Dimensionen des Klassenklimas, die sich auf Klassenebene zu einem Gesamtwert zusammenfassen lassen:
- Sozial- und Leistungsdruck: Wie stark erleben sich die Schüler als eingeschränkt und unter Druck und Leistungsstreß? Zusammengesetzt aus: Gerechtigkeit, Restriktivität, Komparation, Leistungsdruck, Unterrichtsdruck.
- Schülerzentriertheit: Fühlen sich die Schüler akzeptiert, unterstützt und aktiv einbezogen? Zusammengesetzt aus: Pädagogisches Engagement, Mitsprache, Vermittlungsqualität, Schülerbeteiligung und Kontrolle der Schülerarbeit.
- Lerngemeinschaft: Erleben sich die Schüler als eine gute und lernorientierte Gemeinschaft in der Klasse? Zusammengesetzt aus: Gemeinschaft und Lernbereitschaft.
- Rivalität und Störung: Erleben sich die Schüler als eine rivalisierende und zu lernfremden Tätigkeiten neigende Gruppe?

Darüber hinaus ist im Fragebogen ein Teil zur Schule als Ganzes enthalten, der zwei Dimensionen beinhaltet:
- Wärme: Wird die Schule, insbesondere die Lehrkräfte, als unterstützend, fürsorglich und persönlich erlebt?
- Strenge – Kontrolle: Wie stark ist das Verhalten der Schüler durch Vorschriften geregelt?

4. Grundkonzept Der Fragebogen dient zur Klärung der Frage, wie die Verhältnisse an einer Schule durch die Schüler wahrgenommen werden. Er hat drei mögliche Anwendungsgebiete: Diagnose der subjektiv erlebten Lernumwelt im Rahmen der Individualberatung, Verwendung als Rückmelde- und Evaluationsinstrument sowie als Erhebungsinstrument im Rahmen der Schulforschung.

5. Durchführung **5.1 Alter:** 4. bis 8. Klasse.

5.2 Formen: Einzel- und Gruppentest.

5.3 Handhabung: Die Schüler beantworten die als Likert-Items formulierten

Fragen. Um möglichst ehrliche Antworten zu gewährleisten, sollte bei wissenschaftlichen Untersuchungen die Testdurchführung durch eine klassenfremde Person unter Abwesenheit von Lehrern erfolgen.

5.4 Zeit: Ca. 20 Minuten.

6. Auswertung

6.1 Modus: Addition der Item-Scores für die einzelnen Skalen per Schablone (Klassenteil) bzw. direkt (Schulteil), Übertragung auf das Auswertungsblatt und Aufsummierung innerhalb der Dimensionen, Ermittlung schultypbezogener Standardwerte auf Individualebene oder auf Klassenebene.

6.2 Zeit: Keine Angaben.

7. Gütekriterien

7.1 Objektivität: Ist im Hinblick auf die Instruktionen gewährleistet. Die Autoren thematisieren einen Einfluß der Durchführung durch Lehrer vs. externe Testleiter.

7.2 Reliabilität: Auf Individualebene (N = 2399) schwankt die interne Konsistenz für die einzelnen Skalen zwischen α = .48 und .72 (Md = .63), für die Dimensionen zwischen .64 und .85. Auf Klassenebene (N = 103 Klassen) liegen die Werte für die einzelnen Skalen zwischen .65 und .96 (Md = .83), für die Dimensionen zwischen .81 und .93.

7.3 Validität: Die Skalen des Klassenklimas korrelieren mit der subjektiv erlebten Integration bei den Mitschülern und insbesondere bei den Lehrern. Beispielsweise korreliert die Integration bei Lehrern zu r = –.52 mit der Dimension Sozial- und Leistungsdruck und zu r = .49 mit dem Gesamtklima (N = 3624). Die Integration bei den Mitschülern korreliert zu r = .28 mit der Dimension Lerngemeinschaft und zu r = .20 mit dem Gesamtklima (N = 2716). Die Klassengröße korreliert zu r = .21 mit der Dimension Schülerzentriertheit (N = 181). Der Betrag der Korrelation der Skalen des Klassenklimas mit der Klassenstufe liegt zwischen .27 und .73 (Md = .50). Es kommt bei praktisch allen Klimaskalen mit ansteigender Klassenstufe zu einer Verschlechterung. Schulnoten korrelieren vor allem mit der Dimension Sozial- und Leistungsdruck. Die Höhe dieser Korrelation beträgt je nach Schultyp zwischen r = .20 (Hauptschule, N = 1250) und r = .27 (Volksschule, N = 450). Subjektive Einschätzungen der eigenen Leistung korrelieren ebenfalls mit dieser Dimension. Die Höhe der Korrelation beträgt hierbei bis zu r = –.40 (Hauptschule, N = 139). Ebenfalls signifikante, jedoch schwächere Beziehungen (r < .21) zeigen sich mit der Dimension Rivalität und Störung. Ähnliche Befundmuster wie für die Schulleistung finden sich für die Variablen Wohlbefinden, Schulangst, Stress und psychovegetative Beschwerden mit Werten von bis zu r = –.44 (N = 4024) für den Zusammenhang zwischen Wohlbefinden und der Dimension Sozial- und Leistungsdruck. Korrelationen mit Verhaltensmerkmalen wie Schuleschwänzen (bis zu r = .36; N = 2691) und mit Selbstkonzeptmerkmalen (bis zu r = .36; N = 894) werden ebenfalls berichtet.

7.4 Normen: Es liegen nach Klassenstufen getrennte Individual- und Klassennormen für die Skalen und Dimensionen des Klassenklimas vor.

Verfasser: Stephan Kröner

Linzer Fragebogen zum Schul- und Klassenklima für die 8.–13. Klasse (LFSK 8–13)

F. Eder
Göttingen: Hogrefe, 1998

1. Testart Schultest

2. Testmaterial Mappe mit Handanweisung (92 Seiten), 10 Fragebogen, 10 Auswertungsblätter, Schablonensatz (drei Auswertungsschablonen); zusätzlich: Schreibgerät.

3. Testgliederung Das Verfahren besteht aus zwei Teilen, die sich auf die Schule als Ganzes und auf die einzelne Schulklasse beziehen. Der erste Teil – die Schule als Ganzes – besteht aus 27 Items und erfaßt vier Dimensionen: „Wärme", „Strenge", „Anregung und Vielfalt" sowie „Betonung von Leistung". Der zweite Teil – die einzelne Schulklasse – umfaßt 80 Items und richtet sich auf 14 Aspekte („Elemente") des Klassenklimas: Pädagogisches Engagement, Restriktivität, Mitsprache, Gerechtigkeit, Komparation, Gemeinschaft, Rivalität, Lernbereitschaft, Störneigung, Leistungsdruck, Unterrichtsdruck, Vermittlungsqualität, Schülerbeteiligung im Unterricht und Kontrolle der Schülerarbeit. Diese 14 Aspekte lassen sich zu vier Dimensionen auf Klassenebene zusammenfassen: „Sozial- und Leistungsdruck", „Schülerzentriertheit", „Kohäsion" und „Disziplin".

4. Grundkonzept Der LFSK 8–13 ist ein Verfahren zur Erfassung des Klimas von Schulen und Schulklassen aus der Sicht der Schülerinnen und Schüler. Als Klima werden relevante Merkmale des Beziehungs- und Interaktionsgeschehens in der Schule verstanden, wie sie von den Schülern wahrgenommen werden, insbesondere die Beziehungen zwischen Lehrern und Schülern, der Schüler untereinander, die Qualität des Unterrichts und die kollektiven Lernhaltungen der Schüler. Die Anwendungsmöglichkeiten des Verfahrens werden vier Hauptbereichen zugeordnet: Diagnose subjektiver Lernumwelten für Zwekke der Individualberatung, Organisationsdiagnose in Schulklassen und Schulen, Evaluation und Forschung.

5. Durchführung **5.1 Alter:** 8. bis 13. Klasse (ab 14. Lebensjahr), bei entsprechender Anleitung und Zeitvorgabe auch bei jüngeren Schülern.

5.2 Formen: Einzel- und Gruppentest.

5.3 Handhabung: Der LFSK 8–13 kann von Schülern ab der 8 Schulstufe ohne besondere zusätzliche Anweisungen angewendet werden. Für den Einsatz des Tests in der Gruppensituation (Schulklasse) sind detaillierte Hinweise in der Handanweisung enthalten. Die 27 Items des Schulteils sind teils als Statements, teils als bipolare Adjektivpaare formuliert. Die Schüler antworten auf einer fünfstufigen Zustimmungsskala. Die 80 Items des Klassenteils sind in der Regel allgemein formuliert („bei uns", „in unserer Klasse", „die meisten Lehrer") und verlangen von den Probanden Durchschnittsbildungen und Generalisierung. Zur Beantwortung dient eine fünfstufige Skala: „stimmt genau" (5) bis „stimmt nicht" (1).

5.4 Zeit: Die Durchführungszeit beträgt 25 Minuten. In der Schulklasse ist mit einer Streuung der Bearbeitungszeit zu rechnen.

6. Auswertung

6.1 Modus: Auswertungsschritte: Kontrolle des Testformulars, Rohwertberechnung, Übertragung auf das Auswertungsblatt, Normierung, Darstellung als Testprofil. Die Handanweisung enthält differenzierte Interpretationshinweise (Auswertungsbeispiele für das Individual- und Klassenprofil, Vertrauensintervalle und kritische Differenzen).

6.2 Zeit: Keine Angaben.

7. Gütekriterien

7.1 Objektivität: Die Durchführungs- und Auswertungsobjektivität sind bei Einhaltung der genauen Richtlinien für die Durchführung und Auswertung des Tests gewährleistet.

7.2 Reliabilität: Schulbezogener Teil des LFSK: Die internen Konsistenzen (Cronbachs Alpha) liegen für drei Skalen über $\alpha = .70$; die Reliabilität der Skala „Betonung von Leistung" ist für Individualdiagnosen nicht zufriedenstellend (Stichprobe N = 2153–2172). Die Berechnungen auf Schulebene (N = 74 Schulen) ergaben für die Gesamtskala einen Wert von über r = .88. Für die Stabilität liegt lediglich ein Koeffizient für „Wärme" von r = .50 vor, der sich auf den Zeitraum von zwei Jahren bezieht (N = 1130). Klassenbezogener Teil des LFSK: Die internen Konsistenzen (Cronbachs Alpha) liegen überwiegend – bei 11 von 14 Skalen – über $\alpha = .70$ (N = 2153–2157). Die Stabilitätskoeffizienten schwanken zwischen r = .54 und r = .61 für den Zeitraum eines Jahres (N = 1290). Zusätzlich zu den Werten für das Individualklima wurden auch Alpha-Werte auf Klassenebene (N = 111 Klassen) und die Stabilität auf Klassenebene (N = 64 Klassen – ein Jahr) berechnet. Die Koeffizienten liegen zwischen r = .79 und r = .92 bzw. zwischen r = .50 und r = .79.

7.3 Validität: Die Handanweisung enthält umfangreiche Ausführungen zu Validitätsuntersuchungen des LFSK, mit denen vier Annahmen belegt werden sollen: (1) Es werden relevante Merkmale der subjektiv wahrgenommenen Lernumwelt als Klima erfaßt (Inhaltliche Validität). (2) Die erfaßten Merkmale repräsentieren ein abgrenzbares Konstrukt, erlauben aber auch eine konkrete Beschreibung der Lernumwelt (Faktorielle bzw. Konstruktvalidität). (3) Es können Unterschiede zwischen Personen und Personengruppen bzw. zwischen Organisations- und Systemeinheiten des Bildungssystems sichtbar gemacht werden (ein weiterer Aspekt der Konstruktvalidität). (4) Das gemessene Klima erlaubt Vorhersagen von Leistung, Befinden, Verhalten und Persönlichkeitsentwicklung von Schülerinnen und Schülern (Kriterienbezogene Validität). Die Ergebnisse der Validierungsstudien sind in umfangreichen Tabellen in der Handanweisung dokumentiert. Eine Integration der vorliegenden Einzelergebnisse zu einer Gesamteinschätzung der Validität wird nicht vorgenommen.

7.4 Normen: Die Eichstichprobe für die Individualnormierung besteht aus N = 4005 Schülerinnen und Schülern der 8. bis 12. Schulstufe. Die Stichprobe für die Normierung auf Klassenebene umfaßt 314 Klassen. Der Anhang der Handanweisung enthält umfangreiche Normtabellen (Rohwerte). Die Normen auf Individualebene sind gegliedert in Altersstufen und Schultypen. Die Normen auf Klassen- und Schulebene enthalten für das Schulklima Gesamtnormen. Für das Klassenklima werden die Normen nach Schulstufen und nach Schularten etwas differenziert.

8. Literatur

Eder, F. (1998). *Schule und Demokratie: Untersuchungen zum Stand der demokratischen Alltagskultur an Schulen; Forschungsbericht im Auftrag des Bundesministeriums für Unterricht und Kulturelle Angelegenheiten.* Innsbruck: Studien-Verlag.

Verfasserin: Irene Ahrens

Schulleistungstest Deutsch für 4. Klassen (CT-D 4)

U. Raatz und C. Klein-Braley
Hrsg.: K. Ingenkamp (Reihe „Deutsche Schultests")
Weinheim: Beltz Test GmbH, 1992

1. Testart Schulleistungstest

2. Testmaterial Beiheft A4 (18 Seiten), Aufgabenbogen Form A und B, Lösungsschlüssel Form A und B; zusätzlich: Ersatzbleistifte.

3. Testgliederung Beide Formen des CT-D 4 umfassen jeweils 4 Lückentexte. In den Texten fehlen, nach einem einleitenden vollständigen Satz, die hinteren Worthälften jedes zweiten Wortes. Es sind pro Text 25 Lücken zu ergänzen; die gesamte Bearbeitungszeit beträgt 30 Minuten.

4. Grundkonzept Mit dem CT-D 4 soll die Sprachleistung unter Verwendung von authentischem Material erfaßt werden. Grundlegend ist das Prinzip der „reduzierten Redundanz", bei dem Texte in bestimmter Weise beschädigt werden und vom Probanden restauriert werden müssen. Die dazu erforderlichen Fähigkeiten sollen die globale Sprachleistung widerspiegeln. Mit diesem Vorgehen werden Ergebnisse von Untersuchungen berücksichtigt, wonach bei der traditionellen Unterteilung der Sprachleistungsmessung in Grammatik, Wortschatz, Hör- und Leseverstehen oft nur ein Generalfaktor resultiert. Der CT-D 4 ist ein Vertreter sogenannter C-Tests, bei denen Mängel älterer Umsetzungen des Prinzips der reduzierten Redundanz behoben wurden.

5. Durchführung **5.1 Alter:** Grundschüler im 2. Halbjahr der 4. Klasse.

5.2 Formen: Als Einzel- oder Gruppentest anwendbar. Es liegen zwei Parallelformen A und B vor, deren Äquivalenz jedoch eingeschränkt ist, besonders im Hinblick auf die Schwierigkeit.

5.3 Handhabung: Die Schüler füllen zunächst die Angaben zur Person auf dem Testbogen aus und bearbeiten dann einen Beispieltext, für den anschließend die richtigen Lösungen besprochen werden. Die vier Texte des CT-D 4 werden dann bei freier Zeiteinteilung und ohne Pause bearbeitet.

5.4 Zeit: Eine Unterrichtsstunde (reine Arbeitszeit 30 Minuten).

6. Auswertung **6.1 Modus:** Richtige Lösungen werden durch Anlegen der Lösungsschlüssel an die Testbogen ermittelt. Jede richtig ergänzte Lücke wird mit einem Punkt bewertet. Die Rohwertsumme ergibt sich als Summe der Punkte aller vier Texte; für Form B müssen anschließend noch vier Punkte zur Korrektur der gegenüber Form A erhöhten Schwierigkeit hinzuaddiert werden. Die Rohwertsumme kann dann in Normwerte umgerechnet werden.

6.2 Zeit: Ca. 5 Minuten pro Antwortbogen.

7. Gütekriterien

7.1 Objektivität: Für die Durchführung ist die Objektivität bei Beachtung der Vorgaben im Beiheft gegeben. Bei der Auswertung können Zweifelsfälle dadurch auftreten, daß – außer der Nationalität – kein Kriterium (z. B. Dauer des Umgangs mit der deutschen Sprache) für die Beurteilung eines Schülers als „ausländisch" oder „deutsch" vorliegt.

7.2 Reliabilität: Die interne Konsistenz des CT-D 4 (Cronbachs Alpha) wird mit $\alpha = .90$ (Form A, N = 945) bzw. $\alpha = .88$ (Form B, N = 912) angegeben. Für ausländische Schülerinnen und Schüler ergeben sich mit $\alpha = .87$ (Form A, N = 214) bzw. $\alpha = .87$ (Form B, N = 214) Werte in ähnlicher Höhe.
An einer kleinen Stichprobe (N = 88) wurde zudem mit einem gemischten Versuchsplan die Retest-Reliabilität bestimmt. Der mittlere Koeffizient betrug bei gleicher Testform r = .69, bei verschiedenen Testformen r = .73.

7.3 Validität: Die Validität des Verfahrens wurde bei der Eichung durch Korrelation des CT-D4-Ergebnisses mit der letzten Note im Fach Deutsch überprüft. Es ergab sich ein Koeffizient von r = .60 (N = 1508). Da diese Schätzung durch unterschiedliche Benotungsmaßstäbe in den Klassen eher zu niedrig ausfällt, wurden auch Koeffizienten getrennt für die einzelnen Klassen berechnet. Diese lagen zwischen r = .20 und r = .92, bei einem Median von r = .72.
Für den CT-D 4 selbst werden keine Angaben zur faktoriellen und Konstruktvalidität mitgeteilt, sondern es wird auf entsprechende Befunde bezüglich anderer C-Tests verwiesen. Ferner liegen keine Angaben zum Zusammenhang zwischen CT-D 4 und traditionellen Instrumenten der Sprachleistungsmessung vor.

7.4 Normen: Die Normierung erfolgte 1990 an N = 1857 Schülerinnen und Schülern der alten Bundesländer. Es können, getrennt für deutsche/ausländische Schüler und getrennt für Jungen und Mädchen, folgende Normwerte bestimmt werden: T-Wert, T-Wert-Band, Prozentrang, Prozentrang-Band, Schulnotenäquivalent. Für verschiedene ausländische Nationalitäten liegen Grobnormen vor (unterdurchschnittlich, durchschnittlich, überdurchschnittlich).

Verfasser: Henning Gibbons

Sozialfragebogen für Schüler für 4. bis 6. Klassen (SFS 4–6)

H. Petillon
Hrsg.: K. Ingenkamp
Weinheim: Beltz Test GmbH, 1984

1. Testart Schultest

2. Testmaterial Handanweisung (DIN A4, 36 Seiten), 2 Testbogen (Heft 1 und Heft 2), je eine Auswerteschablone für Heft 1 und Heft 2; zusätzlich: Schreibutensilien.

3. Testgliederung Der SFS 4–6 besteht aus insgesamt 116 verbal formulierten und auf zwei Testbogen verteilten Items, die sechs verschiedenen Skalen zugeordnet sind:

SAS: Soziale Angst bei Schülern (28 Items)
SIS: Sozialinteresse bei Schülern (11 Items)
KBS: Kontaktbereitschaft bei Schülern (11 Items)
SEM: Sozialerfahrung mit Mitschülern (38 Items)
SEL W: Sozialerfahrung mit Lehrern (Wertschätzung) (13 Items)
SEL S: Sozialerfahrung mit Lehrern (Strenge) (15 Items)

Heft 1 enthält die Skalen SAS, SIS und KBS mit sechstufigen Antwortvorgaben für das Zutreffen des jeweiligen Items. Heft 2 enthält die Skalen SEM, SEL W und SEL S mit vier Antwortabstufungen zur Kennzeichnung der Häufigkeitsausprägung der zu beurteilenden Items.

4. Grundkonzept Da im deutschsprachigen Raum nur sehr wenige diagnostische Instrumente zur Erfassung sozialer Phänomene in Schulklassen existieren, wurde mit dem SFS 4–6 ein Fragebogen vorgestellt, der es ermöglichen soll, nicht nur die Beziehungen des einzelnen Schülers zum Lehrer und zu den Mitschülern, sondern auch die motivational-emotionalen Faktoren, die das Handeln des Schülers in Sozialbeziehungen im Sinne von Handlungsorientierungen mitbestimmen, quantitativ zu erfassen. Der SFS 4–6 soll dem unterrichtenden Lehrer somit Hinweise zur Ermittlung der Ursachen von Schülerhandlungen geben. Die Testergebnisse können im Hinblick auf einzelne (problematische) Schüler interpretiert werden, geben aber auch in Form einer Gruppenanalyse einen ersten Einblick in das Sozialklima des gesamten Klassenverbandes. Darüber hinaus soll der SFS 4–6 dem Lehrer Informationen in die Hand geben, wie ihn die Klasse erlebt und wie sein (u. U. modifiziertes) Verhalten von einzelnen Schülern bzw. der Klasse wahrgenommen wird.

5. Durchführung **5.1 Alter:** Schüler der Klassenstufen 4 bis 6.

5.2 Formen: Der Fragebogen kann je nach Fragestellung sowohl als Einzel- wie auch als Gruppentest durchgeführt werden.

5.3 Handhabung: Es handelt sich um einen Papier-und-Bleistift-Test. Das Beiheft enthält eine detaillierte Anleitung zur Testdurchführung. Der Versuchsleiter wird insbesondere darauf hingewiesen zu überprüfen, ob die Beispielitems im Sinne der Instruktion richtig angekreuzt wurden. Der Testautor empfiehlt, die beiden Testhefte in zwei aufeinanderfolgenden Unterrichtsstunden jeweils getrennt vorzugeben. Da die Schüler mit ihrem Klassenlehrer und ihren Mitschülern näher vertraut sein sollten, wird vorgeschlagen, den SFS 4–6 frühestens acht Wochen nach Schuljahresbeginn einzusetzen.

5.4 Zeit: Es wird keine Zeitbegrenzung angegeben. Der Testautor geht von einer maximalen Bearbeitungszeit von 1 Unterrichtsstunde je Testheft aus.

6. Auswertung

6.1 Modus: Für beide Testhefte stehen einige Auswerteschablonen zur Verfügung. Die Vorderseite von Testheft 1 ist so angelegt, daß sie als EDV-Kodierliste benutzt werden kann. Interpretationshilfen werden sowohl für die Einzel- als auch für die Gruppenanalyse angegeben.

6.2 Zeit: Keine Angaben.

7. Gütekriterien

7.1 Objektivität: Aufgrund der standardisierten Durchführungs- und Auswertungsrichtlinien kann das Verfahren als weitgehend objektiv bezeichnet werden.

7.2 Reliabilität: Für die einzelnen Skalen des SFS 4–6 werden folgende Reliabilitätskoeffizienten aufgeführt (N = 169):

Reliabilität				Skala		
a) Interne Konsistenz	SAS	SIS	KBS	SEM	SEL W	SEL S
Korrelation der Hälften	.90	.76	.78	.89	.91	.93
Cronbachs Alpha	.92	.87	.85	.90	.95	.95
Spearman-Brown	.95	.86	.88	.92	.95	.97
b) Retest Reliabilität	.78	.79	.70	.82	.84	.88

Zusätzlich sind im Beiheft für jede Skala die Trennschärfen der Items und der durchschnittliche Trennschärfekoeffizient sowie die Interkorrelationen der Skalen angegeben.

7.3 Validität: Da für die in Frage kommende Altersstufe nach Angaben des Testautors keine vergleichbaren Verfahren zur Verfügung standen, die für eine Bestimmung der Übereinstimmungsvalidität der SFS 4–6 Skalen herangezogen werden konnten, wurde mit Hilfe von Mittelwertvergleichen und Korrelationsanalysen eine Konstruktvalidierung angestrebt. Untersuchungen zu Mittelwertsunterschieden zwischen Mädchen und Jungen zeigten erhöhte Werte für Mädchen hinsichtlich sozialer Angst, sozialem Interesse und Sozialerfahrung mit dem Lehrer (Strenge) und Sozialerfahrungen mit den Mitschülern. Zur Stichprobengröße dieser Untersuchung gibt es keine Angaben, es wird lediglich gesagt, daß die meisten Ergebnisse im 4. Schuljahr ermittelt wurden.
Korrelationskoeffizienten wurden berechnet zwischen den einzelnen Skalen des SFS 4–6 und Schulleistung (4. Klasse: N = 351; 5. Klasse: N = 114), Fremdratings von Lehrern über ihre Schüler sowie soziometrischen Daten

für Schüler des 4. Schuljahres (N = 351). Weiterhin wurden Korrelationskoeffizienten bestimmt für Angaben von Schülern bzw. Verhaltensdaten von Schülern und den SFS-Skalen SAS, KBS und SIS sowie für den Fragebogen zum Selbstkonzept (FSK 4–6) von Wagner (1977) und den Skalen SEL W und SEL S.
Eine Integration der vorliegenden Einzelergebnisse zu einer Gesamteinschätzung der Validität unterbleibt, so daß eine eindeutige Aussage bezüglich der Validität des SFS 4–6 nicht ohne weiteres möglich erscheint.

7.4 Normen: Die Eichstichprobe besteht aus N = 4312 Schülern der 4., 5. und 6. Klasse aus Grund-, Gesamt-, Haupt-, Realschule und Gymnasium. Auf die Ermittlung getrennter Normen in Abhängigkeit von Schulart, Klassenstufe und Geschlecht wurde verzichtet, weil dadurch, so der Testautor, kein bedeutsamer Beitrag zur Varianzaufklärung der einzelnen Skalen gewährleistet wird. Für jede Skala liegt eine Normtabelle vor, die für jeden Rohwert das entsprechende Prozentrang- und T-Wert-Band sowie den entsprechenden T-Wert enthält.

8. Literatur

Petillon, H. (1984). *Sozialfragebogen für Schüler (SFS 4–6).* Weinheim: Beltz.
Wagner, J.W.L. (1977). *Fragebogen zum Selbstkonzept für 4.–6. Klassen, FSK 4–6.* Weinheim: Beltz.
Littig, K.E. (1986). Sozialfragebogen für Schüler (SFS 4–6) von H. Petillon. In K.H. Ingenkamp, R. Horn & R.S. Jäger (Hrsg.), *Tests und Trends. Jahrbuch der pädagogischen Diagnostik* (Bd. 5, S. 186–187). Weinheim: Beltz.

Bearbeiterin: Susanne Bichlmaier

Soziometrischer Test für 3.–7. Klassen (ST 3–7)

H. Petillon
Hrsg.: K. Ingenkamp
Weinheim: Beltz Test GmbH, 1980

1. Testart

Schultest

2. Testmaterial

Beiheft, Wahlzettel für die Schüler, Klassenliste und-bogen, zwei Bogen Soziomatrix, Soziogrammschablone, Soziogrammbogen; zusätzlich: Schreibutensilien.

3. Testgliederung

Beim ST 3–7 wird ein Wahlverfahren verwendet, bei dem die Schüler gebeten werden, erwünschte bzw. unerwünschte Schüler als Sitznachbarn zu benennen. Die Anzahl der abzugebenden Wahlen ist ebenso wie die Anzahl der abzugebenden Ablehnungen nicht begrenzt.
Nach einer schrittweisen Auswertung bietet der Test folgende Informationen:

1. Informationen über den einzelnen Schüler:
   a) Beliebtheit in der gleichgeschlechtlichen Gruppe
   b) Beliebtheit in der andersgeschlechtlichen Gruppe
   c) Wahl- und Ablehnungsverhalten in der gleichgeschlechtlichen Gruppe
   d) Wahl- und Ablehnungsverhalten in der andersgeschlechtlichen Gruppe
2. Informationen über die soziale Situation in der Klasse:
   a) Graphische Darstellung der Beziehungen (Soziogramm)
   b) Merkmale der soziometrischen Struktur (Kontaktfreudigkeit, Ablehnungsbereitschaft, Ranggefälle, Strukturindizes)

4. Grundkonzept

Das Verfahren orientiert sich theoretisch an dem soziometrischen Ansatz von Moreno.
Mit Hilfe der Ergebnisse soll man Einblick in das Sozialleben der Schulklasse erlangen. Man wird in die Lage versetzt, Verhaltensweisen einzelner Schüler vor dem sozialen Hintergrund der Gleichaltrigengruppe zu beurteilen und Strukturen dieser Gruppe genauer zu erkennen. Dabei werden Problemfelder wie Teilgruppenbildung, Außenseitertum und Führungspositionen erhellt.
Auf dieser Basis lassen sich gezieltere Beobachtungen durchführen und sozialpädagogische Maßnahmen entwickeln. Darüber hinaus eignet sich der ST 3–7 bei mehrfacher Anwendung zur Überprüfung von Erfolgen sozialerzieherischer Aktivitäten.

5. Durchführung

5.1 Alter: Schüler der 3. bis 7. Jahrgangsstufe.

5.2 Formen: Gruppentestung.

5.3 Handhabung: Die Namen sämtlicher Schülerinnen und Schüler sind in die Klassenliste, getrennt nach Geschlecht, einzutragen. Diese Namensliste mit den entsprechenden Ordnungszahlen wird an die Tafel geschrieben. Jeder Schüler erhält einen Wahlzettel, in den er seine Nummer von der Tafel übertragen muß. Die Probanden werden dann aufgefordert, die Schüler(innen) auszuwählen, neben denen sie gerne sitzen möchten. Im zweiten Durchgang entscheiden sie, neben wem sie auf keinen Fall sitzen möchten. Anstelle der Namen werden jeweils die entsprechenden Ordnungszahlen auf dem Wahlzettel in bestimmter Weise gekennzeichnet.

5.4 Zeit: Für die Durchführung des Tests müssen ungefähr 15 Minuten veranschlagt werden.

6. Auswertung

6.1 Modus: Alle Markierungen der Schüler werden in den Soziomatrixbogen übertragen. Danach wird für jeden Schüler die Anzahl der erhaltenen und abgegebenen Wahlen und Ablehnungen ermittelt. Diese Randsummenwerte können in Indexwerte (Statuswerte) umgerechnet werden, indem sie in Beziehung zur Gruppengröße und zur Wahl- und Ablehnungsbereitschaft der Gruppe gesetzt werden. Zur Interpretation der erhaltenen Statuswerte können die einschlägigen Normtabellen herangezogen werden. Die Informationen der Soziomatrix können zur grafischen Veranschaulichung als Soziogramm dargestellt werden. Eine weitere Möglichkeit der Auswertung besteht darin, durch Auszählung von Randsummenwerten oder einzelnen Beziehungsmustern die Nutzung des Wahl- und Ablehnungsangebotes in der Gruppe das Statusgefälle und vorhandene Beziehungsmuster (Strukturindizes) in der Gruppe zu ermitteln.

6.2 Zeit: Keine Angaben.

7. Gütekriterien

7.1 Objektivität: Durchführung und Auswertung können als objektiv bezeichnet werden.

7.2 Reliabilität: Die Ermittlung der Retest-Reliabilität (Intervall ca. 3 Wochen) bei 884 Schülern der Jahrgangsstufen 3 bis 7 erbrachte mit dem Alter der Testpersonen ansteigende Koeffizienten zwischen r = .81 und r = .92 für „Wahlstatus, eigenes Geschlecht", r = .39 und r = .59 für „Wahlstatus, anderes Geschlecht", r = .85 und r = .93 für „Ablehnungsstatus, eigenes Geschlecht" sowie r = .71 und r = .79 für „Ablehnungsstatus, anderes Geschlecht".
Für das Wahlverhalten wurden durchwegs mittlere Zusammenhänge von r = .29 bis r = .61 mit ebenfalls altersansteigender Tendenz errechnet.

7.3 Validität: Die Korrelation zwischen einem Kombinationswert aus dem Wahl- und Ablehnungsstatus in der Gruppe des eigenen Geschlechts (anderes Geschlecht) und dem Lehrerurteil bezüglich der Beliebtheit einzelner Schüler liegt bei r = .64 (r = .59), der Lehrereinschätzung bezüglich der Wahl einzelner Schüler bei r = .53 (r = .40) und der Lehrereinschätzung bezüglich der Ablehnung einzelner Schüler bei r = –.48 (r = –.37). Der Korrelationskoeffizient für einen Kombinationswert aus dem Wahl- und Ablehnungsstatus in der Gruppe des eigenen Geschlechts (anderes Geschlecht) und die Schulleistung (Durchschnitt aus Einzelnoten in Deutsch, Mathematik und

Sachunterricht) erreicht r = .56 (r = .46) und Schulunlust gemessen an der Skala „Schulunlust" des AFS (Wieczerkowski, Nickel, Janowski, Fittkau & Rauer, 1974) ergibt r = .22 (r = –.25). Die Korrelationen wurden aus einer Stichprobe von N = 589 Schülern des vierten Schuljahres ermittelt.

7.4 Normen: Die Eichung des Verfahrens erfolgte 1978 an einer weitgehend repräsentativen Stichprobe von N = 6882 Schülern der 3. bis 7. Klasse aus allen Bundesländern.
Es existieren Normen, getrennt nach Schuljahren (3. bis 7. Klasse), nach Wahlstatus (eigenes Geschlecht, anderes Geschlecht) und Ablehnungsstatus (eigenes Geschlecht, anderes Geschlecht). Die Normierungsdaten werden jeweils als Prozentrang-Band, Mittlere T-Werte und T-Wert-Band angegeben. Die Daten zur Wahlbereitschaft (eigenes Geschlecht, anderes Geschlecht) und zur Ablehnungsbereitschaft (eigenes Geschlecht, anderes Geschlecht) liegen als Prozentrang- und T- Werte vor.

8. Literatur

Petillon, H. (1980). *Soziometrischer Test für 3.–7. Klassen (ST 3–7).* Weinheim: Beltz.
Wieczerkowski, W., Nickel, H., Janowski, A., Fittkau, B. & Rauer, W. (1974). *Angstfragebogen für Schüler (AFS).* Braunschweig: Westermann.
Kühn, R. (1983). Soziometrischer Test für 3.–7. Klassen (ST 3–7) von H. Petillon. In R. Horn, K. Ingenkamp & R.S. Jäger (Hrsg.), *Tests und Trends. Jahrbuch der Pädagogischen Diagnostik* (Bd. 3, S. 207–209). Weinheim: Beltz.

Bearbeiterin: Susanne Bichlmaier

Testbatterie Grammatische Kompetenz (TGK)

U. Tewes und F. Thurner
Braunschweig: Westermann, 1976

1. Testart Schultest

2. Testmaterial Handanweisung (20 Seiten), Testhefte, Profilbogen, Benutzer-Merkblatt; zusätzlich: Bleistifte, Uhr.

3. Testgliederung Die TGK besteht aus sieben Skalen, die den Ausprägungsgrad der syntaktischen Sprachfähigkeit messen:

1. „Wer ist wer?" – Fertigkeit verständigen Lesens grammatisch schwieriger, aber aus geläufigen Wörtern bestehender, komplexer Sätze.
2. „Sätze bilden" – Syntaktische Flexibilität auf Satzebene.
3. „Wörter trennen" – Funktionstüchtigkeit des Leseprozesses auf verschiedenen Ebenen.
4. „Was möchtest du haben?" – Subjektbezogene thematische Wortflüssigkeit.
5. „Wie viele Dinge fallen dir ein?" – Gegenstandsbezogene thematische Wortflüssigkeit.
6. „Wörter mit 4 Buchstaben finden" – Lesefertigkeit, Erkennen von Wortgestalten.
7. „Wie schnell kannst du schreiben?" – Schnelles Abschreiben eines Textes.

4. Grundkonzept Die in der TGK zusammengestellten Skalen sollen sprachliche Fähigkeiten als Persönlichkeitseigenschaft im Sinne Guilfords (1964) erfassen. Diese sind im weitesten Sinne dem Persönlichkeitsbereich zuzuordnen, den Guilford als „Eignung" bezeichnet.

Die TGK dient der Überprüfung der Sprachfähigkeit und Sprachentwicklung von Kindern. Sie soll keine Information über Selektionsentscheidungen im schulischen Bereich liefern, sondern eher zur diagnostischen Interpretation von Lern- und Leistungsstörungen herangezogen werden.

5. Durchführung **5.1 Alter:** 10 bis 12 Jahre; 4. bis 8. Schuljahr von Volks- und Realschülern und Gymnasiasten.

5.2 Formen: Als Gruppentest durchführbar.

5.3 Handhabung: Auf der Rückseite des jedem Kinde zugeteilten Testhefts sollen diese als erstes die Angaben zur Person eintragen. Anschließend gibt der Testleiter eine Einführung in Sinn und Zweck des Tests, wobei er hervorheben muß, daß es sich nicht um eine Prüfung handelt. Im weiteren Verlauf der Testdurchführung muß sich der Testleiter wörtlich an die in der Handanweisung vorgegebenen Instruktionen halten.

5.4 Zeit: Reine Bearbeitungszeit

Wer ist wer?	5 Minuten
Sätze bilden	12 Minuten
Wörter trennen	2 Minuten
Was möchtest du haben?	1 Minute
Wie viele Dinge fallen dir ein?	1 Minute
Wörter mit 4 Buchstaben finden	5 Minuten
Wie schnell kannst du schreiben?	3 Minuten
Gesamtbearbeitungszeit	29 Minuten

Einschließlich der Anweisungen kann der Test gut in einer Unterrichtsstunde durchgeführt werden.

6. Auswertung

6.1 Modus: Es wurden für die einzelnen Untertests keine Auswertungsschablonen erstellt, da für den Auswerter sehr leicht zu überblicken ist, wieviele Lösungen richtig sind. Für jede richtige Lösung erhält der Proband einen Punkt.

6.2 Zeit: 5 bis 10 Minuten.

7. Gütekriterien

7.1 Objektivität: Standardisierte Durchführungsanweisungen sichern die Durchführungsobjektivität. Bei der Auswertung fehlt eine Standardisierung für den Untertest „Sätze bilden“. Ein Hinweis zur Verbesserung des Auswertungsschlüssels ist im Benutzer-Merkblatt enthalten. Die Überprüfung der Auswerterobjektivität ergab eine Interkorrelation von r = .96 bis r = .99.

7.2 Reliabilität: Testwiederholungen ergaben Retestwerte von r = .62 bis r = .93 (N = 200). Eine Korrelation der sieben Testskalen miteinander zeigte, daß die verschiedenen Skalen nur geringe gemeinsame Varianzanteile haben. Daraus ist der Verzicht auf die Berechnung eines Gesamttestwertes begründbar.

7.3 Validität: Die Autoren stellen fest, daß von einem Testverfahren, das verschiedene Aspekte der Sprachkompetenz erfassen soll, erwartet wird, daß es mit sozialen, biologischen und Leistungsmerkmalen, die ebenfalls von der Sprachkompetenz abhängig sind, korreliert. So zeigen sich nach Mitteilung der Autoren deutliche Unterschiede in den Testleistungen zwischen den Geschlechtern, den Altersgruppen und Kindern unterschiedlicher Schichtzugehörigkeit, weiterhin Korrelationen von Leistungsunterschieden in den einzelnen Untertests mit dem Schultyp, den Schulnoten in Deutsch und Rechnen und mit einigen Skalen des LPS. In der Handanweisung werden hauptsächlich dazu Mittelwerte und die Standardabweichung mitgeteilt, auf weiterführende Literatur wird verwiesen. Es werden differenzierter nur Korrelationen zwischen Teilleistungen in der TGK und anderen Leistungsmerkmalen (bis .55) mitgeteilt. Die Stichprobengröße bewegt sich zwischen N = 1137 und der gesamten Eichpopulation (N = 2366).

7.4 Normen: Die Normierung wurde in 69 Schulklassen mit 2366 Schülern durchgeführt. Den Untersuchungsschwerpunkt bilden die 4. und 5. Schuljahre. Für die Altersgruppen von 10 bis 12 Jahren (getrennt in Jungen und

Mädchen) liegen Testwertnormierungen vor (N = 130 bis 539). Die Rohwertverteilungen wurden Z-transformiert.

8. Literatur

Guilford, J.P. (1964). *Persönlichkeit.* Weinheim: Beltz.
Thurner, F. (1976). *Sprachsystemkompetenz. Untersuchungen verbaler Fähigkeiten von Schülern.* Braunschweig.

Bearbeiterin: Irene Ahrens

1. LEISTUNGSTESTS

● = ja
o = teilweise
❍ = nein
k.A.= keine Angaben

Testname	Autor(en)	Seite	Durchführung					Auswertung			Gütekriterien				Alter
			Gruppentest	Parallelform	Zeitangabe netto (Min.)	Zeitangabe brutto (Min.)	computergestützte Fassung	Schabl./Schlüss.	Auswertungssoftw.	Zeitangabe (Min.)	Objektivität	Reliabilität	emp. Validität	Normen	(Jahre oder Schuljahre (J/Sj))
Analyse psychischer Anforderungen und Belastungen in der Produktionsarbeit (RHIA/VERA-Produktion)	Oesterreich u.a.	519	❍	❍	240	k.A.	❍	❍	❍	k.A.	o	o	o	❍	Erw.
Arbeitsbezogenes Verhaltens- und Erlebensmuster (AVEM)	Schaarschmidt u.a.	522	●	❍	10	k.A.	●	●	❍	10	●	●	●	●	Erw.
Berufseignungstest (BET)	Schmale u.a.	525	●	o	135	150	❍	●	❍	k.A.	●	●	●	●	15–38 J
Bochumer Inventar zur berufsbezogenen Persönlichkeitsbeschreibung (BIP)	Hossiep u.a.	527	o	❍	45	k.A.	●	●	●	15	●	●	●	●	ab 20 J
Bonner Postkorb-Module (BPM)	Musch u.a.	531	❍	❍	90	k.A.	❍	o	❍	30	o	o	o	❍	Erw.
Büro-Test (BT)	Marschner	533	●	●	30	45	❍	o	❍	k.A.	●	●	●	●	ab 14 J
Checklist motorischer Verhaltensweisen (CMV)	Schilling	536	❍	❍			❍	●	❍		❍	●	●	●	6–11 J
Differentieller Fähigkeitstest (DFT)	Horn u.a.	538	●	❍		100	❍	●	❍		o	o	❍	o	15–18 J
Drahtbiegeprobe (DBP)	Lienert	540	●	❍	20	k.A.	❍	●	❍		●	●	●	o	12–19 J u. Erw.
Form-Lege-Test (FLT)	Lienert	543	●	●	20	k.A.	❍	●	❍	k.A.	●	●	●	o	14–18 J u. Erw.
Fragebogen zur Analyse belastungsrelevanter Anforderungsbewältigung (FABA)	Richter u.a.	546	●	❍	ca. 5		●	●	❍	5–10	❍	●	●	●	k.A.
Fragebogen zur Sicherheitsdiagnose (FSD)	Hoyos u.a.	550	❍	❍	k.A.	k.A.	❍	❍	❍	k.A.	o	●	●	❍	k.A.

1. Leistungstests – 1.5 Spezielle Funktionsprüfungs- und Eignungstests (Forts.)

● = ja
○ = teilweise
❍ = nein
k.A.= keine Angaben

Testname	Autor(en)	Seite	Durchführung					Auswertung			Gütekriterien				Alter
			Gruppentest	Parallelform	Zeitangabe netto (Min.)	Zeitangabe brutto (Min.)	computergestützte Fassung	Schabl./Schlüss.	Auswertungssoftw.	Zeitangabe (Min.)	Objektivität	Reliabilität	emp. Validität	Normen	(Jahre oder Schuljahre (J/Sj))
Hand-Dominanz-Test (HDT)	Steingrüber	552	●	❍	3	10–15	❍	●	❍	k.A.	●	●	●	●	6–10J
Handlungsorientiertes Testverfahren zur Erfassung und Förderung beruflicher Kompetenzen (hamet 2)	Dieterich u.a.	554	●	❍	1 Tag	1 Tag	○	●	●	k.A.	●	○	○	●	ab 14 J
Kurz-Fragebogen für Problemfälle (KFP 30)	Müller u.a.	557	●	❍		5–10	●	●	❍	1–2	●	●	●	●	ab 18 J
Leistungsmotivationsinventar (LMI)	Schuler u.a.	560	●	❍	35	k.A.	●	●	●	5	●	●	●	●	ab 16 J
Managementfallstudien (MFA)	Fennekels u.a.	563	●	❍	165	k.A.	●	❍	●	15	●	●	○	●	Erw.
Mailbox '90	Roest u.a.	566	●	❍	30	k.A.	●	❍	❍	k.A.	○	○	○	●	Erw.
Mannheimer Test zur Erfassung des physikalisch-technischen Problemlösens (MTP)	Conrad u.a.	569	●	●	25	30	❍	●	❍	wenige Min.	●	●	●	●	k.A.
Mechanisch-technischer Verständnistest (MTVT)	Lienert	571	●	❍		45	●	●	❍		❍	●	●	●	k.A.
Multidirektionales Feedback (MDF)	Fennekels	574	●	❍	15	k.A.	❍	❍	●	k.A.	●	●	○	●	Erw.
Namen-Gesichter-Assoziationstest (NGA)	Kessler u.a.	576	❍	❍	75	k.A.	●	❍	❍	k.A.	●	○	○	●	15–75 J
PC-Office	Fennekels	579	●	❍	90	k.A.	●	❍	●	k.A.	○	○	○	●	Erw.
Qualitative Führungsstilanalyse (QFA)	Fennekels	582	●	❍	30	k.A.	❍	❍	●	5	●	●	○	●	Erw.
Revidierter Allgemeiner Büroarbeitstest (ABAT-R)	Lienert u.a.	584	●	●	28	45	❍	●	❍	10	●	●	●	●	ab 14 J

● = ja
○ = teilweise
❍ = nein
k.A.= keine Angaben

Testname	Autor(en)	Seite	Durchführung					Auswertung			Gütekriterien				Alter
			Gruppentest	Parallelform	Zeitangabe netto (Min.)	Zeitangabe brutto (Min.)	computergestützte Fassung	Schabl./Schlüss.	Auswertungssoftw.	Zeitangabe (Min.)	Objektivität	Reliabilität	emp. Validität	Normen	(Jahre oder Schuljahre (J/Sj))
Tätigkeits-Analyseliste – Verfahren zur Analyse von Tätigkeitsanforderungen für den beruflichen Einsatz von geistig Geschädigten (TAL)	Schmidt	588	❍	❍		60	❍	❍	❍		●	●	○	❍	k.A.
Test zum Schöpferischen Denken – Zeichnerisch (TSD-Z)	Urban u.a.	591	●	●	15		❍	○	❍	5–10		●	●	●	5–95 J
Test zur Untersuchung des praktisch-technischen Verständnisses (PTV)	Amthauer	594	●	●	25		❍	●	❍		○	●	●	●	13–50 J
Wirtschaftskundlicher Bildungs-Test (WBT)	Beck u.a.	597	●	●	ca. 40	ca. 45	●	●	❍	k.A.	●	●	●	●	ab 15 J

Analyse psychischer Anforderungen und Belastungen in der Produktionsarbeit (RHIA/VERA-Produktion)

R. Oesterreich, K. Leitner und M. Resch
Göttingen: Hogrefe, 2000

1. Testart Spezieller Funktionsprüfungs- und Eignungstest

2. Testmaterial Das Testmaterial umfaßt ein Handbuch, ein Manual mit den Items zur Arbeitsplatzanalyse sowie einen Satz Protokollbogen.

3. Testgliederung Das Instrument dient der Analyse von Arbeitsbedingungen im Tätigkeitsbereich „Produktion“. Analysiert werden sowohl die Denk-und Planungsanforderungen einer Arbeitsaufgabe als auch die Belastungen, die mit der spezifischen Arbeitstätigkeit einhergehen. Die Analyse gliedert sich in vier Bereiche, die jeweils weiter differenziert sind:

- Teil A „Allgemeine Orientierung“: Voraussetzungen der Analyse (Arbeitszeit, Überstunden etc.), Arbeitsplatz (Übersicht), Arbeitsaufgaben (Abgrenzung von Arbeitsaufgaben u. ä.)
- Teil B „Untersuchte Arbeitsaufgabe“: Arbeitsergebnis (Qualität und Quantität), Betriebsmittel (Arbeitsgegenstände, Sicherheitsmittel etc.), Arbeitseinheiten (Zergliederung der Ausführung einer Arbeitsaufgabe in Teilschritte), Behinderungen, Struktur der Aufgabe, Einstufung der Zeitbindung (Zeitvorgaben u. ä.)
- Teil C „Ermittlung der Regulationserfordernisse“: Stufenbeurteilung, -beschreibung und -erhöhung (theoriegeleitete Analyse der Anforderungen im Hinblick darauf, wie stark der Arbeitsplatz dem Arbeiter eigenständige Entscheidungen abverlangt)
- Teil D „Analyse der Regulationsbehinderungen“: Regulationshindernisse (z. B. häufige Arbeitsunterbrechungen), Regulationsüberforderungen (z. B. Zeitdruck), behindernde Arbeitsbedingungen (z. B. Lärm)

4. Grundkonzept Das Verfahren integriert zwei ältere Instrumente, das „Verfahren zur Ermittlung von Regulationserfordernissen in der Arbeitstätigkeit“ (VERA; Volpert, Oesterreich, Gablenz-Kolakovic, Krogoll & Resch, 1983) und das „Verfahren zur Ermittlung von Regulationshindernissen in der Arbeitstätigkeit“ (RHIA; Leitner, Volpert, Greiner, Weber & Hennes, 1987). Dabei bildet die Handlungsregulationstheorie die theoretische Grundlage des Verfahrens: Die Arbeitsbedingungen stellen demzufolge Aufgaben an das Individuum, die als Ziele im Handlungszyklus definiert werden. Das Individuum versucht, durch die Selbststeuerung des eigenen Verhaltens, diese Ziele – ggf. über mehrere Handlungszyklen – zu erreichen (= „Regulation“). Verschiedene Aufgaben gehen dabei mit unterschiedlichen Anforderungen und Belastungen einher. Anforderungen werden von den Autoren positiv bewertet, da sie dem Individuum die Möglichkeit geben, eigene Fähigkeiten, Kenntnisse und Fertigkeiten einzusetzen und zu erweitern. Überdies wirken sie positiv auf die Gesundheit und das Wohlbefinden. Belastungen sind demgegenüber negativ zu werten, da sie die Zielerreichung behindern und sich negativ auf die Gesundheit auswirken. Die Aufgabe des Meßinstrumentes liegt in der Analyse der Anforderungen und Belastungen einer Arbeitstätigkeit. Beide Aspekte werden dabei als voneinander unabhängig begriffen. Der Anwendungsbereich des Verfahrens liegt in der Gestaltung bzw. der Verbesserung von Arbeitsplätzen, der Evaluation von entsprechenden Veränderungsmaßnahmen sowie der Erfassung von Qualifizierungserfordernissen der Arbeitsplatzinhaber.

5. Durchführung

5.1 Alter: Erwachsene (erfahrene Arbeitsplatzinhaber).

5.2 Formen: Keine Angaben.

5.3 Handhabung: Die Anforderungsanalyse erfolgt auf der Basis von zielgerichteten Beobachtungen eines Arbeitsprozesses durch den Arbeitsanalytiker sowie durch die Befragung von Arbeitsplatzinhabern. Für beides steht ein strukturiertes Manual mit konkreten Fragen zur Verfügung. Die gewonnenen Informationen werden größtenteils auf vorgegebenen Skalen quantifiziert. Einige Informationen können nur rein qualitativ festgehalten werden.

5.4 Zeit: 4 Stunden.

6. Auswertung

6.1 Modus: Die zentralen Ergebnisse der Analyse können auf einem vorgefertigten Protokollbogen zusammenfassend dargestellt werden. Diese Ergebnisse sind nach der Einschätzung der Autoren allerdings eher für die Forschung als für die Praxis relevant. Darüber hinaus ist keine standardisierte Auswertung vorgesehen.

6.2 Zeit: Keine Angaben.

7. Gütekriterien

7.1 Objektivität: Die Durchführungsobjektivität wird durch das detaillierte Beobachtungs- bzw. Befragungsmanual im Ansatz gewährleistet. Dabei ist jedoch der Grad der Standardisierung geringer als bei klassischen Testverfahren. Auswertungs- und Interpretationsobjektivität bestehen nicht, da keine standardisierten Anleitungen vorliegen.

7.2 Reliabilität: Berechnet wird die Übereinstimmung zwischen jeweils zwei Analytikern, die den gleichen Arbeitsplatz untersucht haben. In die Berechnung fließen 75 Doppelanalysen ein. Die Koeffizienten beziehen sich auf eine Teilmenge der quantifizierbaren Kriterien des Meßinstrumentes. Sie liegen zwischen r = .56 und r = 80.

7.3 Validität: Es werden mehrere Studien vorgelegt. Die Validierung bezieht sich dabei allerdings immer nur auf einzelne Skalen des Verfahrens. Bezüglich der Anforderungsstufen des Arbeitsplatzes (Stufenbeurteilung s. o.) führt der Vergleich mit Expertenurteilen (N = 125) zu einer Korrelation von r = .91. Ein Vergleich mit der Einschätzung der Arbeitsplatzinhaber (N = 304) ergab einen Wert von r = .47. Die angenommene Unabhängigkeit zwischen Anforderung und Belastung wird exemplarisch über Korrelationen zwischen den Anforderungsstufen und den Belastungskriterien „monotone Bedingungen“ und „Zusatzaufwand“ überprüft und bestätigt (N = 162). Der Belastungsindikator „Zusatzaufwand“ korreliert hypothesenkonform positiv mit der Einschätzung der Arbeitsplatzinhaber in bezug auf die selbst wahrgenommene Belastung, die eigene Gereiztheit und psychosomatische Beschwerden (N = 156; r = .19 bis r = .23). Zusammenhänge zur Anforderungsstufe ließen sich demgegenüber erwartungsgemäß nicht belegen.

7.4 Normen: Keine Angaben.

8. Literatur

Volpert, W., Oesterreich, R., Gablenz-Kolakovic, S., Krogoll, T. & Resch, M. (1983). *Verfahren zur Ermittlung von Regulationserfordernissen in der Arbeitstätigkeit (VERA). Handbuch und Manual.* Köln: TÜV-Rheinland.

Leitner, K., Volpert, W., Greiner, B., Weber, W.G. & Hennes, K. (1987). *Analyse psychischer Belastung in der Arbeit. Das RHIA-Verfahren. Handbuch und Manual.* Köln: TÜV-Rheinland.

Verfasser: Uwe Peter Kanning

Arbeitsbezogenes Verhaltens- und Erlebensmuster (AVEM)

U. Schaarschmidt und A. Fischer

Frankfurt a. M.: Swets Test Services, 1996

1. Testart Spezieller Funktionsprüfungs- und Eignungstest

2. Testmaterial Das Testmaterial umfaßt ein Manual, zwei Fragebogen, eine Diskette zur computergestützten Auswertung sowie Disketten zur Installation eines Programms zur computergestützten Durchführung.

3. Testgliederung Der Test erfaßt 11 Dimensionen arbeitsbezogenen Verhaltens und Erlebens, die sich auf drei Sekundärfaktoren verteilen.

Arbeitsengagement:
- Subjektive Bedeutsamkeit der Arbeit
- Beruflicher Ehrgeiz
- Verausgabungsbereitschaft
- Perfektionsstreben
- Distanzierungsfähigkeit

Widerstandsfähigkeit und Bewältigungsverhalten:
- Resignationstendenzen bei Mißerfolg
- Offensive Problembewältigung
- Innere Ruhe und Ausgeglichenheit

Lebensgefühl:
- Erfolgserleben im Beruf
- Lebenszufriedenheit
- Erleben sozialer Unterstützung

Der Test besteht aus 66 Items zur Selbstbeschreibung (6 Items pro Dimension), die jeweils auf einer fünfstufigen Antwortskala („trifft völlig zu“ bis „trifft überhaupt nicht zu“) bearbeitet werden müssen.

4. Grundkonzept Der Test dient dazu, gesundheitsförderliche bzw. gesundheitsgefährdende Verhaltensweisen und Erlebensmuster zu messen. Er bezieht sich dabei auf das Berufsleben des Probanden. Die Autoren sehen hierin eine Grundlage für Interventionen auf der Ebene des Individuums und/oder auf der Ebene der Arbeitsbedingungen. Neben einer Relativierung der Ergebnisse des Probanden an den unterschiedlichen Normierungsstichproben wird ein direkter Vergleich mit vier empirisch ermittelten Typen angestrebt. Die Typen ergeben sich aus unterschiedlichen Profilen entlang der 11 Dimensionen:
- Typ G: Ideal einer gesunden Person: deutliches Arbeitsengagement, Di-

stanzierung von Arbeitsproblemen, offensives Bewältigungsverhalten, hohe Widerstandsfähigkeit und positives Lebensgefühl
- Typ S: an Schonung orientierte Person: geringes Arbeitsengagement bei starker Distanzierung, psychische Widerstandsfähigkeit gegenüber Belastungen und relative Zufriedenheit
- Typ A: gesundheitsgefährdendes Verhalten im Sinne des Streßtyps A: überhöhtes Engagement, geringe Distanzierung, verminderte Widerstandsfähigkeit und eingeschränktes Lebensgefühl
- Typ B: gesundheitsgefährdendes Verhalten im Sinne des Streßtyps B: reduziertes Engagement, eingeschränkte Distanzierungsfähigkeit, starke Resignationstendenz, verminderte Widerstandsfähigkeit und deutlich eingeschränktes Lebensgefühl

5. Durchführung

5.1 Alter: Erwachsene.

5.2 Formen: Die Befragung kann computergestützt oder papiergestützt, jeweils einzeln oder in Gruppen durchgeführt werden.

5.3 Handhabung: Der Fragebogen enthält alle relevanten Informationen und kann von den Probanden ohne Hilfestellung bearbeitet werden. Allerdings bilden der Auswertungsbogen, in dem die Zuordnung der einzelnen Items zu den 11 Dimensionen explizit dargelegt wird, sowie eine Graphik zum Profilvergleich mit Interpretationshinweisen einen festen Bestandteil des eigentlichen Fragebogens. Aus diesem Grunde muß die Bearbeitung des Fragebogens beaufsichtigt werden. Bei computergestützter Durchführung kann der Proband seine Antwort für das jeweils zuletzt bearbeitete Item bei Bedarf korrigieren. Ausgelassene Items werden am Ende der Messung erneut vorgelegt.

5.4 Zeit: Unabhängig von der Art der Durchführung (computer- vs. papiergestützt) 10 Minuten.

6. Auswertung

6.1 Modus: Bei der papiergestützten Befragung kann wahlweise eine Paper-pencil- oder Computerauswertung vorgenommen werden. Im ersten Falle müssen die Punktwerte ohne Schablone ausgezählt und durch das Eintragen auf dem Antwortblatt in Stanine-Werte überführt werden. Die Zuordnung des Profils zu den vier Typen erfolgt per Augenschein. Im letzteren Falle werden die einzelnen Antworten durch den Auswerter in den Computer eingegeben. Erfolgt schon die eigentliche Befragung per Computer, so wird auch die Auswertung direkt mit Hilfe des Computers vorgenommen. Die Ergebnisse werden in eine Profilgraphik eingetragen. Dabei kann unter verschiedenen Normierungsstichproben ausgewählt werden. In der Profilgraphik finden sich neben Angaben zum Stanine-Wert und zum Prozentrang die Profile der vier Typen (G, S, A, B). Im Zuge der computergestützten Auswertung werden zusätzlich T-Werte sowie ein Index zur Einschätzung der Typenzugehörigkeit des Probanden berechnet. Darüber hinaus kann eine Tabelle mit den Werten der Kritischen Differenz und ein Testprotokoll mit itemspezifischen Angaben (Punktwert, Bearbeitungszeit) abgerufen werden.

6.2 Zeit: Bei der computergestützen Befragung benötigt man zur Auswertung nur wenige Sekunden. Bei papiergestützter Durchführung der Befragung sind ca. 10 Minuten zu veranschlagen.

7. Gütekriterien

7.1 Objektivität: Die Durchführungs- und Auswertungsobjektivität können insbesondere beim computergestützten Vorgehen als hoch eingeschätzt werden. Bei der papiergestützten Fassung ergibt sich das Problem, daß aufgrund der Auswertung ohne Schablone leicht Fehler auftreten können. Zur Gewährleistung der Interpretationsobjektivität stellen die Autoren im Manual beispielhaft 6 Interpretationsfälle dar. Im Rahmen der computergestützten Auswertung wird die prognostizierte Zugehörigkeit zu einer der vier Typengruppen berechnet. Allerdings können nur etwa 20 % aller Personen eindeutig zugeordnet werden.

7.2 Reliabilität: Es liegen Angaben zur inneren Konsistenz (Cronbachs Alpha) und zur Split-Half-Reliabilität nach Spearman-Brown vor, die anhand zweier Stichproben (N = 301 bzw. N = 2160) berechnet wurden. Die Werte für die 11 Dimensionen liegen zwischen .80 und .90 (Cronbachs Alpha) bzw. .76 und .88 (Split-Half) in der kleineren Stichprobe. Die Koeffizienten der größeren Stichprobe sind identisch oder liegen nur geringfügig unterhalb dieser Werte. Zusätzlich werden Angaben zur Retest-Reliabilität gemacht (N = 71, Zeitraum von drei Monaten). Hier schwanken die Ergebnisse zwischen r = .69 und r = .82 für die einzelnen Dimensionen.

7.3 Validität: Zur Berechnung der kriterienbezogenen Validität werden umfangreiche Ergebnisse vorgelegt. Zum einen werden Korrelationen zwischen den dimensionsbezogenen Ergebnissen des AVEM und verschiedenen standardisierten Fragebogen berechnet (z. B. Freiburger Persönlichkeitsinventar, Gießen-Test, Streßverarbeitungsfragebogen, Fragebogen zur Kontrollüberzeugung), zum anderen werden die Typen anhand von Selbsteinschätzungen (N = 159) und an einer Stichprobe herzkranker Patienten überprüft (Sarges, 2000). Die Stichprobengröße schwankt zwischen 26 und 1120 Personen. Zur Berechnung der Konstruktvalidität wurden Faktorenanalysen berechnet. Die Unabhängigkeit der 11 Dimensionen ist nur eingeschränkt gegeben, wie die Bildung von Faktoren zweiter Ordnung verdeutlicht.

7.4 Normen: Zunächst werden Prozentränge berechnet, die anschließend in Stanine-Werte, bei computergestützter Auswertung auch in T-Werte, transformiert werden. Angaben über die Verteilung der Rohwerte in der Normierungsstichprobe (N = 2160) fehlen. Die Normierungsstichprobe ist aufgrund des hohen Frauenanteils (71,4 %) sicherlich nicht repräsentativ für die Gesamtbevölkerung. Im Zuge der Auswertung können spezifische Normen für Geschlechtsgruppen, leitende Angestellte, Lehrer und Pflegekräfte abgerufen werden. Schaarschmidt und Fischer (1997) berichten, daß inzwischen Normen auf der Basis von mehr als 6000 Personen vorliegen, die allerdings im Manual noch nicht verfügbar sind.

8. Literatur

Sarges, W. (2000). Fragebogen zur Messung der Arbeitsmotivation: „AVEM – Arbeitsbezogenes Verhaltens- und Erlebensmuster" von U. Schaarschmidt und A. Fischer. *Zeitschrift für Arbeits- und Organisationspsychologie, 44,* 38–42.

Schaarschmidt, U. & Fischer, A. (1997). AVEM – ein diagnostisches Instrument zur Differenzierung von Typen gesundheitsrelevanten Verhaltens und Erlebens gegenüber der Arbeit. *Zeitschrift für Differentielle und Diagnostische Psychologie, 18,* 151–163.

Verfasser: Uwe Peter Kanning

Berufseignungstest (BET)

H. Schmale und H. Schmidtke
Bern: Huber, 3. Auflage 1995

1. Testart

Spezieller Funktionsprüfungs- und Eignungstest

2. Testmaterial

Das Testmaterial umfaßt eine Handanweisung, einen Tabellenband, vier Testhefte (jeweils zwei für eine Parallelform) mit jeweils 30 Ersatzantwortblättern, vier Auswertungsschablonen, 30 Protokollbogen für Untertest Nr. 8, 30 Protokollbogen für die Untertests Nr. 9 bis Nr. 12, ein kleines Steckbrett mit 46 Nieten, 46 Unterlegscheiben und einem Metallstab sowie ein großes Steckbrett mit 48 Holzstiften. Für die Durchführung werden weiterhin zwei Bleistifte, ein Anspitzer, ein Radiergummi, zwei Blatt Papier sowie eine Stoppuhr benötigt.

3. Testgliederung

Der BET erfaßt mit 12 Untertests die folgenden „Grundfunktionen beruflicher Eignung“: Werkzeugvergleich (49 Items), Körperabwicklung (40 Items), Adressenvergleich (150 Items), Grundrechnen (50 Items), Figurenlesen (60 Items), Rechenaufgaben (25 Items), Begriffsähnlichkeiten und -gegensätze (60 Items), Striche zeichnen, Zapfen stecken, Zapfen umdrehen, Unterlegscheibe einbauen, Unterlegscheibe ausbauen.

4. Grundkonzept

Der BET mißt verschiedene Facetten der beruflichen Eignung und bezieht sich dabei auf Verwaltungsberufe sowie kaufmännische, technische und gewerbliche Berufe. Ein theoretisches Konzept wird nicht vorgelegt.

5. Durchführung

5.1 Alter: 15 bis 38 Jahre.

5.2 Formen: Für die Untertests 1 bis 7 liegen Parallelformen vor. Der BET kann als Einzel- oder Gruppentest durchgeführt werden. Im Falle der Gruppentestung wird jedoch die Reihenfolge der Untertests in den verschiedenen Gruppen verändert, um möglichst zeitsparend arbeiten zu können (am Steckbrett kann nur ein Proband arbeiten).

5.3 Handhabung: Zu jedem Untertest liegen in der Handanweisung konkrete Instruktionen vor, die vom Testleiter vorgelesen werden. Anschließend haben die Probanden jeweils die Gelegenheit, an einigen Beispielaufgaben zu üben, bevor die eigentliche Messung beginnt.

5.4 Zeit: Ca. 150 Minuten inklusive 15 Minuten Pause.

6. Auswertung

6.1 Modus: Für die Untertests 1 bis 7 existieren Auswertungsschablonen. Alle übrigen Untertests werden nach den Angaben im Manual ohne Schablone ausgewertet. Dabei werden Punkte für jede richtige Lösung vergeben.

Anschließend können die Rohwerte für jeden Untertest in Standardwerte umgewandelt werden.

6.2 Zeit: Keine Angaben.

7. Gütekriterien

7.1 Objektivität: Die Durchführungs- und Auswertungsobjektivität können als hoch eingeschätzt werden. Die Berechnung von Standardwerten kommt der Interpretationsobjektivität zugute. Jedoch werden die 12 Leistungsdimensionen im Manual weder eingehend erläutert noch liegen Interpretationsbeispiele vor.

7.2 Reliabilität: Für jeden Untertest und jede Parallelform wurde die Retestreliabilität über einen Zeitraum von sieben Tagen berechnet (N zwischen 221 und 364). Die Werte schwanken zwischen r = .88 und r = .93.

7.3 Validität: Es liegen Validierungsstudien vor, in denen der BET allein oder gemeinsam mit anderen Tests einer Faktorenanalyse unterzogen wurde. In Abhängigkeit von der Stichprobe ergeben sich für den BET drei bis fünf Faktoren (N = 1369 bzw. 1000). Die Korrelation der Untertests mit dem IST-Gesamtwert liegen zwischen r = –.01 und r = .68 (N = 45). Zur Berechnung der äußeren kriterienbezogenen Validität wurden Korrelationen zwischen den Untertests des BET und der innerbetrieblichen Beurteilung des Ausbildungserfolgs bzw. dem Ergebnis der IHK-Abschlußprüfung berechnet. Die Ergebnisse schwanken in Abhängigkeit vom Ausbildungsberuf und dem gewählten Untertest zwischen r = –.09 und r = .59 (N zwischen 21 und 731).

7.4 Normen: Es werden Standardwerte (für 9 verschiedene Altersgruppen) und Prozentränge berechnet. Die Stichproben zur Berechnung der äußeren kriterienbezogenen Validität dienen überdies der Angabe von Cut-off-Werten, mit deren Hilfe zwischen Kandidaten mit durchschnittlichem und unterdurchschnittlichem Lernerfolg in der Ausbildung unterschieden werden kann.

Bearbeiter: Uwe Peter Kanning

Bochumer Inventar zur berufsbezogenen Persönlichkeitsbeschreibung (BIP)

R. Hossiep und M. Paschen
Göttingen: Hogrefe, 1998

1. Testart Spezieller Funktionsprüfungs- und Eignungstest

2. Testmaterial Das Testmaterial umfaßt ein Manual, 15 Fragebogen zur Selbst- und 5 Fragebogen zur Fremdbeurteilung, 15 Informationsbroschüren für Teilnehmer der Selbstbeurteilung, 5 Informationsbroschüren für Probanden, die einer Fremdbeurteilung unterzogen wurden, 8 Schablonen zur Testauswertung (Selbstbeurteilung), 15 Protokollbogen zur Testauswertung (Selbstbeurteilung), 5 Auswertungsbogen für die Fremdbeurteilungsbogen und 15 Profilblätter zur zusammenfassenden Darstellung der Ergebnisse der Selbstbeurteilung. Darüber hinaus ist eine Software zur computergestützten Durchführung erhältlich.

3. Testgliederung Der Test erfaßt 14 Persönlichkeitsmerkmale, die in vier Bereiche gegliedert sind:

Bereich 1: Berufliche Orientierung
Leistungsmotivation (14 Items), Gestaltungsmotivation (12 Items), Führungsmotivation (15 Items)

Bereich 2: Arbeitsverhalten
Gewissenhaftigkeit (14 Items), Flexibilität (14 Items), Handlungsorientierung (14 Items)

Bereich 3: Soziale Kompetenzen
Sensitivität (12 Items), Kontaktfähigkeit (16 Items), Soziabilität (15 Items), Teamorientierung (13 Items), Durchsetzungsstärke (12 Items)

Bereich 4: Psychische Konstitution
Emotionale Stabilität (16 Items), Belastbarkeit (13 Items), Selbstbewußtsein (16 Items)

Darüber hinaus werden 4 Ergänzungsmerkmale (sog. Zusatzindizes) ermittelt: Kontrollerleben (7 Items), Wettbewerbsorientierung (5 Items), Mobilität (2 Items), Freizeitorientierung (7 Items).
Da einige Aufgaben sowohl in die 14 Persönlichkeitsdimensionen als auch gleichzeitig in die Berechnung der Zusatzindizes einfließen, ergeben sich insgesamt 210 Items, die jeweils auf einer sechsstufigen Ratingskala bearbeitet werden. Im Fremdbeurteilungsfragebogen werden die 14 Dimensionen mit jeweils 3 Items erfaßt, die auf einer neunstufigen Skala bearbeitet werden müssen.

4. Grundkonzept

Das Instrument dient der Persönlichkeitsdiagnostik im Rahmen berufsbezogener Aufgaben, wie z. B. Personalauswahl, Berufs- und Karriereberatung, Training und Coaching. Die Autoren raten jedoch davon ab, das BIP hierbei als alleinige Entscheidungsgrundlage einzusetzen. Die Konstruktion des Fragebogens erfolgte atheoretisch. Da es den Autoren nach eigenen Angaben in erster Linie darum ging, sich an den Erfordernissen der Praxis zu orientieren, wurden die Dimensionen auf der Basis von Literaturstudien und Interviews mit Personalexperten ausgewählt. Zwei der 14 Dimensionen ergaben sich im Zuge der empirischen Testkonstruktion. Die endgültige Struktur des BIP wird durch Angaben zu unterschiedlichen Faktorenanalysen, denen die Autoren lediglich einen heuristischen Wert zuordnen, nicht schlüssig begründet. Gleiches gilt für die Konstruktion der vier Zusatzindizes. Die Autoren betonen mehrfach, daß es ihnen vor allem um die Entwicklung von „inhaltlich eindeutigen, augenscheinvaliden, gut interpretierbaren und kommunizierbaren" Skalen ging. Im Zweifelsfalle haben sie daher inhaltlichen Erwägungen den Vorrang vor teststatistischen Forderungen eingeräumt. Einzelne Items werden z. B. auch dann der augenscheinlich passenden Dimension zugeordnet, wenn sie aufgrund korrelativer Zusammenhänge eher einer anderen Dimension zuzuordnen wären. Eine Unabhängigkeit der Dimensionen wird aus inhaltlichen Erwägungen nicht angestrebt.

5. Durchführung

5.1 Alter: Erwachsene, älter als 20 Jahre.

5.2 Formen: Es existiert ein umfangreicher Fragebogen zur Selbsteinschätzung sowie ein kurzer Fragebogen zur Fremdeinschätzung. Darüber hinaus liegt eine computergestützte Fassung des Meßinstrumentes vor.

5.3 Handhabung: Die Autoren empfehlen vor der eigentlichen Testdurchführung eine verbale Einführung der Probanden durch einen Testleiter. Nachdem die Probanden die Instruktionen auf der ersten Seite des Fragebogens gelesen haben, soll der Testleiter während des gesamten Vorgangs für Rückfragen zur Verfügung stehen. Während der Test ausgewertet wird, können sich die Probanden darüber hinaus mit Hilfe einer Informationsbroschüre über die Hintergründe von Persönlichkeitstests informieren. Wird überdies eine Fremdbeurteilung durchgeführt, so kann dem Probanden eine hierfür spezifische Informationsbroschüre ausgehändigt werden. Die Datenerhebung kann auch in Gruppen erfolgen.

5.4 Zeit: Die Bearbeitungsdauer für den Selbsteinschätzungsfragebogen beträgt durchschnittlich 45 Minuten. Die Fremdeinschätzung kann in 10 bis 15 Minuten vorgenommen werden. Bei computergestützter Durchführung dürfte die gleiche Zeit benötigt werden.

6. Auswertung

6.1 Modus: Beim Selbsteinschätzungsfragebogen werden zunächst mit Hilfe von Schablonen die Rohwerte ermittelt und dann in einen Auswertungsbogen eingetragen, ehe eine Umrechnung in normierte Werte erfolgt. Die Umrechnung läuft über Summenwerte, sofern alle Items einer Dimension bearbeitet wurden. Ist dies nicht der Fall, können Skalenmittelwerte berechnet werden. Zum Schluß wird ein Profilbogen ausgefüllt, der auch zur Rückmeldung an den Probanden geeignet ist. Für die vier Zusatzindizes werden weder Normwerte berechnet noch ist für sie Raum auf den Profilbogen vorgesehen. Die Auswertung der Fremdeinschätzung läuft über Mittelwerte. Eine Normierung dieser Werte ist nicht vorgesehen.

6.2 Zeit: Für die Auswertung der Selbsteinschätzung sind ca. 15 Minuten, für die der Fremdeinschätzung etwa 10 Minuten zu veranschlagen. Die computergestützte Auswertung dürfte deutlich weniger Zeit in Anspruch nehmen.

7. Gütekriterien

7.1 Objektivität: Die Durchführungs- und Auswertungsobjektivität können als hoch eingeschätzt werden. Letztere leidet jedoch geringfügig, wenn der Auswerter selbständig Mittelwerte berechnen muß. Zur Interpretationshilfe bietet das Manual sowohl Beispielfälle als auch schriftliche Umschreibungen für hohe vs. geringe Ausprägungen der 14 Dimensionen an. Aufgrund der z. T. hohen Korrelationen zwischen den einzelnen Dimensionen wird den Testanwendern explizit empfohlen, „sich intensiv mit der Korrelationsmatrix zu befassen und die Zusammenhänge bei der Interpretation von Ergebnissen entsprechend zu berücksichtigen". Die Zusatzindizes sollen nach den Angaben der Autoren mit besonderer Vorsicht interpretiert werden, da hierauf bezogen noch „keine eindeutigen Belege zum diagnostischen Wert" gesammelt wurden. Eine positive Interpretationshilfe bleibt aus. Zum Vergleich zwischen Selbst- und Fremdeinschätzung wird pro Dimension der unnormierte Mittelwert der Fremdeinschätzung (neunstufige Skala) mit dem Stanine-Wert der Selbsteinschätzung verglichen. Die Autoren betonen jedoch, daß die Fremdbeurteilung „kein abgesichertes Verfahren" sei und daher lediglich ein „heuristisches Hilfsmittel" darstelle.

1.5

7.2 Reliabilität: Für die 14 Dimensionen der Selbsteinschätzung liegen Angaben zur inneren Konsistenz (Cronbachs Alpha; N = 5354) sowie zur Retest-Reliabilität (8 bis 10 Wochen, N = 108) vor. Die innere Konsistenz schwankt je nach Dimension zwischen alpha = .75 und .92, während die Werte für die Retest-Reliabilität im Bereich zwischen r = .77 und r = .89 liegen. Erkenntnisse über die Reliabilität der vier Zusatzindizes liegen nicht vor. Die innere Konsistenz der Fremdbeurteilungsdimensionen bewegt sich in einem Bereich zwischen r = .65 und r = .88 (N = ca. 700).

7.3 Validität: Es liegen Angaben zur Validität der Selbsteinschätzungsskalen in bezug auf zwei unterschiedliche Stichproben (Studierende N = 178 und Berufstätige N = 3431) vor. Berechnet wurden Korrelationen mit unterschiedlichsten Kriterien, wie z. B. Durchschnittsnote im Hochschulzugangszeugnis (r = .01 bis r = .16), Leistungen im ersten Studienabschnitt (r = .00 bis r = .18), Anzahl absolvierter Praktika (r = .00 bis r = .24), Entscheidungssicherheit bei der Berufswahl (r = .03 bis r = .38) bzw. berufliches Entgelt (r = .07 bis r = .31), hierarchische Position im Berufsleben (r = .01 bis r = .14), selbst eingeschätzter beruflicher Erfolg (r = .02 bis r = .32). Zur Bestimmung der Validität der Fremdbeurteilungsskalen werden Korrelationen zwischen Selbst- und Fremdrating im beruflichen Bereich (N = 378; r = .24 bis r = .49) und im privaten Bereich (N = 549; r = .32 bis r = .52) berechnet. Die Akzeptanz kann aufgrund von Teilnehmerbefragungen als hoch bezeichnet werden (N = 1573).

7.4 Normen: Es liegen Normen für die 14 Dimensionen der Selbsteinschätzung vor. Berechnet werden wahlweise Stanine-Werte und oder Werte einer zehnstufigen Normskala. Über die Verteilung der Rohwerte in den Normierungsstichproben wird nichts mitgeteilt. Der Proband kann zu unterschiedlichen Normstichproben, differenziert nach Geschlecht, Alter, berufstätige Personen, Studierende, hierarchische Position im Berufsleben oder Studienbereichen in Beziehung gesetzt werden (Gesamtstichprobe N = 5354).

Verfasser: Uwe Peter Kanning

Bonner Postkorb-Module (BPM)

J. Musch, B. Rahn und W. Lieberei
Göttingen: Hogrefe, 2001

1. Testart Spezieller Funktionsprüfungs- und Eignungstest

2. Testmaterial Das Verfahren besteht aus insgesamt vier Postkörben, die jeweils einzeln erhältlich sind. Jeder Postkorb umfaßt die folgenden Materialien: Handanweisung, 12 Hefte mit Postkorb-Schriftstücken, 12 Lösungsbogen für die Probanden und 12 Auswertungsbogen.

3. Testgliederung Die vier Postkörbe beziehen sich jeweils auf unterschiedliche berufliche Aufgabenfelder:

„CaterTrans“: Dienstleistung im Bereich Flugcatering (21 Schriftstücke)
„Chronos“: Personalmanagement in einer Zeitarbeitsfirma (17 Schriftstücke)
„Minos“: Krisenmanagement in einem Chemieunternehmen (18 Schriftstücke)
„AeroWings“: Management der Logistikabteilung einer Fluggesellschaft (19 Schriftstücke)

In allen Postkörben werden die gleichen drei Dimensionen erfaßt: „Analyseverhalten“, „Organisation und Planung“ sowie „Entscheidungsverhalten“.

4. Grundkonzept Der Test dient der Eignungsdiagnose und ist nach den Prinzipien der Postkorbaufgabe konstruiert: Die Probanden werden aufgefordert, sich in die Situation eines Mitarbeiters hineinzuversetzen, der ohne fremde Hilfe in einem begrenzten Zeitrahmen eine Reihe von Schriftstücken (z. B. Briefe, Notizen, Faxe) bearbeiten muß (Terminplanung, Entscheidungsfindung etc.). Die Auswahl und Strukturierung der genannten Dimensionen wird weder theoretisch noch empirisch begründet. Die Durchführung des Postkorbes erfolgt im Rahmen eines Assessment Centers.

5. Durchführung **5.1 Alter:** Erwachsene.

5.2 Formen: Es existieren vier verschiedene Postkörbe für unterschiedliche Berufsfelder (s. o.).

5.3 Handhabung: Den Probanden wird ein Testheft mit zu bearbeitenden Schriftstücken sowie ein Lösungsbogen zur Protokollierung der getroffenen Entscheidungen ausgehändigt. Sämtliche Instruktionen sind im Testheft enthalten. Nach der Bearbeitung des Postkorbes muß der Proband seine Ergebnisse einem Gremium von Beobachtern (Beobachter im Assessment Center) vorstellen und seine Entscheidungen begründen.

5.4 Zeit: 60 Minuten für die Bearbeitung des Postkorbes und 30 Minuten für die Präsentation der Ergebnisse vor einem Beobachtergremium.

6. Auswertung

6.1 Modus: Die Basis der Auswertung bildet die Präsentation der Ergebnisse durch den Probanden. Jeder Beobachter im Assessment Center nimmt eine eigenständige Beurteilung vor. Hierzu stehen ihm detaillierte Richtlinien sowie ein Beurteilungsbogen zur Verfügung. Der Proband erhält Werte für die drei Dimensionen sowie einen Gesamtwert, der über die Dimensionen hinweg berechnet wird.

6.2 Zeit: 30 Minuten (während der Präsentation der Ergebnisse durch den Probanden).

7. Gütekriterien

7.1 Objektivität: Die Durchführungs- und Auswertungsobjektivität sind aufgrund der standardisierten Bedingungen gegeben. Für den Postkorb „CaterTrans" wird die Übereinstimmung von zwei Auswertern über zehn Auswertungen hinweg empirisch überprüft (r = .91). Die Interpretationsobjektivität wird weder durch eine Normierung noch durch konkrete Fallbeispiele unterstützt.

7.2 Reliabilität: Für die Postkörbe „CaterTrans" und „Chronos" wird die innere Konsistenz (Cronbachs Alpha) berechnet (N = 47, alpha = .91 bzw. N = 54, alpha = .82). Zu den beiden verbleibenden Postkörben liegen keine Erkenntnisse vor.

7.3 Validität: Für die Postkörbe „CaterTrans" und „Cronos" werden Korrelationen mit anderen Übungen des Assessment Centers (Gruppendiskussion, Fallstudie, Mitarbeitergespräch) berechnet (N = 39 bzw. N = 54). Die Ergebnisse weisen nach der Interpretation der Autoren darauf hin, daß mit dem Postkorb andere Dimensionen erfaßt werden als mit den übrigen Übungen des Assessment Centers. Die hohen Interkorrelationen der drei Postkorbdimensionen rechtfertigen die Bildung eines Gesamtwertes. Zu den beiden verbleibenden Postkörben liegen keine Erkenntnisse vor.

7.4 Normen: Keine Angaben.

Verfasser: Uwe Peter Kanning

Büro-Test (BT)

G. Marschner
Göttingen: Hogrefe, 2. Auflage 1981

1. Testart Spezieller Funktionsprüfungs- und Eignungstest

2. Testmaterial Handanweisung, Testheft A, B und Lösungsblatt, Lösungsschlüssel; zusätzlich: Stift, Uhr.

3. Testgliederung Der Büro-Test (BT) besteht aus sechs Aufgaben zu praktisch-kaufmännischen Büroarbeiten, die nach steigendem Schwierigkeitsgrad angeordnet sind.

4. Grundkonzept Die im BT zur Bearbeitung und Lösung angebotenen Arbeitsproben sollen zusammengenommen einen typischen Ausschnitt aus der komplexen Arbeitssituation eines Büros bilden. Die Arbeitsvorgänge sind ohne spezielle kaufmännische Fachkenntnisse lösbar. Der BT deckt die Bereiche „praktisch-anschauliches Denken", „Kombinationsfähigkeit" und „organisatorische Befähigung" ab. Operationalisiert sind diese Bereiche im BT durch jeweils zwei Arbeitsproben aus den Feldern Ordnen und Verteilen (OV), Arbeitsabläufe planen (AP) und Umgang mit Zahlen (UZ). Der Test ist generell als gespeedeter Niveau-Test zu klassifizieren; er enthält in Annäherung an die betriebliche Realität bei Büroarbeiten eine zeitliche Begrenzung, die im Einzeltest unter bestimmten Umständen aufgehoben werden kann. Der BT ist für eine psychologische Eignungsuntersuchung vorgesehen und zwar im Rahmen der Auswahl für z. B. kaufmännische Lehr- und Anlernberufe, handwerklich-technische Berufe, die Umschulung von Erwachsenen – auch im Zuge der Rehabilitation – oder die Auswahl des Vorarbeiter- und Meister-Nachwuchses.

5. Durchführung **5.1 Alter:** Jugendliche ab 14 Jahren und Erwachsene.

5.2 Formen: Der BT kann als Einzel- wie auch als Gruppentest durchgeführt werden. Eine Parallelform des BT liegt vor, die sich – bei gleicher Aufgabengrundform – in den zu bearbeitenden Zahlenwerten bei der Aufgabenstellung unterscheidet. Der BT liegt auch in einer niederländischen Bearbeitung vor.

5.3 Handhabung: Den Probanden werden jeweils ein Stift, ein Testheft und ein Lösungsblatt ausgehändigt. Nachdem die Probanden einige Angaben zu ihrer Person in das Lösungsblatt eingetragen haben, liest der Versuchsleiter die einführende Versuchsanweisung vor, gibt anschließend das Startzeichen und überwacht die Durchführungszeit.

5.4 Zeit: Die Durchführungszeit des BT beträgt unter Berücksichtigung der

Zeit für die Testinstruktion, der Netto-Zeit für die reine Durchführung (30 Minuten) und der Zeit für den Testabschluß etwa 45 Minuten.

6. Auswertung

6.1 Modus: Zur Ermittlung des individuellen Rohwertes wird auf den Lösungsschlüssel zurückgegriffen. Zudem steht dem Versuchsleiter ein Repertoire von zehn Lösungs- und Auswertungsbeispielen im Anhang der Handanweisung zur Verfügung, welches das Prinzip der Bewertung genauer erläutert. Dies ist erforderlich, da den Probanden die Möglichkeit zur freien Aufgabenbeantwortung ermöglicht wird und somit auch Lösungsansätze und Teillösungen zu berücksichtigen sind. Es wird empfohlen, den beiliegenden Lösungsschlüssel erst bei genauer Kenntnis des Auswertungsverfahrens zu verwenden. Die Rohwerte der Probanden können in Normtafeln je nach Alter und Ausbildungsniveau in Prozentrang- bzw. Standardwerte umgewandelt werden. Eine Umrechnung unter gleichzeitiger Berücksichtigung von Lebensalter und Ausbildungsgrad ist möglich.

6.2 Zeit: Keine Angaben.

7. Gütekriterien

7.1 Objektivität: Mehrere Rohwertauszählungen einiger unabhängiger Testauswerter korrelieren im Durchschnitt mit r = .98 (N > 400). Eine derart hohe Auswertungsobjektivität läßt sich nach dem Autor jedoch nur bei genauer Beachtung der Angaben im Lösungsschlüssel bzw. der Anweisungen zur Durchführung und Auswertung gewährleisten.

7.2 Reliabilität: Die innere Konsistenz wurde mit der Kuder-Richardson-Formel 20 berechnet und wird mit Koeffizienten zwischen r = .58 und r = .98 für „unterschiedliche" Personengruppen angegeben. Es ergab sich ein durchschnittliches r von .91 (N = 382). Die Überprüfung der zeitlichen Stabilität über einen Zeitraum von sechs Monaten (erhoben mit der jeweiligen Parallelform des BT) ergab einen Retest-Koeffizienten von r = .71 (N = 187). Die Formen A und B des BT sind nach der Wilkesschen Äquivalenzanalyse als äquivalent anzusehen.

7.3 Validität: Die inhaltliche Validität des BT ist als kritisch zu beurteilen, weil die Aufgabenstruktur nur noch eingeschränkt der Bürowirklichkeit entspricht. Insbesondere der Einzug der elektronischen Datenverarbeitung, der sich in den letzten zwanzig Jahren in den kaufmännischen Berufen vollzogen hat, läßt den Wunsch nach einer Überprüfung der inhaltlichen Validität des BT entstehen. Es liegen Ergebnisse aus Untersuchungen zu unterschiedlichen Validitätsaspekten vor, wie zum Beispiel:

Korrelationen des BT mit dem Figure-Reasoning-Test (sprachfreier Intelligenztest: Daniels, 1949) ergaben Zusammenhänge zwischen r = .31 (N = 118) und r = .34 (N = 200). Der BT zeigt folgende Korrelationen zu ausgewählten Untertests des IST (Amthauer, 1953/1955): AN (Kombinationsfähigkeit) r = .63, ZR (Induktives Denken mit Zahlen) r = .59, RA (Praktisch-Rechnerisches Denken) r = .51, SE (Urteilsbildung) r = .42 (N = 63).

Die Untersuchung der diskriminanten Validität ergab signifikante Unterschiede in der erwarteten Richtung, z. B. bei sprachlich und technisch orientierten Schülern, kaufmännischen und technischen Auszubildenden und eingestellten und nicht-eingestellten Industriekaufmanns-Lehrlingen und Bürogehilfinnen.

Die prognostische Validität des BT wird durch die Zusammenhänge zu folgenden beispielhaft aufgeführten Kriterien gestützt:
Betriebliche Bewährung: r zwischen .49 (N = 157) und .89 (N = 9)
Noten der bürokundlichen Fächer in der Handelsschule: r (minderungskorrigiert) = .79 (N = 73)
Kriterien der betriebsinternen Meisterausbildung: r = .65 (N = 34).

7.4 Normen: Die Normtafeln wurden zuletzt in der zweiten Testauflage im Jahr 1981 erweitert sowie ergänzt und gelten daher als überholt. Es stehen Vergleichsnormen (Prozentränge und Standardwerte) für folgende Gruppen zur Verfügung: Berufsfeld Verwaltung/Wirtschaft (N > 2500), Berufsfeld Verwaltung/Wirtschaft nach Lebensalter und dem Grad der kaufmännischen Erfahrung einschl. einer Abiturienten-Stichprobe mit eigenen Normen (N > 2400), Berufsfeld handwerklich-technischer Berufe nach Grad der handwerklich-technischen Qualifikation und der beruflichen Erfahrung (N > 1230).

8. Literatur

Amthauer, R. (1953). *IST Intelligenz-Struktur-Test.* Göttingen: Verlag für Psychologie.
Amthauer, R. (1955). *IST Intelligenz-Struktur-Test.* Göttingen: Verlag für Psychologie.
Daniels, J.C. (1949). *Figure-Reasoning-Test (FRT) (a new nonverbal intelligence test).* London: Crosby Lockwood and Son.

Bearbeiter: Kai Hendrik Lüken

Checklist motorischer Verhaltensweisen (CMV)

F. Schilling
Braunschweig: Georg Westermann, 1976

1. Testart Spezieller Funktionsprüfungs- und Eignungstest

2. Testmaterial Testmanual, Fragebogen, Auswertungsschablone; zusätzlich: Schreibmaterial.

3. Testgliederung Der Test besteht aus 78 Items, die nach Zufall angeordnet sind. Diesen 78 Items liegen folgende acht Skalen zugrunde:

Skala 1: freudiges und unbändiges Bewegungsverhalten (10 Items)
Skala 2: kontrolliertes Bewegungsverhalten (10 Items)
Skala 3: Koordination (10 Items)
Skala 4: schwerfälliges Bewegungsverhalten (10 Items)
Skala 5: unkontrolliertes Bewegungsverhalten (10 Items)
Skala 6: gehemmtes Bewegungsverhalten (8 Items)
Skala 7: Vorwegnahme der Bewegung (19 Items)
Skala 8: grobe Koordinationsstörungen (10 Items)

4. Grundkonzept Die CMV ist ein motoskopisches Verfahren. Das Verfahren will durch ein Grobraster bewegungsbehinderte Kinder diagnostizieren und diese qualitativ nach dem Erscheinungsbild ihrer Bewegungsbehinderung differenzieren. Die CMV wird als Ergänzung zu quantitativen Verfahren verstanden.
Die Vorgehensweise besteht darin, die 78 Items in Form von Eigenschaftswörtern zur Psychomotorik eines Kindes von einer Person einschätzen zu lassen, die das jeweilige Kind über einen längeren Zeitraum in verschiedenen Situationen beobachten konnte. Die verschiedenen Skalen sind für den Beobachter dabei nicht ersichtlich.

5. Durchführung **5.1 Alter:** Für Kinder im Alter von 6 bis 11 Jahren.

5.2 Formen: Einzeltest.

5.3 Handhabung: Der Beobachter kreuzt auf dem Fragebogen an, ob er die Eigenschaftswörter als zutreffend oder nicht zutreffend bezüglich des gesamten Bewegungsverhaltens ansieht. Dabei ist es wichtig, jedes Eigenschaftswort schnell zu bearbeiten – es zählt der spontane Eindruck. Voraussetzung ist, daß die Person das Kind über eine längere Zeit in verschiedenen Situationen beobachten konnte.

5.4 Zeit: Keine Angaben.

6. Auswertung **6.1 Modus:** Mit Hilfe der Auswertungsschablonen werden die Antworten, die mit „zutreffend“ gekennzeichnet wurden, für jede Skala zusammengezählt. Für diese Rohwerte jeder Skala kann ein Prozentrangwert durch die Normentabelle ermittelt werden. Es wird kein Gesamtwert gebildet.

6.2 Zeit: Keine Angaben.

7. Gütekriterien

7.1 Objektivität: Aufgrund der Standardisierung der Durchführung und Auswertung können diese als objektiv angesehen werden. Allerdings wird hier der individuelle Eindruck einer Person erhoben, dem persönliche Konzepte und Leistungsmaßstäbe zugrunde liegen. Ebenfalls ist mit Gedächtnisverzerrungen zu rechnen, so daß die Interpretationsobjektivität fraglich ist.

7.2 Reliabilität: Retestreliabilität
Es ergaben sich Werte zwischen r = .62 und r = .92 für die verschiedenen Skalen (N = 11 Schüler), einzig der Koeffizient für Skala 7 lag mit r = .13 niedriger (keine Angaben zum Zeitintervall bis zur Zweiterhebung).
Innere Konsistenz
Die Berechnung der inneren Konsistenz nach Cronbachs Alpha ergab Alpha-Werte zwischen .74 und .89 bei einer Stichprobe von 260 Grund- und Hauptschülern (7 bis 10 Jahre).
Die Interraterkorrelationen für unterschiedliche Untersuchungen schwanken sehr stark von Koeffizienten mit r < .4 bis r > .8 (r > .8 bei sehr deutlichen motorischen Behinderungen und beruflich homogener Beurteilergruppe; genauere Angaben werden im Manual nicht gegeben).

7.3 Validität: Die CMV wurde mit motometrischen Verfahren korreliert, dabei ergaben sich Koeffizienten von r = .3 bis r = .4. Da die CMV qualitative Merkmale des Bewegungsverhaltens messen will, sind höhere Korrelationen zu quantitativen Tests nicht zu erwarten. Die CMV will im Sinne der eigenen Konzeption quantitative Verfahren sinnvoll ergänzen.

7.4 Normen: Die Normdaten wurden 1973/74 an N = 260 Grund- und Hauptschülern erhoben (142 Schüler, 118 Schülerinnen). Es liegen zudem nicht repräsentative Normen für Sonderschüler vor, die an einer Gruppe von N = 65 Personen erstellt wurden. Für jede Skala findet sich eine Normtabelle, um Rohwerte in Prozentrangwerte zu transformieren. Die Normen dürften veraltet sein.

Bearbeiter: Christian Frings

Differentieller Fähigkeitstest (DFT)

R. Horn und R. Wallasch

Weinheim: Beltz Test GmbH, 2., erweiterte und verbesserte Auflage 1984

1. Testart

Spezieller Funktionsprüfungs- und Eignungstest

2. Testmaterial

Beiheft mit Anleitung und Richtlinien zur Interpretation (DIN A4, 33 Seiten), Testheft (DIN A4, 35 Seiten), Auswertungsschablonen; zusätzlich: zwei spitze Bleistifte (Nr. 2 oder HB) oder ein Bleistift und ein Kugelschreiber, Stoppuhr oder Uhr mit Sekundenzeiger.

3. Testgliederung

Der DFT besteht aus den acht Untertests: Verstümmelte Wörter, Korrektur, Linien, Versteckte Figuren, Farbtest, Schriftzeichen, Technik und Mathematik, die im Testheft bearbeitet werden müssen.

4. Grundkonzept

Der DFT soll berufsspezifische Fähigkeiten und Fertigkeiten von Bewerbern für Ausbildungs- und Umschulungsplätze im Wirtschaftsbereich Druck erfassen. Er soll ergänzend zu den üblichen Bewerbungsunterlagen Informationen liefern, die für alle Bewerber unter den gleichen Bedingungen erbracht werden, und die über die üblichen Informationen aus Zeugnissen und dem Lebenslauf hinausgehen. Geprüft werden die „Geschwindigkeit der Gestaltbindung" (Handanweisung, S.6), Rechtschreibkenntnisse, motorische Koordination, analytische Leistung, Farbwahrnehmung, Konzentrationsfähigkeit, technisches Verständnis und mathematische Fähigkeit.

5. Durchführung

5.1 Alter: Etwa 15 bis 18 Jahre.

5.2 Formen: Als Gruppen- und Einzeltest durchführbar.

5.3 Handhabung: Der Testleiter verliest die Instruktion zu jedem Untertest und beachtet die Einhaltung der Zeitbeschränkungen. Die Probanden werden aufgefordert, die Anweisung zu den Aufgaben im Testheft mitzulesen. Hinweise zur Gestaltung der Testsituation (äußere Bedingungen und Atmosphäre) finden sich im Beiheft.

5.4 Zeit: Mit Instruktion ca. 100 Minuten.

6. Auswertung

6.1 Modus: Mittels der Schablonen und „Streifenschlüssel" wird die Zahl der richtigen Lösungen in jedem Untertest ermittelt. Die Summe der jeweiligen richtigen Lösungen wird in ein Schema auf dem Testheft eingetragen. Die Ergebnisse lassen sich in zweifacher Weise interpretieren: Zum einen können die Bewerber hinsichtlich der Güte ihrer Testergebnisse in eine Rangreihe gebracht werden, zum anderen können die erreichten Testwerte mit den Normwerten verschiedener Stichproben verglichen und den Kategorien unterdurchschnittlich, durchschnittlich oder überdurchschnittlich zugewiesen werden.

6.2 Zeit: Keine Angaben.

7. Gütekriterien

7.1 Objektivität: Bei Beachtung der Anweisungen zur Durchführung und Auswertung des Tests (Handanweisung) ist von hinreichender Objektivität auszugehen.

7.2 Reliabilität: Die Reliabilitätskoeffizienten (nur angegeben für die Untertests Verstümmelte Wörter, Korrektur, Versteckte Figuren und Technik) schwanken zwischen r = .60 und .96 (Cronbachs Alpha) bzw. r = .64 und .97 (Spearman-Brown) bei einem N = 786.

7.3 Validität: Logische Validität kann beansprucht werden. Keine weiteren Angaben. Voßenkaul (1993) kommt aufgrund der Ergebnisse einer Validitätsstudie (47 Bewerber um eine Ausbildungs- oder Umschulungsstelle im Bereich der graphischen Industrie) zu einer insgesamt kritischen Einschätzung für alle Untertests, außer dem Subtest Korrektur.

7.4 Normen: Die Normierung des DFT erfolgte 1980/81 an einer Stichprobe (N = 786) von Schülern der Hauptschule (Klasse 9), der Realschule und des Gymnasiums (Klasse 10). Es existieren Grobnormen für fünf der acht Untertests (Verstümmelte Wörter, Korrektur, Linien, Versteckte Figuren, Schriftzeichen), getrennt nach den drei Schulformen. Für den Untertest Mathematik liegen ebenfalls Grobnormen vor, die in diesem Fall aber nur auf den Werten für Hauptschüler beruhen. Die Rohwerte lassen sich anhand von Diagrammen in Prozentrangwerte transformieren oder den verbalen Kategorien (unter- bis überdurchschnittlich) zuordnen. Es ist zu berücksichtigen, daß diese Normen inzwischen veraltet sein dürften.

8. Literatur

Voßenkaul, H.J. (1993). Zur Validität des Differentiellen Fähigkeitstests. In A. Gebert & W. Hacker (Hrsg.), *Arbeits- und Organisationspsychologie 1991 in Dresden, 1. Deutscher Psychologentag* (S. 327–335). Bonn: Deutscher Psychologen Verlag.

Bearbeiter: Martin Scarabis

Drahtbiegeprobe (DBP)

G.A. Lienert

Göttingen: Hogrefe, 2. Auflage 1967

1. Testart

Spezieller Funktionsprüfungs- und Eignungstest

2. Testmaterial

Handanweisung, aufstellbare Vorlage der nachzubiegenden Figur (Verhältnis der Vorlage zur Drahtlänge beträgt 7:5), Eisendraht (25 cm lang mit 1 mm Durchmesser), Einstecktüte zur Aufbewahrung der Biegeprobe, Meßplatte, Durchgleitschablone, Auswertungsbogen; zusätzlich: Schreibstift, Uhr.

3. Testgliederung

Die DBP besteht aus der Aufgabe, einen Draht nach gegebener Vorlage manuell zu bearbeiten.

4. Grundkonzept

Die DBP ist als Leistungstest für die Diagnose eines speziellen Aspekts der praktischen Intelligenz, das sog. Handgeschick, konzipiert. Die Bewältigung der Aufgabe erfordert neben der Handfertigkeit auch ein Verständnis der Form und ihrer einzelnen Teile.

Die DBP gehört zu den sprachfreien Tests und ist ein reiner Niveautest (Power-Test). Geprüft wird anhand verschiedener Kriterien sowohl die Genauigkeit der Form als auch die „Sauberkeit" der Lösung.

Die Konzeption des Tests soll insbesondere seinen Einsatz in der industriellen Eignungsdiagnostik (insbesondere metallverarbeitende Berufe) nahelegen.

5. Durchführung

5.1 Alter: 12 bis 19 Jahre; unter Einschränkung Erwachsene von 20 bis 50 Jahren (s. 7.4).

5.2 Formen: Die DBP ist sowohl als Einzeltest als auch als Gruppentest durchführbar. Es liegt keine Parallelform vor.

5.3 Handhabung: Der Proband erhält an seinem Arbeitsplatz einen Schreibstift und eine Einstecktüte, auf die die Personaldaten einzutragen sind. Anschließend werden die Vorlage und der Draht ausgehändigt. Die Instruktionen erfolgen durch den Testleiter in Form einer standardisierten Testanweisung.

Die Aufgabenbearbeitung erfolgt durch Biegen des Drahtes gemäß der Vorlage. Nach 15 Minuten bittet der Testleiter, die Arbeit abzuschließen, spätestens nach 20 Minuten wird die Biegeprobe beendet. Der Proband übergibt die Probe in der Einstecktüte.

Für die Anwendung in Gruppen gibt der Autor zusätzliche Handanweisungen, die darauf abzielen, eine unabhängige und ungestörte Bearbeitung der Aufgabe durch den Probanden sicherzustellen.

5.4 Zeit: Spätestens nach 20 Minuten wird die Aufgabe beendet. Nach 15 Minuten wird dem Probanden ein Zeichen gegeben, daß er die Arbeit abschließen soll.

6. Auswertung

6.1 Modus: Die Auswertung erfolgt anhand der Anleitung in der Handanweisung. Die Testleistung ist durch 29 Kriterien bestimmt, die der Testleiter durch den Vergleich der Probe mit den Vorgaben anhand der mitgelieferten Durchgleitschablone und Meßplatte ermittelt. Die Kriterien lassen sich in Aspekte der Formauffassung (Genauigkeit der Streckenlängen und Winkel sowie Parallelität der Strecken) und der Sorgfältigkeit (Geradlinigkeit der Strecken, Sauberkeit der Winkel, Zweidimensionalität der Figur) gliedern.
Für jedes Kriterium wird im Auswertungsbogen eine positive oder negative Eintragung vorgenommen. Der Rohwert eines Probanden ergibt sich aus der Anzahl der positiv bewerteten Kriterien, wobei eines der Kriterien doppelt gezählt bzw. gewichtet wird. Die Art der Auswertung ist als problematisch anzusehen, da die Testitems (hier: die Kriterien) nicht unabhängig voneinander sind. Die positive oder negative Lösung eines Kriteriums beeinflußt die Lösung anderer Kriterien.
Der Rohwert läßt sich anhand von Tabellen in alters-, schul- und berufsspezifische Normen transformieren (Prozentränge und Standardwerte).
Auch eine getrennte Auswertung nach Formauffassung und Sauberkeit ist möglich; diese wird vom Autor aufgrund der festgestellten Zuverlässigkeit der einzelnen Testteile nur bedingt und zur Ergänzung der Gesamtauswertung nahegelegt.

6.2 Zeit: Die Auswertungszeit hängt in hohem Maße von der Vertrautheit mit den Kriterien und der Übung des Testleiters im Umgang mit der Meßplatte ab. Ein geübter Testleiter benötigt im allgemeinen wenige Minuten.

1.5

7. Gütekriterien

7.1 Objektivität: Während die Testdurchführung aufgrund der standardisierten Instruktion von der Person des Testleiters weitgehend unabhängig ist, trifft dies auf die Auswertung nur sehr eingeschränkt zu. Dafür ist eine Einübung des Testleiters und eine genaue Beachtung der Handanweisung erforderlich. Bei subjektiver – eindrucksmäßiger – Auswertung wurde lediglich eine Übereinstimmung von $r = .75$ zwischen zwei Beurteilern festgestellt (Roth, 1958).

7.2 Reliabilität: Die Retest-Reliabilität nach 14 Wochen beträgt $r = .78$ ($N = 160$ Berufsschüler). Eine Stichprobe von Waldorfschülern ($N = 60$) weist einen Retest-Koeffizienten von $r = .83$ nach einem halben Jahr auf.
Die Halbierungsreliabilität (odd-even-Methode) nach Spearman-Brown-Korrektur wird je nach Stichprobe mit einem Koeffizienten von $r = .91$ ($N = 307$) bzw. $r = .88$ ($N = 125$ Berufsschüler) angegeben.
Die innere Konsistenz (Schätzung nach Kuder-Richardson), ermittelt an einer Stichprobe von Waldorfschülern ($N = 307$), beträgt $r = .87$ bzw. $r = .89$.

7.3 Validität: Eine Faktorenanalyse ergab substantielle Ladungen der DBP auf zwei Faktoren anderer Hantierungstests. Die Faktoren werden als „manuelle Koordinationsfähigkeit" und „manuelle Nachgestaltungsfähigkeit" interpretiert (Lienert & Lienhöft, 1959). Bei anderen Hantierungstests zeigten sich Ladungen auf einem Faktor, der als „Fähigkeit des freien Nachgestaltens" interpretiert wird ($N = 481$, davon 200 Jugendliche und 81 Erwachse-

ne). Diese Ergebnisse korrespondieren mit den von Schorn (1929) ermittelten Korrelationen der nichtstandardisierten DBP mit Verfahren, die im wesentlichen das „Formgefühl" und „visuomotorische Koordinaten" prüfen.
Die Testleistung der DBP korrelieren nur in geringem Maße mit einzelnen Skalen anderer Leistungstests, in denen verschiedene Aspekte der Intelligenz wie schlußfolgerndes Denken oder räumliches Vorstellen überprüft werden (darunter der LPS, BTS und HAWIE). Die höchste Korrelation besteht zwischen der Testleistung und der Fähigkeit, Teile aus einem Ganzen nach Art der Gottschaldt-Figuren auszugliedern ($r = .32$) ($N = 250$ 18 bis 20jährige Jugendliche). Mit dem FLT korreliert die DBP mit $r = .41$ ($N = 307$ Waldorfschüler).
Die DBP gilt als logisch valides Verfahren zur Messung des Handgeschicks oder der Handfertigkeit. Hohe Sauberkeitsleistungen scheinen mit Erfahrung im Umgang mit ähnlichem Material einherzugehen, während Leistungen unter dem Aspekt der Formauffassung von formaler Schulbildung abhängig sind, jedoch wenig von der Berufsausbildung.

7.4 Normen: Die in der Handanweisung ausgewiesenen Normen sind über 30 Jahre alt und bedürfen daher einer Überarbeitung.
Normen liegen für verschiedene Altersgruppen, Schultypen und Berufsgruppen in Form von Prozenträngen und Standardwerten vor. Die grafischen Normtafeln ermöglichen einen Vergleich sowohl der Gesamtpunktzahl als auch aufgeschlüsselt nach Form- und Sauberkeitspunkten mit der Bezugsgruppe.
Die Eichung erfolgte ausschließlich an einer Stichprobe von Männern ($N = 1700$). Die meisten von ihnen sind den Altersklassen von 12 bis 19 Jahren zuzuordnen ($N = 1573$). Die 20- bis 50jährigen waren mit $N = 125$ repräsentiert.

8. Literatur

Kettel, K.J. & Simmat, W.E. (1966). Zum Auswerteverfahren der Drahtbiegeprobe. *Diagnostica, 12,* 27–31.
Lienert, G.A. (1964). *Form-Lege-Test (F-L-T)* (2. Auflage). Göttingen: Hogrefe.
Lienert, G.A. & Lienhöft, R. (1959). Versuch einer Standardisierung der Drahtbiegeprobe. *Zeitschrift für experimentelle und angewandte Psychologie, 6,* 792–815.
Roth, E. (1958). Eine Auswertungsmöglichkeit inobjektiver Tests (dargestellt am Beispiel der Drahtbiegeprobe). *Psychologie und Praxis, 2,* 240–244.
Schorn, M. (1929). Untersuchungen über die Handgeschicklichkeit. *Zeitschrift für Psychologie, 112,* 325–378.

Bearbeiter: Torsten Melles

Form-Lege-Test (FLT)

G.A. Lienert
Göttingen: Hogrefe, 2. Auflage 1964

1. Testart Spezieller Funktionsprüfungs- und Eignungstest (Intelligenztest)

2. Testmaterial Handanweisung mit Lösungsschlüsseln und Normentafeln; Testbogen, auf dem die Antworten direkt in die Aufgaben eingezeichnet werden; vier aus Hartpappe geschnittene Flächenteile; zusätzlich: Bleistift, Stoppuhr.

3. Testgliederung Der FLT besteht aus 20 Aufgaben, die in aufsteigender Schwierigkeit geordnet sind. Der Test ist daher als Niveau-Test (Power-Test) zu klassifizieren; durch die Zeitbegrenzung enthält er jedoch auch eine Schnelligkeitskomponente (Powered-Speed-Test).

4. Grundkonzept Der FLT zielt auf die Diagnose der praktischen Intelligenz ab, die Lienert von der theoretischen Intelligenz abgrenzt und mit der er die Fähigkeit „neue Aufgaben praktischer Art erfolgreich zu lösen" (S. 3) bezeichnet. Die Testaufgaben stellen sich für den Probanden als Flächenlegespiel oder Geduldspiel dar: Durch Handeln mit konkretem Material läßt sich auf unterschiedlichen Wegen die richtige Lösung finden. Als Lösungswege sind Probieren, systematisches Kombinieren und die „gedankliche" Lösung (Lösung ohne Benutzung der Flächenteile) geeignet. Der Lösungserfolg setzt keine Kenntnisse und kein Wissen voraus. Der FLT gehört zu den sprachfreien Tests.
Der FLT eignet sich nach Ansicht des Autors u. a. für folgende diagnostische Anwendungsmöglichkeiten: Messung „praktischer" Intelligenz bzw. des räumlichen Denkens; als Ergänzungsverfahren zu allgemeinen Intelligenztests; zur Berufsberatung und Eignungsdiagnose für bestimmte Lehrberufe.

5. Durchführung **5.1 Alter:** 14 bis 18 Jahre. Unter Einschränkung Erwachsene von 20 bis 50 Jahren (beachte 7.4).

5.2 Formen: Der FLT ist sowohl als Einzeltest als auch als Gruppentest durchführbar. Es liegt eine Parallelform vor.

5.3 Handhabung: Der Autor gibt in der Handanweisung Instruktionen für die Handhabung des FLT als Einzel- und als Gruppentest und gibt für die Durchführung eine standardisierte Testanweisung vor. Nach der Anweisung muß der Testleiter auf die Zeiteinhaltung achten; das Zeitbudget soll den Probanden allerdings nicht mitgeteilt werden. Personen, die mit ihren Aufgaben vor Ablauf des Zeitlimits fertig werden, können mit der parallelen Form weiterarbeiten.
Die Aufgabenbearbeitung erfolgt durch das Zusammensetzen der Flächenteile gemäß den Vorlagen und im Einzeichnen der Begrenzungslinien.

Spezielle Anweisungen liegen für die Testanwendung bei Gruppen von Sonderschülern vor. Der Testleiter muß die Flächenteile im Großformat selbst anfertigen und zu Demonstrationszwecken bereithalten.

5.4 Zeit: Die (Netto-)Durchführungsdauer beträgt 20 Minuten. Für die Durchführung in Sonderschulen ist die Testzeit auf 40 Minuten zu verlängern.

6. Auswertung

6.1 Modus: Anhand des Lösungsschlüssels in der Handanweisung lassen sich die eingezeichneten Begrenzungslinien als richtig oder falsch kategorisieren. Bei den meisten Aufgaben sind mehrere Lösungen möglich, die als richtig gelten. Dabei werden auch einige inkorrekte Lösungen als richtig kategorisiert. Die Anzahl der als richtig kategorisierten Aufgaben ergibt den Rohwert, der in alters- oder berufsbezogene Normen sowie in Normen für Sonderschüler transformiert werden kann (Standardwerte und Prozentränge).

6.2 Zeit: Die formale Auswertung erfordert einige Minuten, da die eingezeichneten Lösungen mit den als richtig zu kategorisierenden verglichen werden müssen.

7. Gütekriterien

7.1 Objektivität: Das Testergebnis eines Probanden ist bei Beachtung der Anweisungen zur Durchführung und Auswertung von der Person des Testleiters unabhängig.

7.2 Reliabilität: Die Retest-Reliabilität nach einem halben Jahr beträgt r = .84 (N = 113), die Halbierungsreliabilität nach Spearman-Brown-Korrektur wird je nach Stichprobe mit Koeffizienten zwischen r = .89 und r = .94 ausgewiesen. Die innere Konsistenz (Schätzung nach Kuder-Richardson) nach Maßgabe der Eichstichprobe (N = 2613) beträgt r = .92. Die Paralleltestzuverlässigkeit (Korrelation der beiden Parallelformen) ist nur für eine spezielle Subgruppe (80 13- und 14jährige Volksschüler) überprüft (r = .79).

7.3 Validität: Als Evidenz für die Konstruktvalidität des FLT zitiert der Autor die Ergebnisse einer gemeinsamen Faktorenanalyse mit elf „gültigkeitsverwandten" Tests der Mechanical-Abilities Batterie von Thurstone. Demnach sind 64 % der Leistung im FLT durch einen Faktor bestimmt, der als „Fähigkeit des zweckmäßigen Kombinierens und Ergänzens" bezeichnet wurde. Zu 23 % wird die Leistung durch den Faktor „räumliches Auffassen und Operieren mit räumlichen Vorstellungen" und zu 13 % durch die „Fähigkeit des schlußfolgernden Denkens" bestimmt.

Die Validierung an Tests mit einem ähnlichen Gültigkeitsbereich weist u. a. folgende Koeffizienten auf: r = .59 (N = 307 Waldorfschüler) mit dem Revised Minnesota Paper Board Test und r = .41 (N = 307 Waldorfschüler) bzw. r = .37 (N = 260 Lehrlingsbewerber) mit der Drahtbiegeprobe. Die Korrelationen mit Tests theoretischer Intelligenz, deren Gültigkeitsbereich stärker von dem des FLT abweicht, sind entsprechend niedriger (N = 209 Oberschüler): r = .33 mit dem Figure Reasoning Test und r = .23 mit dem Letter-Grouping Test.

Die punktbiseriale Korrelation zwischen der Testleistung von Lehrlingen (berücksichtigt wurden nur Extremgruppen mit guter bzw. schlechter Testleistung) und einem Eignungsurteil der Ausbilder beträgt r = .66 (N = 100). Die Korrelation der Testleistung einer repräsentativen Lehrlingsstichprobe (N =

133) mit einem anhand mehrerer Skalen berechneten Gesamturteil von Ausbildern weist einen minderungskorrigierten Wert von r = .79 auf.

7.4 Normen: Die in der Handanweisung ausgewiesenen Normen sind über 40 Jahre alt und bedürfen daher einer Überarbeitung.
Normen liegen für 13- bis 14jährige Hilfsschüler beider Geschlechter vor (N = 380). Die anderen ausgewiesenen Normen basieren ausschließlich auf Stichproben von Männern: Für Schüler und Lehrlinge im Alter von 14 bis 18 Jahren (repräsentative Eichstichprobe mit N = 2613), für Erwachsene zwischen 20 und 50 (N = 106) sowie für die berufsspezifischen Gruppen Metall, Textil, Elektriker, Holz, Kaufleute, Landwirtschaft, Nahrung, Leder, Bau (N = 2613; gleiche Stichprobe wie oben).
Der Prozentrang und der Standardwert, der dem Rohwert des Probanden nach Maßgabe seiner Bezugsgruppe entspricht, ist einer grafischen Abbildung in Form eines Koordinatensystems zu entnehmen.

Bearbeiter: Torsten Melles

Fragebogen zur Analyse belastungsrelevanter Anforderungsbewältigung (FABA)

P. Richter, M. Rudolf und C.F. Schmidt
Frankfurt a. M.: Swets, 1996

1. Testart

Spezieller Funktionsprüfungs- und Eignungstest

2. Testmaterial

Handanweisung, Fragebogen; zusätzlich: Schreibmaterial.

3. Testgliederung

Der Fragebogen besteht aus 20 Aussagen, die den Faktoren

1. exzessive Planungsambitionen (P) (6 Items),
2. Erholungsunfähigkeit / Arbeitsengagement (E) (6 Items)
3. Ungeduld (U) (5 Items) und
4. Dominanz (D) (3 Items)

zugeordnet werden.

4. Grundkonzept

Das Verfahren erfaßt gesundheitsrelevante Verhaltensmerkmale der Bewältigung von Arbeitsanforderungen. Zugrunde gelegt wird dabei eine Konzeption des Typ-A-Verhaltens in Form einer ineffizienten Handlungsregulation. Im Rahmen der arbeitspsychologischen Beanspruchungsforschung soll es der Diagnostik von Persönlichkeits- und Verhaltensbesonderheiten, die zu einer Unterdrückung bzw. einem Nichtwahrnehmen von Ermüdungs-, Streß- und Erschöpfungszuständen führen, dienen und so zur Aufklärung des Zusammenhangs von Belastungs- und Beanspruchungszuständen und deren Gesundheitsauswirkungen beitragen. Weiterhin ist es im Rahmen von Arbeitsanalysen, Arbeitsgestaltungsmaßnahmen, zur Abschätzung von Restitutionsstörungen bzw. -verläufen im 24-Stunden-Monitoring sowie als Hilfsmittel im Rahmen der Anamnese und Katamnese in der Klinischen Psychologie einsetzbar.

5. Durchführung

5.1 Alter: Keine Angaben (Erwachsene).

5.2 Formen: Der Test ist als Einzel- und Gruppentest einsetzbar. Eine Parallelform liegt nicht vor. Eine computergestützte Fassung ist im Hogrefe-Testsystem verfügbar.
Neben der Version mit 20 Items ist im Handbuch eine Langform dokumentiert, die 24 zusätzliche Items enthält. Sie kann im Rahmen einer strukturierten Einzelfalldiagnostik im Rehabilitationsverlauf verwendet werden. Die englische Fassung der Langform findet sich in Rotheiler, Hinton, Richter und Bell (1993).

5.3 Handhabung: Die Instruktion ist auf der Vorderseite des Fragebogens abgedruckt. Die angegebenen Aussagen sind vom Probanden auf einer vierstufigen Skala (von „Ich stimme dem stark zu." bis „Ich lehne das stark ab.") daraufhin zu beurteilen, inwieweit sie auf ihn zutreffen.

5.4 Zeit: Keine Angaben (ca. 5 Minuten).

6. Auswertung

6.1 Modus: Die Zuordnung der Items zu den vier Faktoren kann durch Umknicken der zweiten Seite des Fragebogens abgelesen werden. Die Summe der Werte der zu einem Faktor gehörigen Items ergibt den jeweiligen Skalenwert. Auf der Rückseite des Fragebogens ist eine Auswertungstafel mit der Zuordnung von Skalenwerten, aufgeschlüsselt nach Geschlecht und Altersgruppen, zu den Bereichen „normal" (bis 75-Percentil), „auffällig" (75- bis 90-Percentil) und „sehr auffällig" (ab 90-Percentil) abgedruckt, die eine erste Grobauswertung ermöglicht. Bei als auffällig eingestuften Personen wird eine detaillierte Auswertung empfohlen. Hierzu können die vier individuellen Skalenwerte anhand der pro Faktor angegebenen Mittelwerte, Standardabweichungen, Minima und Maxima eingeordnet werden. Die Rohwerte können außerdem in Prozentrang- und Stanine-Werte überführt werden.
Die Autoren geben zudem Hinweise für Profilinterpretationen. Eine handlungspsychologische Analyse, die auf der im Handbuch angegebenen Zuordnung der Items zu einzelnen Phasen der Handlungsregulation fußt, ist nach den Autoren möglich, auch wenn keine faktorenanalytische Begründung dafür gegeben werden kann (s. inhaltliche Validität).

6.2 Zeit: Keine Angaben (5 bis 10 Minuten).

1.5

7. Gütekriterien

7.1 Objektivität: Durchführungs-, Auswertungs- und Interpretationsobjektivität sind gewährleistet.

7.2 Reliabilität: Interne Konsistenz: Die Konsistenzkoeffizienten (Cronbachs Alpha) liegen für den Faktor E bei $\alpha = .79$, für P bei $\alpha = .68$, für U bei $\alpha = .72$ und für D bei $\alpha = .56$ (N = 865).
Stabilität: In Untersuchungen an Hypertonie-Patienten (Studie A, N = 130) und gesunden Vollbeschäftigten (Studie B, N unterschiedlich, max. 52) resultierten die in Tabelle 1 angegebenen Retest-Reliabilitäten der Faktoren.

Tabelle 1: Retest-Reliabilitäten der FABA-Faktoren

Studie	Abstand	Range	Mittelwert (Berechnung der Verf.)
A	vor Kur – nach mehrwöchiger Kur	.55–.74	.69
	vor Kur – nach einem Jahr	.58–.73	.68
	nach Kur – nach einem Jahr	.65–.74	.69
B	2 Monate	.58–.80	.71

Die durch Faktorenanalysen ermittelten vier Faktoren des FABA erwiesen sich in mehreren Untersuchungen (N = 207, N = 49, N = 372) als stabil. In einer Untersuchung von Schaarschmidt und Fischer (1997) sowie einer Studie von Rotheiler, Richter, Rudolf und Hinton (1997) in Ostdeutschland und Schottland, in der die Langversion des FABA eingesetzt wurde, konnten die vier Faktoren des FABA ebenfalls reproduziert werden (N = 2264 bzw. N = 1233).

7.3 Validität: Inhaltliche Validität: Die 20 Items des FABA lassen sich zwar recht eindeutig den Komponenten des Handlungsregulationsansatzes (Zielbildung und Planung, Handlungsausführung, Rückmeldungsverarbeitung und Kooperationsbereitschaft) zuordnen (vgl. die unter Testgliederung genannten Faktoren), die sich aus dieser Zuordnung ergebende Struktur wird aber in Faktorenanalysen nicht reproduziert.

Konstruktvalidität: Eine erste Untersuchung der Faktorenstruktur der Langversion des Verfahrens erbrachte nach der Hauptkomponentenmethode mit anschließender Varimax-Rotation eine fünffaktorielle Lösung, die 34 % der Varianz der 44 Items aufklärte (N = 799). In anschließenden Untersuchungen anhand der auf 20 Items reduzierten Version des Fragebogens an zwei Stichproben (N = 388 gesunde Erwachsene sowie N = 477 Herzinfarktpatienten und Hypertoniker; studentische Stichproben wurden aufgrund heterogener Faktorenstrukturen ausgeschlossen) wurden vier Faktoren extrahiert (Varianzaufklärung 50.6 % bzw. 45.3 %), denen die o. g. Bezeichnungen zugewiesen wurden.

Kriterienbezogene Validität: Die Autoren führen zahlreiche Untersuchungen an, die die Validität der FABA-Werte durch Zusammenhänge mit Tätigkeits-, Erlebens- und Befindensmerkmalen sowie physiologischen Parametern stützen:

Tätigkeitsmerkmale: In drei Untersuchungen (N = 57, N = 154, N = 59) zeigten sich signifikante Zusammenhänge zwischen beobachteten bzw. mitgeteilten Belastungen und erhöhten Ausprägungen auf einzelnen FABA-Skalen.

Erlebens- und Befindensmerkmale: Zwischen den FABA-Faktoren und Skalen des AVEM-Fragebogens (Schaarschmidt & Fischer, 1997), der gesundheitsrelevantes Arbeitsverhalten und -erleben erfaßt, bestehen die folgenden korrelativen Zusammenhänge (N = 2200): E korreliert am höchsten mit den AVEM-Skalen „Distanzierungsfähigkeit“ (r = –.63) und „Verausgabungsbereitschaft“ (r = .49), P korreliert am höchsten mit „Innere Ruhe/Ausgeglichenheit“ (r = –.50) und „Resignationstendenz“ (r = .45), D am höchsten mit „Beruflicher Ehrgeiz“ (r = .33) und U am höchsten mit „Perfektionsstreben“ (r = .35). Logistische Regressionsanalysen zur Vorhersage der Wahrscheinlichkeit des Auftretens von Hypertonie durch die FABA-Items führten zu 74,9 % korrekt klassifizierten Fällen (N = 519) sowie bei der Vorhersage des Herzinfarktrisikos zu 69,3 % (N = 361) bzw. 71,4 % (N = 213) korrekten Klassifikationen.

Physiologische Parameter: Die Ergebnisse vier psychophysiologischer Untersuchungen (N = 37, N = 50, N = 27, N = 48) zeigen, daß eine hohe Ausprägung auf den Faktoren E und P mit erhöhten Aktivierungszuständen einhergehen, die für eine verstärkte sympathikotone Erregtheit des Nervensystems sprechen.

7.4 Normen: Die Normwerte (N = 975) werden auf der Basis einer repräsentativen Stichprobe sowie getrennt nach drei Altersgruppen und dem Geschlecht angegeben (zur Alters- und Geschlechtsabhängigkeit der FABA-Skalenwerte s. Rotheiler, Rudolf, Richter & Hinton, 1998). Die Altersgruppen umfassen Personen unter 30, von 30 bis 50 und über 50 Jahren. Das Ver-

hältnis von gesunden und bereits auffälligen Personen (hauptsächlich Hypertoniker und Herzinfarktpatienten) wurde in den Gruppen vorwiegend ausgewogen gestaltet.
Da die Skalensummenwerte in der Stichprobe nicht normalverteilt sind, werden zur Grobklassifikation auf den Auswertungsblättern der Fragebogen Perzentile angegeben. Die Normwertberechnung erfolgte für die einzelnen Faktoren zum einen für die Gesamtstichprobe und zum anderen für Untergruppen, die sich bei den einzelnen Faktoren des FABA in Varianzanalysen als signifikant unterschiedlich erwiesen. Da die Werte nicht normalverteilt sind, wurden als Normwerte Prozentränge und aus diesen Stanine-Werte berechnet. Zudem werden Vergleichswerte (Mittelwerte und Standardabweichungen) von 29 Stichproben ($32 \leq N \leq 286$) mitgeteilt, z. B. für verschiedene Patientengruppen (Hypertoniker, Herzinfarkt- und Psychosomatikpatienten).

8. Literatur

Richter, P., Hille, B. & Rudolf, M. (1999). Gesundheitsrelevante Bewältigung von Arbeitsanforderungen. *Zeitschrift für Differentielle und Diagnostische Psychologie, 20,* 25–38.
Rotheiler, E., Hinton, J.W., Richter, P. & Bell, N. (1993). Self-reported coronary-prone behavior: A replicated comparison between east german (GDR) and scottish students. *Personality and Individual Differences, 15,* 155–161.
Rotheiler, E., Richter, P., Rudolf, M. & Hinton, J.W. (1997). Further cross-cultural factor validation on the FABA self-report inventory of coronary-prone behaviours. *Psychology and Health, 12,* 505–512.
Rotheiler, E., Rudolf, M., Richter, P. & Hinton, J.W. (1998). Sex differences in self-reported coronary-prone factors. *European Journal of Personality, 12,* 199–217.
Schaarschmidt, U. & Fischer, A. (1997). AVEM – ein diagnostisches Instrument zur Differenzierung von Typen gesundheitsrelevanten Verhaltens und Erlebens gegenüber der Arbeit. *Zeitschrift für Differentielle und Diagnostische Psychologie, 18,* 151–163.

Verfasserin: Michaela Brocke und Peggy Liebelt

Fragebogen zur Sicherheitsdiagnose (FSD)

C. Graf Hoyos und F. Ruppert

Bern: Huber, 1993

1. Testart

Spezieller Funktionsprüfungs- und Eignungstest

2. Testmaterial

Das Testmaterial besteht aus einem Testhandbuch, in dem der Fragebogen abgedruckt ist.

3. Testgliederung

Der Fragebogen umfaßt insgesamt 149 Items, die sich auf die folgenden Themenbereiche verteilen:

- Beschreibung der Arbeitstätigkeit und Analyse von Arbeitsaufgaben
- Beschreibung und Analyse von Gefahren, Gefährdungen und Risikopotentialen
- Beschreibung und Gewichtung von Verhaltensanforderungen und Bedingungen für sicheres Arbeiten

Das Verfahren beinhaltet sowohl geschlossene als auch offene Fragen. Bei den geschlossenen Fragen kommen verschiedene (zweistufige und fünfstufige) Skalen zum Einsatz.

4. Grundkonzept

Der FSD dient der Analyse von Arbeitsplätzen oder komplexeren Arbeitseinheiten. Mit seiner Hilfe können die Gefährlichkeit von konkreten Arbeitssituationen, die Arbeitsanforderungen in bezug auf sicheres Verhalten sowie die Anforderungen im Hinblick auf sichere Arbeitsplatzbedingungen analysiert werden. Als Quelle der Information dienen Beobachtungen und Expertenbefragungen. Der FSD kann sowohl zur Prävention als auch zur Diagnose bereits eingetretener Arbeitsunfälle bzw. Unfallschwerpunkte in einer Organisation eingesetzt werden. Die Ergebnisse liefern Hinweise für die Gestaltung von Arbeitsbedingungen sowie die Schulung von Mitarbeitern zur Reduzierung des Unfallrisikos am Arbeitsplatz.

5. Durchführung

5.1 Alter: Es werden Arbeitsplätze/-bedingungen analysiert.

5.2 Formen: Keine Angaben.

5.3 Handhabung: Die Fragen des FSD werden entweder vom Analytiker allein oder gemeinsam mit Experten für den fraglichen Arbeitsplatz bearbeitet. Als Informationsquellen dienen: betriebliche Stellenbeschreibungen, bereits vorliegende Arbeitsanalysen, Beobachtungen, Gespräche mit Stelleninhabern und deren Vorgesetzten.

5.4 Zeit: Keine Angaben.

6. Auswertung

6.1 Modus: Die Auswertung erfolgt qualitativ. Genaue Anweisungen zur Auswertung liegen nicht vor.

6.2 Zeit: Keine Angaben.

7. Gütekriterien

7.1 Objektivität: Die Durchführungsobjektivität kann als gegeben betrachtet werden. Die Auswertungs- und Interpretationsobjektivität sind insofern eingeschränkt, als daß die Autoren hier keine Richtlinien formulieren. Zur Rechtfertigung dieses ungewöhnlichen Vorgehens kann jedoch angemerkt werden, daß es sich beim FSD um ein rein beschreibendes Verfahren handelt.

7.2 Reliabilität: Berechnet wurde die Beobachterübereinstimmung im Hinblick auf 154 Arbeitsplätze (jeweils zwei Analytiker). In mehr als der Hälfte aller Fälle liegen die über alle relevanten Items gemittelten Korrelationskoeffizienten zwischen $r = .81$ und $r = .99$.

7.3 Validität: Die äußere kriterienbezogene Validität wurde über Korrelationen zwischen unterschiedlichen FSD-Kennwerten und der Unfallhäufigkeit verschiedener Berufsgruppen berechnet ($N = 118$). Werden nur die schweren Unfälle als Kriterium herangezogen, so zeigen sich deutlich mehr und höhere signifikante Korrelationen ($r = .25$ bis $r = .46$) als im Falle des allgemeineren Kriteriums „Unfallhäufigkeit" ($r = .17$ bis $r = .30$).

7.4 Normen: Keine Angaben.

Verfasser: Uwe Peter Kanning

Hand-Dominanz-Test (HDT)

H.-J. Steingrüber
Göttingen: Hogrefe, 2. Auflage 1976

1. Testart

Spezieller Funktionsprüfungs- und Eignungstest

2. Testmaterial

Handanweisung mit Durchführungsvorschriften und Auswertungsanleitung, Testbogen, Auswertungsschablone; zusätzlich: Bleistift, Stoppuhr, Tafel und Kreide.

3. Testgliederung

Der Test gliedert sich in folgende drei Untertests, die nacheinander bearbeitet werden, mit jeweils einer Beispielaufgabe (A) und zwei Testaufgaben (B, C):

1. Spurennachzeichnen (SN)
2. Kreispunktieren (KP)
3. Quadratepunktieren (QP)

Die Beispielaufgaben (A) bestehen aus Übungen für die rechte und die linke Hand. Die Testaufgaben B sind für die rechte Hand konzipiert, die Aufgaben C für die linke Hand.

4. Grundkonzept

Der HDT mißt den Ausprägungsgrad der Links- bzw. Rechtshändigkeit einer Person. Dabei ist er auf einen nicht näher bezeichneten homogenen Aspekt des nach Ansicht des Autors mehrdimensionalen Konstruktes „Händigkeit" beschränkt.
Der HDT ist als reiner Speed-Test konzipiert. Anwendungsmöglichkeiten sind nach Ansicht des Autors in der diagnostischen Praxis der Klinischen und der Pädagogischen Psychologie sowie in der Arbeitspsychologie gegeben.

5. Durchführung

5.1 Alter: 6 bis 10 Jahre. Jäncke (1996) zeigt, daß sich der HDT auch für Erwachsene anwenden läßt, indem das Zeitlimit für die einzelnen Testaufgaben von 30 auf 15 Sekunden reduziert wird.

5.2 Formen: Der HDT ist in Form eines Papier-und-Bleistift-Tests sowohl als Einzel- und auch als Gruppentest einsetzbar. Ursprünglich wurde der Test als Gruppenuntersuchung konzipiert.

5.3 Handhabung: Zunächst wird geprüft, ob die Probanden rechts und links unterscheiden können. Anschließend erhält jeder Proband Testbogen und Bleistift. Die Aufgaben werden nacheinander bearbeitet, zu jedem Untertest (SN, KP, QP) gibt der Versuchsleiter eine standardisierte Instruktion. Jede der Testaufgaben (B, C) wird nach 30 Sekunden beendet.

5.4 Zeit: Für die Durchführung in Gruppen werden 15 Minuten, als Einzeltest 10 Minuten benötigt. Die reine Testzeit (ohne Instruktion und Übungsaufgaben) beträgt 3 Minuten.

6. Auswertung

6.1 Modus: Der Rohwert des Untertests SN ist durch die Länge der eingezeichneten Strecke bestimmt und wird mit der Schablone ermittelt. Bei den Untertests KP und QP wird jeweils für die rechte und die linke Hand die Anzahl der Treffer ausgezählt. Fehler des Probanden bleiben bei der Auswertung unberücksichtigt. Für jeden Untertest wird ein standardisiertes Differenzmaß berechnet, dessen Vorzeichen die dominierende Hand und dessen Betrag das Ausmaß der Dominanz anzeigt. Die Differenzmaße der drei Untertests werden addiert und bilden den Gesamtrohwert. Für bestimmte Altersgruppen ist eine zusätzliche Gewichtung des Untertests SN erforderlich.

6.2 Zeit: Keine Angaben.

7. Gütekriterien

7.1 Objektivität: Das Testergebnis eines Probanden ist bei Beachtung der Anweisungen zur Durchführung und Auswertung unabhängig von der Person des Testleiters.

7.2 Reliabilität: Die Retest-Reliabilität nach drei Wochen beträgt für Jungen r = .75 (N = 83), für Mädchen r = .86 (N = 95).

7.3 Validität: Der HDT gilt als logisch valides Verfahren, da er Links- und Rechtshänder anhand ihrer psychomotorischen Leistungsfähigkeit identifiziert.
Die punktbiseriale Korrelation des Testergebnisses mit dem Lehrerurteil (Klassifikation in Links- und Rechtshänder) beträgt r = .77 (N = 100; 8- bis 9jährige Jungen und Mädchen der 3. Klasse). Mit den durch Selbsteinschätzungen erfaßten Handpräferenzen derselben Schüler weist der Test eine Produkt-Moment-Korrelation von r = .48 auf. Andere Untersuchungen deuten auf höhere Zusammenhänge mit Präferenzmaßen hin (z. B. Schmauder & Solf, 1992; Wirth & Liphardt, 1999).

7.4 Normen: Die in der Handanweisung ausgewiesenen Normen sind 30 Jahre alt und bedürfen daher einer Überarbeitung. Normen liegen für Jungen und für Mädchen vor und gehen auf eine Eichstichprobe (N = 1306) von Grundschülern der Klassen 1 bis 4 im Alter von 6;0 bis 10;6 Jahren zurück. Der Prozentrang und der Standardwert, der dem Rohwert des Probanden nach Maßgabe seiner Bezugsgruppe entspricht, ist einer grafischen Abbildung in Form eines Koordinatensystems zu entnehmen.

8. Literatur

Jäncke, L. (1996). The hand performance test with a modified time limit instruction enables the examination of hand performance asymmetries in adults. *Perceptual and Motor Skills, 82,* 735–738.
Schmauder, J. & Solf, J. (1992). *Einfluß der Händigkeit bei der Handhabung von Arbeitsmitteln.* Dortmund: Schriftenreihe der Bundesanstalt für Arbeitsschutz, Fb 661.
Wirth, D. & Liphardt, M. (1999). *Untersuchung der Händigkeit. Leitlinien der Deutschen Gesellschaft für Arbeitsmedizin und Umweltmedizin e. V. (DGAUM).* Verfügbar unter: http://selene.rz.uni-duesseldorf.de/WWW/AWMF/ll/haendigk. htm [05/07/2000]

Bearbeiter: Torsten Melles

Handlungsorientiertes Testverfahren zur Erfassung und Förderung beruflicher Kompetenzen (hamet 2)

M. Dieterich, M. Goll, G. Pfeiffer, J. Tress, F. Schweiger und F. Hartmann
Waiblingen: Berufsbildungswerk, 5. Auflage 2000

1. Testart Spezieller Funktionsprüfungs- und Eignungstest

2. Testmaterial Testkoffer, der die Materialien für jeden Untertest, die Handanweisung (DIN A4, 143 Seiten), Protokollbogen und eine CD-ROM enthält.

3. Testgliederung Der hamet 2 erfaßt sechs Grundfunktionen (s. u.), die faktorenanalytisch abgesichert wurden. Jede der Grundfunktionen wird durch mehrere Untertests repräsentiert, wobei jedoch einzelne Untertests von den Autoren gleichzeitig mehreren Faktoren zugeordnet werden:

- „Routine und Tempo" (motorische Routinehandlungen unter Tempomotivation; sechs Untertests)
- „Werkzeugeinsatz & Werkzeugsteuerung – einfach" (mit verschiedenen Werkzeugen müssen zum Beispiel vorgegebene Figuren ausgesägt oder ausgeschnitten werden; neun Untertests)
- „Wahrnehmung & Symmetrie" (symmetrische Ergänzungen zu vorgegebenen Figuren vornehmen; fünf Untertest)
- „Instruktionsverständnis & Instruktionsumsetzung" (verschiedene Instruktionen müssen genau erfaßt und umgesetzt werden; vier Untertests)
- „Werkzeugeinsatz & Werkzeugsteuerung – komplex" (verschiedene Werkzeuge müssen richtig eingesetzt werden; vier Untertests)
- „Meßgenauigkeit & Präzision" (geometrische Aufgaben; vier Untertests)

Der Ablauf der Testdurchführung ist dem Testhandbuch zu entnehmen und berücksichtigt Fragen der Motivation und möglicher Ermüdungserscheinungen. Neben der Ermittlung des Leistungsprofils anhand der hamet 2-Aufgaben ermöglicht die praxisnahe Testdurchführung auch eine Beobachtung des Arbeitsverhaltens. Aussagen zu diesem Bereich sind für eine Beurteilung beruflicher Kompetenzen ebenso bedeutsam wie die rein quantitativen Ergebnisse der hamet 2-Testung. Für den hamet 2 liegt ein eigens konzipierter Bewertungsbogen für die systematische Erfassung des Arbeitsverhaltens vor.

4. Grundkonzept Primär wurde der HAMET für die Untersuchung lernbehinderter Jugendlicher entwickelt. Er ist ein „förderdiagnostisches Instrument", das vor allem bei der Berufszuweisung von „schwierigen" Schulabgängern (Sonderschülern, Lernbehinderten, Personen mit Behinderungen verschiedenster Art, verstärkt Hör- und Sprachbehinderten), aber auch in Rehabilitationseinrichtungen und Arbeitswerkstätten zur Leistungsüberprüfung eingesetzt werden kann. Der HAMET soll nicht der Auslese dienen, sondern vorhandene Ressourcen der Probanden erkennen und eine Orientierungs- und Entscheidungshilfe für die Berufswahl abgeben. Die hamet 2-Version ist eine nochmals überarbeitete Form des HAMET-R (1990), in der die Untertests aktualisiert wurden. Damit ging eine teilweise Neukonstruktion der Testaufgaben einher, da in der neuen Version jede Grundfunktion anhand mehrerer Untertests erhoben werden soll. Zudem wurden Testaufgaben aus dem Dienstleistungsbereich (um geschlechtsspezifische Unterschiede zu vermeiden) und EDV-Aufgaben (um der zunehmenden Bedeutung von elektronischer Informationsverarbeitung in fast allen Berufen gerecht zu werden) ergänzt. Weiterhin wurde durch Modifikationen am Testmaterial und den Testwerkzeugen die Testökonomie verbessert. Des weiteren konnte die Auswertung durch Erstellen von Auswertungsschablonen und durch scannergestützte Auswertung objektiviert und vereinfacht werden.

5. Durchführung

5.1 Alter: Jugendliche (vor allem lernbehinderte) und behinderte Erwachsene.

5.2 Formen: Der hamet 2 kann als Einzel- und Gruppentest durchgeführt werden. Neben der Standardversion existieren zusätzlich zu einigen Untertests leichtere und schwere Aufgaben, die nach Bedarf eingesetzt werden können. Diese zusätzlichen Aufgaben sind allerdings nicht normiert.

5.3 Handhabung: Bei der Durchführung des hamet 2 soll eine „Werkstattsituation" erreicht werden, d. h., es soll eine angenehme Arbeitsatmosphäre geschaffen werden, in der die Teilnehmer wissen, was zu welchem Zweck gemacht wird und worauf es dabei ankommt. Die genaue Arbeitsplatzausstattung ist der Handanweisung zu entnehmen. Die Anleitungen der Aufgaben sollen individuell auf den Probanden abgestimmt werden. Jeder Proband durchläuft vor der eigentlichen Testung das hamet 2, ein Vorprogramm, welches dazu dient, die für eine erfolgreiche Aufgabenbearbeitung notwendigen Arbeitstechniken zu vermitteln. Es muß sichergestellt werden, daß die entsprechenden Testaufgaben bearbeitet werden können. Jede Testaufgabe wird genau beschrieben und mit verschiedenen Hinweisen versehen. Bei jeder Aufgabe wird die Arbeitszeit festgehalten. Bei der Testdurchführung ist darauf zu achten, daß der Proband nicht überfordert wird.

5.4 Zeit: Für die Durchführung des hamet 2 sind ein ganzer Arbeitstag oder zwei halbe Arbeitstage anzusetzen. Es liegt zudem eine Kurzform des hamet 2 vor, in der nur je zwei Aufgaben für jeden Faktor (Grundfunktion) zu bearbeiten sind.

6. Auswertung

6.1 Modus: Es sind für jede Aufgabe genaue Auswertungsrichtlinien vorgegeben, für viele existieren Auswertungsschablonen. Bei allen Aufgaben, außer bei den Untertests des Faktors „Routine und Tempo", werden Fehlerzählungen vorgenommen. Die Auswertung kann auch anhand eines Scanners vorgenommen werden. Als Ergebnis des hamet 2 erhält man ein Profil eines jeden Bewerbers, das Ressourcen und Defizite des Probanden aufzeigt. Neben dem Profil liefert das Auswertungsprogramm des hamet 2 auch Mittelwerte für die einzelnen Faktoren und einen Gesamtwert.

6.2 Zeit: Keine Angaben.

7. Gütekriterien

7.1 Objektivität: Die Durchführungsobjektivität ist durch die standardisierten Aufgabenanleitungen gesichert, ebenso konnte die Auswertungsobjektivität durch das Erstellen von Auswertungsschablonen und durch die scannergestützte Auswertung gesichert werden.

7.2 Reliabilität: Die Reliabilität des hamet 2 wurde über die Testhalbierungsmethode (Split-Half) überprüft. Anhand einer Stichprobe von N = 50 wurden für die Untertests die Halbierungskoeffizienten errechnet. Alle Koeffizienten weisen hohe Korrelationen auf und weisen auf eine angemessene Reliabilität des hamet 2 hin.

7.3 Validität: Bei der Konstruktion des HAMET wurde die inhaltliche Validität der Aufgaben durch Expertenbefragungen (N = 56) nachgewiesen. Die durchgeführte Faktorenanalyse stützte diese Ergebnisse zur inhaltlichen Validität. Da sich die Revision des hamet 2 an der Faktorenstruktur des HAMET orientierte und auch die Faktorenanalyse mit den revidierten Untertests eine vergleichbare Struktur ergab, erscheint die inhaltliche Validität des hamet 2 gesichert. Die kriterienbezogene Validität konnte für das Berufsfeld „Metall" gesichert werden, da sich signifikante Korrelationen mittlerer Stärke zwischen den HAMET-Testwerten und den Noten der Abschlußprüfung von 61 Schülern dieses Berufsfeldes ergaben. Eine weitere Validierung der HAMET-Testergebnisse an dem Außenkriterium „Meisterurteil" nahm Reuter (1999) vor, auch er konnte zufriedenstellende Zusammenhänge aufzeigen. Zur Konstruktvalidität ist zu sagen, daß der hamet 2 sich als nicht unabhängig von kognitiven Fähigkeiten erweisen konnte.

7.4 Normen: Da der HAMET in den Grenzbereichen (besonders gute und extrem schlechte Leistungen) nicht mehr ausreichend differenziert, wurden beim hamet 2 gesonderte Normen für die einzelnen Bildungsgruppen erstellt. Es liegen Stanine-Normen für alle Untertests vor, und zwar für die Eichgruppen:

Berufsschuleinmünder/-innen
Förderschüler/-innen (N = 141)
Hauptschüler/-innen (N = 168)
Realschüler/-innen (N = 92)

Die Normtabellen sind im Tabellenteil aufgeführt. Sie liegen auch der computergestützten Auswertung zugrunde, die über die CD-Rom erfolgt. Es zeigte sich, daß die Aufgaben des hamet 2 für die Gruppen der Berufsschuleinmünder, der Realschüler und der Hauptschüler etwas zu leicht waren. Dieses Ergebnis verwundert nicht, da der Test in erster Linie für (lern-)behinderte Menschen erstellt wurde.

8. Literatur

Reuter, H. (1999). *Evaluation diagnostischer Entscheidungen im Berufsbildungswerk Waiblingen.* Freiburg: Unveröffentlichte Diplomarbeit.

Verfasserin: Janett Gaschok

Kurz-Fragebogen für Problemfälle (KFP 30)

A. Müller und R. Brickenkamp
Göttingen: Hogrefe, 1970

1. Testart Spezieller Funktionsprüfungs- und Eignungstest

2. Testmaterial Testmanual, Fragebogen (DIN A4, 1 Seite), Auswertungsschablone; zusätzlich: Schreibmaterial.

3. Testgliederung Der KFP 30 besteht aus 30 Items in Form von Aussagen, die zu beurteilen sind (Kategorien: „richtig“, „falsch“, „unentscheidbar“).

4. Grundkonzept Der Test zielt auf die Diagnose „manifester Verhaltensstörungen“ ab. Entwickelt wurde der KFP 30 im Rahmen der verkehrspsychologischen Eignungsdiagnostik mit dem Ziel, eine zuverlässige Erfassung verkehrsauffälliger Kraftfahrer zu ermöglichen. Mit den zu beurteilenden Aussagen werden keine objektiven Daten erhoben, sondern Einstellungen zu allgemeinen Sachverhalten (z. B. Politik) und verkehrsspezifischen Angelegenheiten erfragt, die jedoch keine spezifischen Kenntnisse voraussetzen. Dem Test liegt kein persönlichkeitstheoretisches Rationale zugrunde, die Fragen sind lediglich nach dem Kriterium zusammengestellt, auffällige von unauffälligen Kraftfahrern zu trennen.

5. Durchführung **5.1 Alter:** Ab 18 Jahre.

5.2 Formen: Der KFP 30 kann als Einzel- oder Gruppentest vorgegeben werden. Eine Parallelform liegt nicht vor.

5.3 Handhabung: Die Instruktion ist auf dem Testbogen schriftlich vorgegeben, zusätzliche mündliche Instruktionen sind in der Regel nicht nötig.

5.4 Zeit: Die Durchführungszeit ist nicht begrenzt. In der Regel beansprucht die Durchführung 5 bis 10 Minuten, sehr selten über 20 Minuten.

6. Auswertung **6.1 Modus:** Die Auswertung wird mit Hilfe einer Schablone vorgenommen. Den angestrichenen Antwortkategorien werden dabei Punktwerte zugeordnet, die anschließend zu einem Rohwert summiert werden. Die Punktwerte unterscheiden sich je nach Item und Antwortkategorie und liegen zwischen 0 bis 4 Punkten.

6.2 Zeit: Keine Angaben (1 bis 2 Minuten).

7. Gütekriterien **7.1 Objektivität:** Durchführung, Auswertung und Interpretation können als objektiv bezeichnet werden.

7.2 Reliabilität: Interne Konsistenz: Es werden Split-Half-Koeffizienten von

r = .57 (N = 72) bis r = .85 (N = 31) berichtet. Eine Konsistenzanalyse nach der Methode von Hoyt ergab Koeffizienten zwischen r = .67 (N = 72) und r = .72 (N = 64).
Stabilität: Eine Reliabilitätsschätzung wurde auf Basis einer Stichprobe von 64 Personen vorgenommen, die sich aus Gutachtenfällen (N = 33) und aus sowohl männlichem als auch weiblichem Klinikpersonal (N = 31) zusammensetzte. Es ergab sich ein r = .76 für die Gesamtstichprobe, wobei der Testabstand durchschnittlich 6 Monate betrug. Für zwei am Median (7 Monate) des Retestintervalls (1 bis 12 Monate) geteilte Teilstichproben der Gutachtenfälle ergab sich jeweils ein Koeffizient von r = .66.

7.3 Validität: Kriteriumsvalidität: Bei der Konstruktion und v. a. Itemselektion des KFP 30 stand die konkurrente Validität im Vordergrund. Als Kriterium diente hierbei die „Verkehrsauffälligkeit nach dem Gesetz". Es wurde somit per Konstruktion versucht, dieses Kriterium der Testgüte zu optimieren. In zwei unabhängigen Untersuchungen in den Jahren 1968 und 1969 ergaben sich punktbiseriale Korrelationskoeffizienten zwischen dem dichotomen Kriterium der Verkehrsauffälligkeit (VA) und den Testwerten von r = .46 (N [VA] = 290, N [nicht-VA] = 280 bzw. r = .47 (N [VA] = 270, N [nicht-VA] = 270). Neuere Untersuchungen hierzu liegen nicht vor, ebenso keine Untersuchungen zur prädiktiven Validität.
Konstruktvalidität: Die Konstruktvalidität kann als ungeklärt gelten. Korrelative Studien mit v. a. Intelligenztests ergaben durchweg z. T. beachtliche negative Korrelationen (z. B. r = –.45 mit HAWIE, N = 236; r = –.24 mit RAVEN, N = 91). Die oben genannten konkurrenten Validitäten scheinen aber nicht durch diese Zusammenhänge vermittelt zu sein, da die Korrelationen zwischen Testwert und Kriterium (VA) nach Auspartialisierung der Intelligenzwerte praktisch unverändert bleiben. Des weiteren werden durchweg positive Korrelationen mit dem Alter berichtet (z. B. r = .12, N = 290 bis r = .25, N = 270), die Bedeutung der Interkorrelationen mit anderen Personenmerkmalen im Sinne konvergenter bzw. diskriminanter Validität bleibt jedoch unklar.
Untersuchungen zu Verfälschungstendenzen ergaben bisher inkonsistente Befunde. Die Autoren berichten die Ergebnisse einer Untersuchung auf Basis zweier Stichproben von 58 bzw. 19 Personen, in der unter Standardinstruktion und Instruktionsbedingungen, in denen gefordert wird, einen guten bzw. schlechten Eindruck zu erzielen, wiederholt getestet wurde. Die Rohwerte konnten zwar nicht im Sinne eines guten Eindrucks gesenkt werden, es fällt jedoch auf, daß entgegen der Erwartung die Rohwerte in der Bedingung „guter Eindruck" signifikant und in hohem Maße um ca. 10 Rohwertpunkte stiegen. Sie erreichten gar eine Höhe, die auch unter der Instruktion, einen schlechten Eindruck zu erzeugen, zu beobachten ist. Eine solche Ergebniskonstellation wird auch von Schreiber (1980) auf Basis einer Stichprobe von 100 Lehrern berichtet. Janssen und Reitzner (1980) untersuchten dagegen in einer experimentellen Studie Personen, die einerseits den KFP 30 beim TÜV unter realen Bedingungen zum Erwerb des Führerscheins (N = 100) und andererseits anonym durchführten (N = 100). Es ergab sich hier ein signifikanter Mittelwertsunterschied zwischen den Gruppen im Sinne einer Verfälschungstendenz bei den Personen, die den KFP 30 unter realen Bedingungen durchführten. Die Autoren ziehen aus diesem Befund jedoch explizit keine Konsequenzen für die Anwendung des KFP 30 in der Testpraxis.

7.4 Normen: Die Normdaten basieren auf einer Stichprobe von N = 2404 Personen, davon waren N = 2038 männlich. Die Rohwerte des KFP 30 können anhand der Normtabellen in sog. VA % umgewandelt werden. VA % gibt dabei für die jeweiligen Rohwerte das Verhältnis der Häufigkeit auffälliger zu unauffälligen Personen an. Überdies ist es möglich, sowohl bezogen auf die Gesamtstichprobe als auch für insgesamt 18 Teilstichproben, T-Werte, Centil-Werte und Prozentrang-Bereiche zu bestimmen. Zu den Teilstichproben gehören u. a.: Verkehrsauffällige mit und ohne Trunkenheit, Körper- und Sehbehinderte, Fahrlehrerbewerber, Berufskraftfahrer, Refa-Bewerber und Polizeibeamte. Teilweise sind die Teilstichproben jedoch sehr klein (bis zu N = 28), so daß eine Normierung für diese Teilgruppen nicht zu empfehlen ist. Höchstwahrscheinlich sind die Normen veraltet.

8. Literatur

Janssen, J.P. & Reitzner, C. (1980). Zur Validität und Reliabilität des KFP-30, der FPI-Skalen „Aggressivität, Erregbarkeit und Dominanz" in einer echten Prüfungssituation. *Psychologie und Praxis, 24,* 148–160.

Schreiber, L. (1980). Die Verfälschbarkeit des K-F-P 30 durch die Motivation sozial erwünschte Antworten zu geben. *Psychologie und Praxis, 24,* 102–106.

Bearbeiter: Ralf Schulze

Leistungsmotivationsinventar (LMI)

H. Schuler und M. Prochaska
Göttingen: Hogrefe, 2001

1. Testart

Spezieller Funktionsprüfungs- und Eignungstest

2. Testmaterial

Das Testmaterial umfaßt ein Manual, Fragebogen zur Selbstbeurteilung, fünf Auswertungsschablonen, Auswertungsbogen und Profilblätter für die Langform des LMI sowie gesonderte Fragebogen und Auswertungsschablonen für die Kurzform (LMI-K). Für die Zukunft ist eine Software zur computergestützten Auswertung geplant.

3. Testgliederung

Der Test erfaßt 17 Dimensionen der Leistungsmotivation mit jeweils 10 Items: Beharrlichkeit, Dominanz, Engagement, Erfolgszuversicht, Flexibilität, Flow, Furchtlosigkeit, Internalität, Kompensatorische Anstrengung, Leistungsstolz, Lernbereitschaft, Schwierigkeitspräferenz, Selbständigkeit, Selbstkontrolle, Statusorientierung, Wettbewerbsorientierung und Zielsetzung. In der Kurzversion erfolgt keine Differenzierung verschiedener Dimensionen der Leistungsmotivation. Alle Items müssen auf der Basis einer siebenstufigen Antwortskala („trifft gar nicht zu" bis „trifft vollständig zu") bearbeitet werden.

4. Grundkonzept

Das LMI erfaßt verschiedene Dimensionen der Leistungsmotivation, die neben der Forschung insbesondere in der berufsbezogenen Praxis (z. B. Personalauswahl, Personalentwicklung, Schul-, Studien- und Berufsberatung) von Belang sind. Darüber hinaus erwähnen die Autoren die Sportpsychologie als einen weiteren Einsatzbereich des LMI. Den Dimensionen liegt keine in sich geschlossene Theorie zugrunde. Vielmehr stellen sie eine empirisch fundierte Sammlung der in verschiedenen Ansätzen, Publikationen und Meßinstrumenten zu findenden Facetten der Leistungsmotivation dar. Ziel der Autoren war es dabei, in der Phase der Testentwicklung alle wesentlichen Konzepte der einschlägigen Forschung zu berücksichtigen. Die Kurzversion repräsentiert eine Anzahl von 30 Items, die besonders hoch mit dem Gesamtergebnis des LMI korrelieren.

5. Durchführung

5.1 Alter: Ab 16 Jahre.

5.2 Formen: Es existiert eine Langversion (170 Items) sowie eine Kurzversion (30 Items). Beide können sowohl unter Einzelbedingungen als auch in Gruppenuntersuchungen (bis 30 Personen) durchgeführt werden.

5.3 Handhabung: Auf der ersten Seite des Fragebogens wird eine schriftliche Instruktion gegeben. Eine Beaufsichtigung der Testdurchführung ist nicht zwingend erforderlich, wird jedoch insbesondere beim Einsatz zu Personalauswahlzwecken empfohlen.

5.4 Zeit: 30 bis 40 Minuten bei der Lang- und ca. 10 Minuten bei der Kurzversion, ohne vorgegebene Zeitbegrenzung.

6. Auswertung

6.1 Modus: Die Auswertung erfolgt zunächst durch den Einsatz von Schablonen. Die ausgezählten Rohwerte werden anschließend mit Hilfe verschiedener Normierungstabellen für jede Dimension getrennt in Standardwerte, Stanine-Werte und/oder Prozentrang-Werte umgerechnet. Zur Erleichterung der einzelnen Auswertungsschritte steht ein Auswertungsbogen zur Verfügung. Die normierten Werte können abschließend in ein Profilblatt eingetragen werden, das neben den dimensionsspezifischen Werten auch die Berechnung eines Gesamtwertes über alle Dimensionen hinweg ermöglicht. Ein computergestütztes Auswertungsprogramm befindet sich z. Zt. noch in der Phase der Entwicklung.

6.2 Zeit: Etwa 5 Minuten für die Lang- und 3 Minuten für die Kurzversion.

7. Gütekriterien

7.1 Objektivität: Die Durchführungsobjektivität kann aufgrund der vollständig standardisierten Durchführungsbedingungen als gegeben angesehen werden. Die Auswertungsobjektivität leidet geringfügig unter der Gefahr fehlerhafter Berechnungen, Tabellenvergleiche oder Einträge in den Auswertungsbogen, die jedoch bei allen nicht-computergestützten Verfahren in ähnlicher Weise vorliegt. Eine maximale Auswertungsobjektivität kann durch den Einsatz des Auswertungsprogramms erzielt werden. Die gute Interpretationsobjektivität des LMI ergibt sich zum einen aus der konkreten Dimensionsbeschreibung, zum anderen aus zwei konkreten Beispielfällen, die im Manual beschrieben sind. Darüber hinaus wird der Gebrauch von Normwerten im Manual detailliert beschrieben.

7.2 Reliabilität: Für die 17 Dimensionen sowie den LMI-Gesamtwert liegen Angaben zur inneren Konsistenz (Cronbachs Alpha; N = 1671) sowie zur Retest-Reliabilität (drei Monate, N = 205) vor. Die innere Konsistenz schwankt je nach Dimension zwischen alpha = .69 und alpha = .86, während die Werte für die Retest-Reliabilität im Bereich zwischen r = .66 und r = .82 liegen. Die Kurzversion des LMI erreicht z. T. höhere Werte (innere Konsistenz: r = .94, Split-Half-Reliabilität: r = .94, Retestreliabilität r = .78, N = 360 Wirtschaftsstudenten).

7.3 Validität: Die 17 Dimensionen des LMI korrelieren untereinander durchschnittlich r = .34 (N = 1671). Viele Korrelationen liegen über r = .40 bzw. r = .50. Die Dimensionen lassen sich mit Hilfe der Faktorenanalyse zu drei übergeordneten Faktoren („Ehrgeiz“, „Unabhängigkeit“ und „Aufgabenbezogene Motivation“) zusammenfassen. Eine Faktorenanalyse über die einzelnen Items des LMI, bei der 17 Faktoren erzwungen wurden, spiegelt die vorgenommene Zuordnung der Items im Ansatz wider. Neben diesen Berechnungen zur faktoriellen Validität legen die Autoren zahlreiche Ergebnisse zur kriterienbezogenen Validität vor: Die verschiedenen Facetten der Leistungsmotivation korrelieren negativ mit Neurotizismus (r = –.13 bis r = –.66) und positiv mit Gewissenhaftigkeit (r = .14 bis r = .67; N = 248 bzw. 251). Die Anfälligkeit für sozial erwünschtes Antwortverhalten wird als gering eingeschätzt. Nur zwei Dimensionen der Leistungmotivation korrelieren > .30

mit einem Maß der sozialen Erwünschtheit (N = 259). Für die meisten Dimensionen lassen sich signifikante Zusammenhänge zum Alter und zum Geschlecht belegen. Die absolute Höhe der Korrelationen ist jedoch sehr gering (maximal .22 bzw. .24, N = 1666 bzw. 1668). Ähnlich sieht es bei den Kriterien „Anzahl leistungsbezogener Wettbewerbe" und „Anzahl der Hobbys" aus (maximal .16 bzw. .20, N = 1592 bzw. 1658). Die Anzahl der Funktionen, die die Probanden in Vereinen u. ä. ausfüllen, korreliert .44 mit der Dimension „Dominanz". Die Werte für alle verbleibenden Dimensionen bewegen sich zwischen .06 und .25, N = 1653). Darüber hinaus werden zahlreiche Ergebnisse zu schul- und studienbezogenen Kriterien (z. B. Schulabschluß, Anzahl positiv bewerteter Fächer; unterschiedliche Stichproben zwischen N = 78 und 1008), berufsbezogenen Kriterien (z. B. Stellung in der Hierarchie, N = 185) und Zusammenhänge mit den Ergebnissen eines Potentialanalyseverfahrens (N = 166) berichtet. Die meisten Werte liegen im Bereich von Korrelationen unter .30. Vereinzelt werden Werte in einer Höhe von > .40 erzielt. Die Kurzversion korreliert zu .93 mit dem Gesamtergebnis der Langversion (N = 360 Wirtschaftsstudenten).

7.4 Normen: Die Normierung der Rohwerte erfolgt auf der Basis einer Stichprobe von 1671 Personen, dies entspricht der Summe aller Probanden aus den unterschiedlichen Validierungsstichproben. Als normierte Werte stehen Standardwerte, Stanine-Werte und Prozentränge zur Verfügung. Eine Normalverteilung der Rohdaten liegt nach Angaben der Autoren vor. Die Normierungstabellen differenzieren zwischen Geschlechtsgruppen und verschiedenen Ausbildungs- bzw. Berufsgruppen (Wirtschaftsstudenten, Berufsschüler, Wirtschaftsgymnasiasten, Berufstätige aus dem Finanzdienstleistungsbereich und Hochleistungssportler). Die Normwerte beziehen sich sowohl auf die verschiedenen Dimensionen als auch auf den Gesamtwert des LMI. Für die Kurzversion des LMI liegen gesonderte Normierungstabellen mit den gleichen Differenzierungen diverser Subpopulationen vor.

Verfasser: Uwe Peter Kanning

Managementfallstudien (MFA)

G.P. Fennekels und S. D'Souza
Göttingen: Hogrefe, 1999

1. Testart
Spezieller Funktionsprüfungs- und Eignungstest

2. Testmaterial
Das Testmaterial umfaßt ein Manual, Protokollbogen für 25 Durchführungen und vier dazugehörige Aufgabenhefte (beides für die „paper & pencil"-Version des MFA) sowie eine CD-ROM zur Installation der computergestützten Testdurchführung und Auswertung. Jede einzelne Auswertung und computergestützte Durchführung wird über einen „MFA-CODER" – ein Hardware-Zubehörteil – lizenziert. Im Lieferumfang enthalten sind Lizenzen für 10 komplette Durchführungen inklusive Auswertung. Sollen zeitgleich mehrere Probanden befragt werden, so sind hierzu entweder mehrere CODER oder aber ein spezieller CODER für Netzwerke anzuschaffen.

3. Testgliederung
Der Test gliedert sich in vier Module, mit denen die folgenden Fähigkeiten gemessen werden:

Modul: Führungsverhalten (MFA-F)
- Kontrolle
- Fordern und Fördern
- Partizipation
- Delegation

Modul: Konfliktverhalten (MFA-K)
- Bedürfnisse, Interessen anderer erkennen und berücksichtigen
- Unterstützung anbieten und Konflikte lösen

Modul: Soziale Kompetenz (MFA-S)
- Bedürfnisse/Interessen anderer berücksichtigen
- Informationen offen austauschen
- Unterstützung und Hilfe geben
- Konflikte lösen

Modul: Zeitmanagement (MFA-Z)
- Zeitmanagement

4. Grundkonzept
Der Test versteht sich als Instrument der Eignungsdiagnose und greift auf die Methode der Fallstudie zurück, die z. B. häufig im Assessment Center eingesetzt wird. Die Probanden werden dabei mit einer oder mehreren Problembeschreibungen aus der beruflichen Praxis konfrontiert, die es zu lösen gilt. Die genannten Module und Dimensionen wurden auf der Basis von Interviews mit Praktikern unter Zuhilfenahme der Methode der kritischen Ereignisse abgeleitet.

5. Durchführung

5.1 Alter: Erwachsene.

5.2 Formen: Es existieren zwei Formen (computer- vs. papiergestützt). Die einzelnen Module können jedes für sich allein oder auch in beliebiger Kombination zum Einsatz kommen. Die gleichzeitige Befragung mehrerer Probanden ist im Falle der papiergestützten Version ohne weiteres, in der computergestützten Fassung bei entsprechender technischer Ausstattung (s. o.) möglich.

5.3 Handhabung: Der Testleiter muß vor der eigentlichen Messung entscheiden, welche Module der Proband bearbeiten soll. Bei der computergestützten Durchführung erfolgen alle Instruktionen über den Rechner, den der Proband nach kurzer Einweisung durch den Testleiter selbständig bedienen kann. Jedes Testmodul wird durch den Probanden selbst aufgerufen. Im Falle der papiergestützten Version des MFA werden die Instruktionen analog in den modulspezifischen Aufgabenheften bzw. in den dazugehörigen Antwortbogen geliefert. Bei der papiergestützten Befragung muß der Testleiter auf die Einhaltung der Bearbeitungszeiten achten.

5.4 Zeit: Die Bearbeitungsdauer variiert je nach Auswahl der Module: 15 Minuten für MFA-K und jeweils 30 Minuten für alle weiteren Module (computergestützte Version). Nach Ablauf dieser maximalen Bearbeitungszeiten bricht das Programm selbständig die Befragung ab. Bei der papiergestützten Durchführung stehen für die Module MFA-S und MFA-Z 60 bzw. 45 Minuten zur Verfügung, da die Bearbeitung der Fälle ohne Computer aufwendiger ist. Für die computergestützte Fassung ergibt sich somit inklusive Instruktion und Bearbeitung aller Module insgesamt eine Bearbeitungszeit von ca. 120 Minuten, während die papiergestützte Version etwa 165 Minuten in Anspruch nimmt.

6. Auswertung

6.1 Modus: Die Auswertung läuft immer computergestützt ab. Ggf. muß der Testleiter daher die Ergebnisse der papiergestützten Befragung selbst in eine entsprechende Datei eingeben. Benötigt wird ein Rechner, der die folgenden Minimalanforderungen erfüllt: 486-Prozessor, 16 MB Arbeitsspeicher, 20 MB freier Speicher auf der Festplatte und Windows '95 als Betriebssystem. Für jedes Modul wird eine gesonderte Auswertung vorgenommen. Die Ergebnisdarstellung umfaßt für jedes Modul zunächst die Anzahl richtig getroffener Entscheidungen als Rohwert und Stanine-Wert. Liegen dem Modul mehrere Dimensionen zugrunde, so werden im Rahmen einer quantitativen Auswertung für jede Dimension die Prozentzahl angemessener, eingeschränkt angemessener und unangemessener Entscheidungen wiedergegeben. Über Textbausteine wird das Testergebnis im Rahmen einer qualitativen Auswertung zusammenfassend interpretiert.

6.2 Zeit: Die eigentliche Analyse der Ergebnisse dauert wenige Minuten. Im Falle einer papiergestützten Durchführung müssen für die Dateneingaben pro Fall zusätzlich etwa 10 bis 15 Minuten veranschlagt werden.

7. Gütekriterien

7.1 Objektivität: Die Durchführungs- und Auswertungsobjektivität können als hoch eingeschätzt werden. Gleiches gilt aufgrund der computergestützten Interpretationshilfen auch für die Interpretationsobjektivität. Ein Modul kann nach der Empfehlung der Autoren schon als erfolgreich bearbeitet gelten, wenn ein Stanine-Wert von mindestens 4 erreicht wird. Die Kongruenz beider Durchführungsbedingungen (papier- vs. computergestützt) ist geringfügig eingeschränkt, da in der „paper & pencil"-Bedingung von dem Probanden zusätzliche Leistungen (z. B. die Berechnung von Wegstrecken im Modul MFA-Z) abverlangt werden. Die Autoren versuchen, dem durch veränderte Bearbeitungszeiten Rechnung zu tragen.

7.2 Reliabilität: Für diejenigen Module, die aus mehreren Items zusammengesetzt sind, liegen Angaben zur inneren Konsistenz (Cronbachs Alpha) sowie zur Split-Half-Reliabilität (Spearman-Brown-korrigiert) vor: MFA-F = .61 bzw. .63; MFA-S = .79 bzw. .84; MFA-Z .73 bzw. .69 (N = 181). Beim Modul MFA-K kann aufgrund der Aufgabenstruktur keine der genannten Formen der Reliabilität berechnet werden.

7.3 Validität: Zur Berechnung der inneren, kriterienbezogenen Validität wurden Korrelationen mit dem Ergebnis eines Assessment Centers berechnet. Die Werte liegen je nach AC-Dimension, AC-Übung und MFA-Modul zwischen r = .36 und r = .65, allerdings werden nicht alle denkbaren Koeffizienten berichtet. In einer weiteren Untersuchung konnte gezeigt werden, daß erfolgreiche Führungskräfte in allen Modulen des MFA besser abschneiden als weniger erfolgreiche Führungskräfte. Angaben zu den Stichproben liegen nicht vor.

7.4 Normen: Es werden Stanine-Werte berechnet (Stichprobe s. o.).

Verfasser: Uwe Peter Kanning

Mailbox '90

F. Roest, A. Scherzer, E. Urban, H. Gangl und C. Brandstätter
Weinheim: Beltz Test GmbH, 1989

1. Testart

Spezieller Funktionsprüfungs- und Eignungstest

2. Testmaterial

Das Testmaterial umfaßt ein Manual sowie vier Disketten zur Installation des Computerprogramms.

3. Testgliederung

Die Leistung der Probanden bei der Lösung einer computergestützten Postkorbaufgabe wird auf insgesamt sieben Skalen abgebildet. Die „aufgabenorientierten Skalen" spiegeln dabei die Qualität der Lösung einzelner Items (Dokumente des Postkorbs) wieder, während sich die „verlaufsorientierten Skalen" auf itemübergreifendes Arbeitsverhalten beziehen.
Aufgabenorientierte Skalen:
- Arbeitszeit
- Arbeitseinteilung
- Zielorientierung
- Arbeitsgüte

Verlaufsorientierte Skalen:
- Aktivität
- Delegieren
- Ordnen

Der Test umfaßt 13 Items (9 Ausgangs-Schriftstücke und 4 unerwartete Ereignisse) in Form von Postkorb-Dokumenten.

4. Grundkonzept

MAILBOX '90 dient vorwiegend zur Diagnose der beruflichen Eignung von (potentiellen) Führungskräften und ist nach den Prinzipien der Postkorbaufgabe konstruiert: Die Probanden werden aufgefordert, sich in die Situation einer Führungskraft (Direktor der Zweigstelle eines Versicherungsunternehmens) hineinzuversetzen, die ohne fremde Hilfe in einem begrenzten Zeitrahmen eine Reihe von Schriftstücken (z. B. Briefe, Notizen, Telefonanrufe) bearbeiten muß (Terminplanung, Entscheidungsfindung etc.).

5. Durchführung

5.1 Alter: Erwachsene.

5.2 Formen: MAILBOX '90 kann im Einzelversuch oder als Gruppentest durchgeführt werden.

5.3 Handhabung: Die Durchführung erfolgt vollständig computergestützt. Benötigt wird ein Rechner, der die folgenden Minimalanforderungen erfüllt: 512 KB Arbeitsspeicher, 2 MB freier Speicher auf der Festplatte und MS/PC-DOS als Betriebssystem (Version 3.xx oder höher). Während der

Durchführung steht eine Hilfefunktion zur Verfügung. MAILBOX '90 arbeitet mit einer DOS-Oberfläche. Im Rahmen einer Instruktionsphase werden die Probanden zunächst mit der Bedienung des PCs und des Programms vertraut gemacht. Der Proband entscheidet selbst, wann er zur eigentlichen Testphase übergehen und mit der Lektüre einzelner Schriftstücke beginnen möchte. In der Organisation seiner Arbeit ist er weitgehend frei. So kann er etwa in beliebiger Reihenfolge zwischen den Posteingängen hin- und herspringen, Entscheidungen rückgängig machen, den Terminkalender einsehen und ggf. verändern. Die Bearbeitung der Aufgaben erfolgt sowohl über freie Antworten (bzw. Handlungen) als auch über geschlossene Antwortvorgaben. Das Programm ist z. T. interaktiv aufgebaut, so daß z. B. auf einen Arbeitsauftrag, den der Proband an eine andere Abteilung des imaginären Unternehmens weitergeleitet hat, von dieser Abteilung reagiert wird. Darüber hinaus wird der Proband mehrfach durch unerwartete Nachrichten (z. B. eintreffender Brief oder Scheck) in seiner Arbeit unterbrochen. Die Daten werden automatisch gespeichert.

5.4 Zeit: Je nach PC-Erfahrung kann zwischen einer Kurz- oder einer Langform der Instruktion gewählt werden. Die Kurzform nimmt durchschnittlich 18 bis 20 Minuten, die Langform 30 bis 35 Minuten in Anspruch. Die Testphase dauert 32 Minuten (automatischer Abbruch).

6. Auswertung

6.1 Modus: Die Auswertung erfolgt vollständig computergestützt. Die Datei muß allerdings manuell unter einem gesonderten Namen gespeichert werden, da der bestehende Datensatz (Rohwerte und Auswertung) ansonsten bei der nächsten Testung überschrieben wird. Die Auswertungsdatei umfaßt zum einen ein Verlaufsprotokoll, in dem über die Zeit der Testung hinweg sämtliche Aktionen des Probanden festgehalten werden und zum anderen ein Ergebnisprotokoll, das sich auf die sieben Leistungsskalen bezieht. Neben Mittelwerten für jede Skala wird darüber hinaus bei den aufgabenorientierten Skalen zwischen den 13 Items und bei den verlaufsorientierten Skalen zwischen 6 Verlaufsintervallen unterschieden.

6.2 Zeit: Keine Angaben (wenige Minuten).

7. Gütekriterien

7.1 Objektivität: Die Durchführungs- und Auswertungsobjektivität können aufgrund des computergestützten Vorgehens als sehr hoch eingeschätzt werden. Die Interpretationsobjektivität ist kritischer einzuschätzen. Die Autoren geben selbst an, daß lediglich die Arbeitsgüte unabhängig vom jeweils in der Praxis zu besetzenden Arbeitsplatz eindeutig zu interpretieren ist.

7.2 Reliabilität: Es liegen Angaben zur inneren Konsistenz (Cronbachs Alpha) bei drei der vier aufgabenorientierten Skalen vor (Ausnahme: Arbeitszeit). Die Werte schwanken zwischen alpha = .50 (Zielorientierung) und alpha = .79 (Arbeitsgüte). Die Stichprobe ist identisch mit der Validierungsstichprobe (s. u.).

7.3 Validität: Zur Validierung wurden Korrelationen mit unterschiedlichen Intelligenz- und Persönlichkeitstests berechnet (Stichprobe: 105 Studenten und 193 Bewerber für ein Trainee-Programm). Die wenigen signifikanten Werte (41 von 392) liegen zwischen r = –.41 und r = .14. Sie erscheinen z. T. plausibel, ein systematisches Muster ist allerdings nicht zu erkennen. Die Autoren betonen, daß MAILBOX '90 offenbar ein Leistungsverhalten mißt, das von anderen Verfahren nicht erfaßt wird. Die Interkorrelation der sieben Skalen liegt zwischen r = –.02 und r = .84 (Aktivität und Zeiteinteilung). Drei Koeffizienten liegen oberhalb eines Wertes von r = .50. Die Beurteilung der Augenscheinvalidität ist insofern schwierig, als daß im Manual nicht immer offengelegt wird, welches Antwortverhalten wie bewertet wird.

7.4 Normen: Für die aufgabenorientierten Skalen werden Stanine-Werte berechnet (Ausnahme: Zielorientierung). Als Basis dient die Stichprobe aus Studenten und Bewerbern (N = 298). Wie einem Beispiel im Manual zu entnehmen ist, können einem Probanden Stanine-Werte zugeschrieben werden, die mehr als 5 Standardabweichungen über dem Mittelwert liegen.

Bearbeiter: Uwe Peter Kanning

Mannheimer Test zur Erfassung des physikalisch-technischen Problemlösens (MTP)

W. Conrad, E. Baumann und V. Mohr
Göttingen: Hogrefe, 1980

1. Testart Spezieller Funktionsprüfungs- und Eignungstest

2. Testmaterial Testheft für Form A und B, Antwortbogen, Auswertungsschablonen, Handanweisung; zusätzlich: Stoppuhr und weiche Bleistifte.

3. Testgliederung Der Test besteht aus zwei Parallelformen zu je 26 Mehrfach-Wahl-Aufgaben mit je 5 Antwortalternativen. Beiden Testformen sind jeweils 2 Beispielaufgaben vorangestellt. Die Aufgaben sind nach aufsteigendem Schwierigkeitsgrad geordnet. Der Proband erhält keine Hilfsmittel.

4. Grundkonzept Mit dem MTP wurde nach dem Rasch-Modell ein Verfahren entwickelt, welches die allgemeine Fähigkeit zum physikalisch-technischen Problemlösen erfaßt. Es ist primär auf fähigkeitsspezifische Fragestellungen im Bereich der Schul- und Berufseignungsdiagnostik zugeschnitten. Der MTP soll dabei zwischen Art und Leistungsniveau der verschiedenen Schulabschlüsse differenzieren.

5. Durchführung **5.1 Alter:** Keine Angaben.

5.2 Formen: Der Test liegt in zwei Parallelformen A und B vor. Er läßt sich sowohl mit Einzelpersonen als auch als Gruppentest durchführen.

5.3 Handhabung: Jeder Proband erhält ein Testheft sowie ein Lösungsblatt, auf dem die Antworten einzutragen sind. Nach Eintragen der persönlichen Daten auf der Vorderseite des Antwortbogens liest der Testleiter die Anweisung vor und erklärt die Bearbeitung des Tests. Wurde die Instruktion verstanden, fordert der Testleiter zum Umblättern auf, wobei er die vorgegebene maximale Bearbeitungszeit beachtet.

5.4 Zeit: Die Durchführung des Tests beansprucht ca. 30 Minuten. Dabei entfallen 5 Minuten auf die Vorbereitungs- und Instruktionsphase und 25 Minuten auf die Aufgabenbearbeitung.

6. Auswertung **6.1 Modus:** Mit Hilfe der Auswertungsschablone wird die Anzahl der richtigen Lösungen ermittelt. Falschlösungen werden nicht gesondert verrechnet. Der Rohwert wird auf dem Testbogen eingetragen. Die diesen Werten entsprechenden Schätzwerte für die Fähigkeitsparameter werden den Tabellen entnommen. Eine Umrechnung in Z-Werte und Standardnoten (SN) kann erfolgen.

6.2 Zeit: Die formale Auswertung beansprucht nur wenige Minuten.

7. Gütekriterien

7.1 Objektivität: Das Verfahren ist in Durchführung und Auswertung objektiv.

7.2 Reliabilität: Die Koeffizienten der internen Konsistenz, berechnet nach der (odd-even-)Halbierungsmethode mit Spearman-Brown-Korrektur, liegen zwischen r = .78 und r = .89 (N von 74 bis 1241). Die zeitliche Stabilität nach zwei Wochen wird bei N = 108 mit r = .91, die nach 15 Monaten bei N = 229 mit r = .79 angegeben.

7.3 Validität: Die Korrelationen mit merkmalsverwandten Variablen (z. B. MTVT, IST-ME) liegen bei einem N von 149 bis 356 zwischen r = .03 und r = .77. Die faktoranalytische Untersuchung zeigt, daß 65 % der MTP-Varianz (bei Varimax-Rotation) durch den Faktor „physikalisch-technisches Problemlösen" determiniert ist. Bei der Bearbeitung der MTP-Aufgaben kann eine selbständig gewonnene Einsicht in naturwissenschaftliche Gesetzmäßigkeiten durch erworbene Kenntnisse in Physik, Chemie und Technik partiell ausgeglichen werden. Die Übereinstimmungs- und Vorhersagevalidität wurde durch Korrelation des Testergebnisses mit Schulnoten und Rohwerten aus Intelligenz- und Leistungstests erhoben. Der MTP korreliert dabei z. B. mit der Fachnote Physik bei Berufs- (N = 62) und Fachschülern (N = 46) zwischen r = .40 und r = .48.

7.4 Normen: Die Gesamt-Standardisierungsstichprobe umfaßt 10262 Personen. Diese sind nach verschiedenen Schulabschlüssen und Berufsgruppen gegliedert (N zwischen 66 und 1359). Die Normentabellen erlauben eine Transformation in SN- und Z-Werte.

8. Literatur

Conrad, W., Baumann, E. & Mohr, V. (1980). *Mannheimer Test zur Erfassung des physikalisch-technischen Problemlösens (MTP).* Göttingen: Hogrefe.

Bearbeiterin: Marie-Christine Eck

Mechanisch-technischer Verständnistest (MTVT)

G.A. Lienert

Göttingen: Hogrefe, 2. Auflage 1964

1. Testart Spezieller Funktionsprüfungs- und Eignungstest

2. Testmaterial Handanweisung, Testheft und Antwortbogen, Schablone zur Auswertung; zusätzlich: Schreibmaterial, Stoppuhr.

3. Testgliederung Der MTVT besteht aus 32 Aufgaben zu praktisch-technischen Problemen, die nach ansteigender Aufgabenschwierigkeit geordnet sind.

4. Grundkonzept Der Test soll das mechanisch-technische Verständnis eines Probanden als einen Teilaspekt desjenigen Leistungsbereiches, den man kurz als „praktische Intelligenz" bezeichnet, prüfen. Die Testaufgaben sind ausschließlich graphische Darstellungen von überwiegend mechanischen Vorgängen, wie z. B. Bewegungsrichtungen von Antriebs-, Zahnrädern oder Schwungscheiben. Der Test kann als Niveautest gelten, da die meisten Probanden alle Aufgaben in der vorgegebenen Zeit in Angriff nehmen, nicht aber alle lösen können.

Der Test eignet sich nach den Angaben des Autors neben der Erfassung des mechanisch-technischen Verständnisses für folgende diagnostische Zwecke: als Ergänzungsverfahren zur Untersuchung der allgemeinen Intelligenz, wenn diese ausschließlich mittels verbaler Tests erfolgte, als Hilfsmittel zur Eignungsauslese von Lehrlingen sowie zur Information von Lehrern über die praktisch-technische Begabung ihrer Schüler. Die erfolgreiche Bewältigung der Problemstellungen erfordert kaum theoretische Vorkenntnisse in den Bereichen Mechanik und Technik. Es ist aber damit zu rechnen, daß Werk- und Bastelerfahrungen mit mechanisch-technischem Material einen wesentlichen Einfluß auf die Testleistung nehmen.

5. Durchführung **5.1 Alter:** Keine Angaben (Schüler).

5.2 Formen: Der MTVT ist als Einzel- oder Gruppentest durchführbar. Eine Parallelform liegt nicht vor. Eine computergestützte Fassung ist im Hogrefe Testsystem verfügbar.

5.3 Handhabung: Jeder Proband erhält ein Testheft, einen Antwortbogen sowie einen Stift. Die Probanden lesen im Testheft zunächst die Anweisungen und zwei Beispiele, für welche die richtigen Antworten bereits im Antwortbogen eingetragen sind. Zu jeder der im Testheft dargebotenen 32 Zeichnungen werden zwei bis fünf Antwortalternativen angeboten. Der Proband kennzeichnet die seiner Meinung nach zutreffende Lösung im separaten Antwortbogen. Überspringen von Aufgaben bzw. Zurückblättern zu vorangegangenen Aufgaben ist möglich. Während der Testdurchführung sollte mehrmals darauf hingewiesen werden, daß im Testheft keinerlei Anmerkungen oder Hilfszeichnungen eingetragen werden dürfen. Testhefte, die nicht einwandfrei löschbare Markierungen enthalten, sind für weitere Testdurchführungen nicht verwendbar und müssen aussortiert werden. Das Ende der Testzeit ist den Probanden fünf Minuten zuvor anzukündigen. Im Anschluß an die letzte Aufgabe bzw. nach Ablauf der Testzeit wird um Angaben zur Person auf dem Antwortbogen gebeten.

5.4 Zeit: Die Durchführungszeit beträgt 45 Minuten, die Zeitmessung beginnt nach Ausgabe der Testhefte. Sie umfaßt somit sowohl die Zeit für die mündlichen Anweisungen als auch die Zeit für die Kenntnisnahme der schriftlichen Instruktionen.

6. Auswertung

6.1 Modus: Der Antwortbogen wird mit Hilfe einer Schablone ausgewertet. Aufgaben, für die zwei oder mehr Antworten markiert wurden, sind als falsch zu werten, sofern Fehlmarkierungen nicht als solche gekennzeichnet sind. Die Summe richtiger Lösungen ergibt den Rohwert des Probanden. Dieser kann mit Normen für verschiedene Schultypen, Berufs- und Altersgruppen verglichen werden. Die Position eines Probanden in seiner Bezugsgruppe kann sowohl in Prozentrang- als auch in Standardwerten (SW) abgelesen werden.
Eine Abweichung von ±9 SW von 100 gilt als über- bzw. unterdurchschnittliche Leistung. Bei der Beurteilung von Leistungsunterschieden zwischen zwei Probanden der gleichen Bezugsgruppe ist eine Differenz von 11 SW (zweiseitiger Test) statistisch signifikant (5 %-Niveau). Eine Differenz von 9 SW (einseitiger Test) ist bereits dann statistisch bedeutsam, wenn aus anderer Quelle (IQ, Zeugnis) bekannt ist, welcher der beiden Probanden der leistungsfähigere ist.

6.2 Zeit: Keine Angaben.

7. Gütekriterien

7.1 Objektivität: Das Verfahren ist hinsichtlich Durchführung, Auswertung und Interpretation objektiv.

7.2 Reliabilität: Stabilität: Die Retest-Reliabilität lag für einen Abstand von sieben Wochen bei r = .76 (N = 175). Die Testergebnisse erhöhten sich dabei bei der Wiederholungsmessung im Durchschnitt um 6 SW.
Innere Konsistenz: Die durch die Split-Half-Methode ermittelte Zuverlässigkeit liefert einen nach Spearman-Brown korrigierten Koeffizienten von r = .81 (N = 213). Die Schätzung der inneren Konsistenz nach Kuder-Richardson (Formel 3) liefert einen Koeffizienten von r = .84 (N = 2093).

7.3 Validität: Konstruktvalidität: Die Ergebnisse der Faktorenanalyse einer Vorform des MTVT in Verbindung mit elf gültigkeitsähnlichen Tests (N nicht angegeben) erbringt folgende Anhaltspunkte für die Konstruktvalidität des MTVT: 2/3 der Leistungen sind durch einen Faktor bestimmt, der als „Fähigkeit des zweckmäßigen Kombinierens und sinnvollen Ergänzens" interpretiert wird. Ein weiterer Faktor, interpretiert als „Fähigkeit des schlußfolgernden Denkens" ist mit einem Anteil von 1/3 an den Leistungen beteiligt.
Kriterienbezogene Validität: Der MTVT korreliert zu r = .43 (tetrachorischer Korrelationskoeffizient) mit den Gottschaldt-Figuren aus der „Mechanical Aptitude-Battery" von Thurstone (N = 209) und zu r = .44 mit dem Form-Le-

ge-Test (Lienert, 1964). Die Korrelation zu den Ergebnissen eines Tests zur Erfassung des räumlichen Vorstellungsvermögens („Schnitte") liegt bei r = 0.54 (N = 188; Quaiser-Pohl & Lehmann, 1999).
Der Autor nimmt auch aufgrund des Vergleichs der Aufgaben des MTVT mit denen anderer mechanisch-technischer und auf kriterienbezogene Validität geprüfter Tests eine gesicherte kriterienbezogene Validität des MTVT an. Als einen indirekten Nachweis führt er die Ergebnisse einer Untersuchung zum mechanisch-technischen Verständnis bei gleichaltrigen und gleich intelligenten Mädchen (N = 164) und Jungen (N = 195) an, in der sich eine biseriale Korrelation von r = .68 mit der Testleistung (im Sinne höherer Werte für Jungen) ergab. Eine Geschlechtsspezifität der MTVT-Leistung wird auch in neueren Untersuchungen (Quaiser-Pohl & Lehmann, 1999) berichtet.

7.4 Normen: Der MTVT wurde an einer für die Population männlicher Jugendlicher im Alter von 13 bis 19 Jahren repräsentativen Stichprobe (N = 2321) normiert. Neben Normen für Altersgruppen werden Normen für Berufsgruppen und Schultypen angeführt. Unter den erfaßten Berufsgruppen finden sich hauptsächlich Schlosser, aber auch Maurer, Elektriker, Maler, kaufmännische Berufe sowie die Berufsgruppen Nahrung, Land, Forst und Holz, Leder, Textil. Die Schultypen sind in Volksschule, Mittelschule und Höhere Schule sowie Hilfsschule und Berufs-Fachschule (Metall) gegliedert. Die Normen der Papier-Bleistift-Version sind veraltet, da sie 1964 erstellt wurden. Es liegen Normen für die computergestützte Form vor (N = 140 Lehrlingsbewerber verschiedener Berufe im Alter von 15 bis 22 Jahren), die – wie die der Papier-Bleistift-Version – nur für männliche Probanden angewendet werden sollten.

1.5

8. Literatur

Lienert, G.A. (1964). *Form-Lege-Test (FLT).* Göttingen: Hogrefe.
Quaiser-Pohl, C. & Lehmann, W. (1999). Der Raumvorstellungstest „Schnitte". Evaluation des Verfahrens an mathematisch besonders befähigten Schülerinnen und Schülern. *Zeitschrift für Differentielle und Diagnostische Psychologie, 20,* 263–271.

Bearbeiterin: Michaele Brocke

Multidirektionales Feedback (MDF)

G.P. Fennekels
Göttingen: Hogrefe, 1999

1. Testart

Spezieller Funktionsprüfungs- und Eignungstest

2. Testmaterial

Das Testmaterial umfaßt ein Manual, 5 Fragebogen zur Selbst- und 50 Fragebogen zur Fremdbeurteilung sowie eine Installationsdiskette zur computergestützten Testauswertung. Zur Auswertung muß darüber hinaus ein „MDF-CODER“ (Hardware-Zubehörteil, das jede Testauswertung lizenziert) erworben werden.

3. Testgliederung

Der Test erhebt fünf Merkmalsdimensionen, denen eine große Bedeutung für das Arbeiten in Teams zugeschrieben wird:
- Arbeitsorganisation (9 Items)
- Integration & Information (11 Items)
- Soziale Kompetenz (12 Items)
- Zusammenarbeit (12 Items)
- Teamorientierung (12 Items)

Alle Fragen werden auf einer fünfstufigen Ratingskala beantwortet.

4. Grundkonzept

Der Test dient zur Analyse des Verhaltens von Menschen, die beruflich in Teams zusammenarbeiten. Befragt werden alle Mitglieder eines Teams sowohl nach ihrer Einschätzung des eigenen Verhaltens (Selbstbild) als auch nach dem Verhalten ihrer Kollegen (Fremdbild). Die Auswahl der genannten Dimensionen erfolgte auf der Basis einer explorativen Felduntersuchung durch Befragung von Personen, die an unterschiedlichen Trainings zur Personalentwicklung teilnahmen. Die Testergebnisse sollen eine Basis für Maßnahmen zur Teamentwicklung liefern.

5. Durchführung

5.1 Alter: Erwachsene.

5.2 Formen: Es existiert je eine Fragebogenform für die Erfassung des Selbstbildes und des Fremdbildes.

5.3 Handhabung: Der Autor empfiehlt, daß die zu untersuchenden Teams aus nicht mehr als 8 Personen bestehen sollten. Größere Arbeitsgruppen können ggf. aufgeteilt werden. Alle Instruktionen werden in schriftlicher Form auf der ersten Seite des Fragebogens gegeben. Die Probanden werden hier über den Sinn der Befragung und das Vorgehen (Selbst- und Fremdeinschätzung) informiert.

5.4 Zeit: Die Bearbeitungsdauer beträgt pro Fragebogen (Selbst-/Fremdbild) 15 Minuten. Die Gesamtdauer hängt von der Gruppengröße ab, da jeder Proband einen Fragebogen für sich selbst und je einen für alle anderen Teammitglieder ausfüllen muß.

6. Auswertung

6.1 Modus: Die Auswertung erfolgt computergestützt. Benötigt wird hierzu ein Rechner, der die folgenden Minimalanforderungen erfüllt: 486-Prozessor, 4 MB Arbeitsspeicher, 10 MB freier Speicher auf der Festplatte und MS-DOS als Betriebssystem (Version 3.3 oder höher). Das Auswertungsprogramm arbeitet mit einer DOS-Oberfläche. Unterschieden wird zwischen einer Individualanalyse und einer Teamanalyse. Bei der Individualanalyse wird für jedes Teammitglied das Selbstbild mit dem Mittelwert der auf ihn bezogenen Fremdbilder verglichen. Die Teamanalyse faßt mehrere Individualanalysen zusammen, so daß die komplexe Betrachtung eines gesamten Teams möglich wird. In beiden Fällen kann der Testleiter den Umfang der Datenauswertung über ein Menü selbst festlegen. Die Ergebnisdarstellung beinhaltet je nach Wunsch Textbausteine zur Beschreibung und Interpretation der Ergebnisse, Säulendiagramme für jede der fünf Dimensionen, Selbstbild-Fremdbild-Vergleiche oder Häufigkeitstabellen für jedes Item. Der Autor empfiehlt, daß die Rückmeldung der Ergebnisse an das Team durch einen teamexternen Moderator vorgenommen werden sollte, der ggf. auch Unterstützung bei nachfolgenden Maßnahmen der Teamentwicklung geben kann.

6.2 Zeit: Die Dauer der Auswertung wird entscheidend von der Anzahl der einzugebenden Fragebogen sowie der erworbenen Arbeitsroutine bestimmt. Bei einer Gruppe von 4 Personen müssen 16 Fragebogen eingegeben werden (4 × Selbst- und 12 × Fremdeinschätzung). Pro Fragebogen können etwa 3 bis 5 Minuten veranschlagt werden. Die anschließende Analyse der Ergebnisse nimmt nur wenige Minuten in Anspruch.

7. Gütekriterien

7.1 Objektivität: Die Durchführungs- und Auswertungsobjektivität sind hoch. Gleiches gilt aufgrund der computergestützten Interpretationshilfen auch für die Interpretationsobjektivität.

7.2 Reliabilität: Es liegen Angaben zur inneren Konsistenz (Cronbachs Alpha) sowie zur Split-Half-Reliabilität (Spearman-Brown-korrigiert) vor (Stichprobe: 246 Fremd- und 57 Selbsteinschätzungen). Die innere Konsistenz der fünf Dimensionen schwankt zwischen alpha = .82 und alpha = .90 für die Gesamtstichprobe. Die entsprechenden Split-Half-Werte liegen zwischen r = .76 und r = .87.

7.3 Validität: Überprüft wurde die Konstruktvalidität mit Hilfe einer konfirmatorischen Faktorenanalyse für die Fremdbild-Version, nicht aber separat für die Selbstbild-Version (Stichprobe: s. o.). Die Ergebnisse bestätigen die faktorielle Struktur des MDF.

7.4 Normen: Auf der Grundlage der erwähnten Stichprobe werden z-Werte berechnet. Als durchschnittliches Testergebnis definiert der Autor einen Bereich, der jeweils eine halbe Standardabweichung oberhalb und unterhalb des Stichprobenmittelwertes liegt. Darüber hinaus verweist der Autor auf die Möglichkeit, mit Hilfe der Software organisationsspezifische Normen zu entwickeln, wenn genügend Fremd- und Selbsteinschätzungen aus der gleichen Organisation vorliegen. Hierzu wird allerdings die Hinzuziehung einer diagnostisch ausgebildeten Person empfohlen.

Verfasser: Uwe Peter Kanning

Namen-Gesichter-Assoziationstest (NGA)

J. Kessler, P. Ehlen, M. Halber und T. Bruckbauer
Göttingen: Hogrefe, 2000

1. Testart

Spezieller Funktionsprüfungs- und Eignungstest

2. Testmaterial

Das Testmaterial umfaßt ein Testhandbuch und eine CD-ROM zur Installation des computergestützten Verfahrens. Benötigt wird ein IBM-kompatibler PC mit dem Betriebssystem Windows 95 (oder höher) und mindestens 16 MB Arbeitsspeicher.

3. Testgliederung

Die Kurzversion der Tests besteht aus 10, die Langversion aus 30 Fotografien mit zugehörigem Vor- und Zunamen, die von den Probanden memoriert werden sollen. Anschließend erfolgt eine Überprüfung der Lern- bzw. Gedächtnisleistung über verschiedene Aufgaben. Die folgenden Phasen (Subtests) können unterschieden werden:

1. Lernphase: Präsentation der Gesichter mit dazugehörigem Namen
2. Abrufphase: Ein einzelnes Gesicht wird präsentiert und aus vier Namen der passende ausgewählt werden. Die Abrufphase besteht aus insgesamt fünf Durchgängen, in denen jeweils alle Gesichter präsentiert werden.
3. Freier Abruf „sofort“: Gesichter werden der Reihe nach ohne Namen präsentiert, der dazugehörige Name muß frei reproduziert werden
4. Freier Abruf „verzögert“: gleiche Aufgabe wie zuvor, allerdings nach 30 Minuten Pause
5. Wiedererkennen von Gesichtern (nur in der Langversion): Aus einer Reihe von vier Gesichtern (drei neue, ein bekanntes) muß das zuvor gelernte herausgesucht werden.
6. Wiedererkennen von Namen (nur in der Langversion): Aus einer Reihe von vier Namen (drei neue, ein bekannter) muß der zuvor gelernte herausgesucht werden
7. Therapie (nur in der Kurzversion): Items aus der Lernphase werden beliebig lang auf dem Monitor angezeigt

Die Module 4 bis 7 können optional gewählt werden.

4. Grundkonzept

Der Test erfaßt die Lern- und Gedächtnisleistung für Namen und damit assoziierte Gesichter. Die längere Version des Tests kann in der Personaldiagnostik ebenso wie zur neuropsychologischen Diagnostik jüngerer Patienten mit Gedächtnisbeeinträchtigungen eingesetzt werden. Die Kurzform dient der neuropsychologischen Diagnostik bei älteren Patienten mit Hirnschädigungen und Gedächtnisbeeinträchtigungen oder bei Demenzverdacht. Das Verfahren orientiert sich theoretisch an dem Modell von Bruce und Young (1986) zur Gesichtererkennung.

5. Durchführung

5.1 Alter: Jugendliche und Erwachsene.

5.2 Formen: Unterschieden werden eine Lang- und eine Kurzversion, die sich an unterschiedliche Personengruppen richten und verschiedene Aufgaben haben (s. o.). Die Messung erfolgt immer im Einzeltest.

5.3 Handhabung: Die Module 1, 2, 5 und 6 kann der Proband ohne fremde Anleitung allein am Computer bearbeiten. Bei den Modulen 3 und 4 nennt der Proband den Namen zu dem jeweiligen Gesicht. Der Testleiter überprüft diesen dann über den Computer und muß anschließend eingeben, ob die Antwort richtig oder falsch war.

5.4 Zeit: Die Dauer der Durchführung richtet sich nach der Anzahl der ausgewählten Module. In der Basisdurchführung (Module 1 bis 3) dauert die Kurzversion 20 Minuten, die Langversion 30 Minuten. Für Modul 4 werden ca. 35 Minuten, für die Module 5 und 6 jeweils 5 Minuten benötigt.

6. Auswertung

6.1 Modus: Die Auswertung erfolgt vollständig computergestützt. Für die einzelnen Module wird jeweils die Anzahl richtiger Antworten berechnet. In der Langversion werden für die Module 2 bis 4, in der Kurzversion für die Module 2 und 3 Prozentränge ermittelt.

6.2 Zeit: Wenige Minuten.

7. Gütekriterien

7.1 Objektivität: Die Durchführungs- und Auswertungsobjektivität können bei vollständig computergestützter Durchführung als sehr hoch eingeschätzt werden. Eine sehr geringfügige Einschränkung erfährt die Auswertungsobjektivität im Hinblick auf die Module 3 und 4, bei denen der Testleiter bei geringfügigen Abweichungen selbst entscheiden muß, ob die Antwort als richtig oder als falsch zu gelten hat. Eine hohe Interpretationsobjektivität ist gegeben.

7.2 Reliabilität: Berechnet wurde die innere Konsistenz (Cronbachs Alpha) und die Split-Half-Reliabilität (Guttman) für die Module 1 bis 3 in der Lang- sowie 1 und 2 in der Kurzversion (vermutlich Normierungsstichprobe N = 160 bzw. N = 45). Die Werte liegen zwischen .70 und .93 (Cronbachs Alpha) bzw. r = .86 und r = .96 (Split-Half-Reliabilität).

7.3 Validität: Berechnet werden Korrelationen zwischen den Modulen und verschiedenen Skalen unterschiedlicher Leistungstests (Stichprobengröße zwischen N = 84 und N = 103). Die Module 4 und 5 weisen in keinem Fall eine signifikante Korrelation mit einem der 16 Kriterien auf. Bei den übrigen Modulen finden sich die höchsten Zusammenhänge in bezug auf verbale Lern- und Gedächtnistests (zwischen r = .41 und r = .59), gefolgt von visuellen Lern- und Gedächtnistests (r = .07 bis r = .53) und Aufmerksamkeitstests (r = .05 und r = .39).

7.4 Normen: Für einzelne Module (s. o.) können Prozentränge berechnet werden. Die zugrunde gelegten Stichproben sind allerdings sehr klein (Langversion N = 160; Kurzversion N = 45), sie werden unterteilt in Gruppen nach Alter (15–45, 45–60, 61–75) und Schulbildung (mit bzw. ohne Abitur).

8. Literatur

Bruce, V. & Young, A. (1986). Understanding face recognition. *British Journal of Psychology, 77,* 305–327.

Verfasser: Uwe Peter Kanning

PC-Office

G.P. Fennekels

Göttingen: Hogrefe, 1995

1. Testart Spezieller Funktionsprüfungs- und Eignungstest

2. Testmaterial Der Test ist in zwei Versionen („POLYBON“ bzw. „DomoBon“) erhältlich. Die beschriebenen Materialien beziehen sich jeweils nur auf eine dieser beiden. Die Testmappe umfaßt ein Manual, eine Installationsdiskette zur computergestützten Testdurchführung und -auswertung sowie Instruktionen und Protokollbogen zur einmaligen, papiergestützten Durchführung. Jede einzelne Durchführung bzw. Auswertung wird über einen „OFFICE-CODER“ – ein Hardware-Zubehörteil – lizenziert.

3. Testgliederung PC-OFFICE mißt sechs Dimensionen des Führungsverhaltens, die in zwei übergeordnete Bereiche unterteilt werden:

Bereich: Planung & Organisation

- Zeitmanagement
- Problemerfassung
- Entscheidungsverhalten

Bereich: Unternehmerische Aktivität

- Initiative
- Führungstechniken
- Kontaktfähigkeit

Der Test umfaßt 17 Aufgaben (= Schriftstücke des Postkorbs) mit insgesamt 26 Items. Über die genaue Zuordnung der einzelnen Aufgaben bzw. Items zu genannten Dimensionen ist nichts bekannt.

4. Grundkonzept Der Test dient der Eignungsdiagnose bei Führungskräften und ist nach den Prinzipien der Postkorbaufgabe konstruiert: Die Probanden werden aufgefordert, sich in die Situation einer Führungskraft hineinzuversetzen, die ohne fremde Hilfe in einem begrenzten Zeitrahmen eine Reihe von Schriftstücken (z. B. Briefe, Notizen, Faxe) bearbeiten muß (Terminplanung, Entscheidungsfindung etc.). Die Auswahl und Strukturierung der genannten Führungsdimensionen wird weder theoretisch noch empirisch begründet.

5. Durchführung **5.1 Alter:** Erwachsene, (potentielle) Führungskräfte.

5.2 Formen: Die Version „POLYBON“ dient der Eignungsdiagnose bei Führungskräften des höheren Managements, während sich die Version „DomoBon“ auf die Ebene der Abteilungs- und Gruppenleiter bezieht. Beide Formen können als Individualtest oder in Gruppen durchgeführt werden. Auch bei Gruppentestung benötigt man nur einen OFFICE-CODER, wenn die Probanden zeitlich versetzt beginnen.

5.3 Handhabung: Die Durchführung kann entweder computer- oder papiergestützt erfolgen. Die Auswertung läuft in beiden Fällen über einen Computer. Benötigt wird ein Rechner, der die folgenden Minimalanforderungen erfüllt: 386-Prozessor, 2 MB Arbeitsspeicher, 2 MB freier Speicher auf der Festplatte und MS-DOS als Betriebssystem (Version 3.3 oder höher). PC-OFFICE arbeitet mit einer DOS-Oberfläche. Nach einer Instruktions- und Übungsphase, die zeitlich nicht begrenzt ist, beginnt der Proband mit der Lektüre einzelner Schriftstücke. Bei der computergestützten Durchführung erhält er auf Wunsch jederzeit einen Überblick über die zu bearbeitenden Posteingänge und die Anzahl der schon durch ihn getroffenen Entscheidungen. In der Organisation seiner Arbeit ist er weitgehend frei. So kann er etwa in beliebiger Reihenfolge zwischen den Posteingängen hin- und herspringen, Entscheidungen rückgängig machen, den Terminkalender einsehen und ggf. verändern oder auch die Instruktion erneut lesen. Bei der Lösung der 26 Items werden den Probanden Lösungsalternativen vorgegeben, zwischen denen zu wählen ist. Wird keine Alternative gewählt, so gilt das Item als nicht bearbeitet. Die Antworten werden nach Beendigung der Messung automatisch gespeichert.

5.4 Zeit: Die Durchführungszeit (ohne Instruktion) liegt bei 60 bzw. 45 Minuten („POLYBON" bzw. „DomoBon") bei computergestützter Durchführung. Erfolgt die Messung papiergestützt, so sind 90 bzw. 60 Minuten zu veranschlagen. Bei der computergestützten Durchführung bricht das Programm nach der Zeitvorgabe selbständig die Datenerhebung ab.

6. Auswertung

6.1 Modus: Im Falle einer papiergestützten Durchführung müssen die Rohwerte durch den Testleiter zuvor in den Computer eingegeben werden. Hierzu ist es notwendig, die offenen Antworten der Probanden zu kategorisieren, da im Gegensatz zur computergestützten Durchführung den Probanden keine Antwortalternativen vorgelegt werden. Bis zu fünf Auswertungsoptionen können abgerufen und ausgedruckt werden:

- Quantitative Analyse: Auf einer Stanine-Skala wird die Leistung in den beiden übergeordneten Führungsbereichen („Planung & Organisation", „Unternehmerische Aktivität") nach angemessenen und unangemessenen Entscheidungen differenziert eingestuft (graphische Darstellung). Zusätzlich wird die Leistung auf allen sechs Führungsdimensionen als Prozentsatz angemessener und unangemessener Entscheidungen graphisch abgebildet.
- Qualitative Analyse: Über Textbausteine wird jeweils eine kurze Charakterisierung des Probanden hinsichtlich der beiden übergeordneten Führungsbereiche gegeben (zusammen ca. eine Textseite).
- Prozeßinformation: Mit Hilfe von Graphiken wird der zeitliche Verlauf der Entscheidungsfindung rekonstruiert. Hierzu gehören Informationen über die Dauer der Übungs- sowie der Testphase und die Häufigkeitsverteilung angemessener bzw. unangemessener Entscheidungen über den Verlauf der Testphase in Intervallen à fünf Minuten.
- Problemanalyse: Wiedergabe der konkreten Antworten zu den einzelnen Aufgaben.
- Literaturhinweise (zur Weiterbildung der Probanden).

6.2 Zeit: Keine Angaben (bei papiergestützter Durchführung ca. 20 bis 30 Minuten).

7. Gütekriterien

7.1 Objektivität: Die Durchführungs- und Auswertungsobjektivität können bei vollständig computergestützter Durchführung als sehr hoch eingeschätzt werden. Gleiches gilt für die Interpretationsobjektivität, wenngleich nicht transparent wird, wie die Ergebnisse aus den Rohdaten berechnet werden. Die Kongruenz beider Durchführungsbedingungen (papier- vs. computergestützt) ist deutlich eingeschränkt, da die Probanden in der „paper & pencil"-Bedingung offene Antworten aufschreiben müssen, während der Einsatz des Computers eine Auswahl unter vorgegebenen Antwortalternativen ermöglicht. Bei der papiergestützten Durchführung müssen darüber hinaus die schriftlich festgehaltenen, offenen Antworten der Probanden durch den Testleiter interpretiert und kategorisiert werden. Eine Anweisung, wie dies zu geschehen hat, liegt nicht vor.

7.2 Reliabilität: Es liegen Angaben zur inneren Konsistenz (Cronbachs Alpha) sowie zur Split-Half-Reliabilität (Spearman-Brown-korrigiert) vor. Die Ergebnisse beziehen sich auf eine Stichprobe, die als eine Gruppe von „über hundert Führungskräften" charakterisiert wird. Des weiteren wird nichts darüber ausgesagt, auf welche Version sich die Angaben beziehen („POLYBON" oder/und „DomoBon"). Die innere Konsistenz der sechs Führungsdimensionen schwankt zwischen alpha = .58 und alpha = .87. Die entsprechenden Split-Half-Werte liegen zwischen r = .64 und r = .84.

7.3 Validität: Die Validierung der Version „POLYBON" erfolgte über ein Assessment Center. Die Stichprobe ist offenbar (teil-)identisch mit derjenigen, die auch schon zur Berechnung der Reliabilität herangezogen wurde. Berechnet werden Korrelationen zwischen fünf Dimensionen des Assessment Centers (Systematisches Denken und Handeln, Leistungsverhalten, Führungsverhalten, Soziale Kompetenz, Ausdruck/Argumentation) und den beiden übergeordneten Bereichen des Testverfahrens. Die Koeffizienten streuen zwischen r = .18 und r = .38 für den Bereich „Planung & Organisation" bzw. zwischen r = .22 und r = .43 im Bereich „Unternehmerische Aktivität". Die Korrelationen mit dem Gesamtergebnis des Assessment Centers (Einschätzung des Führungspotentials) liegen bei r = .47 bzw. r = .41. Eine Validierung der Version „DomoBon" liegt bislang nicht vor. Die Beurteilung der Augenscheinvalidität läßt weitreichende Fragen offen. Über die Zuordnung der einzelnen Items zu den Dimensionen bzw. Bereichen ist nichts bekannt. Ebensowenig ist bekannt, welches Antwortverhalten wie bewertet wird.

7.4 Normen: Auf der Ebene der beiden übergeordneten Führungsbereiche werden Stanine-Werte berechnet. Die Rohwerte für den Bereich „Planung & Organisation" ist jedoch nicht normalverteilt, sondern zweigipfelig. Über die Verteilung der Rohwerte für den Bereich „Unternehmerische Aktivität" wird nichts ausgesagt. In beiden Fällen wird nicht deutlich, auf welche Version („POLYBON" oder/und „DomoBon") sich die Ergebnisse beziehen. Die Ergebnisse basieren auf der oben genannten Stichprobe.

Verfasser: Uwe Peter Kanning

Qualitative Führungsstilanalyse (QFA)

G.P. Fennekels
Göttingen: Hogrefe, 1995

1. Testart
Spezieller Funktionsprüfungs- und Eignungstest

2. Testmaterial
Das Testmaterial umfaßt ein Manual, 50 Mitarbeiter- und 5 Vorgesetztenfragebogen sowie eine Installationsdiskette zur computergestützten Testauswertung. Jede einzelne Auswertung wird über einen „QFA-CODER“ – ein Hardware-Zubehörteil – lizenziert. Für die integrierte Analyse des Führungsstils mehrerer Vorgesetzter einer gemeinsamen Organisation muß bei Bedarf zusätzlich die Software „Klimaanalyse“ angeschafft werden.

3. Testgliederung
Der Test erhebt fünf Aspekte des Führungsverhaltens eines Vorgesetzten:
- Planung & Organisation (11 Items)
- Entscheidungsverhalten (9 Items)
- Soziale Kompetenz (11 Items)
- Anerkennung und Mitwirkung (12 Items)
- Leistungs- & Führungsverhalten (13 Items)

Alle Fragen werden auf einer fünfstufigen Ratingskala beantwortet.

4. Grundkonzept
Der Test dient der Analyse des Verhaltens von Führungskräften. Befragt werden sowohl der Vorgesetzte als auch seine Mitarbeiter. Der Vorgesetzte nimmt eine Selbsteinschätzung, die Mitarbeiter nehmen eine Einschätzung des Vorgesetztenverhaltens vor. Die Auswahl der genannten Führungsdimensionen wird theoretisch nicht begründet. Die faktorielle Struktur des Fragebogens wird allerdings durch eine konfirmatorische Faktorenanalyse bestätigt.

5. Durchführung
5.1 Alter: Erwachsene.

5.2 Formen: Für Vorgesetzte und Mitarbeiter existieren jeweils eigene Fragebogenversionen, die sich auf die gleichen fünf Dimensionen zur Selbsteinschätzung (Vorgesetzte) bzw. Fremdeinschätzung (Mitarbeiter) beziehen.

5.3 Handhabung: Alle Instruktionen werden in schriftlicher Form auf der ersten Seite des Fragebogens gegeben. Die Probanden werden dabei über den Sinn der Befragung und das Vorgehen (Selbst- und Fremdeinschätzung) informiert. Der Vorgesetzte sowie seine Mitarbeiter müssen zu Beginn angeben, auf welche Person sich die Beurteilungen beziehen. Die Befragung kann ggf. auch in Gruppen erfolgen.

5.4 Zeit: Die Bearbeitungsdauer beträgt unabhängig von der Version (Vorgesetzter/Mitarbeiter) 30 Minuten.

6. Auswertung

6.1 Modus: Die Auswertung erfolgt computergestützt. Benötigt wird hierzu ein Rechner, der die folgenden Minimalanforderungen erfüllt: 386-Prozessor, 2 MB Arbeitsspeicher, 2 MB freier Speicher auf der Festplatte und MS-DOS (Version 3.3 oder höher). Das Auswertungsprogramm arbeitet mit einer DOS-Oberfläche. Der Testleiter kann den Umfang der Datenauswertung über ein Menü nach den folgenden Optionen festlegen (1 bis 22 Seiten):

- Deckblatt
- Inhaltsverzeichnis
- Interpretationshinweise
- Trendübersicht (Textbausteine zur globalen Ergebnisbeschreibung)
- Trendgesamtübersicht (Antworthäufigkeiten zu den Dimensionen)
- Zahlenergebnis (Mittelwerte bezogen auf die Dimensionen)
- Interpretation (Textbausteine zu den fünf Dimensionen)
- Skalenwerte zu den Operationalisierungen (graphische Darstellung)
- Überblick über Antworthäufigkeiten (für jedes einzelne Item)

6.2 Zeit: Die Dauer der Auswertung wird entscheidend von der Anzahl der einzugebenden Fragebogen sowie der erworbenen Arbeitsroutine bestimmt. Pro Fragebogen können etwa 3 bis 5 Minuten für die Dateneingabe veranschlagt werden. Die Analyse der Ergebnisse nimmt nur wenige Minuten in Anspruch.

7. Gütekriterien

7.1 Objektivität: Die Durchführungs- und Auswertungsobjektivität können als hoch eingeschätzt werden. Gleiches gilt aufgrund der computergestützten Interpretationshilfen auch für die Interpretationsobjektivität.

7.2 Reliabilität: Es liegen Angaben zur inneren Konsistenz (Cronbachs Alpha) sowie zur Split-Half-Reliabilität (Spearman-Brown-korrigiert) vor (Stichprobe: 646 Mitarbeiter und 254 Vorgesetzte). Die innere Konsistenz der fünf Dimensionen schwankt zwischen alpha = .82 und alpha = .88 für die Gesamtstichprobe. Die entsprechenden Split-Half-Werte liegen zwischen r = .70 und r = .85 für die Gesamtstichprobe. Bei beiden Maßen liegen die Ergebnisse der Vorgesetztenstichprobe unterhalb, die der Mitarbeiterstichprobe hingegen oberhalb dieser Zahlenwerte.

7.3 Validität: Überprüft wurde die Konstruktvalidität mit Hilfe einer konfirmatorischen Faktorenanalyse (Stichprobe s. o.). Die Ergebnisse unterstreichen die faktorielle Struktur des QFA.

7.4 Normen: Es werden Z-Werte berechnet (Stichprobe s. o.). Als durchschnittliches Testergebnis bezeichnet der Testautor einen Bereich, der jeweils eine halbe Standardabweichung oberhalb und unterhalb des Stichprobenmittelwertes liegt. Im Zuge der Klimaanalyse können anhand der durchgeführten Einzelerhebungen neue, organisationsspezifische Normen definiert werden.

Verfasser: Uwe Peter Kanning

Revidierter Allgemeiner Büroarbeitstest (ABAT-R)

G.A. Lienert und H. Schuler
Göttingen: Hogrefe, 3. Auflage 1994

1. Testart Spezieller Funktionsprüfungs- und Eignungstest

2. Testmaterial Handanweisung, Testhefte der Formen A und B, 12 Auswertungsschablonen (je 6 pro Testform); zusätzlich: eine Stoppuhr, zwei Schreibstifte pro Teilnehmer.

3. Testgliederung Der ABAT-R besteht aus den sechs Untertests Kundenbriefe-Sortieren (KS, 36 Items), Adressen-Prüfen (AP, 20 Items), Summen-Prüfen (SP, 30 Items), Rechtschreibung-Korrigieren (RK, 40 Items), Textaufgaben-Lösen (TL, 14 Items) und Zeichen-Setzen (ZS, 13 Items), die in der angegebenen Reihenfolge bearbeitet werden. Jedem Untertest ist eine Bearbeitungsanweisung mit Beispielen vorangestellt.

4. Grundkonzept Der ABAT-R stellt die revidierte Fassung des ursprünglich in Anlehnung an den General Clerical Test (GCT, Psychological Corporation Staff, 1950) entwickelten Allgemeinen Büroarbeitstests (ABAT, Lienert, 1967) dar. Mit dem Verfahren werden Fähigkeiten erfaßt, wie sie bei der Ausübung von Büroberufen wie etwa dem Beruf der/des Bürokauffrau/manns erforderlich sind. Wie Anforderungsanalysen bestätigen, wird ein Großteil der Arbeitszeit in diesen Berufen auf Tätigkeiten wie Sortieren, Vergleichen und Kontrollieren verwendet, die schnell und zuverlässig erledigt werden müssen. Weiterhin erfordern Tätigkeiten, wie etwa die Erledigung der Korrespondenz, die Beherrschung der Orthographie und Interpunktion. Darüber hinaus umfaßt das Anforderungsprofil, insbesondere im Umgang mit Zahlen, die sichere Handhabung von elementarlogischen Operationen. Im ABAT wurden deshalb entsprechende Untertests als Schnelligkeitstests aufgenommen. Bei der Revision wurde die Grundstruktur des ursprünglichen Instruments bewahrt und das Verfahren in sprachlicher und inhaltlicher Sicht den aktuellen Gegebenheiten angepaßt. Die Instruktionen wurden überarbeitet und die Rechenaufgaben durch zeitgemäße Zahlenangaben und Beispiele ergänzt. Die größte Veränderung gegenüber der Ursprungsversion besteht in der Erhöhung der Komplexität der Zuordnungsaufgabe beim Untertest Karteikarten-Sortieren, der in der revidierten Fassung in Kundenbriefe-Sortieren umbenannt wurde. Der ABAT-R kann bei Haupt- und Realschülern der Abschlußklassen, Gymnasiasten, Berufsschülern, Auszubildenden, ratsuchenden Erwachsenen und beruflichen Rehabilitanden beiderlei Geschlechts zur Auswahl und/oder Beratung von Bürokräften eingesetzt werden. Der Test differenziert auf durchschnittlichem Intelligenzniveau am besten.

5. Durchführung

5.1 Alter: Ab 14 Jahren.

5.2 Formen: Als Einzel- und Gruppentest einsetzbar. Es liegen zwei Formen A und B vor.

5.3 Handhabung: Bei der Durchführung als Gruppentest teilt der Testleiter, nachdem er sich vergewissert hat, daß alle Teilnehmer über zwei Stifte verfügen, die Testhefte der Formen A und B abwechselnd aus und gibt dazu die Anweisung, die Hefte noch geschlossen zu halten. Er läßt dann die Personaldaten auf dem Deckblatt des Testhefts eintragen und verliest im Anschluß die allgemeine Testanweisung. Falls keine Fragen mehr bestehen, liest er die Instruktion und die Beispiele für den ersten Untertest vor. Wenn alle Nachfragen beantwortet sind, gibt er das Kommando zum Anfangen und setzt die Stoppuhr in Gang. Die Teilnehmer tragen ihre Antworten in das Testheft ein. Fünf Sekunden vor Ablauf der Testzeit gibt der Testleiter das Kommando, einen Strich unter die zuletzt bearbeitete Aufgabe zu ziehen, und beendet den Untertest nach Ablauf der Testzeit. Bei den fünf übrigen Untertests wird entsprechend verfahren. Unmittelbar nach Beendigung des letzten Untertests werden die Testhefte eingesammelt. Die Bedingungen für die Durchführung des Einzeltests entsprechen denen des Gruppentests. Bei der Durchführung ist auf die strikte Einhaltung der Testzeiten zu achten. Während der Bearbeitung des Tests auftretende Fragen werden innerhalb der Testzeit beantwortet.

5.4 Zeit: Die reine Testzeit für alle sechs Untertests beträgt insgesamt genau 28 Minuten. Die Gesamtdurchführungszeit ist mit ca. 45 Minuten angegeben.

6. Auswertung

6.1 Modus: Mit Hilfe der Auswertungsschablonen werden Rohwerte für jeden Untertest ermittelt. Die Rohwerte werden auf das Deckblatt des Testhefts übertragen und unter Verwendung von in der Handanweisung enthaltenen Transformationstabellen in Stanine-Werte überführt. Es ergibt sich so ein Untertestprofil. Durch Addition der Stanine-Werte für die Untertests erhält man die Stanine-Summe, die mittels Normentafeln und Wahrscheinlichkeitsnetzen in Standardwerte (M = 100, s = 10) und Prozentränge für verschiedene Altersgruppen, Schularten, Arten von Bewerbern sowie Rehabilitanden und Ratsuchende transformiert werden kann. Als Kombinationswert, der sowohl auf das Alter als auch die Schulart bezogen ist, kann der zum arithmetischen Mittel der Standardwerte nach Alter und Schulart gehörende Prozentrang bestimmt werden.

6.2 Zeit: Ca. 10 Minuten.

7. Gütekriterien

7.1 Objektivität: Bei Beachtung der Anweisungen zur Durchführung, Auswertung und Interpretation ist Objektivität gegeben (s. aber Fay, 1995, S. 182–183).

7.2 Reliabilität: Wegen des Geschwindigkeitscharakters des ABAT-R werden von den Autoren nur nach der Paralleltest- und der Retestmethode berechnete Koeffizienten berichtet. Einer Stichprobe von N = 183 Real- und Berufsschülern wurden im Abstand von acht Wochen die Formen A und B bzw. B und A vorgelegt. Die Berechnung der Produkt-Moment-Korrelationen der beiden Testformen aus den Stanine-Werten ergab auf der Ebene der

Untertests Werte zwischen r = .47 (TL) und r = .68 (SP, RK). Die Korrelationen der Testformen für die Rohwert-Summe, die Stanine-Summe und die nach Alters- bzw. Schulnormen in Standardwerte transformierten Werte liegen zwischen r = .75 und r = .80. Bei der Überprüfung der Retest-Reliabilität an einer Stichprobe aus N = 156 Real- und Berufsschülern mit Testwiederholung nach acht Wochen ergaben sich für die Untertests Koeffizienten zwischen r = .59 (RK, ZS) und r = .76 (SP). Die Werte für die Rohwert-Summe, die Stanine-Summe und die Standardwerte nach Alters- bzw. Schulnormen variieren zwischen r = .74 und r = .83. Im Gegensatz zu den Reliabilitätskennwerten für die verschiedenen Summen- bzw. Standardwerte werden die Koeffizienten einzelner Subtests von den Autoren als unbefriedigend eingestuft. Sie empfehlen daher, eine differentielle Interpretation des Untertestprofils nur intraindividuell oder innerhalb homogener Normgruppen vorzunehmen.

7.3 Validität: Die Frage nach der Validität des ABAT-R wird von den Autoren in der Handanweisung eingehend erörtert. Dabei werden Ergebnisse zur Konstruktvalidität ebenso berichtet wie Befunde zur inhaltlichen und prognostischen Validität. Da der ABAT-R nach Aussage der Autoren in seiner Struktur nicht von der Ursprungsversion abweicht, werden außerdem Ergebnisse von Untersuchungen zum ABAT (etwa Schmidt, 1993) dargestellt. Obwohl bei der Revision des Tests auf die Aufnahme EDV-naher Aufgaben verzichtet wurde, konstatieren die Autoren inhaltliche Validität, da der ABAT-R spezifische Untertests zur Prüfung von Anforderungsmerkmalen umfaßt, wie sie in Anforderungsanalysen gefunden wurden. Hinsichtlich der Konstruktvalidität werden die Interkorrelationen der Untertests, Ergebnisse von Faktorenanalysen und Befunde zur konvergenten und diskriminanten Validität berichtet. Die Interkorrelationen der Untertests liegen in der Eichstichprobe (N = 1659) zwischen r = .28 und r = .59 mit einem Mittelwert von r = .46. Die Korrelation zwischen den Untertests SP und TL mit numerischen Inhalten beträgt r = .53 und zwischen den Untertests RK und ZS mit verbalen Inhalten r = .56. Die Korrelationen zwischen den Untertests numerischen und verbalen Inhalts fallen schwächer aus und liegen maximal bei r = .42 für TL und RK. Der von der Überarbeitung am stärksten betroffene Untertest KS weist die höchste Korrelation von r = .59 mit AP auf und korreliert mit den übrigen Untertests mindestens zu r = .45. Bei den für alle an der Normierung beteiligten Stichproben durchgeführten Faktorenanalysen ergibt sich nach Aussage der Autoren unabhängig von der gewählten Methode ein ähnliches Bild. Daher werden nur die Ergebnisse einer Hauptkomponentenanalyse für die Realschüler ausführlicher berichtet. Unrotiert ergeben sich ein erster als Bearbeitungsgeschwindigkeit interpretierter Faktor, auf dem alle Untertests hoch laden, und ein zweiter bipolarer Faktor, dessen Pole von den Untertests SP und TL mit Ladungen .58 und .50 einerseits sowie RK und ZS mit Ladungen –.54 und –.44 andererseits gebildet werden. Die Untertests KS und AP liegen am Nullpunkt mit Ladungen von .05 und –.03. Nach Varimax-Rotation laden RK und ZS auf dem ersten Faktor mit .85 und .79 sowie SP und TL auf dem zweiten Faktor mit .84 und .74. Der erste Faktor wird daher als verbaler und der zweite als numerischer Faktor interpretiert. Die Autoren sehen damit die beim ABAT gefundene Faktorenstruktur als repliziert an. Die Untertests AP und KS können nicht eindeutig zugeordnet werden und laden auf den beiden Faktoren mit mindestens .40. Die in der Handanweisung referierten Untersuchungen zur konvergenten und diskriminanten Validität liefern Validitätshinweise, die im Einklang mit der gefundenen Faktorenstruktur stehen. Bei N = 171 Berufsschülern korreliert die Stanine-Summe des ABAT-R mit der Durchschnittsnote des Zeugnisses zu r = .49, was die Autoren als Indiz für gute prognostische Validität bezüglich beruflicher Ausbildung werten.

7.4 Normen: Die Normen basieren auf einer Eichstichprobe von N = 1659 Testteilnehmern, die sich aus Realschülern (N = 420), Berufsschülern (N = 765), Bewerbern um kaufmännische Lehrstellen (N = 138), Ratsuchenden beim Arbeitsamt (N = 139) und beruflichen Rehabilitanden (N = 197) zusammensetzt. Ausländische Teilnehmer wurden in der Stichprobe belassen, da sich im Vergleich mit den deutschen Teilnehmern keine konsistenten Leistungsunterschiede zeigten. Es liegen Normen für die Altersstufen 14 Jahre (N = 58), 15 bis 16 Jahre (N = 405), 17 bis 18 Jahre (N = 340) und 19 bis 25 Jahre (N = 492) vor. Weiter sind Normen für die Schularten Real- und Berufsschule angegeben, wobei bei den Realschülern zwischen den Klassen 9 (N = 248) und 10 (N = 172) unterschieden wird. Weitere Normentafeln stehen für die Ratsuchenden und Rehabilitanden sowie die Bewerber (unterschieden nach Schulabschluß Abitur (N = 74) und Mittlere Reife (N = 62)) zur Verfügung. Da sich bezüglich des Gesamtergebnisses im ABAT-R keine statistisch signifikanten geschlechtsspezifischen Unterschiede ergaben, werden von den Autoren keine nach Geschlecht getrennten Normen angegeben.

8. Literatur

Fay, E. (1995). Revidierter Allgemeiner Büroarbeitstest (ABAT-R) [Testrezension]. *Diagnostica, 41,* 181–186.

Lienert, G.A. (1967). *Allgemeiner Büroarbeitstest (A-B-A-T).* Göttingen: Hogrefe.

Psychological Corporation Staff (1950). *General Clerical Test.* New York: Psychological Corporation.

Schmidt, J.U. (1993). Der Allgemeine Büroarbeitstest (ABAT) – mehr als ein Bürotest? *Diagnostica, 39,* 151–168.

Bearbeiter: Heiko Großmann

Tätigkeits-Analyseliste – Verfahren zur Analyse von Tätigkeitsanforderungen für den beruflichen Einsatz von geistig Geschädigten (TAL)

C.F. Schmidt

Berlin: Psychodiagnostisches Zentrum HUB, 1988

1. Testart

Spezieller Funktionsprüfungs- und Eignungstest

2. Testmaterial

Handanweisung, Merkmals- und Beispielkataloge I–III, Profil- und Ergänzungsblatt; zusätzlich: Schreibgerät.

3. Testgliederung

Der Merkmalskatalog der TAL ist in sieben Klassen mit insgesamt 32 Merkmalen unterteilt. Die Merkmalsklassen sind: statische Muskelarbeit, dynamische Muskelarbeit, Bewegungssteuerung/-koordination, Wahrnehmungsanforderungen, Aufmerksamkeit/Konzentration, Intelligenz und Persönlichkeitseigenschaften. Bei der Beurteilung einer Tätigkeit wird für jedes Merkmal der geforderte Ausprägungsgrad bestimmt. Hierzu stehen pro Merkmal zwischen drei und sechs Anforderungsstufen zur Verfügung. Die Merkmals- und Beispielkataloge enthalten Beispiele für Merkmale von Produktionstätigkeiten, Tätigkeiten im Dienstleistungsbereich und Tätigkeiten in Gärtnereien.

4. Grundkonzept

Die TAL ist als selbständiger Teil einer einzelfallorientierten Methodik konzipiert, deren Ziel darin besteht, durch den systematischen Vergleich von Leistungsvoraussetzungen mit Tätigkeitsanforderungen die Überführung geistig geschädigter Personen in leistungsentsprechende Arbeitsbereiche zu ermöglichen. Die TAL wird zur Analyse von geschützten Arbeitsplätzen für geschädigte Personen mit einer Debilität oder leichten Imbezillität eingesetzt. Ergebnis der Analyse ist ein Anforderungsprofil, das es erlaubt, verschiedene Tätigkeiten hinsichtlich der objektiv bestehenden Anforderungen zu vergleichen. Durch den Vergleich mit Fähigkeitsprofilen, die ein zweiter eigenständiger Teil der Methodik, die Leistungs- und Verhaltensanalyseprobe für geistig Geschädigte (LEVAP, Schmidt, 1988), liefert, können Prognosen über die Ausführbarkeit von Tätigkeiten abgegeben sowie überfordernde Tätigkeitsmerkmale identifiziert werden.

5. Durchführung

5.1 Alter: Keine Angaben.

5.2 Formen: Einzelverfahren.

5.3 Handhabung: Der zu analysierende Arbeitsplatz wird hinsichtlich aller 32 Merkmale des Merkmalskatalogs eingeschätzt. Die Reihenfolge kann selbst gewählt werden. Die Anforderungseinschätzungen werden auf dem

Profilblatt eingetragen. Betriebliche Zusatzinformationen werden auf dem Ergänzungsblatt erfaßt. Vor der praktischen Anwendung muß ein gründliches Studium der Instruktion und der Beispiele erfolgen.

5.4 Zeit: Bei Erstanwendung der TAL einschließlich des Vertrautmachens mit ihrer Methodik 60 Minuten.

6. Auswertung

6.1 Modus: Durch Verbinden der ermittelten Anforderungsstufen ergibt sich das Anforderungsprofil. Mit seiner Hilfe können verschiedene Tätigkeiten hinsichtlich der objektiv bestehenden Anforderungen verglichen werden. Weiterhin sind mittels eines Computerprogramms Vergleiche mit Fähigkeitsprofilen, wie sie LEVAP liefert, möglich.

6.2 Zeit: Keine Angaben.

7. Gütekriterien

7.1 Objektivität: Aufgrund der standardisierten Vorgehensweise sind die Durchführungs- und Auswertungsobjektivität gegeben. Zur Beurteilung der Objektivität des Merkmalskatalogs wurden bei der Endform der TAL drei Tätigkeiten unabhängig voneinander von neun Experten (Arbeitspsychologen und Studenten der Arbeits- und Ingenieurspsychologie) eingeschätzt. Als Übereinstimmungsmaß wurde für jedes Paar von Beurteilern der gewichtete Kappakoeffizient K_W (Asendorpf & Wallbott, 1979, S. 249) berechnet. Nach Fisher-Z-Transformation, Mittelung und Retransformation ergab sich ein mittlerer Kappakoeffizient von $K_W = .96$ (Biebergeil, 1986). Zwischen den Gruppen der Experten mit und ohne Vorerfahrung mit der TAL konnten bei Verwendung des U-Tests von Mann und Whitney keine signifikanten Unterschiede hinsichtlich der Kappakoeffizienten nachgewiesen werden. Bei 10 Beurteilern ohne arbeitspsychologische Ausbildung ergab sich jedoch ein niedrigeres mittleres Kappa von $K_W = .71$. Zur Beurteilung der Differenzierungsgüte der einzelnen Merkmale wurde der zu diesem Zweck eigens entwickelte Übereinstimmungskoeffizient Ü (Schneider, 1983, S. 15) separat für drei Tätigkeiten berechnet, die von jeweils 15 Beurteilern hinsichtlich aller Merkmale eingeschätzt wurden. Die über die Tätigkeiten gebildeten Mittelwerte lagen bei den einzelnen Merkmalen zwischen ü = .58 und ü = 1.00.

7.2 Reliabilität: Die Berechnung der Retest-Reliabilität, wobei die zweite Beurteilung 8 bis 10 Wochen nach der ersten erfolgte, ergab bei einer Vorversion der TAL und neun Beurteilern einen durchschnittlichen Kappakoeffizienten von $K_W = .82$ (Schneider, 1983) und bei der Endversion mit sechs Beurteilern einen Wert von $K_W = .97$ (Biebergeil, 1986).

7.3 Validität: Der Autor sieht die inhaltliche Validität der TAL als gegeben an, da an ihrer Entwicklung Experten aus Forschung und Praxis beteiligt waren. Die kriterienorientierte Validität konnte in Ermangelung vergleichbarer Verfahren mit ähnlicher Zielstellung und abgesicherter Kriterien nicht geprüft werden.

7.4 Normen: Eine Normierung der TAL im Sinne der Erstellung eines Mindestprofils wird vom Autor nicht beabsichtigt.

8. Literatur

Asendorpf, J. & Wallbott, H.G. (1979). Maße der Beobachterübereinstimmung: Ein systematischer Vergleich. *Zeitschrift für Sozialpsychologie, 10,* 243–252.

1.5

Biebergeil, E. (1986). *Zur Validierung einzelfalldiagnostischer Erfahrungen bei geistig behinderten Rehabilitanden.* Dresden: Unveröffentlichte Diplomarbeit.
Schmidt, C.F. (1988). *Leistungs- und Verhaltensanalyseprobe für geistig Geschädigte (LEVAP).* Berlin: Psychodiagnostisches Zentrum HUB.
Schneider, P. (1983). *Entwicklung und Prüfung einer Tätigkeitsanalyseliste für geistig Behinderte (TAL-B).* Dresden: Unveröffentlichte Diplomarbeit.

Bearbeiter: Heiko Großmann

Test zum Schöpferischen Denken – Zeichnerisch (TSD-Z)

K.K. Urban und H.G. Jellen
Frankfurt a. M.: Swets Test Services, 1995

1. Testart Spezieller Funktionsprüfungs- und Eignungstest (Kreativitätstest)

2. Testmaterial Testhandbuch sowie Testbogen für zwei Formen A und B, Auswertungsbogen für Gruppentest; zusätzlich: Filz- oder Bleistift.

3. Testgliederung Der TSD-Z kann als Form A und als Form B durchgeführt werden. Beide Formen bestehen aus einer Aufgabe. Empfohlen wird aber, stets beide Formen nacheinander zu verwenden.

4. Grundkonzept Der TSD-Z versucht als Kreativitätstest eine Grobeinschätzung der Kreativität zu leisten. Aufgrund der Tatsache, daß keine allgemein akzeptierte Definition des Konstrukts „Kreativität“ vorliegt, definieren die Autoren ein eigenes Konzept. Kreativität wird hier verstanden als die Fähigkeit zu neuen unkonventionellen, aber auch für andere einsichtigen Produkten zu gelangen, unter Einbeziehung einer sensiblen und offenen Wahrnehmung sowie einer gezielten Elaboration der Information. Dieses Konzept wird in einem Komponentenmodell der Kreativität konstituiert, welches sowohl persönlichkeitsspezifische als auch kognitive Module enthält, wie z. B. Risikobereitschaft oder divergentes Denken.

Der Test betont vor allem qualitative Merkmale der Kreativität und will sich von quantitativen Kreativitätstests, die nach Meinung der Autoren in erster Linie Fluency (i. S.v. schnellem Generieren von Ideen) messen, abheben. Der TSD-Z soll als ein Baustein in einer komplexeren Diagnostik verwendet werden.

Aufgabe der Teilnehmer ist es, eine unvollständige Zeichnung, die noch keinen Sinn erkennen läßt, nach ihrem Gutdünken zu vervollständigen.

5. Durchführung **5.1 Alter:** 5 bis 95 Jahre.

5.2 Formen: Parallelformen A und B (empfohlen werden stets beide Formen). Als Einzel- und Gruppentest durchführbar.

5.3 Handhabung: Der Testleiter verteilt die Bogen. Die Probanden machen Angaben zu ihren demographischen Daten und notieren gegebenenfalls eine Identifikationsnummer. Dann liest der Testleiter die schriftlichen Instruktionen vor. Er notiert die Zeit bei allen Probanden, die weniger als 12 Minuten für die erste Zeichnung benötigen, und händigt ihnen die zweite Form aus. Wenn der erste Teilnehmer fertig ist, werden alle Probanden gebeten, ihre Zeichnung zu benennen. Nach insgesamt 15 Minuten müssen alle Teilnehmer mit der zweiten Zeichnung beginnen (oder aufhören, wenn nur Form A verwendet werden soll). Den Teilnehmern ist die Zeitbegrenzung nicht bekannt. Mit der zweiten Form wird genauso verfahren wie mit der ersten. Dann werden die Bogen eingesammelt und ausgewertet.

5.4 Zeit: Für eine Form ca. 15 Minuten.

6. Auswertung

6.1 Modus: Für die Auswertung liegt eine Kurzbeschreibung zur ersten Orientierung und eine detaillierte Anweisung mit vielen Beispielen vor. Letztere muß für die Auswertung in jedem Fall nachvollzogen werden. Es wird dann versucht, die Zeichnung eines Probanden nach den Kriterien Weiterführung, Ergänzung, neue Elemente, Verbindungen (zeichnerisch und thematisch), Begrenzungsüberschreitung, Perspektive, Humor bzw. Affektivität und Unkonventionalität zu bewerten. Für jedes Kriterium werden Punkte vergeben, die dann zusammen den Testwert des Probanden ergeben. Werden beide Formen verwendet, so werden die beiden Werte addiert. Anhand von Tabellen können diese Rohdaten in Prozentrangwerte und T-Werte transformiert werden. Empfohlen wird aber die Einordnung auf einer gröberen sechsstufigen Skala, die von „weit unterdurchschnittlich" bis „phänomenal" reicht, da mit dem Test eine Grobeinschätzung erreicht werden soll. Übung bzw. Erfahrung mit dem Auswertungsschema ist wünschenswert, um allzu große Bewertungsdifferenzen der Testleiter zu vermeiden.

6.2 Zeit: Ca. 5 bis 10 Minuten pro Zeichnung, bei entsprechender Übung.

7. Gütekriterien

7.1 Objektivität: Durchführungsobjektivität kann aufgrund der Standardisierung angenommen werden. Bei der Interpretation und der Auswertung kann es durch die qualitativen Aspekte zu deutlichen Differenzen zwischen den Auswertern kommen. Ebenso kann bei einem Kreativitätstest nicht jedes mögliche Ergebnis durch ein adäquates Beispiel im Testhandbuch abgehandelt werden.

7.2 Reliabilität: Auswertungsreliabilität:

Zehn Zeichnungen wurden jeweils von sechs kurz trainierten Auswerterinnen bewertet. Die Übereinstimmung der Rangfolgen der Zeichnungen wurde jeweils für zwei Auswerterinnen bestimmt. Dabei ergab sich im Mittel ein Zusammenhang von r = .93 (r = .89 bis r = 1).

Retest-Reliabilität:

Die Autoren geben Studien mit Schüler(innen) verschiedener Schulklassen und -formen mit recht unterschiedlichen Retest-Reliabilitätskoeffizienten an. Die Werte variieren zwischen r = .38 und r = .78.

Bröcher (1989) berichtet eine Testwiederholungsreliabilität von r = .81 bei N = 57 intellektuell hoch befähigten Schülern.

Differentielle Reliabilität:

Der Test differenziert deutlich zwischen unterdurchschnittlichen und überdurchschnittlichen Leistungen. Ein Chi-Quadrat-Test, bei dem die Homogenität der Vierfeldertafel (gut vs. schlecht beider Formen) von einer ersten und zweiten Messung geprüft wurde, ergab hochsignifikante Werte, und es fand sich ein Kontingenzkoeffizient von C(korr.) = .92 (N = 1100, ungarische Stichprobe).

7.3 Validität: Konstruktvalidität:
Korrelationen zu Intelligenztests sollten – nach dem testimmanenten Kreativitätskonstrukt – i. S. diskriminanter Validität niedrig ausfallen. So ergab sich bei einer Gruppe mathematisch hochtalentierter Schüler (N = 45) eine Nullkorrelation zwischen TSD-Z und IST 70. Korrelationen zum VKT (verbaler Kreativitätstest von Schoppe, 1975) lagen zwischen r = –.03 und r = .36. In einer polnischen Studie ergab sich eine Korrelation zwischen TSD-Z und Raven Matrizen von r = .44 (N = 600).
Kriteriumsvalidität:
Es wurden 14 Rangkorrelationskoeffizienten zwischen Gesamtwerten im TSD-Z und Lehrerurteilen gebildet. Die Werte variieren von r = .08 bis r = .82 (N = 7 bis 26; Sonderschule, Grundschule und Orientierungsstufe). Acht der Koeffizienten erbrachten einen signifikanten Zusammenhang.

7.4 Normen: Die Normdatenerhebung fand in den Jahren 1988 bis 1993 statt. Die Größe der Gesamtstichprobe beträgt N = 2519. Die Probanden stammten zum größten Teil aus norddeutschen Mittel- und Großstädten. Die Stichprobe ist untergliedert in Teilpopulationen anhand der Kriterien Schulart (Grundschule, Hauptschule, Sonderschule, Gymnasium, Berufsschule, Hochschule), Alter (4 bis 50 Jahre) und Geschlecht.
Für alle Teilpopulationen sind Normierungstabellen vorhanden, um das Rohwertergebnis in T-Wert, Prozentrangwert oder die empfohlene sechsstufige Skala zu transformieren.

8. Literatur

Bröcher, A. (1989). *Kreative Intelligenz und Lernen. Eine Untersuchung zur Förderung schöpferischen Denkens und Handelns unter anderem in einem universitären Sommercamp.* München: Minerva.
Schoppe, K.-J. (1975). *Verbaler Kreativitätstest (VKT).* Göttingen: Hogrefe.

Verfasser: Franzis Preckel und Norbert Karpinski

Test zur Untersuchung des praktisch-technischen Verständnisses (PTV)

R. Amthauer
Göttingen: Hogrefe, 1972

1. Testart Spezieller Funktionsprüfungs- und Eignungstest

2. Testmaterial Handanweisung (DIN A4, 35 Seiten), Testheft (54 Seiten) und Antwortbogen (1 Seite), Schablone zur Auswertung (entfällt bei maschineller Auswertung); zusätzlich: Bleistift, Radiergummi, Stoppuhr.

3. Testgliederung Der PTV besteht aus 50 einzelnen Wahlantwortaufgaben zu technischen Vorgängen oder Problemen, die nach steigendem Schwierigkeitsgrad angeordnet sind.

4. Grundkonzept Der PTV enthält zeichnerisch dargestellte Aufgaben aus verschiedenen Bereichen der Technik. Ihre erfolgreiche Bearbeitung erfordert nicht nur Erfahrungen im Umgang mit technisch-zeichnerischen Darstellungen, sondern z. T. auch elementare physikalische Kenntnisse wie Einblick in die technisch-mechanische Funktionsweise spezieller Vorrichtungen. Die verschiedenen angesprochenen Problembereiche und die zu bewältigenden Schwierigkeitsgrade entsprechen technischen Berufsanforderungen auf unterschiedlichem Niveau. Dem Schwierigkeitsgrad des PTV gemäß können fähige Ingenieure nahezu alle Aufgaben lösen. PTV-Leistungen weisen einen engen Zusammenhang mit Leistungen in ingenieur- und naturwissenschaftlichen Fachrichtungen auf. Für die Prognose der Bewährung in diesen Fachrichtungen soll der Test Informationen liefern, die die mit Hilfe von Intelligenztests gewonnenen ergänzen. Die Unabhängigkeit der Leistungen im PTV von den Leistungen in allgemeinbildenden Schulen bewirkt zudem, „... daß man denen auf ihre Weise gerecht werden kann, die dort nicht zu ihrer vollen Entfaltung kommen konnten.“ (Handanweisung, S.7).

5. Durchführung **5.1 Alter:** 13 bis 50 Jahre.

5.2 Formen: Der Test ist als Einzel- oder Gruppentest anwendbar. Es liegen 3 verschiedene Fassungen vor; für jede einzelne eine Parallelform. Die Parallelformen A1 und B2 sowie C3 und D4 sind jedem Testleiter zugänglich, während zwei Sonderformen einer Bundesbehörde zur ausschließlichen Nutzung überlassen wurden. Die Formen C3 und C4 sind ausdrücklich für weibliche Personen vorgesehen (vgl. Handanweisung, S.23 ff.).

5.3 Handhabung: Die benötigten Materialien werden an die Probanden verteilt, wobei Parallelformen abwechselnd vergeben werden. Der Versuchsleiter liest alle Anweisungen, Beispiele und Erläuterungen laut vor, während die Probanden den Text in ihrem Testheft mitlesen. Neben dem Hinweis auf die Zeitbeschränkung wird in den Anweisungen darauf hingewiesen, daß falsche Lösungen mit in die Ermittlung des Gesamtergebnisses einfließen. Fragen sollen durch Wiederholung der entsprechenden Textstelle durch den Testleiter beantwortet werden. Nach Beginn der Untersuchung wird die vorgegebene Bearbeitungszeit durch den Testleiter kontrolliert. Ferner sollte darauf geachtet werden, daß die Teilnehmer den Antwortbogen richtig verwenden und keine Eintragungen in die Testhefte vornehmen.

5.4 Zeit: 25 Minuten nach Instruktion.

6. Auswertung

6.1 Modus: Bei Handauswertung wird die Anzahl der richtigen und falschen Lösungen mit Hilfe der passenden Schablone ermittelt. Der Rohwert ergibt sich aus der Summe der richtigen Lösungen, abzüglich eines Drittels der falschen (auf- bzw. abgerundet auf ganze Zahl). Mit Hilfe der Normentabelle wird der Rohwert entsprechend dem Alter des Probanden in einen Standardwert umgewandelt. Die Handanweisung (S. 12) enthält ferner eine Tabelle zur Transformation der Standardwerte in Prozentrangwerte.
Der Autor weist ausdrücklich darauf hin, „daß sich die Normen für einen repräsentativen Querschnitt durch unsere männliche Bevölkerung als sehr streng erweisen würden“ (S. 15), da in der Eichstichprobe ausschließlich Bewerber für technische oder naturwissenschaftliche Ausbildungen vertreten waren. Dies ist bei der Bewertung der Testergebnisse von Personen, die nicht aus der Bezugsgruppe stammen, zu berücksichtigen. Also auch bei weiblichen Personen, sofern sie nicht mit der für sie vorgesehenen Form C3 oder D4 untersucht wurden.

6.2 Zeit: Keine Angaben.

7. Gütekriterien

7.1 Objektivität: Bei Beachtung der Anweisungen zur Durchführung und Auswertung des Tests (Handanweisung) ist hinreichende Objektivität gewährleistet.

7.2 Reliabilität: Eine Untersuchung zur Ermittlung der „zeitlichen Stabilität“ ergab für ein Intervall von einem Jahr r = .68 (N = 107) und für einen Abstand von vier Jahren r = .63 (N = 365). Die nach der Unterteilungsmethode (odd-even) ermittelten Reliabilitäten lagen zwischen r = .83 (N = 290) und r = .86 (N = 249).

7.3 Validität: Es besteht eine monoton steigende Beziehung zwischen PTV-Leistungen und dem Anforderungsniveau verschiedener technischer Berufsgruppen.
Der Vergleich von PTV-Leistungen mit Bewährungskriterien in technischen Berufen ergab eine mittlere Korrelation von r = .35. Die Stichprobenergebnisse streuen zwischen r = .15 und r = .50 (keine Angaben zum Stichprobenumfang).
Einer Untersuchung von Sassenscheidt und Buggle (1970) lassen sich Hinweise auf die faktorielle Validität des PTV entnehmen. Der Testautor berichtet ferner Ergebnisse aus acht Faktorenanalysen, die für den Bereich der Chemieberufe den PTV als im allgemeinen bedeutsamsten Test im Rahmen einer Eignungsuntersuchung ausweisen. Ein Geschlechtervergleich bei mehr als 5500 Bewerberinnen und Bewerbern für naturwissenschaftlich-

technische Berufe zeigte eine Überlegenheit der männlichen Personen im PTV.

7.4 Normen: Der Test wurde an mehr als 4000 männlichen Bewerbern für eine Aus- oder Weiterbildung in technischen bzw. naturwissenschaftlichen Berufen geeicht. Normen bestehen für Altersgruppen vom 13. bis zum 41. Lebensjahr (und älter). Der Anspruch auf Repräsentativität wird nicht erhoben. Die Normen liegen als Standardwerte und Prozentrangwerte vor. Berufsspezifische Normen sind nicht verfügbar. Die Normentabelle gilt für alle Formen. Es ist zu berücksichtigen, daß diese Normen inzwischen veraltet sein dürften.

8. Literatur

Sassenscheidt, H. & Buggle, F. (1970). Prädiktorvariablen praktisch-technischen Verständnisses. *Diagnostica, 16,* 30–41.

Bearbeiter: Martin Scarabis

Wirtschaftskundlicher Bildungs-Test (WBT)

K. Beck und V. Krumm
Göttingen: Hogrefe, 1998

1. Testart Spezieller Funktionsprüfungs- und Eignungstest

2. Testmaterial Handanweisung, Aufgabenheft, Antwortformular, Lösungsschablonen; zusätzlich: Bleistift, Radiergummi.

3. Testgliederung Der Test besteht aus 46 Aufgaben (Items), bei denen jeweils eine von vier möglichen Lösungen auszuwählen ist (Mehrfachwahlaufgaben). Die Aufgaben sind in Form von Fragen oder zu vervollständigenden Sätzen formuliert und lassen sich folgenden Bereichen zuordnen:

1. Grundlagen
2. Mikroökonomie
3. Makroökonomie
4. Internationale Beziehungen

4. Grundkonzept Der WBT mißt die „ökonomische Intelligenz", ein Konstrukt, das sowohl wirtschaftskundliches Wissen als auch ökonomiespezifische Denkleistungen umfaßt. Dabei handelt es sich um die deutsche Testversion des amerikanischen „Test of Economic Literacy" (TEL; Soper & Walstad, 1987).
Der WBT ist ein reiner Niveautest (Power-Test).
Mögliche Anwendungsbereiche sind:
- schulische Allokationsdiagnostik und Evaluation
- Berufsberatung
- hochschulische Eingangs- und Erfolgsmessung
- betriebliche Personalauslese und -entwicklung
- vergleichende Bildungsforschung

5. Durchführung **5.1 Alter:** Ab etwa 15 Jahren.

5.2 Formen: Der WBT liegt in zwei Parallelformen (A und B) mit 15 gemeinsamen Items vor und ist sowohl als Einzel- wie auch als Gruppentest einsetzbar.

5.3 Handhabung: Nach dem Verteilen der Unterlagen trägt der Proband auf dem Antwortbogen seine Personaldaten ein. Die 46 Aufgaben werden der Reihe nach bearbeitet.
Bei Gruppenuntersuchungen ist es sinnvoll, abwechselnd die Parallelformen einzusetzen.

5.4 Zeit: Bis zu 45 Minuten.

6. Auswertung

6.1 Modus: Die Auswertung erfolgt mithilfe der Lösungsschablonen. Die Autoren empfehlen, sowohl eine aufgabenbezogene Analyse als auch eine probandenbezogene Analyse durchzuführen. Bei der aufgabenbezogenen Analyse (die allerdings nur bei Gruppenuntersuchungen möglich ist) wird für jede Aufgabe der Prozentsatz der Probanden, die die richtige und die falschen Lösungen angegeben haben, bestimmt. Die Ergebnisse lassen sich mit Normtafeln vergleichen und sollen Anlaß geben, den Gründen für große Abweichungen genauer nachzugehen.
Bei der probandenbezogenen Auswertung wird der Rohwert pro Person bestimmt. Dieser entspricht der Summe der richtig gelösten Aufgaben. Ist die Leistung der Gruppe von Interesse, wird das arithmetische Mittel der Probandenrohwerte ermittelt.
Einige Empfehlungen in der Handanweisung sind mit der nötigen Vorsicht zu betrachten. Die Bestimmung der Leistungsfähigkeit des „Durchschnittsprobanden" einer Gruppe sollte demnach anhand des Modalwertes erfolgen. Für diesen Zweck wäre allerdings der Median das geeignetere Maß.
Die Autoren geben in der Handanweisung die Itemkennwerte nach dem 3PL-Modell der Item-Response-Theorie an, womit individuelle Aufgabenzusammenstellungen angeregt werden sollen. Allerdings liegen keine Angaben zur Gültigkeit des 3PL-Modells unter Berücksichtigung der Daten vor. Ohne die Kenntnis der Modellgeltung ist von individuellen Itemzusammenstellungen auf der Grundlage der genannten Parameter abzuraten. Aus den gleichen Gründen sollten Aussagen über Probanden auf der Ebene einzelner Items vermieden werden.

6.2 Zeit: Keine Angaben.

7. Gütekriterien

7.1 Objektivität: Werden die Instruktionen der Handanweisung berücksichtigt, sind die Durchführung und die Auswertung des Tests von der Person des Versuchsleiters unabhängig.

7.2 Reliabilität: Die interne Konsistenz beider Testformen (Cronbachs Alpha, gemessen anhand mehrerer Stichproben deutscher, österreichischer und schweizer Schüler und Studenten; N = 11685) liegt zwischen r = .79 und r = .83.
Die angegebenen Koeffizienten der Retest- und der Paralleltestreliabilität von r = .62 bis r = .87 (mit einem Zeitintervall von 15 Wochen) sind aufgrund der kleinen Stichprobe (jeweils 14 bzw. 15 Schüler) und „Störungen" während der Erhebung mit Vorbehalt zu bewerten.

7.3 Validität: Die Konstruktvalidierung erfolgte anhand der Itembeurteilung von Experten (N = 309 Lehrer). Die Items beider Parallelformen repräsentieren demnach in geeigneter Weise das zu messende Konstrukt.
Die Korrelation mit Schulnoten (nach Angabe der Probanden) beträgt r = –.34; d. h. zwischen der Leistung im Test und der schulischen Leistung besteht ein positiver Zusammenhang. Mit dem Untertest „Analogien" des IST-70 weist der WBT eine Korrelation von r = .59 auf.

7.4 Normen: Normen liegen für verschiedene Schulformen getrennt für Deutschland, Österreich und die Schweiz vor sowie für deutsche Studenten der Wirtschaftswissenschaften. Die Normen sind für die beiden Parallelformen separat und in tabellarischer Weise angegeben (Prozentränge und Standardwerte).

8. Literatur

Amthauer, R. (1973). *Intelligenz-Struktur-Test 70 (IST 70)* (4. Auflage). Göttingen: Hogrefe.
Soper, J.C. & Walstad, W.B. (1987). *Test of Economic Literacy. Second edition. Examiner's manual.* New York, NY: Joint Council on Economic Education.

Verfasser: Torsten Melles

2. PSYCHOMETRISCHE PERSÖNLICHKEITSTESTS

2. Psychometrische Persönlichkeitstests –
2.1 Persönlichkeits-Struktur-Tests

● = ja
o = teilweise
○ = nein
k.A.= keine Angaben

Testname	Autor(en)	Seite	Durchführung					Auswertung			Gütekriterien				Alter
			Gruppentest	Parallelform	Zeitangabe netto (Min.)	Zeitangabe brutto (Min.)	computergestützte Fassung	Schabl./Schlüss.	Auswertungssoftw.	Zeitangabe (Min.)	Objektivität	Reliabilität	emp. Validität	Normen	(Jahre oder Schul-jahre (J/Sj))
Der 16-Persönlichkeits-Faktoren-Test, Revidierte Fassung (16 PF-R)	Schneewind u.a.	607	●	○		45	●	●	●	30	●	●	●	●	18+ J
Angstfragebogen für Schüler (AFS)	Wieczerkowski u.a.	610	●	○		25	●	●	●	5	●	●	●	●	3.–10. Sj
Anstrengungsvermeidungstest (AVT)	Rollett u.a.	613	●	○		20	●	●	○		●	●	●	●	5.–9. Sj
Attributionsstil-Fragebogen für Kinder und Jugendliche (ASF-KJ)	Stiensmeier-Pelster u.a.	615	●	○		45	●	●	○		●	●	●	●	8–16 J
Aussagen-Liste zum Selbstwertgefühl für Kinder und Jugendliche (ALS)	Schauder	618	●	○		30	●	●	○	10	●	●	●	●	8–15 J
Bilder-Angst-Test für Bewegungssituationen (BAT)	Bös u.a.	622	●	○		15	**o**	○	○		●	●	●	●	9–11 J
Deutsche Personality Research Form (PRF)	Stumpf u.a.	625	●	●		30	●	●	○	15	●	●	●	●	17+ J
Differentielles Leistungsangst Inventar (DAI)	Rost u.a.	628	●	○		60	○	●	○		●	●	●	●	8.–13. Sj
Eigenschaftswörterliste (EWL)	Janke u.a.	631	●	○		30	●	●	○		●	●	●	○	16+ J
Erfassungsbogen für aggressives Verhalten in konkreten Situationen (EAS)	Petermann u.a.	634	●	○		30	●	●	○		●	●	●	●	9–12 J
Eysenck Persönlichkeits Inventar (EPI)	Eysenck u.a.	637	●	●		10	●	●	○	5	●	**o**	●	●	14+ J
Eysenck Personality Profiler (EPP-D)	Eysenck u.a.	641	●	○		35	●	●	●	10	●	●	●	●	14+ J

2. Psychometrische Persönlichkeitstests –
2.1 Persönlichkeits-Struktur-Tests (Forts.)

● = ja
o = teilweise
○ = nein
k.A.= keine Angaben

Testname	Autor(en)	Seite	Durchführung					Auswertung			Gütekriterien				Alter
			Gruppentest	Parallelform	Zeitangabe netto (Min.)	Zeitangabe brutto (Min.)	computergestützte Fassung	Schabl./Schlüss.	Auswertungssoftw.	Zeitangabe (Min.)	Objektivität	Reliabilität	emp. Validität	Normen	(Jahre oder Schuljahre (J/Sj))
Fb. zu Kompetenz- und Kontrollüberzeugungen (FKK)	Krampen	645	●	○	20	25	●	●	○	15	●	●	●	●	14+ J
Fragebogen zur Erfassung dispositionaler Selbstaufmerksamkeit (SAM)	Filipp u.a.	648	●	○		10	●	●	○		●	●	●	●	–
Fragebogen zur Erfassung kindlicher Steuerung (FEKS)	Pauls u.a.	651	●	○		45	○	●	○		●	●	●	●	8–12 J
Fragebogen zur Erfassung von Aggressivitätsfaktoren (FAF)	Hampel u.a.	654	●	○		20	●	●	○	5	●	●	●	●	15+ J
Fb. zur Kausalattribuierung in Leistungssituationen (FKL)	Kessler	656	●	○		25	●	●	○	10	●	●	●	●	13–15 J
Freiburger Persönlichkeitsinventar, revidierte Fassung (FPI-R)	Fahrenberg u.a.	658	●	○		30	●	●	●	15	●	●	●	●	16+ J
Gießen-Test (GT)	Beckmann u.a.	661	●	○		15	●	●	●		●	●	●	●	18+ J
Hamburger Neurotizismus- und Extraversionsskala für Kinder und Jugendliche (HANES-KJ)	Buggle u.a.	663	●	**o**		40/20	●	●	●	5	●	●	●	●	8–16 J
Hamburger Persönlichkeitsfragebogen für Kinder (HAPEF-K)	Wagner u.a.	666	**o**	**o**		40	●	●	○	5	●	●	●	●	9–13 J
Ich-Struktur-Test nach Ammon (ISTA)	Ammon u.a.	668	●	○	20	25	○	○	●		●	●	●	●	16–75 J
Kinder-Angst-Test-II (KAT-II)	Thurner u.a.	671	●	○		15/23	●	●	○		●	●	●	●	9–15 J
Leistungsmotivationstest (LMT)	Hermans u.a.	673	●	○		–	○	●	○		●	●	●	●	15+ J

2. Psychometrische Persönlichkeitstests –
2.1 Persönlichkeits-Struktur-Tests (Forts.)

● = ja
○ = teilweise
❍ = nein
k.A.= keine Angaben

Testname	Autor(en)	Seite	Durchführung					Auswertung			Gütekriterien				Alter
			Gruppentest	Parallelform	Zeitangabe netto (Min.)	Zeitangabe brutto (Min.)	computergestützte Fassung	Schabl./Schlüss.	Auswertungssoftw.	Zeitangabe (Min.)	Objektivität	Reliabilität	emp. Validität	Normen	(Jahre oder Schuljahre (J/Sj))
Leistungsmotivationstest für Jugendliche (LMT-J)	Hermans u.a.	676	●	❍		55	❍	●	❍		●	●	●	●	12–16 J
Leistungsmotivationsgitter (LM-Gitter)	Schmalt	678	●	❍		45	❍	●	❍		●	●	○	●	3.–5. Sj
Märchentest – Fairy Tale Test (FTT)	Coulacoglou	682	❍	❍		45	❍	○	❍		❍	○	○	○	7–12 J
Mehrdimensionaler Persönlichkeitstest für Erw. (MPT-E)	Schmidt	686	●	❍	30	35	❍	●	❍	15	●	○	○	○	>18 J
Mehrdimensionaler Persönlichkeitstest für Jugend. (MPT-J)	Schmidt	689	●	❍		30	●	●	❍		●	○	○	○	14–18 J
Myers-Briggs Typenindikator (MBTI)	Bents u.a.	692	●	❍	20	25		●		10	●	●	○	❍	>15 J
NEO Fünf Faktoren Inventar nach Costa und McCrea (NEO-FFI)	Borkenau u.a.	696	●			10	●	●	●	5	●	●	●	❍	>18 J
Paardiagnostik mit dem Gießen-Test	Brähler u.a.	698	❍	❍		15	❍	●	●		●	●	●	●	>18 J
Persönlichkeitsfb. für Kinder zw. 9 und 14 Jahren (PFK 9–14)	Seitz u.a.	700	●	❍		45	●	●	●		●	●	●	●	9–14 J
Persönlichkeits-Stil- und Störungs-Inventar (PSSI)	Kuhl u.a.	703	●	❍		30	●	●	❍	20	●	●	●	○	>14 J
Repertory Grid Technik (RGT)	Riemann	706	❍	❍		120	❍	●	●	60	●	●	○	❍	–
Selbstregulations- und Konzentrationstest für Kinder (SRKT-K)	Kuhl u.a.	710	❍	❍		30	❍	❍	●	–	●	●	●	●	1.–4. Sj
Selbstregulations- und Strategientest für Kinder (SRST-K)	Kuhl u.a.	712	❍	❍		25	❍	●	❍	5	●	●	○	●	1.–4. Sj
Streßverarbeitungsfragebogen (SVF und SVF120)	Janke u.a.	714	●	❍		15	●	●	❍	20	○	●	○	●	>19 J

2. Psychometrische Persönlichkeitstests –
2.1 Persönlichkeits-Struktur-Tests (Forts.)

● = ja
O = teilweise
❍ = nein
k.A.= keine Angaben

Testname	Autor(en)	Seite	Durchführung					Auswertung			Gütekriterien				Alter
			Gruppentest	Parallelform	Zeitangabe netto (Min.)	Zeitangabe brutto (Min.)	computergestützte Fassung	Schabl./Schlüss.	Auswertungssoftw.	Zeitangabe (Min.)	Objektivität	Reliabilität	emp. Validität	Normen	(Jahre oder Schuljahre (J/Sj))
Streßverarbeitungsfragebogen von Janke und Erdmann angepasst für Kinder und Jugendliche (SVF-KJ)	Hampel u.a.	717	●	❍		25	❍	●	❍		●	●	●	●	8–13 J
Temperament- und Charakter-Inventar (TCI)	Cloninger u.a.	720	●	❍		40	❍	❍	●	20	●	●	●	**O**	>15 J
Trierer Persönlichkeitsfragebogen (TPF)	Becker	723	●	❍		30	●	●	❍	15	**O**	●	●	●	>18 J

Der 16-Persönlichkeits-Faktoren-Test, Revidierte Fassung (16 PF-R)

K.A. Schneewind und J. Graf
Bern: Huber, 1998

1. Testart Persönlichkeits-Struktur-Test

2. Testmaterial Testmanual, Testheft, Antwortbogen, Auswertungsschablone, Auswertungsbogen zur Bestimmung der Primär- und Globalskalenwerte, Testprofilbogen; zusätzlich: Schreibgerät.

3. Testgliederung Der 16 PF-R besteht aus 184 Items. Er erfaßt 16 Primärdimensionen und 5 Globaldimensionen der Persönlichkeitsstruktur im Erwachsenenalter.

4. Grundkonzept Der 16 Persönlichkeits-Faktoren-Test wurde vor 50 Jahren von Cattell zur mehrdimensionalen Persönlichkeitsdiagnostik entwickelt. Die vorliegende revidierte deutschsprachige Version des 16 PF beruht auf der 4. revidierten amerikanischen Version (Conn & Rieke, 1994). 72 % der Items wurden aus dieser Version übernommen, 14 % der Items wurden aus dem 16 PF beibehalten und 14 % der Items wurden neu konstruiert. Gegenüber der ersten deutschen Fassung ist der 16 PF-R durch folgende Neuerungen gekennzeichnet: zeitgemäße und geschlechtssensitive Itemformulierungen, separate Erfassung des logischen Schlußfolgerns am Ende des Tests, Einbeziehung von Skalen zur Überprüfung von Antworttendenzen (Soziale Erwünschtheit, Akquieszenz, Infrequenz) und vereinfachte Handhabbarkeit der Primärdimensionen durch leicht verständliche Bezeichnungen.

Primärskalen:
- Wärme (A), 9 Items
- Logisches Schlußfolgern (B), 13 Items
- Emotionale Stabilität (C), 1 Item
- Dominanz (E), 11 Items
- Lebhaftigkeit (F), 9 Items
- Regelbewußtsein (G), 11 Items
- Soziale Kompetenz (H), 12 Items
- Empfindsamkeit (I), 11 Items
- Wachsamkeit (L), 10 Items
- Abgehobenheit (M), 11 Items
- Privatheit (N), 11 Items
- Besorgtheit (O), 11 Items
- Offenheit für Veränderung (Q1), 11 Items
- Selbstgenügsamkeit (Q2), 11 Items
- Perfektionismus (Q3), 11 Items
- Anspannung (Q4), 11 Items

2.1

Sekundärskalen
- Extraversion
- Ängstlichkeit
- Selbstkontrolle
- Unabhängigkeit
- Unnachgiebigkeit

Als Anwendungsfelder des 16 PF-R werden die Arbeits- und Betriebspsychologie, die Klinische und Pädagogische Psychologie sowie der Einsatz in der grundlagen- und anwendungsorientierten Forschung angegeben.

5. Durchführung

5.1 Alter: Ab 18 Jahre.

5.2 Formen: Der 16 PF-R ist als Einzel- und Gruppentest durchführbar.

5.3 Handhabung: Die Instruktionen zur Beantwortung des Fragebogens sind in einfacher und klarer Ausdrucksweise für die Testperson auf der ersten Seite im Testheft aufgeführt. Um etwaige Unklarheiten und Mißverständnisse noch vor Beginn der Bearbeitung des Fragebogens klären zu können, ist es häufig sinnvoll, die schriftliche Instruktion im Testheft gemeinsam mit der Testperson nochmals laut durchzugehen. Insgesamt sollte eine vertrauensvolle und motivierende Atmosphäre geschaffen werden. Die Testperson soll darauf hingewiesen werden, daß die jeweiligen Antworten nicht im Testheft, sondern auf dem Antwortbogen eingetragen werden. Das Testheft kann somit beliebig oft verwendet werden.

5.4 Zeit: Keine Zeitbegrenzung, die Testdurchführung dauert ca. 30 bis 45 Minuten.

6. Auswertung

6.1 Modus: Die Rohwerte der 16 Primärdimensionen können mit Hilfe einer Schablone bestimmt werden. Für jedes Item werden entweder 1, 2 oder 3 Rohwertpunkte vergeben. Eine Ausnahme stellen die Denkfragen der Skala B (Logisches Schlußfolgern) dar, bei denen es nur richtige oder falsche Antworten gibt und somit nur ein Rohwertpunkt von 0 oder 1 pro Item verrechnet wird. Durch Addition der Itemrohwerte können somit für jede Primärdimension die Rohwertpunktsummen bestimmt werden. Die den Rohwertpunktsummen äquivalenten Sten-Werte (standard ten) werden den einschlägigen Normtabellen (getrennt für männlich, weiblich und jeweils drei Altersgruppen) entnommen und zur besseren Veranschaulichung und Interpretation der Gesamttestergebnisse in den Testprofilbogen übertragen. Die Sten-Werte der Primärdimensionen können dann in den Auswertungsbogen für die Globalskalenwerte übertragen werden. Nach mehreren detailliert dargestellten Multiplikations-, Additions- und Subtraktionsschritten können so die Sten-Werte für die Globaldimensionen gewonnen und ebenfalls zu einem Profil der Globalskalenwerte verbunden werden.

6.2 Zeit: Nach Angabe der Autoren ca. 15 Minuten; die Auswertung ist umständlich (3 verschiedene Auswertungsbogen) und dauert eher ca. 30 Minuten.

7. Gütekriterien

7.1 Objektivität: Durchführung, Auswertung und Interpretation können als objektiv bezeichnet werden.

7.2 Reliabilität: Zur Abschätzung der Reliabilitäten der Primärskalen wurden interne Konsistenzkoeffizienten an einer Stichprobe von N = 1209 sowie Testwiederholungskoeffizienten (nach Pearson) an einer Stichprobe von N = 111 Testpersonen bei einem Meßintervall von einem Monat berechnet. Cronbachs Alpha liegt zwischen r = .66 und r = .89 und wird von den Autoren als insgesamt zufriedenstellend betrachtet. Die Testwiederholungsreliabilitäten liegen zwischen r = .60 und r = .92. Im Vergleich zur Vorgängerversion scheint demnach die zeitstabile Erfassung der Persönlichkeitsstruktur auf dem Niveau der Primärskalen durch den 16 PF-R besser möglich zu sein. Die internen Konsistenzkoeffizienten für die Globalfaktoren liegen zwischen r = .73 und r = .87, die Testwiederholungsreliabilitäten liegen zwischen r = .83 und r = .90. Auch diese Befunde legen eine relativ zeitstabile Messung der individuellen Globalfaktorwerte nahe.

7.3 Validität: Durch umfassende Validierungsuntersuchungen sollen die für die Vorgängerversion 16 PF fehlenden Validierungsbelege erbracht werden. In der Handanweisung werden verschiedene korrelations- und faktorenanalytische Untersuchungen zur Überprüfung der Konstruktvalidität (Vergleich mit NEO-FFI, FPI-R und MMPI-2) auf dem Niveau der Primär- und auch der Sekundärfaktoren dargestellt.
Anhand von Regressionsanalysen wurden zur Überprüfung der Kriteriumsvalidität Beziehungen des 16 PF-R zu Kriteriumsvariablen aus Fragebogen bzw. Skalen zur Allgemeinen Selbstwirksamkeit, zu Gesundheit und Streß, zu individuellen Beziehungskompetenzen und zum Paarklima untersucht, die in der Handanweisung ausführlich dargestellt werden.

7.4 Normen: Die Normierung erfolgte anhand einer für die BRD repräsentativen Stichprobe von 1209 Personen. Die gesamte Eichstichprobe wurde in eine männliche und eine weibliche Teilstichprobe unterteilt, die nochmals in je drei Altersgruppen aufgegliedert wurden. Für jede Stichprobe existieren Tabellen mit Mittelwerten und Streuungen der Skalenrohwerte sowie Tabellen der Sten-Werte.

8. Literatur

Conn, S.R. & Rieke, M.L. (1994). *The 16 PF fifth edition. Technical manual.* Champaign: Institute for Personality and Ability Testing (IPAT).

Bearbeiterin: Birgit Gottwald

Angstfragebogen für Schüler (AFS)

W. Wieczerkowski, H. Nickel, A. Janowski, B. Fittkau und W. Rauer
Göttingen: Hogrefe, 6. Auflage 1998

1. Testart Persönlichkeits-Struktur-Test

2. Testmaterial Handanweisung, Fragebogen, Einschätzungsskalen für Lehrer und Gruppenleiter (Heft), Auswertungsschablone.

3. Testgliederung Der AFS setzt sich aus 50 Items zusammen, die insgesamt vier Testskalen konstituieren: Prüfungsangst (15 Items), Manifeste Angst(15 Items), Schulunlust (10 Items) und soziale Erwünschtheit (10 Items).

4. Grundkonzept Dem Test liegt ein mehrfaktorielles Verständnis von Angst als hypothetischem Konstrukt zugrunde. Gemäß einer Unterscheidung von genereller und spezifischer Angst enthält der Test eine Skala der Manifesten Angst (MA) im Sinne der Erfassung allgemeiner Angstsymptome einschließlich reduziertem Selbstvertrauen sowie eine Skala der Prüfungsangst (PA), die speziell auf angstbezogene Erwartungseinstellungen im schulischen Leistungsbereich bezogen ist. Als dritte aus dem ursprünglichen Itempool extrahierte Dimension enthält der Test eine Skala der Schulunlust (SU), die die globale Einstellung gegenüber der Schule erfragt. Schließlich ist dem Test im Sinne von Lügenitems eine Skala der Sozialen Erwünschtheit (SE) angefügt, die das Ausmaß der positiven Selbstdarstellung erfaßt und ggf. zur interpretativen Korrektur der drei inhaltlichen Skalen dienen kann. Die Items dieser Skala sind für die Kinder leicht durchschaubar.
Dem AFS ist darüber hinaus ein Heft mit Einschätzskalen für Lehrer bzw. Gruppenleiter beigefügt, in dem diese die Position der Schüler auf den vier Skalen des Tests mit Hilfe einer siebenstufigen Klassifizierung einschätzen und damit ihre Kenntnis der einzelnen Gruppenmitglieder überprüfen können. Als Anwendungsgebiete werden genannt: individuelle Diagnostik im Dienst der Therapieindikation und -kontrolle; Gruppendiagnostik der Angstatmosphäre in Schulklassen; Ausgangsmaterial für Selbsterfahrungsgruppen; Verwendung als Forschungsinstrument.

5. Durchführung **5.1 Alter:** 9 bis 16/17 Jahre (3. bis 10. Schuljahr).

5.2 Formen: Der AFS kann als Einzel- und als Gruppentest verwandt werden. Eine computergestützte Fassung liegt im Hogrefe-Testsystem KIDIS vor (vgl. audio-visuell Koblitz & Wenzel, 1988).

5.3 Handhabung: Die Instruktion ist auf dem Testbogen enthalten; sie soll zusätzlich vorgelesen und bei jüngeren Kindern ggf. mit Hilfe einer Wandta-

fel erläutert werden. Das Ausfüllen des Fragebogens erfolgt durch Ankreuzung einer der beiden Antwortalternativen „stimmt" oder „stimmt nicht".
Die Einschätzungsskalen für Lehrer erfordern die Zuordnung jedes Schülers zu einer der sieben Ausprägungsstufen (von „trifft gar nicht zu" bis „trifft sehr zu") hinsichtlich der kurz charakterisierten vier Testskalen MA, PA, SU und SE. Dabei wird dem Lehrer empfohlen, zunächst jeweils ein Kind als „Bezugsperson" für die beiden Extrempole sowie für die mittlere Kategorie auszuwählen und die restlichen Klassenmitglieder etwa im Sinne einer Normalverteilung zu klassifizieren.

5.4 Zeit: Je nach Altersstufe 10 bis 25 Minuten. Keine Zeitangaben für die Einschätzskalen; hier hängt die Bearbeitungszeit stark von der Klassengröße ab.

6. Auswertung

6.1 Modus: Die Auswertung erfolgt mit Hilfe einer farblich-übersichtlichen Schablone durch Addieren der für die jeweiligen Skalen spezifischen Items, soweit ihnen zugestimmt (bzw. in drei Fällen nicht zugestimmt) wurde. Die Rohwerte werden in Prozentrang- und in T-Werte transformiert.
Die Auswertung der Einschätzskalen für Lehrer erfolgt als Einzelvergleich der fremd- und der selbsteingeschätzten Skalenwerte sowie durch die Bildung von Rangkorrelationen mit dem AFS.

6.2 Zeit: Ca. 5 Minuten. Für die Einschätzskalen erheblich länger, abhängig von der Art der Auswertung und der Klassengröße.

7. Gütekriterien

7.1 Objektivität: Bei rein formaler Anwendung voll gegeben.

7.2 Reliabilität: Für die einzelnen Skalen werden aus verschiedenen Stichproben Werte für die interne Konsistenz (aufgewertete mittlere Itemkorrelation nach Spearman-Brown) von r = .67 bis r = .77 und für die Retest-Reliabilität (1 Monat) von r = .67 bis r = .77 mitgeteilt.

7.3 Validität: Die Skaleninterkorrelationen zeigen niedrige bis mittlere Korrelationen zwischen den Skalen MA, PA und SU (r = .27–.59), von denen die SE-Skala dagegen unabhängig ist.
Gruppenvergleiche lassen zwar signifikante und von der Richtung her erwartungsgemäße, vom Ausmaß her aber unbedeutende Einflüsse der Variablen Alter, Geschlecht, Schultyp und Wohnortgröße erkennen.
Korrelationen der vier Testskalen mit der Neurotizismusskala der HANES, mit dem KAT, mit den Skalen bzgl. Einstellungen zu Lehrern, mit der Einschätzung durch Lehrer, mit Schulzensuren, mit Schülerselbsteinschätzungen sowie mit dem Erziehungsverhalten der Eltern ermöglichen eine differenzierte Beurteilung der Kriteriumsvalidität. In allen Bereichen ergaben sich Zusammenhänge in die erwartete Richtung.
Schließlich werden zur Abrundung der Validitätsangaben zwei frühere Arbeiten zitiert, wonach der AFS gegenüber Änderungen des Angstniveaus (Angstsenkung durch positive Bekräftigung) sensitiv reagiert.
Die seit dem Erscheinen des Verfahrens durchgeführten Nachuntersuchungen belegen, daß die faktorielle Struktur des Verfahrens sehr stabil ist, die Schwierigkeiten der Fragebogenitems insgesamt zutreffend geschätzt wurden und die Skaleninterkorrelationen im großen und ganzen bestätigt werden konnten. Kritisch wird dies von anderer Seite diskutiert (z. B. Langeheine & Andresen, 1980; Rick & Riedrich, 1979; Rost & Haferkamp, 1979).

7.4 Normen: Der AFS ist an einer hinsichtlich Alter (9 bis 16/17 Jahre), Geschlecht, Schultyp und Ortsgröße hinreichend repräsentativen Stichprobe von N = 2374 Schülerinnen und Schülern aus Norddeutschland geeicht worden.

Da sich hinsichtlich der genannten Merkmale keine bedeutsamen Unterschiede ergeben haben, beziehen sich die Normtabellen (Rohwertumrechnungstabellen für Prozentrang-und T-Werte, letztere nach Flächentransformation) auf die ganze Eichstichprobe.

Für Roh- und T-Werte stehen zusätzlich Tabellen zur Bestimmung der Vertrauensintervalle sowie der kritischen Differenzen (jeweils für p kleiner als .05) zur Verfügung. Darstellung der Ergebnisse als Angstprofil werden verdeutlicht.

Für die Auswertung der Einschätzskalen der Lehrer stehen außer der Angabe jeweils niedriger, mittlerer und hoher Skalenwerte (PA, MA und SU) keine weiteren Normen zur Verfügung.

8. Literatur

Koblitz, J. & Wenzel, G. (1988). Entwicklung und Evaluation einer audio-visuellen Präsentationsform von Items zur Erfassung von Prüfungsangst. *Empirische Pädagogik, 12,* 315–333.

Langeheine, R. & Andresen, N. (1980). Strukturelle Stabilität des AFS. *Zeitschrift für empirische Pädagogik, 4,* 203–212.

Rick, H. & Riedrich, F.W. (1979). Faktorielle Struktur der Neurotizismusskalen (in den HANES KJ) und der Angstskalen (im AFS) bei verhaltensauffälligen Kindern. *Praxis der Kinderpsychologie und Kinderpsychiatrie, 28,* 59–61.

Rost, D.H. & Haferkamp, W. (1979). Zur Brauchbarkeit des AFS (Angstfragebogen für Schüler). Eine empirische Analyse und eine vergleichende Darstellung vorliegender Untersuchungen. *Zeitschrift für empirische Pädagogik, 3,* 183–210.

Bearbeiterin: Petra Warschburger

Anstrengungsvermeidungstest (AVT)

B. Rollett und M. Bartram
Göttingen: Hogrefe, 3., überarbeite Auflage 1998

1. Testart Persönlichkeits-Struktur-Test

2. Testmaterial Handanweisung, Testheft, Auswertungsschablone, Verhaltenskontrakt (Kopiervorlage).

3. Testgliederung Der Fragebogen (insgesamt 41 Items mit jeweils zwei Antwortalternativen) enthält zwei Rasch-homogene Skalen (1. Anstrengungsvermeidungsskala mit 20 Items und 2. Pflichteiferskala mit 10 Items) und 11 weitere nicht-Rasch-homogene Items, die für die Therapie relevante Informationen liefern.

4. Grundkonzept Nicht allein die intellektuelle Leistungsfähigkeit eines Schülers, sondern auch seine Leistungsbereitschaft bestimmten seinen Schulerfolg. Zur Beschreibung der Antriebsstruktur wenig Leistungsmotivierter wurde das Konzept der Leistungsmotivation um das Konstrukt „Anstrengungsvermeidungstendenz" erweitert. Es handelt sich hierbei um die Tendenz, sich den mit dem Leistungseinsatz in bestimmten Tätigkeitsfeldern verbundenen Leistungsanforderungen, die als negativ erlebt werden, aktiv zu entziehen oder auch Probleme ökonomisch zu lösen. Zusammenhänge mit dem Erziehungsverhalten werden diskutiert. Mit dem AVT wurde ein Verfahren entwickelt, das die Tendenz, auf Leistungsanforderungen hauptsächlich in erster Weise zu reagieren, mißt. Entstanden ist es aus einer Sammlung von Ausreden, die Schüler gebrauchten, um sich vor Anforderungen zu drücken. Ausführliche Hinweise zur therapeutischen Intervention bei ungünstigen Anstrengungsvermeidungsverhalten schließen sich an.

2.1

5. Durchführung **5.1 Alter:** 5. bis 9. Klassen von Haupt- und weiterführenden Schulen.

5.2 Formen: Als Einzel- und Gruppentest anwendbar. Computergestützte Fassung im Hogrefe-Testsystem.

5.3 Handhabung: Die Testhefte werden den Probanden ausgeteilt und die Instruktionen auf dem Deckblatt verlesen. Eine Diskussion über die Zielsetzung des Verfahrens muß dabei unterbleiben. Wenn alle Schüler die Beispiele verstanden haben, bearbeiten sie den Text ohne weitere Kontrolle des Lehrers.

5.4 Zeit: Es ist keine Zeitbegrenzung vorgegeben, insgesamt erfordert der Test ca. 15 bis 20 Minuten Durchführungszeit.

6. Auswertung **6.1 Modus:** Mit Hilfe einer Schablone werden für jede der beiden Skalen die

Rohwertsummen durch Aufaddieren der „Stimmt"-Antworten bestimmt und auf der Rückseite des Antwortbogens eingetragen. In dieser Auswertung gehen die nicht-Rasch-homogenisierten Items nicht mit ein. Diese sind separat aufgeführt. Werden einzelne dieser Items mit „stimmt" beantwortet, weisen Seitenangaben auf Interpretationhinweise für diese Items hin. Die Rohwerte der beiden Skalen können dann in Prozentränge und Standardwerte umgewandelt werden. Ausführliche Interpretationshinweise werden gegeben.

6.2 Zeit: Keine Angaben.

7. Gütekriterien

7.1 Objektivität: Die genaue Durchführungsanweisung und die Auswertung über Schablonen sichern die Objektivität des Verfahrens. Interpretationshilfen werden gegeben.

7.2 Reliabilität: Itemanalyse für die Rasch-homogenen Items: Die Schwierigkeitskoeffizienten liegen je nach Items zwischen p = .15 und .83. Die Trennschärfekoeffizienten liegen zwischen r = .36 und .55. Der Mittelwert der AV-Skala liegt bei 6.73 mit einer Streuung von 3.76; der Mittelwert der P-Skala liegt bei 6.89 mit einer Streuung von 3.11. Die Itemanalyse für die Nicht-Rasch-homogenen-Items ergaben folgende Kennwerte: Die Schwierigkeitsindizes liegen je nach Item und Klassenstufe zwischen .18 und .91. Die Reliabilitätskoeffizienten liegen für die AV-Skala bei .80 und für die P-Skala bei .69.

7.3 Validität: Korrelationen zwischen dem AVT und Lerntests liegen zwischen –.32 und –.43. Sie zeigen, daß das Anstrengungsvermeidungsverhalten neben der Intelligenz zu den wichtigsten Bedingungen der schulischen Leistung gehört (schrittweise Regression).
Korrelation zwischen dem AVT und Schulnoten ist signifikant und liegen zwischen r = .22 und .32. Erwartungsgemäß zeigen sich negative Korrelationen der AV-Skala mit der Leistungsmotivation (r = .33) und geringe mit der Intelligenz.
Der AVT korreliert mit elterlicher Strenge mit Werten zwischen r = .22 und .38.

7.4 Normen: Die Normierung wurde an 3093 Schülern des 5. bis 9. Schuljahres aller Schultypen aus der gesamten Bundesrepublik durchgeführt. Da sich Unterschiede bezüglich der Haupt- und weiterführenden Schulen und des Geschlechts zeigten, wurden getrennte Normen erstellt. Es sind Prozentrangwerte und Standardwerte angegeben.

Bearbeiterin: Petra Warschburger

Attributionsstil-Fragebogen für Kinder und Jugendliche (ASF-KJ)

J. Stiensmeier-Pelster, M. Schürmann, C. Eckert und A. Pelster
Göttingen: Hogrefe, 1994

1. Testart Persönlichkeits-Struktur-Test

2. Testmaterial Testmappe mit Handanweisung (DIN A4, 38 Seiten), 2 Fragebogen, 2 Auswertungsbogen; zusätzlich: Schreibmaterial und bei Gruppentestung ggf. Wandtafel.

3. Testgliederung Der ASF-KJ ist ein Selbstbeurteilungsfragebogen zur Erfassung des Attributionsstils. Der Fragebogen enthält 16 kurze, für Kinder und Jugendliche relevante Situationsschilderungen aus dem Schul- und Freizeitbereich. Die 16 Kurzbeschreibungen umfassen je vier leistungsbezogene und sozial relevante bzw. anschlußthematische Situationen. Jede dieser Situationen ist an unterschiedlichen Stellen des Fragebogens mit einem negativen und einem positiven Ausgang formuliert (z. B. „Stell Dir vor, Du schreibst ein besonders gutes Diktat." vs. „Stell Dir vor, Du schreibst ein besonders schlechtes Diktat."). Die Probanden sollen sich in die Situationen hineinversetzen, sich mögliche Ursachen für die Ereignisse überlegen und den für sie persönlich wichtigsten Grund aufschreiben. Danach sollen die Probanden diesen Hauptgrund auf den drei Dimensionen Lokation bzw. Internalität (internal vs. external), Stabilität (zeitlich stabil vs. instabil) und Globalität (global vs. spezifisch) nach einem vierstufigen Rating beurteilen.

2.1

4. Grundkonzept Die Autoren sehen den Einsatz des ASF-KJ in der klinischen Forschung und Praxis zur Aufklärung der Entstehung und Aufrechterhaltung depressiver Störungen, zur Evaluation kognitiver Interventionsmaßnahmen sowie zur Identifizierung dysfunktionaler Kognitionsmuster, die depressions-präventive Maßnahmen erforderlich scheinen lassen. Im pädagogischen Bereich bietet sich die Anwendung des ASF-KJ zur Abklärung der Ursachen von Motivationsmangel und Leistungsdefiziten an.

Das theoretische Konzept des ASF-KJ basiert auf der reformulierten Theorie der erlernten Hilflosigkeit von Abramson, Seligman und Teasdale (1978). Nach dieser Theorie zeigen depressive oder zur Depression neigende Menschen die Tendenz, negative Erfahrungen und Erlebnisse internal (auf die eigene Person bezogen), stabil (zeitlich andauernd) und global (umfassend und situationsübergreifend) zu erklären. Dieses Attributionsmuster wird auch bei Kindern und Jugendlichen als ein Risiko bei der Genese und Aufrechterhaltung depressiver Störungen erachtet. Vor allem bei der Konfrontation mit persönlich bedeutsamen, belastenden Lebensereignissen erhöht diese Art der Ursachenzuschreibung nach Abramson, Metalsky und Alloy (1989) die Wahrscheinlichkeit von Hoffnungslosigkeit. Diese umfaßt die Erwartung zukünftiger negativer Ereignisse sowie die Überzeugung, das Auftreten diese Ereignisse nicht beeinflussen zu können. Hoffnungslosigkeit kann eine zentrale Bedingung für die Herausbildung von Depression sein.

5. Durchführung

5.1 Alter: 8 bis 16 Jahre.

5.2 Formen: Einzel- und Gruppentest.

5.3 Handhabung: Anhand einer vorangestellten Anleitung und zweier Beispielsituationen wird die Bearbeitung des Fragebogens zunächst gemeinsam eingeübt. Auch während der gesamten Befragung sollte der Testleiter zur Klärung von Fragen zur Verfügung stehen und für die vollständige Bearbeitung des Fragebogens Sorge tragen.

5.4 Zeit: Je nach Alter und Entwicklungsstand 30 bis 45 Minuten inkl. Instruktion und Erläuterungen.

6. Auswertung

6.1 Modus: Die Auswertung erfolgt anhand von Formblättern. Es werden jeweils für positive und negative Situationen drei Rohwerte zur Internalität, Stabilität und Globalität durch Aufsummieren der einzelnen Antworten bestimmt. Diese Rohwerte können in Normwerte transformiert werden.

6.2 Zeit: Keine Angaben (ca. 5 Minuten).

7. Gütekriterien

7.1 Objektivität: Durchführung und Auswertung sind bei formaler Anwendung objektiv.

7.2 Reliabilität: Die statistischen Kennwerte des ASF-KJ sind in zwei Studien mit Schülerinnen und Schülern unterschiedlicher Schulformen bestimmt worden (N = 854 bzw. N = 618). Die Konsistenzkoeffizienten der Dimensionen Stabilität und Globalität liegen zwischen .72 und .81, die der Dimension Internalität zwischen .52 und .57. Die Retest-Reliabilität liegt für einen Zwischenraum von vier Wochen zwischen .49 und .65.

7.3 Validität: Die Interkorrelationen zwischen den Internalitätsdimensionen und den Dimensionen Stabilität und Globalität liegen im Bereich von .10 bis .28. Zwischen den Stabilitäts- und Globalitätsdimensionen zeigen sich höhere Interkorrelationen mit Werten zwischen .64 und .70.
Hinsichtlich der Konstruktvalidität zeigen sich überwiegend signifikante, aber eher niedrige Korrelationen des ASF-KJ mit Selbstbeurteilungen der eigenen Fähigkeiten, der Depressionsschwere und des Selbstwertgefühls (.13 bis .28). In einer weiteren Querschnittsanalyse konnte entsprechend der zugrundeliegenden Diathese-Streß-Annahme nur bei Kindern, die in den letzten vier Wochen einer vergleichsweise hohen Streßbelastung ausgesetzt waren, ein Zusammenhang zwischen der Depressionsschwere und einem stabileren und globaleren Attributionsstil festgestellt werden.
Die Validierung des ASF-KJ erfolgte lediglich an Schulstichproben. Hinweise zur klinischen Relevanz der dabei erfaßten Depressionssymptomatik sowie Studien an klinischen Stichproben liegen nicht vor. Daher bleibt unklar, ob die erfaßten Attributionsdimensionen auf depressive Störungen im klinischen Sinne und auf eine Behandlungsbedürftigkeit hindeuten.

7.4 Normen: Die Normierung des ASF-KJ erfolgte an einer Stichprobe von

N = 1577, die aus drei unterschiedlichen Studien zusammengefaßt wurde. In den Normtabellen werden Prozentrang- und T-Werte angegeben.
Die Normierung umfaßt einheitlich beide Geschlechter sowie alle relevanten Altersstufen. Angesichts der massiven kognitiven Entwicklung im Altersbereich zwischen 8 und 16 Jahren sowie den zu erwartenden Geschlechtsunterschieden, die gerade bei depressionsspezifischen Kognitionen im Kindes- und Jugendalter, wie dem Attributionsstil, immer wieder diskutiert werden (vgl. z. B. Cicchetti & Toth, 1998; Gotlib & Sommerfeld, 1999; Groen & Petermann, 1998) erscheint hier eine stärkere Differenzierung wünschenswert. Auch die Testautoren konnten bei der Eichung des ASF-KJ gewisse Alters- und Geschlechtseffekte feststellen, die aber aufgrund ihrer geringen Stärke sowie der für eine weitere Alters- und Geschlechtsdifferenzierung zu geringen Größe der Normierungsstichprobe unberücksichtigt blieben.

8. Literatur

Abramson, L.Y., Metalsky, G.I. & Alloy, L.B. (1989). Hopelessness depression: A theory-based subtype of depression. *Psychological Review, 96,* 358–372.

Abramson, L.Y., Seligman, M.E.P. & Teasdale, J.D. (1978). Learned helplessness in humans: Critique and reformulation. *Journal of Abnormal Psychology, 87,* 49–74.

Cicchetti, D. & Toth, S.L. (1998). The development of depression in children and adolescents. *American Psychologist, 53,* 221–241.

Gotlib, I.H. & Sommerfeld, B.K. (1999). Cognitive functioning in depressed children and adolescents: A developmental perspective. In C.A. Essau & F. Petermann (Eds.), *Depressive disorders in children and adolescents: Epidemiology, risk factors, and treatments* (pp. 195–236). Northvale: Aronson.

Groen, G. & Petermann, F. (1998). Depression. In F. Petermann, M. Kusch & K. Niebank (Hrsg.), *Entwicklungspsychopathologie: Ein Lehrbuch* (S. 327–361). Weinheim: Psychologie Verlags Union.

Verfasser: Gunter Groen

Aussagen-Liste zum Selbstwertgefühl für Kinder und Jugendliche (ALS)

T. Schauder
Hrsg.: R.S. Jäger und F. Petermann
Göttingen: Beltz Test GmbH, 2. Auflage 1996

1. Testart Persönlichkeits-Struktur-Test

2. Testmaterial Testmappe mit Handanweisung (DIN A4, 63 Seiten), je ein Fragebogen H (Heim) und F (Familie), ein Ergebnisfragebogen, Auswertungsschablone; zusätzlich: Schreibgerät.

3. Testgliederung Die ALS dient der Erfassung des Selbstwertgefühls in bezug auf unterschiedliche Situationen und Lebensumwelten. Der Fragebogen beinhaltet 18 werthaltige Beschreibungen bzw. Aussagen aus dem Alltag von Kindern und Jugendlichen. Jeweils neun dieser Beschreibungen sind positiv (z. B. „Ich fühle mich wohl.") bzw. negativ (z. B. „Ich bin ein Versager.") formuliert. Die ALS differenziert zwischen den drei Lebens- und Verhaltensbereichen Schule, Freizeit und Familie (Version F für in der Familie aufwachsende Kinder) bzw. Schule, Freizeit und Heim (Version H für Heimkinder). Für die Version H kann ergänzend der Bereich Familie hinzugenommen werden. Die einzelnen Aussagen werden, inhaltlich gleich formuliert, nebeneinander für die einzelnen Verhaltensbereiche dargeboten. Zur Beurteilung der einzelnen Beschreibungen kann der Proband zwischen fünf Antworten auf einer Skala von — = „Deutliches Nein, stimmt überhaupt nicht! Aussage trifft überhaupt nicht auf mich zu!" bis ++ = „Deutliches Ja, stimmt ganz genau! Aussage trifft ganz genau auf mich zu!" wählen.

4. Grundkonzept Die ALS erfaßt das Selbstwertgefühl „als die affektive Komponente des Selbst". Das Selbst wird dabei „als eine multiple, mit der sozialen Umwelt interaktiv verbundene relativ stabile, jedoch dynamische Organisation" verstanden, die in Abhängigkeit von verschiedenen Situationen variiert. Es wird davon ausgegangen, daß das Selbstkonzept „im Sinne einer subjektiven Theorie über die eigene Person" den individueller Bezugsrahmen darstellt, an dem sich Denken, Fühlen und Verhalten einer Person orientieren.
Bei der Konzeption der Items und Skalen der ALS wurde die Situationsspezifität und die altersabhängige Ausdifferenzierung des Selbstwertgefühls berücksichtigt. Die gewählten Verhaltensbereiche umfassen altersrelevante Sozialisationsinstanzen. Weiterhin wurde beachtet, daß der Prozeß der Selbstbewertung bei Kindern und Jugendlichen hauptsächlich über Vergleiche mit bedeutenden anderen Personen (z. B. Eltern, Freunde, Geschwister oder Lehrer) und über den Vergleich von Ideal- und Realkonzept geschieht.

Eine positive Selbstbewertung geht dabei mit den Gefühlszuständen Wohlfühlen, Wertvollfühlen, Zufriedenheit und Fröhlichkeit sowie mit geringen oder keinen Versagensängsten einher.
Der Einsatzbereich der ALS umfaßt nach Angaben des Autors praktisch-angewandte Fragestellungen, wie z. B. die Klärung individueller Problemschwerpunkte in unterschiedlichen Settings (z. B. Schulen, Beratungsstellen, Heimen, Kliniken) sowie Bereiche der wissenschaftlichen Forschung, wie die Beschreibung intraindividueller Entwicklungsverläufe oder der Vergleich interindividueller Unterschiede.

5. Durchführung

5.1 Alter: 8;00 bis 15;11 Jahre.

5.2 Formen: Einzel- und Gruppentest, Computerversion im Hogrefe-Testsystem.

5.3 Handhabung: Vor der Bearbeitung des Fragebogens liest der Testleiter die auf der Deckseite des Testbogens vorangestellte Instruktion vor, die auch von den Probanden mitgelesen werden soll. Mögliche Fragen sollen geklärt werden. Bei leseschwachen Kindern empfiehlt sich die gemeinsame Bearbeitung durch Testleiter und Proband.

5.4 Zeit: Je nach Alter und Entwicklungsstand zwischen 15 bis 30 Minuten.

6. Auswertung

6.1 Modus: Die Auswertung kann mit Hilfe von Schablone und Ergebnisbogen oder mit einem Computerprogramm erfolgen. Entsprechend der fünfstufigen Antwortskala und in Abhängigkeit davon, ob es sich um eine positive oder negative Selbstwertaussage handelt, werden den Einschätzungen der Probanden Punkte von –2 bis + 2 zugeordnet. Durch Aufsummierung der einzelnen Punkte werden für die einzelnen Verhaltensbereiche spezifische Rohwerte ermittelt, die wiederum zu einem generellen Rohwert aufsummiert werden können. Zusätzlich wird die Zahl der Unentschiedenantworten (Weder-noch-Bewertungen) ausgezählt. Eine zu hohe Zahl entsprechender Antworten beeinträchtigt die angemessene Beurteilung des Selbstwertgefühls. Die einzelnen Rohwerte können in Normwerte transformiert werden.
Im Rahmen der Schablonen- und Computerauswertung besteht die Möglichkeit zu überprüfen, ob der Proband den Fragebogen verstanden bzw. diesen gewissenhaft bearbeitet hat. Dies erfolgt durch die Identifizierung widersprüchlicher Angaben.
Zusätzlich zum Vergleich mit angegebenen Normwerten können über einen intraindividuellen Vergleich der drei verschiedenen Verhaltensbereiche individuelle Problemschwerpunkte festgestellt werden. Ein Diagrammraster auf dem Ergebnisbogen ermöglicht die grafische Darstellung der Ergebnisse.

6.2 Zeit: Keine Angaben (ca. 10 Minuten).

7. Gütekriterien

7.1 Objektivität: Durchführung und Auswertung sind bei formaler Anwendung objektiv. Die Interpretationsobjektivität ist durch ausführliche Angaben des Autors gegeben.

7.2 Reliabilität: Die Retest-Reliabilität wurde an einer Gruppe von Heim- und Familienkindern für eine nochmalige Bearbeitung der ALS nach ca. 3 bis 4 Wochen ermittelt und liegt je nach Version und Skala (Schule, Freizeit, Heim/Familie und Gesamt) zwischen .71 und .88.
Die Werte der internen Konsistenz (ermittelt an der gesamten Normierungs-

stichprobe anhand der Gulliksen-Formel) bewegen sich im Bereich von .81 bis .84.

Die Interkorrelationen der Bereichswerte für die Version H (inkl. Bereich Familie) liegen zwischen .36 und .66 und für die Version F zwischen .61 und .66. Die Korrelationen des Gesamtwertes mit den Bereichswerten liegen für die Version H zwischen .45 und .88, für die Version F zwischen .86 und .87.

7.3 Validität: Die Überprüfung der Übereinstimmungsvalidität erfolgte an einer Stichprobe von 85 Heimkindern, indem die Testergebnisse mit den Einschätzungen betreuender Erzieher und Psychologen verglichen wurden. Demnach erfüllt der Fragebogen die Kriterien der Übereinstimmungsvalidität. Mit Hilfe eines Expertenratings (16 Diplompsychologen) konnte die inhaltliche Validität des Fragebogens demonstriert werden. Das genaue Vorgehen dieser Validitätsprüfungen sowie einzelne Ergebnisse bzw. Kennwerte werden jedoch nicht genannt.

Die Konstruktvalidität der ALS wurde unter Verwendung der Korrelationsmethode überprüft. Berechnungen liegen für die Bereiche Geschlecht, Alter, Intelligenz, Angst, Schulleistung, Einstellung zur Schule sowie soziale Erwünschtheit vor.

Hinsichtlich des Alters und des Geschlechts konnten in Abhängigkeit von Version oder Verhaltensbereich zum Teil leichte Effekte festgestellt werden. Zwischen der mit Hilfe des HAWIK (Bondy, 1966) erfaßten Intelligenz und den ALS-Ergebnissen zeigten sich in einer Untersuchung mit Heimkindern keine Zusammenhänge. Zwischen Selbstwertgefühl und Angstwerten, die mit dem AFS (Wieczerkowski et al., 1980) an Heim- und Familienkinder erhoben wurden, zeigten sich signifikante Korrelationen: Je niedriger das eigene Selbstwertgefühl eingeschätzt wurde, desto stärker war die geäußerte Prüfungs- und manifeste Angst. Zusammenhänge zwischen ALS-Werten und Schulnoten konnten nur sehr bedingt festgestellt werden und nur in der Richtung, daß ein in bestimmten Bereichen höher eingeschätztes Selbstwertgefühl in einigen Fächern mit schlechteren Schulnoten einherging. Es zeigte sich weiterhin ein Zusammenhang zwischen ALS-Werten und Schulunlust sowie sozialer Erwünschtheit (ebenfalls erfaßt mit dem AFS): Je höher das Selbstwertgefühl, desto geringere Schulunlust und desto stärkere soziale Erwünschtheit wurden geäußert.

In einer weiteren Untersuchung mit der ALS konnte an einer Stichprobe von 42 Heimkindern festgestellt werden, daß diejenigen Kinder mit einem geringen schul- und freizeitbezogenen Selbstwertgefühl am meisten von einem computergestützten Rechtschreibetraining profitierten. In einer anderen Studie mit drei verhaltensauffälligen Heimkindern, mit denen das „Training mit sozial unsicheren Kindern“ von Petermann und Petermann (2000) durchgeführt wurde, erwiesen sich die zu mehreren Zeitpunkten erhobenen ALS-Werte als guter Indikator für die Notwendigkeit sowie die Effektivität dieser Trainingsmaßnahme.

7.4 Normen: Es werden in Abhängigkeit von Geschlecht, Alter (Zwei-Jahres-Abstufungen) sowie Lebensumfeld (Familie oder Heim) bereichsspezifische Mittelwerte und Standardabweichungen sowie Prozentrangnormen angegeben. Zusätzlich ermöglichen sog. Interpretationstabellen die Zuordnung der individuellen Testergebnisse in fünf „Selbstwertklassen“ (von — = „extrem negatives“ bis ++ = „extrem positives Selbstwertgefühl“).

Die Normierung der ALS erfolgte an Stichproben von 813 Heimkindern (aus Heimen für verhaltensgestörte Jugendliche) und 520 Familienkindern (aus unterschiedlichen Schulen). Die Größe der Stichproben für alters- und geschlechtsspezifische Normen liegt zwischen 32 (Prozentrangnormen Heimkinder, Jungen, 14;00 bis 15;11) und 183 (Interpretationstabelle und Mittelwerte, Heimkinder: Jungen, 8;00 bis 9;11).

8. Literatur

Bondy, C. (Hrsg.) (1966). *Hamburg-Wechsler Intelligenztest für Kinder (HAWIK).* Bern: Huber.

Petermann, U. & Petermann, F. (2000). *Training mit sozial unsicheren Kindern* (7., völlig veränder. Aufl.). Weinheim: Psychologie Verlags Union.

Wieczerkowski, W., Nickel, H., Janowski, A., Fittkau, B. & Rauer, W. (1980). *Angstfragebogen für Schüler (AFS).* Göttingen: Hogrefe.

Bearbeiter: Gunter Groen

Bilder-Angst-Test für Bewegungssituationen (BAT)

K. Bös und H. Mechling
Göttingen: Hogrefe, 1985

1. Testart Persönlichkeits-Struktur-Test

2. Testmaterial Handanweisung, Testheft (13 Bilder), Antwortbogen; zusätzlich: Schreibgerät.

3. Testgliederung Der Bildertest beinhaltet zwei Subskalen: Sporthallensituationen (SH: 6 Bilder) und Schwimmsituationen (SW: 7 Bilder). Zu jedem Bild gibt es fünf Antwortmöglichkeiten, von denen jeweils eine anzukreuzen ist.

4. Grundkonzept Der einfach zu handhabende Bilder-Angst-Test für Bewegungssituationen dient der Erfassung von Selbsteinschätzungen bei angstinduzierenden Bewegungshandlungen. Die Autoren bezeichnen Angst als „eine kognitive, emotionale und körperliche Reaktion auf Gefahrensituationen bzw. auf die Erwartung einer Gefahren- oder Bedrohungssituation" (S. 19). Sie gehen davon aus, daß zwischen motorischer Ängstlichkeit, Bewegungserfahrung und motorischem Fertigkeitsniveau ein Beziehungsgefüge besteht.
Der BAT kann zu diagnostischen Zwecken in Lehr- und Lernsituationen, in Trainingssituationen, im therapeutischen Bereich und für Forschungszwecke angewendet werden. Basierend auf den Testergebnissen können Interventionsstrategien entwickelt werden, die dem Angstabbau beim Bewegungslernen und bei der Bewältigung angstinduzierender Bewegungsaufgaben dienen.

5. Durchführung **5.1 Alter:** Jungen und Mädchen im Alter von 9 bis 11 Jahren.

5.2 Formen: Der BAT kann als Gruppen- oder Einzeltest verwendet werden, wobei für beide Einsatzformen die gleichen Testmaterialien und Testanweisungen gelten. Es liegt eine computergestützte Fassung im Hogrefe-Testsystem vor.

5.3 Handhabung: Jedes Kind erhält eine Bildermappe und einen Antwortbogen. Die Testdurchführung wird mit Hilfe einer vorgeschriebenen Instruktion und eines Beispielitems erklärt. Es liegt keine Zeitbeschränkung vor.

5.4 Zeit: Die Durchführungsdauer beträgt ca. 15 Minuten.

6. Auswertung **6.1 Modus:** Für die beiden Subskalen SH und SW werden jeweils die Testrohwerte aus der Summe der Antwortreaktionen ermittelt. Mit Hilfe von Normierungstabellen können die Rohwerte in T-Werte bzw. Prozentränge transformiert werden.

6.2 Zeit: Keine Angaben.

7. Gütekriterien

7.1 Objektivität: Durchführung, Auswertung und Interpretation können als objektiv bezeichnet werden.

7.2 Reliabilität: Für den Gesamttest liegt eine Spearman-Brown-Korrelation von r = .91 vor. Des weiteren wird eine Retest-Reliabilität (Intervall 14 Tage) mit Versuchsleiterwechsel der Skalen Sporthallensituation (SH) und Schwimmsituation (SW) angegeben, die anhand einer Teilstichprobe von N = 20 Jungen und N = 18 Mädchen durchgeführt wurde. Ergebnisse Jungen: SH: .73; SW: .88; Ergebnisse Mädchen: SH: .89; SW: .84.

7.3 Validität: Zur Kriteriums- wie auch zur Konstruktvalidität liegt eine Vielzahl an Untersuchungen und Gruppenvergleichen vor. Die korrelationsstatistischen Befunde basieren auf N = 300 Jungen.
Kriteriumsvalidität:
- Psychologische Leistungstest wie der CFT 2 und d2 sind mit dem BAT unkorreliert. Signifikante Korrelationen der Skalen SH und SW liegen vor mit der über alle Klassen gemittelten Lehrereinschätzung zur Ängstlichkeit der Schüler im Sportunterricht. Sie sind jedoch unkorreliert mit dem Kinder-Angst-Test (KAT) und den Dimensionen „Furcht vor Mißerfolg" (FM1 und FM2) aus dem Leistungsmotivationsgitter von Schmalt (1976).
- Vergleiche des BAT mit sportmotorischen Untersuchungen zeigen signifikante Korrelationen. Die höchsten Korrelationen erzielen die Ängstlichkeitsskalen mit dem Heidelberger Geschicklichkeitstest (HGT; Mechling & Rieder, 1977) und dem Herzberg-Selbstwähltest(Herzberg, 1968).

Konstruktvalidität:
Die Autoren gehen von der Hypothese aus, daß Zusammenhänge zwischen den sozialisationsabhängigen Variablen „Fertigkeitsniveau" und „Vorerfahrung" mit der Ausprägung des Angstniveaus, bei der Durchführung angstinduzierender Bewegungshandlungen bestehen.
Kinder, die im Vorschulalter Sport getrieben haben (Elternbefragung), erzielen in der Skala SW niedrigere Scores. (Es bestehen keine signifikanten Mittelwertunterschiede für die Skala SH.)
Die Untersuchung der Mittelwerte im BAT in Abhängigkeit von einer Mitgliedschaft im Sportverein ließ deutlich weniger Ängstlichkeitsreaktionen von Kindern mit Sportvereinzugehörigkeit erkennen als bei Nicht-Vereinsmitgliedern.
Eine weitere Befragung zeigte, daß Kinder, die „Indoor"-Aktivitäten vorziehen, hohe Ängstlichkeitsscores aufweisen im Vergleich zu Kindern, die „Outdoor"-Aktivitäten bevorzugen bzw. sich sportlich interessierten, jedoch nicht sportlich aktiv sind.
Korrelationsanalysen wurden zwischen den Bereichen
- Bewegungsängstlichkeit im BAT,
- motorische Vorerfahrung und
- motorisches Fertigkeitsniveau

gerechnet.

Alle folgend genannten paarweisen Beziehungen sind signifikant:
- Skalen des Bildertest und „Motorische Vorerfahrung" (.27)
- BAT und Sportnote/sport-motorische Tests (.50)
- motorische Vorerfahrung und motorisches Fertigkeitsniveau (.42)

7.4 Normen: Die getrennt nach Geschlecht und Subskala bestehenden Normen basieren auf 317 Jungen und 200 Mädchen im Alter von 9 bis 12 Jahren.

8. Literatur

Herzberg, P. (1968). Testbatterie zur Erfassung der motorischen Lernfähigkeit. *Theorie und Praxis der Körperkultur, 17,* 1066–1073.

Mechling, H. & Rieder, H. (1977). Ein Testverfahren zur Erfassung der grobmotorischen Bewegungsgeschicklichkeit im Sport bei 9–13jährigen Kindern. *Psychomotorik, 2,* 95–102.

Schmalt, H.-D. (1976). *LM-Gitter.* Göttingen.

Bearbeiter: Hans-Jörg Walter

Deutsche Personality Research Form (PRF)

H. Stumpf, A. Angleitner, Th. Wieck, D.N. Jackson und H. Beloch-Till
Göttingen: Hogrefe, 1985

1. Testart Persönlichkeits-Struktur-Test

2. Testmaterial Handanweisung, Fragebogen (zwei Parallelformen KA und KB), Auswertungsschablonen, Auswertungsblatt, Profilblatt; zusätzlich: Schreibgerät.

3. Testgliederung Die deutsche Form des PRF besteht aus 234 Items, die auf 14 Skalen Persönlichkeitsmerkmale erfassen. Eine Zusatzskala gibt Aufschluß über das Antwortverhalten eines Probanden.

4. Grundkonzept Der PRF ist ein multivariates Persönlichkeitsverfahren, das basierend auf der Persönlichkeitstheorie von Murray (1938) mit dem Ziel konstruiert wurde, „ eine umfassende, für den Alltag relevante Charakterisierung des Probanden in Termini gängiger normalpsychologischer Konzepte" zu erlauben. Dabei wird besonderer Wert auf verschiedene Aspekte des Leistungs- und Sozialverhaltens gelegt.
Die vorliegende deutsche Version des PRF wurde durch umfangreiche Äquivalenzprüfungen hinsichtlich Inhalt und Struktur möglichst weitgehend der amerikanischen Originalform von Jackson (1974) angepaßt.
Einige redundante Skalen der amerikanischen Version wurden herausgenommen, die vorliegende deutsche Version besteht aus den folgenden 14 Skalen mit jeweils 16 Items:

1. Achievement/Leistungsstreben (Ac)
2. Affiliation/Geselligkeit (Af)
3. Aggression/Aggressivität (Ag)
4. Dominance/Dominanzstreben (Do)
5. Endurance/Ausdauer (En)
6. Exhibition/Bedürfnis nach Beachtung (Ex)
7. Harm avoidance/Risikomeidung (Ha)
8. Impulsivity/Impulsivität (Im)
9. Nurturance/Hilfsbereitschaft (Nu)
10. Order/Ordnungsstreben (Or)
11. Play/Spielerische Grundhaltung (Pl)
12. Social Recognition/Soziales Anerkennungsbedürfnis (Sr)
13. Succorance/Anlehnungsbedürfnis (Su)
14. Understanding/Allgemeine Interessiertheit (Su)

Zusätzlich bilden 10 Items die Infrequenzskala (In), die den Nachweis einer instruktionsgetreuen und tendenzfreien Beantwortung erlaubt.
Eine Anwendung der PRF sollte nur dann erfolgen, wenn sich der Proband

2.1

von der Vermittlung eines unzutreffenden Eindrucks seiner Person keine Vorteile versprechen kann. Deshalb wird von den Autoren der Einsatz in Bewerbungs- und Personalauslesesituationen ausgeschlossen.
Als Anwendungsfelder werden der Einsatz als Forschungsinstrument, z. B. bei sozialpsychologischen und pädagogischen Fragestellungen, sowie der Einsatz in der psychologischen Praxis, z. B. als Instrument für die Eingangsuntersuchung oder Erfolgskontrolle, und auch die Anwendung in der Bildungs- und Berufsberatung angegeben.

5. Durchführung

5.1 Alter: Ab 17 Jahren.

5.2 Formen: Die PRF existiert in zwei Parallelformen. Sie kann als Einzel- und als Gruppentest (bis 50 Probanden) durchgeführt werden.

5.3 Handhabung: Nach Vorlesen der Instruktion durch den Testleiter (bei Einzeluntersuchungen und Verweis auf die Instruktion auf dem Fragebogendeckblatt) sollen die Probanden den Fragebogen „zügig, aber sorgfältig" bearbeiten. Die Items sind als Aussagen formuliert, die Probanden sollen für jede Aussage ankreuzen, ob sie auf sie zutrifft („richtig") oder nicht („falsch").

5.4 Zeit: Die Durchführung nimmt ca. 25 bis 30 Minuten in Anspruch.

6. Auswertung

6.1 Modus: Die Auswertung erfolgt anhand einer Auswertungsschablone, mit der zunächst der Infrequenzwert bestimmt wird, der eine Aussage über das Antwortverhalten des Probanden erlaubt. Bei einem Infrequenzwert über 3 empfehlen die Autoren, von einer Auswertung abzusehen. Mit Hilfe der Auswertungsschablone werden die Antworten in das Auswertungsblatt eingetragen. Auf diesem Auswertungsblatt erfolgt die Skalendifferenzierung. Jede Zeile des Blattes entspricht einer Skala. Für jede Zeile/Skala wird der Rohwert (Summenwert) errechnet und eingetragen. Für diesen Rohwert wird anhand der entsprechenden Normtabelle der Stanine-Wert ermittelt, der auf dem Profilblatt eingetragen wird.

6.2 Zeit: 10 bis 15 Minuten.

7. Gütekriterien

7.1 Objektivität: Der Test ist bezüglich Durchführung, Auswertung und Interpretation bei Beachtung der entsprechenden Hinweise objektiv.

7.2 Reliabilität: Reliabilitätsuntersuchungen wurden zur internen Konsistenz (Cronbachs Alpha bzw. Kuder-Richardson-20), als Retest- sowie als Paralleltest-Reliabilität durchgeführt. Für die interne Konsistenz ergaben sich Werte zwischen r = .66 und r = .86 (Form KA; N = 1086) und zwischen r = .66 und r = .87 (Form KB; N = 277). Die Retestreliabilität wurde an einer Stichprobe männlicher Erwachsener (N = 262) untersucht, die die PRF dreimal im Abstand von jeweils einem Jahr bearbeiteten. Es ergaben sich Werte zwischen r = .61 und r = .88, was für eine zufriedenstellende bis gute Stabilität der PRF spricht.
Im Hinblick auf die Paralleltestreliabilität, die an N = 281 (Form KA) bzw. N = 277 (Form KB) Soldaten erhoben wurde, sprechen die Autoren von einem befriedigenden Niveau von Vergleichbarkeit (r = .66 bis r = .87) der beiden Testformen.

7.3 Validität: Es wurden umfangreiche Untersuchungen zur faktoriellen, konvergenten und diskriminanten Validität bezüglich Fremd- und Selbsteinschätzungen sowie bezüglich anderer umfassender Persönlichkeitsinventare (16-PF, EPI, FPI) und bezüglich Fragebogen wie BIV, FAF, IPC, SAM, die auf enger umschriebene Merkmalsbereiche abzielen, durchgeführt. Die Ergebnisse sind in der Handanweisung (S. 49–79) dargestellt. Komplettiert werden die Validitätsuntersuchungen von einer Faking-Studie zur Verfälschbarkeit von PRF-Profilen durch tendenziöse Selbstdarstellung.

7.4 Normen: Auf der Grundlage einer großen Eichstichprobe (N = 4363) wurden Stanine-Werte für Männer und Frauen in jeweils vier Altersgruppen für die Form KA und für Männer in zwei Altersgruppen für die Form KB berechnet, die im Anhang tabellarisch aufgeführt sind.

8. Literatur

Jackson, D.N. (1974). *Manual for the Personality Research Form 2nd edition.* Goshen: Research Psychologists Press.
Murray, H.A. (1938). *Explorations in personality.* New York: Oxford University Press.
Haecker, H. (1997). Deutsche Personality Research Form (PRF). *Zeitschrift für Differentielle und Diagnostische Psychologie, 18,* 44–47.

Bearbeiterin: Brigitte Gottwald

Differentielles Leistungsangst Inventar (DAI)

D.H. Rost und F.J. Schermer
Frankfurt: Swets Test Services, 1997

1. Testart

Persönlichkeits-Struktur-Test

2. Testmaterial

Testmanual, Profilblatt und acht Testbogen, vier davon stellen die Kurzform (K: 96 Items), vier die Langform (L: 146 Items) dar. Zusätzlich benötigt man einen Stift zum Ausfüllen der Bogen.

3. Testgliederung

Die Items des DAI sind auf acht Bogen verteilt, vier stellen die Kurzform (K: 96 Items), vier die Langform (L: 146 Items) dar:
DAI-AUS: 3 Auslöseskalen (K: 24 Items; L: 30 Items) erfassen die Auslösebedingungen der Leistungsangst,

- DAI-MAN: 3 Manifestationsskalen (K: 24 Items; L: 37 Items) erfassen die Symptome, in denen die Leistungsangst manifest wird.
- DAI-COP: 4 Copingskalen (K: 32 Items; L: 53 Items) erfassen, wie mit der Leistungsangst umgegangen wird und welche Copingstrategien zur Angstverarbeitung eingesetzt werden.
- DAI-STAB: 2 Stabilisierungsskalen (K: 16 Items; L: 26 Items) erfassen, wie stark sich die Leistungsangst in der Person stabilisiert hat.

Während die Langform vornehmlich für Zwecke der Individualdiagnose vorgesehen ist, bietet sich die Kurzform für Forschungsprojekte an. Wegen der guten Reliabilitäten ist im Einzelfall auch die Vorgabe der Kurzform zur Individualdiagnostik vertretbar, insbesondere beim Einsatz als Screening-Verfahren. Für beide Formen wird vorausgesetzt, daß die Testdurchführung unter Aufsicht eines qualifizierten Testleiters erfolgt.

4. Grundkonzept

Die Autoren betonen, daß nur eine multifaktorielle Diagnostik der Komplexität des Phänomens „Leistungsängstlichkeit" gerecht wird. Daher ermöglicht der DAI die getrennte Erfassung von Auslösebedingungen der Angst, Angsterscheinungsweisen, Angstverarbeitung und Angststabilisierung. Der Untertest „Auslösebedingungen von Leistungsängstlichkeit" (DAI-AUS) enthält Items zu folgenden drei Skalen: „Repertoire-Unsicherheit", „Wissensbezogene Angstauslösung", „Sozialbezogene Angstauslösung". Der Bereich „Manifestationen von Leistungsängstlichkeit" (DAI-MAN) wird durch Items der folgenden drei Skalen abgebildet: „Physiologische Angstmanifestationen", „Emotionale Angstmanifestationen" und „Kognitive Angstmanifestationen". Der Untertest „Copingstrategien bei Leistungsängstlichkeit" (DAI-COP) bildet die vier Skalen „Gefahrenkontrolle durch produktives Arbeitsverhalten", „Situationskontrolle durch Vermeiden und Mogeln", „Angstkontrolle durch Relaxation und Antizipation" und „Angstunterdrückung durch

Ablenkung und Bagatellisierung“ ab. Der Bereich „Stabilisierungsformen von Leistungsängstlichkeit“ (DAI-STAB) wird durch Items der beiden Skalen „Externale Stabilisierung“ und „Internale Stabilisierung“ erfaßt.

5. Durchführung

5.1 Alter: Normen liegen für Schüler/innen der Jahrgangsstufen 8 bis 13 vor.

5.2 Formen: Einzel- und Gruppentest.

5.3 Handhabung: Der Proband benötigt lediglich die jeweiligen Testbogen und einen Stift zum Ankreuzen der Antworten. Für den Versuchsleiter sind die Instruktionen und das Verhalten während des Tests im Testmanual vorgegeben. Das Auswertungsmaterial besteht aus den Auswertungsschablonen, einem Profilblatt und den Normtabellen des Testhandbuchs. Es kann auch ein PC-Auswertungsprogramm benutzt werden.

5.4 Zeit: Die Bearbeitungszeit liegt für jeden der vier Bereiche bei maximal 15 Minuten, daraus ergibt sich eine Gesamtbearbeitungszeit von ca. einer Stunde.

6. Auswertung

6.1 Modus: Die Auswertung des DAI beginnt mit der Ermittlung der Rohwerte. Die Zugehörigkeit der Items zu den einzelnen Skalen ist ersichtlich. Alle zu einer Skala gehörenden Itemrohwerte werden aufaddiert. Dazu orientiert man sich an dem im Manual vorgegebenen Itemschlüssel oder benutzt die Auswertungsschablonen bzw. das zum Verfahren gehörende PC-Auswertungsprogramm. Die Rohwerte werden in Prozentränge (PR)-, T-Werte und normalisierte T(n)-Werte transformiert.

6.2 Zeit: Keine Angaben.

7. Gütekriterien

7.1 Objektivität: Aufgrund der standardisierten Durchführungs-, Auswertungs- und Interpretationsbedingungen kann dem DAI ein hohes Ausmaß an Objektivität zugesprochen werden.

7.2 Reliabilität: Für alle vier Bereiche des DAI werden getrennt jeweils Angaben zur Cronbach-Alpha-Reliabilität, zur Split-Half-Reliabilität nach Spearman-Brown (r) und zur Test-Retestreliabilität (r) tabellarisch im Manual aufgeführt. Es werden im folgenden die psychometrischen Kennwerte für die Langform des DAI dargestellt (Cronbachs Alpha/Split-Half/Retest/:

DAI-AUS:	.83 bis .90/.84 bis .93/.75 bis .88
DAI-MAN:	.75 bis .93/.77 bis .94/.67 bis .79
DAI-COP:	.79 bis .87/.68 bis .88/.63 bis .79
DAI-STAB:	.88 bis .92/.90 bis .93/.55 bis .78

Aufgrund der Höhe der Reliabilitätskoeffizienten kann der DAI als reliables Meßinstrument angesehen werden.

7.3 Validität: Es wurden für die vier verschiedenen Bereiche getrennte Faktorenanalysen (Hauptkomponentenanalyse, Varimaxrotation) durchgeführt. Die zugrunde gelegten Strukturen konnten für jeden der vier Bereiche eindrucksvoll nachgewiesen werden. Weiterhin zeigte sich bei einer bereichsübergreifenden Dimensionsanalyse (N = 902) aller 146 DAI-Items, daß die empirisch gewonnenen Komponenten den 12 zugrunde gelegten Subskalen des DAI nahezu völlig entsprachen. Somit kann die Konstruktvalidität des DAI als gesichert angesehen werden. Zur kriterienbezogenen Validierung des DAI wurde eine große Zahl konzeptverwandter (konvergente Gültigkeit) und konzeptferner (diskriminante Gültigkeit) Tests, Fragebogen und Informationen eingesetzt. Eine übersichtliche Darstellung der vielen verschiedenen eingesetzten Verfahren ist im Testmanual zu finden. Zusammenfassend bleibt festzuhalten, daß die kriterienbezogene Validität des DAI gegeben ist. Zur Analyse kulturspezifischer Differenzen bearbeiteten finnische Oberschüler (N = 524) und arabische Schüler (N = 424) denselben Itempool. In beiden ausländischen Stichproben zeigte sich eine klare Replikation der Dimensionen „Externale Stabilisierung" und „Internale Stabilisierung". Im Bereich „Copingstrategien" waren kulturspezifisch interpretierbare Abweichungen zu beobachten, die jedoch die prinzipielle Struktur des Bereiches „Copingstrategien" nicht in Frage stellen. Insgesamt kann dem DAI für den von ihm beanspruchten Geltungsbereich (8. bis 13. Klasse) eine fundierte Überprüfung der Gültigkeit bescheinigt werden.

7.4 Normen: Das DAI sieht für jede Skala folgende Normwerte vor: Prozentrang (PR) sowie T-Wert.
Insgesamt beruhen die Eichdaten auf einer Stichprobe von N = 3223 Schülern (Schülerinnen N = 1631, Schüler N = 1587, ohne Geschlechtsangabe N = 5) der 8. bis 13. gymnasialen Jahrgangsstufe. Die Normwerttabellen umfassen Angaben für die Gesamtgruppe der Schüler, getrennt für Jungen und für Mädchen. Bei einigen extrem hohen bzw. extrem niedrigen Skalenrohwerten fehlt in den Normtabellen eine entsprechende Eintragung, da in der Eichstichprobe diese Werte nicht vertreten waren. Beim Vorkommen solcher Rohwerte orientiere man sich an den ähnlichsten Rohwerten, um auf diesem Weg die Normwerte abzulesen. Als Interpretationshilfen sind im Anhang für alle Skalen Standardmeßfehler, Vertrauensbereiche für das 15%-, 10%- und 5%-Niveau sowie die jeweiligen kritischen Differenzen angegeben.

Verfasser: Janett Gaschok

Eigenschaftswörterliste (EWL)

W. Janke und G. Debus
Göttingen: Hogrefe, 1978

1. Testart Persönlichkeits-Struktur-Test

2. Testmaterial Handanweisung (DIN A4, 139 Seiten), Fragebogen N und K, Profilblätter N und K, Auswertungsblätter N und K, je eine Schablone N und K; zusätzlich: Schreibgeräte.

3. Testgliederung Die EWL besteht aus 161 (Form N) bzw. 123 (Form K) Items, die sich in sechs Bereiche und 15 Subskalen aufgliedern:

Bereich	**Subskala**		**Anzahl Items** N	K
Leistungsbezogene Aktivität	A	Aktiviertheit	19	11
	B	Konzentriertheit	6	–
Allgemeine Desaktivität	C	Desaktiviertheit	16	13
	D	Müdigkeit	7	7
	E	Benommenheit	9	5
Extraversion/Introversion	F	Extravertiertheit	9	7
	G	ntrovertiertheit	8	8
Allgemeines Wohlbehagen	H	Selbstsicherheit	8	8
	I	Gehobene Stimmung	16	11
Emotionale Gereiztheit	J	Erregtheit	15	15
	K	Empfindlichkeit	4	4
	L	Ärger	7	5
Angst	M	Ängstlichkeit	7	7
	N	Deprimiertheit	20	16
	O	Verträumtheit	10	6

4. Grundkonzept Das Verfahren ist, ähnlich wie die sehr viel kürzere Clyde Mood Scale (CMS, Clyde, 1958, 1963), primär zur Kontrolle pharmako-psychologischer Experimente konstruiert worden. Grundsätzlich soll die EWL darüber hinaus Zustandsveränderungen erfassen, die durch Interventionen verschiedener Art (z. B. Veränderungen von Umweltbedingungen: Lärm, Temperatur, Klima usw., therapeutische Maßnahmen, experimentelle Bedingungen mit motivational-emotionalen Auswirkungen) zustande kommen.
Mittlerweile gibt es zahlreiche Alternativen zur EWL. Als neuere Entwicklungen seien hier nur der „Mehrdimensionale Befindlichkeitsfragebogen" (Steyer et al., 1997) und der EMO 16 (Schmidt-Atzert & Hüppe, 1996) genannt.

5. Durchführung

5.1 Alter: Keine Angaben. Jugendliche und Erwachsene ab ca. 16 Jahren.

5.2 Formen: Die EWL liegt in einer Normalform (N) und in einer Kurzform (K) vor. Die Normalform wurde für gesunde Probanden entwickelt, die Kurzform für psychiatrische Patienten. Die beiden Versionen unterscheiden sich hinsichtlich der Anzahl der Items pro Subskala und in bezug auf die Anzahl der Subskalen. Die Subskala B (Konzentriertheit) fehlt in der Kurzform. Die Software-Abteilung der Testzentrale informiert über die computergestützte Fassung der EWL.

5.3 Handhabung: Die Testhefte enthalten Instruktionen, die im allgemeinen ausreichen und nicht vom Testleiter vorgelesen werden brauchen.

5.4 Zeit: Die Zeit, die bei erstmaliger Bearbeitung der EWL benötigt wird, reicht von 10 bis 30 Minuten.

6. Auswertung

6.1 Modus: Mit Hilfe einer Schablone, auf der die Skalenzuordnungen vermerkt sind, wird die Anzahl der Bejahungen pro Subskala ausgezählt. die Ergebnisse sind numerisch und graphisch (Einzelskalendarstellung, Profildarstellung) darstellbar.

6.2 Zeit: Keine Angaben.

7. Gütekriterien

7.1 Objektivität: Durchführung und Auswertung können als objektiv angesehen werden.

7.2 Reliabilität: Die Subskalen der Form N wurden an mehreren Stichproben bezüglich ihrer inneren Konsistenz nach Cronbachs Alpha und hinsichtlich ihrer Halbierungszuverlässigkeit, korrigiert nach Flanagen, untersucht. Die Kennwerte variieren. Hohe Reliabilitäten (r = .90) weisen demnach die Skalen A (Aktiviertheit), C (Desaktiviertheit), I (Gehobene Stimmung) und N (Deprimiertheit) auf. Zu den Skalen mit relativ geringer Zuverlässigkeit gehören K (Empfindlichkeit), L (Ärger) und M (Ängstlichkeit). Die an verschiedenen Stichproben gewonnenen Koeffizienten dieser Subskalen liegen – mit wenige Ausnahmen – unter r = .80. Testwiederholungen an kleinen Stichproben (N = 32) wurden nach kurzen Zeitintervallen und unter verschiedenen Bedingungen durchgeführt. Da aber die EWL aktuelle Befindlichkeiten messen soll, die durch Veränderung der Versuchsbedingungen beeinflußt werden, können die Retest-Koeffizienten nicht in gleicher Weise interpretiert werden wie bei solche Verfahren, die überdauernde Persönlichkeitsmerkmale erfassen sollen.

Entsprechende Reliabilitätsprüfungen werden auch für die Form K vorgelegt. Stichproben von Neurotikern, Schizophrenen, Depressiven, Alkoholikern u. a. (N = 21 bis 195) wurden einbezogen. Das Bild ist weniger einheitlich als das an „normalen" Stichproben erhobene Ergebnis der Zuverlässigkeitskontrollen (r = .30 bis .96).

Die Autoren bezeichnen die Retest-Koeffizienten der EWL-K-Subskalen mit der Ausnahme von Skala E und L – bei psychiatrischen Patienten als „erstaunlich hoch". Das zeige, „daß die Varianz zu Lasten der aktuellen Befindlichkeit von derjenigen zu Lasten relativ langfristiger krankheitsbedingter Befindlichkeit bei Patienten im Rahmen einer Therapie überdeckt werden könnte" (S. 33). Bei einem Retest nach vier Wochen streuen die Stabilitätskoeffizienten (N = 99 chronische Alkoholiker in stationärer Behandlung) beispielsweise von r = .18 (Skala E) bis r = .49 (Skala O).

7.3 Validität: Zur Bestimmung der Validität der EWL werden zahlreiche Untersuchungen mitgeteilt, darunter Faktorenanalysen und Korrelation mit anderen Variablen mit konvergenten und divergenten Gültigkeitsansprüchen. Außerdem werden experimentelle Befunde dargelegt, die hier aus Raumgründen nicht erwähnt werden können. Insgesamt liegen differenzierte Belege für die empirische Absicherung des Gültigkeitsanspruches vor.
Die EWL wird auch zur Überprüfung der Validität von neuen Verfahren herangezogen (SCL-90R, Franke, 1995; EMO 16, Schmidt-Atzert & Hüppe, 1996). Hierdurch wird natürlich auch die Validität der EWL selbst bestätigt.

7.4 Normen: „Eine Umrechnung der Skalen-Punktwerte in Normen ist nicht vorgesehen, weil Normentabellen für ein Verfahren wie die EWL nicht sinnvoll sind. Mittelwerte und Streuungen variieren in Abhängigkeit von Situationsbedingungen und Tageszeiten, so daß sie keinen normativen Charakter haben“ (S. 12). Im Abschnitt E der Handanweisung werden Mittelwerte, Streuungen, Mediane und Quartilwerte aufgelistet, die ggf. zur Interpretation von Ergebnissen herangezogen werden können, wenn Stichprobenart und Situationsbedingungen übereinstimmen.

8. Literatur

Clyde, D.J. (1958). *Clyde Mood Scale.* Bethesda: National Institute of Mental Health.
Clyde, D.J. (1963). *Clyde Mood Scale Manual.* Coral Gables: University of Miami, Biometrics Laboratory.
Franke, R. (1995). *SCL-90-R Symptom-Checkliste von Derogatis.* Göttingen: Hogrefe.
Steyer, R., Schwenkmezger, P., Notz, P. & Eid, M. (1997). *Der Mehrdimensionale Befindlichkeitsfragebogen (MDBF).* Göttingen: Hogrefe.
Schmidt-Atzert, L. & Hüppe, M. (1996). Emotionsskalen EMO 16. Ein Fragebogen zur Selbstbeschreibung des aktuellen emotionalen Gefühlszustandes. *Diagnostica, 42,* 242–267.

Bearbeiter: Jörg Kupfer

Erfassungsbogen für aggressives Verhalten in konkreten Situationen (EAS)

F. Petermann und U. Petermann

Göttingen: Hogrefe, 4., neunormierte Auflage 2000

1. Testart Persönlichkeits-Struktur-Test

2. Testmaterial Handanweisung (DIN A4, 32 Seiten); Testheft, EAS-M für Mädchen, EAS-J für Jungen (DIN A4, je 12 Seiten); Auswertungsbogen (EAS-M, EAS-J); EAS-C als computergestützte Version mit Erstellung des Reaktionsprofils.

3. Testgliederung Der Test ist ein situationsspezifisches Diagnoseinstrument und erfaßt vielfältige aggressive Handlungen. Jede Testform umfaßt insgesamt 22 konkrete Situationsschilderungen (Items), die gleichzeitig bebildert sind. Die Situa-

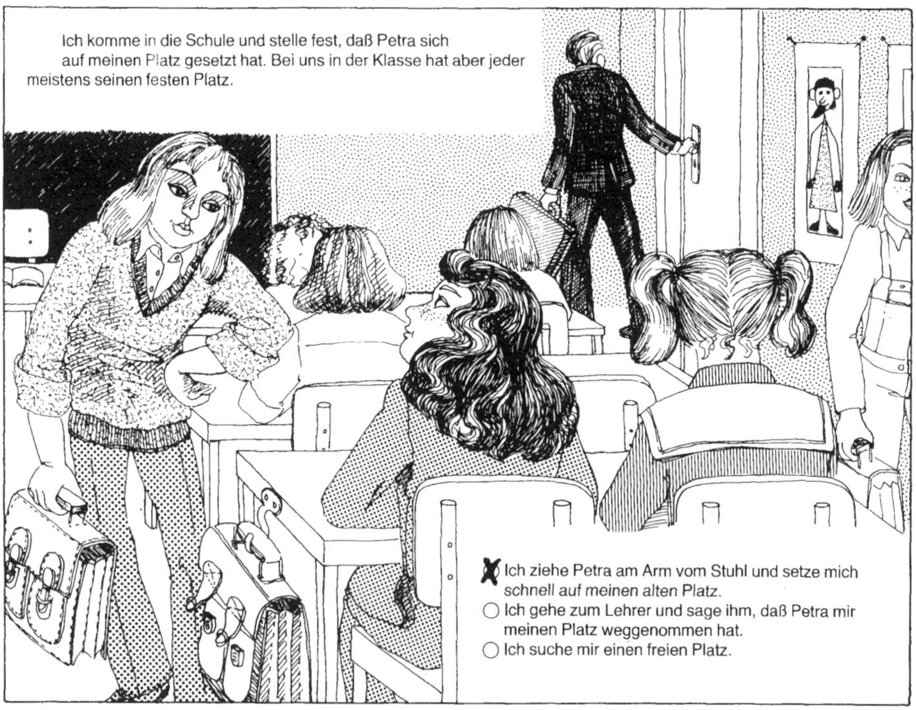

Wenn Du Dich dafür entscheidest, Petra vom Stuhl zu ziehen, dann mußt Du ein Kreuz in den Kreis davor machen, wie dies im Beispiel geschehen ist. Du darfst immer nur <u>einen Kreis</u> ankreuzen.

tionen beschreiben Alltagskonflikte in der Schule, im Elternhaus und im Freizeitbereich. Hierbei thematisieren die Items aggressive wie autoaggressive Tendenzen. Das Kind oder der Jugendliche soll zwischen drei Handlungsalternativen auswählen: zwei sozial unerwünschte Alternativen (eine leicht und eine schwer aggressive Reaktion) und eine sozial erwünschte Reaktionsmöglichkeit.

4. Grundkonzept

Bei der Konstruktion des EAS wurden fünf Aspekte aggressiven Verhaltens herangezogen (Petermann & Petermann, 2000a, b):

1. offen-gezeigte versus verdeckt-hinterhältige Aggression
2. körperliche versus verbale Aggression
3. aktiv-ausübende versus passiv-erfahrende Aggression
4. direkte versus indirekte Aggression (d. h. gegen Personen oder Gegenstände gerichtet)
5. nach außengewandte versus nach innengewandte Aggression

Die Bildung des Summenwertes erlaubt die Diagnostik sozial abweichenden Verhaltens. Darüber hinaus können die Einzelreaktionen in Form einer Tylermatrix systematisiert werden, so daß ein differenziertes Reaktionsprofil erstellt werden kann. Die Autoren unterscheiden sechs Reaktionstypen: fünf Typen aggressiven Verhaltens und ein Typ, der sozial erwünschtes Verhalten repräsentiert. Hierbei konnten bestimmte Typenkombinationen aggressiven Verhaltens ermittelt werden, die häufig auftreten und tabellarisch aufgeführt werden. Das in der Tylermatrix abgetragene Reaktionsprofil ist die zentrale Grundlage für therapeutische Entscheidungen.

5. Durchführung

5.1 Alter: 9;0 bis 12;11 Jahre.

5.2 Formen: Einzel- und Gruppenbefragung; getrennte Versionen für Jungen (EAS-J) und Mädchen (EAS-M); computergestützte Version (EAS-C).

5.3 Handhabung: Der Testbogen enthält eine kurze Anleitung und ein Beispielitem, an dem die Aufgabenstellung illustriert wird (vgl. Abb.). Um aussagekräftige Daten gewinnen zu können, formulieren die Autoren einige Hinweise zur Testdurchführung. Hierdurch können Tendenzen zu sozial erwünschtem Verhalten reduziert werden.

5.4 Zeit: Je nach Lesefertigkeit zwischen 20 bis 30 Minuten.

6. Auswertung

6.1 Modus: Zur Bestimmung des Summenwertes werden leicht aggressive Tendenzen mit 1 und schwer aggressive Tendenzen mit 2 kodiert und aufsummiert. Der Summenwert kann mit Hilfe der Normentabellen zur allgemeinen Beurteilung herangezogen werden. Zur Ermittlung des Reaktionsprofils steht ein Auswertungsbogen zur Verfügung, der nach dem Prinzip einer Tylermatrix aufgebaut ist. Die Gewichtung der drei Reaktionen (nicht, leicht und schwer aggressiv) wird durch das Schriftbild verschlüsselt (normal, kursiv und fett gedruckt). Eine Differenzierung der Auftretensbereiche (in der Schule, in der Freizeit und im familiären Bereich) wird durch die farbliche Unterscheidung möglich (rot, schwarz und grün).

6.2 Zeit: Keine Angaben. In der computergestützten Version wird der Summenwert gebildet, das Reaktionsprofil erstellt und der Reaktionstyp ermittelt.

7. Gütekriterien

7.1 Objektivität: Die Durchführungsobjektivität ist insbesondere durch die Hinweise zur Testdurchführung gegeben. Die Auswertungsobjektivität ist gegeben. Die Interpretationsobjektivität des Reaktionsprofils ist auf Grund der Präzisierung der Zuordnung zu den sechs Reaktionstypen in der aktuellen Auflage verbessert.

7.2 Reliabilität: Die innere Konsistenz wurde in einer aktuellen Studie mit 602 Kindern und Jugendlichen bestimmt. Das Cronbach Alpha beträgt für den EAS-J r = .87 und für den EAS-M r = .86. Die Retest-Reliabilität nach acht Wochen wurde an 96 Fünft- und Sechstklässlern einer Realschule untersucht. Für den Summenwert liegt sie für beide Versionen bei r = .71 (Spearmans Rangkorrelationen). Auf der Itemebene variieren die Korrelationskoeffizienten zwischen .30 und .70. Für den EAS-J sind zwei Items nicht signifikant, die auch für den EAS-M nicht signifikant sind. Hierbei ist jedoch noch ein weiteres Item bei der Retestung nicht signifikant. Die Autoren führen diese Variabilität darauf zurück, daß die Wahrnehmung der Kinder über den Zeitraum von acht Wochen nicht konstant ist.

7.3 Validität: Die Validierungsstudien sind in früheren Auflagen des Tests sowie in Petermann und Petermann (2000a) beschrieben. Studien weisen auf eine Konstruktvalidität hin. So unterstützt eine Faktorenanalyse die angenommene Eindimensionalität des Verfahrens. Eine Personen-Clusteranalyse nach dem Wishart-Programmsystem (Ward-Algorithmus) belegt, daß der EAS-J und der EAS-M zwischen hoch- und niedrigaggressiven Kindern und Jugendlichen diskriminieren. Die Validität des EAS-J konnte weiterhin durch eine Extremgruppenvalidierung in einer Studie mit 163 Jungen von Schulen für Erziehungshilfe nachgewiesen werden. So korreliert der Summenwert insbesondere mit dem Bereich „Störung des Sozialverhaltens", der über das Lehrerurteil erfaßt wurde. Außerdem wurde die Konstruktvalidität durch Korrelationen mit anderen Persönlichkeitstests untersucht. Da die Konzeption traditioneller Persönlichkeitstests von der des EAS abweicht, wurde jedoch angenommen, daß eher keine oder negative Korrelationen bestehen. Dies konnte in einer Studie mit 87 Kindern und Jugendlichen für den Subtest „Aggression" des Hamburger Persönlichkeitsfragebogen für Kinder (HAPEF-K) bestätigt werden.

7.4 Normen: Es liegen aktualisierte Altersnormen in Form von T-Werten und Prozenträngen für den EAS-J und EAS-M vor, die in einer Studie mit insgesamt 1185 Kindern und Jugendlichen gewonnen wurden. Die Normen werden für die drei Altersgruppen 9;0 bis 10;11, 11;0 bis 12;11 und 12;0 bis 12;11 angegeben und basieren auf einer Stichprobengröße von 374, 348 bzw. 463.

8. Literatur

Petermann, F. (Hrsg.) (2000). Aggression (Themenheft). *Kindheit und Entwicklung, 9*(1).

Petermann, F. & Petermann, U. (2000a). *Aggressionsdiagnostik.* Göttingen: Hogrefe.

Petermann, F. & Petermann, U. (2000b). *Training mit aggressiven Kindern* (9. Aufl.). Weinheim: Psychologie Verlags Union.

Bearbeiterin: Petra Hampel

Eysenck Persönlichkeits Inventar (EPI)

H.J. Eysenck
Deutsche Übersetzung und Bearbeitung: D. Eggert (unter Mitarbeit von G. Ratschinski)
Göttingen: Hogrefe, 2., überarbeitete und ergänzte Auflage 1983

1. Testart Persönlichkeits-Struktur-Test

2. Testmaterial Handanweisung (DIN A5, 37 Seiten), gesonderte Fragebogen und Auswertungsschablonen für Form A und B; zusätzlich: Schreibgerät.

3. Testgliederung Jede der beiden Parallelformen A und B besteht aus insgesamt 57 Items. Diese werden einer Extraversions- und einer Neurotizismusskala zugeordnet (jeweils 24 Items). Hinzu kommt eine „Lügenskala" (Offenheit oder Dissimulation) mit 9 Items.

4. Grundkonzept Das EPI stellt die deutsche Bearbeitung des „Eysenck Personality Inventory" von Eysenck dar, das 1964 erstmalig erschien und in den folgenden Auflagen – die 5. erschien 1971 – weiter verbessert wurde. Das Verfahren basiert auf dem Persönlichkeitsmodell von Eysenck (1960) und soll dieses in der psychologischen Praxis und Forschung nutzbar machen. Vorläufer des EPI sind der „Maudsley Medical Questionnaire" (MMQ), der vornehmlich an psychiatrischen Patienten entwickelt wurde und das „Maudsley Personality Inventory" (MPI) das für normale Probanden konstruiert wurde. Gegenüber den Vorläufern sieht Eysenck im EPI im wesentlichen folgende Vorteile realisiert:

1. Die Existenz von Parallelformen ermöglicht eine Testwiederholung zur Kontrolle des Therapieerfolgs oder zu anderen experimentellen Zwekken.
2. Im Gegensatz zum MPI, dessen Items nicht immer verstanden werden, ist das EPI auch bei Personen mit geringer Intelligenz und/oder niedrigem Bildungsniveau anwendbar.
3. Während die Skalen Extraversion und Neurotizismus im MPI schwach negativ miteinander korrelieren ($r = -.22$), sind die entsprechenden Skalen des EPI voneinander hinreichend unabhängig.
4. Das EPI verfügt zudem über eine zusätzliche „Lügenskala", mit der eine Reaktionstendenz des Probanden zur Darstellung sozial erwünschten Verhaltens (Verfälschungstendenzen) erfaßt werden kann.
5. Die Retestreliabilität (Zuverlässigkeit nach der Wiederholungsmethode) ist deutlich höher als die des MPI.
6. Validierungsstudien weisen das Verfahren „als beschreibendes Instrument der Verhaltensmanifestation der Persönlichkeit" aus.

Das Persönlichkeitsmodell von H.J. Eysenck mit den Dimensionen Extraversion vs. Introversion and Neurotizismus vs. Stabilität (Eysenck & Eysenck, 1987)

Nach Eysencks Persönlichkeitstheorie tragen die beiden Dimensionen Extraversion (Extraversion vs. Introversion) und Neurotizismus (emotionale Instabilitätvs. Stabilität) am meisten zur Beschreibung der Persönlichkeit bei (vgl. Abb.). Diesen phänotypischen Aspekten der Persönlichkeit liegen genotypische Aspekte zugrunde, die experimentell untersucht wurden. Für Eysenck ist beobachtetes Verhalten eine Funktion konstitutioneller Unterschiede in Interaktion mit der Umwelt. Eine fundamentale Bedeutung kommt dabei dem Konzept der Erregungs-Hemmungs-Balance zu.
Das EPI wurde ab 1975 um eine Persönlichkeitsdimension erweitert und zum EPQ entwickelt. Die Dimensionen Extraversion und Neurotizismus sind jedoch trotz leichter Konstruktveränderung beider Verfahren (EPI und EPQ) hinreichend identisch (Ruch, 1999).
Die 2. überarbeitete und ergänzte Auflage enthält Daten weiterer Vergleichsgruppen und verbesserte Normen.

5. Durchführung

5.1 Alter: Keine Angaben (ca. ab 14 Jahren).

5.2 Formen: Einzel- und Gruppentest; Parallelformen A und B; computergestützte Fassung im Hogrefe-Testsystem.

5.3 Handhabung: Die Instruktionen sind auf dem Testbogen abgedruckt. Sie werden im Gruppenversuch vom Testleiter vor- und von den Probanden mitgelesen. Im Einzelversuch gibt man lesefähigen Personen den Testbogen zum Lesen. Personen, die nicht lesefähig sind, können die Fragen vorgelesen werden. Dabei darf natürlich die Bedeutung der Fragen nicht durch eigenwillige Betonungen, Zusatzinformationen oder Interpretationen verändert werden. Die Probanden haben die Fragen nur mit „Ja“ oder „Nein“ zu beantworten.

5.4 Zeit: Keine Zeitbegrenzung (ca. 5 bis 10 Minuten).

6. Auswertung

6.1 Modus: Die Auswertung erfolgt mit Hilfe der entsprechenden Schablonen, die unterschiedliche Markierungen für die Skalen E, N und L enthalten. Gezählt werden die Antworten, die sich mit den entsprechenden Schablonenmarkierungen decken. Die Summe der auf diese Weise pro Skala ausgezählten Antworten ergibt die „Gesamtskalenwerte“ des Probanden. Eine Transformation in nach Geschlecht getrennte Stanine-Werte und Prozentränge ist möglich. Außerdem stehen Mittelwerte und Standardabweichungen diverser normaler und klinischer Gruppen für Vergleichszwecke zur Verfügung.

6.2 Zeit: Keine Angaben (ca. 5 Minuten).

7. Gütekriterien

7.1 Objektivität: Durchführung und Auswertung sind als objektiv zu bezeichnen.

7.2 Reliabilität: Zuverlässigkeitsschätzungen liegen für mehrere Stichproben vor. Angewandt wurden Unterteilungs-, Wiederholungs- und Paralleltestmethoden. Danach scheint die Zuverlässigkeit der Neurotizismusskala am ehesten, die der „Lügenskala“ am wenigsten gesichert zu sein.
Die innere Konsistenz der Neurotizismusskala (N) der Form A bzw. B, an umfangreichen Stichproben männlicher und weiblicher Jugendlicher überprüft, erbrachte Koeffizienten der drei Skalen zwischen r = .74 und r = .78 (Testhalbierung, aufgewertet nach der Spearman-Brown-Formel). Die Koeffizienten der Extraversionsskala (E) erreichen nur eine Höhe zwischen r = .55 und r = .75. Noch niedriger sind die Koeffizienten im Falle der kurzen Lügenskala (L): r = .44 bis r = .55.
Die Wiederholungsreliabilitäten des Verfahrens, an mehreren Stichproben über unterschiedliche Zeiträume (1 Tag bis 1 Jahr) hinweg ermittelt, erbrachte stark differierende Werte (N: r = .54 bis r = .89; E: r = .30 bis r = .68; L: r = .32 bis r = .75).
Neuere Untersuchungen (Köhler, Scherbaum & Richter, 1993) legen den Schluß nahe, daß es sich bei den beiden Formen (A + B) nicht um „echte“ Paralleltests handelt. Zur Erhöhung der Zuverlässigkeit sollten demnach für Individualdiagnosen beide Formen (A + B) gemeinsam angewendet werden. Zur Grobklassifikation von Gruppen reicht die Zuverlässigkeit einer Form aus.

7.3 Validität: Die Gültigkeit des EPI wurde auf dem Wege der Kreisvalidierung überprüft. Dabei zeigten sich mittlere bis hohe Korrelationen (r = .42 bis r = .82) zwischen der Neurotizismusskala des EPI und den entsprechenden Skalen des MMQ, MPI und ENNR (Brengelmann). Die Interkorrelationen mit der entsprechenden N-Skala aus dem EPQ-R (Ruch, 1999) liegt bei r = .84 (A) und r = .82 (B; bei Kombination beider Formen A + B: r = .87). Etwas geringer ist der Zusammenhang zwischen der Extraversionsskala und den entsprechenden Skalen des MPI und ENNR (r = .55 bis r = .70). Der Zusammenhang mit der N-Skala aus dem EPQ-R liegt bei r = .84 (A) und r = .73 (B; A + B: r = .80). Die Lügenskala aus dem EPI korreliert mit der aus dem MMQ zu r = .64 (A) und r = .49 (B) sowie mit der des EPQ-R zu r = .72 (A), r = .69 (B) und zu r = .80 im Falle der Kombination beider Formen.

Zudem liegt bis heute eine ganze Reihe von Studien und Experimenten vor, die die Validität der Skalen (N und E) auf dem Hintergrund des Persönlichkeitsmodells von Eysenck hinreichend absichern.

7.4 Normen: Geschlechtsspezifische Stanine-Werte wurden anhand einer Stichprobe von Lehrern und Lehrerstudenten 1974–76 ermittelt. Zudem werden zahlreiche englische und deutsche Vergleichswerte mitgeteilt. Deutsche Vergleichswerte (Mittelwerte und Streuungen) liegen für mehrere normale und klinische Stichproben unterschiedlicher Größe vor. Darunter befinden sich u. a. Alkoholpsychosen, Depression, Schizophrenie, Neurosen, Drogenabhängige, Strafgefangene, Verhaltensgestörte und Lernbehinderte.

8. Literatur

Eggert, D. (1971). Untersuchungen zur psychometrischen Eignung eines Fragebogens der neurotischen Tendenz und der Extraversion von Eysenck (EPI). In E. Duhm (Hrsg.), *Praxis der klinischen Psychologie* (Bd. 2). Göttingen: Hogrefe.

Eysenck, H.J. (1947). *Dimensions of personality.* London: Routledge & Kegan.

Eysenck, H.J. (1960): *The structure of human personality.* London: Methuen.

Eysenck, H.J. & Eysenck, M.W. (1987). *Persönlichkeit und Individualität.* Weinheim: Psychologie Verlags Union.

Köhler, T., Scherbaum, N. & Richter, R. (1993). Einige Ergebnisse zu den Gütekriterien der deutschen Fassung des Eysenck-Persönlichkeitsinventars. *Diagnostica, 39*, S. 44–54.

Ruch, W. (1999). Die revidierte Fassung des Eysenck Personality Questionnaires und die Konstruktion des deutschen EPQ-R bzw. EPQ-RK. *Zeitschrift für Differentielle und Diagnostische Psychologie, 20*, S. 1–24.

Bearbeiter: Richard von Georgi

Eysenck Personality Profiler (EPP-D)

H.J. Eysenck, C.D. Wilson und C.J. Jackson
Deutsche Überarbeitung und Normierung: S. Bulheller und H. Häcker
Frankfurt a. M.: Swets Test Service, 1998

1. Testart

Persönlichkeits-Struktur-Test (Klinischer Test)

2. Testmaterial

Handanweisung, gesonderte Fragebogen und Auswertungssoftware (MS-Windows-kompatibel); zusätzlich: Schreibgerät und Computer mit MS-Windows.

3. Testgliederung

Der EPP-D besteht aus insgesamt 176 Items, von denen 52 Items der Skala Extraversion (E), 50 der Skala Emotionalität (Neurotizismus (N)), 61 der Skala Risikoeignung (Psychotizismus (P)) und 13 Items einer Offenheitsskala zugeordnet sind. Zudem gliedert sich jede der ersten drei Dimensionen (E, N, P) in 4 bis 5 Subskalen auf die jeweils 10 bis 14 Items entfallen. Die Items können mit „ja", „nein" oder „weiß nicht" beantwortet werden.

4. Grundkonzept

Der EPP-D basiert auf dem Persönlichkeitsmodell von H.J. Eysenck, das ab 1976 die Dimensionen Extraversion (E) vs. Introversion, Neurotizismus (N) vs. Stabilität und Psychotizismus umfaßt. Er stellt die Weiterentwicklung des EPQ-Rs (Eysenck Personality Questionnaire) dar, dessen Vorläufer der EPI (Eysenck Persönlichkeits Inventar) ist.
Nach Eysenck (1995) setzt sich die Persönlichkeit aus einer Reihe von Eigenschaften (trait level) zusammen, die sich anhand von Gewohnheiten (habitual response level) identifizieren lassen. Spezifische Eigenschaften ihrerseits können zu allgemeinen Typen (type level) aggregiert werden (vgl. Abb.). Im EPP-D ist im Gegensatz zu seinen Vorläufern erstmals die trait-Ebene mittels Subskalen erfaßbar:

Extraversion (E):
1) aktiv – passiv
2) kontaktfreudig – kontaktscheu
3) selbstbewußt – schüchtern
4) ehrgeizig – anspruchslos
Neurotizismus (Emotionalität(N))
1) unsicher – sicher
2) schwermütig – lebensfroh
3) besorgt – gelassen
4) pedantisch – ungezwungen
Psychotizismus (Risikoeignung(P))
1) spontan – besonnen
2) unzuverlässig – zuverlässig

3) sensationssuchend – gefahrenmeidend
4) widerstandsfähig – empfindsam
5) handelnd – reflektierend

Zusätzlich enthält der EPP-D eine Offenheitsskala, mit der die Tendenz des Probanden erfaßt wird, „offen" bzw. „sozial erwünscht" zu antworten (Dissimulation), die nach Eysenck ebenfalls eine stabile Persönlichkeitseigenschaft darstellt.
Theoretisch wurden die einzelnen Dimensionen, die sich nach Eysenck durch die Interaktion der Person mit der Umwelt konstituieren, seit ca. 1947 in einer ganzen Reihe von Studien entwickelt.

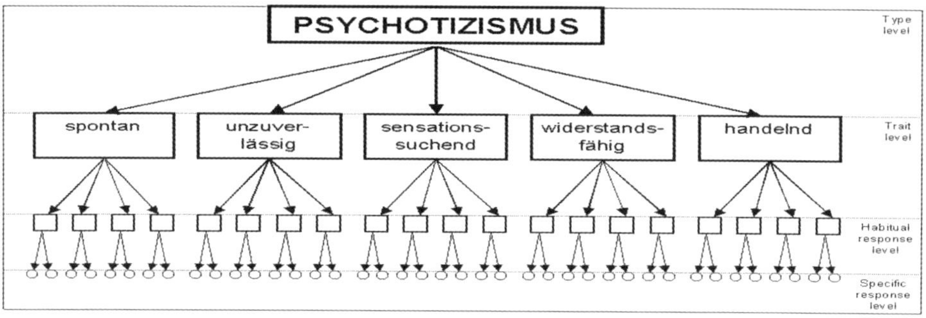

Hierarchisches Typenmodell am Beispiel der Dimension „Psychotizismus" (Risikoeignung)

Für die Extraversionsdimension wird die Konzeption der Erregungs-Hemmungs-Balance herangezogen, deren neurophysiologisches Korrelat das aufsteigende retikuläre Aktivierungssystem (ARAS) darstellt. Extra- vs. Introvertierte unterscheiden sich demnach durch ein unterschiedliches Erregungsniveau, das durch die Interaktion mit der Umwelt moduliert wird. Bei der Neurotizismusdimension hingegen ist die Stärke und die Art der emotionalen Färbung von Umweltreizen von zentraler Bedeutung (limbisches System). Die Psychotizismusdimension ist ursprünglich aus den psychiatrischen Skalen zur Erfassung „abnormalen Verhaltens und Erlebens" (z. B. MMPI) hervorgegangen und erfaßt den nicht-pathologischen (normalen) Anteil dieser Dimension, weshalb die Autoren des EPP-D den Begriff der „Risikoeignung" dem des Psychotizismus vorziehen. Ein einheitliches theoretisches Konzept zur Psychotizismusdimension liegt bisher noch nicht vor. Eysenck selbst (1976) macht eine genetische Prädisposition zu abnormalem Verhalten für den Grad der Ausprägung verantwortlich. Personen mit einem hohen P-Wert können als Einzelgänger, antiemotional, aber auch als impulsiv, sensationssuchend und widerstandsfähig beschrieben werden (vgl. Abb.).

5. Durchführung

5.1 Alter: Ab 14 Jahren.

5.2 Formen: Der EPP-D kann als Einzel- oder Gruppentest durchgeführt werden.

5.3 Handhabung: Die Instruktionen zum EPP-D befinden sich auf dem Fragebogen und werden von dem Probanden selbständig gelesen. Das Handbuch gibt zusätzliche Instruktionshinweise für den Testleiter.

5.4 Zeit: 20 bis 35 Minuten; keine Zeitbegrenzung.

6. Auswertung

6.1 Modus: Die Auswertung erfolgt über ein mitgeliefertes Software-Programm, das MS-Windows-kompatibel ist. Die Daten aus dem Fragebogen können mittels Maus oder dem Tastaturzahlen-Pad eingegeben werden. Eine nachträgliche Korrektur der Daten ist möglich. Weiterhin erlaubt das Programm das Anlegen probandenspezifischer Datenbanken (nicht als ASCII-Datei einlesbar!). Der EPP-D kann auf Item- und Skalenebene ausgewertet werden. Im einzelnen sind folgende Auswertungen möglich: Antworten mit Itemtext je Subskala, Antwortverteilung (Anzahl „ja", „nein", „weiß nicht") sowie in Abhängigkeit von den angewählten Normoptionen (Gesamtnorm vs. Altersdifferenzen und geschlechtsspezifische Normen) Roh- und Staninewerte und eine Profildarstellung, die mit den entsprechenden Werten ausgedruckt werden kann. Zudem gibt das Programm eine Meldung aus, wenn eine hohe Anzahl der Items mit „weiß nicht" beantwortet wurden. Das „Hilfe-Menü" des Programms ermöglicht es, sowohl Hilfe zur Auswertung abzurufen als auch skalenspezifische Interpretationshinweise abzufragen.
Für den fachkundigen Anwender ist alternativ eine „Handauswertung" möglich (Tabellen und Profilblatt sind im Handbuch enthalten).
Alternativ wird von den Autoren bzw. dem Verlag bei Vorliegen einer großen Stichprobe ein Scan-Service angeboten.
Zusätzlich befindet sich im Handbuch eine schematisierte Vorgehensweise zur EPP-D Interpretation und eine Liste möglicher Interviewfragen bei Vorliegen einer signifikanten Normabweichung in den durch den EPP-D erfaßten Eigenschaften.

6.2 Zeit: 5 bis 10 Minuten (inkl. Ergebnis und Profilausdruck).

7. Gütekriterien

7.1 Objektivität: Die Durchführung und insbesondere die Auswertung sind als objektiv zu beurteilen, da durch die Verwendung des mitgelieferten Auswertungsprogramms eine Reihe möglicher Auswertungsfehler vermieden werden kann.

7.2 Reliabilität: Die Zuverlässigkeit der Skalen wurde anhand der deutschen Normierungsstichprobe bestimmt (N = 2006). Der gesamte Fragebogen erzielt eine durchschnittliche interne Konsistenz (Cronbachs Alpha) von r = .81. Die interne Konsistenz der Subskalen liegt zwischen r = .70 und r = .82. Der Gesamtbereich Extraversion besitzt ein Alpha von r = .87, der des Neurotizismus (Emotionalität) von r = .90 und der des Psychotizismus (Risikoeignung) von r = .79. Die Skala „Offenheit" erzielt eine interne Konsistenz von r = .73. Eine Wiederholungs- oder Testhalbierungsreliabilität wird nicht angegeben.

Interkorrelationen der EPP-D (Typen-) Skalen mit äquivalenten Skalen anderer Verfahren

	FPI-R			EPI			NEO-FFI	
EPP-D	E	N	O	E	N	L	N	E
E	0.69	–0.26	0.00	0.52	–0.22	0.10	–0.40	0.66
N	–0.31	0.71	0.10	–0.29	0.72	0.02	0.78	–0.31
P	0.32	–0.19	0.29	0.39	0.26	0.16	–0.18	0.23
O	0.19	0.03	0.58	0.18	0.25	0.45	0.05	0.06

FPI-R (Rev. Freiburger Persönlichkeits Inventar), EPI (Eysenck Persönlichkeits Inventar), NEO-FFI (Neo Fünf-Faktoren Inventar), E (Extraversion), N (Neurotizismus), L (Lügenskala), O (Offenheit).

7.3 Validität: Im Rahmen der Validierung des EPP-D werden eine Reihe von Korrelationsstudien mit anderen Verfahren mitgeteilt (FPI, EPI, PRF, NEO-FFI und einer „sensation-seeking“ Skala (SS). Die Tabelle gibt die wichtigsten Interkorrelationen zwischen den Gesamtbereichen des EPP-D und den äquivalenten Skalen wieder.
Weiterhin ergibt sich eine Reihe deutlicher Korrelationen zwischen den Subskalen und einzelnen Skalen aus den oben angeführten Verfahren. Insgesamt zeigt sich hierbei, daß die Gesamt- und Subskalen relativ gut und inhaltlich interpretierbar mit konstruktäquivalenten Skalen korrelieren, so daß der EPP-D als valide eingestuft werden kann.
Zusätzlich ist im Handbuch ein „Beitrag zur Konstruktvalidierung“ von H. Moosbrugger, A. Fischbach und K. Schermelleh-Engel enthalten, in dem mittels dreier unterschiedlicher methodischer Zugangswege (Expertenrating, klassische Testtheorie und konfirmatorische Faktorenanalyse) die Validität des EPP-D nachgewiesen werden konnte.

7.4 Normen: Es liegen Stanine-Normen für einen möglichen Vergleich mit der Gesamtnormgruppe, der altersspezifischen Gruppe und/oder der jeweils geschlechtsspezifischen Gruppe vor.

8. Literatur

Eysenck, S.B.G. & Eysenck, H.J. (1976). *Psychoticism as a dimension of personality.* London: Hodder and Stroughton.
Eysenck, H.J. (1995). *The Eysenck Personality Profiler (EPP) and Eysenck's theory of personality.* London: Corporated Assessment Network Ltd.

Verfasser: Richard von Georgi

Fragebogen zu Kompetenz- und Kontrollüberzeugungen (FKK)

G. Krampen
Göttingen: Hogrefe, 1991

1. Testart Persönlichkeits-Struktur-Test

2. Testmaterial Handanweisung (DIN A4, 86 Seiten), Fragebogen mit Auswertungstabelle und Skalenprofil, Auswertungsschablone; zusätzlich: Schreibgerät.

3. Testgliederung Der FKK umfaßt 32 Items, die vier Primärskalen mit jeweils 8 Items zugeordnet sind:

FKK-SK	Selbstkonzept eigener Fähigkeiten
FKK-I	Internalität
FKK-P	Soziale Externalität
FKK-C	Fatalistische Externalität

Aus diesen Skalen werden durch Addition zwei Sekundärskalen mit jeweils 16 Items abgeleitet:

FKK-SKI	Selbstwirksamkeit
FKK-PC	Externalität

Die Differenz zwischen den Skalen FKK-SKI und FKK-PC, in die somit alle 32 Items eingehen, bildet eine Tertiärskala (FKK-SKI-PC), die als globale, bipolare Dimension der generalisierten Internalität versus Externalität der Kontrollüberzeugungen bezeichnet wird.

4. Grundkonzept Mit dem Fragebogen werden Kompetenz- und Kontingenzerwartungen, die über verschiedene Handlungsklassen, Handlungs- und Lebenssituationen generalisiert sind, erfaßt. Der Fragebogen basiert auf der sozialen Lerntheorie der Persönlichkeit (vgl. Krampen, 1982) und dem handlungstheoretischen Partialmodell der Persönlichkeit (Krampen, 1987). Die Skalen beziehen sich auf das generalisierte Selbstkonzept eigener Fähigkeiten und drei Aspekte generalisierter Kontrollüberzeugungen, die im hierarchischen Strukturmodell handlungstheoretischer Persönlichkeitsvariablen auf der Ebene III (vgl. Krampen, 1987) angesiedelt sind. Das Verfahren erlaubt Diagnosen auf dieser Ebene, die dann nach dem handlungstheoretischen Partialmodell der Persönlichkeit sinnvoll sind, wenn davon auszugehen ist, daß sich die Person in einer Handlungs- oder Lebenssituation befindet, die sie nicht oder nur schlecht kognitiv strukturieren kann. Dem Modell entsprechend erlauben diese Diagnosen Vorhersagen von Handlungs- bzw. Verhaltenstendenzen sowie Erlebnisprozessen. Als Anwendungsgebiete des Verfahrens kommen daher sowohl die Klinische Psychologie und Gesundheitspsychologie als auch die Forensische Psychologie, Eignungs- und Berufspsychologie, die Berufsberatung sowie die Pädagogische Psychologie und Psychiatrie in Frage. Wichtige Einsatzbereiche liegen auch in wissenschaftlichen Untersuchungen zur Persönlichkeitspsychologie und Differentiellen Psychologie, zur Sozialpsychologie und Politischen Psychologie sowie zur Entwicklungspsychologie.

5. Durchführung

5.1 Alter: Ab 14 Jahren.

5.2 Formen: Der FKK ist als Einzel- oder Gruppentest durchführbar. Parallelformen existieren nicht. Computergestützte Version im Hogrefe-Testsystem.

5.3 Handhabung: Den Probanden wird der Fragebogen vorgelegt. Sie lesen die Instruktion auf dem Deckblatt des Fragebogens durch, beantworten das angegebene Beispiel und beantworten dann die 32 Items gemäß der Instruktion auf einer sechsstufigen Skala („sehr falsch" bis „sehr richtig"). Bei Bedarf ist eine kurze Einführung durch die Testleitung möglich. Dabei sollte darauf hingewiesen werden, daß es keine objektiv richtigen oder falschen Antworten gibt, sondern daß es vielmehr um die persönliche Meinung des einzelnen geht. Es sollte betont werden, daß die Reihenfolge der Items einzuhalten ist und auch bei ähnlichen Aussagen der Items keine Auslassungen erfolgen dürfen.

5.4 Zeit: Keine Zeitbegrenzung; die Bearbeitung (Netto) dauert in der Regel 10 bis 20 Minuten (Bruttozeit ca. 15 bis 25 Minuten).

6. Auswertung

6.1 Modus: Die Auswertung erfolgt entweder maschinell oder durch Auflegen der beiliegenden Klarsichtschablone. Auf der Schablone sind die Ankreuzungen durch unterschiedliche Farben kenntlich gemacht und somit bequem zu addieren. Falls mehr als vier Items von einem Probanden nicht beantwortet wurden, sollte auf eine Auswertung verzichtet werden. Für weniger als vier fehlende Beantwortungen sind in der Handanweisung Schätzungen für Ersatzwerte angegeben (S. 43 ff.).
Die Rohwerte je Skala werden in eine Tabelle auf der Rückseite des Fragebogens eingetragen. Aus den Summen der Primärskalen werden dann die Rohwerte für die Sekundär- und Tertiärskalen gebildet. Anhand der Normentabellen der Handanweisung (S. 81 ff.) werden die Gesamt-Rohwerte in Prozentränge und T-Werte umgewandelt. Die T-Werte können in ein Skalenprofil übertragen werden. Für Auswertung und Interpretation sind im Manual Beispiele angegeben (S. 31 ff.).

6.2 Zeit: Manuell ca. 15 Minuten.

7. Gütekriterien

7.1 Objektivität: Bei rein formaler Anwendung voll gegeben.

7.2 Reliabilität: Die interne Konsistenz der einzelnen Skalen, ermittelt in sechs Studien mit unterschiedlichen Stichprobengrößen (N = 38 bis N = 2028) nach Cronbachs Alpha, variiert über die Skalen zwischen r = .65 und r = .90.
Die Testhalbierungsreliabilität (Spearman-Brown) an denselben Stichproben liegt für die verschiedenen Skalen zwischen r_{tt} = .63 und r_{tt} = .87.
Die Testwiederholungsreliabilität wurde für drei Stichproben und Zeitinter-

valle bestimmt. Nach 2 Wochen (N = 62) liegt sie zwischen r_{tt} = .70 und r_{tt} = .93. Nach 3 Monaten (N = 127) variieren die Werte zwischen r_{tt} = .68 und r_{tt} = .87. Für ein Intervall von 6 Monaten (N = 58) werden Werte zwischen r_{tt} = .58 und r_{tt} = .74 berichtet.
Die Profilreliabilität wurde für 6 Stichproben (N = 38 bis N = 2028) bestimmt und liegt für die Primärskalen bei prof-r_{tt} = .51 bis prof-r_{tt} = .62, für die Sekundärskalen bei prof-r_{tt} = .54 bis prof-r_{tt} = .71.

7.3 Validität: Der Darstellung der Validitätsbestimmung des Verfahrens räumt der Autor in der Handanweisung großen Raum ein. Es wurden sowohl die inhaltliche Validität (Selbst- und Fremdeinschätzungen) als auch die Konstruktvalidität (Skaleninterkorrelationen und Profilreliabilität, Faktorielle Validität, Beziehungen zu vorliegenden Skalen zu Kontrollüberzeugungen und Selbstkonzeptmerkmalen, Beziehungen zu anderen handlungstheoretischen Persönlichkeitsmerkmalen sowie Persönlichkeits-Inventaren, Beziehungen zu Indikatoren psychischer und psychosomatischer Probleme, Entwicklungsbezogene Korrelate, Handlungsbezogene Korrelate, Einfluß von Verfälschungstendenzen, differentielle Validität hinsichtlich Geschlecht und Geschlechtsrollen-Orientierung, Alter und soziodemographischen Variablen, Berufliche Situation, Klinische Profile) untersucht. Alle Studien weisen auf eine ausreichend hohe Validität des Verfahrens hin.

7.4 Normen: Es liegen jeweils für die Primär-, Sekundär- und Tertiärskalen getrennte Normen (T-Werte und Prozentränge) für Jugendliche von 14 bis 17 Jahren (N = 248) und Erwachsene ab 18 Jahren (N = 2028) vor.

8. Literatur

Krampen, G. (1982). *Differentialpsychologie der Kontrollüberzeugungen.* Göttingen: Hogrefe.
Krampen, G. (1987). *Handlungstheoretische Persönlichkeitspsychologie.* Göttingen: Hogrefe.

Bearbeiter: Rolf Deubner

Fragebogen zur Erfassung dispositionaler Selbstaufmerksamkeit (SAM)

S.-H. Filipp und E. Freudenberg
Göttingen: Hogrefe, 1989

1. Testart

Persönlichkeits-Struktur-Test

2. Testmaterial

Handanweisung, Fragebogen, Auswertungsschablone; zusätzlich: Schreibgerät.

3. Testgliederung

Der SAM-Fragebogen besteht aus 27 Items, von denen 13 Items „private" und 14 Items „öffentliche Selbstaufmerksamkeit" messen.

4. Grundkonzept

Der SAM-Fragebogen ist eine modifizierte Form der amerikanischen „Self-Consciousness Scale" (Fenigstein et al., 1975), jedoch keine direkte Übertragung des Verfahrens in die deutsche Sprache. Er basiert auf der Annahme, daß Selbstaufmerksamkeit als ein Dispositionsmerkmal aufgefaßt werden kann, das als „in zeitlicher und situativer Hinsicht relativ stabile Tendenz von Individuen, das Selbst in den Aufmerksamkeitsblickpunkt zu rücken und die eigene Person zum Gegenstand selbstreflektiver kognitiver Aktivitäten zu machen" definiert wird.
Die Autorinnen postulieren eine Unterscheidung zwischen „privater" und „öffentlicher Selbstaufmerksamkeit". Die Skala „Private Selbstaufmerksamkeit" umfaßt 13 Items, die sich auf Gefühlszustände, Körpersensationen oder Einstellungen beziehen. Die Skala „Öffentliche Selbstaufmerksamkeit" besteht aus 14 Items zu Merkmalen der äußeren Erscheinung, des sozialen Verhaltens und der imaginierten Bewertung des Selbst durch die soziale Umwelt.
Ein Teil der Items bezieht sich auf offene Verhaltensweisen (z. B. „Ich betrachte mich gerne im Spiegel."), der Großteil der Items enthält jedoch selbstreflexive Gedanken oder verdeckte Verhaltensweisen („Ich beobachte sorgfältig meine innersten Gefühle."). Der Proband soll mit Hilfe einer fünfstufigen Skala („sehr oft", „oft", „ab und zu", „selten", „sehr selten") einschätzen, wie oft die beschriebenen Gedanken bei ihm auftreten.
Als Anwendungsfelder des SAM werden zum einen die Grundlagenforschung, z. B. in den Bereichen Gesundheitsverhalten, Krankheitsverarbeitung und Störungen des Sozialverhaltens, zum anderen der Einsatz in der Einzelfalldiagnostik angegeben.

5. Durchführung

5.1 Alter: Keine Angaben.

5.2 Formen: Der SAM-Fragebogen kann als Einzel- und als Gruppentest durchgeführt werden.

5.3 Handhabung: Der Fragebogen enthält auf der Vorderseite eine kurze Instruktion. Nach dem Durchlesen der Instruktion wird der Proband aufgefordert, das darunterliegende Beispielitem zu beantworten.

5.4 Zeit: Die Durchführung nimmt ca. 10 Minuten in Anspruch.

6. Auswertung

6.1 Modus: Mittels einer Auswertungsschablone werden die Punktwerte für die Skalen „Private Selbstaufmerksamkeit" und „Öffentliche Selbstaufmerksamkeit" aufsummiert. Für jedes Item werden zwischen einem („sehr selten") und fünf („sehr oft") Rohpunkte vergeben. Die Rohwertsummen können anhand von Tabellen im Testmanual in T-Werte, Prozentränge und Stanine-Werte transformiert werden.

6.2 Zeit: Zeitangaben zur Auswertung liegen nicht vor. Die Auswertung dürfte aber nicht länger als fünf Minuten dauern.

7. Gütekriterien

7.1 Objektivität: Der Test ist bezüglich Durchführung, Auswertung und Interpretation objektiv.

7.2 Reliabilität: Zur mittleren Itemtrennschärfe liegen Angaben für die Gesamtstichprobe (N = 1251) sowie für einige Teilstichproben vor. Die Werte bewegen sich überwiegend im mittleren Bereich und können als zufriedenstellend angesehen werden.
Im Testhandbuch werden Cronbach-Alpha-Werte und Testhalbierungsreliabilitäten im zufriedenstellenden Bereich (zw. r = .77 und r = .88) für verschiedene Teilstichproben und die Gesamtstichprobe angegeben.
Eine Testvorgabe zu fünf Meßzeitpunkten im Abstand von jeweils sechs Monaten ergab relativ stabile Verteilungskennwerte für beide Subskalen. Die Retestreliabilität liegt mit r = .72 bis r = .84 im zufriedenstellenden bis guten Bereich.

2.1

7.3 Validität: Der SAM weist nach Angabe der Autorinnen bezüglich der Konstruktumschreibung ein hohes Maß an Inhaltsvalidität auf.
Eine Faktorenanalyse (N = 1251) ergab eine zweifaktorielle Lösung, die ca. 30 % der Gesamtvarianz aufklärt. Es laden jeweils diejenigen Items substantiell auf die beiden Faktoren, die ihnen a priori zugeteilt waren. Die beiden SAM-Skalen sind jedoch relativ hoch interkorreliert. Einige Autoren verzichten deshalb auf die getrennte Berechnung der Summenwerte für beide Subskalen.
Signifikante Zusammenhänge der Skala „Öffentliche Selbstaufmerksamkeit" mit der Skala „Social Recognition" der PRF sowie Zusammenhänge der „Privaten Selbstaufmerksamkeit" mit den IPC-Skalen „Internalität", „Externalität, powerful others" und „Externalität, chance" weisen auf die konvergente Validität der Skalen hin.
Der Vergleich der Gruppe „Erwachsene Normalbevölkerung" mit den klinischen Gruppen „Krebspatienten", „Alkoholiker" und „HIV-Positive" ergab signifikant höhere Werte in beiden Selbstaufmerksamkeitsskalen für die klinischen Gruppen. Innerhalb der Normalbevölkerung fällt die Gruppe der Studenten durch ihr hohes Maß sowohl an privater als auch an öffentlicher Selbstaufmerksamkeit auf.

7.4 Normen: Normierungstabellen, denen T-Werte, Prozentränge und Stanine-Werte zu entnehmen sind, existieren für die Gesamtstichprobe (N =

1251), die Erwachsene Normalbevölkerung (N = 201), Studenten (N = 405), Männer (N = 586), Frauen (N = 264) sowie für Gesunde (N = 771) und Kranke (N = 488).

8. Literatur

Fenigstein, A., Scheier, M. & Buss, A. (1975). Public and private self-consciousness: Assessment and theory. *Journal of Consulting and Clinical Psychology, 43,* 522–527.

Bearbeiterin: Birgit Gottwald

Fragebogen zur Erfassung kindlicher Steuerung (FEKS)

H. Pauls und M. Reicherts
Hrsg.: R.S. Jäger und F. Petermann
Göttingen: Beltz Test GmbH, 1991

1. Testart Persönlichkeits-Struktur-Test

2. Testmaterial Manual (DIN A4, 56 Seiten), 20 Fragebogen (10 in der Version für Jungen, 10 in der Version für Mädchen), zwei Auswertungsblöcke (getrennt für Jungen und Mädchen) mit je 20 Bogen; zusätzlich: Schreibgerät.

3. Testgliederung Der Test besteht aus 22 Items, die jeweils typische Problemsituationen aus dem Alltagsleben von Mädchen und Jungen beschreiben. Die geschilderten Situationen lassen sich vier Klassen zuordnen: A. Zuwendung (5 Items), B. Privilegien (7 Items), C. materielle Verstärker (4 Items), D. Durchsetzung gegen elterliche Forderungen (6 Items). Die Kinder müssen sich pro Item für eine von drei Reaktionen entscheiden.

4. Grundkonzept Ziel des FEKS ist es, Verhaltensweisen zu erfassen, mit denen ein 8- bis 12jähriges Kind die Eltern-Kind-Interaktion beeinflußt und steuert. Hierzu werden im Sinne einer situationsorientierten Diagnostik verschiedene Situationen und Verhaltensweisen miteinander kombiniert (Pauls & Johann, 1984). Die Autoren unterscheiden zwischen angemessenem („aktiv-konstruktivem") und unangemessenem (problematischen) Steuerungsverhalten, wobei die „aktiv-konstruktive" Steuerung als normales Verhalten aufgefaßt wird. Die problematischen Steuerungstendenzen werden in sechs Verhaltensklassen unterteilt. Somit ergeben sich folgende sieben Steuerungstendenzen:

1. aktiv-konstruktive Steuerung
2. Steuerung durch Bestrafung
3. Steuerung durch Entwertung und Vorwürfe
4. Opponierende Steuerung
5. passiv-resignative Steuerung
6. Steuerung durch Ignorieren
7. Steuerung durch Anpassung/Belohnung.

Für jede Situation werden drei Reaktionsalternativen vorgegeben, von denen eine Antwort immer „aktiv-konstruktives" Verhalten beinhaltet, die anderen beiden zwei unterschiedliche Verhaltensklassen problematischer Steuerung erfassen.
Der FEKS liefert Hinweise auf Störungen in der Eltern-Kind-Interaktion und eignet sich zur Hypothesengewinnung und -überprüfung im Rahmen von Störungs- und Verhaltensanalysen. Er kann also sowohl in der Familienbe-

handlung als auch in der Einzeltherapie angewendet werden. Die Autoren schlagen weiterhin vor, familienbezogene Fragestellungen in Forschungsprojekten mit dem FEKS zu erfassen.

5. Durchführung

5.1 Alter: 8 bis 12 Jahre.

5.2 Formen: Nicht ausdrücklich, aber sicherlich als Einzel- und Gruppentest einsetzbar. Es liegen geschlechtsspezifische Formen vor, die sich mit Ausnahme eines Items inhaltlich nicht voneinander unterscheiden, sondern lediglich geschlechtsspezifisch formuliert sind.

5.3 Handhabung: Für die Durchführung werden im Manual allgemeine Hinweise gegeben. Es empfiehlt sich, die Anweisung auf der ersten Seite des Fragebogens laut vorzulesen, während die Kinder mitlesen.

5.4 Zeit: Ca. 20 bis 45 Minuten, je nach Lesetempo der Kindes.

6. Auswertung

6.1 Modus: Die Auswertung erfolgt per Schablone. Für jede Situation wird die angekreuzte Antwort einer der Steuerungsformen zugeordnet, wobei das problematische Steuerungsverhalten sowohl insgesamt als auch differenziert nach den einzelnen Verhaltensklassen notiert wird. Für die „aktiv-konstruktive" Steuerung wird ein Summenwert über alle 22 Situationen gebildet, der in einen T-Wert, Stanine-Wert und Prozentrang überführt werden kann. Für das „problematische Steuerungsverhalten" ist eine Zusatzauswertung möglich. Diese Analyse basiert auf dem Vergleich von Häufigkeiten und verlangt laut der Autoren „einen gewissen Aufwand, liefert dafür aber einen Ansatz zum diagnostischen Verständnis der Struktur problematischer Steuerungen".
Im Manual werden vor allem zur Interpretation des problematischen Steuerungsverhaltens ausführliche Hinweise gegeben. Auswertung und Interpretation werden anhand eines differenzierten Fallbeispiels erläutert.

6.2 Zeit: Keine Angaben.

7. Gütekriterien

7.1 Objektivität: Durchführung und Auswertung des Tests können als objektiv angesehen werden.

7.2 Reliabilität: Die Reliabilität des Tests wurde für die Hauptskala „aktiv-konstruktive Steuerung" innerhalb der Normstichprobe über die Maße der internen Konsistenz bzw. der Testhalbierung geschätzt. Cronbachs Alpha betrug bei 11- bis 12jährigen Kindern r = .84, bei 8- bis 10jährigen r = .74. Die Split-Half-Reliabilitäten betrugen nach Guttman und nach Spearman für die älteren Kinder r = .80, für die jüngeren r = .74.

7.3 Validität: Die Validierung erfolgte über Korrelation des FEKS mit den Dimensionen: 1. Psychische Störungen des Kindes (erfaßt mit Hilfe verschiedener Kind- und Elternfragebogen), 2. Elterliche Erziehungseinstellungen, 3. Verhaltensbeobachtungen in realen Interaktionen und 4. Intelligenz. Die Validierung ist sehr differenziert, beruht aber teilweise auf kleinen Stichproben. Die einzelnen Werte sind den Tabellen im Manual zu entnehmen. Die Werte liegen 1. zwischen r = –.64 und r = .60, 2. zwischen r = –.71 und r = .64, 3. zwischen r = –.61 und r = .42. Zwischen „aktiv-konstruktiver" Steuerung und Intelligenz besteht kein Zusammenhang.
Hermens und Tismer (2000) konnten 1997 in einer Replikationsstudie an

371 Kindern im Alter von 8 bis 12 Jahren eine Zunahme problematischen und eine Abnahme aktiv-konstruktiven Steuerungsverhaltens feststellen.

7.4 Normen: Die Normierungsstichprobe bestand aus N = 399 Kindern zwischen 8 und 12 Jahren. Für die Altersgruppe 8- bis 10jähriger und 11- bis 12jähriger gibt es Normierungstabellen. Die Normen unterscheiden nicht nach Geschlecht.

8. Literatur

Pauls, H. & Johann, A. (1984). Wie steuern Kinder ihre Eltern? Eine Fragebogenuntersuchung an 327 acht- bis elfjährigen Kindern. *Psychologie in Erziehung und Unterricht, 31,* 22–32.

Hermens, A. & Tismer, K.-G. (2000). Wie steuern Kinder ihre Eltern? Die Replikation einer Fragebogenuntersuchung von Pauls und Johann (1984) bei 371 acht- bis zwölfjährigen Kindern. *Psychologie in Erziehung und Unterricht, 47,* 29–45.

Bearbeiterin: Stefanie Busch

Fragebogen zur Erfassung von Aggressivitätsfaktoren (FAF)

R. Hampel und H. Selg

Göttingen: Hogrefe, 1. Auflage 1975 (Nachdruck 1998)

1. Testart Persönlichkeits-Struktur-Test (Klinischer Test)

2. Testmaterial Handanweisung (36 Seiten), Fragebogen, Auswertungsbogen, Schablonen; zusätzlich Schreibgerät.

3. Testgliederung Der Test umfaßt 77 Items (darunter 10 Items zur Offenheit und 1 Warming-Up-Item) zur Selbstbewertung aggressiven Verhaltens.

Als Faktoren enthält das Verfahren folgende Subskalen:
- Faktor 1 (spontane Aggressionen) mit 19 Items
- Faktor 2 (reaktive Aggressionen) mit 13 Items
- Faktor 3 (Erregbarkeit) mit 13 Items
- Faktor 4 (Selbstaggressionen bzw. Depressionen) mit 11 Items
- Faktor 5 (Aggressionshemmung) mit 10 Items

Die ersten drei Faktoren lassen sich zu einem Summenscore der Aggressivität zusammenfassen.
Viele Items des FAF sind im Freiburger Persönlichkeitsinventar (FPI) enthalten.

4. Grundkonzept Der FAF ist ein Teilergebnis der Entwicklung des Freiburger Persönlichkeits-Inventars (FPI) und soll Aussagen über die Bereitschaft zu aggressiven Verhaltensweisen bei Erwachsenen und Jugendlichen über 15 Jahren ermöglichen. Die zugrundeliegende Aggressionstheorie entspringt „lernpsychologischen Interpretationen aggressiven Verhaltens".
Die gesonderte Aufnahme der Aggressionsitems in einem eigenen Verfahren begründen die Autoren in der seit 1975 unveränderten Handanweisung u. a. mit der Möglichkeit, ausschließlich Aggressionsforschung betreiben zu können. So wurde der FAF seither sowohl in klinischer Diagnostik als auch in empirischer Forschung eingesetzt.
Zur Frage, ob sich aktuell der Einsatz des FAF in der klinischen Diagnostik nicht zuletzt aufgrund der sprachlichen Veränderungen der vergangenen 26 Jahre anbietet, wäre mit Hilfe der heutigen Aggressionsforschung eine lohnenswerte Prüfung erforderlich.

5. Durchführung **5.1 Alter:** Erwachsene und Jugendliche über 15 Jahre.

5.2 Formen: Der FAF kann als Einzel- oder Gruppentest durchgeführt werden. Eine computergestützte Fassung sowie ein Auswertungsprogramm liegt bei Hogrefe vor.

5.3 Handhabung: Papier-Bleistift-Test mit Instruktion auf der Vorderseite des Fragebogens. Die Probanden sollen bei ja/nein-Antwortmöglichkeit ankreuzen, ob die beschriebenen Aussagen zu aggressiven Verhaltensweisen auf sie zutreffen oder nicht. Zum Schluß geben sie durch Ankreuzen Auskunft über Alter, Geschlecht, Schulabschluß und Beruf.

5.4 Zeit: Die Testdauer liegt zwischen 10 und 20 Minuten.

6. Auswertung

6.1 Modus: Die Auswertung erfolgt mittels paßgenauer Schablonen, deren Ergebnisse im Auswertungsbogen als Rohwerte eingetragen werden und in Stanine-Werte, Prozentränge oder Standard-T-Werte transformiert werden können. Ein graphisches Profil über alle Faktoren inkl. Summenscore der Aggressivität wird auf einfache Weise abgebildet.

6.2 Zeit: Keine Angaben (ca. 5 Minuten pro Fragebogen).

7. Gütekriterien

7.1 Objektivität: Es liegen vollständige Durchführungs- und Auswertungsobjektivität vor.

7.2 Reliabilität: Die interne Konsistenz der Skalen wurde anhand der Normstichprobe zwischen r = .61 und r = . 79 ermittelt.

7.3 Validität: Validierungsstudien liegen mit jugendlichen (1969) und erwachsenen (1968) Straftätern vor. Darüber hinaus liegen Ergebnisse mit Studenten (1963 & 1966) und Psychotherapie-Patienten (1967) vor.

7.4 Normen: Normen liegen getrennt für beide Geschlechter und innerhalb der Geschlechter für die Altersstufen: 15 bis 30, 31 bis 50, über 50 Jahre vor. Zur Interpretation liegen Stanine-, Prozentrang- und Standard-T-Normen vor.
Die Normstichprobe entspricht allerdings der FPI-Stichprobe (N = 630) und wurde 1970 durch Befragung von Psychologie-Studierenden gewonnen.

8. Literatur

Herpertz, S., Saß, H. & Favazza, A. (1997). Impulsity in self-mutilative behavior: Psychometric and biological findings. *Journal of Psychiatric Research, 31*, 451–465.
Herpertz, S., Steinmeyer, E.M. & Saß, H. (1997). Defizite in der Impulskontrolle und Affektregulation bei PatientInnen mit offenen Selbstbeschädigungen. In H. Willenberg & S.O. Hoffmann, *Handeln – Ausdrucksform psychosomatischer Krankheit und Faktor der Therapie* (S. 126–132). Frankfurt a. M.: VAS Verlag für Akademische Schriften.
Koch, U. & Probst, P. (1977). Der Freiburger Aggressionsfragebogen (FAF) in Relation zum sozioökonomischen Status. *Diagnostica, 23*, 220–226.
Kohler, T. & Boelicke, T. (2000). Unterdrücken Personen mit rheumatoider Arthritis Ärger und Aggressionen? *Psychotherapie, Psychosomatik und Medizinische Psychologie, 50*, 157–160.
Schulte, N. (1997). *Wendung der Aggression gegen das Selbst? Empirische Studie zu Aggressivitätsfaktoren, Ärgerausdruck und Impulsivität bei Depressiven.* Ulm: Dissertation.

Verfasserin: Silke Lecher

Fragebogen zur Kausalattribuierung in Leistungssituationen (FKL)

M. Kessler
Weinheim: Beltz Test GmbH, 1988

1. Testart
Persönlichkeits-Struktur-Test

2. Testmaterial
Handanweisung, Fragebogen, Schablonen; zusätzlich: Schreibgerät.

3. Testgliederung
Der Fragebogen setzt sich aus 24 Situationsbeschreibungen (je 12 Erfolgs- und Mißerfolgssituationen) zusammen, denen jeweils vier Items zugeordnet sind. Die hieraus resultierenden 96 Items werden jeweils 8 Subskalen (je 12 Items) zugeordnet. Dabei handelt es sich um Anstrengung bei Erfolg (AE), Begabung bei Erfolg (BE), Schwierigkeiten bei Erfolg (SE), Zufall bei Erfolg (ZE), Anstrengung bei Mißerfolg (AM), Begabung bei Mißerfolg (BM), Schwierigkeiten bei Mißerfolg (SM) und Zufall bei Mißerfolg.

4. Grundkonzept
Grundannahme ist, daß subjektive Annahmen über die Ursache von Erfolg oder Mißerfolg Einfluß auf das Erleben und Verhalten, insbesondere auf die Leistungsmotivation, bei zukünftigen Anforderungen haben (z. B. Weiner, 1975).
Der FKL erfaßt verschiedene Kategorien subjektiver Ursachenzuschreibungen bei eingetretenen Erfolgen bzw. Mißerfolgen in verschiedenen Leistungssituationen. Aufgrund des Anwendungsschwerpunktes in der Schulberatung bezieht sich die Mehrheit der Leistungssituationen auf die Schule. Auf der Grundlage der Attributionstheorie (Rotter) erfaßt der FKL „die Attributionsgewohnheiten und -präferenzen von Schülern" (S. 4) in Erfolgs- bzw. Mißerfolgssituationen.

5. Durchführung
5.1 Alter: 13 bis 15 Jahre, 7. bis 9. Klasse.

5.2 Formen: Als Einzel- oder Gruppentest durchführbar. Es liegt eine computergestützte Fassung innerhalb des Hogrefe Testsystems vor.

5.3 Handhabung: Die Testanweisungen werden vom Testleiter laut vorgelesen, die Probanden sollen mitlesen. Nach der Bearbeitung von Beispielaufgaben und möglicher Rückfragen zum Verständnis oder Durchführung, erfolgt die eigenständige Bearbeitung durch die Probanden.

5.4 Zeit: 15 bis 25 Minuten, keine Zeitbeschränkung.

6. Auswertung
6.1 Modus: Die Auswertung erfolgt mit Hilfe von acht Auswertungsschablonen, die Rohwerte werden auf das Deckblatt aufgetragen.

6.2 Zeit: Keine Angaben (etwa 10 Minuten).

7. Gütekriterien

7.1 Objektivität: Bei Beachtung der vorgeschriebenen Durchführung und Auswertung vorhanden.

7.2 Reliabilität: Für die insgesamt drei Untersuchungsstichproben (N = 3330) wurde die innere Konsistenz mittels Cronbachs Alpha berechnet; für zwei Teilstichproben (N = 3051) mittels Kristof + Flanagan + Spearman-Brown. Die Koeffizienten liegen zwischen $r_{tt} = .54$ bis .86. In einer Teilstichprobe (N = 117) wurde die Retestreliabilität (2 bis 3 Monate später) ermittelt. Die Koeffizienten liegen zwischen $r_{tt} = .54$ bis .68.

7.3 Validität: Innerhalb der in der Entwicklung untersuchten fünf Stichproben wurden Untersuchungen zur Konstruktvalidität durchgeführt. In den Klassen 7. und 9. verschiedener Schultypen fand sich ein korrelativer Zusammenhang. Leistungsmotivierte Schüler sahen die Gründe ihres Erfolgs vornehmlich bei sich selber, ihren Anstrengungen und Fähigkeiten. In den Skalen AE, SE, ZE, AM und BM fand sich ein hochsignifikanter Unterschied zwischen hoch- und niedrigleistungsmotivierten Schülern der 7. und 9. Klasse. Des weiteren werden Untersuchungen hinsichtlich Lernmotivation, Schulangst/Leistungsangst, Selbstwertgefühl, schulischer Kontrollüberzeugung und Schulleistung dargestellt, welche die Konstruktvalidität des FKL belegen.

7.4 Normen: Die Rohwerte jeder Subskala können in Prozentränge und T-Werte transformiert werden. Zusätzlich werden T-Wert-Bänder angegeben. Die Eichstichprobe umfaßt 4064 Schüler der 7. bis 9. Klassen. Die Normen sind nicht nach Klasse, Alter oder Geschlecht getrennt.

8. Literatur

Weiner, D. (1975). *Die Wirkung von Erfolg und Mißerfolg auf die Leistung.* Stuttgart: Klett.

Krampen, G. (1989). *Diagnostik von Attribution und Kontrollüberzeugung.* Göttingen: Hogrefe.

Bearbeiter: Uwe Ruhl

Freiburger Persönlichkeitsinventar, revidierte Fassung (FPI-R)

J. Fahrenberg, R. Hampel und H. Selg

Göttingen: Hogrefe, 7., überarbeitete und neunormierte Auflage 2001

1. Testart Persönlichkeits-Struktur-Test (Klinischer Test)

2. Testmaterial Handanweisung, Fragebogen-Formular FPI-R (das ältere Formular A1 ist weiterhin beim Verlag erhältlich), Auswertungsschablone, Auswertungsbogen; zusätzlich: Schreibgerät.

3. Testgliederung Das FPI besteht aus 137 Items. Diese müssen vom Probanden auf einer dichotomen Skala (stimmt, stimmt nicht) beantwortet werden. Zusätzlich werden die Probanden gebeten, Angaben zu Geschlecht, Alter, Schulabschluß, Familienstand, Haushalt und Berufsausbildung bzw. -Gruppe zu machen.

4. Grundkonzept Bei dem vorliegenden FPI handelt es sich um eine Weiterentwicklung (FPI-R) bzw. um die zweite Neunormierung (1982, 1999) des erstmalig 1970 erschienenen Verfahrens. Im Vergleich zur Normierung 1982 (N = 2035), bei der nur Personen aus den alten Bundesländern berücksichtigt werden konnten, wurde die Neunormierung 1999 an N = 3740 Personen (1997 Frauen und 1743 Männer) aus dem gesamten Bundesgebiet durchgeführt. Der FPI-R enthält insgesamt 137 Items, die auf 10 Standardskalen und zwei Zusatzskalen aufgeteilt sind.

Die Standardskalen sind:

1. Lebenszufriedenheit
2. Soziale Orientierung
3. Leistungsorientierung
4. Gehemmtheit
5. Erregbarkeit
6. Aggressivität
7. Beanspruchung
8. Körperliche Beschwerden
9. Gesundheitssorgen
10. Offenheit

Die Zusatzskalen sind:

- E: Extraversion
- N: Neurotizismus

Die Skalen sollen repräsentative psychologische Merkmale erfassen, die in der Selbstbeschreibung von Personen einen wesentlichen Anteil besitzen

und zeitlich und strukturell von hoher stabilität sind. Hierbei wurde bewußt auf Beschreibungsdimensionen höherer abstrakter Ordnung (die Ausnahme hierbei bildet die E- und N-Skala) und die Erfassung psychopathologisch-klinischer Merkmalsbereiche verzichtet.
Zusammenfassend nennen die Autoren als hauptsächliche Anwendungsgebiete des FPI den Vergleich von Personen und Personengruppen untereinander und mit dem Durchschnitt der Bevölkerung hinsichtlich derer spezifischen Merkmale oder Auffälligkeiten sowie (mit Einschränkung) die Vorhersage biographischer, gesundheitlicher und soziodemographischer Kriterien. Auch der Einsatz als Instrument zur Selbst-Fremdeinstufung ist möglich. Zur Einzelfallverlaufsdiagnostik (Veränderungsmessung) über einen längeren Zeitraum ist der FPI nur bedingt einsetzbar.

5. Durchführung

5.1 Alter: Ab 16 Jahren.

5.2 Formen: Der FPI ist als Einzel- oder Gruppenverfahren durchführbar. Zudem kann der FPI-R mit entsprechender Instruktion als Verfahren zur Selbst- und Fremdeinstufung eingesetzt werden. Eine computergestützte Version ist im Hogrefe-Testsystem HTS vorhanden. Eine computergestützte „stand-alone"-Fassung und Auswertungssoftware ist nach Angabe des Verlags in Vorbereitung.

5.3 Handhabung: Die Probanden erhalten den Fragebogen, der eine ausführliche Instruktion enthält und sie um spontane Reaktionen bittet. Nach Möglichkeit sollten die Probanden auf die Untersuchung positiv eingestimmt werden. Die Handanweisung gibt noch weitere Hinweise zum Umgang mit einigen Fragen, die vor Beginn der Untersuchung aufkommen können.

5.4 Zeit: Keine Zeitbegrenzung; die Durchführung erfordert 10 bis 30 Minuten.

6. Auswertung

6.1 Modus: Die Skalenrohwerte werden mittels der Auswertungsschablone ermittelt, die bereits die Polung der Items berücksichtigt, und auf den separaten Auswertungsbogen übertragen. Anhand der im Anhang abgedruckten Normtabellen werden die Rohwerte in Stanine-Werte transformiert und in den Bogen eingetragen. Durch Verbindung der einzelnen Skalenwerte läßt sich ein „Persönlichkeitsprofil" erstellen.

6.2 Zeit: Ca. 10 bis 15 Minuten.

7. Gütekriterien

7.1 Objektivität: Durchführung und Auswertung können als objektiv bezeichnet werden.

7.2 Reliabilität: In der Neunormierung ergaben sich befriedigend hohe Reliabilitäten, die mittels Berechnung von Konsistenzkoeffizienten bestimmt wurden. Die Koeffizienten der 10 Skalen liegen zwischen .73 und .83 (M = .771) und für die Skalen Extraversion bei .81 und Neurotizismus bei .82.

7.3 Validität: Bei dem FPI handelt es sich um ein Verfahren, daß im deutschsprachigem Raum schon seit langer Zeit zu einer breiten Anwendung kommt (Übersetzungen in andere Sprachen liegen ebenfalls vor). Im Rahmen der Neunormierung ließ sich die bisherige faktorielle Struktur des FPI-R zu wesentlichen Anteilen replizieren, so daß zur Beurteilung der Validität auch auf Arbeiten vor der Neunormierung 1999 zurückgegriffen werden kann. Im Handbuch, aber z. B. auch bei Jehle und Fahrenberg (1994), sind eine Reihe Studien angeführt, die die Validität der Skalen des FPI-R hinreichend stützen.

7.4 Normen: Die Handanweisung enthält die Normen für den FPI-R (1999) und den FPI-A1 (1982) für die Gesamtstichproben und nach Geschlecht und Altersgruppen (16 bis 70 Jahre) getrennt.

8. Literatur

Jehle, M. & Fahrenberg, J. (1994). *Literaturverzeichnis zum Freiburger Persönlichkeitsinventar FPI 1983–1993.* Forschungsberichte des Psychologischen Instituts der Albert-Ludwigs-Universität Nr. 105, Freiburg i. Br., Psychologisches Institut.

Bearbeiter: Richard von Georgi

Gießen-Test (GT)

D. Beckmann, E. Brähler und H.-E. Richter
Bern: Huber, 4. Auflage 1991

1. Testart Persönlichkeits-Struktur-Test

2. Testmaterial Handanweisung, Fragebogen GT-S, Fragebogen GT-Fm, Fragebogen GT-Fw, Profilbogen und Schablonensatz; zusätzlich: Schreibmaterial.

3. Testgliederung Das Verfahren besteht aus 6 Skalen: soziale Resonanz, Dominanz, Kontrolle, Grundstimmung, Durchlässigkeit und soziale Potenz. Zwei zusätzliche Kontrollskalen erweitern die Interpretationsmöglichkeiten.

4. Grundkonzept Der auf psychoanalytischen Konzepten basierende GT soll dem Probanden die Möglichkeit bieten, ein Real- und Idealbild von sich selbst und ggf. einer anderen Person zu entwerfen. Berücksichtigt werden dabei die innere Verfassung und Umweltbeziehungen. Das Verfahren ist anwendbar zur Erhebung von Selbst-, Fremd-, Real- und Idealselbstbildern, von Auto- und Heterostereotypien und dgl. Es dient z. B. zu Vergleichszwecken und der Verlaufskontrolle über mehrere Erhebungszeitpunkte.

5. Durchführung **5.1 Alter:** Ab 18 Jahren.

5.2 Formen: Durchführung als Gruppen- und Einzeltest möglich. Es stehen die drei Testformen „Selbstbild", „Fremdbild männlich" und „Fremdbild weiblich" zur Verfügung.

5.3 Handhabung: Die Testanweisungen mit 40 bipolar formulierten Feststellungen sind vorgegeben. Auf einer siebenstufigen Skala ist der Grad, in dem diese zutreffen, einzuschätzen.

5.4 Zeit: Keine Zeitbegrenzung. Die Durchführung dauert in der Regel etwa 15 Minuten.

6. Auswertung **6.1 Modus:** Mit Hilfe der Schablonen wird für jede Skala der Testwert ermittelt und im Profilbogen eingetragen. Zu diesem Test existieren eine computergestützte Fassung sowie ein Auswertungsprogramm. (Nähere Informationen im Apparatezentrum.)
Die Handanweisung gibt eindeutige Hinweise zum Umgang mit fehlenden bzw. Doppelankreuzungen der Items.

6.2 Zeit: Keine Angaben.

7. Gütekriterien **7.1 Objektivität:** Durchführung und Auswertung können als objektiv bezeichnet werden.

7.2 Reliabilität: Analysen der inneren Konsistenz erbrachten für die 6 Skalen einen mittleren Korrelationskoeffizienten von .86. Retests nach sechs Wochen ergaben Werte zwischen r = .65 und r = .76 (N = 204).

7.3 Validität: In Untersuchungen an – nach klinischen und sozialpsychologischen Gesichtspunkten – unterschiedlichen Gruppen wurden verschiedene Skalenkonfigurationen gefunden. Faktorenanalytische Befunde ergänzen die Validitätskontrollen.
Eine korrelative Validierung des GT bei N = 2182 Probanden mit dem „Fragebogen zum erinnerten elterlichen Erziehungsverhalten" und dem „Inventar zur Erfassung interpersonaler Probleme" findet sich in Brähler et al. (1999).

7.4 Normen: T-Werte für 18- bis 60jährige entstammen der 3. Neustandardisierung aus dem Jahr 1989, die an N = 1575 Probanden durchgeführt wurde. Für ältere Probanden und diverse klinische Stichproben liegen statistische Vergleichswerte vor.
Eine aktuelle Normierung (1999) bei N = 1008 Ostdeutschen und N = 955 Westdeutschen (14 bis 92 Jahre) findet sich in Brähler und Richter (2000).

8. Literatur

Brähler, E. (1991). *Der Gießen-Test: 1968–1991. Eine Spezialbibliographie internationaler psychologischer Literatur.* Trier: ZPID (vergriffen). In erweiterter Form (Stand 1999) als Online-Dokument erhältlich (www.testzentrale.de).

Brähler, E., Schumacher, J. & Brähler, C. (1999). Erste gesamtdeutsche Normierung und spezifische Validitätsaspekte des Gießen-Test. *Zeitschrift für Differentielle und Diagnostische Psychologie 20*, 231–243.

Brähler, E. & Richter, H.-E. (2000). Das psychologische Selbstbild der Deutschen im Gießen-Test zur Jahrhundertwende. In O. Decker und E. Brähler (Hrsg.), *Deutsche – 10 Jahre nach der Wende* (S. 47–51). Psychosozial 80. Gießen: Psychosozial-Verlag.

Bearbeiter: Tewes Wischmann

Hamburger Neurotizismus- und Extraversionsskala für Kinder und Jugendliche (HANES-KJ)

F. Buggle und F. Baumgärtel

Göttingen: Hogrefe, 2., verbesserte Auflage 1975

1. Testart Persönlichkeits-Struktur-Test

2. Testmaterial Handanweisung, Fragebogen I und II (zusammenhängend), 2 Auswertungsschablonen; zusätzlich: Schreibgerät.

3. Testgliederung Die HANES-KJ besteht aus insgesamt 68 Items, Form I aus 36 Items, Form II aus 32 Items. Die beiden Testteile sind sowohl gemeinsam als getrennt anwendbar. Form I gliedert sich in eine 20 Items umfassenden Neurotizismus-Skala (N1) und die 16 Items umfassende Extraversions-Skala (E3), welche sich aus den jeweils 8 Items umfassenden Subskalen Geselligkeit (E1) und Aktivität (E2) zusammensetzt. Form II besteht aus einer zu Teil I parallelisierten Neurotizismus-Skala (N2) und einer 12 Items umfassenden Lügen-Skala (L). Die beiden Neurotizismus-Skalen aus Form I und II können zu einer Skala zusammengefaßt werden (N3).

2.1

4. Grundkonzept Die Konzepte Neurotizismus und Extraversion, die dem Fragebogen zugrunde liegen, lehnen sich eng an die theoretischen Auffassungen von Eysenck an. Die HANES-KJ beruht teilweise auf den Skalen des „Eysenck Personality Inventory" und des „Junior Eysenck Personality Inventory". Neurotizismus und und Extraversion sind korrelativ unabhängig voneinander. Neurotizismus wird hierbei im Sinne einer emotionalen Labilität, Extraversion als Aktivität und Lebhaftigkeit (S. 7) verstanden. Die beiden Subskalen Geselligkeit (E1) und Aktivität (E2) weisen einen nur geringe Korrelation zueinander auf, es fehlen allerdings, wie bei allen beschriebenen Skalen, Hinweise im Handbuch zur differentiellen Interpretation dieser beiden Subskalen. Mit Hilfe der Lügen-Skala (L) sollen Anzeichen (Stanine-Werte von 8 und 9) für eine „möglicherweise nicht vorliegender Bereitschaft zur Darlegung der eigenen psychischen Verfaßtheit" (S. 15) identifiziert werden. Es wird ein breites Anwendungsgebiet genannt, „wie Schulen, Kliniken, Erziehungs-, Berufsberatung u. a., zum anderen insbesondere im Bereich der wissenschaftlichen Forschung" (S. 15).

5. Durchführung **5.1 Alter:** 8 bis 16 Jahre.

5.2 Formen: Die HANES-KJ umfaßt zwei Formen I und II, welche gemeinsam oder einzeln durchgeführt werden können und die eine parallelisierte Neurotizismus Skala beinhalten. Das Verfahren kann als Einzel- oder Gruppenverfahren durchgeführt werden, des weiteren liegt eine computergestützte Fassung im Hogrefe Testsystem vor.

5.3 Handhabung: Die Instruktion ist altersabhängig: Bei 8- bis 10jährigen Probanden sollen Instruktionen und Fragen des HANES vorgelesen werden. Bei 10- bis 12jährigen Probanden sollen die Instruktionen laut vorgelesen werden, bei den 12- bis 16jährigen Probanden ist das selbständige Lesen der Instruktion ausreichend.

5.4 Zeit: Bei 8- bis 10jährigen Probanden ca. 30 bis 40 Minuten, bei 11- bis 16jährigen Probanden etwa 15 bis 20 Minuten. Die Zeitangaben sind für die Papier-Bleistift-Version gültig.

6. Auswertung

6.1 Modus: Mit Hilfe der Schablonen werden die Summenwerte der Skalen N1, N2, E1, E2 und L ermittelt. Durch Summation erhält man aus N1 und N2 die Skala N3 und aus E1 und E2 die Skala E3. Für alle Scores der sieben Skalen besteht die Möglichkeit der Transformation in Stanine-Werte, Prozentrangbereiche und eine verbale Klassifikation. Im Anhang wird ein von den Autoren zu beziehendes Computer-Programm, HANES TR (S. 31), beschrieben.

6.2 Zeit: Erfahrungsgemäß etwa 5 Minuten.

7. Gütekriterien

7.1 Objektivität: Bei Beachtung der vorgeschriebenen Durchführung und Auswertung vorhanden.

7.2 Reliabilität: Für die Gruppe der 10;6- bis 16;0jährigen liegt die innere Konsistenz (Kuder-Richardson) zwischen $r_{tt} = .83$ bis .93. Des weiteren liegen Angaben zur Retest-Reliabilität (3 Monate) getrennt für die beiden Altersgruppen der 8;6- bis 10;5jährigen (275 Jungen, 245 Mädchen) und der 10;6- bis 16;0jährigen (je 178 Jungen und Mädchen) zwischen $r_{tt} = .43$ bis .75 vor. „Im ganzen erscheinen die E-Dimensionen im angegebenen unteren Altersbereich weniger gesichert und nicht so stabil wie die Dimensionen Neurotizismus auf allen Altersstufen und die Extraversionsdimensionen im oberen Altersbereich“ (S. 11).

7.3 Validität: Es werden eine Reihe von Untersuchungen, teilweise nichtveröffentlicht, in der Handanweisung vorgestellt. Die Darstellung basiert auf einem „liberalisierten Konzept von Konstruktvalidität“ (S. 11). Neben anderen Untersuchungen werden Untersuchungen über verschiedene Stichproben (psychosomatische Patienten, verhaltensgestörte Kinder, Kinder mit Erziehungsschwierigkeiten und Kinder mit Symptomen der Verwahrlosung; insgesamt 255 Kinder und Jugendliche im Alter zwischen 10;6- bis 16;6 Jahren) und Korrelationen mit anderen Verfahren (u. a. KAT) als Beleg für die Konstruktvalidität, insbesondere der Neurotizismus Skalen, angeführt.

7.4 Normen: Die Eichstichprobe umfaßt 6333 Kinder und Jugendliche. Es handelt sich um Altersnormen von 8;0 bis 17;11, welche jeweils für einen Jahrgang gelten und nach Geschlecht getrennt vorliegen. Es liegen Stanine-Werte, Prozentrangbereiche und eine verbale Klassifikation vor, die Kennwerte der Eichstichprobe sind einsehbar (S. 27 ff.).

8. Literatur

Tewes, U. (1973). Emotionalität und Schulleistung: Einige Angaben zur Validität der HANES (KJ). *Diagnostica, 19,* 40–45.

Rossmann, P. & Pichler-Janisch, P. (1998). Zur Mutter-Kind-Übereinstimmung bei der Beurteilung der Depressivität, Neurotizismus und Extraversion von Kindern mittels DTK und HANES-KJ: Eine Multitrait-Multiinformant Studie. *Diagnostica, 44,* 182–188.
Deutsche Gesellschaft für Kinder- und Jugendpsychiatrie und Psychotherapie u. a. (2000). *Leitlinien zu Diagnostik und Therapie von psychischen Störungen im Säuglings-Kindes- und Jugendalter.* Köln: Deutscher Ärzteverlag.

Bearbeiter: Uwe Ruhl

Hamburger Persönlichkeitsfragebogen für Kinder (HAPEF-K)

H. Wagner und F. Baumgärtel

Göttingen: Hogrefe, 1978

1. Testart

Persönlichkeits-Struktur-Test

2. Testmaterial

Handanweisung, Fragebogen Teil 1 und Teil 2, Schablonen; zusätzlich: Schreibgerät.

3. Testgliederung

Der HAPEF-K besteht aus zwei Teilen (Teil 1: 66 Items; Teil 2: 63 Items), welche getrennt durchgeführt werden können. Teil 1 beinhaltet die Subskalen: Emotional bedingte Leistungsstörungen (EL, 22 Items), Initiale Angst/somatische Beschwerden (AS, 20 Items) und Aggression (AG, 24 Items). Der Teil 2 umfaßt die Subskalen Neurotizismus (NE, 25 Items), Reaktion auf Mißerfolg (RM, 11 Items) und Extraversion (EX, 13 Items).
Beide Testteile enthalten die parallelisierten Subskalen Neurotizismus (N1 und N2, je 13 Items), welche aus den Items der Subskalen EL, AS, NE und RM gebildet werden.

4. Grundkonzept

Der HAPEF-K wurde als multidimensionaler Persönlichkeitsfragebogen konzipiert, welcher sowohl die Selbst- wie Fremdbeurteilung zuläßt. Dabei sollte vor allem die „Lücke im Bereich des Instrumentariums der in der Bildungsforschung und Bildungsberatung Tätigen geschlossen werden" (S. 7). Neben den von Eysenck übernommenen Dimensionen Extraversion und Neurotizismus wurden hierzu ergänzende Dimensionen zur möglichst breiten Erfassung der Persönlichkeit von Kindern und Jugendlichen verwandt. Das Ziel, ein Verfahren zur Selbstbeurteilung zu entwickeln, wurde umgesetzt, eine Version zur Fremdbeurteilung ist hingegen nicht umgesetzt worden. Es fehlen Interpretationsbeispiele.

5. Durchführung

5.1 Alter: 9;0 bis 13;11 Jahre.

5.2 Formen: Es liegen zwei Formen (Teil 1 und 2) vor, welche getrennt angewandt werden können. Der HAPEF-K ist als Einzel- oder Gruppentest durchführbar und liegt im Rahmen des Hogrefe Testsystems als computergestützte Fassung vor.

5.3 Handhabung: Kinder unter 10 Jahren sollten möglichst in einer Einzelsituation untersucht werden (S. 38). Der Testleiter liest die Anweisung laut vor und fordert die Probanden auf, leise mitzulesen. Nach der Überprüfung des Verständnisses der Anweisung wiederholt der Testleiter vier gesondert angeordnete Sätze.

5.4 Zeit: Bei jüngeren Kindern je Teil ca. 40 Minuten, bei älteren Kindern je Teil 20 bis 30 Minuten. Die Angaben sind für die Papier-Bleistift-Angaben gültig.

6. Auswertung

6.1 Modus: Die Auswertung erfolgt mit Hilfe der Auswertungsschablonen. Die Rohwerte für die einzelnen Subskalen werden ermittelt und mit Hilfe der Normentabellen in C-Werte und PR-Werte transformiert.

6.2 Zeit: Erfahrungsgemäß etwa 5 Minuten für jeden Teil.

7. Gütekriterien

7.1 Objektivität: Bei Beachtung der vorgeschriebenen Durchführung und Auswertung vorhanden.

7.2 Reliabilität: In einer Stichprobe von 1297 Kindern liegt die Retest-Reliabilität (23 Monate) zwischen $r_{tt} = .38$ bis .52. Die interne Konsistenz (Hoyt-Verfahren) für die Gesamtskalen liegt zwischen .82 bis .90 (N = 3076), darüber hinaus liegen Angaben zu weiteren Maßen der internen Konsistenz vor.

7.3 Validität: Es liegen Angaben zur internen, externen und konkurrierenden Validität vor. Die korrelativen Zusammenhänge zum HAVEL (N = 920) sind zwar signifikant, sind insgesamt eher gering (r = –.15 bis r = .28): „Offensichtlich differieren Selbst- und Fremdbild" (S. 34). Zur konkurrierenden Validität liegt eine Untersuchung (Viertklässler, N = 230) mit dem Angstfragebogen für Schülerund dem Anstrengungsvermeidungstest vor, r = –.13 bis r = .61; die Faktorenstruktur (VARIMAX-Kriterien) ist stabil.

7.4 Normen: Die Standardisierungsstichprobe umfaßt 3168 Kinder im Alter zwischen 9- bis 13 Jahren, 1670 Mädchen und 1498 Jungen. Die Rohwerte können in CW-Werte, PR-Werte sowie in eine verbale Klassifikation transformiert werden. Sie sind nach Alter und Geschlecht getrennt.

8. Literatur

Wagner, H. (1978). *Die Hamburger Verhaltensbeurteilungsliste – HAVEL.* Göttingen: Hogrefe.

Tent, L. & Stelzl, I. (1993). *Pädagogisch-psychologische Diagnostik.* Göttingen: Hogrefe.

Bearbeiter: Uwe Ruhl

Ich-Struktur-Test nach Ammon (ISTA)

G. Ammon, G. Finke und G. Wolfrum
Frankfurt a. M.: Swets Test Services, 1998

1. Testart Persönlichkeits-Struktur-Test

2. Testmaterial Handanweisung (DIN A4, 104 Seiten), Fragebogen mit Auswertungsblatt, Profilblatt, Auswertungsdiskette; zusätzlich: Schreibgerät.

3. Testgliederung Der ISTA umfaßt 231 Items, die 18 Skalen, den 6 „Humanfunktionen“, mit den 3 Ausprägungen „konstruktiv“, „destruktiv“ und „defizitär“ zugeordnet sind:

Aggression:	konstruktiv (13 Items) destruktiv (14 Items) defizitär (14 Items)
Angst:	konstruktiv (12 Items) destruktiv (10 Items) defizitär (13 Items)
Ich-Abgrenzung nach außen:	konstruktiv (11 Items) destruktiv (11 Items) defizitär (11 Items)
Ich-Abgrenzung nach innen:	konstruktiv (12 Items) destruktiv (9 Items) defizitär (11 Items)
Narzißmus:	konstruktiv (12 Items) destruktiv (12 Items) defizitär (12 Items)
Sexualität:	konstruktiv (12 Items) destruktiv (13 Items) defizitär (11 Items)

Am Ende des Fragebogens stehen 9 Fragen zur Person (Geschlecht, Familienstand, Partnersituation, Schulabschluß, berufliche Stellung, Beschäftigungssituation, psychotherapeutische Behandlung, Gebrauch psychopharmakologischer Medikamente).

4. Grundkonzept Der ISTA ist ein psychoanalytisch orientierter Persönlichkeitsfragebogen, der auf der humanstrukturellen Theorie der Dynamischen Psychiatrie Günter Ammons basiert. Innerhalb des „Humanstrukturmodells“ (Ammon, 1976) wird das Unbewußte als Ort der kreativen Kräfte und Entwicklungsmöglichkeiten eines Menschen definiert. Der ISTA erfaßt die Persönlichkeitsbereiche oder „zentralen Humanfunktionen“ von Aggression, Angst, Abgrenzung nach außen und innen, Narzißmus und Sexualität. Diese werden als synergistisch miteinander verwoben betrachtet und können, abhängig von der Qualität zwischenmenschlicher Beziehungserfahrungen, konstruktiv, destruktiv oder defizitär sein. Sie werden in der frühen Kindheit verinnerlicht und bestimmen so wesentlich die Struktur des Unbewußten. Ziel des ISTA ist es, möglichst differenziert den aktuellen Entwicklungsstand der Persönlichkeit eines Menschen in seinen unbewußten Strukturmerkmalen und durch Verlaufsmessungen deren mögliche Veränderungen zu erfassen. Sowohl psychisch auffällige Bereiche als auch konstruktiv entwickelte Bereiche eines Menschen werden erfaßt. Der ISTA soll veränderungssensitiv sein und die wesentlichen Persönlichkeitsvariablen ansprechen. Die differenzierte Erfassung der Humanstruktur eines Menschen dient als Ausgangspunkt einer Therapie und deren Verlaufs- und Erfolgskontrolle. Auf der Basis eines dynamischen und prozeßhaften Gesundheitsverständnisses wird Gesundung als Entwicklung von Struktur verstanden.

Die sechs zu erfassenden Bereiche der Humanstruktur werden in ihren drei möglichen Ausprägungen im Manual ausführlich beschrieben und operationalisiert (S. 16 ff.).

Wesentliche Anwendungsbereiche des ISTA liegen in der psychoanalytischen Persönlichkeitsforschung, der Theorieevaluation, der Entwicklungsdiagnostik, der Therapieverlaufs- und Effizienzforschung, der Ermittlung von Kontakt- und Arbeitsfähigkeit und der Gruppendiagnostik. Er hat Behandlungsrelevanz und somit auch eine therapeutische Funktion, da die Ergebnisse unmittelbar in den therapeutischen Prozeß mit einbezogen werden können.

5. Durchführung

5.1 Alter: 16 bis 75 Jahre.

5.2 Formen: Der ISTA ist als Einzel- oder Gruppentest durchführbar. Parallelformen existieren nicht.

5.3 Handhabung: Den Probanden wird der Fragebogen vorgelegt. Sie lesen die Instruktion auf dem Deckblatt des Fragebogens durch und beantworten dann die 213 Items gemäß der Instruktion hinsichtlich ihres Zutreffens als Alternativantworten (ja/nein). Bei besonders schwer erkrankten psychiatrischen Patienten kann es erforderlich sein, sowohl die Instruktion als auch einzelne Items vorzulesen und die Antworten zu registrieren. Im Anschluß werden die demographischen Fragen beantwortet.

5.4 Zeit: Keine Zeitbegrenzung; die Bearbeitung (Netto) dauert in der Regel 10 bis 20 Minuten (Bruttozeit ca. 15 bis 25 Minuten).

6. Auswertung

6.1 Modus: Die Auswertung erfolgt wegen der bereits festgestellten Fehleranfälligkeit beim Gebrauch von Schablonen ausschließlich über das Auswertungsprogramm auf der beiliegenden Auswertungsdiskette. Hinweise zur Benutzung der Diskette werden in der Handanweisung nicht gegeben. Das Programm ist jedoch bequem auf dem PC zu installieren (Microsoft Windows 95 oder höhere Version). Es bietet die Optionen der Dateneingabe

und -auswertung, des nachträglichen Korrigierens von Testdaten, der Ermittlung von Rohwerten und Normwerten (T-Werte), der Profildarstellung, der Ermittlung der Antwortverteilung, des Ausdrucks der Ergebnisse und der Skalenanalyse. Ein Hilfeprogramm erleichtert die Handhabung.
Da die Profile ausgedruckt werden können, erübrigt sich in der Regel ein gesondertes Ausfüllen der Profilblätter.
Für die Interpretation der Daten sind in der Handanweisung Interpretationsbeispiele angegeben (S. 32 ff.). Hinweise auf typische Strukturmuster (gesunde Persönlichkeit, neurotische Struktur, Borderline-Struktur, narzißtische depressive Struktur, schizophrene bzw. psychotische Struktur) werden gegeben.

6.2 Zeit: Keine Angaben.

7. Gütekriterien

7.1 Objektivität: Bei rein formaler Anwendung in Durchführung und Auswertung voll gegeben.

7.2 Reliabilität: Die interne Konsistenz der einzelnen Skalen (Cronbachs Alpha) wurde für die Eichstichprobe (N = 1001) und eine Patientengruppe einer Klinik für Dynamische Psychiatrie (N = 134) ermittelt. Cronbachs Alpha variiert über die Skalen zwischen .60 und .82 bei der Eichstichprobe und zwischen .69 und .81 bei der Patientengruppe.
Die Retest-Reliabilität wurde an einer Gruppe von N = 46 Probanden, die sich nicht in psychotherapeutischer oder psychiatrischer Behandlung befanden, bei einem Meßwiederholungsintervall von 2 bis 3 Monaten überprüft. Für die verschiedenen Skalen liegt sie zwischen $r_{tt} = .55$ und $r_{tt} = .90$. Die niedrigsten Retest-Reliabilitäten wurden für konstruktive ($r_{tt} = .55$) und destruktive Angst ($r_{tt} = .68$) sowie für destruktive ($r_{tt} = .59$) und defizitäre Abgrenzung nach außen ($r_{tt} = .66$) ermittelt, woraus die Autoren schließen, daß es sich hierbei um situationsspezifische, stärker fluktuierende Merkmale handelt. Die weiteren Konstrukte können als zeitlich stabil und somit als Strukturmerkmale betrachtet werden.

7.3 Validität: Der Darstellung der Validitätsbestimmung des Verfahrens räumen die Autoren in der Handanweisung großen Raum ein. Es wurden sowohl Skaleninterkorrelationen, Faktorielle Validität, Beziehungen zu vorliegenden Persönlichkeitstests (Gießen-Test, Beckmann & Richter; MMPI, Hathaway & McKinley), Beziehungen zu Abwehrmechanismen (Life Style Index, Pluchik & Conte), Beziehungen zu körperlichen und psychischen Symptomen (SCL-90, Franke) und der Intelligenz (HAWIE-R, Tewes) bestimmt. Weiterhin wurde die Validität im Vergleich klinischer Gruppen mit der Normalbevölkerung ermittelt sowie anhand von Untergruppen der Eichstichprobe (Psychotherapie/Einnahme von Psychopharmaka, Partnersituation, Schulabschluß/Beschäftigungssituation, Einkommen, alte versus neue Bundesländer), anhand von Profilen klinischer Gruppen (depressiv, psychotisch, borderline) und als Evaluation von Therapieeffekten. Die Mehrzahl der Studien weisen auf eine ausreichend hohe Validität des Verfahrens hin.

7.4 Normen: Es liegen Normwerte (T-Werte) für die Altersstufen von 16 bis 49 Jahren sowie für die Altersstufe von 50 bis 75 Jahren vor (S. 101 ff.).

Verfasser: Rolf Deubner

Kinder-Angst-Test-II (KAT-II)

F. Thurner und U. Tewes
Göttingen: Hogrefe, 2000

1. Testart Persönlichkeits-Struktur-Test

2. Testmaterial Handanweisung, 3 Fragebogen, Auswertungsbogen; zusätzlich: Schreibmaterial.

3. Testgliederung Der KAT-II besteht aus einem Ängstlichkeitsfragebogen, bestehend aus 18 Items (Form A), sowie aus zwei Angstzustandsfragebogen zur Erwartungsangst (Form P) und zur erinnerten Angst (Form R) mit jeweils 10 Items.

4. Grundkonzept Alle drei Formen des KAT-II stellen einen Selbstbeurteilungs- oder Selbstbeobachtungsfragebogen dar.

Die Form A soll den allgemeinen Ängstlichkeitsgrad eines Kindes messen, den die Autoren als „einen längerfristig relativ konstant bleibenden und individuell verschiedenen Anfälligkeitsgrad" (S. 5), in unterschiedlichen Situationen mit Angst und Besorgtheit zu reagieren, definieren. Die Angstzustandsfragebogen sollen hingegen „den Ausprägungsgrad von konkreten Angstzuständen" (S. 5) erfassen. Die Items der Form P beziehen sich auf das Vorliegen oder Fehlen von zehn Angstsymptomen während der Fragenbeantwortung, und die Items der Form R, deren Inhalte mit denen der Form P übereinstimmen, beziehen sich auf die Phase, in der das gefürchtete Ereignis bereits vorüber ist.

Der KAT-II ist sowohl im klinischen als auch im pädagogischen Bereich einsetzbar. Weitere Anwendungsbereiche ergeben sich bei medizinischen und zahnmedizinischen Maßnahmen sowie bei psychologischen Begutachtungen von Kindern und Jugendlichen während eines Gerichtsverfahrens.

5. Durchführung **5.1 Alter:** Ca. 9 bis 15 Jahre.

5.2 Formen: Der KAT-II ist als Einzel- und als Gruppenverfahren für deutschsprachige Schulkinder einsetzbar. Es ist bei ausschließlicher „Bestimmung des allgemeinen Ängstlichkeitsgrades eines Kindes" (S. 20) möglich, nur die Form A durchzuführen, während die Formen P und R nie ohne die Form A angewendet werden sollten.

5.3 Handhabung: Die Instruktionen auf der Vorderseite des Fragebogens sind von dem Kind durchzulesen, wobei ihm gesagt wird, daß es keine richtigen oder falschen Antworten gäbe, sondern nur ehrliche und unehrliche. Jeder ausgefüllte Fragebogen sollte eingesammelt werden, bevor der nächste Bogen ausgeteilt wird.

5.4 Zeit: Keine Zeitbegrenzung. Die Durchführung der Form A erfordert je nach Alter des Kindes ca. 5 bis 15 Minuten, während sich die Durchführungszeit für die Formen P und R pro Fragebogen halbiert.

6. Auswertung

6.1 Modus: Für die Ermittlung der Rohwerte werden für alle drei Formen getrennt die Punkte der Antwortreaktionen summiert. Die Rohwerte der Form A werden mit Hilfe von Normierungstabellen in Centilwerte und Prozentränge transformiert, wobei eine geschlechtsspezifische Unterscheidung erfolgt. Die Rohwerte der Zustandsskalen werden jeweils einem von vier Quartilen zugeordnet. Zusätzlich werden die Rohwertdifferenzen zwischen den Formen P und R erhoben, und es sollten Beobachtungs- und Explorationsdaten auf dem Auswertungsbogen festgehalten werden.

6.2 Zeit: Keine Angaben.

7. Gütekriterien

7.1 Objektivität: Objektivität in bezug auf Durchführung, Auswertung und Interpretation kann als gegeben angesehen werden.

7.2 Reliabilität: Anhand Cronbachs Alpha wurden die inneren Konsistenzen der Formen A, P und R bestimmt. Die Ängstlichkeitsskala (18 Items) weist ein $\alpha = .81$ auf ($N = 2037$), Form P (Erwartungsangst) ein $\alpha = .77$ und Form R (erinnerte Angst) ein $\alpha = .78$ (die State-Skalen wurden an $N = 1438$ Kindern in Belastungssituationen evaluiert). Die Werte für die beiden Zustandsformen liegen im Vergleich zu Form A aufgrund der geringeren Zahl von 10 Items etwas niedriger. Insgesamt können die Werte für die innere Konsistenz als zufriedenstellend angesehen werden.

7.3 Validität: Die empirischen Ergebnisse bestätigen folgende Annahmen:
- Die Erwartungsangst und die anschließend erinnerte Angst beziehen sich auf dieselbe Belastungssituation (aus verschiedenen Perspektiven).
- Zustandsängste spiegeln auch die situationsspezifischen Ängste wider, während die allgemeine Ängstlichkeit vorwiegend für die personenspezifischen Aspekte des Angsterlebens steht.

Die Angstzustandsskalen (Form P und Form R) korrelieren $r = .70$ miteinander. Die Korrelationen „Erwartungsangst" mit „Ängstlichkeit" ergeben $r = .54$ und „erinnerte Angst" mit „Ängstlichkeit" $r = .53$. Während beide Aspekte der Zustandsangst eine gemeinsame Varianz von 49 % haben, weisen sie mit „Ängstlichkeit" eine gemeinsame Varianz von 27 % auf.
Korrelationen der Ängstlichkeitsskala mit anderen Testverfahren (z. B. PFK 9–14, AFS, HANES-KJ, DTK) belegen die Konstruktvalidität.

7.4 Normen: Die Normierung des KAT-II erfolgte anhand einer Erhebung an 2.037 Kindern im Alter von 9 bis 15 Jahren. Es liegen Centil- und Prozentrangwerte für Jungen und Mädchen vor. Außerdem sind Quartilwerte für die Form P und die Form R in verschiedenen Belastungssituationen angeführt sowie eine Skala zur relativen Häufigkeit der Rohwertdifferenzen zwischen den beiden Zustandsskalen in verschiedenen Belastungssituationen.

Bearbeiter: Hans-Jörg Walter

Leistungsmotivationstest (LMT)

H.J.M. Hermans, F. Petermann und W. Zielinski
Frankfurt a. M.: Swets Test Services, 1978

1. Testart

Persönlichkeits-Struktur-Test

2. Testmaterial

Handanweisung (DIN A 4 Ringheft, 33 Seiten); ein Fragebogenexemplar, vier Auswertungsschablonen; zusätzlich: Schreibgerät.

3. Testgliederung

Der Fragebogen enthält insgesamt 56 Items aus vier Skalen, die nach Multiple-choice-Methode (zwei bis vier Antwortalternativen) selbst eingeschätzt werden sollen.

4. Grundkonzept

Das Leistungsmotiv wird laut Handanweisung als Persönlichkeitsmerkmal und damit als relativ überdauernd und stabil betrachtet; in spezifischen Situationen führt es zu Leistungssteigerungen. Als hiervon unabhängiges Konstrukt wird in diesem Test die Mißerfolgsfurcht erfaßt, von der F– als die negative von F+ der positiven Mißerfolgsfurcht unterschieden wird; als Unterscheidungskriterium gilt das für bestimmte Leistungssituationen optimale Spannungsniveau. Nach theoriegeleiteter Aufgabenkonstruktion und mehreren Itemanalysen ergaben sich für die niederländische Originaltestform PMT (Hermans, 1967) drei Skalen (L, F– und F+) mit insgesamt 89 Items. In der deutschen Adaptation wurden die Items übersetzt und nachfolgend Homogenitätsanalysen (Faktorenanalysen, Raschskalierungen) unterzogen. Auf der Grundlage dieser Ergebnisse wurden aus dem Leistungsmotiv zwei Subskalen abgeleitet: L1 Leistungsstreben und L2 Ausdauerund Fleiß (vgl. Petermann & Zielinski, 1979).
Die endgültige Version besteht aus insgesamt 56 Items, die sich zu je 28 auf die Hauptdimensionen L und F verteilen (L1 = 15, L2 = 13 und F– = 18, F+ = 10 Items). Die Autoren weisen darauf hin, daß ihr Instrument für Forschungsarbeiten und nach weiterer empirischer Absicherung auch zu Beratungszwecken bei Leistungsproblemen einsetzbar ist. Als Selektionskriterium ist der Fragebogen aufgrund der Abhängigkeit von Faktoren der sozialen Erwünschtheit eher ungeeignet.

5. Durchführung

5.1 Alter: Augenscheinlich ab 15 Jahre.

5.2 Formen: Nicht ausdrücklich, jedoch sicherlich als Einzel- und Gruppentest durchführbar.

5.3 Handhabung: In der Handanweisung befinden sich keine Angaben zur Durchführung. Auf der Vorderseite des Fragebogens ist jedoch die Instruktion abgedruckt.

5.4 Zeit: Keine Angaben.

6. Auswertung

6.1 Modus: Für jede Subskala liegt eine Auswertungsschablone vor. Die Rohwerte werden auf der Rückseite des Fragebogens in die vorgegebenen Spalten eingetragen. Nach der in der Handanweisung befindlichen Tabelle (S. 15) können die Rohwerte skalenspezifisch in T-Werte transformiert werden.

6.2 Zeit: Keine Angaben.

7. Gütekriterien

7.1 Objektivität: Durchführung, Auswertung und Interpretation können als objektiv gelten.

7.2 Reliabilität: Die Split-Half-Reliabilität der vier Skalen bewegt sich in der Stichprobe von N = 96 Studenten zwischen .62 und .84. Die Retestkoeffizienten liegen für die Stichprobe von N = 23 Studenten nach einem Wiederholungszeitraum von sechs Wochen zwischen .74 und .84.

7.3 Validität: Es liegen Untersuchungsergebnisse mit der niederländischen Form (PMT; Hermans, 1967) vor. Hier zeigt sich unter anderem, daß die Skala F– signifikante Beziehungen zu Intelligenztestdaten (Handlungs-, Verbal- und Gesamt-IQ im Wechsler-Intelligenztest; Untertest 1/2 im LPS von Horn) aufweist.
In einer weiteren Studie (vgl. Schultz & Pomerantz, 1974), in der 93 Schüler und 69 Schülerinnen der 9. Klasse getrennt voneinander untersucht wurden, ergaben sich für beide Gruppen mit r = .56 signifikante Zusammenhänge zwischen der L-Skala und dem Notendurchschnitt sowie zwischen der L-Skala und dem Fragebogen zur Erfassung der Selbstverantwortlichkeit für die intellektuelle Leistung nach Crandall und Mitarbeitern mit r = .70 für die Schüler und r = .29 für die Schülerinnen. Wottruba und Price (1975) ermittelten bei 65 Studenten einen Zusammenhang von r = .30 zwischen der L-Skala des PMT und Ergebnissen im thematischen Apperzeptionsverfahren TAT nach McClelland.
Eine Variation der Untersuchungsbedingung hinsichtlich der sozialen Erwünschtheit führte zu einer signifikanten Mittelwertsdifferenz auf der Dimension L. Die Darbietung des Tests als „Ausleseinstrument in Bewerbungssituationen" führte zu höheren Ausprägungen auf der L-Skala als die Darbietung unter der Vorgabe „Versuchsbedingung zur Testkonstruktion". Zudem stellten sich die Probanden unter Prüfungssituationen als weniger beeinträchtigt (F–) und von der Prüfungsanspannung als eher gefördert dar (F+). Aufgrund dieser Verfälschungstendenzen wird der Einsatz des Verfahrens unter Selektionsbedingungen als wenig geeignet bezeichnet.

7.4 Normen: Es liegen T-Normwerte von deutschen Schülern für die Altersgruppe 15 bis 20 Jahre (N = 587) sowie Vergleichswerte (M; SD) einer Stichprobe von N = 96 Psychologiestudenten vor.

8. Literatur

Hermans, H.J.M. (1967). *Prestatie Motivatie Test.* Amsterdam: Swets & Zeitlinger.
Petermann, F. & Zielinski, W. (1979). Der L-M-T – ein Verfahren zur Erfassung der Leistungsmotivation. *Diagnostica, 25,* 351–364.
Schultz, C.B. & Pomerantz, M. (1974). Some problems in the application of achievement motivation to education: The assessment of motive to succeed and probability of success. *Journal of Educational Psychology, 66,* 599–608.
Wottruba, T.R. & Price, K.F. (1975). Relationships among four measures of

achievement motivation. *Educational and Psychological Measurement, 35,* 911–914.

Bearbeiter: Carmen Fromme und Richard von Georgi

Leistungsmotivationstest für Jugendliche (LMT-J)

H.J.M. Hermans
Deutsche Fassung von U. Undeutsch
Frankfurt a. M.: Swets Test Services, 1976

1. Testart

Persönlichkeits-Struktur-Test

2. Testmaterial

Handanweisung (DIN-A5-Ringheft, 37 Seiten), Testheft, Antwortblätter, fünf Auswertungsschablonen; zusätzlich Schreibgerät.

3. Testgliederung

Der Test besteht aus 81 Items, die fünf Subskalen zugeordnet werden. Pro Item werden zwei bis drei Antwortalternativen vorgegeben.

4. Grundkonzept

Aufgrund der Tatsache, daß inhaltsanalytische Verfahren zur Erfassung des Leistungsmotivs umstritten sind, es jedoch an einer Alternative zur ökonomischen Selbsteinschätzung in deutscher Sprache fehlte, wurde der in den Niederlanden entwickelte „Prestatie Motivatie Test voor Kinderen – PMT-K" (vgl. Hermans, 1971) übersetzt und verkürzt. Der LMT-J zielt auf die Erfassung der individuellen Ausprägung des Motivs zum Einbringen guter Leistungen, vornehmlich auf intellektuellem Gebiet, ab. Er soll laut Handanweisung zur Prognose des Schulerfolgs und zur Diagnose von Schulschwierigkeiten beitragen sowie der Schullaufbahnberatung dienen.
Unterschieden werden vier Komponenten, die gemeinsam in ihren Wechselwirkungen das Leistungsmotiv konstituieren und die hier entsprechend in vier Skalen getrennt voneinander erfaßt werden:
1) Leistungs- und Erfolgsstreben (LS; 28 Items)
2) positive (= leistungsfördernde) Erfolgsbesorgtheit (E+; 17 Items)
3) negative (= leistungsmindernde) Erfolgsbesorgtheit (E-; 17 Items)
4) eine aus E– und E+ kombinierte, bipolare Skala (E komb.)

Weitere 19 Items bilden eine fünfte Skala:
5) soziale Erwünschtheit (SE)

Diese zusätzliche Skala wird nicht als Prädiktorvariable benutzt, sondern soll die Neigung des Probanden erfassen, das eigene Verhalten als sozial erwünscht zu beschreiben. Ihre Berücksichtigung und Interpretation soll laut Handanweisung dazu beitragen, die Validität des Tests zu erhöhen.

5. Durchführung

5.1 Alter: 12 bis 16 Jahre.

5.2 Formen: Als Einzel- und Gruppentest durchführbar.

5.3 Handhabung: Jeder Proband erhält ein Testheft und einen Antwortbogen. Die Instruktion ist auf der Vorderseite des Testhefts angegeben; sie soll vom Testleiter laut vorgelesen werden.

Die Handhabung von Testheft in Kombination mit dem Antwortblatt erfordert hohe Konzentration.

5.4 Zeit: 20 bis 55 Minuten. Um extrem lange Bearbeitungszeiten zu vermeiden, sollte der Testleiter laut Handanweisung zur zügigen Bearbeitung auffordern.

6. Auswertung

6.1 Modus: Es liegen, gesondert nach Skalen, Auswertungsschablonen vor. Die Skalenrohwerte werden mit Hilfe der Normtabellen in Stanine-Werte transformiert und auf der Rückseite des Antwortblattes eingetragen.

6.2 Zeit: Keine Angaben.

7. Gütekriterien

7.1 Objektivität: Durchführung, Auswertung und Interpretation können als objektiv gelten.

7.2 Reliabilität: Die Berechnung der Split-Half-Reliabilität wurde an der Eichstichprobe (N = 2838) vorgenommen und bewegt sich bei den vier das Leistungsmotiv konstituierenden Skalen im Bereich von r = .79 und r = .88. Für die Skala SE wurden Werte von r = .72 (Jungen) und r = .75 (Mädchen) ermittelt.

7.3 Validität: Da alle in der endgültigen Fragebogenfassung übernommenen Fragen eine hohe Ladung auf einem Faktor aufweisen, wird die faktorielle Validität als gesichert angesehen.
Zur Kriteriumsvalidierung wurden multiple Korrelationskoeffizienten unter anderem zwischen dem Notendurchschnitt von Schülern unterschiedlicher Schularten mit den Skalen LS und E kombiniert berechnet. Am deutlichsten ergab sich ein Zusammenhang mit dem Notendurchschnitt von Gymnasiasten: Mädchen weisen hier einen Wert von r = .41, Jungen einen Koeffizienten von r = .50 auf. Insgesamt haben die Werte einen zum Teil höheren Bezug zum Schulerfolg als die Zusammenhangsmaße zwischen Intelligenztestergebnissen und Schulleistungen.
In einer weiteren Untersuchung zur Konstruktvalidierung wurden auf der Grundlage des Frankfurter Analogietests (FAT) Schüler in over- und underachiever eingeteilt, das heißt Schülergruppen gebildet, die in ihren Schulleistungen erheblich unter oder über dem Niveau lagen, welches nach ihren intellektuellen Leistungen zu erwarten gewesen wäre. Für die Skala LS ergaben sich signifikante Mittelwertsunterschiede zwischen beiden Gruppen, unabhängig von Schulart oder Geschlecht. Zudem wies die Gruppe der underachiever niedrigere Mittelwerte in der Skala E+ und höhere in der Skala E– auf, die jedoch nur z. T. statistisch signifikant waren.

7.4 Normen: In der Eichstichprobe von 2838 Schülerinnen und Schülern Nordrhein-Westfalens verschiedener Schulen im Alter zwischen 12 und 16 Jahren wurden varianzanalytische Unterschiede sowie deutliche Abweichungen von der Normalverteilung festgestellt. Dementsprechend wurden Stanine-Normwerte angegeben, die geschlechtsspezifisch und zusätzlich nach jeweils fünf Altersklassen (12 bis 16 Jahre) sowie fünf Klassenstufen (6.–10. Klasse) unterteilt sind (insgesamt 20 Tabellen).

8. Literatur

Hermans, H.J.M. (1971). *Prestatiemotief en faalangst in gezin en onderwijs.* Amsterdam: Swets & Zeitlinger.

Bearbeiterin: Carmen Fromme

2.1

Leistungsmotivationsgitter (LM-Gitter)

H.-D. Schmalt
Göttingen: Hogrefe, 1976

1. Testart

Persönlichkeits-Struktur-Test

2. Testmaterial

Testmappe mit Handanweisung, 5 Testhefte, Auswertungsschablonen; zusätzlich: Bleistift.

3. Testgliederung

Der Test besteht aus 18 bildlich dargestellten Situationen in den Testheften, die zu sechs Situationsbereichen (mit jeweils 3 Einzelsituationen) zusammengefaßt werden. Die Situationsbereiche gliedern sich wie folgt:
1. Manuelle Tätigkeiten (MANUELL)
2. Musikalische Tätigkeiten (MUSIK)
3. Schulische Tätigkeiten (SCHULE)
4. Selbständigkeit und Selbstbehauptung (SELBST)
5. Hilfe-gewährende Tätigkeiten (HELFEN)
6. Sportliche Tätigkeiten (SPORT)

Unter den Situationsbildern finden sich 18 Aussagen, die von den Probanden im Testheft bearbeitet werden sollen. Name, Alter und Schulstufe des Kindes lassen sich auf dem Testheft festhalten.

4. Grundkonzept

Den theoretische Hintergrund bilden hinsichtlich formaler Eigenschaften interaktionistische Konzepte der Persönlichkeitstheorie und in inhaltlicher Hinsicht kognitive Ansätze der Leistungsmotivationstheorie (vgl. Schmalt, 1976).
Ausgehend von der Annahme, daß ein Leistungsmotiv nicht direkt, sondern nur in einer situationsspezifischen Aktualisierung erfaßt werden kann, wurde das LM-Gitter, ähnlich wie der TAT (Heckhausen, 1963), auf der Basis bildlich dargestellter Situationen konstruiert. Es wurde versucht, „die wesentlichen Knotenpunkte des nomologischen Netzwerkes, daß das Konstrukt ‚Leistungsmotiv' umgibt, in den Aussagen des LM-Gitters darzustellen". Zusammen mit den Bildsituationen werden thematische Aussagen dargeboten, so daß man durch die Beantwortung eine 18 × 18 Datenmatrix erhält, die die idiosynkratische Strukturierung eines leistungsthematischen Lebensraums beschreibt.
Als mögliche Anwendungsgebiete kommen insbesondere Forschungsprojekte und Fragestellungen in Betracht, die in mehr oder weniger enger Nachbarschaft zum Konstrukt „Leistungsmotiv" stehen. Über die Verwendung des Verfahrens als Individualdiagnostikum liegen keine Erfahrungen vor.

5. Durchführung

5.1 Alter: Kinder der 3. bis 5. Klasse und ältere Kinder aus Realschulen und Gymnasien. Unbefriedigende Resultate (Auflösung der Faktorenstruktur, hohe Skaleninterkorrelationen) zeigten sich beim Einsatz in Hauptschulen (Schmalt & Schab, 1984).

5.2 Formen: Einzel- und Gruppentest, eine Form.

5.3 Handhabung: Der Testleiter gibt eine standardisierte Instruktion, die von den Kindern im Testheft mitgelesen werden soll. Die Probanden sollen die Aussagen, die in der jeweiligen Situation auf sie zutreffen, ankreuzen. Die anderen sollen mit einem Kreis versehen werden. Eine Übungssituation wird exemplarisch mit den Kindern durchgegangen (vgl. Abb.). Vermieden werden sollte bei der Durchführung eine Testsituation, in der Leistungsdruck ausgeübt wird.

Er fühlt sich wohl dabei.	O
Er denkt: „Wenn das schwierig ist, mache ich lieber ein anderes Mal weiter."	X
Er glaubt, daß er das schaffen wird.	X
Er denkt: „Ich bin stolz auf mich, weil ich das kann."	O
Er denkt: „ Ob auch nichts falsch ist."	O
Er ist unzufrieden mit dem, was er kann.	
Er wird dabei müde.	
Er denkt: „Ich frage lieber jemanden, ob er mir helfen kann."	
Er denkt: „Ich will das einmal können."	
Er glaubt, daß er alles richtig gemacht hat.	
Er hat Angst, daß er dabei etwas falsch machen könnte.	
Das gefällt ihm nicht.	
Er will nichts verkehrt machen.	
Er will mehr können als alle anderen.	
Er denkt: „Ich will am liebsten etwas machen, was ein bißchen schwierig ist."	
Er will lieber gar nichts tun.	
Er denkt: „Wenn das sehr schwer ist, versuche ich das bestimmt länger als andere."	
Er denkt, er kann das nicht.	

Übungssituation

2.1

5.4 Zeit: Ca. 45 Minuten (±10 Minuten).

6. Auswertung

6.1 Modus: Die Auswertung erfolgt mit Hilfe der Schablonen. Für die drei faktorenanalytisch gewonnenen Subskalen werden jeweils ein Summenwert gebildet:
- HE1: Hoffnung auf Erfolg; Konzept eigener guter Fähigkeiten und erfolgszuversichtlicher Bewältigung eher „schwieriger" Aufgaben,
- FM 1: Konzept mangelnder eigener Fähigkeiten und Initiation von Handlungen zur Abwendung von Mißerfolg und
- FM 2: Furcht vor Mißerfolg bilden.

Analog zum Vorgehen im TAT kann zusätzlich ein Kennwert für die richtungsspezifische Gesamtmotivation (GM1 = HE1 + FM1; GM2 = HE1 + FM2) und für die resultierende Tendenz (NH1 = HE1 – FM1; NH2 = HE1 – FM2) berechnet werden. Weitergehend können konstruktbezogene Extensitätsmaße bestimmt werden.
Mit Hilfe von Normentabellen, die zwischen der 3. und 4. Klasse auf der einen und der 5. Klasse auf der anderen Seite differenzieren, werden die Rohwerte in T-Werte bzw. Stanine-Werte transformiert.

6.2 Zeit: Keine Angaben.

7. Gütekriterien

7.1 Objektivität: Durch standardisierte Anweisung und quantitative Auswertung ist der Test als objektiv zu bezeichnen.

7.2 Reliabilität: Die Reliabilität wurde mittels drei verschiedener Verfahren: Testwiederholung nach zwei bzw. acht Wochen, Halbierung sowie der Konsistenzanalyse bestimmt. Die Testwiederholungsmethode ergab Korrelationswerte zwischen .67 und .87 nach zwei Wochen und .60 bis .83 nach acht Wochen für die verschiedenen Skalen, die Halbierungsmethode zwischen .84 und .93. Die Konsistenzanalyse erbrachte Werte zwischen .88 und .92.

7.3 Validität: Die Werte des LM-Gitters wurden mit verschiedenen anderen Verfahren (TAT, KAT) korreliert. Hierbei ergaben sich zum Teil positive, zum Teil negative Beziehungen. Einzelne Werte für die Höhe der Zusammenhänge werden nicht angegeben.

7.4 Normen: Die Eichstichprobe umfaßte 279 Kinder des 3. und 4. Schuljahres und 219 Kinder des 5. Schuljahres. Anhand der Tabellen lassen sich die Rohwerte in T-Werte bzw. Stanine-Werte transformieren. Die T-Normwerte wurden auf der Grundlage von z-Werten (HE1, FM2) bzw. Prozentrangdaten (FM1) ermittelt. Den Normen für die Kennwerte HE1 liegt die Gesamtstichprobe (N = 498) zugrunde, während die Normierung der Kennwerte FM1 und FM2 getrennt für die Gruppe der Dritt- und Viertklässler bzw. der Fünftklässler erfolgte. Die Geschlechtsgruppenzugehörigkeit erwies sich in mittelwertsvergleichenden Analysen nicht als wichtige Quelle der Variation (Schmalt & Schab, 1984), so daß keine getrennten Normen für Mädchen und Jungen angegeben werden.

8. Literatur

Heckhausen, H. (1963). *Hoffnung und Furcht in der Leistungsmotivation.* Meisenheim: Hain.
Schmalt, H.-D. (1976). *Messung des Leistungsmotivs. Kritischer Überblick und ein neues Verfahren.* Göttingen: Hogrefe.

Schmalt, H.-D. & Schab, W. (1984). Methodenkritische Untersuchungen zum LM-Gitter für Kinder (SCHMALT). *Diagnostica, 30,* 282–298.

Bearbeiter: Thorsten Buchholz

Märchentest – Fairy Tale Test (FTT)

C. Coulacoglou

München: Reinhardt, 1996

1. Testart

Persönlichkeits-Struktur-Test

2. Testmaterial

Testhandbuch (138 Seiten), Testmappe mit 21 Bildkarten (20.5 × 12.5 cm), 10 Testbogen; zusätzlich: Schreibmaterial für die Protokollierung von Nacherzählungen.

3. Testgliederung

Der Märchentest erfaßt insgesamt 20 Persönlichkeitsvariablen:

Amb	Ambivalenz
WMR	Wunsch nach materiellem Reichtum
WÜ	Wunsch nach Überlegenheit
Seig	Sinn für Eigentum
AgrDom	Aggression i. S. von Dominanz
AgrA	Aggression Typ A
AgrVert	Aggression i. S. Verteidigung
AgrEif	Aggression i. S. Eifersucht
AgrVerg	Aggression i. S. Vergeltung
OA	Orale Aggression
AA	Aggressionsangst
OB	Orale Bedürftigkeit
WH	Wunsch zu helfen
BZug	Bedürfnis nach Zugehörigkeit
BZun	Bedürfnis nach Zuneigung
Ang	Angst
D	Depression
BezMu	Beziehung zur Mutter
InhA	Inhaltliche Adaptation
U	Ungewöhnliches

4. Grundkonzept

Ausgehend von dem Ansatz thematisch projektiver Apperzeptionsverfahren wurde bei der Konstruktion des Märchentests (FTT) das Ziel verfolgt, ein projektives Testverfahren für Kinder zu entwickeln, das gleichzeitig die Kriterien eines psychometrischen Testinstrumentes erfüllt. Der intendierte Anwendungsbereich des Märchentests liegt in der Erfassung einer großen Anzahl von Persönlichkeitsvariablen und deren Interrelationen. Die Thematik der Abbildungen wurde dem Bereich der Märchen entnommen, da diese, nach Ansicht der Autorin, am ehesten geeignet sind, unbewußte Prozesse in Gang zu setzen. Die von der Autorin gewählten Abbildungen thematisieren fünf unterschiedliche Märchenfiguren anhand von Einzeldarstellungen:

Rotkäppchen, Wolf, Zwerg, Riese und Hexe (exemplarisch Abb. 1). Hinzukommen zwei szenarische Abbildungen aus Rotkäppchen und Schneewittchen. Bis auf die Darstellung von Rotkäppchen, Zwerg und Riese sind alle Zeichnungen in schwarz-weiß ausgeführt. Um eine quantitative Auswertung zu ermöglichen, werden dem Kind feststehende Fragen gestellt. Die Inhalte der Antworten werden anhand eines gewichteten (1–3, mit aufsteigender Intensität) Kategoriensystems in skalierbare Persönlichkeitsmaße überführt. Die Definitionen der zu erfassenden abhängigen Variablen (Skalen des FTT – d. Ref.) wurden nach Angabe der Autorin anhand der Auswertung von 60 Testprotokollen erstellt. Der FTT richtet sich explizit an den im Umgang mit projektiven psychoanalytischen Verfahren vertrauten Diagnostiker und Therapeuten.

5. Durchführung

5.1 Alter: 7 bis 12 Jahre.

5.2 Formen: Einzeltest.

5.3 Handhabung: Der FTT sollte innerhalb nur einer Sitzung durchgeführt werden. Vor Beginn der Testung muß geklärt werden, inwieweit das Kind mit den Märchen und -figuren des FTT vertraut ist. Die Autorin gibt an, daß manche Kinder vorgeben, die Märchen zu kennen, obwohl dies nicht der Wahrheit entspricht, und empfiehlt deshalb vorab eine Nacherzählung durch das Kind. Diese Nacherzählungen sind vom Testleiter gesondert schriftlich festzuhalten. Die Antworten auf die vorformulierten Fragen zu jeder der Bildkarten werden vom Testleiter im achtseitigen Testbogen notiert. Es besteht die Möglichkeit, die Formulierung der Fragen auf die jeweilige Untersuchungssituation und das jeweilige Kind zu adaptieren; das Testhandbuch enthält entsprechende Vorschläge. Gelingt es einem Kind nicht sofort, auf eine Frage zu antworten, ist der Testleiter aufgefordert, das Kind mit den Worten „Sag einfach was Dir einfällt, es gibt keine richtigen oder falschen Antworten“ zu einer Beantwortung zu motivieren.

5.4 Zeit: Die Bearbeitung nimmt ca. 45 Minuten in Anspruch.

6. Auswertung

6.1 Modus: Zur quantitativen Auswertung müssen die Aussagen des Kindes zuerst vom Untersucher in das Kategoriensystem des FTT übertragen werden. Das Testhandbuch enthält hierzu für jede der 20 Skalen eine kurze Definition. Im zweiten Schritt sind diese Aussagen vom Untersucher bzgl. der Intensität der beschriebenen Gefühle zu gewichten. Das Testhandbuch sieht hierbei eine dreistufige Gewichtung vor. Je Bildkarte werden im Handbuch, aufgeteilt nach den Skalen des FTT und den Märchenfiguren, mögliche Antworten und deren Gewichtung aufgeführt. Die genaue Zuordnung erfordert hier eine intensive Auseinandersetzung mit dem Handbuch und Erfahrung mit projektiven psychoanalytischen Verfahren. Im dritten Schritte werden die so erzielten Punktwerte je Skala und Märchenfigur aufsummiert. Der so erzielte Rohwert einer Skala muß dann, im vierten Schritt, in einen T-Wert (s. 7.4) transformiert werden. Werte innerhalb der Norm-Standardabweichung von 10 werden als innerhalb der Norm interpretiert. „Werte, die 2 Standardabweichungen über oder unter dem Mittelwert (M = 50 d. Ref.) liegen, gelten als hochsignifikant“ (Coulacoglou, S. 99). Zur qualitativen Auswertung enthält das Testhandbuch zahlreiche Interpretationen und fünf Fallbeispiele.

6.2 Zeit: Die benötigte Zeit wird für ein durchschnittlich langes Protokoll mit 30 Minuten angegeben, der Zeitaufwand für die Interpretation mit 15 Minuten.

Abbildung 1: Drei unterschiedliche Gestaltungen der Märchenfiguren Wolf und Rotkäppchen.

7. Gütekriterien

7.1 Objektivität: Keine Angaben.

7.2 Reliabilität: Im Testhandbuch werden Interrater-Reliabilitäten im Wertebereich von .48 bis .92 (N = 49) angeben, wobei die Berechungsgrundlage dieser Koeffizienten unerwähnt bleibt. Für die Retest-Reliabilität (Testwiederholung nach 2 Monaten) werden für die einzelnen Skalen Werte im Bereich von .16 bis .81 (N = 52) genannt. Bei den Skalen Seig (Sinn für Eigentum) und AgrVert (Aggression i. S. von Verteidigung) werden keine Koeffizienten aufgeführt, da „in dieser Stichprobe keine Variabilität (i. S. der Streuung der Testrohwerte)" vorlag (Tab. 3, S. 124). Von den verbleibenden 18 Skalen, für die Koeffizienten angegeben sind, überschreiten insgesamt nur neun Skalen den Wert von r ≥ .60. Dies und der Umstand, daß lediglich ein N von 52 Probanden zugrunde gelegt wurde, läßt die Reliabilität des Tests als kritisch erscheinen.

7.3 Validität: Die Überprüfung erfolgte anhand eines mehrfachgestuften und nicht näher begründeten Vorgehens: Im ersten Schritt wurde eine Hauptkomponentenanalyse durchgeführt, die insgesamt acht Faktoren ergab. Die Eigenwerte dieser Faktoren liegen in einem Wertebereich von 1.06 bis 1.77, bei den den Faktoren zugeordneten Skalen erscheinen nicht spezifizierte Skalen des Märchentests. Skalen mit Faktorladungen < .40 wurden ausgeschlossen, es liegen keine Angaben über die Varianzaufklärung der Faktorenanalyse vor.

Im folgenden werden einzelne Faktorenwerte in Beziehung zu Werten der Rutter-Verhaltensskalen für Lehrer und Eltern und dem Children's Personality Questionnaire von Porter und Cattell in Beziehung gesetzt. Dazu werden anhand der zuvor ermittelten Faktorwerte des Märchentests Extremgruppen aus der Population der Rater und der Probanden gebildet. Die Mittelwerte (aus den o. g. Testverfahren) dieser Gruppen werden mittels t-Test und MANOVA auf Signifikanz untersucht. Bei einer weiteren Analyse werden zuerst anhand der Werte der Rutter-Verhaltensskalen für Lehrer und Eltern Extremgruppen aus der Population der Probanden gebildet. Diese Extremgruppen bilden dann die Grundlage eines Mittelwertvergleichs (t-Test) der erreichten Faktorwerte des Märchentests. Die Autorin gibt nicht an, inwieweit die acht Faktoren der Hauptkomponentenanalyse im Sinne einer faktoriellen Validität der 20 Skalen des Märchentests zu werten sind. Des weiteren ist dem Handbuch nicht zu entnehmen, inwieweit die Ergebnisse der Mittelwertvergleiche für eine Konstruktvalidierung des Märchentest sprechen.

7.4 Normen: Zur quantitativen Auswertung werden die Mittelwerte und Standardabweichungen geschlechtsspezifisch aufgeschlüsselt für die Altersgruppen der 7- bis 8jährigen (N = 229), der 9- bis 10jährigen (N = 262) und der 11- bis 12jährigen (N = 312) Kinder der Erhebungsstichprobe (N = 799) aufgeführt. Nähere Informationen zur Begründung dieser Gruppenbildung als Grundlage der quantitativen Auswertung liegen nicht vor. Die Überführung in T-Werte wird dem Anwender mit dem Hinweis auf die Formel überlassen. Angaben zur Verteilungsform und des Wertebereichs der Skalenwerte liegen nicht vor, so daß nicht beurteilt werden kann, inwieweit diese einfache lineare Transformation zulässig ist.
Anm.: Der vorliegenden Ausgabe liegt ein Erratum bei, das auf eine Vertauschung der Spalten für Jungen und Mädchen bei der Tabelle der Mittelwerte im Testhandbuch hinweist.

Verfasser: Norbert Karpinski

Mehrdimensionaler Persönlichkeitstest für Erwachsene (MPT-E)

H. Schmidt

Braunschweig: Westermann, 1981

1. Testart Persönlichkeits-Struktur-Test

2. Testmaterial Handanweisung (DIN A4, 19 Seiten), Testheft, Antwortbogen, Profilblatt, Auswertungsschablone; zusätzlich: Schreibgerät.

3. Testgliederung Der MPT-E besteht aus 104 Items, die folgenden sieben Skalen zugeordnet sind:

IS	Ich-Schwäche (28 Items)
SE	Soziale Erwünschtheit (13 Items)
RG	Rigidität (15 Items)
RB	Risikobereitschaft (10 Items)
AS	Antriebsspannung (12 Items)
SZ	Soziale Zurückhaltung (11 Items)
K	Kontrollskala 15 Items)

Mit Ausnahme der Kontrollskala sind die Skalen faktorenanalytisch gebildet worden. 3 Items der K-Skala dienen gleichzeitig als Eisbrecher.

4. Grundkonzept Zur Ermittlung von Verhaltens- und Persönlichkeitsmerkmalen, die für Ausbildung und Beruf relevant sind, analysierte der Autor zunächst 200 Persönlichkeitsgutachten aus der betrieblichen Praxis (Personalauswahl und -beratung). Die Aussagen zur Persönlichkeit ließen sich nach folgenden Bereichen systematisieren: „Psychische Stabilität – neurotische Fehlanpassung"; „Psychopathische Fehlanpassung"; „Einstellung zur Umwelt – Kontakt – Introversion – Extraversion"; „Rigidität – Flexibilität"; „Aggression – Selbstbehauptung – Durchsetzung"; „Einstellung zur Arbeit – Leistungsmotivation". Zusätzlich wurde eine Kategorie „Soziale Erwünschtheit" vorgesehen. Zu diesen Bereichen wurden Items konstruiert bzw. anderen Verfahren entnommen (INR von Bötticher; eine Bearbeitung des ENNR-Fragebogens von Brengelmann; LM-Fragebogen von Ehlers; RSK von Schubert). Nach einer Itemanalyse wurden diese faktorenanalysiert (Hauptachsenmethode mit Varimax-Rotation). Die Anzahl der Faktoren wurde unter Berücksichtigung der Interpretierbarkeit der rotierten Faktoren sowie der Anzahl der sie charakterisierenden Variablen mit Hilfe des Eigenverlaufskriteriums von Cattell und Pawlik bestimmt. Nach der ersten Faktorenanalyse (N = 426) ergaben sich 100 Items, die sich sechs Faktoren zuordnen ließen.
„Bei einer nach Zufall ermittelten Auswahl von Fragebogenergebnissen wur-

de nun mit einer begrenzten Anzahl der Items eine zweite Faktorenanalyse durchgeführt, die weitgehend dem ersten Ergebnis entsprach. Auf die 6 Faktoren des Fragebogens entfielen letztendlich 89 Variablen. Durch die Einbeziehung einer sogenannten K-Skala, die als Kontrollskala gedacht ist, wurde der MPT-E auf 104 Items erweitert" (Handanweisung, S. 6).
Auf diesem stark vereinfacht dargestellten Weg hat der Autor versucht, einen Persönlichkeitstest für die betriebliche Praxis zu entwickeln, der u. a. auch solchen Probanden zugemutet werden kann, für die die Testsituation (soweit rechtlich zulässig) Prüfungscharakter hat.

5. Durchführung

5.1 Alter: Ab 18 Jahren.

5.2 Formen: Der MPT-E ist als Einzel- oder Gruppentest durchführbar. Parallelformen existieren nicht.

5.3 Handhabung: Den Probanden wird der Fragebogen vorgelegt. Sie lesen die Instruktion auf dem Deckblatt des Fragebogens durch, beantworten das angegebene Beispiel und beantworten dann die 104 Items durch Ankreuzung auf dem Antwortbogen auf einer vierstufigen Skala („stimmt"; „stimmt in etwa"; „stimmt kaum"; „stimmt nicht").
Bei größeren Gruppen empfiehlt es sich, die Anweisung laut vorzulesen. Sehr langsam arbeitende Probanden werden nochmals darauf hingewiesen, zügig zu arbeiten und nicht zu lange nachzudenken.

5.4 Zeit: Keine Zeitbegrenzung; die Bearbeitung (Netto) dauert in der Regel 30 Minuten (Bruttozeit ca. 35 Minuten).

2.1

6. Auswertung

6.1 Modus: Der Antwortbogen wird durch Auflegen einer nicht ganz paßgenauen Klarsichtschablone ausgewertet. Auf der Schablone sind die zu addierenden Ankreuzungen durch verschiedene Skalensymbole für die sieben Skalen gekennzeichnet. Für Ungeübte ist die Auswertung mit der Schablone eher unbequem.
Bei der Auswertung wird die vierstufige Beantwortung der Items nicht mehr berücksichtigt. Vielmehr werden die Antworten nur nach Zustimmung bzw. Ablehnung klassifiziert. Der Autor begründet diesen Auswertungsmodus damit, daß manche Probanden eine abgeschwächte Aussage insbesondere bei sozial unerwünschten Sachverhalten bevorzugen könnten. Für die Auswertung sei letztlich nur die Tendenz der Antwort relevant.
Die Skalenrohwerte werden in das Profilblatt eingetragen. Die Reihenfolge, in der die Skalen in der Handanweisung besprochen werden, ist nicht identisch mit ihrer Reihenfolge auf dem Antwortbogen und dem Profilblatt. Die Gestaltung ist jedoch ausreichend übersichtlich, so daß die Normwerte (T-Werte und Prozentränge) nach Eintragung der Rohwerte unmittelbar abgelesen werden können.
Für die Kontrollskala K ist die Auswertung in der Handanweisung (S. 9) und auf dem Profilblatt mit der falschen Polung angegeben. Richtig ist: Bei hohen Werten ist von einer korrekten Bearbeitung ohne wesentliche Eintragungsfehler auszugehen. Bei niedrigen Werten ist dagegen von einer unkorrekten Bearbeitung bzw. Eintragungsfehlern auszugehen.

6.2 Zeit: Keine Angaben (ca. 15 Minuten).

7. Gütekriterien

7.1 Objektivität: Bei rein formaler Anwendung voll gegeben.

7.2 Reliabilität: Die Zuverlässigkeitsschätzung der Skalen erfolgte über eine Analyse der internen Konsistenzen mittels der Testhalbierungsmethode (Auswertung nach Spearman-Brown) und nach Kuder-Richardson. Die zugrundeliegende Stichprobengröße wird nicht genannt. Dabei erweist sich die Skala IS (Ich-Schwäche) als am zuverlässigsten (r = .83 bzw. r = .84). Für die Skala SE (Soziale Erwünschtheit) ergaben sich Werte von r = .65 bzw. r = .68. Die Zuverlässigkeit der weiteren Skalen liegt zwischen r = .60 und r = .48, womit sie nicht mehr als ausreichend reliabel gelten können. Die Kontrollskala K bleibt bei der Reliabilitätsanalyse ausgespart.

7.3 Validität: Zur Konstruktvalidierung wurden zunächst Korrelationen der MPT-E Skalen mit vier Leistungstestvariablen (Intelligenz, Technisches Verständnis, Merkfähigkeit, Konzentration) berechnet. Die Daten wurden an 4 Gruppen von Beschäftigten der chemischen Industrie erhoben mit einer Gruppengröße zwischen N = 35 und N = 109. Die Korrelationen erwiesen sich als sehr heterogen und stichprobenabhängig. Z. B. variieren die Zusammenhänge zwischen der Skala IS und Technischem Verständnis je nach Stichprobe zwischen r = .13 und r = .53, dem insgesamt höchsten ermittelten Zusammenhang über alle Skalen.
Korrelationen der Skalen mit Vorgesetztenbeurteilungen in den Bereichen Intelligenz, Durchsetzung, Kooperation, Kontakt, Zuverlässigkeit und psychischer Stabilität an den gleichen Gruppen zeigen ein ähnlich heterogenes Bild.

7.4 Normen: Die Standardisierungsstichprobe umfaßt derzeit nur 520 Personen. Spezifische Normen für bestimmte Untergruppen (z. B. Alters- oder Berufsgruppen) liegen nicht vor. Das Profilblatt und die Normentabellen (S. 14) enthalten T-Werte und Prozentränge.

Bearbeiter: Rolf Deubner

Mehrdimensionaler Persönlichkeitstest für Jugendliche (MPT-J)

H. Schmidt
Braunschweig: Westermann, 1981

1. Testart Persönlichkeits-Struktur-Test

2. Testmaterial Handanweisung (DIN A4, 21 Seiten), Testheft, Antwortbogen, Profilbogen, eine Schablone; zusätzlich: ein Schreibgerät.

3. Testgliederung Der MPT-J erfaßt die Persönlichkeitsstruktur mit insgesamt sieben Skalen:

IS Ich-Schwäche (25 Items)
SE Soziale Erwünschtheit (13 Items)
AS Antriebsspannung (18 Items)
LM Leistungsmotiviertheit (11 Items)
SZ Soziale Zurückhaltung (12 Items)
AG Aggressivität (13)

Hinzukommt eine Kontrollskala (K) mit 13 Items, die eine Abschätzung der Sorgfältigkeit Bearbeitung der Fragen durch den Probanden ermöglichen soll. Somit besteht das Verfahren aus insgesamt 105 Items.

4. Grundkonzept Der MPT-J wurde mit dem Bestreben entwickelt, einen objektiven Persönlichkeitstest für Jugendliche in Schule und Ausbildung zu entwickeln. Nach Ansicht der Autoren soll der Test:

- Aufschlüsse über wichtige charakteristische Verhaltensmerkmale eines Menschen geben und
- Dimensionen enthalten, die in sich geschlossene, interpretierbare Einheiten bilden.

Er soll zudem verständlich und für Personen geeignet sein, für die die Testsituation Prüfungscharakter hat.
Ausgehend von diesen Prämissen wurde in mehreren Arbeitsschritten, die die Befragung von 200 Persönlichkeitsgutachtern und die Analyse der Brauchbarkeit bereits vorhandener Verfahren mit einschloß, ein Itempool gebildet und faktoranalytisch überprüft. Die endgültige Form des MPT-J resultierte nach Angaben des Autors aus Faktorenanalysen auf der Basis von 136 Items und 686 Jugendlichen, wobei die Items der Skala K (Kontrollskala) ausgeschlossen blieben. Die sechs Skalen des MPT-J resultieren aus der Zugrundelegung des Eigenwertverlaufskriteriums. Die Items wurden als interpretierbar gewertet, wenn der Quotient aus der quadrierten Faktorladung des Items und der Kommunalität des Faktors $\geq .5$ war. Die Skalierung der Items erfolgt trotz der Vorgabe einer vierfach gestuften Einstellungsska-

la (stimmt – stimmt nicht) dichotom, da der Autor die Ansicht vertritt, daß die Items der MPT-J so formuliert sind, „daß eine ungestufte Stellungnahme im Sinne einer konkreten Zustimmung zu erwarten ist. ... eine Differenzierung der Antworten ... erscheint deshalb informativ unergiebig." Die Vorgabe einer vierfach gestuften Antwortmöglichkeit wird damit begründet, daß „eine ungestufte Beantwortung ... von Probanden oft als sehr schwierig oder gar unzumutbar aufgefaßt wird."

5. Durchführung

5.1 Alter: 14 bis 18 Jahre.

5.2 Formen: Formen: Einzel- oder Gruppentest. Im Rahmen des Hogrefe-Testsystems liegt eine computergestützte Version des MPT-J vor, bei der die Normierung anhand einer Stichprobe mit N = 1500 angegeben wird.

5.3 Handhabung: Das Testhandbuch gibt genaue Instruktionen für die Durchführung. Die Items sind in einem Testheft aufgeführt, die Beantwortung erfolgt auf einem von diesem Heft getrennten Antwortbogen. Das Testheft enthält explizite Instruktionen für den Probanden, so daß die korrekte Bearbeitung der Fragen, nach Ansicht des Autors, ohne Hilfe des Testleiters gewährleistet wird. Bei der Durchführung einer Gruppentestung wird dem Testleiter empfohlen, die Instruktionen laut vorzulesen. Außerdem wird empfohlen, bei sehr langsam arbeitenden Probanden die vierte Instruktion des Probanden „ Bitte arbeiten Sie zügig ..." zu wiederholen.

5.4 Zeit: Die Bearbeitungszeit beträgt ca. 30 Minuten.

6. Auswertung

6.1 Modus: Zur Auszählung der Summenwerte der einzelnen Skalen des MPT-J liegt eine nicht ganz paßgenaue Klarsichtschablone bei. Die Schablone wird auf das Antwortblatt gelegt, und die dabei sichtbaren Ankreuzungen je Symbol werden addiert. Jedes Symbol steht dabei für eine der sechs Skalen. Durch die daraus resultierende unübersichtliche Gestaltung der Auswertungsschablone stellt dieses Vorgehen eine potentielle Fehlerquelle dar und verlangt vor allem von ungeübten Auswertern eine erhöhte Konzentration. Die ungewichteten Summenwerte ergeben die Rohwerte der Kandidaten, die zur Interpretation der Diagnostik des Einzelfalls in dem Profilblatt eingetragen werden. Das Profilblatt ergibt eine erste Zuordnung von Rohwerten und Normwerten, die als T-Norm und Prozentränge vorliegen.

6.2 Zeit: Keine Angaben.

7. Gütekriterien

7.1 Objektivität: Kann bei genauer Einhaltung der Instruktionen als gegeben gewertet werden.

7.2 Reliabilität: Reliabilität: Zu den Skalen liegen Analysen der Reliabilität anhand der Splitt-Half-Reliabilität nach Spearman-Brown und eine Konsistenzanalyse aufgrund der Kuder-Richardson-Formula 10 vor. Erwartungsgemäß weist die Skala mit den meisten Items: IS (Ich-Schwäche) bei beiden Verfahren mit .86 die höchsten Reliabilitätskoeffizienten des MPT-J auf. Die Skalen AS (Antriebsspannung), LM (Leistungsmotivation) und AG (Aggressivität) erreichen noch Werte zwischen .62 und .68. Während die Reliabilitätskoeffizienten der Skalen SE (Soziale Erwünschtheit) und SZ (Soziale Zurückhaltung) mit Koeffizienten zwischen .41 und .55, in Anbetracht der zugeordneten Itemanzahlen, als nicht mehr ausreichend reliabel bezeichnet werden können. Für die Skala K (Kontrollskala) liegen keine Reliabilitätsabschätzungen vor.

7.3 Validität: Im Rahmen eines nicht näher erläuterten Ansatzes zur Konstruktvalidierung werden Korrelationen zwischen den Skalen des MPT-J und den Dimensionen eines nicht näher bezeichneten Interessentests, den Leistungsbewertungen von technischen Auszubildenden und einigen ausgewählten Leistungstests (u. a. dem IST-RA) aufgeführt. Die hierbei aufgeführten Korrelationskoeffizienten sind, wenn auch zum Teil statistisch signifikant, überwiegend gering. Hinweise auf eine ansatzweise Validierung der Konstrukte des MPT-J sieht der Autor zum Beispiel darin, daß bei einer Gruppe von auszubildenden Chemielaboranten (N = 64) Jugendliche mit hohen IS-Werten Berufsrichtungen favorisieren, die im völligen Widerspruch mit ihrer gewählten Berufsrichtung stehen. Die bezogenen Korrelationen sind dabei Gestaltendes Handwerk (r = .53), Sozialpflege und Erziehung (r = .43), wohingegen technische Berufe und die Skala IS (Ich-Schwäche) negativ mit r = –.46 korrelieren. Bei der Berechnung von Korrelationen zur Beurteilung von Auszubildenden in technischen Berufen (N = 118) konnten geringe, aber statistisch signifikante positive Korrelationen zwischen der Skala Soziale Erwünschtheit (SE) und den Fremdbeurteilungen zu theoretischen und praktischen Leistungen, der Anpassungsbereitschaft und der fremdbeurteilten Leistungsmotivation in Höhe von r = .22 bis .27 gefunden werden. Bei der Skala LM (Leistungsmotivationen) ergaben sich entgegen den Erwartungen keinerlei bedeutsame Zusammenhänge mit diesen Fremdbewertungen der Leistungen (r = –.04 bis r = .14). Die Fremdbeurteilung der Kontaktbereitschaft korrelierte negativ (r = –.30) mit der Skala SE (Soziale Erwünschtheit). Insgesamt werden in der Handanweisung sechs Korrelationsuntersuchungen mit unterschiedlichen Probandengruppen und Testverfahren im Abschnitt Validierungsdaten aufgeführt.

7.4 Normen: Für die Skalen der MPT-J liegen Normwerte anhand von T-Norm-Werten und Prozenträngen vor. Grundlage der Normwertbestimmung waren nach Angabe des Autors die Reaktionen von 634 Jugendlichen zwischen 14 und 18 Jahren. Davon waren 230 weiblichen und 404 männlichen Geschlechts. Da bei den Angaben zur Testkonstruktion anhand der Faktorenanalyse eine Stichprobengröße von 686 Jugendlichen genannt wird, läßt sich nicht entscheiden, ob es sich hierbei um eine Teilpopulation der Erhebungsstichprobe oder um eine zusätzliche Erhebungsgruppe handelt. Wegen einiger Mittelwertunterschiede bei den Rohsummenwerten in den Skalen SE und IS wurden geschlechtsspezifische Norm-Werte erstellt.

Bearbeiter: Norbert Karpinski

Myers-Briggs Typenindikator (MBTI)

Deutsche Bearbeitung von R. Bents und R. Blank
Weinheim: Beltz Test GmbH, 1995

1. Testart Persönlichkeits-Struktur-Test

2. Testmaterial Handanweisung (DIN A4, 94 Seiten), Testheft, Antwortbogen, 4 Auswertungsschablonen, Begleitbuch „Typisch Mensch“ zur Einführung in die Typentheorie; zusätzlich: Schreibgerät.

3. Testgliederung Der MBTI umfaßt 90 Items und ist in drei Teile untergliedert. Der erste und der dritte Teil bestehen aus Fragen mit Alternativantworten, im zweiten Teil muß je Item eines von 2 vorgegebenen Wörtern ausgewählt werden.
Der MBTI besteht aus 8 Skalen, von denen jeweils 2 die gegensätzlichen Pole einer persönlichen Präferenz erfassen:

S „Sensing“; Sinnliche Wahrnehmung (22 Items)
N „Intuition“; Intuitive Wahrnehmung (15 Items)

T „Thinking“; Analytische Beurteilung (19 Items)
F „Feeling“; Gefühlsmäßige Beurteilung (15 Items)

E „Extraversion“ (25 Items)
I „Introversion“ (24 Items)

J „Judging“; Beurteilung (16 Items)
P „Perceiving“; Wahrnehmung (20 Items)

(Dieselben Items gehen jeweils in mehrere Skalen ein.)

Die vier mentalen Prozesse, zwei Einstellungen, Beurteilungen und feststellbare Einstellungen zur Außenwelt werden den Klassifikationen der Theorie von C.G. Jung zugeordnet.

4. Grundkonzept Der MBTI ist ein Selbstbeurteilungsverfahren auf der Basis der Typenlehre von C.G. Jung, die im Begleitbuch einführend dargestellt wird.
Der Test wurde entwickelt, um die Theorie für die Praxis nutzbar zu machen. Die verschiedenen Skalen beschreiben jeweils Dichotomien, so daß 16 verschiedene Persönlichkeitstypen erfaßbar sind. So kann eine Dominanz der sinnlichen versus intuitiven Wahrnehmung auftreten, der analytischen versus der gefühlsmäßigen Beurteilung, der Extraversion versus der Introversion und der Beurteilung versus der Wahrnehmung.
Je nach Präferenz der einen oder anderen Skala sind spezifische dynamische Beziehungen festzustellen, anhand derer sich der jeweilige Persön-

lichkeitstyp bestimmen läßt. Dabei liegen sowohl der Typenbeschreibung als auch der Theorie ein Entwicklungsmodell zugrunde, das alle Lebensphasen einbezieht. Jede sogenannte Typenformel besteht aus der Buchstabenfolge der vier Präferenzen. Im Begleitbuch sind ausführliche Beschreibungen der so zu ermittelnden 16 Typen angegeben. Der Einsatz des Tests ist möglich bei Schulungen von Führungskräften, Kommunikationstrainings, der Personalberatung, der Diagnostik und Verbesserung von Teamarbeit und der Auswahl bestimmter Ausbildungsstrategien für verschiedene Persönlichkeitstypen.

5. Durchführung

5.1 Alter: Ab 15 Jahren.

5.2 Formen: Der MBTI ist als Einzel- oder Gruppentest durchführbar. Parallelformen existieren nicht.

5.3 Handhabung: Den Probanden wird der Fragebogen vorgelegt. Sie lesen die Instruktion auf dem Deckblatt des Fragebogens durch und beantworten dann die 90 Items (Alternativentscheidungen). Bei der Durchführung in Gruppen sollte die Instruktion vom Testleiter laut vorgelesen werden.
Die Hinweise für die Durchführung sind im Testheft unter der Überschrift „Auswertung“ zu finden (S. 45 ff.).
Bei der Durchführung in Gruppen ist vor dem Testeinsatz abzuklären, ob und wenn ja, welche Teile des Tests vertraulich behandelt werden sollten und in einer gemeinsamen Nachbesprechung der Ergebnisse nicht offengelegt werden sollen. Es wird darauf hingewiesen, daß bereits bei der Instruktion die mögliche Typenverteilung in der Gruppe berücksichtigt werden sollte. Konkrete Hinweise dazu werden nicht gegeben.

5.4 Zeit: Keine Zeitbegrenzung; die Bearbeitung (Netto) dauert in der Regel 10 bis 20 Minuten (Bruttozeit ca. 15 bis 25 Minuten).

6. Auswertung

6.1 Modus: Die Auswertung erfolgt mittels der 4 beiliegenden Klarsichtschablonen (je eine für die Pole E/I, S/N, T/F und J/P), mit deren Hilfe die Rohwerte für die einzelnen Skalen durch Addition ermittelt werden können. Die Rohwerte der Skalen müssen anschließend mit einem Korrekturfaktor multipliziert werden, um die unterschiedliche Itemanzahl je Skala zu berücksichtigen. Die dadurch gewonnenen Werte werden dann auf die nächste ganze Zahl gerundet. Es liegt eine Tabelle vor, anhand derer die gerundeten Werte abgelesen werden können (S. 47).
Als nächstes müssen die Typenpräferenzen identifiziert werden auf der Basis der korrigierten Werte der Pole. Hierbei zeigt der höhere Wert jeweils die Richtung der Präferenz und damit den Buchstaben an, der zuzuordnen ist. Auf diese Weise erhält man einen Buchstabencode für den entsprechenden Typus.
Danach können die Präferenzwerte berechnet werden. Für die Umrechnung der Punktdifferenzen in Präferenzwerte liegt wiederum eine Tabelle vor (S. 48).
Der Präferenzwert besteht dann aus einem Buchstaben, der die Richtung der Präferenz angibt, und einer Zahl, die ihre Stärke anzeigt. Ein so ermittelter Wert bietet jedoch nur unter Vorbehalt die Möglichkeit einer Interpretation, während die Buchstabenfolge den Typ klar erkennen läßt.
Die Interpretation der Ergebnisse sollte individuell in einem Beratergespräch

erfolgen. Dafür werden in der Handanweisung detaillierte Hinweise gegeben.

6.2 Zeit: Keine Angaben (ca. 8 bis 10 Minuten).

7. Gütekriterien

7.1 Objektivität: Es ist anzunehmen, daß der MBTI in Durchführung, Auswertung und Interpretation der Ergebnisse der deutschen Pilotstudie, bei der eine Beaufsichtigung der Probanden stattfand, objektiv ist.

7.2 Reliabilität: Die interne Konsistenz der einzelnen Skalen (N = 548) nach Cronbachs Alpha beträgt r = .92 für EI, r = .88 für SN, r = .87 für TF und r = .88 für JP.

Zur Bestimmung der Test-Retest-Reliabilität wurde an einer Stichprobe von N = 40 nach einem Intervall von 6 Wochen bestimmt, wie hoch die Proportion der Fälle mit identischer Buchstabenkombination ist. Vier identische Buchstaben (vollständige Übereinstimmung) lagen bei 67.5 % der Fälle vor, 3 identische Buchstaben bei 25.0 % der Fälle und 2 identische Buchstaben bei 7.5 % der Fälle. Für die Skala EI lag der Anteil vollständiger Übereinstimmung bei 92 %, für SN bei 90 %, für TF bei 85 % und für JP bei 90 %. Damit liegen die Werte deutlich über den in den USA gewonnenen Kennwerten. Die Autoren räumen ein, daß dies an der sehr geringen Stichprobengröße liegen mag.

7.3 Validität: Die Konstruktvalidität wurde anhand einer Typenübersicht überprüft, wobei der Theorie entsprechend davon ausgegangen wird, daß bestimmte Typen von Personen bestimmte berufliche Interessen haben. Hierzu wurden Fachhochschulstudenten der Betriebswirtschaft (N = 77), Restaurantleiter (N = 89) und Personalentwickler (N = 132) getestet. Es stellte sich heraus, daß Anforderungsprofil, Tätigkeitsmerkmale und Typen in einer Beziehung zueinander stehen; die Ergebnisse werden als Validitätshinweise bewertet, da die Typenbeschreibungen auch die Arbeitsweisen der Personen beinhalten.

Daneben werden eine Vielzahl von Korrelationsbestimmungen der MBTI-Skalenwerte mit anderen Fragebogen (z. B. ACL von Gough & Heilbrunn; JTS von Wheelwright et al.; MMPI von Dahlstrom & Welsh; 16PF von Cattell et al.) bei verschiedenen Berufsgruppen anhand der angloamerikanischen Version des MBTI berichtet. Eine ausführliche Tabelle findet sich in der Handanweisung (S. 72 ff.).

Die Pearson-Produktmoment-Korrelationen, die über die acht Unterskalen bestimmt wurden, zeigen eine hohe Unabhängigkeit der Skalen an. Auch werden die angenommenen Negativkorrelationen zwischen einer Unterskala und ihrem Gegenpol empirisch bestätigt.

Eine Faktorenanalyse bestätigt die Annahme der Unabhängigkeit der einzelnen Skalen.

Die Korrelation der MBTI-Skalen mit dem Jungian Type Survey (JTS, Wheelwright et al.) an einer Stichprobe von N = 98 Studenten erbrachte schwache bis zufriedenstellende Übereinstimmungen (r = .23 bis r = .68).

Die genannten Ergebnisse stammen aus angloamerikanischen Untersuchungen. Ferner fand noch eine Reihe von Untersuchungen zur Bestätigung der Eigenschaften der festgelegten Typen statt, die die Theorie im allgemeinen bestätigt.

7.4 Normen: Normen liegen z. Z. noch nicht vor, sollen jedoch anhand einer zentralen Datenbank bald ermittelt werden.

8. Literatur

Bents, R. & Wierschke, A. (1996). Test-retest reliability of the Myers-Briggs Typenindikator. *Journal of Psychological Type, 36*, 42–46.

Bridges, W. (1998). *Der Charakter von Organisationen. Organisationsentwicklung aus typologischer Sicht.* Göttingen: Hogrefe.

Salter, D.W., Evans, N.J. & Forney, D.S. (1997). Test-retest of the Myers-Briggs Type Indicator: An examination of dominant functioning. *Educational and Psychological Measurement, 57*, 590–597.

Bearbeiter: Rolf Deubner

NEO Fünf Faktoren Inventar nach Costa und McCrea (NEO-FFI)

P. Borkenau und F. Ostendorf
Göttingen: Hogrefe, 1993

1. Testart

Persönlichkeits-Struktur-Test (Klinischer Test)

2. Testmaterial

Handanweisung (DIN A4, 32 Seiten), Testbogen, Auswertungsschablone; zusätzlich: Schreibgerät.

3. Testgliederung

Der Test besteht aus 60 Items. Diese werden auf einer fünfstufigen Skala von „starke Ablehnung" bis „starke Zustimmung" beantwortet. Diese 60 Items lassen sich fünf Dimensionen mit je 12 Items zuordnen.

4. Grundkonzept

Es handelt sich bei dem Test um die deutsche Übersetzung des NEO Five-Factor Inventory von Costa und McCrea. Erfaßt werden die fünf Persönlichkeitsdimensionen: Neurotizismus, Extraversion, Offenheit für Erfahrung, Verträglichkeit und Gewissenhaftigkeit. Grundlage des NEO-FFI ist der psycho-lexikalische Ansatz, der sich aus der Sedimentationshypothese ableiten läßt (Klage, 1926; Cattell, 1965). Vorhandene interindividuelle Unterschiede (Differenzen) zwischen Menschen finden hiernach ihre Entsprechung in der Sprache. Je nach Stärke und Bedeutsamkeit dieser Differenzen steigt die Wahrscheinlichkeit, daß sie sich in einem spezifischen Wort oder Begriff niederschlagen.

Die Dimensionen des NEO-FFI wurden durch die Analyse von Adjektivskalen und Eigenschaftsbegriffen sowie mittels bereits vorhandener Fragebogenverfahren gewonnen und bestätigt.

Die fünf Dimensionen des NEO-FFI können wie folgt skizziert werden:

Die „Neurotizismusskala" des NEO-FFI erfaßt die emotionale Stabilität vs. Labilität von Personen. Die „Extraversionsskala" erfaßt Personen, die u. a. als gesellig, selbstsicher und aktiv beschrieben werden können. Die Skala „Offenheit für Erfahrung" hingegen erfaßt Personen die ein Interesse an neuen Erfahrungen, Erlebnissen und Eindrücken besitzen. Die Dimension „Verträglichkeit" mißt die Neigung zu altruistischem Verhalten und Harmoniebedürfnis. „Gewissenhaftigkeit" letztlich erfaßt Personen, die eine hohe Impuls- sowie Selbstkontrolleaufweisen.

5. Durchführung

5.1 Alter: Erwachsene.

5.2 Formen: Als Einzel- oder Gruppentest durchführbar.

5.3 Handhabung: Den Probanden wird der Fragebogen vorgelegt, der eine ausführliche Instruktion beinhaltet, die von dem Testleiter zusätzlich verlesen werden sollte. Zusätzlich gibt das Handbuch Verhaltenshinweise für den Testleiter, falls bei bestimmten Testpersonen Rückfragen auftreten.

5.4 Zeit: 10 Minuten; keine Zeitbegrenzung.

6. Auswertung

6.1 Modus: Zur Auswertung werden die mitgelieferten Schablonen verwendet. Auf den Schablonen sind die Antworten zu den einzelnen Dimensionen unterschiedlich farbig markiert und mit den Ziffern 0 bis 4 gekennzeichnet. Es werden die Summenwerte und die Anzahl beantworteter Items in eine Tabelle auf der Rückseite des Fragebogens je Dimension eingetragen und der entsprechende Mittelwert berechnet. Diese Mittelwerte können dann mit den im Handbuch angegebenen verglichen werden (N = 2112). Eine computerunterstützte Auswertung ist in der Handanweisung beschrieben.

6.2 Zeit: Keine Angaben (ca. 5 Minuten).

7. Gütekriterien

7.1 Objektivität: Aufgrund der standardisierten Anweisung und Auswertung ist der NEO-FFI als objektiv zu bewerten.

7.2 Reliabilität: Die internen Konsistenzen der Skalen für die Standardisierungsgruppe (Gesamt, Männer und Frauen) liegen zwischen r = .67 und r = .85. Die durchschnittliche interne Konsistenz (Cronbachs Alpha) liegt für die Gesamtstichprobe (N = 2112) bei r = .78. Die Wiederholungsreliabilitäten der einzelnen Skalen für einen Abstand von etwa 2 Jahren (N = 146) liegen bei r = .80 (Neurotizismus), r = .81 (Extraversion), r = .76 (Offenheit für Erfahrung), r = .65 (Verträglichkeit) und r = .81 (Gewissenhaftigkeit).

2.1

7.3 Validität: Die Überprüfung der faktoriellen Validität in Substichproben ergab Kongruenzkoeffizienten der Dimensionen zwischen r = .91 und r = .98. Eine Faktorenanalyse der Skalen des NEO-FFI und weiterer Verfahren (EPI, FPI, PRF) ergab zudem eine faktorielle Struktur, die sich durch die Dimensionen des NEO-FFI erklären läßt.
Weiterhin wurden Probanden, die den NEO-FFI bearbeitet hatten, zusätzlich einer Fremdeinschätzung anhand von Adjektivskalen (Norman, 1963) unterworfen. Es ergaben sich statistisch bedeutsame Korrelationen der äquivalenten Dimensionen mit r = .27 (Neurotizismus), r = .43 (Extraversion), r = .23 (Offenheit für Erfahrung), r = .30 (Verträglichkeit) und r = .45 (Gewissenhaftigkeit). Eine weitere Studie kommt zu vergleichbaren Ergebnissen. Zudem liegt bis heute eine Reihe Studien vor, die die Validität des NEO-FFI hinreichend nachweisen.

7.4 Normen: Es liegen keine Normen vor, sie sind auch nicht beabsichtigt. Zum Vergleich ist einzig eine Tabelle mit Mittelwerten und Standardabweichungen vorhanden (N = 2112, davon 966 Männer und 1076 Frauen).

8. Literatur

Cattell, R.B. (1965). The description of personality: Basic traits resolved into clusters. *Journal of Abnormal and Social Psychology, 38,* 426–506.
Klage, L. (1926). *Die Grundlagen der Charakterkunde.* Leipzig: Barth.
Norman, W.T. (1963). Towards an adequate taxonomy of personality attributes. Replicated factor structure in peer nomination personality ratings. *Journal of Abnormal and Social Psychology, 66,* 574–583.

Bearbeiter: Richard von Georgi

Paardiagnostik mit dem Gießen-Test

E. Brähler und C. Brähler
Bern: Huber, 1993

1. Testart Persönlichkeits-Struktur-Test

2. Testmaterial Handbuch, Fragebogen GT-S-, GT-Fm und GT-Fw, Auswertungs- und Profilblätter; zusätzlich: Schreibutensilien.

3. Testgliederung Es liegt eine Selbstbild- und eine Fremdbild-(männlich)- bzw. Fremdbild-(weiblich)Version des Fragebogens vor. Die Fragebogen bestehen jeweils aus 40 bipolar, 7stufig formulierten Fragen. Diese Items sind den folgenden fünf Skalen zugeordnet: (1) Soziale Resonanz, (2) Dominanz, (3) Kontrolle, (4) Grundstimmung, (5) Durchlässigkeit.

4. Grundkonzept Der Paar-GT, der auf dem Gießen-Test von Beckmann, Brähler und Richter (1991) basiert, erfaßt die individuellen Persönlichkeitsmerkmale von Partnern. Der Vergleich der Selbst- und Fremdbildkonzepte ermöglicht eine diagnostische Beurteilung von Aspekten der Beziehungsstruktur eines Paares. Die Auswertung der Selbst- und Fremdbilder ermöglicht einen Einblick in die strukturellen Grundmuster der Beziehung beider Partner und kann zentrale Partnerkonflikte aufzeigen. Der Paar-GT bietet eine wertvolle Ergänzung zum Paargespräch, und die Besprechung der Testergebnisse mit den Paaren ermöglicht einen Einstieg in die Paarberatung. Von den sechs ursprünglichen Gießen-Test Skalen (Beckmann et al., 1991) werden die ersten fünf Skalen in leicht modifizierter Form für die Paardiagnostik herangezogen. Die Modifizierung war notwendig, um Skalen zu gewinnen, die gleichermaßen für die Selbst- und Fremdbilder gelten.

5. Durchführung **5.1 Alter:** Ab 18 Jahren.

5.2 Formen: Durchführung als Einzel- und Paartestung möglich.

5.3 Handhabung: Die Fragebogen werden den Probanden mit den Hinweis vorgelegt, daß die Testanweisung auf der ersten Seite des Fragebogens zu finden sei. Die Partner sollen getrennt die Fragebogen ausfüllen und nicht miteinander darüber diskutieren.

5.4 Zeit: Keine Zeitbegrenzung. Die Durchführung pro Fragebogen dauert in der Regel etwa 15 Minuten.

6. Auswertung **6.1 Modus:** Der 7stufigen Antwortskala (3 2 1 0 1 2 3) im Fragebogen werden Rohwerte nach dem Schema „1 2 3 4 5 6 7“ zugeordnet. Das Auswertungs- und Profilblatt informiert über die Zuordnung der Rohwerte zu den fünf Skalen und die Berechnung der fünf Skalenrohwerte. Diese fünf Ska-

lenrohwerte können dann als Selbst- bzw. Fremdbild in das Profilblatt eingetragen und verbunden werden. Das Profilblatt bildet unmittelbar die Transformation der Rohwerte der Skalen 1 bis 5 in Standardwerte ab. Dieses Vorgehen gilt für das „Selbstbild Mann (mm)", das „Selbstbild Frau (ww)"; das „Fremdbild Frau über Mann (wm)" und das „Fremdbild Mann über Frau (mw)". Für jedes (Ehe-) Paar können damit insgesamt vier Selbst- bzw. Fremdbilder erfaßt werden und zu Interpretationszwecken gemeinsam in das Profilblatt eingetragen werden.
Ein Vergleich mit den (über eine Metaanalyse ermittelten) 16 „Obertypen" von Paarbeziehungen ist über ein computergestütztes Auswertungsprogramm möglich (Kubinger & Wagner 1996).

6.2 Zeit: Keine Angaben.

7. Gütekriterien

7.1 Objektivität: Durchführung und Auswertung können als objektiv bezeichnet werden.

7.2 Reliabilität: Die internen Konsistenzen (Cronbachs Alpha) liegen in verschiedenen Studien für Skala (1) zwischen r = .64 und .74, für Skala (2) r = .44 und .56, für Skala (3) zwischen r = .49 und .61, für Skala (4) zwischen r = .56 und .63 und für Skala (5) zwischen r = .57 und .70. Die Retest-Reliabilität der Selbstbildversion liegt für die fünf Skalen (N = 241 junge Deutsch-Schweizer; Intervall: 2 Jahre) zwischen r = .53 und .67. Die Retest-Reliabilitäten der Selbstbildversion von Frauen (N = 29) vor und nach einer 14tägigen Paarkurztherapie liegen zwischen r = .66 und .89, von Männern (N = 29) zwischen r = .65 und .89. Die Retest-Reliabilitäten der Fremdbilder der Ehemänner über ihre Frau vor und nach einer 14tägigen Paarkurztherapie liegen zwischen r = .26 und .84, die Fremdbilder der Ehefrauen über ihre Männer zwischen r = .65 und .81.

7.3 Validität: Es liegen zahlreiche Untersuchungen an (vorwiegend klinischen) Stichproben vor (Brähler, 1999), welche die faktorielle und kriteriumsbezogene Validität des Verfahrens stützen.

7.4 Normen: Es liegen Standardwerte, T-Werte und Prozentränge für die fünf Skalen von 1989 (N = 1546, 18 bis 60 Jahre) im Handbuch vor. Die Normierung von 1994 (N = 2918, 18 bis 92 Jahre) kann über die Herausgeber bezogen werden.

8. Literatur

Beckmann, D., Brähler, E. & Richter, H.-E. (1991). *Der Gießen-Test (GT). Ein Test für Individual- und Gruppendiagnostik. Handbuch.* Bern: Huber.
Brähler, E. (1999). Der *Gießen-Test: 1968–1998. Eine Bibliographie.* Als Online-Dokument erhältlich (www.testzentrale.de).
Kubinger, K.D. & Wagner, M. (1996). *Gießen-Test Paardiagnostik.* Auswertungssoftware (erhältlich über K. Kubinger, Institut für Psychologie, Universität Wien).

Bearbeiter: Tewes Wischmann

Persönlichkeitsfragebogen für Kinder zwischen 9 und 14 Jahren (PFK 9–14)

W. Seitz und A. Rausche
Göttingen: Hogrefe, 3. Auflage 1992

1. Testart Persönlichkeits-Struktur-Test

2. Testmaterial Handanweisung (196 Seiten), 3 Testhefte, Ergebnisblätter (ein Heft), ein Schablonensatz (6 farblich gekennzeichnete Schablonen).

3. Testgliederung Die Erfassung der Persönlichkeitsstruktur durch PFK 9–14 gliedert sich in drei Äußerungsbereiche der Persönlichkeit (Primärdimensionen), die durch insgesamt 15 Skalen erfaßt werden:

- **[VS] Verhaltensstile**
- VS1 Emotionale Erregbarkeit
- VS2 Fehlende Willenskontrolle
- VS3 Extravertierte Aktivität
- VS4 Zurückhaltung und Scheu im Sozialkontakt
- **[MO] Motive**
- MO1 Bedürfnis nach Ichdurchsetzung, Aggression und Opposition
- MO2 Bedürfnis nach Alleinsein und Selbstgenügsamkeit
- MO3 Schulischer Ehrgeiz (Wertschätzung für und Bemühung um Erfolg und Anerkennung in der Schule)
- MO4 Bereitschaft zu sozialem Engagement
- MO5 Neigung zu Gehorsam und Abhängigkeit gegenüber Erwachsenen
- MO6 Maskulinität der Einstellung
- **[SB] Selbstbild-Aspekte**
- SB1 Selbsterleben von allgemeiner (existentieller) Angst
- SB2 Selbstüberzeugung (hinsichtlich Erfolg und Richtigkeit eigener Meinungen, Entscheidungen, Planungen und Vorhaben)
- SB3 Selbsterleben von Impulsivität
- SB4 Egozentrische Selbstgefälligkeit (Selbstaufwertung, Selbstüberschätzung, Selbstbeschönigung)
- SB5 Selbsterleben von Unterlegenheit gegenüber anderen

Jeder dieser Skalen umfaßt 12 Items, die überwiegend dichotom (stimmt – stimmt nicht) zu beantworten sind; bei einigen Items hat der Proband die Wahl zwischen zwei qualitativen Varianten. Anhand einer Faktorenanalyse 2. Ordnung wurden vier übergeordnete Faktoren bestimmt: Derb-draufgängerische Ichdurchsetzung, Emotionalität, Selbstgenügsame Isolierung und Aktives Engagement.

4. Grundkonzept Der erstmals 1976 veröffentlichte PFK 9–14 zielt auf eine möglichst breite und gleichzeitig differenzierte Erfassung der kindlichen Persönlichkeit. Anzahl, Inhalt und Struktur der durch den PFK 9–14 erfaßten Persönlichkeitsdimensionen stützen sich einerseits auf theoretische Überlegungen, andererseits auf empirische Befunde. Bei der vorliegenden 3. Auflage wurde eine Neunormierung aufgrund einer Revision des Item-Inventars vorgenommen. Die Autoren sehen den Anwendungsbereich des PFK 9–14 in der Erziehungs- und schulpsychologischen Beratung, zur Früherkennung von potentiell verhaltensauffälligen Kindern, bei der forensisch-psychologischen Begutachtung und zur Therapieverlaufskontrolle sowie in der Grundlagenforschung auf den Gebieten der Pädagogischen, Entwicklungs-, Sozial- und Persönlichkeitspsychologie.

5. Durchführung

5.1 Alter: 9 bis 14 Jahre.

5.2 Formen: Einzel- und Gruppentestungen.

5.3 Handhabung: Entsprechend seiner Grundkonzeption können die Teilbereiche [VS], [MO] und [SB], je nach Aufgabenstellung der Untersuchung, unabhängig voneinander durchgeführt werden. Für jeden Teilbereich steht ein separates Testheft zur Verfügung. Die Instruktion des Probanden befindet sich auf der ersten Seite und hat sich nach Angaben der Autoren in der bisherigen Praxis als hinreichend klar und verständlich erwiesen. Bei der Durchführung einer Gruppentestung sollte der Testleiter die ganze Zeit über anwesend sein und sich weitestgehend auf das Vorlesen der Testinstruktion beschränken. Leseschwache Kinder müssen (nach Ansicht der Autoren) unter Umständen aus der Gruppe entfernt und einer Einzeluntersuchung unterzogen werden. Es ist nicht erforderlich darauf hinzuweisen, daß die Fragen schnell zu bearbeiten sind, eher sollte der Testleiter darauf hinweisen, möglichst alle Fragen zu beantworten.

5.4 Zeit: Ca. 15 Minuten je Teilbereich.

6. Auswertung

6.1 Modus: Die Testauswertung erfolgt mittels farblich unterschiedlich gekennzeichneten Folien. Sowohl für die drei Primärdimensionen als auch für die Faktoren 2. Ordnung liegen entsprechend gekennzeichnete Folien vor. Zudem sind alle Item-Dimension-Zuordnungen des Tests im Manual aufgeführt. Für die Übertragung der Testrohwerte in Testnormwerte (Prozentrang und T-Werte) liegen Tabellen im Manual vor. Nach Bestimmung der Testwerte kann das jeweilige Testprofil in einem Profildiagramm grafisch dargestellt werden. Zur Interpretation des Testergebnisses werden im Testmanual inhaltliche Erläuterungen gegeben, die anhand von Fallbeispielen verdeutlicht werden.

6.2 Zeit: Keine Angaben.

7. Gütekriterien

7.1 Objektivität: Kann bei genauer Einhaltung der Instruktionen als gegeben gewertet werden.

7.2 Reliabilität: Die Zuverlässigkeit der Primärdimensionen des PFK 9–14 wurde anhand der internen Konsistenz (Cronbachs Alpha) und mit der testlängenkorrigierten Split-Half-Reliabilität nach Spearman-Brown bestimmt. Die Werte nach Cronbachs Alpha liegen in einem Wertebereich von $\alpha = .665$ bis $\alpha = .786$. Die Split-Half-Koeffizienten bewegen sich in einem Wertebereich von .659 bis .790. Diese Werte werden von den Autoren als durchaus zufriedenstellend bezeichnet.

7.3 Validität: Im Kontext der Beurteilung der Konstruktvalidität heben die Autoren die Trennschärfe-Indizes (Wertebereich; r = .342 bis r = .734) der einzelnen Dimensionen hervor. Im Handbuch beschriebene Untersuchungen belegen nach Ansicht der Autoren die Konstanz der Interkorrelationen der erfaßten Dimensionen und ihrer Faktorenstruktur. Des weiteren werden von den Autoren empirische Ergebnisse zur Übereinstimmungsvalidität der einzelnen Untertests mit Außenkriterien (z. B. Schul- und Intelligenztest-Leistungen, Verhaltensbeurteilungen durch den Lehrer, offizielle und selbstberichtete Delinquenz, motorisches Verhalten, Mitgliedschaft in einem Sportverein, familiäre Erziehung und Sozialisation, Subskalen anderer Persönlichkeitsfragebogen neue vs. alte Bundesländer) angeführt.

7.4 Normen: Die Handanweisung enthält für jede erfaßte Dimension Prozentrang- und T-Wert-Normierungen. Dabei werden diese Werte für die Gesamtstichprobe sowie für Teilpopulationen, getrennt nach Geschlecht, Schulart, Altersgruppen und Geschlechtsaltersgruppe, spezifiziert.

Bearbeiter: Norbert Karpinski

Persönlichkeits-Stil- und Störungs-Inventar (PSSI)

J. Kuhl und M. Kazen
Göttingen: Hogrefe, 1997

1. Testart Persönlichkeits-Struktur-Test (Klinischer Test)

2. Testmaterial Handanweisung, Fragebogen, Auswertungsschablonen, Auswertungsbogen mit Profilblatt; zusätzlich: Schreibgerät.

3. Testgliederung Das PSSI besteht aus 140 Items, die insgesamt 14 Skalen zugeordnet werden (10 Items je Skala). Diese 14 Persönlichkeitsstile erfassen die nicht pathologischen Anteile der zum Teil im DSM-III-R, DSM-IV sowie im ICD-10 konzipierten Persönlichkeitsstörungen (PS):

1. Selbstbestimmter Stil und antisoziale PS
2. Eigenwilliger Stil und paranoide PS
3. Zurückhaltender Stil und schizoide PS
4. Selbstkritischer Stil und selbstunsichere (vermeidende) PS
5. Sorgfältiger Stil und zwanghafte PS
6. Ahnungsvoller Stil und schizotypische PS
7. Optimistischer Stil und rhapsodische PS
8. Ehrgeiziger Stil und narzißtische PS
9. Kritischer Stil und passiv aggressive bzw. negativistische PS
10. Loyaler Stil und abhängige PS
11. Spontaner Stil und Borderline-PS
12. Liebenswürdiger Stil und histrionische PS
13. Passiver (stiller) Stil und depressive PS
14. Altruistischer Stil und selbstlose PS

4. Grundkonzept Das PSSI hebt sich von den klassischen faktorenanalytischen Persönlichkeitsverfahren insofern ab, da die Autoren annehmen, daß eine PS durch eine Extremausprägung einzelner dissoziierter Funktionsmerkmale, die normalerweise zu einem Konstrukt zusammengefaßt werden, gekennzeichnet ist. Theoretische Grundlage des PSSI ist die Theorie der Persönlichkeits-System-Interaktion (PSI-Theorie), in der unterschiedliche Stile und Störungen das Resultat spezifischer Interaktionsmuster zwischen kognitiven (Objekterkennung, analytisches Denken, ganzheitliches Fühlen, intuitive Verhaltenssteuerung) und emotionalen (Stimmung, Affekte) Komponenten ist. Hierbei wird angenommen, daß
A) Positive Stimmungen (Belohnungsaffekte) den Einfluß des analytischen Denkens dämpfen und gleichzeitig den der intuitiv-spontanen Verhaltenssteuerung auf die volitionale Steuerung des zielgerichteten Verhaltens intensivieren, während hingegen
B) negative Stimmungen (Bestrafungsaffekte) den Einfluß des kohärenzstif-

2.1

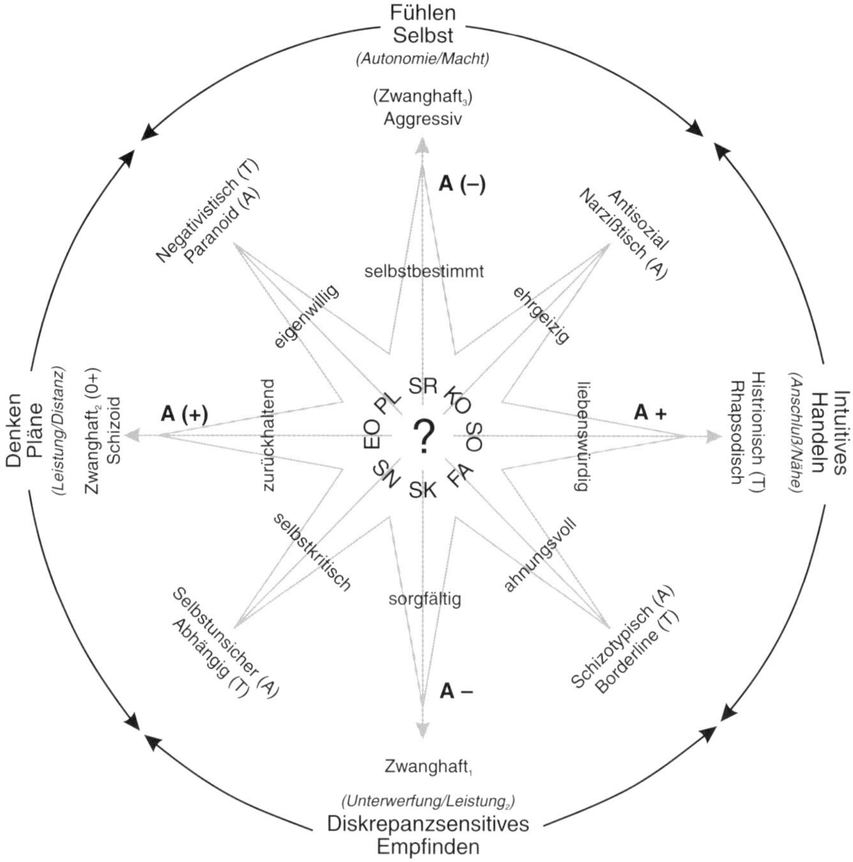

Darstellung des STAR-Modells (aus dem Handbuch des PSSI)

tenden Fühlens auf das bewußte (Selbst-)Erleben dämpfen und den Einfluß elementarer, oft widersprüchlicher und konflikthafter Einzelempfindungen intensivieren.
Die Abbildung zeigt vereinfacht das Zustandekommen unterschiedlicher Stile- und Störungen auf der Grundlage der jeweiligen Stimmung (A).
Durch seine enge Orientierung an den herkömmlichen Diagnosemanualen ist das PSSI insbesondere für den Einsatz in der therapeutischen Praxis geeignet. Mögliche Schwächen oder Stärken des jeweiligen Patienten in unterschiedlichen kognitiven und motivationalen Systemen können differenziert erfaßt werden und in den therapeutischen Prozeß mit eingebunden werden.

5. Durchführung

5.1 Alter: Keine Angaben (ab 14 Jahren).

5.2 Formen: Der PSSI ist als Einzel- oder Gruppentest durchführbar.

5.3 Handhabung: Die Probanden erhalten den Fragebogen zur selbständigen Bearbeitung. Eine kurze Testinstruktion ist im Handbuch angegeben.

5.4 Zeit: Keine Zeitbegrenzung (ca. 20 bis 30 Minuten).

6. Auswertung

6.1 Modus: Die 14 Skalenrohwerte werden mittels der Auswertungsschablonen bestimmt. Eine genaue Anweisung zur Bestimmung der Rohwerte je Schablone (Fragebogenseite) fehlt. Die Schablonen enthalten die Itemnummern und eine Skalennumerierung je Item von 1 bis 14. Die Summenwerte je Seite können dann in die am unteren Rand der Fragebogenseite entsprechend numerierten „Kästchen“ eingetragen werden. Die Rohwerte werden dann summiert und in das separate Formblatt übertragen (hierbei fehlt die vorherige Numerierung der Skalen, und es werden nur die unterschiedlichen Stile bzw. Störungen mit Namen angegeben). Je Skala wird der Prozentrang und T-Wert mit Hilfe der Tabellen aus dem Handbuch ermittelt. Die T-Werte können dann in das Profilblatt graphisch übertragen werden, so daß Normabweichungen sichtbar werden.

6.2 Zeit: Keine Angaben (ca. 20 Minuten).

7. Gütekriterien

7.1 Objektivität: Durchführung und Auswertung sind als objektiv zu bezeichnen.

7.2 Reliabilität: Die interne Konsistenz (Cronbachs Alpha) der 14 Skalen liegt zwischen $r = .75$ und $r = .86$, wobei 10 der Skalen eine interne Konsistenz von $r \geq .80$ besitzen. Die Testhalbierungsreliabilitäten (aufgewertet über die Spearman-Brown-Formel) liegen ebenfalls zwischen $r = .75$ und $r = .86$. Eine Retest-Reliabilität der Skalen ist nicht angegeben.

7.3 Validität: Es liegen eine ganze Reihe von Studien und Experimenten vor, die die Validität des PSSI vor dem Hintergrund der PSI-Theorie hinreichend nachweisen. Hierzu gehören u. a. Studien zur Mutter-Kind-Interaktion, Geschlechtsabhängigkeit und Partnerbeziehung sowie Untersuchungen klinischer Gruppen und EEG-Studien.

7.4 Normen: Die Handanweisung enthält nach Geschlecht getrennte Prozentränge und T-Werte je Skala (282 Männer und 430 Frauen). 92 % der Probanden stammen aus den alten Bundesländern. Eine umfassende Normierung des Tests wird von den Autoren angestrebt.

8. Literatur

Fiedler, P. (1994). *Persönlichkeitsstörungen.* Beltz: Weinheim.
Isen, A.M. (1987). Positive affect, cognitive processes, and social behavior. In L. Berkowitz (Ed.), *Advances in experimental social psychology* (Vol. 20, pp. 203–253). New York: Academic Press.

Verfasser: Richard von Georgi

Repertory Grid Technik (RGT)

R. Riemann

Göttingen: Hogrefe, 1991

1. Testart Persönlichkeits-Struktur-Test

2. Testmaterial Handanweisung (DIN A4, 82 Seiten), Protokollbogen, Auswertungsbogen, Auswertungsdiskette; zusätzlich: Schreibgerät.

3. Testgliederung Die Repertory Grid Technik erfordert einen mehrstufigen Untersuchungsprozeß:

a) Auswahl von Elementen,
b) Erhebung persönlicher Konstrukte durch den Vergleich dieser Elemente nach Gemeinsamkeit und Verschiedenartigkeit und
c) Einschätzung aller Elemente hinsichtlich der erhobenen Konstrukte, die hier als Eigenschaftsdimensionen betrachtet werden, auf einer mehrstufigen Skala.

Die Anzahl von Elementen und Konstrukten kann je nach Fragestellung variieren. Empfohlen werden jeweils 15 bis 20 Elemente und Konstrukte.

4. Grundkonzept Die Repertory Grid Technik basiert auf der „Psychologie der Persönlichen Konstrukte" (Kelly, 1991), einem konstruktivistischen Ansatz, der Verhalten, Ziele und Werte von Menschen insgesamt in ihrer Sinngebung durch das Individuum betrachtet und als strukturiert und interpretationsgebunden begreift. Der Mensch wird angesehen als äquivalent zu einem Wissenschaftler, der seine Erfahrungen ständig neu bewertet, daraus Hypothesen für zukünftige Ereignisse erstellt und diese an der Realität überprüft mit dem Ziel, zu einer bestmöglichen Vorhersage seiner selbst und seines sozialen Umfeldes zu gelangen (Winter, 1992). Dieser aktive, fortlaufende Prozeß der Sinngebung und Antizipation wird als „Konstruieren" bezeichnet.

Die Hypothesen von Menschen, die „Konstrukte", erlauben dem Individuum, sich selbst und andere Menschen einzuschätzen. Konstrukte werden von Kelly (1991) als dichotom bzw. bipolar begriffen, bestehen also immer aus einer Eigenschaft und deren Gegenteil (z. B. „offen" vs. „verschlossen"). Konstrukte sind aufgrund neuer Erfahrungen veränderbar und legen den Menschen nicht fest.

Zu seinen verschiedenen Lebensbereichen hat ein Mensch unterschiedliche Konstrukte. Die Gesamtheit der Konstrukte bildet das „Konstruktsystem", das einen hierarchischen Aufbau von konkreten, handlungsleitenden Konstrukten bis hin zu allgemeinen übergeordneten Konstrukten (vergleichbar mit Werten) hat.

Die Konstrukte von Menschen sind individuell, da sie auf persönlichen Erfahrungen des einzelnen beruhen.
Bei der RGT handelt es sich nicht um ein bestimmtes standardisiertes Verfahren, sondern um eine Klasse von Verfahrensweisen. Sie kann je nach Untersuchungsgegenstand an die jeweilige Fragestellung angepaßt werden durch die Festlegung der Elemente (Scheer & Catina, 1993). Geeignet ist das Verfahren zur Erhebung individueller Dimensionen des Erlebens und der Bedeutungszuschreibung für Ereignisse (z. B. soziale Situationen, Verhalten, Beziehungen zu Personen, Einstellungen etc.).

5. Durchführung

5.1 Alter: Keine Angaben. Die RGT ist bereits sehr früh einsetzbar, allerdings ist die Zahl der Elemente und Konstrukte bei Kindern und bei älteren Menschen reduziert, damit die Testdauer auch reduziert wird.

5.2 Formen: Einzeltest.

5.3 Handhabung: Auswahl der Elemente: Je nach Fragestellung legt der Testleiter 15 bis 20 Elemente, in der Regel Personen (möglich sind aber auch Gegenstände, abstrakte Begriffe, Berufe, politische Parteien, Ferienorte etc.) fest. In einem ersten Untersuchungsschritt werden diesen abstrakten Personenbezeichnungen konkrete Personen aus dem näheren sozialen Umfeld des Probanden (z. B. Vater, Mutter, beste/r Freund/in etc.) namentlich zugeordnet.
Erhebung der Konstrukte: In einem zweiten Untersuchungsschritt werden die bipolaren Konstrukte durch einen Vergleich der Elemente miteinander erhoben. Hier wird in der Regel die Methode des „Triadenvergleichs" eingesetzt. Dabei soll der Proband angeben, hinsichtlich welcher wichtigen persönlichen Eigenschaft sich zwei der Elemente gleichen (z. B. „offen im Umgang") und gleichzeitig von dem dritten Element unterscheiden (z. B. „verschlossen"). Damit ist das erste Konstrukt durch Vorgabe von drei Elementen erhoben („offen" vs. „verschlossen"). Durch den standardisierten Vergleich der weiteren Elemente können insgesamt 15 bis 20 Konstrukte erhoben werden. Weitere Möglichkeiten der Konstruktgewinnung sind der „Dyadenvergleich" (Vergleich von 2 Elementen), das „Freie Sortieren", die „Auswahl von Konstrukten aus vorgegebenen Listen" und die „Leitertechnik" (zur Erhebung übergeordneter Konstrukte). Zur Erhebung der Konstrukte bei Kindern und älteren Menschen wird die Anwendung von Dyadenvergleichen sowie das freie Sortieren oder auch die Auswahl von Konstrukten aus vorgegebenen Listen empfohlen.
Einschätzung der Elemente: Die Elemente werden in die Spalten des Protokollbogens eingetragen, die erhobenen Konstrukte in die Zeilen. Für die Einschätzung der Elemente werden die Konstrukte als Eigenschaftsdimensionen betrachtet (z. B. „sehr offen" bis „sehr verschlossen") hinsichtlich derer nun alle Elemente beurteilt werden können. Empfohlen wird entweder eine fünfstufige (+ 2 bis –2) oder siebenstufige (+ 3 bis –3) Antwortskala. Zur Vermeidung neutraler Aussagen (0) kann auch eine sechsstufige Skala eingesetzt werden.

5.4 Zeit: Keine Zeitbegrenzung. Die Durchführungszeit ist abhängig von der Anzahl der vorgegebenen Elemente und der zu erhebenden Konstrukte. Bei der empfohlenen Anzahl ist von einer Mindestdauer von 60 Minuten auszugehen. (Bei Kindern und älteren Menschen und auch bei langsam arbeitenden Probanden ist die Dauer erfahrungsgemäß erheblich länger, bis zu 120 Minuten.)

6. Auswertung

6.1 Modus: Zunächst erfolgt eine Inspektion des erhobenen Protokollbogens hinsichtlich der erhobenen Konstrukte und ihrer Verbindung zu den Elementen. Bei der systematischen Auswertung können verschiedene Kennwerte ermittelt werden: Ähnlichkeit der Einschätzung von Elementen, Zusammenhänge zwischen Konstrukten, Zusammenhänge zwischen Elementen und Konstrukten sowie mittels Hauptkomponentenanalyse die wesentlichen Dimensionen des Konstruktsystems. In der Handanweisung sind dafür jeweils Formeln angegeben. Weitere vorgeschlagene Auswertungsmethoden sind die Nonmetrische Multidimensionale Skalierung, Clusteranalysen, Skalogramm-Analysen sowie formale Begriffsanalysen. Daneben werden Hinweise zum Vergleich der Ergebnisse der RGT von verschiedenen Personen gegeben.
Eine individuelle Auswertung ist über die beiliegende Auswertungsdiskette möglich. Hier besteht auch die Option einer graphischen Darstellung von Elementen und Konstrukten. Mit den Programmen GP und GPL können Grids bis zu einer Größe von 95 Elementen und 140 Konstrukten analysiert werden, bei den Versionen GPSMALL und GPLSMALL können Grids bis zu einer Größe von 40 Elementen und 40 Konstrukten verarbeitet werden. Detaillierte Hinweise zur Anwendung der Auswertungsdiskette sind in der Handanweisung gegeben.

6.2 Zeit: Keine Angaben. (Die Auswertung mittels der Auswertungsprogramme beträgt bei 15 bis 20 Elementen und Konstrukten erfahrungsgemäß ca. 60 Minuten. Eine manuelle Auswertung ist unüblich und würde mehrere Stunden in Anspruch nehmen.)

7. Gütekriterien

7.1 Objektivität: Auswertungsobjektivität ist bei Anwendung der Auswertungsdiskette gegeben.

7.2 Reliabilität: Stabilität der Nennung der Elemente: Fjeld und Landfield (1961) stellten eine Übereinstimmung von 72 % fest bezüglich der Nennung von Elementen durch dieselbe Person zu zwei verschiedenen Zeitpunkten (N = 20 Personen; Intervall = 2 Wochen).
Stabilität der Nennung von Konstrukten: Die Übereinstimmungen schwanken zwischen 59 % und 75 % nach einer Woche (ohne Angabe der Gruppengröße).
Zeitliche Stabilität von Konstruktpolen: Es zeigte sich in den Untersuchungen eine größere Übereinstimmung bei näher aufeinanderfolgenden Meßzeitpunkten als bei weiter auseinanderliegenden.
Interne Konsistenz der Struktur der Elemente: In einer Untersuchung von Riemann (1981) mit 9 Probanden wurden die euklidischen Distanzen zwischen Elementen von geraden und ungeraden Konstrukten miteinander korreliert. Es wurde im Mittel eine Korrelation von r = .79 erreicht.
Rathod (1980) weist nach, daß sich die Repräsentationen der Elemente nur geringfügig verändern, wenn weitere Elemente hinzugezogen werden. Er wählte aus einem Grid je 15 Elemente und Konstrukte aus und verglich diesen Ausschnitt mit einem weiteren Ausschnitt von je 15 Elementen und Konstrukten. Nach Zielrotation ergab sich eine mittlere Übereinstimmung von r = .99 bezüglich der ersten Komponente und r = .83 bezüglich der vierten Komponente. Als Übereinstimmungskoeffizient wurde der Tucker-Kongruenzkoeffizient gewählt.
Zeitliche Stabilität der Struktur der Elemente: Über einen kurzen Zeitraum

hinweg erweisen sich die Elemente in 2 Studien als relativ stabil, über einen längeren dagegen nicht.

7.3 Validität: Die Validierung der RGT ist insofern schwierig, da die individuumszentrierte Anwendung den Vorrang vor einer differentialpsychologischen Anwendung hat und weil die RGT je nach Ziel einer Untersuchung hinsichtlich der Zahl und Art der Elemente und der Zahl der zu erhebenden Konstrukte modifiziert werden kann.
Kriterienorientierte Validität: Ein Experiment von Payne (1956) zeigte, daß die in einem Grid generierten persönlichen Konstrukte valide Informationen über eine Person enthalten.
Inhaltsvalidität: Zur Erreichung einer hohen Inhaltsvalidität bei der Anwendung der RGT werden einige Annahmen gemacht, die sich auf die repräsentative Auswahl von Testitems und auf eine angemessene Methode der Testkonstruktion beziehen.
So wird eine Repräsentativität der Elemente für den untersuchten Bereich dadurch erreicht, daß die Auswahl von Elementen nach bestimmten Rollentitelvorgaben geschieht. Die Vergleiche zwischen den Elementen, die für die Erhebung von Konstrukten herangezogen werden, sollen repräsentativ sein.
Konstruktvalidität: Die Bestimmung der Konstruktvalidität ist insofern schwierig, da es keine anderen Methoden gibt, die die gleichen psychologischen Konstrukte erfassen, und die durch die RGT erfaßten Konstrukte nur unscharf definiert sind. Man greift hier auf Erhebungen von Ähnlichkeitsurteilen zurück, die ebenfalls Aussagen über die Strukturierung eines Bereichs von Elementen machen und von denen angenommen wird, daß sie implizit auf selbstgenerierten Konstrukten basieren. So vergleicht man z. B. einen Grid mit Skalen des semantischen Differentials von Osgood oder direkten Ähnlichkeitseinschätzungen für alle möglichen Paare von Elementen (Gigerenzer, 1981). Die Korrelation der drei Methoden und die Zusammenstellung zu einer Multitrait-multimethod-Matrix belegte die konvergente und diskriminante Validität der drei Methoden. Auch Riemann (1983) fand eine gute Übereinstimmung zwischen der RGT und der Erhebung von Ähnlichkeitsurteilen.
Trotz der guten Validität der Struktur der Elemente erhält man nur eine mäßige Übereinstimmung zwischen den Konstruktbezeichnungen aus dem Grid und einer freien Beschreibung der Personen, die als Elemente gewählt wurden.

7.4 Normen: Keine Angaben.

8. Literatur

Gigerenzer, G. (1981). Implizite Persönlichkeitstheorien oder quasi-implizite Persönlichkeitstheorien? *Zeitschrift für Sozialpsychologie, 12,* 65–80.

Kelly, G.A. (1991). *The psychology of personal constructs.* London: Routledge.

Riemann, R. (1983). Eine Untersuchung zur Validität der Gridtechnik. *Psychologische Beiträge, 25,* 385–396.

Scheer, J.W. & Catina, A. (1993). *Einführung in die Repertory Grid-Technik.* Bern: Huber.

Winter, D.A. (1992). *Personal Construct Psychology in Clinical Practice.* London: Routledge.

Bearbeiter: Rolf Deubner

Selbstregulations- und Konzentrationstest für Kinder (SRKT-K)

J. Kuhl und K. Kraska

Göttingen: Hogrefe, 1992

1. Testart Persönlichkeits-Struktur-Test

2. Testmaterial Handanweisung, Computerdiskette für 100 Testdurchführungen, Bogen mit Aufklebern für die Computertastatur; zusätzlich: Hardware (mind. 386er Prozessor, Betriebssystem MS-DOS 4.0).

3. Testgliederung Der Test gliedert sich in eine Übungs- und die Hauptphase sowie eine Zusatzaufgabe. Der Testablauf besteht aus aufeinander folgenden Durchgängen, die sich aus jeweils vier voneinander verschiedenen 15-Sekunden-Intervallen zusammensetzen.

4. Grundkonzept Der SRKT-K ist ein computerunterstützes Verfahren zur Prozeßdiagnostik der Selbstregulation und Konzentration bei Kindern. Ausgangspunkt ist die Theorie der Handlungskontrolle (Kuhl, 1983), speziell der Selbstregulation, worunter die Testautoren die Prozesse zusammenfassen, mit denen Absichten beibehalten und in die Tat umgesetzt werden, auch wenn konkurrierende Motivationstendenzen dem entgegenstehen. Die Hauptaufgabe besteht darin, bei einer binären Entscheidungsaufgabe schnell und richtig zu reagieren und hierbei möglichst viele Punkte (Spielpfennige) zu sammeln. Durch die Darbietung verschiedener Distraktoren („Kletteräffchen", die ebenfalls Spielpfennige sammeln oder wegnehmen, mit versus ohne Klick-Ton, und als „Zwangsbedingung", in welcher diese die Aufgabe zunächst verdecken) wird bei der Testperson ein Konflikt durch zwei konkurrierende Bestreben induziert: 1) an der Aufgabe weiterzuarbeiten versus 2) die Aufmerksamkeit den Distraktoren zuzuwenden, d. h. sich ablenken zu lassen. Leistungseinbußen während der Distraktorphasen im Vergleich zu der Aufgabenbearbeitung ohne Distraktor (Baseline) lassen auf Defizite der selbstregulatorischen Kompetenzen schließen. Zur Erfassung von Überregulation wird in einer Zusatzaufgabe überprüft, ob das Kind, bei sich ändernden Rahmenbedingungen, flexibel auf die sich wechselnde Aufgabenanforderung reagieren kann (unter dieser Bedingung können sie durch Mitzählen der von einem Äffchen geschenkten Spielpfennige mehr Spielgroschen verdienen als durch Weiterarbeiten an der ursprünglichen Aufgabe).

5. Durchführung **5.1 Alter:** 1. bis 4. Klasse.

5.2 Formen: Einzeltestung.

5.3 Handhabung: Die Bearbeitung des Verfahrens erfolgt am PC. Die notwendigen Instruktionen erfolgen mündlich durch den Testleiter. Die von der Testperson zu bedienenden vier Tasten der Computertastatur werden durch spezielle Aufkleber gekennzeichnet.

5.4 Zeit: Einschließlich Instruktion ca. 30 Minuten.

6. Auswertung

6.1 Modus: Für die Auswertung des SRKT-K wurde ein eigenes Auswertungsprogramm in das Verfahren integriert. Graphische Darstellungen der Arbeitsgeschwindigkeit, der Temposchwankungen in bezug zu den Referenzpopulationen und die Darstellung einer individuellen Verlaufskurve sind möglich. In Tabellenform sind die Ergebnisse in Prozenträngen und T-Werten für die gesamte Hauptphase und für beide Testhälften getrennt dokumentiert. Der erste Ergebnisblock bezieht sich auf die Variable Tempo, der zweite auf Temposchwankungen. Für beide Variablen sind die Angaben für die absoluten Werte und Differenzwerte (relative Differenzen zur Baseline) für die einzelnen Distraktorbedingungen (ohne Distraktor, mit verschiedenen Distraktoren) aufgeführt.

6.2 Zeit: Keine Angaben.

7. Gütekriterien

7.1 Objektivität: Durchführung und Auswertung können als objektiv bezeichnet werden.

7.2 Reliabilität: Die Split-Half-Reliabilitäten für die Variable Tempo bewegen sich zwischen r = .87 und r = .92, für die Variable Temposchwankungen zwischen r = .12 und r = .57. Die Retest-Reliabilitäten (Ein-Monats-Stabilität) für die Absolutwerte der Variable Tempo liegen zwischen r = .84 und r = .92, die der Temposchwankungen zwischen r = .23 bis r = .57 (alle ermittelten Korrelationskoeffizienten sind signifikant).

7.3 Validität: Beurteilungen durch Lehrer (Einschätzungen selbstregulatorischen Verhaltens, Deutsch- und Mathematiknoten) führten im Zusammenhang mit den verschiedenen Testwerten zu teilweise signifikanten Korrelationen. Auch mit Testwerten des DL-KG (Kleber, Kleber & Hans, 1975) zeigten sich signifikante Zusammenhänge.

7.4 Normen: Die Normierungsstichprobe umfaßt insgesamt 985 Grundschulkinder und ist nach Geschlecht und Klassenstufen aufgeschlüsselt.

8. Literatur

Kleber, E.W., Kleber, G. & Hans, O. (1975). *Differentieller Leistungstest-KG (DL-KG).* Göttingen: Hogrefe.

Kuhl, J. (1983). *Motivation, Konflikt und Handlungskontrolle.* Berlin, Heidelberg, New York: Springer.

Bearbeiterin: Ann-Doreen von Schwerin

Selbstregulations- und Strategientest für Kinder (SRST-K)

J. Kuhl und E. Christ
Göttingen: Hogrefe, 1993

1. Testart Persönlichkeits-Struktur-Test

2. Testmaterial Bildkarten, Auswertungsschablone, Protokollbogen, Handanweisung.

3. Testgliederung Der SRST-K ist ein Bildlegeverfahren. Es besteht aus drei Szenarien mit handlungsrelevanten Konfliktsituationen: Geheimnis, Hausaufgabe, Taschengeld. Die Bildgeschichten wurden zur besseren Identifikation mit der Hauptperson in zwei Versionen entwickelt, die sich lediglich darin unterscheiden, daß die Hauptpersonen einmal Mädchen und einmal Jungen darstellen. Der Test setzt sich aus vier Subskalen zusammen: Motivationskontrolle, Aufmerksamkeitskontrolle, Emotionskontrolle und Mißerfolgsbewältigung. Die Strategien werden auf Bildkarten mit den Gedanken des Protagonisten unter einer selbstregulationsförderlichen und -hinderlichen Perspektive verdeutlicht.

4. Grundkonzept Der SRST-K ist ein Test zur Überprüfung des Selbstregulations-Strategiewissens bei Kindern. Er dient dazu zu überprüfen, ob ein Kind über ein seinem Alter angemessenes Ausmaß an Wissen darüber verfügt, welche Strategien es prinzipiell in Situationen anwenden kann, die Selbstregulation erfordern.

Die Anwendung des SRST-K ist besonders dort indiziert, wo bestimmte Selbstregulationsdefizite, z. B. im schulischen oder familiären Umfeld, die Vermutung nahelegen, daß ein Kind nicht oder nur unzureichend in der Lage ist, einmal gefaßte Entschlüsse in die Tat umzusetzen und trotz Versuchungsquellen in der Umgebung bei seinem Vorhaben zu bleiben (vgl. die Handlungskontrolltheorie).

5. Durchführung **5.1 Alter:** Kinder im Grundschulalter (für diese wurde das Verfahren normiert); prinzipiell kann das Verfahren auch bei älteren Kindern eingesetzt werden.

5.2 Formen: Einzeltest.

5.3 Handhabung: Die Handanweisung gibt ausreichend detaillierte Anweisungen zur Vorbereitung und Durchführung des Verfahrens, inklusive ausführlicher Instruktionen, die man den Probanden geben sollte. Zu jedem Szenario wird zunächst anhand eines Erklärungsbildes die selbstkontrollrelevante Konfliktsituation dargestellt. Dann wird anhand von Kontrollfragen überprüft, ob das Kind den zugrundeliegenden Konflikt zwischen Intention und emotionaler Präferenz und die Realisierungsschwierigkeit verstanden hat. Danach werden den jeweiligen Erklärungsbildern je acht Strategiebilder zugeordnet, auf denen Gedanken geschrieben stehen, die der Hauptperson des Erklärungsbildes gerade durch den Kopf gehen. Anschließend sollen die Probanden angeben, auf welchem jeweils das Beibehalten oder Aufgeben des beabsichtigten Verhaltens dargestellt ist.

5.4 Zeit: Keine Zeitbegrenzung; die Durchführung erfordert erfahrungsgemäß ca. 20 bis 25 Minuten.

6. Auswertung

6.1 Modus: Die auf dem Protokollbogen notierten Antworten des Kindes werden mittels Schablone auf ihre Richtigkeit für jede Strategieskala überprüft. Die so ermittelten Rohwerte können sodann in Perzentil- oder T-Werte transformiert werden.

6.2 Zeit: Einfaches, ökonomisches Aufaddieren; ca. 5 Minuten.

7. Gütekriterien

7.1 Objektivität: Sowohl die Durchführungs- als auch die Auswertungs- und Interpretationsobjektivität können als gegeben angesehen werden.

7.2 Reliabilität: Es wurde zum einen die Retest-Reliabilität (nach 2 Monaten) bestimmt: Die Stabilität der Einzelskalen des SRST-K schwankt bei einer Meßwiederholung zwischen r = .26 bis r = .52, die Stabilität des Gesamtwertes liegt bei r = .54. Die relativ niedrigen Werte weisen darauf hin, daß in der Zwischenzeit ein Lerneffekt bzw. eine Weiterentwicklung der Kinder stattgefunden hat. Dies entspricht dem Konstrukt des Verfahrens.
Die zum anderen durchgeführte Konsistenzanalyse erbrachte über die gesamte Eichstichprobe (N = 752) Werte zwischen .30 und .59 für die Einzelskalen und einen Wert von .71 für den Gesamtwert.

7.3 Validität: Faktorenanalysen nach dem Scree-Test weisen auf eine Einfaktorenlösung hin. Nach dem Eigenwert > 1 ergibt sich eine Dreiaktorenlösung. Die Trennschärfen liegen zwischen .24 und .64 (Item/Gesamtwert) und zwischen .55 und .76 (Item/Skalenwert). Des weiteren wurde versucht, die kriterienbezogene und inhaltliche Validität zu bestimmen, was jedoch bezüglich der Schwierigkeit, reliable Kriterien zu finden, nur ungenügend gelang. Hier sollten noch weitere Studien durchgeführt werden, um exaktere Belege für die Validität des Verfahrens liefern zu können.

7.4 Normen: Es liegen klassen- und geschlechtsspezifische Prozentrangwerte vor. Für Kinder, deren Muttersprache nicht deutsch ist, liegen separate Normen vor (geringe Stichproben). Die Prozentränge werden für die Art des Strategiewissens und für die Szenarien angegeben. Für die aggregierten Werte liegen T-Normwerte vor.

Bearbeiterin: Petra Warschburger

Streßverarbeitungsfragebogen (SVF und SVF120)

W. Janke, G. Erdmann, K.W. Kallus und W. Boucsein (unter Mitwirkung von M. Ising)
Göttingen: Hogrefe, 1985 (SVF); 1997 (SVF120)

1. Testart Persönlichkeits-Struktur-Test (Klinischer Test)

2. Testmaterial Handanweisung (97 Seiten), Fragebogen (12 Seiten), Auswertungsblatt zur Summenbildung, Profilblatt für Rohwerte und Standardwerte; zusätzlich: Schreibgerät.
Anmerkung: Der SVF120 ist eine geringfügig veränderte Version zum SVF mit aktualisierter Normierung.

3. Testgliederung Der SVF besteht aus 114 Items, die jeweils eine spezifische Streßverarbeitungsstrategie (je 6 Items) erfassen wollen:

1. (BAG) Bagatellisieren
2. (HER) Herunterspielen
3. (SCHAB) Schuldabwehr
4. (ABL) Ablenkung von Situationen
5. (ERS) Ersatzbefriedigung
6. (SEBEST) Suche nach Selbstbestätigung
7. (SITKON) Situationskontrollversuche
8. (REKON) Reaktionskontrollversuche
9. (POSI) Positive Selbstinstruktion
10. (BESOZU) Bedürfnis nach sozialer Unterstützung
11. (VERM) Vermeidungstendenz
12. (FLU) Fluchttendenz
13. (SOZA) Soziale Abkapselung
14. (GEDW) Gedankliche Weiterbeschäftigung
15. (RES) Resignation
16. (SEMITL) Selbstbemitleidung
17. (SESCH) Selbstbeschuldigung
18. (AGG) Aggression
19. (PHA) Pharmakaeinnahme

Die Frageinstruktion lautet für alle Items: „Wenn ich durch irgendetwas oder irgend jemand beeinträchtigt, innerlich erregt oder aus dem Gleichgewicht gebracht worden bin . . ." Diese Frageinstruktion wird auf jeder Antwortseite wiederholt. Die Antwortmöglichkeiten bilden eine fünfstufige Ratingskala (0 = gar nicht, 1 = kaum, 2 = möglicherweise, 3 = wahrscheinlich, 4 = sehr wahrscheinlich).

4. Grundkonzept Ziel des Testverfahrens ist es, für eine „verallgemeinerte" Belastungssitua-

tion („durch irgendwas oder irgend jemanden") und der hierdurch ausgelösten Belastungsreaktion („beeinträchtigt, innerlich erregt oder aus dem Gleichgewicht gebracht") die jeweilige Reaktionstendenz des Probanden im Sinne einer relativ stabilen Persönlichkeitseigenschaft zu bestimmen.
Die Erfassung zielt auf die kognitive und verhaltensorientierte Bewältigungsstrategie, ebenso auf streßvermehrende (negatives Coping) wie streßvermindernde (positives Coping) Reaktionen, jedoch nicht auf die Erfassung der körperlichen Streßsymptome.
Der SVF ist als Forschungsinstrument einsetzbar. Der Einsatz in der Praxis wird im Manual nicht vorgesehen und in anderweitigen Rezensionen auch nicht empfohlen (Neumer & Margraf, 1997; s. hierzu jedoch die Replik von Janke & Erdmann, 1997).

5. Durchführung

5.1 Alter: 20 bis 79 Jahre.

5.2 Formen: SVF (114 Items, 1985), SVF120 (120 Items, 1997; eine zusätzliche Dimension „Entspannung" und in den anderen Dimensionen mit drei veränderten Items zum SVF).

5.3 Handhabung: Der Proband kann den Fragebogen alleine, in der Gruppen und ohne fremde Hilfe auch außerhalb einer standardisierten Untersuchungssituation bearbeiten. Allerdings wird darauf hingewiesen, daß die Unterbrechung der Testbearbeitung die Interpretation der Testergebnisse verbietet. Es liegt auch eine computergestützte Fassung vor (in PERSYS und HTS).

5.4 Zeit: Ca. 15 Minuten.

6. Auswertung

6.1 Modus: Im Auswertungsblatt wird für jede der 19 Dimensionen beim SVF (bzw. 20 Dimensionen beim SVF120) der Punktwert des Items eingetragen und die Spaltensumme berechnet. Die Rohwerte können für die Interpretation in T-Werte umgerechnet werden. Hierzu stehen geschlechtsspezifische Normen in Tabellenform zur Verfügung. Für verschiedene Altersgruppen sind noch Mittelwerte und Streuungen verfügbar (SVF und SVF120). Die Roh- und Standardwerte können in zwei eigens hierfür vorliegende Profilblätter eingetragen werden. Die einzelnen Subtests können noch in Sekundärwerte [nur beim SVF120 drei positiver Verarbeitungsstrategien (Subtests 1 bis 3, 4 bis 7 und 8 bis 10) und einer negativen Verarbeitungsstrategie (Subtests 13 bis 18)] zusammengefaßt werden. Die drei positiven Strategien können nochmals zu einer übergeordneten „Positiv-Strategie" aggregiert werden. Für die „Positiv-Strategie" und „Negativ-Strategie" liegen ebenfalls Normierungswerte vor (nur SVF120).

6.2 Zeit: Keine Angaben (ca. 20 Minuten).

7. Gütekriterien

7.1 Objektivität: Durchführung und Auswertung sind eindeutig. Der Übertrag von 114 bzw. 120 Antworten ist anfällig für Übertragungsfehler. Zur Interpretation liegen außer den T-Werten keine Hilfsmittel oder Beispiele bzw. aufbereitete Validitätstudien vor.

7.2 Reliabilität: Die innere Konsistenzen (Cronbachs Alpha) variieren je nach Subtest zwischen .67 („PHA") und .92 („GEDW") beim SVF und .65 („PHA") und .91 („GEDW") beim SVF120. Die Konsistenzkoeffizienten variieren bei beiden Verfahren großteils um .80. Die Retestungskoeffizienten (4 Wochen) liegen für den SVF zwischen .68 („SESCH") und .84 („PHA").

7.3 Validität: Die Konstruktvalidität konnte mit replizierbaren Faktorenmustern an verschiedenen Stichproben belegt werden. Zusätzlich konnten plausible Zusammenhänge (z. B. die streßvermehrenden Strategien) zu anderen Persönlichkeitsmerkmalen (z. B. Extraversion und Neurotizismus aus dem FPI) die diskriminante und konvergente Validität belegen. Die Annahme einer situations- und reaktionsunabhängigen Erfassung von Bewältigungsstrategien wird anhand von Studien belegt (Kallus & Kazenwadel, 1993; Kröner-Herwig, Muck & Weich, 1988).
Die Vorhersage-Validität (Kriterienbezogene Validität) für reale Situationen und physiologische Maße sind hingegen gering. „Insgesamt lassen die bisher vorliegenden Ergebnisse die Schlußfolgerung zu, daß die durch den SVF operationalisierten Streßverarbeitungsstrategien Außenkriterien in nur mäßigen Ausmaße vorherzusagen vermögen" (S. 27, s. a. Kröner-Herwig & Weich, 1990).

7.4 Normen: Normtabellen (nur T-Werte nach Flächentransformation) getrennt für die Geschlechter beim SVF120 (Männer = 144; Frauen = 144) für die Altersgruppe von 20 bis 79 Jahren. Ebenso der SVF (Altersgruppe von 20 bis 64 Jahren) mit getrennten Normen für Männer (N = 96) und Frauen (N = 104) und einer zusätzlichen Normtabelle für männliche Studenten (N = 173).

8. Literatur

Janke, W. & Erdmann, G. (1997). Replik zur Testrezension des SVF. *Zeitschrift für Differentielle und Diagnostische Psychologie, 18,* 77–80.
Neumer, S. & Margraf, J. (1997). Testrezension zu Streßverarbeitungsfragebogen (SVF). *Zeitschrift für Differentielle und Diagnostische Psychologie, 18,* 75–77.
Kallus, K.W. & Kazenwadel, J. (1993). Zur Streßspezifität des Streßverarbeitungsfragebogens (SVF). *Zeitschrift für Differentielle und Diagnostische Psychologie, 14.*
Kröner-Herwig, B. & Weich, K.W. (1990). Erlaubt die Kenntnis habitueller Streßverarbeitungsstrategien (SVF) die Vorhersage von Bewältigungsverhalten in vorgestellten Problemsituationen? *Diagnostica, 36,* 329–339.

Verfasser: Jörg Michael Müller

Streßverarbeitungsfragebogen von Janke und Erdmann angepasst für Kinder und Jugendliche (SVF-KJ)

P. Hampel, F. Petermann und B. Dickow
Göttingen: Hogrefe, 2000

1. Testart Persönlichkeits-Struktur-Test, auch Klinischer Test

2. Testmaterial Handanweisung, Testheft, Auswertungsschablonen, Auswertungsblatt, Profilblatt für Roh- und Standardwerte.

3. Testgliederung Der Test erfaßt über neun Subtests die habituelle Streßverarbeitung. Hierbei erheben fünf Subtests streßreduzierende Strategien und vier Subtests streßvermehrende Verarbeitungsstile: Als streßreduzierende Strategien werden „Bagatellisierung", „Ablenkung/Erholung", „Situationskontrolle", „Positive Selbstinstruktionen" und „Soziales Unterstützungsbedürfnis" erfragt. Die Subtests „Passive Vermeidung", „Gedankliche Weiterbeschäftigung", „Resignation" und „Aggression" erfassen streßvermehrende Strategien. Die neun Subtests lassen sich zu drei Sekundärtests verdichten, die als „Emotionsregulierende Bewältigung", „Problemlösende Bewältigung" und „Negative Streßverarbeitung" interpretiert werden können. Jeder Subtest wird durch vier Items repräsentiert und in bezug auf eine fiktive soziale und schulische Belastungssituation erhoben. Somit resultieren insgesamt 72 Items. Die Streßverarbeitungstendenzen können situationsspezifisch und situationsübergreifend bestimmt werden.

Als Antwortskala steht eine fünfstufige Likertskala zur Verfügung, die von „auf keinen Fall" (0), „eher nein" (1), „vielleicht" (2), „eher ja" (3) bis „auf jeden Fall" (4) rangiert.

2.1

4. Grundkonzept Der SVF-KJ stellt eine Anpassung des SVF von Janke und Erdmann (1997) an den Kinder- und Jugendbereich dar. Auf Grund empirischer Befunde wurden aus den 20 Subtests des SVF bedeutsame Streßverarbeitungsstrategien ausgewählt und in Vorstudien an den Altersbereich angepasst. Wie der SVF geht der SVF-KJ von einem dispositionsorientierten Ansatz aus. Außerdem erlauben beide Verfahren eine multidimensionale Erfassung der Streßverarbeitung, die sich in der Streßverarbeitungsforschung als wesentlich erwiesen hat.

5. Durchführung **5.1 Alter:** 8 bis 13 Jahre.

5.2 Formen: Einzel- und Gruppentest.

5.3 Handhabung: Die Kinder werden instruiert, sich zunächst Situationen vorzustellen, die sie unter Druck setzen. Hierbei wird der Bereich der Stressoren allgemein beschrieben und durch zwei beispielhafte Belastungssituationen veranschaulicht. Die Handanweisung enthält einige Hinweise zur Testdurchführung, so daß aussagekräftige Ergebnisse gewonnen werden und Tendenzen zu sozial erwünschtem Verhalten reduziert werden können.

5.4 Zeit: Altersabhängig zwischen 10 und 25 Minuten.

6. Auswertung

6.1 Modus: Zur Bestimmung der beiden situationsspezifischen Summensubtestwerte werden die Ausprägungen in den jeweiligen vier Items addiert. Daraufhin werden die beiden Summenwerte addiert, um den situationsübergreifenden Summensubtestwert zu erhalten. Zur Ermittlung der Sekundärtestwerte werden die entsprechenden Subtestwerte addiert und durch die Anzahl der eingehenden Subtests dividiert. Die situationsspezifischen und -unspezifischen Rohwerte können in Profilkurven abgetragen werden. Außerdem können die Rohwerte in T-Werte umgewandelt und in Profilkurven abgebildet werden.

6.2 Zeit: Keine Angaben.

7. Gütekriterien

7.1 Objektivität: Die Durchführungs- und Interpretationsobjektivität sind insbesondere durch die Hinweise zur Testdurchführung gegeben. Gleichfalls ist die Auswertungsobjektivität gegeben.

7.2 Reliabilität: Die innere Konsistenz wurde in einer Studie mit 1 123 Kindern und Jugendlichen bestimmt. Cronbachs Alpha beträgt für die situationsspezifischen Subtestwerte im Mittel um r = .70 (sozial) und r = .75 (schulisch). Cronbachs Alpha für die situationsübergreifenden Subtestwerte liegt zwischen r = .71 und r = .89. Die Retest-Reliabilitäten (6-Wochen-Stabilität) für die situationsübergreifenden Subtestwerte variieren zwischen r = .61 und r = .70. Die befriedigenden Reliabilitäten der situationsspezifischen Kennwerte führen die Autoren auf die geringe Itemzahl und die Altersstichprobe zurück. So haben sich in anderen thematisch verwandten Verfahren, die ebenfalls Ratingskalen im Kinder- und Jugendbereich verwendeten, ähnliche Reliabilitäten ergeben (vgl. Lohaus, Fleer, Freytag & Klein-Heßling, 1996).

7.3 Validität: Es liegen Befunde zur Konstrukt- und Kriteriumsvalidität vor: In der Normierungsstudie mit 1123 Kindern und Jugendlichen bestätigten Faktoren- und Korrelationsanalysen die Struktur des SVF-KJ. Weitere Korrelationsanalysen belegen, daß der SVF-KJ eine relative Eigenständigkeit gegenüber dem Konstrukt „Ängstlichkeit" und globalen Persönlichkeitsdimensionen (Neurotizismus, Extraversion) aufweist. In mehreren Studien mit kleinen Stichproben wurden erste Hinweise auf eine kriterienbezogene Validität gewonnen: Die Vorhersagevalidität des SVF-KJ für die aktuelle Streßverarbeitung und emotionale Belastungsreaktionen wird durch zwei Feldstudien nahegelegt (Hampel, 2000). Befunde dreier Interventionsstudien mit einem kognitiv-behavioralen Streßbewältigungstraining im ambulanten Bereich (Hampel & Petermann, 1998) sprechen für eine Änderungssensitivität des SVF-KJ.

7.4 Normen: Es liegen geschlechtsspezifische Normen in Form von T-Werten und Prozenträngen für Schüler der dritten und vierten, der fünften und sechsten sowie der siebten Klassenstufe vor.

8. Literatur

Hampel, P. (2000). Zur Konstrukt- und Vorhersagevalidität des Stressverarbeitungsfragebogens für Kinder und Jugendliche (SVF-KJ): Eine Pilotstudie in einer sportlichen Leistungssituation bei Jugendlichen. *Psychologie und Sport.*

Hampel, P. & Petermann, F. (1998). *Anti-Streß-Training für Kinder.* Weinheim: Psychologie Verlags Union.

Lohaus, A., Fleer, B., Freytag, P. & Klein-Heßling, J. (1996). *Fragebogen zur Erhebung von Streßerleben und Streßbewältigung im Kindesalter (SSK).* Göttingen: Hogrefe.

Verfasser: Dietmar Heubrock

Temperament- und Charakter-Inventar (TCI)

C.R. Cloninger, T.R. Przybeck, D.M. Svrakic und R.D. Wetzel
Deutsche Übersetzung und Bearbeitung: J. Richter, M. Eisemann, G. Richter und C.R. Cloninger
Frankfurt a. M.: Swets Test Services, 1999

1. Testart Persönlichkeits-Struktur-Test (Klinischer Test)

2. Testmaterial Manual (176 Seiten), Fragebogen, 3.5"-Diskette mit Auswertungsprogramm; zusätzlich: Schreibgerät, PC (mind. Pentium, 16 MB RAM), Microsoft Windows 95, Microsoft Excel 97.

3. Testgliederung Der Fragebogen umfaßt 240 Items, die in sieben, teilweise aus Subskalen (insgesamt 25) gebildeten Skalen zusammengefaßt und in die Persönlichkeitsdimensionen Temperament und Charakter gegliedert sind:

Temperament:
NS = Neugierverhalten (40 Items)
HA = Schadensvermeidung (35 Items)
RD = Belohnungsabhängigkeit (24 Items)
PS = Beharrungsvermögen (8 Items)

Charakter:
SD = Selbstlenkungsfähigkeit (44 Items)
CO = Kooperativität (42 Items)
ST = Selbsttranszendenz (33 Items)

Die weiteren Items werden zu Validitätsskalen zusammengefaßt. Die Zuordnung der einzelnen Items zu den Subskalen, Skalen bzw. Persönlichkeitsdimensionen ist im Handbuch nicht klar ersichtlich. Bei allen Fragen ist zu einer Aussage die Zustimmung (ja) oder Ablehnung (nein) anzukreuzen.

4. Grundkonzept Das TCI ist die überarbeitete und ergänzte Übersetzung eines 1994 veröffentlichten amerikanischen Fragebogens (Literaturangabe fehlt im Handbuch). Es beruht auf der biosozialen Persönlichkeitstheorie von Cloninger (1986). „Unter Temperament sind automatische emotionale Reaktionen beim Erleben zu verstehen, die zum Teil erblich bedingt sind und zeitlebens relativ stabil bleiben“ (Handbuch, S. 1), wohingegen Charakter sich bezieht auf Selbstkonzepte und individuelle Unterschiede in Zielen und Werten, „die die Entscheidungsfreiheit, die Intentionen und die Bedeutung dessen, was im Leben erfahren wird, beeinflussen“ (ebd.). Damit werden bisherige Persönlichkeitskonzeptionen, wie z. B. die Eysenckschen Dimensionen Neurotizismus/Extraversion, erweitert. Die oben aufgeführten sieben Dimensionen von Temperament und Charakter ließen sich faktorenanalytisch an verschiedenen normalen und klinischen Studien belegen, eingegangen wird auch auf deren psychobiologische Korrelate. Aus den Dimensionen lassen sich bestimmte Profiltypen ableiten. Die zugrundeliegende Theorie ist im Handbuch ausführlich dokumentiert. Insbesondere die Charakterdimensionen erwiesen sich als klinisch bedeutsame Persönlichkeitseigenschaften, wie anhand zahlreicher (meist amerikanischer) Studien, z. B. bei Angststörungen, Eßstörungen, Persönlichkeitsstörungen, Alkohol- oder Drogensucht, demonstriert wird. Das TCI ist damit sowohl zur Messung normaler Persönlichkeiten als auch zum klinischen Einsatz geeignet. Inwieweit sich die vorliegende deutsche Version von der amerikanischen Ursprungsversion unterscheidet und inwiefern daher die Ergebnisse der angeführten amerikanischen Studien auf die deutsche Version übertragbar sind, ist nicht dokumentiert.

5. Durchführung

5.1 Alter: Ab 15 Jahren.

5.2 Formen: Im Handbuch wird über einige weitere Formen berichtet, z. B. das JTCI für Probanden im Alter von 7 bis 14 Jahren (Schmeck, 1998), eine Kurzform (TCI-125) oder eine Interviewform (TCSI), diese sind nicht im Lieferumfang enthalten.

5.3 Handhabung: Eine kurze Anleitung ist am Beginn des Fragebogens abgedruckt, so daß das TCI ohne weitere Instruktionen an die Versuchsperson gegeben werden kann. Der Proband kreuzt selbständig ohne zeitliche Begrenzung die Zustimmung/Ablehnung zu jeder Aussage an.

5.4 Zeit: Keine Angaben (ca. 40 Minuten).

6. Auswertung

6.1 Modus: Der Auswertungsmodus ist nicht im Manual beschrieben. Eine ausführliche Anleitung befindet sich jedoch auf der Auswertungsdiskette (Microsoft Word erforderlich). Die Ja- bzw. Nein-Antworten werden in eine für mit MS Excel nicht vertraute Nutzer gewöhnungsbedürftige Datentabelle übertragen. Das Programm gibt dann in Form eines Übersichtsblattes die Roh-, Prozentrang- und T-Werte für die Skalen und Subskalen aus, die durch verschiedene graphische Profile für T- bzw. Rohwerte und eine verbale Einschätzung des jeweiligen Wertes (unterdurchschnittlich, durchschnittlich oder überdurchschnittlich) ergänzt werden. Die Werte der Validitätsskalen können zur Beurteilung der Gültigkeit der Antworten herangezogen werden, um z. B. Antwort- oder Abwehrtendenzen, Antwortfehler u. ä. abschätzen zu können. Das TCI ist nicht ohne PC auswertbar, das Programm muß dazu auf dem PC installiert werden (Installationsprogramm in schwedischer Sprache). Die durch das Programm aus den Rohwerten errechneten Normwerte stimmen nicht mit der Normwerttabelle im Manual überein.

6.2 Zeit: Keine Angaben (ca. 20 Minuten).

7. Gütekriterien

7.1 Objektivität: Durchführungs- und Auswertungsobjektivität sind durch die Fragebogenform und das mitgelieferte Auswertungsprogramm gegeben. Die Interpretationsobjektivität ist durch ausführliche Skalenbeschreibungen und sechs Beispielfälle gesichert.

7.2 Reliabilität: Im Handbuch finden sich neben Angaben zu deutschen Stichproben auch zahlreiche weitere Analysen an US-amerikanischen Samples. Die internen Konsistenzen (Cronbachs Alpha) der Skalen werden in einer Stichprobe von N = 509 deutscher Gesunder von r = .54 bis r = .83 angegeben. Die Retest-Reliabilität (6-Monate-Intervall) bei N = 441 US-Amerikanern lag je nach Skala zwischen r = .51 und r = .79.

7.3 Validität: Dokumentiert ist eine Reihe von Untersuchungen zur faktoriellen Validität, z. B. ein Vergleich der Faktorenstrukturen in einer deutschen und einer amerikanischen Stichprobe. Konvergente und diskriminante Validität wurden in mehreren Untersuchungen an verschiedenen (amerikanischen) Stichproben und im Vergleich zu verschiedenen anderen Persönlichkeitsmaßen (u. a. KSP, SSS, CPI, EPQ) demonstriert. Als Belege für die Validität der deutschen Version werden Untersuchungen von Aschauer et al. (1994), die deutliche Korrelationen mit dem FPIberichten, und eine Untersuchung von Richter et al. (1997) angeführt. Letztere belegt die inhaltliche Validität der bei N = 450 Mecklenburgern gefundenen Persönlichkeitseigenschaften im Vergleich zu den in der Literatur als für diese Bevölkerungsgruppe charakteristisch beschriebenen Merkmalen. Als weiterer Beleg für die Konstruktvalidität wurden hier die durchgängig gefundenen Geschlechtsdifferenzen genannt.

7.4 Normen: An einer 509 Personen umfassenden deutschen Stichprobe (Mecklenburger) wurde eine Normierung durchgeführt. Prozentrang- und T-Werte sind im Handbuch für alle Skalen und Subskalen (Gesamtgruppe) abgedruckt. In einer weiteren Tabelle finden sich Mittelwerte und Standardabweichungen dieser Stichprobe nach drei Altersgruppen aufgeschlüsselt. Die im Vorwort angekündigten Normdaten für eine Kinderversion sind nicht im Manual enthalten.

8. Literatur

Aschauer, H.N., Meszaros, K., Willinger, U., Fischer, G., Berger, P., Reiter, E., Lenzinger, E. & Berger, M. (1994). *Tridimensional Personality Questionnaire: Ergebnisse zu Gütekriterien der deutschen Version des Fragebogens. Neuropsychiatry* (keine genaue Literaturangabe im Manual).

Cloninger, C.R. (1986). A unified biosocial model of personality and its role in the development of anxiety states. *Psychiatric Developments, 3,* 167–226.

Richter, J., Bollow, K., Cloninger, C.R. & Przybeck, T.R. (1997). Erste Erfahrungen mit der deutschen Version des Temperament- und Charakter-Inventars (TCI – Selbsteinschätzung). Unterschiede zwischen dem „durchschnittlichen U.S. Amerikaner" und dem „durchschnittlichen Mecklenburger" unter Beachtung des Geschlechts. *Verhaltenstherapie und Verhaltensmedizin, 18*, 95–110.

Schmeck, K. (1998). Erste Erfahrungen mit der deutschen Fassung des Junior Temperament and Character Inventory. In J. Richter, M. Eisemann, K. Bollow & D. Schlätke (Eds.), *The development of psychiatry and complexity* (pp. 191–203). Münster: Waxmann.

Verfasser: Hendrik Berth

Trierer Persönlichkeitsfragebogen (TPF)

P. Becker
Göttingen: Hogrefe, 1989

1. Testart Persönlichkeits-Struktur-Test

2. Testmaterial Handanweisung, Fragebogen, Auswertungsbogen, Profilbogen; zusätzlich: Schreibgerät.

3. Testgliederung Die insgesamt 120 Items des TPF lassen sich neun Skalen mit variierender Itemanzahl (8 bis 20 Items) zuordnen. Die Skalen umfassen die beiden „Superfaktoren" „Seelische Gesundheit" (SG) und „Verhaltenskontrolle" (VK) sowie die sieben Indikatorbereiche seelischer Gesundheit „Sinnerfüllt vs. Depressivität" (SE), „Selbstvergessenheit vs. Selbstzentrierung" (SV), „Beschwerdefreiheit vs. Nervosität" (BF), „Expansivität" (EX), „Autonomie" (AU), „Selbstwertgefühl" (SW) und „Liebesfähigkeit" (LF). Dem Probanden ist jeweils eine vierfach abgestufte Antwortkategorie („immer", „oft", „manchmal", „nie") vorgegeben.

2.1

4. Grundkonzept Der TPF basiert auf einem Kontinuumsmodell der seelischen Gesundheit, das von der Grundannahme ausgeht, „daß eine Person nicht entweder seelisch krank oder seelisch gesund, sondern in unterschiedlichem Grade seelisch gesund oder seelisch krank ist, mithin unterschiedliche Positionen auf einem (oder mehreren) Gesundheits-Krankheits-Kontinuum (Kontinuen) einnimmt" (Handanweisung, S. 7). Nach Becker und Minsel (1986) ist eine Person in dem Maße seelisch gesund, in dem es ihr gelingt, externen und internen Anforderungen zu genügen.

Die Konstruktion des TPF erfolgte theoriegeleitet und basiert auf dem Persönlichkeitsmodell von Becker (1988), das in erster Linie faktorenanalytisch begründet ist.

Für das untersuchte Konstrukt wurde eine hierarchische Struktur ermittelt. Auf der oberen Ebene sind hierbei die beiden Superkonstrukte „Seelische Gesundheit" und „Verhaltenskontrolle" lokalisiert, die nach Angaben des Autors eine Verwandtschaft zu den Eysenckschen Persönlichkeitsstrukturen Neurotizismus und Extraversion-Introversion aufweisen, mit diesen aber nicht gleichgesetzt werden dürfen (vgl. Handanweisung, S. 9).

Die a priori postulierten sieben Indikatorbereiche der Skala „Seelische Gesundheit" konnten ebenfalls über eine Hauptkomponentenanalyse bestätigt werden (nähere Angaben s. 7. Gütekriterien). Die sieben Indikatorbereiche konnten ferner faktorenanalytisch den drei übergeordneten Bereichen „seelisch-körperliches Wohlbefinden" (umfaßt die Skalen SE, SV und BF), „Selbstaktualisierung" (EX und AU) und „selbst- und fremdbezogene Wertschätzung" (SW und LF) zugeordnet werden.

5. Durchführung

5.1 Alter: 18 bis 80 Jahre.

5.2 Formen: Einzel- oder Gruppentest; englische Übersetzung (Ellis et al., 1993).

5.3 Handhabung: Der Fragebogen enthält eine schriftliche Bearbeitungsanweisung für den Probanden. Darüber hinaus sind der Handanweisung Durchführungshinweise für den Testleiter zu entnehmen.

5.4 Zeit: Für die Bearbeitung des TPF ist keine Zeitgrenze vorgegeben. Dem Testautor zufolge ist „unter normalen Umständen" mit einer Testdauer zwischen 10 und 30 Minuten zu rechnen.

6. Auswertung

6.1 Modus: Die Testauswertung kann manuell oder per Computer erfolgen. Die manuelle Auswertung erfolgt mit Hilfe eines Auswertungsbogens, eines Profilbogens und des Testmanuals. Für jedes Item wird, für den Fall, daß es unbeantwortet bleibt, ein gemittelter Ersatzwert (jeweils für weibliche und männliche Probanden) angegeben. Es wird vorgeschlagen, nicht mehr als zehn unbeantwortete Items zuzulassen. Bei der Auswertung werden die kodierten Werte der Items (4 = „immer" bis 1 = „nie"; einige Items sind umgekehrt kodiert) in den Auswertungsbogen übertragen. Für die neun Skalen getrennt aufzusummierende Werte werden im nächsten Schritt in den TPF-Profilbogen übertragen und unter Zuhilfenahme der im Anhang des Testmanuals enthaltenen Normentabellen in T-Werte transformiert. Daneben kann über ein ebenfalls auf dem Profilbogen vorhandenes T-Werte-Raster ein Skalenprofil angefertigt werden.

6.2 Zeit: Ca. 10 bis 15 Minuten.

7. Gütekriterien

7.1 Objektivität: Es kann davon ausgegangen werden, daß sowohl die Durchführung als auch die Auswertung des TPF objektiv sind. Etwas umständlich und unübersichtlich gestaltet sich die Übertragung der Skalenwerte vom Fragebogen in den Auswertungsbogen, so daß hierbei unkorrekte Übertragungen nicht auszuschließen sind. Auswertung und Interpretation werden an einem Fallbeispiel demonstriert.

7.2 Reliabilität: Itemanalyse: Für alle neun Skalen sind jeweils die konstituierenden Items, deren Faktorenladung in einer Hauptkomponentenanalyse sowie deren Trennschärfen aufgeführt. Daneben liegen in einer weiteren Tabelle für alle 120 Items Mittelwerte, Standardabweichungen und Ersatzwerte für nicht beantwortete Items vor (jeweils für die Stichprobe der Frauen und der Männer).

Skalenwerte: Jede Skala wird außerdem in graphischer Form als Funktion des Alters und des Geschlechts dargestellt, wobei eine zum Teil deutliche Alters- und Geschlechtsabhängigkeit der TPF-Skalen zu erkennen ist. Für die beiden Altersgruppen 18 bis 40 Jahre und 41 bis 80 Jahre liegen sowohl von der Stichprobe der Frauen als auch der Männer Angaben zu Mittelwert, Standardabweichung, Schiefe und Exzeß vor. Die Verteilung der Skalenscores entspricht im großen und ganzen einer Normalverteilung, wobei bei den drei Skalen SG, SE und BF eine Tendenz zur Linksschiefe sowie in einzelnen Fällen zur Schmalgipfligkeit besteht.

Interne Konsistenz: Es liegen Angaben zur internen Konsistenz (Cronbachs Alpha) für die Testkonstruktionsstichprobe (N = 127 m, N = 158 w, N = 285

m + w), die Eichstichprobe (N = 436 m, N = 525 w, N = 961 m + w), eine Stichprobe von Neurotikern (N = 96 m + w) sowie eine Gruppe von Alkoholikern (N = 256 m + w) vor. Der Großteil der Werte bewegt sich um .80. Die höchsten Werte weist über alle Stichproben hinweg die Skala SG auf (r_{tt} = .89 bis .92). Weniger homogen sind die Skalen VK und SV mit Konsistenzkoeffizienten zwischen .68 und .85 bzw. .71 und .78.
Stabilität: Die Retestreliabilitäten wurden nach elf Monaten an einer Gruppe von Freizeitsportlern und -musikern (N = 164 m + w; 15–53 Jahre) ermittelt. Die Werte variieren dabei zwischen .69 für die Skala BF und .78 für die Skalen LF und SV.
Standardmeßfehler: Die für die neun Skalen ermittelten Standardmeßfehler bewegen sich für die gesamte Eichstichprobe zwischen s = 3.00 (Skala SG) und s = 4.80 (bei den Skalen VK, SV und AU).
Daneben stehen dem Testbenutzer Angaben zu Vertrauensgrenzen der TPF-T-Werte, Standardfehler einer Testwertdifferenz und Angaben zur kritischen Differenz zweier Testwerte bei einer Irrtumswahrscheinlichkeit von 10 % und 5 % zur Verfügung.

7.3 Validität: Faktorielle Validität: „Zur Bestimmung der Binnenstruktur des TPF wurden Hauptkomponentenanalysen auf Skalenebene berechnet" (Handbuch S. 61). Die unrotierte Zweifaktorenlösung bestätigt die übergeordneten Konstrukte Seelische Gesundheit und Verhaltenskontrolle. Bis auf die Skala LF laden alle anderen Teilkomponenten von Seelischer Gesundheit gemeinsam mit der Skala SG auf dem 1. Faktor, während Skala VK, gemeinsam mit Skala LF, auf dem zweiten Faktor lädt.
Bei der varimax-rotierten vierfaktoriellen Lösung setzt sich der erste Faktor aus den Skalen SE (.73), SV (.86) und BF (.74) zusammen, die als „seelisch-körperliches Wohlbefinden" interpretiert werden. Der zweite Faktor, interpretiert als „Selbstaktualisierung", besteht aus den beiden Skalen EX (.77) und AU (.88). Der dritte Faktor, bestehend aus SW (.64) und LF (.91), wird als „selbst- und fremdbezogene Wertschätzung" interpretiert. Auf allen drei Faktoren besitzt die Skala SG mittelhohe Ladungen (.54, .62 und .46), was vom Testautor als Beleg dafür angesehen wird, daß es sich bei SG um ein übergeordnetes Konstrukt handelt. Faktor vier wird von Skala VK (.95) gebildet.
Konstruktvalidität: Als Hinweise zur konvergenten Validität werden Korrelationen und Hauptkomponentenanalysen des TPF mit folgenden Fragebogen aufgeführt: Freiburger Persönlichkeitsinventar (FPI), Personality Research Form (PRF), Deutsche Kurzform des MMPI, 16-Persönlichkeits-Faktoren-Test(16 PF) und Eysenck Personality Questionnaire (EPQ). Des weiteren werden Korrelationen zwischen den neun TPF-Skalen und 19 weiteren Skalen aus den folgenden Tests aufgeführt: Eysenck-Persönlichkeits-Inventar (EPI), IPC-Fragebogen zu Kontrollüberzeugungen, Anger Expression (AX), Trierer Alkoholismusinventar (TAI), Purpose in Life Test (PIL), State-Trait-Angst-Inventar (STAI) und Befindlichkeitsskala(Bf). Zusätzlich zu einer ausführlichen Darstellung der Beziehung der jeweiligen Fragebogen zum PTF werden die wichtigsten Validitätskoeffizienten für alle neue Skalen in tabellarischer Form dargestellt.
Gruppenprofile: In der Handanweisung sind TPF-Gruppenprofile für Klinische Gruppen (Neurotiker, Patienten mit Persönlichkeitsstörung, Angstneurotiker, Hysterische Neurotiker, Endogen Depressive, Schizophrene, Alko-

holiker, Patienten mit sexuellen Störungen und Patienten mit gastrointestinalen Störungen) und Berufsgruppen (Manager, leitende und nichtleitende Angestellte, Arbeitslose) aufgeführt.
Sonstige Validitätsstudien: Zusätzlich zu den oben genannten Befunden liegen eine Validitätsstudie zur Skala „Verhaltenskontrolle" sowie eine Untersuchung zu Zusammenhängen zwischen Bewältigungsverhalten und Allgemeinbefinden vor.

7.4 Normen: Die Eichung beruht auf einer bevölkerungsrepräsentativen Personengruppe von N = 961. Die Untersuchung wurde auf postalischem Weg ausgehend von Angaben des Statistischen Jahrbuchs (Deutscher Städtetag, 1986) in Städten und Gemeinden der größten westdeutschen Bundesländer durchgeführt. Die Rücklaufquote der postalischen Datenerhebung lag bei 18 %, wobei ledige und Probanden mit höheren Schulabschlüssen überrepräsentiert sind. Eine Untersuchung ergab, daß die Normwerte der TPF-Skalen, mit Ausnahme der Skala „Verhaltenskontrolle", dadurch nicht systemisch beeinflußt werden. Somit konnte, außer bei der Skala „Verhaltenskontrolle", die gesamte Eichstichprobe Verwendung finden. Aufgrund der deutlichen Alters- und Geschlechtseffekte werden separate T-Wert-Normen für Männer und Frauen der Altersgruppen 18 bis 40 und 41 bis 80 Jahren aufgeführt.

8. Literatur

Ellis, B.B., Becker, P. & Kimmel, H.D. (1993). An item response theory evaluation of an English version of the Trier Personality Inventory (TPI). *Journal of Cross-Cultural Psychology, 24,* 133–148.
Becker, P. (1988). Seelische Gesundheit und Verhaltenskontrolle: zwei replizierbare, varianzstarke Persönlichkeitsfaktoren. *Zeitschrift für Differentielle und Diagnostische Psychologie, 9,* 13–38.
Becker, P. & Minsel, B. (1986). *Psychologie der seelischen Gesundheit. Band 2: Persönlichkeitspsychologische Grundlagen, Bedingungsanalysen und Förderungsmöglichkeiten.* Göttingen: Hogrefe.
Deutscher Städtetag (Hrsg.) (1986). *Statistisches Jahrbuch deutscher Gemeinden.* Köln: Bachem.

Bearbeiter: Jörg Kupfer